承德市双滦区志

承德市双滦区志编纂委员会 编

主 编：王乃民

王德山

李学荣

方志出版社
Publishing House of Local Records

图书在版编目（CIP）数据

承德市双滦区志／承德市双滦区志编纂委员会编
——北京：方志出版社，2016.12
ISBN 978-7-5144-2322-8

Ⅰ.①承… Ⅱ.①承… Ⅲ.①区（城市）－地方志－承德
Ⅳ.①K292.23

中国版本图书馆 CIP 数据核字（2016）第 317290 号

承德市双滦区志

编　　者：承德市双滦区志编纂委员会
责任编辑：章　瑾

出 版 人：冀祥德
发 行 者：方志出版社
地址　北京市朝阳区潘家园东里 9 号（国家方志馆 4 层）
邮编　100021
网址　http://www.fzph.org
发　　行：方志出版社发行中心
电话（010）67110500
经　　销：各地新华书店
印　　刷：承德金鼎彩色印刷有限公司

开　　本：889×1194　1/16
印　　张：60
字　　数：1438 千字
版　　次：2016 年 12 月第 1 版　　2016 年 12 月第 1 次印刷
印　　数：0001—3000 册

ISBN 978-7-5144-2322-8　　**定价**：480.00 元

2005年双滦区行政区划示意图

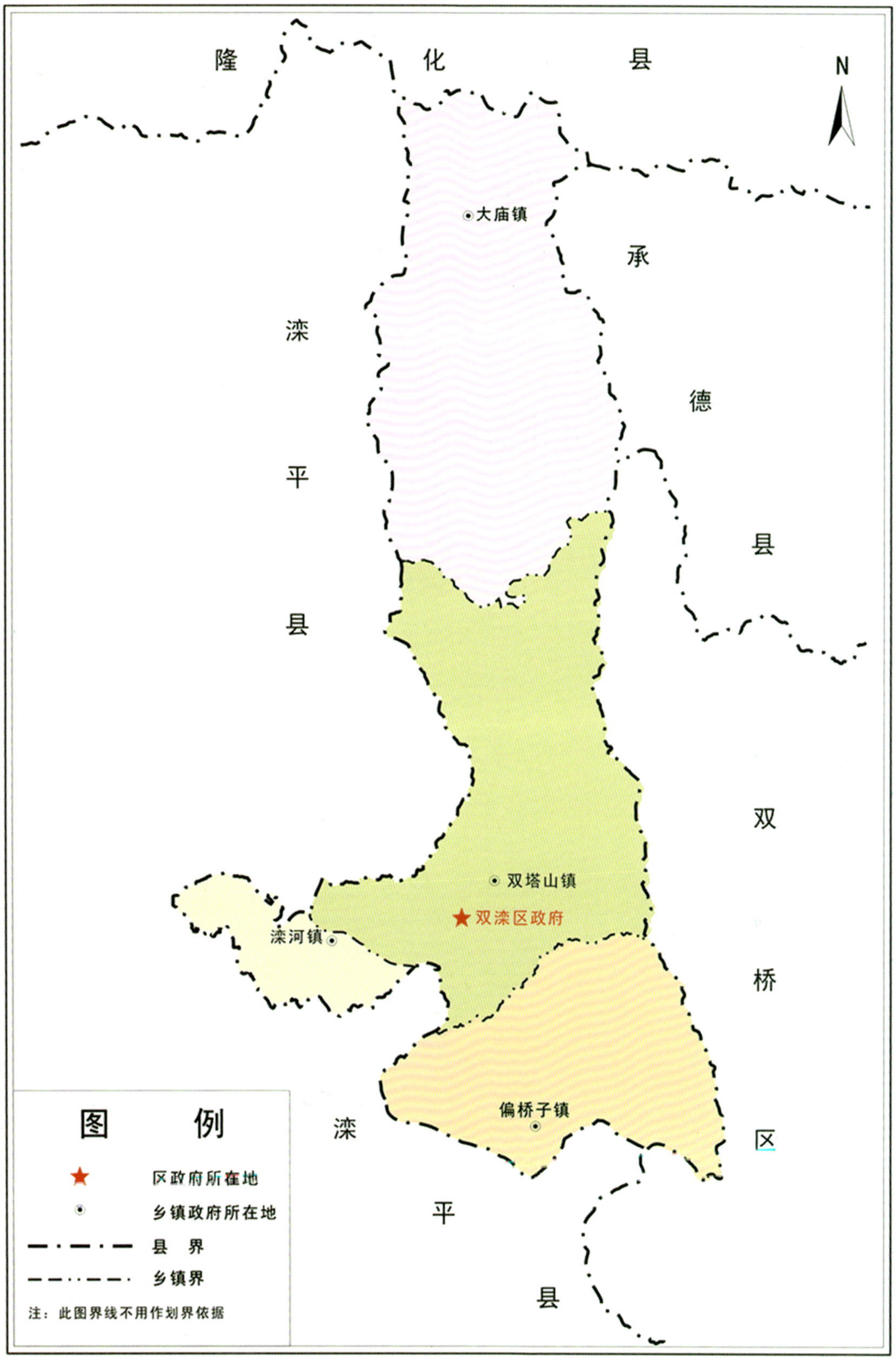

制图单位：承德今图地理信息工程有限公司

审图号：冀S（2016）20号

双滦区公路路网图

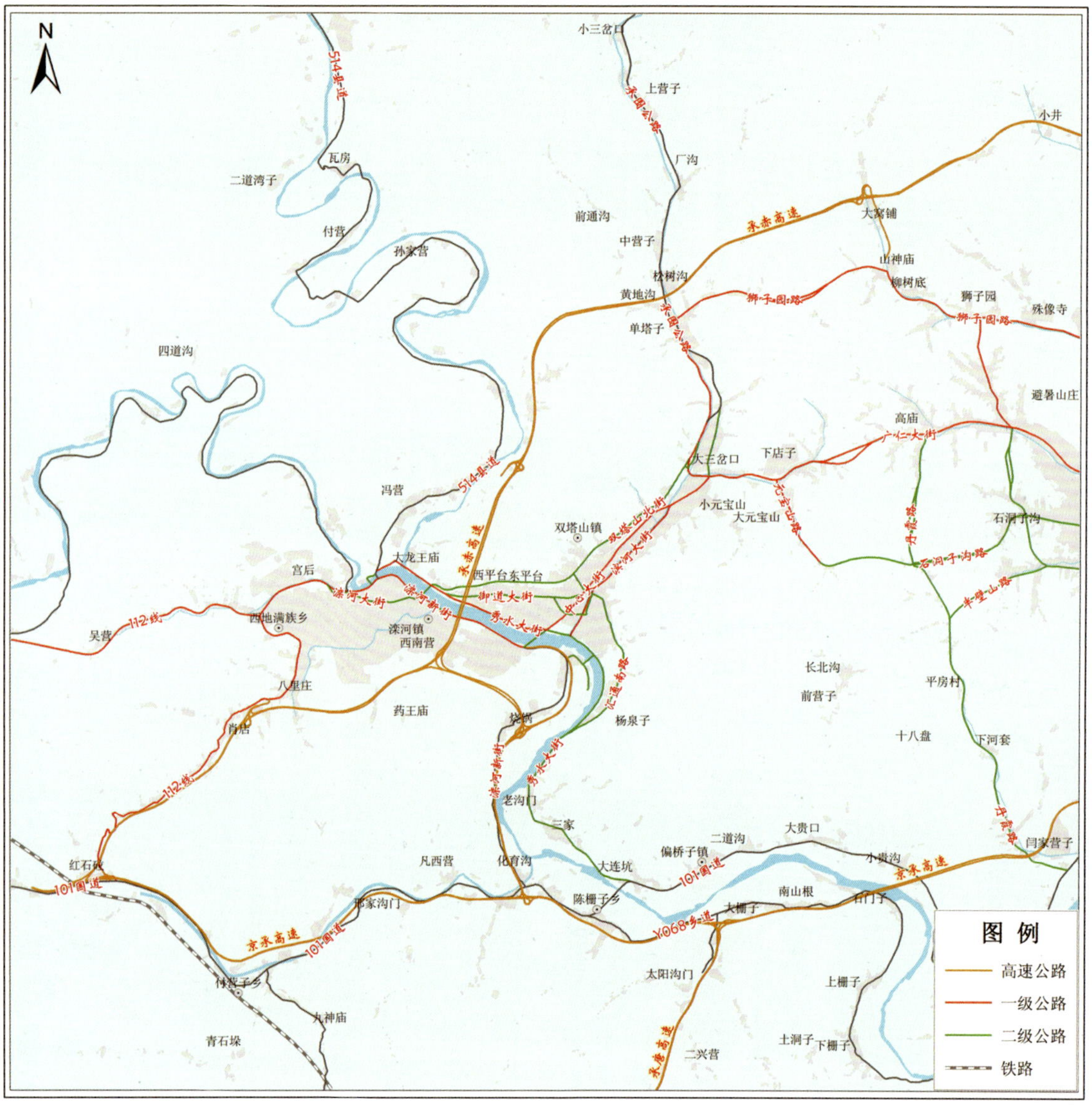

制图单位：承德今图地理信息工程有限公司

审图号：冀S（2016）20号

双滦区交通示意图

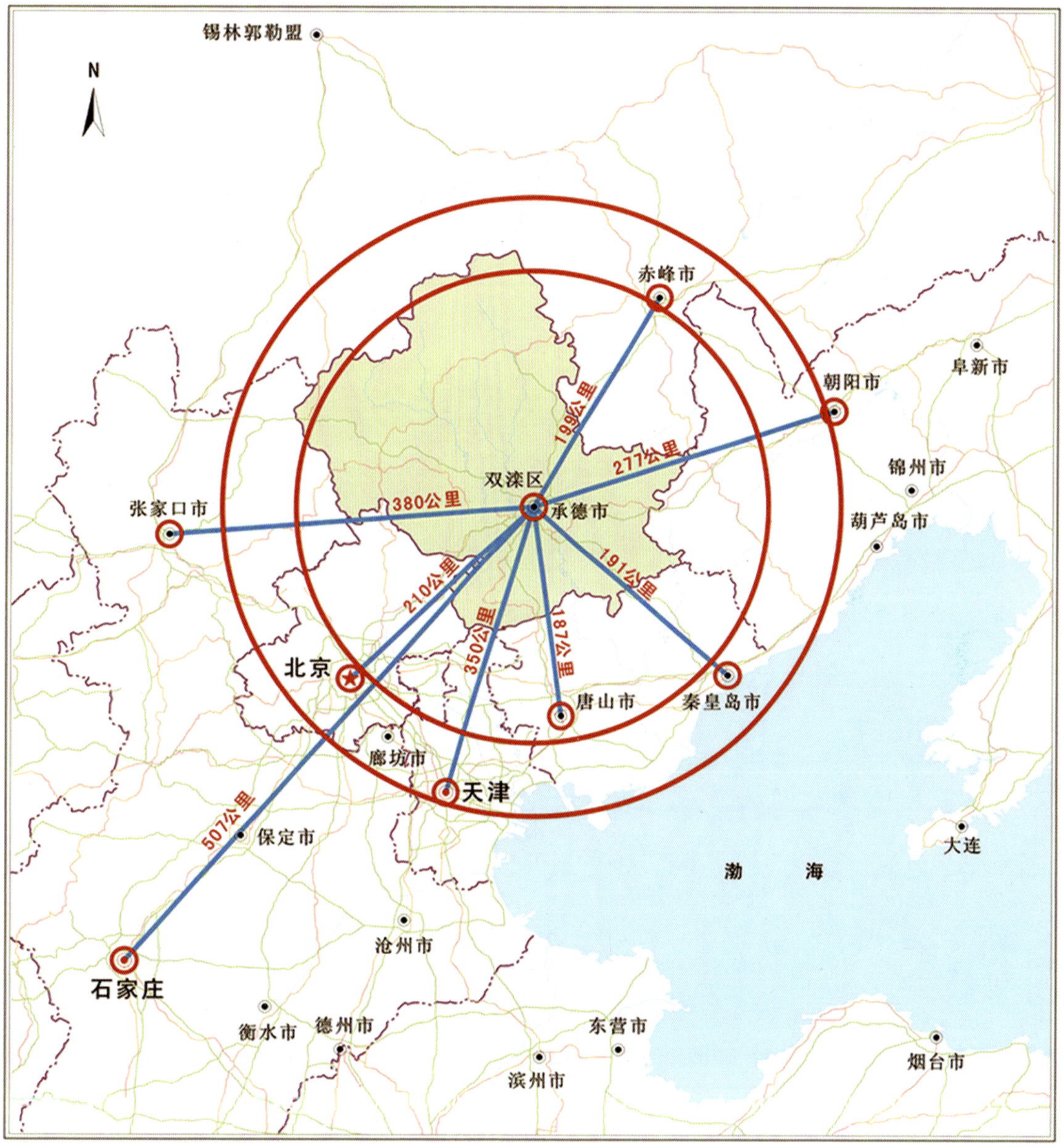

制图单位：承德今图地理信息工程有限公司　　　　审图号：冀S（2016）20号

1974 年 4 月，承德市丝绸厂工人在劳动（摄影 / 季增）

1978 年 5 月，承德市麻纺厂生产的精品地毯运销海外，深受消费者喜欢（摄影 / 季增）

1980 年 4 月，承德市丝绸厂生产的出口产品，在出口前进行严格质量检查（摄影 / 季增）

承德市第三中学
（区档案馆提供）

滦河民族小学
（区档案馆提供）

河北承德实验中学

双滦区医院（区档案局提供）

教育经费投入（万元）

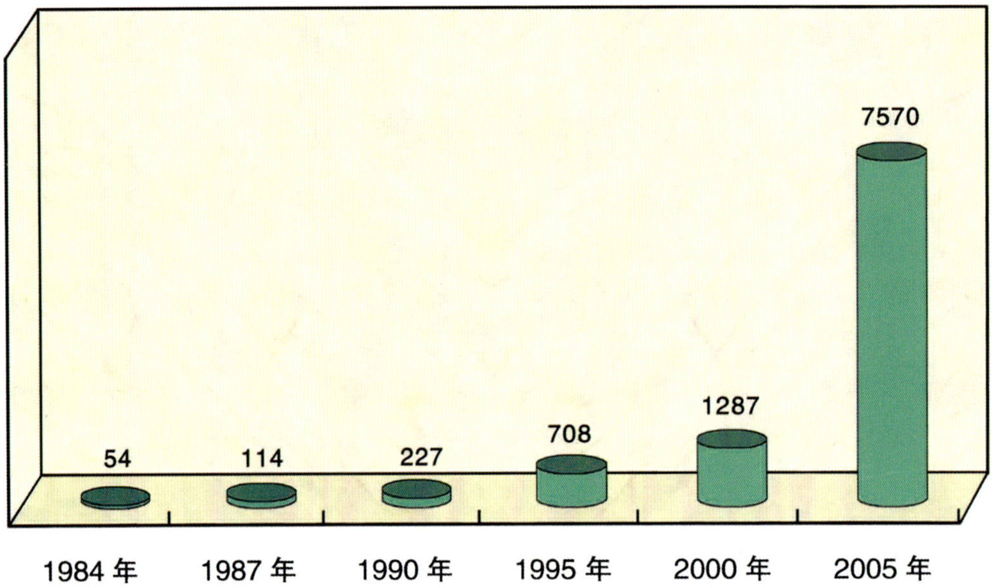

各级学校在校学生数（人）

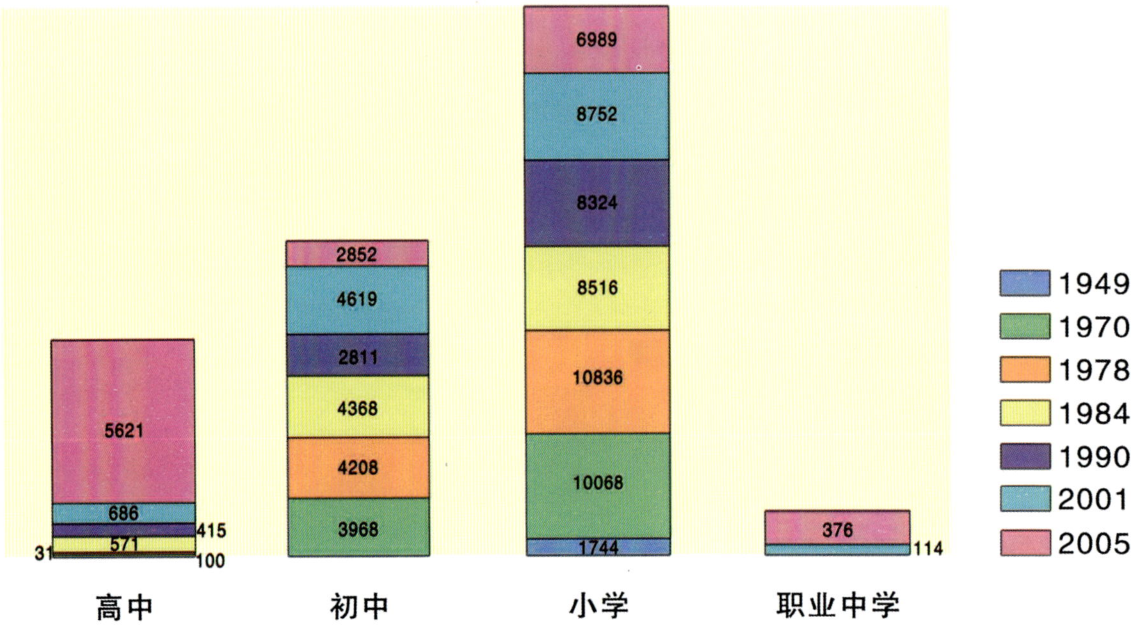

住宅建设（平方米）

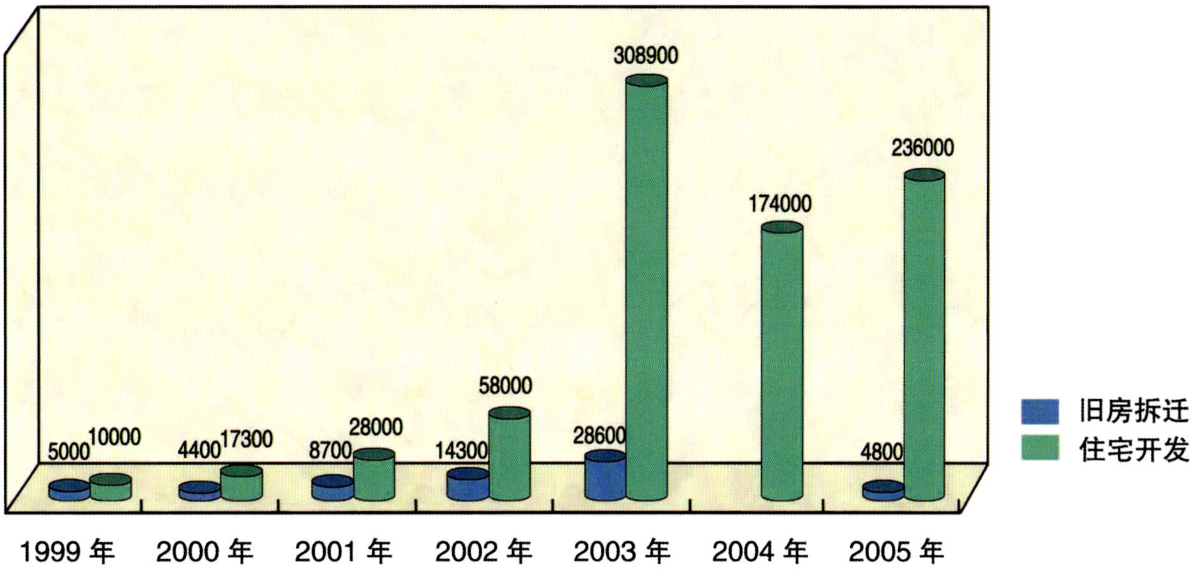

接待旅游人数（万人）

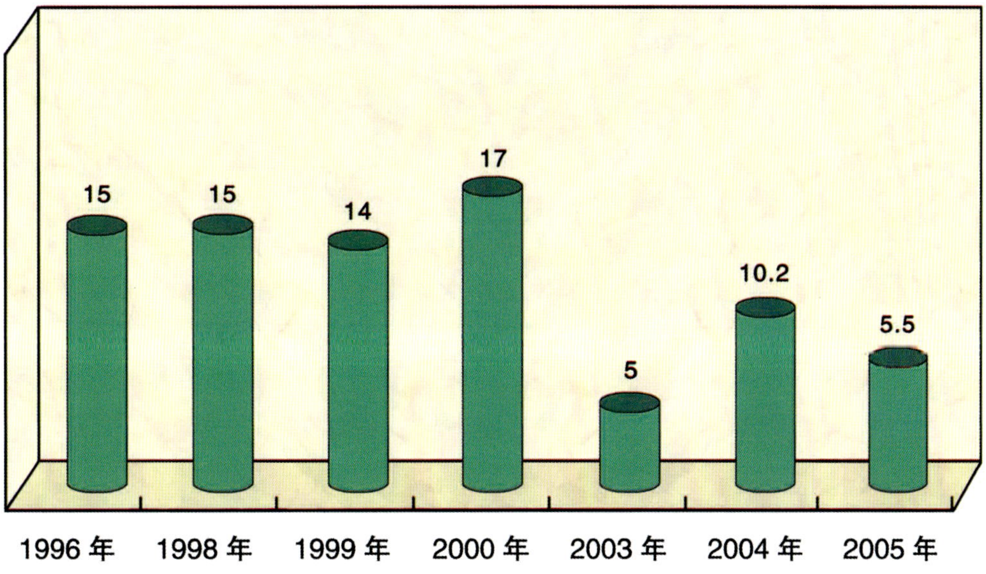

《承德市双滦区志》编纂人员

一 初稿阶段

主　　编：王德山（2004.5 ~ 2008.4）

李学荣（2008.8 ~ 2010.1）

副 主 编：高　杰（2004.5 ~ 2007.5）

孟宪金（2007.9 ~ 2009.12）

编　　辑：刘士起　兀占文　刘仁伟　秦玉鹏　佟瑞芝

温凤霞　王振宇　邱宝才　伊新民　张　曼

王　群

二 第一审至终稿阶段

主　　编：王乃民（2010.1 ~搁笔）

编　　辑：刘士起（2005.10 ~ 2011.8）

刘仁伟（2005.10 ~ 2015.5）

秦玉鹏（2005.10 ~ 2015.5）

袁宝森（2010.6 ~ 2014.12）

孟宪林（2015.5 ~ 2016.2）

打　　字：王淑慧

《承德市双滦区志》稿二审专家

奚晓红　　蔡国栋　　兰　岚　　路海红

《承德市双滦区志》稿三审专家

王广才　　王　蕾　　孙进柱　　缴世忠　　马铁松

《承德市双滦区志》终审专家

杨洪进　　王广才　　徐振田　　阴纪东　　贾辉铭

王　蕾　　任丽英　　杨胜旗

《承德市双滦区志》特约撰稿人

王　祥　　王世腑　　杜　勇　　杨贵学　　张金虎

杨志杰　　赵振生　　胡忠孝　　曾　辉　　邹凤双

范增铎　　许　峰　　孙丽虹　　董天顺　　阎立刚

高宝胜

《承德市双滦区志》各单位撰稿人员名单①

（按姓氏笔画排序）

丁德民、于福顺、万书廷、马　力、王　盈、王　群、王习为、王文军、王玉红、王立梅、王亚娜、王志勤、王纯军、王英涛、王国题、王学良、王俊峰、王娜妹、王淑芬、王新国、毛丽娟、方晓燕、尹慧明、孔令香、邓少丰、左树林、左高峰、石　敏、卢宏伟、田　隽、田　睿、付玉宝、白福云、兰振文、司永泉、吕青松、朱云田、伊新民、刘　勇、刘　健、刘成礼、刘宇飞、刘莉莉、关志红、关丽娟、汤志礼、孙　学、孙立凤、孙国库、孙建军、孙颖超、孙德君、纪守信、李　义、李　成、李　林、李　巍、李久实、李广银、李秀丽、李秀敏、李国利、李忠凤、李树莲、李洪禄、李淑明、杨连敏、杨学生、吴喜德、何永春、辛长青、辛建明、沈艳娟、宋春华、张　升、张　文、张　曼、张玉莲、张永财、张秀莲、张治舫、张宝军、张宝岩、张艳红、张晓山、张晓菊、张爱国、张福财、张燕岭、陆利民、陈　信、陈　银、陈元庆、陈志海、陈国新、陈继先、陈德珺、邵俊成、武雪静、岳常林、周卫华、郑　义、孟宪金、赵　利、赵文玉、赵亚坤、赵志国、赵国利、赵金旺、赵春梅、赵晓春、赵雪港、郝文君、胡大俭、胡亚军、胡光俊、段井仓、段建杰、侯秀美、侯国栋、姜采秦、宣　燕、秦建伟、秦德全、徐国华、高　杰、高士义、高德贵、郭建新、陶　伟、黄德生、常丽华、崔文学、彭振学、韩　恩、谢汉杰、靳玉言、靳凯祥、崔桂红、窦立勇、蔡　意、裴振宝、缪茹娟、潘德才

---

①《承德市双滦区志》供稿人员较多，有遗漏者敬请谅解。

第十五编 人大 政协

序　言

首部《承德市双滦区志》笔耕十载，修就付梓。这是双滦区社会科学领域的重大成果，是全区人民政治、文化生活的一件大事。我们谨向参与并指导《承德市双滦区志》编纂工作的领导、专家和付出艰辛努力的编修人员表示衷心的感谢和诚挚的祝贺！

双塔巍巍、滦水悠悠，展示了地域人文与自然景观壮美的胜境，也为这块热土撷取了区名。双滦区地域狭小，却承载着厚重的历史文化。远古遗迹、宋城辽塔、清宫御道、古街寺庙，文脉渊出。双滦区民众虽少，却世代相袭，创造和书写着辉煌。在众多的人物中，有的早年为“重教兴学、造福桑梓”而上下奔走；有的为解放双滦、建设人民政权付出了宝贵的生命；有的投身革命，戎马一生。在社会主义建设事业中，各条战线上涌现出来诸多英雄模范人物或爱岗敬业，平凡中创造伟业；或见义勇为、拾金不昧；或诚信守道、孝老爱亲；或面对困境，自强不息，传承了中华民族的良俗美德。在民间巷里，一些具有独门绝艺的匠、艺人才，在武术、音乐、手工艺等领域，传承着古老的技艺。

双滦 1980 年建区，恰逢赶上改革开放的好机遇。在历届区委、区政府的领导下，双滦人摒弃了“桑农为本”的传统理念，充分认知区情，一手抓改革开放，一手抓经济建设。革旧弊、图创新、搞建设、谋发展，短短的 25 年时间里，双滦区发生了翻天覆地的变化。

“治天下者以史为鉴，治郡国者以志为鉴”。地方志是全面系统记述一地社会历史与现状的资料性文献，具有存史、资政、育人的作用。《承德市双滦区志》百万余言，时空断限上溯至事物发端，下限至 2005 年。卷首列总述、大事记统领全书，卷内分为自然、政治、经济、文化、人物五个部类共设 25 编。全书坚持实事求是、秉笔直书的原则，贯通古今，重记当代，并对一些社会的热点现象及民生问题加入了数篇调查、专记，充分展示了双滦区社会主义物质文明、精神文明、政治文明和社会文明的累累硕果。志中所载人文与事物、

第十六编　政　　府

第十七编　综合政务管理

第十八编　公 检 法 司 军事

第十九编　精神文明建设

第二十编　教育科技

第二十一编　文　化

第二十二编　艺　文

第二十三编　卫生　体育

第二十四编　人　物

第二十五编　旧踪择录

索引　编后记

总　述

双滦，仁山智水、风朴民勤。区名因山水而立，集双塔之阳刚与粗犷，聚滦水之柔美与隽秀，蕴涵了双滦人勤奋、豁达、向上的性格素养及精神追求，是河北省承德市县级建制行政区。

域内历史上曾为多民族领辖。春秋战国时期，首入燕国版图；州县设立始于宋代辽金时期，始设兴化县（今滦河镇西南），为兴州治故城；明代，设“卫地”；清雍正十一年（1734 年），承德州署治所曾设于喀喇河屯（蒙语意为黑城、乌城，今滦河街），乾隆七年（1742 年）设喀喇河屯厅，乾隆四十三年（1778 年）改设为滦平县；中华民国仍袭清制。中华人民共和国成立后，行政区划多次变化。1973 年，承德市双滦办事处设立，统领滦河、双塔山、大庙和偏桥子 4 个人民公社。1980 年设立双滦区，区政府坐落于双塔山镇。政区东接承德市双桥区，西、南与滦平县相连，北面与隆化县接壤。2005 年，双滦区辖 4 个镇、2 个街道办事处，区域面积 251 平方公里，总人口 104169 人。

清代及民国时期，滦河水运沟通冀北与京津；陆路南抵关内，北通辽蒙，西达晋察，东至热河。当代交通设施日臻完善：101 线国道（京承公路）东西贯穿；京承旅游公路、京承高速公路、承围公路（承赤西线）途径域内；市内公交车通达各主要村街。双滦区处于环渤海经济圈内，毗邻京津，东距辽宁省朝阳市 277 公里；南距首都北京市区 210 公里，距天津市 350 公里；距省内港口城市秦皇岛 191 公里。

境域地势南北狭长，北高南低，属大陆性季风型山地气候，四季分明，宜农牧、宜居。发源于河北丰宁满族自治县的滦河，蜿蜒穿境 24.5 公里，惠及两岸的居民。北部丘陵山区，蕴有丰富的铁矿资源及金、石英、磷、陶土等矿产资源，系中国北方最大的钒钛铁矿基地。中部区域地势平坦，厂矿集中，商贸繁荣，文化发达。南部区域农业发达，享有“鱼米之乡”的称誉。承德市十大名山之一——双塔山，矗立于滦河东岸。高耸于山梁之颠的两座石柱，属北方丹霞地貌，自然造化。石柱之上两座可望而不可及的辽代砖塔及推演的诸多传说故事，留给后世无尽的遐想。晨霞落日，红岩巍峨，碧水洪波，美不胜收。

（一）

灿烂的历史文明　出土的新石器时代石器、燕国古刀币、战国陶鬲、汉代陶鼎等文物，均记载着域内远古人类劳作、生息的足迹，展示出时代的特质和绚丽的文化。宋城辽塔、清宫雅苑、滦河古街、御道寺庙，文脉渊出。

清初“八旗兵”驻防和“圈地”，域内的牧场变为皇族的旗地。蒙、满各旗兵丁携眷属驻防，在此定居。直隶、山东、山西等地失去土地或因灾荒而寻求生存的农民相继入境谋生。从此，带有北方少数民族特点的小城喀喇河屯诞生。喀喇河屯行宫的建立，给地方经济带来了繁荣。来自京津、辽蒙等地的商贾、工匠，也给这座边塞小行经济封锁政策，流通阻滞，物资奇缺。新中国成立初期，个体私营商业得到恢复发展。1956年，国家进行资本主义工商业改造，实行公私合营，私营商业消失，商贸体制进入国营商业为主导，集体商业为辅助的计划经济时代。1958年，国家实行粮油“统购统销”。肉食、布匹、手表和自行车等家庭耐用消费品和火柴、食糖等居民日常生活用品实行供给制。1978年后，域内个体私营商业得到扶植发展，商品逐步放开经营，销售额逐年攀升。1993年，区内商品取消票证供应政策。2003年，区内国营、集体商业退出经营，全部转制变为私营。2005年，全区个体工商户达到2002家，比1981年增加7.4倍。

旅游服务业方兴未艾　双塔山是承德十大名山之一，具北方典型的丹霞地貌特征。1997年，双塔山森林公园开发建设。以双塔山景点为中心辐射周边元宝山、鸟语林、广仁岭及避暑山庄、外八庙等人文和自然景观，构成旅游资源服务网络，年接待游客平均10万余人。随着社会的不断变革，服务行业不断拓展壮大。从旅店、修理、餐饮、理发等传统行业，逐渐开始增加家居装修、美容美发、中介服务、婚庆服务等行业，渗透到社会各个层面。

（五）

经济实力显著增强　2005年，双滦区完成地区生产总值449263万元，是1995年（此前无统计数字）的23.8倍；财政收入完成20487万元，是1981年87万元的235倍；全社会固定资产投入完成226227万元，是1995年的66.54倍。2005年底，GDP（区本级）完成16亿元，年均增长33.4%，高于全省和全市平均水平。产业结构发生显著变化。1995年，一、二、三产业结构比为22.4%、38.4%、39.2%；2005年，一、二、三产业结构比为1.3%、87.1%、11.5%。第一产业比重趋小，第二产业比重增大。所有制结构出现股份制、股份合作制、个体经营、民营经济、国有控股、国有经营和三资企业等经济组织形式。

兴学重教　造福桑梓　清乾隆五十二年（1787年）创建于滦河街的滦江书院，开启区内教育之先河，其影响力波及周边诸县。“夫学校之教，所以励士之习即所以正民风”，清代滦平县理事通判常久撰写碑文，立碑特记。民国元年（1912年），滦河建有国语讲习所。其后，滦河、双塔山两地建有小学校，周边私塾发展到16所、国民学舍12所，并建有师范学校。新中国成立后，教育事业飞速发展。20世纪50年代末，区内有小学24所，初级中学2所。教育资源不断得到优化配置，教学质量不断提高。2005年，区内有幼儿园27所、小学18所、初中3所、高中1所、职教中心1所、民办职业中专1所。

卫生科技迅猛发展　清代，域内仅有中医；民国时期开始有西医诊所。新中国成立后至20世纪70年代末，乡（镇）、村医疗机构基本覆盖全境。至2005年，区内有中、西医医疗机构121家，有卫生技术人员712人。20世纪50年代开始，大中型企业开始建立内部科技工作机构，创新一批新的工艺流程，开展多项技术革新、获得多项科研成果。2005年，机关事业单位共有科技人员1563人。一批科研技术成果获得市级表彰，先后取得国家、省、市科研项目成果16项。

城乡建设日新月异　1995年后，双滦城市规划纳入承德市总体规划。进入21世纪以后，以“拓城、造市、增绿、添景”为总体思路，城市建设发生“质”的飞跃。“山水宜居”是双滦人打造的城市品牌之一。相距3公里的双塔山镇与滦河镇规划成以滦河为纽带的滨水新城。2005年，城镇单位和居民冬季开始集中统一供暖，企业“三废”（废液、废气、废渣）得到一定治理。公共交通、卫生、广播电视、邮政、电信、金融、保险、商贸、餐饮、宾馆、娱乐健身、家政服务等设施跟进发展，供排水、供电、供热、供气设施和功能日臻完善。市政建设2001—2005年总投资10

亿元，旧城及城中村改造拆迁总面积66812平方米，建设商品房和经济适用房面积84万平方米。双滦区告别了“庄稼院式”的集镇型面貌，城区面积从4平方公里扩大到9平方公里，城市化水平提高到62.5 %。

新农村建设面貌一新。农民的衣、食、住、行、通信及精神面貌发生巨大变化。随着城中村改造、旧房拆迁改造和修路拆迁，部分农民住进楼房并购买了小汽车。农村街区的面貌得到改造，农民的精神风貌得到提升。2005年，偏桥子镇羊泉子村实现生态移民，双塔山镇团瓢村完成城中村改造。

（六）

历史的车轮推动社会的进步，新中国的建立加速区内的发展，改革开放让双滦区经济社会全面进步。从宋代辽金第一个县级行政机构的建立到2005年，跨越两个世纪、千余年的时空。通古察今，鉴往知来：只有中国共产党，才能救中国；只有解放生产力，社会才能进步；只有坚持社会主义道路，才能使人民群众谋享最大福祉。

解放思想　为发展提供精神动力　双滦区25年经济社会发展迈出的每一步，都是以解放思想为先导。思想解放，人变在先。“三个有利于”(是否有利于发展社会主义社会的生产力、是否有利于增强社会主义国家的综合国力、是否有利于提高人民的生活水平)作为双滦人解放思想的利器。区委、政府每一次深化区情认识，谋划发展思路、制定发展战略、作出重要决策，都是解放思想的结果。在解放思想的过程中，磨砺并铸就双滦人特有的鲜明品格：“艰苦奋斗、敬业优政、务实创新、勇于突破”的双滦精神和“谋则必举、争则必胜、求则必成、干则必优”的双滦气魄。只有思想大解放、观念大转变，才能推动双滦经济社会大发展。

改革创新　为发展破解难题　从20世纪90年代开始，区委、政府围绕蔬菜生产和奶牛养殖两大产业，确立南菜北畜发展战略，发展城郊型现代农业，为镇域经济发展和农民的致富探索成功道路。双滦的工商业体制改革，同样也经历了“阵痛”。然而，多种所有制经济成分并存发展的格局，使双滦的工商业焕发出勃勃的生机和活力。进入21世纪，围绕城区经济发展战略，确立“城建带动发展策略”，采取“政府主导、市场运作、强力推进、建城为民”的理念和做法，双滦城市建设在短短3年时间里旧貌换新颜，突破基础设施滞后的瓶颈，实现“质”的突破。

发挥区位优势　为发展锻造引擎　双滦区北部具有丰富的矿产资源，钢铁生产历史较长；中部是大中型国企聚集区，技术设备相对先进，人才集中；南部滦河流经地势平坦，适合发展农业。区委政府充分利用区位优势，不断拓宽开放领域、层次和范围，实施厂企联姻、招商引资、项目带动、创优环境等措施，相继构筑“无公害蔬菜基地、奶牛养殖基地、矿山冶金产业、新型建筑材料、旅游观光产业”五条龙型经济构架格局，为经济发展搭建平台。

扶植民营经济　为发展提供保障　20世纪80年代中期，推行家庭联产承包责任制的同时，大力倡导发展商品生产，全力发展个体私营经济。90年代以后，依托驻区大中型企业改制、扩能、增产的有利时机；依托发展农业产业化的有利时机；依托区内矿产资源优势，推动民营经济大发展。区内出现德厦新型建材、长城钢管集团、双峰钢铁集团、繁荣建筑集团等一批民营骨干企业。开放的双滦靠“筑巢引凤”“搭梯上楼”“借鸡下蛋”“造船下海”等方法引资、引人、引项目；靠良好的环境聚人脉、聚财富、聚人心、聚实力。

实施重点项目　打造品牌效应　区委政府坚持区域经济就是项目经济的理念，高起点、高标准实施一批重点项目。结合城区建设，“开放环岛”“诚信环岛”等地标性城市雕塑，提升了双滦城市的形象；开通的几条主要街道，拓展了城

区纵深，打造了连接滦河与双塔山的滨海新城；民族广场、实验中学、双滦区医院、团瓢村城中村改造等一批项目的完工，使百姓看到实实在在的变化 。“农业立区、工业强区、民营富区、开放活区、城建靓区、科教兴区、旅游旺区”的城区经济发展战略，为双滦经济发展描绘了蓝图。

回顾过去，封建社会统治带给双滦人的是苦难与落后；社会主义在发展和探索中的教训和不足也毋庸讳言。双滦建区 25 年，在思想解放的进程中，双滦人也曾有过困惑、狭隘、观望和徘徊。在经济发展的过程中，三次产业结构发展比例不尽合理；高科技、高附加值产品少，缺少走向全国、冲向世界的品牌；农业现代化水平程度较低，统分结合双层经营体制发展不够平衡；生态环境建设任重道远，城镇基础设施建设欠账较多;纵向自比发展较快，横向比较，距离尚远。

雄关漫道真如铁，岁月峥嵘弹指间。改革开放给双滦带来无限的生机和活力,今日的双滦，将会迎来更加美好的明天!

大 事 记

春秋战国

战国期间，域内为东胡族地，列入燕国版图，隶属渔阳郡。

秦

秦王嬴政元年（前221年） 秦统一中国后，域内属渔阳郡辖。

汉

域内为匈奴左地，武帝时为塞地，后为乌桓领地。

晋

域内为鲜卑领地。

东晋咸和六年，后赵建平二年（331年），属骠骑将军段辽辖地。

东晋咸康四年，后赵建武四年（338年），为前燕地。

东晋永和八年，前燕元玺元年（352年），为大燕国腹地。

南北朝

北魏延和元年（432年），属广阳郡燕乐县域。

北魏皇兴二年（468年）置安州（今隆化），域内为安州所辖。

隋

隋代，域内为奚族地。

唐

唐贞观二十二年（648年），域内大部属饶乐都督府辖，奚人仍居。

唐景云元年（710年）至唐开元三十年（742年）唐军多次过境与奚、契丹征战。

五代

后梁乾化元年（911年），奚族皆附于契丹，域内为契丹地。

宋（辽金）

宋景德四年，辽统和二十五年（1007年）正月建中京大定府（今内蒙宁城），域内属中京道北安州。

南宋绍兴十三年，金皇统三年（1143年），域内（滦河街西南）设兴化县治所，后为兴州辖。

南宋嘉定六年，金贞祐元年（1213年），域内为蒙古人辖地。

元

承金建制。域内仍为兴州辖。

明

明初　域内仍为兴州辖。洪武四年(1371 年)罢兴州改置为左、右、中、前、后五卫地，域内为卫地。

永乐二年（1404 年)，永乐帝将兴州“五卫”迁入长城以内，此后为蒙古族人牧场。

清

顺治七年（1650 年）七月至十一月，摄政王多尔衮主持在喀喇河屯（今滦河镇）北侧建避暑城，为避暑之用。

十二月初八，多尔衮外出狩猎，于喀喇河屯一带受伤。经医治无效，翌日死于避暑城。

八年（1651 年)，顺治帝北巡首次到喀喇河屯，住避暑城一天。

十一年（1654 年）冬季，滦河大雪，有人、畜冻死。

康熙十六年（1677 年）九月二十八日，康熙首次北巡，途经驻喀喇河屯。

四十年（1701 年）十二月十八日，喀喇河屯行宫开始筹建，四十三年（1704 年）竣工。

四十二年（1703 年）六月，康熙北巡喀喇河屯自古北口驻喀喇河屯，系喀喇河屯行宫竣工后，第一位清帝驻跸。

四十三年（1704 年)，康熙驻跸喀喇河屯行宫，敕建穹览寺。

四十五年(1706 年)，喀喇河屯设河屯营守备。

四十六年（1707 年)，域内建金厂梁（北梁）城皇庙。

四十九年(1710 年)，喀喇河屯建琳霄观。

五十四年(1715 年)，喀喇河屯东南（今西南营村东南）建关帝庙。

五十五年（1716 年)，修建永圣寺。

雍正元年(1723 年)六月十四日“谕内阁：外边地方辽阔。开垦田亩甚多。将京城无产业兵丁，移驻于彼，殊为有益。……寻议：于热河、喀喇河屯、桦榆沟三处驻兵。请派京城兵八百名。于热河驻四百名。喀喇河屯、桦榆沟各驻二百名。”

十一年(1733 年)，喀喇河屯隶属承德州管辖，州署初时设在喀喇河屯，后迁至热河。

乾隆三年(1738 年)，驻喀喇河屯满洲兵增至 400 人。同年，设喀喇河屯协防汛。

六年（1741 年）八月三日，乾隆皇帝第一次到喀喇河屯行宫，留诗《喀喇河屯行宫》。

七年（1742 年）设喀喇河屯厅，治所在喀喇河屯，是域内有详细记载的第一个县级行政机构。

同年，设喀喇河屯巡检司。

九年（1744 年）四月，喀喇河屯四佐领、桦榆沟二佐领地域，分别就近设立官学。择兵丁内熟习清语清文者，分教各子弟。

十四年(1749 年)六月十九日，“喀喇河屯骤雨大发，冲塌民房百余间。”

三十五年(1770 年)五月十六日，滦河、伊逊河水涨，其中滦河水南至喀喇河屯北街，北至山根，中间水深 9 ~ 13 米。

四十一年（1776 年)，喀喇河屯旱河南沿建清真寺。

四十三年（1778 年)，改喀喇河屯厅为滦平县，隶属承德府。

五十二年（1787 年)，喀喇河屯建滦江书院。

嘉庆元年（1796 年）五月十八日，嘉庆帝首次陪同太上皇乾隆帝离京北巡，二十三日驻喀喇河屯。

十二年(1807 年)八月一日至四日，喀喇河屯“大雨滂沛，水势涨发，深增一丈二三尺，广

阔数十余丈。六日至九日，又经大雨滂沱……南路喀喇河屯滦河水势涨发，宫内南岸值房坍塌十七间，外围大墙坍塌一百二十余米。”

二十四年（1819年）八月，域内水灾，喀喇河屯冲去店铺、民房90余间。

道光十年（1830年），喀喇河屯驻满洲八旗4佐，有协领1员，佐领3员，防御、骑尉、尉校各1员，每佐兵110人，共计452人。

咸丰九年（1859年）五月十四日，域内降特大暴雨，洪水从药王庙、雄虎沟两路涌进喀喇河屯街，冲毁80多家店铺和民房。县衙吏房、户房、礼房、刑房、工房、典史房屋全被冲塌，班房、神庙、旁院马圈也大半倾塌。衙内100多年的文书档案，被大水卷走。铺户居民田舍被水冲者40余家，淹死3人。县衙门的各级官吏暂且租用民房办公。

光绪十二年（1886年）七月二十日，域内降暴雨，滦河上游河水下泄，河床淤堵，漫溢喀喇河屯街，冲倒龙王庙1座、铺屋民房52间。

十四年（1888年），知县裘履谦亲请养廉银523两，在县城东南部买民房37间（今滦河镇酒店村南部）作为县衙署。

二十四年（1891年）六月十四日、十五日，阴雨连绵，至十九日戌刻起，二十日辰刻止，大雨如注。滦河、伊逊河水势暴涨二丈有余，汹涌异常，冲失北关外店铺、民房90余间。南岸河沿坍塌，至将新旧桥渡各船冲失8只。

二十五年（1899年），喀喇河屯官办孤贫院1处，供老孤者食住。

三十年（1904年），知县俞良臣以“振兴庶务，首重兴学”为宗旨，动员绅商出资，在喀喇河屯创办高、初两等学堂各1处，分设于原滦江书院及文庙。孙绳武任学堂董事。

三十一年（1905年）六月十二日，喀喇河屯开办艺所1处，教民编织麻绳、席。

三十二年（1906年）五月，在喀喇河屯设滦平铺户代办分柜。

三十四年（1908年），喀喇河屯设邮政分柜铺，当时有驿丁14人、马夫6人、马12匹。

宣统元年（1909年）七月，滦河设县劝学所，地址在原滦江书院内。

宣统三年（1911年），喀喇河屯设邮电分局。

中华民国

民国元年（1912年）袭清制，域内仍为滦平县辖。

同年，基督教在滦河街设福音堂1处，由英国传教士宫大卫创办，传教士2人，主教善保珊、男莫罗以常住福音堂。

2年（1913年），滦河镇街设邮政代办所1处。

3年（1914年），滦河镇街设立滦平县女子小学堂。

5年（1916年），滦平县公署奉热河都统之令查验喀喇河屯行宫的建筑、树木、物品。其接收表册记载：共接管殿房189间。其中完好无损的只有4间，漏雨的3间，檐头脱落的38间，房顶坍塌的130间，壁裂顶塌的14间。隔扇、神像、神牌等387件，御笔匾额12块，御笔诗匾12块，琳霄观铜字匾2块；查点宫内外松树751棵、榆树12棵，共763棵。

同年，境内孤贫院从原仓敞领口粮改为理财所发给，收养孤贫10人。

同年，滦平县公署在境域添修女看守所、待质所等房11间。

6年（1917年）6月19日，滦河发生水灾、雹灾。农田冲毁不能复垦的17倾49亩，受灾13倾87亩，房屋冲毁30余间。

7年（1918年）2月17日，域内成立滦平县单级教员研究所。

8年（1919年）1月18日，警察事务公所改称警察所。

10年（1921年），滦河街设邮政分局1处。

11年（1922年），滦平县修建公署、监狱、关帝庙，共拆毁喀喇河屯行宫殿25间，砍伐大小棵古松330棵。

14年（1925年），域内修建警察所，拆毁喀喇河屯行宫西所和宫殿30间。东北陆军（奉军）第9军第3师驻防时，拆毁滦阳别墅、小金山等处的殿堂、亭轩，用于建造营房。

15年（1926年）元月1日，滦河劝学所改为县教育局。

同年春旱，田地苗情仅存三分之一。

17年（1928年）3月10日，原看守喀喇河屯行宫人员上报行宫物品清册，所记载的行宫物品只剩御题殿堂匾额和诗匾16块及宫区遗址上所剩余的树木631棵。

6月，驻防的奉军第九军第三师陆续将喀喇河屯行宫遗址上剩余的631棵树木砍光。

18年（1929年）6月1日，滦河设红十字分会。

同月，中华民国政府农矿部北平地质调查研究所孙建初、王曰伦二人首次发现大庙地区储有铁矿石。

同年，滦河街开办邮政储蓄和电报业务。

19年（1930年）5月2日，滦平县教育局将保管的16块喀喇河屯行宫匾额移交给设在热河文庙的省立图书馆收管。

21年（1932年），滦河县立小学附设的职业补习科改为县立乡村师范学校。

同年，滦河西河沿建滦平县体育场。

22年（1933年）3月5日上午11时，日本侵略军占领域内。6月，设伪滦平县公署。

23年（1934年）10月9日，日本德永重康一行以考察为名，在滦河街北门外挖掘出陶罐1个，内有燕国刀币2000枚。除少部分留在了当时的日伪地方政府外，大部分被带到日本。

同年，滦河公路大桥建成，桥长140米，宽4米，高3米。

24年（1935年），日本侵略者抓来外地大批民工，修筑承德至古北口公路。公路途经广仁岭、双塔山、滦河等地，全长105公里。25年（1936年）4月，全线通车。

25年6月，滦河街开办电话局1处，开设有线电话。

26年（1937年）7月，日本人驹井和爱等6人以考察为名，在双塔山西山坡、平台子、东山头挖掘出若干石器、陶器残片、瓦片、瓦当等，带回日本。

同年，域内滦平县立乡村师范学校改为热河省立滦平初级师范学校。

27年（1938年）10月，日本侵略者为掠夺矿藏资源和运送军需修建承古（承德至古北口）铁路全线通车，设有双塔山、滦河站。

同年，项洪林在域内建德胜斋印刷局1处。

8月中旬，发生特大雹灾。重灾区在大庙东沟村的东北部，一些牲畜被砸死或砸伤，大田作物、蔬菜绝收。

9月16日，伪滦平县公署从域内迁出至鞍匠屯。

10月，日本侵略者为掠夺域内大庙钒、钛、铁矿资源，在双塔山筹建火力发电厂。

同年，屈显忱在滦河街开办第一家中西药房。

30年（1941年）6月发电厂建成，次年供电。时称双头山发电厂，是域内第一座发电厂，主要为日企供电。

同年，滦平工业学校改为滦平国民高等学校。校址在琳霄观东侧。

同年，日本侵略者开始建大庙铁矿，并铺设双头山至大庙的铁路专用线；次年通车，系窄轨铁路。

31年（1942年）8月中旬，日伪特殊铁矿株式会社建双头山选矿场，并开始勘测黑山铁矿。

33年（1944年），日本侵略者实行“集家并村”，双塔山区域内建大龙王庙村、西平台村、棋盘地村、三岔口村、应营子村5个部落定居点。部落周围修筑土墙，架设铁丝网或插上葛针枝以防老百姓攀越。

34 年（1945 年）8 月 19 日，域内第一次解放，中共冀热辽边区政府接管双塔山发电所。

10 月，中共冀察区十二地委热西分委决定分设东、西滦平县。域内为东滦平县辖。双塔山设滦平县第一区；滦河地区设滦平县第二区；大庙地区设滦平县第三区。中共滦平县委在境域内建立双塔山一区、滦河二区区级政权机构。

35 年（1946 年）2 月，原滦平县第一区、第三区划归为承德市第七区。同月，开展“减租减息”“清算复仇”运动，无地和少地农民分到了地主的土地。

8 月，国民党军队进犯承德。8 月 26 日，中共滦平县支队奉令炸毁滦河大桥，阻止国民党军队的进攻，中共承德市地方组织开始战略转移。

36 年（1947 年）4 月 8 日，大黑山发生山火，大火持续多日。过火山场有东横梁、承德县马圈沟、大曲家沟、东沟前山，天然林被毁约 3500 亩。

37 年（1948 年）5 月 29 日，人民解放军收复滦河、双塔山、三岔口等地。11 月，域内第二次解放，域内设立人民政府。

同年，滦河小学改为滦平县第二完全小学。

同年，双塔山建热河第六完全小学。

38 年（1949 年）1 月，按照中共热河省委部署，开展新区土地改革。

同月，双塔山和大庙区域划归承德市第七区管辖。

同月，承德市公安局滦河派出所设立。

2 月，滦河镇、大庙镇开展土改。39 个村共有人口 19994 人，有土地 24354 亩，人均分得土地 1.22 亩。

同月，承德市公安局双塔山派出所设立。

同月，热河省军区正式将大庙铁矿和双塔山选矿厂移交给热河省工业厅管理。

4 月 1 日，热河省立第三师范学校在滦河镇成立，滦平县长柏里兼任校长。

4 月 28 日，滦河大铁桥全部修复通车。

5 月，滦河建立热河省第三师范学校。

7 月 1 日，双塔山发电所经过抢修，1 台 750 千瓦发电机组正式发电。

同月下旬，取缔“一贯道”反动会道门组织。经查滦河镇有点传师 134 人，公共坛主 158 人，多伦线家庭坛主 58 人，京奉线和延庆沿线家庭坛主人数不详。“前人”10 人，“道首”6 人，“三才”6 人。

8 月，承德市第七区改为承德市第六区。辖双塔山、大庙区域。

中华人民共和国

1949 年

11 月，滦平县政府在滦河镇设邮电营业处。

1950 年

1 月，对未进行土地改革的村开展土地改革，已完成土地改革的村开展阶级复查工作。至 3 月底，土地改革工作结束。

7 月，滦河邮电营业处改为滦河邮电支局。

同月，域内掀起抗美援朝、保家卫国群众运动，数十人参加志愿军赴朝参战。

同年，滦河贸易局（滦河百货商店的前身）成立。

1951 年

1 月，承德市第六区（双塔山、大庙区域）改为承德市第五区。

5 月 1 日，承德市第五区在各村开展“镇反”发动工作，共收到群众秘密揭发信件 100 多件，先后接待控诉群众 100 多名。17 日，召开镇压反革命分子大会，判处死刑 11 人，判处有期徒刑 3 人。滦河镇逮捕 76 人，镇压 36 人。

同月，人民币开始在域内流通。

11 月，各机关开展“三反”（反贪污、反浪费、反官僚主义）运动。

1952 年

2 月中旬，中朝慰问团在滦河镇完全小学操场举行演出活动，慰问回国志愿军文化补习大队指战员。

同月，工商业开展“五反”运动，即反行贿、反偷税漏税、反盗骗国家财产、反偷工减料、反盗窃国家经济情报运动。

3 月，党政、团体部门工作人员，勤务人员工资改为薪金制。

8 月，域内建立户口册，开始户籍管理工作。

同年，滦河街居民傅成通（绰号“把式一”）等武术艺人参加热河省第一届全民运动会，并做武术表演。

同年，滦河农村信用社成立。

同年，承德市麻袋厂在双塔山镇筹建，1953 年建成投产。

1953 年

5 月 15 日，热河钒钛联合工厂恢复改造，被国家列为苏联政府援建项目。

6 月 7 日晚，滦河镇突降冰雹，最大的直径 6 厘米，农业生产遭受较大损失。

7 月 6 日，大庙钒钛矿筹备处成立，隶属国家重工业部有色局热河办事处

9 月 30 日，滦河镇遭较重雹灾。

同年，滦河公路大桥修复竣工通车。

同年，中国人民银行滦河营业所设立。

1954 年

3 月 19 日，经热河省人民政府批准，滦河镇划归承德市第六区管辖。

4 月，苏联派出 22 名专家陆续到承德援建热河钒钛联合工厂，主要有有马克西莫夫(MakC и MOB)综合组、谢苗诺夫(CeMeHoB)冶炼组、叶尔绍夫(EpЩOB)矿山组和索拉达钦克夫（CoЛ a Д a ч e H K O B）选矿组。

同年春，承德市公安局大庙派出所设立。

10 月，热河铁矿厂建立，双塔山选矿厂改为热河铁矿厂双塔山选矿厂筹备处。

同年，滦河文化站成立滦河业余剧团。

1955 年

6 月，承德市第五区改为双塔山区，辖双塔山、大庙和偏桥子 3 个乡。

7 月 10 日下午 4 时，双塔山区中营子村遭受雹灾。受灾地带长 5 公里，宽 10 公里，农作物受灾面积 334.8 亩。

1956 年

3 月，中共承德市第五区委在全区开展肃清内部反革命分子的（简称“肃反”）运动。“肃反”运动按财贸系统、文教卫生系统、党群政法系统、工商业系统、机关及附属单位分 5 批进行。

4 月 4 日，中共热河铁矿厂委员会成立。

同月，滦平县第二区撤销，设滦平县滦河办事处。

9 月，双塔山小学、滦河小学附设初中班。

1957 年

4 月，双塔山区建制撤销，原辖狮子沟乡、大石庙乡、水泉沟乡、牛圈子沟乡，红石砬沟乡、偏桥子乡、双塔山乡、岔沟门乡（大庙）划归承德市直辖。

5 月，根据中共中央发出的《关于整风运动的指示》，承德市委统一部署，双滦区域各公社开展以“双反”（反保守、反浪费）为中心内容的整风运动。

7 月，域内建国营金厂沟林场，经营面积 4.89 万亩。

8 月 1 日，域内普降大雨，滦河区（今滦河镇）冲淤田地 1450 亩，冲毁河坝 600 米。

9 月，滦河初中班改为滦平二中。

1957 年，滦河镇西南营村满族老人郎翰卿

(1881—1967) 参加全国少数民族代表会议，受到毛泽东等党和国家领导人的接见。

1958 年

1月1日，承德市钢铁厂筹建处成立。

同月，热河铁矿厂双塔山选矿厂筹备处改名为“双塔山选矿厂”。

3月，双塔山至大庙、双塔山至承德市火车站铁路专用线经重新勘测设计，修复通车。

5月5日，承德矿山机械厂在双塔山选址建厂，全部投资为800万元。

19日，承德市钢铁厂建设工程破土动工，厂址在滦河镇，占地面积4平方公里。

21日，承德市丝绸厂在双塔山区域筹建厂房，主厂房面积6000平方米，占地面积23万平方米。

同月，滦河镇发现战国贵族墓1座，出土陶、仿青铜礼器等文物计19件。

6月，各公社以生产大队或生产小队为单位大办集体食堂。

7月14日，滦河瀑发特大洪水，漫过沿岸7个村庄，冲毁瓦房58间、土地32.5亩，淹死牲畜18头。

同月，全民大炼钢铁，双塔山红旗人民公社建起小高炉4座。

9月，双塔山红旗人民公社成立，辖双塔山、大庙、偏桥子区域。

同月，双塔山初级中学成立。

同月，国有双塔山砖厂成立，隶属市城建局。

10月，滦平县滦河先锋人民公社撤销，合并到双塔山红旗人民公社。

12月6日，滦河发电厂一期工程正式开工建设。

同月，双塔山110千伏变电站投入运营。

同年，境域开展“大跃进”运动。双塔山镇团瓢生产队建土高炉多座，建土法炼焦厂1处。工人、农民、学生、机关干部、商店店员、街道居民、农村男女劳动力纷纷参加会战。炼出的铁90%为不合格的生铁。

同年，承德市钢铁厂建厂施工，发现古墓，发掘出土汉代陶器若干件。

1959 年

1月，承德市钢铁厂和热河铁矿厂合并为承德钢铁公司，公司办公地点设在双塔山，隶属承德市。

同月，国家投资31.8万元建立三岔口面粉厂。

同月，原滦平二中更名为承德市第四初级中学。

2月，承德钢铁公司大庙铁矿投产。

3月，双塔山红旗人民公社改称双塔山人民公社。

同月，境域“肃反”运动结束，共查出反革命分子28人。

5月18日，承德钢铁公司双塔山选矿厂投产。

7月，承德钢铁公司职工医院建立。

10月10日，苏联选矿专家伊万诺娃受聘到双塔山选矿厂工作1年，参与承德钢铁公司与北京选矿研究院合作的选矿流程试验。

12月10日，滦河铁路桥修复通车，铁桥21孔，全长410米。

同年，承德市麻袋厂更名为承德市麻纺厂。

同年，滦河发电厂建成投产。

同年，滦河镇西南营村满族老人郎翰卿第二次参加全国少数民族代表会议。

1960 年

1月，经国务院批准，承德钢铁公司隶属冶金工业部。

5月16日，承德地区运输公司的一辆市内公共汽车，从双塔山行驶到广仁岭，司机违章操作造成翻车，64名乘客死亡9人，重伤54人。

同月，冶金工业部部长王鹤寿到承德钢铁公司视察。

9月30日，滦河发电厂12000千瓦1号机组并网发电。

同年，域内发生旱灾，从春至夏连续130天没下雨。

1961年

2月13日2时许，大庙铁矿井下发生特大火灾事故，死亡45人，设备损毁严重，矿山停产15天，直接损失50余万元。

5月，承德专区与承德市分设，双塔山区隶属承德市，辖双塔山、滦河、偏桥子、大庙、付营子、陈栅子6个人民公社。

同年，承德市税务局下设双塔山、滦河税务所。

同年春旱，90余日无雨，后又遇“伏旱”，降雨量较常年少60%，部分旱田毁种，粮食减产2～3成。

同年，各生产队公共食堂解散。

同年，承德钢铁公司施工中发掘一座燕国贵族墓，出土部分文物。

同年，双塔山初级中学更名为承德市第三初级中学。

1962年

5月，域内供销社从商业局分出，改为集体企业。

6月12日，中国建设银行承德市滦河办事处成立。

1963年

1月，滦河和双塔山小学总校合并，设双塔山区小学总校。

5月1日，大庙公社东沟村建成承德地区第一个村级有线广播站。

8月中旬，大庙公社区域连降大雨持续半个月，冲毁农田700亩，冲毁堤坝21处，淤石遍地，禾苗倒伏，农业收成大减。

9月10日，承德钢铁公司更名为承德钢铁厂。

1964年

1月12日，域内4个公社均进驻宣讲团，开展“四清”（清账目、清仓库、清工分、清财物）运动。公社机关开展“反贪污盗窃、反投机倒把、反铺张浪费、反分散主义和官僚主义”的“五反”运动。

2月，滦河—双塔山35千伏线路竣工。

4月，双塔山公社、滦河公社及驻地大中型企业进驻“四清”工作队。双滦地区4个公社500余名公社和大队干部受到审查。其中，偏桥子公社11个生产大队、51个生产小队受审查干部102名。

9月8日，大庙铁矿26号矿体957水平1至4采场，处理漏斗故障时炸药爆炸，造成4人死亡，1人重伤。

同年，上营子、小三岔口、冰沟门3个村通电，400余农户用上电灯。

1965年

2月18日，国务院副总理李富春到承德钢铁厂视察钒钛磁铁矿高炉冶炼模拟试验。

4月19日，国家计委确定承德钢铁厂为全国重点建设的9个“小三线”钢铁基地之一。

8月，承赤公路大庙段竣工通车。

9月，承德市将大石庙、牛圈子沟、狮子沟、水泉沟4个人民公社划归双塔山区辖，加上原所辖4个公社，共辖8个公社。

同年，承德矿山机械厂试制成功中国第一套悬挂输送机，成为国内第一家悬挂输送机生产企业。

同年，承德市丝绸厂由市内搬迁至双塔山镇建成投产。

1966年

8月18日，承德三中、承德四中、承德钢铁厂中学、偏桥子中学等学校的红卫兵组织开始走向社会，破“四旧”、立“四新”（旧思想、旧文化、旧风俗、旧习惯；新思想、新文化、新风俗、新习惯）。

8月26日，承德市丝绸厂200余人，由“四清”工作队带领，到须弥福寿之庙、普陀宗乘之庙进行所谓“破四旧”，砸毁部分佛像、烧毁藏经、毁坏仅存的最后一个金刚佛像。

10月，各学校红卫兵走出校门，参加全国大串联；各公社及生产大队、驻区企业成立造反组织。正常教学工作、生产秩序被打乱，区、公社、大队等党政机关、基层组织处于瘫痪状态。

同年，财政税务合并，税务局称人民收入局。

同年，承德避暑山庄博物馆从双塔山征集到一尊残石佛像，疑为双塔山古塔上坠落。

1967年

2月，滦河发电厂2号机组、3号机组投产发电。

3月，承德军分区及驻地部队进驻双塔山区和驻地各企业介入地方“文化大革命”运动。

12月19日，市工代会造反组织“双滦联防指挥部”到承德饭店参与武斗，饭店遭到严重破坏。此事件致3人死亡，多人受伤，直接经济损失18万多元。

同月，承德矿山机械厂、承德钢厂和大庙铁矿受“文化大革命”影响停产，仅高炉一项停产损失达85万元。

同年，国家化工部批准投资230万元在双塔山建立承德市红旗化肥厂。

1968年

2月，双塔山区各公社成立革命委员会，实[illegible]的一元化领导。

[illegible]成立群众专政指挥部或群众专政领导小组，进一步揪斗所谓的“内奸”“判徒”“走资本主义道路当权派”。

6月22日，承德市区至承德钢铁厂区间603次列车1209号机车牵引客货车12节，行至西平台铁路公路交叉道口处与承德钢铁厂一辆汽车相撞，伤8人，死亡1人。

同月23日，滦河、伊逊河两岸遭雨、雹灾害，受灾面积34274亩。

8月，域内初中学校恢复招生，招收1966年小学毕业生。

12月，双塔山区建制撤销，原辖域内4个公社统归承德市直辖。

同年，滦河、双塔山税务所撤销。

同年，域内接收、安置第一批“上山下乡”知识青年。

1969年

5月1日，域内第一个公社级广播站——大庙人民公社有线广播站成立。

9月，新建滦河大桥竣工通车。

12月，承德市广播电视局1085转播台在双塔山东平台建立。

同年春旱，120余日未下雨。

同年，市内至域内公交5路、2路线运营通车。

1970年

4月1日，滦河发电厂二期工程破土动工，扩建2台5万千瓦机组。

6月，域内人民公社组建民工连，参加京沈北线公路修建任务，其中滦河公社出动民工64人。

1971年

3月，双塔山第三初级中学更名为承德市第三中学。

5月27日，承德钢铁厂研制成功165吨冷拔机1台，成为河北省轧钢工业第一台冷拔机。

同年，各公社组织民工支援沙通（沙城至通辽）铁路建设。

1972 年

1月7日，大庙公社煤窑（北梁村）井下发生特大透水事故，作业工人遇难5人。

6月29日，罗马尼桑蚕专家考察团克拉依邱·马林和道加鲁·杜米特罗2人到承德市丝绸厂参观考察。

12月20日，承德钢铁厂大庙铁矿无底柱分段崩落采矿法经验交流会召开，国内各地代表出席140人。

同年，承德市财税局双塔山税务所成立。

同年，春初至夏季5个月未下雨，滦河几乎断流。滦河公社215亩农田绝收，230亩农田欠收。

滦河公社农作物发生黏虫灾害，223亩农作物绝收；大庙镇发生"天幕虫"灾害，农作物叶子被虫吃光，粮食减产6成。

同年，承德三中田径队代表承德市参加全省中学生运动会田径比赛。

同年，第四初级中学改为承德市第四中学。

1973 年

12月，设承德市革命委员会双滦办事处，辖双塔山、滦河、大庙、偏桥子4个人民公社。

同月，中国共产主义青年团双滦办事处总支委员会成立。

同月，双滦办事处设滦河街道办事处和承钢街道办事处。

同月，大庙公社组装解放牌汽车1台，车号02–1085，是承德市人民公社第一辆汽车。

同月，双滦办事处设双滦总校。

1974 年

5月28日，国务院农垦部部长王震等一行28人到承德市丝绸厂视察。

8月8日，罗马尼亚成蚕设备代表团到承德市丝绸厂参观考察。

同月，双滦工商税务所成立。

11月，承德市公安局承德钢铁厂派出所成立，是承德市第一个企业公安派出所。

同年，双滦办事处设立妇女联合会。

1975 年

春旱、伏旱严重，滦河镇旱田受灾450亩；菜田受灾1100余亩，菜田损失10万余元。

同年，双塔山卫生防疫站成立。

1976 年

6月，承德市化纤纺织厂迁入双塔山镇，改为承德市造纸厂。

7月12日连降大雨，滦河水涨至滦河镇东宫后居民区，冲毁河边农田30余亩。

7月16日，双滦工商税务所拆分为滦河税务所和滦河工商所。

9月，双滦办事处建有线广播站。

10月，双滦办事处设民政卫生科。

11月末，承德至大庙（35公里）广播专用信号线路竣工。

同年，承德矿山机械厂和寿王坟铜矿机械化研究所联合研制成功蟹爪式扒岩机，获1978年全国科学大会奖。

1977 年

5月，滦河手工业联社改名为滦河综合厂。

9月中旬，域内出现严重霜冻，大庙公社粮食减产三成。

11月，滦河公社宫后大队发现战国古墓1座，出土文物有青铜器具等。

1978 年

4月，双滦办事处开始为错划的"右派分子"的干部、知识分子等人员落实政策对错划“右派分子”人员全部予以纠正并落实了相关政策。

7月，承德钢铁厂含铬半钢炼钢试验获得成功，试验项目获冶金部优秀科技奖。

同年，承德矿山机械厂研制的ZJJC-79/4、700×900矩形跳汰机，获1978年全国机械工业科技大会奖。

同年，承德钢铁厂修建中国第一套自行设计安装的链篦机——回转窑。

1979年

3月3日，滦河发电厂五号机组建成试车投产，并入京津唐电网。

4月1日，双塔山发电厂停产关闭，土地、房产及设备移交市纺织工业公司代管。

11月，双滦税务分局成立。

同年，承德市丝绸厂开始生产具有民族特色的高档丝质工艺品—避暑山庄丝织挂锦。

同年，各单位为“文化大革命”期间被错误处理和批判的376人平反、恢复名誉；纠正错划“右派分子”15人；为划为“四类分子”（地主、富农、反革命、坏分子）的205人摘掉帽子；为45名前国民党起义投诚人员颁发“起义投诚人员证书”。

同年，滦河镇民间艺人倪永泉向国家捐献1929年手抄于穹览寺的87首乐谱。1980年受到河北省音乐协会的奖励。

1980年

1月，中国农业银行双塔山办事处成立。

3月，承德市公安局双滦分局成立。

4月18日，承德钢铁厂高汰型钒钛磁铁矿高炉冶炼新技术被国家科委授予科技发明一等奖。

7月7日，全国人大常委会副委员长班禅·额尔德尼确吉坚赞、嘉雅经师、叶雄活佛到承德市丝绸厂视察。

9月，双滦办事处撤销，建双滦区，下辖大庙、双塔山、滦河、偏桥子4个公社和大庙、麻纺厂、双塔山、滦河、承钢5个街道办事处。

同月，中共双滦区委员会、双滦区妇女联合会、双滦区文教科、中共双滦区委纪律检查委员会、双滦区商业局设立。

9月至12月，党政机关中应落实政策的46名干部，除2名问题较复杂外，其余44名干部全部落实了政策。4个公社农村非脱产干部落实政策555名。

10月，双滦区政府设立城建科，兼管环境保护工作。

12月，麻纺厂生产的“海燕”牌通用麻袋获纺织工业部优秀产品称号。

同年，双滦区人民武装部设立。

1981年

1月，双滦区卫生防疫站成立，区文教科改为文教局。

同月，承德市教育局将小学管理权移交给双滦区文教局。

2月，偏桥子公社三家大队实行生产责任制，当年水稻亩产达400公斤。

4月，双滦区财政局成立。

同月，双滦区工商行政管理局成立。

5月26日至30日，双滦区第一届人民代表大会第一次会议召开，代表出席97名。会议选举徐平为双滦区人大常务委员会主任，于清水为双滦区人民政府区长，选举副区长4名。

6月27日，双滦区个体劳动者协会成立。

7月31日，承德钢铁厂第一批出口的螺纹钢交货，进入香港市场。

10月，双滦区档案科成立。

同月，广仁岭隧道动工修建。1984年6月30日，建成通车。

11月13日，承德市红旗化肥厂改建承德市啤酒厂。1983年9月30日，建成投产。

12月4日，双塔山春燕饭馆19岁女服务员张某，下班后在啤酒厂家属院外铁路涵洞内被害。10日此案告破，犯罪嫌疑人王某归案。此案是双滦公安分局组建后侦破的第一起杀人案。

12月21—25日，双滦区第一届人民代表大会第二次会议召开，出席代表93名。选举产生出席承德市第六届人民代表大会代表70名，接受区人大常委会1名副主任辞职请求。

同年，区委、政府复查落实政策工作，平反422人，改变结论53人，维持原结论29人，待查3人。对“文化大革命”中被错划为地主分子的73人、富农分子65人、历史“反革命分子”136人，全部予以纠正。

同年，按照中共承德市委统一部署，清查“文化大革命”中“打、砸、抢”人员，共清查出122人，其中犯有严重错误的8人，除2人转至其他单位处理外，其余人员按有关政策进行相应的处理。

1982年

1月，双滦区农林局成立。

同月，全国人大常委会副委员长胡厥文到承德市丝绸厂视察。

5月，承德市司法局双滦分局成立。

7月1日，双滦区开始第三次全国人口普查，普查一次验收成功。全区人口75752人。

7月17日夜间，区内突降暴雨、冰雹，受灾面积3543亩，冲毁河坝4610米。

同月20日，中国共产主义青年团双滦区委员会召开第一届代表大会，出席代表144名，选举第一届团委委员13名，其中书记1名，副书记1名，常务委员5名。

12月，双滦区复查“文化大革命”期间案件共569人（其中党员62人）。平反376人，维持原结论158人，改变原结论35人。

同年，区内企业进行经营体制改革，工业企业全面推行厂长负责制。

同年，双滦区农业生产实行家庭联产承包责任制，全年粮食产量9060吨。

1983年

1月，双滦用电所成立。

4月，双滦区委保密委员会成立。

5月8—13日，双滦区第一届人民代表大会第三次会议召开，出席代表92名。选举郭恒林为双滦区人民政府区长。

同月17日，滦河镇穹览寺、琳霄观和双塔山的辽塔被列为第一批市级文物保护单位。

6月末至7月初，域内连降大雨，农作物受灾3904亩，成灾面积3048亩，受灾户983户，滦河镇西南营村有12户承包的园田冲毁绝收。

8月22日，中共河北省委书记高扬到承德市丝绸厂视察。

同年，双滦区“五讲四美三热爱”活动办公室成立。

同年，区属工业企业实行内部承包经营责任制。

1984年

1月，承德市司法局双滦分局改为双滦区司法局。

2月，撤销双塔山人民公社及所属的双塔山、麻纺厂街道办事处，成立双塔山镇人民政府；撤销滦河人民公社及所属的滦河街道办事处、承钢街道办事处，成立滦河镇人民政府。

同月，双滦区人民检察院成立。

同月，双滦区审计局成立。

同月，双滦区分别将计划统计科、城建科、卫生科、民政科和计划生育办公室分别更名为计划委员会、城乡建设环境保护局、卫生局、民政局和计划生育委员会。同时撤销人民防空办公室。

同月，双滦区举办第一届“河北音乐之春”演唱会。

3月，双滦区人民法院成立。

同月，双滦区人事科改为人事局。

同月，撤销大庙人民公社和大庙街道办事处，建大庙乡人民政府；撤销偏桥子人民公社，建偏桥子乡人民政府。

5月7日至11日，双滦区第二届人民代表大会第一次会议召开，出席代表110名。会议选举杨普为区人大常委会主任；选举周金生为双滦区人民政府区长，选举副区长3名；选举张连祥为双滦区人民法院院长，杜文汉为双滦区人民检察院检察长。

6月11—18日，域内连降暴雨，偏桥子乡灾情严重。全乡受灾1232户，涉及5798人，占总人口的82%；受灾耕地6312亩，占全乡总耕地面积的68%。

7月，承德市第三中学、第四中学管理权由市下放到双滦区。

8月，双滦区供销合作社成立。

9月，双滦区乡镇企业局成立。

同月，双滦区体育运动委员会成立。

同年，大庙乡段清耀购置（凌河牌）货运汽车，是双滦区第一家个体运输户。

同年，双滦区工业局更名为双滦区经济委员会。

同年，双滦区扶贫办公室、双滦区政法委员会、双滦区老干部局、双滦区委机要局成立。

1985年

1月1日，中国工商银行承德市支行在双滦区分别设立滦河办事处和双塔山办事处。

同月，双滦区民政科改为民政局。

同月，双塔山乡医院改为双滦区人民医院成立。

4月，中共双滦区机关总支委员会改为区直属机关党委。

同月，双滦区爱国卫生运动委员会办公室成立。

5月6日16时，滦河镇酒店小学少先队员李建萍、李建民，在酒店村附近救起因病昏倒在铁路上的一名职工，杜绝一起人身伤亡事故，被评为“忘我救人好少年”。

同月8—11日，双滦区第二届人民代表大会第二次会议召开。出席代表110名，审议通过区人大常委会、区政府、区人民法院、区检察院工作报告。

同月，撤销双塔山邮电支局，设双滦邮电局。

同月，市属国有企业承德市砖厂、市属集体企业滦河二轻制品总厂、大庙陶瓷厂划归双滦区管理。

7月，承德钢铁厂保卫处改为承德钢铁厂公安处。

同月26日，伊逊河暴发洪水，双塔山镇大龙庙村沟头两空拉沙闸被冲走、白庙子村稻田沟头大坝30余米被冲决口，近3000亩稻田受到影响。

同月，承德市第三中学中考成绩全市排名第一。

同月，经河北省司法厅批准成立双滦区公证处。

8月8日，滦河镇5个村、双塔山镇东平台、西平台、大龙庙、应营子、白庙子村和偏桥子乡的大贵口、小贵口、十八盘等村遭受风雨冰雹灾害，受灾面积6353亩，受灾人口8863人。

8月27日，共青团双滦区委召开第二届代表大会，出席代表201名。选举二届团区委委员13名，其中书记1名，副书记1名，常务委员5名。

同月，民主党派民革双滦直属小组成立。

9月10日，双塔山、滦河、大三岔口、大庙4所小学分别被评为市、区文明校。双滦区有24名教师分别荣获省、市、区三级“园丁奖”。

11月1日，承德市砖厂更名为承德市建筑材料厂。

12月26—29日，中国共产党双滦区第一次代表大会召开，出席代表120名。选举产生第一届委员会委员18名，候补委员3名。选举产生中共双滦区第一届纪律检查委员会委员11名。

同月29日，中共双滦区第一届委员会第一次会议召开。选举杨国钧为中共双滦区委书记，选举中共双滦区委副书记3名，常委7名。

同年，大庙上碾子村业余剧团成立。

同年，中共承德市委在双滦区召开文明村、街共建现场会。

同年，双滦区粮食产量9020吨，蔬菜20898吨，水果326.25吨，肉类1138吨，水产品39吨。

同年，双滦区信用联社成立。

1986年

2月，联合国儿童基金会考察承德市丝绸厂儿童保健工作。

4月5—9日，双滦区第二届人民大表大会第三次会议召开，出席代表109名。审议通过双滦区人大常委会工作报告和“一府两院”工作报告，接受双滦区人民政府区长周金生的辞职请求，选举陈树峰为双滦区人民政府区长。

同月，双滦区人民武装部改为地方机构，受承德军分区和双滦区委、区政府双重领导。

同月，域内连降暴雨，受灾面积15147亩，成灾10794亩。其中，粮食作物成灾9782亩，减产1500吨；经济作物成灾1012亩，减产1000吨。

5月，双滦区物价局成立。

7月，域内连降暴雨，受灾面积15147亩，成灾10794亩，粮食作物减产150万公斤，经济作物减产100万公斤。

8月17日，苏联、朝鲜、古巴等9个国家驻华大使馆的商务参赞等一行16人到承德丝绸厂参观考察。

9月，档案局、档案馆合并为档案局，由原隶属双滦区委改为隶属双滦区政府领导。

同年秋，域内遭雹灾，最大的直径2厘米，粮食作物受灾717亩，经济作物受灾347亩。

10月13日，上午9时58分，承德钢铁厂运输部专用214次列车在通过西平台铁道部18工程局材料厂门前道口时，与双滦区税务局的北京212吉普相撞，死亡5人，重伤1人。

同月30日，滦河镇被国家计划生育委员会授予1985年度计划生育先进单位。

同月，民革双滦直属小组改建为民革承德市委双滦支部。

12月，撤销大庙乡人民政府及所属的街道办事处，组建大庙镇人民政府。大庙镇街道办公室在黑山铁矿设立黑山社区居委会。

同年，个体经营者屈汕被评为“全国关心少儿工作先进个人”。

同年，承德钢铁厂修建材料设备库围墙时，挖掘出汉朝古币铜钱40枚和铜镜1块。

同年，承德市安定医院并入双滦区医院。

同年，双滦区国有企业职工和全民事业单位合同制工人实行失业保险金制度。

同年，双滦区国有工商企业实行第二步利改税。

同年，双滦区政府与各区属企业签订经济承包责任书。

1987年

1月7—9日，中共双滦区委第一届委员会第二次全委会议召开。会议讨论区委、区政府贯彻落实《中共中央关于社会主义精神文明建设指导方针的决议》的措施，讨论区委《一九八六年工作总结》和《一九八七年工作要点》。

3月，双滦区劳动局和双滦区人事局合并为双滦区劳动人事局。

同月，双滦区计划委员会与双滦区经济委员会合并为双滦区计划经济委员会。

3月至10月，双滦区首次颁发居民身份证。

4月22—24日，政协双滦区第一届委员会第一次会议召开，出席代表72名。会议选举郭恒林为第一届政协常务委员会主席，副主席4名，

常委14名。

4月25—29日，双滦区第三届人民代表大会第一次会议召开，出席代表120名。选举杨普为第三届人大常委会主任；选举陈树峰为双滦区人民政府区长；选举王悦庭为双滦区人民法院院长，杜文汉为双滦区人民检察院检察长。

8月，双滦区科学技术委员会成立。

9月9日，大庙镇小三岔口附近发生一起火车与汽车相撞的重大交通事故。死亡1人，受伤19人，其中6人重伤。

同月，双滦区医院在双塔山中心大街建成1000平方米门诊楼。

同月，中国人民保险公司承德市双滦办事处成立，为双滦区首家保险业务机构。

同年秋，域内遭受雹灾，雹粒最大的直径2厘米，受灾耕地3124亩，成灾2680亩。冻死羊19只，造成经济损失120万元。

10月1日，第一次全国农村宅基地普查工作在域内开展。

同月，双滦区消费者协会成立。

11月，双滦区精神文明建设指导委员会成立。

12月，承德市公安交通警察大队双滦区中队成立。

同月，中共双滦区委员会、双滦区人民政府下发《关于工商企业推行承包经营的若干规定》，区属工商业开始公开招标承包。

同月，滦河镇、双塔山镇、大庙镇、偏桥子乡分别建敬老院。

同年，全国人大常委会副委员长朱学范到域内承德市丝绸厂视察。

1988年

1月14—15日，中共双滦区第一届委员会第三次会议召开。会议贯彻中共十三大会议和省委三届五次会议精神，总结1987年工作、研究确定1988年工作任务，讨论通过《一九八八年工作指导纲要》。

3月3—5日，政协双滦区第一届委员会第二次会议召开，委员出席76名。会议听取审议《关于政协双滦区一届一次会议以来提案办理情况的报告》；审议此次会议有关决议；选举增补政协双滦区一届委员会常务委员1名，委员4名。

3月9日至12日，双滦区第三届人民代表大会第二次会议召开，出席代表117名。审议通过区人大常委会工作报告和“一府两院”工作报告，选举产生出席承德市第七届人民代表大会代表37名。

同月，双滦区监察局、双滦区统计局成立。

同月，双滦区广播站改为双滦区广播局。

5月干旱少雨，影响春播生产，水稻不能及时插秧，全区受灾面积23674亩，成灾面积11775亩，绝收500亩。旱灾涉及全区4个乡镇的43个村，受灾人口31921人。

同月，陈栅子乡滦河大桥动工修建。大桥位于双滦区偏桥子镇达连坑村和滦平县陈栅子乡交界处，总投资762.93万元，于1990年6月竣工通车。

6月11日上午，大庙陶瓷厂19岁男工于某，因对其工伤待遇不满，身带爆炸物闯入会议室引爆，爆炸造成包括于某在内3人死亡，3人重伤，6人轻伤。

同月，双滦区信访办公室成立。

7月4日，双滦区职业技术高级中学成立。

7月30日，双塔山镇、偏桥子乡共15个村遭受风灾，农作物受灾面积3000亩。

8月19—20日，中共双滦区第一届委员会第四次全委会议召开。讨论通过《关于实行三年经济发展目标责任制的决定》，研究确定《乡镇财政管理体制的试行办法》。

9月2日下午，大庙镇、偏桥子乡遭受风雨灾害，农作物受灾面积4000亩；小三岔口村北河坝被冲开3米宽口子，堤坝受损约70米。

11月14日，承德矿山机械厂、麻纺厂等8

家企业被省政府命名为省级先进单位。

12月12—14日，中共双滦区第一届委员会第五次全委会议召开。会议研究部署治理全区经济环境、整顿经济秩序、全面深化改革的各项工作。会议作出《关于加强承包土地管理、增加对土地投入的决定》，讨论通过《关于进行形势教育的安排意见》。

同年，双滦区财政局建立区级金库，核定区财政收入170万元，支出228万元，市财政补贴58万元。

1989年

4月4—7日，政协双滦区第一届委员会第三次会议召开，出席委员85名。会议听取一届委员会常委会的工作报告和提案工作委员会关于提案办理情况的报告，表彰1988年度政协先进工作组和模范委员。

4月5—8日，双滦区第三届人民代表大会第三次会议召开，代表出席113名。听取审议双滦区人大常委会工作报告和“一府两院”工作报告。

5月16日，大庙镇北梁村被评为河北省水土保持先进单位，是承德市历史以来唯一获此称号的单位。

同月，双滦税务分局上划省垂直领导。

7月21—22日，中共双滦区第一届委员会第六次全委会议召开。会议贯彻中共十三届四中全会精神，传达省委三届七次全委会议精神和市委八届六次全委会议精神；区委书记杨国钧作《坚持立国之本，走好强国之路，把全区的改革和建设继续引向深入》的报告。

8月，双滦区土地管理局成立。

同月，双滦区烟草专卖局成立。

9月14日，共青团双滦区委员会召开第三届代表大会，出席代表110名。选举共青团双滦区委委员15名，其中书记1名、副书记2名、常委7名。

9月28日，双滦区总工会第一次代表大会召开，出席代表65名，特邀代表9名。选举产生双滦区总工会第一届执行委员会委员11名，其中主席1名。

11月，双塔山变电站扩建工程竣工并投入运营。

12月5—7日，中国共产党双滦区第二次代表大会召开，出席代表111名。选举中共双滦区第二届委员会委员21名，候补委员4名；选举中共双滦区纪律检查委员会委员11名。

12月8日，中国共产党双滦区第二届委员会第一次会议召开，选举杨国钧为中共双滦区委员会书记，副书记3名，常委7名。

12月27日，滦河电厂西沟粉煤灰厂发生溃坝，跑灰4万立方米，严重污染滦河农田。

同年，域内先后遭受春旱、“卡脖旱”双重旱灾，地下水位下降，滦河水断流。全区耕地有27422亩受灾，成灾面积18923亩，粮食减产4000吨。四旁树10万多株干死。旱灾造成偏桥子乡羊泉子、大贵口、长北沟、前营子4个村的480户、2250人畜饮水困难。

同年，市3路公交车通达偏桥子乡5个站点。

1990年

1月，双滦区残疾人联合会成立。

2月1日，国家计委批准《滦河发电厂三期扩建工程设计任务书》。

3月6—7日，中共双滦区委第二届委员会第二次全委会议召开。会议讨论通过《关于加强基层组织建设的意见》《关于农业发展和农村改革》《关于繁荣市场、整顿流通秩序》《关于持续稳定协调发展工业经济的决定》；制定《1990年工农业生产和社会发展计划（草案）》。

3月26—29日，政协双滦区第二届委员会第一次会议召开，出席委员85名。选举郭恒林为政协双滦区第二届委员会主席、副主席4名，常委14名。

4月4—8日，双滦区第四届人民代表大会第一次会议召开，出席代表130名。选举王云惠为双滦区第四届人大常委会主任；选举副主任4名，委员10名；选举陈树峰为双滦区人民政府区长，副区长4名；选举王俊山为双滦区人民法院院长，赵会亭为双滦区人民检察院检察长。

5月10日，大庙镇上碾子村发生爆炸案件。犯罪嫌疑人王某身绑炸药将恋爱对象吴某炸死，案犯王某同时身亡。

6月3日9时至4日4时，境域内连降暴雨，最大降雨量67毫米，致山洪暴发，滦河、偏桥子镇部分村遭受洪涝灾害，农作物受灾面积12500亩，成灾面积6200亩，成灾人口2017户、9913人；冲毁乡间道23公里，冲毁护地坝4处280延长米。

7月29日，代省长程维高到承德市丝绸厂视察。

同月30日，双滦区开展全国第四次人口普查工作。

9月，中国民主建国会承德市委员会承德钢铁厂直属小组改为民建承德钢铁厂支部。

12月27日至28日，中共双滦区委第二届委员会第三次全委会议召开，会议研究全区下一年经济工作。

同年，双滦区燃料公司成立。

1991年

1月，双滦区各乡镇建一级财政，成立乡镇国库。

3月14日，驻区企业承德市建筑陶瓷厂10万平面釉面砖生产线土建工程全面开工。

3月28日至29日，中共双滦区第二届委员会第四次全委会议召开。会议审议并原则通过《双滦区国民经济和社会发展十年规划和“八五”计划草案》；提出以中共十三届七中全会精神为指针，以深化改革为动力，发挥优势，综合开发，项目牵头，重点突破的意见。

4月2—5日，政协双滦区第二届委员会第二次会议召开，出席委员72名。会议听取审议政协双滦区第二届委员会常委会工作报告和提案办理情况报告，增补委员2名。

4月3—6日，双滦区第四届人民代表大会第二次会议召开，出席代表129名。会议听取审议区人大常委会工作报告和“一府两院”工作报告；审查批准《双滦区国民经济和社会发展规划和第八个五年计划纲要的报告》《双滦区1990年国民经济和社会发展执行情况和1991年国民经济和社会发展计划的报告》《1990年财政决算情况和1991年财政预算情况的报告》。

6月27—28日，域内4个乡镇降特大暴雨，最大降雨量53.8毫米，农业受灾面积27173亩，成灾面积18859亩。其中，粮食作物13619亩，经济作物5240亩。倒塌房屋12间，倒塌院墙50户，冲毁河坝9090延长米，直接经济损失186.8万元。

8月4日，时任西藏自治区党委书记胡锦涛到驻区企业承德钢铁厂参观。

8月，域内发生旱灾，全区农业受灾面积28032亩，粮食减产3500吨。

9月17日，中共中央总书记、国家主席、中央军委主席江泽民到驻区企业承德输送机总厂视察。

10月3日，国务委员、国家教委主任李铁映，武警部队司令员周玉书等到驻区企业承德市丝绸厂视察。

同年，双滦区被中共承德市委、市政府、承德市警备区命名为“双拥模范区”。

同年，个体经营者屈汕再次被评为全国关心少儿工作先进个人。

1992年

1月21—22日，中共双滦区第二届委员会第五次全委会议召开。会议传达贯彻中共十三届八中全会和省委四届三次全会及市委（扩大）会议精神，讨论通过《一九九二年工作要点》，安排1992年经济工作。

2月25—28日，政协双滦区第二届委员会第三次会议召开，出席委员75名。会议听取审议政协双滦区第二届委员会常委会工作报告和提案办理情况工作报告并作出决议，会议通过政协双滦区第二届委员会各工作组改为各专门委员会的决议。

2月26—29日，双滦区第四届代表大会第三次会议召开，出席代表129名。会议听取审议区人大常委会工作报告和“一府两院”工作报告；审查批准《双滦区1991年国民经济和社会发展执行情况与1992年国民经济和社会发展计划的报告》《双滦区1991年财政决算和1992年财政预算情况的报告》。

4月，双滦区住房制度改革领导小组办公室成立。

7月16—17日，中共双滦区委二届六次全会召开。会议贯彻市委九届五次全会和经济工作会议精神，传达中共中央国务院关于加快发展第三产业的决定，部署全区改革开放和经济发展工作。

8月3日15时至23时，域内连降大雨，山洪暴发，滦河水位急涨，受灾农田22444.5亩。

12月18—20日，中共双滦区第三次代表大会召开，出席代表113名。会议选举中共双滦区第三届委员会委员22名，候补委员5名；选举中共双滦区纪律检查委员会委员11名。

12月20日，中共双滦区第三届委员会第一次会议选举陈秀峰为区委书记；选举区委副书记3名，常委10名。

同年，双塔山镇与加拿大联合太平洋有限公司合资兴建双塔山炼钢厂，合同利用外资20万美元。

同年，中宣部、公安部授予滦河镇居民陈浩明“全国见义勇为先进个人”荣誉称号。

同年，域内大面积干旱，失墒耕地面积2万多亩，占耕地面积的60%。区内4个乡镇的43个村均受灾，成灾面积14120亩，受灾人口20189人。

1993年

1月4日，双塔山镇热河钢铁厂投产。

2月8日，中共双滦区委第三届委员会第二次全委（扩大）会议召开。会议贯彻省委三届八次全会、市委八届七次全会精神；讨论通过区委《关于加强基层组织建设的意见》、区政府《关于繁荣市场、整顿流通秩序的决定》和《关于持续、稳定、协调发展的工业经济的决定》等文件。

同月9—12日，政协双滦区第三届委员会第一次会议召开，出席委员90名。选举徐炳勋为政协双滦区第三届委员会主席；选举副主席3名，常委12名。

同月10—13日，双滦区第五届人民代表大会召开，出席代表130名。选举王云惠为第五届人大常委会主任，刘学军为双滦区人民政府区长；选举副区长5名、科技副区长1名；选举王俊山为双滦区人民法院院长，赵会亭为双滦区人民检察院检察长。

同月，双滦区工商联合会成立。

3月2日，双滦区塑料机电厂因经营不善，宣告破产，系区内第一例企业破产案。

9日，双滦区人民政府发出《关于办理区内城镇户口规定的通知》，对来区经商办企业人员和久住尚无城镇户口人员，在自愿的原则下，实行有偿转为区内城镇户口。

4月，双塔山镇至偏桥子乡公路工程破土动工。

4—6月，域内一直干旱无雨，农作物受灾面积20000亩，成灾面积16000亩，成灾人口达16500人。

6月9日，北京通县葛渠农工商联合总公司与大庙镇合资合作的承德双通冶炼厂兴建签字仪式在区政府会议室举行，副市长王永泰出席签字仪式。

6月14日下午，偏桥子镇突降冰雹，持续6分钟，农作物受灾面积8210亩，成灾面积2500亩。

夏季，域内连降暴雨，农作物受灾面积13845亩；冲毁沟头坝200延长米，乡间公路150米；损坏房屋5间，变压器1台；水淹蔬菜大棚4处，直接损失102万元。

7月5日，双滦区工商业联合会第一届会员大会召开。

8月18—20日，双滦区第五届人民代表大会第二次会议召开，出席代表106名。审议通过区政府《关于经济工作报告》；选举产生出席承德市第九届人民代表大会代表19名。

9月15日，共青团双滦区委第四届代表大会召开，出席代表100名。选举四届团区委委员15名，候补委员2名，其中书记1名，副书记1名，常务委员7名。

9月19日，双滦区对外贸易经济合作公司成立。

同年，双塔山镇实现产值超过1亿元，成为区内第一个亿元镇。

1994年

1月，双滦区体制改革委员会设立。

同月，承德钢铁厂油泄露造成滦河水污染，农田受灾面积133320平方米。

2月21日，双滦区经济协作办公室成立。

2月26—27日，中共双滦区委三届三次全委（扩大）会议召开。会议贯彻中共十四届三中全会、市委常委（扩大）会议精神和全市经济工作、农村工作会议精神；研究确定全区1994年经济工作任务；部署农业农村、区属工业和乡镇企业发展工作。

3月，中国民主建国会双滦支部成立。

3月8—11日，政协双滦区第三届委员会第二次会议召开，出席委员92名。听取审议政协双滦区三届常委会工作报告和提案办理情况报告，补选政协双滦区三届委员会常务委员2名。

同月9—11日，双滦区第五届人民代表大会第三次会议召开，出席代表110名。审议通过区人大常委会工作报告和“一府两院”工作报告；审议通过《双滦区1993年国民经济执行情况和1994年国民经济和社会发展计划报告》《双滦区1993年财政决算情况和1994年财政预算情况的报告》。

4月，双滦区直机关党委改为双滦区直机关工作委员会。

5月2日夜至3日，域内降雨夹雪气温骤降，积雪深达10厘米，农作物和果树受灾面积5848亩，成灾3210亩；行道树、宅旁树、田头树等折断7.8万株；高压线被冰凌压断19处，低压线被压断280处；折断倒塌水泥电杆93根，通讯广播线路毁坏6500米，有线电视线路毁坏2000米；毁坏民房7间，其中倒塌2间。灾情造成直接经济损失54万元。

5月26日，河北省第七届中学生运动会在承德三中举行，来自全省13个代表队的326名男女运动员参加了此次比赛。

6月，承德钢铁厂更名为承德钢铁股份有限公司。

7月13日，域内发生特大洪水，受灾4个镇、40个村，其中特重灾村6个。全区农作物受灾面积12998亩，成灾面积10678亩；通讯线路遭到严重破坏，毁坏房屋7间，倒塌2间；成灾人口5521人。因灾造成农业损失980万元。

同月，双滦区地方税务局成立。

8月，双滦区国家税务局成立。

9月1日，双滦区工商行政管理局划归承德市工商行政管理局直属，改称承德市工商行政管理局双滦分局。

同月，偏桥子乡人民政府改设偏桥子镇人民政府。

同月，滦河铸造厂实行股份合作制的经验，被省体改委列为企业产权制度现场会典型单位。

12月，中国民主促进会承德市委员会滦河电厂支部成立。

同年，域内4个镇全部开通程控电话。

同年，滦河镇投资30万元建承德市第一个镇办电视台，全镇闭路联网。

同年，双滦区引进市外资金3100万元，占全区固定资产投入5355万元的57%，比1993年增35%。

同年，双滦区青年志愿者协会成立。

1995年

1月7—8日，中共双滦区委第三届四次全委（扩大）会议召开。会议贯彻中共十四届四中全会和市委常委（扩大）会议精神，部署农业、农村工作和建设小康区工作。

同月，双滦区职业高中更名为双滦区职业教育中心。

2月21—23日，政协双滦区第三届委员会第三次会议召开，出席委员95名。会议审议通过政协双滦区三届委员会工作报告和提案办理情况报告，补选政协双滦区第三届委员会常务委员1名。

同月22—24日，双滦区第五届人大常委会第四次会议召开，出席代表116名。听取审议区人大常委会工作报告、“一府两院”工作报告，补选区人大常委会委员1名。

同月，双滦区文体旅游局成立。

3—12月，双滦区党政机构改革，原区直39个部门精简为25个部门。其中中共双滦区委员会部门7个、双滦区人民政府部门18个。

5月2日，域内首家有限责任公司——昌盛源化工有限责任公司成立。

6月15日，省长叶连松到驻区企业承德钢铁公司调研。

8月15日，双塔山镇至偏桥子镇公路竣工通车。

同月，双滦党校成立，校址设在区职教中心。

9月，区农村初级卫生保健工作通过省级评审验收。

1996年

2月5—6日，中共双滦区委三届五次全委（扩大）会议召开。会议贯彻中共十四届五中全会和省、市委会议精神，研究确定1996年全区各项工作任务，讨论通过《关于制定全区国民经济和社会发展“九五”计划及2010年远景目标的建议》《关于加强“九五”时期社会主义精神文明建设的意见》。

4月8日，滦河发电厂四期技改工程开工建设。

同月，中国人寿保险股份有限公司承德市双滦区支公司成立，其前身为中国人民保险公司承德市双滦办事处。

同月，遭遇春旱，区内10000多亩耕地未能适时播种。已播种耕地缺苗率在4成以上，受灾面积11800亩，成灾8400亩，绝收500亩；受灾人口14500人，农业损失203.7万元。

5月7—9日，政协双滦区第三届委员会第四次会议召开，出席委员95名。审议通过政协双滦区第三届委员会工作报告和提案办理情况报告；补选政协双滦区第三届委员会副主席1名，常务委员3名。

5月8—10日，双滦区第五届人民代表大会第五次会议召开，出席代表127名。听取审议区人大常委会工作报告和“一府两院”工作报告；接受区人大常委会副主席辞职请求1名，补选区人大常委会副主席1名；补选徐树清为双滦区人民政府区长。

7月31日，双滦区人民政府将滦河关帝庙、清真寺、喀喇河屯行宫列入区级遗址保护单位。

9月20日，双滦区有线电视台开播。

同月，双滦区推行公务员制度。

同月，滦河二轻制品总厂耐磨材料厂破产。

10月18日，共青团双滦区委第五届代表大会召开，出席代表66名。选举团区委委员15名，其中书记1名、副书记1名、常委7名。

同月28日，双滦区总工会第二次代表大会召开，出席代表86名。会议选举区总工会第二届执行委员会委员7名，其中主席1名。

11月18日，双塔山选矿厂与大庙铁矿合并，组建成立双大矿业公司。

12月10日，区“两基”（基本普及九年义务教育和基本扫除青壮年文盲）教育通过省政府验收。

同月，双滦区建立城市最低生活保障制度，月人均120元。

1997年

1月9—10日，中共双滦区委三届六次全委（扩大）会议召开。会议讨论通过区委《关于进一步加强基层领导班子建设提高干部队伍素质的决定》和《双滦区1996年—2000年社会主义精神文明建设实施纲要》，研究确定1997年全区经济工作目标。

2月25—27日，政协双滦区第三届委员会第五次会议召开，出席委员96名。会议审议通过政协双滦区第三届委员会工作报告和提案办理情况报告；审议通过政协双滦区第三届委员会五次会议决议；表彰优秀政协委员11名，优秀提案撰写者7名，办理提案先进单位5个，办理提案先进个人1名。

2月26—28日，双滦区第五届人民代表大会第六次会议召开，出席代表129名。会议审议区人大常委会、“一府两院”工作报告。接受1名副区长和1名检察长的辞职请求；补选王悦庭为双滦区人大常委会副主任、赵新民为双滦区人民检察院检察长。

4月，双塔山森林公园开工建设。公园由金厂沟林场、磁县太行盆景厂、双塔山镇团瓢村3家联合开发，占地面积600亩，覆盖森林面积75%，自然景观10余处，人文景观14处，停车场3000平方米。

6月14日，省长叶连松到驻区企业承德钢铁公司视察。

6月19日，域内突降暴雨并夹杂冰雹大风，农作物受灾严重，经济损失520万元。

6月20日，双滦区与唐山市开平区缔结友好区。

7月31日，域内普降大雨，时间持续7个多小时，降雨量达到74.5毫米。滦河、牤牛河河水暴涨，滦河最大洪峰流量达到1230立方米／秒；牤牛河最大洪峰流量达到70立方米／秒。洪水冲毁耕地、河坝、房屋，造成直接经济损失227.5万元。全区4个镇普遍受灾，其中双塔山、偏桥子两个镇最为严重。

同月，双滦区城市最低生活保障月人均提高至150元。

8月22日，省人大常务委员会主任吕传赞到驻区企业承德钢铁公司视察。

10月14日，中共双滦区委三届七次全委（扩大）会议召开。会议通过《关于召开中共承德市双滦区第四次代表大会的决议》，确定第四次代表大会议程、代表名额及产生办法等事项。

12月16日统计，全区蔬菜种植面积10486亩，全年蔬菜总产量52650吨。

同年，小三岔口、岔沟门村引进投资并集资119万元建成两座教学楼，竣工投入使用。

1998年

2月7日，中共双滦区委员会第三届第八次全委会议召开。会议听取并讨论区委第三届委员会工作报告，研究确定中共双滦区第四次代表大会召开时间、会议议程等事项。

同月9—10日，中共双滦区第四次代表大会召开，出席代表113名。会议选举中共双滦区第四届委员会委员25名，候补委员4名；选举中共双滦区纪律检查委员会委员11名。

同月11日，中共双滦区第四届委员会第一

次会议，选举关悦为中共双滦区委员会书记；选举副书记3名，常委11名。

同月16—19日，政协双滦区第四届委员会第一次会议召开，出席委员99名。选举徐炳勋为政协主席，选举副主席4名、常委18名。

同月17—20日，双滦区第六届人代会第一次会议召开，出席代表136名。会议选举王云惠为双滦区第六届人大常委会主任；选举副主任4名，委员11名；选举徐树清为双滦区人民政府区长，选举副区长5名；选举陈雪峰为双滦区人民法院院长，赵新民为双滦区人民检察院检察长。

同月，双滦区经济贸易局与乡镇企业局合并称企业管理局。

同月，双滦区农林水利局分为双滦区林业水务局和双滦区农业畜牧局。

同月，双滦区交通局成立。

3月，双滦区民族宗教局成立，挂靠民政局。

5月1日，双塔山森林公园建成开始接待游客。

5月9日，双滦区首届“顺酒杯”全民健身运动会圆满结束。共有17个代表队、1500余名运动员参加。

同月，区属企业进行产权制度改革，机械制造厂转为民营；建筑陶瓷厂、轧钢厂转为股份合作制。

8月，双滦区“三位一体”沼气生产技术全市推广现场会在偏桥子村召开。

9月，承德市文物局挖掘队，在滦河镇果山区工地发现古墓葬1座。

10月10日，区第一所高标准“康怡老年公寓”在偏桥子镇落成。

同月24日，中共双滦区四届二次全委(扩大)会议召开。会议通过关于贯彻落实《中共中央关于农业和农村工作若干重大问题的决定》的实施意见。

同年，双滦区粮食总产量突破1万吨大关，比1997年增产1220吨。

同年，双滦区邮政与电信分营，成立双滦邮政局。

同年，区属工业企业实行“三股并存”(基础股、劳动股、风险股)或股份制等多种形式的民营化改造。

1999年

3月7—9日，政协双滦区第四届委员会第二次会议召开，出席委员96名。听取审议政协双滦区第四届委员会常委会工作报告、提案办理情况报告；表彰优秀政协委员9名、优秀提案5个、承办提案先进单位4个、办理提案先进个人1名。

同月10—11日，双滦区第六届人民代表大会第二次会议召开，出席代表130名。会议审议通过区人大常委会、“一府两院”工作报告。

4月，双滦区科学技术局成立。

6月，双滦区人民政府法制科改称双滦区法制局。

同月，区政府成立体制改革办公室。

7月，双滦区老年大学成立。

10月1日，双塔山公园700米空架客运观光索道正式运营。

12月24日，中共双滦区委四届三次全委(扩大)会议召开。会议贯彻省委五届八次全会和市委十届九次全会精神；研究部署在新世纪进一步加快经济发展问题；通过《关于加快区域经济发展的决定》。

同月，双滦区质量技术监督局、双滦区药品监督管理局成立。

同年，双滦区域遇到历史罕见的特大旱灾，农作物受灾面积27000亩，受灾人口38000人。直接经济损失610万元。

2000年

1月，省长钮茂生到驻区企业承德钢铁公司调研。

3月7—8日，政协双滦区第四届委员会第

三次会议召开，出席委员106名。听取审议政协双滦区第四届委员会常委会工作报告和提案办理情况报告，通过会议决议。

3月8—9日，双滦区第六届人民代表大会第三次会议召开，出席代表128名。会议审议通过区人大常委会、“一府两院”工作报告，接受佟殿祥辞去区人大常委会副主任请求和蒋大力辞去区人民政府副区长职务请求。

10月，双滦区农村电网改造一期工程开始实施。

12月12日，中共双滦区委四届四次全委（扩大）会议召开，会议通过《关于制定国民经济和社会发展第十个五年计划的建议》。

同月，全区43个行政村实现广播电视村村通。

同年，双塔山小学2600平方米教学楼建成使用。

同年，承德三中成立市少儿体校，面向全市招生，第一届招收学生40人。

同年，域内遭受严重旱灾，农作物成灾面积31000亩，粮食减产8210吨，涉及15个村、26200人，以及510头大牲畜饮水困难，直接经济损失2100万元。

同年，双滦区农业产业化办公室成立。

同年，河北省政府授予双滦区“两基”工作（基本普及九年义务教育和基本扫除青壮年文盲）先进区称号。

2001年

1月，双滦区财政支付中心成立。

同月，双滦区医疗保险改革办公室成立，机关事业单位工作人员全部纳入承德市城镇职工基本医疗保险。

2月21—22日，政协双滦区第四届委员会第四次会议召开，出席委员108名。听取审议政协双滦区第四届委员会工作报告和提案办理情况报告，接受1名副主席辞职请求，补选副主席1名。

同月22—24日，双滦区第六届人民代表大会第四次会议召开，出席代表108名。会议审议通过区人大常委会、“一府两院”工作报告；补选区人大常委会副主任1名，委员2名；补选程中平为双滦区人民法院院长。

同月，双滦区质量技术监督局更名为承德市质量技术监督局双滦分局。

3月，双滦区法律援助中心成立。

6月，中共双滦区委四届五次全委（扩大）会议召开。会议选举出席中共承德市第十一次代表大会代表14名。

8月，双滦区政府采购中心成立。

同月，双滦区环保局由双滦区建设环保局划出，改称承德市环保局双滦分局。

9月27日，双滦区完成与双桥区、承德县、隆化县、滦平县的边界勘定工作。

11月，鸟语林自然风景区建设工程正式立项。

同月，承德市国债中心双滦营业部撤销。

同年，滦河果山战国墓遗址，被区政府列入第三批重点文物保护单位；滦河穹览寺被河北省政府公布为省级文物保护单位。

12月，承德市公安局钢城公安分局成立。

2002年

2月20日，国家经贸委前主任、全国人大常委会委员盛华仁到承德钢铁公司调研。

3月11—12日，政协双滦区第四届委员会第五次会议召开，出席委员117名。会议听取审议政协双滦区第四届委员会工作报告和提案办理情况报告，通过会议决议。

3月12—14日，双滦区第六届人民代表大会第五次会议召开，出席代表112名。会议审议通过区人大常委会、“一府两院”工作报告；接受徐树清辞去双滦区人民政府区长请求和李利民辞去副区长职务的请求；选举苏爱国为双滦区人民政府区长。

4 月，中国联通双滦分公司成立。

同月，双滦区第二建筑公司改制为承德市繁荣建筑有限公司。

5 月，双滦区保密委员会办公室成立。

7 月 29 日，双滦公安分局破获一起建局以来最大的贩卖假币案，收缴假币 2.4 万元。

同月，双滦区教育局更名为双滦区文化教育体育局，11 月又改为双滦区教育体育局。

同月，域内突降暴雨，农作物受灾面积 21355 亩，成灾面积 19260 亩，其中绝收 1605 亩，减产粮食 4330 吨；损坏房屋 12 间，倒塌房屋 6 间；冲毁河坝 500 延长米、公路桥涵 1 座，受灾人口 31410 人。

8 月 30 日，共青团双滦区委员会第六届代表大会召开，出席代表 66 名。选举六届团区委委员 15 名、候补委员 2 名，其中书记 1 名、副书记 1 名、常务委员 7 名。

同月，设立滦河街道办事处和双塔山街道办事处。

9 月 21 日，滦河镇长城钢管有限公司财务室发生入室抢劫案，系新中国成立以来承德市数额最大的入室抢劫案，5 名犯罪嫌疑人抢劫现金 48 万余元。10 月 13 日，案件告破，追回赃款 43.7 万元。

9 月 27 日，双滦区民族文化广场建成。广场占地 33000 平方米，总投资 800 万元，是集休闲、娱乐、健身、集会于一体的场所。

同月，双滦区第二届全民运动会在民族文化广场举行。

同月，区供销社划归双滦区管理。

11 月 8 日，双滦区总工会第三次代表大会召开，出席代表 91 名。选举产生区总工会第三届执行委员会委员 12 名，其中主席 1 名；选举经费审查委员会委员 5 名，其中主任 1 名。

同月，民主党派承德中国民主促进会双滦小教支部成立。

同年，中国网通集团有限公司河北省承德分公司双滦营业部挂牌营业。

同年，双滦区被承德市政府授予“体育突出贡献奖”荣誉称号。

同年，区医院“120”急救中心成立。

2003 年

1 月，承钢集团所辖中小学划归双滦区管理，原承钢中学更名为承德市第十五中学；原承钢小学更名为双滦区第一小学、双滦区第二小学、双滦区黑山小学。

同月，承钢烧结厂建成国内第一座大型新工艺竖炉——TCS 竖炉。

4 月 5 日至 8 日，政协双滦区第五届委员会第一次会议召开，委员出席 106 名。选举李长银为政协双滦区第五届委员会委员会主席；选举副主席 3 名，常委 21 名。

4 月 6 日至 9 日，双滦区第七届人民代表大会第一次会议召开，代表出席 140 名。选举王晓忠为第七届人大常委会主任；选举副主任 4 名，委员 15 名；选举苏爱国为双滦区人民政府区长，选举副区长 5 名。选举程中平为双滦区人民法院院长，赵新民为双滦区人民检察院检察长。

同月，广仁岭新隧道动工修建，年底竣工通车。隧道宽 11.2 米，长 581 米。

6 月，双滦区劳动服务公司改为双滦区就业服务局。

7 月 14 日，中共双滦区委四届六次全委（扩大）会议召开。会议通过《关于召开中共承德市双滦区第五次代表大会的决议（草案）》，议定会议时间、议程等事项。

7 月 15 日，双滦区召开抗击“非典”表彰大会，表彰先进单位 8 个，先进个人 36 名。

7 月 16—17 日，中共双滦区第五次代表大会召开，出席代表 118 名。会议选举中共双滦区第五届委员会委员 25 名，候补委员 5 名；选举中共双滦区纪律检查委员会委员 11 名。

7 月 18 日，中共双滦区第五届委员会第一次会议召开。选举崔振泉为中共双滦区委员会书记，选举副书记4名、常委11名。

同月，区内出现“卡脖旱”，造成大面积农作物枯死。农作物受灾面积30000亩，直接经济损失560万元。

8月，双滦区集中供热网工程开工建设。11月30日，集中供热部分管网改造完成，开始向住户供热。

9月7日，河北承德实验中学举行开学典礼，第一批新生入学。

同月，双滦区供销社系统进行产权制度改革。

10月，小贵口高速公路滦河大桥开工建设，桥长1296米，桥面净宽12.25米，总投资7045万元。

11月13日，省长季允石到驻区企业承德钢铁公司调研。

同年，滦河镇宫后村村医王贺祥在全国农村医生评选表彰活动中被评为优秀乡村医生。

同年，中国海尔集团投资66万元建成北梁小学教学楼投入使用，学校占地889平方米。

同年，域内商业企业全部改制为民营企业。

2004年

1月，实验中学被河北省体育局、省教育厅评为河北省优秀体育传统项目学校，认定实验中学为河北省示范性普通高中（试办）。

同月，胡熙宁经双滦区人大常委员会批准任命为副区长、代理区长。

2月，经中共承德市委员会批准任命苏爱国为双滦区委书记。

3月8—10日，政协双滦区第五届委员会第二次会议召开，出席委员113名。审议通过政协双滦区第五届委员会工作报告和提案办理情况报告；通过政治决议。

同月9—10日，双滦区第七届人民代表大会第二次会议召开，出席代表119名。会议审议通过区人大常委会、“一府两院”工作报告；接受苏爱国辞去双滦区人民政府区长的请求和程中平辞去双滦区人民法院院长职务请求；选举胡熙宁为双滦区人民政府区长、王强为双滦区人民法院院长。

同月，双滦区成立农村社会养老保险所，实施农村社会养老保险。

同月31日，中共双滦区委五届二次全委（扩大）会议召开。会议讨论通过区委常委会工作报告、《双滦区全面建设小康社会总体规划纲要》和中共双滦区委《关于加快创建繁荣、开放、诚信、文明经济强区的决定》。

5月12日，112线双滦段（东山头至滦河大桥）全线开工建设。

同月，双滦区地方志编纂委员会成立，开始筹备编修第一部《承德市双滦区志》。

6月，双滦区文明生态村创建活动开始，投资近600万元，支持农户实施“一建五改”。

同月，占地40余亩的羊泉子新村开工建设，2005年底竣工，450名村民迁入新村住宅。

7月，新双滦大桥开工建设，桥位于京承高速公路双塔山出口连接线处，设计大桥全长545.08米桥面宽11米；2005年底竣工通车。

8月，台湾亲民党秘书长秦金生亲友团一行49人到双滦风景区参观考察。

10月，承德实验中学学生因食用加工不熟豆角引起140人食物中毒，经治疗全部恢复健康。

12月8日，中共双滦区五届三次全委（扩大）会议召开。会议讨论通过《双滦区委关于贯彻落实〈中共承德市委十一届七次全会实施意见〉的具体意见》，增补区委委员1名。

同月，区内长城钢管、繁荣建筑、大兴矿业三大民营企业集团组建完成。

同年，双滦区医院综合楼投入使用，建筑面积7800平方米，设床位200张。

同年，双滦区制定《双滦区控制性详规》，城市建设纳入统一管理。

同年，民办承德腾飞职业中专迁入双滦区

原承德三中校址。

同年，“村村通”工程全年完成道路里程56.2公里，完成投资816.4万元，全区32个村实现通油路。

同年，承德钢铁公司职工鲍守坤被共青团中央评为“百名优秀志愿者”。

同年，大庙镇北梁村“三八”女子造林队获“全国绿化工程先进集体”称号。

同年，双滦区安全生产监督管理局成立。

2005年

1月16日，中共双滦区委五届四次全委（扩大）会议召开。会议审议通过《中共双滦区委关于在加快创建繁荣、开放、诚信、文明经济强区中推进“六个转变”、落实“六个坚持”的决定》。

3月10—12日，政协双滦区第五届委员会第三次会议召开，委员出席114名。审议通过政协双滦区第五届委员会常委会工作报告和提案办理情况报告；通过会议决议。

同月11—13日，双滦区第七届人民代表大会第三次会议召开，出席代表117名。全会审议通过人大常委会、“一府两院”工作报告；接受2名区人大常委会委员辞职请求；补选区人大常委会委员2名。

4月，承德实验中学被省教育厅认定为省级示范性高中。

5月，双滦区老年大学改为承德市老年大学双滦分校。

6月，双滦区城市管理局成立。

7月8日，“5211”引水工程（双塔山至大庙引水工程）开工建设；同年9月5日全线供水。

同月，双滦区面向社会公开选拔区属中学正副校长，全区选拔正副校长6名。

同月22日，中共双滦区委五届五次全委（扩大）会议召开。会议围绕加快实施“科教兴区”战略，专题研究科技教育工作；讨论通过《关于加强教育工作的决定》和《关于加强科技工作的决定》。

同月，承德三中新校舍建成投入使用，双塔山镇中学并入承德市第三中学。

8月，双滦区称重计量公正站成立并投入使用。

9月7日，中共河北省委书记白克明到承德钢铁公司调研。

同月，双滦区通过河北省“普九”第三轮复查验收。

同月，双滦区司法局司法鉴定委员会成立。

9月28日，张双铁路（滦平县张百湾至承德县双峰寺）张滦段（张百湾至滦河镇）通车。

10月28日，双滦区第一次对城区街巷统一命名、门牌楼号进行编码造册。

同月，小贵口高速公路滦河大桥竣工通车。

同月，双滦区粮食局成立。

11月，双滦区文化文物旅游局成立。

12月15日，国电承德热力有限公司在滦河发电厂正式挂牌营运。

同月28日，中共双滦区委五届六次全委（扩大）会议召开。会议讨论通过双滦区《关于制定国民经济和社会发展第十一个五年规划的建议》和《关于构建“和谐双滦”的实施意见》。

同年，滦河镇被河北省委、省政府评为“2004—2005年度河北省文明小城镇”。

同年，双滦区防疫站撤销，成立双滦区疾病控制中心和卫生监督所。

同年，承德钢铁公司职工鲍守坤获国家卫生部、全国红十字总会、中国人民解放军后勤部卫生部联合颁发的“全国无偿献血奉献金奖”。

同年，党政机构改革。双滦区撤销区经济贸易局，成立发展改革局，双滦区粮食局、工业促进局和区项目发展办公室均并入区发展改革局；机关事物管理局更名为双滦区机关事务服务中心；双滦区发展计划统计局更名为区统计局；成立双滦区机构编制委员会办公室。

同年，区内总供热面积达到105万平方米，集中供热管网的单位及经商户790家，居民住宅7800户。

同年，区政府投资39万元建成“广仁岭文化公园雕塑”，雕塑位于广仁岭隧道西侧文化公园内。

同年底，区委、区政府拨款100万元，首次表彰专业技术拔尖人才，区内6人获奖。

第一编　政区建置

历史上双滦境域曾是游牧民族的聚集地，多为少数民族统辖。战国时期，列入燕国版图；设立县级行政机构始于宋代辽金时期；有较详尽的建置区划记载始于清代。民国34年（1945年）至1958年，行政区划多次变动。1980年9月，双滦区人民政府成立。至2005年，双滦区辖双塔山镇、滦河镇、大庙镇、偏桥子镇、双塔山街道办事处、滦河街道办事处。

第一章　区位 建置

双滦区地形南北狭长，地势北高南低，海拔在300～1300米之间。区内交通便利，东西向101国道贯穿；南北向承赤公路穿境；市内公交车通达各村街。宋代辽金时期，首设县级机构；清代始，有较详尽的区划记载。2005年，政区面积251平方公里，辖4个镇、两个街道办事处，常住人口104810人。双塔山镇为双滦区人民政府驻地。

第一节　区域位置

一 数理位置

区境界于北纬40°54′～41°11′，东经117°42′～117°52′之间。南极点在偏桥子镇小贵口村东南滦河中心线，北纬40°54′；北极点在大庙镇北梁村北梁顶，北纬41°16′；东极点于偏桥子镇小贵口村东月牙山，东经117°52′；西极点在滦河镇宫后村凤凰山上，东经117°42′。

二 自然位置

区域位于河北省东北部的燕山山脉的东段，系内蒙古东南部丘陵与华北地区衔接交汇地带。总体地势，北高南低。地形高度在海拔360～1300米间，平均海拔700米。

三 地理位置

区域东以广仁岭为界与双桥区相交，东北部与承德县交界，西侧和西南与滦平县接壤，北面与隆化县相邻。整个区域，南北狭长、东西狭窄，呈带状形。

四 交通位置

双滦区西南距首都北京210公里，东距承德市政府驻地20公里。国道101线（北京—承德）从境中部穿过，域内净长19.6公里。京承旅游公路从境南端东西走向穿过，域内净长8.51公里。承赤公路（承德—赤峰）从东部向北穿境，域内长约20公里。市内公共汽车5路、15路、2路、3路通达区内各地。

承德钢铁厂货运专线向东与承德火车站相连，向西连接京通线（北京—通辽）。

第二节 建置沿革

一 夏商至隋唐

夏商时期，域内为山戎族地。春秋战国时期先为东胡族地，后列入燕国版图，隶属渔阳郡。秦汉时期，秦统一中国后，域内属渔阳郡；汉始为匈奴左地，武帝时为塞地，后入乌桓。魏晋时，为鲜卑地。北魏（468年）为安州广阳郡辖地，后并入厍莫奚。隋时为奚族地，唐为饶乐都督府辖，后为契丹地。

二 宋 元 明

宋代（辽金）时期，辽北安州在域内设立兴化县，治所在今滦河街西南，属中京大定府辖；金初设兴化军，属上都路；后设兴州，州治所在兴化县，辖兴化、宜兴县。

元代袭金。明代，域内为兴州卫地。明永乐元年（1403年），卫所撤入长城以南，此后即逐渐变为蒙古人牧场。

三 清代

雍正元年（1723年），域内隶属热河厅辖。雍正十一年（1733年），热河厅改为承德州，其治所设在喀喇河屯（今滦河镇），后迁入热河（今双桥区）。清乾隆七年（1742年），撤承德州，域内设喀喇河屯厅，隶属热河直隶厅，治所设在喀喇河屯。乾隆四十三年（1778年）热河厅升为承德府；喀喇河屯厅改设为滦平县，治所在今滦河镇隶属承德府。

四 中华民国

民国3年（1914年）2月，中华民国政府设立热河特别区，境域隶属热河特别区。同年7月，热河特别区成立热河道，域内仍设滦平县。民国17年（1928年）9月，热河特别行政区改为热河省，域内为热河省滦平县。民国22年（1933年）3月5日，日本侵略军侵占滦平县，境域沦陷。民国34年（1945年）10月，中共冀察区十二地委热西分委决定分设东、西滦平县。域内基本归为东滦平县。双塔山地区为东滦平县第一区；滦河地区为东滦平县二区；大庙地区为东滦平县第三区。民国35年（1946年）2月，域内原东滦平县第一、第三区改设承德市第七区。民国35年（1946年）8月，域内为国民政府滦平县辖。民国37年（1948年11月），中共设立人民政府。滦平县、承德市分别在域内设立区政府。

五 中华人民共和国

1949年10月，中华人民共和国成立，保留热河省。域内设滦平县第二区（滦河地区）；承德市设第七区（双塔山、大庙地区），1949年8月改为承德市第六区，1951年1月改为承德市第五区，1955年5月又改为双塔山区。

1955年6月，开始撤区建乡，滦平县第二区（滦河）改为滦平县滦河乡。1955年7月30日，热河省撤销，域内隶属河北省辖。1956年1月，设承德市双塔山区。同年4月，滦平县撤销第二区，改设滦平县滦河办事处。1957年4月，承德市撤销双塔山区。

1958年8月，域内成立双塔山红旗人民公社。1958年9月，滦平县滦河人民公社（滦河乡）划归承德市，至此域内全部为承德市管辖。同月，成立滦河先锋人民公社。10月，滦河先锋人民公社撤销，并入双塔山红旗人民公社。1959年3月，双塔山红旗人民公社改称双塔山人民公社。同年7月，双塔山人民公社管辖的滦河区域划归陈栅子人民公社；同时，陈栅子人民公社改称滦河先进人民公社，后改称滦河人民公社。

1960年3月，撤销承德专员公署，将原承德专员公署所辖的兴隆等9个县划归承德市领导。域内设滦河、双塔山人民公社。

1961年5月，承德专区、市分设。承德市复设双塔山区。1965年始，域内各行政村改称生产大队，大队下设生产小队。

1968年12月，双塔山区建制撤销，其所辖人民公社由承德市革命委员会直接领导。1973年12月，设承德市双滦办事处。1980年9月撤销双滦办事处，设承德市双滦区人民政府。

1984年1月，承德市划为河北省直辖市，双滦区为县级区。1984年3月，双塔山公社及双塔山、麻纺厂街道办事处撤销，组建双塔山镇；滦河公社及滦河街道办事处、承钢街道办事处撤销，组建滦河镇；大庙公社和大庙街道办事处撤销，组建大庙乡政府；偏桥子公社撤销，组建偏桥子乡政府。从1984年起，原直辖于区的各街道办事处并入乡镇，称“街道管理办公室”。人民公社体制废止，“生产大队”改称为“行政村”，“生产小队”改称为“村民组”。

2002年8月，设立滦河街道办事处和双塔山街道办事处，管理区内非农业人口。

至2005年，域内区级建制无改变。

附：

日伪时期政权

民国22年（1933年）3月5日，日本侵略军占领滦平县，伪滦平县公署设在滦平（今滦河镇）。民国29年（1940年），伪滦平县公署迁出境域至鞍匠屯。

第二章　行政区划

清乾隆七年（1742年），域内设立喀喇河屯厅，是有较详行政区划记载的第一个县级行政机构。乾隆四十三年（1778年）至民国22年（1933年）2月，境域改设滦平县，行政区划大于现区域。民国34年（1945年）10月至1958年，域内行政区划多次变易。1970年，设立承德市双滦办事处，统领滦河等4个人民公社。1980年，成立承德市双滦区人民政府。至2005年，双滦区辖镇4个、街道办事处2个。

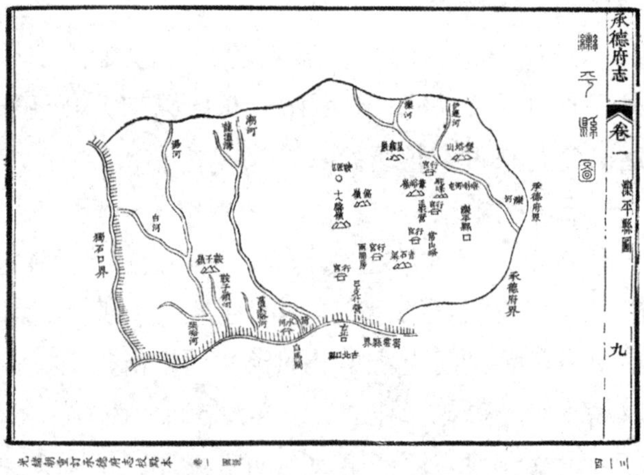

清代滦平县（含今双滦区域）

第一节　建区前行政区划

一 宋 元 明

宋代（辽金）时期，域内为辽北安州兴化军，后升为兴化县，政区范围不详。金承安五年（1200年），升兴化县为兴州，辖于北京路，下辖兴化县、宜兴县，政区范围不详。元代，为上都路兴州兴安县、宜兴县。州、县所辖情况不详。明初，为兴州屯卫地。

二 清代

清乾隆七年（1742年），域内设喀喇河屯厅，隶属承德直隶厅。区划含现区域和今滦平县一部分，具体政区不详。唯有驻域内绿营兵喀喇河屯汛的防区范围作为参考。其防区辖喀喇河屯、应家营、双塔子、大三岔口、单塔子、小三岔口、金厂等21个村庄。乾隆四十三年（1778年），喀喇河屯厅改为滦平县，政区范围包含现境及周边地区。清光绪三十一年（1905年），滦平县域为11个区88个牌。属现境的有：中路区辖3个牌，即街牌、庄牌、宫后；东路区4个牌，即三岔口、单塔子、金厂、元宝山；东南区1个牌，即贵口。共计3个区、8个牌。

三 中华民国

民国元年（1912年），域内属滦平县政区。民国2年（1913年），滦河镇为滦平县第一区，

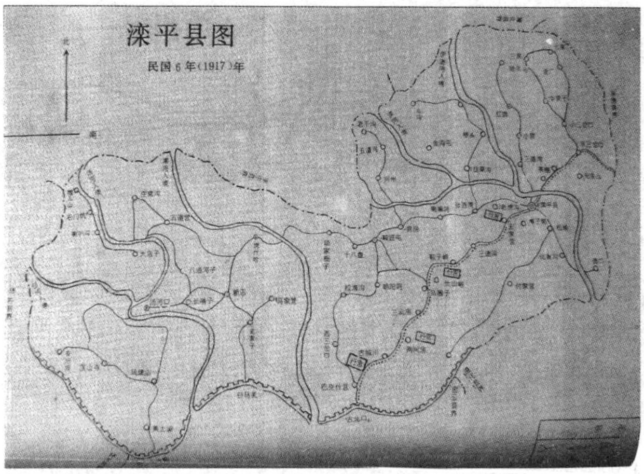

民国 6 年（1917 年）滦平县（含今双滦区域）

所辖范围无考。民国 4 年（1915 年），滦平县第一区警务区，辖 16 个牌。属现境域的有街牌、庄牌、宫后、贵口、三岔口、元宝山等。民国 16 年（1927 年），境域系滦平县中区。民国 19 年（1930 年），境域为滦平县第一区，辖 1 个镇、14 个乡。属现域的有滦河镇、贵口、三岔口、单塔子、上营子、大庙乡。

民国 34 年（1945 年）10 月，域内为中共政权东滦平县辖。政区范围包括双塔山区域（第一区）；滦河区域（第二区）；大庙区域（第三区）。民国 35 年（1946 年）2 月，东滦平县第一区划归承德市第七区，政区为双塔山区域，所辖村、街不详。

民国 37 年（1948 年）6 月，中共政权滦平县在域内恢复重设第一区、第二区、第三区。政区范围分别包括双塔山区域，滦河区域和大庙区域。所辖村、街略多于现境。

民国 38 年（1949 年）1 月，域内政区分为两个部分。滦河区域为滦平县第二区，下辖 15 个行政村；双塔山和大庙区域为承德市第七区，1949 年 8 月，改为承德市第六区，下辖行政村 21 个。

四　中华人民共和国（截至 1980 年）

1951 年 1 月，中共承德市第六区更名为第五区，辖行政村数与第六区相同。

1955 年 6 月，滦平县滦河乡辖行政村 15 个，政区范围大于现滦河镇辖区。同年 4 月，滦平县设滦河办事处，行政区划为原滦平县第二区范围。同年 8 月，承德市双塔山区辖双塔山乡、偏桥子乡和大庙乡，辖行政村 14 个。双塔山乡辖大三岔口村、应营子村、小元宝山村、西平台村、中营子村、单塔子村、四泉庄村（现滦平县）；偏桥子乡辖偏桥子村、三家村、长北沟村；岔沟门乡（大庙）辖大庙村、北梁村、岔沟门村、小三岔口村。

1957 年 4 月，双塔山区撤销，其所辖狮子沟乡、大石庙乡、水泉沟乡、牛圈子沟乡、红石砬沟乡、偏桥子乡、双塔山乡、岔沟门乡（大庙）划归承德市直辖。

1958 年 8 月，域内双塔山红旗人民公社区划为原双塔山区范围；同年 9 月，滦河先锋人民公社辖滦河、三道河、八里庄、付营子等 11 个乡；不久，先锋人民公社改为先进人民公社后，其政区辖滦河、冯营子（现双桥区）、八里庄（现滦平县）、陈栅子（现滦平县）。1958 年 10 月，先进人民公社划归承德市辖后与双塔山红旗人民公社合并，政区涵盖现区域和今滦平县的陈栅子乡、付营子乡、西地乡。

1959 年 3 月，双塔山人民公社政区范围含原双塔山乡、岔沟门（大庙）乡和偏桥子乡。同年 7 月，双塔山人民公社管辖的滦河区域划为陈栅子人民公社（后称滦河人民公社），辖滦河街、陈栅子乡、西地乡和付营子乡。1960 年 3 月，承德专区与承德市合并，滦河人民公社辖滦河、八里庄和冯营子 3 个乡；双塔山人民公社辖区未变。1961 年 5 月，承德专区、市分设，域内双塔山区辖双塔山、大庙、偏桥子、滦河、陈栅子、付营子 6 个人民公社；1965 年 2 月，双塔山区辖双塔山、大庙、偏桥子和滦河 4 个人民公社；同年 9 月，双塔山区辖双塔山、滦河、大庙、狮子沟（现双桥区）、水泉沟（现双桥区）、大石庙和牛圈子沟（现双桥区）8 个人民公社。

1965 年，滦河人民公社辖滦河生产大队、西南营生产大队、酒店生产大队、东园子生产大队和宫后生产大队；双塔山人民公社辖厂沟、通沟、中营子、松树沟、黄地沟、单塔子、大三岔口、元宝山、团瓢、应营子、白庙子、西平台12个生产大队；大庙人民公社辖大庙、北梁、岔沟门、小三岔口、东沟、凤凰嘴、陈营子、上碾子、小冰沟门、上营子10个生产大队；偏桥子人民公社辖偏桥子、长北沟、十八盘、小贵口、大贵口、二道沟、达连坑、三家、老沟门、羊泉子10个生产大队。

1966年5月至1968年11月，双塔山区仍辖双塔山、大庙、滦河等8个人民公社。1968年12月，双塔山区撤销，其原辖8个人民公社由承德市革命委员会直辖。1973年12月，承德市双滦办事处代承德市领导滦河、双塔山、大庙、偏桥子4个人民公社及滦河街道、承钢街道办事处。1975年5月，承德市双滦办事处辖双塔山、滦河、大庙、偏桥子4个人民公社和滦河、双塔山、承钢、麻纺厂、大庙5个街道办事处。

附：

日伪时期行政区划

民国22年（1933年）3月5日，日本侵略军侵占滦平。域内为伪滦平县第一警区。民国25年（1936年），属伪滦平县第一区，辖主村21个，副村144个，行政区划大于现境域。民国29年（1940年）9月，伪滦平县公署迁出后，滦河街为伪滦平县的一个镇，区划不详。民国33年，（1944年），日伪实行“集家并村”，域内除滦河街外，只设双头山（双塔山）村公所，辖大村1个，小村5个。

第二节 建区后行政区划

1980年9月，承德市撤销双滦办事处，设立双滦区，下辖大庙、双塔山、滦河、偏桥子公社和滦河、承钢、双塔山、麻纺厂、大庙街道办事处。

1980年双滦区所辖公社、街道办事处一览表

表1-2-1

下辖机构 / 公社街道	生产大队　居民委员会	生产小队（个）	居民组（个）
滦河人民公社	滦河、西南营、酒店、东园子、宫后5个生产大队	49	—
滦河街道办事处	滦河、电厂、东园子、酒店4个居民委员会	—	24
承钢街道办事处	西地、下营子、西营子、炼钢厂、仓坡、运输部6个居民委员会	—	15
双塔山人民公社	厂沟、道沟、中营子、松树沟、黄地沟、单塔子、大三岔口、下店子、大元宝山、小元宝山、棋盘地、团瓢、应营子、白庙子、西平台、东平台、大龙庙17个生产大队	101	—
双塔山街道办事处	双塔山南街、双塔山北街、白庙子3个居委会	—	52
麻纺街道办事处	团瓢、元宝山西街、元宝山东街、三岔口4个居委会	—	45
大庙人民公社	大庙、北梁、岔沟门、小三岔口、东沟、凤凰嘴、陈营子、上碾子、小冰沟门、上营子10个生产大队	74	—
大庙街道办事处	一街、二街、三街3个居委会	—	11
偏桥子人民公社	偏桥子、长北沟、十八盘、小贵口、大贵口、达连坑、二道沟、三家、羊泉子、老沟门、前营子11个生产大队	50	—

1984—1993年，双滦区辖滦河镇、双塔山镇、大庙镇（1986年12月前为乡）、偏桥子乡共4个乡镇。其中：滦河镇辖滦河、西南营、酒店、东园子、宫后5个行政村，49个村民组，并辖

滦河、电厂、东园子、酒店、蓝旗营、西南营6个居委会，24个居民组；双塔山镇辖厂沟、道沟、中营子、松树沟、黄地沟、单塔子、大三岔口、下店子、大元宝山、小元宝山、棋盘地、团瓢、应营子、白庙子、西平台、东平台16个行政村，双塔山南街、双塔山北街、白庙子、团瓢、元宝山西街、元宝山东街、三岔口7个居委会，97个居民组；大庙镇辖大庙、北梁、岔沟门、小三岔口、东沟、凤凰嘴、陈营子、上碾子、冰沟门、上营子10个行政村，74个村民组，并辖大庙一街、二街、三街、黑山4个居委会（11个居民组）；偏桥子乡辖偏桥子、长北沟、十八盘、小贵口、大贵口、二道沟、达连坑、三家、羊泉子、老沟门、前营子11个行政村，50个村民组。

1994年9月，偏桥子乡改为偏桥子镇，所辖行政村情况未变。2002年8月始，滦河街道办事处辖街道社区居委会6个；双塔山街道办事处辖双塔山、大庙、偏桥子3镇的街道社区居委会7个。

至2005年底，双滦区行政区划无变化。

2005年双滦区所辖乡镇、街道办事处一览表

表1-2-2

镇 街道办事处	行政村 城镇居民委员会	村民组（个）
滦河镇	滦河、西南营、酒店、东园子、宫后（行政村）	35
滦河街道办事处	行宫、凤凰、果山、滦江、滦电、怡园（社区居委会）	
双塔山镇	厂沟、通沟、中营子、松树沟、黄地沟、单塔子、大三岔口、下店子、大元宝山、小元宝山、棋盘地、团瓢、应营子、白庙子、西平台、东平台、大龙庙（行政村）	106
双塔山街道办事处	黑山、输送机、北园、东园、福园、元宝山、御祥园（社区居委会）	
大庙镇	大庙、北梁、岔沟门、小三岔口、东沟、凤凰嘴、陈营子、上碾子、小冰沟门、上营子（行政村）	74
偏桥子镇	偏桥子、长北沟、十八盘、小贵口、大贵口、二道沟、达连坑、三家、羊泉子、老沟门、前营子（行政村）	51

第三章 街道 镇乡 村

2005年，双滦区辖双塔山、滦河、大庙、偏桥子4个镇，43个行政村并辖滦河、双塔山2个街道办事处，13个社区居委会。总面积251平方公里，总人口104116人。其中满族、蒙古族、回族等少数民族人口18422人，占总人口的18%；非农业人口为65192人，占总人口的62%。耕地面积38145亩（合2543公顷）、人均耕地0.9亩（合0.06公顷，按农业人口计算）。实现工业总产值135亿元，利税6.5亿元。区内规模以上工业企业30家，民营企业集团6家。

第一节 街 道

1973年12月，承德市双滦办事处内设滦河街道办事处和承钢街道办事处；1975年5月，承德市双滦办事处设街道管理办公室，辖滦河、双塔山、承钢、麻纺厂、大庙5个街道办事处，管理域内非农业人口。

1980—1983年，双滦区街道管理办公室仍辖上述5个街道办事处。1984年3月始，双滦区5个街道办事处分别由乡镇政府领导，名称改为“街道管理办公室”。此管理模式延至2001年。

一 双塔山街道办事处

2002年8月，双滦区设立双塔山街道办事处，为科级政府机构。辖东园社区、元宝山社区、北园社区、输送机社区、御祥园社区居委会。2005年，双塔山街道办事处辖双塔山镇5个社区居委会和大庙镇福园社区、黑山社区居委会及偏桥子镇范围内的非农业人口，计12257户，28154人。

2002—2005年中共双塔山街道工委书记名录

表1-3-1

姓　名	任职时间	职　务
丁克臣	2002.8—2004.5	书　记
李学荣	2004—2005.11	书　记
侯晓凯	2005.11—2005.12	书　记

2002—2005年双塔山街道主任名录

表1-3-2

姓　名	任职时间	职　务
侯晓凯	2002.8—2005.11	主　任
张新民	2005.11—2005.12	主　任

二 滦河街道办事处

2002年8月，双滦区设滦河街道办事处，为科级政府机构，管辖滦河镇域内的非农业人口。滦河街道办事处将原滦河镇辖19个社区居委会合并为凤凰、果山、行宫、怡园、滦江、滦电6个社区居委会。至2005年，辖区常住人口有13591户，35602人。共有26个民族，其中满族8790人、蒙古族782人、回族778人、其他民族39人。

2002—2005年中共滦河街道工委书记名录

表1-3-3

姓　名	任职时间	职　务
赵利军	2002.8—2005.12	书　记

2002—2005年滦河街道主任名录

表1-3-4

姓　名	任职时间	职　务
李宏录	2002.8—2004.6	主　任
林花（代理）	2004.6—2004.11	主　任
王光辉	2004.11—2005.12	主　任

第二节 镇 乡

一 双塔山镇

政治中心 旅游重镇 双塔山镇坐落于区域中东部，源于双塔山而得名，面积72平方公里，是双滦区政府驻地。双塔山镇，西邻滦河镇，东与双桥区相连，北界大庙镇，南与偏桥子镇毗连。滦河干流自西向东从大龙庙村流入境内，从白庙子村出境。牤牛河从厂沟村入境，至应营子村汇入滦河，自北向南，境内流长12.5公里。2005年，双塔山镇辖行政村17个，自然村38个，村民组106个，社区居委会3个，总人口44509人，其中农业人口16179人，人口密度618人／平方公里。居民中除汉族外，还有满族、蒙古族、回族等少数民族。少数民族中以满族居多，主要分布在应营子等几个村。双塔山镇交通发达，101（京承线）国道横贯全镇，承赤（承德至赤峰）公路自镇域东部向北穿境，双塔山—偏桥子公路连接偏桥子镇及滦平县付营子乡。著名旅游风景区——双塔山森林公园位于域内。

1985年双塔山街区概貌（右前双塔山造纸厂、中双塔山电厂、后选矿厂）（区档案馆提供）

20世纪90年代双塔山镇街区概貌（区档案馆提供）

清代至民国时期，双塔山街称“双头山”“双塔子”。日伪统治时期，为掠夺资源，日本侵略者在双塔山建立选矿厂、货运铁路专线，居民逐渐增多。新中国建立后，双塔山街曾先后为区公所、乡政府、人民公社、承德市双滦办事处驻地。20世纪50年代后，国营矿山机械厂、承钢选矿厂、承德市丝绸厂、承德市麻纺厂、承德市造纸厂、承德市皮革厂、承德市化肥厂、承德市啤酒厂、承德市建材厂等国营大中型企业相继落户域内。历史上，双塔山区域经济以农耕为主。新中国成立以后，农村粮食产量稳步上升，居民生活有所改善。20世纪60—70年代，连续多年进行农田基本建设，粮食产量有所增加。改革开放以后，镇域经济发展迅速。

1980年后，双塔山镇成为双滦区政治、经济、文化活动的中心。20世纪90年代后期，双塔山森林公园、鸟语林景区开发了一批旅游项目，引导旅游服务等第三产业的发展。进入21世纪，个体私营工业和商业发展迅速。以双丰钢铁有限公司为龙头的钢铁工业，带动了一批小矿山、小选厂等采选企业。承德德厦建材有限公司、双滦建筑有限公司领军全镇建材业。城镇街区道路建设发生较大变化：拓宽改造中心大街、修建滨河大街、改建双塔山镇至广仁岭一级公路；建成双塔山至滦河镇的观光大道，形成“一环（环城路）、三纵（南北向街五横（东西向街）”的路网框架。镇域学校10所、卫生机构18个，形成较完备的卫生、教育体系。广播电视、邮电、通信网络已经覆盖全镇。

至2005年，全镇粮食总产量3095吨，蔬菜总产量7046吨，农业总产值2667万元。林地面积13549.2亩，其中人造林10892.2亩；干鲜果品年产量123吨。全镇财政收入完成312.4万元，镇国民收入2851万元，社会商品零售总额1878万元，居民存款余额2150万元，镇职工可支配收入平均为 15298元，农民人均纯收入达到 2859元。

二 滦河镇

百年古城 经济重镇　滦河镇是一座历史文化古镇，镇名源于域内滦河而得名。西、南邻滦平县，北部及东侧与双塔山镇相连。滦河、伊逊河于镇北交汇，流向东南，流经镇域长约6公里。滦河镇辖5个行政村，社区居委会6个，镇域总面积17平方公里。2005年，镇内总户数为15599户，人口41852人，其中农业人口7337人，城镇人口占总人口的82.47%，少数民族占总人口数的24.7%。滦河镇的交通发达，101国道从镇区经过。清代，旱路可通达北京、内蒙、辽宁，水运沟通冀蒙。民国时期，曾建有北京至沈阳线的火车站。20世纪50年代开通市郊公共汽车。

宋代（辽金）时期，滦河地域曾设兴化县、兴州。清代时，滦河街称为“喀喇河屯”。由于喀喇河屯行宫的修建，这座古镇渐进繁荣。雍正十一年（1733年），承德直隶州治所曾经设在喀喇河屯。乾隆七年（1742年），滦河街为喀喇河屯厅治所。乾隆四十三（1778年）至民国29年（1940年），系清滦平县衙署和国民政府滦平县县城所在地。清代、民国时期，滦河镇一度为热河西部县域政治、经济、文化的中心。

镇域经济历史上以农业为主。新中国后，加强了农田水利基本建设，推广科学种田、发展多种经营，促进了农业发展。1978年全镇粮食总产843吨，蔬菜总产7510吨，果品总产达

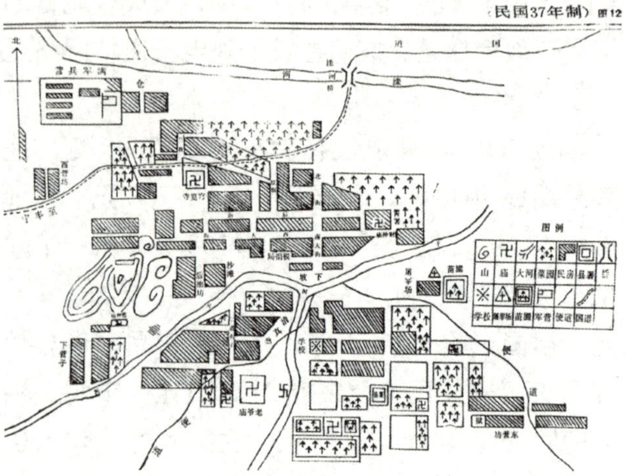

民国37年滦平县原县城（滦河街）街市图

1989年滦河镇街区概貌（区档案馆提供）

49.97吨，年产鲜鱼6吨。

镇域经济发达。20世纪50年代，承德钢铁集团有限公司、中国国电集团公司滦河发电厂、市建一公司，以及二轻制品厂、食品厂等国营企事业单位入驻滦河镇，为其经济发展注入了活力。改革开放以后，滦河镇抓住机遇，依托大厂矿，发展乡镇企业，镇域经济发展迅速。2005年，个体工商户发展到1462户，年营业收入53600万元；个体私营企业228户，总产值20亿元，上缴税金9533万元。其中产值1000万以上的企业13家，被列入双滦区十强企业7家，被列入承德市十强工业企业3家。镇财政总收入12461.3万元，各项经济指标位居全区第一，全市综合经济排位第二，全省百强乡镇位居第83名。居民存款余额35986万元。农业总产值1151万元，农民人均纯收入3500元。滦河镇成为双滦区的经济强镇。

教育和卫生事业发展较快。早在清代，乾隆五十二年（1787年）滦河街设立滦江书院，为当时承德府域最早的书院之一。光绪三十年（1904年），书院改建为县立初等、高等小学堂、县立女子初等小学堂。民国时期，曾创办过县立乡村师范。解放后，滦河的教育事业得到长足的发展。2005年，滦河镇区内有幼儿园、托儿所8所；小学5所；中学1所；职教中心1所、技工学校1所、职工电视大学1所。镇域内有承钢医院、交通康定医院、滦河镇卫生院3所医院，有

卫生所、社区诊所、药店24家。居民免疫防疫、保健医疗，得到保证。

镇内历史文化悠久。滦河街境内自民国以来出土了一批古代文物。其中有新石器时代的石镰、石斧，春秋时代的刀币、陶鼎、青铜器等。现有重点文物保护单位8个，其中国家级1个。滦河老街被列入国家第十五个重点古街恢复保护项目。市级文物保护单位2处，即清代所建寺庙穹览寺、琳霄观；区级文物保护单位5处，即喀喇河屯行宫遗址、关帝庙、清真寺、果山战国古墓遗址、西地北山战国古墓遗址。

三 大庙镇

钒钛基地　林业大镇　大庙镇位于双滦区最北部。东面与承德县毗邻，西与滦平县接壤，北与隆化县为邻，南界双塔山镇。(1984年4月至1986年12月前为大庙乡，1986年12月改为镇)大庙镇得名于原建于大庙村的永圣寺(俗称“大庙”)。大庙镇交通便利，承赤公路(承德至赤峰)西线贯穿全境；承德市2路公共汽车通达镇域主要街村。大庙镇地形南低北高，落差550米。耕地面积少，常年降雨量偏少。大庙镇辖10个行政村，总面积87平方公里。2005年，全镇有居民户人口3580户，人口10079人。其中，属双塔山街道办事处所辖的非农业人口1100户，2060人；镇辖农业人口2480户，8019人。

大庙镇钒钛磁铁矿蕴藏十分丰富，为我国北方最大的钒钛铁资源基地，至2003年，双滦区探明钒钛磁铁矿储量21927万吨，约有60%资源在大庙镇。民国22—34年(1933—1945年)，日军侵占境域。日本侵略者开始在域内开设铁矿、铺设铁路，掠夺铁矿资源。新中国成立后，国家兴建大庙铁矿，镇域成为工矿区。1998年，国营大庙铁矿停产，转交地方。民营小矿山、小选矿发展迅速，至21世纪初，小矿山发展到30多家，带动了当地的运输业和其他服务业的发展。2005年末，全镇工矿企业41家。其中大兴、万顺、丰帆等规模以上企业5家，年产值均在500万元以上，成为利税大户。工业总产值46163万元，财政收入416万元。

镇内村民以经营农、林为主。2005年，全镇有耕地8290亩，人均1.03亩。由于农田坡地多、机械化程度低、抵御自然灾害能力差，粮食产量不高。改革开放以后，解放了农村生产力，粮食产量稳步上升。2005年，大庙镇规模养殖户92户，畜禽存栏达到1.8万头(只)；退耕还林3493亩，矿山披绿4300亩，封山育林5000亩，山杏种植面积13600亩；粮食总产1143.95吨，蔬菜总产1673.7吨，水果总产38.9吨；肉类总产183.35吨，禽蛋总产43.3吨。农民人均纯收入2118元。

镇内教育卫生事业不断进步。1961年镇域建立矿工子弟初级中学，1964年建立岔沟门初级中学。1998年，上述两所学校合并，设立大庙镇初级中学。2005年，全镇共有小学4所，初中1所。大庙镇卫生院有床位30张，有职工18人。

四 偏桥子镇

蔬菜基地　农业大镇　偏桥子镇是双滦区南部的一个镇，南侧以滦河为界与滦平县相邻，北侧和西侧与双塔山镇接壤，东侧与双桥区相连。镇名源于村名，据说在清代偏桥子村通往邻村有座木桥，架设位置较高，当地人称为“天桥”，后来修通了道路，村名演变为偏桥子。1958年至1984年3月，称偏桥子人民公社；1984年4月改为乡；1994年9月改为镇。滦河自西向东，流经镇域约9公里。京承旅游公路自镇域西南侧入境，平行于滦河流向，东西向贯穿；市内13路公共汽车沿京承公路设站点6个；双偏公路(双塔山—偏桥子)，连通双塔山和偏桥子两个镇，途经达连坑村、三家村、老沟门村。偏桥子镇辖行政村11个、社区居委会1个，居民组50个，总面积52平方公里。2005年，全镇总户数2210户，总人口8370人，其中农业人口8083人。

偏桥子镇是农业大镇，滦河流经8个行政村，全部种植水稻，故有“鱼米之乡”的称谓。历史上，经济以农耕为主。居民经济收入普遍较低。1991年开始，政府扶植农户发展温室蔬菜。蔬菜种植成为镇域经济发展的支柱，成为农民增收致富的主要途径。2005年，全镇农村专业户、重点户发展到766户。其中，大棚温室蔬菜、葡萄种植、平菇种植和时令花卉种植专业户721户；养鸡、养猪、养鸽专业户17户；个体出租车、运输专业户23户；商贸饮食服务业专业户5户。私营企业9家，总产值达519万元，上缴利税19.8万元。耕地9845亩，人均耕地1.1亩。其中粮食作物播种面积6280亩，温室蔬菜3565亩。农业生产总值达到5114万元，财政收入168万元，农民人均纯收入2450元。

2005年，镇内有小学3所，中学1所。镇卫生院位于镇域街，有医技人员14人，病床15张；村级卫生所13个。

第三节　行政村

一　双塔山镇辖村

白庙子村　位于双塔山镇东南1.6公里处。由白庙子、后山根、冯家沟、小哈沟、董南沟、东沟6个自然村构成。村名源于清光绪年间所建龙王庙（此庙于1943年被日本侵略军拆毁），时庙墙由杂石垒成并抹以白灰，当地人称之“白庙子”，后取代村名。

2005年，全村共有满汉两族居民450户，1597人，其中满族人口占11%。村民姓氏主要有王、冯、李、董、张5个姓。有耕地1278亩、山林地180亩。村民以务农为主，兼营牲畜养殖、食用菌培植、商贸服务等。村里建有麦芽厂、铸造厂和建筑队，各业年收入479.1万元，人均纯收入3000元。由于村集体积累较丰，自20世纪80年代末起，村民饮用自来水、粮食加工、浇地用电、垃圾清理等项费用，均由集体承担。每逢年节，村里为70岁以上老人发放50元生活补贴。

厂沟村　位于双塔山镇最北部，距镇政府约9公里。晚清时期，这里有座烧木炭的窑场，称场沟，后村名演变为厂沟。全村分为夹皮沟、燕铺、厂沟门和厂沟脑4个自然村，9个村民小组。耕地总面积668.45亩，林地347.05亩。至2005年末，全村有327户，1310人，人均收入2673元。铁矿是村经济支柱产业。村办企业有：承德市三丰矿业有限公司、承德金达矿业公司、承德市滦阳制酒厂。2005年创产值1392万元，上缴利税243万元。

通沟村　位于双塔山镇北部，东西走向的一条山沟中，距镇政府9公里。清代初年建村，主要姓氏有胡姓、郭姓。自清代始，有一条道路东西向贯穿全村，东至双塔山，西通达滦平小营，村名为四通八达之意。村内矿产资源较丰富，主要有金矿和铁矿。国家地质队已探明有金矿储量2吨、有铁矿380万吨。1996年，村内兴建了双滦通沟铁矿厂，年创产值10余万元。2005年，总户数120户，有3个村民小组，人口413人，其中满族人口占总人口20%。耕地总面积506亩，林地总面积727.05亩，森林覆盖率70%。农民人均收入3005元。

中营子村　位于双塔山镇政府所在地北侧，承赤公路沿线。村子距大庙和双塔山距离相等，故得名为中营子。域内有矿产资源，已探铁矿储量50万吨。2005年，全村共有210户，739人，4个村民组。有耕地面积301.15亩，林地面积2261.1亩。全村社会总产值258.65万元，人均纯收入达3050元。

新中国成立前村内曾有1处私塾，教师刘俊清系本村人。现有小学校1所。

黄地沟村　位于双塔山镇北部，是全镇唯一不设村民组的行政村。黄地沟村原名荒地沟，清代有两户姓黄的到此落户，村名改为黄地沟。改革开放后，村里办起了珍珠岩厂（1985—1990年）、黄地沟建筑材料厂。2003年，双峰炼铁厂（原双塔山镇炼铁厂）启动生产，吸纳了黄地沟村的剩余劳力，并带动了全村运输业的发展。黄地沟建金厂沟集贸市场，占地2200平方米。2005年全村有134户，495人。有耕地面积185.5亩，粮食总产量146吨，有林地面积1683亩。全村社会总产值138.6万元，人均纯收入2800元。

松树沟村 位于双塔山镇北部，距镇政府7.4公里，承赤公路东侧。清末建村，因村域松林茂密，定居者伐木建屋，聚而成村，得松树沟村名。主要有梅、宋两大户姓。承德市畜牧场牛奶厂（即天辰乳业）建在域内，带动了村内畜牧业的发展。2005年有210户，总人口778口，3个村民小组。村域有少量铁矿资源。尚有耕地面积422亩，林地面积520亩。全村养牛414头，其中奶牛314头，人均纯收入2700元。

单塔子村 位于双塔山镇北部承赤公路两侧，距镇政府6.5公里，面积4平方公里。村名源于村西山腰处曾建有一座辽塔，故称单塔子村。近年，建筑装饰业和运输业成为村民致富的重要产业。非农收入是村民收入的主要来源。2005年，总户数298户，4个村民组，人口870人。尚有耕地331亩，人均收入2817元。

1954年，村民自发成立了小剧团，演职人员30余人，1973年剧团解散。

下店子村 位于双塔山镇政府东，距镇政府5.7公里，是沿京承公路自承德市进入双滦后的第一个村庄。101国道从村内穿过，市内公共汽车15路、5路、2路设有站点。清道光年间，有一郭氏人家在广仁岭下开了一客店，下店子便成了村名。2005年，全村310户，9个村民组，6个自然村，总人口1114口，少数民族人口占5%。尚有耕地面积702.45亩、林地面积1142亩。人均纯收入2819元。下店子村缺水，2002年，双滦区投资20万余元建蓄水池1座，解决了村民饮水困难。每到春节、中秋节，村里给村民发放福利物品；五保户老人定期领取生活费用。

1942年，村内曾有私塾一所，教书先生尚德元系承德市人。

大元宝山村 位于双塔山镇东部，距镇政府4.7公里，因域内的元宝山而得村名。全村分为大元宝山、磨盘山两个自然村，6个村民组，总面积3.25平方公里。2005年，村内有274户，总人口1008人。有耕地面积643.72亩，林地面积2000亩。村民经济总产90余万元，人均纯收入2755元。大元宝山村水资源缺乏，土地贫瘠，收入甚微，是全镇较贫困村。2002年，曾获得省扶贫资金10万元的帮扶。

小元宝山村 位于镇域中东部，距镇政府驻地3.5公里。有小铺、二铺、郝家沟、疙瘩沟4个自然村，5个村民组。清初，村名称为头道窝铺，有张、李、郝、陈4个姓人家相继在此落户形成村落，新中国成立后村名改为“小元宝山”。村地形似喇叭状，里窄外宽，有一条东西向季节性河流为牤牛河支流，长为1公里。2005年，全村224户，总人口778人。有耕地面积410.3亩，林地面积2090亩，人均纯收入3060元。原承德市黄麻化纤纺织厂建在本村域内，为该村劳动力就业提供了便利条件。20世纪70—80年代，村先后建起麻毛厂、地毯厂。小元宝山集贸市场建于村旁，为村民从事商贸活动提供了方便。

2005年小元宝山村概貌（区档案馆提供）

大三岔口村 位于双塔山镇东北部，地处承围公路、国道101线交汇点。距承德市区10公里，距双塔山镇3公里。有杜家店、三岔口、河西、上白庙4个自然村，10个村民小组，总面积2.5平方公里。2005年，全村430户，总人口1443人，少数民族人口占5%，其中满族占3.5%。有耕地面积967亩，其中园田地面积300余亩；日光温室120座，占地60亩。林地面积1630亩。人均纯收入2908元。

1945年，大三岔口小学建校；1951年后，扩建为双塔山镇中心小学。20世纪80年代至90年代，村里曾办印刷厂、预制构件厂，组建建筑队。村里为居民安装了自来水，贫困户和优抚对象都能及时得到照顾。

棋盘地村 位于镇域中部，距镇政府2.9公里。有棋盘地、二道沟、大窝铺、杨树沟4个自然村，8个村民组。101国道公路自村旁通过，交通便利。村内办有汽修厂、石材厂、铸造厂和环保设备厂，吸收了剩余劳动力。2005年，全村共有耕地235亩，林地440亩。总收入199.6万元。其中农业收入9.6万元,劳务收入90万元，商贸收入60万元，餐饮服务业收入40万元。人均年纯收入2794元。

民国27年（1938年），村民魏湘云曾在村内开设私塾。1945年前后，魏俊民曾在此任教。

应营子村 位于镇域中心，距镇政府 0.7公里。由孟家沟和应营子两个自然村组成，共有5个村民小组。村内主要姓氏为应、孟、胡3个姓。清代护军应建龙退役后到此落户，后来人逐渐增多,形成村落。应氏后人曾在村中立碑，上刻"有开山鼻祖应建龙以是纪念"。2005年,全村414户，1218人，人均纯收入3109元。

改革开放之前，应营子土地大部分为园田和稻田，是蔬菜生产队。改革开放后村里建有福利彩印厂、双滦建筑材料厂、汽车修理厂、洗车

2005年应营子村拆迁前局部概貌（区档案馆提供）

店、废品回收站及个体运输、食品加工、饭店餐馆，小商品批零等多家企业和摊点，非农收入成为村民致富的重要经济来源。村内的3条主干道全部硬化，并设有垃圾投放点，有专人清扫清运。2004年，京承高速公路的建成和101国道的改建使村貌得以较大的改观，建路拆迁的农户住上了楼房。少数农民购买了家用小轿车。

东平台村 位于双塔山镇西部，座落在原京承公路北侧的山坡台地上，距镇政府1.75公里，村民侯姓居多，亦称侯台子。总面积4平方公里。2005年，全村282户，964口人，7个村民组。有耕地面积达819亩。人均纯收入2967元。改革开放后，村里改变了单一的农业生产格局，利用地理优势，沿村边路旁开发建成"十里汽配服务街"。全长约5公里，占地面积6万平方米，经营面积4万平方米，可容商户110家。

西平台村 位于东平台村西侧。村民居住分为后窑和西平台两个自然村。村内路姓、冀姓、周姓和吴姓人口占60%。2005年，居民210户，718人，分为6个村民组。现有耕地1070亩，人均纯收入2980元。

1954年，村成立业余剧团，文化大革命结束后自行解散。1972—1976年期间先后共有105名知识青年在村内插队劳动锻炼，1977年全部返回城内。2003年建成的"十里汽配服务街"的西段，属于该村项目。村的北侧山坡与东平台村联合营造"千亩梨花坡"项目，已经栽种果树300余亩。

大龙庙村 位于双塔山镇最西端。村南与滦河镇隔河相望，西侧隔伊逊河与滦平县相接。清代康熙年间村南滦河岸边曾建有龙王庙一座，故得名大龙王庙村，后演化为大龙庙村。分为大龙庙和水泉沟两个自然村，6个村民组。大龙庙村历史上曾是滦河摆渡的北岸码头，1954年，滦河大桥建成通车，结束了滦河南北交通摆渡的历史。2005年，有居民152户，551人。尚有耕地673.5亩，全年社会总产值148.2万元，农民人

均收入2690元。

除农业生产外，主要经济来源是借助离滦河镇较近的便利条件，发展食品加工和商品贩运及外出务工。

团瓢村 位于双塔山镇政府驻地东1.2公里。京承公路从村边穿过。2005年，全村354户，1305人，9个村民组。尚有耕地255亩，林地200亩。有46.9%的居民入住小区楼房。村民人均纯收入3000元。耕地逐年减少，村民大多从事工商业、餐饮业及务工，非农收入成为村民致富的主要渠道。因城区建设需要，团瓢村成为区内城中村改造第一村。2002年开始拆迁，现有46.9%的居民入住小区楼房。

二 滦河镇辖村

滦河村 位于滦河镇的中心区域，是滦河镇政府所在地，总面积2平方公里，历史上曾经为喀喇河屯、滦江村。101国道从村域中通过，市内公共汽车5路、15路设有站点。2005年，全村有10个居民组，村民1003户，2603人。有耕地760亩，人均耕地0.3亩。全村生产总收入14708万元，人均纯收入3500元。域内有滦江社区，非农业人口1097户，2149人。

清朝和民国时期，滦河村处于街牌区，设有官学、私塾，曾经是热河西部商品集散中心地。20世纪60年代中期，滦河村先后建立大车队，豆制品加工厂、养猪场、机件加工厂等企业。70年代又先后办起皮麻加工厂、米面加工厂、冰棍厂、旅店。滦河大队一度成为承德市郊区公社工

1942年团瓢村（区档案馆提供）

副业生产的先进大队。党的十一届三中全会以后，滦河村先后投资490余万元，建立珍珠岩厂、补炉料厂、绝热板厂、炭化稻壳厂和滦江轧钢厂。1994年，村办企业发展到6个，年产值达330万元，成为双滦区第一批小康村。2000年以后，滦河村先后投资70多万元，两次整修硬化主要街道、安装路灯。域内建成广通小区、喀喇河屯小区、双兴小区、天力居民小区，大多村民住进了楼房。

西南营村 位于滦河镇西南部，距镇政府0.5公里。总面积约2.5平方公里。村名因其在滦河街区的西南侧因方位而得名。人口总数384户，706人，5个村民小组，有下营子、西南营、二道街子、南沟4个自然村。辖区内有滦江社区居民552户，1026人。其中满族人口占20%，系典型城乡结合的城郊村。2005年，全村耕地面积133亩，人均不足0.2亩。总产值14708万元，村民人均纯收入达3500元。

清末民国初期，村民孙绳武（1869—1933年）为各地筹资办学做出了重大贡献。满族老人郎翰卿（1881—1967年），于1957年、1959年先后两次参加全国少数民族代表会议，受到毛泽东等党和国家领导人的接见。

新中国成立后，西南营村农业生产以粮食和蔬菜种植为主。从1962年起，生产大队先后建起大车队、养猪场、打石场，开办豆腐房、烘炉、电气焊维修、胶管厂，组建建筑队等副业摊队，成立果树专业队。1978年，西南营村7个生产队全部转为园田队，生产蔬菜。改革开放以后，村先后办起膨润土加工厂、草帽厂、长城胶带厂、电炉电源设备厂、长城轧钢厂等企业。1998年，村投资7.4万元资助村民家庭安装程控电话；1999年，投资4万元为全村457户安装闭路电视；2005年，村投资120.6万元进一步整修村街道路、旱河扩坝、安装路灯、修建旱河铁桥两座。1999—2005年，每逢春节，村为老年人每人发慰问金80元；为村民每人发50斤大米、5公斤

食用油。西南营村先后荣获省级“文明示范村”“农村基层民主政治建设示范单位”“全国计划生育先进单位”“全国民主法治示范村”等荣誉称号。

酒店村 位于滦河镇政府南部，距离镇政府0.5公里，总面积1平方公里。酒店村由酒店、土城、二十八间房、回回营、旱河沿和小高炉5个居民小区构成。村名始于清代，据说当年酒店村梁家小铺卖酒，附近的居民都到此处买酒，村名由此而得。2005年，全村有居民460户，1340人，8个村民组。尚有耕地园田276亩，人均耕地0.2亩。年人均纯收入3500元。辖区内有滦江社区居民276户，499人，为城郊型村。

清朝时期的承德州、喀喇河屯厅、滦平县的治所曾设在酒店村的旱河沿。酒店村域内，清代建有琳霄观（俗称娘娘庙）、清真寺、龙母庙、公所（在礼会教的活动场所）、孔庙（又称文昌祠）。酒店小学是承德市建校最早的小学之一。清光绪二十八年（1909年），酒店小学院内，开办过县立女子初等小学堂；民国17—22年（1928—1933年），酒店小学附设职业补习班，民国22—26年（1933—1937年），设县立乡村师范。酒店村历史上曾出现一些名人志士：清末秀才纪桓，1919—1924年，曾任中华民国滦平县政府科员和官产处处长，兼任过热河省教育厅厅长，解放后被聘为热河省和河北省文史馆馆员；孙毅，原名孙云普，年轻时从事教师工作，1933年，日军侵占承德后，投奔延安参加革命。

20世纪90年代初滦河镇东园子村与酒店村概貌（区档案馆提供）

酒店村居民历史上多以种菜、经商为多。有店园子、马园子、屈园子、大园子、文家园子、刘家园子、寇家园子等蔬菜园子。1958年以后，农业生产以蔬菜为主。20世纪60—70年代，酒店大队先后建立大车运输队、粉房、豆制品加工厂、香油加工厂、烘炉、饭馆、电机修理等副业摊点。农闲季节安排一些劳动力去厂矿单位做季节性临时工。

中共十一届三中全会以后，酒店村实行了土地家庭联产承包责任制。引种优良蔬菜品种，开展温室大棚蔬菜生产。1988—1995年开办了酒店村百龄饮料厂、磨石板厂、轻质瓦厂。随着农村经济体制改革的不断深入，全村出现双滦昌盛炼铁厂、燕民冷食厂等私营企业及各类专业户176家。1998—2005年，村委会出资帮助村民安装了程控电话；先后投资50多万元，整修全村主要街道，进行基础设施建设。

酒店村的豆制品历史悠久，享有盛誉。豆腐豆腐片、碗砣、烙炸、豆汁等，制作工艺精湛，口味俱佳，颇有名气。

东园子村 位于滦河镇东部，距镇政府1公里。东部与滦河电厂相邻，总面积1平方公里。2005年，全村334户，1671人，有东营房、东园子2个居民小区，6个居民小组，尚有耕地300亩，人均耕地不足0.2亩。人均收入3550元。村名始于清代，当时有刘家、肖家、徐家几家蔬菜园子，故村名为东园子。

清朝和民国时期，村西设有县衙署的监狱。1950年，东园子村建立了热河省第一家草编厂。人民公社时期东园子村以蔬菜生产为主，社员口粮按蔬菜产量核算，每月供应。20世纪60—70年代，村先后建立笊篱厂、烘炉、修缮厂。改革开放以后，村先后投资700余万元，建起铸造厂、木材加工厂、渣石厂、雪糕厂、榨油厂、综合商店和北方输送设备制造厂。1993年，平菇专业户发展到几十户，年产量1万公斤。1996年，村先后投资223万元，硬化村内21条主要街道和街巷，修建公厕13个、安装路灯，改变了村容村貌。1999年，村委会盖了办公楼、两栋村民楼和一处综合市场，很多村民住进了村民楼。2000年以后，村办企业先后转为民营或个体私营企业。1997—2005年先后被评为省级村镇建设优胜村和综合治理、民调先进单位、民主法制教育示范村。

宫后村　位于滦河镇西北，距镇政府1.5公里，总面积5.1平方公里。宫后村三面环山，一面临水。滦河由北向南沿村东部流过。宫后村的名称始于清代，因村庄坐落在喀喇河屯行宫后面，故称为宫后。2005年，尚有耕地1400亩，林果园200亩，人均耕地0.93亩。总人口420户，1500口人，人均纯收入3500元。

宫后村以粮食生产为主。1970年始，先后改造旱河，填土造地200多亩，修水平梯田300亩，闸水沟、修塘坝。粮食亩产量从100多公斤提高到400多公斤。1972—1979年，生产队办起养猪厂，建立大车运输队，成立果树专业队和翻砂厂。1983年，全村实行家庭联产承包责任制，粮食亩产量达到500公斤以上。20世纪80—90年代，宫后村先后投资400多万元，办起砖厂、钢管厂、烧结厂等5个村办企业，安排200余名农村剩余劳动力。2005年，全村有民营、私营企业及个体户35家。同年，投资100多万元，整修护村河坝、硬化村内道路。2000—2005年，宫后村相继获得了区、市级小康村、文明村称号。原村长王生1995年被评为省劳动模范；原村委会会计王凤岐在1996年全国第一次农业普查中被评为国家级先进工作者；2003年3月，在全国农村医生评优表彰活动中，村医王贺祥被评为优秀乡医。

三　偏桥子镇辖村

偏桥子村　清代康熙年间建村。位于区域南部滦河北岸，京承旅游公路于村南侧东西贯穿，为镇政府所在地。距双塔山11公里，总面积1.3平方公里。农业生产以种植水稻、玉米为主。据老人说，清代偏桥子村为出行方便架设了一座很高的木桥，人称“天桥”，久之将村名称之为偏桥子。2005年，尚有耕地1507亩，其中水田533亩，养鱼水面6亩。建有蔬菜日光温室223个，占全村总户数的67.5%。有居民330户，1126人，8个村民组。人均纯收入3513元。

老沟门村　位于镇政府西北，距双塔山2公里，距偏桥子镇政府约4公里，双偏公路于村南北贯穿。主要姓氏为侯、王、田3个姓。村子源于东侧的老沟得名。2005年，全村169户，614人，尚有耕地904亩，人均纯收入3193元。耕地多为平地和水田，农业生产以玉米、水稻为主。20世纪90年代开始发展蔬菜大棚，蔬菜生产收益成为村民致富的重要来源。20世纪80年代，村办企业“双滦第二建筑公司”，吸纳了部分剩余劳力，21世纪初改制为私营企业。

羊泉子村　位于镇政府西北老沟门村东北沟内，距镇政府4.5公里。全村148户，453人，分为6个自然村，5个村民组，散居在东沟、西沟、南梁三处。主要姓氏为苏、田2个姓。尚有耕地722亩，大多是山坡地且土地贫瘠，主要农作物是玉米和谷子。2005年，人均纯收入1510元。村内缺水，无公路，无学校；生活极度不便。在政府的资助和帮助下，全村整体搬迁至沟外，改善了交通和住宅条件。

三家村　位于镇政府西侧约3.7公里处，双偏公路东西向穿村而过，村域面积2.1平方公里。清康熙年间建村，初始只有王、于、许三户，后村名为“三家”。农业生产以种植水稻、玉米为主。20世纪90年代开始发展蔬菜日光温室，种植黄瓜等时令鲜菜。2005年，全村有305户，1056人，分为7个村民组；有耕地1085亩，其中水田567亩；蔬菜种植户43家；养鱼水面20余亩，年产鲜鱼2000余公斤。全村有养殖专业户3家、建筑运输专业户7家、木材加工专业户1家，人均年纯收入2400元。

达连坑村　位于镇政府西侧1公里处，京承旅游公路与双偏公路交汇于村西口。清代康熙年间建村，村位周边地形犹如“褡裢”，村得名“褡裢坑”，后写为“达连坑”。农业生产以种植水稻、玉米等为主，20世纪90年代开始发展蔬菜日光温室。2005年，全村有208户，870人，尚有耕地907亩。有蔬菜大棚户95户、葡萄园50亩、鱼塘10余亩。人均纯收入2950元。

二道沟村 位于镇政府东侧1公里处，村南邻京承旅游公路。康熙年间建村，村名源于地名。农业生产以种植水稻、玉米为主。2005年，全村有87户，298人，分为3个村民组。尚有耕地392亩，其中水田171亩，养鱼水面10亩。有蔬菜大棚户56户，蔬菜生产收入约占农业收入的75%，人均纯收入2521元。

小贵口村 位于镇政府东4.6公里，村南邻京承旅游公路。康熙年间建村，因村西山头形似乌龟，且村位的沟口窄小，故得名“龟口”，后与邻村分别改为“小贵口”“大贵口”。2005年，有居民175户，670人，分为3个村民组。尚有耕地646亩，其中水浇地293亩，养鱼水面15亩。农业生产以种植水稻、玉米为主，剩余劳力大多在外打工。全村有蔬菜日光温室67户，人均纯收入2332元。

大贵口村 位于偏桥子镇东2公里，村南邻京承旅游公路。农业生产以种植水稻、玉米为主。2005年，全村有居民350户，1314人，分为7个村民组。尚有耕地1482亩，其中水田684亩，养鱼水面3.5亩。有蔬菜日光温室147户，占全村总户数的42%；养殖专业户6家、运输专业户7家、个体机械安装队4家，人均纯收入3453元。

十八盘村 位于小贵口村北的山沟内，距镇政府约5.5公里。清末建村，村址山高沟深，村路盘山而上，所处山沟称为“十八盘沟”，故得村名“十八盘”。全村有居民125户，396人，分为3个村民组，散居在一条南北走向山沟的山坡上。2005年，尚有耕地421亩，其中水田171亩，其余是土地贫瘠的山地，是双滦区的贫困村之一。人均纯收入1507元。村内无公路，人畜饮水困难。村内有优质花岗岩石料，建有个体采石场。

前营子村 位于大贵口村北沟，距镇政府4.5公里。清末建村，村名因与长北沟村一前一后座落，故称为“前营子”。 农业生产以种植玉米、谷子以及其他杂粮为主，村内建有碎石厂。2005年，全村共有145户，456人，分为4个村民组。尚有耕地413亩，人均纯收入1985元。

长北沟村 位于前营子村北面，又称后营子，距偏桥子镇政府5.5公里。2005年，全村共有168户，730人，分为5个村民组。尚有耕地624亩，土质为偏黏性土。农业生产以玉米、白薯为主要作物。人均纯收入1423元。

四、大庙镇辖村

大庙村 清康熙年间，村旁建有永圣寺，俗称大庙，村名源于此，为大庙镇政府所在地。2005年，总面积8.13平方公里。有山林面积3540亩，耕地面积460亩。全村有252户，691人，6个自然村，7个村民小组。年集体经济收入12.4万元，人均纯收入2708元。民国22—24年（1933—1945年），日本侵略者在村域建有铁矿，掠夺资源。新中国成立后，建有国营大庙铁矿，有个体私营铁选矿厂4家。

上营子村 地处大庙镇最南部，距大庙镇政府11公里，承围公路从村西侧通过，总面积12平方公里。清末建村，因村位于中营子北部，地势高敞，得名“上营子”。2005年，有林地面积5995亩，耕地面积1177亩。全村有3个自然村，11个村民组，347户，1215人。人均纯收入2117元。域内有铁矿、花岗岩石料资源。有小采矿厂2家、小铁选厂1家、炼铁厂1家，村集体年收入10万余元。

小三岔口村 位于大庙镇南侧，距大庙镇2公里，承围公路从村东侧通过。村位因北邻大庙，西通滦平县小营，南接大三岔口，故得名“小三岔口”。全村有10个村民组，4个自然村。2005年有村民325户，1090人，林地面积7655亩，耕地面积1400亩，人均纯收入2019元。村域有铁矿资源，建有小铁选厂3家。

冰沟门村 距大庙镇7.5公里，位于大庙镇南面一条东西走向的大冰沟沟口，村名源于此。总面积10.7平方公里。2005年有林面积10295亩，耕地面积560亩。有农户112户，349人，3个自然村，4个村民小组，总面积10.7平方公里。人均纯收入1931元。

岔沟门村 位于大庙镇中部，南与冰沟门村相连，北与陈营子村交界，距大庙镇政府5.7公里，总面积4.67平方公里。村东的山沟称为岔沟，村名得于此。2005年，有农户216户、人口685人，2个自然村，5个村民组。林地面积3044亩，耕地483亩。人均纯收入2084元。1956年5月，承德市设"岔沟门乡政府"，曾用村名。村域建有承德建筑陶瓷厂1家、小铁选厂2家，现为个体私营企业。

上碾子村 位于大庙镇中东部，距大庙镇政府5公里。清末建村，原名岔沟垴，据说有人在村域采石制做碾子，后改称上碾子。村域总面积10.67平方公里，有山林面积7093亩，耕地面积855亩。2005年，有农户190户，人口639人，4个自然村，7个村民小组。村年集体经济收入4万元，人均纯收入1831元。域内建小铁选厂1家，采矿厂1家。

陈营子村 位于大庙镇中部，距大庙镇4.2公里。清初，一位姓陈的铁匠在此落户谋生，陈营子村由此得名。2005年，全村256户，876人，5个自然村，8个村民组。面积14.60平方公里，有山林面积11545亩，耕地面积1200亩。村集体经济年收入10万元，人均纯收入2060元。域内具有铁矿资源，有苹果、红果、山杏等果木。村内有个体养殖户7家、餐饮企业3家、运输户10家，并建有小选矿厂2家、涂装厂1家。

凤凰嘴村 位于大庙镇南2.3公里，承围公路西侧。古代村前山有棵古松树，传说经常有凤凰栖息，人们称其为凤凰山，由此得村名。闫姓为大户，满族人口约占全村总人口20%。2005年，村总面积5.33平方公里，有山林面积3769亩，耕地面积356亩。有农户110户，372人，1个自然村，3个村民小组。农业生产以种植玉米、谷子、高粱等为主。人均纯收入1982元。

东沟村 位于大庙镇政府东1.5公里，村域面积8.22平方公里。清代，因此地曾开金矿叫黄金营，民国时期叫前营子。新中国成立后，依其与大庙的地理位置，改称东沟村。2005年有山林面积6833亩，耕地面积649亩。有农户252户，802人，3个自然村，9个村民小组，村年集体经济收入4.4万元，人均纯收入1814元。域内建有小选矿厂1家，小采矿厂2家。

北梁村 位于大庙镇最北部，距大庙镇2.5公里。因村址在金厂梁上，故称为北梁村。村域矿产资源丰富，主要有铁矿、澎润土矿、磷矿、煤矿资源。2005年，全村有420户，1299人，3个自然村，10个村民组。尚有耕地1150亩，林地11695亩，人均纯收入2648元。域内现有小铁矿9家、小铁选厂2家，澎润土加工厂1家，村年集体经济收入10万元。20世纪60年代，村里投资开办了林场，现累计投资70万元。2004年，投资66万元建起村办小学教学楼，改善了办学条件。

附记：

古城滦河

滦河街东距承德市区24公里，是自清代开始形成的一座古城。古城清代时称之为喀喇河屯（蒙语意为乌城、黑城），后称为滦平、滦江、滦河。古城兴盛于清中叶至民国中期，曾是县级衙署驻地，也是热河西部商贸中心、重要的商品集散地。

一 古城居民

滦河一带自古多为北方少数民族的领地，又是北方游牧民族的牧场，少有常住居民。宋代辽金时期，当时政权的统治者曾颁诏奖励内地汉人到滦河流域拓荒定居，并迁徙渤海等地人到此居住。清朝定都北京后，喀喇河屯（滦河街）开始由八旗军队驻防。八旗军及家眷便成为境域自明代后第一批满、蒙民族常住居民。

清初，为了安置满洲贵族、解决八旗兵丁的生计、粮饷等问题，清政府开展“圈地”。域内大量土地变为皇庄旗地，据《钦定热河志》载：“滦平县（喀喇河屯厅）旗地一千二百九十三倾六十三亩有奇……民地八百七十九倾二亩有奇……”。政府招募直隶、山西、山东等地的汉族贫民为佃户，常住居民开始增多。

清顺治七年（1650 年），摄政王多尔衮选中喀喇河屯这块风水宝地，建造了清廷的避暑城。康熙四十年（1701 年），清政府又在避暑城的基础上扩建喀喇河屯行宫，境域常住人口再次增加。

清乾隆七年（1742 年），喀喇河屯厅设立。标志县级政治中心与经济中心的确立。其间，古城滦河常住人口大量增加。常住人口从以满蒙贵族、八旗兵丁为主转变为以汉族为主，满族、蒙古族、回族等多民族的聚集区。居民大多为农民，街区除八旗贵族、兵丁外，还有部分手工业者、经商者及职员等。据史料记载，清中叶古城滦河及周边居民达到近万人，皇帝驻跸期间，随行及兵丁众多，人数达到数万人。咸丰年间以后，常驻人口逐渐减少。清末宣统三年（1911 年），古城街、庄两牌人口为 6276 人。民国 18 年（1929 年），古城街区内有居民 772 户，4824 人。

二 古城规模

清代，古城滦河由街牌和庄牌组成，方圆约十多平方公里。古城街区位于滦河渡口南岸，街区没有城墙，民国 8 年（1919 年）建北门一座。城街南部有一条自西向东流向的旱河，将古城分为南北两部分。清代，旱河北部称为街牌，街牌南部及周边称为庄牌。街牌（街区）南北从旱河沿至北门；东西从财神庙至穹览寺，方圆约 1 平方公里。街牌有东西向大街两条：西街（前街）西起穹览寺，东至财神庙。后街（后大街）西起穹览寺，东至财神庙后街。南北向大街一条与两条横向大街相交，形成大十字街和小十字街。十字街以北称为北大街，以南称南街和下坡街。

旱河的南沿设有衙署。庄牌尽数民居，农户为多。街牌东面和南面的村落有东园子、东营房、糖坊胡同、酒店、二十八间房、土城、回回营、二道街子和西南营。西面和北面有下营子、后营坊、沙滩、西营子、小营子、仓坡、蓝旗营子和小菜园等。

清初，滦河街有驻军（附带家属）的八旗兵营 4 个，后来演变为旗人的居住区。有街牌西北的下营子、西营子；街牌北面的红旗营子和蓝旗营子。境域的满蒙旗人分属镶红旗和镶蓝旗。当年旗人居住的 4 个营子都有大门（满人叫栅栏）。下营子和红旗营子开南门和北门；蓝旗营子开南门和西门。每个栅栏大门都建有砖石结构的门楼，安有木门能够上栓上锁。下营子和红旗营子的“南栅栏”20 世纪 70 年代还有所保留。据当地老辈人说，旗人民居开始都是由清政府统一修建的。房屋的规格、用料都相同，木料全是东北运来的落叶松，格局是三间瓦房一处院，房顶起脊，前出廊檐三间房“一明两暗”，即中间为客厅，左右两间为居舍。居舍内搭有火炕，灶台设在廊檐下面。由于社会阶层的不同，职业不同，经济状况的不同，旗人逐渐散居在街区或其它村落的现象也很普遍。

三 古城交通

清代、民国期间，古城滦河交通相对发达，自北京至木兰围场的御道途径滦河。向南可通北京，向东连接热河、辽北。民国时期，在御道的基础上，形成“京热大道”。滦河至滦平哈叭沁、至丰宁、至宝山寺、至韩麻营均有简易公路。来自内蒙、辽北、山西等地的驼队往来不断。

其间，滦河水深可以行船。古城北侧建有码头，可供往来船只泊停。来自蒙北的货船可顺流而下，天津等地的商品也可使用船运。据滦河老辈人讲，纤夫拉船、渔火灯帆曾是滦河街一景。

20 世纪 30 年代，日军侵占承德后，为掠夺矿产资源和军事用处，修建了锦州至古北口铁路，滦河街设有车站。民国27年（1938年）10月，铁路通车。

四 古城衙署

据史料记载，宋代（辽金）时期，滦河区域设有兴化县、宜兴县，其治所就在喀喇河屯西南，后来兴州的治所就设在兴化县境。据推断这些衙署就在古城咫尺。

清雍正十一年（1733年），热河设承德州，初始的州署就设在喀喇河屯的旱河南沿，后迁入热河。乾隆七年（1742年），喀喇河屯设喀喇河屯厅，厅衙署仍设于古城旱河沿原州署地。乾隆四十三年（1778年），撤喀喇河屯厅，改为滦平县，县衙设在旱河沿附近。自此，古城名为滦平。清咸丰九年（1859年）五月十四日，天降暴雨，洪水肆虐，古城遭受严重的水灾。街区商业店铺及民房被冲毁80余家，县衙的门、吏房、礼房、刑房、工房、典史衙门全被冲毁。自雍正十一年（1723年）至此的120余年的档案资料被大水卷走，此后县衙租用民房办公。光绪十四年（1888年），政府在酒店村西南购买民房37间作为滦平县县衙。民国22年日军侵占境域前，滦平县衙仍设于滦河街内。民国34年（1945年）8月，滦河迎来了第一次解放。古城中心区域分为滦江村和红蓝旗营村。至民国38年（1949年）9月，古城内仍设有滦江村的建置，滦河街便有了滦江的称谓。新中国成立后，滦江村成为市街村，滦江村的称谓自此消失，取而代之是滦河村、滦河街、滦河镇。

五 古城商贸

古城历史上有过经济发达、商贸繁荣的辉煌时段。清中叶至民国中期，是古城经济发展的鼎盛期。其间，古城街商业店铺及作坊有百家之多，且门类齐全。有京津、山东、河北、山西、蒙古、辽宁及邻县的商贾云集。商店大多为“前店后居”式，手工作坊大多为“前店后厂”式。商家秉承“货真价实、童叟无欺”的经营理念，赢得了消费者的认可。有的店铺和作坊在古城中经营了数百年，传承了几代人。据清光绪年间至民国28年(1939年）资料记载，当时较大的杂货铺有德聚厚、务泉兴、明太堂、宝聚隆、魁升店、广丰玉、义永和、德厚兴、鸿巨兴、万祥成、义盛兴、兴利成、万福永、中夫祥等，专业布店有万聚号、福德祥等，麻绳店有田麻铺，果食茶店有王顺栈、三兴斋、德馨栈等，药店有万德义、保寿堂、定元堂等，金银首饰店有福盛银楼、万合银楼、利兴银楼。除此外还有皮货店、粮米店、铁具店、煤薪炭店、饭店、肉铺、客栈、车马店等。清光绪二十六年至三十三年（1900—1907年）资料记载，当时古城手工业作坊有造酒厂、铁匠炉4家、银匠炉4家、木匠铺2家、绳麻编织厂2家、粉房5家、糕点厂1家、毡房1家、挂面厂1家、炮竹厂2家、糖房1家、染坊1家、皮作坊1家，还有造纸、制硝、砖瓦陶器烧制、榨油、酱菜园、蜡烛制造等行业。另外，清代曾有当铺1家，民国年间曾开办有金融企业。

古城西大街（前街）是商铺较密集的一条大街。据滦河老人胡忠孝回忆：民国年间，这条不足1华里的大街就有店铺和作坊37家。从大十字街西口北侧数起依次是：1. 高家果子铺（糕点铺），字号三星斋。2. 侯家照相馆，古城第一家照相馆。3. 王家裁缝铺，手工制作衣服。4. 霍老大饭馆，其拿手的菜是“四喜丸子”。5. 刘家杂货铺，侧重卖生活用品。6. 李家杂货铺，偏重卖小百货。7. 李家烧锅作坊（前店后厂式）。8. 李家五金铁器铺，打制经营厨具、农具等。9. 胡家杂货铺。10. 雒家杂货铺，经营纸张、布匹等。11. 何家烧饼铺，何家豆腐坊、何家洋铁铺。这是一家父子店，老爷子做洋铁活儿，儿子打烧饼，儿媳妇做豆腐。12. 张家首饰楼，早年是个制作销售金银首饰的大商铺，后因生意不景气，变成了夫妻店，收揽制作首饰零活，卖些小成品。13. 张家肉铺，是个祖传下来的老店，祖孙三代以此为生。14. 张家豆腐坊，其豆腐片做的好，人称“豆腐丝张”。15.张家糖坊，是个制作米糖的小作坊。西大街南侧自西向东依次是：1.田老三麻绳店。2.李耀东药铺。3.刘家杂面铺。4.小老雒杂货铺。5.靳家木匠铺。6.霍家饹饹铺。7.孟家粉房。8.衡家木匠铺。9.衡家刻字铺。10.霍家木匠铺。11.赵家烧饼铺。12.田老大张罗铺（磨面用的罗）。13.万春堂药店。14.张家首饰楼，擅长制作小孩戴的长命锁。15.四海大车店。16.朱家首饰楼，擅长制作银簪子、九连环。17.张家肉铺。18.田老二铁器车具铺。19.王家木匠铺。20.常家钟表修理店。21.关家布店。22.王家日用百货店。

民国年间，古城另外一处较热闹的商业街是南街以南，旱河沿北侧，当地人叫“下坡”。这里有食品一条街、菜市场、粮市、柴市和牲畜交易市场。下坡的食品街是个“T”型街。南北方向有六七十米长，多是卖小吃的店铺和摊贩，东西向的小横街主要是卖快餐的小饭馆和牛羊肉铺。一些小吃摊点大多集中摆在下坡的西南角。下坡的风味食品品种较多，极具古城特色。面食有烧麦、包子、锅贴、蒸饺、水饺、馒头、花卷、烧饼、大饼等。油炸食品有油条、麻花、红糖油饼、粘炸糕等。还有烙糕、煎饼、豆腐脑、发糕、凉粉、蒸红薯、碗砣、茶汤等。这里有名气的店铺有3家：孟家烧饼铺的烧饼、羊汤；徐家烧饼铺的烧饼、碗砣；梁家豆坊的煎饼、豆腐、豆汁。

下坡的菜市场有固定的摊，也有散户的菜农。这里的菜都是赶早采摘下来的时令新鲜蔬菜。下坡的西面，旱河大坝下面是粮市。有几户固定的摊点，大多是邻近的乡下农民，卖些五谷杂粮和蘑菇、榛子、葫芦条、苦杏仁等土特产品。

旱河里是柴火市。有枝柴、劈柴、硬实柴和毛草柴。枝柴和劈柴论百斤卖，硬实柴和毛草柴大多是乡下农民用扁担挑来的论捆卖。木炭用户用的多论包卖，零散的也有论斤卖的。

古城清真寺北面河坝下是牲畜交易市场。除牛、马、骡、驴等大牲畜交易外，还经营仔猪。大牲畜交易方式非常独特，买卖双方把手放在对方袖管里，用手势谈价。这种经营方式持续到20世纪60年代。

六 古城学堂与私塾

清乾隆五十二年（1787年），时任古城滦平县的理事通判景文（字松同）创建了滦江书院（创建滦江书院碑现存于避暑山庄）。书院设在土城（今酒店小学附近）文昌祠院内。书院为科举服务，设讲堂和斋舍，生员住院学习。学习内容从《三字经》、《百家姓》等开始，其后学习“四书五经”及应对科举考试的“时文”之类。书院每月考试一次，成绩优异者受奖，按成绩把生员、文童分为三等。清嘉庆十九年（1814年），山长傅文柄（字肖严）捐资在原址重新修建书院。书院实行肄业制。学员学习1年后可回家自修，然后按时参加府学入学考试，也可继续在校学习参加岁科考试。（重建滦江书院碑现存于避暑山庄）。滦江书院培养了很多秀才进入承德府学（热河文庙内）学习，其中12人在科举考试中中举。

清光绪三十年（1904年）十月，知县俞良臣以“振兴庶务，首重兴学”为宗旨，动员乡绅出资创建“滦平县高等小学堂”。校址设在原滦江书院和文庙内。初建时，有高级班1个，初级班2个。孙绳武任学堂董事，教师4～5人，学生120余人。

清宣统元年（1909年）七月，滦河沙土梁建驻防小学堂，人称官学，驻防小学专收满族八旗子弟。驻防小学负责人由关咏鸠（字乐民）担任，后由傅鹤龄（字松年）担任。

民国2年（1913年）滦河清真寺院内设公立回民小学，后与县立小学堂合并。

民国3年（1914年）。驻防小学与县立小学合并。同年，县立女子初等国民小学堂设立，校址在酒店村土城县立小学西跨院内。

民国5年（1916年），滦平县立小学堂改为滦平县立小学，公立回民小学改为公立回民学校，女子初等小学改为女子国民学校。

民国28年（1939年）女子小学与男子学校合校。

民国36年（1945年），古城第一次解放，县立小学改为滦平县滦河小学。日伪时期为滦平县滦江小学。民国37年(1948年),古城第二次解放，滦江小学改为“滦平县第二完全小学”。

据《热河省县旗事情》记载，自清末至民国22年（1933年）间，滦河街有私塾5所。开办老师分别是:汪培祯、王笑凡、冯国兴、娄延福、刘凤池，共有学生95人。

七 古城庙宇

清及民国时期，滦河街及周边的寺庙众多。据不完全统计，较大的寺庙有17处之多。这些寺庙可分为3种，即皇家寺庙（敕建）；官建，由地方政府集资筹建；民间所建。

（一）皇家寺庙

1. 穹览寺,清康熙四十三年（1704年）敕建，寺名取南朝诗人沈约“骧首览层穹”之意，寺庙占地面积约为3900平方米，现仅存部分建筑。

2. 琳宵观，建于清康熙四十九年（1710年），民国二十四年（1935年）重修。寺庙占地3200平方米，现仅存部分建筑。1981年9月4日，承德市文物局曾找原看庙的道士王志田（时75岁滦河镇西南营人）和新中国成立后占用该庙的粮食所老职工文德厚（滦河酒店村人）、马长生了解琳宵观的情况。王志田讲：他12岁进庙修行（1918年），1952年还俗离开。民国二十四年(1935年)，他用征集来的施舍对琳宵观进行了一次大修。

（二）官建及民间寺庙

1. 关帝庙《承德府志》载：“在喀喇河屯东南，康熙年间，每岁春秋及五月十三日为官致祭。”庙址位于滦河镇西南营东南部，建于清康熙四十九年（1710年），占地面积约为2400平方米。文革时期，被滦河供销社占用，现存有遗址。

另，据《承德府志》记载，滦河附近还有5座关帝庙。一座在喀喇河屯营西，康熙五十四年（1715年）建；一座在金沙滩（现址无存）康熙五十七年建；一座在靳家沟；一座在青石梁官道侧，于乾隆二十三年（1758年）敕建；一座在巴克什营。（靳家沟、青石梁、巴克什营现属滦平县辖）。

2. 清真寺 寺址位于滦河镇西南营村西北部，建于清乾隆四十一年（1776年），占地面积约2000平方米。

3. 孔庙 庙址位于酒店村内，建于清代，现遗址尚存。

4. 龙王庙 滦河街有龙王庙4处。一在喀喇河屯行宫内有龙王庙三间，明间前檐挂圣祖御笔“雨旸时若”匾，店内挂高宗御笔“恩时普润”匾，红漆供桌上供龙王一尊。岁以春秋为官致祭。一在滦河北山坡上的大龙王庙（大龙庙村前）。清热河道台明山保于乾隆三十九年（1774年）建。内供二龙神像。清嘉庆帝御书匾额“泽沛兴桓”，并有明山保撰碑1座。新中国初，庙被毁。

还有两处龙王庙，一在滦河街，于光绪十二年（1886年）被洪水毁；一在现滦河铁路桥北山坡上，新中国初期被毁。

5. 财神庙 位于滦河大十字街东百余米处。现无存。

6. 神祇坛 据《承德府治》载：“在县北郊，岁祭风、云、雷、雨、山川、城凰之神……。”现无存。

7. 龙母庙 位于酒店村东，建于清代。存有正殿，东、西配殿及古槐1棵。现为民居。

8. 雹神庙 位于西南营村北部沙土梁南侧，现无遗址。

百年古城滦河容纳了满族、蒙古族、回族、汉族多民族的聚集，接纳了皇家文化、京城文化及多民族文化的融汇，骨子里既有马背民族的彪悍，又有北方人的率直、坦诚；既有商家的和善、灵聪，又有南方人的细腻与精道。它阅历了清廷的盛衰、民国的动乱、日军的残暴。1948年11月，古城滦河迎来了彻底的解放。

（撰稿人：王乃民）

附记：

社　区

一　双塔山街道办事处辖社区

元宝山社区　元宝山社区辖区由原三岔口、下店子、老年（儿）沟、大元宝山、小元宝山、北六队村、面粉厂家属院、油库家属院、元宝山东街、元宝山西街居委会合并而成。2005年，有居民2244户，4480人。辖区内有较大企业13家，商业店铺107家。

黑山社区　黑山社区位于承德市北部35公里的高寺台镇西部矿区，总面积6平方公里，2005年，有居民1700户，3400人。黑山社区是一个以承钢矿业公司为中心建立的“工矿型”社区，非农业人口主要是矿业公司的职工及家属。

输送机社区　输送机社区由原白庙子一街、二街、三街居委会合并而成，并包括偏桥子镇的非农业人口。面积约2.8平方公里。2005年，有居民2836户，6544人。社区内驻有承输集团公司、兴业热力公司等企业单位，区卫生局、农牧局、信访局、区人武部等7家行政事业机构。

北园社区　北园社区面积约14平方公里。由原双塔山南街、北街、西街居委会合并而成。2005年有居民2137户，4837人。北园社区在双塔山镇的老城区内。社区内有双滦区委、区政府及多家局委办机关，有腾飞中专等事业单位及网通、联通公司等企业单位。

东园社区　东园社区面积6平方公里。由原团瓢街、棋盘地居委会合并而成。2005年，有居民2360户，5290人。东园社区为双塔山镇的新城区，位于镇域东部。双塔山森林公园、双塔山中心广场，均在辖区范围。驻有长城钢管集团、蓝天纺织有限公司等多家企业。

福园社区　福园社区位于大庙镇境域内，2005年，有居民1275户，2480人。社区内有大庙镇政府、大庙镇中学、大庙镇卫生院等行政机构和事业单位及承钢矿业分公司等企业单位，有商业网点17个。

御祥园社区　御祥园社区是2005年新成立的社区，位于元宝山社区西侧，辖区面积0.24平方公里。建有住宅楼35栋，入住户数347户，1227人。

二　滦河街道办事处辖社区

凤凰社区　凤凰社区成立于2002年8月，由原炼钢、西地一居、西地二居、西地三居4个居委会合并而成。位于滦河镇西部，辖区面积约1平方公里，是典型的企业型社区，人口集中。2005年，有居民楼52栋，居民2800户，8100人。

果山社区　果山社区成立于2002年8月份，由原西营子一居、西营子二居、果山3个居委会合并而成。位于滦河镇西部，处于凤凰、行宫、怡园、滦江4个社区的中间，人口集中。2005年，有居民楼43栋，总面积0.5平方公里。共有2968户，常住人口8868人。

行宫社区　行宫社区于2002年10月16日成立。由原行宫、苍坡、小高炉3个社区居委会合并而成。位于滦河镇西北部，东至滦河小学，西至承钢体育场，南至101国道，北至滨河公园，总面积1.27平方公里。2005年，有46栋楼房，居民2364户，6876人。

怡园社区　怡园社区位于承钢东南部，2002年8月由原承钢运输部、下营子2个居委会组成。东至滦河镇西南营村、西至承钢汽运处，南至南沟，北至承钢机关办公楼，总面积1.02平方公里。2005年，社区有2190户，总人口3710人。

滦江社区　滦江社区于2002年8月成立，由蓝旗营、滦河、酒店、东园子4个居委会合并而成。辖区面积约8平方公里，东临滦河电厂，西接承钢，地处滦河商业街。2005年，有3048户，总人口5418人。

滦电社区　滦电社区1973年成立，设在滦电家属区内。社区总占地面积约0.22平方公里，2005年，居民1221户，2630人。

（整理：秦玉鹏）

第二编　自然环境

双滦区位于燕山山脉东段中部，平均海拔700米，地貌为中低山区特征，属大陆性季风型山地气候。主要河流为滦河及季节性河流牤牛河。年平均气温9.3℃，无霜期平均150～160天，由于气候等因素影响，水、旱灾害多发。土壤类型主要有棕壤、褐土和草甸土，随河流、海拔走势呈带状分布。历史上域内草丰水盈，野生动植物资源丰富，是游牧民族的天然牧场。近代，由于工农业的发展及人类活动的影响，野生动植物种类和数量大大减少。域内的北部，具有丰富的铁矿资源，中南部有暗紫色砂砾岩分布，具有典型的北方丹霞地貌特征。2005年，人均占有耕地0.36亩、占有水资源470立方米、占有林地0.78亩。

第一章　地质　地貌

境域处于华北地台北缘，受燕山台褶带承德拱断束、大庙穹断束与滦平凹断束构造单元所控制。地层主要由上太古代的单塔子群、下元古代的红旗营子群、中生代侏罗纪及新生代第四纪组成。地质构造复杂，岩石类型较多，且分布较广。地貌属中低山类，最高山峰海拔1375.2米，中南部有大面积的紫色砂砾岩分布，呈丹霞地貌特征。

第一节　地　　质

一 地层

分布　境域地层主要由上太古代的单塔子群(Ard)、下元古代的红旗营子群(Pt_1)、中生代侏罗纪中统(J_2)及新生代第四纪(Q)组成。单塔子群、红旗营子群均属一套中－中深区域变质、受不同混合岩化作用的影响，具有一定程度退化的片麻岩、变粒岩、浅粒岩、斜长角闪岩、大理岩、磁铁石英岩组成的变质岩系，构成境域的结晶基底，且大面积分布于滦河镇、双塔山镇、三岔口以北。中生代地层分布较广，有侏罗纪下统门头沟组及中统后城组出露。其分布受中生代断陷盆地控制，前者位于域内大庙北梁一带；后者主要分布于滦河、双塔山、三岔口一线的东南部元宝山、偏桥子镇一带。第四纪松散堆积物分布普遍，主要为洪、冲基层，但规模较小。分布于Ⅱ级阶地、河谷两岸山麓边缘与山间洼地中，且与下覆基岩呈不整合接触。岩性由黄褐色、浅红褐色砾亚粘土、砂砾石、黄土状亚沙土、粉砂土等组成，一般厚度5～30米。

种类　单塔子群同位素年龄厘定在2800—2500米，属晚太古代。其下部为燕窝铺组，上部为白庙组；命名地点在双滦区大三岔口一带。燕窝铺组（Ary）分布于燕窝铺、通沟一带，东西向展布，两端延出境外，出露宽度1～3公里，东西延长约20公里。岩性为一套中深区域变质的混合岩化强蚀变角闪斜长片麻岩、斜长角闪岩，间夹少量不规则的绿泥片岩。层厚大于1784米。恢复原岩属基性岩浆岩，为今境最古老的地层。白庙组（Arb）与下覆地层燕窝铺组（Ary）呈整合接触，并分布于其两侧，出露面积广，向北至岔沟门、磨盘沟门一带，向南至滦河、双塔山、三岔口一线，属单塔子群主体地层。岩性为一套中深区域变质并经轻微混合岩化的岩石组成，分上、下两个部分，层厚大于3533米。红旗营子群（Pt_1h）为早元古代，自下而上分为团榆树组和姜营子组，而双滦区仅有团榆树组出露。团榆树组（Pt_1t）与下覆地层白庙组（Arb）呈断层接触，并成带状近东西向分布于周家台、陈营子、岔沟脑以北凤凰咀一带。岩性为一套中级区域变质的斜长角闪岩、角闪变粒岩和黑云变粒岩夹多层透镜状大理岩。层厚1735米。

二 岩层

吕梁期侵入岩 元古代吕梁期侵入岩集中分布于大庙及其邻区，岩石类型按照先后侵入顺序主要有似斑状钾长花岗岩、花岗岩、斜长岩（苏长岩）、辉石角闪石岩，而以斜长岩规模最大。似斑状钾长花岗岩（$\pi\xi\gamma_2^1$）分布于斜长岩体南侧，宽约3公里，东西两端延出境外，全长20公里。斜长岩（$\nu\sigma_2^1$）岩体东西长约20公里，宽约3～7公里，为一近东西向延长的以斜长岩为主的杂岩体。岩体沿红石砬－大庙断裂带北侧侵入于太古代单塔子群及早期似斑状钾长花岗岩中，北部侵入于太古代至元古代的韩麻营岩体中，岩石主要为钠黝帘石化斜长岩和绿泥石化斜长岩，分布面积约占岩体80%。大庙斜长岩体含有丰富的钒钛磁铁矿。

华里西期侵入岩 晚古生代华里西期侵入岩区内主要有闪长岩（δ_4^3）、花岗闪长岩（$\gamma\delta_4^3$）及钾长花岗岩（$\xi\gamma_4^3$）。闪长岩（δ_4^3）分布于境域北部北梁、西沟一带，今境出露面积约2平方公里。岩体呈岩株状侵入于红旗营子群中，并向南延伸到境内。花岗闪长岩（$\gamma\delta_4^3$）分布于冰沟——大梁顶一带，称大梁顶岩体。岩体呈岩株状侵入于单塔子群、红旗营子群及元古代花岗岩中，东西长10公里，南北宽2～6公里，向东延出境外。钾长花岗岩（$\xi\gamma_4^3$）分布于陈营子、西沟一带，境内面积小，向西南延至滦平金沟屯，全长24公里，出露宽2～8公里，称为红旗钾长花岗岩（$\xi\gamma_4^3$）岩体。

燕山期侵入岩 中生代燕山期侵入岩见有花岗岩（γ_5^2）、石英正常斑岩（$\xi o\pi_5^3$）。花岗岩（γ_5^2）分布于中营子通沟脑，境内出露面积小，向西南延至邻县孙营，属小岩株。石英正长斑岩（$\xi o\pi_5^3$）分布于偏桥子、大贵口一带，出露面积约5平方公里。岩体受六沟陈栅子断裂控制，呈岩枝状侵入于白垩纪大北沟组中，属于潜火山岩。

喷出岩 境内东南部中侏罗纪中晚期（后城期）有较弱的火山喷溢活动，喷溢以酸性－中性岩流为主，先后形成了似砾状流纹岩、灰绿色安山岩、紫灰色流纹岩。

变质岩 变质岩主要有区域变质岩、混合岩及动力变质岩。区域变质岩主要有各种片岩、片麻岩、浅粒岩、角闪岩和大理岩。混合岩主要有眼球状混合岩、条带状混合岩和均质混合岩。主要分布于大庙斜长岩体周边。动力变质岩主要有构造角砾岩、碎裂岩及构造片岩类，分布于几条较大断层破碎带中或深断裂的两侧。

三 地质构造

建造及构造变动 华北地台地质建造包括基底层、稳定盖层、活化盖层，槽台学说则分为地槽、地台、地洼构造演化阶段或单元。形成阶段在30亿年～25亿年，境内的结晶基底由单塔子群、红旗营子群构成。其发生、发展到最终形成经历了阜平旋回、五台旋回、吕梁旋回三次大的构造热事件。吕梁运动后，转入稳定盖层发展阶段。受基底深断裂影响发生大面积差异性活动，并常期呈现北升南降的阶梯状态势。活化盖层形成阶段（晚三叠纪至中生代末）此阶段境域南东部处于承德断陷盆地边缘，仅在侏罗纪中统形成一套河流相、滨湖相沉积——复陆屑建造，其他阶段均处于剥蚀状态。新生代境域仍以稳定上升为主，缺失第三纪及下－中更新统地层。上更新统和第四纪也不太发育。

构造类型 燕窝铺一周台子背斜形成于晚太古代至古元古代末，属大型紧密线型褶皱。近东西向展布，长40公里，宽18公里，核心部为太古界燕窝铺组变质岩系组成，两翼为白庙组地层。轴向沿滦平周台子、燕窝铺及双桥区双峰寺一线分布。单斜构造 分布于今境东南部承德盆地边缘的滦河至周台子一带。侏罗纪后城组中岩层呈大面积平缓的单斜式分布特点。断层构造 区内断层构造发育，较大的计有5条。红石砬、大庙、娘娘庙深断层（F1）位于境域北部，由丰宁红石砬经境内大庙至平泉娘娘庙全长150公里，断层走向近东西，断面北倾，倾角60°～80°。虎什哈、红旗、高寺台正断层(F2)位于陈营子及其东沟一线向两端延出境外，全长75公里左右。西段走向北东，东段近东西，断层面南倾。其形成于中生代，控制了滦平盆地西北边界，在境内切断古元古界红旗营子群。滦河、双塔山、双峰寺正断层(F3)位于滦河—双塔山一线向两端延出境外，全长大于30公里。断层走向北东，断面南倾。其形成于中生代，控制了承德盆地西北部边界，造成侏罗纪后城组与单塔子群呈断层接触。偏桥子、大石庙正断层(F4)位于境域的南部，属承德盆地中的大断裂。境内长约5公里，向东经大石庙延至平泉六沟全长大于50公里。断层走向总体近东西，断面南倾，活动具多期性。形成较早，沿断裂带有燕山期岩浆岩侵入。大庙东沟正断层(F5)位于大庙东沟，向南可能沿牤牛河至三岔口，全长20公里以上。断层走向近南北，东倾。其为红石砬—大庙—娘娘庙深断裂的次级断裂，形成较早，并被晚古生代花岗闪长岩体所隔断。

第二节　地　貌

一 地貌类型

中低山 中低山分布于小三岔口、陈营子、窑沟一线以北，主要岩石为花岗岩、斜长岩及极少量花岗质片麻岩。域内最低侵蚀基准面530米，山峰海拔多在900米以上，最高1375米。山顶多为尖棱状，山峰、山坡、山麓地形单元明显。山谷多为“V”型谷，切割深度一般大于200米，最深大于500米，山坡的坡角10°～35°。典型代表为大黑山，其山势雄伟，主峰脊长3500米，南北向展布，海拔大于1300米，最高峰1375.2米，为区内最高山。

低山 低山分布于小三岔口、陈营子、窑沟一线以南，为境域主要地貌类型。地势北高南低，山峰海拔由900米降至500米。山体岩石主要为片麻岩、火山凝灰岩、砂砾岩、流纹岩。山顶多呈浑圆状，山脊较平缓，呈波状。冲沟一般呈“U”型谷，少数呈“V”型谷，较大的沟谷多为平底谷及箱形谷，切割深度一般小于200米，山坡坡角一般小于20°，局部大于30°。

河谷平地 河谷平地由河床、漫滩及Ⅰ级阶地组成，局部发育Ⅱ级阶地。阶地与漫滩微倾向河谷，阶地与漫滩呈陡坎接触，一般坎高1～2米，大者十几米。由于侵蚀作用，阶地上多发育有小的“U”型谷，河道比降为5.6‰～7.2‰。河谷宽度一般100～500米，局部地段可达2000米左右。Ⅰ级阶地多为冲积洪积黄土、亚沙土堆积及河岸的冲积平地。Ⅱ级阶地受山坡流水切割，形成大大小小的冲沟，山麓一带多坡积洪积物，有的在沟口形成小型洪积堆。河谷平地在区内均有分布，滦河流域分布较广。

二 主要山峰

大黑山 位于境域东北部与隆化、承德2个县的交接处，海拔1375.2米。

北梁西山 位于境域西北与滦平县交接处，海拔1073米。

七家西山 位于境域西北与滦平县交接处，海拔1203.7米。

大庙西山 位于境域西北与滦平县交接处，海拔1137米。

五道沟梁 位于大庙镇上营子村西与滦平县交接处，海拔965米。

南四沟山 位于大庙镇陈营子村东沟脑，海拔1100.1米。

凤凰嘴西山 位于大庙镇凤凰咀村与滦平县交接处，海拔1047米。

磨盘沟脑 位于大庙镇岔沟门村与滦平县交接处，海拔991米。

大梁顶（大榛子沟沟脑） 位于大庙镇冰沟门村与承德县交接处，海拔1275.9米。

西沟大桶子 位于双塔山镇厂沟脑与双桥区交接处，海拔1115.8米。

燕窝铺东山顶 位于双塔山镇燕窝铺村与双桥区交接处，海拔854.7米。

双塔山东山尖 位于双塔山镇东南部，海拔770.5米。

大同梁顶 位于偏桥子镇北部，海拔618.8米。

三 丹霞地貌

境域中南部大面积分布着后成组巨厚层暗紫色、紫红色砂砾岩（承德砾岩），局部地段垂直裂隙发育，经长期的雨水冲刷和风的吹蚀、磨蚀

偏桥子镇莲花峰——丹霞地貌景观（区档案馆提供）

元宝山（摄影 张晓国）

双塔山景区（摄影 章利民）

作用，形成孤立的山峰和陡峭的奇岩怪石，呈丹霞地貌特征。区内双塔山、元宝山、大红山等为北方典型丹霞地貌。

第二章　气候　水文

双滦区位于北纬 40.96 度、东经 117.80 度，处在燕山东部余脉，属于大陆季风型山地气候，特点是四季分明，多风、干旱、少雨。降雨集中在七八月份，近 15 年平均降水量 538.73 毫米。滦河流经境域 24.5 公里，呈扇形水系覆盖大部分境域。牤牛河由于上游水源涸竭已成为季节性河流。地下水流由东北向西南运动，呈逐年下降趋势。

第一节　气　　候

一 日照与辐射

境域太阳年辐射热总量为每平方厘米 132 千卡～ 155 千卡。太阳辐射热量最大值在 5 月，每平方厘米 16.76 千卡。最小值在 12 月，为每平方厘米 5.73 千卡。据 1990—2005 年承德市气象局统计，年日照时数达 2363.8 ～ 2809.9 小时。日照百分率为 64% ～ 66%，属一年一熟种植区。

1990—2005 年双滦地区日照时数一览表

表 2-2-1　　单位：小时

年份	1月	2月	3月	4月	5月	6月	7月	8月	9月	10月	11月	12月	合计
1990	179.9	154.1	216.8	242.6	255.3	285.6	203.1	230.2	232.7	251.9	174.0	176.8	2603.0
1991	161.1	187.7	184.2	220.3	261.7	243.1	214.2	286.1	230.2	244.4	193.5	126.6	2553.1
1992	181.4	239.7	206.8	236.0	264.0	278.5	240.2	219.9	226.0	242.1	175.0	147.2	2656.8
1993	197.4	198.7	255.0	272.5	291.0	265.9	167.3	237.2	267.9	245.2	149.7	177.6	2725.4
1994	191.5	194.6	266.8	273.2	266.4	236.5	235.6	222.4	256.9	233.4	185.3	184.5	2747.1
1995	222.4	228.6	244.5	263.6	273.0	231.2	213.4	191.5	194.2	225.6	237.9	206.2	2732.1
1996	211.2	238.2	250.6	278.3	296.1	273.5	170.2	144.2	232.7	220.1	197.8	175.1	2688.0
1997	212.2	199.0	268.3	293.6	245.6	253.0	230.8	252.4	239.1	282.7	159.1	174.1	2809.9
1998	188.2	175.0	225.4	214.4	293.1	230.4	235.7	253.3	247.9	232.6	178.6	194.3	2668.9
1999	216.7	227.7	158.7	264.4	286.0	271.6	251.2	237.1	191.3	241.6	196.0	182.9	2725.2
2000	178.5	220.4	248.0	221.6	269.8	279.1	244.7	197.5	251.6	188.9	184.2	166.5	2650.8
2001	164.1	182.3	251.8	249.9	294.6	210.4	246.8	262.9	248.7	198.8	232.0	183.9	2726.2
2002	213.3	225.7	250.5	232.3	299.7	155.7	249.2	251.7	227.5	212.0	210.8	163.4	2691.8
2003	218.3	203.5	178.7	209.7	227.1	201.0	135.7	241.6	175.2	224.8	147.2	201.0	2363.8
2004	215.9	195.3	234.4	270.0	259.4	215.2	228.4	219.3	230.9	243.2	183.8	174.2	2670.0
2005	180.9	191.6	273.0	241.6	246.1	218.8	226.5	177.5	194.3	229.0	205.9	184.9	2570.1

二 气温与地温

1990—2005年，双滦区年平均气温9.3℃。7月份平均气温24.26℃，极端最高气温41.5℃。1月份平均气温-8.88℃，极端最低气温-23.3℃。表土10厘米平均地温10.4℃，最大冻土层深度为126厘米，10厘米冻土长达108天。5—9月，昼夜温差大于10℃，最大温差达到20℃。气温和地温由北部大庙镇往南逐渐增高。境域初霜冻一般在10月中旬，终霜冻一般在4月下旬，全年无霜期平均150～160天。

1990—2005年双滦区域平均气温情况一览表

表2-2-2　　　　单位：℃

年份	1月	2月	3月	4月	5月	6月	7月	8月	9月	10月	11月	12月	合计
1990	-11.1	-3.7	5.1	11.0	17.2	21.7	23.7	23.1	16.7	11.0	2.2	-6.1	9.2
1991	-7.8	-4.7	1.6	10.8	17.4	20.8	23.1	24.6	17.4	10.1	0.2	-7.5	8.8
1992	-6.8	-4.0	3.0	11.6	18.3	21.6	24.4	22.3	16.7	8.4	-2.2	-5.9	9.0
1993	-9.3	-3.5	3.9	10.4	19.1	23.0	22.8	21.7	17.1	9.7	-1.4	-7.4	8.8
1994	-7.6	-3.3	1.4	15.0	17.5	24.5	25.4	24.0	16.6	9.8	2.4	-7.3	9.9
1995	-7.3	-3.2	3.2	11.7	16.9	21.8	23.7	22.7	15.6	10.7	2.1	-6.0	9.3
1996	-8.3	-5.5	2.2	11.0	18.6	22.7	23.4	21.3	17.1	8.6	-0.2	-5.3	8.8
1997	-9.5	-3.3	5.3	12.3	17.7	22.6	26.3	24.5	16.1	9.5	1.8	-7.7	9.6
1998	-9.2	-1.0	5.1	14.3	18.5	22.2	24.5	22.6	20	11.5	0.1	-6.4	10.2
1999	-7.3	-2.1	1.8	12.3	18.1	22.2	25.4	23.4	17.8	9.5	1.3	-6.2	9.7
2000	-12.3	-7.5	3.0	10.4	17.9	24.3	27.6	23.1	17.2	8.2	-2.3	-7.7	8.5
2001	-11.3	-5.5	2.5	12.2	20.2	22.8	23.8	21.9	16.5	9.9	-0.2	-9.3	8.6
2002	-5.9	-2.2	5.3	10.7	19.3	21.2	24.3	22.6	16.5	5.9	-2.5	-8.7	8.9
2003	-9.5	-3.8	2.2	11.9	18.1	20.2	23.3	23.3	17.0	8.4	-0.8	-6.5	8.7
2004	-9.0	-2.6	2.7	13.0	16.9	22.1	22.5	20.9	16.0	8.5	0.3	-7.5	8.7
2005	-9.9	-8.9	1.4	12.0	16.0	20.8	23.9	21.7	16.8	9.3	0.3	-10.0	7.8

三 降水与蒸发

降水 1990—2005年，境域年平均降水量538.73毫米。年最大降水量692.3毫米，年最小降水量346.7毫米。日最大降水量151.4毫米，时最大降水量52.0毫米。冬季降雪，年平均积雪日26.9天。年最多积雪日83天。年内降水量分配不均，夏季多，冬季少。7月份降水量最大，占年降水量的31.1%，而且多暴雨。

1990—2005年双滦区域降水情况一览表

表2-2-3　　　　单位：毫米

年份	1月	2月	3月	4月	5月	6月	7月	8月	9月	10月	11月	12月	合计
1990	8.5	13.7	19.2	33.2	74.5	123.0	133.2	195.1	79.3	5.5	6.3	0.7	692.3
1991	0	2.6	11.4	35.5	47.7	288.2	181.5	29.9	64.9	14.8	0.6	2.7	679.8

续表 2-2-3　单位：毫米

年份	1月	2月	3月	4月	5月	6月	7月	8月	9月	10月	11月	12月	合计
1992	0.3	0.5	3.1	13.6	31.3	75.3	143.9	101.0	48.7	56.5	15.2	0	489.4
1993	1.4	5.5	4.2	12.8	7.5	57.6	232.7	99.2	46.2	17.9	26.9	5.0	516.9
1994	0	0.2	7.3	0.6	80.0	28.3	256.5	137.2	22.3	5.9	1.0	3.5	542.8
1995	0	2.9	0.7	0.4	97.1	80.5	166.3	173.9	108.5	37.7	0	0.4	668.4
1996	1.3	0	7.2	4.5	39.7	63.8	182.8	150.7	55.2	28.5	3.8	1.2	538.7
1997	3.3	0.4	1.1	8.8	88.5	67.9	130.4	102.7	42.1	21.9	8.4	6.7	482.2
1998	0.9	5.7	3.6	69.7	62.1	120.0	235.4	55.0	2.9	60.2	5.3	1.7	622.5
1999	2.4	0	11.2	36.3	88.2	83.6	111.5	56.0	53.8	18.5	22.9	0.8	485.2
2000	7.3	0	11.6	20.9	63.9	18.3	24.8	155.8	23.0	13.7	7.4	0	346.7
2001	5.7	0.7	0	12.0	32.5	212.7	177.8	95.2	31.6	56.4	12.2	3.2	640.6
2002	0	0	7.4	38.9	2.4	78.8	86.6	102.3	48.6	25.8	0	6.6	397.4
2003	1.0	0	34.8	10.1	79.6	64.9	52.6	40.0	76.0	48.2	15.6	0.8	423.6
2004	0	13.2	0.3	24.6	34.6	134.2	93.2	89.1	86.2	24.0	8.4	2.7	510.5
2005	0	6.9	1.0	23.0	82.2	117.6	103.3	223.5	23.9	3.5	0	2.2	587.1

蒸发　春秋两季多风，气候干燥。蒸发量大于降水量，干旱现象经常发生。1990—2005 年，蒸发量在 1048.3 ~ 1727.9 毫米之间，其空间分布与降水量空间分布大体一致。

1990—2005 年双滦区域地表水蒸发情况一览表

表 2-2-4　单位：毫米

年份	1月	2月	3月	4月	5月	6月	7月	8月	9月	10月	11月	12月	合计
1990	28.5	33.1	89.8	184.5	209.9	233.1	168.2	162.7	118.2	102.2	55.2	44.0	1429.4
1991	36.1	47.8	82.7	170.9	239.7	195.9	178.7	201.5	139.0	111.4	53.2	26.5	1483.4
1992	37.1	61.2	94.8	201.5	232.8	284.2	224.8	149.6	125.7	80.7	39.7	30.8	1562.9
1993	33.4	48.0	101.7	192.0	277.0	244.7	158.7	165.8	153.7	104.8	35.0	34.8	1549.6
1994	37.1	50.4	108.1	227.4	248.6	270.8	193.1	164.7	156.1	116.7	57.4	32.5	1662.9
1995	44.5	49.2	113.5	237.3	269.8	214.2	197.6	148.7	109.9	100.3	64.0	40.9	1589.9
1996	40.9	59.3	107.5	190.4	267.8	256.4	172.6	118.1	126.6	78.2	49.4	36.3	1503.5
1997	34.1	50.7	123.5	206.1	223.5	244.4	218.8	187.0	128.8	127.4	42.9	28.6	1615.8
1998	31.9	52.7	108.1	148.7	210.7	194.1	173.2	157.0	146.7	97.6	48.5	28.7	1397.9
1999	42.3	66.8	73.4	173.9	214.9	201.6	194.6	175.3	125.2	103.3	42.7	38.0	1452.0
2000	27.9	52.0	121.1	196.2	229.6	232.1	309.3	147.5	135.8	91.9	44.3	40.2	1627.9
2001	36.6	52.2	137.4	219.3	289.9	195.2	149.7	151.9	129.9	76.3	41.9	34.2	1514.5
2002	45.1	56.3	146.9	184.7	152.1	110.0	124.6	123.6	84.2	104.4	62.2	29.1	1228.2

续表 2-2-4　　单位：毫米

年份	1月	2月	3月	4月	5月	6月	7月	8月	9月	10月	11月	12月	合计
2003	34.0	50.0	88.1	183.0	106.1	105.4	98.1	130.4	71.5	98.3	40.2	43.2	1048.3
2004	37.9	68.4	129.8	212.3	134.8	122.2	106.3	97.9	83.6	96.0	46.9	35.0	1171.1
2005	39.7	41.3	122.5	234.0	118.8	107.3	114.8	87.1	85.7	106.1	56.6	39.1	1153.0

四 风向与风速

域内风向和风速的变化有明显的季节性。春、秋、冬季风多，夏季风少。9月至来年3月，多西北风；4—8月多东南风。年平均风速每秒1.4米，1961年4月5日，风速达每秒20米，为年最大风速。年平均大于每秒12米的大风，双塔山镇为20～30天，大庙镇25～35天。年平均静风日为160天。

五 物候与农事

春季，3月中旬气温开始回升到0℃以上，土壤开始解冻，农事开始备耕。“惊蛰”以后万物复苏，青蛙、蛇等冬眠的动物开始苏醒，洞穴的小虫子开始活动。“清明”前后杨柳树返青，开始种地。“三月三（农历）侵麻菜钻天”，是侵麻菜采食季节。侵麻菜又名曲麻菜、苣荬菜，菊科植物，多年生草本。春季开花前采挖食用，味苦性寒，有清热解毒之功。5月上旬，燕子回归。“过了芒种，不可强种”，说明域内无霜期短，芒种以后种植大田作物，不易成熟。

夏季，气温稳定在20℃以后，作物进入生长期，“五一”前后开始耪地。域内夏季气候温和，有“热在中伏”之说。“处暑不出头，割倒喂老牛”，大田作物到了处暑的节气如果不抽穗，果实就不会成熟（无霜期短），只能当青储饲料用。伏天作物种植有“头伏萝卜，二伏菜，三伏种荞麦”之说。

秋季，昼夜温差较大。“一场秋雨一场寒，三场白露两场霜”，指天气转凉，开始有霜。“寒露”后，大田作物开始成熟收割，大雁、燕子等候鸟开始南归。“鬼子姜”，学名叫菊芋，别称洋姜，开花一个月就会上冻，气温会降至0℃。此时，蒿草枯黄，树叶凋落。农事为收割、打晒、仓储季节。

冬季，从12月初至次年2月。“立冬”后气候转寒，蛇、青蛙等动物开始冬眠。最冷时在“三九”，1月份多出现寒潮。俗语有“一九、二九难出手，三九、四九冰上走”“腊七、蜡八冻死俩仨”的说法。大地封冻，农民开始往大田运送农家肥料。

第二节　水　　文

一 地表水

滦河 滦河发源于河北丰宁满族自治县大滩镇小梁山南麓。滦河自西北方向入境后，流经滦河镇；双塔山镇大龙庙村、西平台村、东平台村、应营子村、白庙子村；偏桥子镇老沟门村、三家村、达连坑村、偏桥子村、二道沟村、大贵口村、小贵口村，从东南方向出境。域内流长24.5公里，河道坡降1.25‰。滦河历史上多次发生较大洪水，水深6～7米，最深达10～15米。1954年、1956年、1957年、1958年、1959年、1964年、1973年年径流量大于9亿立方米。其中，1959年最大，年径流量达20.9亿立方米。据水文资料显示：日径最大流量为1958年7月14日，1580立方米/秒；日径最小流量为1990年5月4日，0.3立方米/秒。滦河干流20世纪70年代前，皆可行船。20世纪70年代后水量下降，再难承载船只。2005年，河面在夏秋时节仅为50米左右，水深约0.3～0.5米；冬春时河面10米左右，水深则仅在0.3米以下。滦河河谷呈U型，在域内宽度为500～1250米。

牤牛河 牤牛河发源于大庙镇黑山，自北部流径大庙镇、双塔山镇应营子村汇入滦河，

1942年牤牛河入滦河流向（丁斯华提供）

全长26公里。河道宽20～30米，流域面积171平方公里。双塔山镇大三岔口村至河口自然坡降为 4.6‰～8.4‰；大三岔口村至上游大庙镇黑山自然坡降达10‰。自20世纪90年代初以后，由于降雨减少、地下水位逐年降低，除汛期有少量的水量外，其他月份干涸断流。

二 地下水

地下水流向总体是由东北向南运动。域内西部及中部地下水受地形影响自西北向东南运动；东北部地下水自东北部向西南运动。自20世纪60年代后，由于用水量增加，水土流失较大，加之降雨量减少，地下水的补给相对减少，导致地下水位呈逐年下降趋势。

地下水位年内受大气降水、人工开采、地质岩性等多重因素影响，变幅一般在1～4米之间。大体可分为三个阶段。3月下旬至5月，因气候多干旱少雨，农业、工业、建筑业等用水加大，地下水位持续下降，一般下降1～3米，局部下降的幅度还要大；6—10月，汛期雨量集中，地下水接受降水补给，水位有一定回升，升幅为1～3米；11月至次年3月，无大量开采，也无明显降雨渗入，水位基本保持平衡。21世纪之初，境域北部小选矿厂增多，用水量增加，地下水位急剧下降。局部形成地下漏斗区，部分居民生活用水受到影响。2004—2005年，大庙镇居民的生活用水曾一度靠汽车从20公里外的双塔山拉水解决。

三 水质

域内水质为重碳酸钙型，具有低氟、缺碘的特点。氟平均含量0.35毫克／升，碘平均含量0.001毫克／升。重炭酸钙型水，主要为境内诸小山间盆地水。包括地下水中的孔隙水和风化带的裂隙水以及地表水。其矿化度不高，适于饮用和工农业取用。滦河水质有轻度污染，类别符合国家III类（3级）水质标准。

第三章　土壤 生物

域内土壤主要有3个土类、8个亚类、55个土种，呈垂直地带性带谱分布。中低山棕壤褐土约占区内土地十分之三，低山及丘陵带褐土约占区内土地五分之三，河谷地褐土、草甸土约占十分之一。历史上域内野生动植物资源较丰富，由于工农业生产及人类活动的影响，生物种类和数量大大减少。至2005年，野生植物有126科519种，野生动物有9类800余种。

第一节　土　壤

一 土壤种类

低山棕壤　土地面积197074.2亩，占全区总面积52.6%，大多分布于区域北部。其中，耕地13163亩、林地63269亩。棕壤适合发展林牧业生产，适宜培育针阔叶林和薪炭林。

草甸土　区域中部双塔山镇大龙庙、东、西平台、应营子、白庙子村和偏桥子镇老沟门、三家、达连坑、偏桥子、二道沟、大、小贵口村，土壤基本类型为草甸土，面积 75323.4 亩，占全区总面积的 19.6%。其中，耕地 11788 亩，占全区耕地总面积的 30.9%；林地 7503 亩，占全区有林地总面积的 9.3%。气候较上一区域温暖，适合种植粮食、蔬菜、水果。

丘陵褐土 区域南部偏桥子乡长北沟、前营子、十八盘、羊泉子村，区域土壤基本类型为丘陵褐土。面积 29949.9 亩，占全区总面积的 8%。其中，耕地 2915 亩，占全区总耕地的 7.6%；林地面积 4886 亩，占全区有林地总面积的 6.03%。这一区域山高坡陡，土壤流失严重。宜利用大面积山场资源植树造林，控制水土流失；宜粮耕地，栽种红薯、谷子、豆类等耐旱作物，提高单位面积效益；还可利用局部地段的页岩、大理石，硅石、砂岩石等发展建材产业，做到以粮为主，林、牧、副综合发展。

盆地褐土 区域中西部滦河镇，土壤基本类型为褐土盆地。面积 23076.6 亩，占全区面积的 5.7%。其中，耕地面积 2857 亩，占全区耕地面积的 7.5%；林地 2454 亩，占全区有林地总面积的 3.03%。该区域临近国营大型厂矿，适合进一步集约发展工业、商业。区域中东部双塔山镇及下店子、大元宝山、大三岔口、小元宝山、棋盘地、团瓢村，土壤类型为褐土。面积为 50823.9 亩，占全区总面积的 13.5%。其中，有耕地 7422 亩，占耕地总面积的 19.5%；有林地 2834 亩，占全区有林地总面积的 3.5%，适合发展林果。

二 理化性质

土壤质地 域内酸性岩和砂砾岩中含石英成分较多，由其发育而来的土壤多为砂壤和轻壤；形成的黄土层细粒占的比例大，由其发育而来的土壤多为轻壤和中壤质；洪积物发育而成的土壤表层为砂壤、底层多为砂层。

土壤水分与温度 降水较集中于夏秋，总的蒸发量超过降水量，土壤水分明显不足。只有临河畔、河湾地带及山间小型盆地的土壤含水量较高。气温偏低，致使土壤温度也偏低。依山坡向阴向阳面不同，土壤温度相差很大；山顶、山谷因高低差别、受风与背风不同，土壤温度相差也很大。

土壤酸碱度 海拔 600 米以上山地棕壤，受降水淋洗力度高，土壤酸度较高，pH 值一般在 5.8 ~ 6.5 之间；纬度相对较低的褐土层，pH 值一般在 8.0 ~ 8.5 之间；草甸土多为冲积、洪积物，大部分为耕地土壤，pH 值一般在 8.0 ~ 8.2 之间。

土壤养分 耕地土壤普遍缺磷、少氮、少锌。具体地域又有所不同。一般荒山荒地，土壤养分较高。境内土壤的微量元素有效铁、有效铜、有效锰均含量较高，有效锌含量偏低。

第二节 野生植物

一 木本植物

乔木 松树（油松、黑松、落叶松）、柏树（刺柏、侧柏）、杨树（山杨、北京杨、钻天杨、对板杨）、柳树（米柳、康柳、垂柳、馒头柳、王八柳）、榆树（山榆、白榆）、桦树（白桦、紫桦）、槐树（刺槐、绵槐）、椴树（大叶椴、小叶椴）、柞树、椿树（香椿、臭椿）、桑树（大叶桑、小叶桑、花叶桑）、苹果树、山丁子树、海棠树、沙果树、槟子树、山梨树、山楂树、桃树、李子树、杏树、樱桃树、核桃树、山葡萄、花椒树、大枣树、苦梨树、酸枣、山狗奶子等。

灌木 扁核、山刺玫、甜托盘、欧李儿、映山红、胡枝子、横条、荆条、榛秸、枸杞等。

二 草本植物

百合科 小黄花菜、野山葱、山韭菜、小山蒜、天门冬、野百合等。

禾本科 大丁草、羽草、赖草、小画眉草、黄背草（菅草）、细叶早熟禾、白顶早熟禾、中华隐子草、小叶芦（马绊草）、大油芒草、直穗鹅冠草、野燕麦、华三芒草、獐茅、老芒麦、苇伏羊茅、高孤茅、三芒草、虱子草、菜草、龙爪茅、羊草、虎尾草、广序臭草、白羊草、李杖早熟禾、盖草等。

豆科 小苜蓿、毛野扁豆、山扁豆、草木樨、假香野豌豆、硬毛果豌豆、海边香豌豆、四籽野豌豆、山野豌豆、米口袋、掐不齐等。

菊科 野蒿、大蓟、小蓟、苦麻菜、鸦葱、阿尔泰紫苑、泥胡菜、兔儿伞、杜蒿、山窝苣等。

莎草科 扁穗莎草、施鲜莎草、寸草台、粗根苔草、丛毛羊胡草等。

蔷薇科 地榆、东方草莓、委陵草等。

还有藤科、荨麻科、胡桃科及蕨类等草本植物。

具有药用价值的草本植物还有青蒿、苦参、远志、黄岑、柴胡、防风、紫苏叶、荆芥、金银花、洋金花、菟丝子、紫花地丁、猪牙草、葎草、猫眼草等。

三 菌类 蕨类

菌类 肉蘑、松蘑、柳蘑、榛蘑、草蘑、马勃（马蜂包）、木耳、地衣（地瓜皮）等。

蕨类 蕨菜、野鸡膀子。

第三节 野生动物

据《清史稿》记载：清顺治七年（1650年），摄政王多尔衮到喀喇河屯一带行围打猎，有虎、豹等大型野兽。近代由于人类活动范围增大、山林多被垦为农田，大型野兽减少，现只有些小型兽类。

一 哺乳动物

野兔 分布在域内的森林、草甸、草丛中，存量约万只左右。

鼠 俗名耗子，种类较多，域内常见的有田鼠、仓鼠等。

松鼠 俗名花狸棒子，境内山区均有分布，以粮食、草籽、松籽等为食物，约有3000余只。

蝙蝠 多栖于山林及小型岩洞或岩石裂缝中，数目不详。

狍子 主要分布在大庙镇、偏桥子镇和双塔山镇北部山区，成年狍子重30公斤左右。清代与民国曾有概略记载，但种群、数量没有确切数字，20世纪70年代后较少见。

斑羚 俗名青羊、土羊、悬羊、野山羊。20世纪60年代，于域内山中时有发现，20世纪70年代后绝迹。

貉子 又名狸子，分布于大庙、偏桥子两镇的中低山、丘陵、山林地带，尚有百只左右。

獾子 俗名多嘴多舌猪獾，成年体重20公斤左右。分布在境内的深山区，有数百只左右。

黄鼬 俗名黄鼠狼，分布于境内山区，约有千余只。

刺猬 大庙、双塔山两镇北部山区均有发现，数量较少。

狼 当地百姓称之为“狭歹”，生活于山地林间。20世纪70年代很少见到。2005年，在大庙镇小三岔口的北沟曾有发现。

土豹子 20世纪70—80年代在大庙镇东沟、岔沟、大冰沟、榛子沟里曾有发现。

狐狸 分布在境内山林地段，约有百只左右。

山狸子 俗名野狸子，大庙镇山区时有发现，数量较少。

二 飞禽类

山鸡 雉，也称野鸡，存有数量约万余只。

沙鸡 雉的一种。俗称沙半鸡、石鸡、呱呱鸡。红咀、红腿。数量不详。

猫头鹰 遍布区内，数量不详。

喜鹊 境内皆有分布，数量较多。

雀鹰 （又叫鹞，属国家二级保护动物）以食肉为主，境内山林均有发现，数量不多。

秃鹫 属大型猛禽，俗称坐山雕、老雕，属国家二级保护动物，以肉食为主，现少见。

啄木鸟 境内山林中均有分布，数量不多。

大山雀 俗名山麻雀、山麻子，树栖野禽，境内数量较多。

燕子 候鸟，境内多有分布。

麻雀 俗称家雀，以谷物、草籽或昆虫为食，境内数量较多。

乌鸦 全身为黑色，人们称之老鸹，以粮食、草籽、昆虫、腐烂肉为食。境内数量不多。

布谷鸟 即杜鹃，当地人叫开锄鸟，常栖息于山林阴面。主要分布在山林中，数量不多。

野鸽子 以谷物、草籽等为食，分布在山林中。有时也寄宿于老式楼房顶楼的梁檩间或阁楼内，滦河镇有发现，数量不多。

长尾蓝鹊 俗名长尾巴链，红嘴长尾巴蓝鹊。以粮食、谷物、昆虫、草籽、野果为食。区内各地均有分布。

野鸭 主要分布在河流沿岸，栖息于河边草丛中。20 世纪 60 年代以前较多见，现在偶见。

鹌鹑 境内山林草地可见，以食粮食、草籽、昆虫为主。数量不详。

河溜 又称沙溜，灰白相间的一种小鸟。主要分布在境内河流两岸，数量较少。

三 鱼类

鲤鱼 淡水鱼类，有红色鲤、黑鲤、十八鳞 3 种。属大鳞鱼，刺少、味鲜美。野生于滦河中，现数量极少。

鲫鱼 系中鳞鱼，生长在滦河干流。肉细嫩、味鲜美，为上等食品。现境内较少。

鲢鱼 俗称白鲢、鲢子鱼。鲢鱼有两种，白鲢和花鲢，均为细鳞鱼。花鲢比白鲢鱼体形大、刺少、肉质好、产量小；白鲢鱼产量大，栖息于水的中上层。现境内滦河干流有少量分布。

鳙鱼 俗称胖头鱼（花鲢鱼的一种），分布在滦河流域。特点是脑袋大、身子小，现野生数量极少。

草鱼 俗名草鲤鱼、碗鱼，栖息于滦河水的中下层，数量较少。以食草为主，肉质肥厚、刺少。现数量极少。

达氏蛇鮈 俗名船丁鱼。体形小，身上带花纹，肉质鲜美。生长、栖息于滦河干支流，今数量很少。

鲶鱼 俗称粘鱼，当地又称之为绵鱼。属无鳞鱼类，腹皮白色，背为黄黑色。滦河干支流原较多，现数量很少。

泥鳅 俗称长虫鱼，分黑泥鳅、花泥鳅两种。是小型食用鱼种，无鳞、体表有层粘液保护身体。滦河干流及低洼池塘中均有分布，现数量较少。

四 爬行动物

中华鳖 属龟鳖目，俗名甲鱼、团鱼。中华鳖肉味鲜美，是高级滋补食品。甲壳是中药品。清代史书记载，滦河干流多产鳖，为中华鳖。20 世纪 70 年代之后，河水水位下降、水体受工业污染等原因，鳖的数量已锐减，现存极少。

无蹼壁虎 属壁虎科，以蚊蝇、昆虫等为食物，大多栖息于墙壁缝隙之中。现域内均有分布。

山地麻蜥 属蜥蜴科，俗称马蛇子，四脚蛇，体形小、有断尾逃生的习性。以昆虫等为食物，主要栖息于山林草地之中。

虎斑游蛇 俗称竹竿青蛇、野鸡脖子，以昆虫及鼠类、蛙类等小动物为食物，属无毒蛇类。域内山林、草地之中，均有分布。

五 两栖动物

中华大蟾蜍 俗名疥蛤蟆、赖蛤蟆、疥巴子。昼栖泥穴、草丛或石下，夜间出来活动，以昆虫为食。身长一般在 10 厘米以上，体重约在 125 克左右，肚皮黄色，背黄黑色，有药用价值。域内均有分布。

青蛙 俗名田鸡、蛤蟆，冬季入蛰，春季繁殖活动。多栖息在河边、草滩。域内分布较多。

六 昆虫类

直翅目 有东亚飞蝗、稻蝗、土蝗等。植食性，不完全变态。大蟋蟀，油葫芦等。多数为植食性，少数为肉食性，穴居土中、石下。华北蝼蛄和非洲蝼蛄，常于土中活动，咬食植物根芽。

半翅目 有黄褐蝽、绿盲蝽、跳盲蝽、牧草盲蝽等。胸腹部具有臭腺，散放恶臭，因此称其为“臭蝽象”“臭屁虫”。大多数为植食性；少数为肉食性，捕食其它昆虫。

同翅目 有大青叶蝉、小绿叶蝉、白背飞虱、灰飞虱、褐飞虱、温室白粉虱；麦蚜、菜缢管蚜、桃蚜等。共同特点是植食性，造成植株生长发育不良，甚至萎蔫枯死。

鞘翅目 常见的有黑谷步甲、中华丽虎甲、棕色鳃金龟、大黑鳃金龟（幼虫通称蛴螬）、铜绿丽金龟、小青花金龟、铜光花金龟、叩头虫、（通称金针虫）、星天牛、桃红颈天牛、梨眼天牛、瓜天牛、七星瓢虫、大红瓢虫、二十八星瓢虫、斑芫菁（斑蝥）、甘薯小象甲、菜茎象甲、玉米象、苹果棘胫小蠹、桃小蠹、豆象、豌豆象等。

鳞翅目 常见的有粉蝶、凤蝶、弄蝶等；蛾类，有芳香木蠹蛾、菜蛾、葱小蛾、黄刺蛾、青刺蛾、梨小食心虫、苹小食心虫、大豆食心虫、玉米螟、三化螟、桃蠹螟、菜螟、枣尺蠖、天幕毛虫、杏枯叶蛾、小地老虎、粘虫、豆天蛾、甘薯天蛾、桃天蛾、葡萄天蛾、蚕等。

膜翅目 有蜜蜂、赤眼蜂、大胡蜂、桃蜂、大黑蚂蚁、黄蚂蚁、小黑蚂蚁等，皆为杂食性昆虫。

双翅目 蝇类有种蝇、葱蝇、萝卜蝇、豌豆潜叶蝇、水稻潜叶蝇、黑带食蚜蝇、大灰食蚜蝇等。

脉翅目 有蜻蜓、草蛉等，为肉食性。

七 其他

软体动物有蜗牛、河蚌等，环节动物有蚯蚓、水蛭，节肢动物中有蝎、蜘蛛、虾、蚰蜒、马陆等。

第四章　自然资源

域内地貌以河谷和低山丘陵为主，总面积251平方公里，有耕地38145.9亩，林地面积80946.6亩，牧草地3832.3亩。地表水资源总量为0.27亿立方米，地下水资源总量为0.42亿立方米。境域西南、南部地上水资源丰富；滦河流经地域适宜种植水稻、蔬菜、养鱼；中部交通便利、地势开阔、人口相对密集，适宜发展商贸和工矿，周边地带宜发展林果业；北部具有丰富的矿产资源。除铁矿外，还有少量的瓷土、金、长石、石英、煤炭等。

第一节　土地资源

一 农业用地

据《承德市土地资源》记载，1994年底，双滦区农业用地总面积172244.1亩。其中，耕地41752.4亩，园地7164.9亩，林地119015.3亩，牧草地4311.5亩。2005年，全区农业用地总面积183228.3亩，比1994年有所增加。由于退耕还林、退耕还草等生态保护措施的实施，2005年耕地38145.9亩，比1994年减少3606.5亩，人均耕地0.36亩，为全国年人均占有量的四分之一；园地7186.1亩；林地123806.6亩，比1994年增加4791.3亩，人均占有0.78亩；牧草地3832.3亩，比1994年减少479亩，人均占有0.036亩。

二 工矿及居民点用地

1994年，双滦区工矿及居民点用地19711.7亩。由于工业的持续发展和居民住宅的大量增加，2005年22952.9亩，比1994年增加3241.2亩，人均占有0.22亩。

三 交通用地

1994年，双滦区交通用地3989.8亩。2005年，全区交通用地3225.4亩，比1994年减少764.4亩，人均占有0.03亩。

四 水域面积

1994年，双滦区水域面积11466.6亩。2005年，全区河流、滩涂面积8954.9亩，比

1994年减少2511.7亩，人均占有0.1亩。

五 未利用土地

1994年，双滦区未利用土地166873.8亩。2005年，全区未利用土地164879.4亩，比1994年增加49825.6亩，人均占有2.08亩。

第二节　矿产资源

一 铁矿

铁矿为域内主要矿产，主要分布于大庙镇及双塔山镇北部区域。2005年，累计探明铁矿储量3.52亿吨，采出量达2.8亿吨。其中，钒钛磁铁矿主要分布在大庙镇。大庙镇中部、北部及东北部有4个矿群体，矿体多成扁豆状，瘤块状和脉状；矿床分布在大庙镇二道河子、大庙村、老窑、七家、北梁等村，东西宽1.5公里，南北长4.2公里，探明储量3191.6万吨。品位平均含特种铁26.86%，二氧化钛7.01%，五氧化二钒0.72%，其中尚有难利用储量117.55万吨。罗锅子沟，（深部）探明储量757.48万吨；品位特种铁24.8%，二氧化钛7.11%，五氧化二钒0.22%。

二 铁磷矿

铁磷矿储量18034.8吨。类型：变质，品位特种铁17.23%，二氧化钛4%～6%，五氧化二钒0.1%～0.3%，五氧化二磷4.30%。铁磷矿为铁矿矿体的构成成分之一，是矿山的综合开采项目。

三 瓷土矿（耐火土）

瓷土矿矿脉，矿点在大庙镇北梁村。2005年，瓷土产量达13000吨。

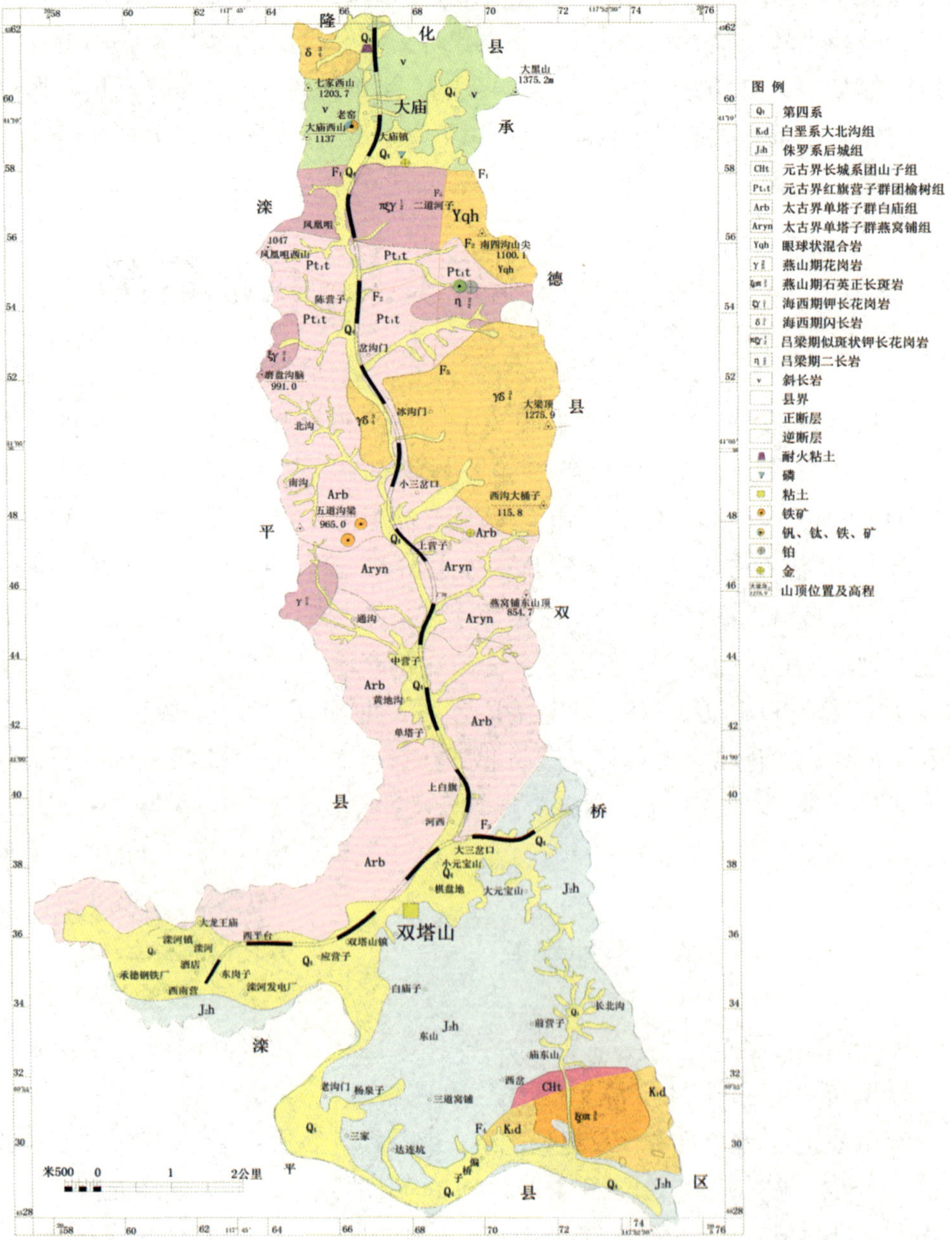

双滦区矿产资源分布图

四 煤矿

境域大庙镇北部有少量煤炭资源，储量不详。

五 金矿

域内双塔山镇厂沟村有少量金矿资源，储量不详。

六 石英石矿

境域北部有少量石英石矿资源，品质不佳，储量不详。

第三节 水资源

域内水资源多集中在河谷地带。由于含水量薄，调蓄水工程较少，大部分水资源均以径流的形式出境。天然性、季节性、工程性缺水问题突出。人均占有水资源总量470立方米，略高于河北省平均水平。

一 地表水

域内地表水主要为滦河。滦河入境处客水多年平均流量22.38立方米／秒，平均径流量为7.21亿立方米，平均径流深为42.1毫米。出境处平均流量为20立方米／秒。牤牛河自1994年以后，除汛期有少量河水外，其他月份断流。2005年，地表水入境总量为5.396亿立方米，比2004年增加1.494亿立方米；出境水量共为5.837亿立方米，比2004年增加1.549亿立方米。地表水资源总量为0.27亿立方米，净消耗量为0.0399亿立方米。

二 地下水

2005年，域内地下水资源总量为0.4185亿立方米。

三 用水情况

2005年，双滦区用水总量为0.474亿立方米，人均用水量455立方米。其中：农业用水0.19亿立方米、工业用水0.27亿立方米、城镇生活用水0.02亿立方米。

第五章 自然灾害

由于地理环境、气候的影响，域内多发生水灾、旱灾等自然灾害，风灾、雹灾、虫灾也时有发生。清代、民国年间，由于抗灾能力差，灾情发生率高，财产损失相对较大。1949—2005年，有记载的干旱年份33个，占统计年份的57.9%；较重的旱情年份占统计年份的40%。20世纪70年代以后，政府重视并开展治理河道、兴修水利、加强环境保护工作，植被得到休养恢复，山林的涵养能力有所提高，水旱灾害造成的损失，逐步减小。

第一节 水 灾

一 水灾特点

域内水灾集中发生在在6—8月的降雨较多的时段。短时间内降雨量大，引发山洪，其来势凶猛、破坏力极大。新中国成立前，由于缺乏拦蓄洪工程、河道无治理，发生洪水，受灾严重。新中国成立后，20世纪60—70年代，植被覆盖逐年减少，水土流失加重，山林涵养性较差，发生洪水的概率较大。洪水暴发的特点大多是水势涨得快，消得也快；流速快、流量大，破坏力强。水灾发生主要集中在滦河、牤牛河流域，涉及滦河、偏桥子、大庙、双塔山4个镇的部分村。

二 水灾实录

清代 清代乾隆十四年（1749年）至光绪二十七年（1901年）的152年里，记载发生较严重水灾10次。乾隆十四年（1749年）六月十九日，喀喇河屯通判报，“骤雨大发，冲塌民房百余间。七月二十日，热河四旗、喀喇河屯……系山水冲淹，桥梁、房屋、低洼地方等被毁”。“乾隆三十五年（1770 年），滦河涨水，喀喇河屯泉萝幽映敞厅 3 间、积翠亭廊 6 间、后厢看守 7 间，被水冲刷倒塌，东北虎皮石闸洞冲塌 23 丈，东山木墙冲倒 20 丈、石坝灰土泊岸 53 丈。五月十六、十七等日，大雨滂沱。滦河、伊逊河水涨异常，南至喀喇河屯北街，北至山根，中间水深 3～4 丈，南北深 2 丈余不等。至十八日水势稍退，砂堤、叠道尽被冲去。”

嘉庆十二年（1807 年）“喀喇河屯处滦河（河段），因此次大雨滂沛，水势涨发，深增一丈二三尺，广阔数十余丈。于十五日（8 月 6 日）起至十八日（8 月 9 日）止，又经大雨滂沱……南路喀喇河屯滦河水势涨发，宫内南岸值房坍塌 17 间，外围大墙坍塌倒 120 余丈。滦河水势递增，是日至昼夜，沛雨滂沱，通宵如注。十八日（8 月 9 日），河边之水增涨一丈五六尺，宽延南北山根，漾入街市堡门，势颇汹涌。已修未修道路尽被雨水冲刷，泛流成河，山溪之水，势甚湍急，乡村民店有被水侵坍者，有被山水冲去者，路旁田禾以及大小柳树冲倒者不计其数。”嘉庆二十四年（1891 年）六月十九日（8 月 9 日）“戌刻起，二十日（8 月 10 日）辰刻止，大雨如注。滦河、伊逊河水势暴涨二丈有余，汹涌异常，冲失北关外店铺、民房 90 余间。南岸河沿坍塌，至将新旧桥渡各船冲失八只。……将宫内河北岸小金山上高处建殿内地面漫水浸湿，外廊坐凳被水冲去。西南石桥 1 座，天井四方亭 1 座，河南岸泉萝幽映敞厅 3 间，河口堆拨房 1 处，全行被水冲去。又上用船 1 只，被上游冲下大木撞碎，板片漂没；牛舌头船 1 只连锚随浪冲去。大小树木冲去者甚多。铁锚 14 口，均三四百斤重，于十九日（8 月 9 日）大水冲去 4 口。”“七月二日（8 月 22 日），大雨如注，自辰至午，水势汹涌，暴涨丈余，滦河正桥两岸榆囤、桥木及便桥榆囤全行冲失。”

咸丰九年（1859 年）五月十四日（6 月 14 日），“滦平县（现滦河镇）忽降暴雨，冰雹齐下，山水暴发，直冲街面，致进署内，自头门以及科房均被冲倒，暨典史衙署各房亦皆被冲倒塌。药王庙沟、雄虎沟地方两路山水暴发，从西南涌入县衙，将铺户房屋透水进县衙，自头门及内房 5 处，并科房、班房、旁院马圈均被冲刷或倒塌鼓裂，或被淹歪斜。各科房所存卷宗均被飘散，间有捞获多属不全。至典史衙署被冲尤甚，监房 3 间及狱庙墙垣大半倾圮。其附铺户居民田舍共计被水冲者 40 余家，淹死 3 人。”光绪十二年（1886 年）六月十九日（7 月 20 日）“子时起，大雨倾盆，至辰刻止，滦河上游山水奔腾，河身不及下泻，漫溢县街，冲倒龙王庙 1 座、铺屋民房 52 间，监狱内墙、笼房间有冲塌，无淹人口。”

中华民国　民国 6 年（1917 年）至民国 38 年（1949 年），共 32 年里，域内记载发生较大水灾 5 次。民国 6 年（1917 年）6 月 19 日，“滦河、伊逊河两岸，东鄙偏桥子，西鄙蕨菜沟，受洪水、雹灾。知事丘防煜亲赴受灾各处，核其被水冲刷不能垦复者共计 17 倾 49 亩 1 分 6 厘，受灾五分、六分、七分者共计 13 倾 87 亩 7 分 6 厘，房屋漂没者 20～30 间。”民国 13 年（1924 年）7 月间，三岔口牌报冲去地 2 顷 4 亩。民国 38 年（1949 年）8 月 1 日，“滦河大水，北岸一渡船南驶中途遇，险船撞桥墩，船碎。拥挤上船 40 余军政民商人等全部落水，经抢救，只有王信、范宝山等少数人冲至下游得以生还，余者全部遇难，其中有革命军人 7 人。”

新中国成立后　1957—2005 年，48 年里发生较大水灾 17 次。1957 年 8 月 1 日，域内普降大雨，滦河水位上涨。滦河区域冲淤田地 1450 亩，冲毁河坝 1 道，长 600 米。1958 年 7 月 14 日，滦河发生特大洪水。滦河水漫过沿岸 7 个村庄，冲毁瓦房 58 间，土地 32.5 亩，淹死牲畜 18 头。1976 年 7 月 12 日，连降大雨。滦河水涨接近滦河镇东宫后居民区，冲毁河边地30余亩。

1982年夏季，区内4个乡镇局部地区受到不同程度水灾，受灾户达到1210户，受灾面积3543亩，大庙镇尤为严重。1983年，双滦区6月末7月初，连降大雨，滦河两岸的双塔山、滦河、偏桥子等乡镇水灾比较严重。农作物受灾3904亩，成灾面积3048亩，受灾户983户。滦河镇西南营村受灾最为严重，有12户承包的园田全部被水冲毁绝收。1984年6月18日前后，境域连降暴雨。偏桥子乡受洪水、冰雹双重袭击，损失最为严重。受灾户达1，232户，占总户的89%。受灾面积6312亩，其中旱田5017亩，水田295亩。冲走果树48000多棵，冲毁鱼池水面21.3亩，冲毁堤坝5630延长米。42户民房进水，水深达1～1.5米，炕上淤泥达20公分。5眼水井被淤平，30个猪圈被冲垮。冲走猪4头，羊33只，兔32只，缝纫机、自行车4台，现金100元。冲走粮食9390斤，电杆10根，檩材24根。1986年，7月份连降暴雨。受灾面积15147亩，成灾10794亩。其中粮食作物成灾9782亩，减产150万公斤；经济作物成灾1012亩，减产100万公斤。成灾4个乡镇、23个村、4356户。冲毁地板685亩，沟头坝5处210延长米，拦洪坝11600延长米，乡间公路26公里，速生丰产林73.7亩，冲走红果苗5亩，各种其他树木6071棵，经济损失达285.1万元。

1991年6月27～28日，域内降特大暴雨(降雨量达53.8毫米)。全区受灾面积27173亩，成灾面积18859亩。其中：粮食作物13619亩，经济作物5240亩。全区受灾37个村，11495户。倒塌房屋12间，倒塌院墙50户，房子进水35户。冲毁塘坝9090延长米，机井2眼，渠道1500米。直接经济损失186.8万元，粮食减产200多万公斤。1992年8月3日下午3时到夜间11时，连降大雨。滦河水位急剧上升，偏桥子7个村的稻田损失极大。受灾面积2130亩，成灾面积1020亩，减产粮食33.5万公斤。冲毁鱼池5个，损失鱼3000公斤，折款3.5万元。4户村民家进水，12间房子受损。冲坏沟头坝400延长米，6年生以上杨树250株。损失达37.4万元。1993年夏，连降暴雨，洪涝灾害严重。全区农作物受灾面积13845亩，成灾面积11665亩。成灾村26个，3650户。冲毁沟头入水处4处、沟头坝200延长米、乡间公路150米，损失房屋5间，雷击变压器1个（1000千瓦），水淹蔬菜大棚4处。直接经济损失达102万元。1994年7月13日，发生特大洪水，受灾4个镇、40个村。全区受灾面积12998亩，成灾面积10678亩。全区通讯线路遭到严重破坏，毁坏房屋7间，倒塌2间。因灾造成农业损失980万元。1997年6月19日下午2点20分，境域突降暴雨。暴雨持续长达1小时，降水量超过56毫米。滦河水暴涨；牤牛河水满槽浸坝，最大洪峰达210立方米／秒，致使牤牛河沿岸路面水深达0.5米。全区农田普遍受灾，受灾面积达2万亩，成灾面积1.5万亩。其中冲毁农作物2000亩，水淤农作物3000亩，减产粮食100万公斤，直接经济损失120万元。冲毁菜田1500亩，蔬菜大棚倒塌120亩，减产2000万公斤，直接经济损失100万元。区内冲毁防洪堤坝1500米，其中城市防洪坝1000米，护村堤坝500米，直接经济损失50万元。承钢选矿厂100米输水管道被冲断。区政府、双塔山百货商店、麻纺厂商店等20多家企业事业单位和245户民房进水被淹，直接经济损失150万元。承围公路路面平均淤泥3厘米厚，3处主要桥涵被冲毁。刮倒线杆110多根，通讯光缆出现中断，直接损失50多万元。果树遭风雹灾5000亩，减产25万公斤，直接经济损失50万元。受灾人口7，729户，成灾户4988户。1997年7月31日，境域普降大雨。七个小时降雨量达到74.5毫米。滦河、牤牛河水暴涨，滦河最大洪峰流量达到1230立方米／秒，牤牛河最大洪峰流量达到70立方米／秒。河水漫坝，冲毁耕地、河坝、房屋，造成直接经济损失227.5万元。区内耕地受灾面积 2450 亩，成灾面积 1805 亩，绝收面积 375 亩，其中 240 亩造成沙压，旱地过淤 200 亩，粮食减产 28.3 万公斤，直接经济损失 101 万元。受灾 2321 人，成灾 1736 人。冲毁护地坝 250 米，护路坝 350 米，河坝 80 米，水渠 110 米，冲断桥 1 座；8 公里道路断交；造成危房 18 间，倒塌 7 间；毁坏大棚 112 个；冲走杨树 50 株，损失达 126.5 万元。

2002 年 7 月份，境域突降暴雨。全区农作物受灾面积 21355 亩，成灾面积 19260 亩，其中绝收 1605 亩，减产粮食 433 万公斤。受灾人口 31410 人，成灾人口 27824 人。损坏房屋 12 间，倒塌房屋 6 间，冲毁河坝 500 延长米，冲毁公路桥涵 1 座。有 10394 人和 751 头大牲畜出现饮水困难。因灾造成直接经济损失 491 万元。2004 年，农作物受水灾面积 10950 亩，成灾 7950 亩。其中绝收 300 亩，粮食减产 75 万公斤，蔬菜减产 3 万公斤，葡萄减产 1.3 万公斤。受灾人口 8600 人。冲毁机井两眼、铁桥一座、乡间公路 1200 米、自来水管道 300 米，滦河镇东园子村水泵房遭雷击，共计因灾造成直接经济损失 126.5 万元。

第二节　旱　灾

一 旱灾特点

域内属于大陆性季风型山地气候类型，光、水、热能年际变率大，气候差异突出。客观形成冬季寒冷少雪，春季干旱少雨，夏季多发雷雨，秋季天凉气爽的常规气候形势。春、秋季风多降水少、气候干燥、蒸发大于降水，极易发生旱灾。其成灾分春旱、伏旱（卡脖）旱、秋旱 3 种。1949—2005 年的 57 年中，有记载的干旱年份有 33 个，占统计年份的 57.9%、较重的旱情年份占统计年份的 40% 左右。

二 旱灾实录

民国以前，境内旱灾灾情记载不详。

民国 15 年（1926 年），“自春初至 5 月 22 日未雨，有苗之田仅占三分之一。”民国 19 年（1930 年），“从春初至夏旱魃为虐，至 6 月初才得透雨。”民国 30 年（1941 年），“大庙一带大旱。上营子屯（村）36 户人家，由于缺粮，病饿死多人，饥民四方流散。”

1960—1962 年，境内连续 3 年旱灾。1960 年自春到夏连续干旱 130 多天。1961 年，春旱 90 余日，后又伏旱。降雨量较常年少 60% ，部分旱田毁种，粮食减产 2 ~ 3 成。1962 年，春旱，后从 7 月下旬起近月余未雨，出现“卡脖旱”。1965 年，3 月至 5 月旱，降雨不过 29 毫米。

1972 年，从春初到夏季连续干旱，5 个月未下透雨，滦河几乎断流。滦河镇受灾面积 215 亩，绝收 230 亩。1988 年入春后至 5 月 23 日，境域干旱少雨，影响春播生产，水稻不能及时插秧。受灾面积 23674 亩，成灾面积 11775 亩，绝收 500 亩，旱灾涉及 4 个乡镇的 43 个村，受灾人口 31921 人。1989 年，遭受先春旱，后“卡脖旱”的双重旱灾。地下水位下降，滦河水断流。耕地 27422 亩受灾，成灾面积达 18923 亩，粮食减产 400 万公斤。20 多万株“四旁树”，有 10 万多株干旱致死。旱灾造成偏桥子镇杨泉子、大贵口、长北沟、前营子 4 个村的 480 户、2250 人及牲畜饮水困难。

1992 年，大面积干旱。区内 37,800 多亩耕地，除稻田、菜地外，大田耕地失墒面积达 2 万多亩，占耕地面积的 60%。4 个乡镇的 43 个村不同程度受灾，成灾面积 14120 亩，受灾人口 20189 人。1993 年初春，从 4—6 月一直无雨。受灾面积达 20000 亩，成灾面积 16000 亩。其中粮食作物 15000 亩，经济作物 1000 亩，成灾人口达 16500 人。1996 年春旱。到 5 月份，全区有 1 万多亩阳坡地没有适时播种。已播种的缺苗率在 4 成以上。受灾面积 11800 亩，成灾面积 8400 亩，绝收 500 亩。受灾人口 14500 人，成灾人口 10800 人。造成农业直接经济损失 203.7 万元。1999 年 6 月中旬，境域遭受历史上罕见的特大旱灾。至 8

月10日，总降雨量为78.5毫米，比1998年同期降雨量减少275.5毫米。4个乡镇，43个村普遍受灾。受灾总面积2.7万亩，占农作物总面积的73%。其中大田作物占受灾面积的90%。受灾农户11000余户，受灾人口38000余人，成灾人口32000人。因灾减产粮食292万公斤，造成直接经济损失610万元。

2000年，境域遭受比1999年更严重的旱灾。进入6月份以来，持续高干热，降水稀少，农作物大面积旱死。3.7万亩耕地普遍受灾，成灾面积3.1万亩，占耕地总面积的80%。其中2.3万亩大田绝收，水稻受灾0.65万亩，成灾面积0.39万亩，园田（菜地）受灾0.6万亩，成灾0.3万亩。因灾减产粮食325万公斤，蔬菜减产340万公斤，农业直接经济损失1.380万元。万亩山杏基地、果树、新植牧草药材也受灾严重，造成直接经济损失2100万元。干旱使区内地下水位下降3米，造成124眼机井干枯，670眼家用小水井干枯，致使15个村2.62万人口及510头大牲畜饮水困难。2002年干旱，初春至6月9日前雨量极少，持续高温44天。耕地失墒面积达80%，大部分耕地不能适时播种。2003年干旱。初春至5月底，耕地失墒面积达60%以上，大部分耕地因干旱不能适时播种。7月份又出现了“卡脖旱”，造成大面积农作物枯死。农作物受灾面积30000亩，成灾面积21000亩，绝收面积6000亩。粮食减产520万公斤，蔬菜减产8万公斤。区内受灾4个镇，43个村。有4350人、398头大牲畜出现饮水困难。直接经济损失560万元，其中农业损失520万元。

第三节 风雹灾

一 风雹灾特点

当地的风、雹灾，多发生在汛期的6月至9月。降雹几率夏季多于秋季，白天多于夜晚，下午多于上午，呈局地性特点。一般是风、雹交织、来势凶猛，持续时间较短。雹灾呈线形，正如农谚所讲：“雹打一条线，年年就到串”。

二 灾情实录

1953年以前境内的风雹灾情况记载不详。1953年6月7日晚，滦河镇突降冰雹，冰雹最大直径约6厘米，田中青苗被雹子砸坏。同年9月30日，当地又发生雹灾，滦河镇受灾较重。

1986年秋，境域遭雹灾，冰雹最大直径2厘米。遭受冰雹灾害的主要是滦河镇、双塔山镇的8个村。其中粮食作物成灾面积717亩，经济作物成灾面积347亩，造成直接经济损失15万元。1987年秋，境域遭受雹灾。冰雹最大直径2厘米。此次冰雹灾涉及到双塔山、大庙、偏桥子3个镇的15个村4872户，15751人，受灾面积达3124亩，成灾面积2680亩。冻死羊19只，粮食减产21万公斤，蔬菜10万公斤，经济损失折合120万元。1989年7月19日16时30分，双滦区偏桥子镇三家、达连坑和偏桥子3个村遭受到不同程度的的风雹灾。受灾农作物主要是水稻、高粱、玉米、葡萄、果树等。受灾面积2187亩，成灾面积943亩。刮断20年生杨树8棵，受灾户451户，1962人，经济损失达5.1万元。

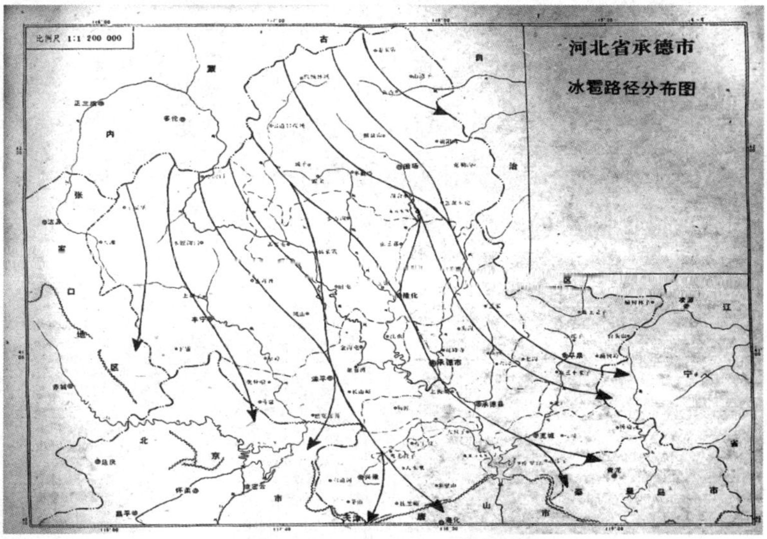

承德市冰雹路径分布图

1991年6月27日下午，滦河镇的滦河、酒店、东园子、宫后4个村庄遭暴雨和雹灾，冰雹最大直径达2.5厘米。粮食作物成灾面积400多亩，田园蔬菜成灾面积150亩。受灾户268户，985人，直接经济损失34万元。1993年6月14日下午，偏桥子镇域突降冰雹，持续6分钟。偏桥子镇大贵口、二道沟、偏桥子、达连坑、羊泉子5个村庄受灾严重。农作物遭受不同程度的损害，受灾面积达8210亩，成灾面积2500亩。至2005年，区内未发生大面积雹灾。

第四节 冻　　灾

一 冻灾特点

低温冷冻霜是域内发生的自然灾害之一，其主要表现形式为低温、倒春寒、寒潮、霜冻四种。域内冻害发生时间一般是初春或晚秋。春苗已出，突来寒流，气温骤降。庄稼、果树等遭受灾害；后者是粮食等农作物还未完全成熟，突来寒流，致使农作物、蔬菜、水果遭受冻灾。冻灾多发生在初春和晚秋降雨较多的年份。

二 灾情实录

1994年以前境内的冻灾情况不详。1994年5月2—3日，境内降雨加雪。气温骤降，积雪深达10厘米。农作物和果树受灾面积5848亩，成灾面积3210亩。其中，粮食作物成灾500亩，蔬菜成灾1648亩（含大棚温室400亩，倒塌130亩）；果树受灾面积3700亩，成灾面积1062亩。行道树、宅旁树、田头树等折断7.8万株。大庙镇北梁村栽种的700多亩黑松40%树头被压断。高压线路被冰凌压断19处，低压线路被压断280处，压折折断倒塌水泥杆93根。通信广播线路被毁坏6500米，有线电视、电缆线被毁坏0.2万米。毁坏民房7间，其中倒塌2间。成灾623户，2100人。灾情造成直接经济损失54万元。

第五节 虫　　灾

一 虫灾特点

发生在境内的虫灾主要有蚜虫（腻虫）、钻心虫（箭杆虫）、黏虫、蝗虫等。主要危害玉米、水稻、蔬菜等农作物。林木害虫较少。

二 虫灾实录

1948年以前有关境内的虫灾情况不详。1948年，大庙一带虫灾严重，百姓生活困苦。1949年，滦河镇发生虫灾，危害农作物面积138.95亩。

1951年，滦河镇黏虫灾害严重，谷子每株有黏虫20余只。1964年，滦河镇农作物出现黏虫灾害。受害情况不详。

1972年，滦河镇农作物发生黏虫灾害，受灾面积223亩，农作物几乎绝收。大庙镇发生“天幕虫”灾害，农作物的叶子几乎被虫吃光，粮食减产6成。1977年，滦河镇发生黏虫灾害，农作物受灾面积230亩，成灾5.1亩。1972—1978年，滦河镇杂交高粱遭受虫灾，夏秋两季出现蚜虫灾害。1986年，滦河镇菜田虫害，受灾达60亩。至2005年，区内未发生大面积虫灾。

第三编　人口　方言

宋代前，域内人口多为游牧的少数民族。宋代辽金时期，统治者曾颁诏奖励内地汉族居民来滦河流域拓荒定居，并迁徙渤海等地人来此居住。当时，居民非常稀少。自明代洪武四年（1371 年）至明末，长城以外屡有战事，域内少有常住人口。

清初，随着清军的驻防，人口开始聚集。居民以满族、蒙古族为主。乾隆年间开放边塞，大批“流民”进入境域谋生。喀喇河屯厅建立后，域内经济迅速发展，人口逐渐增加。以汉族为主，多民族杂居是清末、民国以后境域居民构成的显著特点。不同民族、不同地域的文化相互交融渗透，形成了以汉语为基础的北方地方方言。随着社会的发展和普通话的普及，方言作为一种口语逐渐减少衰弱。

20 世纪 50—70 年代，域内工业的大发展，加速了人口的增加；计划生育的宣传引导不力，导致人口无序繁衍。20 世纪 80 年代以后，人口计划生育工作卓有成效，“少生、优生”成为居民的自觉行动，人口素质显著提高，人口结构发生改变。

第一章　人口状况

清初，八旗军队的驻防和家眷的随迁，域内开始有了以满族、蒙古族为主的常住居民。清政府安置上三旗旗丁，设置驿站，修建喀喇河屯行宫等，域内人口开始增加。乾隆七年（1742 年），喀喇河屯厅设立，域内人口再次增加。乾隆三十九年（1774 年），谕令各官不得拦贫民出口（古北口、喜峰口）“就亲觅食”后，加速了内地灾民的流入。清代中期后，境域成为以汉民族为主，以蒙古族、满族、回族等少数民族为辅的多民族聚集区。居民除以滦河街区（喀喇河屯）为中心的官吏、兵丁、商人、手工业者和市民外，大多居住在双塔山、大庙、偏桥子一带的农村，且多为贫苦农民。

民国元年至 21 年（1912—1932 年），由于直奉战争，加之土匪祸患及水旱灾害，域内人口增长缓慢。民国 22 年至 34 年（1933—1945 年），日伪强迫“集家并村”，再加上经济封锁，百姓流离失所，病饿致死的很多，导致人口减少。民国 37 年（1948 年）域内解放，人民政府领导人民开展生产自救，渡过饥荒，人口开始逐渐增长。

20 世纪 50—70 年代，人口迁入较多且出生缺少有效的控制。1981 年，人口自然增长率 13.6‰。1986 年，人口自然增长率达到 18.19‰。20 世纪 80 年代后，实行计划生育政策，国家鼓励少生优生，人口自然增长率逐渐下降。2005 年，人口自然增长率降至 4.45‰。区内总人口104169人，其中城镇人口65192人；男性53998人，性别比107.62；少数民族总人口18422人，占总人口的18%；人口平均密度418人／平方千米。

随着时代的发展，人口结构、家庭规模及婚姻状况发生改变。人口年龄结构逐渐老化，文化结构逐渐优化，家庭规模从三、四代户演变至以二代、三口之家户型为主。离婚率呈上升趋势：1982年，离婚率0.85%；2005年，离婚率上升到25.34%。至2005年，区内61岁以上老人数量占总人口的12.7%，专门从事农业种植劳动人口占总人口的9.88%。

第一节　人口总量

一 建区前人口概况

清代境域人口总量不详。清宣统三年（1911年），滦河街区人口为6276人。

民国8年（1919年），滦河街区总户数1018户，总人口5081人。民国22年（1933年）日军侵占域内，人口锐减。滦河街总户数仅为215户，871人。

民国8—26年部分年份滦河街区人口情况统计表

表3-1-1　　单位：户、人

年　份	户数	人　口		
		男性	女性	合计
民国8年（1919年）	1018	—	—	5081
民国10年（1921年）	—	—	—	5629
民国18年（1929年）	772	1647	1530	3177
民国22年(1933年)	215	531	340	871
民国26年（1937年）	1014	—	—	4963

新中国建立后，企业员工及家属的迁入，增加了人口总量。1949年,总人口15461人,1950年,总户数3470户，总人口15970人。20世纪50年代至70年代，人口计划生育工作缺乏有效地引导和控制，人口的自然增长较快。1961年，域内人口8471户,42735人,比1950年人口增加2.3倍。

二 建区后人口总量

1980年，双滦建区。随着区域政治中心的确立与经济的发展，人口也随之增加。特别是改革开放,带来经济的大发展、人口的大流动。1981年,人口总数73023人；1986年，人口总数78540人；1990年，人口总数85915人；1995年，区内人口总户数32463户,总人口95256人。进入21世纪,区政府制订积极的引进人口政策，推动区内人口总量的上升。2000年，人口总数99295人；2005年，人口总数104169人。与1950年相比，人口数量增加约6.52倍。建区后的25年间，净增人口31146人（注：因统计方法不同，人口普查总人数与户籍常住人口总数不同）。

第二节　人口分布

一 建区前人口分布

新中国建立前，域内主要为农业人口。1948年，居民大多集中在滦河街区、双塔山街区，两地人口总量约占境域总人口60%。1950年总人口为15970人，其中非农业人口仅783人，占总人口的3.4%。20世纪50年代中期开始，工业快速发展。随着总人口的增长，非农业人口的比例加大。1961年，总人口42735人，其中非农业人口占到49.1%，人口集中分布在滦河区域和双塔山区域。1976年，域内人口分布情况为：大庙公社

7442人，双塔山公社总人口25324人，滦河公社总人口26458人，偏桥子公社总人口7012人。

二 建区后人口分布

1982年，第三次全国人口普查资料显示：双滦区总人口75752人。双塔山公社及街道人口29192人，占全区总人口的38.54%，其中非农业人口15771人。滦河公社及街道人口27362人，占全区总人口的36.12%，其中非农业人口19513人。大庙公社及街道总人口12000人，占全区总人口的15.84%，其中非农业人口4623人。偏桥子公社人口7198人，占全区总人口的9.50%。区内47.32%人口居住在农村。

1990年，第四次全国人口普查资料显示：双滦区总人口88133人。双塔山镇总人口33838人，占全区总人口的38.39%；滦河镇总人口31799人，占全区总人口的36.08%；偏桥子乡总人口7696人，占全区总人口的8.73%；大庙镇总人口14800人，占全区总人口的16.79%。滦河镇与双塔山镇人口占全区总人口的74.47%。

2000年，第五次全国人口普查资料显示：双滦区总人口93455人。双塔山镇总人口35769人，占全区总人口的38.27%；滦河镇总人口16930人，占全区总人口的18.12%；偏桥子镇总人口7280人，占全区总人口的7.79%；大庙镇总人口9783人，占全区总人口的10.47%。其中非农业人口52715人，占总人口总数56.59%。滦河镇与双塔山镇人口占全区总人口的56.39%。

2005年，区内总人口104169人。滦河镇42899人，占全区总人口的41.18%；双塔山镇39103人，占全区总人口的37.53%；偏桥子镇8118人，占全区总人口的7.79%；大庙镇14049人，占全区总人口的13.48%。居住在农村的人口占区总人口的38.02%，农村人口比1982年减少9.52%。

三 人口密度

双滦建区前，人口密度无资料。1982年，双滦区人口密度302人／平方公里；1992年，人口密度353人／平方公里；2000年，人口密度为372人／平方公里；2005年，人口密度为418人／平方公里。

第三节 人口变动

一 自然变动

新中国建立之前的人口自然变动情况无考。

1949—1961年，第一个人口变化的峰谷期。新中国建立后，生产力得到空前的解放，工、农业生产大发展，居民生活水平提高，人口自然增长开始上升。1949年，人口增长率为13.0‰；1950年上升至22.0‰；1955年达到顶峰，人口增长率为52.0‰。1958年开始，人口增长逐渐变缓，至1961年为12.0‰。1959—1961年，三年自然灾害造成农业连年减产欠收，居民口粮出现严重短缺，生活艰难困苦。人口出生减少，死亡增多。1961年，域内人口42735人。“低出生高死亡”是其显著特点。

1962年至20世纪70年代末，人口增长出现第二个高峰。三年自然灾害过后，国民经济进入恢复发展阶段，居民生活逐渐好转，人口出生率增高；文化大革命期间，人口无序繁衍；医疗卫生条件逐渐改变，居民生活好转，人口死亡率相对较低。1972年，人口总数为65451人，与1961年相比人口净增22716人。人口平均增长率达21.0‰。“高出生、低死亡，人口增幅大”是其主要特点。

1979—2005年，人口自然增长回落，“优生育、低增长”是其主要特点。20世纪70年代末，大多青年结婚响应国家号召，实行晚婚晚育，人口自然快速增长得到初步缓解，1979年以后，域内开始提倡“一对夫妇只生一个孩子”的倡议，城镇居民大部分婚育家庭选择独生子女。1979—1985年，人口快速增长得到初步控制。1986—2005年，“晚婚晚育、优生优育，一对夫妇只生一个孩子”成为绝大多数婚育家庭自觉的选择。区内人口增长率从18.19‰逐年下降，至2005年为4.45‰。

1949—1962年域内部分年份常住人口自然变动情况统计表

表3-1-2　　单位：户、人

年　份	总户数	总人口	年度出生人口	年度死亡人口	年度净增人口	年度人口增长率(‰)
1949	2568	15461	385	183	202	13.0
1950	3470	15970	527	172	355	22.0
1953	4622	19067	865	178	687	36.0
1955	5587	20606	1357	267	1090	52.0
1958	6461	32788	1936	276	1660	50.0
1959	7168	36323	1813	367	1446	39.0
1960	7451	39307	1743	492	1251	31.0
1961	8471	42735	1046	539	507	12.0
1962	9089	42519	1727	333	1394	32.0

1981—2005年双滦区部分年份常住人口自然变动情况统计表

表3-1-3　　单位：人

年　份	上年度人口总量	出　生		死亡率		年度净增	本年度人口总量	年度平均人口数	人口自然增长率(‰)
		人口数	出生率(‰)	人口数	死亡率(‰)				
1981	—	1034	9.36	236	—	—	73023	—	13.6
1982	73023	1316	17.7	234	4.00	1036	74577	73800	—
1986	—	1664	21.38	248	3.19	1416	78540	77833	18.19
1987	78540	1546	19.30	—	—	1141	81653	80097	14.24
1988	81653	1446	11.87	—	—	1052	83182	82800	12.61
1989	83182	1208	17.21	235	4.84	1033	83819	83501	12.37
1990	83819	1113	13.1	420	4.90	693	85915	84926	8.16
1991	85915	1000	12.23	180	4.37	680	87052	86484	7.86
1992	87052	942	11.44	218	4.08	647	88631	87842	7.36
1993	88631	1017	12.27	181	4.19	758	91057	89844	8.44
1994	91057	1209	13.13	455	4.14	827	93012	92035	8.99
1995	93012	1072	12.47	472	4.08	790	95256	94134	8.39
1996	95256	1113	10.70	257	4.59	590	97777	96517	6.11
1997	9777	1082	10.95	384	3.89	698	97525	98768	7.07
1998	97525	947	8.49	222	3.60	482	97296	98583	4.89
1999	97296	1095	9.33	378	3.64	562	98769	98772	5.69
2000	98769	1319	10.25	304	4.11	607	99295	99031	6.14
2001	99295	830	8.69	211	3.86	477	99318	99306	4.83
2002	99318	779	8.92	304	3.80	506	99245	99282	5.12
2003	99245	886	7.63	439	4.01	360	99749	99351	3.62

续表 3-1-3　单位：人

年份	上年度人口总量	出生		死亡率		年度净增	本年度人口总量	年度平均人口数	人口自然增率(‰)
		人口数	出生率(‰)	人口数	死亡率(‰)				
2004	99749	903	7.72	910	3.25	374	100354	100052	3.70
2005	100354	1039	9.97	535	5.13	504	104169	102374	4.45

二 机械变动

清朝初年，八旗兵驻防及喀喇河屯行宫的修建，常住人口开始迁入并增加。康熙七年至民国21年（1668—1932年）域内已成为热河西部县域政治、经济、文化的中心。这一时期，人口的增量较大，主要以外地迁入农民为主。民国22年（1933年），日本侵略军侵占后，滦平县城迁出域内，加之日军的统治和封锁，导致工商业受到明显影响，人口大量外流。滦河街区总人口为871人，比民国8年（1919年）减少4210人，下降17.14%。

20世纪50年代后期，一批省属、市属大中型企业在域内落户。企业招工、家属随迁带来大量非农业人口迁入。1950年非农业人口仅783人，占总人口的3.4%；1955年非农业人口增长到3133人，占总人口的15.2%；1961年非农业人口20995人，占总人口的49.1%。

1980年双滦区设立，特别是改革开放以后，区内人口出现较快机械增长的特点。来双滦经商、办厂、置业、投资、务工的逐渐增多，迁入人口也随之增多。1981年，区内总人口为73023人，2005年总人口104169人。其增量人口达31146人，年均增长1246人，年均自然增长率为8.85‰。因此，人口的机械变动是增量人口变动中的主要因素。

1981—2005年双滦区部分年份常住人口机械变动情况统计表

表 3-1-4　单位：人

年份	迁入			迁出			年度人口总量	人口机械增长率‰
	省内	省外	合计	省内	省外	合计		
1981	—	—	3270	—	—	3396	73023	-1.73
1982	—	—	3579	—	—	3098	74577	6.45
1989	—	—	2233	—	—	2569	83819	-4.01
1990	4448	465	4913	3892	341	4233	85915	7.91
1991	—	—	1721	—	—	1404	87052	3.64
1992	—	—	2747	—	—	1892	88631	9.65
1993	—	—	3521	—	—	1931	91057	17.46
1994	—	—	4616	—	—	3415	93012	12.91
1995	—	—	3425	—	—	1944	95256	15.55
1996	—	—	3682	—	—	1840	97777	18.84
1997	—	—	3265	—	—	2140	99759	11.28
1998	—	—	1795	—	—	1489	97296	3.15
1999	2618	157	2775	1922	106	2028	98769	7.56
2000	1758	126	1884	1720	220	1940	99295	-0.56
2001	1398	99	1497	1983	110	2093	99318	-6.00

续表 3-1-4　　单位：人

年　份	迁　入			迁　出			年度人口总量	人口机械增长率‰
	省内	省外	合计	省内	省外	合计		
2002	1284	87	1371	1615	104	1719	99245	−3.51
2003	1428	107	1535	1486	79	1478	99749	−0.57
2004	2037	111	2150	1116	76	1192	100354	9.55
2005	4561	401	4862	1475	131	1606	104169	31.26

第四节　人口构成

一 性别构成

民国 18 年（1929 年）喀喇河屯（滦河街）城区内有居民 772 户，3177 人，其中男 1647 人，女 1530 人。男女性别比 108。

1949 年，域内总人口 15461 人。其中男性 7805 人，女性 7656 人，性别比 101.9；1960 年，总人口 39307 人。其中男性 21180 人，女性 18127 人，性别比 116.8；1972 年，总人口 65451 人。其中男性 35564 人，女性 29887 人，性别比 119.0。1982 年全国第三次人口普查显示：双滦区总人口 75752 人，其中男性 40379 人、女性 35373 人，性别比 114.15。1990 年全国第四次人口普查显示：双滦区总人口 88133 人，其中男性 46437 人、女性 41696 人，性别比 111.37。2000 年全国第五次人口普查显示：双滦区总人口 93455 人，其中男性 48475 人、女性 44980 人，性别比 107.77。2005 年，双滦区总人口 104169 人，其中男性 53997 人，女性 50172 人，性别比 107.62。

1949—2005 年境域部分年份人口性别构成统计表

表 3-1-5　　单位：户、人

年　份	总户数	总　人　口			性别比
		男性	女性	合计	
1949	2568	7805	7656	15461	101.9
1950	3470	8019	7951	15970	100.8
1953	4622	9687	9380	19067	103.3
1955	5587	10750	9856	20606	109.1
1958	6461	17462	15326	32788	113.9
1959	7168	19825	16498	32363	120.2
1960	7451	21180	18127	39307	116.8
1961	8471	23199	19536	42735	118.7
1962	9089	22373	20146	42519	111.1
1972	12342	35564	29887	65451	119.0
1982	18759	40379	35373	75752	114.15
1988	23802	44648	38534	83182	115.8
1990	25526	46437	41696	88133	111.37
1999	34917	51908	46861	98769	110.77

续表 3-1-5 单位：户、人

年　份	总户数	总　人　口			性别比
		男性	女性	合计	
2000	35738	48475	44980	93455	107.77
2001	35873	52026	47292	99318	110.01
2002	36284	51793	47670	99463	108.65
2003	36607	51887	47862	99749	108.41
2004	37553	52170	48171	100354	108.28
2005	39062	53997	50172	104169	107.62

1982 年、2000 年双滦区人口普查性别结构情况统计表

表 3-1-6 单位：人

年龄组	1982年			2000年		
	男性	女性	性别比	男性	女性	性别比
0～4岁	3241	3143	103.1	2499	2335	107.0
5～9岁	3403	3196	106.5	2909	2760	105.4
10～14岁	4857	4389	110.7	3998	3689	108.4
15～19岁	4881	4960	98.4	2752	2325	118.4
20～24岁	3649	3631	100.5	3465	2908	119.2
25～29岁	4163	3856	107.9	5332	4850	109.9
30～34岁	3359	2597	129.2	5610	5123	109.5
35～39岁	3110	2081	149.4	5251	4641	113.1
40～44岁	2788	2200	126.7	4173	3919	106.5
45～49岁	2460	1791	137.4	3369	3411	98.8
50～54岁	1686	1240	135.9	2319	2425	95.6
55～59岁	1062	845	125.7	1827	1886	96.9
60～64岁	679	519	130.8	2067	1965	105.2
65～69岁	478	394	121.3	1448	1339	108.1
70～74岁	301	286	105.2	819	768	106.6
75～79岁	184	162	113.6	428	411	104.1
80～84岁	71	63	112.7	153	152	100.7
85～89岁	10	17	58.8	43	54	79.6
90～94岁	——	2	——	10	18	55.6
95～99岁	——	1	——	3	1	300
100岁	——	——	——	——	——	——

二 年龄构成

1982年，人口普查资料显示：双滦区总人口75752人。0～14岁人口22229人，占总人口29.3%；15～59岁人口50555人，占人口总数的66.7%;65岁以上老年人口1957人,老少比为8.8%(65岁以上老人与0～14岁少年人口之比)。

2000年，人口普查资料显示：双滦区总人口99295人。人口普查资料显示：0～14岁少年人口18109人，占总人口的18.3%；男15～59岁、女15～54岁劳动年龄人口63730人，占人口总数的64.2%；65岁以上老年人口5647人，老少比31%。

2003年，双滦区总人口99749人。其中17岁以下20971人，占总人口20.02%；18～35岁29777人，占总人口的29.04%；36～60岁34955人,占总人口的35%；61岁以上14059人，占总人口的14.08%。

2004年，双滦区总人口100354人。17岁以下19327人，占总人口的19.26%；18～35岁29144人,占总人口的29%;36～60岁39722人,占总人口的39.58%；61岁以上12143人，占总人口的12.1%。

2005年，双滦区总人口104169人。17岁以下18839人（含17岁），占总人口的18.1%；18～35岁（含18岁、35岁）30294人，占总人口的29.1%;36～60岁（含36岁、60岁）41772人，占总人口的40.1%；61岁以上13264人，占总人口的12.73%。

1982年、2000年双滦区人口普查年龄结构情况统计表

表 3-1-7　　单位：人

年龄组	1982年		2000年	
	人口数	占总人口比例	人口数	占总人口比例
0～4岁	6384	8.4	4834	4.9
5～9岁	6599	8.7	5669	5.7
10～14岁	9246	12.2	7687	7.7
15～19岁	9841	13	5077	5.1
20～24岁	7280	9.6	6373	6.4
25～29岁	8019	10.6	10182	10.3
30～34岁	5956	7.9	10733	10.8
35～39岁	5196	6.9	9892	9.9
40～44岁	4988	6.6	8092	8.1
45～49岁	4251	5.6	6780	6.8
50～54岁	2926	3.9	4744	4.8
55～59岁	1907	2.5	3713	3.7
60～64岁	1198	1.6	4032	4.1
65～69岁	872	1.2	2787	2.8
70～74岁	587	0.8	1587	1.6
75～79岁	346	0.5	839	0.8
80～84岁	134	0.2	305	0.3
85～89岁	27	0.04	97	0.09
90～94岁	2	0.003	28	0.03

续表 3-1-7　　单位：人

年龄组	1982年		2000年	
	人口数	占总人口比例	人口数	占总人口比例
95～99岁	1	0.001	4	0.004
100岁	—	—	—	—

三 民族构成

民国 10 年（1921 年），喀喇河屯城区（今滦河街区）人口 5629 人。其中汉族 4925 人，满族 582 人，回族 122 人。民国 26 年（1937 年）喀喇河屯城区人口 4963 人，其中汉族 3854 人，满族 873 人，回族 177 人；其他为日本、英国、朝鲜人，共计 59 人。

1964 年人口普查资料显示：境域总人口 42032 人。其中，汉族 41357 人，占总人口的 98.4%；蒙古族 31 人，占总人口的 0.07%；回族 234 人，占总人口的 0.6%；满族 400 人，占总人口的 0.95%；壮族 5 人，占总人口的 0.01%；朝鲜族 4 人，占总人口的 0.01%；瑶族 1 人。

1982 年、1990 年、2000 年全国人口普查双滦区人口民族构成统计表

表 3-1-8

民　族	1980年		1990年		2000年	
	人数	占总人口比例%	人数	占总人口比例%	人数	占总人口比例%
汉族	71370	94.2	76118	86.37	75785	81.1
蒙古族	247	0.3	700	0.79	1168	1.2
满族	3003	4.0	10002	11.35	15092	16.1
回族	1102	1.5	1243	1.41	1321	1.4
藏族	1	—	—	—	—	—
壮族	4	0.005	11	0.01	12	0.001
朝鲜族	16	0.02	34	0.04	34	0.004
侗族	3	0.004	—	—	1	—
瑶族	—	—	2	—	4	—
白族	3	0.004	—	—	2	—
黎族	2	0.003	—	—	1	—
达斡尔族	1	—	—	—	4	—
苗族	—	—	5	—	8	—
锡伯族	—	—	6	—	9	—
畲族	—	—	—	—	3	—
哈尼族	—	—	3	—	3	—
土家族	—	—	—	—	2	—
彝族	—	—	5	—	6	—
未识别民族	—	—	2	—	—	—

2005年，双滦区人口总数104169人。其中满族、蒙古族、回族、朝鲜族等21个少数民族共18422人。少数民族人口在总人口的比例为18%。少数民族人口中，以满族人口最多，为15328人，占人口总数的14.7%；回族1562人，占人口总数的1.5%；蒙古族1376人，1.3%；其他少数民族有156人。

四 文化构成

民国37年（1948年）统计显示，当时域内识字人口占总人口的4.1%；其中男性占5.7%。

新中国成立后，人口文化程度逐渐提高。一般而言，青壮年人文化程度高于老年人，城镇居民高于农村居民，男性高于女性。随着时代发展，文化构成上形成的年龄差别、城乡差别、性别差别逐步缩小。

1982年双滦区12岁以上人口文盲、半文盲统计表

表3–1–9　　单位：人

年龄组	文盲、半文盲人数		
	合计	男性	女性
总　计	6751	1879	4872
12岁	—	—	—
13岁	—	—	—
14岁	—	—	—
15～19岁	—	—	—
20～24岁	5	4	1
25～29岁	12	9	3
30～34岁	21	16	5
35～39岁	324	140	184
40～44岁	887	356	531
45～49岁	718	295	523
50～54岁	930	312	628
55～59岁	1426	306	1120
60岁以上	2428	441	1987

1982年，人口普查显示：双滦区总人口为75752人，文盲、半文盲率为8.9%。其中男性文盲、半文盲1879人，占文盲、半文盲总数的27.8%；女性文盲、半文盲4872人，占文盲、半文盲总数的72.2%。40～44岁年龄段(1938—1942年出生)，文盲、半文盲较多；60岁以上年龄段（1922年前）人口文盲人数较多。

1982年全国第三次人口普查资料显示：区内小学文化28917人，占总人口的38.2%；初中文化20739人，占总人口的27.5%；高中文化7143人，占总人口的9.4%；大学在读或毕业684人，占总人口的0.91%。接受大、中、小学教育人口占总人口的75.9%。15周岁以上不识字或识字很少的8999人，占区内总人口的11.88%。

1990年全国第四次人口普查资料显示：区内总人口88133人，其中，小学文化27029人，占总人口的30.67%；初中文化30100人，占总人口的34.15%；高中文化8225人，占总人口的9.33%；中专文化2263人，占总人口的2.57%；大学专科文化1234人，占总人口的1.4%；大

学本科605人，占总人口的0.73%。15周岁以上不识字或识字很少的8329人，占总人口的9.45%。

2000年全国第五次人口普查资料显示：区内总人口99295人，6岁及6岁以上总人口87515人。其中：未上过学3973人；参加扫盲班学习768人，占总人口的0.9%；小学文化程度25748人，占总人口的29.4%；初中文化程度36747人，占总人口的41.9%；高中文化程度9780人，占总人口的11.2%；中专文化程度6229人，占总人口的7.1%；大学专科文化程度3114人，占总人口的3.6%；大学本科文化程度1142人，占总人口的1.3 %；研究生文化程度14人，占总人口的0.02%。15岁及15岁以上人口75265人，文盲人口5072人，占总人口的5.11%。其中男性文盲1767人、女性文盲3305人，分别占15岁及以上人口的4.52%、9.13%。

五 职业构成

民国37年（1948年），域内的农业劳动人口占总人口的67%，经商者占总人口的5.6%，从工者占4.1%，服务业、交通运输业及自由职业等行业的从业者占3.3%，其他20%。

1982年，人口普查显示：双滦区总人口75752人，劳动人口68031人。从事种植业（农、林、牧、副、渔）的劳动者55785人，占职业人口的82%；生产工人、运输工人7483人，占职业人口的11%；各种专业技术人员2721人，占4%；其他劳动人口2040人，占3%。

1990年，人口普查显示：双滦区总人口88133人。农村人口39418人，劳动人口19655人。其中，劳动人口从事农业10062人、工业2251人、建筑业312人、运输业846人、商贸业682人、其他各业4502人。城镇人口48715人，劳动人口从事机关、企事业国有经济单位894人；从事城镇集体经济单位的889人（不含市属以上企业职工人数）。

2000年，人口普查显示：双滦区总人口93455人。农村人口39262人，农村劳动人口19392人。其中，劳动人口从事农业10365人、工业2466人、建筑业2447人、运输业1234人、商贸业108人、其他各行业2772人。城镇人口54193人，劳动人口从事机关、企事业国有经济单位10182人；从事城镇集体经济单位的645人；从事其他经济单位的1035人（不含市属以上企业职工人数）。

2005年，双滦区总人口104166人。农村劳动人口20640人。其中，从事农业10294人、工业3402人、建筑业2819人、运输业1277人、商贸业2003人、其他各业845人。城镇人口64565人，劳动人口从事机关、企事业国有经济单位25005人；从事城镇集体经济单位的976人；从事其他行业单位的17579人。

六 姓氏构成

2005年，双滦区共有单姓256个，复姓2个。按汉语拼音排列如下：

A：安 艾 敖

B：白 柏 巴 班 包 暴 薄 鲍 伯 毕 边 卞 卜 步 布

C：蔡 曹 柴 长 曾 楚 褚 池 成 迟 昶 从 崔 朝

D：代 戴 党 邓 丁 董 窦 杜 段 刀

F：樊 范 芳 房 费 冯 风 付 伏 富 傅

G：盖 甘 高 葛 宫 龚 巩 古 苟 关 管 国 郭

H：哈 海 韩 和 何 贺 洪 胡 花 华 怀 回 霍 黄

J：记 稽 姬 吉 计 季 贾 江 姜 蒋 焦 金 晋 经 京 井 景

K：柯 孔 寇 邝

L：赖 兰 冷 李 黎 厉 连 廉 梁 良 廖 林 凌 刘 柳 龙 娄 律 陆 鲁 路 卢 吕 罗 骆 雒

M：麻 马 满 毛 茅 梅 蒙 孟 米 苗 木 穆 慕

N：那 宁 牛 年 南

O：欧 欧阳

P：潘 庞 裴 彭 皮 平

Q：戚 齐 祁 亓 钱 乔 秦 邱 仇 区 曲 屈

R：任 阮

S：萨 桑 沙 商 上官 尚 申 沈 史 帅 水 司 宋 苏 宿 孙 索 隋

T：谭 覃 唐 汤 陶 田 童 佟

W：万 王 汪 卫 韦 蔚 魏 温 文 伍 武 吴 巫 乌

X：夏 喜 冼 项 向 肖 萧 谢 解 辛 邢 熊 修 许 徐 轩 宣 薛 荀

Y：燕 严 杨 姚 叶 殷 尹 应 于 俞 元 袁 岳

Z：藏 泽 曾 翟 詹 战 张 章 赵 郑 郅 钟 周 朱 祝 庄 卓 宗 左

附：

旗人“更名、冠姓、入籍”

民国初年，政府强令旗人更名、冠姓、入籍。满族中完颜氏、瓜尔佳氏、赫舍里氏，分别冠以王（或汪）、关、高（或赫、何）等汉族姓氏；钮祜禄氏，本义为狼，译为汉语后改用郎姓；乌雅氏，译为汉语后改用朱姓，或取首字改为吴姓；宁古塔氏，本义为六，译为汉语后改用刘姓；舒穆禄氏、舒舒觉罗氏改姓舒或徐；富察氏改姓富或傅；栋（董）鄂氏改姓董；布尼氏改姓卜或布；裕瑚鲁氏改姓于；爱新觉罗氏，一般改姓金氏或赵氏，也有个别改姓罗的。域内的满洲八旗的后裔，主要姓氏有：关、赵、那、郎、富、傅、王、汪、佟、罗、于、卜、马、耿、舒、唐、何、胡、吴、蔡、毕、老、刘、章、白、黄、苏、董、巴、林、盛、张等 30 多个姓氏。其中“佟、关、马、索、齐、富、那、郎八大姓”，俗称为“从龙八户”，是 1644 年清军入关以后，被派驻北京及全国各地的旗人。

（整理人：秦玉鹏）

七 百岁老人

至 2005 年，双滦区人口平均预期寿命为 75.6 岁；其中女性 76.8 岁，男性 73.4 岁，百岁老人仅存 1 人。

王德荣，女，1900 年出生，汉族，住双滦区大庙镇东沟村。老人生育 2 女 1 男，并照顾抚养亲属中 3 个子女长大成人；其性格温和，脾气好，凡事不往心里去，从不爱生气；喜欢早睡早起，作息准确；不吸烟，不饮酒，饮食习惯无特别之处。

百岁老人王德荣
（家属提供）

尹学宗，男，1915 年 4 月出生，汉族，住双滦区滦河镇北门里西胡同。年少时读过私塾、小学，曾就读于北平艺文中学。新中国成立后，工作在滦河小学，一直从事教育工作直至退休。91 岁后随儿子移居承德市内。2015 年 3 月 6 日，走访尹老时，其已满 100 周岁。除听力稍有障碍外，行动自如，谈吐从容。

百岁老人尹学宗

其性情谦和，心态平和。80 多岁以后改吃素食，爱吃胡萝卜，喜面食，不喜欢喝粥，不吸烟，极少饮酒，每日三餐，食欲旺盛。喜欢读书看报，1 人定阅 6 份报纸，精研细读，凡养生、健身方面好的文章，亲笔抄录，复印数份送与亲朋分享。偏爱国学。藏书中大多为《易经》《论语》等方面的注解、释义。自命居室为“励修斋”，并坚持书写日记 30 余年。每天坚持打太极拳、盘坐闭目养神、散步，日锻炼身体不低于 2 小时。膝下 4 女 1 男，对其关爱有加，照顾备至。家庭和睦，氛围好。

附录：

长寿经验介绍

一、把父亲遗嘱做前进道路上的指南针

父亲的遗嘱是"利人利物，修善修福。"从中年时期一直到老，我对父亲遗嘱铭记在心，晚年也珍惜光阴，有所作为。

二、家庭和谐不让老人操心

儿子和儿媳、孙子和孙媳、姑爷和姑娘，夫妇和睦相处，让我省心。儿媳孙玉茹，一日三餐，十年如一日，在家庭中树立了孝顺老人的榜样。在我生病住院时，孙子、孙媳，经常陪伴在我的身边。我得享高寿的重要原因，是因为我生活在和谐的生活环境中。

三、注意心性修养不嗔不怒

我认为应该薄责人，厚责己，深刻反省自己的缺点，这样，就能做到不怨天，不尤人，不嗔不怒，达到修心养性的目的。

四、不因年老放弃脑力劳动

我每年订阅报刊杂志近千元，我喜欢传统经典著作，经常阅读《大学》《中庸》《论语》《孟子》等典籍。我坚持每天写日记三十余年。

五、改吃素食习惯十五年之久

老年日报曾报道吃素食的好处，我坚持吃素食十五年之久，感觉良好。

六、坚持体育锻炼

我爱好太极拳，经常练习的是《杨氏太极拳架详解》，共6路，99式。身体力行，得益于此。

百岁老人　尹学宗

2015年3月14日

第五节　婚姻家庭

一　婚姻

新中国前，域内承袭封建社会的婚姻制度，实行一夫一妻和一夫多妻制，婚姻状况差别较大。富裕家庭子弟一般十几岁就结婚，出现"小女婿"、"童养媳"现象。有钱势人家除娶妻外，还可以纳妾。穷人家男子结婚年龄大多在20岁左右。

新中国成立后，废除了封建婚姻制度。1950年，中央人民政府颁布《中华人民共和国婚姻法》，实行一夫一妻制，贯彻婚姻自主、自由恋爱、男女平等的原则。男性结婚不得早于20岁（周岁，下同）。女性结婚不得早于18岁（周岁，下同）。1978年后，国家提倡晚婚，结婚年龄一般延至男25岁，女23岁。1980年，《中华人民共和国新婚姻法》颁布，结婚年龄改为男性不得早于22岁，女性不得早于20岁。

据不完全统计：1967—1972年，域内结婚登记人数为1163对；1973—1979年，结婚登记人数为2567对。1980—1985年，双滦区结婚登记4394对；其间，离婚案件47件。其中，1981年结婚人数最多，为1031对；1985年离婚案件最多，为15件。1986—1990年，结婚登记4231对；离婚案件539件。1982年，双滦区人口离婚率约为0.85%；1990年，离婚率为10.37%，较1982年离婚率上升9.52%。1991—2000年，双滦区结婚登记9855对；离婚案件2007件。2000年，双滦区人口离婚率约为22.32%，较1990年上升了近12%。

2001—2005年，双滦区结婚登记人数为4716对；离婚案件1127件。其中，2005年，双滦区结婚登记910对，离婚案件309件，离婚率为25.34%。

二　家庭

据不完全统计：民国8年（1919年），域内滦河街区家庭规模为4.99人／户；民国22年（1933年）日伪时期，滦河街区为4.05人／户。

1950年，域内家庭规模为4.06人／户；1961年为5.04人／户。受传统思想影响，多子女家庭较多，父母与子女同居的较普遍，三代、四代同堂家庭占主流，因此家庭规模较大。

1982年，区内家庭规模为4.0人／户；1992年为3.36人／户；2000年为3.07人／户。2000年全国第五次人口普查显示：2000年，双滦区一代户7574户，占总户数的25.84%；2代户18146户，占总数的61.9%；3代户3539户，占总户数的12.07%；4代户56户，占总户数的0.19%。随着时代的发展，传统的封建思想受到冲击；居民住房条件逐渐得到改善，大多年轻人选择与父母分户单居，自食其力的老年人较少与子女同居。因此，2代户家庭和一代户家庭比例较大，占总户数的87.74%，家庭规模逐渐缩小。

2005年，双滦区家庭规模为2.68人／户。

1980—2005 年双滦区人口离婚状况调查表

表 3-1-10　　单位：件

年份	合计	其中			
		诉讼	所占比例（%）	协议	所占比例（%）
1980	6			6	
1981	4			4	
1982	5			5	
1983	7			7	
1984	10			10	
1985	15			15	
1986	84	50	59.5	34	40.5
1987	121	86	71.1	35	28.9
1988	92	52	56.5	40	43.5
1989	130	79	60.8	51	39.2
1990	112	55	49.1	57	50.9
1991	117	60	51.3	57	48.7
1992	145	100	62.1	45	37.9
1993	154	92	59.7	62	40.3
1994	200	118	59.0	82	41.0
1995	186	109	58.5	77	41.5
1996	189	105	55.6	84	44.4
1997	281	170	60.4	111	39.6
1998	246	160	65.0	86	35.0
1999	228	161	70.6	67	29.4
2000	261	170	65.1	91	34.9
2001	225	125	55.6	100	44.4
2002	189	80	42.3	109	57.7
2003	216	111	51.4	105	48.6
2004	188	45	23.9	143	76.1
2005	309	84	27.2	225	72.8
合 计	3720	2012	54.1	1708	45.9

1980—2005 年双滦区人口协议离婚年龄段调查统计表

表 3-1-11

年份	合计	21～30岁		31～40岁		41～50岁		51～60岁		61～70岁		71岁以上	
		件数	比例 %	件数	比例 %	件数	比例 %	件数	比例 %	件数	比例 %	件数	比例 %
1980	6	2	33.3	3	50.0	1	16.7	—	—	—	—	—	—

续表 3-1-11

年份	合计	21～30岁		31～40岁		41～50岁		51～60岁		61～70岁		71岁以上	
		件数	比例 %	件数	比例 %	件数	比例 %	件数	比例 %	件数	比例 %	件数	比例 %
1981	4	1	25.0	2	50.0	1	25.0	—	—	—	—	—	—
1982	5	4	80.0	1	20.0	—	—	—	—	—	—	—	—
1983	7	3	42.9	4	57.1	—	—	—	—	—	—	—	—
1984	10	2	20.0	5	50.0	3	30.0	—	—	—	—	—	—
1985	15	2	13.3	10	66.7	2	13.3	1	6.7	—	—	—	—
1986	34	15	44.1	13	38.2	3	8.8	1	2.9	2	5.9	—	—
1987	35	20	57.1	9	25.7	5	14.3	1	2.9	—	—	—	—
1988	40	15	37.5	18	45.0	7	17.5	—	—	—	—	—	—
1989	51	25	49.0	21	41.2	4	7.8	—	—	1	2.0	—	—
1990	57	28	49.1	23	40.3	1	1.8	4	7.0	—	—	1	1.8
1991	57	22	38.6	22	38.6	7	12.3	4	7.0	2	3.5	—	—
1992	45	13	28.9	23	51.1	5	11.1	2	4.4	2	4.4	—	—
1993	62	22	35.5	25	40.3	11	17.7	2	3.2	2	3.2	—	—
1994	82	24	29.3	37	45.1	16	19.5	4	4.9	1	1.2	—	—
1995	77	28	36.4	27	35.0	18	23.4	4	5.2	—	—	—	—
1996	84	14	16.7	21	25.0	33	39.3	10	11.9	5	5.9	1	1.2
1997	111	13	11.7	29	26.1	38	34.2	19	17.1	8	7.2	4	3.6
1998	86	9	10.4	19	22.1	43	50.0	9	10.5	3	3.5	3	3.5
1999	67	10	14.9	34	50.7	16	23.9	5	7.4	2	3.0	—	—
2000	91	25	27.5	37	40.6	19	20.9	7	7.7	2	2.2	1	1.1
2001	100	21	21.0	48	48.0	19	19.0	8	8.0	4	4.0	—	—
2002	109	34	31.2	45	41.3	19	17.4	8	7.3	3	2.8	—	—
2003	105	24	22.9	57	54.3	13	12.4	6	5.7	4	3.8	1	0.9
2004	143	26	18.2	82	57.3	22	15.4	7	4.9	5	3.5	1	0.6
2005	225	35	15.6	112	49.8	47	20.9	22	9.8	7	3.1	2	0.8
合 计	1708	437	25.6	727	42.6	353	20.7	124	7.2	53	3.1	14	0.8

附记：

1980—2005 年双滦区人口离婚状况调查

家庭是社会的细胞，婚姻是家庭赖以生存的基础。一件离婚个案的发生，不仅仅是简单个体家庭的破裂，而是反映一些复杂的社会问题。离婚不仅带来家庭成员及亲属之间社会关系的改变，而且不同时期的离婚事件，反映出人们在不同社会条件和环境下不同的择偶观念、家庭观念以及因离婚所承受的程度不同的社会压力。中国几千年的封建礼教，传统的伦理道德，对人们思想观念产生极其深刻的影响。改革开放以前及初期，人们的婚姻家庭观念封闭守旧，宁可承受不幸婚姻的痛苦，也不愿卷入伦理道德的是是非非之中。在人们潜意识当中认为离婚是家庭的灾难，更有甚者认为“好人不离婚，离婚非好人”。受传统道德、经济条件或其他因素的制约，人们对离婚存在一定的顾虑和胆怯。这一时期的婚姻家庭表象呈现出比较稳定的状态，离婚案件很少发生。改革开放以后，随着经济社会的不断发展，封闭守旧的婚姻观念不断弱化，特别是在经济全球化的大开放格局条件下，西方文化思想和婚姻家庭观念也必然影响到中国社会和婚姻家庭中来。1980年，“感情破裂”第一次作为离婚理由被写进《中华人民共和国婚姻法》之后，各地离婚率随之上升。离婚作为一种自然的社会现象，冲击着封建传统的旧观念，存在于社会发展过程之中。

一 离婚案件基本情况

1980—2005年，双滦区人口发生离婚案3720件，其中1986—2005年诉讼离婚2012件，协议离婚1708件。这一时期横跨改革开放初期、发展时期、深化时期三个阶段，在离婚现象上也反映出各种不同的状态。

（一）离婚发生率上升

从离婚案件总体状况看，离婚发生率呈现逐年上升趋势。1986年离婚总量为84件，20世纪90年代初期为100多件；中期为150～200件左右；1997年达到281件。进入21世纪后离婚发生率呈平稳状态，2005年再次攀高，达到309件。这种变化，表明改革开放初期，人们的婚姻观念还没有完全脱离封闭守旧的框框，对于貌合神离、缺乏情感的婚姻，多数人选择维持。同时也反映出当时西方婚姻观念的影响相对较弱，社会其他影响婚姻稳定的因素较少。进入90年代以后，随着社会开放度的不断扩大和意识形态环境的改变，人们的思想观念从僵化地遵循传统道德向新的婚姻家庭观念转变。追求幸福婚姻成为人们生活的必然，离婚自然成为社会常态。

（二）中青年离婚案高发

从协议离婚案件情况看：1708件协议离婚案件中，21～30岁离婚的有437件，占总数的25.6%；31～40岁离婚的有727件，占总数的42.6%；41～50岁离婚的有353件，占总数的20.7%；51～60岁离婚的有124件，占总数的7.2%；61～70岁离婚的有53件，占总数的3.1%；71岁以上离婚的有14件，占总数的0.8%。从调查数据中看出，31～40岁离婚率最高，21～30岁离婚的居第二位，41～50岁离婚的居第三位。在21～30岁的离婚案件中，双方当事人多数是因为恋爱时期缺乏充分的相互了解，在婚后生活的一些具体问题上暴露出个人的弱点或缺点，使双方感到难以融合，短期内便宣告分手。特别是“80后”多为独生子女，从小受到父母及祖辈的娇宠溺爱，养成了以自我为中心的个性，在一些家庭琐事中互不相让，出现了“闪离”现象。在31～40岁离婚案件中，双方当事人处于家庭责任相对较重（孝敬父母、养育子女）、工作压力较大（事业上升时期）、社交事务繁多的时期，大部分时间和精力消耗在这些问题上，夫妻间关爱相对较少，久之矛盾升级，再加上社交中移情别恋等因素，离婚成为必然。在41～60岁的离婚案件中，多数当事人是因为一方有不可容忍的过错或严重的不良嗜好，夫妻关系难以为继而离异。

（三）老年短婚现象普遍

60岁以上的老年人离婚案件大多为再婚老人。他们再婚后，各种复杂的矛盾因素交织在一起，享受不到再婚后的快乐和幸福，面对着难以相互适应的生活习惯不同、兴趣爱好不同、性格及处世方式不同，加之双方子女间的矛盾、钱物支配发生纠纷等等，使双方都感到十分困惑，于是短期内即告分手，有的再婚不到半年就申请离婚。有的老人双方情投意合，却因来自家庭的各种压力和阻挠，使老人无法再婚。有的虽然结婚，但是迫于双方子女的压力只好离婚。如66岁的杨某（男）与58岁的夏某（女），经人介绍于1985年11月结为夫妻（再婚），婚后老人生活幸福。女方家族“好女不嫁二夫”的封建思想严重，对她的二次出嫁认为是辱没门庭，败坏家风，不停地搅扰二位老人的生活，无奈之下两人于1986年12月结束了仅仅一年的婚姻关系。也有个别老人再婚动机不纯，不是寻求相互照顾，而是为了取得一方的钱财，使婚姻失败。双塔山镇62岁的某男与57岁的某女于1985年12月结婚，1986年2月即告离婚，就是因为此类问题，婚姻关系存续不足3个月。有的再婚老人家庭因病残失去自理能力，难以互相照顾，而双方原子女只负责对生父或生母的赡养，对另一方老人不予接纳，迫于无奈被迫离婚。14件71岁以上再婚老人离婚案件均属这种情况。再婚老人生活中的诸多问题，使他们难以面对，便出现了一些老年人同居现象较多，形成事实婚姻。还有个别再婚老年人婚前签署协议，对各自财产归属、疾病治疗、死亡安葬等问题作出约定，目的在于减少纠纷。

（四）女性提起离婚诉讼高于男性

从双滦区人民法院2002—2005年审理的诉讼离婚案件看，女性提起诉讼比例2002年为71.3%，2003年为69.5%，2004年为67.6%，2005年为75.6%。女性提起离婚诉讼的比例明显高于男性。女性的社会地位和家庭地位有了很大程度的提高。在女性与男性接受同等教育、有独立劳动收入的社会条件下，女性在家庭中不再处于依附和从属的地位，而是有着充分的独立地位和自主权利。一旦发生家庭婚姻基础动摇，难以维系婚姻状态，便主张自己的权利，按照自己的意愿提起离婚诉讼。这种变化是社会发展进程中的文明和进步。

（五）选择协议离婚趋势明显

2000年以前，诉讼离婚多于协议离婚。1986—1990年发生离婚539件，其中诉讼离婚322件，占58%；协议离婚217件，占42%。1991—1995年发生离婚802件，其中诉讼离婚479件，占59.7%；协议离婚323件，占40.3%。1996—2000年发生离婚1205件，其中诉讼离婚766件，占63.6%；协议离婚439件，占36.4%。2001年以后，诉讼离婚数量下降，协议离婚数量上升，特别是2004—2005年两年发生离婚497件，其中诉讼离婚129件，仅占26%；而协议离婚368件，占到74%。从这一变化中可以看出，人们的离婚观念不断更新，离婚的方式逐步从对薄公堂转向双方协商。在解决财产分割、债务分担、养育子女等问题上趋于更加理智。

二 离婚发生因素浅析

（一）婚前缺乏冷静思考导致离婚

传统择偶观的主基调是“门当户对”，考虑较多的是双方家庭和社会地位及经济条件。在这种社会背景下，父母对儿女的婚姻进行干预控制，恋爱结婚必须得到双方父母的同意。改革开放以后，随着社会形态的不断变化，人们的择偶观也随之发生变化，从“门当户对”转向对仪表气质、学识水平、生活能力乃至兴趣爱好、性格修养、处世方式等个人因素的审视与考察。恋爱期间，由于个人素质考察是相对，各方都尽量表现出自己优秀的一面，隐蔽了影响对方赏识的一面，因而恋爱时感觉对方哪方面都好，婚后的具体生活，各方的缺欠与弱点渐渐地暴露出来，由互不适应升级为矛盾，渐而感情破裂。有的夫妻虽然在一起生活十几年，有了子女，但终因婚姻不够美满而宣告结束。还有的结婚不到一年即告分手，特别是“80后”人群的“闪婚”“闪离”现象，更说明了这一点。

（二）观念更新追求婚姻幸福致使离婚

在封闭守旧的传统婚姻观念影响下，人们固守着“修身齐家”“从一而终”的伦理道德，无论是男性还是女性，宁可维持没有感情的婚姻，也不愿因为闹离婚而坏了自己的“名声”。这种传统的婚姻观沿袭了几千年，直到改革开放初期仍然没有根本性的动摇。仅从协议离婚的调查数据看，1980—1985年全区结婚人口4561对，协议离婚有472对，仅占结婚人口的1.03%。这种传统的婚姻观在农村更是根深蒂固。从对双塔山镇应营子村的调查看，1980—1985年全村结婚人口为29对，而离婚人口为零。随着社会的发展和时代的进步，人们逐渐从传统观念中解脱出来，认为没有感情的婚姻是不幸的、痛苦的，向往和追求美满幸福的婚姻是一种人身权利，结束不幸婚姻属于个人主张权利的范畴，无可非议。思想观念的不断更新，使人们摆脱了伦理道德的困扰，特别是女性提起离婚诉讼比例高于男性，更说明广大妇女已经破除了“嫁鸡随鸡、嫁狗随狗、夫唱妇随、从一而终”的精神封锁，完全自主地去追求个人的婚姻幸福。

（三）包容的社会环境减轻了当事人的精神压力

在传统道德观盛行的社会背景下，离婚不是轻而易举的事情，而是承受着多方面的精神压力。一是来自社会舆论的压力。一谈及离婚，往往会被推测为品质恶劣，道德败坏，这对每个人来说都是无形的精神枷锁。二是来自双方家庭的阻力。在思想守旧封闭的年代里，家庭具有捆绑婚姻的功能，当婚姻双方发生感情危机难以维继时，双方父母基于家族荣辱和各种社会关系考虑，苦口婆心进行劝阻，甚至以死相威胁，成为离婚的一大障碍。三是来自工作单位的压力。离婚往往会被单位划上一个“品质修养”的大问号，在使用上必然受到影响，直接累及个人发展前途。随着社会的不断发展，思想的不断解放，观念的不断更新，人们不再武断地评价个人品质，家庭的强制功能弱化，单位不再干涉个人生活问题。社会环境的改变，打开了困扰婚姻关系的精神枷锁，给予人们在法律允许范围内的自主空间，无论男性还是女性，都可自主决断婚姻关系是否存续，都可自主选择对自己有利的离婚方式。

（四）其他多重因素导致离婚率攀升

从法院审理离婚案件的诉讼事由看，离婚的因素比例为：家庭关系处理不当占15%；经济困难占5%；人口流动引起感情变化占12%；一方存在过错占62%；其他因素占6%。这些因素中，因家庭关系处理不当、经济困难和其他因素（性格不合、生活习惯不同等）而离婚属于常态现象，在任何时期都同样存在。而人口流动、一方过错等因素的较高比例，则与不同的社会发展阶段相关，同时也与个人的品质修养相关。农村土地承包后，大批剩余劳力进城务工，有的农民离家一走就是一年。频繁的社交活动和人口大流动的社会环境，诱发了诸多婚变因素。一是夫妻长期分居两地，导致感情失和，引起婚变。二是长期外出人员婚外别恋，引起家庭矛盾而离异。三是受西方生活方式的影响，奢求享乐，导致夫妻关系破裂。四是事业较有成就者，不惜钱财“包二奶”，导致妻子诉离。五是一方暴力、赌博、酗酒等恶习成性，另一方起诉或申请调解离婚。这些人为的离婚因素，如果有良好的的个人修养完全可以避免。

离婚虽然是个人家庭生活问题，但不同的离婚状态对社会发展产生着不同影响。解除无感情的痛苦的婚姻（无过错离婚），有利于社会的和谐稳定，反之由于无视道德准则，实施不道德行为导致离婚而未受到舆论谴责，则会败坏社会风气。在社会大开放、经济大发展的的新时期，中华民族的传统美德仍须发扬光大，每个人都应承担起家庭和社会责任，减少不必要的或本可避免的离婚事件。中国已进入人口老龄化社会，在社会养老体制上不完善的情况下，许多丧偶老年人需要以再婚的方式寻求生活上依靠或关照。对于再婚老年人的幸福应引起社会关注，特别是子女应给予再婚父母更多的生活帮助和精神上的支持，使他们愉快地走完人生的旅程。

（撰文：张金虎　袁宝森　王乃民）

第二章 人口控制

新中国成立前，域内人口属自然繁衍时期。当时的医疗科学技术发展和人民生活水平程度较低，人口自然增长率较低。20世纪50—70年代，是域内人口自然增长较快的时期。人口增长的主要原因是生育无计划、无节制；人口平均寿命提高；出生死亡率降低。人口的剧增给社会生产、生活及家庭带来压力。20世纪60年代，国家曾经提倡计划生育，受“文化大革命”的影响，人口控制工作没有得到落实。自20世纪70年代后期，域内开始人口控制工作。双滦建区后，通过人口政策的宣传、落实，开展卓有成效的计划生育工作，人口得到有效控制。2005年，人口出生率8.56‰，自然增长率4.45‰。

第一节 生育政策

一 控制生育政策

1964年，中共中央、国务院发布《关于认真提倡计划生育的指示》，后因“文革”影响，境内的计划生育工作没有开展起来。1970年，国家开始提倡计划生育，域内政府组织免费发放避孕药具。1973年，河北省革命委员会发布《关于计划生育若干问题的意见》。主要内容是：提倡每对夫妇生育两个孩子，实行晚婚晚育。1978年，国家号召“一对夫妇只生育一个孩子”，双滦开始办理“独生子女证”。（1993年以后改为“独生子女父母光荣证”）。

1982年，中共“十二大”确定计划生育为国家的基本国策，并写入《中华人民共和国宪法》。1984年，根据中共中央关于批转国家计生委党组“关于计划生育情况的汇报”的通知和中共河北省委、河北省人民政府关于印发“全省计划生育工作会议纪要”的通知，区计生委制定“双滦区农村地区7种情况、非农业人口3种情况，获得批准后可有计划的生育二孩”的实施细则。对偏远山区的农村居民，因居住分散、交通不便、无机耕条件、生产生活确有困难的乡村农户，照顾生育二胎。双滦区当时符合以上条件的有大庙乡10个行政村；双塔山镇6个行政村、3个自然村、7个生产队；偏桥子乡4个行政村、2个生产队。同年，全国城市计划生育工作开始执行“一对夫妇只生育一个孩子”的政策。10月，双滦区制定《关于城市计划生育工作的几项规定》。落实“一孩政策”相关的奖励、处罚措施。1987年，区内开始对上年度无计划外生育的村开放二胎计划审批。1989年，《河北省计划生育条例》颁布实施。规定：育龄夫妻生育子女必须服从当地人口出生计划，一对夫妻只生育一个子女；符合规定条件可以生育二胎的夫妻，经过批准后可以有间隔地生育第二个子女；严禁一对夫妻生育第三个子女。2002年9月1日，《中华人民共和国人口与计划生育法》正式颁布实施。2003年，河北省制定《河北省人口与计划生育条例》。对部分生育条款进行调整：一是取消生第一个子女的审批，改为夫妻自愿安排。二是取消有计划外生育史的再婚夫妻生育二孩的限制和有早婚早育史的夫妻生育二孩的限制。三是把妇女再生育时的年龄从28周岁以上调整为26周岁，间隔仍保持4年以上。双滦区计生委结合实际状况，梳理、修订原统计表（册），按相关政策予以落实。

2005年，双滦人口控制工作走上“依法管理、村民自治、优质服务、政策推动、综合治理”的轨道。

二 奖惩措施

1980—1989年，双滦区计划生育的基本奖惩原则为：突出奖励独生子女户、结扎手术者，适度处罚计划外生育现象。

非农业人口奖惩措施。1981年9月起，双滦区对在市内各医院做计划生育手术者，报销费用（正式职工、临时工、合同工的由所在单位报销，街道居民的到计生部门报销）；免费提供避孕药具。1983 年 4 月，区政府出台《关于计划生育工作的几项规定》。非农业人口领取《独生子女证》的夫妇，一次性奖励 50 元，每月发给保健费 5 元、入托补助费 4 元；女方结扎者发给营养补助费 30 元，给予 1 个月的休假；男方结扎者发给营养费 20 元，同时分别给予 15 天的休假。1989 年 3 月《河北省计划生育条例》发布后，双滦区对自愿只生育一个子女的夫妻，发给“独生子女证”。从领证之日起至子女 14 周岁止，由独生子女父母各自所在的单位每月分别给予不低于 5 元的奖金。除承德市丝绸厂按 2.5 元标准补贴外，区内各机关、事业单位和企业单位均落实为独生子女夫妇每人每月 5 元的奖励。1994 年后，独生子女家庭荣誉证和奖励名称及奖励标准等作改动：“独生子女证”更名为“独生子女父母光荣证”；奖金领取年限延长到子女 18 周岁。2003 年，又将领取“独生子女父母光荣证”享受的奖金提高到每月 10 元。针对非农业人口中的计划外生育现象，双滦区主要实施两种惩罚措施：由夫妻双方所在单位对当事人各处以一次性超生罚款，其数额根据超生的胎次和情节而递增；责令所在单位给予当事人行政处分，降级、降职，直至开除公职；同时规定，当事人不得评先进，不得享受有关生育的劳保福利待遇。针对公职人员和党员干部出现计划外生育事件，则另据 1991 年省委、省纪委《关于共产党员违反计划生育政策党纪处分的暂行规定》及同年省政府的《河北省国家工作人员、企业事业单位职工违反计划生育法规行政处分实施办法》处理，1991—2005 年，区内共有 9 名党员干部因违反计划生育受到相关党政、政纪处分。

农业人口奖惩措施。自 1981 年 9 月起，双滦区农业人口计划生育手术费用，区计生办给予报销；向育龄夫妇开始免费提供避孕药具；对自愿领取“独生子女证”的夫妇给予一定的工分和粮食奖励；实行“联产承包责任制”的乡镇，对自愿领取“独生子女证”的夫妇以多包责任田、降低包产定额、减少承包地的集体提留等形式给予奖励。对计划外超生者，则给予一定的经济处罚（当时以罚款为主要形式）。自 1990 年开始，区政府为农村一孩户和双女户在人寿保险公司投保。截至 1992 年，区内农村共有 306 家独生子女户投保，每户投保金额 500 元。投保资金独生子女户负担 30%，村负担 30%，镇负担 40%。1996—1998 年底，区计生局为农村“独生子女父母光荣证”的家庭办理养老保险 17 户，每户 650 元；为计划内双女结扎户办理养老保险 20 户，每户 500 元，区政府为每户缴纳养老保险金 300 元。1995 年 10 月，《河北省农村计划生育优待办法》颁布。“农村独生子女参加省内中考、高考和招工考试，在录取时给予 10 分的照顾”的条款，双滦区落实了这一政策。1995 年，双滦区为农村计划生育户开展生产、生活、生育的“三生”服务，区政府责成各个部门对农村计划生育户进行重点帮扶。从信息、技术、资金等几方面进行帮扶，帮扶效果列入年终考核。2004 年始，区政府制定对农村部分计划生育家庭奖励扶助制度。对 1973 年 1 月 1 日以后出生的独生子女户，且 1973—2001 年没有违反计划生育法规的农村居民，每人每年发给不低于 600 元的奖励扶助金。2004 年度，经过个人申请、申报和村、镇、区三级审核公示程序，区内首批获奖励扶助对象独生子女户 23 户。此后，区政府每年都增加新的奖扶对象。2003 年，独生子女奖金提高到每月 10 元后，区政府按“农村独生子女父母奖金兑现面 100%、兑现率 50%”文件的要求，摸底造册。2005 年，区内共发放农村独生子女父母奖金 78540 元。2005 年，区政府出台《关于建立农村人口与计划生育利益导向机制的实施方案》。以责任状的形式要求农牧、林水、扶贫、民政等涉农部门对计划生育家庭落实“四优先一提高”的政策，即对计划生育家庭优先进行扶持、优先安排项目、优先进行培训、优先提供技术，并同时比一般扶持户适当提高扶贫资金或实物量。同年，设立人口与计划生育救助公益金，出台《双滦区计划生育特困家庭救助公益金使用管理办法》。区财政每年注入资金5万元，主要用于独生子女发生意外伤残、死亡，父母方不再（能）生育或者不再收养子女所关联到的当事人退休或者丧失劳动能力时的补助。区内共救助计划生育特困家庭24户，发放救助金额24000元。此外，还对被“二本”以上院校录取的农村独生子女家庭和双女户家庭分别给予不低于3000元的一次性救助。

三 规范管理

1979年初，承德市计生委开始下达年度人口计划。主要指标包括出生率、出生人数、自然增长率、净增人数。域内的各公社开始分解上述指标，并建立育龄妇女管理卡片和出生、手术、结婚、死亡四种台帐。1980—1989年，双滦区的计划生育的各项指标由承德市计生委下达，主要指标包括出生人数、出生率、自然增长率、计划生育率、多胎率等。区计生委再根据实际况将上述总指标加以分解，最后下达到各个乡镇、街道和相关企事业单位。各个基层单位根据人口构成情况，进行公示，计划生育各项指标落实到具体居民户。自1989年起，区计生委开始对单位实施百分制考核。考核方式是由市人口调查队随机抽取一个村，用以点校面的形式对全区的人口指标完成情况进行考核评估，按评估结果兑现奖惩。考核中开始落实一票否决制度，对没有完成人口指标的实施一票否决，取消被考核单位主要领导评先、提职、晋级的资格。1990年双滦区委、区政府与各镇签定计划生育目标管理责任书，对计划生育工作实行目标管理。1992年2月22日，双滦区制定《人口目标管理责任制考核奖惩办法》。实行“百分考核制”：一等奖标准为100分，二等奖标准为95～99分，三等奖标准为90～94分。低于85分的，每低1分罚50元。罚款的30%，从镇计生办的办公人员、主要领导、主管领导的个人奖金中扣除。1994年，承德市委、市政府与双滦区签订人口目标管理责任书，开始对人口指标实行责任制管理，纳入地方党政一把手政绩考核。2004年，开始实行“千分制考核”。分为党政、综合治理、计生业务三线考核评估。党政领导履行人口与计划生育目标责任占20%，稳定低生育水平指标占40%，人口与计划生育业务占30%，部门综合治理工作占10%。考核总成绩在930分以上的进入先进行列。

2005年，区内共出生874人，政策生育率为97.83%，统计求实率100%。人口出生率由1981年的16.81‰下降到2005年的8.56‰。人口发展进入稳定的低生育水平时期。

附记：

双滦区失独家庭状况调查

失独家庭指独生子女死亡，其父母不再生育、不能再育和不愿意收养子女的家庭。

一 基本情况

失独家庭大多赶上20世纪80年代独生子女政策严格执行的年代，如今人到中老年却遭遇独子（女）夭折，又因政策、身体等原因无法生育二胎。至2005年统计：双滦区有独生子女户581户，其中失独家庭6户，占全区独生子女家庭总数的1.03%。至2015年上半年报统计：双滦区有独生子女户17943户，其中失独家庭85户（农村25户，城镇60户），占全区独生子女家庭总数的0.47%。85户失独家庭子女因病死亡49人，交通事故死亡17人，工伤死亡4人，他杀2人，自杀2人，其他意外死亡11人。

二 家庭状况

（一）精神上遭受重创

失独家庭存在的普遍问题是挥之不去的失子之痛，他们因永远等不到子女回家而黯然伤神。特别是逢年过节举家团聚的日子，大多家庭是在流泪和悲伤中度过。一些父母承受不了如此的打击，导致患上精神疾病，终身不愈。由于缺乏心灵寄托、长期哀痛，这些群体极易患病，精神萎靡，身体处于亚健康状态。双滦区85户失独家庭中精神失常3人，精神恍惚3人，变得痴痴呆呆4人，患病长期卧床1人，患有严重的心脏疾病1人。

（二）经济困顿

失独家庭人口害怕患病。特别是农村失独群体，失独人口无稳定的经济收入，社会医疗保险虽然能解决部分医疗费用，但患上大病难以支付沉重的医疗负担。有的家庭因疾病或因年老体衰失去劳动能力，生活陷入困境。

（三）老无所依

失独家庭人口大多是五六十岁的人群，需要面对的是必须独自承担养老的压力。育儿养老是中国的传统观念，居家养老是中国社会养老的主流。面对养老问题，有固定养老金收入的尚能维持。无固定养老金收入的只能依靠社会。养老无依无助成为现实。

三 国家救助

2001年，《中华人民共和国人口与计划生育法》颁布。在计划生育政策中提出“独生子女发生意外、死亡，其父母不再生育和收养子女的，地方人民政府应当给予必要的帮助”的涉及失独家庭的社会保障条款。2008年，国家人口计生委、财政部印发了《全国独生子女伤残死亡家庭扶助制度试点方案的通知》《申报纳入全国计划生育特别扶助制度实施范围的通知》。同年，河北省下发了《关于在全省计划生育家庭实施特别扶助制度的意见》，开始对全省城镇和农村独生子女死亡未再生育或收养的家庭进行扶助，简称计划生育特别扶助制度。政策规定，女方年满49周岁，夫妻双方每年分别获得1200元的扶助金，直至亡故。2008年，双滦区第一次为符合规定的失独家庭人口发放扶助金2.4万元，发放人数20人（其中农村4人）。

2012年，承德市失独家庭特别扶助金每人每年提高到1620元；2013年特别扶助金提高到2400元；2014年特别扶助金提高到4800元。另外，根据河北省相关计划生育政策规定，对独生子女死亡家庭，不再生育或收养，女方年满49周岁的失独家庭，给予一次性20000元的经济救助。

2015年，双滦区发放特别扶助金77人，总计发放36.96万元；发放一次性救助金6户，12万元。区委、区政府和各级人口计生部门在传统节日也经常组织慰问活动，在物质资助同时开展精神慰藉。

（调查单位：双滦区计生局　撰稿人：孙丽红 王乃民）

第二节　计划生育

一 指标控制

域内出生人口实施计划控制始于1979年。1980年后，承德市每年下达年度人口计划主要指标。区计生局对新婚人数、预计结婚人数、已婚无孩妇女人数、妇女怀孕人数、需要照顾生二胎人数等进行摸底调查，制定下年度人口生育计划。指标分解到基层单位，年终依据完成情况落实奖惩。1979年出生率10‰，出生人数358人，自然增长率6‰，净增人数215人。1980年起，人口计划指标包括下年末计划总人口、出生人口、出生率、人口自然生长数、人口自然生长率等。1982年以后，人口计划指标增加对计划内出生人口和计划生育率的指标控制。1986年以后，计划生育进一步加强，长效节育措施力度加大。1989年后，人口计划主要控制人口出生率、计划生育率、多胎率3项指标。全区计划生育率达到90.74%。1991年，国家计生委、计委、人事部等七部委联合颁发《人口计划管理办法》，人口计划管理开始纳入规范化轨道。1992年始，实行准孕证、准生证发放制度。一胎准生证由基层控制，二胎准生证由区统一掌握使用。1995年以后，人口与计划生育责任目标增加出生统计求实率等指标。至2005年，人口与计划生育指标没有新的变化。

1980—2005年双滦区人口计划生育统计表

表3-2-1 单位：人

年份	人口数	人口出生数	计划生育率（%）	人口出生率（‰）
1980	—	587	62.18	—
1981	73023	1034	72.08	9.36
1982	74577	1316	77.55	17.70
1983	61998	608	81.91	9.80
1984	77017	1078	85.99	14.21
1985	77125	1234	78.04	16.01
1986	78540	1664	74.04	21.38
1987	81653	1546	81.44	19.30
1988	83182	1446	82.09	11.87
1989	83819	1208	90.74	17.21
1990	85915	1771	94.07	13.11
1991	87052	1000	99.24	12.23
1992	88631	942	99.60	11.44
1993	91057	1017	95.49	12.27
1994	93012	1209	97.19	13.13
1995	95256	1072	98.30	12.47
1996	97777	1113	98.16	10.70
1997	97525	1082	98.61	10.95
1998	97296	947	97.99	8.49
1999	98769	1095	98.05	9.93
2000	99295	1319	98.32	10.25
2001	99318	830	98.43	8.69
2002	99245	779	99.21	8.92
2003	99749	886	98.42	7.63
2004	100354	903	98.33	7.72
2005	104169	1039	97.83	9.97

二 晚婚晚育

1975年，域内晚婚率为30%。1979年，河北省革命委员会颁发《关于计划生育若干问题的试行规定》。规定农村，男性25周岁以上，女性23周岁以上结婚；城镇男性26周岁以上，女性24周岁以上结婚。特殊情况，酌情照顾。自此，境内结婚男女大多遵循上述晚婚年龄。1981年，修订后的《中华人民共和国婚姻法》规定结婚年龄，男性不得早于22周岁，女性不得早于20周岁。由于晚婚晚育观念被大多青年所接受，20世纪90年代至2005年，境内大多青年男女选择晚婚。

三 节育措施

20世纪60年代中期，域内曾经开展过结扎手术试点工作。当时各公社的生产大队有少数人做了结扎术，“文化大革命”时期，节制生育手术工作中断。1974年，双滦人民医院、公社卫生院、村卫生所抽调医生组成计划生育手术医疗队，巡回到各公社开展计划生育手术。1975年，境域内晚婚晚育、优生优育的夫妇增多，人口自然增长率下降到9.7‰，计划生育率达到70.3%。1979年，双滦办事处在人口指标控制中首次采取发放准生证的办法控制人口增长，共发放358个准生证，这一方式在以后一直推行。1979年，《河北省革命委员会关于计划生育若干问题的试行规定》规定，“鼓励一对夫妇生育子女数量最好一个，最多两个”。

1980年，双滦区已婚育龄妇女5385人，采取节育长效措施率84.68%。1981年《河北省革命委员会关于计划生育若干问题的试行规定》规定，“除特殊情况经过批准者外，一对夫妇只生育一个孩子”。1981年6月17日，双滦区抽调医技人员组织4支计划生育手术医疗队，首次展开全区性的计划生育手术突击活动。这次活动，以宣传教育、落实计划生育奖励政策等相配合，共做各类计划生育手术3328例。1989年，双滦区不定期搞计划生育专项工作突击活动；表彰独生子女户和双女户，处罚超生户；对党员干部职工超生的给予党政纪处分等措施。1990年，已婚育龄妇女18536人，综合避孕率94.30%，长效措施率80.19%。1991年，双滦区设立计划生育技术服务站，各镇也相应建立育龄妇女信息系统。2000年，已婚育龄妇女22326人，综合避孕率91.26%，长效措施率94.68%。2005年，已婚育龄妇女21127人，综合避孕率87.30%，长效措施率91.41%。

附记：

双滦区钢城街道滦电社区空巢老人生活状况调查

一 基本情况

滦电社区地处承德市双滦区国电滦河发电厂附近，是典型的“企业型”社区，也是双滦区居民收入、生活福利最好的社区。至2005年，社区有楼房27栋，占地面积2.94平方公里，居民1210户、2113人。社区居民90%以上是滦电职工家属，其中在职职工1310人，离退休人员495人，职工家属883人。企业职工及家属几代人生活在一个区域，邻里关系较为融洽。滦电社区60岁以上老人548人，其中低保户16户31人。至2005年,滦电社区有空巢老人12户21人，其中9名男性12名女性；3名单户老人和9对夫妇。空巢老人中70岁以下18人,71岁以上3人。

二 老人现状

（一）空巢原因

调查发现，空巢老人多集中在60～80岁，均有子女。子女大多居住在双桥区或在外地工作，不能每天回家探视照顾；由于生活方式与年轻人有距离、思想上有代沟，大多身体较健康、生活能自理的老人愿意单独居住；也有老人觉得自己独居过于冷清，也曾跟子女一起住过一段时间，最终有了矛盾后分开，与子女往来反而更少；部分身体较差的老人有老伴相互扶持、照顾，害怕给子女增加负担，也愿意单独居住；少部分老人选择愿意与子女居住在一起。

根据问卷调查：12户空巢老人中，7户14位老人不愿意与子女同住，占全部空巢老人总数的66.67%；4户5位老人愿意或者比较愿意与子女同住，占全部空巢老人总数的23.81%；1户2位老人表示无所谓，占空巢老人总数的9.52%。

（二）经济状况

21名空巢老人中有1名老人没有退休金，但与老伴一起生活，其余20人都是滦电退休职工，有退休金，因为是央企，退休后收入较高。其中1位老人月收入在500以下；18位老人月收入在3000～3800之间，2位老人月收入在3900～4500之间。滦电社区空巢老人经济上没有压力，不需要子女帮助。如果子女或孙子辈需要，也很愿意给予部分经济支持。21名空巢老人中20人有职工医保，1人有社会医疗保险，医药费用压力较小。

（三）健康状况

空巢家庭老人在精神上都程度不同的存在孤独、寂寞，需要有感情依靠。退休职工张某，男，72岁，膝下只有一女已经在外地结婚安家，老伴去世后一人独住。老人因要求与保姆结婚跟女儿发生矛盾，后来坚持变卖唯一房产，租房生活。父女两人发生矛盾，甚至要求断绝关系。调查显示，其中8位老人表示子女很难每月回家看望，大部分子女平均每月与老人电话沟通1次以上，极少数子女甚至半年都没有回过一次家。

21位空巢老人老人中有10人患有高血压，8人患有心血管方面的疾病，4人患有关节疾病，2人患有糖尿病。调查问卷中发现，大多数老人对自己的身体状况很满意或比较满意，夫妻同住的老人较独居老人更满意一些。其中18人位老人身体力行，能够做轻便的家务，占空巢老人总数的85.72%；3位老人身体状况不好，不能做家务或在做家务时很吃力，占空巢老人总数的14.28%。

（四）日常生活

调查显示，多数老人经常早起去室外广场、公园、空地锻炼身体、聊天；大多老人喜欢看电视、读书看报，偶尔到邻居家串门；近一半的老人喜爱养花，书画、钓鱼、唱歌。5位老人对自己业余生活非常满意，占空巢老人总数的23.80%；12位老人对自己业余生活比较满意，占空巢老人总数的57.14%；3位老人对自己业余生活觉得还过得去，占空巢老人总数的14.29%；1位老人认为生活很没意思，占空巢老人总数的4.76%。

（调查单位：钢城街道办事处　撰稿人：许峰　王乃民）

第三节　组织机构

一　区级机构

1973年10月，双滦办事处设民政卫生科，管理计划生育工作。

1980年，双滦区政府设计划生育办公室（简称双滦区计生办）；1984年，双滦计生办更名为“双滦区计划生育委员会”（简称区计生委）；1995年3月，双滦区计生委更名为“双滦区计划生育局”（简称计生局）。

2005年，区计生局更名为“双滦区人口和计划生育局”（简称区人口计生局）。

二　乡镇级机构

1971年，域内各人民公社设计划生育办公室，业务工作由公社妇女联合会负责；1976年，双滦办事处在辖区5个街道办事处、16个企业单位、4个人民公社均设计划生育领导小组。

1984年，双滦区内4个乡镇设立计划生育管理办公室，配备专职计划生育协理员。2005年，双滦区在43个行政村、13个社区聘用计划生育育龄妇女小组长216名，工资待遇纳入区财政预算，各村设计划生育专职干部，为正村职待遇。

第三章　方　言

自清代开始，域内人口大多来自直隶、山东、山西、内蒙、辽宁等地。各地域的方言和土语经过长期的融合、交汇，加之与京城之间联系紧密，形成了以北京话为根基的北方方言。然而，地域性的人群中方言仍有差异，周边邻县人的发音不尽相同。青少年从上学起就按标准话识字读音，与老年人语音上存在差别。20世纪50年代前出生的人方言较多，农村较城镇方言较重。随着标准话的推广和使用，居民文化程度的提高及社会交往的频繁，方言将会逐渐衰变。

第一节　语　　音

一　声母

方言的声母共计 22 个。分双唇音、唇齿音、舌尖前音、舌尖中音、舌尖后音、舌面音、舌根音、“零声母”。境域声母的发音部位和发音方法与普通话语音有细微差异。如“嫩”，标准音为 nèn，当地方言为 lèn。

方言与普通话声母发音对照表

表 3-3-1

声韵母	字词例	标准音	地方音
b	卑鄙	bǐ	bì
p	披大衣	pī	pēi
	气魄	pò	paì
m	某人	mǒu	mù
	墨水	muò	mèi
	昧良心	mèi	miè
	蛮干	mán	mān
f	理发	fà	fǎ
	幸福	fú	fǔ
	符合	fú	fū
	辐射	fú	fǔ
d	逮捕	dài bǔ	děi pǔ
	档案	dàng	dǎng
	河堤	dī	tī
n	酝酿	niàng	rǎng
	脓、浓、农	nóng	néng
	玩弄	nòng	nèng
	嫩	nèn	lèn
	暖和	nuǎn	nǎo
	虐待	nuè	niè
	疟疾	nuè	yào
	拟定	nǐ	nì
l	淋雨	lín	līn
	滦河	luán	lán
	鹅卵石	luǎn	lǎn
	瑠子	liù	liū
	落下	luò	lào
g	打更	gēng	jīng

续表 3-3-1

声韵母	字词例	标准音	地方音
g	耕地	gēng	jīng
	疙瘩	gē	gā
	割断	gē	gā
	玫瑰	guī	guì
	革新	gé	gě
h	茴香	huí	hún
	霍乱	huò	huǒ
	仙鹤	hè	hào
	豁命	huō	hē
j	立即	jí	jì
	发酵	jiào	xiào
	咎由自取	jiù	jiū
	歼灭	jiān	qiān
	激烈	jī	jì
	细菌	jūn	jǔn
	脊梁骨	jí	jī
	即使	jí	jì
	间接	jiàn	jiān
	缰绳	jiāng	gāng
	浸泡	jìn	qǐn
	茎	jīng	jìng
	觉悟	jué	jiǎo
q	债券	quàn	juàn
	侵略	qīn lüè	qǐn liào
	顷刻	qǐng	qīng
	趣味	qù	qǔ
	麻雀	què	qiǎo
	喜鹊	què	qiǎo
	水渠	qú	qū
	而且	qiě	qiè
x	袭击	xí	xī
	朽木	xiǔ	qiǔ
	学习	xué	xiáo

续表 3-3-1

声韵母	字词例	标准音	地方音
r	扔掉	rēng	lēng
	软弱	ruò	rào
z	殖民	zhí	chí
	责任	zé	zhái
	选择	zé	zhái
	沼泽	zé	zhái
	撞人	zhuàng	chuàng
	粽子	zòng	zèng
	质量	zhì	zhǐ
	暂时	zàn	zhàn
c	处罚	chǔ	chù
	触电	chù	chǔ
	惩罚	chéng	chěng
s	宿舍	sù	xǔ
	瓶塞儿	sāi	sēi
	颜色	sè	shǎi
	侍候	shì	cì
	塑	sù	suò
	是谁	shuí	shéi
	森林	sēn	shēn

二 韵母

境内方言39个韵母。其中，单韵母10个、复韵母13个、鼻韵母16个。方言与标准语韵母上有区别：如“气魄”，标准音为pò，当地方言为pài；“仙鹤”，标准音为hè，当地方言为háo；“打更”，标准音为gēng，当地方言为jīng。

方言与普通话韵母发音对照表

表 3-3-2

韵　母	字词例	标准音	地方音
a	氨气	ān	nān
	案件	àn	nàn
	熬粥	áo	náo
	艾叶	ài	nài

续表 3-3-2

韵　母	字词例	标准音	地方音
a	鹌鹑	ān	nān
	鞍马	ān	nān
	平安	ān	nān
	土埯	ǎn	nǎn
w	尾巴	wěi	yǐ
y	医生	yī	yì
	大约	yuē	yāo
	跃进	yuè	yào
	音乐	yuè	yào

三 音节

普通话一般是由声母、韵母和声调3部分构成。方言音节的结构类型与此完全相同。其4种基本式是：1. 元音（如a：啊）；2. 辅音＋元音（如ba：巴）；3. 元音＋辅音（如an：安）；4. 辅音＋元音＋辅音(如ban：班)。下面仅就开口呼、齐口呼、合口呼、撮口呼四种类型示以方言音节与普通话音节的细微区别。

开口呼音节：方言音节没有“o”韵母，凡普通话中“o”单独作韵母的一律用“e”代替。如普通话读为bo/po/mo/fo，方言一律读作be/pe/me/fe。其次，普通话中没有“len”音节，境域方言将“嫩”读作“len”(普通话读为nen)；普通话中没有“tei”音节，境域方言将“忒”读作“tei”（ 普通话读为te）。

齐齿呼音节：普通话声母m、n都能与韵母iou相拼，如miu谬、niu钮。方言没有miu音节，如将“谬（miu)”，读作niu。

合口呼音节：普通话合口呼零声母音节开头的音是圆唇音u，或直接发成圆唇的半元音[w]，方言则多将u或[w]发成唇齿音[v]。由于受东北方言影响，境域一些老年人z　c　s与zh　ch　sh不分或分得不清，或zh　ch　sh发音部位明显靠前，与z c s音相近。

撮口呼音节：普通话声母j　x与撮口呼韵母üe相拼，有jüe（觉）、xüe（学）；方言在声母j　x　与撮口呼韵母 üe相拼时却将 üe变为iao——如jiao觉（词：自觉、觉悟）、xiao学（词：学习、学校）。

第二节　词　　汇

一 天文 时间

老爷儿——太阳

五月节（五单五）——端午节

八月节——中秋节

年午更（jing）——除夕夜

头年——去年

今儿个——今日

明儿个——明日

后儿个——后天

昨儿个——昨天

夜儿个——昨天

前儿个——前天

晌午——中午

后晌——下午

擦儿黑——傍晚
傍黑天儿——黄昏
咋弄（闹）——怎么办
扫帚星 ——慧星
闷天——气压低
火烧云——晚霞
毛毛雨——零星小雨
风圈——日晕或月晕
连雨天——连阴雨
头年——去年
开春儿——年初
年根儿——年底
春上——春天
上秋——秋天
完场了——秋后
压根儿——从来、根本
多咱——什么时候
这会儿、这前儿——现在
立马——立刻
天斗——天气
漫阴天——多云
东拔哨——东方出现鱼肚白
犟杆子雨——暴雨
背阴——阳光照不到的地方

二 房屋 器具

吸铁石——磁铁
乌突水——温水
茅房、茅楼——厕所
暴土、塔灰——尘土
旮旯——角落
蛐蜒道儿——崎岖小道
灶洞——烟囱
打尖——旅途中间歇脚吃饭
根脚——房基
街边子——城乡接合部
当院——院子
园子——菜园
土拉咔、土坷垃——土块
石砬子——山崖
山头儿——山尖儿
河沿儿 ——河岸
走道儿——走路
障子——篱笆
外间儿——外屋
耳房——配房
柁——梁
焐炕——铺床
暖壶——暖水瓶
洋胰子——肥皂
香胰子——香皂
洋油——煤油
洋棒子——玻璃瓶
水筲——水桶
启灯——火柴
糨子——浆糊
手电棒——电筒
洋锅——铝锅
洋车子——自行车
手戳儿——图章
搌布——抹布
车轱辘——车轮
火柴——启灯
羹匙——汤匙

三 人际关系 行为动作 称谓

蛮人——不明事理的人
婶子——婶
大老粗——鲁莽人
闺女、丫头——女儿
厨子——厨师
姑爷——女婿
（老）娘们儿——妇女
（老）爷们儿——成年男人
出门子——出嫁
要饭花子、要饭的——乞丐
先生——医生
光棍儿——单身汉

走动——互相来往
随礼——送礼
怠慢——招待不周
别外道——别客气
敬酒、筛酒——斟酒
请动筷——请吃菜
掰了——关系破裂
不勒（Lēi）——不理
硌应——讨厌
犯憷（chù）——犯难
故意儿——故意
扣门、抠唆——吝啬
数搭（数落）——批评
嚓咕——说悄悄话
诈尸——乱闹
撒村——说脏话
掏登——寻找
胡作（zuō）——没事找事
个路——个性强
局气——大方、丈义
邪乎——说话过头
砸了——失败了
黄了——事没办成
太肉——太慢
哈喇儿 ——油脂变味
坷碜—不光彩、不好看
别家——不要这样
下三烂——下贱
急流赶蛋——急切、匆忙
揪不冷子——突然
撩人——讨人喜欢
新姐（满族称谓）——嫂子
央叽——乞求
撒癔症、迷糊——不清醒
喧和——有弹性
害事——碍事
寒碜——不好看、寒酸
坑坑包包——不平整

该——欠
归置——收拾
打呼噜——打鼾儿
不言语——不说话
约一约（yāo）——称一称
碰着——遇见
不豁亮——声音小
吭哧瘪肚——吞吞吐吐
乱腾——（摆放）不整齐
窝囊——（穿着）不整齐
没劲——没意思
不嘞——不搭理
甭用——不用
痞——时尚、前卫
牢捧、瓷实——坚固
成心、尽心——故意
喇虎——疏忽
吐鲁——失信
乌拉巴图——不明了
刀斥——讲究穿戴
起草儿——打草稿
睁眼瞎——不识字
识文断字——有文化
躺下——睡觉
小产——流产
坐月子——生孩子
咯应人——看到后很不舒服

四 人体 长相与情状

酒坑——酒窝
胳肢窝——腋
光不溜丢——赤身
大拇哥——大拇指
小拇哥——小拇指
脑袋瓜——头部
累的慌——疲劳
仰八脚睡——仰着睡
脑瓜儿门儿——额头
眼珠子——眼

脖梗子——脖子
脚丫儿——脚
妈儿妈儿——乳房
腮帮子——腮
罗锅儿——驼背
脖了盖儿——膝盖
咯扭眼子——斜视眼
豁唇儿——兔唇
搁下——放下
提溜着——拎着
结巴——口吃
惦记——挂念
摔跟头——摔跤
显摆——炫耀
唠嗑——聊天
嘘唤——喊
毛病——小动作
倒咕——翻腾
猴儿拉叭叽——淘气
跟前——附近
当间——中间
不坑声儿——不说话
孬——不好
暴土狼烟——空气污浊
磨蹭——慢
不透亮——不讲理
凑和——将就
各应——不喜欢
可不是——是
不直苗——不直
吵的慌——声音大
挨坑——受骗
王爷——霸道
独忾（独害）——性格怪、个别

五 病痛 死亡

不舒坦——有病
拉肚子、闹肚子、拉稀——泻肚
羊羔疯——癫痫
邪巴气儿——癔病
埋——土葬
疯子——精神病
发疟子——疟疾
袄应——呕吐

六 饮食及其用具

饽饽——馒头
干饭——米饭
咸盐——盐
齁人——太咸
大果子——油条
白果、鸡子儿——鸡蛋
棒子——玉米
棒子面——玉米面
荤油——猪油
地瓜——红薯
洋柿子——西红柿
土豆、山药蛋——马铃薯
疙瘩白——洋白菜
角瓜——西葫芦
小盔子——小盆
晌午饭——午饭
酒盅——酒杯
抽匣——抽屉
黑晌饭——晚饭

七 动植物

倒嚼——反刍
豚儿——母猪
缯儿、跑拦子——公猪
老骒子——老母猪
犍牛、尖子——公牛
乳牛——母牛
儿马子——公马
骒马——母马
叫驴——公驴
草驴——母驴
花大姐——瓢虫
刀螂——螳螂

蝎喽虎子——壁虎
长虫——蛇
耗子——老鼠
老鹞子——鹰
狭歹——狼
泥勒垢子——泥鳅
疥巴子——蟾蜍
老鸹——乌鸦
明明哇——蝉、知了
家雀、山麻雀——麻雀
起雀(qiào)——喜鹊
木匠子——茉莉
刺莓果——玫瑰
老焰转——向日葵

八 常用名词

差事——工作
岁数——年龄
模样——相貌
大道——公路
火车道——铁路
下学——放学
零蛋、大鸭蛋——零分

九 常用代词

自个儿、各个(gě)——自已
咋闹——怎么办
往们——我们
啥(há)——什么
咋着——怎样

第三节　语　　料

一 谚语

气象谚语

雪落高山霜打洼。
雹砸一条线，霜打一大片。
二八月不好过，早晚凉中午热。
先下牛毛没好雨，后下牛毛不晴天。
早晨下雨一天晴。
八月初一下一阵，旱到来年五月尽。
八月十五云遮月，正月十五雪打灯。
九九有雪，伏伏有雨。
清明刮走坟头土，庄稼佬儿白受苦。
腊七腊八冻死俩仨儿。
三月三苣荬菜钻天。
二八月乱穿衣。
饱带干粮热带衣。

农事谚语

旱耪田，涝浇园。
锄板子底下三寸雨。
家土换山土，一亩顶二亩。
粪倒八遍自来壮。
种地不上粪，等于瞎胡混。
见苗三分收。
谷耪八遍饿死狗。
早黍晚麦不回家。
头伏萝卜二伏菜，三伏到来种荞麦。
谷雨前后，栽瓜点豆。
立夏高粱小满谷。
过了芒种，不可强种。
头遍浅二遍深，三遍四遍莫伤根。
润月年，早种田。
白露早，寒露迟，秋分老根正当时。
有钱难买五月旱，六月连阴吃饱饭。
六月六看谷秀。
七月十五定旱涝，八月十五定收成。
处暑不出头，割倒喂老牛。
秋分见谷摞。
秋后有一伏。
九月九大撒手。

生活谚语

不当家不知柴米贵，不养儿不知父母恩。
桃养人，杏害人，李子树下下埋死人。
一日夫妻百日恩。
一个巴掌拍不响。
远亲不如近邻，近邻不如对门。
跳进黄河洗不清。

不到黄河不死心。
留得青山在，不愁没柴烧。
纸里包不住火，雪里埋不住死人。
好狗护三邻，好人护三村。
吃了人家的嘴短，拿了人家的手短。
师傅领进门，学习在个人。
巧媳妇难做无米炊。
吃不穷穿不穷，算计不到要受穷。
千里送鹅毛，礼轻情义重。
言多语失皆因酒，义断亲疏只为钱。
常将有时思无时，莫待无时思有时。
贼人胆虚。
没有不透风的墙。
先小人，后君子。
来病如山倒，去病如抽丝。
肥水不流外人田。
货到地头死。
虚心的人学一当十，自满的人学十当一。
不义之财不可取，不合之药不能吃。
在家千般好，出门事事难。
鬼抓信鬼的，水淹会水的。
黄泉路上没老少。
官不打送礼的，狗不咬拉屎的。
三星正南，就要过年。
打人不打脸，骂人不揭短。
不怕慢，就怕站。
心急吃不了热豆腐。
百闻不如一见。
家有千口，主事一人。
手巧不如家伙妙。
这山望着那山高。
冬吃萝卜夏吃姜，不用医生开药方。
狗嘴里吐不出象牙。
不图三分利不起早五更。
清官难断家务事。
钟不敲不响，话不说不明。
当事者迷，旁观者清。
铁打的衙门流水的官。
人无头不走，鸟无头不飞。
一遭被蛇咬，十年怕井绳。
三里不同俗，十里不同风。
慢工出巧匠。
出头的椽子先烂。
火烧眉毛顾眼前。
赚小便宜吃大亏。
打狗看主人。
上梁不正下梁歪。
没做亏心事，不怕鬼叫门。
脚正不怕鞋歪。

二 歇后语

老虎屁股——摸不得
耗子啃皮球——嗑（客）气
聋子耳朵——摆设
灶王爷发火——砸锅了
卤水点豆腐——一物降一物
锈花针掉井——捞（劳）不起
麻袋片绣花——底子太差
老太太吃柿子——嘬（做）瘪子了
麻袋片做道袍——不是那块料
老太太上鸡窝——奔（笨）蛋
隔着门缝瞧人——把人看扁了。
芥菜英熬豆腐——有盐（言）在先
判官的肚子——鬼心肠
坐飞机吹喇叭——响（想）的高
骑毛驴看唱本——走着瞧
蝎子屎——毒（独）一份
秃头上的虱子——明摆着
狗长犄角——羊（洋）相
鼻子插葱——装相（象）
丈二和尚——摸不着头脑
做梦娶媳妇——净想好事
俩豁唇打架——谁也甭说谁
瞎子锄地——乱耪（嗙）
案板上的肉——任人宰割
马尾毛穿豆腐——没法提
瞎子卖布——胡扯

铁公鸡——一毛不拔
窗户上的纸——一桶就破
线杆子上挂暖壶——高水瓶（平）
大姑娘上轿——头一回
砂锅捣蒜——一杵子买卖
刀尖上翻跟头——玩命
老鸹（乌鸦）落在猪身上——光看见别人黑，看不见自己黑
扔了西瓜捡芝麻——因小失大
茅坑的石头——又臭又硬
烧火棍打驴——一去半截
高射炮打蚊子——大材小用
耗子拖木锨——大头在后边呢
狗撵鸭子——呱呱叫
屎克螂搬家——滚蛋
关公面前耍大刀——自不量力
竹篮打水——一场空
和尚打伞——无法无天
羹匙扤丸子——一勺一个
脚底抹油——溜了
衙役上堂——禀（饼）
要饭花子看戏——穷开心
麻秸杆打狼——两头害怕
打破砂锅——纹（问）到底
十五只吊桶打水——七上八下
熊瞎子照镜子——里外不是人
小葱拌豆腐——一清二白
吃瓜籽嗑出个臭虫—什么仁（人）都有
茶壶煮饺子——有口倒（道）不出
戴草帽亲嘴——差远了
瞎子点灯——白费蜡（白费劲）
屎克螂掉粥锅——假充大芸豆
拽着胡子过河——牵（谦）须（虚）过渡（度）
猫哭耗子——假慈悲
滦平县的官司——乌鲁巴图
头顶长疮脚底流脓——坏透了
肚子里行船——内行（háng）
高压锅炖鸭子——肉烂嘴不烂
张飞吃豆芽——小菜儿一碟
碌子砸碌碡——石（实）打石（实）
粘糕掉灰堆——吹（捶）不得，打不得
辘轳把打鸭子——正对鹅脖
小孩扬土——不玩了
外甥打灯笼——照舅（旧）
老母猪钻杖子——进退两难
泥菩萨过河——自身难保
黄瓜菜——凉了
大水冲了龙王庙——自家人不认自家人
武大郎卖豆腐——人熊货也囊
猫咬尿脬——白欢喜
九毛加一毛——十（时）毛（髦）
哑巴吃饺子——心中有数
推推车捡搭腰——有袢（盼）了
哑巴吃黄连——有苦难言
上坟烧报纸——糊弄鬼儿
耗子钻风匣——两头受气
屎克螂戴花——臭美
六指挠痒痒——多了一手
烧鸡蛋崩瞎眼——看不出火色
罗锅子上山——前（钱）紧
灶王爷翻跟头——离板了
嘴巴子抹石灰——白吃
凉锅贴饼子——蔫溜了

三　俚语

说嘴打嘴（指食言了）
逗闷子（开玩笑）
看人下菜碟（不同人不同对待）
被烫了（上当了）
看不出火色（看不出局面、形势）
你有病啊（指头脑不开窍）
五迷三道（指做事莽撞、没分寸）
指定不成（预料事难办成）
酷！（指行事、言谈等特别尖，领先）
废物点心（很窝囊）
窝囊踹（即“窝囊废”，指能力极低）
捞干的说（指少说废话）

顶烟上（顶着风头上。冒险行事）

盖（帽）了（达到了某物某人某事的最好、最高水准）

神精病（疑神疑鬼）

二混子（不务正业）

半膘子（又称“二百五”，指做事鲁莽的人）

会来事儿（特指在官场善迎合上司、受赏识等）

下海（指辞去原公职经商办企业或自谋职业等人的行为）

喝了水、呛了水（指“下海”后走得坎坷、不顺当）

第四节　满族语言的影响

清王朝建立后，满语作为当时的“国语”曾进行推广,满文被称为“国书”。清宣统元年(1909年)，滦河设有驻防小学，称为官学，专收八旗子弟，课程设有满文。满语对域内方言的影响至今存在。

一 口语

萨其玛———一种糕点

邋遢——不干净 不利索

哈喇——指油或食品味道变坏

估摸——想 思忖

嘎哈——干什么

哈喇子——口水

东拔哨儿——天要亮了

硌硬——使反感

侧（zhāi）歪——斜靠 歪 斜

敞开儿——尽量 任意 随意

颠儿了——跑了

压步——散步 走

温得乎儿——温热 微热

藏猫儿——捉迷藏

乌拉八秃——指温度不够热

嘎啦——羊、猪拐骨，用于游戏

胂勒盖儿——膝盖

嘞嘞——谈论 唠家常

二 词汇

劳什子——令人讨厌、厌烦、操心

下处——住所

不服手——不顺手

趴嚓趴嚓——形容声音

饽饽——糕点或蒸制的食品

磨蹭——缓慢

咋呼——原意为“泼妇”现意为不沉稳，喜欢大呼小叫

打点——办理

消停——从容 安静

描补描补——弥补

埋汰——脏

第四编　基础设施　环保

清代、民国期间，域内几乎无基础设施。20世纪50年代，基础设施建设从驻区大中型企业开始起步。1980年建区后，公用、环境设施建设逐步有所改善。1995年，承德市总体规划开始把双滦区纳入中心城市区进行总体设计。2004年，双滦区制定分区规划，“山、水、绿、文、城”为规划设计理念，区委、政府提出经济强区、旅游旺区、建设兴区、环境优区的目标。至2005年，街区主干道路基本实现“一环、四横、三纵”的总体结构；城市供排水、供电、供气、供热设施和功用日趋完善；公共交通、教育、卫生、广播电视、邮政、电信、金融、保险、商贸、餐饮、宾馆、娱乐健身、家政服务等社会事业跟进发展；房产开发、交通运输、环境绿化等各项事业有了长足进步。

近代，工业发展形成的废气、废水、废渣无节制的大量排放、人口骤增、农药与化肥大量的使用，对生态环境造成很大影响。20世纪90年代以后，国家重视环境保护工作，采取了一些有效的治理措施，环境质量有了一定的改善。

第一章　城乡规划与建设

清代、民国期间，城区建设属自然发展状态。新中国成立后至双滦建区前，城乡建设工作统一归市政府和相关局委办管理。1980年建区后，城乡建设工作主要由上级单位指导和协管。1995年承德市制定总体规划，双滦的功能定位为城市工业区。2004年，双滦制定分区规划。2005年，双滦城区建设以“拓城、造市、增绿、添景”为总体思路，城市建设发生了质的飞跃。“一环、三纵、五横”的道路网络框架形成；供水、供电、供热、供气、交通邮电、住宅建设、城市绿化和环境及公用设施日趋完善。城区面积从4平方公里扩大到9平方公里，城市化水平提高到62.5%。

第一节　城区规划

一 规划范围

1995年8月，根据《承德市城市总体规划(修改)》，双滦区城市规划面积的界定由1991年的37.5平方公里修改为248平方公里，城市建设用地为16.93平方公里。

2004年规划的范围为：东起广仁岭隧道，西到西地乡西山，南自双塔山镇、滦河镇南侧山地，北至双塔山镇北侧山地并向西延伸至宫后村北。

二 功能定位

1995年，按照承德市总体规划，双滦区为中心城市区。双滦的功能定位为：以滦河镇的钢铁、电力工业和双塔山镇的机械、纺织工业为主体的工业区。在双滦建成各公司和企业联合兴建的工业产品和生产资料经营、展销中心。

2004 年，双滦区城市功能定义为："以滦河镇的钢铁、电力工业和双塔山镇的机械、纺织工业为主体的工业区，并以此为基础，尽快发展成为城市工业中心，带动全市的经济发展。"功能定位为：以居住、工业、休闲娱乐为主要功能的承德中心城区的西部组团。

三 用地布局规划

1995 年双滦区规划公共设施用地：以牤牛河与滦河汇合口为区中心，向西发展形成全市工业中心的窗口。滦河镇老镇区规划为步行商业街，镇北部安排物资市场、购物中心并与体育设施场地相邻。另一处体育设施场地规划在双塔山镇三岔口。双塔山镇大龙庙北坡为教育科研用地。滦河、双塔山镇划为城区。偏桥子乡的河谷平地为主要农副产品基地，重点扶植蔬菜生产。规划新建团瓢、东园子居住小区。

2004 年根据现状用地特点、自然环境特征和设计理念，规划采用"一核、两翼、五轴、八片"结构形式。牤牛河与滦河汇合口处作为双滦区的核心区，起到串联各片区及功能分区，承担组织公共活动空间，引导人流等功能。"两翼"，即规划双塔山与滦河两大片区。双塔山片区以旅游服务为主，作为承德市的附属旅游区；滦河片区以工业生产为主，作为承德市的工业区。"五轴"，即规划两条产业轴与三条生态轴。北部公共服务设施发展轴：滦广路——滦河大街，由三岔口、双塔山大街、滦河大街三段组成；南部工业产业发展轴：自西地——白庙子，以承钢、滦电两大工业企业为支柱。蓝色生态轴：由牤牛河滦河构成，作为蓝色生态景观轴；绿色生态轴：由规划区南、北两侧的山地公园和坡地绿化构成，作为两条绿色生态景观轴。"八片"，即规划八片功能区。核心区：作为全区的政治、经济、文化中心；东、西平台功能区：规划作为双塔山西部的居住区；双塔山——团瓢功能区：规划作为双塔山的商业服务中心；矿机厂——白庙子功能区：规划作为双塔山的南部工业区；下店子——大三岔口功能区：规划作为双塔山的东部居住区；承钢功能区：规划作为市级工业区；滦河——东园子功能区：规划作为滦河的商业服务中心和居住区；滦电功能区：规划作为市级工业区。

四 道路交通规划

2004 年对外交通规划采用"一环、七放射"的总体构架。一环：由西、北环城高速公路组成，作为城市外围的快速交通干道。七放射：由滦广路、双狮路（战备路）、双偏路、112 国道烧锅段、承赤西线、112 国道西地段、元宝山至闫营子快速路组成。主干路网采用"一环、四横、三纵"的总体结构。一环，指围绕核心区，连接东西两翼的城市主干道；四横，指连接东西城区的四条城市主干道：东园子路、滦河北路、滦河南路、应滦路；三纵，指纵贯城区南、北的三条城市主干道：应丝路、滦广路、铁路北路。

五 市政基础设施规划

1995 年城区专业工程规划：规划采用双塔山镇、滦河镇分区供水方式。开发滦河水源地，建设应营子 3 万吨／日配水厂、西平台 10 万吨／日配水厂。扩大滦电、承钢自供水能力。在双塔山镇白庙子建 10 万吨／日污水处理厂，扩建滦河发电厂，发电量增加到 50 万千瓦。规划增加 700 万平方米供热面积，作为丝绸厂以西及滦河镇的生产生活热源。规划筹建承钢焦化厂，城区管道煤气以此为气源。市话通信建设滦河模块局，市话交换设备增容到 8 万门。规划双滦区人均绿地面积 10 平方米，滦河两岸客运干线要留出 20 ～ 50 米绿带，双塔山公园要做重点绿化景观设计。加强工业"三废"治理，承钢、滦电等用水大户的工业废水要自行处理，重复利用。滦河城区河段按百年一遇防洪标准设防。

2004 年市政基础设施规划：给水工程规划通过人均综合指标法校核，双滦区总需水量为每天9.1万立方米。规划给水网采用环网，供水主环与道路主环一致。污水工程规划在白庙子建城市污水处理厂一座，远期规模每天15立方米。雨水工程规划中雨水量按《承德市承德总体规划(修改)》确定的暴雨强度公式计算，规划雨水尽可能靠重力流排放。电力工程规划要求电源提供的负荷容量至少应为23.6万千瓦。规划10千伏配变网根据地块负荷值及其分布组成不同，采用环网。电信工程规划 设邮政局一座，支局两座；设电信局1座，模块局两座。双滦燃气气源规划由承钢焦化厂供给。区内用户约5500户，日供气量5000立方米，设调压站5座。热源规划由滦河电厂供给，采用分片供热的方式，供热干管通过小区换热站交换为90℃ /70℃热水进行供热。供热管道采用直埋敷设，平面布置采用环状与枝状结合的方式。滦河在规划区段的防洪标准按百年一遇防洪标准设防；牤牛河、承钢旱河、元宝山旱河的防洪标准按50年一遇防洪标准设防。规划城市消防站3座。其中，在双塔山西侧新建消防站1座，扩建原有三岔口和承钢消防站。

1992年双滦区建设用地平衡概览表

表4-1-1　　人口现状：4.6万人　　人口规划：16万人

名称		现状			规划		
用地代码	用地名称	面积（公顷）	占城市建设用地比例（%）	人均用地（平方米/人）	面积公顷	占城市建设用地比例（%）	人均用地（平方米/人）
R	居住用地	15.7	23.8	34.1	323	19.1	20.2
C	公共设施用地	43	6.5	9.3	197	11.6	12.3
I	工业用地	309	46.9	67.2	625	36.9	39.1
W	仓储用地	57	8.6	12.4	89	5.2	5.6
T	对外交通用地	63	9.5	13.7	36	2.1	2.3
S	道路广场用地	21	3.2	4.5	191	11.3	11.9
U	市政设施用地	4	0.6	1	67	4.0	4.2
G	绿地	4	0.6	1	152	9.0	9.5
	其中公共绿地				120	7.1	7.5
P	特殊用地	2	0.3	2.8	13	0.8	0.8
合计	城市建设用地	660	100	143.5	1693	100	105.9

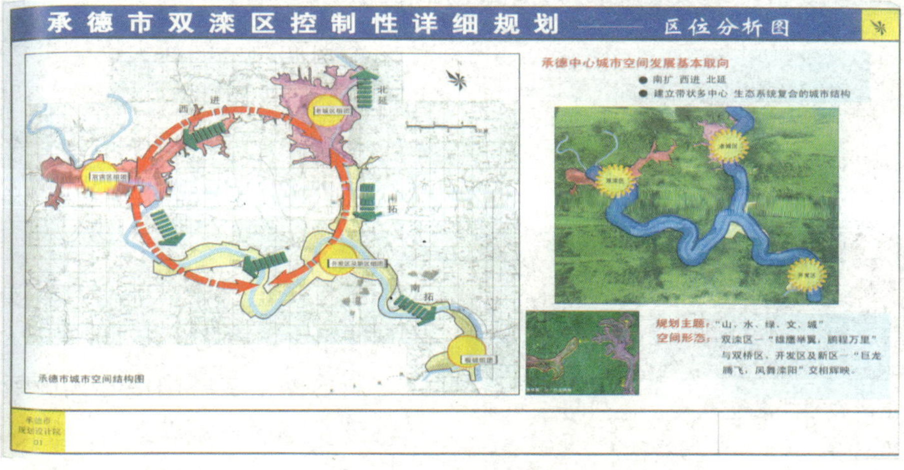

2004年双滦区规划图

第二节　市政建设

一　街区道路

双塔山街区　双塔山中心大街：双塔山镇东西向的主街之一，在原京承公路（101线）基础上形成。东起丝绸厂大桥与滦广公路交汇口，西至诚信环岛，路宽21.5米，双向4车道，全长3.7公里。

应丝路（摄影　田隽）

相隔六十年的双塔山街区概貌，上图摄于1942年，下图摄于2002年。（区档案馆提供）

滨河大街：平行于中心大街南侧，2003年建成。东起双塔山大街与滦广公路分岔口，经实验中学、腾飞中专、区政府，西至应营子101国道诚信环岛。宽12米，全长4.2公里。

建设大街：平行于滨河大道、牤牛河北侧的东西向大街，2004年建成。东起实验中学大桥与祥和路交汇口，西至交警三大队门前。宽7米，全长900米。

北园大街：选矿路北，平行于铁路北侧，呈东西走向，长600米在原有便道上建成。

平台大街：在原京承公路基砚上建成，东起双塔山，诚信环岛经东平台村、西平台村、大龙庙村至滦河大桥路段，全长3公里。

元宝山大街：在原京承公路基础上建成，西起丝绸厂桥，东至三岔口环岛，路宽12.5米，全长3.9公里。

滦江路：开放环岛至诚信环岛路段，2004年，建成全长500米。

矿机路：滨河大街与偏桥路交汇口处至矿机厂区路段，全长600米。20世纪60年代，矿机建厂时形成的道路。2005年扩建。

汇通中路：滨河大街矿机路交汇口至双塔山中心大街法院路段，在原有道路基础上改造建成命名。全长310余米。

汇通北路：双塔山中心大街汇通路路段至选矿早市，在原有道路上改建而成并命名。全长200米。

汇通南路：滨河大街矿机厂路口至原啤酒厂路段，原双偏公路一部分，全长800余米。

茶棚路：双塔山中心大街农行路口至滨河大街过水桥，在原有道路建成并命名，全长200米。

选矿路：双塔山中心大街选矿道口至选矿家属区路段，南北全长350米。

新园路：双塔山中心大街新新家园到新园桥路段，2003年建成命名，全长180余米。

团瓢路：双塔山中心大街团瓢处到滨河大街

团瓢桥段，在原有道路改建，2005 年命名，南北全长 150 米。

祥通路：双塔山中心大街到建设大街林水局路段，2003 年建成，2005 年命名，全长约 150 米。

祥和路：双塔山大街到建设街广电局对过大桥，2003 年建成，2005 年命名，全长约 150 米。

吉祥胡同：双滦区计生局所在的胡同，北起双塔山中心大街，南至滨河大街，全长 200 米。

粮油胡同：双塔山中心大街天龙酒家西侧过选矿路至孟家沟，在原有道路上改建，全长 250 米。

滦河街区　滦河街区道路，基本上沿袭清、民国时期的老城区框架。主要街道是南北向一条大街与两条横街相交，形成大小十字街。大十字街东西向，西起穹览寺，东至财神庙，东西长约 500 米，宽 7 ~ 9 米；南北街，南起旱河沿清真寺桥头，北至滦河北门，南北长 300 米，宽 5 ~ 7 米；小十字街（后街），大十字街北 100 米处，西起穹览寺，东至电厂路，东西长 500 米，宽 4 ~ 6 米。

滦河大街：位于滦河镇老城区北侧。从滦河大桥至承钢果山小区路段，东西向街路宽 12 米，全长 1.1 公里，系原京承公路干线，2005 年命名。

喀喇河屯观光路：是在原国道京承公路基础上改建的一条街道，西起滦平县西地乡环岛，东至双塔山开放环岛，全长 7.8 公里。2005 年命名。西段宽 14 米，东段宽 16 米。

滦河北街：滦河北门往南至大十字路段，全长 210 米。

滦河西街：大十字路口往西至承德第四中学路交汇口，全长 800 米。

滦河南街：大十字路口往南至旱河桥路段，全长 180 米。

滦河东街：大十字路口往东与滦电路交汇口，全长 200 米。

滦河后街：滦河镇医院右侧小十字街东西走向的路段，全长 160 米。

市场路：滦河大桥东南经滦河精神病院路段，至电厂路全长 1500 米，2005 年命名。

滦电路：滦河北门外向东南经东园子村至滦河电厂路段，全长 2 公里，2005 年命名。

滦顺路：滦河大街原十二号楼向北路段，全长 120 米，2005 年命名。

红旗营子路：滦河大街超市发向西红旗旅馆道口向南路段，全长 150 米，2005 年命名。

四中路：滦河大街承钢上坡处经四中至承钢外环单行道，2005 年命名。

旱河沿北路：滦河下坡二轻桥往西沿旱河北岸至西南营村口小桥路段，2005 年命名。

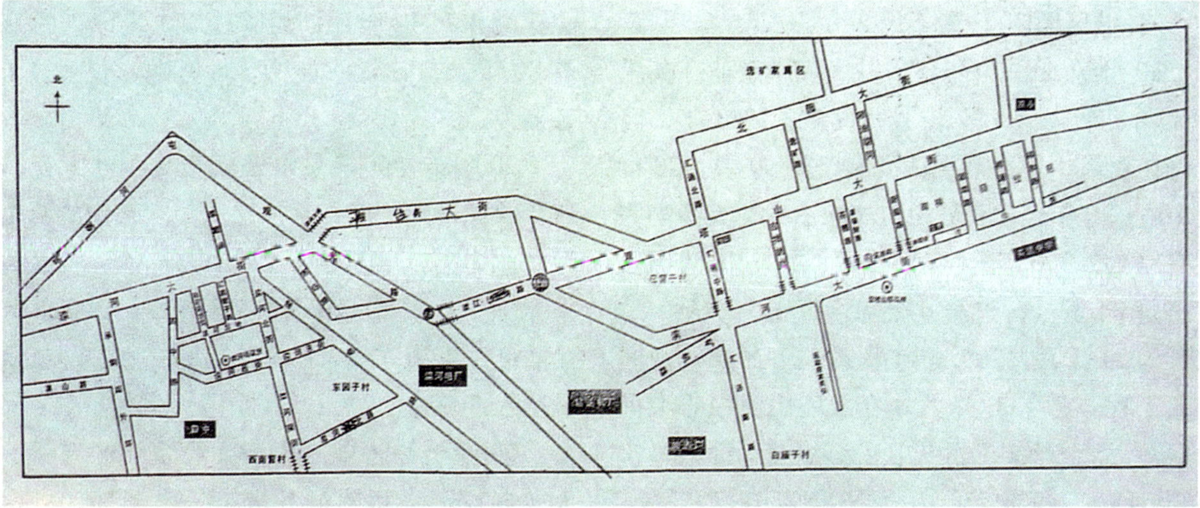

双滦区街区道路名称示意图

二 排污设施

新中国成立前，城区无市政排水设施。雨水、生活污水靠重力自然排放。20 世纪 50 年代后，大中型企业自建排污设施，处理生活污水和工业废水。

2005 年，区政府实施牤牛河排水、排污综合治理工程。工程设计在牤牛河两岸修建防洪大堤，河底埋设大口径污水管，让牤牛河沿岸工业污水和生活污水分头入管，导入污水处理厂，经过处理注入滦河。污水管上面用原河泥填实，河槽的“U”形面上铺设混凝土防渗层，让原河水通过人工改造过的河槽流入河口，注入滦河。沿河两岸修建人行道、栽种花木、种植绿地。2005 年建成防洪坝 7120 延长米，铺设管道 4000 米，工程计划两年内完成。

污水处理厂（摄影 田隽）

三 城区照明

20 世纪 50—70 年代，驻区大中企业在其生产区和生活区内均安装照明设施。1982 年，区政府在双塔山镇中心大街安装路灯 39 盏。20 世纪 80 ~ 90 年代，双塔山、滦河镇主要大街均安装有路灯。2003 年，双塔山镇滨河大街南侧安装路灯 84 盏（含灯箱 67 个），每盏 250 瓦，总电量为 21 千瓦。2005 年，区政府开始实施城区亮化工程。当年 1—3 月，在双塔山镇中心大街（诚信环岛至丝绸厂桥头）安装路灯 165 盏（含灯箱 64 个），每盏 250 瓦，总电量为 41.25 千瓦；4 月，在双塔山镇滨河大街路北侧安装路灯 84 盏，每盏 250 瓦，总电量 21 千瓦；5 月，在双塔山镇的双偏公路、砖厂老街、中通路、新新家园路和滦河镇的滦河大街共安装路灯 83 盏，总电量 22.1 千瓦；8 月，在双塔山镇建设大街安装路灯 40 盏，每盏 30 瓦，总电量 1.2 千瓦；11 月，在滦河新桥至诚信环岛路段安装路灯 40 盏，每盏 250 瓦，总电量为 10 千瓦；在一些小街巷安装路灯 27 盏。2005 年底，城区各主要街区共安装路灯 532 盏，总电量为 119.61 千瓦。

四 城区供水

水井 新中国成立前，域内无统一供水设施，手工作坊和居民生活用水均使用自备水井。20 世纪 50—70 年代，驻区各企业自建供水设施，功能比较完善。选矿厂等一些大企业还面向社会提供自来水，方便城镇居民。其它居民仍使用自备水井。

1994 年 12 月至 1995 年 1 月，双滦区自来水公司投资 128.6 万元，在应营子村西南打水井 5 眼。井径 0.5 米、井深 14 米，单井、单泵。井室为封闭式钢筋混凝土结构。铺设 DN 输水管道 1650 米，地上建泵站 1 座，安装配电柜 3 台、操作柜 5 台、琴式操作柜 1 台。单井涌水量为每小时 101.57 ~ 256.58 立方米，总出水量每日 2.4 万立方米。1995 年，双滦区开始完善供水设施，累计投入资金 2388.63 万元，打井 14 眼，安装配套潜水泵 14 台，铺设管径 0.1 米以上输水管道 80 千米，日供水能力 2.6 万吨，供水人口 7 万余人。

2004 年，区自来水公司投资 100 万元，改造原承德市啤酒厂和承德输送集团公司的两个水源井作为第二水源地。修建泵房两座，安装离心式水泵 3 台，铺设 DN315PE 管网 1200 米，架设高低压电缆 620 米。改建后的二水源地日供水量达 1.5 万吨。

2005 年，区自来水公司投资 268 万元，在大龙庙滦河大桥附近开辟第三水源地。打水井 7 眼，井孔直径 1.2 米，井管内径 0.5 米，井

自来水公司总控室（区档案馆提供）

深 12 ～ 14 米。井群之间连接 DN400、200 管道 616 米、建截门井 1 个、井室 7 个，铺设电缆 2000 米，滦河岸建配电楼 1 座，配电室安装主电源控制柜 4 组，单机井控制柜 7 台，琴式操作台 1 个，变压器 1 个。第三水源地建成投产后，单井涌水量为每小时 150 立方米，日产水量接近 2 万立方米。区自来水公司水厂建有加氯间、清水池、吸水井、二级泵房、高低压配电室、办公楼及附属建筑物。清水池总容积为 2000 立方米；泵房为半地下式，面积 121.5 平方米，安装离心式水泵 4 台；水厂配电室 475.2 平方米，设变压室、低压配电室，安装变压器 1 台；吸水井为半地下式矩形，分两格布置水泵吸水管 4 个，净深 4.9 米；加氯间 81 平方米，安装二氧化氯发生器 1 台；建有容量为 500 立方米高位水池 1 座，铺设高位水池双管道 600 米。2005 年，区内自来水供水覆盖面达到人口总量的 76%，日供水量突破 2.8 万吨，基本满足城镇居民生活用水需要。

水质检测　双滦区自来水公司 3 个水源地均系傍河孔隙、潜水含水层。含水层岩性为沙砾石、卵砾石，水位埋藏浅、水量丰富、容易开采。承德市卫生防疫站和承德市产品质量监督检验所检验，除细菌学指标外，化学指标、毒理学指标均在生活饮用水标准范围内。区疫病预防控制中心也对自来水公司水源地水质作定期检查化验；承德市水资源管理办公室以“承德市主要供水水源地水资源质量状况旬报”的形式，每半月做水质监测。2002 年，公司建立化验室、购置化验设备，每天对水质的细菌含量、大肠杆菌含量、浑浊度、游离余氯含量等 4 项指标按国家标准做严格检测，以确保居民饮用水安全。

水费　2003 年 6 月经承德市物价局批准区自来水水费收费标准为：居民生活用水 1.5 元／立方米；行政事业用水 2.6 元／立方米；工商企业用水 5 元／立方米；特殊行业用水 10 元／立方米。

2004 年 1 月 1 日起，新开工建设及开工未交付使用的住宅供水实行“一户一表，计量出户”和计量升级，改造原有住宅纳入自来水公司供水管网的旧管网，也实施水表出户。

至 2005 年底，公司水费收缴及水费稽查人员 26 人，主要负责区内居民用户、个体商户和行政事业单位的水费收缴工作，采取 2 人一组分片包户的收费办法，每组负责 1000 余户。收费员每天对所辖用户进行抄表收费，做到账卡一致，当天收费、当天存款，月底结账报表。

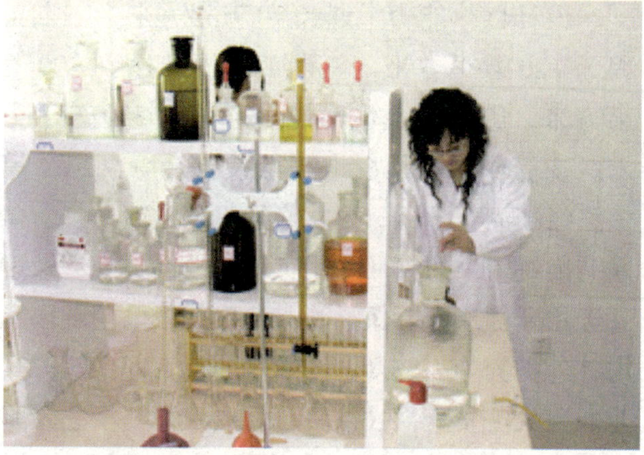

自来水公司化验室（区档案局提供）

五　城区供热

20 世纪 50 年代前，城内无公共供热设施。机关、居民和商铺冬季取暖设备主要用火炕和碳火盆。20 世纪 50—70 年代，驻区企业生产和生活取暖全部为锅炉小片集中供暖，其他居民冬季取暖主要是煤炉、碳火盆。20 世纪 80—90 年代，区内机关单位及家属楼冬季取暖全部使用燃煤锅炉小片集中供暖，并由气暖逐步改为水暖。城区平房区的居民，取暖仍使用煤炉或土暖气；乡村居民取暖大多采用煤炉、土暖气、火盆。

2003年6月18日，河北省第一家民营供热企业承德市双滦区兴业热力有限公司成立。双滦区政府与其签订《关于承德市双滦区集中供热工程协议书》。双方议定：由兴业热力有限公司投资人民币约8000万元进行集中供热管网的建设；区政府负责协调原有锅炉房作为供热的分配站，负责制定区内的供热入网费的收取标准等。兴业热力有限公司与滦河发电厂签定为期8年的《供、用热合同》。合同规定滦河发电厂在供热期内全天24小时连续运行供热，兴业热力有限公司则每月向滦河发电厂缴纳热费和税费。区集中供热工程由承德市热力工程有限公司负责设计，热源采用滦河发电厂发电机组低温热水，通过管网传输向全区供暖。管网最大供热能力可达到350万平方米。2003年8月16日，区集中供热工程全线开工。工程涉及2个镇、10个村、8家施工单位1200多人。

设计供热能力一期为70万平方米，二期工程为120万平方米，三期工程设计达到200万平方米，管网最大供热能力可达到350万平方米。主管网从滦河发电厂敷设出后分两路：第一路经滦河至承钢，第二路经双塔山镇至三岔口区交换站。供热管网采用直埋式敷设，直埋敷设管选用聚氨酯预制保温管，接口部分采用现场发泡，外护套为高密度聚乙烯。一期工程供暖方式为低温大流量直供式供暖。供热工程铺设主管路14千米，分支管路18.5千米。2003年11月16日，供热管网正式运行，供热面积40多万平方米。加入供热管网的企事业单位130余家，住宅3100户。居民住宅按建筑面积每平方米年收取取暖费16元，商业用房按建筑面积每平方米年收取取暖费19元。新入网户入网每平方米75元；原有锅炉房改为供热分配站的用户，入网费按每平方米25元交纳。

2004年，集中供热工程管网设施实行技术改造，完成改造管路一次网2.8千米，二次网新敷设管路9千米，新增供热面积20万平方米。改造后，入网单位及商户600余家、居民住宅4300户。2004年9月15日，区集中供热工程通过承德市工程质量监督站的竣工验收和承德市技术监督局特种设备检验所的压力管道验收，取得“压力管道合格证”。

2005年，二期工程新敷设及改造管路11千米，共敷设热管网总长57.2千米（一次管网26.4千米，二次管网31千米），新建换热站16座。换热站全部采用国内先进的电脑监控调节系统，各换热站的压力、温度、流量及数据等全部实现自动采集和故障自动报警，并由监控中心调度室统一调节温度，各换热站的水泵电机采用先进的节电变频技术进行自动控制，实现无人看守，节约了运行成本。总供热面积增至105万平方米，加入集中供热管网的单位及经商户共790家，居民住宅7800户。

六 供气设施

焦化煤气 1992年，国家计划委员会批准承德焦化煤气工程立项，总投资为9.4亿元人民币，其中利用亚洲开发银行（简称亚行）贷款5500万美元。建设规模为年产干焦炭59.1万吨、日产焦炉煤气72.9万立方米，以及焦油、粗苯、硫磺等化工产品。主要建设项目包括：45孔JN43—80型焦炉2座及相应配套的备煤系统、煤气净化系统、污水处理系统和煤气输配系统。同年11月，亚行董事会批准承德焦化煤气工程项目贷款申请，承德市焦化煤气股份有限公司成立。

1994年6—10月，中国人民银行与承德市政府在北京签署亚行贷款转贷协议；煤气公司与承德市政府签定再转贷协议；国家计委以计外资(1994)1330号文，批准项目利用外资方案。1995年5月至1996年，承德市焦化煤气股份有限公司分设气源厂生产筹备处和输配工程指挥部，经河北省人民政府股份制领导小组办公室批准，煤气公司重新注册为承德焦化煤气股份有限公司（简称焦化公司），坐落在承钢主厂区南面，占地45万平方米。

1997年7月1日至1998年，焦化工程进入实质性施工试生产阶段。1998年8月7日，2号焦炉烘炉点火一次成功；12月10日，掺混站系统投产，实现工业用户外网供气。 1999年10月，两座焦炉月产焦炭4.85万吨，达到设计水平；民用加压站投产送气，焦化煤气工程全面投产，民用煤气走进千家万户。2002年12月31日，承德焦化煤气股份公司改为焦化厂。至2005年底，煤气总用户14652户，其中民用户14619户。

2005年，焦化厂固定资产原值93223.3万元，固定资产净值56956.12万元。主要设备有JN43−80II型焦炉2座，以及储运、煤气净化、煤气输配、污水处理、综合料场、物料运输线5条，大型堆取3台，混匀机械2台和卸车线3条，解冻库2座。

承德石油液化气站 位于滦河承德钢铁公司主厂区南山脚下，始建于1980年，占地面积1.05万平方米。1999年，液化气站共有50立方米卧式储罐2个、100立方米卧式储罐1个、5吨的运输槽车1台、10吨的2台，储气能力为80吨，供应10000余用户，年供气900吨。1999年10月，承钢焦化厂投产后，液化气站于2002年撤销。

承德市丝绸厂液化气站 位于丝绸家属区南侧山脚下，建于1989年，占地面积3086平方米。主要设备有：容水量70立方米水池1个、灭火拴2个、灭火器8个、储气罐4个（总容量90立方米）、载重量1吨的运罐车2台，年供气700余吨。

承德建超燃气有限公司（原承德矿山机械厂）液化气站 建于1980年，位于矿机氧气厂东北侧的山根处。占地面积1533平方米，年供气600余吨。主要设备有：气罐6个，其中10立方米的3个、20立方米的2个、25立方米1个。消防设置有：消防栓2个、灭火器14个。

第三节 公园 广场 雕塑

一 双塔山森林公园

双塔山森林公园 位于双塔山镇滨河大街南侧。1993年，经省林业厅和市政府批准立项建设“双塔山森林公园”。1997年3月，由金厂沟林场、磁县太行盆景厂和双塔山镇团瓢村3家联合开发建设。公园中心景区占地面积约600亩，森林覆盖率为75%。先后开发自然景观10余处，新建人文景观14处。现有自然景观和人文景观36处。配套设施有简易公路300米、停车场3000平方米、观光索道1条及办公室、宾馆、公共厕所等设施。

二 鸟语林自然风景区

鸟语林景区位于双塔山镇城区滨河大街南侧，西侧与双塔山森林公园毗邻。2001年3月，鸟语林有限责任公司成立，投入开发。先后建成百鸟长廊、鸟网、人工湖、双龙寺、狩猎场和蒙古包旅馆等设施。景区开发面积约700余亩，其中有林面积约400亩。园中建有动物珍禽观赏园区10处，引进观赏动物500头（只），各类鸟类1.8万只。配套设施建有停车场、中心广场、观赏步道等。2004年底，因自然灾害等诸多因素，景区倒闭。

民族文化广场（摄影 田隽）

三 民族文化广场

民族文化广场位于双塔山森林公园东北侧，是一处集娱乐、健身、集会、休闲于一体的活动场所。2002年5月，由区政府投资修建，同

文化主题公园（摄影 侯静）

诚信雕塑（摄影 田隽）

年9月竣工并投入使用，总投资800万元，占地33000平方米。广场中心区花岗岩地面12000平方米，南侧舞台1000平方米。广场四周建有华表6根、云柱5根、牡丹柱4根，中央建有直径30米的大型音乐喷泉。喷泉安装射灯4盏，彩灯60盏，舞台和绿地灯近300盏。广场西侧铺植草坪17200平方米，栽植乔木、灌木近100株，草坪中间有人行小径；东侧铺植草坪4000平方米，其间有健身路径1条，安置健身器械30余件。

四 广仁岭文化公园雕塑

广仁岭文化公园雕塑位于广仁岭隧道西侧文化公园内。2005年，由区政府投资39万元建成，以传承文明为主题。主体雕塑为书册形，高8.8米，用不锈钢制作而成。正面书册分别是《老子》《庄子》《论语》《史记》和《资治通鉴》；背面是刻有荀子《劝学篇》部分片段的竹简；底部为10×10米的书案。书册形雕塑前有一组老子、孔子、孟子等构成的石雕像。整个雕塑群与周边山体相协调，前有迎客松，后有古亭，充分体现了古代文明和现代文明的结合。

五 诚信环岛雕塑

诚信环岛雕塑位于双塔山中心大街和滨河大街东侧的交汇处。2005年，由区政府投资88万元建成，环岛以“诚信”鼎为标志性建筑。“诚信”鼎雕塑基座14×14×5.8米，“诚信”鼎高20.8米；鼎为四足、方形，不锈钢构建，鼎的四面皆塑有棕红色“诚信”字样；鼎的底部刻有《诚信雕塑记》及有关诚信的名言。体现双滦区坚持诚信为本、以诚信谋发展、做诚信人的道德操守。

六 开放环岛雕塑

开放环岛位于新滦河大桥南侧京承高速公路入口与喀喇河屯观光路交汇处。2005年，由区政府投资92万元建成。环岛中心雕塑以开放为主题。雕塑高18.8米，外围直径20米。雕塑造型是三扇敞开大门，象征着双滦区改革开放的决心和信心永不改变。

开放环岛（摄影 王乃民）

第四节　绿化美化

一 城区绿化

1949年至20世纪90年代前，双滦境域的绿化工作以机关单位为主，属“归口建设，自然发展”状态。1990年，双塔山中心大街南侧承德市第三中学校门外建有绿地700平方米。栽植桧柏、丁香和榆叶梅50余株，并种植了爬山虎和草坪。1997年，区建设局设立城镇绿化办公室，

街心公园（摄影　田隽）

负责城区绿化工作。2001—2002年，双塔山中心大街改造后建有绿地5000平方米，并栽植行道树五角枫100余株。民族文化广场，东侧铺植绿地约3600平方米，西侧铺植绿地约17200平方米，并栽植有云杉、银杏和五角枫等树木。2005年，在双塔山滨河大街与中心大街、滦河镇喀喇河屯观光路，栽植国槐、垂柳、桧柏、油松、五角枫、云杉、白桦等乔木和丁香、红叶等灌木，新增绿地5万平方米。全区公共绿地面积为8万平方米，栽植乔木、灌木56400株。

二 城区美化

1949年至20世纪70年代，双滦城区美化未开展。20世纪80年代，“五讲四美三热爱”活动开始后，城区开始注重美化工作。各单位消灭卫生死角，门前、院落植树种花美化环境；城区道路清扫保洁，日清扫垃圾40余吨，粪便10

文化主题公园（摄影　侯静）

余吨；主要街区两侧种植观赏性树木（乔木）；规范治理街区广告牌匾，城区环境大大改善。进入21世纪以后，双滦城区美化随着城区建设发展有了新的变化。至2005年，区内相继完成滨河路牤牛河治理工程、城区景观绿化带、城区主题雕塑、文化广场、居民小区美化及夜明灯光亮化工程，提升了城区品味。

第五节　环境卫生

一 发展概况

清代、民国时期，域内人口较少，无现代工业，产生垃圾较少。生活垃圾大多采用就地填埋、雨水重力冲刷，人畜粪便作为肥料处理。

新中国成立后，大中企业产生的工业垃圾及生活垃圾，企业负责处理。街区保洁工作由各人民公社及街道居委会安排专人清扫，处理垃圾。1983年，双滦区设立环境卫生管理处（简称环卫处），隶属双滦建设局，负责环境保洁工作。2005年6月，双滦区城市管理局成立（简称城管局），环卫处划归城管局。至2005年底，双滦区建成区面积8平方公里，市政道路38万平方米，实际清扫保洁面积为12.5万平方米。

二 环卫设施

至2005年，双滦区内建垃圾填埋处理场2个。双塔山镇上白庙东沟垃圾填埋场距双塔山镇城区7.8公里；滦河镇马家沟垃圾填埋场距滦河镇城区4.5公里。城区设公共垃圾投放点33处；街区摆放垃圾桶24个；建公厕13个。

环卫处有粪便、垃圾清运车辆3台，微型面包车1台，处理生活垃圾约13万吨。

三 街区保洁

1983年始，双滦区环卫处有正式职工7人，雇用清扫工34人，负责区内街道保洁工作。2005年，城区面积逐渐扩大，环卫处清扫人员增加至200余人。2005年，居民小区保洁工作实行企业化运作。欣盛物业公司，负责滦河镇喀喇河屯小区；康达物业公司，负责承钢家属区；宏兴物业公司，负责滦河镇铸造小区；创佳物业公司，负责双塔山镇卓越家园小区；美园物业公司，负责滦河医药公司综合楼；翠兴物业公司，负责双塔山御祥园小区；兴达物业公司，负责滦河镇双兴小区。

第六节　小城镇建设

双滦区的大庙镇和偏桥子镇是新中国建立后，由大村落逐渐发展形成的小城镇。在区域方位中一北一南。1984年后，两个镇由人民公社改为乡政府。1986年12月，大庙乡改制为大庙镇；1994年9月，偏桥子乡改制为偏桥子镇。

一 大庙镇

民国22至34年（1933—1945年），日本侵略者开采大庙铁矿，大庙村形成一条东西走向的街区。新中国建立后，1959年，大庙街区相继修建大庙铁矿办公楼、矿工食堂、矿工单身宿舍楼、职工住宅楼及职工子弟学校、职工医院等机构设施，形成东西向长约1000米的中心大街。大庙人民公社以及改为乡镇后，乡镇（公社）机关，邮政、电信、金融机构等部门和商贸粮食部门等相继建于中心大街两侧。城镇的供水、供电、供热（除平房外）、卫生等设施完备，是典型的工业型小城镇。

1998年大庙国有铁矿停采后，职工及家属相继迁离大庙镇。2005年，大庙镇民营工矿企业达到41家。公共环境设施基本沿用原有大庙铁矿陈旧设施。

二 偏桥子镇

偏桥子镇是个农业型乡镇，城街是在自然村的基础上发展起来的，多为农业人口。1958年，人民公社成立后，偏桥子村是公社的所在地。由于地域偏僻，20世纪80年代，偏桥子乡仅有政府机关、供销社、农村信用社、卫生院、学校等为数不多的单位，公共、环境设施发展很慢。1989年，京承旅游公路（京沈北线）建成通车。以京承旅游公路偏桥子村路段形成一条东西走向中心大街，长约1000米。政府机关、工商企业、学校、医院、金融、邮政等单位建于中心大街北侧，开始有了楼房建筑。2004年始，结合文明生态村建设，共硬化街道路面、建村级公路1900延长米；安装路灯150盏；栽植花木、灌木13700株；铺设通户红砖路12500延长米；镇政府前泥土地广场硬化改建为5000平方米的多功能广场。

第七节　住宅建设

1949年前，域内房地产业，多为私有房产，且集中掌握在官僚买办、地主豪绅手中。农民自住房屋结构简单、设施简陋，多为茅草土坯建筑。20世纪50年代以后，域内大中型工业企业自建职工家属住房。房产管理部门负责公房的管理和维修。改革开放之后，放宽房屋建设限制。出现单位投资、职工集资、私人建房等房地产建设形式。

1994年开始，双滦开始实施住房商品化改革，职工福利分房政策退出历史舞台。

一 住房制度改革

1992年4月，承德市双滦区住房制度改革领导小组办公室（简称区房改办）成立。负责全区的住房制度改革方案制定与实施，规范全区经济适用房和集资合作建房的建设与管理，加强公有住房的出售以及住房公积金的收取。由于处于

2005年双滦区局部景观（摄影　田隽）

新旧住房制度交替的过渡期，一些国有大中型企业仍在分配公房。1995年，区房改办根据《承德市深化城镇住房制度改革实施办法》，拟定公有住房出售给所在单位职工家庭的具体规定：按建筑面积出售标准价每平方米为424元，负担价年折扣率为2%，年工龄折扣额为每平方米2.52元。1996年，区房改办对区内公有住房出售价进行调整，规定按成本价出售，即按建筑面积每平方米核定为650元。1998年，市房改办出台《承德市深化城镇住房制度改革加快住房建设实施方案》，规定房改成本价确定为每平方米建筑面积800元，一次付款折扣由20%降至15%。1995—2005年，区房改办先后对区内20多个单位房改户在等级评定及公房出售方面作调查总结。全区房改总户数共12624户，全部发放了产权证。

1995—2005年双滦区房改情况统计表

表4-1-2

年　份	房改单位	户　数
1995	输送机集团	318
	滦河电厂	214
1996	滦河电厂	299
	三岔口油库	65
1997	市建一公司	106
	区卫生局	21
	三岔口家属院	21
	输送机集团	21
	三中家属院	59
	区财政局	24
	区政府	80
1997	农林局	24
	四中	22
	区国税局	33
	滦河电厂	286
	区建设局	27
	区公安局	37
	滦河镇	4
	双塔山镇	4
	黄麻总厂	588
1999	丝绸厂	577
2002	承钢集团	190
2003	承钢集团	440
2004	承钢集团	2919
2005	承钢集团	4904
1995—2005	各类散户	1338

二 城区拆迁改造

按照双滦区分区规划，1997—2005 年，双滦结合城区扩建，开始了旧城拆迁改造。拆迁改造项目包括城中村改造、道路拓宽改造、城市住宅开发等。

1997—2005 年双滦区旧房拆迁情况统计表

表 4—1—3

年　份	拆迁地点	拆迁面积（平方米）	备　注
1997	滦河铸造厂、建筑队	900	
1999	双塔山电厂二家属院	5000	
2000	双塔山大街改造	4417	
2001	双塔山大街改造（北侧）	2000	
	区自来水公司墙外区政府平房	1066	27户
	滨河路建设	4000	
	滦河原百货商店及平房	1700	
2002	滦河原精神病医院、运管站及平房	2360	
	滦河北门以西、101国道两侧	5500	
	滦河医药药材公司	2200	
	区政府南门	989	29户
	滦河村办公室及大车店	700	
	双塔山原市造纸厂家属院	2500	
2003	双塔山北街商住楼	3320	25户
	团瓢村城中村改造	17000	住宅：175户单位：3个
	滦河大街两侧拓宽改造	8310	50户
2004	112线拆迁		
2005	区政府西侧	4850	
总计		66812	

三 房产开发项目

自 1999 年始，双滦开始大规模商品房和经济适用房开发建设。相继建有荣信小区、宝龙小区、毓秀小区、卓越小区、新新家园、金色家园、山水文苑、御祥园、元宝山生态园、本特顺达公寓等居民小区。2005 年共开发商品住房 82.8 万平方米、经济适用房 27300 平方米。

山水文苑小区（摄影 田隽）

1999—2005年双滦区住宅开发建设概览表

表4-1-4

年 份	房地产开发公司	地　点	建筑面积（平方米）	备 注
1999	宝龙房地产开发公司	原燃料公司	10000	经济适用房
2000	宝龙房地产开发公司	双塔山电厂二家属院	17300	经济适用房
2001	唐山广厦集团公司	毓秀花园	12000	商品房
2002	繁荣房地产开发公司	繁荣大厦综合楼	16000	商品房
	荣信房地产开发公司	荣信小区	1100	商品房
	宝龙公司	宝龙商贸楼	3000	商品房
	宝龙公司	银城商贸楼	12000	商品房
	繁荣房地产开发公司	繁荣酱油厂改造	4000	商品房
	新新房地产	新新家园	33000	商品房
	新新房地产	双塔山宾馆	3000	商品房
2003	新新房地产	双塔山前商贸楼	2000	商品房
	承德市繁荣房地产公司	双塔山繁荣商贸街	6000	商品房
	承德市繁荣房地产公司	双塔山镇底商综合楼	7000	商品房
	荣信房地产开发公司	双塔山荣信商城	10000	商品房
	荣信房地产开发公司	滦河荣信商城	13400	商品房
	滦平巨龙公司	滦河铸造厂综合楼	5000	商品房
	滦平巨龙公司	承钢路北40号楼、39号楼	16600	商品房
	滦平巨龙公司	双大7号楼	4900	商品房
	滦平巨龙公司	滦河喀喇河屯小区1—7号楼	42000	商品房
	翠兴房地产开发公司	御祥园小区	180000	商品房
	滦平巨龙房地产开发公司	樱桃园小区	13000	商品房
	宝龙房地产开发公司	宝龙工行综合楼	11000	商品房
2004	新新房地产开发公司	承钢下营子小区	70000	商品房
	兴业公司	双兴小区	70000	商品房
	超华房地产开发公司	馨安小区	18000	商品房
	繁荣房地产开发公司	卓越小区	16000	商品房
	石家庄浩林房地产开发公司	金色家园	4000	商品房
	双滦溢丰房地产开发公司	山水文苑	65000	商品房
	荣信房地产开发公司	荣信花园小区	33000	商品房
	繁荣公司	繁荣高层小区	22000	商品房
2005	河北置业集团	元宝山生态园林小区	100000	商品房
	宝龙房地产开发公司	本特顺达综合楼	8000	商品房

2002—2005年双滦区商品房交易量情况统计表

表4-1-5

年份	房产用处	新建商品房交易			存量房交易		
		成交套数（套）	成交面积（万平方米）	成交金额（万元）	成交套数（套）	成交面积（万平方米）	成交金额（万元）
2002	合计	295	4.12	2380.11	41	8.37	169.73
	住宅	282	2.97	2180.39	36	0.25	149.65
	商业	13	1.15	199.72	4	0.01	15.5
	其他	—	—	—	1	8.11	4.58
2003	合计	849	6.467	5425.22	50	23.439	3653.1
	住宅	837	6.273	5146.29	42	0.291	197.96
	商业	12	0.194	278.93	6	0.082	121.95
	办公	0	0	0	1	0.06	3200
	其他	0	0	0	1	23.009	133.25
2004	合计	242	3.06	3592.06	127	2.11	1044
	住宅	242	2.33	2164.15	127	0.87	518.85
	商业	—	0.05	1376.61	—	0.43	274.17
	办公	—	0.68	51.30	—	0.12	70
	其他	0	0	0	—	0.69	180.98
2005	合计	919	10.89	13822.53	228	7.48	1802.98
	住宅	919	9.37	10427.89	228	1.25	918.98
	商业	—	1.52	3394.64	—	0.78	209.15
	工业仓库	0	0	0	—	5.05	585
	办公	0	0	0	—	0.22	67.79
	其他	0	0	0	—	0.18	21.52

四　开发机构

宝龙公司　宝龙公司成立于1999年3月，经营范围为房地产开发、物业管理、房屋租赁、业务咨询等。企业资质等级为四级，注册资本为2000万元。公司现有各类专业技术人员14人，其中，中级以上职称7人，初级职称7人。1999—2005年，公司开发经济适用房和商品房61300平方米。

新新公司　成立于1999年8月，经营范围为房地产开发、钢材、水泥等建筑材料销售。企业资质等级为四级，注册资本800万元。其中，承钢集团80万元，占10%；12名职工自然人股本720万元，占90%。现有在岗职工14人。1999—2005年，开发经济适用房和商品房26万平方米。

繁荣公司　成立于2001年，2004年改名为繁荣建筑集团公司。经营范围为房地产开发，集团公司资质为建筑三级。现有在岗职工52人。

其中，工程师8人，技术员24人，项目经理20人。2001—2005年，开发商品房71000平方米。

溢丰公司 成立于2005年8月，经营范围为房地产开发、经营、销售。该公司注册资本560万元。公司现有各类专业技术人员25人，其中，中级以上技术职称11人。2005年，投资6200万元开发建设山水文苑小区商品房6500平方米。

其他公司 2000年开始，双滦区招商引资，一些境域外房地产开发公司先后进入双滦区进行房地产开发。主要有唐山广厦集团公司、承德市荣信房地产开发有限公司、滦平巨龙房地产开发有限公司、承德翠兴房地产开发有限公司、秦皇岛超华房地产开发有限公司、河北置业集团公司等。2001—2005年，域外公司在双滦区开发建设商品房总面积达53万平方米。

五 房地产管理

1992年，双滦区房地产交易管理所与双滦区房屋产权产籍监理所相继成立，房地产交易管理所负责区内的房地产市场的管理，指导和组织房地产交易活动并办理房地产交易登记、签证及权属转移手续。同时负责审查房地产开发企业申办“商品房预售许可证”资格，审验、申报物业管理企业资质等。房屋产权产籍管理所负责审核确认房地产产权归属关系，根据权利人的申请，办理本辖区范围内总登记初始登记、变更登记、他项权利登记和注销登记，受托核发房屋所有权证书；并负责本辖区范围内各类房屋的新测和修测，绘制房屋地产平面图，计算房屋面积等。

1992—2002年，双滦区共办理初始登记567宗，转移登记1557宗，抵押登记254宗，房改房登记4996宗。2003年，办理初始登记41宗，转移登记569宗，抵押登记131宗，房改房登记2433宗。2004年，办理初始登记35宗，转移登记1879宗，抵押登记236宗.2005年，办理初始登记34宗，转移登记1502宗，抵押登记398宗。

第二章　水　利

清代、民国时期，域内喀喇河屯设有水利设施建设管理机构。新中国成立后，由于生产发展和财力所限，在相当长的时期里水利设施建设成效不大。20世纪90年代中期至2005年，政府对城乡水、土、田、林、路进行初步治理。滦河与牤牛河流域开展综合治理，加强人畜饮水工程建设，开展水土保持和京津风沙源治理工作，取得一定的成效。

第一节　农田水利设施

一 灌溉井

新中国建立前，境域只有少量灌溉用水井。20世纪50—60年代，农田灌溉以普通的大眼井为主。提水工具除辘轳、绷杆和水车外，还配有少量柴油机做动力的水泵等。20世纪60年代后期以机械为动力或以电为动力作提水工具的村庄开始增多，农田灌溉开始使用机井。改革开放后，区内各村菜地、大棚温室普遍使用灌溉机井，原有旧井仍在利用中。1981—2000年，全区共投入资金431.46万元，新打灌溉机井170眼，维修旧井80眼，机井配套300眼。2005年，全区共有配套灌溉机井931眼。

二 塘坝 管道

新中国建立后，按照水利建设“以蓄为主”的方针，各公社组织各生产大队开展塘坝建设。1973—1974年，先后修建小型塘坝4座，总蓄水容量为16.8万立方米。1981—2000年，埋设地下输水管道7万米，疏浚河道7000米，新建水池、水窖15个。至2005年，建有水池、水窖50个，护村护地坝4.1万米，小塘坝4座。

1971—1975年双滦境域部分年份小塘坝建设工程统计表

表4-2-1

乡 镇	所在村	建成时间	总库（立方米）	坝 型	坝 高（米）	坝顶长度（米）	总投资（万元）
双塔山公社	松树沟	1971年	52000	粘土心墙	11.4	66	15
双塔山公社	大元宝山四海沟	1972年	52000	粘土心墙	14	89	18
大庙公社	小三岔口南沟	1973年	10000	浆砌石	9	45	6
偏桥子公社	偏桥子村	1975年	54000	堆石坝	17	75	20

三 汲水灌溉工程

1958—1960年，境域的4个公社相继修建一些小型农田水利工程，水土流失治理面积较1958年前提高1.2倍。20世纪60年代中后期，电力灌溉得到发展。双塔山公社元宝山村建成高扬程抽水站1座，近百亩梯田种上了蔬菜；双塔山公社东平台、中营子、团瓢村和偏桥子公社大贵口等村修建扬水上山配套工程4处；偏桥子公社小贵口村修建40型单级水轮泵站1处，灌溉面积达60亩。20世纪70年代，各公社以农民出义务工的方式，先后在大龙庙、白庙子、老沟门、三家、大贵口等村修建稻田沟头坝5处；偏桥子公社长北沟至前营子村、双塔山公社大三岔口村、滦河公社宫后村先后建成环山渠3条，总长为9000米，主要用于农作物灌溉。1981—2000年，区内新建扬水站点8处，修防渗渠2000米。至2005年，水利工程建有扬水点16处，地下输水管道7万米，渠道防渗4.5万米；有自流引水11处，稻田沟头坝5处，进出水闸5座，有效控制水浇地7730亩，节水灌溉面积5250亩。

第二节 防洪工程

一 牤牛河防洪工程

清、民国时期，牤牛河两岸没有任何防洪工程。新中国建立后，牤牛河两岸部分地段修建了防洪堤坝。其中，绝大部分都是农民自发修建的，防洪标准很低。堤坝多为土石堆砌，高低不平，宽窄不一，再加之年久失修，河道淤积严重，行洪能力严重不足。2000年，区林业水务局详细勘察了牤牛河的堤岸现状，制定整修方案，建

老沟门村农业项目（摄影　田隽）

牤牛河治理工程建设场景（区档案馆提供）

成 20 年一遇的浆砌石防洪坝。工程东起原丝绸厂公路桥，西至应营子曲线大桥，全长 7，240 延长米，共投入资金 900 万元。

2005 年，除 70 米坝体因输电线路影响未完工外，其余坝体均已全部完工。

二 滦河防洪工程

清、民国时期，滦河防洪工程主要是土石堤防。新中国建立后至 20 世纪 60 年代，当地政府对滦河沿岸旧堤防进行了维修加固。1951 年，原热河省人民政府批准并拨原粮 3.12 万公斤，由当地政府组织修建、加固滦河镇等 5 处防洪堤坝。1959 年 4 月，承德市农林局在大贵口、小贵口村等地段的滦河北岸修顺坝 600 米、丁字坝 10 座。1962—1964 年，政府修建老沟门至三家干砌石顺坝、偏桥子干砌石顺坝和达连坑铁丝石笼丁坝；加高老沟门至三家村 700 米长顺坝，并新修堤坝 126 米。1966 年，承德市农林局先后投资 6000 元，将大贵口原有顺坝加长 300 米，又在西平台新修防洪坝 600 米。20 世纪 60 年代以后，滦河水量逐渐减少。1970 年以后，地方政府在滦河靠近城区的部位陆续加固、修补部分防洪堤坝。2005 年，滦河防洪工程维持原有现状。

2005 年滦河拦蓄水工程钢板坝（区档案馆提供）

三 滦河拦蓄水工程

2005 年，在新双滦大桥与滦平县西地乡东山头稻田闸门间，建钢板坝一道。坝址选在大桥下游 400 米处，水坝长度 600 米。同年 7 月开工建设，11 月完成立板蓄水，共投资 150 余万元。

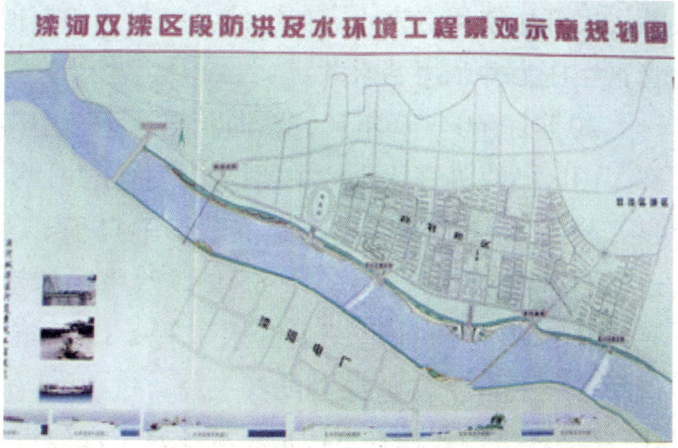

滦河防洪及水环境工程规划图（区档案馆提供）

工程全部完工后新双滦大桥南北数百米河段将形成人工湖，拦蓄水 9.5 万立方米，对改善生态环境，为滦河两岸农田灌溉提供水源，也给人们休闲娱乐提供一个好去处。

第三节　饮水工程

一 城镇饮水工程

新中国建立前，域内城镇大部分水井为公用井，分布在居民点，由用水户集资修建。水井多为小口石井，直径为 1 ~ 2 米左右，井深 5 ~ 10 米。水井大多用石块和砖砌成圆形井壁，提水工具多为辘轳，或用绳子、扁担提水。20 世纪 50 年代中后期，驻地大中型企业在工业建设中开始打机井，用柴油机或电机带动水泵取水，同时开始建设企业内部的自来水供水系统。城镇居民，开始使用铁管真空压力井取水，原始水井逐渐被淘汰。20 世纪 60 年代后，铁管真空压力井在城镇居民中逐渐普及。20 世纪 70—80 年代后，滦河镇、双塔山镇及大庙乡城街、开始用上自来水，90 年代后扩展到城郊的部分居民。2005 年，区内自来水能力可以满足城镇居民生活需要。

二 农村人畜饮水工程

新中国建立前，农村人畜饮水使用原始水井。20 世纪 70 年代后，农村开始使用铁管真空压力井。20 世纪 80 年代后，靠近城镇、大企业的居民开始使用自来水。偏远的农村取水仍用铁管真空压力井和原始水井。

20世纪60—70年代，域内北部地区及中南部深山区解决人畜饮水的主要措施是打浅井、引泉、建扬水点。1984年，偏桥子镇羊泉子、达连坑村建设了饮水工程；1985年，双塔山镇小元宝山、大龙庙村建设了饮水工程；1986年，偏桥子镇长北沟实施深井配套工程。进入90年代,区域各镇每年都有不同规模的饮水工程建设。1999年，全区共投入资金 47.94万元，完成人畜饮水解困工程15处，解决0.88万人及相关牲畜的饮水困难。

2000年，国家开始实施农村饮水解困工程。双滦区被列为农村饮水解困重点治理区，得到国家的支持。2001年，投资9.64万元，建设人畜饮水解困工程1处，解决双塔山镇大元宝山村153户605人饮水困难;2002年,投资42.61万元,建设人畜饮水解困工程2处,解决大庙镇上碾子、双塔山镇下店子2个村，417户，1410人和80头大牲畜的饮水困难;2003年，投资73.79万元,建设人畜饮水解困工程4处，解决大庙镇凤凰嘴村和上碾子老爷庙、双塔山镇大三岔口、偏桥子镇长北沟等4个村696户，共2587人及130头大牲畜的饮水困难；2004年，投资69.94万元,建人畜饮水解困工程2处，解决双塔山镇大元宝山、棋盘地二道沟2个村771户，2700人和130头大牲畜饮水困难；2005年，投资45.80万元,建人畜饮水解困工程2处，解决双塔山镇厂沟、偏桥子镇羊泉子等2个村460户，1700人及40头大牲畜的饮水困难。

至2005年，全区共投资241.78万元，先后解决了11个村，2497户，9000人及400头大牲畜的饮水困难。

第四节　水土保持

一 水土流失状况

民国时期由于战争和日本侵略者的经济掠夺，植被遭到一定毁坏。新中国建立之初，由于对环保重视不够，过度砍伐、放牧、垦荒，森林面积日趋减少，水土流失现象较严重。1985年《承德市区水利区划》记载：双滦区荒山面积为18.64亩，占全区山场面积的60.6%，占全市荒山面积的46%。区域内土壤侵蚀量为798吨/平方公里·年。长期的水土流失，酿成地力下降，成为缺磷少氮区，同时也减少蓄水工程的容量和使用寿命。

二 水土流失治理

民国时期，水土流失治理仅限修整田地，栽植树木，修筑小块零星坝台和坝堰等，治理作用成效不大。

新中国建立之初，政府重视农业生产，重开山造田，水土流失仍有所发展。治理措施采取植树造林、治河修坝、闸沟造田、修建梯田、堆垫涝田和沙田治理等。20世纪50年代初，通过银行发放贷款，滦河沿岸村庄修筑一些小型堤坝、依靠互助合作力量开展修梯田、闸山沟、改造涝洼地等各项治理。1953年，遵照原热河省人民政府指示，各村庄开展以打井、修谷坊及土壤改良为主要内容的工程建设。1957年，当地各农业合作社于冬春农闲时节开展水土保持综合治理活动。1958—1960年,是水利建设“大跃进”的三年，各公社掀起修建塘坝（小水库）、挖鱼鳞坑和修梯田的农田基本建设高潮，不同程度改善了区域内的水土流失状况。20世纪60年代，响应中央“农业学大寨”号召，各公社开始修建大寨式水平梯田和治河挡坝工程。1967年以后，为贯彻河北省山区农田建设会议关于“山水田一齐治，林梯坝水有机结合，全面控制山区水土流失”的精神，再次掀起农田基本建设高潮。双塔山公社、滦河公社大片水稻田、河边台地蔬菜园、近河坡地旱田作物，经过农田基本建设，水土流失得到有效控制。

1980年，双滦区水土流失治理工作的重点转入以小流域为单元的综合治理，按流域、山、坡、沟进行规划。1980—1990年，共投资2．5万元，完成小流域治理面积5000亩。1991—2000年，共投资22万元，先后在偏桥子镇偏桥子、长北沟和大贵口3个村，双塔山镇松树沟村完成小流域治理11平方公里，完成水土保持综合治理面积25平方公里。山区植被逐年在恢复中。

三 治理工程

2001年，国家开始实施风沙源治理工程。双塔山镇小元宝山村被列为京津风沙源治理项目区。工程根据流域内的自然、地理等要素条件，以治理水土流失、防沙治沙为中心，科学合理地配置各种治理措施，因害设防。治理方法采取工程措施与生物措施相结合，山、水、林、田、路综合治理；坡、沟、川同时治理。在土、肥、水资源丰富的区域大力营造经济林种，并实行科学种植和管理。发展节水灌溉和蓄水灌溉工程，具体工程布设为“先上游后下游，先山上后山下，先支沟后干沟”的治理模式，根据地形条件、坡度、土质和土层厚度，或布设鱼鳞坑，或修建谷坊坝、防洪坝，或修建水平梯田及植树造林等。至2005年，双滦区共有偏桥子、双塔山、滦河等3个镇12个行政村，先后被列为国家重点水土保持防治区和国家重点防沙治沙区。期间，国家共投资875万元，地方投工投劳折款361．6万元，完成流域治理面积27平方公里，整修高标准水平梯田2839亩，鱼鳞坑整地22802亩，栽植乔木林11172亩，灌木林10058亩，经济林597亩，果树1736亩，种草栽刺槐3423亩，封禁治理完成10786亩；修护村护地坝3500米，谷坊坝182道，完成水源工程59处，打机井15眼；修节水灌溉工程276处，建蓄水池31座，埋设地下管道5.93万米，新增节水灌溉面积10558亩。以上工程共用工26．89万个，动用大型机械台班645个，动土石方113.265万立方米。

第五节　水务管理

一 管理机构

清代，水利管理由滦平县衙署户房执掌。

民国早期，域内的水利事物由滦平县公署第二科负责，具体事宜交农林会和农会办理。民国18年（1929年），滦平县建设局第二股负责水利工作。民国35年（1946年），水利事务由滦平县政府实业科负责。民国38年（1949年）2月，滦平县人民政府设农林科负责水利工作。

1949年10月至1980年9月，域内曾先后隶属于滦平县和承德市，没有独立的水利管理机构。

1980年9月双滦建区后，区农林局也随之成立，时有工作人员11名，内设综合股、水利站、林业站、畜牧站和农业站。1998年3月，区农林局分设为区农业畜牧局和区林业水务局。林业水务局（简称“林水局”）负责全区水务管理工作。局内时有工作人员18名。下设林业站、水利站、综合办公室。2002年6月，林水局内设机构有办公室、财务股、档案室、水政水资源股和水保股。2003年7月，林水局设有林业站、水利站、办公室、财务股、档案室、水政水资源股和水保股7个股室，有工作人员17人。2005年，机构设置无变化，工作人员增至25人。

二 工程管理

双滦区大部分水利工程属村集体管理，每项工程完成验收合格后，区林水局同所在地的村委会签订《工程交付使用书》，将管理权和使用权一并移交村委会，再由村委会安排专人负责管护。

个人承包水利工程多为小流域治理和修建扬水站点、节水灌溉等配套水利工程及设施。工程主要集中在偏桥子镇三家村和双塔山镇东、西平台村两个治理区。由区林水局依法监管、督察，工程所在地政府负责维护。

2000 年，区政府共投资 900 万元，修建 7240 米的城镇防洪坝工程。2005 年工程尚未竣工。

第三章　电　力

民国 31 年（1942 年）日伪政权建双头山电厂，为掠夺矿产资源提供电力。民国 38 年（1949 年）8 月域内解放后，政府建设双塔山发电厂并恢复双滦至承德市供电设施。1960—2000 年，双塔山变电站先后多次进行设备更新改造。2001 年，在双塔山镇松树沟村新建 35 千瓦变电站 1 座，以满足境域用电需求。至 2005 年，滦河发电厂 7 台机组并网运行，总容量为 33.7 万千瓦；供电 10 千瓦馈线 14 条，完成城乡电网改造，供电能力得到改善。

第一节　发　电

一 火力发电

域内火力发电最早是双塔山发电厂，前身称“双头山发电所”，厂址位于双塔山镇，占地 59261 平方米。其中：工业生产占地 38904 平方米。

民国 22 年（1933 年），域内被日军占领。为掠夺域内铁矿资源，伪满洲电气株式会社投资，于民国 30 年（1941 年）6 月，在双塔山镇建起一座火力发电厂——双头山发电所。民国 31 年（1942 年）6 月，2 台 1500 千瓦汽轮发电机组安装完毕，开始发电。双头山发电所除供大庙铁矿和双头山选矿厂外，同时向承德市区送电。发电厂设备全系日本产品，除 2 台 1500 千瓦的汽轮发电机组外，还安装了大阪汽车制造工厂田熊式 12 吨／小时低温低压锅炉 4 台。民国 34 年（1945 年）11 月，冀察热辽八路军办事处派人正式接管双头山发电所。民国 35 年（1946 年）8 月 28 日，中共政权奉命向西转移，电厂发电机组被炸毁。

民国 37 年（1948 年）11 月，域内解放。次年 1 月，承德市电业局成立。双头山发电所开始恢复电厂，时有职工 52 人。民国 38 年（1949 年）7 月 1 日，750 千瓦机组安装完毕并发电成功。1953 年 5 月，发电所更名为双塔山发电厂。1953 年，先后安装 1250 千瓦发电机组 2 台。同年，北京电业管理局投资 114.6 万元，安装 2500 千瓦美国奇异汽轮发电机组 1 台，1958 年 2 月，发电运行。至此，电厂综合电力达 4250 千瓦。1958 年 12 月，双塔山 110 千伏变电站建成。双塔山电厂分别于 1959 年 12 月 17 日和 1960 年 3 月 14 日与京、津、唐电网并网运行。1960 年 8 月，双塔山发电厂营业所与电厂分立，营业所改称承德市供电所，直辖于承德市电力工业局。1970 年，双塔山发电厂辖于承德市机械公司。1979 年 4 月 1 日，由于煤耗高、发电成本大，双塔山发电厂停产关闭。

二 发电工程扩建

承德市双滦区最大的发电厂，滦河发电厂坐落在双滦区滦河镇东园子村南部。自 1958 年建厂至 2005 年，先后经历五期工程扩建。

一期工程 1958 年 7 月，中共承德市委确定

1971 年滦河发电厂（摄影　季增）

电厂厂址在滦河镇东园子村南。1958 年 9 月，北京电力设计院负责设计。1960 年 9 月 30 日，1 号发电机组并网成功。10 月 1 日一机一炉简易投产，11 月 8 日移交生产。同年，北京电管局决定滦河电厂停产，设备封存保养。

1963 年 6 月 7 日，国家水电部要求在 1965 年完成对滦河发电厂的设计复审。华北电力设计院于 1963 年 7—8 月到滦河发电厂进行复查，建议滦河电厂容量按 9.9 万千瓦考虑；机组为 2×31-12 型和 1×31-25 型汽轮机；1×130 吨/时和 1×120 吨/时锅炉。1963 年 11 月 27 日，水电部批复滦河电厂恢复扩建。土建工程由承德市建筑一公司施工，安装工程由北京电力建设公司施工；同时，对 1 号炉、1 号汽轮发电机组进行恢复性大修，并对 1 号炉加以改进，于 1964 年 8 月完工。1965 年 11 月 22 日，2 号机组经过 72 小时满负荷试运行后，进行移交，正式投入运行。同年 12 月 30 日，1 号汽轮发电机组投入运行。至此，滦河电厂一期工程建设全部完工。

扩建工程 1965 年 3 月，华北电力设计院完成滦河电厂扩建的初步设计方案。同年 4 月，方案经电力建设总局及有关单位现场审查通过。滦河电厂扩建工程的建筑、安装由北京电力建设公司施工；厂房零件工程由承德市建筑四社施工；铁路专用线建设前期由海拉尔铁路局施工，后期由承德钢铁厂运输部指导承德市沙石社施工。1965 年 5 月，扩建工程破土动工。1966 年 12 月 30 日，整套机组启动。1967 年 2 月 13 日，2 号炉和 3 号炉机组正式投产发电。

二期扩建工程 1969 年，国家水利电力部批准滦河发电厂二期扩建 2 台 5 万千瓦机组工程。1970 年 4 月 1 日，二期首次工程破土动工。建筑工程先后由承德市建筑工程局第一工程处和第四工程处承担；铁路专用线、厂区道路和下水管埋设，由解放军 89367 部队承担；安装工程的汽轮发电机组部分由北京电力建设公司承担；锅炉部分由天津电力建设公司承担；运行调试工作由北京电力建设公司调试所负责。1973 年 10 月 28 日，整套机组启动并网，负荷带到 25 兆瓦。整套机组于 1974 年 3 月达到满负荷运行，正式投入运行。4 号机组投产后，装机容量为 9.9 万千瓦，但当时承德地区负荷只有 7 万千瓦。唐一寿线（唐山至寿王坟）输送能力为 2 万千瓦，即使多发电也送不出去，因而二期二次工程缓建，对已到货的 4 号炉封存保养。

1977 年 5 月，滦河发电厂向上级提出二期续建工程的报告。同年，国家水电部批准 4 号炉、5 号机恢复建设。1978 年 3 月 10 日，二期二次工程开工建设。同年 12 月 27 日，5 号机组进行整套启动联合试运。同年 12 月 28 日，并网发电，进行 72 小时试运。1979 年 3 月 1—3 日，机组再次启动，并经 72 小时成功试运后移交生产。1979 年 8 月 23 日，冷却水塔竣工投入使用。国家水电部批准 5 号机组正式投入生产。

三期扩建工程 1988 年 12 月 22 日，河北省计划经济委员会、承德钢铁厂、华北电管局三方协商，正式签订《集资扩建滦河发电厂协议书》。1991 年 1 月 10 日，国家计划委员会批复《滦河发电厂三期扩建工程设计任务书》。1992 年 9 月 19 日至 11 月 27 日，河北省建设投资公司、承钢和华北电力联合公司三方经理共同会签《合资建设与经营滦河发电厂扩建工程合同》。滦河电厂三期工程的施工任务，以电厂生产区围墙为界：厂外工程由电力系统以外的单位承担，厂区内工

2005 年滦河发电厂区（档案局提供）

程由电力系统内部队伍承担，机组整套启动调试工作由华北电力科学研究院承担。1993年12月22日，扩建的6号机组成功完成了24小时试运行。当日举行了6号机组向生产移交的仪式。

四期技改工程 滦河发电厂“以大带小”技改工程计划安装1台10万千瓦凝汽式发电机组和1台410吨/小时燃煤锅炉，以顶替现有1、2、3号中温中压凝汽式发电机组，以及相应的1、2燃煤锅炉。改造后，全厂总发电功率较改造前增加5.1万千瓦。工程由华北电力集团公司、河北省建设投资公司、承德市三方集资建设。投资比例为51∶29∶20。1996年4月8日，国家经贸委批准四期工程开工建设。工程于6月18日正式开工。1997年8月5日，7号机组完成72小时试运行。同年8月18日，完成24小时试运行。同年10月14日，正式移交试生产。按照高标准、严要求的原则，启动验收委员会决定7号机组安排半年时间进行试生产。同年10月14日至1998年4月13日，顺利完成半年试生产任务。

五期扩建工程 2004年8月，为改善环境，实施市区统一供暖，北京国电华北电力工程有限公司对滦河发电厂五期扩建工程进行可行性研究设计工作。2005年2月28日至3月2日，五期扩建工程通过审查，同年12月15日，滦河电厂更名为国电承德热力有限公司。

至2005年，滦河发电厂7台机组并网运行，累计发电41994540兆瓦小时。

第二节 输变电

一、输电线路

民国31年（1942年）6月，日本殖民者为掠夺承德的矿产资源，架设了一条22千伏双头山—承德狮子岭金矿输电线路（简称双承线），长14.6千米。同月，双头山发电所建露天升压站，通过双头山—承德输电线路向市区供电。其后，建成双头山—大庙22千伏线路，供大庙铁矿和黑山铁矿用电。其线路分别为23.17和6.93千米。

新中国建立前，中共承德市地方政权开始着手修复输电线路。民国38年（1949年）7月1日，双承线恢复送电。1956—1960年，电力部门先后架设双塔山发电厂—夹马石的44千伏木杆结构的高压输电线路，全长33.51千米；完成双承线22千伏输电线路升压至35千伏；双塔山发电厂并入北京电网；滦河发电厂第一台机组建成并网投运，相继架设寿王坟—滦电、滦电—双塔山110千伏输电线路。20世纪70年代，滦电—承德县八二一变电站（简称滦八线）110千伏线路投运，全长68.55千米，输电线路为水泥杆结构，LGJ-150型导线；滦电—隆化、滦电—滦平110千伏输电线路相继建成投运。1980年1月，滦电—承德市东北郊110千伏输电线路（简称滦承线）投运，全长19.72千米。投运后，成为承德市工农业用电的主要线路。

二、变电站

双塔山变电站位于双塔山镇中心区，占地面积9000平方米。1956年由华东电力设计院设计，1958年边修改设计边施工建设，当年底建成投入运行。

变电站投运之初，由寿王坟110千伏变电站进线，主接线11千伏侧无母线、无进线断路器及变压器断路器，呈线路变压器组接线。35千伏为单母线接线，两路出线。一路带承德钢铁

供电公司工人正在安装变压器（供电公司提供）

厂，一路带承钢大庙铁矿。10千伏为单母线分段接线，一段带承钢选矿厂一路，一段带承钢选矿厂二路。主变压器容量为10000千伏安（型号为：SFS-10000/110，沈阳变压器厂1958年4月出品）。主变压器装有瓦斯、差动和过电流保护。35千伏及10千伏出线装有常规电磁型速断和过电流保护及自动重合闸装置。

1959年11月，双塔山—承德22千伏升压为35千伏；同年12月，双塔山发电厂通过变电站302开关与电网并列。1962年，承德市面粉厂10千伏接入该站。1964—1969年，变电站新投入电容器1组（电容器容量2000千伏安运行编号514）；35千伏进行改造，增设旁路母线；增加1路35千伏出线，向隆化县供电；10千伏先后增加双塔山农电（512）、化肥厂、1085转播台、矿山机械厂二路等。1970—1977年，变电站10千伏馈线已达7路；新上31500千伏安变压器（SFSL-31500/110）1台，投入运行；加装1台SW2-110型断路器，结束110千伏变电站没有110千伏断路器的历史。1979年4月，双塔山发电厂停产，变电站35千伏302开关停止运行。

1982年，双塔山变电站进行改造、扩建。1986年，由承德供电局设计室进行施工设计。设计规模为主变压器2台，主接线110千伏为单母线分段、四路进出线、户外中型布置；35千伏为户内单母线分段接线，六路出线；10千伏为户内单母线分段接线。1987年，开始土建施工，房屋建筑面积60余平方米。1988年，进行电气设备安装。主变压器为20000千伏安有载调压变压器（型号为SFSZ-20000/110），110千伏断路器采用液压操动机构的少油断路器（型号为SW3-110/600），10千伏/35千伏开关柜采用福州产户内手车式。1989年11月，改扩建工程竣工并正式投入运行，10千伏、35千伏各出线负荷逐路切改至新站。

1990年初，新站投入运行后，开始进行二期土建施工和电气设备安装。1990—1998年，变电站先后完成原20000千伏安主变压器更换为31500千伏安变压器（型号为SFSZ-31500/110）；2号主变压器投入运行；双塔山镇热河钢铁厂线投入运营（运行编号：520）；承德供电完成对10千伏开关室扩建改造；承德供电公司双塔山变电站无人值班改造；更换GGA型固定式开关柜、真空式断路器；进行10千伏出线的切改，完成麻纺厂、选矿厂、热河钢铁厂等10千伏所有12路馈线的切改工作。1999年底，双塔山变电站划入承德供电公司变电工区集控中心管理。2000年9月底，将102少油断路器更新为更先进的六氧化硫断电器（型号为：LW6-126/Y-3150-31.5）。

2001年，承德供电公司在双塔山镇上营子新建35千伏变电站1座，其电源就是从双塔山变电站出线（运行编号：双松线311）。2002年1月19日，35千伏变电站正式投入运行。同年6月底，将35千伏断路器由少油断路器更换成真空断路器；同年7月，又将主变压器更换为比较先进的有载调压变压器（型号为：SFSZ-31500/110）；同年底，投入10KV消弧线圈。同时完善110千伏设备安装，安装了进线开关（运行编号：滦双线111型号：LW36-126W/T-3150-40）、出线开关（运行编号母联145，型号LW36-126W/T-3150-40）。2003年1月，110千伏设备安装结束并正式投入运行。同年底，将101少油断路器更换为更先进的六氧化硫断路器（型号为LW35-126W）。至此，双塔山变电

上营子变电站（供电公司提供）

站各电压等级的断路器均实现无油化。2004年8月、2005年8月，先后两次投入10千伏水源地线512和北街528线。2005年，变电站主要为双滦区供电的10千伏馈线已达14路。

第三节 电网改造

双滦区农、城网改造10千伏线路12条，总长度186千米。在装配变354台，总容量10万千伏安，低压线路250千米。

一 农网改造

双滦区农村电网一期改造工程于2000年10月开始，2001年3月结束，历时5个月。改造完成3条10千伏线路，共46.95千米。新建35千伏线路8.05千米，新建和改造变台80座，新建35千伏变电站1座，完成户表改造8905户，实现农村用电一户一表，改造完成投资1454.40万元。至2005年，双滦区农村电网二期改造工程完成低压线路29.29千米，改造10千伏线路5条，46.3千米，新建与改造变台28座，总容量为3245千伏安，实际完成投资311.92万元。

二 城网改造

2002—2003年7月，双滦区实施城网改造工程。工程主要内容是对10千伏线路521线、526线，双塔山变电站出口和城区公共台区的改造等。总计7大项73小项，总投资2729.08万元。

第四节 电力供应

一 供电概况

民国31年（1942年），双头山发电所投运，境域始有电力供应。当时80%的电力用于日企，其余用于照明。抗战期间，电力供应中断。新中国建立前夕，民国38年（1949年）7月1日，双承线恢复电力供应。

20世纪50年代中期，工业用电量增加。1958年，大庙铁矿恢复开采、双塔山选矿厂开工、承德钢铁厂等投产，工业用电达到高峰。1960年，滦河发电厂正式发电，电力短缺问题得到暂时解决。其后，进入国民经济调整时期，除大中型企业、政府机关外，用电范围扩大到城区、农村照明及米面加工、田地浇灌等。“文化大革命”期间，工农业和生活用电量下降，电力供应不稳定。改革开放以后，经济发展，用电量上升。1988年，双滦区内4个乡镇的43个行政村全部通电。

二 电力需求

1995年，区内共有用电户数1509户，用电报装容量39081千伏安，售电量6325万千瓦时，发行电费2372万元。1999年，区内共有有用电户数2094户，用电报装容量39830千伏安，售电量6981万千瓦时，发行电费2882万元。

2000—2003年，双滦区进行农、城网改造，供电公司逐步接收农村用电客户及国有企业原组表以下用电客户。2005年12月底，区内有用电营业户数37936户，用电报装容量112005千伏安，售电量19397万千瓦时，发行电费9771万元。其中，2001年，区内工业用电量为4172万千瓦时。2005年底，工业用电量16583万千瓦时，是2001年工业用电量的3.97倍。农业生产年用电量为25万千瓦时。2003年农村电网改造的完成，全区农村电力设施日趋完善，农业生产电气化程度提高。2005年，农业用电64万千瓦时，年度用电量为2001年农业用电量的2.56倍。2001年城乡居民生活年用电量为973万千瓦时，2004年增长到2374万千瓦时。2005年，城乡居民年用电量2492万千瓦时，是2001年城乡居民用电量的2.56倍。

2001—2004年双滦区用电情况统计表

表4-3-1

行 业 分 类	2001年	2002年	2003年	2004年
全社会用电总计（不含厂用、线损）	4365	5701	10881	16763
一、农、林、牧、渔、水利业合计	25	31	29	49
二、工业合计	4172	5474	10016	14370
三、地质普查和勘探业合计	0	0	0	0
四、建筑业合计	0	0	0	0
五、交通运输、邮电通讯业合计	26	26	29	36
六、商业、公共饮食、物资供销和仓储业合计	142	170	332	623
七、其他事业合计	204	184	212	442
八、城乡居民生活用电合计	973	919	1358	2374
其中：乡村	400	324	605	1186
城市	573	595	753	1188

2005年双滦区用电情况统计表

表4-3-2　　单位：万千瓦时

产业用电				城乡居民生活用电			行业用电								
第一产业	第二产业	第三产业	产业用电总计	城镇居民	乡村居民	城乡居民生活用电合计	农林牧渔业	工业	建筑业	交通运输仓储邮政业	信息传输计算机服务业软件业	商业住宿和餐饮业	金融房地产商务及居民服务业	公共事业及管理组织	行业用电总计
64	16790	1348	18202	1257	1235	2492	64	16583	207	108	33	507	368	332	18202

三 维修服务

按照供用电合同产权分界点划分：分界点电源侧供电设施属供电分公司所有，由供电分公司负责运行维护管理；分界点负荷侧供电设施属用户所有，由用户负责运行维护。低压用户的受电设施如有故障，供电分公司帮助用户维护。

2005年以前，供电分公司受理用户的故障报修由分公司生产技术股修试班负责。抢修人员到达现场的时限为城区45分钟、农村90分钟，特殊边远地区2小时。

四 计量收费

收费方式 2000—2003年，区内25000户居民用户实现一户一表。供电分公司对所有用户实现抄表到户，并按国网公司要求实现电量、电费、电价公开，统一电价、票据、抄表、核算、考核。2005年，双滦区电力用户已增至37936户，其中部分居民用户更换为电子表，实现远程集中抄表。用户可以通过现金、银行代收、银行代扣、走收、网上银行等多种形式缴纳电费。

电价 1994年始执行峰谷电价。2001年8月1日起，农村自来水及浇果树用电按农业生产电价执行；村委会办公、村办小学校用电执行居民照明电价标准。2001年10月15日抄见电量起，上述用电一律改按居民生活电价执行。2003年4月1日起，全省城乡居民生活电价执行0.49元/千瓦时。2004年4月1日抄见电量起，农村畜牧养殖业和大棚蔬菜种植业用电，按省物价局核定的各市（县）农村电价中的农业生产电价执行。

第五节　用电管理机构

一 供电分公司

1983年1月，双滦用电所成立。同年10月，改称为双滦供电站。1985年5月，恢复成立双滦用电所。1994年4月，双滦用电所改为承德供电公司双滦供电分公司。分公司位于双塔山镇双塔山中心大街47号。2005年，公司机构设置有：营销科、生产技术科、办公室、辰飞电力工程有限公司，下辖4个供电所和5个班组。有职工63人；辰飞电力工程有限公司有职工18人；另有劳务输入农网配电营业工70人。

二 供电所

双塔山供电所　成立于2001年9月，负责双塔山镇域党政机关，工商企业、学校、医院及居民用户用电的管理和维护。2005年，供电所有开闭站3个，公用配电变压器95台，专用变压器138台，主要高低压线路长约118.77千米。共有12条线路，14个开关，总容量约495000千伏安；区域已达到72千平方米，所辖机关、学校、城镇、农村等用电户计17000余户。

滦河供电所　成立于2001年，主要负责滦河镇、承钢家属区用电的管理和维护。2005年，供电所有10千伏线路3条，全长27.7千米，公用配电变压器52台、专用变压器53台，总容量36065千伏安，所辖居民用户14420户，非居民用电户917户。

大庙供电所　成立于2002年12月25日，主要负责大庙镇城区及10个行政村用电的管理和维护。至2005年，供电所有110千伏变电站1座，开闭站1座，高压线路6条共93千米，低压线路40.18千米，公用配电变压器30台，总容量2270千伏安，专用变压器46台，总容量24915千伏安。辖用户3150户，计8138人。

偏桥子供电所　成立于2001年10月，负责偏桥子镇城区及11个行政村26个台区用电的管理和维护。至2005年底，管理高压线路37.4千米，低压线路36千米。所辖居民用电户2028户，非居民用电户16户，商业用电户48户，农村工副业用电户44户，农业生产用电户96户，蔬菜大棚用电1100户。

第四章　交通运输

清代、民国时期，境域交通相对比较发达。运输主要靠畜力，汽车稀少。民国27年（1938年），日伪曾修建承德—古北口铁路，主要用于军事和掠夺资源，滦河街曾建有火车站。新中国成立后，交通运输逐渐得到发展。1956年，域内有各式私营汽车56辆、畜力车286辆。1958年，承德钢铁公司开通铁路货运专线。1969年，域内开通入境公共汽车。至2005年，域内有101国道穿境18.2公里、京承旅游公路过境8.51公里、承围支线过境26公里、京承高速设有出入口、有铁路货运专线两条、公交车辆通达区内村街主要站点。运输能力大幅度提升：有载客汽车2218辆、载货汽车1277辆、农用汽车612辆、挂车133辆、特殊车25辆；完成货运量198.3万吨、完成客运量220.7万人。

第一节　公　　路

一　古道

清代自北京至围场修成一条御道，沿途建行宫36处，有“600里京热御道”之称。清御道自滦平八里庄入域内至热河，过境约20余公里。

民国时期，在京热御道的基础上形成北京—热河公路，时称京热大道。民国8年（1919年）京热大道开通汽车营运。民国17年（1928年），京热大道承德—古北口段定为西路省道。民国时期，滦河至哈叭沁、滦河至丰宁、滦河至宝山寺、三岔口至韩麻营，均有简易道路。

二　国道 省道

国道101线　原称京沈北线（北京至沈阳）经过双塔山镇、滦河镇，过境18.2公里。1958年，京沈北线公路进行部分改造，建成能对行汽车的沙石路面。20世纪70年代，101国道修建涵洞和过水路面及路桥，铺筑7米宽的沥青柏油路面，改善了通行条件。1994年以后，101线降为省道，改称京承公路。线路自滦河镇进入双滦区，经广仁岭隧道进入承德市双桥区，双滦区辖段长为19.6公里。2005年，京承公路双滦段有大中型桥梁4座，小桥6座，涵洞45处，隧道1处，总长581米。

京承旅游公路　1989年北京至承德旅游公路建成通车，1998年以后改称101国道，2001年后调整为省道。线路自滦平县陈栅子乡进入双滦区境，再经偏桥子镇进入承德市双桥区。双滦辖段全长8.51公里，沿线有桥梁9座，涵洞65处。

承围支线（承德—围场）为省三级公路，由原承（承德）赤（赤峰）西线演变而成。线路自承德市双桥区起沿京承线西行至双滦区大三岔口北转，再经大庙镇进入隆化县境，双滦辖段26公里。至2005年，双滦辖段有大、中型桥梁4座，总长174.4米；小桥13座，总长166.9米。

京承高速路（北京—承德）：河北段起点为

承围支线扩建工程（摄影　田隽）

京冀交界处的司马台，终点为承德市，为四车道、全封闭、全立交高速公路。现更名为G45大广高速。线路自滦平县陈栅子乡进入双滦区，经偏桥子进入承德市双桥区。双滦辖段全长1065千米，沿线有双幅特大桥2座，隧道2处。京城高速路在双滦区设有出口。

三　县级公路

偏狮线（偏桥子—狮子园）：由双偏线（双塔山—偏桥子）和京沈北复线（单塔子—狮子园）两条线路合并后统称偏狮线。双塔山至偏桥子公路原为乡四级公路，2001年调整为县级公路。

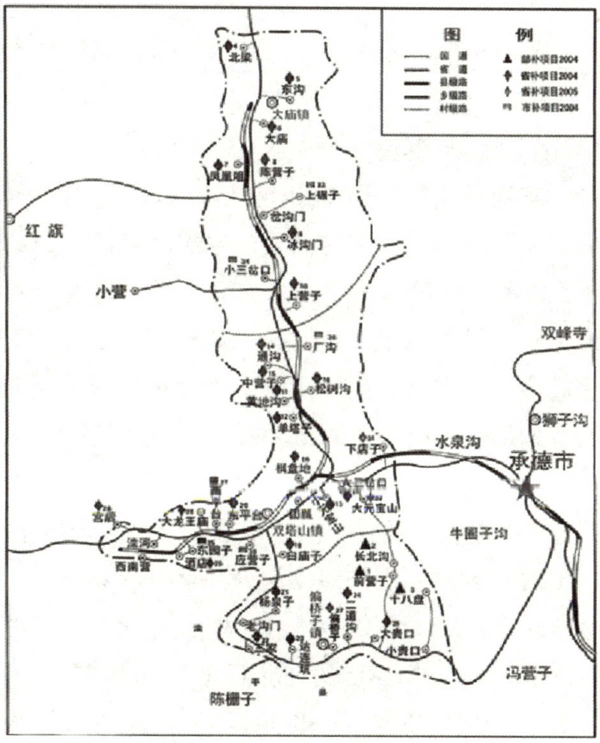

双滦区2004—2007年村通工程规划图

线路自双塔山矿机厂道口起，经白庙子、老沟门和偏桥子等村至小贵口，全长9.34公里，沿线有桥梁13座，总长70米；涵洞14处，总长72米。单塔子至狮子园公路原为省级公路，2001年调整为县级公路。线路起自双塔山镇单塔子，经小松树沟梁进入承德市双桥区狮子园，全长14.1公里。双滦辖段全长9.86公里，沿线建有小桥4座，涵洞4处。这两条线路于2001年合并后，确定总里程为19.14公里。

大刘线（大元宝山—刘杖子）：原为乡级公路，2005年调整为县级公路。起自双塔山镇大元宝山村，经长北沟至承德县刘杖子，全长7.7公里。双滦辖段总长4.95公里。

宫十线（宫上—十八里汰）：原为乡四级公路。2005年调整为县道。宫十线起自隆化县宫上，过白沙梁进入双滦境内，经东沟与承围支线交汇，进入小三岔口南沟至滦平县小营到十八里汰，全线总长7公里。双滦区辖段为4.06公里。

四 村级公路

2005年底，区内共有村级公路116条，总里程为146.08公里。其中，沥青混凝土路面6.65公里，水泥混凝土路面78.74公里，砂石路面58.16公里，无路面2.53公里。

2005年双滦区村级公路基本情况统计表

表4-4-1　　单位：公里

乡　镇	行政村数量	公路条数	公路总里程	沥青混凝土路面	水泥混凝土路面	沙石路面	无路面
双塔山镇	17	45	57.803	2.44	28.696	26.142	0.941
滦河镇	5	18	25.562	1.095	15.505	8.962	0
大庙镇	10	22	33.869	3.513	13.831	14.935	1.59
偏桥子镇	11	21	28.845	0	20.703	8.142	0
合计	43	106	146.079	6.652	78.735	58.161	2.531

五 桥梁 隧道

滦河公路桥 民国23年（1934年），日本侵略军为其政治、军事的需要，首次修建滦河公路桥。桥长约140米、宽4米、高3米。每孔跨度10米。两端引道用石块砌成，过水路面约130米。承建人是日本大林组，次年交付使用，成为当时承古公路的一座主要公路大桥。民国26年（1937年）秋，滦河水位迅猛升高，将过水路面全部冲毁，并有一个混凝土桥墩冲刷下沉。民国27年(1938年)日本侵略者第二次修建滦河公路桥，除将下沉桥墩处理外，并将桥改为18孔，跨度15米，桥高增至5米，桥长达270米，民国28年（1939年）竣工通车。民国35年（1946年）8月，国民党13军侵占承德，为阻止其进攻解放区，滦平县二区区小队奉令炸毁滦河公路桥，切断了承德至古北口交通。民国37年（1948年）秋，国民党热河省建设厅在该路段计划在原桥墩基础上修建一座临时木便桥。同时交通部第八区公路局承德工务总段，成立滦河桥工所，筹备修复滦河公路桥。桥梁用铁路钢轨架设，上铺木板，由“北京隆化营造厂”承包，预计冬季竣工通车。同年冬，钢梁尚未运到，国民党军政即溃败西逃，修桥工作中断。

1949年，中共热河省公路局在滦河原桥位下游30米处，修建一座木桥，以暂时适应军民行往和运输需要。1951年，中央交通部为修复滦河公路桥，调来贝雷式钢架桥梁，桥面用木板铺设，由热河省交通厅公路局组织施工，于翌年竣工通车。

滦河大桥　位于110国道滦河镇，1968年修建。上部结构系钢筋混凝土“T”形梁，下部为钢筋混凝土桥墩，计21孔，跨距13米，桥长293米，桥面净宽7米，人行道两侧各1米，桥高5米，载重标准汽车20吨。由河北省公路工程一大队施工，1969年9月竣工通车。1989年6月，京承线杨树林至双塔山段改建，在原桥下游约50米处重建新桥，1990年6月竣工通车。新桥全长300.9米，桥面宽9米，设19墩20孔，孔距为20米。

应滦路滦河大桥　位于京承高速公路双塔山出口连接线处，2004年7月动工修建，2005年底竣工通车。大桥全长545.08米，桥面宽11米。

应滦路滦河大桥（摄影　王乃民）

陈栅子乡滦河特大桥　位于滦平县陈栅子乡和双滦区偏桥子镇达连坑村交界处。1988年5月动工修建，1990年6月竣工通车。钢筋混凝桥梁，大桥全长704.3米，宽12.5米。

应营子大桥　位于双塔山镇应营子村牤牛河，是双塔山滨河大街中一座曲线桥。大桥于1999年春季动工修建，2000年11月竣工通车。大桥全长131.19米，桥面宽19米。

小贵口滦河特大桥　是京承高速公路一座双幅特大桥，位于偏桥子镇小贵口村滦河之上。2003年10月动工修建，2005年10月竣工通车，总投资7045万元。桥长1296米，桥面净宽12.25米。

滦河铁路大桥　位于承—滦铁路滦河之上，全长428.75米，是境内最大的铁路桥，20世纪50年代修建。

广仁岭隧道　隧道于1981年10月动工修建，1984年6月竣工通车，总投资为410万元。隧道全长388米，净宽10.5米，行车道宽9米，两侧人行道各宽0.75米。隧道洞口为大料石砌筑，洞内混凝土衬砌厚度分别为70厘米、60厘米和40厘米。

广仁岭新隧道　隧道位于原隧道的南侧，2003年4月动工修建，当年底竣工通车。全长581米，宽11.2米，两侧人行道宽各为1.1米，高7.5米。

新广仁岭隧道（摄影　王乃民）

断面形式为单心圆拱典墙式，结构形式为15/20厘米喷射混凝土锚杆+钢筋网一次支护土卫布和防水复合防水45/50厘米厚二次衬砌混凝土。隧道通车后与原隧道为上下线单向通车。

小贵口隧道　隧道于2003年10月动工修建，2005年10月竣工通车，是一座双洞分离式隧道，左幅1893.60米，右幅1854.80米，宽12.25米，高5米，为水泥混凝土路面。北出口于双桥区境内。

六　公路养护与管理

养护　民国时期，域内公路分为官办和商办，公路的修建和养护由公路所有者负责。民国36年（1947年），民国政府第八区公路局承德工务段在双塔山设立养护道班。

1950年3月，热河省公路管理局在双塔山建立养路段，并设双塔山养护道班，有道工5～7人。1955年春，热河省交通厅在大三岔口、应营子、中营子和陈营子设养护道班4个。1960—1980年，每个道班养护工人7～10人。1984年

7月，承德市公路管理处成立，按行政区划同时成立双滦养路段，负责承围支线，京承线和京沈北线54.3公里的养护。1985年，设上营子和凤凰嘴养护道班2个。1988年，京承线双滦境内19.6公里路段设有大三岔口和滦河养护道班；承围支线双滦境内路段设金厂沟、上营子和凤凰嘴养护道班，养护里程为55.3公里。1998年11月，承德市双滦区交通局，设上营子道班，负责承围支线双滦域内路段的养护；同时成立公路养护中心，有工人20名，负责京沈北线18.4公里路段和双偏线9.8公里的养护。

管理　双滦区的路政管理工作由区交通局公路管理站负责，1994—2005年，管理站共处理路政案件1086起；制止违章建筑76处，计132平方米；强制执行拆除30起，计1271平方米；清理堆积物956处，计3573平方米；清理非法标牌233块，查处超载137辆次，收缴赔偿金额401.86万元。

七　公路绿化

1950年以后，根据交通部《公路绿化暂行办法》和河北省关于公路绿化的有关规定，域内开始实施公路绿化。1959年，京承线广仁岭西侧栽植松树100余株。1960—1980年，公路绿化工作进展迟缓。1988年，双滦辖区内各干线公路两侧栽植各种路树29370株，其中：杨树18126株、柳树6091株、国槐5153株；路树里程计45.3公里。1993年，道路绿化实施“红花绿叶”工程，更新补植路树13公里，共截植馒柳、青杨、油松、桧柏、国槐等3175株，成活率为98%，保存率为95%。1996年，补植各种行道树869株，成活率为95%，保存率90%；修建绿化平台7.56公里，种植花卉3公里，整修隧道花坪400平方米。1999年承围支线双滦辖段存有柳树3021株、国槐529株、馒柳743株、杨树1141株、松树233株；京承线双滦辖段存有柳树1037株、国槐1621株、馒柳398株、松树402株、侧柏1000株，另有火炬树19000株。2002年，承围支线双滦辖段栽植棉槐83.4万丛，爬山虎1.5万株、火炬树800株；补植行道树4880株，成活率为96%，保存率为95%。2004年，滦广一级公路（双塔山—广仁岭隧道）栽植各种花卉、树木17万株，铺种草坪7862平方米。2005年，区内公路绿化总长为48公里，种植各种花卉、树木57.1万株；新植路树延长约为30公里。其中：乔木630株、火炬树1.1万株、灌木80万丛，各种花草1.2万平方米。区内公路绿化覆盖率为97%。

八　公路运输

长途客运　民国13年（1924年），热河东兴三路长途汽车处开办承德至古北口客运业务，同年10月在滦河镇设售票处，由警察所代办售票。此为汽车长途客运过境之始，但营运时断时续。民国16年（1927年），热河都统事务处拨汽车10辆，于京承间开办客运。民国19年（1930年），热河燕京汽车行开办承德至古北口间客运，途经境域双塔山、滦河两地，由公安局代办售票业务。日伪时期，上述线路都在运营，因时局动荡，经营时断时续。新中国成立以后，市交通部门延续原京承间的长途客运，逐渐增加车辆和班次。1980年以后，双滦区开始出现经营长途客运班车的运输户。1989年，京承旅游公路建成通车后，京承间的长途客运车辆大部分从双滦区境南部路段过境。1993年，双滦有长途客车20辆。1998年，有长途客车28辆。2005年，区内有22辆客运汽车从事4条长途线路的客运经营。承德至围场县城146公里，票价是32元／人，有9辆车运营；承德至隆化县城71公里，票价15元／人，有5辆车运营；承德至丰宁县城158公里，票价快客34元／人，普通车40元／人，有2辆车运营；承德至滦平县城59公里，票价8元／人，有6辆车运营。

中短途客运　公交线路　1969年4月前，域内没有中短途公交车。1969年5月，市公交公司开通市内—大庙2路公交线路。其后陆续开通市内—滦平西地5路、市内—滦平陈栅子3路两条公交线路。1983年，滦河镇东园子村张某承包2路公交车1辆，历时一年多时间。2005年，市内公交车途经区内有运营线路4条，分别为2路、3路、5路、15路。营运车辆70标台，运送乘客10506819人次，营运成果1338.96万元。农村客运班线 2003年，双滦区开通农村客运班车线路3条。双塔山—偏桥子线，途径区内9个行政村，全程17公里；三岔口—北梁线，途径7个行政村，全程26公里；滦河—滦平县小营线，途径14个行政村，全程40公里。2005年运营车辆35辆。个体客运面包车班线 市内个体客运班线为市内火车站—承钢线，车型大多为11座的面包车。1984年，小三岔口村于姓村民购买红叶牌面包车1辆经营市区客运。1996年，从事市区个体客运班线的车辆96辆。随着个体出租轿车的增多，市区个体面包车运营车辆逐渐减少并退出运营。个体客运轿车班线 1989年，双滦境内出租轿车逐渐增多，线路大多为市区范围短途客运。1993年，境内从事客运出租轿车73辆。2003—2005年，经双滦区政府批准，双滦交通局先后两次拍卖区内出租车线路有偿使用证，境内从事短途客运车辆135辆（含面包车）。2005年9月后，区内面包车退出客运市场，更新为小型轿车。

货运畜力运输 清代、民国及新中国成立之初，域内公路货物运输以畜力木轮车为主。1949年，域内有畜力车60辆。1950年春，滦平县二区拥有首批胶轮马车15辆。1950—1951年，承德市运输管理部门组织境内驴车30余辆，运送煤炭。1958年，域内有货运胶轮马车58辆、铁瓦木轮车64辆。1959年1月，承德市搬运公司1队驻在滦河镇，为承钢建设运输服务；胶车3队驻双塔山镇，为双塔山炼铁厂运输。1971年，域内有胶轮马车300多辆；1980年，达到330多辆。此后畜力车逐渐减少，1985年胶轮马车缩减到154辆，1995年78辆，2003年，区内仅双塔山镇元宝山村有胶轮马车1辆。2005年，双滦地区结束畜力车货运历史。

拖拉机货运 1968年以后，大庙公社北梁生产大队、上碾子生产大队；双塔山公社元宝山、棋盘地、白庙子、团瓢大队开始购置拖拉机，社员承包搞货物运输。1971年，域内有大拖拉机5台。1973年，4个公社分别设拖拉机管理站，有大小拖拉机35台。1977年，域内增加小四轮拖拉机35台、东方红12型15台，河北12型23台，主要用于农业耕作、运输蔬菜及垃圾清运等运输。1990年，区内有各种型号拖拉机675台；2005年，有各种拖拉机300余台，大部分从事建筑材料和煤炭等短途运输。

汽车货运 1958年，承德运输公司青年突击队（货运队）驻域内，司机实行“双班制”，两人1台汽车，昼夜从滦平县周营子、孙营子矿点往承钢运矿石。1959年，承德市政府将承德钢铁厂、双塔山炼铁厂及市区内其他单位的28辆汽车集中起来，成立承德汽车队，统一经营，为钢铁生产运送物资。1970年后，域内企业的货运车辆，除满足企业的运输任务外，开始投入社会营业性运输。改革开放后，区内承钢、滦电、麻纺厂、丝绸厂、啤酒厂、矿机厂等12家企业车队，承接对外货运业务。1983年，运输市场全面开放，居民开始自购汽车从事货运。1985年，区内个体货运汽车24辆；1989年37辆；1994年，货运汽车发展到628辆，其中个体108辆。1995年，域内有货运汽车639辆，个体105辆。2002年，货运汽车增至552辆；2005年，个体货运汽车699辆，农用汽车592辆，占区内货运汽车总量的80%，全年货运量198.3万吨，周转量7932万吨／公里。

货运主要物资有钢材、矿石、铁粉、煤、焦炭、水泥、土方、沙石、砖瓦，以及粮食、百货等生活物资。2005年，汽车货运总量为290万吨，周转量为20050万吨／公里。

第二节　铁　　路

一 承古铁路

承德至古北口铁路是日本侵略军占领承德后，为掠夺矿藏资源和运输军用物资，在锦州至古北口铁路的基础上修建的铁路专用线。民国26年（1937年）8月开工,民国27年（1938年）10月全线通车。滦河镇设有火车站，并有日伪军驻守。民国35年（1946年）8月，为阻止国民党军队向解放区进攻，中共滦平县二区区小队奉令将滦河铁路桥炸毁，承古铁路线中断。

二 货运专用线

20世纪50年代始，域内开始修建地方铁路货运专线。至2005年,铁路专线总长达99公里，包括承滦线和张双线两个部分，可连接国家铁路京承线（北京—承德）、京通线（北京—通辽）、承隆线（承德—隆化）。

承滦线 承滦线包括滦河－承德市和双塔山－大庙两个线段。民国27年（1938年4月），日本侵略者为掠夺资源和军事需要修筑承滦窄轨铁路。其中，滦河—承德段是承德—古北口铁路线中的一段；1942年1月，建成双塔山—大庙线段。

1954年10月，铁道部第五设计院开始对承滦线重新进行勘测、设计。1956年7月至1958年3月，工程历时1年7个月，全线投资1261.2万元，通车运行。承滦线总长75公里，桥梁59座,涵洞136座,道口22处,道岔181组。海技最高处绝对标高551.6米，最大限制坡度32.4%。沿线有6个车站、44个作业班组。主要担负承钢、滦河电厂等企业物料运输任务。

张双线 张双线西起京通铁路线的张百湾站，东至承隆铁路线的双峰寺站，全线包括张百湾—滦河和张百湾—双峰寺两个线段。运营长度为50.64公里，项目投资概算5.38亿万元。一期工程即张百湾站至滦河段，2002年8月开工建设，2005年12月20日通车试运营。全线长24.02公里，技术标准为地方Ⅱ级。二期工程，张百湾—双峰寺段，全长15.33公里，2005年12月30日正式开工建设。张双铁路主要承担承钢等企业的物料运输任务。

三 铁路运输

新中国成立后，域内的铁路运输专线由承德钢铁公司运输部管辖。1958年，运营初期，承钢运输部共有蒸汽机车3台，矿石车18辆，代用客车15辆，棚车25辆，守车1辆，年运输能力为20万吨。专用铁路主要担负承钢的原料、燃料、材料及中间产品的运入和产品外发业务；另外承担沿线20多家企业的物料运输业务（占总货运量的20%左右）。1959年，承钢运输部拥有机车7台、矿车18辆、铁粉车13辆、敞车28辆、平板车5辆。1985年，承钢运输部有蒸汽机车11台，普通车辆89辆，冶金车辆16辆，汽车6辆，固定资产总值2645.6万元，年货运量300万吨。累计完成货运总量为5265.6万吨。其中，矿石1462.1万吨，生铁912万吨，钢材97.3万吨，其他物资3615万吨，年最高货运量达317万吨。至2005年,共有蒸汽机车14台(套)，内燃机车4台、租用内燃机车5台、车辆190台套，上缴利润842.67万元。

“七五”期间，承钢运输部铁路运输实现利润283.63万元；“八五”期间实现利润641.45万元;“九五”期间实现利润4835.2万元;“十五”期间实现利润10337.68万元。

第三节　运输管理

一 管理机构

1950年3月，热河省公路管理局在双塔山镇建立养路段，主要负责京沈北线（即京承路）承德市段的公路维修养护。1955年，热河省交通厅将双塔山养路段移交承德市人民政府交通科管理。1957年，承德市运输管理站在双塔山建立运输管理站，在大庙设置运输营业所。1961年，双塔山养路段改为“三岔口养路工区”，由承德地区交通运输局道路管理处领导。1965年，恢复成立运输管理站（1953年曾短时建站后撤销），站址设在滦河镇。1968年底，承德地区交通运输公司革命委员会将三岔口养路工区移交承德市交通运输系统革命委员会管理。1976年4月，承德市三岔口养路工区更名为“承德市交通局管理站”，1980年3月撤销，后复改为承德市（三岔口）养路工区。

1984年7月，承德市（三岔口）养路工区撤销，成立承德市公路管理处，并按行政区域成立双滦区养路段。1985年9月18日，承德市公路管理处划回市局机关；双塔山、滦河运输管理站改称运输管理分站。1993年，双滦区双塔山和滦河两个运输管理分站合并，成立双滦区运输管理所，隶属承德市运输管理科。1994年1月24日，双滦区交通分局设立，下设政工科、质监室、办公室、财务室4个科室，辖运输管理所、公路管理站和双滦搬运公司。

1998年11月，双滦区交通局成立。下设办公室、劳资法规科、计财科、总务科、质监室；辖公路管理站、运输管理所、养路费征稽所、公路工程处和双运交通有限责任公司（企业）。2002年4月，工程处和公路站合并为公路站。2004年2月成立地方道路管理站。2005年2月机关设立审计科。

2005年12月底，双滦区交通局有机关事业单位在册职工164人，离退休人员51名。双运公司企业包括康定医院、出租公司，共有企业职工110名，离退休167人，全局固定资产1112万元。

二 车辆管理

民国18年（1929年）热河省建设厅制定《热河长途汽车公司注册暂行规则》和《热河省汽车管理规则》。规定：未经注册登记的官商汽车，一律不准经营客货运输。当时境域属滦平县的一部分，车辆归县公署第二科（后改为“建设局”）管理。

新中国成立后，承德市开始对车辆进行统一管理。域内的车辆管理属市交通运输部门直管。1994年双滦区交通分局成立后，负责区内的车辆管理业务。

1995年，区交通分局运输管理所（简称运管所）开始组织货运联合车队，入户车辆为36辆。1996年，承德市交通运管部门办理入户客、货运输车辆143台，并针对“市区—双滦—承钢”客运线路出租车乱停乱放问题，采取了编班排号发车办法，营运车辆从分散走向集中管理。至2005年，管理规程未变。

三 市场管理

民国20年（1931年），热河长途汽车公司呈请省建设厅，要求对承德至北京等5条汽车路线实行专营，将燕京、大生等汽车行逐出该线。此申请被热河省政府明令否决。建设厅将驻承德所有客运汽车组成“长途汽车公站”，规定统一票价、顺序出车、利益均等。民国22年（1933年）后，日军侵占域内，具体的运输市场资料无考。

新中国成立初期，承德市双桥区来往域内的客货运输主要有承德货栈、新华货栈、泰丰货栈、公民货栈等几家运输代理点，为私营汽、马车招揽旅客和货源。1952年，客货运输统由市运输部门管理经营，按照“统一调度、统一运价”的政策，组织管理私营运输业。1963年，运输管理部门根据《河北省运输市场管理办法》，对新发展起来的个体手推车和脚踏三轮车进行组织管理。按先专业、后副业顺序统筹安排运输货源；同年3月，贯彻上级颁定的运输、装卸、搬运11条具体服务标准。“文化大革命”期间，服务标准没有得到有效的推行。1972年，承德市交通局和劳动局联合发出“关于整顿和加强装卸搬运劳力市场管理”的通知。运输管理部门按通知精神开始整顿运输市场秩序。

1984年，区内农村大部分拖拉机加入城乡运输行列，民运车辆数量增加。运输市场向全社会开放，国营、集体、个体联户客货运输大量投入市场。1986年12月,国家经委、交通部发布《公路运输管理暂行条例》，运输市场得到疏理，步入合法、有序的发展轨道。

1995年以后，驻区各企业成立运输队。双滦区运管所召开全区企业车队联席会议，建立信息联系网络，成立货运配载服务站。运管所组织个体运输户统一管理，并由专人负责审验、保险、事故处理和运费代理结算业务。1996年，双滦区货运联合车队入户出租货运车辆143台。1998年，区交通局开始整治，打击无证照出租车专项行动，维护市场秩序。2002年2月5日，双滦区实行《出租客运经营权有偿使用管理办法》。规定每辆出租车使用期限为8年，并举行公开竞拍招标会。第一次竞标出售60台，最低成交额为每辆2.7万元，最高成交额为2.95万元，总成交额为132.38万元。2004年4月10日，进行第二轮竞拍,最低价为2.8万元,最高价为3.95万元，总成交额为125.3万元，最后实际出售57台。

2004年6月，双滦区政府发出《关于清理整顿出租客运市场的通告》。根据不同购车时间，让部分残疾人营运人员分期分批退出三轮车客运市场，并允许改为货运，限定路段通行。对未在指定时间内退出双滦客运市场的三轮摩托车，交警、交通、工商、技术监督等有关部门依照有关法律规定给予处罚。经过集中清理整顿，三轮车违规客运的势头初步得到遏制。

四 装卸管理

清代、民国时期，民间自发组成的搬运装卸组织就有存在。

1960年，域内的搬运装卸组织有较大的发展。双塔山公社先后组建双塔山砂石社、综合厂、采石搬运队等生产组织。1962年，3个生产组织划归双塔山区领导，合并组建双塔山搬运队。1965年4月，搬运队移交承德市交通局管理，并更名为滦河装卸一社（后称滦河公社装卸队)，共有社员105人。1971年3月，承德市革命委员会将原承德钢铁厂装卸连和滦河公社装卸队组建成承德市交通运输局滦河搬运装卸队。同年10月，又将承德搬运大队双塔山三中队100人合并到滦河搬运装卸队，合并后更名为双滦搬运装卸队，职工总数329人，负责火车、汽车装卸业务。

1983年以后，运输市场全面开放，各企业自办和各街道办事处自办的搬运队应运而生。各厂矿纷纷安排本单位人员从事搬运业务，解决富余人员的生活出路问题。1990年底，双滦区共有搬运队7家，主要任务是为驻区各厂矿和区属各厂矿单位装卸建材、矿山机械设备、粮食、煤炭和钢材等。1996年，搬运装卸从业人员共有484人。2000年后，由于业务量减少，搬运企业数量及单位内人员数量减少。2005年，双滦区内尚在营业的搬运企业有3家，从业人员90人。分别是双运交通有限责任公司搬运队、滦河镇搬运队和东园子村搬运队，均为集体所有制企业。

五 维修管理

1994年，双滦区运输管理所由市辖划归为双滦区交通分局。汽车修理行业的审批由市运管处负责考核审批。至2005年，汽车修理创业的审批程序没有变化。

1994—1996年，运管所将区内的汽车维修按经营项目分为汽车大修、总成修理、汽车小修和汽车专项修理（包括摩托车修理）等四类。1997年后，又划分为：一类、二类、三类、摩托车修理。2005年8月1日起，区运管所将机动车维修和机动车检修经营业务分为汽车修理业务、危险货物运输车维修经营业务、摩托车维修经营业务和其他机动车维修经营业务四类。

六 养路费征收

清代，域内的养路费征收管理由滦平县税捐局负责，时称“车驮捐”。民国时期，仍由税捐局征收管理。民国17年（1928年），京承路段养路费由热河省汽车局征管。民国18年(1929年）所定征收额为：大汽车每月大洋30元，小汽车每月20元，骡马车按拉运次数征收，驮子按牲畜头数征收。民国27年(1938年)货运汽车、畜力货车按吨公里的5%征收，客车按票价20%征收。

1950年，承德市实施《热河省养路费征收费率及征收办法》。域内分属于于滦平县和承德市辖，路段养路费征收管理分归两地负责。热河省征收办法规定“凡是以营利为目的的汽车与胶轮大车，不论公私经营，均按以下规定征收养路费。汽车：营业性大型汽车每月小米75公斤，每季小米150公斤；小型车每月小米50公斤，每季小米100公斤；非营业性大型汽车每月小米37.5公斤，每季小米75公斤；小型车每月小米25公斤，每季小米50公斤”。当时以小米作为管理费标准，实际征收时按交费时小米的市场价格折算成东北流通券(旧币)征收。1952年7月，热河省公路局调整养路费征收费率，汽车按吨(座）位计算，兽力车按套计征。1956年，热河省撤销后，承德市公路养路费征收按河北省交通厅1955年5月30日发布的《河北省养路费征收细则》执行。

1958—1998年，域内养路费征管，由承德市公路养路费征稽所大三岔口养路费检查站负责。1999年，区内的养路费开始由双滦区交通局养路费征稽所征稽。养路费费率、费额和收费办法,随不同时期和不同路况而进行调整和修改。

1999—2005年双滦区养路费征收情况统计表

表4-4-2　　　　单位：万元

年　份	征收总额	汽　车	拖拉机	摩托车
1999	833.8	794.8	39	—
2000	845.8	800.7	45.1	—
2001	830.0	785.0	45	—
2002	855.3	802.2	38.4	14.7
2003	929.0	860.2	50.1	18.7
2004	1260.0	1140.3	78.3	41.4
2005	1505.6	1450	17.1	38.5

第五章　邮政通信

清代，域内设有驿站和邮政分柜铺，民国期间设有邮政代办所、邮政局。邮路、业务范围很有限。新中国建立初，邮政发展缓慢。1985年组建区邮电（政）局后，设备与人员增加、邮路扩展、业务面扩宽、业务量大幅度增长。业务涵盖函件、包件、汇兑、机要通信、发行、投递、储蓄和物流。2005年，双滦邮政局辖支局2个、邮电所2个、电信代办所1个，服务覆盖全区。

第一节　邮　　政

一 邮政业务

函件 清光绪三十二年（1906年）建立铺户代办分柜，办理函件业务。新中国成立后，函件业务逐渐增长。1985年函件业务出口量16万件。随着电信业务的发展,函件业务呈下降趋势。1987年，函件出口14.6万件。1998年，邮政和电信分营后，双滦邮政局开展邮政广告、邮政贺卡和有奖明信片等新业务，使函件业务量又渐趋增加。2005年，全年函件出口16.9万件。

包件 域内的普通包裹邮寄业务开办于清朝末年。民国21年（1932年），开办保险包裹和快递小包业务，后因邮路不畅，时办时停。1949年恢复民邮业务，重新开办普通包裹业务。1950年9月后，开办快递小包业务和保价和代售货价包裹业务。1969年4月起停办代收货价包裹业务，1981年重又恢复。1987年12月，开办大件商品包裹业务。1990年7月，撤销快递小包和包裹附寄回执业务。2003年，包裹业务分为快递包裹和普通包裹两种。2005年,全年包裹出口量0.32万件。

汇兑 清代光绪三十三年（1907年），喀喇河屯铺户代办分柜开办汇兑业务。1948年11月至1950年1月，曾中断汇兑办理。2001年以后，区内各邮政网点均配备微机打印设备，开据汇票由计算机操作。汇款种类有普通汇款、电子2小时汇款和入账汇款等业务。2005年,汇票出口量为1.1万张。

机要通信 民国36年（1947年），中共冀热察区党委交通科设热西交通队，域内开始有机要通信。此项业务在新中国成立之初是“军邮”业务的构成部分。1953年军邮转归地方，就成为地方邮电机构的一项常规业务。机要通信在邮局内部处理时，将文件的密级分为“绝密”“机密”和“秘密”3种，分类标明密级，在保密安全的条件下予以投递。近年统计，1998年机要出口件数为58件、2002年127件、2003年167件、2004年100件。2004年以后随着交通、科技的发展，通过邮政发送的机要文件越来越少，2005年，全年出口机要文件仅为70件。

发行与投递 清代，用马匹作为交通工具投递邮件。民国21年（1932年）始，过往的邮路始用汽车投递邮件。从邮政点发往附近的邮件，一般为步班邮递。1955年，邮递员使用自行车投递邮件。1980年开始，在区内的两个乡（大庙公社和偏桥子公社）的邮段使用摩托车。1990年以后，区内邮路全部改用自行车投递。

1950年，全国邮政推行“邮发合一”业务，邮政机构即开办报刊的征订、分发、运输、投递和批销零售，从中收取业务发行费。1959年，国民经济出现困难，纸张紧张，报刊实行限额发行，业务量连年下降，直到1964年才开始回升。1966年以后的“文化大革命”中，大部分报刊停刊，发行量再次下滑。1978年，党的十一届三中全会以后，绝大部分报刊恢复，报刊发行业务量明显回升。1998年，双滦邮政局订销报纸10000余份，订销杂志9500多份。2005年，全年报纸、报刊期发行8600余份，报刊流转额43万元。

境内的邮政业务采用集中统一投递的方式。按投递数量、投递户数、投递里程和投递工具等划分投递区域。各类邮件的投递,沿用平常函件、挂号信函按址投递;包裹、汇兑在营业窗口投交。1994年11月，双滦邮政局始办特快专递业务。2005年,开办“全夜航”业务,城市之间“特、专、快”邮件可实现次日达。特快专递出口件为1.65万件，收入42.8万元。

分拣 封发与集邮 分拣、封发是邮政机构内部事务。双滦邮政局大庙支局分拣、封发工作由营业员兼职；双塔山和滦河两个支局都设有专职的分拣、封发人员。

1986年，双滦邮政局成立集邮公司，开展集邮业务。1990年，双滦集邮协会成立，下设3个分会。由于集邮公司多方开辟货源,开展邮票预订、票册、生肖币及个性化邮票销售工作，销售收入逐年增加。2005年,全年集邮业务收入10.98万元。

速递 邮政速递现已成为邮政的一项主要业务。利用网络的优势，将运输、仓储、配送等物流功能和业务信息有机结合，形成物流供应链，为客户提供服务。1999年，双滦邮政局开办速递物流配送业务。2004年，局内成立速递物流公司，主要业务是生活日用品和食品的分销配送及信件速递工作。2005年，全年实现速递物流收入1855元。

二 管理机构

清　民国时期邮政机构　清朝乾隆年间，在喀喇河屯（今滦河镇）设有驿站，称喀喇河屯站，隶属于承德府，负责函文传递。光绪三十二年（1906年）五月，喀喇河屯设滦平铺户代办分柜。光绪三十四年（1908年），喀喇河屯设邮政分柜铺，隶属于承德府邮局，当时有驿丁14人、马夫6人、马12匹。宣统元年（1909年），喀喇河屯邮政分柜铺之下曾另设有代办所（设置处所不详）。宣统三年（1911年）喀喇河屯设邮电分局1处。

民国元年（1912年），喀喇河屯设信柜1处，负责普通邮信业务。民国2年（1913年），喀喇河屯设邮政代办所1处。民国10年（1921），喀喇河屯设邮政分局1处。民国25年（1936年）喀喇河屯增设电话局1处。民国27年(1938年)，喀喇河屯设邮政局。民国29年（1940年），伪满滦平县公署西迁鞍匠屯，同时将邮政、电话等机构迁出喀喇河屯。民国37年（1948年），中共滦平县政府在滦河镇设滦江邮政代办所。

新中国邮政机构　1949年11月，滦河镇设滦河邮电营业处。1950年7月，滦河邮政营业处升格为滦河邮电支局。1953年，承德市邮电局在双塔山设邮电所。同年，大庙设邮电代办所；1954年4月，大庙邮电代办所改设为邮电营业处；1955年，大庙邮电营业处改设为邮电支局。1956年1月，滦河邮电支局降为邮电营业处。1958年10月，滦河邮电营业处、双塔山邮电所升格为邮电支局。1969年12月，承德市邮、电分设。1983年，大三岔口村设邮电所、西地设邮电所、偏桥子公社设电信代办所。1985年5月，组建双滦邮电局。1998年，双滦区境的邮电实行分营，改双滦邮电局为双滦邮政局。

2005年，双滦邮政局辖滦河、大庙2个支局，大三岔口、西地2个邮电所及偏桥子电信代办所。另外还担负滦平县1个乡30个村的通信业务。共有职工76人，生产用房计576平方米。有邮路10条，16个投递段，计240公里，服务面积420平方公里，服务人口12万人。

1998—2005年双滦邮政局业务量及收入情况一览表

表4-5-1

项　　目	1998	1999	2000	2001	2002	2003	2004	2005
出口函件（万件）	19	20.5	17.5	20.1	16.7	30.2	21	16.9
出口包件（万件）	0.48	0.41	0.41	0.37	0.48	0.39	0.34	0.32
出口汇票(万件)	2.6	2.3	2.3	1.85	1.65	1.8	1.6	1.1
出口机要文件(件)	58	60	41	114	127	167	100	70
特快专递件数(万件)	0.41	0.51	0.61	0.78	0.78	1.13	1.35	1.65
特快专递收入(万元)	10.7	13.5	16.3	20.6	23.8	31.3	40.2	42.8
集邮(万元)	18.96	19.23	21.08	21.43	19.41	15.91	11.30	10.98
储蓄收入(万元)	25	41	55	73	90	99.6	115	134
订销报刊期发行份数(万份)	31	41	36	28	32	29	35	43
订销杂志期发行份数(万份)	1	1	1	0.67	0.6	0.57	0.72	0.86
订销报刊	20.6	21.7	20.69	15.88	16.77	22.06	19.71	16.2
累计份数(万份)	9.6	9.9	6.4	5.5	4.32	5.08	5.99	9.65
订销杂志累计份数（万份）								1855
物流(元)								

第二节　通　　信

一　电信业务

电报　清光绪十八年（1892年），北京—承德之间电报线,经过域内。民国13年（1924年），过境的电报线建成双线。

民国初年邮电合营时，喀喇河屯邮电机构办理电报业务，后设有专设的电报机构。收发电报是莫尔斯符号人工机。新中国建立后至1974年,收发报兼用人工音响机。1961年始有收信机、发信机。1975—1985年全部改为电传机。电报投递中，设定免费直投范围，超过范围收取1元专送费。电报投递分为天气、水情、公益、政务、新闻、特急、加急电报种类。1953年后，开始执行邮电部制定的全国统一资费标准。

电信　清宣统三年（1911年），喀喇河屯设邮电分局,经营范围有电信内容。民国4年(1915年)喀喇河屯设磁石式电话交换机1部，供官方使用。民国18年（1929年）开始建设自北京—承德的有线电路。民国25年（1936年）喀喇河屯增设电话局经营电话业务。民国28年（1939年）日伪县公署下辖的8个警察署安装了电话，同时各乡的分处所和村公所也安装电话。新中国建立后电信业务逐渐发展。1976年长话实现半自动接续，1986年实现长话自动接续。2003年，双滦电信双塔山客户中心开通591业务。同年，双滦电信营业收入增长50%。2004年电信业务，发展用户500户，户线到位率40%。2005年底，双滦电信户线到位率60%；公用电话遍布区内街道和临街店铺，公用电话普及率40%。开通了17968IP长途卡业务及17969异地注册业务，为学校和机关团体等用户推出96140专网卡电话服务业务。电信新建基站20多个，网络覆盖率99%；电信专线30多家，电信专线市场占年总收入的30%～40%。

二　通信业务

网络通信　2002年，中国网通集团有限公司河北承德分公司双滦营业部（简称“双滦网通”）架设传输光缆87皮长千米，通信电缆137皮长公里。2002年度，双滦联通投资90万元，分别在滦河镇和承钢建设基站2个。2002年后，双滦网通投资4000万元，先后兴建矿机、中营子、陈营子、北梁、御祥园、老沟门和长北沟等7个电话站。开通双塔山、御祥园、矿机、大庙、中营子、大三岔口、偏桥子、老沟门、滦电和滦河等10个宽带设备节点，宽带容量4500个。2004年，双滦联通投资70万元，分别在偏桥子、冰沟门和大庙建设基站3个，加上原有5个基站，双滦联通网络已覆盖全区。2005年，网络公司总端口容量达到50000余个。小灵通基站覆盖承钢、滦河、大三岔口和双塔山等范围，总数达100个，用户1.5万户。双滦网通先后与顺达公寓、荣信花园小区和金色家园小区等4家开发商达成业务使用共识,建成小区网络25个。2005年,双滦网通组建有4个镇和25个职能部门在内的电子信息党政光纤网，建设多家企业内部专网，组建双塔山和滦河光纤环网2个。有F-150和CC08交换机总容量为22938门，每百户电话普及率为40.87部，村通电话率100%。通信管道286孔公里，总管道井数量为430个。新架光缆98皮长千米，使杆路及架空电缆总长为428皮长千米。2005年,双滦联通分公司建有基站13个，网上用户2.1万户。

移动通信　1997年7月，中国移动通信集团河北有限公司双滦分公司（简称双滦移动）建有基站4个，自办营业厅1个，有员工5人；网上用户150户，年收入35万元。至2005年，双滦移动营业系统覆盖全区。有传输杆路总长30千米，其中：广仁岭至西地段长10千米，大三岔口至大庙段长20千米；通信管道总长14.5千米。丝绸厂至应营子段长2.5千米，丝绸厂至滦河段长12.5千米。建有14个基站,双塔山、承钢、大庙、偏桥子等4个营业厅和8个专营店，网上用户25000户，全年业务收入2230万元，移动电话普及率22%。

1999—2005 年双滦移动分公司基本情况一览表

表 4-5-2

年 份	员工人数（人）	办公场地面积（平方米）	营业面积（平方米）	基站数（个）	网上用户户数（家）
1999	7	34	7	2	150
2000	8	34	20	3	3000
2001	11	34	20	4	6000
2002	12	34	285.69	5	10000
2003	15	34	285.69	7	15000
2004	17	34	285.69	9	19000
2005	21	305.32	537.01	13	25000

三 管理机构

邮电局 光绪三十二年（1906 年）五月，喀喇河屯设滦平铺户代办分柜；光绪三十四年（1908 年），喀喇河屯设邮政分柜铺；宣统三年（1911 年），喀喇河屯设邮电分局。民国 15 年（1926 年）滦河街设电报局。民国 25 年（1936 年），滦河街增设电话局。民国 29 年（1940 年），滦河街所设电报、电话局迁出境域。1949—1997 年，域内先后设邮电支局、邮电局、邮电所。1998 年，双滦邮政、电信分立，成立双滦区电信局。2005 年，双滦区邮政局有职工 45 人，其中内退职工 7 人。

电信局 1998 年，双滦区电信局成立。1999 年 7 月，电信重组，移动通讯从电信剥离。2000 年 7 月，河北省电信公司承德市分公司双滦区营业部（简称双滦电信）成立。2005 年，双滦电信设置营业、营销、装维等岗位，有员工 20 人。

网通公司 2002 年，中国网通集团有限公司河北承德分公司双滦营业部（简称双滦网通）成立。2005 年，双滦网通有职工 45 人，下设滦河、大三岔口、大庙、偏桥子 4 个支局营业，双塔山、滦河、大三岔口、大庙、偏桥子、滦电、承钢 7 个营业厅。

移动公司 1997 年 7 月，中国移动通信集团河北有限公司双滦分公司成立。有营业厅 1 个，员工 5 人。2005 年，有营业厅 4 个、专营店 8 个，有员工 21 人。

联通公司 2002 年 4 月，中国联通双滦分公司成立。2005 年，双滦联通分公司有员工 15 人，营业厅面积 200 平方米。

第六章 环境保护

清代，域内人口稀少，草茂林丰、鸟兽种类繁多、大河小河水量充盈。民国时，直奉军阀战争，一些树木被砍伐用于军事。民国 31 年（1942 年）日伪修建承德市—古北口、大庙—双塔山的铁路，树木被大量砍伐用作枕木。民国 32 年（1943 年），满洲电气株式会社在双塔山建火力发电厂、选矿厂和砖厂，“三废”（废水、废气、废渣）直接排放对环境造成一些污染。

新中国成立后，承德钢铁厂、滦河发电厂、市造纸厂、市皮革厂、市化肥厂、市丝绸厂、市麻纺厂等，一批大中型国营企业相继建成投产。工业大发展、人口激增，对生态环境造成了很大压力。1958 年“大炼钢铁”运动中，靠近公路的山林基本全被砍掉充作炼铁炉的薪柴。1960 年后，浅坡开荒、垦草地种粮，近山靠河的草场也大都消失。林木草场毁坏后，水土流失、河道淤积，生态环境退化十分严重。20 世纪 70 年代后，工业粗放式发展加速，“三废”经简单处理后大量排放。野生动植物种类和数量大量减少。改革开放后，域内工业发展再次提速。在生产过程中产生的废水、废气和固体废物等有毒有害物质大增，经过初级处理直接排入河道或空中，或作简易性掩埋。90 年代后，环保被各级政府重视，治理排放提到议事日程。至 2005 年，区内封山育林 7 万亩，退耕还林 2.4 万亩，山林植被得到逐步恢复。

第一节　污染与监测

一　水污染

1979—1980 年，域内承钢、滦电、丝绸厂、麻纺厂、造纸厂、皮革厂等企业每天排放污水 42100 吨。这些污水有的未经任何处理经明沟直接排入滦河。1985 年，承德市进行工业污染源调查，双滦区废水年排放总量 1057 万吨，占承德市总量的 32.93%。工业污染物排放 9442 吨，占承德市总量的 33.90%。其中，悬浮物排放 149.26 吨，占全市悬浮物排放总量的 52.69%；挥发性酚排放 0.08 吨，占承德市排放总量的 7.71%；硫化物排放 9.58 吨，占承德市排放总量的 50.39%。

1986—1990 年，域内滦河主要污染物指标为高锰酸钾、悬浮物、氨氮及酚等。滦河监测断面有毒污染物评价结果：宫后监测点滦河水污染指数 3.36，承钢大桥水污染指数 3.82，白庙子滦河水污染指数 5.36；水质级别分别为Ⅱ级、Ⅲ级、Ⅳ级；评语分别为较好、轻污染、中污染。域内滦河监测断面有机污染物评价结果：宫后监测点滦河水污染指数 1.96，承钢大桥水污染指数 9.12，白庙子滦河水污染指数 19.17；水质级别分别为Ⅱ级、Ⅲ级、Ⅳ级；评语分别为较好、轻污染、中污染。地下水质良好的有滦河电厂水井、选矿厂水井、造纸厂水井；污染较轻的有承钢水源井。主要污染物为硝酸盐氮，其次为亚硝酸盐氮和氨氮。1989 年 12 月 27 日，滦河电厂西沟灰场子坝发生豁口事故，跑灰达 4 万立方米，严重污染滦河、农田。

1991—1995 年，五年监测数据统计评价结果，滦河为四级水质，评语为一般。域内滦河宫后监测点综合评价水质为三级，承钢大桥监测点综合评价水质为四级，白庙子监测点综合评价水质为四级；评语分别为良好、一般、一般。其中宫后断面五年共取得有效监测数据 646 个，主要污染物为大肠菌群、悬浮物、矿物油、生化需氧量等。承钢大桥断面五年共取得有效监测数据 647 个，主要污染物为大肠菌群、悬浮物、矿物油、高锰酸钾指数、生化需氧量等。白庙子断面 1991—1993 年取得有效监测数据 372 个。主要污染物为悬浮物，平均值 750，最大超标 27.0 倍、高锰酸盐指数平均值为 20.32，最大超标 13.3 倍；生化需氧量平均值为 1.42，最大超标 3.8 倍；pH 值平均值 8.07；其他超标项还有总硬度、氟化物、溶解氮。境内地下水五年监测数据统计评价结果表明，承钢水源井、滦河电厂井、造纸厂井水质较好。承钢水源井、滦河电厂井、造纸厂井出现菌群超标主要污染物为大肠杆菌、细菌总数及氨氮。

1994 年 1 月，承德钢铁厂因油泄露造成水污染事故。农作物受害面积 133320 平方米。

1996—2000 年，双滦区工业废水排放量居承德市首位。1996 年，工业废水排放为 1516 万吨，占全市总量 97.18%；1997 年，工业废水排放 2146 万吨，占全市总量 43.79%；1998 年，排放 1685 万吨，占全市总量 47.88%；1999 年，排放 1381 万吨，占全市总量 40.80%；2000 年，排放 1265 万吨，占全市总量 50.72%。主要污染物有六价铬、砷、铅、挥发性酚、氰化物、石油类、生化需氧量、悬浮物、硫化物。1996—2000年，境内滦河监测点污染物统计：宫后点超地面水5类污染物有高锰酸钾指数、悬浮物、矿物油，超污水一级污染物为悬浮物，地表水水质级别为四级；承钢大桥点超地面水5类污染物有高锰酸钾指数、悬浮物、氨氮，超污水一级污染物有悬浮物，地表水水质级别为Ⅳ级；偏桥子大桥点超地面水5类污染物有高锰酸钾指数、悬浮物、矿物油氨氮、生化物需氧量，地表水水质级别为Ⅳ级。地下水1996—2000年，饮用水污染物：承钢水源井主要为硝酸盐氮，地下水质级别为Ⅱ级；滦河电厂主要为pH值、硫酸盐、硝酸盐氮，地下水水质级别为Ⅲ级；选矿厂井主要为氨氮、硫酸盐、硝酸盐氮，地下水水质级别Ⅲ级；造纸厂井主要为氨氮、硫酸盐、硝酸盐氮，地下水水质级别为Ⅲ级。

2005年，双滦区工业用水总量为61,770万吨。承德市工业污染源（20家）废水年排放量排序及区域污染负荷比统计显示：承德钢铁集团有限公司废水排放总量1045.98万吨，居全市年度之首；滦河电厂废水排放总量325.51万吨，居第三位；承钢集团黑山铁矿废水排放总量107.34万吨，居第九位。主要污染物有生化需氧量、悬浮物、酚、氰化物、重金属、氟化物。

2001—2005年，承德市环境监测站五年均值结构显示：滦河有7项污染物超标，主要污染物为氨氮、石油类和高锰酸钾指数。境内滦河宫后监测点溶解氧平均值9.51，超标率3.4%；高锰酸钾指数平均值4.09，超标率13.7%；生化需氧量平均值3.49，超标率17.2%；石油类平均值0.257，超标率58.6%。承钢大桥监测点测得高锰酸钾指数平均值4.62，超标率16.7%；生化需氧量平均值3.76，超标率33.3%；氨氮平均值0.724，超标率13.3%；石油类平均值0.248，超标率90.0%，最大超标倍数7.0；总锌平均值0.52，超标率3.5%。偏桥子大桥监测点测得高锰酸钾指数平均值6.85，超标率26.7%，最大超标倍数2.5；生化需氧量平均值3.80，超标率26.7%，最大超标倍数1.6；氨氮平均值0.726，超标率16.7%，最大超标倍数2.1；挥发酚平均值0.001，超标率3.3%，最大超标倍数1.8；石油类平均值0.181，超标率90.0%，最大超标倍数8.3。域内地下水监测点仍为承钢水源井、滦电井、选矿井和造纸厂井，地下水质良好。

二 大气污染

1986—1990年，《承德市环境质量报告书》显示：依据1985年污调数据进行污染源评价，工业废气污染严重的8家企业中境内的滦河发电厂和承德钢铁厂位居第一、二位。双滦区主要污染物以烟尘为首。

1986—1990年，双滦区工业废气和民用废气排放总量占承德市排放总量的60%～70%。有害物质主要有二氧化硫、氮氧化物、一氧化碳、烟尘。

1985年双滦区工业废气排放情况一览表

表4-6-1　　单位：万立方米／日

单位	排放量（万立方米／日）	有害废气绝对排量(T/Q)			
		二氧化硫	氮氧化物	一氧化碳	飘尘
滦河电厂	1354.320	97.680	4.165	3.696	15.33
承钢	181.024	13.056	0.297	0.494	2.223
丝绸厂	17.100	1.233	0.028	0.047	0.750
麻纺厂	18.058	1.302	0.030	0.049	0.792
造纸厂	8.465	0.611	0.014	0.023	0.371
矿山机械厂	14.817	1.069	0.024	0.040	0.650

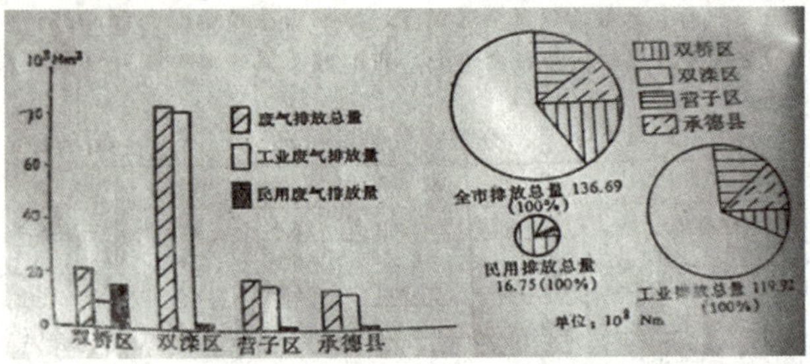

1986 ～ 1990 年工业废气与民用废气排放情况对照图

1991—1995 年，滦河发电厂和承德钢铁公司是承德市主要废气源。主要污染物是二氧化硫，污染负荷比为 48.04%；其次是烟尘，污染负荷比为 20.23%；氮氧化物污染负荷比为 19.58%。

1996—2000 年，双滦区是承德市燃煤量最大的县区。2000 年，承德市工业废气排放总量为 340.73 亿标立米，废气处理率为 88.4%。其中，燃烧废气排放量为 160.13 亿标立米，占工业废气排放总量的 47.0%；生产工艺废气排放量为 180.60 亿标立米，占工业废气排放总量的 53.0%。承钢和滦河电厂是区域的两大空气污染源。

双滦区是空气污染较重的区域，等标污染负荷排序在承德市之首，为 68.9%。

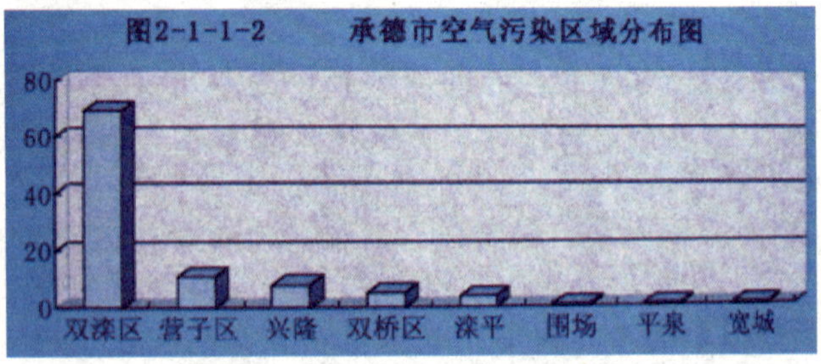

承德市空气污染区域分布图

2001 年—2005 年，承德市燃煤消耗主要在电力、蒸汽热水供应业及黑色金属冶金工业。滦河电厂 2005 年燃煤消耗量占全市总量的 26.8%，其次是市热力集团和承钢。工业废气中主要污染物为工业粉尘，其次是烟尘和二氧化硫。空气污染行业排序和"九五"计划期间没变化，依次为电力、蒸汽热水生产、黑色金属冶金、煤炭采选、非金属制造、化工等。电力、蒸汽热水生产、黑色金属冶金、煤炭采选和化工五个行业总的污染负荷比为 92.5%，与"九五"期间的 93.7% 基本相同。双滦区在市各县区的等标污染负荷比中仍居首位。

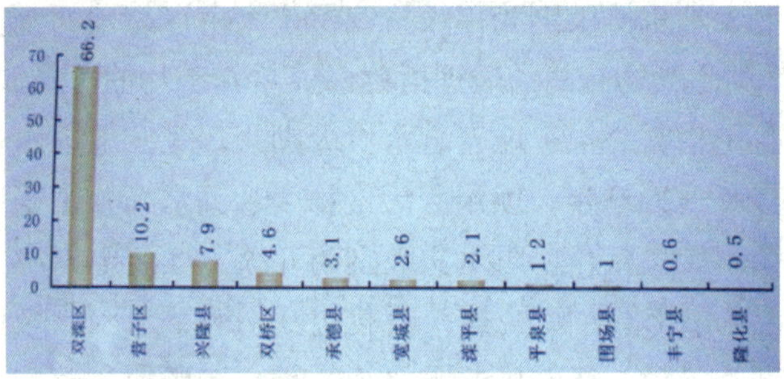

2001 ～ 2005 年承德市空气污染区域分布图

2005 年，双滦区工业废气排放量较 1992 年增长 2.63 倍；二氧化硫排放量，各年度虽有起伏，总体看大体均衡；烟尘排放量的数据仅为 1992 年的 1/2 弱，是污染物中明显改善的一项。

三　固体废弃物污染

域内的固体废弃物主要有工业尾矿、冶炼废渣和粉煤灰等。环保方面对固体废弃物的检测与统计不及空气污染和水污染，可采数据较少。

20 世纪 40 年代后，日伪在境内建立选矿厂，出现尾矿等工业固体废弃物。50 年代末，境内大中型工矿企业增多，工业固体废弃物随之逐年增长。2000 年，承德市工业固体废弃物排放 583.14 万吨。其中，承钢年产 215.76 万吨，占全市总量的 37%，滦河电厂排在第三位（主要工业固体废弃物为粉煤灰，当时发生量 50 余万吨／年），占 8.6%。境内的两家大企业的工业固体废弃物产生量占全市年度排放总量的 45.6%。"十五"计划期间，尾矿类工业固体废弃物排放十分突出，占承德市工业固体废弃物总量的 73.4%。

1992—2005年双滦区工业废气、二氧化硫和烟尘排放情况概览表

表4-6-2

污染排放类别	1992	1993	1994	1995	2002	2003	2004	2005
工业废气排放量（亿立方米）	123.01	128.56	134.83	141.7	258.4	313.3	324.2	324.1
二氧化硫排放量（万吨）	3.85	2.87	2.89	2.96	3.61	4.0	3.77	3.77
烟尘排放量（万吨）	3.12	1.71	1.74	1.78	1.5	1.6	1.54	1.54
万元工业产值烟尘排放量（吨）	0.169	0.179	0.173	0.169	—	—	—	—

2001—2005年，承德市工业固体废弃物产生量为4217.0万吨，综合利用量为1328.0万吨，综合利用率为31.5%，处置率为38.6%，其中“十五”计划末工业固体废弃物产生量为1164.3万吨，比“九五”计划末增加了539.5万吨，综合利用量增加了330.0万吨。工业固体废弃物中尾矿产生最多。

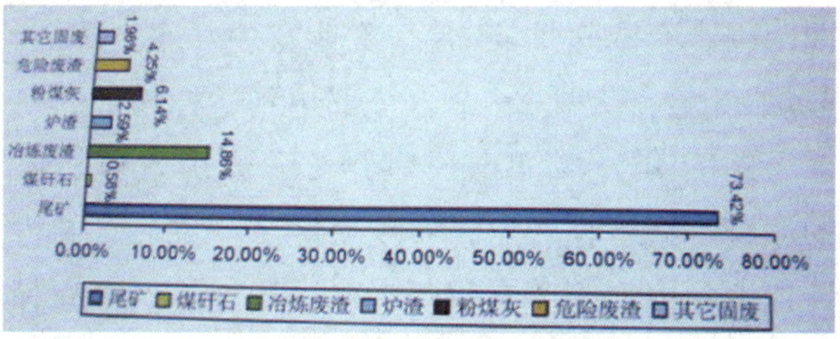

“十五”计划期间承德市工业固体废弃物构成图

第二节　污染防治

一　水污染治理

域内水污染治理工作始于20世纪80年代，治理重点主要是滦电和承钢两大国有企业污染源。1982年1月，滦河电厂安装两套二氧化硫吸收塔，利用烟气中的二氧化硫降低冲灰水pH值方法，使灰水pH值由原来的10.7降至8.6～8.8，达到国家规定排放标准。承德钢铁公司先后实施选矿废水回收工程、高炉冲渣回收工程和转炉洗涤废水处理工程。承德市丝绸厂采用电解法处理印染废水；皮革厂采用化学凝聚法处理印染废水；造纸厂采用气浮法进行白水（造纸废水）回收，都使相关工业废水污染逐渐减少。1992—1995年，工业废水排放达标量：1992年89万吨，1993年965万吨，1994年1041万吨，1995年1146万吨。工业废水处理率：1992年68.45%，1993年66.5%，1994年67.8%，1995年67.8%。

1991—1995年承德市三区一县工业废水排放情况概览表

表4-6-3

县区名称	汇总工业企业数（个）	按1990年不变价计总产值(万元)	工业废水排放总量（万吨）	外排工业废水直接排入江河率(万吨)	工业废水排放达标量(万吨)	工业废水排放达标率（%）	工业废水处理总量（万吨）	工业废水处理率（%）
双滦区	9	112045.3	1700.56	1697.56	1377.27	81.0	1626	83.7
双桥区	45	107354.3	340.43	337.63	292.32	85.9	106	108.1
营子区	13	26881.9	84.04	58.19	29.54	35.1	760	—
承德县	30	47745.5	633.83	458.75	345.14	54.5	384	68.8
三区一县合计		294027.0	2758.86	2552.13	2044.27	—	2876	—
双滦区在三区一县中比值%		38.10	61.61	66.50	67.36	—	56.53	—

双滦区工业废水排放量占到总量的61.61%，达标排放率为67.36%。工业废水治理在三区一县处于领先水平。

2002—2003年，承钢投资381万元，对原有各废水处理设施进行改造和完善，实现焦化废水零排放。2004年，承钢外排废水量由2002年每小时1200～1500吨下降到每小时400～600吨，总排废水各项指标均符合国家标准。

2002—2005年，区内工业废水年排放量相对于1995年减少1/2，治理收到明显的成效。2002年，工业废水排放总量817.5万吨，化学需氧量排放量0.032万吨；2003年工业废水排放总量846.3万吨，化学需氧量排放量0.08万吨；2004年工业废水排放总量913.1万吨，化学需氧量排放量0.28万吨；2005年工业废水排放总量913.0万吨，化学需氧量排放量0.28万吨。

从20世纪80年代中期开始，双滦区先后实施滦河流域污染综合治理和牤牛河等小流域治理工程。滦河、牤牛河两岸增加植树面积，采取生物措施改善环境，防止水系污染。2004年，区内退耕还林8000亩。其中退耕造林4000亩，匹配荒山造林4000亩。同年，实施京、津风沙治理封山育林工程和小流域治理工程，累计造林2000亩。

二 大气污染治理

1980年，承钢拨款24万元，安装氧气顶吹转炉除尘设施，减轻了烟尘排放。同年，滦电对厂区的130亩粉煤灰灰场进行黄土全覆盖。覆盖层为0.5米，根治了扬尘污染；1984年10月，滦电对4号炉除尘器进行改进，使除尘器效率由原来的90%提高到95%，降低了烟尘排放量。同时，修建高210米烟囱一座，烟气中二氧化硫浓度明显下降，排放达到国家规定的二级标准。

20世纪90年代，区内农行双塔山办事处、滦河办事处、滦河康定精神病医院、滦河医药批发站、滦河绝热保温材料厂、长城轧钢厂、长达煅造厂、宫后建筑材料厂和热河面粉厂9家企业事业单位的取暖、生产用锅炉进行统筹治理，减少烟尘排放。

1998—2000年，双滦区环保部门连续3次对区内民用取暖炉、工业窑炉和20家工业企业下达烟尘排放限期治理通知，污染源达标率达到95%以上。2000年以后，严格控制新污染源，积极治理老污染源，扼制了部分企业污染恶化的趋势。2001年，在区境主要街道和国道两侧可视范围内有取暖炉43台，工业窑炉6座，洗浴、茶炉23台，大灶89个，全部达到达标排放。

2003年，滦河电厂利用2.5万伏发电机组的低真空运行循环水，实现城区统一供热，并设计在5年内取缔所有采暖炉和民用灶炉。工程投入运行后，每年可减少烟尘排放约1000吨，减少二氧化硫排放约1900吨。2004年，取缔辖区企业的“土烧结”。大气中排放的二氧化硫减少40吨，烟尘减少234吨。

2000—2005年，区域内最大的排污大户——承钢，先后关停了白灰窑、电炉炼钢、中型轧钢、老钢管厂和中试厂等污染严重的生产厂；所有轧钢加热炉由燃用重油改为燃用焦炉、高炉混合煤气，取缔11个燃煤取暖炉和35个燃煤茶炉；采用35吨煤及煤气混烧锅炉集体供热方式，每年共减少二氧化硫排放量1540吨，减少烟尘排放量450吨，减少工业粉尘排放量1580吨。

1994 年双滦区工业废气排放及处理情况概览表

表 4—6—4

地区名称	工业废气排放量(万标立方米)	燃料燃烧过程中废气排放量		生产工艺过程中废气排放量		工业二氧化硫排放量		工业二氧化硫去除量		工业烟尘排放量(吨)	工业烟尘去除量(吨)	工业粉尘排放量(吨)	工业粉尘回收量(吨)
		合计(万标立方米)	其中经过消烟除尘(万标立方米)	合计(万标立方米)	其中经过净化处理(万标立方米)	合计(吨)	其中生产工艺过程中排放(吨)	合计(吨)	其中生产工艺过程中去除(吨)				
	1	2	3	4	5	6	7	8	9	10	11	12	13
双滦区	1577439	703981	681750	873458	866483	36150.05	7373.23	641.27	0	21110.68	24055.28	12777.88	342480.7
承德市	2494099	1194883	1058304	1299216	1065611	81142.41	15331.46	11081.3	2290.02	42912.14	79751.26	33234.49	365447.01
双滦区在全市所占比值%	63.25	58.92	5.83	67.23	81.31	44.55	48.09	5.78	0	49.19	30.16	38.45	93.72

双滦区"十五"规划期间工业粉尘排放及消减情况对照表

表 4-6-5　单位：万吨

种类	2002年	2003年		2004年		2005年	
	排放	排放	消减	排放	消减	排放	消减
二氧化硫	3.61	4.0	0.2	3.77	0.1	3.77	0.1
工业粉尘	1.8	1.76	0.04	1.75	0.01	1.73	0.02
烟尘	1.5	1.6	0.01	1.54	0.01	1.54	0.01

三　工业固体废弃物治理

20 世纪 80 年代，境内采选企业开始按行业环保要求建设规范的尾矿库，使尾矿砂对河流和地下水可能造成潜在污染的问题基本得到解决。

1982 年，承钢建成外水冷滚动法膨珠试验生产线并正式投入生产，钒钛高炉废渣变成了建筑业的新建材源。同期，滦河电厂废弃的粉煤灰，加工成制作建筑构件填充材料，减少了固体废弃物的排放。

1992 年，区内工业固体废弃物利用量为 36 万吨；2003 年，工业固体废弃物产生 219.3 万吨，综合利用 149 万吨；2005 年，工业固体废弃物产生 74 万吨，综合利用 68 万吨。

1992—2005 年，境内工业固体废物综合利用率平均达 78.8%。其中承钢的高炉废渣和滦河电厂的粉煤灰利用率效果最为显著。

第三节　垃圾处理

一　医疗垃圾处理

境内承钢职工医院与双滦区人民医院分别建有焚烧炉，产生的医疗垃圾作无害化焚烧处理。承输集团职工医院及乡镇卫生院产生的垃圾，集中定期运至区人民医院进行无害化焚烧。

二　生活垃圾处理

20 世纪 80 年代前，人、畜粪便用于农田肥料；企业的生活垃圾由企业负责清运填埋；其他生活垃圾由各人民公社负责清扫、填埋。

双滦建区后，城区的生活垃圾处理由双滦区环卫处负责。处理方法主要是运至垃圾场填埋覆盖。1981 年，双滦环卫处处理生活垃圾 3600 余吨；1991 年，处理生活垃圾 7200 余吨；2000 年，处理生活垃圾 10800 余吨；2005 年，处理生活垃圾 18000 余吨。

三　建筑工程垃圾处理

双滦区 20 世纪 90 年代前，产生的建筑工程垃圾很少，建筑工程垃圾采取归口管理的方式，"谁产生，谁清运"。至 2005 年，双滦区建筑工程垃圾处理的较及时，主要处理方法是运至指定的荒僻山沟弃置。

第五编 经济总情

清代、民国期间，域内经济以种植业为主。有少量个体手工业，大多为前店后厂式经营，占经济份额比重较小。民国后期出现的采矿业，是日本侵华后资源性掠夺。由于封建土地私有制，农业生产条件和技术原始落后，发展缓慢。

域内解放后，农村开展土地改革，工商业得到恢复和扶植，经济迅速发展。1952—1957年，国民经济实行指令性计划，域内完成手工业和私营工商业改造。农业开始实行粮油统购统销。1958年实行人民公社后，农业生产进入集体统一经营、劳动报酬统一分配的计划经济时代。“文化大革命”期间，农业强调“以粮为纲”，只有单一的粮食种植。20世纪60—70年代，连续多年的农田基本建设和水利工程建设、推广“两杂一优”（杂交高梁、杂交玉米，优良品种）作物和科学种田等，农业生产条件得到明显改善，促进了农业生产的发展。

20世纪50—70年代，域内先后建成一批省市属大中型企业。主要有钢铁、发电、机械制造、建筑、丝绸麻纺、皮革、建材、化肥、啤酒、造纸、粮库、油储等行业。本土工业建筑业仅有农机修造、砖瓦厂、小建筑队、小铸造厂等社队企业。20世纪80年代后，区内工业发展迅速。乡镇工业企业所占比重增大，1990年，乡镇工业企业256家，工业总产值3127万元。21世纪以后，私营企业快速发展。2005年，区本级工业总产值14.33亿元，增加值4.41亿元，利税6500万元。

1980—2005年，双滦区改革开放25年，经济总量持续增长：工业总产值1981年126万元；2005年1455553万元。农业总产值1984年1065万元；2005年8837万元。地区生产总值1995年18836万元，2005年449263万元。经济结构不断优化：在国民经济综合结构中，第一产业占国内生产总值的比例逐年下降，第二产业不断提升。1995年，一、二、三产比重是26.2%、24.3%、49.5%；2005年，一、二、三产比重是1.3%、87.1%、11.5%。经过调整，第一产业形成以粮食、蔬菜、果品、禽蛋、奶牛、猪、鸡养殖为主导的产业发展格局。第二产业健康有序发展，形成以钢铁、建材、机械制造为主导的工业体系，对整个经济形成支撑。第三产业快速发展，形成交通运输、旅游服务、商贸物流、房地产业等地区性产业中心。国有经济市场份额逐年减少，集体经济市场先升后降，个体私营经济逐步占据主导地位。在投资结构中，国家、集体、个人共同发展，保持了适度规模和发展速度。

第一章　土地制度变革

新中国成立前，实行封建土地私有制，大部分土地掌握在少数官吏、贵族、地主手中。农民占有少量土地，生活困苦。域内解放后，在中国共产党领导下，农村实行土地改革，土地关系发生根本改变,生产力得到解放。农民分到了土地，生活有了保障。为了避免两极分化，走共同富裕的道路，人民政府引导农民自愿组织起来，走农业合作化道路。1958年，建立人民公社，土地等生产资料全部归人民公社、生产大队、生产队三级所有。实行生产资料集体所有，劳动力、农具和牲畜由生产队统一支配，生产经营和收益分配由生产队自主管理的模式。人民公社体制在域内延续至1984年。

第一节　土地所有制变革

一 土地私有制

清代，土地分为旗地和民地。域内大部分土地被满、蒙旗人圈占，旗地占土地总量的63.7%，民地占36.3%。在旗地制度中，田赋不平等。

民国初年，孙中山提议“平均地权”。民国4年（1915年）9月，域内热河官产处滦平分处依据《修正热河售放庄地规则》分配售放庄地。庄地卖完后，受旗人委托承卖了大量私有旗地。土地高度集中在官府、少数贵族手中的局面得到改变，相当数量的佃农，半自耕农，下层官兵有了一些土地。一些具有“二地主”性质的原佃，购得较多土地，上升为名副其实的地主。另有一些地主、商户勾结官府，趁贫苦佃户无力购买之机，以贫苦人名义大量买地，升为大地主。

民国22年（1933年），域内被日本侵略军占领后,强迫居住分散和小村的农户“集家并村”，迁移的农户大部分又沦为佃户，许多土地成为无主田，被地主、汉奸霸占。期间，耕地大幅度减少但又较为集中。

二 土地改革

土地改革前，域内70%的耕地被地主、富农占有，人口中90%的中农、下中农、贫农只占有耕地的30%。滦河镇西南营村有205户，1151人，耕地1560亩。其中地主14户，85人，有耕地1007亩，占耕地总数的65%；富农11户，54人，有耕地473亩，占耕地总数30%；贫农137户，有耕地80亩，占耕地总数5%；无地户43户。民国34年（1945年）8月，域内第一次解放。境域属东滦平县第一区、第二区。民国35年（1946年），各区人民政府领导农民群众进行土地改革。偏桥子区域各村成立农民协会，土改工作队把17户地主、27户富农的2567亩田地全部分给了无地的农民。其中大贵口村把地主120余亩土地分给无土地农户,共65户318口人，人均分地0.38亩。民国35年（1946年）9月至民国37年（1948年）10月，域内成为国民党占领区。地主对贫苦农民反攻倒算，强迫收回被分的土地和物资。

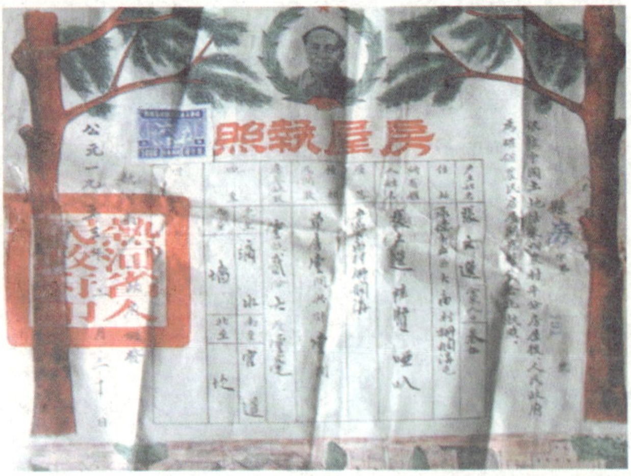

土地改革时期，政府颁发给大庙村农民的“土地执照”

民国37年（1948年）11月，域内第二次解放。民国38年（1949年）2月，各区大批干部组成土改工作队到各乡村，进行土地改革。贯彻“慎重地、正确地划分阶级。巩固扩大农村人民民主统一战线；组织以贫雇农为骨干的，团结中农及一切劳动人民的农会；区别对待大地主和中小地主、恶霸地主与一般地主、一般富农与恶霸富农；没收地主的土地及财产，没收富农多余的土地”的精神。采取“抽肥补瘦”“中间不动两头平”的土地分配政策，把地主、富农的土地及财产分给贫雇农。经过发动群众，组织农会，划定阶级成分，没收地主土地和平均分配等步骤，顺利结束土地改革运动，彻底结束几千年封建社会的土地制度，建立起农民土地所有制。

第二节　土地经营体制变革

一　互助经营

民国38年（1949年）3月，在大生产运动中，域内建立一些季节性换工组织、互助合作组织。互助组是在土地、耕畜、农具等生产资料私有制基础上的生产经营互助合作组织。农户自愿结合、互助互利、平等换工、出入自由、民主管理。农忙时，劳动力集中合理使用于农业生产；农闲时开展副业生产。既提高了生产效率，又增加了副业收入。1951年7月，域内建立常年性互助组98个，有农户2420户。1952年8月，又建立互助组116个，有农户3652户。互助组开展小规模农田水利建设，提高粮食亩产。1953年，互助组粮食亩产比单干时平均增产15公斤。

1952年双滦区偏桥子乡各村互助组情况统计表

表5-1-1

村	互助组（个）	人数（个）	其中临时组	其中长年组	拥有大牲畜（头）	拥有土地（亩）
羊泉子	—	—	—	—	—	—
老沟门	1	7	1	—	1	14
三家	2	18	1	1	3	34
达连坑	1	8	1	—	2	19
偏桥子	3	26	2	1	6	55
二道沟	无	—	—	—	—	—
大贵口	2	19	2	—	5	40
小贵口	1	9	1	—	2	19
十八盘	1	6	1	—	2	14.
前营子	1	6	1	—	3	12
长北沟	1	15	1	1	7	31.5
合计	13	109	10	3	31	238.5

二　入股经营

1954年初，依据全国第三次互助合作会议通过的《关于发展生产合作社的决议》精神，域内开始兴办初级农业生产合作社，实行统一生产管理，土地入股分红与按劳付酬相结合。入社社员的土地入股，牲畜、农具作价。社员劳动记工，劳力统一调配使用。收入以“劳六地四”（工分比例占六成；土地比例占四成）分红，年终结算报酬。由于实行统一经营，统一分配，能较合理的利用土地和其它的生产资料、合理的分配和使用劳动力，较互助组有更多的优越性。土地属于私有公用，所有权与使用权分离，农村个体经济逐步向社会主义集体经济过渡。1954年底，在互助组基础上，域内建立农业生产合作社116个，有农户3652户。1955年1月，依据有关规定，新合作社规模不超过25户一社和50户一社，并允许社员自由入退社。依据全国第四次互助合作会议精神，确定1955年至1957年的发展目标。域内建立初级农业生产合作社125个，参加农户4200户。

三 集体经营

1956年，贯彻落实中央《关于农业合作问题》文件精神，域内开始建立高级农业生产合作社。取消土地入股分红，土地统一归全社集体所有，牲畜、农具等作价入社。劳动力统一调度使用，全部实行按劳分配。高级社将几千年土地私有制改变为集体所有制，完成对农业的社会主义改造。在生产、财物管理中，全社对各生产队实行“三包一奖”，即包工、包产、包费用，超产节支奖励。分配中以社为单位，在总收入中，扣除税收、生产、管理、公益金、公积金及生产资料费用，其余为社员报酬。1957年，域内成立高级农业生产合作社15个，入社农户4516户，占总农户数的97%。

四 集约化经营

人民公社体制 人民公社是政社合一、统一经营管理、一大二公（规模大，公有化程度高）的农工商学兵“五位一体”的农林牧副渔的组织。土地、耕畜、农机具等生产资料及其它公共财产，包括社员自留地、林木、牲畜等全部转归人民公社所有。把经济条件不同的穷队富队拉平实行统一核算，由公社统管全社生产安排，物资调拨，劳力、产品分配。生产大队管理生产和部分经济核算，生产队成为一个具体组织生产的基本单位。由于在公社范围内实行平均分配，公共积累过多，义务劳动过多，违背等价交换原则，无偿调拨生产队和社员个人某些财产，影响了农民积极性，当时被称为“五风”之一的“共产风”。为纠正这种倾向，毛泽东主席在1959年中共八届七中全会上提出人民公社“三级所有，队为基础”。1962年，以生产队为基本核算单位的体制确立。人民公社的这种管理体制在区内延续至1984年2月。

人民公社沿革 1958年9月，根据中共中央北戴河会议精神和河北省委及承德市委关于建立人民公社的指示，域内先后成立滦河先锋人民公社和双塔山红旗人民公社。同年10月，先锋人民公社与双塔山红旗人民公社合并为东风人民公社。1959年，滦河人民公社又从东风人民公社划出，成立承德市滦河先进人民公社。其后，大庙人民公社、偏桥子人民公社相继成立。至此，域内已有大庙人民公社、偏桥子人民公社、双塔山红旗人民公社、滦河先进人民公社。其中：滦河先进人民公社是大公社，管辖除滦河镇外，还包括现今的滦平县陈栅子乡、付营子乡和西地乡。同年，4个人民公社入社农户2103户，占总农户的100%。4个公社下设生产大队25个、生产队109个。当时，滦河先进人民公社粮食亩产139公斤，劳动日值0.431元。1961年3月，中共中央下发《农村人民公社工作条例（草案）》（即《农业六十条》）。按此条例规定，原25个生产大队调整为37个，原有109个生产队调整为204个；并将原有的土地、劳动力、大牲畜、农具等全部固定到生产队。至此，农村经济实现公社、大队、生产队“三级所有，队为基础”的管理体制。1962年10月，中共中央八届十中全会通过的《农村人民公社工作条例（修正案）》进一步规定：生产队范围内的土地，归生产队所有，不经过县级以上人民委员会批准，任何单位和个人不得占用；生产队的劳力、农具、耕畜等都由生产队支配，公社和大队不得随意抽调。生产队对生产经营管理和收益的分配，有自主权。社员每天参加生产队劳动，男劳动力每天记10分工，女劳动力记7分工。年末以生产队为核算单位，结算劳动日值，进行年终分配。当时，域内劳动日值比较高的生产队 1.8 元左右，劳动日值比较低的生产队几角钱。1965 年以后，滦河人民公社管辖仅有滦河、宫后、酒店、东园子、西南营等 5 个生产大队、34 个生产队。至此，域内有人民公社 4 个、生产大队 37 个、生产小队 194 个。至 1984 年 2 月，双滦区人民公社、生产大队及生产队数量没有改变。

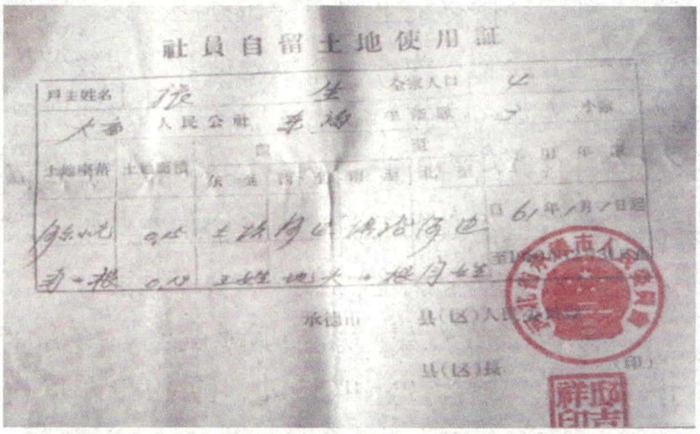

1961 年，河北省承德市人民政府颁发“社员自留地使用证”

人民公社分配　1958 年，人民公社社员口粮实行供给制；1959 年，社员口粮按人分等定量；1961 年，按工分分配加照顾；1962—1983 年 12 月，域内人民公社实行人口、劳动工分按比例分配，多为“人 7 劳 3”或“人 8 劳 2”的分配比例。

自留地　1959—1961 年三年困难时期，为增加粮食生产，渡过灾荒，国家允许社员个人在山坡、沟沿、河滩等处开垦小片荒地。1963 年，国家规定小片荒可占耕地的 7%，最多不超过 15%。1961 年依据《人民公社工作条例（草案）》规定，提取耕地总面积 5% ~ 10% 为社员自留地，归社员耕种。实行 5 不变（1962 年改为 60 年不变），即增人不增地，减人不减地，不纳公粮，不交公购，不算口粮指标。“文化大革命”期间，社员个人开垦的荒地曾被集体收回。自留地政策基本保持稳定，人民公社解体后，至 2005 年这一政策仍在执行。

第二章　经济体制改革

中共十一届三中全会后，经济体制改革首先在农村开始。1980 年，双滦区在农村开始逐步推行以家庭联产承包责任制和多种经营责任制。放开农产品销售市场，解放和发展生产力，在土地等基本生产资料仍归集体所有的前提下，实行土地所有权和经营权分离，以家庭经营为主，给农民充分自主权。无地和少地农民专业承包，农村经济结构得到改善和优化。农村经济体制改革解放了生产力，基本实现农业产品稳定增加和农民收入快速增长的两大目标。1981 年，工业和商业流通体制开始改革。从扩大企业自主权、推行经济责任制，进行分配制度改革，继而发展企业经营承包责任制。1998 年，为了适应社会主义市场经济发展需要，工商企业开始转为私营企业或股份制企业，经济体制改革使区内各项事业全面发展并充满活力。

第一节　农村经济体制改革

一　包工定额管理责任制

1979 年，按照中共中央《关于加快农业发展若干问题的决定》精神，域内有的生产队开始推行小段包工、定额管理等责任制。1980 年，滦河公社滦河大队第九生产队实行分组包干、划段包工等形式，调动了社员的生产积极性。

二　家庭联产承包责任制

1982 年，双滦区按照《全国农村工作会议纪要》精神，把以“大包干”为雏形的农业生产责任制明确为“家庭联产承包责任制”，并对农业生产责任实行合同化、规范化管理，签订3～5年土地承包合同。家庭联产承包责任制形式主要有：专业承包、联产计酬责任制是在生产队统一经营的前提下，劳动力按照农、林、牧、副、渔、工、商等各业，实行专业承包，联产计酬。联产到劳责任制是在生产队体制不变，土地等生产资料公有制不变，统一分配不变的前提下，实行统一生产计划，统一管理使用大中型农机具和水利设施，统一调配劳动力，统一生产；定劳力、定地块、定产量、定投资、定分工，超产奖励、减产赔偿。包干到户责任制是在坚持集体化道路和土地等生产资料公有制前提下，生产队生产任务承包到户，分户经营、自负盈亏、包交提留、取消工资分配。区内278个生产队，实行包产到户的生产队66个，占生产队总数的23.7%，实行包产到户的户数1873户，占农村总户数的22.5%；实行大包干的生产队123个，占生产队总数的44.2%；实行大包干的户数3214户，占农村总户数的38.6%。

1983年，区内生产队281个，实行联产承包责任制的生产队280个，涉及农户8253户，占农户总数的97.3%。区内农村开始出现个体和私营经济，从事农村商品生产经营专业户和重点户。滦河公社承包集体果林、工副业、渔业、农机具，个体养殖、加工、经商和运输等专业户619户、涉及劳动力1587人。偏桥子公社39个生产队，把180头大牲畜、3672件农机具、125间房屋等固定资产一律作价归户所有，全面实行家庭联产承包责任制。1984年3月，中共河北省委下发《关于完善家庭承包制发展合作经济的意见》。指出：耕地承包期应在15年以上，生产周期长的和开发性的项目，如果树、树木、荒山、荒地等，承包期应更长一些。1985年，在第一轮土地承包责任制基础上，调整农村第二轮土地承包，农民承包土地期限确定为15年。同时，荒山、鱼塘、果园、林地也实行多种形式的承包责任制。在推行联产承包责任制、调整农村产业结构、不放松粮食生产的同时，发展多种经营。农业走上了农、工、商、林、牧、副、渔全面发展的轨道。1985年底，农业总产值880万元，比1980年增长157.3%；农民人均纯收入400元，比1980年增长近2.6倍。1989年，区内进一步稳定和完善家庭联产承包责任制。稳定和完善土地、果园和部分荒山承包责任制，推行土地有偿承包，制定弃耕扔荒土地的惩罚办法。以“家庭联产承包责任制”为基础的统分结合双层经营体制基本形成。各乡镇建立农技服务站，村成立经济联合社43个。同时，改革村级干部工资发放办法，推行工作成果工资；制定增加农业投入政策；建立农业基金制度和农业积累工制度。

1992年，农业生产结构明显变化，经济作物比重增加。粮食产量9455吨，比1989年增长48%。肉蛋总产量1370吨，蛋产量360吨，奶产量730吨。粮食蔬菜优种面积95%以上，农产品商品率65%以上。1997年，区委、政府制定政策，土地承包再延长30年不变。至2000年，区内43个行政村全部完成土地延包。2005年，形成以联产承包为主体，以个体私营经济、股份制经济为补充的新的农村经济经营体制。

第二节　工业企业体制改革

1983年，双滦区从优化结构、简政放权、转换机制入手，改革工业企业经济体制。至2005年，经历三个重要阶段：1984—1987年，下放企业自主权阶段；1988—1995年，企业承包经营责任制阶段；1996—2005年，产权制度改革阶段。

一　经营体制改革

1984年5月10日，国务院发布《关于进一步扩大国营工业企业自主权的暂行规定》。扩大企业在生产经营、计划、产品销售、产品价格、物资选购、资金使用、资产处置、机构设置、人事劳动管理、工资奖金和联合经营等多方面的自主权，推行多种形式的承包经营责任制。区内工业企业开始实行承包经营责任制。工厂内部实行逐级承包，经济责任与经济利益直接挂钩。1985年，由区经委与各企业签订经济承包责任书。1986年12月，各企业逐家签订利润包干合同。1987年12月7日，区政府决定区属企业公开招标承包，并下发《关于工商企业推行承包经营的若干规定》，明确“包死基数、确保上交、超收多留、欠收自补”的承包原则。承包经营合同一定3年，企业内部实行“工资、奖金、联销计酬”的考核管理办法，搞活内部运作机制。1988年 12月，国务院发布《全民所有制工业企业承包经营责任制暂行条例》，区政府再次给企业扩权让利。企业有权选择经营方式；有权安排生产、供销；有权支配自有资金；有权决定用工制度和工资奖励制度，有权制定产品价格标准等。同时，推行厂长负责制和承包经营责任制，把竞争机制引入承包。区属工业企业面向社会实行公开招标，通过公平竞争，择优选聘经营者。

区属工业企业建筑材料厂、建筑陶瓷厂、二轻制品总厂实行向社会公开招标承包；机械制造厂、机修厂等实行内部招标承包。经先后两批竞争招标，区属5家工业企业全部落实了承包措施。其中：由社会人士中标承包的1家，厂内职工中标承包经营的4家。建筑材料厂承包后，从精简机构入手，将原来的12个科室32人缩减为3个科室（生活保卫部、生产部、经营部）22人，精减人员42%，5个生产车间合并为4个车间；建筑陶瓷厂采取“将选兵、兵选将”优化组合和责、权下放的形式，将过去的7个科室、2个车间改为5个科室、2个车间；二轻制品总厂以生产销售和机构调整为突破口，车间承包人以资产作抵押，上交厂部利润，原材料购进、产品生产、销售实行一条龙管理；机械制造厂，机修厂等实行车间、班组、工段从上到下层层承包，任务到人、责任到人。至1988年5月，区属企业全部实行承包责任制。1991年开始，双滦区贯彻落实《中华人民共和国企业法》，加快企业转换经营机制的步伐。按照“政企分开”的原则，简政放权，让企业自主经营、自负盈亏，照章纳税、独立承担民事责任，政府不再干涉企业的生产经营活动。同时，实行法人分立，推行“一厂多制”，划分核算单位，企业的车间拥有生产经营和管理的自主权。

二 产权制度改革

1996年，区政府按照“一个企业一个政策”的原则，根据各企业的不同情况，开始对区属工业企业进行以股份制与股份合作制为主的产权制度改革。同年9月，资不抵债的二轻制品总厂、耐磨材料厂破产。由于企业资产未能变现，不能以现金形式安置职工，参照最高人民法院有关破产企业财产分配的原则，采取实物形式进行安置。依照职工工龄长短、欠发工资多少，企业一次性安置。每个职工名下的安置款项作为股金入股，并解除职工原有身份，将原企业同时改造为股份合作制企业。

1998年，承德市政府下发《关于进一步放开、放活中小型工业企业的暂行规定》。双滦区部分工业企业改制采取安置费折股、债务转股、职工入股等多种途径实行“三股并存”（基础股、劳动股、风险股）或股份制等形式的民营化改造。改制方法主要采取企业产权折股出售、职工共有和净资产折股、全员购股、共同承担债务的方式，国家退出所有者位置，企业属职工共有；将国有或集体股权全部出售给职工，置换公有产权，实现企业民营化管理；对资不抵债的企业，将土地使用权一并出让计算到企业产权费用中，作为职工集资投入新股，实行合作经营，使之成为民有、民营式企业。同年5月，经区企业管理局资产评估，双滦机械制造厂占地23.08亩，企业资产总额625.1万元，负债714.2万元，资产负债率114.3%，净资产负89.1万元。区政府决定双滦机械制造厂以出让土地使用权的方式和个人买断经营的方式置换公有产权，整体接受安置职工，实现民营化改造。同年，区政府下发《关于对双滦区滦河轧钢厂实施转制的批复》，对股份制改造的有关政策作出明确具体的规定。5月21日，双滦区轧钢厂实施转制。职工与企业签订《买断职工工龄解除职工身份协议书》，企业一次性支付职工买断工龄费用后，原企业职工不再是本企业职工。原企业改制为股份制企业，更名为：承德市双滦轧钢有限责任公司。按照有关政策和企业章程评估资产，界定产权、设置和划分股份。同时，对评估出的56万元净资产进行股份划分，股权设置和集体股量化。56万元的出资额全部由职工购买为个人股，企业内部形成个人出资入股的股权制约机制。同年7月，区属集体企业建筑陶瓷厂股份制改造。根据河北省委、省政府《关于加快发展城市股份合作制企业的若干意见》《承德市股份合作制度实施意见》精神，经区体制改革办公室批复，1999年1月8日成立兴宝陶瓷有限责任公司和启德陶瓷有限责任公司。公司按照政策对原建筑陶瓷厂清产核资和资产评估，界定产权，制定新的企业章程和企业制度，选定企业产权人，组建新的股份制企业。评估出的209万元净资产出售给产权人，妥善安置职工。社保、保险关系转为社会管理。

2003年，区政府贯彻落实承德市委、市政府关于国企改革政策，本着“优势企业搞大搞强，一般企业放开搞活，无望企业重组新生”的改革思路，制定《双滦区国有集体企业改革攻坚实施方案》。区政府重新调整区产权制度改革领导小组成员，明确区企业产权制度改革领导小组职责，审定企业改革方案、协调解决改革中出现的重点难点问题。同年7月，区改革办批复《关于承德市建筑材料厂实施破产的指示》。9月23日，区所属国有工业企业建筑材料厂依法进入破产转制程序，并成立破产清算组。按照整体改制一步到位，国有资本退出到位，职工身份转换到位，社会保险落实到位，债权债务处理到位的原则，资产变现坚持宜整体则整体、宜分体则分体，向社会公开拍卖和内部职工公开竞卖。固定工职工按本人工作年限发给一次性安置费，合同制职工已在2000年12月前全部解除劳动合同，按政策给予补偿金。2004年末，195名在职职工全部得到妥善安置，企业拖欠职工的相关费用全部兑现。企业破产清算组、企业主管部门、劳动部门与职工签订《职工解除劳动关系协议书》《职工解除医疗关系协议书》《企业与职工终止养老保险关系协议书》。职工解除劳动关系后，涉及到今后养老、失业、医疗保险、工伤等社保费用由区就业服务局安排工作岗位，依法签订劳动合同，足额予以支付和交纳保险，确保社会保险接续，并按规定为其提供失业保险。符合城市居民最低生活保障条件的，纳入最低生活保障管理。通过产权制转让、破产重组、安置重组等形式，企业的国有资产和职工身份全部退出。

三 用工制度改革

新中国成立以后，国家曾对劳动用工制度进行过多次改革。1978年，中共十一届三中全会以后，国家实行“劳动部门介绍就业，自愿组织起来就业和自谋职业相结合”的就业方针，缩小统包统配的范围，改革单一的固定工制度。

固定工制度 在社会主义计划经济条件下，国民经济各部门需要的劳动力通过有组织的形式补充。大学、中专、技校毕业生和家在城镇的复员、转业军人由国家统一分配；社会上的劳动力主要采取有组织招收的形式，企业根据生产需要编制招工计划，报送劳动部门批准，在指定的地区按照规定的手续招工。主要的用工制度是固定工制度，这种制度的特点是职工的工作期限没有规定，除特殊情况外，就业以后长期在一个单位从事劳动，不能无故离职，单位也不能无故辞退，工资待遇和劳保福利由国家统一发给。1968—1978年，双滦区各用人单位从社会招收的较少，大部分是从农村招收的计划内临时工，再根据经营需要转为集体工或固定工。1985年开始推广劳动合同制，1986年10月，双滦区内用工全面实行劳动合同制，结束固定工制度。

临时工制度　企业有一些临时性、季节性、突击性生产，需要使用临时工人。临时工制度与固定工制度比较具有灵活、机动的特点。这种用工使用期限较短，一般不超过一年，到期或完成任务后辞退，需要时再重新招用，国家劳动工资计划部门负责临时工使用的控制。临时工的工资按实际工作日计算或实行计件工资和经济劳务承包。劳动保险、因工负伤或工亡待遇大体与固定工相同，但疾病、非因工负伤和非工亡待遇一般低于固定工。临时工的招用，国家有明确规定："凡是用工地点在城市的，应当首先从适合条件的城市需要就业的劳动力中招用，解决不了的，再从农村招用"。双滦区在招用临时工时首先从适合条件的本区待业人员中招用，其次是经过主管部门批准，从附近农村招用。各单位在招用临时工时，与所在地街道组织或劳动服务公司或农村社队签订劳动合同。劳动合同对使用期限、劳动条件、工资福利、劳动保险等均以条款形式确定双方的权利和义务及劳动关系。劳动合同期满即辞退，明确规定不准许各单位不按计划任意增人，并严格加以控制，及时清理、清退计划外用工。

亦工亦农制度　亦工亦农劳动制度是20世纪70年代产生的一种独特的劳动用工制度。亦工亦农是劳动者有时在工厂做工，有时在农村务农。他们主要来自农村社队，在参加工业生产时期，不改变农村户口，仍然保持社员身份。他们的劳动收入，一般不实行工资制度，而是参加生产队的分配。实行亦工亦农劳动制度的企业必须与提供劳动力的农村社队签订协议书或合同，明确规定参加工业劳动的人数、条件、待遇、期限等事项。企业将社员的劳动收入按期交付社队，使用亦工亦农轮换工制度的企业按规定的期限轮换，不能随意延长使用年限，以防成为变相的固定工。期间，驻区国有企业也在周边社队招用部分亦工亦农人员。1979年，国家规定国营单位招用的计划外来自农村的临时工、合同工、亦工亦农人员予以清退，今后不得再使用。

劳动合同制　1986年7月，国务院颁布《国营企业实行劳动合同制暂行规定》《国营企业辞退违纪职工暂行规定》《国营企业招用工人暂行规定》《国营企业职工待业保险暂行规定》等4个有关劳动用工制度的法规。从1986年下半年开始，双滦区政府根据河北省劳动厅关于印发《河北省劳动合同管理规定（试行）》的通知精神，实施劳动用工制度改革。废止"子女顶替"制度和"内招"办法，区政府不再给企业下招工计划，不再办理招工手续。企业按照国家有关规定和生产经营需要自主决定招工的时间、条件、方式、名额、男女比例、考试科目及录取办法。各企业遵循"先培训、后就业"的原则，面向社会、公开招收、双向选择、全面考核、择优录用。明确双方的权利和义务，签订劳动合同，确定劳动关系，经区劳动管理部门审签生效。至1995年上半年，各企业基本实行了全员劳动合同制，普遍建立全员劳动合同化管理体制。打破不同所有制企业职工的身份界限，职工流动不再受原身份限制。

四　分配制度改革

1980年4月，国家计委、经委和劳动部联合下发《国营企业计件工资暂行办法（草案）》，扩大计件工资的实行范围。1988年，河北省劳动人事厅制定下发《河北省国营企业实行计件工资的办法》，要求在有条件的企业全面推行计件工资制。区工商企业先后实行计件工资、计时工资、浮动工资及岗位技能工资大包干、活分活值、死分活值等不同形式的分配方法。职工完成定额领取基本工资，超定额部分领取提成工资。在实行岗位技能工资制时，加大分配中的活工资比重，合理拉开不同岗位的工资分配差距，向苦、脏、累、险岗位和高技术岗位倾斜。

1985年初，国务院决定在部分企业中试行"工资总额同经济效益挂钩浮动"的分配制度。同年，河北省开始在国营大中型企业试行。1988

年，区内企业开始实行企业工资同经济效益挂钩。实行工资挂钩的企业必须处理好国家、企业、和职工三者利益关系，规定执行工资挂钩企业一挂3年，中间不得退出。职工工资同两个或两个以上的经济指标复合挂钩，浮动比例1：0.4。除考核挂钩的经济指标外，还考核销售收入、人均上缴利税、资金利税率、全员劳动生产率、工资税利率等指标，完不成计划，每项扣减上浮工资20%。1992年9月3日，双滦区劳动局、财政局联合下发《关于区属企业1992年工效挂钩基数的通知》。根据挂钩企业的工资、效益实际完成情况，给8家挂钩企业下发工效挂钩基数目标。促使企业努力发展生产，千方百计通过提高经济效益，不断增加职工收入。区政府给予经营好、贡献大的企业适当奖励；对效益差、亏损的企业追究经济责任和减发工资，使按劳分配、多劳多得的工资分配政策落到实处。

1990年双滦区工商企业工效挂钩基数统计表

表5-2-1　　计量单位：万元

单位名称	挂钩形式	挂钩基数		复合挂钩指标		浮动比例	其他指标		
		工资基数	效益基数	指标名称	基数		人数（人）	工资进成本	工资留利列支
承德市建材厂	实现利税	160.7	442	劳动生产率	8.700	1：0.35	600	1486	120
双塔山百货商场	实现利润	78	10	流动资金利税利	10.14	1：0.3	59	68	10
滦河百货五金公司	实现利润	123	50	流动资金利税利	7.95	1：0.4	91	110	13
滦河食品厂	实现利润	48	25	流动资金利税利	55.17	1：0.4	30	40	8
双塔山蔬菜商店	实现利润	73	8	流动资金利税利	23.42	1：0.3	58	68	5
麻纺厂蔬菜商店	实现利润	28	6	流动资金利税利	19.75	1：0.35	22	26	2
烟酒公司	实现利润	81	26	流动资金利税利	7.73	1：0.4	48	71	10
滦河百场商场	实现利润	101	20	流动资金利税利	14.89	1：0.35	80	94	7

第三节　流通体制改革

新中国建立后至改革开放前，域内商贸流通领域长期采取统、包、管、限等作法。限制集体，取消个体，商贸流通渠道单一，国营一统天下。国有商业在计划经济体制下形成“官商作风”“等客上门”“大锅饭”等弊端。改革开放后，商贸流通领域通过简政放权、实现政企职责放开，推行经济责任制。国营和集体商贸企业改革的同时，恢复和发展个体商业、开放集贸市场、加快对外开放，形成多种经济成分、多种经营方式，多渠道竞相发展的商品市场新格局。2003年，区国营和集体商贸企业全面进行民营化转改，商贸流通领域全部为个体私营经济所占有。

一　商业流通体制改革

管理机制改革　1980年9月，双滦区将商业综合零售公司改为双滦区商业局，管理区内商业企业。1981年，区商业局按照政企分离的要求，所属企业开始独立经营，逐步实行经理（主任）负责制，放宽商品定价。2002年3月，双滦区商业局撤销，职能并入区经济贸易局。

经营机制改革　1982年，双滦百货五金公司推行“五定五奖”为基础的经济责任制。按季度制定并完成购进、销售、资金、利润、品种5项指标后，可以提奖；完不成或有违规行为等，单位不得提奖，并承担经济责任。1983年，区商业局所属企业开始试行经营承包责任制。实行“五定一包”，即定纯购进、定销售额、定费用水平、定资金周转、定库存商品资金，包全年利润基数。承包责任制把经营成果、服务质量同职工物质利益挂钩，奖金不封顶，工资不保底，按劳取酬，多劳多得。1984年，商业系统商品纯销售额1055.5万元，比1983年提高9.5%；利润14.4万元，比1983年提高15%。1985年，国营商业企业实行第二步利改税。1987年，区烟酒公司所属滦河、双塔山两个批发部实行分片承包制。两个批发部每月平均销售40万元，比承包前提高50%，利润每月平均0.53万元。烟酒公司食品商店、茶庄门店实行租拍结合的经营形式，即租赁固定资产、家具用具，拍卖商品。蔬菜公司滦河菜店二部、滦河百货商店原棉布门市实行租赁经营。1987年12月，按照区委、区政府《关于工商企业推行承包经营的若干规定》，区商业局14家商业企业招标承包。通过资格审查、竞争答辩、考核和民主测评，择优选择最佳经营者、最佳治店方案、最佳经济效益。竞争承包的基本原则是“包死基数、确保上交、超收多留、欠收自补”。承包经营合同一定3年。企业由原来行政机关的附属变为独立的商品经营者，扩大了自主权。企业自负盈亏，自我积累、自我改造、自我发展。企业内部实行“工资、奖金联销计酬”的考核管理办法，活化内部机制，建立切实可行的经济责任制和各类人员的岗位责任制以及各项管理制度。承包指标层层分解，落实到门店、柜组和个人。1988年，商业局系统销售收入2324.5万元，占年计划的112%，比1987年增长20%，利润40.4万元，占年计划的139%，比1987年增长45%。

1993年开始，商业企业改变经营方式，实行内部承包，把企业推向市场。经营放活、价格放活、分配放活、用工放活，促进企业发展。1998年，商业经营机制实行国有民营和租赁经营。推行个人承租、合伙承租、班组承租、集体承包经营等多种经营方式。各个门店已成为公有民营式企业。

产权制度改革　2003年，区委、区政府根据中共承德市委、市政府《关于市属国有企业改革攻坚的实施方案》《关于加快市属国有企业改革实施办法》的精神，指导区属17家工商企业改制（商贸企业9家）。改制以企业产权制度改革为核心，以整体推进、重点突破为原则，以国有资产结构调整及退出为主要内容，以转换职工身份为主要形式，以建立现代企业制度为目标。同年8月，制定《双滦区企业改制初步预案》《双滦区企业改制实施细则》，经区产权制度改革领导小组审核批准实施。各基层单位根据企业的不同情况，因企制宜，一企一策，确定本企业的改制方案。同年12月，区产权制度改革领导小组批复经贸局系统双塔山蔬菜副食商场、滦河食品厂、双塔山百货五金商场、双塔山蔬菜副食品公司、双滦百货五金公司、麻纺厂综合批零商场、滦河百货五金综合商场7家企业的改制实施方案。首先清产核资、评估审计、合理处置资产。按照公平、公正、公开的原则，面向职工；其次征求债权人意见，清欠债务。在职工安置上，资产较多的企业，采取整体出售的方式，变卖资产，一次性安置企业的全部职工，解除职工身份，实现国有资产与职工国有身份双退出。资产状况一般、能够变现，职工能够安置的企业，可将资产量化配股改造成股份合作制企业，出售前原拖欠职工的债务由企业核实锁定或经协商，转为新企业的股权实现“双退出”。资产较少的企业可变现资金优先用于安置职工，不足部分由区企业产权制度改革领导小组在国有企业转制专项资金内调剂。整体出售，不再重组的企业，退休人员、内部退养人员由区经贸局改制机构负责生活补偿费的发放，上交养老统筹及日常管理，直至归社会化管理为止。企业改制后，商贸企业职工得到妥善安置，涉及职工210人。至2004年初，商贸企业全部转为私营。

二　供销合作社体制变革

组织管理形式变革　供销合作社是民办合作

经济组织，性质是集体所有制。1949年，农民入股组建各基层供销合作社，发展生产互助自救。1956年，域内各供销社归属承德市贸易公司，实行国营经营方式和管理制度，变集体所有制为全民所有制。社员股金和红利被清退和分配。1957年，恢复供销合作社后，未明确恢复集体所有制性质。1958年基层供销社下放人民公社管理，改变了供销社原有性质和办社宗旨。

1979年后，国家实行对外开放，对内搞活的经济政策，逐步扩大企业自主权和人、财、物管理权限。供销社恢复"组织上的群众性、管理上的民主性、经营上的灵活性"体制。

企业管理体制变革 1983年，供销社内部推行经营承包责任制，扩大民办因素，增强为农服务功能。通过清股、扩股分红等形式从观念上转变所有制性质，把企业经营成果同目标责任制捆在一起，严格考核，严格奖惩，体现多劳多得的社会主义分配原则。

2002年9月，经承德市人民政府批准，双滦区供销社划归双滦区管理。2003年6月，区供销社根据市政府《关于加快市属国有企业改革的实施办法的通知》和区政府要求，制定《关于进行企业体制改革的实施细则》。经区企业产权制度改革领导小组研究审定，2003年9月，批准按方案实施企业改制。在改制中，本着"以职工的根本利益为出发点，以企业的稳定为指导思想，以企业的生存发展为目的"，坚持以人为本，因社制宜，一社一策的原则。企业资产较多的，变卖资产后，一次性安置全部职工，解除国有职工身份，剩余资产资金全部由区社统一管理；企业资产状况一般，资产能够变现，职工能够安置的，实现社有资产退出，职工身份退出或由能人牵头，将资产量化配股改造成股份合作制企业；企业资产较少的偏远小社，将资产量化给职工或将供销社资产整体量化给企业法人代表，全部职工由企业法人代表安置，并解除国有职工身份，实现"双退出"；企业债务负担过重，资不抵债，资产又变现不了，职工无法一次性安置的，暂时实行租赁经营和托管方法过渡。大庙供销社改制费用23万元，企业出售给社会自然人，职工全部安置。双塔山供销社、偏桥子供销社改制费用分别为124万元、51.7万元，企业实行股份制改造，职工全部安置。滦河供销社改制费用102万元，外欠债务67万元，合计168万元，资产评估51.2万元，差额较大，暂不能改制，采取继续承包措施过渡。区社农业生产资料供应批发站改制费用9万元，债务5万元，合计14万元，实行经营许可证委托给经营者，委托经验范围：农业生产资料、化肥、农药、农膜、农机器具、烟花爆竹的批发销售、专营和管理。被委托的经营者上交经营管理费，企业实现"双退出"。废旧物资回收公司改制实行租赁经营。至2003年底，区供销社改制结束。

三 粮食流通体制改革

新中国成立初期，人民政府依照发展生产，繁荣经济，公私兼顾的原则，开始恢复和发展粮食贸易。由于当时国家供应物资不足，财经困难，加之私营工商业经营粮食比重大，农民之间相互调剂多，市场粮价波动不定。政府允许自由贸易的同时，逐步加强国营经济的领导和管理，依靠收取公粮和采购部分粮食平抑粮价，稳定市场。1953年前，粮食实行国营商业领导下的自由购销体制。1953年，按国家统一部署，粮食实行统购统销。即农民余粮的80%～90%由国家按计划征购。征购期间关闭粮食市场，待征购任务完成后，粮食方可上市交易。当时，滦河镇设立国家粮食市场，鼓励农民将完成征购任务后的余粮到市场交易，调剂余缺，但不准私商插手经营。1957年，中共河北省委通知要求立即取消粮食市场，禁止私人交易，取缔粮食投机倒把活动，严格禁止私人贩运粮食、油料、棉花，以保证粮价稳定。滦河粮食市场关闭，农民需要交换粮食可在本村、社内或由粮食部门帮助调剂，禁止私人交易。1979年，国家开始提高粮油统购价格，开放农村集市贸易，粮食部门恢复议价粮油经销。

1982年实行粮食购、销、调包干政策，完成包购任务以外粮油一律放开，实行多渠道流通。粮食部门改进收购形式，粮食送交由队变户，实行定点收购，户交户结，方便运粮农民。1983年，国家允许供销合作社，农村其他合作社以及农民个人收购和运销粮油，可以进城销售，可以外销。随之，从事粮食经营的专业户、运输户应运而生，集市贸易得以恢复和发展。1985年，取消粮食统购，实行双轨制。粮食征购改为合同订购，城镇居民口粮仍实行计划供应，称之为“计划一轨”；合同订购以外的部分，允许自由购销，称之为“市场一轨”。国家销往农村的粮食实行购销同价，取消各种奖售粮，工业用粮退出统销。1988年，根据国务院《关于加强粮油管理，稳定粮食市场的决定》，双滦区禁止玉米向省外销售，大米实行粮食部门专管，清理所有经营单位的营业执照，重新审核登记，无证照不许参与粮油经营。

1993年2月，国务院发出《关于加快粮食流通体制改革的通知》。核心是积极稳妥的放开粮价和经营，对粮食定购采取保留数量，价格随行就市。1993年5月，区内全面放开城乡粮食购销价格，并取消口粮证、全国通用粮票、河北省地方粮票。双塔山、滦河粮食管理所分别改为粮油食品公司；各粮店改为粮油食品店，开始多种经营。粮食体制改革，改变了国家独家经营粮食的格局。1998年5月，国务院发出《关于进一步深化粮食流通体制改革的决定》。实行政企分开、中央与地方责任分开、储备与经营分开、新老财务账目分开，完善粮食价格机制。2001年4月，国家粮食局发出通知，取消城镇居民粮食供应转移证明。至2003年，粮油食品公司转制，单位注销。2005年1月，区内开始实行对社会粮食经营企业的统计报表制度。同年10月，双滦区成立粮食局，粮食流通完全由市场需求决定。

四 物资流通体制改革

双滦区建区以来，没有建立过物资流通管理机构。在计划经济时期，区所需物资计划，由区计划经济委员会根据各乡镇、各工业企业的需要编制，每年上报到承德市计划经济委员会。市计经委综合平衡后给区下达物资分配计划指标，区计经委按照各类物资批准计划分配到有关单位，各单位凭区计划分配指标到承德市物资局所属部门采购。主要物资包括钢材、木材、水泥、化肥等。1992年开始，国家实行社会主义市场经济政策，计划分配物资急剧减少，物资生产企业、流通企业以及个体经营者根据市场需要自行采供各类物资。

第三章　经济发展概况

清、民国时期，域内经济以种植业为主，发展缓慢。新中国成立后，工业、农业各行业得到发展。由于诸多因素，在相当长的时间里地区总产值、工农业总产值和固定资产投资等重要经济指标低位徘徊。中共十一届三中全会后，工作重心转移，经济建设驶入快车道。1980—2005年，区委、政府紧紧围绕经济建设这个中心，立足本区实际，以农村经济改革为切入点，确定目标，突出重点，强化措施，经济运行质量不断提高。

第一节　经济总量

一 地区生产总值

1995年，区统计局开始核算地区生产总值。同年完成地区生产总值16088万元，一、二、三产比重分别是26.2%、24.3%、49.5%，人均地区生产总值1796元。2000年，地区生产总值37888万元，一、二、三产比重分别是8.4%、36.5%、55.1%，人均地区生产总值3816元。2005年，地区生产总值449263万元，在全市8个县3个区中排名第三位。一、二 、三产比重分别是1.3%、87.1%、11.5%，人均地区生产总值43933元。

1995—2005年双滦区地区生产总值统计表

表5-3-1　　单位：万元

年份	地区生产总值		第一产业		第二产业		第三产业	
	绝对量	速度	绝对量	速度	绝对量	速度	绝对量	速度
1995	16088	100	4215	100	3916	100	7957	100
1996	23415	120.9	4400	101.2	9066	121.3	9949	129.2
1997	28659	119.7	4613	111.7	11424	123.0	12622	118.0
1998	34211	116.1	5075	106.4	13887	118.3	15249	116.1
1999	34766	105.0	3683	80.3	12595	98.1	18488	106.5
2000	37888	108.9	3174	91.5	13828	122.4	20886	115.0
2001	42379	112.1	3751	121.8	15119	108.5	23509	112.9
2002	48060	118.8	3899	102.8	16795	113.3	27366	125.3
2003	70613	133.8	4152	108.0	35525	173.9	30936	112.7
2004	411507	108.4	5007	126.4	364000	107.5	42500	112.6
2005	449263	108.1	5952	104.7	391438	107.6	51873	112.8

注：按可比价格计算的地区生产总值以上年为100的速度

二 工农业总产值

工业总产值 1981年，双滦区完成工业总产值126万元。1985年完成1275万元，是1981年的10倍。“七五”期间，工业发展较快，累计完成工业总产值12024万元，年均增长17.9 %，“八五”期间，工业继续发展，累计完成工业总产值63658万元，年均增长46.1%，“九五”期间，工业呈现稳步发展的势态，累计完成工业总产值200806万元，年均增长11.2%。“十五 ”期间，工业仍保持高速发展，累计完成工业总产值2959336万元，年均增长113.6%，是1990年的753倍，是2000年的90.4倍。

1980—2005年双滦区工业总产值统计表

表5-3-2　　单位：万元

年份	工业总产值	增幅（%）	年份	工业总产值	增幅（%）
1981	126		1994	18708	27.2
1982	140	11.1	1995	19269	3.0
1983	248	77.1	1996	42210	119.1
1984	385	55.2	1997	43579	3.2

续表 5-3-2　单位：万元

年份	工业总产值	增幅（%）	年份	工业总产值	增幅（%）
1985	1275	231.2	1998	57019	30.8
1986	1451	13.8	1999	25248	-55.7
1987	2070	42.7	2000	32750	29.7
1988	2373	14.6	2001	34619	5.7
1989	3230	36.1	2002	53000	53.1
1990	2900	-10.2	2003	131246	147.6
1991	3930	35.5	2004	1284918	879
1992	7046	79.29	2005	1455553	13.3
1993	14705	108.7	—	—	—

农业总产值　双滦区属山区，农业科技含量低，主要以种植和养殖业为主，农业经济在整个地区经济中所占比重较小。1980年，工农业产值基本持平，以后农业产值所占比重逐年减少。就农业本身发展而言，仍呈逐年稳步增长的发展势态。“六五”期间，农业总产值年均增长0.6%，“七五”期间年均增长23%，“八五”期间年均增长25.4%，“九五”期间与“八五”期间基本持平。“十五”期间年均增长9%。2005年，农业总产值8837万元，分别是1980年的12.3倍、1990年的4.2倍、2000年的1.5倍。其中农、林、牧、副、渔、服务业等产业结构，1990年分别占总产值的51%、4.3%、36.3%、0.8%、7.6%；2000年分别占总产值的64.5%、2.5%、32%、1%、0%；2005年分别占总产值的63.6%、1.3%、28.1%、1.9%、5.1%。

1984—2005年双滦区农业产值构成表

表 5-3-3　单位：万元

年 份	合计	农 业	林 业	牧 业	渔 业	其 他
1984	1065	437	17	278	11	322
1985	981	638	42	276	8	17
1986	912	536	38	310	10	18
1987	1295	706	61	396	10	122
1988	2579	1224	57	1115	25	158
1989	1812	804	31	742	25	210
1990	2085	1064	89	757	17	158
1991	2154	1054	83	812	24	181
1992	2623	1544	95	779	22	183
1993	3583	2198	29	1307	49	—
1994	4650	3203	74	1341	32	—
1995	6474	4742	96	1598	38	—

续表 5-3-3　　单位：万元

年 份	合计	农 业	林 业	牧 业	渔 业	其 他
1996	7100	5535	128	1402	35	—
1997	8092	6060	243	1755	34	—
1998	8864	7105	182	1537	40	—
1999	6435	4808	177	1396	54	—
2000	5732	3699	142	1833	58	—
2001	6467	4580	151	1680	56	—
2002	6615	4364	228	1963	60	—
2003	6927	3924	260	2251	56	436
2004	8672	5116	210	2813	93	440
2005	8837	5615	117	2485	170	450

三 社会消费品零售总额

1981 年，社会商品零售总额 785.4 万元，其中：国营商业 674 万元，占 85.8%；集体商业 109.7 万元，占 14%；个体有证商贩 1.7 万元，占 0.2%。

1985 年,社会消费品零售总额 1046.64 万元。

1990 年，社会消费品零售总额 2184 万元，其中：国有商业 1616 万元、集体企业 548 万元、私营企业 20 万元，分别占 74%、25.1% 和 0.9%。

2000 年,社会消费品零售总额 23,076 万元，其中：国有商业企业 987 万元，占 4.3%；集体商业企业 1764 万元，占 7.6%；其他 20325 万元，占 88.1%。批发零售及贸易业 18167 万元，占 78.7%；餐饮业 1250 万元，占 5.4%；其他 3659 万元，占 15.9%。

2005 年，区内有商品交易市场 11 个，其中综合市场 1 个、农副产品市场 5 个、集贸市场 3 个、早市场 1 个、夜市场 1 个。实现社会消费品零售总额 36004 万元，在全市 8 个县 3 个区中排名最高；增速为 18.4%，在全市排名第一。其中：批发零售及贸易 27060 万元，占 75.2%；餐饮业 8643 万元，占 24%；其他 301 万元，占 0.8%。

1996—2005 年双滦区社会消费品零售总额统计表

表 5-3-4

年份	社会消费品零售总额	按行业分组				在总计中				
		批发零售贸易业	餐饮业	制造业	其他	国有企业	集体企业	股份制（私营）企业	其他企业	
									合计	其中个体
1996	17254.6	10359.4	1669.4	815	4410.8	1614.6	71.4	24.8	15543.8	14661.7
1997	19450	11352.7	625	575.7	6896.6	4169.8	625.4	—	14654.8	13447.5
1998	21164.5	14551.5	686	412	5515	4128.8	771.9	—	16263.8	15160.8
1999	22036.3	16729	909	456	3942.3	1660.2	1032.5	—	19343.6	12316.2
2000	23075.5	18167	1250	547	3111.5	987.1	1763.7	—	20324.7	17213.2
2001	24885.5	17428.4	3599	1092	2766.1	1271.4	1791	—	21823.1	16457

续表 5-3-4

年份	社会消费品零售总额	按行业分组				在总计中				
		批发零售贸易业	餐饮业	制造业	其他	国有企业	集体企业	股份制（私营）企业	其他企业	
									合计	其中个体
2003	27915.1	22391.1	5553	—	—	147.9	637.6	—	27129.6	21193
2004	30450	23707.8	6742.2	—	—	139.6	936.4	1300.4	28073.6	25326
2005	36004.2	27060.9	8643.3	301	—	—	—	—	—	—

第二节　财政收入

一　财政收入

清光绪三十三年（1907年），域内县财政一切收入及上拨知县、巡检、俸工人等银两均列入岁入。在支出项中，将属于国家的田赋、税契等收入上解列入其中。岁入分为经常内销岁入、经常外结岁入、临时内销岁入、临时外结岁入4部分。经常内销岁入包括田赋、地租、盐课、斗税、酒捐、土药捐、田房税、当税等。域内地亩复杂，大量旗地不完纳田赋，额定旗地田赋较民地田赋又少许多，故财政收入较少。民国之初，财政收入包括田赋、征杂各税，请领各款（行政经费、看守所经费、警察所经费、驻防小学经费）及其他收入和正税附加捐等，年收入折洋（银元）2万元左右。民国11年（1922年）亩捐收入17781.118元，超过田赋收入。民国22年（1933年），日军侵占域内，各种捐税达29种之多。硬性摊派较多，百姓负担极重。

1949—1958年，由于行政区划的原因，滦河镇区财政收入上交滦平县；双塔山、大庙、偏桥子乡镇财政上交承德市。1958年9月至1980年9月，财政收入统归承德市财政局。

1981—1986年，双滦区财政收入935万元。其中：上级补助占74.3%，借入上级款占24.7%，1980年结余1%。1987—1989年，财政收入2240万元。其中：工商税收类占39.2%，农牧业税和耕地占用税占4.3%，企业所得税类占1.5%，其他收入占1.3%，上级补助52.6%，上年结余1.1%。1990—1999年，财政收入16537万元。其中：工商税收类占51.1%，农牧业税和耕地占用税占3.4%，企业所得税类占2.6%，罚没收入和行政性收费收入占5%，上级补助35.3%，上年结余1.6%，其他调入资金占1%。2000—2005年，区财政收入62312万元。其中：工商税收类占26.3%，农牧业税和耕地占用税占2.1%，罚没收入和行政性收费收入占4.6%，上级补助占65.9%，上年结余1.1%。2003—2005年，3年财政收入分别完成8910万元、16368万元、20487万元，3年财政收入占1987—2005年18年财政总收入的57%。

2005年，全部财政收入25846万元，全市排名第七位；增速48.9%，全市排名第九位。

1981—2005年双滦区财政收入统计表

表 5-3-5　　单位：万元

年份	本年收入								上级补助收入	介入上级款	国债转贷收入	上年结余	调入其他资金	合计
	工商税收类	农牧业税和耕地占用税	企业所得税类	其他收入类	罚没收入行政收费收入类	土地和海域有偿使用收入	专项收入类	合计						
1981	—	—	—	—	—	—	—	—	87	—	—	—	—	87
1982	—	—	—	—	—	—	—	—	91	—	—	2	—	93

续表 5-3-5　　　　单位：万元

年份	本年收入								上级补助收入	介入上级款	国债转贷收入	上年结余	调入其他资金	合计
	工商税收类	农牧业税和耕地占用税	企业所得税类	其他收入类	罚没收入行政收费收入类	土地和海域有偿使用收入	专项收入类	合计						
1983	—	—	—	—	—	—	—	—	—	107	—	1	—	108
1984	—	—	—	—	—	—	—	—	—	124	—	1	—	125
1985	—	—	—	—	—	—	—	—	211	—	—	2	—	213
1986	—	—	—	—	—	—	—	—	306	—	—	3	—	309
1987	102	13	3	3	—	—	—	121	223	—	—	4	—	348
1988	161	19	10	3	—	—	—	193	224	—	—	6	—	423
1989	249	24	6	11	—	—	—	290	240	—	—	4	—	534
1990	288	12	—	16	—	—	—	316	199	—	—	23	—	538
1991	326	12	1	10	—	—	—	349	248	—	—	16	—	613
1992	401	11	1	8	—	—	—	421	302	—	—	7	—	730
1993	768	17	—	6	—	—	10	801	464	—	—	29	—	1294
1994	577	235	43	13	—	—	—	868	664	—	—	80	—	1612
1995	546	104	121	—	19	—	—	790	706	—	—	78	—	1574
1996	887	39	96	6	95	—	—	1123	777	—	—	6	121	1907
1997	1042	74	170	3	220	—	—	1509	662	—	—	21	22	2214
1998	1683	38	—	—	153	10	25	1909	759	—	—	4	—	2672
1999	1931	20	—	—	337	—	—	2288	1053	—	40	2	—	3383
2000	2330	33	—	—	339	—	—	2702	1133	—	—	6	14	3855
2001	2824	107	—	—	143	—	—	3074	1794	—	—	23	—	4891
2002	1885	98	—	—	355	—	—	2338	5429	—	—	34	—	7801
2003	2153	250	—	—	360	—	—	2766	6109	—	—	35	—	8910
2004	3196	265	—	7	622	—	—	4090	12185	—	—	93	—	16368
2005	4013	538	—	3	1008	—	—	5562	14382	—	70	473	—	20487

二 财政支出

清代，域内财政支出包括经常内销岁出、经常外结岁出、临时内销岁出、临时外结岁出4项。民国期间，除上解国家收入支出和省收入支出外，用于域内县域地方财政支出主要有警察经费、教育经费及少量的建设支出。行政支出、监狱及司法经费支出由上级拨付。民国19年，热河省财政厅地方财政支出规定：警察费占全部支出的55%，教育费25%，自治、建设各占6%，财政占5%，预备费占3%。民国22年（1933年）日军侵占后，公署开支划由地方开支，警察费支出仍最大，建设性支出也有所增加。

解放后至1980年前，域内财政支出是上解式支出。1981—1986年，区财政支出由上级根据人员编制和核定的开支标准，推行统收统支办法，按月向市财政报账。1987年双滦区成为一级财政后，财政支出开始纳入区财政预算。财政支出主要用于文教卫生事业费、行政管理费、支援农业生产、社会救济等。1981—2005年，区财政总支出71978万元。其中：基本建设支出6273万元，占总支出的8.7%；农林水利气象等部门事业费4266万元，占总支出的5.9%。1981—2002年，支援农林生产支出1040万元，农业综合开发支出282万元，农林水利气象等部门事业费支出717万元。2003—2005年，农业支出981万元，林业支出2111万元，水利气象支出1035万元；文体广播事业费及教育、科学支出17215万元，占总支出的23.9%；文化事业费52万元，教育事业费16046万元，档案事业费86万元，广播电影电视事业费264万元，计划生育事业费694万元，科学事业费73万元；抚恤救济支出3362万元，社会保障支出2597万元，医疗卫生支出4310万元；抚恤救济、社会保障、医疗卫生支出占总支出的14.3%；行政管理费支出11754万元，占总支出的16.3%；行政支出299万元，人大经费574万元，政府机关经费7858万元，政协经费368万元，中共机关经费1987万元，民主党派机关经费 502万元，社会团体机关经费166万元；公检法司支出6569万元，占总支出的9.1%，其中公安分局支出3069万元，检察院支出1025万元，法院支出2242万元，司法支出167万元，司法检察机关经费50万元，公检法办案费用补助16万元；城市维护费支出6372万元，占总支出的8.9%。2000—2005年，预算其他支出大类2512万元，占总支出的3.5%；其他支出6748万元，占总支出的9.4%。

1981—2005年双滦区财政支出统计表

表5-3-6　　单位：万元

年份	合计	基本建设支出	农林水利气象等部门事业费支出	文体广播事业费及教育、科学支出	抚恤救济社会保障医疗卫生支出	行政管理费支出	公检法司支出	城市维护费支出	预算收支科目其他支出大类	其他支出
1981	85	—	1	37	16.7	26	—	1	—	3.3
1982	92	—	4	42	23.5	20	—	—	—	2.5
1983	107	—	3	43	23.3	36	—	—	—	1.7
1984	123	—	8	49	29.2	36	—	—	—	0.8
1985	210	—	8	87	50.08	34	—	—	—	30.92
1986	305	—	33	99	72.28	71	—	—	—	29.72
1987	340	17	21	109	68.1	76	—	—	—	48.9
1988	405	—	15	142	68.6	68	31	—	—	80.4
1989	510	—	28	154	76.7	114	72	—	—	65.3
1990	519	—	27	184	101.9	89	45	—	—	72.1
1991	606	—	30	210	84	135	62	—	—	85
1992	707	—	34	246	109.5	163	53	—	—	101.5
1993	1183	—	49	318	189	280	66	—		281
1994	1430	—	77	447	183	339	95	—	—	289
1995	1370	—	23	454	229	299	112	50	—	203
1996	1684	—	87	522	241	423	185	—	—	226
1997	1974	—	46	576	241	453	248	10	—	400
1998	2565	—	156	688	355	533	355	10	—	468
1999	3210	—	141	806	431	648	401	10	—	773

续表 5-3-6　　单位：万元

年份	合计	基本建设支出	农林水利气象等部门事业费支出	文体广播事业费及教育、科学支出	抚恤救济社会保障医疗卫生支出	行政管理费支出	公检法司支出	城市维护费支出	预算收支科目其他支出大类	其他支出
2000	3684	—	247	929	511	805	589	—	134	469
2001	4743	195	299	1111	599	824	571	93	230	821
2002	6073	838	702	1541	1038	936	565	155	186	112
2003	7027	15	511	1793	1658	1270	695	441	383	261
2004	14604	2490	720	2851	1719	1798	941	1762	1255	1068
2005	18422	2718	996	3777	2151	2278	1483	3840	324	855
总计	71978	6273	4266	17215	10269	11754	6569	6372	2512	6748

第三节　固定资产投资

一 投资总额

1995年以前，固定资产投资无数据。1995—2005年，固定资产投资分为三个发展阶段：第一阶段1995—1996年，固定资产投资为千万元阶段；第二阶段1997—2003年，为亿元阶段；第三阶段2004—2005年，10亿元阶段。1995年，固定资产投资3400万元，1996年4608万元，同比增长35.5%。1997年，固定资产投资11485万元，是1996年的2.5倍。此后几年，仍保持快速增长。2003年，固定资产投资46580万元，是1997年的4倍。2004年，固定资产投资24.8亿元。2005年比2004年略有下降，固定资产投资226227万元。

1997—2002年双滦区全社会固定资产投资统计表

表5-3-7　　单位：万元

指标名称	1997年	1998年	1999年	2000年	2001年	2002年
全社会固定资产投资	11485	14606	14030	15106	19729	19192
其中：地方	9408	10264	12030	12182	14291	17292
一、国有及其他类型	945	2103	2830	4399	6941	10445
其中;地方	928	1249	2830	3190	6611	10445
1.基建	945	1301	2830	2409	5928	7146
其中：地方	928	1129	2830	1090	5598	7146
2.技改	—	802	—	900	1013	629
其中：地方	—	120	—	900	1013	629
3.房地产开发	—	—	—	1200	—	2330
其中：地方	—	—	—	1200	—	2330
4.其他投资	—	—	—	250	—	340
二、集体单位	8480	11359	9200	8992	7680	6847
其中：50万元以上	—	9015	7360	8992	7080	—
三、个体单位	2060	1144	2000	1715	2108	1900
其中：城镇矿区私人建房	—	144	69	215	108	493

2003—2005年双滦区全社会固定资产投资统计表

表5-3-8　单位：万元

指标名称	2003年	2004年	2005年
全社会固定资产投资	46588	248000	226227
其中：城镇	44623	229513	211273
一、城镇固定资产投资	32570	229513	211273
1.基建与改造	21230	217745	198599
2.其他投资	2000	2000	—
3.房地产开发	6340	9768	12674
4.其他投资	3000	—	—
二、农村非农户固定资产投资	3553	16987	13574
1.规模以上	3230	14128	13574
2.规模以下	323	2859	—
三、农村农户固定资产投资	1895	1500	1200
四、城镇私营个体	8500	—	180
五、城镇矿区私人建房	70	—	—

2005年双滦区固定资产投资项目统计表

表5-3-9

序号	项目名称	2005年计划投资(万元)	2005年完成(万元)
	合计	180147	226227
	在地大企业（滦电2个、承钢8个）	94619	143812
	区本级	85528	82415
	区直属项目（21个）	45652	45395
1	110千伏变电站	3126	3126
2	10千伏配网改造	2100	2100
3	双滦区污水处理厂	2500	1340
4	“民心河”工程	1380	1100
5	新新电子公司电机分厂	2000	2000
6	京承高速双塔山出口连接线	450	850
7	“南菜北畜”工程	270	500
8	鑫安小区开发	1342	800
9	山水文苑小区	3500	1778
10	造纸厂“金色家园”小区	2800	2700
11	卓越家园、温馨小区及繁荣小区	1280	1466
12	京城高速双滦段（反馈数）		3870
13	顺达公寓	550	2980

续表 5-3-9

序号	项目名称	2005年计划投资(万元)	2005年完成(万元)
14	新新房地产承钢小区	2654	1950
15	炭墨粉厂建设	2000	2000
16	双滦区自来水扩能	1000	660
17	张双地方铁路	14000	12117
18	全区农村个人投资	1500	1200
19	兴业热力管网扩能	1000	758
20	铭盛园健身娱乐中心	1000	900
21	中央直属粮库面粉厂项目	1200	1200
	偏桥子镇（5个）	1747	1317
22	东方乙炔气厂	120	120
23	羊泉子移民工程	345	345
24	偏桥子广场建设	82	82
25	前营子村碴石厂	1000	700
26	十八盘村移民	200	70
	大庙镇（15个）	10572	10729
27	兴发选矿厂	1500	1700
28	丰源选矿厂	1500	1500
29	大庙中心小学教学楼	72	72
30	建顺发选矿厂	100	100
31	安顺选矿扩能	300	300
32	峰名选矿厂	1100	1100
33	大兴矿业技改	50	50
34	大庙村村通	50	50
35	三坑光明选矿扩能	300	300
36	5211工程	3700	3700
37	风民铁选厂扩能	300	300
38	东山选厂扩能	300	300
39	双利铁选矿厂扩能	200	200
40	富鑫铁选厂扩能	100	100
41	万佛山风景区建设	1000	957
	滦河镇（14个）	11980	11000
42	112国道	2150	2150
43	新新机械厂搬迁	2100	2100
44	101国道两侧硬化	300	300

续表 5-3-9

序号	项 目 名 称	2005年计划投资(万元)	2005年完成(万元)
45	宫后村村通	200	200
46	荞源商贸公司	50	50
47	凯旋建安有限公司	700	700
48	鑫达化工工贸有限公司	800	800
49	华星公司扩能	100	100
50	宫后村果园改造	400	400
51	滦河医药批发商住楼	2000	1500
52	热河市场建设	980	900
53	金纺公司建厂	200	200
54	万通科工贸扩能	1000	800
55	铁龙公司扩能	1000	800
	双塔山镇（18）	13096	11293
56	万霖畜牧饲养厂	480	300
57	双塔山中学	1500	1500
58	千亩梨花坡	1000	528
59	维利多得大酒店	2000	1780
60	大龙庙村部办公楼	100	100
61	小元宝山集贸市场	160	160
62	赛纳河健身俱乐部	1094	870
63	博彩汽贸有限公司	126	126
64	东方燃气丙烷冲装工程	60	60
65	宝山矿山机械厂	300	200
66	双滦区天达彩板厂	200	200
67	双滦供电营业大厅	350	350
68	检查院综合楼	1300	1300
69	双滦区汽车检测中心	185	185
70	双丰钢铁公司产能完备项目	2000	2000
71	区政府职工集资楼	600	493
72	春秋贸易公司	141	141
73	荣信都市花园小区	1500	1000
	双塔山街道（3个）	1381	1581
74	双滦区美化、绿化、亮化及三个节点工程	800	1000
75	鑫源矿业公司	100	100
76	开源地毯厂扩建	481	481

续表 5-3-9

序号	项 目 名 称	2005年计划投资(万元)	2005年完成(万元)
	滦河街道（3个）	1100	1100
77	楼顶平改坡建筑工程	500	500
78	生态大棚	500	500
79	社区安防工程	100	100

二 投资结构

项目规模 1995年，双滦区固定资产投资规模500万元～1000万元的项目2个，全社会固定资产投资1261万元。2000年，固定资产投资继续保持增长，固定资产投资规模500万元～1000万元的项目4个，完成全社会固定资产投资15106万元，比1999年增长8%。其中，地方固定资产投资完成12182万元，比1999年增长1%。2005年，紧紧围绕建设资源型工业新城目标，加大投资力度，固定资产投资规模1000万元以上的项目29个，全社会固定资产投资226227万元。

投资类型 1994年以前，双滦区投资偏重于基本建设。1995年，基本建设投资项目22个，合计4663万元。其中：国有单位投产项目7个，合计3020万元，住宅934万元；集体单位当年投产项目15个，合计3402万元。更新改造投资施工项目10个，投资826万元。其中：国有单位施工项目8个，投资800万元；集体单位施工项目2个，投资25万元。2000年，基本建设投资15106万元。其中：国有单位4399万元；集体单位8992万元；个体1715万元。2003年以后，各企业开始注重技术改造，技改投资开始增长。2005年，基本建设投资226227万元，其中更新改造投资198599万元。年内有18个项目开工建设，12个项目竣工投产，均创历史新高。

投资主体 20世纪50年代初至70年代末，域内国有和集体所有的企业占投资的主体地位。80年代至90年代末，投资主体呈多元化格局，国有、集体和个体企业都有不同程度的发展。国有企业以钢铁、机械制造、发电、建材、食品投资为主，集体企业以陶瓷、轻工制品投资为主。20世纪90年代末至2005年，企业产权制度改革深入、招商引资力度增强，股份制企业和私人企业成为投资主体。2005年，国有经济仍占投资主体的最大份额。全社会固定资产投资226227万元，其中，城镇投资211273万元，集体投资和个人投资分别完成13574万元和1380万元。

资金来源 双滦区固定资金可分为贷款、自筹资金和其它资金（集资或民间融资）三种渠道。20世纪90年代，各企业争取到的贷款资金高于自筹资金和其它资金。2000年开始，自筹资金、其它资金等各种融资渠道逐步拓宽。2002年，大项目的开工和部分企业的技改，资金的利用大幅攀升，融资渠道形成多种形式。2000—2005年，引进对口资金3000万余元，引进市外资金1.18亿元，直接利用外资160万元。

第四章　经济结构

清、民国时期，土地私有。农产品以粮食种植为主，产量较低。以手工业作坊为代表的工业，规模小、技术落后，均为个体私营。产品仅限砖瓦、盆罐烧制，食品加工，铁制小五金、小农具，酿酒编织等行业。在经济总体份额中，农业占有较大比重。乡村人口占总人口的绝大多数，农业劳动力投入比重较大。

20世纪50—70年代，域内国家投资建设了一批工业企业。在工商业领域中，国有经济、集体经济占有绝对地位，第一产业比重较大。改革开放后，农业从单一的以粮食种植为主，向农林牧副渔多方面发展，向粮食、蔬菜、蛋奶、养殖等产业化方向发展。工业快速发展，第一产业比重逐渐下降。双滦工商业的所有制结构，大体经历三个发展阶段：20世纪50年代初至70年代末，市属以上大中小型国有工商业企业和集体所有制工商业占主导地位；20世纪80年代至90年代末，国有、集体和个体工商业都不同程度发展，个体私营工商业发展较快；20世纪90年代末至2005年，随着企业产权制度改革和招商引资力度加大，股份制企业和私营工商企业迅速发展，在经济总量中占有重要成分。2005年，在区属经济中，个体私营成分占据主导地位。以钢铁、建筑、机械制造、发电等行业为主的第二产业，在经济成分中占有较大份额。以旅游服务为代表的第三产业比重有所上升。投资结构从国家单一的投资形式，向国家、集体、个人一起投资的方向发展。劳动力结构不断优化，区域经济保持健康、持续增长。

第一节　所有制结构

一 发展概况

较为完整的所有制结构资料统计始于1981年。

1981年，区属工业企业有集体所有制2家，街道办事处企业5家、社办企业7家，工业总产值126万元。其中，集体企业22万元，占全区工业总产值17.5%；街道办事处企业22万元，占17.5%；社办企业82万元，占65%。

1985年，双滦区工业总产值1275万元。区属国有工业企业1家，工业总产值304万元，占全区工业总产值23.84%；集体企业6家，工业总产值397万元，占全区工业总产值31.14%；乡镇企业工业总产值574万元，占全区工业总产值45.02%。

1990年，双滦区工业总产值2900.4万元。其中国有企业1家，工业总产值266万元，占全区工业总产值的9.17%；集体企业4家，工业744.4万元，占全区工业总产值25.67%；乡镇企业1890万元，占全区工业总产值65.16%。国营商业社会消费品零售总额1229.7万元，占全区社会消费品零售总额51.2%；集体商业社会消费品零售总额1170.8万元，占全区总额48.8%。

1995年，双滦区工业总产值19269万元。国有工业总产值375万元、集体2062万元、乡及乡以上镇办工业工业总产值9764万元、乡及乡以下企业工业总产值7068万元，分别占全区工业总产值的1.95%、10.70%、50.67%和36.70%。

2000年，全区工业总产值32750万元。其中国有企业2家、股份制企业6家（规模以上企业），年工业总产值17685万元；规模以下企业工业总产值15065万元。规模以上和以下企业工业总值分别占全区工业总产值的54%、46%。

2005年，全区工业总产值1455553万元。驻区规模以上的国有和国有控股企业6家，工业总产值1202969万元，占全区工业总产值82.65%；集体企业2家，13108万元，占全区工业总产值0.90%；股份制和民营企业23家，民营企业132503万元，占全区工业总产值9.10%。规模以上企业工业产值占全区工业总产值92.65%；规模以下企业工业总产值占全区工业总产值7.35%。

二 全民所有制企业

20世纪50—80年代，域内大中型国有工业企业以市属和省属为主，涉及钢铁、发电、机械、麻纺、丝绸、面粉、化肥、造纸、皮革、啤酒和建材行业。

1981年，全民所有制商业企业完成社会商品零售总额674万元，占全年社会商品零售总额784.8万元的85.9%。1985年，区属国有工业企业1家。工业总产值304万元，占区属工业企业总产值的43.4%；销售收入454.6万元，占区属工业企业销售收入的42%；利润26万元，税金12.5万元，分别占区属工业利润、税金的47.2%、78.8%；年末固定资产净值200.3万元，占区属工业企业固定资产净值的50%。社会消费品零售总额1046.64万元，其中商业172.92万元，占社会消费品零售总额16.5%；饮食业151.13万元，占14.5%；其他722.59万元，占69%。

1990年，承德市建筑材料厂工业总产值266万元，占区属工业总产值1010万元的26.3%；销售收入325.0万元，占区属工业销售收入963万元的33.7%；利润亏损114万元。社会消费品零售总额2400.5万元，其中国营商业系统1229.7万元，占51.2%。1995年，承德市建筑材料厂和校办企业公司2家国有企业，全年工业总产值375万元，占乡及乡以上工业总产值的3.1%；销售收入365.6万元，占乡及乡以上销售收入的4.4%；税金2.8万元，占乡及乡以上税金的7.8%。社会商品零售总额2184万元，国有企业1616万元，占74%。1996年，校办企业公司改制；建筑材料厂实行个人租赁经营，2003年9月，建筑材料厂依法破产。

2000年，规模以上工业企业8家，其中国有企业2家。社会消费品零售总额23076万元，其中国有企业987万元，占4.3%。批发零售及贸易业18167万元，占78.7%；餐饮业1250万元，占5.4%；其他3659万元，占15.9%。

2005年，工业经济平稳增长。驻区国有和国有控股企业6家，工业总产值1202968.9万元，工业增加值287949万元，实现工业利税628089万元，分别占规模以上工业企业的89.7%、91%和91%。

三 集体所有制企业

1956年，域内手工业木工、铁工、修理、粮食加工、服装、皮麻、纺织等8个行业实现合作化，有固定资产21.82万元。

区属集体企业 1981年，区属集体企业2家，工业总产值23.6万元。商贸集体企业109.7万元，占年社会消费品零售总额14%。1985年，区属集体企业工业总产值、利润、税金分别占区属工业企业的30%、21%、19%。1990年，大庙陶瓷厂、滦河二轻制品总厂、双滦机械制造厂、双滦机塑厂4家区属集体企业，工业总产值600万元、销售收入638万元、年末固定资产212.8万元，分别占区属工业的63.8%、66.3%、52.8%。商贸集体企业1170.8万元，占年社会消费品零售总额48.8%。1995年，区属集体企业5家（新增双滦轧钢厂、双滦彩色印刷装潢公司）。累计工业总产值2062万元，与1994年1612万元同比增长27.9%；工业增加值582.4万元，与1994年的720.1万元同比降低19.1%。商贸集体企业548万元，占年社会消费品零售总额25.1%。1998年后，建筑陶瓷厂、轧钢厂改制成私有股份合作企业；机械制造厂改为民营企业。双滦区属集体工业企业全部退出公有制领域。

2000年，商贸集体企业1764万元，占年社会消费品零售总额7.6%。2005年，驻区集体工业企业2家，分别是承德滦电电力实业总公司、承德华实发电有限公司，工业总产值13108万元，占规模以上工业总产值的9.8%；工业增加值1002.7万元，占规模以上工业企业的0.3%；利税总额亏损281.1万元。

乡镇集体企业 1968年，偏桥子公社农机修造厂，有员工31人，年创利润10万元。1981年，区内4个公社办企业（含村办）53家，总收入86.5万元，工业总产值82万元，税金4.1万元，利润10.1万元。1985年，乡镇办企业（含村办）90家，工业总产值700.58万元，税金31.6万元，利润61.5万元。1990年，乡镇办企业33家，总收入1681万元，工业总产值1597万元，利润150万元。1995年，乡镇办企业35家，总收入

6575万元,工业总产值9764万元,利税225.5万元。

2000年，乡镇集体企业42家，工业总产值4300万元，上缴税金258万元，固定资产原值2123万元。2001年以后,乡镇集体企业逐步改革，分批转为股份制、股份合作制和民营企业。

四 个体私营企业

解放初期，域内个体工商户约40户，主要是小商贩，手工业加工和旅店业。1956年，陶瓷、砖木、铁业、钟表、服装、皮麻、修鞋、粮食加工等个体手工业实行社会主义改造。1965年，国家对个体商贩实行“利用、限制、改造”政策，个体工商户逐步压缩，并不再批准个体新开业户。1966年“文化大革命”开始后,个体工商业户停业。

中共十一届三中全会以后，个体经济经历恢复、发展、稳定发展三个阶段。1981年，区内个体工商户有217户，从业276人。个体有证商户社会消费品零售总额1.7万元，占年社会消费品零售总额0.2%。1984年，个体工商户681家，从业989人。1990年，个体私营企业1953户，从业3094人。1992年，邓小平南巡重要讲话的发表后，个体私营经济得到快速发展。同年，个体私营企业2355户，从业3376人。20世纪90年代后期，个体和私营企业生产规模、经营范围扩大，产品质量提高。私营商业由商业摊贩到设点摆摊，由租赁柜台至自建门市。经营规模由服装、鞋帽、水果、食品的少资金、小行业，发展到五金、家电、修理、粮油、陶瓷乃至生产资料的多资金、多行业私营市场。1995年，区内个体工商户4785户，从业7815人，注册资金6573万元。其中：农业企业1547户，从业3160人；采掘业32户，从业125人；制造业248户，从业342人；建筑业7户，从业20人；交通运输和仓储、邮电业313户，从业324人;批发和零售贸易、餐饮业1972户，从业2989人；社会服务业639户，从业853人;私营企业140户，从业4403人。1995年,私营商贸业社会消费品零售总额20万元，占年社会消费品零售总额0.9%。2000年，个体私营社会消费品零售总额20325万元，占年社会消费品零售总额88.1%。2002年，下岗职工和残疾人从事个体经营者明显增多。下岗职工办理再就业执照82户，免收有关费用4.2万元。区内个体工商企业3407户，从业6319人，注册资金2429万元，年营业额19912万元。2003年，全国爆发“非典型性肺炎”疫情，对个体经济影响很大。“非典”期间，区工商局对受影响较大的餐饮行业和市场内的经营商户，减免部分工商管理费。同年，区私营企业183户、从业3711人，其中：农林牧渔业6户、采掘业6户、制造业61户、建筑业11户，批发和零售贸易、餐饮业75户、社会服务业15户，其他行业9户。私营独资企业39户、合伙企业5户、有限责任公司9户。个体工商业3637户、从业6736人，其中农林牧渔业1180户、采掘业29户、制造业215户、建筑业15户、交通运输仓储业638户、批发零售贸易和餐饮业1254户、社会服务业306户。2003年以后，区内商贸企业全部为个体私营。

2005年，区内私营企业4172户、从业19473人。其中:工业企业124户，从业7113人；建筑业13户，从业1391人；服务业49户，从业912人；个体经济3986户，从业10057人。营业收入1908409万元,其中:工业企业1714357万元，占营业总收入89.8%；运输业15574万元，占0.8%；贸易业73972万元，占3.9%；个体经济104506万元，占营业总收入5.5%。利润70105万元，其中：工业企业38581万元，占55%；建筑业570万元，占0.8%；服务业7952万元，占11.4%；个体经济23002万元，占32.8%。私营经济实缴税金14094万元，其中国税8265万元、地税5829万元。

五 其它企业

1993年12月，滦河铸造厂改为合作股份制企业，后又改为股份制民营企业。1996年，投资200万元的双滦区华星食品杏仁加工有限责任公司建立。同年，有股份制企业61户，注册资金3905万元，其中：制造业26户，注册资金416万元；批发和零售贸易、餐饮业27户，注册资金1477万元；其他8户，注册资金2012万元。1998年后，区内多家企业改制：建筑陶瓷厂改制为私有股份合作制企业；2002年9月1日，承钢机械厂改制为承德新新机械制造有限公司，注册资本750万元。至2005年，有限责任公司81户，从业2538人，注册资本29.0513亿元。其中制造业24户，注册资本26.6874亿元；批发和零售贸易、餐饮业14户，注册资本1577万元；租赁和商业服务业6户，注册资本3524万元；建筑业11户，注册资本8188万元；服务业1户，注册资金4500万元；其他25户，注册资金5850万元。同年，股份制企业32户，其中500万元规模以上的企业21户。

第二节 产业结构

一 三次产业结构

1995年，地区生产总值16088万元，其中：第一产业4215万元，占年度生产总值的26.2%；第二产业3916万元，占年度生产总值的24.3%；第三产业7957万元，占年度生产总值的49.5%。

1996年，地区生产总值23415万元，发展速度120.9%，其中：第一产业4400万元，占年度生产总值的18.79%，发展速度18.8%；第二产业9066万元，占年度生产总值的38.72%，发展速度42.5%；第三产业9949万元，占年度生产总值的42.49%，发展速度42.5%。

2000年，地区生产总值37888万元，发展速度108.9%。其中：第一产业3174万元，占年度生产总值的8.38%，发展速度8.4；第二产业1.3828亿元，占年度生产总值的36.50%，发展速度36.3%；第三产业2.0886亿元，占年度生产总值的55.13%，发展速度54.8%。

2004年，驻区工业企业实行在地统计，地区生产总值411507万元，发展速度108.4%。其中：第一产业5007万元，占年度生产总值的1.22%，发展速度126.4%；第二产业3.64亿元，占年度生产总值的8.85%，发展速度107.5%；第三产业4.25亿元，占年度生产总值的10.33%，发展速度112.6%。

2005年，经济保持持续增长，综合实力进一步增强。全区地区生产总值449263万元，发展速度108.1%。其中：第一产业5952万元，占年度地区生产总值的1.32%，发展速度104.7%；第二产业391438万元，占年度地区生产总值的86.13%，发展速度107.6%，第三产业51876万元，占年度地区生产总值的11.55%，发展速度112.8%。

二 产业内部结构

1995年，工业增加值2667万元，其中：采掘业153万元占5.7%，制造业2514万元，占年工业增加值94.3%；农业增加值1882万元，其中：农业1657万元，占年农业增加值88%，林业82万元，占年农业增加值4.4%，畜牧业137万元，占年农业增加值7.3%；渔业6万元，占0.3%。工农业增加值合计4549万元，其中：工业占58.6%，农业占41.4%。

2000年，工业增加值11823万元，其中：采掘业527万元，占年工业增加值4.5%；制造业11296万元，占95.5%；农业增加值3174万元，其中：农业2030万元，占年农业增加值64%；林业107万元，占年农业增加值3.4%；畜牧业995万元，占31.3%；渔业42万元，占1.3%。工农业增加值合计14997万元，其中工业占78.8%，农业占21.2%。

2005年，工业增加值360742万元，其中：采矿业11481万元，占年工业增加值3.2%；制造业338077万元，占年工业增加值93.7%；电力、燃气及水的生产和供应11184万元，占3.1%。农业增加值5952万元，其中：农业4123万元，占年农业增加值69.3%；林业70万元，占农业增加值 1.2%；畜牧业 1017 万元，占 17%；渔业 117 万元，占 2%；农林牧渔服务业 625 万元，占 10.5%。工农业增加值合计 36.6694 亿元，其中：工业占 98.4%，农业占 1.6%。

1995—2005 年双滦区地区生产总值构成表

表 5-4-1　单位：万元

年份	地区生产总值	第一产业		第二产业		第三产业	
		数值	比重	数值	比重	数值	比重
1995	16088	4215	26.2	3916	24.3	7957	49.5
1996	23415	4400	18.8	9066	38.7	9949	42.5
1997	28659	4613	16.1	11424	39.9	12622	44
1998	34211	5075	14.8	13887	40.6	15249	44.6
1999	34766	3683	10.6	12595	36.2	18488	53.2
2000	37888	3174	8.4	13828	36.5	20886	55.1
2001	42379	3751	8.8	15119	35.7	23509	55.5
2002	48060	3760	7.8	16700	34.8	27600	57.4
2003	70613	4000	5.7	35525	50.3	31088	44
2004	411507	5007	1.3	364000	88.4	42500	10.3
2005	449263	5952	1.3	391438	87.1	51873	11.6

第三节　产值结构

1995 年，一、二、三产业总产出 54426 万元。2000 年，一、二、三产业总产出 98134 万元。2005 年，一、二、三产业总产出 1610714 万元，发展速度 103.7%。

一　第一产业

1995 年，第一产业 6475 万元，占总产出的 11.9%。其中：农业 4742 万元，占 73.2%；林业 96 万元，占 1.5%；畜牧业 1599 万元，占 24.7%；渔业 38 万元，占 0.6%。

2000 年，第一产业 5732 万元，占年度总产出的 5.84%，发展速度 94.4%。其中：农业 3699 万元，占 64.5%；林业 142 万元，占 2.5%；畜牧业 1833 万元，占 32%；渔业 58 万元，占 1%。

2005 年，第一产业 9281 万元，占年度总产出的 0.58%，发展速度 104%。其中：农业 5615 万元，占 60.5%；林业 117 万元，占 1.3%；畜牧业 2160 万元，占 23.3%；渔业 170 万元，占 1.8%；农林牧渔服务业 1219 万元，占 13.1%。

二　第二产业

1995 年，第二产业 34296 万元，占总产出的 63.01%。其中：采掘业 1759 万元，占 5.1%；制造业 27645 万元，占 80.6%；建筑业 4892 万元，占 14.3%。

2000 年，第二产业 48035 万元，占年度总产出的 48.95%，发展速度 115.2%。其中：采掘业 1864 万元，占 3.9%；制造业 34514 万元，占 71.9%；建筑业 11657 万元，占 24.2%。

2005 年，第二产业 1478577 万元，占年度总产出的 91.80%，发展速度 103.1%。其中：采掘业 36520 万元，占 2.5%；制造业 1274297 万元，占 86.2%；电力、燃气及水的生产和供应业 44736 万元，占 3%；建筑业 123024 万元，占 8.3%。

三　第三产业

1995 年，第三产业 13655 万元，占年度总产出的 25.09%。其中：农林牧渔服务业 22 万元占0.2%；运输、仓储邮电通讯业3365万元，占24.6%；批发零售贸易、餐饮业3450万元，占25.2%；金融保险业3649万元，占26.7%；房地产业549万元，占4%；社会服务业326万元，占2.4%;教育、文艺、广播338万元，占2.5%;卫生、体育、社会福利业1115万元，占8.2%；机关及社会团体841万元，占6.2%。

2000年，第三产业44367万元，占年度总产出的45.21%，发展速度118.6%。其中：农林牧渔服务业252万元，占0.6%，发展速度107.4%；交通运输、仓储及邮电通信业11993万元，占27%，发展速度116.0%；批发和零售贸易、餐饮业14016万元，占31.6%，发展速度231.4%；金融保险业7060万元，占15.9%，发展速度82.3%；房地产业2493万元，占5.6%，发展速度135.5%；社会服务业3495万元，占7.9%，发展速度52.9%；卫生、体育、社会福利业1066万元，占2.4%，发展速度37.8%；教育、文艺、广播电影电视业1379万元，占3.1%，发展速度122.2%；国家机关、政党机关和社会团体2613万元，占5.9%，发展速度141.4%。

2005年，第三产业122856万元，占年度总产出的7.63%，发展速度125.9%。其中：交通运输、仓储及邮政业25623万元，占20.9%，发展速度91.7%；信息传输、计算机服务和软件业4457万元，占3.6%，发展速度113.2%；批发和零售业17087万元，占13.9%，发展速度123.1%；住宿和餐饮业18917万元，占15.4%，发展速度82.0%；金融业22387万元，占18.2%,发展速度120.9%;房地产业4989万元，占4.1%，发展速度130.1%；租赁和商务服务业692万元，占0.6%，发展速度165.5%;科学研究、技术服务和地质勘查2754万元，占2.2%，发展速度102.1%；水利、环境和公共设施管理业689万元，占0.6%，发展速度105.1%；居民服务业和其他服务业4761万元，占3.9%，发展速度124.3；教育9869万元，占8.0%，发展速度110.3%；卫生、社会保障和社会福利业1045万元，占0.9%，发展速度113.4%；文化、教育和娱乐业840万元，占0.7%，发展速度109.2%；公共管理和社会组织8746万元，占7%，发展速度116.1%。

1995—2005年双滦区社会总产值统计表

表5-4-2　　　　单位：万元

年份	总产值		第一产业		第二产业		第三产业	
	合计	速度	产值	速度	产值	速度	产值	速度
1995	54426	100	6475	100	34296	100	13655	100
1996	72411	125.9	7100	106.3	46605	125.7	18706	134.0
1997	99250	136.3	7961	119.5	66316	140.3	24973	127.8
1998	115069	117.7	8864	107.7	74279	116.3	31926	121.9
1999	83871	66.9	6435	80.3	38930	50.8	38506	121.1
2000	98134	115.2	5732	94.4	48035	115.2	44367	118.6
2001	107484	113.1	6467	98.1	54004	112.4	47013	121.3
2002	120386	123.6	6017	97.3	62950	122.3	51419	129.7
2003	229959	168.3	6927	121.2	163858	216.6	59174	114.0
2004	1522663	120.8	8295	105.8	1419918	149.2	94450	100.3
2005	1610714	103.7	9281	104.0	1478577	103.1	122856	125.9

第四节 产品结构

一 工业产品

双滦区主要工业产品包括：钒钛磁铁矿石、钢铁、机械、建材、轻工、食品等。

1980年，生产瓦23.8万片，修造农机具2280件，加工沙石7.02吨。1985年，工业产品黏土红砖6627万块、缸平瓦614万片、陶管122553节、青瓦78630片、普型砖26380块、地面砖104014块、异型砖2044块、熟料40吨、铸铁件43吨、鼓风机150台、工业钢球1107吨、服装35328件、木制家具2454件、粗铝制品23.2吨、日用铸铝品11569件、包装桶14634只、薄铁制品5815件、工业品机加工76028件。

1990年，生产黏土砖2715万块，缸平瓦446万片，陶瓷管56029节，钢球1226吨，铸铁件300吨，木器1997件，杏仁粉400吨，服装25990件。1995年，主要工业产品有粘土砖2459万块、缸平瓦669万片、陶瓷管131662节、地板砖22588平方米、外墙砖1177平方米、内墙砖80762平方米、轴承套圈ф308、ф309、ф206合计19万套，ф82轮0.3万套、螺纹钢2304吨、铁矿石6.53万吨、铸件4162吨、钢球875吨、合金刀头148付、生铁28399吨、脱苦杏仁222吨。

2000年，主要工业产品钢锭28464吨、成品钢材12351吨、螺纹钢7200吨、生铁26595吨、无缝钢管5151吨、铁矿石29万吨、脱苦杏仁533吨、铸件3122吨。

2005年，主要产品有铁矿石268.9万吨、钒钛铁矿石236.5万吨、铁精粉160.5万吨、钒钛铁精粉158.9万吨、发电量230068万千瓦小时、乳制品4470吨、化学纤维27吨、焦炭62.7万吨、煤气40745万立方米、水泥2.55万吨、生铁237.7万吨、粗钢255.6万吨、钢材243.8万吨、铁合金5241吨、输送机械177229米、采矿设备3285吨。

二 农业产品

1980年，生产粮食8320吨，水果215吨；大牲畜存栏3607头，生猪存栏12771头，家禽26936只。1985年,粮食6348吨,蔬菜20898吨；水果326.25吨，肉类1138吨，水产品39吨。

1990年，生产粮食8591吨，蔬菜20724吨，水果209吨，肉类1212吨，水产品33吨。1995年，粮食9846吨，蔬菜26694吨，水果825吨，肉类945吨，禽蛋449.4吨，水产品50吨。

2000年，生产粮食1279吨（因遭受旱灾，减产8，210吨），蔬菜2.6万吨，水果603吨，肉类1063吨，水产品58吨。

2005年，生产粮食7532吨，蔬菜37260吨，水果2000吨，肉类1157吨，禽蛋产量448吨，水产品250吨；年末生猪存栏8066头，大牲畜1923头。

第五节 劳动力结构

一 城镇劳动力

1981年，城镇人口38074人，单位年末从业2314人，占城镇人口的6.1%。全民单位年末1490人，其中：固定职工1238人，临时工44人，计划外临时工208人；集体企事业单位年末824人，其中：固定工241人，临时工583人。1985年，城镇人口40690人，单位年末从业2311人。其中：国有经济单位957人，城镇集体经济单位1354人。1990年，城镇人口46497人，单位年末从业1783人。其中：全民单位年末894人，集体单位职工889人。1995年，城镇人口55179人，单位年末从业4629人，其中：国有经济企业3045人，集体经济企业1240人，其它经济企业344人。

2000年，城镇人口60033人，单位年末从业10182人，占城镇人口的17%。国有单位年末从业8502人，其中：企业6302人、事业1285人、机关915人；城镇集体经济单位645人，其中：企业535人，事业单位110人；其它各类经济单位1035人。

2005年，城镇人口64568人，单位年末从业25003人，占城镇人口的38.7%。国有经济单位6450人，其中：农林牧渔业124人，制造业1802人，电力煤气及水的生产供应1247人，交通仓储及通信业392人，金融业122人，教育1195人，卫生社会保障和社会福利业195人，公共管理和社会组织1373人。城镇集体经济单位976人，其中：电力煤气及水的生产供应820人，金融业64人，卫生社会保障和社会福利业92人。其它各单位17577人，其中：采矿业36人，制造业16436人，建筑业293人，交通运输业86人，批发和零售业12人，住宿和餐饮业57人，金融业19人，房地产业14人，科学研究技术服务97人，水利、环境、公共设施管理业527人。

1981—2005年双滦区城镇从业人员统计表

表5-4-3　单位：人

年份	总计	国有经济单位				城镇集体经济单位				其他经济单位
		合计	企业	事业	机关	合计	企业	事业	机关	
1981	2314	1490	—	—	—	824	—	—	—	—
1982	1937	1575	—	—	—	362	—	—	—	—
1983	859	134	—	—	134	725	725	—	—	—
1984	948	233	—	23	210	715	715	—	—	—
1985	2311	957	708	24	225	1354	1354	—	—	—
1986	3246	687	445	20	222	2559	2559	—	—	—
1987	1950	904	624	29	251	1046	1046	—	—	—
1988	1551	985	694	30	261	566	566	—	—	—
1989	1785	794	364	162	268	991	924	67	—	—
1990	1783	894	430	202	262	889	827	62	—	—
1991	2238	1047	532	218	297	1191	1116	75	—	—
1992	2206	1120	498	205	417	1086	1005	81	—	—
1993	2307	1083	450	189	444	1224	1150	74	—	—
1994	3458	2479	989	950	540	979	904	75	—	—
1995	4629	3045	1319	1085	641	1240	1151	82	7	344
1996	34972	31547	29718	1113	716	1900	1808	85	7	1525
1997	36784	33415	31362	1259	794	1417	1311	99	7	1952
1998	32888	29778	27622	1335	821	756	641	108	7	2354
1999	10475	8341	6161	1290	890	670	557	113	—	1464
2000	10182	8502	6302	1285	915	645	535	110	—	1035
2001	10257	8521	6229	1248	1044	948	838	110	—	788
2002	8222	6770	4617	1218	935	1184	1080	104	—	268
2003	26878	25362	22561	1817	984	1516	1414	102	—	—
2004	23761	22182	19365	1750	1067	1579	1479	100	—	—
2005	25003	6450	3678	1466	1306	976	884	92	—	17577

二 农村劳动力

1981年，乡村人口34949人，乡村劳力12521人。其中：农林牧渔业劳动力10908人，社队工业劳动力924人，外出务工689人。1985年，乡村人口36435人，乡村劳动力16094人，其中：农业9873人，工业1587人，建筑业1719人，运输业584人，商贸业593人，其他各业1738人。

1990年，乡村人口39418人，乡村劳力19655人，其中：农业10062人，工业2251人，建筑业1312人，运输邮电业846人，商业682人，文教卫生108人，其他行业4394人。1995年，乡村总人口40077人，劳动力人口22307人，其中：农业10341人，工业2641人，建筑业1742人，交通运输业1254人，商业1062人，其他各业5267人。

2000年，乡村人口39262人，农村劳动力年末实有19392人，其中：农林牧渔业10365人，工业2466人，建筑业2447人，交通业1234人，社会服务业108人，卫生体育121人，教育文化64人，其他2587人。2005年，乡村人口39601人，年末从业20640人。其中：农林牧渔业10294人，工业3402人，建筑业2819人，交通业1277人，批零业805人，社会服务业1198人，社会保障福利业64人，文化教育123人，住宿餐饮业462人，其他196人。

1981—2005年双滦区农村劳动力统计表

表5-4-4　　单位：人

年份	乡村人口	劳动人口合计	占总人口%	劳动力按部门分组					
				农业	工业	建筑业	运输业	商贸业	其他行业
1981	34949	12953	36	10980	924	—	—	—	689
1982	35443	13134	37	10949	721	543	—	109	812
1983	35755	14037	39.2	10911	887	673	385	187	994
1984	36018	14862	41.3	10299	811	1200	365	408	1779
1985	36435	16094	44.2	9873	1587	1719	584	593	1738
1986	36877	17125	46.4	9713	1626	1634	659	584	2909
1987	37568	17727	47.2	9291	1992	1391	800	445	3808
1988	38162	18787	49.2	9202	2080	1537	841	605	4522
1989	38749	19324	49.9	9671	2128	1257	820	606	4842
1990	39418	19655	49.9	10062	2251	1312	846	682	4502
1991	39775	20678	52	10979	1995	1352	903	776	4673
1992	40114	21327	53.2	10970	2222	1562	967	878	4728
1993	39988	21636	54.1	10370	2039	1862	1196	868	5301
1994	40211	22001	54.7	10750	2072	1860	1173	1148	4998
1995	40077	22307	55.7	10341	2641	1742	1254	1062	5267
1996	39715	22260	56	10237	3104	2160	1141	1157	4461
1997	38773	22213	57.3	10870	3021	2329	1239	1244	3510

续表 5-4-4

单位：人

年份	乡村人口	劳动人口合计	占总人口%	劳动力按部门分组					
				农业	工业	建筑业	运输业	商贸业	其他行业
1998	38308	22351	58.3	10725	3253	2459	1179	1255	3480
1999	38269	21244	55.5	10373	2597	2245	1193	1072	3764
2000	39262	19392	49.4	10365	2466	2447	1234	108	2772
2001	39393	19413	49.3	10281	2664	2422	1259	167	2620
2002	39344	19081	48.5	9818	2870	2325	1212	214	2642
2003	39482	18804	47.6	9747	3628	2531	1064	1649	185
2004	39270	20588	52.4	10057	3616	2774	1258	1209	1674
2005	39601	20640	52.1	10294	3402	2819	1277	2003	845

第六编　居民生活　风俗

历史上，域内居民大多是农村人口。由于农业技术落后，耕作理念和方式原始，农村经济主要依赖单一的种植业，粮食亩产低，农民的生活贫困。新中国成立后，农民的生活有了较大的改善。1958年后，国家大兴工业。域内先后有近10家大、中型企业入驻。企事业单位和行政机关员工依靠工资收入，生活相对稳定。在长达30年的时间里，农村实行集体统一生产、相对平均分配的方式，农民生活水平在低位徘徊。1966年，域内农业总收入295万元，农民人均年收入7.54元。改革开放以后，特别是农村实行土地承包责任制以后，农民的生活水平从温饱型向富足方面发展。1981年，农民年人均收入113元，2005年达到2701元，增长23.9倍。2005年，城镇职工年平均工资25170元，比1979年人均720元增长了34倍。2005年城镇居民年人均生活消费支出5714元，比1980年提高13.7倍，城镇居民可支配收入7607.2元。在区内行业之间、区域之间的收入也存在差距。城镇职工工资大幅提升。城镇居民的生活水平逐渐提高的同时，由于分配制度的不完善，造成城乡居民收入差距较大。

域内居民绝大多数是外来人口，不同地域、不同民族的文化相互交融渗透，形成既有民族特色的习俗，也有各民族相融合的风俗。随着社会的不断发展，一些传统的民俗被新的生活方式和社会规则所取代。

第一章　农村居民生活

新中国成立前，域内居民绝大多数是农民。由于没有自己的土地，生产技术原始落后，加上租赋沉重，生活十分困苦。新中国成立后，经过土地改革，农民的生活发生了改变。1950年，域内总人口15970人，农村居民占总人口数的96.6%。实行人民公社以后，土地等生产资料归集体所有，农村的劳动分配制度基本上是“大锅饭”，农民的生活温饱不足。随着社会的发展与进步，特别是农村实行联产承包责任制以后，解放了农村大部分劳动力，从事非农业的人数逐渐增加，城乡居民的收入差距逐步缩小，农村居民生活开始从温饱发展到富足，过上了幸福生活。2005年，域内农村居民39605人，占总人口的38.02%。农民年人均收入达到2701元。

第一节　收　　入

一　建区前收入概况

清代、民国期间，域内农村居民大多没有自己的土地，依靠租种“旗地、庄地”或地主的土地生活。当时，人均耕种面积不足一亩，亩产平均不足80公斤。每年除交纳粮租外，所剩无几。一般家庭的粮食只够吃八九个月，还要靠野菜、谷糠掺粮度日。逢灾荒年景，只能去外乡逃荒。为了生活，农闲时外出打短工赚些零用钱或上山砍柴、采集中药卖钱贴补家用。生活稍富裕的农户，把自家的农产品用车运到集镇卖掉，换取生活的必需品；还有的组织驮队搞长途贩运谋生。居住环境十分简陋。农村只有少数富户是瓦房，大多居民住宅全部是石头或土坯垒砌的草房。一家两代、三代人挤在一个炕上。还有一些贫困户，居住在“马架子”式窝棚里。缺衣少穿，冬季靠烧柴的余炭装在火盆里取暖。小病治疗靠民间土办法，大病无钱医治。

新中国成立后，实行土地改革，农民在自己的土地上耕种，生产力得到解放，生活开始改善。人民政府组织农民开展生产自救，实行减租、退押，并对困难户进行救济。贫苦农民收入逐步提高，居民生活开始好转。1953年后，农村开展互助合作运动，农民响应党和政府号召加入合作社，走合作化道路，农民收入有所增加。1958年始，由于党内左倾错误路线影响，加之1960年后连续自然灾害，全国经济出现严重困难。粮食连年欠收，农民收入减少，物价涨幅过大，生活水平下降。1962年，承德市区粮食总产量仅8000吨。1962年，承德市区人口212018人，年人均占有粮食不足40公斤。1962年1月，中共中央召开扩大的中央工作会议，总结“大跃进”的经验教训，采取新的经济政策，国民经济得到恢复和发展，农民收入有所提高。“文化大革命”期间，片面强调“以粮为纲”，在经济政策方面统得过多、过死，农民收入来源主要靠集体分配单一渠道。1966年，域内农业人口26945人，农业年总收入295万元，总费用59万元，税金32.8万元，年农业纯收入203.2万元，人均年收入7.54元。

实行家庭联产承包责任制以后，集体分配收入逐年渐少。家庭经营中从事农林牧渔、工业、建筑、运输、贸易餐饮、服务业等获取的收入增加。随着农村剩余劳动力的转移，务工经商者增加，工资性收入成为农民财富积累的重要来源。随着多种所有制经济发展和多种经营方式的出现，财产性收入（利息、土地征用补偿、转让土地承包经营权收入）和转移性收入（亲友赠送等）呈增长趋势。农民收入结构逐渐由以农业为主向农业与非农产业并举的协调方向发展。

二　双滦区农民收入

1980年，域内农业人口34274人，粮食产量9878吨，人均粮食288公斤；蔬菜产量16620吨，人均蔬菜484.5公斤。农村经济总收入696万元，其中农业收入341万元，工业收入69万元，其它收入286万元，农民人均收入113元。1981年，双滦区42个生产大队，农村社员从集体所得年平均收入41～50元的生产大队有3个；51～60元的生产大队有3个；61～80元的生产大队有9个；81～100元的生产大队有14个；101～150元的生产大队有6个；151～200元的生产大队有5个；201～250元的生产大队有2个。1985年，粮食产量9030吨，人均粮食247.5公斤；蔬菜产量21670吨，人均蔬菜594.5公斤。与1980年同比粮食产量增长30.4%，人均占有量增长22.7%。大型拖拉机由1980年的43台减少到34台，胶轮大车由332台减少到110台；小型拖拉机由1980年的177台增加到395台，增长123.2%。农村经济总收入2370万元，同比增长3.4倍。其中农业收入867万元，同比增长154.3%；工业收入573万元，同比增长730.4%；其他收入930万元，同比增长225.2%；农民人均纯收入346元，同比增长3.06倍。

1986—1990年，农村经济稳步发展，农民人均纯收入逐年提高。1990年，农村经济总收入5944万元，比1985年增长150.8%。其中农业收入1819万元，工业收入1918万元，其他收入2207万元，农民人均纯收入564元，分别比1985年增长109.8%、234.7%、137.3%和63%。

1991—1995年，农村经济发展较为活跃，农业产业结构得到调整。蔬菜大棚在短短几年中发展到800余亩，创产值1000万元；种植户、养殖户、个体工商户以及各镇企业发展较快。1995年，区内32220家农户，收入5.7亿元。1995年，农村经济总收入63862万元，是1990年10.7倍。其中农业6047万元，工业25533万元，其他32282万元，农民人均纯收入2149元，分别是1990年3.3倍、13.3倍、14.6倍和3.45倍；粮食和蔬菜产量也有较大幅度提高，分别达到9846吨和26694吨，比1990年分别增长314.6%和28.8%。

1996—2005年，农村第二轮土地联产承包责任制得到巩固完善，在逐步减免农民各种税费的同时实行农业反哺，国家给农户每亩土地一定的现金补助。区委、区政府研究制定"南菜北畜中间果"的农业发展格局。蔬菜种植面积9153亩，比1995年的5140亩增长77.9%。其中蔬菜大棚面积2500亩，比1995年的300亩增长7倍多；蔬菜总产量37260吨，比1995年的26700吨增长39.6%；总产值4100万元，比1995年的2500万元增长64%；奶牛存栏700头，比1995年的300头增长1.3倍；奶产量3600吨，是1995年60吨的60倍；果园面积10000亩，总产量2000吨，比1995年的800吨增长1.5倍。2005年，农民人均纯收入2701元，比1995年增长25.7%。

1980—2005年承德市双滦区部分年份农民人均收入统计表

表6-1-1　单位：元

年份	农民人均纯收入(元)	增减幅度(%)	年份	农民人均纯收入(元)	增减幅度(%)
1980	112	—	1994	1222	49.9
1982	132	—	1995	2149	75.9
1983	215	62.9	1996	2643	23
1984	388	80.5	1997	2820	6.7
1985	346	10.9	1998	2985	5.9
1986	368	6.4	1999	2685	10.1
1987	415	12.8	2000	2700	0.6
1988	465	12	2001	2200	18.5
1989	520	11.8	2002	2300	4.5
1990	564	8.5	2003	2360	2.6
1991	613	8.7	2004	2503	6.1
1992	703	14.7	2005	2701	7.9
1993	815	15.9			

1990—2005 年承德市双滦区部分年份农民收入结构统计表

表 6-1-2

年份	农村总人口（人）	农村经济总收入（万元）				农村居民人均纯收入（元）	农村经济总费用（万元）			粮食		蔬菜	
		总收入	其中农业	工业	其他		合计	农业费用	非农业费用	总产量（吨）	人均（公斤）	蔬菜总产量（吨）	人均（公斤）
1990	29418	5944	1819	1918	2207	564	3387	1772	1615	8591	218	20724	525.5
1995	40077	63862	6047	25533	32282	2149	52947	6434	46513	9846	245.5	26694	666
2000	39262	128256	4479	51297	72480	2700	116794	2414	114380	1279	32.5	26064	663.5
2005	39601	—	—	—	—	2701	—	—	—	7532	190	37260	941

2005 年承德市双滦区农村百户居民收入情况调查表

表 6-1-3

指标名称	单 位	年度总计	人均数
调查户数	户	100	—
常住人口	人	366	—
年末生产性固定资产原值	元	427600.00	1168.31
一、全年总收入	元	1320645.89	3608.32
（一）家庭经营收入	元	599413.84	1637.74
1.农业收入	元	215945.80	590.02
2.林业收入	元	1645.00	4.49
3.牧业收入	元	166939.50	456.12
4.渔业收入	元	—	—
5.工业收入	元	7060.00	19.29
6.建筑业收入	元	9260.00	25.30
7.交通运输邮电业收入	元	125588.54	343.14
8.批零贸易业、饮食业收入	元	35445.00	96.84
9.社会服务业收入	元	15510.00	42.38
10.其他行业收入	元	20798.00	56.83
11.其他产品收入	元	1222.00	3.34
（二）工资性收入	元	577720.40	1578.47
（三）财政性收入	元	99289.05	271.28
（四）转移性收入	元	44222.60	120.83
二 全年纯收入	元	988429.12	2700.63
全年可支配收入	元	934423.11	2553.07
农村住户现金收入情况	元		

续表 6-1-3

指标名称	单 位	年度总计	人均数
一 期内现金收入	元	1336232.29	3650.91
（一）家庭经营现金收入	元	633019.79	1729.56
1.农业	元	251237.25	686.44
2.林业	元	2645.00	7.23
3.牧业	元	164254.00	448.78
4.渔业	元	—	—
5.工业	元	7060.00	19.29
6.建筑业	元	9260.00	25.30
7.交通运输邮电业	元	125588.54	343.14
8.批零贸易饮食业	元	35445.00	96.84
9.社会服务业	元	15510.00	42.38
10.其他行业	元	20798.00	56.83
11.出售其他产品收入	元	1222.00	3.34
（二）工资性收入	元	577720.40	1578.47
（三）转移性收入	元	44112.60	120.53
（四）财产性收入	元	81379.50	222.35
二、非收入现金所得	元	206979.30	565.52
（一）非借贷性现金所得	元	11152.00	30.47
（二）借贷性现金所得	元	195827.30	535.05
其中：取回存款	元	135180.00	369.34

附记：

1979—1980年双塔山镇中营子生产大队社员分配情况调查

人民公社体制时期，双塔山镇中营子村有生产小队4个，1979年参加劳动分配人口597人；1980年参加劳动分配人口594人。中营子大队是以生产队为核算分配单位。

第一生产队：1979年参加劳动分配社员129人，粮食总产量62778公斤，交售给国家粮食9269.5公斤，年总收入30600元。扣除费用支出、集体提留、公积金、公益金后，年分配社员粮食45312公斤，人均年分配粮食351.26公斤。年终分配社员现金17433元，社员年人均分配现金135.14元。

1980年参加劳动分配社员127人，粮食总产量49234公斤，交售给国家粮食1326.5公斤，年总收入25687元。扣除费用支出、集体提留、公积金、公益金后，年分配社员粮食41023.5公斤，人均年分配粮食323公斤。年终分配社员现金13689元，社员年人均分配现金107.78元。

第二生产队：1979年参加劳动分配社员160人，粮食总产量58591公斤，交售给国家粮食3403.5公斤，年总收入37908元。扣除费用支出、集体提留、公积金、公益金后，年分配社员粮食50506.5公斤，社员人均年分配粮食315.66公斤。

年终分配社员现金 21123 元，社员年人均分配现金 132.02 元。

1980 年参加劳动分配社员 160 人，粮食总产量 50621.5 公斤，交售给国家粮食 872.5 公斤，年总收入 32490 元。扣除费用支出、集体提留、公积金、公益金后，年分配社员粮食 45186.5 公斤，人均年分配粮食 282.41 公斤。年终分配社员现金 17609 元，社员年人均分配现金 110.06 元。

第三生产队：1979 年参加劳动分配社员 156 人，粮食总产量 66940.5 公斤，交售给国家粮食 3000 公斤，年总收入 31452 元。扣除费用支出、集体提留、公积金、公益金后，年分配社员粮食 50771.5 公斤，人均年分配粮食 325.46 公斤。年终分配社员现金 13789 元，社员年人均分配现金 88.39 元。

1980 年参加劳动分配社员 154 人，粮食总产量 43216 公斤，交售给国家粮食 800 公斤，年总收入 21634 元。扣除费用支出、集体提留、公积金、公益金后，年分配社员粮食 37762.5 公斤，人均年分配粮食 245.21 公斤。年终分配社员现金 9369 元，社员年人均分配现金 60.83 元。

第四生产队：1979 年参加劳动分配社员 152 人，粮食总产量 61737.5 公斤，交售给国家粮食 2821.5 公斤，年总收入 30772 元。扣除费用支出、集体提留、公积金、公益金后，年分配社员粮食 49252 公斤，人均年分配粮食 324 公斤。年终分配社员现金 15003 元，社员年人均分配现金 98.70 元。

1980 年参加劳动分配社员 153 人，粮食总产量 43730.5 公斤，交售给国家粮食 614 公斤，年总收入 25928 元。扣除费用支出、集体提留、公积金、公益金后，年分配社员粮食 36980.5 公斤，人均年分配粮食 241.7 公斤。年终分配社员现金 10760 元，社员年人均分配现金 70.33 元。

中营子四个生产队分配粮食的形式是："人七劳三"。即：粮食分配人口占七成，工分占三成。壮劳力每天挣 8～10 分，每年挣工分 3500—3800 分。每 10 分为一个日值。1979 年，中营子第一生产队日值 1.15 元，第二生产队日值 1.20 元，第三生产队日值 0.90 元，第四生产队日值 0.80 元；1980 年，中营子第一生产队日值 1.02 元，第二生产队日值 1.07 元，第三生产队日值 0.64 元，第四生产队日值 0.705 元。

附图：

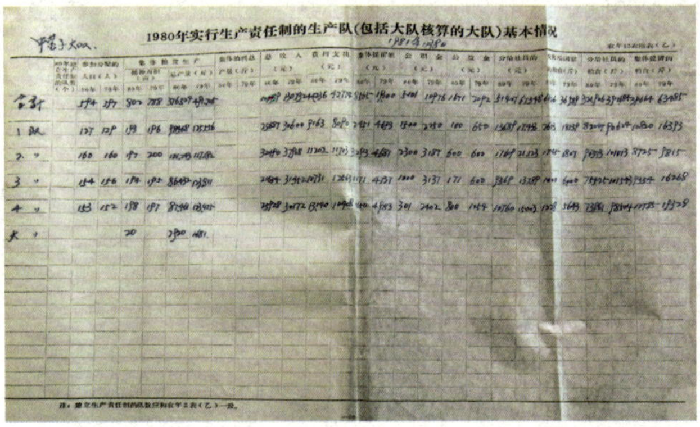
1980年实行生产责任制的生产队（包括大队核算的大队）基本情况

双塔山镇中营子大队 1980 年实现生产责任制的生产队基本情况

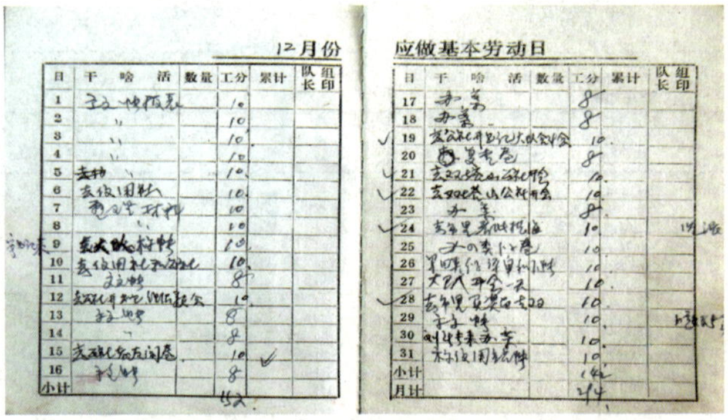
12月份　应做基本劳动日

中营子大队社员劳动工分记工手册

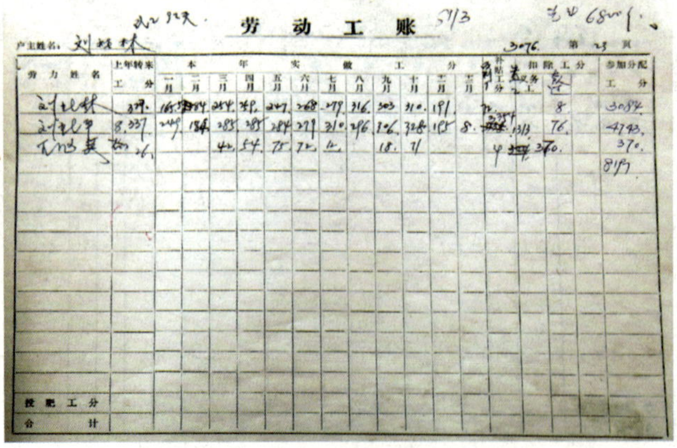
劳动工账

双塔山镇中营子大队劳动工账

（调查人：王乃民）

第二节　支　　出

一　衣着消费

新中国成立初期，农民在衣着方面逐渐改善。居民能够按季节穿衣，以能有衣服换穿为追求。姑娘出嫁，向婆家要衣服；过年时，小孩向家长要衣服；民间随礼，相互送衣料。大多农民穿衣是春秋季节把棉衣的棉花掏出来当夹衣穿。衣服坏了缝缝补补再穿，补丁摞补丁的情况很普遍。至改革开放前，农村衣着以经济耐用、朴素结实为主。双滦区地处河北省北部，冬季比较寒冷。居民家庭普遍重视冬衣，冬装讲究保暖。棉衣、棉裤及棉鞋均为家庭自行缝制。由于棉布限量供应、家庭收入微薄，相当多数的家庭棉衣、棉裤质量差。布料、棉花均为旧的，孩子多的家庭，一般是小孩儿穿大孩儿的。1978年以前，无论城乡，不分男女，人们的衣着大多数以青、蓝颜色的棉布为主。衣服样式有学生装、干部服、中山服和家做对襟袄、缅裆裤。20世纪70年代出现"的确良"和"的卡"等化纤布料，以其结实耐用受到欢迎。改革开放以后，农民衣着发生变化。使用布料开始讲求花色、款式和质量。以化纤、呢绒、丝绸等居多，中山装、西服、羽绒服及各种裙装、牛仔裤等都十分流行。过去长期穿的补丁衣服退出历史舞台。进入80年代，随季节变化每人均有几套不同档次的各种面料服装。1984年后，呢料大衣和羽绒衣开始流行，衣着款式、质料和色泽，悄然发生变化。参加劳动、社会交往、户外运动均穿着不同的服装。1980年，承德市农民家庭衣着消费平均支出19.9元；1990年，承德市农民家庭衣着消费33.5元。2005年，双滦区农民衣着消费人均332.22元。

20世纪30年代全家福（市档案局提供）

20世纪40年代居民服饰（胡忠孝提供）

1964年农村女孩子（摄影　胡忠孝）

二　饮食消费

改革开放前，域内农民主要食用玉米、谷子、高粱等粗粮食品；副食则以咸菜、白菜、萝卜、豆角、大角瓜为主，肉食少。一些农户粮食不够吃，政府根据情况向农户发放返销粮、救济粮。重要节日或婚丧嫁娶、待客时，有少量黍子、谷子、高粱等黏米或大米、白面加工的食品；副食也局限于少许肉、蛋、豆腐等。改革开放后，农民饭食逐步改善，大米、白面、禽、肉、蛋、鱼等食用量显著增加。1980年，承德市农民家庭食品平均消费84.8元。1985年，域内农民人均食品消费142元；1990年以后，日常主食逐渐以大

1958年12月人民公社集体食堂（摄影　胡忠孝）

米、白面为主，粗粮则成为调剂口味的稀罕食品。各种肉、蛋、鱼类及蔬菜已成为农民餐桌上常见的食品。约有15%的农户对食品有较高的要求，强调饮食的营养化和健康化。进入21世纪以后，部分农民自己食用的粮食、蔬菜，开始不使用化肥，也很少使用农药。在饮食方面从讲求吃饱到吃好，再到讲求吃绿色、无污染的营养食品。饮食结构、质量都在发生改变。2005年，人均食品消费1066.4元，比1985年增长6.5倍。

三 居住消费

新中国成立初期，农村住房条件较简陋，大多是坐北朝南三间土石结构的草房，进门厨房，东西间有火炕。随着经济发展，农村居民开始建砖瓦房。开始从二代或三代人同睡一铺炕，向夫妇、父母、子女单独设有居室转变。改革开放后，农民建房材料逐步被砖、木、钢筋、混凝土取代，面积也不断增加，屋内结构呈现多样化和个性化。经济条件好些的家庭，开始修建2层或3层楼房。1990年，人均住房12平方米。1995年，域内农民人均住房消费24元。1995年，人均住房14平方米；2000年，人均住房17平方米；2004年，双塔山镇团瓢村在城市扩建中70%的农户住进小区楼房。2005年，羊泉子村整体搬迁，移居到生活方便的新农村。同年，农民人均住房消费45元。住房面积人均20.58平方米，比1995年增长1倍多。

附记：

双滦农村民居变化调查

自清代以后，境内定居人口增多。清代、民国期间除喀喇河屯（今滦河镇）外，大多数居民分布在乡村。民居的选址大多选择避风向阳，靠山面水的地方，总体上坐北朝南，随山就向。受经济发展因素的影响，经过数百年的历史演变，至21世纪初，境内民居从选料、造形、结构、功用等方面有较大的改变，形成以中国北方民居为主要特点的地域风格。而民居发展变化不但反映出地域经济、社会发展的水平，也反映居民精神上的素养和追求。

一 草房

草房是境域农村居民中存在时间较久远的形式之一。其主流存在清初至20世纪70年代，长达近300余年。

20世纪70年代之前农村居住的草房（摄影 王乃民）

草房的用料主要是石块、土、木材、谷（稻）草。房屋主体分为三间，每间房建筑面积8～10平方米，总建筑面积（含院子）在0.4～0.6亩间。地基用石块堆砌，宽深约0.5米左右，用白灰砂浆灌注。地基上为木架。木架结构一般下端用8根木柱支撑，上面是4个三角形木结构（坨），分别纵向放于三间房子相对应的墙体上面，横向再用木檩（粗15～20公分、长度以房子的宽度为准）链接，房顶形成前后20°～30°坡度。木檩上面再纵向钉上8～10公分粗的椽子；条件差的家庭，木檩直接搭在墙体上，节省了支柱和三角形坨的木料，抗震能力较差。柁、檩、椽、柱相互作用，形成一个整体稳固的木架支撑结构。木架周围垒墙，墙体厚度为30公分左右，采用土坯或石块垒砌。椽子上面铺荆笆或高粱秸秆，然后再抹上约5公分厚的泥，当地把这道工序叫“铺笆”。最后房顶上面用15～20公分厚度谷（稻）草自下而上梯次压茬铺好。房子的窗户开在正面，为木窗棱糊白纸。东西两间房屋的窗户中间装有约0.4平方米的小玻璃。

室内地面的土层垫平夯实，墙壁多为泥土抹平，屋顶吊纸棚或泥棚。门开在中间房屋，进门后东西两侧各有灶台，正面多摆放水缸、粮食缸、菜缸，有些家还设有神（佛）龛。东西两间房内靠窗户一侧为炕，对面放板柜、木箱等装饰。草房因其墙体较厚，上面苫有厚厚的草，有冬暖夏凉的特点。至2005年，境内农村民居中已极少见到草房。

二 瓦房

清代和民国期间境内民居瓦房数量很少，官宅和有钱的人家居住的是瓦房。新中国成立后，除国家机关、企事业单位建有瓦房外，大部分居民仍以草房为主。20世纪50年代，境内民居瓦房的数量仅占民居总量的15%～20%。60—70年代，瓦房的数量逐渐增多，约占民居总数的80%左右。至2005年，平房数量增加，瓦房存量减少，约占民居总数的60%～70%左右。

瓦房用料主要是木材、砖、石、瓦、白灰、水泥等，多为三间。瓦房的地基仍为石块堆砌，用水泥和沙子拌浆灌注，基础较牢固。房子木架结构与草房相同，四周的墙壁采用砖或砖石结合垒砌，顶部用青瓦覆盖，取代了稻（谷）草，防雨、防风、防火的作用优于草房。20世纪80年代以后，瓦房的面积有所增加，每间房15～20平方米。大玻璃窗替代木棱纸窗。室内装修采用白灰墙，地面铺砖或水磨石，土炕改为烟道，上面加床。有的厨房改放在后面，中间房屋前边作为客厅(饭厅)。各房间的功能分类明确,有卧室、客厅、厨房、餐厅、储藏间等。室内摆设用衣柜、衣橱等替代板柜、木箱。

20世纪60年代农村兴建的瓦房（摄影　王乃民）

三 平房

20世纪80年代以后，境内民居开始出现平房。平房的房间跨度和空间较大，每间房建筑面积30—40平方米。

20世纪90年代后期农村兴建的平房（摄影　王乃民）

平房用料主要有砖、钢材、水泥、沙等。平房的主体为砖墙，顶部盖水泥预制板或水泥混凝土浇筑。地基和顶部四周加整体混凝土的“圈梁”(框架)，结构稳固，抗震能力较强。有些民居的储物间、厨房等设在主体房间的下面，房屋主体形成月台和小二层结构。有的室内隔断成卧室、客厅、厨房、餐厅、储藏间、卫生间等，功用逐渐愈加齐全。平房的窗户为铝合金玻璃，地面用瓷砖或大理石铺设。室内外装修追求时尚、实用、美观。冬季取暖，大多用小锅炉燃煤加散热片。至2005年，境内民居中，平房的存量约占民居总数的30%～40%。

民居的变化折射出社会的进步和经济的发展，从侧面反映出居民生活水平的改善。至2005年，区内有3%～5%富裕的农民自建楼房或进城购住商品楼房，享受到与城镇居民同样的居住环境。

（调查人：王乃民）

附记：

偏桥子镇羊泉子村整体搬迁专记

羊泉子村位于偏桥子镇西北部一条深山沟中，距偏桥子镇政府约11公里，距双滦区政府约9公里。村界东至大贵口村西岔，西界白庙子村山梁，南与达连坑村北山交界，北与双塔山镇辫子沟山接壤，面积5.75平方公里。全村152户，536人，分别居住在南梁、下铺、羊泉子、北沟、东山5个自然村落中。全村耕地面积1350亩，其中可耕地面积670亩，分布在15°～25°不等的山坡上，占耕地面积的49.6%，耕种条件极差。除耕地面积外，大部分是岩石、荒山、沟谷和林地。由于土地贫瘠缺水，遇灾情基本绝收。至2004年，全村贫困人口512人，是双滦区扶贫重点村之一。

羊泉子村偏远闭塞，5个自然村之间相距最远的有3.5公里。通往村外的仅有的一条村路，是人水共走的河道，机动车辆通行异常困难，有的自然村机动车辆无法到达。羊泉子村水资源短缺，人畜饮水极为困难。至2004年，全村5口水井干涸了4口，仅有一口能用的水井，水量不足。每逢旱季，人畜用水都需到沟外的老沟门村去找。固定电话线路和闭路电视线路均未接通。村民的电视机只能架设室外天线收看；手机信号微弱，接打电话须到室外寻找信号强点。由于交通闭塞，生活贫困，村内成年男子难以娶妻成家。2004年，25～60岁的单身男人40多人，约占总人口的7.8%。原有一所小学因生源少，于2001年停办。小学生需往返10余里到三家村小学就读。因路途较远，造成村内适龄儿童不能按时入学，中小学生辍学现象普遍。村民寻医看病更难。交通难、种粮难、饮水难、通信难、上学难、看病难、娶妻成家难，一直困扰着村民的生

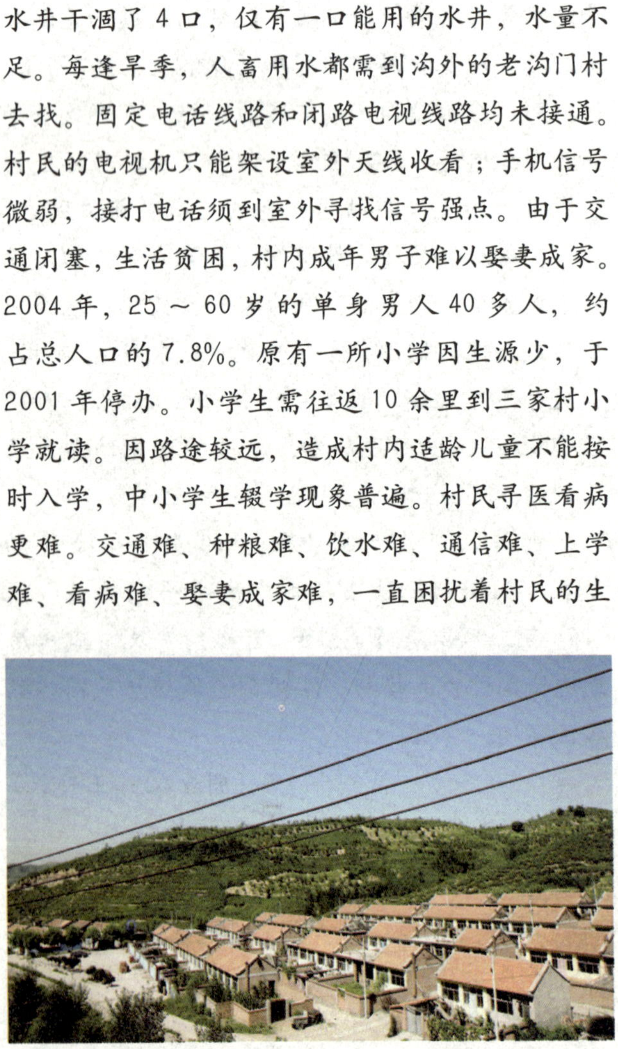

2005年羊泉子移民新村（区档案馆提供）

产生活。

搬出深山外，告别闭塞贫困，村民们渴望、酝酿了十年之久。2003年4月，时任镇党委书记王青春、镇长孟宪明等关注羊泉子村群众生活的诸多困难，寻求解决办法。经过深入细致的调查研究，制定了全村整体搬迁方案，并协调解决实施中难点。区委、区政府对羊泉子村整体搬迁方案给予重视和支持。2004年6月，承德市政府有关部门联合下发文件，同意羊泉子村整体搬迁。镇政府领导与工作人员多次到扶贫办等有关部门反映情况，商讨搬迁事宜，请求给予财力、物力支持。同时召开羊泉子村干部会议，逐户走访村民，征求意见、统一思想、消除疑虑。在做好多方面基础工作的同时，确定在辫子沟与二道沟门之间的40余亩的土地上规划建设羊泉子新村。

经过多方努力，争取到中央财政移民搬迁专项资金225万元，按每人5000元直接补给搬迁村民。区城建部门给予无偿设计，建房施工由本村具有多年建筑经验的个体建筑商苏朝臣承建。2004年6月，羊泉子新村开工建设。为确保工程进度和质量，镇政府成立“羊泉子新村建设领导小组”，每个领导小组成员有具体分工，责任明确。时任镇党委副书记兼羊泉子村党支部书记牛金秋等全力投入到新村建设中。区政府各包扶部门按各自职责完成包扶任务：区水利局拨专款铺设扬水上山管道，修建一座容积30余立方米的蓄水池；区交通局拨专款铺设由南梁到新村1.5公里的村级公路；区电力部门无偿为新村架设民用电路。羊泉子新村于2005年底竣工落成。通过并户合建的方法，共建新村住宅80套，搬迁村民450人，人均居住面积25.65平方米(包括庭院)。住进新村的村民生活得到改善。路通，水通，孩子上学近了，通讯联络顺畅，看病买药方便，男婚女嫁不再发愁了。羊泉子村从此告别闭塞、贫困落后的生活。

（调查人：袁宝森　王乃民）

四　交通通信消费

新中国成立前，除富户和官员外，农民出行没有交通工具。条件好的居民出行以马、驴等牲畜代步。20 世纪 70 年代，域内开始有公共汽车，约 20% 的农户家庭有自行车。1980 年后，自行车普及，公共汽车也逐步增多。1990 年后，农民个体出租车迅速发展。2000 年，域内农村居民拥有手机 3100 部。到 2005 年，农民出行的交通工具已向多样化、便捷化和舒适型发展，60% 家庭和个人购买了电动车、摩托车，还有 2% 先富起来的家庭购买自用小汽车。2005 年，农村居民拥有住宅电话 13300 部，有手机 22194 部，拥有电脑 6 台。交通、通信人均消费 789.86 元。

五　家庭主要用品

改革开放前，农民家庭使用的家具主要有三格木柜和木质箱子。20 世纪 90 年代后，手表、自行车开始在农民家庭普及，30% 家庭有缝纫机。随着经济迅速发展，市场繁荣，家庭主要消费用品增多。2000 年以后，农村家庭中普遍购有彩电、空调、冰箱、电脑、手机等家用电器。

2005 年承德市双滦区农村百户居民支出情况调查表

表 6-1-4

指标名称	单位	年度总计	人均数
调查户数	户	100	—
常住人口	人	366	—
年末生产性固定资产原值	元	427600.00	1168.31
一 全年总支出	元	1779558.92	4862.18
（一）家庭经营费用支出	元	296405.61	809.85
1.农业生产支出	元	126423.90	345.42
2.林业生产支出	元	57. 00	0.16
3.牧业生产支出	元	100054.20	273.37
4.渔业生产支出	元	—	—
5.工业生产支出	元	—	—
6.建筑业生产支出	元	—	—
7.交通运输邮电业生产支出	元	51283.00	140.12
8.批零贸易、餐饮业生产支出	元	5443.00	14.87
9.社会服务业生产支出	元	8837.00	24.14
10.文教卫生业生产费用支出	元	2560.00	6.99
11.其他行业生产支出	元	1747.50	4.77
（二）购置生产性固定资产支出	元	139531.00	381.23
（三）税费支出	元	1154.50	3.15
（四）生活消费支出	元	1282311.82	3503.58
1.食品	元	390310.36	1066.42
2.衣着	元	121592.00	332.22

续表 6-1-4

指标名称	单位	年度总计	人均数
3.居住	元	165830.94	453.09
4.家庭设备用品	元	62016.52	169.44
5.交通通信	元	289087.50	789.86
6.文教娱乐	元	142498.50	389.34
7.医疗保健	元	96816.40	264.53
8.其它商品和服务	元	14159.60	38.69
（五）财产性支出	元	4733.00	12.93
（六）转移性支出	元	55423.00	151.43
二 期内现金支出	元	1779558.92	4862.18
（一）生产费用支出	元	435936.60	1191.08
1.家庭经营费用支出	元	296405.61	809.85
(1)农业	元	126423.90	345.42
(2)林业	元	57.00	0.16
(3)牧业	元	100054.20	273.37
(4)渔业	元	—	—
(5)工业	元	—	—
(6)建筑业	元	—	—
(7)交通运输业	元	51283.00	140.12
(8)批零贸易餐饮业	元	5443.00	14.87
(9)社会服务业	元	8837.00	24.14
(10)文教卫生业	元	2560.00	6.99
(11)其他行业	元	1747.50	4.77
2.购置生产性固定资产支出	元	139531.00	381.23
（二）税费支出	元	1154.50	3.15
（三）生活消费支出	元	1282311.82	3503.58
（四）财产性支出	元	4733.00	12.93
（五）转移性支出	元	55423.00	151.43
三 非消费支出	元	111745.70	305.32
其中：储蓄、借贷	元	32583.00	89.02
四 期末金融资产余额	元	444198.00	1213.66
1.期末手存现金	元	110598.00	302.18
2.期末存款余额	元	333600.00	911.48

2005年承德市双滦区农村居民百户拥有耐用消费品情况调查表

表 6-1-5

指标名称	单 位	年度总计
调查户数	户	100
常住人口	人	366
1.大型家具	件	54
2.洗衣机	台	85
3.电风扇	台	76
4.电冰箱	台	66
5.空调机	台	4
6.抽油烟机	台	19
7.吸尘器	台	6
8.微波炉	台	1
9.热水器	台	7
10.自行车	辆	56
11.摩托车	辆	35
12.汽车（生活用）	辆	2
13.电话机	部	70
14.移动电话	部	56
15.寻呼机	台	9
16.彩色电视机	台	105
17.黑白电视机	台	1
18.录放像机	台	23
19.摄像机	台	—
20.影碟机	台	16
21.组合音响	台	14
22.收录机	台	2
23.照相机	架	5
24.家用计算机	台	6
25.中高档乐器	件	—

2005 年承德市双滦区农村百户居民劳动力就业情况调查表

表 6-1-6

指标名称	单位	年度总计
调查户数	户	100
常住人口	人	366
农村住户就业劳动力人数	人	238
其中：就业男劳动力人数	人	130
一 第一产业就业劳动力	人	135
（1）农业	人	131
（2）林业	人	—
（3）牧业	人	4
（4）渔业	人	—
二 非农产业就业劳动力	人	103
1.第二产业就业劳动力	人	48
（1）采矿业	人	9
（2）制造业	人	33
（3）电力煤气及水的生产供应	人	2
（4）建筑业	人	4
2.第三产业就业劳动力	人	55
（1）交通运输仓储及邮电通信业	人	17
（2）批发零售贸易	人	10
（3）住宿和餐饮业	人	2
（4）居民服务和其他服务业	人	7
（5）教育	人	1
（6）卫生、社会保障和社会福利业	人	2
（7）文化、体育和娱乐业	人	—
（8）其他	人	16

附记：

双塔山镇团瓢村失地农民生活状况调查

土地是农民赖以生存的生产资料，是农民最基本的生活保障。随着工业化、城市化进程加快，农民的部分农业土地转化为非农业用地成为必然，失地农民随之产生。团瓢村位于双塔山镇中心区域内，是一个典型的“城中村”。双滦区于 2000 年推进城镇化建设中，团瓢村成为“城中村改造”的第一村。期间，团瓢村较大部分民居和土地被拆迁征占，部分农民失去土地，部分村民离开了农家庭院住进回迁楼房。村民的劳动就业、家庭收入、生活消费、精神生活等方面都发生了明显变化，既有生活质量提高的积极因素，也有应予关注的问题。

一 团瓢村土地征占前基本情况

团瓢村位于双塔山镇中心，东至杨树沟，西

连双塔山大街，南至双塔山，北至北山，总面积约2平方公里。该村有较丰厚的旅游资源，著名的双塔山景区在其村界之内。地理位置优越，距承德市中心区仅11公里。5路、15路公交车沿村而过，交通十分便利。2000年，全村共有农户313户，1098口人，耕地面积725亩，人均占有耕地0.66亩。该村共有劳动力（18～59岁）480人，占人口总数的44%。其中从事农业生产280人，占劳动力总数的58.3%；从事个体工商业30人，占劳动力总数的6.3%；外出打工170人，占劳动力总数的35.4%。家庭平均年收入6805元，人均收入1940元。

二 团瓢村土地被征占情况

2000年，双滦区委、区政府依据《河北省村镇规划建设管理条例》，结合双滦经济发展实际制定《双塔山集镇建设规划》。计划5年内完成滨河大街、沿街两侧区直机关办公楼（建设局、林水局、国土资源局、教育局、交通局等9个单位）、实验中学、区医院、民居及底商楼群（御祥园、山水文苑等居民区）、双塔山景区公园、文化广场等建设项目。该规划涉及到团瓢村土地征占和居民拆迁。2003—2005年，共征占团瓢村土地306亩，其中耕地212亩，其他土地94亩，拆迁民居170户。具体征占情况为：

2003年征占土地245亩，其中耕地160亩，其它土地85亩，拆迁民房170户。

2004年征占土地36亩，其中耕地32亩，其它土地4亩。

2005年征占土地25亩，其中耕地20亩，其它土地5亩。

此外，团瓢村出租土地288亩，其中耕地181亩，荒山30亩，机动地（耕地）77亩。

被征占土地按国家征用政策，根据土地原始用途和经济价值，分别以每亩6万元、6.5万元和8万元给予补偿。被拆迁民居按1：1拆迁政策给予回迁安置楼房或另建新瓦房。

三 团瓢村失地农民生活现状

（一）**劳动力向多种就业方式转移**。从对团瓢村2005年劳动就业情况的调查看，全村有农户328户，人口1184人，剩余耕地255亩，人均占有耕地0.22亩，有劳动力（18～59岁）510人，占总人口的43.1%。由于耕地减少，甚至部分农民承包的土地全部被征占，多数劳动力向多领域、多种就业方式转移成为必然。据调查2005年团瓢村劳动力从事个体经营的（小卖店、小饭店、贩卖蔬菜、个体运输等）有90人，占17.6%；外出务工（建筑工地、司机、洗车工、超市服务员、饭店服务员等）280人，占54.9%；经营剩余土地36人，占7%，剩余人员则靠出租房屋、家政服务、打零工等为收入来源。

（二）**农民家庭收入有较大增长**。农村经济体制改革之前，农民的家庭收入主要靠集体分配。实行家庭联产承包责任制后，集体分配收入逐年减少，家庭经营承包土地的剩余劳动力逐渐转向工业、建筑、运输、商业、餐饮、服务等多种行业，家庭收入呈多元化趋势，收入水平明显提高。到2000年，团瓢村人均收入1940元，比80年代初的人均收入500元增加了1400多元，接近翻两番。家庭年收入达到5万元以上的2户，占0.6%；年收入3万元以上5万元以下的10户，占3.2%，年收入1万元以上3万元以下的19户，占6%；年收入1万元以下的282户，占90%。2005年，由于大部分土地被征占，大量劳动力外流务工或从事个体经营，工资和经营性收入成为家庭经济主要来源，收入水平进一步提高，人均收入达到2930元，户均收入10500元。其中家庭年收入约10万元以上的有5户，占总户数的1.5%，成为2000年以前零的突破；家庭年收入约5万元～9万元的10户，占3%，比2000年增加8户，提高2.4%；家庭年收入约3万元～5万元的124户，占37.8%，比2000年增加114户，提高34.6%；家庭年收入约1万元～3万元的152户，占46%，比2000年增加133户，提高40%；家庭年收入在1万元以下的37户（孤、寡、病、残等）占11.2%，比2000年减少245户，下降78.8%。

（三）居住条件得到明显改善。2000年以前，团瓢村人均居住面积16平方米。其中居住楼房的只有2户，占总户数的0.6%；居住平房的40户，占12.8%；居住瓦房的266户，占85%；居住草房的5户，占1.6%。到2005年，人均住房面积提高到20平方米。居住楼房的154户（部分拆迁户仍另建瓦房居住），占46.9%，提高46.3%；居住平房的30户，占9.1%，比2000年降低3.7%；居住瓦房的144户，占44%，比2000年降低41%；居住草房的为零户。

（四）村民资产积累日趋增长。2000年，全村有机动车40辆（轿车2辆、面包车1辆、摩托车30辆、拖拉机2辆、农用车5辆），电视机80台，有线电话50部，手机15部，电脑1台。2005年，机动车达到153辆（其中轿车15辆、面包车3辆、摩托车110辆、拖拉机5辆、农用车20辆），比2000年增加113辆；电视机140台，比2000年增加60台；有线电话80部，比2000年增加30部；手机320部，比2000年增加305部；电脑30台，比2000年增加29台。

（五）村民精神生活有较大改善。2000年以前，大部分村民业余时间主要是看电视，少部分村民打麻将、玩扑克牌，精神生活比较单调。“城中村”改造完成后，当地的公共设施逐步完备，双塔山景区公园为村民免费开放，村民可随时到公园内登山游览。文化广场为村民开展文化娱乐、健身活动创造了条件。村民自发组建了秧歌队，利用文化广场开展群众性娱乐活动。特别是一些老年人参与其中，老有所乐。此外，互联网的普及，年轻村民表现出极大的兴趣，对麻将、扑克逐渐淡化，赌博现象明显减少。

四 失地农民生产生活存在的问题

（一）生活成本增加。部分失地农民住进回迁楼房后，消费项目增加，消费数额增大。如水费、燃料费、物业费、粮油肉蛋菜等日常生活消费支出明显增加。居住农家庭院时，有的支出项目不存在，有的在农副业生产中即可解决。这些增加的消费支出使生活成本提高，收入较低的农户感到经济压力较大。

（二）劳动就业不稳定，经济收入不平衡。由于每个家庭成员的构成、经济基础、文化素质、劳动技能等方面的条件差别大，表现在谋生渠道和经济收入上，就出现了不稳定、不平衡的状况。多数失地农民劳动技能局限性大，缺乏就业竞争能力。在失地农民中只有少数家庭能够自办小型企业、承包小型工程或从事商业、餐饮经营，大部分农民都是临时务工或打短工，从事体力劳动或简单劳动，工作地点和年限不固定，收入较低。由于没有长期稳定的工作，经济来源没有保障，致使部分失地农民仍有衣食之忧。

（三）缺乏必要的社会保障。对于农民而言，土地不仅是他们的职业保障，更是承载着他们养老、医疗等晚年的基本生活。农民有土地心里就有寄托；失去土地后，心理上就缺少依靠。由于现阶段没有面向失地农民的社会保障体系，失地农民无法享受与城镇居民同等的最低生活保障、医疗、养老等社保待遇。调查显示，养老和医疗是失地农民最为迫切的生活需求，也是他们难以消除的心理负担。

（四）土地征占制度欠缺，存在不稳定因素。由于土地征占制度存在欠缺，在具体土地征占过程中，涉及土地补偿、房屋拆迁补偿、地上附着物补偿等，农民处于被动地位。一些农民认为征地补偿标准过低，且与开发商频发冲突，引发多次上访事件。在实际工作中，往往把补偿和安置混在一起，农民的权利不能得到有效保障。因此，完善补偿安置制度，把征地补偿与被征地农民的长远安置区别开来，按照社会公平原则由国家对失地农民进行救助，做好长远生活保障。

城镇建设和城市改造是经济社会发展的客观现实需求。“城中村”改造过程中涉及土地征占、民房拆迁，不可避免地会引发一些利益上的矛盾，且直接关系到社会的和谐稳定。对于失地农民这样一个特殊的群体，应给予特殊的关注。实现失地农民的市民化，不仅仅是转户口、住楼房，而是让他们享受与城市居民同等的市民待遇，包括教育、医疗、就业、养老等社会福利和保障。在征占农民土地过程中，既要做好深入细致的政策宣传和思想工作，更要妥善解决好他们生产生活中的各类问题，消除他们的后顾之忧。

（调查人：袁宝森　王乃民　杨贵学）

第二章　城镇居民生活

新中国成立前，滦河街有少量非农收入居民，大多从事职员、经商和务工。其收入微薄，生活尚可维持。新中国成立后，一批国有企业相继入驻双滦。其职工和家属依靠工资收入，生活水平高于当地农村居民。改革开放后，企事业单位和行政机关多次调整工资收入，职工年平均水平不断提高。随着城区居民家庭结构的改变，青年职工大多选择生育1个孩子，城镇居民的生活水平不仅仅满足穿衣饮食方面的消费，向住宅宽敞、出行靠家用轿车发展，国内外旅游度假也成为时尚。至2005年，城镇居民家庭人均存款达到6438元，人均年生活费支出5714元，人均住房面积16平方米。

第一节　收　　入

一 工资收入

清代、民国期间，域内除贵族官吏和少数富商外，滦河街小商贩、小手工业者、小职员及家属等居民生活水平属自给自足、勉强维持生活状态。大庙铁矿、双塔山选矿厂等几个企业，均是日企殖民开采。工人政治上受压迫，经济上受剥削，加之矿难、工亡事故时有发生，工人和家属居住简陋、衣食不饱。

新中国成立初，干部及职员实行供给制，后施行级别工资制。工人在政治上得到解放，生活有了基本保障。由于生产水平低，工资水平也低。1954年，国家职员逐步实行八级工资制，1963年、1977年两次工资调整，职工年平均工资分别是498元和562元。改革开放以后，国民经济开始迅速发展。1979—1985年，先后5次调整职工工资、增加副食补贴。企业普遍推行经营承包责任制，实行超利润提成奖励制度，职工收入明显增加。1979年，职工年平均工资720元；1985年，职工年工资增加到918.4元，增长27.5%。随着经济快速发展，职工收入大幅度增长。1990年，职工年平均工资1666.3元；1995年3957元；2000年5560.3元；2005年25170元。比1979年人均工资分别增长1.3倍、4.5倍、6.7倍和34倍。2005年，城市居民家庭人均总收入8358元。

1981—2005年承德市双滦区城镇从业人员和劳动报酬统计表

表6-2-1

年　份	职工年平均人数（人）	单位从业人员劳动报酬总额（万元）	职工年平均工资（元）
1981	2171	146.7	675.7
1982	2258	140.2	620.9
1983	859	53.4	621.7

续表 6-2-1

年 份	职工年平均人数（人）	单位从业人员劳动报酬总额（万元）	职工年平均工资（元）
1984	931	78.9	847.5
1985	2194	201.5	918.4
1986	2107	230.3	1093.0
1987	2085	266.3	1277.0
1988	1810	291.2	1608.8
1989	1785	349.3	1956.9
1990	1774	295.6	1666.3
1991	2236	364.4	1629.7
1992	2206	486.1	2203.5
1993	2285	575.3	2517.7
1994	3374	1261.4	3738.6
1995	4595	1818.2	3956.9
1996	34850	23001.6	6600.0
1997	35467	27134.4	7650.6
1998	37306	27460.4	7361.0
1999	13104	7090.8	5411.2
2000	13174	7325.1	5560.3
2001	10257	8300.6	8092.6
2002	11876	9665.3	8138.5
2003	30097	42080.5	13981.6
2004	26564	56694.2	21342.5
2005	24950	62799.0	25170.0

注：1996—1998 年、2003—2005 年，职工人数包含市属以上企业，1999—2002 年，职工人数不包含市属以上企业。

二 居民存款

1995 年，双滦区城乡居民储蓄存款余额 33091 万元；1998 年，城乡居民储蓄存款余额 35643 元。2005 年，城市居民家庭人均银行存款 2664 元，家庭人均手存现金 3774 元。

2005 年承德市双滦区城镇百户居民家庭总收入情况调查表

表 6-2-2

项目	计量单位	合计
调查户数	户	600
总体户数	万户	18.52
一 期出手存现金	元/人	3595.48

续表 6-2-2

项目	计量单位	合计
二 家庭总收入	元	8358.40
期中：可支配收入	元	7607.20
（一）工资收入	元/人	6037.58
1.工资及补贴收入	元/人	5774.43
2.其他劳动收入	元/人	263.15
（二）经营净收入	元/人	18.77
（三）财产性收入	元/人	69.05
1.利息收入	元/人	30.94
2.股息与红利收入	元/人	32.66
3.保险收益	元/人	2.45
4.其他投资收入	元/人	0
5.出租房屋收入	元/人	0
6.知识产权收入	元/人	0
7.其他财产性收入	元/人	3.00
（四）转移性收入	元/人	2233.01
1.养老金或离退休金	元/人	1977.76
2.社会救济收入	元/人	29.44
3.辞退金	元/人	0
4.赔偿收入	元/人	0
5.保险收入	元/人	2.01
6.赡养收入	元/人	27.04
7.捐赠收入	元/人	50.59
8.亲友搭伙费	元/人	52.69
9.提取住房公积金	元/人	0
10.记账补贴	元/人	65.33
11、其他转移性收入	元/人	28.15
三 借贷收入	元/人	3011.79
1.提取储蓄存款	元/人	1821.18
2.借入款	元/人	248.15
3.收回借出款	元/人	37.04
4.收回储蓄性保险本	元/人	6.67
5.兑售有价证卷	元/人	7.27
6.收回投资本金	元/人	0
7.住房贷款	元/人	891.48

第二节　消　　费

一　食品消费

1980年，城镇居民生活费每人每年支出416.88元。食品支出223.8元，其中：主食72.24元，副食102.48元，其他食品49.08元。

1985年，城镇居民生活费每人每年支出602.39元，比1980年增长44.5%；食品支出322.56元，比1980年增长44.13%。主食支出65.42元，下降9.44%；副食支出156.84元，增长53.04%；其他食品增长105.4%。

1994年，城镇居民年人均生活费支出2612.04元。食品支出1320.72元，其中：主食199.68元，副食730.8元，其他食品390.24元，比1980年分别增长5.27倍、4.9倍、1.76倍。

2002年，家庭消费支出人均5070.6元。食品年人均支出1981.56元。

2005年，城镇居民人均年生活支出5714元，比2002年增长12.7%。食品支出2336元，比2002年增长17.9%。

二　居住消费

1980年,双滦区城镇居民人均居住面积3.13平方米；1985年，人均居住面积3.5平方米；1994年，人均居住面积7.1平方米，比1980年增长1.27倍。

1995年开始，双滦区居民住房商品化改革。

2002年，双滦区城镇居民年人均居住消费476.52元。2005年，双滦区城镇居民住房面积16平方米。

2005年承德市双滦区城镇百户居民住房情况调查表

表6-2-3

项　目	计量单位	合计
调查户数	户	600
总体户数	万户	18.52
1.家庭人口	人/户	2.74
2.现住房总建筑面积	人/月	19.96
3.现住房屋总使用面积	人/月	15.79
4.房屋产权（合计）	%	100
租赁公房	%	22
租赁私房	%	4
原有私房	%	0
房改私房	%	62
商品房	%	10
其他	%	2

附录：

我的六次迁居生活

我是土生土长的滦河人，祖辈是八旗贵族，属镶蓝旗。1987年，我从承德钢铁公司离休，今年88岁。自1949年2月结婚成家至今，总共搬了6次家。每一次搬家居住条件都得到改善，生活水平都有相应的提高。

一　筒子屋里十五年（1948—1962年）

1946年2月，我和老伴何效英结婚，1948年同时在热河群众日报社参加工作。当时报社(社址东兴街）给了我们一间宿舍，算是从滦河到承德市第一次搬家。这是一间开门就是炕的筒子屋。面积不足15平方米。冬季开始是烧火炕用火盆取暖，后来改为烧煤炉。在报社工作期间，相继有了4个小孩，全家6口人挤在这间15平方米的房子里，直至1962年调离报社。

其间，家中比较值钱的物件是我们俩每人有块瑞士手表，主要的摆设有两个装衣物的油漆木箱。当年干部、职员薪酬实行供给制，国家管吃、住并供给穿、用等生活必需品。供给制一直延续到1951年。实行工资制度后，我家仍然在机关食堂就餐，用饭票、菜票去买。主粮是玉米、小米、高粱米，副食多为熬大菜，很少吃肉。1959—1961年，三年经济困难时期粮食指标供应减少，吃不饱饭，整天挨饿。我和爱人每人每月供应粮食13公斤，食油月供应不足2两。我身高1.76米，当时体重仅57公斤。由于营养不良腿部经常浮肿。家里有吃奶的孩子，爱人瘦得皮包骨。她曾经说："等老了不求别的，有个热炕头儿，一天能喝上三顿小米粥，就心满意足了。"可见当时的生活状况。

二 又住平房十五年（1962—1976年）

1962年，我和爱人调到青龙县城工作。居住在青龙县政府职工家属院一间半起脊的小瓦房，使用面积20多平方米。外屋半间是炉灶和厨房，里屋间是居室。全家6口人挤在一个炕上睡。

开始生活的主要困难仍然是粮食不够吃，物资紧缺，物价高涨。我曾经开垦过小片荒地，种谷子补贴粮食不足。秋天下班后曾到生产队已经收获完的红薯地去"溜"（刨挖）红薯。为节省粮食，每天只吃两餐，早餐有时就蒸一锅酸梨替代。1963年以后，吃粮得以逐渐缓解，粮、油、副食、柴煤、棉布、自行车、缝纫机等全部凭票证供应。

其间，家中添置的主要物品有缝纫机1台、水曲柳木制的衣柜1个和一对小木柜。

三 自建两间小瓦房（1976—1979年）

1976年，爱人病退，我也被调到承德钢铁公司工作。当时，承钢住房十分紧张。滦河街我家老房院有一块0.2亩的空闲地，我就用爱人的"建房补助金"和积蓄盖了两间小瓦房，使用面积50平方米，小房的后面又搭盖了偏厦。小瓦房左面1间隔断成大卧室，后面1间偏厦改成小卧室；右边1间做成客厅和餐厅，后面偏厦1间做厨房和储藏室。新居有个小院，院内有棵核桃树，还打了一口真空压力井，可以养花、种菜。

饮食方面粮食仍是粗粮为主，细粮、肉、油，供应比例相应增大些。1979年以后，可以在市场上买到粮食等农产品，吃饱饭基本不成问题。我家添置了1台自行车、1台收录机，还有一对单人沙发椅和1张写字台。

第一次有了属于自己的住房，尽管生活还不富裕，但是小日子过的有滋有味。

四 第一次住进楼房（1980—1989年）

1980年，我们老俩口和1个孩子搬进了承钢新建的二号职工住宅楼。两居室，使用面积不足37平方米。这是我50多岁第一次住进楼房；第一次不用生煤炉，享受用暖气取暖；第一次不用水桶挑水、压水，享受用自来水洗脸、洗衣；第一次不用烧柴灶，享受干净、便捷的液化气灶烧水、做饭。

1980年，家中购买了1台日本东芝牌12英寸黑白电视机。后来相继换成了17英寸彩色电视机、双卡收录机，淘汰了箱、柜等老式家具，新添了大衣柜、写字台、高低柜、双人沙发等。

期间，河北省放开了粮食市场，物资供应逐渐充裕。家里主粮逐渐变成了大米、白面，肉、蛋、菜等副食品应有尽有。从吃不饱改善为吃得饱、吃得好。

五 换了一套住宅楼（1990—2010年）

1990年，承钢厂调整职工住宅，我有幸分到一套60平方米，两居室的楼房。这套房子设计的较合理，18平方米的客厅，居住房间一大一小，卫生间宽敞……。两口人居住，环境很舒适。期间，经历了几次调房，我都没有搬家。

二十年里，家具换成组合柜，后来又赶时髦换成了新样式的橱柜，更新了彩色电视机、电冰箱、洗衣机，购买了数码照相机、电脑，安装了住宅固定电话，并使用上了移动电话。1999年10月，家中做饭用上了管道煤气。

饮食结构也悄然发生了变化，鲜奶、鸡蛋、鱼、禽、海产品、时差蔬菜、菌类等逐渐占到家中副食品开销的70%，主粮注意粗细搭配，开始讲究吃得科学。穿戴开始讲究面料、款式、做工、舒适。

这二十年是我离休后幸福的晚年时光。

六 颐养天年锦绣城（2011年至今）

锦绣城是双塔山西侧一个较大的居民住宅区，分为七个小区，容纳7000户，入住两万多人。2011年，我在锦绣城三区购买了一套“三室两厅双卫”的新住宅，面积115平方米，上下楼乘电梯。儿子给买了一套红木家具，有双人床、衣柜、书橱、写字台、茶几等。室内装饰古香古色十分雅致。书房里红木大书柜装满了我的各种书籍及影像资料；宽大的写字台更便于我挥毫泼墨，练习书法、绘画。闲暇时，坐在电脑前，浏览时政、整理文章发博客。最近几年，我还编辑了两部书（回忆录）、两本摄影作品集、1本书法绘画作品选。读书、看报、下棋、玩牌、养鱼、侍弄花草、会友、逛街……都是我的必修课。

饮食方面更加注重荤素、粗细搭配，研究吃的“绿色”健康。过去每逢过春节家家户户准备很多肉食、干粮（粗粮细做的食品）等年货。现在过年的饮食文化也在悄然改变，商家、饭店不放假，想吃什么随时到市场就能买到，年夜饭选择在饭店聚餐。

有幸赶上新时代，知足、快乐、幸福！

胡忠孝

2015年6月

三 日用品消费

1980年，双滦区城镇居民年人均日用品支出163.92元，非商品支出29.16元。据60户调查显示：有自行车75辆、缝纫机34台、手表140块、收音机59台、黑白电视机17台、录音机2台、照相机2架。

1985年，城镇居民年人均日用商品支出225.72元，比1980年增长了37.3%；非商品支出54.12元，增长85.6%。据60户调查显示：自行车比1980年增长2.18倍、录音机增长10%。60户中拥有大衣柜57个、沙发78套、写字台45个、电风扇14台、摩托车2辆。

1994年，城镇居民日用品支出688.2元；非商品支出603.12元，分别比1980年增长6.95倍、3.2倍。缝纫机、手表、收录机等拥有量逐年减少，新的家用物品逐渐增加。60户中有组合家具24套、彩色电视机52台、组合音响1套、钢琴1架、电话20部、电冰箱39台、洗衣机56台。

2002年，城镇家庭日用品消费增加。人均年衣着消费511.56元，家电用品及服务消费年人均259.68元，医疗保健消费721.92元，其它149.76元

2005年，居民消费水平继续提高。其中衣着年人均消费648元，比2002年增长26.7%；电器设备及服务258元；医疗保健724元；其它172元。居民家庭耐用消费品的结构发生较大变化。摩托车的数量增加，生活用轿车已经进入居民家庭。电冰箱、洗衣机、彩色电视机、录像机、照相机、微波炉、空调、热水器等家用电器不仅数量增加，品质和档次也逐年提高；固定电话已经在居民家中普及，移动电话等通讯工具增多；电动车、中高档乐器、计算机也开始进入居民家中。2005年，区内城镇家庭百户平均拥有电脑14台、电动助力车4台。

1980—1994年承德市双滦区部分年份城市住户主要消费品拥有量调查表

表6-2-4

项目	单位	1980年	1985年	1994年
户数	户	60	60	60
调查人口	人	259	223	189
年人均收入	元	360.6	68.34	3180.96
居住面积	平方米	3.13	3.5	7.1
家庭耐用品				
1.自行车	辆	75	105	115
2.缝纫机	台	34	39	41
3.手表	块	140	166	—
4.收音机	台	59	98	—
5.电视机(黑白)	台	17	54	21
6.录音机	台	2	22	—
7.照相机	架	2	3	18
8.大衣柜	个	—	57	48
9.沙发	个	—	78	128
10.写字台	个	—	45	47
11.电风扇	台	—	14	33
12.摩托车	辆	—	2	3
13.组合家具	套	—	—	24
14.洗衣机	台	—	—	56
15.电冰箱	台	—	—	39
16.收录放像机	台	—	—	11
17.彩色电视机	台	—	—	52
18.组合音响	套	—	—	1
19.钢琴	架	—	—	1
20.电话	部	—	—	20
存款	元	11.05	64.2	406.8
手存现金	元	14.83	32.68	376.32
生活费支出	元	416.885	502.32	2612.04
食品	元	223.8	222.48	1320.72
1.主食	元	72.24	65.64	199.68
2.副食	元	102.48	156.84	730.8
3.其他	元	49.08	100.08	390.24
其他日用品指出	元	163.92	225.72	688.2
非商品支出	元	29.16	54.12	603.12

2005年承德市双滦区城镇百户居民可支配收入及服务、旅游消费调查表

表6-2-5

项　目	计量单位	附加单位	合　计
调查户数	户		600
总体户数	万户		18.52
可支配收入	元	人年	7607.20
服务性消费支出	元	人	1344.99
旅游人次	次	百人月	6.72
旅游花费	元	百人月	4896.36

2005年承德市双滦区城镇居民消费品拥有量调查表

表6-2-6

项　目	计量单位	合　计
调查户数	户	600
总体户数	万户	18.52
1.成套家具	套/百户	64
2.摩托车	辆/百户	18
3.自行车	辆/百户	64
4.助力车	辆/百户	4
5.家用汽车	辆/百户	0
6.洗衣机	台/百户	80
7.电风扇	台/百户	58
8.电冰箱	台/百户	68
9.冰柜	台/百户	16
10.彩色电视机	台/百户	114
11.影碟机	台/百户	36
12.录音机	台/百户	32
13.录放像机	台/百户	10
14.家用电脑	台/百户	14
15.组合音响	套/百户	24
16.摄像机	架/百户	2
17.照相机	架/百户	22
18.钢琴	架/百户	0
19.其他中高档乐器	件/百户	2
20.微波炉	台/百户	22
21.空调器	台/百户	18
22.取暖器	台/百户	12

续表 6-2-6

项　目	计量单位	合　计
23.电炊具	台/百户	106
24.沐浴热水器	台/百户	38
25.排油烟机	台/百户	66
26.消毒碗柜	台/百户	2
27.洗碗机	台/百户	2
28.饮水机	台/百户	16
29.吸尘器	台/百户	6
30.健身器材	套/百户	0
31.普通电话	部/百户	68
32.移动电话	部/百户	100
33.传真机	部/百户	0

2005 年承德市双滦区城镇居民家庭总支出情况调查表

表 6-2-7

项　目	计量单位	合　计
调查户数	户	600
总体户数	万户	18.52
家庭总支出	元/户	8184.52
一 消费支出	元	5715.39
其中：服务性消费支出	元	1344.99
通过互联网购买商品或服务	元	0.00
1.食品	元/人	2335.93
2.衣着	元/人	647.75
3.家庭设备用品及服务	元/人	258.69
4.医疗保健	元/人	723.64
5.交通和通信	元/人	569.41
6.教育文化娱乐服务	元/人	556.68
7.居住	元/人	450.84
8.杂项商品和服务	元/人	172.45
二 购房支出	元/人	1124.55
三 转移性支出	元/人	748.23
1.交纳的个人收入税	元/人	109.11
2.捐赠支出	元/人	242.81
3.购买彩票	元/人	0.50
4.赡养支出	元/人	388.22

续表 6-2-7

项　目	计量单位	合　计
其中：在外就学子女费用	元/人	265.70
5.各种非储蓄性保险支出	元/人	5.93
6.其他转移性支出	元/人	1.66
四 财产性支出	元/人	19.59
五 社会保险支出	元/人	576.76
1.个人交纳的养老基金	元/人	258.67
2.个人交纳的住房公积金	元/人	140.92
3.个人交纳的医疗保险	元/人	120.46
4.个人交纳的失业基金	元/人	37.71
5.其他社会保障支出	元/人	19.00
六 借贷支出	元/人	3007.22
1.存入储蓄款	元/人	2663.71
2.借出款	元/人	29.63
3.归还借款	元/人	142.22
4.储蓄保险支出	元/人	15.70
5.购买有价证卷	元/人	0.00
6.其他投资支出	元/人	8.68
7.归还住房贷款	元/人	142.84
8.归还其他贷款	元/人	2.22
9.其他借贷款	元/人	2.22
期末手存现金	元/人	3773.93

第三章　居民收入差距

改革开放前，在计划经济体制下，企业实行 8 级工资制，农村实行工分制，城市居民高于农村居民收入。改革开放后，城乡居民收入渠道拓宽，收入来源呈现多样性。1992 年以后，由计划经济向市场经济逐步转型过程中，收入分配拉大了距离，主要是多年来实行的城乡二元结构政策，垄断和特权行业的高收入，地区间经济发展不平衡等因素造成。虽然经济体制改革在不断探讨和完善合理的分配制度，但现阶段分配不公产生的收入差距也是当今社会的焦点问题。

第一节　城区差距

一 城乡收入差距

2005 年，双滦区统计局开始对城镇住户调查。根据调查数据显示：城镇居民人均可支配收入 7607 元，农村居民人均可支配收入 2553

元，相对差距为2.98:1，绝对差距为5054元；城镇每百户拥有彩电114台、电冰箱68台、洗衣机80台，农村居民百户拥有量分别是105台、66台、85台；城镇居民百户拥有音响24台、空调18台、电脑14台，微波炉22台、照相机22台、移动电话100部、抽排油烟机66台，而同期农村每百户拥有量分别只有16台、4台、6台、1台、5架、56部、19台；城镇居民人均存款2663.71元，农村居民人均存款911.48元，农村居民相当于城镇居民的34.2%，绝对差距为1752.23元。

二 区域收入差距

双塔山镇是区人民政府所在地，曾经有多家市属大中型国有企业驻镇，经济发展环境较好。滦河镇在历史上就是商品经济较发达的地区，并有承德钢铁集团公司、滦河发电厂等国有企业作依托，乡镇企业发展快，农民人均纯收入比较高。农民人均纯收入比较低的偏桥子镇以农业经济为主，乡镇企业规模小，发展较慢。1990年，滦河镇农民人均纯收入720元，偏桥子镇332元，相对差距2.17:1，绝对差距为388元。2000年，滦河镇农民人均纯收入2950元，偏桥子镇为2249元，相对差距1.31:1，绝对差距701元。2005年，滦河镇农民人均纯收入3500元，偏桥子镇2450元，相对差距1.43:1，绝对差距1050元。

第二节　行业收入差距

一 企事业单位及行政机关收入差距

1985年，区属企业、事业、机关年人均工资分别为910元、1033元、989元，收入比为1:1.13:1.09。2000年，区属企业、事业、机关年人均收入分别为1:1.17:1.34，行业收入最高的为金融业，人年均工资15483元，是最低制造业年人均工资4804元的3.2倍，相对差距为3.2:1。2004年，驻区承德钢铁集团公司、滦河发电厂等企业划归属地统计，收入情况发生一些变化。2005年，企业、事业、机关年人均收入分别为21757元、17521元、17974元，收入比为1.24:1:1.02。行业收入最高的电力、煤气及水的生产供应行业为34099元，比最低的农林牧渔业9484元高3.6倍，相对差距为3.6:1，绝对差距24615元。企业单位内部，领导层收入比普通职工高出几倍或十几倍，收入差距明显拉大。

二 垄断经营单位及行政机关收入差距

行业之间收入分配差距拉大，垄断经营起了主要作用。电力、金融、电信、移动等行业收入增长较快，工资、奖金、高福利等待遇比其他行业要丰厚。政府职能部门的工作人员享受发放现金或实物的福利，有的节假日还可以组织公费旅游。靠全额拨款的行政部门除正常工资外，无额外收入，机关内部收入分配待遇也体现出明显差距。

第四章　风　俗

清代以来，域内多民族文化、南北地域文化的共融，使得各民族的风俗大同小异。又因为城乡居住环境的不同，形成“十里不同风，百里不同俗”的差异。新中国成立后，封建迷信色彩的习俗被摒弃。改革开放后，一些传统的习俗，重新受到重视和传承。随着社会的进步和发展部分民俗逐渐被淡化、演变，改变了其原有的面貌和含义。形成的地域风俗，在社会发展进程中，发挥着重要的规范、教化作用，影响了一代代人的生活。

第一节　生产习俗

一 农耕

域内农业因气候特点，大田作物年种植一

茬。根据无霜期的时间有“头伏萝卜,二伏菜（白菜),三伏种荞麦”的说法。20世纪90年代以后，农业发展日光温室，生产时差蔬菜，颠覆了传统的蔬菜种植习俗。但春种、夏锄、秋收、冬藏仍是农业生产活动的主流。

一年的生产活动大多从“元宵节”后开始，送粪施肥、平整土地。“清明节”后，开始种植大田作物，水稻开始育秧;“谷雨前后种瓜种豆”。20世纪70年代前，春种使用畜力铁铧木犁开垄(沟)，用“点葫芦”点高粱、谷子、豆子种子入垄(玉米用于撒种)，用粪箕在垄沟内施农家肥，随之用木弓石磙掩土镇压，为了保墒，用石磙进行二次镇压。二次石磙镇压时，大多是人力拉石磙，俗称“拉二遍、轧二遍”。

夏锄一般要锄两遍，趟一遍。高粱、谷子在锄地前要间苗，俗称“薅苗”。第一遍夏锄主要是除去杂草、疏松土壤；间隔十多天，第二遍夏锄。第二遍夏锄主要是定苗（定株），松土。农历六月末，开始趟地。趟地一般用畜力铁犁在两根苗垄之间开沟，使土自然培植到苗垄上，起到抗旱、防涝、防风等作用。趟地的同时进行1次追肥。20世纪60年代前，追肥多用炕土（火炕内的土）；60年代以后追肥多使用化肥。

“秋分”季节进入秋收。大多先收割高粱、谷子、豆子、最后收玉米。农谚有“秋分见谷摞”之说，意思是把谷子捆成捆，摞成摞，防止下雨湿粮变质。秋收运粮结束后，开始秋翻土地，为来年春种晒地保墒。农历十月以后，田地、场院里收拾完毕。粮食入囤，全年的吃、烧、用及牲畜草料全部收藏起来，进入冬闲。

20世纪80年代以后，传统的生产风格有所改变，冬季极少往地里送农家肥料；春天播种逐渐用上机械，底肥全部使用化肥；夏锄不再用锄头去除草，改用化学除草剂；趟地时追肥也使用化肥。

进入21世纪，农业土地逐渐减少，农业生产用工减少，剩余劳力大多外出打工、经商。

二 手工业

手工业者俗称“手艺人”“匠人”，其生产活动称之为“耍手艺”。各类工匠在生产活动中，亦形成各自的习俗。

木匠、瓦匠、石匠尊鲁班为祖师。金、银、铜、铁、锡各匠皆尊李耳（即老子）为老祖。农历二月十五老祖生辰举行纪念仪式。鞋匠奉孙膑(孙子）为制鞋之祖,有徒弟向师傅“献鞋”礼仪。染坊奉梅福、葛洪为“染布缸神”“染色老师”，每年农历九月初九祭祀。工匠有粗细之分，修房盖屋、修理粗重农具的称之为“粗木匠”，制作家具有从事雕刻者称为“细木匠”。石匠也分粗、细石匠。制作碾磨的石匠，称为“磨匠”，即为粗石匠；细石匠主要雕刻石狮、门墩等。

铁匠作坊称“铁匠炉”“铁匠铺”。铁匠生产的产品都打上自己的印记。制作铜质日常生活用品的叫“铜匠”，制作金银首饰的叫“银匠”。还有理发的“剃头匠”、制补鞋的“鞋匠”、做纸活的“扎纸匠”、编筐的“编匠”、擀毡子的“毡匠”等等。“以师代徒”是各类手工业者传承技艺的主要习俗。1958年,手工业者实行集体经营以后，传统习俗受到冲击。改革开放以后，“以师代徒”的传统工艺有所恢复，但传统手工业大多被现代化的流水线生产替代，原有习俗消逝。

三 商业

新中国成立以前，域内商业主要有店铺、摊贩和行商3种形式。开商店的称之为“做买卖的”，也称为“坐商”;称走街串巷卖日用百货的为“货郎”。店铺有大小之分,本钱多、店面大的为“店”；本钱少、店面小的为“铺”,店铺主人称“掌柜的”，店员称为“伙计”。店员等级也成定俗，入门先学徒2～3年，只管饭不给工钱，或给少量零花钱,名为“鞋钱”,即跑腿磨鞋的钱。满徒留用后，按月领取工钱。再过若干年，如经营出色，年终还可以领到一部分奖励钱，称为“吃劳金”。如果生意红火并能参与重要经营活动，年终可以从盈利中按比例分到一笔钱,称之为“吃份子”“吃红利”。

店铺的牌匾是传承已久的商俗。牌匾、商幌力求醒目，多为名人题写。材质有木牌、铜牌，也有镌石于门首的，有用旗帜的，还有以特殊标志为幌子的。酒馆门口大多悬挂木牌，上书“酒”字，下缀红布条；茶馆在门口悬挂木牌，上书“茶”字，下缀红布条。走街串巷的商贩大多是吆喝或敲击来招揽生意。日用品货郎大多用“货郎鼓”；卖糖果的击打“当当锣”（小锣）；卖豆腐的敲“木梆子”；卖扫帚的敲打“瓜连”（七块长方形铁片重叠连缀而成）；磨剪子、菜刀和卖山楂糖葫芦的大多吆喝。

1958 年以后，商业纳入国营、集体，原有商幌习俗逐渐消失。20 世纪 90 年代以后，商幌大多变成广告牌、灯箱、霓虹灯等。

四 建筑业

动工前请风水先生看风水；上房梁时放鞭炮、贴对联；房脊合拢时，用红布包五谷杂粮和数枚铜钱，放入房脊正中封盖；房屋正对大街的，墙面刻字“泰山石敢当”。这些习俗在“文化大革命”时期曾消失，改革开放后有所恢复。

第二节　生活习俗

一 服饰

服装 20 世纪 60 年代前，居民上衣样式大多为男对襟，女大襟，皆钉蒜疙瘩扣；下身穿肥腰缅裆裤；青年女子穿大襟花衣，下着锈花鞋；幼童喜欢带红布兜肚。冬天，男女穿粗布大襟棉袄，钉蒜疙瘩扣；下身穿肥腰缅裆棉裤，腰扎青、蓝布条腰带。春秋季节，人们则穿同式的夹衣。成年以上的男女大部分扎裤腿。大人小孩穿家做的布袼褙鞋。条件好的人家冬天穿毡靰鞡。富户、店铺的老板等多穿长袍、马褂；成年女人穿旗袍，布料一般为青、蓝机织布，高级的为绸缎料。男的戴毡帽或礼帽；妇女头上包头巾。当地居民的被褥大部分都是以家织印花土布为面，白粗布为里，内填棉絮。富户、店铺老板等一般为机织花布面，再高级的为绸缎料，机织白布里，内填棉絮。公职人员大多穿中山装、列宁服等制服。

20 世纪 30 年代居民服饰（胡忠孝提供）

20 世纪 50—60 年代中期，老年人衣着款式基本无大变化，青年男女逐渐改穿制服。男女衣服颜色基本一致，以青、蓝、灰为多数。60—70 年代，城乡青年男女流行穿仿军装裤褂，戴军帽，穿草绿色胶鞋，背草绿色挎包。老年人一般着棉线袜子或布袜，青年穿尼龙袜。改革开放后，服装的款式开始呈多样化。80 年代，女性流行穿列宁服、迎宾服。男女流行穿喇叭裤、西裤等。家庭制做的对襟上衣和缅裆裤逐渐减少。冬季开始流行穿呢毛大衣；90 年代后，冬季开始流行夹克衫、防寒服、羽绒服。至 2005 年，服装款式更趋于新颖多样。男士大多穿西装、休闲装；女士流行穿裙子、靴子；露脐裤、丝袜、松糕鞋等。

发式巾帽 清初，男人“剃头顶，脑后留发辫”，婚前女子多留辫子，婚后的女子束纂。民国初年，通令剪辫。男子大部分留长、短发、光头。男人夏戴草帽，冬戴毡帽头或自做布棉帽及皮帽。女人一般包方头巾。绅士、铺店老板多留分头或背头，戴礼帽、瓜皮帽等；教书先生、青年学生围长条围巾。姑娘多留发辫，婚后盘头，外罩黑丝网子，再用单根或 U 型钗针（簪儿）别牢。女人讲究戴耳环、耳坠、镯子、金银钗等妆饰。

20世纪30年代卖枕头的汉族女孩（承德市档案馆提供）

新中国建立后，男青年多留分头、寸头（又称“平头”）。青年女性喜欢留双辫儿或短发，外围方块头巾。1966—1976年，男女戴金银首饰的被视为资产阶级生活方式，禁止佩戴。女性梳辫、齐脖发、别卡子、扎头绳的较多。20世纪80年代后，女性发型多样，开始打口红，梳纂的习俗逐渐消失，马尾辫、齐脖发、披肩发、烫发等多见。90年代后，女性头发梳理多样化并开始染彩发、染指甲，耳朵戴金、银耳环的人数增加。女士头上罩方巾的习俗逐渐消失，改为春秋季围丝巾，冬季为拉毛围巾或毛线织的围巾；男士流行羊剪绒制式帽子。部分男青年留长发、胡须。戴戒指、项链则成为中青年男女子的时尚。进入21世纪，女青年文眉、化妆成为时尚，少数人开始纹身。女性夏季使用遮阳伞，男士戴草帽的习惯消失。冬季男士戴毛线织的帽子；青年男女开始流行穿皮衣。

二 饮食

改革开放以前，域内居民主食多是小米、玉米、高粱等。农忙时节一日三餐，农闲时节一日两餐，早饭吃干，晚饭多为粥。大米、白面，仅过年过节吃一点儿。城乡多吃大锅熬菜，蔬菜多为白菜、酸菜、萝卜、土豆、豆角、茄子等。当地冬季较长，秋末冬初机关食堂和居民储白菜、萝卜、土豆、大葱，自制咸菜和酸菜，备冬季食用。改革开放之后，粮食和副食品充裕，城乡居民饮食习惯逐渐改变为一日三餐。20世纪80年代之后，蔬菜及其他副食品供应充足，冬季自制咸菜和酸菜的习惯仍是城乡居民的首选。20世纪90年代末以后，冬季储菜的居民开始减少。至2005年，冬季储菜的居民已经很少或储量减少。

春节，农村居民杀猪宰羊、做豆腐、炸丸子、做粘糕、蒸馒头、粘豆包等，冷藏储备正月食用。城镇居民，也有储备肉食和面食的习惯。随着生活水平的提高，春节大量储备主副食品的习惯渐渐消失。新中国成立前少数居民有喝茶习惯，并多以红砖茶为主。20世纪80年代以后，居民喝茶者较普遍，主要以花茶为主，21世纪后多数人喜欢喝绿茶。

三 民居与陈设

民居 新中国建立前，城镇多为硬山起脊青砖瓦房或是砖石相混的瓦房。农村多为砖石相混的瓦房和土坯墙草房，也有少量“马架窝铺”。一般居室为3间，坐北朝南，称“上房”。以柁、檩、椽为支架，椽子上铺秫秸、荆排等为笆，笆上抹黄土泥，泥上盖瓦或苫谷草。外墙以石灰勾缝，室内墙则抹白灰或糊纸，内顶吊泥棚或纸棚。屋门为木制两扇对开门，“大八橙”窗户，糊窗户纸，窗子下部镶小块玻璃。富户住四合院。四合院分上房、东西厢房和南房。穷困户住“马架窝铺”小而矮，阴暗，一般为一大间，锅台连着火炕。无柱无柁，三檩直接搭在土墙上，上盖苫谷草。居民的院落大多有围墙，有砖石混砌和石头墙。还有穷困人家也有用土夯成的围墙。民居都睡火炕，炕砌在窗下。20世纪60年代始，企业职工宿舍或家属区住宅有了楼房。20世纪70年代，生活条件改变，草房、马架窝铺逐渐消

2003年大庙镇凤凰咀村民李桂芝的住房（摄影 张升）

失。糊纸的木格子窗逐渐安装玻璃，或改成开扇式玻璃窗。80年代后，居民开始陆续翻盖新房。大部分为砖瓦到顶的瓦房或钢筋水泥结构的平顶房，多为三间或四间，房基较高，跨度增大，每间平均十七八平方米，大玻璃窗。室内根据各自用途隔为若干小间。一般室内地面抹水泥。室外建造月台，月台下还建有地下室，储藏东西。城镇楼群增多，户形设计开始有小客厅。90年代后，农村住房出现两层小楼。一般上、下层各4间或5间房，室内外装饰装修渐趋高档、美观，窗门使用塑钢或铝合金材料。红砖或水泥砖打围墙，钢板大门。城镇商住楼户型增大，住宅统一规划，以楼房为主形成规模小区。21世纪后，居民自购商品房成为多数。居民的住房面积增大，室内装修更加时尚、实用。

采暖 清代和民国时期，农村冬季取暖采用火炕和火盆。机关和商铺采用木炭火盆方式。新中国成立后至20世纪90年代，境域冬季采暖多采用火炕、火盆、煤炉等方式。煤炉大多为直燃式小铁炉，还有的用小煤炉加烟箱和烟筒的方法，后改为土暖小锅炉加暖气片散热。企业用锅炉供热，办公室、职工宿舍和职工住宅楼用暖气取暖。2003年开始，机关、企事业单位和居民住宅小区冬季取暖实行统一供暖。

陈设 清代至20世纪70年代，居民室内大多摆放三节或两节红漆木板柜，上摆座钟、茶坛、掸瓶、梳妆镜、梳妆匣、手饰匣、书匣、帽盒等物。20世纪70年代始，家庭陈设开始添置缝纫机、收音机、闹钟。80年代后，城区开始淘汰老箱柜，置办组合家俱、写字台、酒柜、钢制折叠椅。收录机、电视机、洗衣机成为时尚的陈设。农村室内陈设仍以木板柜、木箱上放置梳妆镜、梳妆匣、收音机、闹钟等物件为主。20世纪90年代后期至2005年，城区居民室内地面铺装瓷砖和木制或复合地板。客厅的陈设以电视机、沙发、茶几为主。厨房放电冰箱等厨用电器，洗衣机放进卫生间。卧室放置钢丝床、床头橱和衣柜，电脑开始进入部分家庭。农村居民室内地面大多为水泥、水磨石等为主，陈设大多淘汰老式柜、箱，以组合家具、写字台、酒柜等为主。

四 出行

清代至民国初期，普通百姓外出多为步行，远途出行或骑毛驴或乘坐驴车。富人出行多骑马、坐轿或乘坐马车。马车分大小两种，均为木制。大马车始为木轮，后木轮外包铁瓦，人称“花轱辘”车，可载人也可载货；小马车为轿式（俗称轿车子），车上有棚，加装饰，内设客座，前有门加布帘，两侧和后方设有带布帘的小窗。宣统三年（1911年），域内有小马车8辆。

20世纪50年代中期，域内开始出现敞篷客运汽车。60年代至70年代，客运公共汽车开始出现，自行车成为人们短途交通的主要工具。80年代后，居民远行大多乘坐客运汽车、火车；短途以摩托车或自行车代步。90年代后，少数人开始购买家用小汽车；2005年，家用小汽车有了一定数量。短途出行以摩托车、公共汽车为主，骑自行车的人越来越少。旅游远行大都乘坐火车、飞机。

五 娱乐

清代至新中国建立之初，居民以看戏、打牌为主要娱乐方式。年节、庙会经常有戏剧班子来域内演出，当地有民间花会演出。日常，居民多以象棋、麻将、扑克、克郎棋等作为休闲娱乐活动。20世纪50年代，地方政府曾组织文艺宣传队到乡镇配合当时政治工作进行演出活动。域内戏曲演出活动较多，形式以河北梆子、评戏、话剧为主；剧目多为《白毛女》《刘巧儿》《翻天覆地的人》《王贵与李香香》等现代戏。

20世纪60—70年代，各公社及生产大队大多建有文艺演出队，有时露天放映电影。驻区大中型企业建有影剧院，定期放映电影、演出自编自演的节目。企业、学校和部分村庄建有篮球场，开展篮球、乒乓球活动。80年代以后，居民开展扭秧歌、跳集体舞等多种形式的健身活动。打麻将牌、扑克牌，成为娱乐消遣的主要方式。进入 21 世纪，居民的娱乐活动向个性化、多样式发展。追求时尚、健康成为主流，网络游戏得到青年的喜爱。

六 其他习俗

生日礼 晚辈、好友等送糕点（生日蛋糕）、烟、酒等礼物为长辈祝贺生日。尤其老人逢60岁、70 岁、80 岁……称为大寿，多为隆重庆祝，主人设宴招待宾朋。

宴席礼 旧时，宴席礼一般多为“请年茶”“请满月”“请三天”“贺嫁娶”“贺寿”等。宣统三年县街（现滦河镇）调查载：“历年正月初五以后，凡士农工商皆备酒席遍请本乡之亲友、邻里以饮之。俗名年茶”。其礼由请客者于前一日送请贴说明日期，至时再催请。乡村也是这样，惟不用请贴，多不成席。贺生子三天食面，满月成席；贺嫁娶，前二日午间有席，正日为份礼席。事毕，设宴席谢帮忙者，俗名谢执。贺寿，旧时，前一日晚拜寿主人，留饮。正日早面食，午设宴席，其子侄至席前拜谢者。现在贺寿子女为长者办酒席，亲朋前来饮酒贺寿，寿主人吃面条，称作“长寿面”。旧时习俗已消失。

第三节　婚丧习俗

一 婚俗

招赘 20 世纪 80 年代前，有女无子户，恐年老无人奉养，有招婿入赘的习俗，称为“招养老女婿”或“倒插门”。有极少数男到女家的，改为女姓。招夫养子：夫死后，有幼小的子女或公婆等老人还在，而生活无依，将无妻或丧妻男子招至女家，养育子女、供养老人。俗语又称作“坐山招夫”。20 世纪 80 年代以后，上述习俗逐渐消失。

汉族婚嫁 旧时，汉族婚嫁程序较多。合亲：双方有意合亲，先请媒人说合，若女方有意，双方互递庚帖（生辰八字），再请人合算命相有无相克。下聘：男方择吉日给女方聘礼，聘礼多为钱钞及首饰、布匹、肉、茶叶、点心、酒等。过通书：男方准备就绪，以红贴写明娶亲日期，由媒人送到女家。送亲：娶亲日定后，男方家备车或轿子接亲。女方亲属送亲，人数皆为双数。送亲的人不能丧偶、离异。并有“姑姑不娶，姨姐不送”的俗规。娶亲：新娘上轿前脱掉旧鞋换新鞋，告别母亲时要哭，为“辞娘泪”，给娘家“留金豆”。 新娘头蒙红布盖头坐于轿内，嫁妆于轿后以车马随运。较富裕的人家还要请吹鼓手沿途奏乐。途中井、碾、磨等用红布遮盖。晚上新娘住在男方家提前准备好的店房或亲戚家、邻居家，称“下处”。送亲者在男方家就餐，称“下马饭”，新娘吃较宽的面条，称“宽心面”。次日晨，择吉时新娘头蒙盖头由“下处”被搀扶上轿，一路鼓乐、鞭炮伴行。下轿时由人搀扶，脚踩凳子下轿走于红毡上，红毡两块，有专人前后倒换，称“倒红毡”。拜堂与入洞房：由唱礼者长声唱喊：“一拜天地！二拜高堂！夫妻对拜！共入洞房！”于是男前女后以红绸或红线相牵，男脚踩红毡倒行，衣领斜插秤杆，手持弓箭对新娘做射箭状态。进门时，门坎放一马鞍，新人跨过马鞍，意为“平平安安”；再迈过火盆，意为“红火”。洞房中，新郎持弓箭向屋的四角做射箭状态，弓箭放于门旁，以避邪。而后新郎上炕与新娘对坐，为“坐福”或“坐帐”，新郎用秤杆挑掉新娘头上盖头。新郎、新娘饮过交杯酒，食“子孙饺子”，也称“老母猪饺子”（一张较大饺子皮内包若干小饺子），新娘咬一口，娶亲婆问：“生不生？”新娘必答：“生”。取意能生子女。新人被、褥、枕头四角内放大枣、栗子、花生，意为早生子，且要生男生女搭配着生（花花搭搭着生）。新娘于炕四角放铜钱八枚，意为“四平八稳”。然后，由专人为新娘开脸（铰脸），梳妆，改发辨为脑后盘纂。完后，由娘家男童钉门帘，婆家女童泼洗脸水。接着，是选吉时拜炕、拜祖宗灵位，拜公婆、长辈、亲友等。以上礼仪程序完毕，双方会亲，新人双手捧酒杯按辈份敬酒改称呼。席间6个热菜上后，由男方家长和新郎向宾朋敬酒致谢。众宾多用祝福语回敬。第二日，男家另摆盛宴招待为婚事帮忙的人员，称之为“谢执”。回门：成亲3日后，娘家接女儿、女婿回来吃饭，席上请人作陪。住对月：成亲1个月后，娘家再次接女儿回家住1个月，叫“住对月”。

新中国建立之初，实行婚姻自主，青年男女自由恋爱。多由媒人介绍，双方同意后，到男方家“相亲”，相亲结果满意，则议定彩礼种类及数量等项，择日定婚。定婚后男方须负责姑娘（未婚妻）四季衣着。到法定结婚年龄，去政府登记领取结婚证书，然后双方议定婚期、举行婚礼。20世纪70—80年代，青年男女的婚礼程序要比旧时大为简化，迷信成份也少见。一般婚宴上，请宾朋亲友、单位领导及邻居参加，仍有坐福、吃子孙饺子等习俗。青年男女实行旅行结婚的也渐多，免去大部分旧时婚礼程序，请亲朋好友吃饭和男方父母及新人敬酒等项目一般都保留。90年代后，城乡一般不再实行要彩礼，但男方赠女方戒指、项链等物仍较普遍，俗称赠“三金”“五金”。一般而言，男方准备妥住房，备办室内陈设；女方陪送嫁妆。闺女出嫁父母给压腰钱，男方父母也要配压腰钱。接亲用成双数的小轿车，一般当日完婚，无须住“下处”。随生活条件改变，城镇新人的婚礼及宴席已多在宾馆或饭店进行。从新娘出发至婚礼完成的整个过程进行录像、照相，制成VCD或DVD。

回族的婚俗　回族人家，一般联姻前经媒人（回族人称“娃西”）说合，双方均无异议后下定礼，称“四合礼”，一般为米、面、点心、茶叶、牛羊肉等。女方家以香茶、喜面款待男方家长及媒人，临走前女方家把男方家送来的肉撕下约一半还给男方家，作为回礼。正式婚期一般都选在星期五（回族称“主麻日”），先请掌教阿訇诵《古兰经》，并为新婚男女写“依扎布”（婚书）。婚礼上掌教不时把大枣、栗子掷向新人身上，以示喜庆祝贺。婚礼前把锅底、灶台上的黑烟子抹到亲家脸上，俗称“抹喜”，以增添喜庆气氛。宴席为八个大碗。回族女一般不与外族通婚，但男可以娶外族女为妻。改革开放后，回族与外族通婚较常见。

满族的婚俗　满族人的婚俗与当地汉族习俗同中有异。旧时接送亲途中要进行换车仪式（或以车夫互换鞭子代换车）。男方家门口桌上摆糖水和硬币，接亲的人给新娘喝糖水，新娘自己往鞋内塞硬币。新娘、新郎二人一前一后迈过马鞍，便争先抢炕头，谁先抢上谁有福气。新娘上炕后要在炕上“坐福”一天。拜堂时，新娘穿红袄绿裤，并抹丑脸叫“丑堂”。洞房炕沿下放半袋高粱，袋子上放用红布包着的一块粘糕，新娘脚登粘糕上炕，表示步步登高。当晚要“搅房”（闹洞房），一般人都可以参加，“头三天不分辈分大小”。新中国建立后，满族人婚俗中“异”的成分已大大减少，到20世纪末已大体与当地汉族人的婚俗相同。

二　丧葬习俗

汉族丧葬习俗　旧时，子女要为老年人准备寿衣、寿棺等。棺木有柏木、松木、柳木、杨木等。厚度有“三、四、五（底3寸，帮4寸，盖5寸）”的；“二、三、四”的或再加五（“加五”为加半寸。）的；“一、二、三”或再加五的，棺外涂红或黄漆。寿衣、苫单一般用绸或机织布为料。待亡者临绝气前更寿衣、剃头刮脸，用与死者岁数相等根数的线扎腰和裤腿。气绝后在亡者口内放少许茶叶或糖及一枚硬币（意为不空嘴），以苫单盖身。子女于其头前烧纸钱以祭，称送“倒头纸”。……死者抬入棺内，称“入殓”。丧事的主事者负责从“报丧”（向死者亲友报死亡信息）、安排远地亲友住宿，到丧葬仪式程序结束。办丧事的人家院内搭“灵棚”，棚前插松柏枝，灵棚上以青纱结花，两边有挽联。棺材放置灵棚内，棺头前摆供桌，上摆供品和一尖碗米饭，称“倒头饭”。桌前地上挖一个小土坑，坑内放小油灯，土坑前置一只底部钻孔的瓦盆，称“丧盆”，在盆内烧吊祭纸钱。子女及家人、亲友要去土地庙烧纸钱，并将瓢内米汤（或米上撒点水）倒于庙内及庙周围，称“报庙”或“送浆水”，每日餐前要复做一次。晚辈为死者穿孝，男腰系白孝带，男女皆头戴白孝布，大孝5尺，一般者为3尺，孙男孙女于孝帽上缝一小块红布，外孙男孙女则缝蓝布，女婿在白腰带上缀红布条。晚辈分男左女右或站或跪坐灵柩两侧，只要有前来祭吊者，均须下跪扣头致谢，昼夜有晚辈于灵柩边为死者守灵。停灵的日子，请吹鼓手奏乐。门口挂成把的“纸钱串”，纸钱串个数与死者岁数相等，待出殡时剪为单个穿于木楷上为“买路钱”（撒于路）。“接三”：子女用“拖魂纸”（秫秸秆的一头夹黄纸，纸上写死者姓名，或剪成人形，于死者生前的炕或床上拖拉），带到土地庙前插在彩纸糊的牛驴或马身上（死者为女的，糊纸牛；死者为男的则糊纸驴或马）。剪开牛、马脚上的“绊脚丝”再用针刺眼，称“开光”，孝子用木棒为死者“指路”后，牛、马等一并烧掉，死者生前被褥、衣物等均烧掉。“辞灵”：辞灵一般在出殡之前进行。子女及家人、亲人等围在棺材两旁开棺瞻容，孝子用棉团蘸酒为死者擦洗五官，盖棺后，于灵前跪祭烧纸。“出殡”：出殡抬棺一般捆绑16人杠，大棺材32人杠。家人跪于灵柩前，待长子摔丧盆后众人抬棺出发，长子扛幡在前，一般由女婿撒买路钱。“下丧”：灵柩抬到坟地，最后开棺为死者正位、整容。盖棺后关（钉）“寿钉”3根，分左2右1。扫光墓穴内脚印，棺木轻轻放于墓穴内。小油灯置穴内棺头前土窑内。孝子先在穴4角盖埋几掀土以示亲葬之意，然后众人帮忙埋土。4角插“哭丧棒”数根，引魂幡插于坟上。花圈及其他纸物一并烧掉。葬后3天，子女到墓地祭祀，将坟修圆修尖，称“圆坟”，当年春节子女家中不贴对联。逢“头七”（去世后7天）、“三七”、“五七”、“七七”、“百天”、一周年、二周年、三周年，祭奠烧纸钱。以后逢祭日、清明、端阳节、中秋节、寒衣节、春节等备供品、烧纸钱以祭祀。新中国建立后，丧葬习俗及仪式逐渐简化。城镇职工方面，死亡逐渐实行火葬。家内临时设灵堂供单位同事及亲友吊唁。死者一般停尸于医院的太平间，并设遗像，在将火化前举行遗体告别仪式，然后火化。……火化后的骨灰存于陵园，或埋于坟地。死者亲人“戴孝”的样式也大大简化，一般只臂戴黑纱或胸戴白花。改革开放以来，上面的习俗有所改变。一般从医院的太平间（或特定地点）瞻过遗容后就直接运到火葬厂火化，骨灰或存于陵园或埋于公墓。

回族丧葬习俗 当地回族在丧葬习俗上与汉族不同处较多。回族遇丧事见人跪而不叩。男孝，以白带束腰，孝帽似帽形；女孝，以白布束头，脑后两条下垂。办丧事时，本村及近地回族几乎全出动帮忙，本家只为来人备些烧饼、火烧、茶水即可。本民族中的外人吊祭，一般送烧饼和现金。外族人吊祭一般不入院内。回族死亡者要送清真寺或在家中净身，称“打整”。净身后，将白布几十尺裁为长短不等的（男3块、女5块）缠身，称“可帆布”。亡者生前装饰不得带入坟内。家属及近亲向遗体告别后，将死者遗体装入塔布匣，由本族帮忙者抬向墓地。回族人习惯土葬且讲究深埋，正坑称“子坑”，深约3米；侧坑称“串堂”，半人高，近2米长，是停放亡人地方，内设土枕。亡人停放头向北、脚向南。下葬时坑内坑外有专人传送。亡者入串堂后，堵串堂门口（闸拉哈门），再把整个坟坑复以黄土，堆成坟堆，坟堆为长条形，一头略高，留下记桩和坟头。以后逢七日、四十日、百日、周年，前者皆请阿訇到坟地诵经以祭祀，名为“走坟”，家属走坟以纸包“海底叶”为经札。新中国后，居于城镇的回民与其他民族的市民一样，大多实行火葬。原有的一些仪式也多简化。

满族丧葬习俗 当病人弥留之际，先将祖宗板、香碟、祖宗匣取下，用红布或红纸包好放在干净地方，待除孝后再复位。一般不让病人死在西炕或北炕上。人去世后头朝门顺炕停放在地上，脚不能过梁，用白布蒙脸，并将死者被褥等扔于房上。尸体要从窗户抬出，不能走屋门。灵柩停在院中临时搭建的灵棚内。灵前挂红、黑布做的幡，以示办丧事。在丧葬中，对亲朋吊纸、辞灵等，孝子迎至大门口跪叩致谢。后人不穿重孝，不穿隔年孝，戴孝不过百日。下葬后，亲友抢幡布给小孩做衣服，以避邪恶。腊月三十烧包袱，缅怀死者。七日、百日、周年、清明节、中元节等上坟祭扫。死者家属百日内不饮酒、不娱乐，当年春节不贴春联、不拜年。经过多年的演变，满族原有的丧俗也基本与当地汉族习俗相同。

三 其他习俗

贺新婚 男女新婚之日，亲朋、同事、同学、战友、邻居等携带礼品或钱钞前来贺喜。东家受礼后均以红色账薄记账，并于结婚当日仪式完毕后设宴款待前来贺婚的宾朋。贺聘礼：姑娘出嫁前几日，亲朋、本族及邻居均以钱、物相送，俗称为姑娘出嫁“添箱”。贺新生礼：新生小孩，亲朋、邻居携钱物前来祝贺，礼品多为鸡蛋、白面、挂面、婴儿衣帽等，并用红色纸包装或包装外夹一小块红纸。部分人送现金为礼，俗称“下汤”。产房门口上部挂红色布条，以示“产房”，一般成年男人、陌生人、孕妇等禁入产房。

悼丧礼 如遇老人故去，亲朋、同事、同学、战友、邻居等来其家为死者悼丧，祭奠物多为糕点、纸钱。帮忙者于本村敛收钱币，俗称“敛果碟”。70年代后，多以送现金为奠礼，用黄线纸（黄色草纸）为奠礼薄记账。

第四节　节日（令）习俗

一 节日习俗

腊八 农历腊月初八，古代称为“腊日”，俗称“腊八节”。当地人家大部分喜欢吃“粘粥”，用大枣、栗子、芸豆、豇豆或杂豆配粘米熬成，俗称“腊八粥”。

小年 农历腊月二十三，俗称“小年”。市场上卖“糖瓜”（粘米与麦芽熬制的糖，形状如直径3～5厘米的瓜状。），民间有“二十三，糖瓜粘”及“糖瓜祭灶二十三”之说。旧俗，大部分居民供“灶王”，也称供“灶君”。当日晚，烧香上供为“灶王爷上天”送行。盘中的供品有糖瓜，意在给灶君上天的路上吃（糖瓜有黏性，灶君吃了黏住嘴，少说本家的坏话）。当今，这一习俗在乡下尚存。

除夕 农历腊月三十儿，也称“年三十儿”是一年中最隆重的节日。家家户户的大门口、屋门口等都张贴对联、贴挂签、宵花、年画、室外挂灯笼，燃放鞭炮，辞旧迎新。表示祈求富贵、吉祥、喜庆之意，机关单位开始放假，家人围坐在一起高高兴兴地吃除夕团圆饭。夜晚，室内掌灯后，通宵不熄。晚饭后，包饺子，称“隔年饺子”，准备第二天早上吃。长辈照俗要给晚辈孩子“压岁钱”。大多人家或本命年的人通宵不睡，称“守岁”。至子夜零时，鞭炮齐鸣，彩花腾空，庆贺农历新一年的到来。

春节 农历正月初一，为新的一年之首，另有“年节”“春节”“旧历年”等叫法。早饭吃饺子，放鞭炮。室内外清扫一净，男女老少更换新衣。堂屋（楼房的客厅）桌上摆水果、花生、瓜子、香烟、糖果及茶水等，以迎接来拜年的邻里和亲友。成人一般都按亲疏、辈份去邻里及亲友家拜年。街巷相逢，人们作揖问好、或握手互贺。初二姑娘、女婿回娘家拜年。初二到初五，商铺大多歇业休息。至改革开放后，登门拜年的渐渐少了，打电话拜年、手机短信拜年等成为时尚。

元宵节 农历正月十五，又称“上元节”、“灯节”，人们按照习俗吃元宵。届时，有花会表演，临街的大门两侧摆放各类花灯，供居民观赏。改革开放后，一些大型企业，也常于正月十五日晚上燃放烟花、举办灯展等活动。

添仓节 农历正月二十五日。二十世纪60

年代前，居民家中做“小粮仓”，内装五谷杂粮或用尖尖的饭团代替，供在财神龛前桌案上。农户在院内撒灶灰围出两个大圆圈，圈子里边再用灰撒出个“十”字来，“十”字中心放上五谷杂粮，用石片压住——代表财神龛前桌案上的“小粮仓”。祈求年景有个好收成，仓满囤足。此习俗现已消逝。

二月二 农历二月初二，古称“中和节”，俗称“二月二”，民间有“二月初二龙抬头”之说。旧时，这天将过年祭祀用的供品煎烹食用，或将一部分糕饼等置火盆上以熏床或炕，名为“熏虫”，意在使百虫藏匿，不出来为害。另还有“敲房梁”之俗。这天人们还争先剃头理发，说是剃“龙头”(为龙王爷整理须发)；妇女要停做针线活，以防伤“龙眼”。此习俗已经近于消逝。

清明节 清明节，是民间禁火祭祖扫墓的重要节日，亦称“寒食节”。古时，清明节不动烟火，只吃凉的食品。汉族和一些少数民族大多都在清明节扫墓。清明又是二十四节气中的一个节气，天气正是春光明媚，草木吐绿的时候，故有清明踏青，开展户外体育运动的习俗。

端午节 农历五月初五，俗称“五月节”或“五旦五”，古称“天中节”。端午节是汉族人民纪念屈原的传统节日，后来就有了端午节吃粽子、赛龙舟的习俗。域内端午节除有吃粽子的习俗外，还有起早采艾叶、折桃枝插于大门上、手足缠五色丝线、室内外挂彩葫芦等习俗，有祛邪驱赶毒气之意。

中元节 农历七月十五日，俗称“鬼节”，当地人大都上坟祭祖。20世纪60年代之前，民间还有“撒河灯”的习俗，至今“撒河灯”少见了。

中秋节 农历八月十五日，亦称“八月节”、团圆节。旧时，农家还要在院中桌上摆香烛，以瓜果、毛豆、月饼等为祭品，给“兔王爷”、“月亮神”上供，名为“供月”。在外地工作的儿女大多赶回家与父母团聚。

寒衣节 农历十月初一。旧时，居民去墓地为死去的长辈亲属焚烧纸钱和纸衣，意为“送寒衣和钱钞”。

二 节令习俗

农历正月初一至初十，按旧俗，皆有“节令”，各依当日天气好坏占卜当年人或家禽、家畜及庄稼好坏的状况。初一为“鸡日”；以下依次为“狗日”“猪日”“羊日”“牛日”“谷日”、人日”“马日”“果日”和“菜日”。民间常说的“人七、马八、九果、十菜”即是如此。

“破五” 指农历正月初五这天。按旧习，初一至初五吃年前蒸好的粘糕、馒头、煎饼等主食，不得以生米、面做新饭食；妇女不得出门，不得做针线活。初五后，则破除上述禁令，故称“破五”。20世纪末，这一习俗已经淡化。

虫王节 农历六月二十五日。旧时，农民多有在庙或家中神牌前焚香跪拜，祈求虫王驱虫，保五谷丰收。现在仅较偏远的农村尚残留此俗。

立秋 二十四节气之一，俗称秋之始。当天要改善生活，副食必有肉、鱼，意为“添秋膘”，乞求身体强壮。当日如有雨，则预示当年田禾籽粒饱满，如连阴不晴，则称“秋傻子”，预示大田庄稼“贪青”。

七夕节 农历七月七日。相传这一天牛郎、织女在鹊桥上相会。传说这天三更夜静时，坐于葡萄、黄瓜架下能听到牛郎、织女相会时隐隐的哭声和细语声。对妇女而言，这个节日还称为“乞巧节”。

旧时工、商、学等界均有节令及供奉习俗，新中国建立后这些旧习俗均已消失了。现简列如下：

农历正月初三日，印刷、刻印工供奉文昌帝君。

农历二月十五日，称老君会。铁匠供奉老君。

农历四月二十八日，医药业供奉神农氏。

农历五月初七日，石匠、木匠、皮匠和麻绳匠供奉鲁班。

农历七月二十八日，唱戏的供奉唐明皇（唐

玄宗)。

农历八月初二日，为酒仙会。酿酒的供奉林唐真人。

农历八月二十七日，为祭孔日（孔子诞辰），教师与学生及其他文化人都到孔庙（滦河镇原孔庙在镇南郊的酒店村）祭孔。

第五节　经济习俗

一 契约习俗

契约习俗流行于清代、民国及新中国初期。契约的种类有:卖契、典契、退契、租契、借契、债契、换契等。

卖契 在未立契约前，先由中人与立契双方磋商，查验实物，议定价值，而后立契约，在中人主持下买卖双方当场立字画押,契约各执一份。最后，交割清买卖双方钱款及中人的佣金。

典契 典当物品一般在契约上要写明“出典期限及典出款额”，以及“钱到许赎”字样。

租契 一般要写明“租期、租价”和“双方的权益”。双方在租契上签字、画押。

借契 借钱，依所借钱额“按分行息”；借物照所借物品数，先行定价款，按年度交钱款。

换契 大体有私换与官换两种。

私换 经中人之手双方文字立契（或双方口头说定）自然交换而成。

官换 要于相应机构领地方官契纸，要照约填写，特别是写明双方交换物品等项并加盖官印，还要注明“不得私自接受”等字样，于官面之下完成交换。随着时代的进步和法制的健全，各种经济合同取代了契约。

二 物权习俗

土地典当给他人，由典当双方签约、画押，若到回赎期而不能回赎者,按当地的“惯例”（习俗）可顺延一年期限办理。房屋出租予人，如业主或要典当、出卖时，一般在同等条件下租赁者有优先置留权。业主凭自有土地作抵押借钱，一般年末要归还本息，按当地的“惯例”，若不能如期归还，所抵押的土地由钱主（被借钱一方）自行处置。若另有约定，则按具体约定办理。

三 债权习俗

民户向商户借款高于商户向商户借款利息，也是民间一种“惯例”。

债权人与债务人在担保形式上有两种。立契担保，债权人与债务人立约，如有正当抵押品者，契约要写明至期本利不到，即以契约所载抵押品由债权人自行处理；口头担保，双方在中人面前说定，至期本利不到，由中人偿还债权人；还有债务人另委他人担保缓期归还的，交易逾期不能按上述任一种情况处理，债权人呈请公厅追偿等。

四 交易习俗

市场上买卖大牲畜，买卖双方或由经纪人于袖筒内以手式变化方式与对方沟通价目，待双方合意后，方可成交。

20世纪70年代后，这些习俗逐渐弱化消失。

第七编　农　业

清代以前，域内是少数民族牧猎场地，草肥水美，物种丰富。清代的“圈地”使大片山场变为农田，牧业逐渐退化;关内人口的大量迁入，促进了农耕种植产业的大发展。以玉米、高粱、谷子等为主的粮食作物和少量的经济作物种植，成为域内农业生产的主导产业。清代及民国，农业耕作理念、耕作模式、农业技术落后，粮食产量低，抗灾能力差。

新中国成立后，粮食产量逐渐提高。1958年实行人民公社化后，由于长期计划经济体制、生产方式陈旧、产业结构传统等因素的影响，农业经济发展缓慢。20世纪60—70年代，各人民公社持续开展农田基本建设、推广“两高一优”农业，粮食产量有所增加。1978年改革开放后，推行联产到组、联产到劳、小段包工等生产责任制，农民劳动生产的积极性提高，粮食产量逐年增加。1982年，实行家庭联产承包责任制，农业快速发展。农村产业结构调整、农业技术推广应用、优种改良选育、工程造林、产业化经营，使农民脱贫致富。中共双滦区委、区政府制定实施的“农业立区”决策和“南菜北畜”工程取得丰硕成果。至2005年，农林牧渔业总产值8837万元，是1985年的9倍，农业初步实行了产业化经营。

第一章　农机农具

清代和民国时期，传统的农具仅限木制、石制、柳编及少量的铁制品，粗糙、简陋、笨重。新中国成立后，国家重视农业发展，改良、引进、推广新式农机具。20世纪60～70年代，随着农业科学技术的推广，农业生产向机械化方向发展。传统落后的农机具，逐渐被淘汰。1978年改革开放后，农机具发展迅速。至2005年，区内有机械化农机具2099台（套），机械总动力44672千瓦。

第一节　传统农具

一 耕翻农具

主要有犁、锨、镐等。

二 镇压平整农具

镇压平整农具主要有木擦子、石头凿刻的单滚子、双滚子和铁制的二齿子、四齿子、刮耙、九尺耙等。新中国成立后，域内引进畜力镇压器钉齿耙；20世纪60年代初，引进拖拉机及配带的各式机引铁耙等。1980年，域内拥有机引耙镇压器63部。

平整土地农具——耢（杜俊秀提供）

1972 年农村秋季翻地（摄影 季增）

三 播种施肥农具

主要有点葫芦、把斗子、粪锄、粪箕、平板铁镐、稻田用滚锄等。

脱糠农具——扇车（摄影 王乃民）

四 脱粒农具

主要有掐谷刀、连枷、玉米穿子、木杈子、耙搂子、趟板、木锨、簸箕、筛子、扇车、扫帚等。

五、锄草 收割农具

主要有铁锄、耘锄、滚锄、镰刀等。

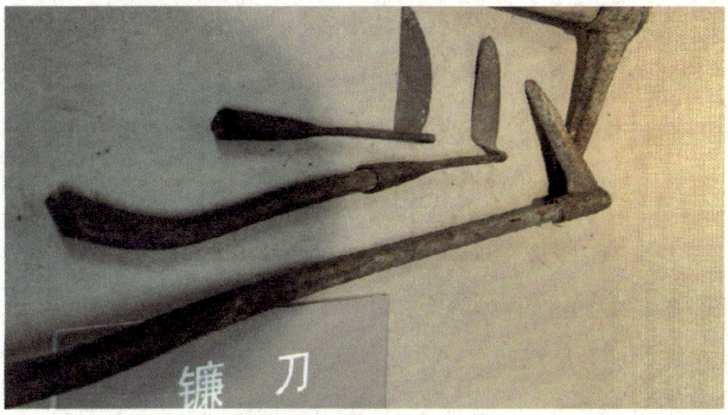

收割农具（杜俊秀提供）

六、运输农机具

早期运输农具有畜力花轱辘车、白楂车、驮架及挑筐、扁担、土篮等。1949 年，域内有花

马车用套具（杜俊秀提供）

1969 年，牛拉木轮车（摄影 季增）

20 世纪 90 年代双塔山镇团瓢村运输专业户李汉（区档案馆提供）

轱辘车 10 余辆，白楂车 50 余辆。花轱辘车车体、轱辘全部木结构。车圈与地面接触面钉有铁瓦，两侧钉有铁钉；木轴固定，轴与车轮接触处镶有铁瓦，用土制蓖麻油润滑；牛拉。白楂车更简单，全车木结构，车轮由 4 块木瓦形结构拼成，轴轮固定，进退时车轮转动。1950 年春，域内引进首批胶轮大车 15 辆。1958 年人民公社化后，胶轮大车迅速增加，各生产大队和 85% 的生产队均以畜力胶轮大车作为主要的农用运输工具。至 1958 年底，域内有胶轮大车 58 辆，铁木轮车 64 辆。1959 年，农村开始使用单、双轮木架和铁架人力胶轮车，又称胶轮小推车。1965 年底，域内 65% 的农户拥有胶轮推车。1966 年初，域内有单、双轮人力推车 773 辆。1971 年，9 个生产队有小四轮拖拉机 9 台。花轱辘车和白楂车逐渐被淘汰。

第二节　新式农机具

一　耕播运输农机具

1951 年春，域内引进七寸步犁。1955 年以后，相继引进双轮双铧犁、中耕机、无轮铁铧犁、小洋犁。20 世纪 50 年代末，域内共购置双轮双铧犁 8 台、双轮单铧犁 6 台。1971 年，有大拖拉机 5 台，并配有机引犁、播种机和中耕机等机械；有小型及手扶拖拉机 9 台。1973 年，4 个公社先后建立拖拉机站，拖拉机总数 35 台。1977 年，各公社及生产队有小四轮拖拉机 35 台、东方红 12 型拖拉机 15 台、河北 12 型拖拉机 23 台。1980 年，各公社、生产大队和生产队拥有各型号大小拖拉机 216 台，并配有机耕机械 180 台（套）。1983 年，实行农村联产承包责任制，原有生产队集体拖拉机大部分作价卖给个人。拖拉机大多从事运输，少量从事农田机耕。1986 年，各乡镇拖拉机站相继撤销。1990 年，集体及农户拥有各型号拖拉机 675 台。2005 年，集体及农户拥有各型号拖拉机 746 台。

畜力犁播种与人拉石磙压垅（摄影　王乃民）

二　排灌农机具

20 世纪 50 年代，域内排灌开始引进铁木结构水车，后来排灌使用汽油机、柴油机和农用水泵。1958 年以后，滦河公社、双塔山公社首先使用电力排灌机械。60 年代中期，4 个人民公社大部分生产队的水田及园田地块浇灌使用各式水轮水泵；80 年代，开始使用电力喷灌机械。至 2005 年，域内有电力喷灌机械 759 台（套）。

三　植保农机具

1954 年，域内初级合作社引进牛头式人工喷雾器 5 台。1958 年，有人工喷雾（粉）器 32 台。20 世纪 60 年代末期，机动喷粉、机械喷雾器开始大量使用。至 2005 年，农户大多备有喷雾器。

四　收割机械

1958 年，域内引进脱粒机 2 台。20 世纪 60 年代初，购进打稻机等半机动机械 5 台。1977 年，域内有脱粒机 61 台、扬长机 8 台；1985 年，有脱粒机 173 台、扬长机 61 台；1995 年，有脱粒机 126 台；2005 年，有脱粒机 135 台。

1958—1975 年双滦区部分年份农具农机拥有量统计表

表 7-1-1

名称	1958年	1960年	1963年	1966年	1971年	1973年	1975年
一、新老式农具	117	124	132	202	220	500	539
（一）老式犁（台）	15	23	12	8	11	16	16

续表 7-1-1

名称	1958年	1960年	1963年	1966年	1971年	1973年	1975年
（二）其他犁（台）	102	101	110	194	219	484	523
二、半机械化农具（台）	58	61	401	984	1956	2521	3553
（一）胶轮大车（台）	58	61	121	211	300	329	297
（二）人力胶轮推拉车（台）	—	—	280	773	1665	2192	3274
三、机械（台）	22	41	101	117	510	825	1250
（一）机械总动力（千瓦）	54	123	452	519	1785	3570	5807
（二）拖拉机（台）	—	—	—	—	14	35	69
1.大中型拖拉机（台）	—	—	—	—	5	7	7
大中型拖拉机（马力）	—	—	—	—	155	325	325
2.小型拖拉机（台）	—	—	—	—	9	28	62
小型拖拉机（马力）	—	—	—	—	84	288	744
（三）电动机（台）	3	13	55	70	144	283	410
（四） 柴油机（台）	4	5	4	4	5	58	78
（五）汽油机(台)	—	—	—	—	—	—	—
（六）农用水泵（台）	13	21	39	70	68	86	164
（七）水轮泵（台）	—	—	—	6	6	6	28
（八）机引农具（台）	—	—	—	4	6	16	17
1.机引犁（台）	—	—	—	—	1	12	16
2.机引耙（台）	—	—	—	—	1	1	1
3.机引播种机	—	—	—	4	4	3	—
（九）收获机（台）	2	2	3	5	15	35	53
1.机动脱粒机（台）	2	2	3	5	15	33	50
2.扬长机（台）	—	—	—	—	—	2	3
（十）农产品加工机械（台）	—	—	—	33	124	163	192
1.碾米机（台）	—	—	—	16	71	84	104
2.磨面机(台)	—	—	—	15	51	76	85
3.榨油机（台）	—	—	—	2	2	3	3
（十一）牧业机械（台）	—	—	—	—	129	141	177
1.饲料粉碎机（台）	—	—	—	—	22	23	23
2.铡草机（台）	—	—	—	—	107	118	154
（十二）运输机械（台）	—	—	—	—	—	2	61
1.农用汽车（台）	—	—	—	—	—	2	3
2.拖拉机挂车(台)	—	—	—	—	—	—	58
（十三）农用建设机械（台）	—	—	—	—	—	—	1

续表 7-1-1

名称	1958年	1960年	1963年	1966年	1971年	1973年	1975年
推土机（台）	—	—	—	—	—	—	1
四、植保机具（台）	32	33	64	74	83	407	441
（一）动力喷雾（粉）器（台）					2	4	5
（二）机械喷雾（粉）器（台）	32	33	64	74	81	403	436
五、机动三轮车（台）	—	—	—	—	—	—	—

1977—1990年双滦区部分年份农具农机拥有量统计表

表 7-1-2

名称	1977年	1980年	1981年	1983年	1985年	1987年	1990年
一、新老式农具	585	585	514	516	530	440	516
（一）老式犁（台）	9	4	—	—	—	—	—
（二）其他犁（台）	576	581	514	516	530	440	516
二、半机械化农具（台）	3773	4060	4447	4230	5637	6650	6896
（一）胶轮大车（台）	312	332	327	219	110	110	109
（二）人力胶轮推拉车（台）	3461	3728	4120	4011	5527	6540	6787
三、机械（台）	1419	1756	1704	1727	1790	1736	1540
（一）机械总动力（千瓦）	6036	9092	8841	7791	14172	13860	17930
（二）拖拉机（台）	84	216	213	251	429	654	675
1.大中型拖拉机（台）	11	47	45	39	34	28	15
大中型拖拉机（马力）	475	1753	1707	1515	1375	848	480
2.小型拖拉机（台）	73	169	168	212	395	626	660
小型拖拉机（马力）	864	1900	2185	2590	4876	5966	5939
（三）电动机（台）	432	499	456	500	497	443	216
（四） 柴油机（台）	81	41	27	10	12	6	7
（五）汽油机(台)	—	—	—	—	—	—	—
（六）农用水泵（台）	183	243	242	167	97	169	213
（七）水轮泵（台）	29	2	3	3	—	—	—
（八）机引农具（台）	17	63	64	100	107	51	—
1.机引犁（台）	16	52	53	42	49	51	—
2.机引耙（台）	1	9	9	2	2	—	—
3.机引播种机	—	2	2	56	56	—	—
（九）收获机（台）	69	117	116	117	234	81	124
1.机动脱粒机（台）	61	97	96	67	173	81	124
2.扬长机（台）	8	20	20	50	61		

续表 7-1-2

名称	1977年	1980年	1981年	1983年	1985年	1987年	1990年
（十）农产品加工机械（台）	232	242	235	263	210	270	238
1.碾米机（台）	124	120	124	157	107	136	118
2.磨面机(台)	105	119	108	105	102	134	120
3、榨油机（台）	3	3	3	1	1	—	—
（十一）牧业机械（台）	213	194	182	172	135	—	—
1.饲料粉碎机（台）	31	45	37	37	5	—	—
2.铡草机（台）	182	149	145	135	130	—	—
（十二）运输机械（台）	78	132	159	162	64	59	67
1.农用汽车（台）	5	7	7	10	30	41	67
2.拖拉机挂车(台)	73	125	152	125	34	18	—
（十三）农用建设机械（台）	1	7	7	7	5	3	—
推土机（台）	1	7	7	7	5	3	—
四、植保机具（台）	519	351	409	1611	1508	1829	3104
（一）动力喷雾（粉）器（台）	6	6	7	7	7	8	2
（二）机械喷雾（粉）器（台）	513	345	402	1604	1501	1821	3102
五、机动三轮车（台）	—	—	—	—	—	—	—

1993—2005年双滦区部分年份农具农机拥有量统计表

表 7-1-3

名称	1993年	1995年	1997年	2000年	2003年	2005年
一、新老式农具	537	519	—	—	—	—
（一）老式犁（台）	—	—	—	—	—	—
（二）其他犁（台）	537	519	—	—	—	—
二、半机械化农具（台）	13928	13928	—	—	—	—
（一）胶轮大车（台）	78	78	—	—	—	—
（二）人力胶轮推拉车（台）	13850	13850	—	—	—	—
三、机械（台）	2193	1649	1849	1957	1829	2099
（一）机械总动力（千瓦）	22554	21448	20613	31680	43372	44672
（二）拖拉机（台）	805	652	570	552	646	746
1.大中型拖拉机（台）	7	5	4	6	14	14
大中型拖拉机（马力）	243	157	144	212	407	407
2.小型拖拉机（台）	798	647	566	546	632	737
小型拖拉机（马力）	8522	6189	5094	4804	5561	5361
（三）电动机（台）	710	—	—	—	—	—

续表 7-1-3

名称	1993年	1995年	1997年	2000年	2003年	2005年
（四） 柴油机（台）	5	—	—	—	—	—
（五）汽油机(台)	—	—	—	—	—	—
（六）农用水泵（台）	204	514	783	998	759	759
（七）水轮泵（台）	—	—	—	—	—	—
（八）机引农具（台）	—	—	—	—	—	—
1.机引犁（台）	—	—	—	—	—	—
2.机引耙（台）	—	—	—	—	—	—
3.机引播种机	—	—	—	—	—	—
（九）收获机（台）	125	126	135	137	135	135
1.机动脱粒机（台）	125	126	135	137	135	135
2.扬长机（台）	—	—	—	—	—	—
（十）农产品加工机械（台）	240	236	237	153	161	161
1.碾米机（台）	120	116	120	80	82	82
2.磨面机(台)	120	120	117	73	79	79
3.榨油机（台）	—	—	—	—	—	—
（十一）牧业机械（台）	—	—	—	—	—	—
1.饲料粉碎机（台）	—	—	—	—	—	—
2.铡草机（台）	—	—	—	—	—	—
（十二）运输机械（台）	104	121	124	117	128	298
1.农用汽车（台）	104	121	124	117	128	298
2.拖拉机挂车(台)	—	—	—	—	—	—
（十三）农用建设机械（台）	—	—	—	—	—	—
推土机（台）	—	—	—	—	—	—
四、植保机具（台）	12	15	17	19	24	30
（一）动力喷雾（粉）器（台）	12	15	17	19	24	30
（二）机械喷雾（粉）器（台）	—	—	—	—	—	—
五、机动三轮车（台）	—	66	61	272	412	733

第二章　农业产业化

1994 年，河北省委、省政府发出《关于推进农业产业化进程的意见》，强调在农村工作中要把农业产业化经营作为农业增产、农民增收的重点。1997 年，河北省农业工作会议要求：农业要实现计划经济向市场经济的转变；由粗放经营向集约化经营转变；农业产业化经营是当前和今后一个时期农村工作的重点。中共双滦区委、区政府根据区位特点，制定农业“南菜北畜”规划。区域南部以偏桥子镇为中心建立环京津蔬菜生产基地，发展日光温室蔬菜生产，扩大规模，形成产业化经营；区域北部以双塔山镇松树沟、单塔子、上营子等村和大庙镇为中心建立畜牧业养殖基地，发展奶（肉）牛产业，带动农民增收致富。至2005年，区内有双塔山乳业有限公司、连汉三元养殖场、双滦三杨肉鸡养殖厂等农牧养殖业龙头骨干企业，出现“公司＋农户＋基地”和“厂企＋农户”的经营模式。

第一节　产业基地建设

一　蔬菜产业基地

20世纪90年代初，偏桥子镇少数农民自发试种蔬菜大棚，取得一定收益。为优化产业、增加农民收入，区政府在发展蔬菜生产方面从政策引导、资金扶持、技术指导和示范观摩等方面给予农民支持和引导。1992—2005年，偏桥子镇蔬菜大棚从十几户、十余亩发展到1100户，蔬菜种植户占农户总数60%；蔬菜大棚2150亩，占全镇耕地面积23.7%；蔬菜产量从1992年十几吨增加到年产蔬菜2.3万吨；农民人均收入从1990年380余元增长到2450元。在偏桥子镇的带动下，周边镇村也相继发展蔬菜大棚生产。蔬菜品种从单纯种植黄瓜发展到西红柿、茄子、青（彩）椒、豆角、生菜等。2005年，区内从事蔬菜种植农户3000余户，生产销售蔬菜3.7万吨，占农业总产值的40.3%。产品除供本地市场外，还销往京、津、唐等地。

蔬菜温室大棚（区档案局提供）

二　养殖产业基地

20世纪80年代初，承德市畜牧场落户在双滦区双塔山镇松树沟村。90年代初，双塔山镇少数农户开始试养奶牛。在区政府“南菜北畜”规划引导下，双塔山镇北部6个村和大庙镇部分村农户先后发展奶（肉）牛饲养。2004年，双塔山乳业公司成立。2005年，三杨肉鸡养殖加工有限公司成立。龙头骨干企业的发展，带动了农户养殖生产。

2005年，全区养殖专业户420户。其中，养猪82户、养鸡35户、养牛56户、养羊144户，其它养殖103户。生猪存栏2130余头，蛋鸡存栏73900只，奶（肉）牛存栏2000余头，肉产1157吨，蛋产488吨，奶产3595吨；畜牧产值2485万元，占农业总产值的28.1%。

奶农正在挤牛奶（区档案馆提供）

第二节　经营模式

一　龙头骨干型

承德市畜牧场位于双塔山镇松树沟村，是双滦区畜牧产业基地的龙头骨干企业。1982年建场，生产牛奶产品。至2005年，场内建有两套奶制品加工生产线，奶牛存栏600头，年产乳制品7000吨，产品3大类20多个品种，年销售收入1500万元。

连汉三元养殖场位于滦河镇宫后村，主要养殖生猪，占地面积 10 亩。猪场自繁自育，年出栏肥猪 1800 头。2005 年，猪场种母猪存栏 95 头。

繁荣生态养殖有限公司位于双塔山镇下店子村，2003 年建立，主要养殖山地柴鸡。2004—2005 年，柴鸡存栏 2 万余只。

承德市斯兰特农牧有限公司肉牛育肥圈舍（区档案馆提供）

偏桥子镇养猪场（区档案馆提供）

二 “公司＋基地＋农户型”

2004 年 6 月，双塔山乳业有限公司成立，公司位于双塔山镇松树沟。2005 年，公司奶牛养殖场存栏奶牛 160 头，周边农户奶牛存栏近 900 头。公司业务主要以奶牛养殖和乳品加工为主，被评为承德市农业产业化龙头企业。

三 科技示范型

2001 年，双滦金太阳农业特色种植有限公司成立，位于偏桥子镇二道沟村，建有冀优 I 型日光温室 15 栋，装配有自动温控、滴灌等设施。主要任务是新品种栽培试验及新技术推广。至 2005 年底，累计完成 20 多个品种的无公害蔬菜栽培试验，为推进全区蔬菜种植结构调整起到示范带动作用。

滦河镇养鸡专业户（区档案馆提供）

承德市三杨养殖加工有限公司肉鸡孵化设备（区档案馆提供）

承德嘉润阳生物科技有限公司聚宝灵芝生产基地（区档案馆提供）

四 能人示范带动型

三杨养殖加工有限公司位于滦河镇东园子村。公司董事长康桂琴是一位能人。

2004 年 3 月，她开始筹划肉鸡养殖。2005 年，她联合两个弟弟共同投资 500 多万元，成立承德市三杨养殖加工有限公司。公司有肉鸡养殖场、屠宰加工厂。康桂琴免费给养鸡户试用自己的3个养殖大棚，发展肉鸡养殖户120多家，在养殖技术指导、收购、价格等方面给予养殖户更多的支持和优惠。公司实行"公司＋基地＋农户"的产业化经营模式。

第三节　产业化服务

一 服务组织

2000年，区政府成立农业产业化办公室，制定《双滦区2003—2007年农业产业化五年发展规划》。2000—2005年间，先后建立双滦区蔬菜产销协会、双滦区蔬菜种植技术推广协会、双滦区养殖协会、双滦区食用菌协会和双滦区柴鸡养殖协会等协会组织5个。

二 服务工作

区蔬菜产销协会在偏桥子镇先后发展蔬菜贩运销售经纪人20人，帮助农户联系蔬菜销路，80%蔬菜运销到北京、天津、辽宁、内蒙古等地市场。区蔬菜种植技术推广协会2004年引进荷兰西红柿新品种"百利"，组织120户农户利用冷棚越夏栽培，种植150亩，每亩增收7000元。2005年，帮助蔬菜种植专业户种植销售越夏蔬菜1200多吨。

附记：

从致富女能手到农业产业化带头人

——记双滦区"三杨"公司董事长康桂琴

承德市双滦三杨养殖加工有限公司位于承德市双滦区东园子村，2005年由东园子村村民康桂琴创建。公司注册资金500万元，总资产900多万元，是一家集肉鸡养殖、加工为一体的私营股份制企业。公司有养殖场2个、屠宰加工厂1个，总占地160亩。有规范化鸡舍17栋，年出栏肉鸡60万只，年屠宰加工厂肉鸡600万只。有鸡胸、鸡翅、鸡大腿、鸡翅根、鸡爪、鸡脖等肉鸡产品30多个品种，注册"大阔"商标，并通过清真食品认证和无公害农产品产地认证，产品销往河北、北京、天津、内蒙古等地。

一 穷则思变源于苦

公司的主要创办人康桂琴，1956年4月出生于隆化县八达营村。因家庭困难，14岁时，她选择退学，稚嫩的肩膀就挑起干家务活、照顾几个弟弟的家庭重担。17岁的时候当选为村妇女主任、团支部书记，1973年3月，加入中国共产党，被选为村党支部书记。她带领村里群众修梯田、打大眼井、修路筑坝、封山造林，为改变家乡的贫穷和落后做了许多实事。

1982年，康桂琴从隆化嫁到了双滦区东园子村。改革开放初期，开始和家人琢磨如何走上富裕的道路。在女儿5个月大的时候，她和丈夫一起去滦河筛沙子，这样辛辛苦苦地干了两年，家里生活依然拮据。她将娘家陪嫁的木头卖了3000多元，加上自己积攒下来的2000多元钱，买回来一辆拖拉机，开始从事运输。1985年，康桂琴在跑运输的空闲时间里捡石头、旧砖、盖起了房子。1990年，社会上炒作海狸鼠，康桂琴夫妻俩花6000元买了两只。靠两只下崽，赚了10万元。之后，又干起赶集卖鞋和背心的小生意。1991年，她和丈夫又开了"三洋"综合商店。经过几年的发展，从滦河镇到双塔山镇拥有了5家连锁店。

二 勤劳致富敢为先

康桂琴是一个爱想事、能干事、敢干大事的人。2004年3月，她开始筹划肉鸡养殖，这年她49岁。为了干好养殖项目，他先后到北京、天津、辽宁等地参观考察，向专家咨询养殖知识，请区农牧局技术人员作养殖规划设计。经过多方调研，最终决定发展肉鸡养殖。她与东园子村协商租地15亩，投资30万元建7栋鸡舍。从辽宁请来两名有经验的兽医作技术指导，当时抱着试试看的心理，第一批养了6000只鸡赚了6000元钱。第二批养殖增加到18000只，最终也只是赚了18000元。康桂琴不满足于一只鸡只能赚一元的养殖效益，她要在双滦区建立一个集肉鸡育雏、饲养、屠宰加工、销售为一体的肉鸡养殖加工企业。她的想法得到区委、区政府领导的赞同和支持。康桂琴联合两个弟弟共同投资500万元成立承德市三杨养殖加工有限公司。租用原杏仁加工厂生产场地45亩，又从辽宁聘请专家装修改建老厂房，安装链条式屠宰加工生产线，建成速冻库和冷藏库。当年10月份就开始生产，日屠宰加工能力1000多只。至2005年，共屠宰加工肉鸡5万多只。2005年9月，区政府在滦河专门组织召开肉鸡养殖推广现场会。区妇联、区农牧局先后组织60多名妇女和30多个养殖户到康桂琴的肉鸡养殖基地参观学习，激发了广大农户发展肉鸡养殖的热情。

康桂琴的三杨养殖加工有限公司成功了，但她心里总是惦记着乡亲们。她联系两名西南营村的妇女和一名下岗职工到他的养殖大棚参观，主动把自己的3个大棚让出来免费让他们尝试。这三人利用康桂琴的大棚养了两茬鸡，四个月三个人平均每人净赚了8000元。看到有人养殖肉鸡致富了，各村又有10多名妇女和康桂琴联系养鸡事宜，办起家庭养鸡场，成为她的基地农户。为考察养殖户，她到各村细致的了解调查，符合条件的她都给予热情的支持。对基地农户，康桂琴实行周到的服务、稳定的物品供应和毛鸡回收价格，确保养鸡户不受损失。公司现已发展养殖户120多家，遍及全区四个镇，并且向平泉、滦平、隆化等地延伸。

随着养殖户的增多，三杨公司开始积极探索产业化道路，实行“公司＋基地＋农户”的产业化经营模式，建立养殖基地，大力发展合同肉鸡养殖户。对基地农户实行“六到户”服务：雏鸡、饲料、药品供应到户；毛鸡回收到户；养殖技术指导到户；养殖设备安装到户。在三杨公司的带动下，当年农户养殖出栏肉鸡50多万只，农户因此获利100多万元。

（根据康桂琴事迹材料整理，撰稿：王乃民）

第三章　种植业

域内种植业有较详细记载的历史始于清初，农业主要以粮食种植为主。清代、民国期间，蔬菜种植很少。新中国成立后，蔬菜种植面积有所增加。受地理位置、气候和耕作条件制约，粮食作物以玉米、高粱、谷子、水稻、豆类、薯类等为主。经济作物以芝麻、花生、向日葵、蓖麻等油料作物为主，但种植面积很小，且逐年减少。随着社会的发展，农业科学技术的推广和应用及人民生活水平的提高，传统的耕作方法、耕作模式、种植观念逐步改变。一些产量低，口感差的粮食作物被淘汰；经济效益好，产量高的粮食作物和时差蔬菜种植面积增加。至2005年，粮食播种面积23025亩，蔬菜种植面积9153亩，其中2490亩是日光温室蔬菜。

第一节　粮食作物

一　玉米

民国后期，域内玉米种植面积约2300亩，占粮食作物面积的6%，正常年景亩产90余公斤。民国25年（1936年），引进日本红玉米同本地玉米杂交的老来秕，亩产近百公斤。1950年，玉米种植面积4300余亩，占粮食作物种植面积的16%，总产620吨。20世纪60年代初，以老来秕精选育成的新品种黄马牙子，占玉米种植面积的70%，亩产200公斤。1961—1971年，先后引进双钟农大4号、农大7号、晋杂12号、承杂3号、京黄417号、红唐、贫农乐、旅北、丹玉6号等品种。丹玉6号耐瘠薄，适合山区种植，成为当时主要种植品种，亩产增加至355公斤。1975、1976年，滦河、双塔山、大庙、偏桥子4个公社在承德市种子公司指导下大面积推广种植杂交玉米，种植面积占玉米总面积的80%。种植品种有中单2号、丹玉13号、京杂7号、京杂417号、农大60号等。1987年，玉米种植面积9183亩，占粮食作物总播种面积的28.5%，产量3194吨，占粮食总产的33.6%，成为区内第一大粮食作物。2005年，玉米种植品种有豫玉22、农大108、农大3138等，种植面积16770亩，亩产700公斤，占粮食总产的82%。

二 谷子

谷子是域内主要粮食作物之一。民国14年(1925年)，谷类种植15种，有青苗白谷、红苗白谷、黄粘谷、高丽谷、黑粘谷、毛大穗、大粒黄等。民国22年（1933年），谷子亩产75—90公斤。新中国成立后，谷子良种得到推广，低产、抗旱力差的谷种逐渐被淘汰；产量高、抗旱力强的品种得到保留。20世纪60年代，域内种植的谷子品种主要有阴天旱、大青苗、压翻车、刀把齐、气死水、薄地高、细苗粘谷、红苗白谷、青谷青米、大长毛等10余种，平均亩产180公斤。1973—1978年，引进新品种。其中，承谷3号、承谷4号，亩产210公斤，承谷7号、承谷8号，亩产360公斤。由于承谷7号、8号米的黏度不够、口感差，后被淘汰。大部分农户仍以种植传统优种为首选，并引进一些优质种子。1950—1960年，谷子播种面积1万亩～1.3万亩，占粮食作物种植面积的38%以上，亩产平均150公斤；1961—1980年，播种面积1.1万亩～1.8万亩，占粮食作物种植面积的25%，平均亩产150～230公斤；1981—2000年，播种面积8000～3500亩，占粮食作物种植面积的11%，平均亩产175～230公斤。“退耕还林”以后，谷子种植面积缩小。2001—2005年，谷子播种面积1400～3500亩，占粮食作物种植面积的6%，亩产175～230公斤。

三 水稻

清末宣统二年（1910年），滦河流域偏桥子村附近，有农户开始种植水稻。当时采取直接撒籽的直播方式种植，面积不足5亩。民国5年(1916年）开始，域内滦河岸边的部分农户陆续种植水稻20亩，品种主要以红线为主。1949—1957年，种植的水稻品种除红线外，还有兴亚、小黄籽等传统品种。1958年以后，水稻种植面积开始增加，沿滦河两岸的生产大队大面积开垦稻田。牤牛河两岸部分生产队也开始种植水稻。1963年，引进鹿尾、大白毛等品种，但仍以兴亚稻种为主。1966—1967年，水稻种植面积4282亩，亩产平均200公斤，并引进吉梗46、吉梗60、延系20等新品种。20世纪70年代后，由于追求粮食生产的产量，水稻种植面积开始减少。种植面积1500亩左右,平均亩产360公斤。1981年后，区内先后引进花育118、京引127、京引7931、富字1号、黎忧57（杂交种）、早锦（早熟种）、中丹2号（晚熟种）和秋光等品种。经过试种比较，秋光品种亩产570公斤，明显优于其它品种。20世纪80年代，秋光成为水稻种植首选品种。实行家庭联产承包责任制以后，水稻种植面积逐渐扩大，优选品种也随之增加，种植面积4500亩以上。主要品种有通京102、通京103、早锦、秋光等，平均亩产470公斤。1993—1999年，水稻种植面积4650～4800亩，平均亩产440公斤。2000年以后，由于滦河来水量日趋减少，加之种植大棚蔬菜的经济效益比种水稻好，许多农户在稻田上建蔬菜大棚，稻田面积减少。至2005年，水稻种植面积仅剩780亩，亩产平均430公斤。

四 高粱

民国时期，域内高粱种植的品种有大蛇眼、二蛇眼、媳妇笑、黑壳白、黄壳白、红壳白、粘高粱等，亩产平均115公斤。1950年，高粱种植面积9000余亩。1958年，引进153、关东青新品种，平均亩产增至158公斤。20世纪60～70年代，高粱种植面积1万亩左右，居粮食作物第二位。1964—1966年，引进中杆小关东青和矮杆平身白等品种，平均亩产188公斤；1968年，引进杂交种西杂1号、遗发10号，后因其米质口感差，后被淘汰；20世纪70年代初期，引进晋杂4号、5号、渤杂1号、原杂10号和忻杂52号等杂交品种5个，种植密度每亩6000～7000株，亩产252公斤，但米质较粗，后被淘汰。1980年以后，高粱种植面积逐渐减少至6000～7000亩，种植面积居粮食作物第三位。品种主要有晋杂1号、忻杂52号、冀杂5号、小红梁、大红梁、同杂2号、赤育7号、622AX秋晋五、622AX康平晋等6A系列组合，平均亩产298公斤，部分品种最高亩产360公斤。622AX秋晋五、622AX康平晋作为高产优质品种推广。20世纪90年代，由于高粱易生蚜虫，产量不稳，种植面积继续缩减，面积仅2000～4000亩。至2005年，区内高粱种植780亩，总产200吨，种植面积占居粮食作物的第五位。

五 小麦

域内小麦种植始于民国末年，始有部分农户零星种植。20世纪50—60年代，春小麦品种有本地红粒、本地白粒、引进品种有甘肃96号、辽春5号等。20世纪70—80年代，引进铁春1号、京771号、京红7号、京红8号、涿城1号等品种，亩产平均170公斤。由于气候寒冷，区内越冬小麦死亡率高、产量低，至2005年，基本无种植。

六 红薯 马铃薯

红薯 域内各村均有种植，有白、红、黄三种颜色。1950年，域内种植面积2000亩；1958年，5000亩；1975年减至3300亩。20世纪80年代以后，种植面积继续减少。至2005年，种植面积不足200亩，种植区域集中在偏桥子镇长北沟村，总产量不足100吨。

马铃薯 域内栽培马铃薯始于清光绪三十年（1904）年，种植面积350亩。1949年，种植面积570亩；1958年，种植面积580亩，亩产平均130公斤；1978年，种植面积1300多亩，亩产平均328公斤，主要栽培品种有急发财、克山红、虎头、紫花、克新2号等。1980年以后，种植面积没有大的增加，至2005年，种植面积300亩，亩产800公斤。

七 杂粮

大豆 清代中期，域内开始大豆种植。民国18年(1929年),出现改良品种。民国20年(1931年)，有农户引进金元大豆，光泽如金，俗称黄豆，亩产平均80公斤，种植面积1000亩。1949年，大豆种植面积1100亩。1950年后，种植面积逐年增长。1956年至20世纪60年代初，引进新品种大粒黄、花腰豆、青豆、黑豆、莱豆、铁荚黑、金元一号，平均亩产150公斤，种植面积800余亩。1966年，大豆种植面积2295亩，主要是与高粱、谷子等农作物套种。70年代后种植面积开始减少，1972年，引进群英、承豆一号、大白脐，亩产平均150公斤。1977年，大豆种植面积1111亩。20世纪80年代初至90年代初，先后引进铁丰18号、铁丰19号、美国大豆等3个品种，亩产最高170公斤。2005年，区内大豆种植面积2535亩，亩产平均120公斤，在粮食作物中占第四位。

荞麦 清朝中期，域内就种植荞麦。荞麦生长期80天，其他农作物在小苗期间受灾毁损，荞麦可以作为补救作物种植。1949年，种植面积仅有100余亩，亩产平均70公斤。新中国成立以后，由于荞麦产量低，种植面积逐年减少，至2005年，荞麦种植面积只有50多亩，亩产平均50公斤。

绿豆 清初时期，域内即种植绿豆。当时，有官绿、油绿两个品种。民国21年（1932年），种植面积不足150亩，亩产平均90公斤。新中国建立以后，种植品种变化不大，由于产量低，种植面积逐年减少，2005年，绿豆种植面积300亩，亩产40～70公斤。

小豆 小豆有红、白、黑3种颜色，一般在山坡地小面积种植，有时还在玉米、谷子、高粱地里缺苗补种和地边地沿种植。民国3年（1914年），域内种植面积62亩，亩产平均83公斤。

新中国成立后，种植面积增长不大。2005年底，种植面积270亩，亩产60公斤。

黍 清中期，域内即种植黍。种皮颜色有黄、白2种，因脱皮后米粒皆黄、熟食有粘性，百姓称为粘米，俗称“大黄米”。民国年间，正常年景亩产平均53公斤。新中国成立后，因产量不高、又不属主食粮，种植逐年减少。2005年，种植面积100余亩。

芸豆、豇豆、蚕豆、豌豆等，在域内均有种植。2005年，有近百亩小杂粮，占粮食作物种植面积的0.2%，亩产平均100公斤，总产量10吨。

附记：

偏桥子镇长北沟村红薯种植情况调查

双滦区偏桥子镇长北沟村位于镇东部南北走向的一条沟中。2005年，全村有居民168户，730人，有耕地413亩，人均纯收入1423元。

村内耕地多为坡地，砂壤土质较多，适宜种植红薯。人民公社时期，生产队开始大量种植，并引进新的品种。农村实行联产承包责任制以后，全村约三分之一的耕地种植了红薯，成为村内农业收入的重要来源。2005年，全村种植红薯350亩，约占耕地总面积的85%。村民王国太是位种植红薯的的大户，2005年种植红薯5.2亩，收成1万多公斤，靠售卖红薯（烤制）年收入3万余元。当时村里壮劳力外出打工，每天工资最高25元，按300天计算，每名劳动力外出打工年收入约7500元。粮食种植以玉米计算，每亩玉米收成400公斤，按当时玉米售价0.55元／斤折算，5.2亩玉米收入最高为4500元。相比较，种植红薯的收益是种植玉米收益的6.6倍；是外出打工收益的4倍。

（撰稿人：杜勇　王乃民）

1950—2005年双滦区部分年份粮食作物种植统计表

表7-3-1　　　　单位：亩、公斤 吨

年份	粮食作物播种面积			其中																	
				水稻			谷子			玉米			高粱			大豆			其它		
	面积	单产	总产	亩	单产	总产	亩	单产	总产	亩	单产	总产	亩	单产	总产	亩	单产	总产	亩	单产	总产
1950	39826	97.5	3882	—	—	—	—	—	—	—	—	—	—	—	—	—	—	—	—	—	—
1953	40055	109	4387	—	—	—	—	—	—	—	—	—	—	—	—	—	—	—	—	—	—
1955	40460	117	4734	—	—	—	—	—	—	—	—	—	—	—	—	—	—	—	—	—	—
1957	40911	137	5630	—	—	—	—	—	—	—	—	—	—	—	—	—	—	—	—	—	—
1958	34770	161	6025	—	—	—	—	—	—	—	—	—	—	—	—	—	—	—	—	—	—
1960	34770	108	3756	—	—	—	—	—	—	—	—	—	—	—	—	—	—	—	—	—	—
1963	36796	109	4020	—	—	—	—	—	—	—	—	—	—	—	—	—	—	—	—	—	—
1966	37764	189	7119	4282	214	918	11139	179	1989	4010	249	998	8290	188	1557	2295	162	371	7407	173	1281
1971	37270	202	7534	2918	270	789	12635	178	2236	4612	253	1167	10189	267	2309	1342	157	210	5174	159	822
1973	35529	205	7247	1673	292	488	12056	185	2236	4209	229	964	9372	253	2375	1781	142	253	6438	145	933
1975	33887	262	8873	1548	437	677	10050	223	2243	5229	287	1501	10494	306	3216	1583	167	265	3388	190	642
1977	33266	322	10728	1552	462	717	8229	272	2236	5965	380	2267	12994	362	4705	1111	191	212	3415	176	601
1980	30704	305	9359	2169	532	1150	7763	235	1825	9626	339	3260	7915	318	2515	1195	215	257	2036	75	153
1981	30647	543	8320	3321	441	1465	9313	283	2126	7773	312	2428	6432	358	1659	1440	169	244	2368	168	399
1983	32804	310	10179	4915	535	2631	9629	249	2398	7463	344	2568	6852	277	1898	1290	131	169	2655	193	515

续表 7-3-1　　　　单位：亩、公斤 吨

年份	粮食作物播种面积			其中																	
	面积	单产	总产	水稻			谷子			玉米			高粱			大豆			其它		
				亩	单产	总产	亩	单产	总产	亩	单产	总产	亩	单产	总产	亩	单产	总产	亩	单产	总产
1985	32600	276	9020	4900	470	2315	8800	210	1835	7700	291	2250	7000	292	2055	1200	103	130	3000	148	445
1987	32130	295	9478	4630	437	2021	7899	213	1683	9183	348	3194	6037	307	1854	1678	162	272	2702	170	454
1990	31400	274	8591	4500	400	1801	7700	152	1173	10900	353	3846	4600	253	1165	1800	161	290	1900	151	314
1993	32631	293	9560	5681	410	2332	6531	180	1179	13014	412	4540	3663	246	907	2145	116	249	1597	187	353
1995	31125	314	9846	4845	438	2123	4560	211	963	14805	350	5188	2820	301	851	2940	144	426	1155	255	295
1997	29640	297	8801	4785	436	2084	4545	170	771	14055	336	4723	2160	282	610	2955	116	343	1140	238	271
2000	25445	333	8465	3535	438	1548	3553	205	728	15450	363	5611	990	290	287	1540	130	200	377	241	91
2003	23491	132	3107	1850	329	609	2268	62	141	15735	131	2060	731	90	66	2063	70	163	844	80	68
2005	23025	327	7532	780	432	337	1440	231	333	16770	369	6187	780	256	200	2535	120	305	720	236	170

第二节　经济作物

一 主要经济作物

芝麻 民国期间，已种植芝麻，以自用为主，种植面积 100 ～ 200 亩。20 世纪 70—80 年代种植面积略有减少。90 年代区内仍有种植，亩产平均 30 公斤。2000 年以后，区内再无种植。

花生 民国期间，已种植花生。1949 年，种植面积不足 20 亩，平均亩产 165 公斤。1958 年，种植面积增至 50 亩，平均亩产 170 公斤。1983 年以后，少数农户利用地膜覆盖技术种植花生，平均亩产 228 公斤。至 2005 年，种植面积不足 10 亩，亩产 220 公斤。

苏子 民国时期，已种植苏子，1949 年，种植面积 26 亩，亩产平均 10 公斤。新中国成立后，种植面积逐年减少。20 世纪 80 年代，种植面积 8.5 亩，亩产平均 11 公斤，90 年代以后极少种植。

蓖麻 民国 18 年（1929 年），蓖麻种植面积 50 亩，多在垅边、地头和一些零星地块种植，榨油用于照明。新中国成立以后，随着煤油灯、电灯的使用，种植逐年减少。20 世纪 80 年代以后种植不足 3 亩，90 年代以后无种植。

向日葵 新中国成立前，域内就种植向日葵，主要是利用地边地沿，总计不过 3 亩。2005 年底，种植面积 10 亩，亩产平均 80 公斤，均属零星种植。

二 一般经济作物

麻 民国 18 年（1929 年），麻类作物种植面积 30 亩，品种主要有线麻和青麻两种。1949 年，种植面积 55 亩。1950 年，又引进亚麻，种植面积 70 亩。从 20 世纪 80 年代开始，亚麻种植逐年减少。90 年代以后，无种植。

烟叶 又称火烟，品种有小黄烟、柳叶烟、朝鲜烟 3 种，民国初年称作“淡巴菰”，域内均有种植。民国 18 年（1929 年），种植面积 110 亩，亩产平均 25 公斤。1949 年，种植面积 155 亩。新中国以后，由于扩大粮食生产，烟叶种植逐年减少。1980 年，仅有部分农户在自留地的地边地沿种植，约 20 亩，亩产平均 28 公斤。至 2005 年，烟叶种植不足 3 亩，全部自用。

香瓜 又称甜瓜，民国时就有种植。1950 年，域内种植香瓜 165 亩，品种多为一窝猴、十道青等，亩产平均 220 公斤。20 世纪 60 年代以后，陆续引进大花皮、老面、苏联白瓜、脆瓜等品种，种植面积逐年减少。至 1980 年，种植面积不足

300 亩，亩产平均 250 公斤。农村实行家庭联产承包责任制后，农民种植经济作物积极性提高。1985 年，种植面积增加到 400 多亩，亩产平均 420 公斤。至 2005 年，种植面积下降至十几亩，亩产平均 360 公斤。

西瓜　域内西瓜种植量很少。20 世纪 80 年代以前，仅有一些农户在自留地上少量种植。1985 年，种植面积 50 亩，品种有早花、琼酥、郑州 3 号、新成 1 号、新红宝等 5 个品种，亩产平均 1500 公斤。至 2005 年，很少种植。

党参　党参在域内种植较晚，1985 年以后，有些农户试种，面积 2 亩，至 2005 年，已无种植。

第三节　蔬　　菜

一 发展概况

清代及民国时期，域内种植蔬菜大多自食，仅有滦河、双塔山几家菜园子的蔬菜上市交易。种植面积不足 800 亩，约占总耕地面积的 2%，平均亩产 750 公斤，总产量 600 吨。20 世纪 50 年代后，机关厂矿增多、人口增加，蔬菜种植面积开始增加。种植品种有萝卜、葱、白菜、菠菜、韭菜、芹菜、豆角、黄瓜、冬瓜、茄子、辣椒、西红柿等 30 余种。滦河公社、双塔山公社、大庙公社共有园田蔬菜种植专业生产大队 13 个。蔬菜除供应本地市场外，部分销往承德市区。20 世纪 80 年代末期，区内蔬菜种植面积 5300 亩，平均亩产 3910 公斤，总产量 20724 吨。20 世纪 90 年代后，日光温室蔬菜种植在区内快速发展，蔬菜种植面积扩大，产量增长。至 2005 年，区内种植蔬菜面积 9665 亩，平均亩产 4065 公斤，全年总产量 37260 吨，大部分销往京、津、冀各地。

二 时令蔬菜

白菜　每年农历 6 月种植，是域内蔬菜种植面积较大的菜种之一。主要品种有大青帮、小核桃纹、大核桃纹、兴城麻叶、无极麻叶、玉青、甘蓝、秋丰等。1950 年，种植面积 1000 亩，亩产平均 3000 余公斤。20 世纪 60—80 年代，秋白菜种植面积达到高峰。1980 年，种植秋白菜面积 4000 余亩，总产 1.5 吨，亩产平均 3.7 吨。改革开放以后，随着人民生活水平的提高，居民食用蔬菜品种多样，白菜种植逐年减少。2005 年，种植秋白菜面积不足 1500 亩，总产 5000 吨，亩产平均 3.3 吨。

萝卜　品种主要有红心美、红绿心、大红萝卜、大青萝卜、小红萝卜、水萝卜等。1950 年，域内种植 300 余亩，平均亩产 800 公斤。20 世纪 80 年代，萝卜种植面积仅次于白菜，当时冬季鲜菜少，白菜和大萝卜是主要冬储菜品。改革开放以后，随着日光温室的发展，冬季鲜菜品种

药材种植基地（区档案局提供）

越来越多，冬季储菜越来越少，大萝卜的种植面积也逐步减少。2005 年，各品种萝卜的种植面积不足百亩，总产量 100 吨，亩产约 1 吨。

芹菜 1950 年，域内种植面积为 310 亩，平均亩产 1.5 吨。1980 年种植面积为 350 亩，平均亩产 1.7 吨。2005 年，种植面积 400 余亩，平均亩产 2.3 吨。

茴香 茴香分小茴香和大茴香两种，域内种植面积很少。1980 年种植面积 200 亩，亩产约 500 公斤。2005 年，种植面积 280 亩，平均亩产 700 公斤。

葱 有小葱、大葱与洋角葱等 3 种。1950 年种植面积 200 亩，平均亩产 500 公斤。1980 年种植面积 400 亩，亩产约 600 公斤。2005 年，种植面积 500 亩，平均亩产 1.3 吨。

韭菜 韭菜一次栽植能够连续收获 1 ～ 2 年，叶为食用，青籽可做韭花。1950 年，种植面积 240 多亩。1980 年，种植面积 290 亩，亩产约 1 吨。2005 年，种植面积 400 余亩，平均亩产 1 吨。

菠菜 按不同种植季节分为老根菠菜、春菠菜和秋菠菜 3 种。1950 年，种植面积 70 亩，平均亩产 280 公斤。1980 年，种植面积 120 亩，平均亩产 500 公斤。2005 年，种植面积 300 余亩，平均亩产 600 公斤。

黄瓜 分刺黄瓜和秋棒黄瓜两个品种。1950 年，种植面积 500 亩，亩产约 500 公斤。1980 年，种植 1300 亩，平均亩产 1.5 吨。20 世纪 90 年代后，区内开始大规模兴建日光温室，黄瓜成为温室种植的主要蔬菜品种。2005 年，黄瓜种植面积近 3000 亩，平均亩产 6.9 吨。温室种植的黄瓜品种有北京刺瓜、北育 6 号、津研 2 号、津研 4 号、津研 5 号、津研 6 号、圣辉 968 等品种。

西红柿 主要品种有强力米寿、苹果青、佳粉、早粉强丰、77 ～ 94 特瑞皮克、中蔬 4 号、立春粉果 8315 等。1950 年，种植面积 100 亩，平均亩产 1 吨。1980 年，种植面积 500 亩，平均亩产 1.5 吨。2005 年，种植面积 1000 余亩，亩产约 2 吨。

茼蒿 20 世纪 60 年代，域内始有茼蒿种植。1980 年，茼蒿种植面积 300 亩，平均亩产 600 公斤。2005 年，种植面积 400 亩，亩产约 500 多公斤。

甘蓝 主要种植品种有平头、迎春、报春、京丰一号等。1950 年，种植面积 100 亩。1980 年，种植面积达到 200 亩，平均亩产 1 吨。2005 年，甘蓝种植面积有所减少，种植面积仅有 150 亩，平均亩产 1 吨。

豆角 品种有五月鲜、夏豆角、秋豆角和扁豆角等，五月鲜秧矮，不用上架，熟得早，产量低；其它豆角均需上架生长，扁豆角到深秋才可采摘。夏、秋豆角品种较多，有白大架、长青绿、十八豆等。1950 年，种植面积仅 150 亩，平均亩产 700 公斤。1980 年，种植面积 300 亩，平均亩产 900 公斤。2005 年，种植面积近 500 亩，平均亩产 1.2 吨。

辣椒 主要品种有：柿子椒、红辣椒、尖椒、甜椒和七彩椒等。1950 年，种植主要以普通本地辣椒、甜椒为主，种植面积仅 40 ～ 70 亩，亩产约 400 公斤。1980 年，种植面积 210 亩，平均亩产 450 公斤。2005 年，种植面积 300 亩，平均亩产 500 公斤。

大蒜 1950 年，种植大蒜 110 亩，亩产约 150 公斤。1980 年，种植面积 150 亩，平均亩产 200 公斤。2005 年，种植面积 200 亩，平均亩产 250 公斤。

角瓜 1950 年，种植角瓜 110 亩，平均亩产 1 吨。1980 年，种植面积 200 多亩，平均亩产 2 吨。2005 年，种植面积 150 亩，平均亩产 1.5 吨。

茄子 分为紫茄、白茄、园茄、长茄子等品种。1950 年，种植面积 300 亩，亩产约 800 余公斤。1980 年，种植面积 400 亩，平均亩产 1.5 吨。2005 年，种植面积 700 亩，平均亩产 2 吨。

此外，区内种植的叶茎菜类还有：空心菜、香菜、生菜、油菜；果菜类还有：苦瓜、丝瓜、窝瓜、上架角瓜、冬瓜、南瓜、芋瓜；根茎菜类还有：葱头、菜花等。

1990—2005 年双滦区部分年份蔬菜种植品种、面积、产量统计表

表 7-3-2　　　　单位：亩、公斤、吨

年份	合计			叶菜类			瓜菜类			块根茎类			茄果类			葱蒜类			菜用豆类			其他类			食用菌	
	面积	单产	总产	面积	单产	总产	面积	单产	总产	面积	单产	总产	面积	单产	总产	面积	单产	总产	面积	单产	总产	面积	单产	总产	总产	蘑菇
1990	5300	3910	20724	1590	3910	6217	2120	5670	12019	159	2607	414	530	2346	1243	371	1117	415	265	788	209	265	728	207	284	284
1991	5392	4031	21735	1618	4030	6521	2157	5844	12606	162	2683	435	539	2419	1304	377	1153	435	269	806	217	270	805	217	302	302
1993	5151	4233	21805	1545	4234	6542	2060	6139	12647	155	2814	436	515	2540	1308	361	1208	436	258	845	218	257	845	218	331	331
1994	5325	4742	25251	1598	4740	7575	2136	6856	14646	160	3156	505	533	2843	1515	373	1354	505	266	998	252	259	1004	253	372	372
1995	5145	5188	26694	1544	5186	8008	2062	7508	15483	155	3444	534	515	3109	1602	360	1483	534	252	1059	267	257	1039	266	401	401
1996	6135	5047	30967	1841	5049	9290	2454	7319	17961	184	3366	619	614	3026	1858	429	1443	619	306	1009	310	307	1009	310	415	415
1997	6240	6151	38382	1872	6151	11515	2495	8919	22262	190	4040	768	624	3690	2302	437	1756	768	312	1230	383	310	1230	384	467	467
1998	7140	6737	48104	2142	6737	14431	2856	9769	27900	214	4496	962	714	4042	2886	500	1924	962	357	1346	481	357	1347	482	537	537
2000	6570	3967	26064	1971	3967	7819	2628	5752	15117	197	2644	521	657	2380	1564	460	1133	522	328	792	260	329	793	261	582	582
2001	7530	4127	31079	2259	4127	9324	3012	5985	18025	226	2748	621	753	2476	1865	527	1179	621	376	826	312	377	825	311	601	601
2002	8546	3784	32341	2714	4050	10991	2884	5778	16663	333	2780	926	629	2210	1390	1057	1300	1375	489	1215	594	440	913	402	655	655
2003	8766	4140	36292	2821	4071	11487	3539	5866	20760	243	2320	564	969	2176	2109	593	1246	739	325	1274	414	276	793	219	581	581
2004	8001	4295	37198	2727	3837	10463	3201	6662	21326	182	2060	375	1233	2599	3205	643	1337	860	400	1445	578	275	1389	382	649	649
2005	9153	4070	37260	3330	3479	11586	3165	6602	20896	210	1980	416	1218	2245	2735	630	1397	880	390	1367	533	210	1019	214	648	648

1990—2005 年双滦区部分年份蔬菜播种面积、产量、产值情况统计表

表 7-3-3　　单位：亩、公斤、吨、万元

年份	蔬菜播种面积		其中				产值
			露地菜		日光菜		
	面积	产量	面积	产量	面积	产量	
1990	5300	20724	5223	20218	77	506	503
1991	5392	21735	5311	21196	81	539	592
1993	5151	21805	4654	17829	497	3976	1320
1994	5325	25251	4589	19371	736	5880	1828
1995	5145	26694	4244	19194	901	7500	2541
1996	6135	30967	5104	21687	1031	9280	3258
1997	6240	38382	5116	28272	1124	10110	4088
1998	7140	48104	5884	35494	1256	12610	4810
2000	6570	26064	5255	13772	1315	12292	2606
2001	7530	31079	6132	16099	1398	14980	2956
2001	8546	32341	7136	17331	1410	15010	2892
2003	8766	36292	7324	20249	1442	16043	2870
2004	8661	37198	6814	19441	1847	17757	3514
2005	9153	37260	6663	15749	2490	21500	4065

三、时差蔬菜

20 世纪 80 年代前，域内不生产时差菜，居民冬季食菜主要靠秋天储存。品种只有大白菜、大萝卜、土豆、卷心菜（疙瘩白）、晒干的蔬菜及腌制的酸菜。1981 年初，双滦区偏桥子镇达连坑村村民辛瑞在自己院内建造了最早的日光温室（俗称塑料大棚）。1983 年，达连坑村少数农民开始在承包地上种植大棚蔬菜。当时，每个温室共有 20 个菜畦，约 0.3 亩地。每季收入 1000 元左右，超过 3 亩旱地的收入。1988 年开始，达连坑、偏桥子、大贵口、小贵口、二道沟等村的少数村民也开始试种蔬菜日光温室，种植总面积约 10 亩，有韭菜、黄瓜、生菜、菠菜、芹菜等品种。由于种植经验不足，温度掌握不好，病虫害防治不力，产量不稳定。

20 世纪 90 年代初，区政府统筹制定全区温室发展规划。农户每建一座温室，政府扶持补贴部分资金。至 2005 年，建设日光温室 1498 个，占地 2490 亩，主要分布在滦河沿岸、京承旅游公路沿线。其中，偏桥子镇建设大棚温室 1210 个；双塔山镇的三岔口村、东西平台村建设 288 个。大棚内种植的蔬菜主要有黄瓜、西红柿、韭菜、生菜、芹菜、水萝卜、青椒、茄子、草莓、曲麻菜、油菜等十余种。至 2005 年，大棚温室生产绿色环保新鲜蔬菜 21511 吨，平均亩产 8639 公斤，按 2005 年市场价格，亩产收入 8638 元，与种植粮食作物相比，亩均多收入 10 倍。

1990—2005 年双滦区部分年份温室蔬菜生产统计表

表 7-3-4

年　份	大棚数（个）	大棚面积（亩）	播种面积	产量（吨）	产值（万元）
1990	55	77	109	506	51
1991	81	113	153	539	54
1993	331	497	690	3976	398
1994	491	736	1036	5880	588
1995	602	901	1433	7500	750
1996	685	1031	1472	9280	928
1997	749	1124	1564	10110	1010
1998	873	1256	1716	12610	1260
2000	975	1315	1776	12292	1229
2001	1078	1398	1898	14980	1498
2002	1150	1410	2010	15010	1501
2003	1266	1442	2100	16043	1604
2004	1391	1847	2818	17757	1776
2005	1498	2490	3240	21511	2151

附记：

偏桥子镇日光温室蔬菜发展纪实

双滦区偏桥子镇位于承德市西南 12 公里处，面积 54 平方公里，是一个以生产水稻、蔬菜和水产品为主的城市近郊农业镇。共有农户 1962 户，耕地面积 9067 亩。其中水田 3106 亩，占耕地总面积的 32.3%；旱田 5961 亩，占耕地总面积 67.7%。2005 年，日光温室蔬菜面积 2150 亩，占耕地面积的 23.7%。农民人均年收入 2450 元，其中温室蔬菜收益占农民总收入的 40% 以上。日光温室蔬菜产业的发展，不仅给农民增收开拓了一条可行之路，同时也促进了镇域经济的快速发展。2005 年末，全镇地区生产总值完成 4360 万元，较“十五”初的 2300 万元增长了 89%。偏桥子镇日光温室蔬菜产业规模的形成，经历了试点示范带动、政府推动、科技普及促动的发展过程，最终成为发展镇域经济、增加农民收入的重点产业之一，对全区温室蔬菜发展具有带动作用。

（一）示范带动转变农耕理念

传统的农业耕作方式，周期长，见效慢，收益低。1990 年以前，镇农民人均年收入仅在 360～380 元之间。1981 年初，双滦区偏桥子乡达连坑村村民辛瑞在自己院内建造了最早的日光温室（俗称塑料大棚）。1983 年实行联产承包责任制后，农民将庭院内温室全挪到承包地上种植。当时，每个温室共有 20 个菜畦，约 0.3 亩地。每季收入 1000 元左右，超过 3 亩旱地的总收入。1988 年开始，达连坑、偏桥子、大贵口、小贵口、二道沟等少数村民也纷纷搞起日光温室，面积 10 亩，种植韭菜、黄瓜、生菜、菠菜、芹菜等品种。由于种植经验不足，温度掌控不好、病虫害防治不力，产量不稳定。

1991 年，镇（乡）政府选择京承公路沿线

16户农户开展扶植性日光温室蔬菜种植试点，试点面积为13亩。每个日光温室占地0.8亩，为琴弦式单坡面塑料薄膜覆盖暖棚，透光率为60%～80%。即使在寒冷的冬季，依靠太阳光辐射也能保持室内蔬菜生长需要的温度，并能满足光合作用的需要。每棚投入建棚资金5000多元，当年收入8000元，比种水稻收入（350元）高22.8倍。1993年温室蔬菜收入达到1.2万元／棚。在小范围试点取得成功并积累一定经验的基础上，又将温室试种扩展到三家、老沟门、大贵口、达连坑等村85户农户，试点面积250亩。可观的经济效益，让农民看到了致富希望，日光温室蔬菜产业很快在全镇兴起。2005年有大棚农户达到1100多户，占农户总数的60%，面积2150亩，年产蔬菜2.3万吨，农民人均收入是1990年的6.4倍。

（二）政府推动帮扶惠民

镇政府实施服务措施，推动温室蔬菜产业规模扩张。镇政府争取财政支农低息贷款，同时由政府担保统一向银行借贷。两条渠道所争得资金，用于购买建日光温室及蔬菜生产所需竹竿、农膜、铁线、化肥、农药、营养钵、纸被等物资。通过以物资抵顶贷款的形式发放给农民，保证资金用于温室蔬菜产业发展。日光温室所需材料及农资，由政府委托农业站统一采购，统一发放，让农民得到了低于市场价格的好处，也方便农民所需物资购买。每年由农业站集中组织大棚种植技术培训，以组织农户到山东寿光参观学习、集中讲课、放录像片、发放技术资料等形式，让农民掌握日光温室生产技术。累计培训农户11000多人次。在生产过程中，农业站聘请市农业局技术人员深入农户大棚进行现场技术指导，手把手地教授蔬菜栽培管理技术，随时解决蔬菜生长期间存在的问题。政府组织经纪人开展外联活动，与外地蔬菜部门及个体贩运户建立产销对接关系，畅通销售渠道，消除棚菜农户后顾之忧。

（三）科技带动提高温室效能

1996年，承德市科委选定偏桥子镇为“国家科委农业科技成果推广示范乡镇”。全镇推广日光温室高产高效配套技术，使日光温室最大程度地增产增效。根据本地温室以黄瓜为主的生产特点，从外省市引进了“短把长密”“精选新泰”“津杂1、2号”“北京101”“农大12、14号”等耐低温、抗病力强、产量高的优良品种，增产幅度达到10%～15%。向农民推广壮苗技术。主要包括嫁接育苗、大温差育苗、配制培养土添加壮苗剂等技术。秧苗呈现生长快、叶色深、节间短的特点，雌花增加30%，增产15%左右。推广节水灌溉技术，节水量达到50%，节省浇水工时15个／亩，提高地温1.5℃。增加可利用土地5%～10%（每棚），增产10%。推广应用二氧化碳气肥增效装置（增加光合作用），畸形瓜减少约6%，产量提高约40%，亩增值3000元。推广平衡施肥技术。按照氮、磷、钾1：0.3：0.6的比例配合肥料，较好解决生长失调、减产低效的问题。在推广应用上述技术的同时，还相继推广了病虫害防治、室型改良、间种套种、稻菜轮作等科技应用。蔬菜生产条件和环境得到改善，减少用药次数，降低农药残留量，温室空间得到充分利用。多种蔬菜轮番交错上市，粮菜兼收，地力无闲期，全年有收益。

（撰稿人：袁宝森　王乃民）

附记：

1994年9月至1995年9月
偏桥子镇大贵口村杜玉恒蔬菜大棚
投入、产出情况调查

1994年，大贵口村村民杜玉恒当时家庭人口5人，劳动力2人，主要以打工和农业种植为收入来源。当时，村人均收入1222元。

1994年9月，杜玉恒建起蔬菜大棚。大棚面积1.2亩，种植黄瓜64个菜畦，各项费用投入情况见下表：

1994年9月至1995年大贵口村村民杜玉恒建蔬菜大棚投入明细表

表7-3-5

物资名称	数　量	单价(元)	合 计(元)
竹　竿	54根	8.0	432
小笆杆	200根	2	400
大梁横木	9根	20	180
水泥杆	81根	3.95	320
铁 丝	3盘	200	600
草帘子	64快	14	896
帘子绳	64根	2.5	160
纸 被	40块	30	1200
棚 膜	85公斤	8.9	756.5
种 子	黄瓜2.5两	20	50
	南瓜2.5斤	15	37.5
化 肥	二胺 尿素等	—	400
农 药	—	—	600
吊架铁丝	15斤	2.5	37.5
吊架化纤批子	13斤	6	18
地 膜	10斤	5	50
建棚人工费	120个	8	960
合　计			7157.5

收入情况：至1995年5月30日，产出黄瓜合计14000斤（不含自食120斤），当年黄瓜全部以批发形式出售，不同时期价格不等，最便宜时，每斤0.25元，最贵时每斤3元，一般在1元左右浮动，平均价格在0.8元左右，共计卖了11200元。6月份以后棚里又种了豇豆、豆角，去除种子化肥投入300元，净收入4842.5元。一年来，去除建棚投入7457.5元，纯收入4842.5元。

收益比较：相同地块，1993年，杜玉恒种植水稻，收稻谷1300斤，折合大米910斤，当时大米0.9～1.0元，最多可收入910元，去除种子20元，化肥55元，收入仅为835元，加上1年外出打工收入（180天×8元）1440元，合计收入2275元。

通过对比，种植时差菜比种植大田和打工年收入提高一倍多，收入直接翻了一番，而且大棚蔬菜生产完后的6—9月，还可以出去打工。

注：此调查仅为建棚当年投入、产出情况，次年生产因棚体固定设施不需再投入，只需花费棚膜、种子、农药、化肥的钱，其效益更为可观。

（撰稿人：杜勇　王乃民）

第四节　种植技术

一　栽培与管理

品种选育　1950—1960年，域内种子选育，主要由农业管理部门技术指导，农村生产合作社、高级社、人民公社种植，以自繁自育、自选自留、自用为主的模式。方法采取传统选育，即棵选、穗选、粒选和单打、单收、单放的方法选留育种。具体选育种子采用玉米穗去尖留尾，高粱穗存头削尾，谷子使用风选，水稻经水选和试验发芽率等办法。1956年以后，从域外引进部分良种先试种，确认适应本地气候环境并获高产后推广。先后引进玉米种子9种，谷子7种，水稻10种、高粱6种、大豆3种，经试种适应本地种植的只有13种。1964—1971年，各社队建立特约制种队伍。4个公社有2个公社建立创业队，划定育种试验田，其余两个公社也有小面积繁育种子试验田块。1976年，承德市种子公司特约制种全面展开，域内制种范围发展到4个公社、15个大队。1983年，实行农村联产承包责任制后，制种范围有所增加。制种的形式大多是农业科研部门研制出的良种在区内试验种植、扩大繁育。繁育的良种玉米主要有中单2号、丹玉6号、丰71、京杂6号；良种高粱有晋杂1号、晋杂5号、承3A×7501号等。区内繁育种业从1989年开始逐步取消。

作物播种 玉米、高粱、大豆在谷雨前后播种；谷子播种时间在立夏之前；水稻在清明后育秧。民国18年（1929年）域内滦平县政府呈拔的农业调查中记载：县城（滦河街）附近，主要作物下种时间为：玉米在清明前3日，高粱、大豆在清明后5日，谷子在清明后10日，马铃薯在春分后3日。

玉米有平作、混作、间作、套种等形式；谷子传统种植为平作；水稻传统种植为散播。1968年后，水稻采取小供育秧、分撮播秧，1988年推广旱育稀植高粱传统种植多分为平作，少量与谷子、大豆间作；豆类种植多同其他作物间作，少量为平作。

中耕保墒 域内粮食作物田间栽培管理多为“两耪一趟”，即锄两遍，趟一遍。临近作物成熟时放垅，即把地再锄一遍，促使作物穗、粒饱满，增收。

稻田锄草多以人工拔草为主。1978—1989年，偏桥子公社、双塔山公社的部分生产队开始在玉米、水稻、大豆及蔬菜地使用化学除草剂除草，效果良好。除草剂主要有除草醚、敌稗、草丹、五氯酚钠、氟乐灵、丁草胺等。20世纪90年代以后，由于土地包产到户，地块逐渐变小，除草剂使用减少，以人工锄草，拔草为主。

二 植物保护

新中国成立后，国家重视植物检疫。检疫重点是对种子、苗木加强管理和控制，防止病虫害传播蔓延。1985年开始，双滦区贯彻执行国务院颁布的《植物检疫条例》，区、镇农业站配合市农业局植物检疫机构开展植物检疫。检查调入区内的种子，监控植物保护情况并对病虫害检疫普查，控制作物病虫害的发展和蔓延。

玉米病害有丝黑穗病，黑粉病、大小斑病害等。丝黑穗病病毒通过土壤，种子从发芽开始即予以侵染，一般持续一个半月，最后侵入果穗，导致玉米严重减产。黑穗病也造成作物严重减产。20世纪70年代后，种植抗病力较强的杂交玉米，黑穗病害逐年减少。2005年，此病害已降至每百株1.5%以下。大小斑病，又称“跑马干、火烧、青枯等”，一般混合发生，病残组织在田间越冬或从沤肥中混入病残体越冬，是以后浸染病体的来源。气温在20℃～28℃之间，相对湿度达到90%以上，发病率较高。

谷子病害有白发病、黑穗粒病。白发病病菌一般隐藏在土壤、种子、农肥中越冬，至第二年发芽期侵染，在植体内生长，可直接造成作物不抽穗，病株俗称作“枪杆”；有的穗部变成黄白色丝状，俗称“刺猬头”或“青谷老”。1983年，百株发病率9.5%，2005年降至2%。黑穗粒病又称粒黑粉病，属系统侵染病害，病体开始侵入幼芽，继而在植体内生长，最后导致谷粒变黑粉状，减产40%左右。2005年，百株发病率6%以下。

高粱病害主要是黑穗病，按其病体部位，又分为丝黑穗、散黑穗、坚黑穗3种类型。丝黑穗病果实全被损害形成丝状；散黑穗病，穗部小花全被侵害，散发黑粉；坚黑穗病侵害子房，外壳完好，病粒不破裂，病菌靠土壤、种子、牲畜粪便进行传播，第二年侵入幼芽，属系统传染病害。1982年，区内坚黑穗病大面积发生。2005年，高粱种植面积减少，百株发病率3%。

水稻病害有稻曲病、稻瘟病、白叶枯病。最常见的是稻瘟病，病害发生在整个生育期，有稻苗瘟、稻叶瘟、稻节瘟、稻茎瘟、稻粒瘟。病菌在种子上和稻草上越冬，第二年气温升至15度时，靠气流传播。气温在22℃～30℃之间，相对湿度70%以上时，易于发病、传播。阴雨多雾，日照不足时，稻茎瘟病易流行。白叶枯病发病初始叶片呈黄绿相间条纹，病体及健康部位交接处明显，严重者不能抽穗，减产25%～60%。温度26℃～30℃，相对湿度100%时发病最重，属高温病害。病菌经风雨、昆虫、灌水等传播，从植株气孔，伤口侵入。20世纪60年代前，域内无发病史，70年代从外地引种后传入。90年代，此病经过预防逐渐减少。稻曲病是20世纪80年代末从外地引进秋光原稻种时传入的，症状首在硬壳合缝处显露淡黄色小菌块，继则扩大包裹全粒，外观呈墨绿色。病例大于健康粒1～3倍，一般减产6%～10%，最严重时可减产10%～30%。20世纪80年代末期经过预防，发病逐渐减少。

20世纪50年代始，玉米丝黑穗病、谷子粒黑穗病，高粱黑穗病，实行穗选控制；60年代使用石灰水拌种防治；70年代使用55度温水浸种防治。80年代开始使用粉锈宁拌种药物防治。玉米黑穗防治率达到85%；高粱黑穗病防治率80%。1976年始，域内试用链霉素防治稻瘟病；20世纪90年代，推广试用青霉素防治，后用稻瘟净药物防治。玉米大小斑病用多菌灵农药拌种防治。用捏掉玉米叶片方法也可以控制大小斑病，但对产量有影响。1982年，广使用退菌特药物喷洒防治玉米病害，效果显著。

域内农作物害虫主要有蝗虫、粘虫、蚜虫、针螟虫，还有蛴螬、蝼蛄、金地虫和菜青虫等。对虫害的防治大多使用药物。常见的有马拉硫磷药物有机磷低毒杀虫剂、敌敌畏系药物有机磷杀虫剂，敌百虫系药物有机磷杀虫剂、乐果系内吸性中等毒性有机磷杀虫剂等。防治方法主要用药物拌种、熏蒸和喷洒。

农作物冻害多发生在春秋两季。传统预防措施是在越冬作物田地里盖施厩肥，以吸热、保湿壮苗。秋季防霜在稻田内灌水。从20世纪50年代开始，所有园田过冬作物地在深秋上冻之前，普浇冻水，防冻、保墒、保苗效果好。80年代以后，采取地膜覆盖技术防春冻。

三 施肥和灌溉

20世纪60年代以前，域内农田使用的是农家肥，主要肥料是人粪尿，猪、羊、牛圈肥。施肥方式分为底肥和追肥，底肥多使用圈肥、炕土、压绿肥(即用秸杆、青稞柴和扎碎压土发酵而成)。20世纪50年代末，生产队开始使用少量化肥，当时人们称作“肥田粉”。60年代之初，农村社队开始普遍使用化肥。种类主要有碳酸氢氨、硝酸氨、硫酸氨、尿素、磷肥、钾肥、锌肥、复合肥等。底肥仍以农家肥为主，化肥为辅。追肥则全部使用化肥，采取点撒或在秧苗旁挖坑、在垅沟挖沟培土方式实施大田追肥1次。水稻一般追施两次，还有的在稻穗灌浆后喷肥。2005年，耕地每亩施用化肥30公斤，主要用尿素，其次用氨肥等。

农作物的浇灌水主要靠雨水、井水和河流。双塔山、滦河、偏桥子3个镇部分村能够利用滦河水，其他镇、村均以人工打井抽水，作为雨水不足的补充。随着机械化的程度不断提高，水浇地面积不断扩大。至2005年，区内使用机械灌溉的耕地达到耕地面积60%。大田作物视墒情及秧苗需水情况浇灌；小麦在封冰、返青、孕穗、追肥时定期灌溉；水稻田多自流灌溉；蔬菜大部分人工机械浇灌。

四 耕作制度

轮作 1950年至20世纪60年代初，主要粮食作物采取轮作制度。大田实行玉米、谷子、大豆轮作倒茬种植形式；贫瘠山地谷子和大豆轮作以豆养谷；滦河岸边的田地多水旱轮作，一般三年一轮换，保持了土壤的肥力和种植的多品种。化学肥料的普遍使用和扩大种植杂交农作物，轮作方式面积逐年减少。

间作 间作农作物主要有玉米、大豆、谷子、高粱、红薯、马铃薯等，间作利于作物通风、透光。贫瘠薄地实行花簇字形式较为普遍，俗称“满天星”种法，即玉米或高粱每株间种豆子一穴。行垅谷子与红薯间作；玉米与红薯间作；红薯、马铃薯与芝麻间作。玉米与大豆间作，玉米种 7 ～ 8 垅，大豆种 2 ～ 3 垅；高粱与大豆或与红薯、马铃薯等间作，高粱种 8 垅，其它作物种 2 垅。20 世纪 70 年代后，推广科学密植间作技术，获得高产丰收。

复种与套种 域内传统的粮食作物均一年一熟，只有冬春小麦收割后，再种一茬荞麦或复种冬麦。20 世纪 70 年代初，偏桥子、双塔山、滦河部分大队试验麦谷、麦稻、麦子和玉米复种，套种或连作。小麦要成熟时或未收割前，播种生长期较短的谷子；水稻或小麦畦梗上种玉米。

翻地保墒 传统采用秋季翻地，春季轧地，促使土地松软肥沃并保墒提温。水稻田多在旱田播种后开始翻地，达到增加肥力和保墒目的。

第四章　养殖业

清代至民国期间，养殖业全部是家庭小规模散养。大牲畜主要以马、牛、骡、驴为主，用于农业生产、短途运输、交通代步等。家畜家禽的饲养多用于家庭食用。

新中国成立后，农业生产从个体农户走上合作化、人民公社道路。大牲畜归集体所有，家畜家禽仍以家庭饲养为主。由于计划经济的束缚，加之养殖方法原始，养殖业没有得到长足的发展。1978 年以来，随着农村各项经济政策的落实，养殖业得到快速发展。饲养形式由集体为主转到以户养为主，饲养方法由传统喂养向科学喂养转化，饲养品种和规模不断扩大。

农业机械化的普及，原使役的大牲畜渐渐退出生产领域。肉食产品和经济型产品成为农户养殖的重点。20 世纪 90 年代后，中共双滦区委、区政府引导农户大力发展养殖产业。良种繁育、饲料加工、疫病防治、产品销售等方面政府给予政策扶植和帮助。养殖专业户相继出现，畜牧业的产值在整个农业产值中的比例逐渐提高。2005 年，畜牧业产值 2485 万元，占农业总产值的 28.1%。

第一节　饲草饲料

一 天然牧草

清代始，域内开垦大片牧场种植粮食。随着人口的增加，草场的面积逐渐减少。新中国成立后，工业发展，过度的垦荒，草场退化严重。20 世纪 80 年代后，区内开始重视环境保护，退耕还林（草）、治理工业污染。至 2005 年，天然牧草草场面积 12 万亩，其中一级草场 2 万亩，二级草场 3 万亩，三级草场 7 万亩。可利用草场 5 万亩，占草场面积的 41.6%。供动物食用的自然牧场可分为灌丛和灌木草丛两大类，分 65 科 246 个品种。其中禾科、菊科、豆科、蓼科、莎草科、蔷薇科、百合科 188 个品种为主要牧草，另外 58 个科、122 个品种为辅助牧草。灌丛类草场总面积 4.8 万亩，占全区草场面积的 40%。这类草场大部分分布在干旱、半干旱、半湿润、中温和凉温的山区，其植被均以灌木为主和草木为辅的混生结构。草场主要有荆条、山楂、山榆、横条、绣线菊、樊梨花子、胡枝子、黄背草、胡豆、山楂、平榛等，伴生有酸枣、盐芦草、虎榛子、大油芒、铁杆蒿子等。草层高度约 50 ~ 200 厘米，亩产鲜草 200 ~ 1000 公斤。灌木草丛类草场总面积 7.2 万亩，占草场总面积的 60%，主要分布在半干旱、暖温或中温低山区，植被呈灌木和草木植物混合结构。主要有荆条、绣线菊、樊梨花子、胡枝子、黄背草、山楂、胡豆、平榛秸等，伴生有酸枣，盐芦草、虎榛子、山榆大油芒、铁杆蒿子等。

二 人工牧草

从 20 世纪 50 年代开始，域内开始人工栽植牧草，以补充自然牧草的不足。1956—1960 年，人工栽植牧草 28 亩，主要品种有饲用玉米、沙打旺、紫花苜蓿、爱菌草等。70 年代后，部分人工栽植的牧草转化成自然草场。

三 饲料

饲料分为粗饲料、青饲料、精饲料 3 种。粗饲料主要有农作物的秸秆、藤蔓、林业副产品。20 世纪 50—80 年代，域内粮油作物面积 3.5 万亩，可产秸秆 9000 吨。1991 年，粮油作物种植 37270 亩，可产谷草 2600 吨、稻草 900 吨、玉米秸 2300 吨、高粱秸 2400 吨、豆秸 250 吨、红薯秧 50 吨、花生秧 10 吨、其他秸秆 160 吨。树枝、树叶年产 1000 吨。

青饲料主要包括青贮、瓜菜和青刈饲料。1980—2005 年，蔬菜下脚料及部分蔬菜用于饲料，年产 1000 吨以上。2005 年，青饲料约产 7 万吨。

精饲料包括粮食、糠麸、粕渣等。20 世纪 80 年代前，农户没有充裕的粮食作饲料。1958—1982 年，大牲畜归生产队集体所有，各生产队平均每年留作饲料粮 200 吨，农户每年平均节粮 550 吨用于饲料粮。糠粃年产约 100 吨。2005 年，区内产泔水约 1 万吨，年折算粮食约 540 吨；年产酱油糟渣，补充饲料 12 吨。

20 世纪 80 年代后期，各种合成饲料流入区内。合成饲料可以节约粮食、降低养殖成本、繁育周期短，为养殖业的发展提供了保障。至 2005 年，养殖业所用饲料以合成饲料为主。

第二节　大牲畜饲养

一 马

清宣统 3 年（1911 年），域内畜禽调查显示：户均拥有大牲畜 0.4 头，猪 2.27 头，羊 1.24 只。清朝末年，域内有马 82 匹，主要是蒙古马。民国 6 年（1917 年），域内大牲畜拥有量较清宣统 3 年增长 15%。民国 18 年（1929 年），域内牛、马、驴的数量比民国 6 年分别减少 31.7%、40%、11%。减少原因是兵燹匪患、自然灾害。民国 25 年（1936 年），域内马、骡数量较民国 18 年分别减少 77.3% 和 82%。

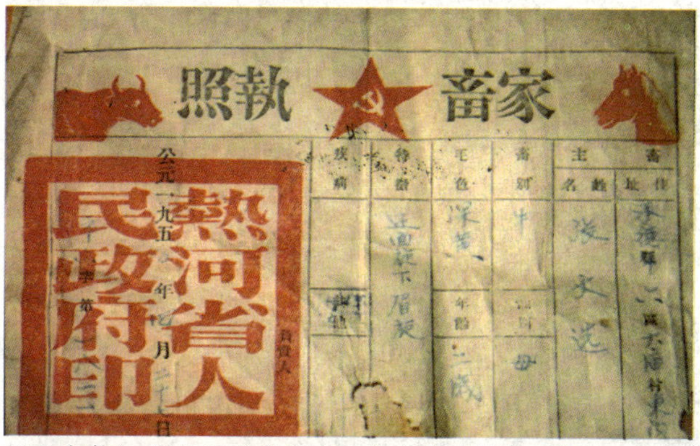

1950 年热河省人民政府颁发给大庙东沟村农民“家畜执照”

日伪统治时期，日伪军队肆意强征、掠抢大牲畜、并且强行聚家并村，域内大牲畜的人均拥有数量减少到历史的最低点。

新中国成立后，大牲畜饲养得到发展。1949 年底，域内大牲畜总量比 1948 年增长 73%。至 20 世纪 80 年代，马匹有所增加，主要用于运输和农田使役。1983 年以后，农用机动车辆大量增加，马匹饲养逐年减少，至 2005 年，区内仅有马 5 匹。马的饲养以厩养为主，在农户院落附近设马圈，人工添加粮草。夏秋两季主要以青草为饲料，冬春以谷草为饲料，所喂谷草需铡碎饲用。在马匹使役期间，必须辅加部分黑豆、高粱、玉米碎渣等精饲料，每匹力马年添加精饲料 200 ~ 300 公斤。

二 牛

品种主要有蒙古役牛、杂交奶牛和杂交肉牛。历史上，牛的饲养主要供耕作使役，有少数农户饲养繁殖售卖。清、民国时期，一般富户饲养多为雇工群放，小户农民主要是联户合养、雇工或轮流放养群养方式为主。1949 年后，从合作化开始至 20 世纪 80 年代初，牛的饲养主要由合作社和人民公社生产队统一安排放养和圈养。改革开放后，农业机械动力迅速发展，耕牛数量逐年减少。1983 年土地联产承包后，群放逐步改为个人圈养。2005 年，域内有耕牛 1750 头。

奶牛、肉牛的养殖始于新中国后，1961 年，域内引进奶牛 2 头。大规模奶牛、肉牛养殖始于 20 世纪 80 年代后。1982 年，承德市畜牧场落户双滦区。在政策引导、扶植下，个体养殖（奶牛、肉牛）专业户发展较快。1983 年，引进黑白花奶牛 300 头，通过优化牛群结构，采用双挽枷式牛挽具和冬季保温饲养技术，提高奶牛产奶率。至 2005 年，域内奶、肉牛存栏 2000 余头。

三 驴

新中国成立前，域内农村有少量饲养，主要用于驮运、拉磨和代步。1949—1958 年，饲养驴 1102 头。改革开放以后，农业机械化程度提高，驴饲养逐年减少，只有少数农户饲养商品驴。1980 年，区内饲养毛驴 358 头；至 2005 年，仅存 20 头。

四 骡

清代始，域内就饲养骡子，主要用于农业劳役及运输。1980 年，有马骡和驴骡（统称骡）600 头。改革开放后，骡饲养数量逐年减少。至 2005 年，仅存 67 头。

第三节　家畜家禽饲养

一 猪

品种主要有本地民猪、巴克夏、吉林黑、京花猪、长白猪等。猪是圈养，饲料以泔水、各类青菜茎叶、杏树叶、野菜类为主，再加一定比例的精饲料。20 世纪 80 年代后，各种配比的猪饲料流入域内，采用合成饲料与传统饲料搭配喂养，不同的生长期有不同的配比比例和添加剂比例。至 1990 年，域内猪饲料有 32 种。2005 年，养猪专业户自配合成饲料，增重比例比 80 年代前增长 40% ~ 60%，实现了科学快速养猪。2005 年，区内存栏 8066 头。

二 羊

主要品种有绵羊、小尾寒羊、山羊和无角山羊。

绵羊 清朝末年，域内始饲养绵羊，由内蒙古引进。1949 年，存栏不足百只。1958 年，农业部门及科技推广部门从围场坝上引进半细毛绵羊、从新疆引进细毛绵羊共 20 只。大庙、偏桥子和双塔山 3 个公社的部分生产队引进繁殖、饲养绵羊 170 多只。20 世纪 80 年代初，绵羊已达十余个品种，共 687 只。1989 年，引进小尾寒羊 5 只。至 2005 年，农户饲养绵羊 1506 只；小尾寒羊存栏 200 余只。

养羊专业户李明（区档案馆提供）

山羊 新中国成立前，农户大多饲养山羊。

1950 年，山羊总数 2262 只；1955 年，山羊总数 5283 只；1960 年，存栏 6894 只；1963 年，存栏 11203 只。1964 年，引入无角山羊。1978 年以后，政府限制散放饲养模式，山羊饲养量逐年减少。1980 年，域内饲养山羊 6725 只。1985 年，饲养无角山羊 50 只。1986 年，无角山羊在承德地区推广，饲养量有所上升。1990 年，增至 360 余只。2005 年，区内饲养山养 6603 只；饲养无角山羊不足 200 只。

三 狗

1949年，域内居民养狗1253只。1960年，养狗1544只。1966年以后，政府曾限制养狗，数量减少。1980年后，随着人民生活水平的提高，开始出现饲养肉狗、宠物狗。区内先后引进30多个优良品种。1995年，居民饲养肉狗、宠物狗、普通狗4525只。2005年，域内普通狗、肉狗、宠物狗总数5683只。

四 兔子

20世纪50年代以前，域内居民养兔较少。1958年，饲养兔子百余只。1983年，引进山羊青、白长毛、塔兔等十几个品种。由于兔子免疫力差、死亡率较高、经济价值小，养兔业发展较慢。1990年后，养兔户逐年减少。2005年，家兔饲养484只。

五 鸡

民国6年（1917年），域内养鸡6000余只。1949年，鸡饲养量不足5000只。1951年开始，农户养鸡增长较快，1958年，鸡饲养量2万余只，主要品种有本地柴鸡（也称康鸡）、土家鸡、乌鸡。1980年，鸡饲养量2.2万只。农村实行联产承包责任制后，开始出现养鸡专业户。1983年，域内引进乌鸡30余只，作为种鸡繁殖，第二年孵化小乌鸡500余只，比本地柴鸡幼鸡高出2倍价格出售，受到一些鸡饲养户青睐。1990年，笼养千只以上的养鸡专业户4家，数量增至4.85万只。2005年，鸡饲养量达到18万余只。有些农户还引进火鸡、山鸡和七彩山鸡等品种，作为稀有品种饲养。

六 鸭

民国期间，双塔山、偏桥子、滦河地域沿河边居住的农户养鸭（俗称水鸭子、柴鸭子），但数量不多。1949年，域内鸭子600多只。新中国成立后，沿滦河两岸和有溪水处养鸭子户逐渐增多，主要品种仍是水、旱本地柴鸭子。1958年，鸭养殖量1500余只。人民公社成立以后，农户养鸭逐步减少。1980年，鸭存量2000只。1983年农村实行联产承包责任制后，原散户单养变成

养鸡场（区档案馆提供）

专业养鸭，引进康贝尔樱桃谷麻鸭和北京鸭等品种。由于水域限制，养鸭始终以小户养殖为主。2005年，鸭存量4250只。

七 鹅

20世纪50年代，农户饲养鹅的品种均是本地鹅。70年代初引进雁鹅、狮头鹅、白鹅等品种，产蛋率比本地鹅高出0.2倍。2005年，鹅饲养量2000只。

第四节　特种养殖

一 鹌鹑

鹌鹑原为野生飞禽，2005年，域内饲养量500余只。家庭饲养鹌鹑肉、蛋销售受欢迎，经济效益较好。

二 肉鸽

20世纪50—60年代，域内开始人饲养鸽，主要是笼养。1983年始，滦河镇有居民开始饲养肉鸽。主要品种是美国王鸽。2005年，养鸽户300余家，肉鸽饲养量5600只。

三 海狸鼠

1989—1994年，域内曾一度热养海狸鼠。开始是滦河镇西南营1户农民引进，由于商业的炒作，养殖户从区内的农户发展到职工城镇居民。高峰时，每对种鼠能卖到2000～5000元。1993年，饲养量2万余只。1994年后，滞销无人饲养。

四 鹿

清代以前，域内山林中野鹿很多。20世纪30年代后，由于战乱和人类活动，野鹿渐渐消失。20世纪80年代初，有农户开始养鹿，由于饲养

技术等原因，人工饲养没有形成规模，销售受限。2005年，域内无人养鹿。

五 貂

1982年，区农业部门和基层供销社为帮助农民多种经营致富，引进小貂种20只，由10户农民饲养。此类动物属食肉动物，成本较高、加之销路和加工不畅，饲养量逐年减少。2005年已无人饲养。

六 蜜蜂

民国20年（1931年），域内一些农户开始养蜂，年产蜂蜜约500公斤。1949年，养蜂58箱，品种是土蜂和中华蜂。1955年，域内均有饲养分布，并引进产蜜高的意大利蜂群2窝群，20世纪60年代初发展至6窝群。1966年，蜂箱被收归集体，个人养蜂被取消。1978年开始，养蜂业逐渐恢复，同年有农户引进高加索、安蜂等品种5窝群。1985年，养蜂专业户5户，养蜂121箱，产蜂蜜300公斤。2005年，受工业发展等因素影响，域内已无人饲养蜜蜂。

20世纪90年代双塔山镇棋盘地村养蜂专业户（区档案馆提供）

1966—2005年双滦境域部分年份牧业产值统计表

表7-4-1

年份	牧业产值（万元）	占农业总产值（%）	年份	牧业产值（万元）	占农业总产值（%）
1966	2.7	1	1987	282	26.2
1971	4.4	1	1990	629	34.6
1973	4.5	0.9	1993	924	28.6
1977	9	1.4	1995	1439	23.8
1980	7.7	1.1	1997	1686	25.2
1981	4.5	0.7	2000	1833	32
1983	80.5	9	2003	2251	32.5
1985	208	24	2005	2485	28.1

第五节 繁育与改良

一 畜禽繁育

新中国成立前，域内家畜、家禽土法自繁自养，自然交配、自然繁育。

1959年，滦河、双塔山、大庙、偏桥子4个公社全部建立兽医站，负责配种、畜牧改良、培训指导集体及农户养殖。集体饲养的大牲畜和农户饲养的猪、鸡等家禽、家畜逐渐增加。20世纪70年代前，鸡、鸭孵化主要是母禽抱窝自然孵化。后来，逐步过渡到火炕人口孵化。繁育周期长，成活率低。1985年，域内畜牧场建立黄牛改良配种工作站，通过人工受精繁殖为农户养牛提供配种，改良服务。至2005年，域内有配种专业户、改良试养专业户及提供种崽专业户10余家。家禽引进新品种、发展电动孵化，成活率96%以上。小鸡一次孵化300～1000只，相当于1只母鸡自然孵化的80倍。至2005年，每年电孵化鸡、鸭、鹅等禽类小雏5万只。

二 品种改良

马匹改良 早期多为蒙古马。1956年，域内先后引进顿河马、富拉基米尔种马、奥尔洛夫马配种改良。1959年，滦河兽医站、双塔山兽医站用人工授精方法改良本地马。1990年，引进卡巴金马、阿尔登马、卡拉巴依等良种马，采取人工授精方法，准胎率78%。

黄牛改良 1958年，域内引进三河牛种5头，开始黄牛品种改良。1959年，采用朝鲜牛、河北省三河牛与本地母牛配种繁育改良。1975年始，黄牛繁育改良采用冷冻精液，人工受精方法。1976年，牛种改良引进夏洛来牛、海福特牛、西门塔尔牛等品种精液冷配。1983年初，牛种改良试用三合激素，当年改良黄牛212头。1990年，双塔山镇北六个村，改良母牛132头。至2005年，杂交改良黄牛（肉牛）和奶牛累计1750头。

驴、骡改良 1956年始，域内开始改良驴品种。挑选健壮的公马与健壮的母驴配种生产驴骡；挑选健壮的公驴与健壮的母马配种，生产马骡。1985年，引进山西驴和渤海驴等品种，与引进的马匹品种交配和以人工授精方法改良马骡120匹、驴骡85头；改良毛驴35头。至2005年，域内存有驴、马、骡子67头。

猪的改良 20世纪50年代，域内引进优良猪种，开始猪种改良。1959年初，引进巴克夏猪10头，人工辅助交配繁育仔猪。60年代后，引进吉林黑、京花猪等品种。1980年后，引进长白猪、大约克、杜洛克等种猪与本地猪杂交，提高了猪的瘦肉率。1987年，引进瘦肉型猪种1340头，推广瘦肉型猪的改良。至2005年，改良配种母猪737头。

绵羊改良 1958年，域内引进杂交种细毛羊10只，通过人工授精方法改良本地绵羊。20世纪70年代初，引进斯夫、高加索新品种绵羊50只；1988年，引进河北毛肉兼用型细毛羊30只，推广繁殖。至2005年，域内存栏绵羊1506只。

第六节　疫病防治

一 防治体系

1953年，滦河成立畜牧兽医站。1955年，滦河街设畜牧兽医工作总站。1959年，域内人民公社分别建立兽医站，负责各人民公社范围内的牲畜防病、治病、动物检疫、阉猪等服务。1986年，各乡、镇成立动物检疫站，与兽医站合署办公。1998年，双滦区农业畜牧局下设畜牧站、动物卫生监督检疫（验）站，负责防疫检疫。

2005年，双滦区农业畜牧局下设畜牧兽医站、动物卫生监督检疫（验）站；4个镇分别设立动物防疫分站，开展动物疫病防治、检疫等工作，乡镇基层从业兽医12人。

二 疫病防治

区内畜禽常见疫病26种，牲畜传染病主要有马鼻疽、马传染性贫血、马腺疫、马流行性感冒，牛瘟、牛肺疫、牛布氏杆菌病，羊痘、羔羊痢疾，猪瘟、猪肺疫、猪丹毒、猪气喘病、猪巴氏杆菌病、猪传染性胃肠炎、仔猪副伤寒等；牲畜寄生虫病类有牛羊肝趾病、牛羊脑包虫病、疥癣病、牛丝状虫病、猪囊虫病；家禽类传染病有鸡新城疫、霍乱病等。人兽共患传染病有炭疽病、口蹄疫、禽流感、狂犬病等。

牛瘟病 新中国成立前，流行广泛，危害严重。1949年、1950年，为防止牛瘟流行，热河省农林厅组织省家禽防疫所兽医队和省农林学校师生先后到域内开展防疫，1399头牛全部注射牛瘟疫苗。至2005年，牛瘟病没再发生。

口蹄疫（五号病） 20世纪50年代，域内曾经发生口蹄疫，各级政府非常重视，采取药物注射、封锁和消毒等措施，疫情被消灭。1963年，承德和张家口地区被农业部定为口蹄疫免疫带，域内每年对牛、羊注射一次甲乙混合型口蹄疫苗，按期预防。1979年，邻县发生猪口蹄疫，为防止疫情传入，域内开展防疫。1982年、1995年，邻县发生口蹄疫病疫情。针对此情，双滦区成立防治口蹄疫病指挥部，采取普查、检疫、疑似隔离、封锁、消毒、扑灭等综合措施，控制疫情传播。至2005年，没有发生此类疫病。

羊疫病 春、冬两季发病率较高。1954年，域内曾大面积流行羊疫病。热河省农林专科学校派畜牧兽医专业师生10人协助防治，疫情得到有效控制。至2005年，未发生疫情。

羊痘病 新中国成立前发病率较高。1949年后，政府重视家畜疫病的防治。1957—1985年，每3—5年注射一次防治疫苗。至2005年，此类疫病未发生。

猪瘟病 又称烂肠病，属多发性传染病，流行广，死亡率高。1949年，域内猪瘟病发病率高达49.3%，死亡率90%以上。20世纪50年代，发病较严重。60年代，畜牧科技部门和兽医工作站每年春秋两季采取注射、灌药相结合方式重点防治，效果明显。1967—1968年，域内猪瘟病大流行，18%左右的生猪死亡。20世纪70年代中期开始，实行仔猪割阉与春秋两季定期免疫的免疫程序，猪瘟病得到有效控制。1981年，推广猪瘟、猪丹毒、猪肺疫三联疫苗，猪瘟病得到有效控制。1986年，猪只防疫密度98%，死亡率3%。仔猪割骟免疫、集中防疫注射、季节防疫严格把关，疫苗做到冷藏、冷运、冷稀释、快注射等综合性技术措施，保证了防治质量。2005年，有零星发病。

猪囊尾蚴病 又称米心猪、痘猪病。20世纪50年代，域内饲养的本地猪中发病率较高。60年代后，随着公共卫生事业的发展，畜禽检疫逐渐加强，通过定期注射防病疫苗等方法，发病率大幅度下降。引进优良品种猪的抗病力和免疫力较强。2005年，猪囊尾蚴病发病率0.2%。

鸡新域疫病 又称鸡瘟、亚洲鸡瘟，发病快、传染快、死亡率最高达95%以上。新中国成立前，域内出现鸡瘟病，无法防治。20世纪50年代，各级政府重视鸡瘟病防治，将散养鸡改为圈、笼养，但控制能力有限，死亡率仍然很高。20世纪70年代中期，春季给成鸡翅膀内滴点防治药水，起到一定的防治作用。1983年后，各级防疫体制逐步完善。至2005年，区畜牧防疫部门对养鸡专业大户制定一整套防疫消毒和定期注射鸡瘟疫苗的制度。春季群养鸡普遍进行一次扎针式滴注抗生素及磺胺类药物，防疫注射率在98%以上，鸡的年死亡率降至3.5%以下。

家禽霍乱病 又称出血性败血症，是鸡、鸭、鹅、鸽等禽类共患疾病，发病率29%，死亡率平均65%，危害仅次于鸡瘟。20世纪80年代初，邻县农村饲养户流行家禽霍乱，后传染到域内。区政府采取紧急预防措施，各农户饲养圈、舍、场地普遍消毒，并使用抗生素和磺胺素类药物预防和治疗，防治效果明显。至2005年底，没有发生此疫病。

禽流感 又被称为高致病性禽流感。2003年11月，国内部分地区发现禽流感。2004年初，双滦区成立防治禽流感指挥部，设专职防疫、检疫员8名，兼职100余人，到各镇村养殖户，指导消毒防疫。通过防控，禽流感疫病没有在区内发生。

第七节　水产品养殖

一 种类与规模

域内水产品养殖主要是池塘养鱼。1970年，滦河公社滦河大队在滦河南岸开挖养鱼池1处，约6亩，养殖草鱼和鲤鱼，亩产不足120公斤。1980年，承德市水产局投资8万元在滦河大队修建鱼池9处共60亩，养殖草鱼、鲤鱼、鲫鱼、白鲢鱼。1983年，农村实行联产承包责任制后，滦河大队3户农民联合承包60亩鱼池，投入鱼苗1.6万尾，年产鱼8.5吨。1985年后，双塔山镇和偏桥子镇大贵口、小贵口、达连坑、三家等村村民在滦河岸边滩地上建养鱼池58个，水面养鱼120亩，年产鱼250吨。

2005年，区内有池塘养鱼户30家，全年投放草鱼、鲤鱼、白鲢、鲫鱼等小鱼苗15吨，半大鱼苗85吨，共18.8万尾。年产鱼105吨。

二 鱼种引进与繁育

20世纪80年代前后，从密云水库、张家口闪电河水库、官厅水库、庙宫水库引进武汉斗鲤、杂交鱼、高背鲫鱼、夏花鱼、草鱼、白鲢、花鲢、黑鲤、红鲤等品种。由于气候适宜，生长繁殖很快，改良了原有品种，降低了鱼苗、成鱼死亡率。至2005年，域内投放的鱼苗仍从北京等地引进。

三 疫病防治

池塘养鱼常见病有草鱼出血病、暴发性出血病、细菌性烂鳃病、肠炎病、鱼虱病等。防治方法采取季节预防和发病期针对性防治，注意做好养殖池塘清洁消毒、水质消毒、鱼体消毒及养殖工具消毒。常见鱼病采取定期投药，发生鱼病及时对症下药，取得良好效果。

1983—2005年双滦区部分年份水产养殖统计表

表7-4-2　　单位：亩 、吨 、万元

年份	合计		养鱼情况		产值
	面积	产量	面积	产量	
1983	131	21	131	21	95
1985	125	16	125	16	90
1987	200	27	200	27	145
1990	113	33	113	33	82
1993	82	29	82	29	59
1995	66	50	66	50	48
1997	75	40	75	40	39
2000	80	41	80	41	58
2003	90	100	90	100	165
2005	120	250	120	250	170

第五章 林 果 业

区内中北部山区具有丰富的林、果资源，主要林木有松树、柏树、杨树、柳树、榆树、槐树、桦树、桑树等100多种；主要果木有苹果、梨、桃、杏、李子、枣、核桃、山楂、葡萄等20余种。清代、民国年间，由于人口增加、军阀战争影响、日本侵略者掠夺，大量林木被砍伐，草场被破坏，森林资源遭到损毁。新中国成立后，国家建立国有林场，成立专业造林队，鼓励群众植树造林，林业资源逐步恢复。“文化大革命”期间，群众植树造林的积极性受到挫伤。1978年以后，解决林权不稳、责任不清、利益不明等问题，推行荒山、果园、树林等各种承包责任制。1978—2005年，实施“三北”防护造林工程、“防沙治沙”造林工程。林木绿化、四旁植树、森林经营、林木管护，均取得良好成效。2005年，全区林地面积110454亩，退耕还林2.4万亩，森林覆盖率29.2%。果树栽植面积1万余亩。

第一节 林木资源

一 资源总量

清代，域内以农耕为主的自然经济开始确

立，大量林地被开垦；修建行宫、直奉军阀战争，林木被大量砍伐；1933 年 3 月，日本侵略者侵占承德后修建铁路，林木再次被损毁。新中国建立之初，域内仅剩天然次生林 5000 亩，森林覆盖率仅 1.52%。

新中国成立后，各级政府组织群众植树造林，开展封山育林，森林病虫害防治，森林面积逐渐扩大。至 2000 年，有林地面积 110454 亩，活立木总蓄积 140971 立方米。林地主要分布在北部大庙镇，林业用地总面积 77647 亩，其中有林地面积 51995 亩，分别占全区林业用地总面积的 40% 和 50%。按林地权属划分，其中：集体林业用地面积 153660 亩，有林地面积 80393 亩；国有林业用地 39330 亩，有林地面积 30061 亩。区内有天然林 29010 亩，主要分布在大庙镇的东沟村、冰沟门村、上碾子村等，树种以柞树、桦树、山杨为主。

2005 年，区内林地面积无改变。

2000 年双滦区林地林龄结构统计表

表 7-5-1　单位：亩、m^3

类　型	数量	占总面积	蓄积量	占总蓄积量
幼龄林	51045	51	21163	15
中龄林	30395	31	92147	65
正熟林	1995	2	10145	7
成熟林	90	0.09	1148	1

2000 年双滦区林地林种结构统计表

表 7-5-2　单位：亩、m^3

类　型	数量	占总面积	蓄积量	占总蓄积量
用材林	61380	61	113698	81
防护林	15060	15	24735	16
薪炭林	8085	8	61000	0.04
经济林	16140	14	—	—
特种用材林	2000	2	2477	2

2000 年双滦区森林资源统计表

表 7-5-3　单位：亩

镇（区）	区面积	林业用地合计	宜林地	有林地面积					耕地面积（万亩）			森林覆盖率
				小计	有林地	经济林	疏林地	未成林地	小计	山坡地	平地	
双滦区	377869	192990	82536	110454	94260	10128	4713	1353	38.314	25.158	13.156	29.2
大庙镇	123778	77647	25652	51995	46007	1279	4509	200	8.632	7.022	1.61	50.2
双塔山镇	101164	43695	25713	17982	12664	4673	204	441	16.034	11.2	4.834	35.9
滦河镇	25285	6563	3977	2586	1075	1511	—	—	4.118	2.565	1.553	10.2
偏桥子镇	79672	25755	17925	7830	5165	2665	—	—	9.23	4.371	4.859	11
林场	47970	39330	9269	30061	29349	—	—	712	—	—	—	62.7

备注：森林覆盖率 =（有林地小计 + 林场有林地部分）÷ 区域面积

二 林木品种及分布

2005年，双滦区有林木12科24属100多个树种。

松树 松树有落叶松、油松、樟子松3种。华北落叶松、日本落叶松，主要分布在大庙镇北梁村，有万亩落叶松基地；樟子松，在双塔山镇大三岔口村秋风沟内有一片中龄林；油松，域内均有分布。

柏树 柏树有侧柏、香柏、刺柏、黄柏4种。双塔山镇大三岔口村上白庙东沟分布较多。刺柏、山刺柏，域内均有分布。

杨树 主要品种有毛白杨、响杨、银白杨、新疆杨、山杨、小叶杨、北京杨、青杨、加杨，意大利214、107杨、108杨等。域内均有分布。

柳树 主要品种有旱柳、河柳、红柳、龙爪柳、镘头柳、绦柳、垂柳、金丝垂柳，黄花柳、筐箕柳等。域内村庄、道旁、河边等均有分布。

桦树 主要品种有白桦，粉桦、黑桦、赖皮桦、丛桦、臭桦等。大庙镇大冰沟、大黑山、上碾子等地天然林里均有分布。

椿树 有香椿、臭椿之分，区内分布较多。

榛树 果实分平榛、毛榛两种。大庙镇大黑山、双塔山镇雕沟均有分布。

山核桃树 大庙镇山林中有分布。

榆树 主要品种有白榆、家榆、榆树等，域内均有分布。

桑树 主要品种有家桑、白桑，域内均有分布。

槐树 主要品种有国槐、家槐、紫穗槐、绵槐、紫花槐、刺槐、洋槐、德国槐等。域内分布较多。其中，棉槐、刺槐、洋槐等常用于人工造林。

银杏树 用作生活小区绿化，域内均有分布。

三 古树名木

2004年，区林业局按照《全国古树名木普查建档技术规定》，在4个镇43个行政村，开展古树名木调查。经过筛选，认定古树有14株。

2004年双滦区古树统计表

表7-5-4　　单位：棵

编号	树种	树龄(年)	树高(米)	胸围（地围）（厘米）	冠幅(米)	生长位置	分级
1	油松	230	4	180	6	北梁村	三级
2	油松	210	9	210	8	凤凰嘴村	三级
3	油松	270	10	220	8.2	中营子村	三级
4	油松	310	10	198	9	三岔口村	二级
5	国槐	290	16	287	11	东园子村	三级
6	国槐	290	15	286	11	东园子村	三级
7	国槐	280	14	287	7	西南营村	三级
8	国槐	280	17	442	10	职业中学	三级
9	国槐	120	13	183	7	职业中学	三级
10	国槐	280	14.2	323	7.5	省粮食储备库	三级
11	国槐	280	13.3	230	7.6	省粮食储备库	三级
12	国槐	280	14.1	266	10.3	省粮食储备库	三级
13	国槐	120	11.1	160	10.5	省粮食储备库	三级
14	油松	310	13.2	250	15.3	十八盘村	二级

第二节　植树造林

一 资源恢复

1949—1977年，域内林木资源恢复时期。建国初期，国家对林业生产实行“谁种谁有，伙种伙有”原则，采取“公私合作，国家出苗，农民出力，按股分成”的措施，鼓励群众植树造林。在国有和集体林区划定用材林基地，建立国有林场、专业造林施工队，有林地面积迅速增加。1953年，域内造林面积2000亩。1958年植树造林6487亩。1960年在双塔山公社牤牛河上游大黑山进行封山育林7500亩。1962年，域内4个人民公社实行三级所有并颁发农林所有证，调动社员群众植树造林积极性。1965年，首次大面积营造刺槐等速生炭材林。1967年上半年，造林6500亩，其中民营林3000亩，国营林3500亩。同年，大庙公社油松植苗造林2000亩。1977年，有林面积16167亩。

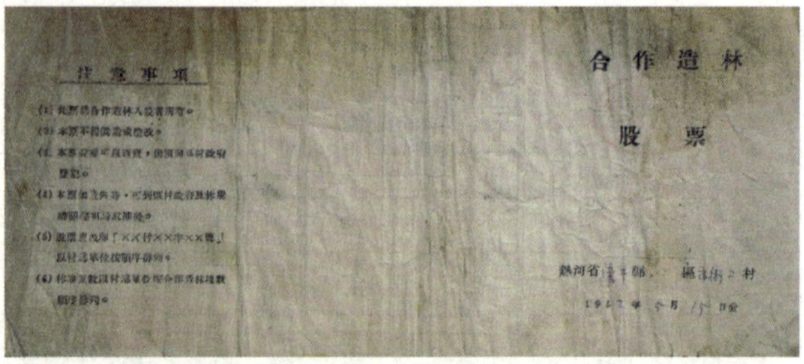
注意事项
合作造林
股票

1952年滦河街合作造林股票（1）（摄影 杜俊秀）

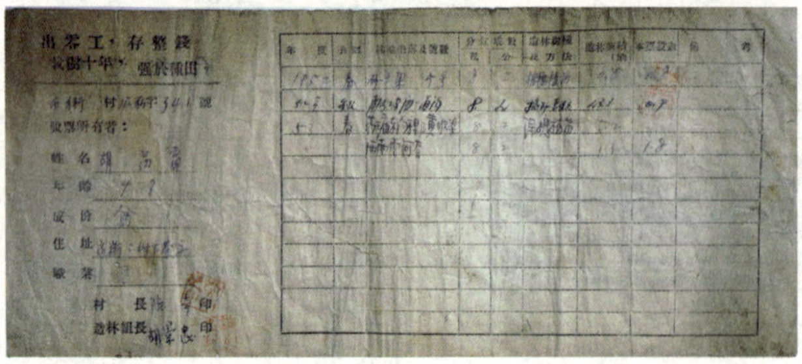
出零工，存整钱
栽树十年，强於种田
股票所有者：
姓名
年龄
成份
住址
职业
村长　印
造林组长　印

1952年滦河街合作造林股票（2）（摄影 杜俊秀）

1985年春，大庙镇北梁村 成立“三八”女子造林队。至2005年，造林队栽植落叶松45万株、洋槐2万株，黑松 2500亩。

二 工程造林

1978—1985年，域内实施“三北”防护林一期工程。按照林业区划和布局进行生态建设，由单一用材林向防护林转变。国家对集体造林给予补助性投资，实行乔、灌、草综合发展。1978—1985年，造林累计3万亩，至1985年，区内造林保存率由26.2%提高到30.3%，森林覆盖率由18.7%提高到23.7%。

2004年，大庙镇北梁村三八女子造林队被授予全国绿化工程先进集体称号，前排右一为队长孙淑荣（区档案馆提供）

1986—1997年，实施“三北”防护林二期、三期工程。承德列入首都周围绿化重点地区，双滦区对涉及到的工程项目实施工程造林。累计飞播造林、封山造林、人工造林5.2万亩。其中，飞播造林3万余亩，平均保存率由1985年的30.3%提高到1997年的57.3%；森林覆盖率由23.7%提高到28.7%。

1998—2005年，实施“三北”防护林四期工程及“防沙治沙”工程。至2005年，“三北”四期工程完成人工造林2万亩，封山育林1.6万亩；防沙治沙京津风沙源治理封山育林7万亩，退耕还林完成人工造林2.4万亩。

三 四旁植树造林

域内素有村旁、宅旁、路旁、水旁植树的习俗。1958年，人民公社实行树木无偿入社，农民群众的植树积极性受到挫伤。1966—1976年间，四旁植树基本停滞。1978年后，林业政策得到落实，四旁植树得以恢复发展。至20世纪90年代初，四旁植树100万株。2002年，滦广公路南侧、民族文化广场、双塔山中心街两侧栽植国槐、五角枫、垂柳近5000株。

2005年，区林业局组织实施101线两侧可视山体绿化工程”。工程涉及双塔山镇团瓢村至下甸子村公路两侧的可视山体近3000亩，栽植油松、侧柏近3万株，火炬树6万株。至2005年，累计义务四旁植树500万株。

四　示范造林

1995年，区绿化委员会组织各部门统一到指定地点植树，先后建成“青年先锋林”“党员林”、“夕阳红老年林”等示范性义务植树基地。1998年，区林业局把偏桥子镇小贵口村所有宜林荒山纳入窗口绿化工程。2000年，工程完成，栽植容器苗60余万株，造林成活率95%以上，累计造林3000亩。2005年，区政府在双塔山镇东西平台村，实施“千亩梨花坡”工程，当年栽植果树960余亩，9万多株。

五　苗木培育

1957年，滦河国有苗圃开始采种、培育造林用苗及果树苗木。1962—1963年，双塔山公社收回下放给单塔子、黄地沟、松树沟3个大队的43亩育苗地，委派专人管理，保证了育苗质量；滦河公社收回下放给滦河大队的78亩苗地。1965—1978年，承德市农林局曾购核桃树种2250公斤、花椒树种100公斤，在域内种植培育。期间，大庙公社由平地育苗改为山间育苗，育有油松苗200亩。1981年，双塔山公社团瓢大队选用较好地块育苗13.8亩；大庙公社上碾子大队有育苗地5亩，育有杨树、刺槐、果树、柳树、榆树苗木。1988年，区政府规定各乡镇超额完成1亩育苗任务奖励100元，少完成1亩罚款100元的政策。1990年，开始推广容器育苗。2000—2005年，区内年育苗200万株～300万株，出容器苗50万株～80万株，各种裸根苗100万株～180万株。2005年，育苗基地主要有滦河苗圃、金厂沟林场苗圃、交通局苗圃和私人苗圃。累计育苗320亩，主要树种有松树、杨树、柳树、各种果树、刺槐等。

1949—2005年双滦区造林面积统计表

表7-5-5　单位：亩、株

年份	造林面积					四旁植树	育苗面积
	合计	用材料	防护林	经济林	其他		
1949	—	—	—	—	—	3250	—
1950	30	—	30	—	—	3000	—
1951	425	300	125	—	—	4600	—
1952	570	340	130	100	—	5090	—
1953	1910	1070	390	450	—	7420	—
1954	2380	1370	190	320	500	7850	—
1955	2205	550	165	310	1180	13890	—
1956	2208	960	780	130	338	30550	—
1957	3651	675	1435	330	1211	36700	—
1958	6487	3260	2043	330	1307	156150	—
1959	2138	485	505	200	948	82900	10
1960	1850	750	175	—	925	31400	—
1961	2510	1135	200	—	1175	42580	—
1962	3392	1438	250	500	1149	51750	18

续表 7-5-5　　单位：亩、株

年份	造林面积					四旁植树	育苗面积
	合计	用材料	防护林	经济林	其他		
1963	4078	2593	50	200	1235	70290	30
1964	6030	2500	560	400	2570	82945	421
1965	—	—	—	—	—	—	—
1966	4298	2095	937	765	491	153760	135
1967	5662	2000	1724	2088	—	136360	170
1698	—	—	—	—	—	—	—
1969	—	—	—	—	—	—	—
1970	2204	1298	509	397	—	25400	34
1971	—	—	—	—	—	—	—
1972	960	500	460	—	—	11120	94
1973	1941	730	537	400	277	65000	19
1974	1949	—	—	—	—	86000	38
1975	—	—	—	—	—	—	—
1976	1174	694	130	—	350	57000	19
1977	16167	12366	552	—	—	213000	86
1978	8103	6209	1200	—	390	27000	113
1979	5210	4420	—	—	790	19000	106
1980	6098	4698	255	—	995	22000	247
1981	260	100	50	—	110	68000	230
1982	1231	434	510	—	287	20000	324
1983	420	130	—	—	290	29000	89
1984	1300	980	60	—	260	110000	169
1985	7700	6400	200	—	—	—	—
1986	500	500	—	—	—	50000	200
1987	900	—	800	100	—	830000	200
1988	500	300	200	—	—	170000	100
1989	700	400	200	100	—	12000	71
1990	6450	2400	3000	1000	50	104000	180
1991	1100	500	500	100		100000	171
1992	8604	2000	3000	1000	2604	111400	138
1993	6750	2000	2000	2000	750	110000	69
1994	3000	—	2500	500	—	80000	75

续表 7-5-5　　单位：亩、株

年份	造林面积					四旁植树	育苗面积
	合计	用材料	防护林	经济林	其他		
1995	5000	—	5000	—	—	80000	60
1996	5100	—	4000	500	600	85000	80
1997	13830	—	10000	1000	2830	60000	60
1998	5595	—	3000	1000	1595	100000	75
1999	6495	—	5000	495	1000	100000	300
2000	2930	—	2000	130	800	50000	430
2001	2695	—	2000	295	400	50000	400
2002	6423	—	5000	1000	423	50000	251
2003	5992	—	5000	500	492	33000	317
2004	12898	—	12000	898	—	50000	386
2005	22000	—	21000	1000	—	50000	320

六 林业企业

金厂沟林场 1957年7月，河北省林业局批准，在承德市西部郊区（今双塔山镇松树沟村附近）建立金厂沟林场，隶属承德市农林局。林场面积4.89万亩，林地分布在大庙、双塔山、偏桥子3个镇范围内。下辖大冰沟、三岔口、偏桥子3个作业区和1个苗圃。2005年，金厂沟林场职工43人，其中干部11人，技术工人32人。

滦河苗圃 始建于民国38年（1949年）2月，位于滦河镇东园子村，经营面积84亩，其中育苗面积70亩。圃内育有油松、侧柏、火炬、杨树等造林绿化苗木，年产苗12万株。1959年，滦河苗圃合并到金厂沟林场，成为金厂沟林场的附属苗圃（滦河分场）。1962年，滦河苗圃恢复原独立单位。1965年，市农林局批准滦河苗圃保留编制5人，定为国有事业单位。1978年，划归承德市林业局。1979年，改为承德市林业局林业科学研究所。1999年，划归双滦区林水局管理。2001年，滦河苗圃改制，将所有育苗地分给个人经营。

第三节　林木经营

一 计划采伐

新中国成立后至20世纪70年代，域内无林业专门机构，林木采伐缺乏有效管理。1980年双滦区成立后，设立双滦区林水局，开始管理林木资源。1984年林业资源调查结果显示：区内森林活立木总蓄积59197立方米，其中：林分蓄积43239立方米，疏林蓄积4694立方米，散生木蓄积413立方米，四旁树蓄积10851立方米。

1989年，区农林局结合林木结构特点，参照历年生产水平，依据林木年采伐量不大于生长量45%的原则，确定1989—1995年林木年采伐量限额1200立方米，占年生长量3923立方米的30.6%。为防止因四旁树采伐、乱砍盗伐、火灾、病虫害等自然消耗蓄积量突破采伐限额，其间规划总采伐量4688立方米，平均每年采伐蓄积937.6立方米，占年采伐限额1200立方米的78.13%。1989年、1990年采伐蓄积仅416立方米，其中：年抚育间伐416.6亩，采伐蓄积297.8立方米，分别占年生长量和规划采伐限额的 7.6% 和 24.8%；年低质林改造 266.6 亩，采伐蓄积 639.8 立方米，分别占林木年蓄积生长量和采伐限额的 16.3% 和 53.3%。

1989年,区内森林活立木总蓄积81286立方米，其中：林分蓄积 71898 立方米，疏林蓄积 2158 立方米，散生木蓄积 187 立方米，四旁树蓄积 7043 立方米。据此，确定 1996—2000 年期间抚育采伐的重点放在中、幼林抚育及低质林分改造，年采伐量最高限额 1500 立方米，是合理年采伐量的 66.96%。实际上，年最高采伐量 1355 立方米，最低采伐量仅 450 立方米，分别占年采伐最高限额的 90.3% 和 30%。2005 年,实际采伐量 410 立方米。

1987—2005 年双滦区林木采伐情况统计表

表 7-5-6　　单位：立方米

年份	采伐量	年份	采伐量	年份	采伐量	年份	采伐量
1987	211	1992	333	1997	1005	2002	519
1988	269	1993	225	1998	450	2003	327
1989	172	1994	536	1999	1355	2004	382
1990	164	1995	1035	2000	398	2005	410
1991	526	1996	1025	2001	318	—	—

二 采伐审批

1949—2003 年，双滦区林木采伐由承德市林业局经营科、林政科审批。林木需砍伐时，由政府主管部门提出申请，报市林业局经营科审批后，方可砍伐；出省木材运输、木材检疫证的办理权归承德市林业局。2004 年 7 月 1 日，《中华人民共和国行政许可法》正式实施，规定林木采伐审批权由县级林业主管部门执行。自此，林木采伐权下放到区林业水务局，其中公益林采伐及金厂沟国营林场的主伐、低改、更新采伐仍需报市林业局审批。同年 10 月，区林业局成立森林采伐审批领导小组，制定《双滦区林业局林木采伐管理办法》《林木采伐审批程序》。区内林木采伐量采取总量控制、限额采伐、凭证采伐的管理办法。零星树木采伐 20 株以上、主伐低质林改造、抚育间伐、更新采伐须经森林采伐审批领导小组批准，再由区林业站专业技术人员调查设计、填写设计方案。集体林的采伐设计完成后，实行伐前公示，公示 10 天无异议后办理采伐许可证，森林采伐单位和个人要按规定交纳育林基金、采伐证费。

三 禁止滥伐

20 世纪 80 年代初，区内农村普遍实行各种形式的生产责任制，个别农民认为是分田单干，乱砍滥伐集体林木。区政府按照中共中央、国务院《关于保护森林，制止由于落实农业生产责任制，群众不理解而造成破坏森林的不法行为》的规定，采取相应措施处理。1982 年，大庙公社东沟大队发生乱砍滥伐事件。同年 5 月，区政府委托大庙公社领导牵头，由区政府机关、国营林场、林业站、林业派处所等单位组成工作组到东沟大队摸底调查。调查发现全大队 100 余户居民不同程度的存在私自砍伐用以建房、烧柴等毁林现象，总蓄积达 700 立方米。工作组在核实其违法行为后，根据不同情况依法给予处罚。1985 年，双塔山镇西平台村发生林木被盗伐;1987 年，西平台村的滦河护岸林和果树被盗伐 300 多株；同年，应营子村一村民家承包的山楂树被砍。接连发生几次盗伐事件，引起承德市领导的关注。承德市公安局、双滦公安分局、市林业局组成专案侦破小组，用 3 个月时间侦破了系列盗伐林木案件，给予违法人法律制裁。2002 年 4 月，承德金树园农牧有限责任公司在山地栽植的苗木连续五次遭到人为破坏，损坏苗木 100 余株。区林业公安派出所接到报案后立即调查取证，查破了此案，保护了投资者的合法权益。

第四节 果树种植

一 主要果品

苹果 清代时种植苹果，分布于各村。域内主要品种有国光、金冠、维锦、元帅、鸡冠等，20世纪80年代以后，引进富士、北海道等新品种。

20世纪90年代武广友家的果园（区档案馆提供）

山楂 又名山里红、红果。大山楂是与野山楂或山丁子嫁接而成，果实稍大于海棠，深秋经霜变红，果肉因品种而异，颜色分为红、粉、青3种，味酸甜，可生食。小山楂系野生天然品种，果实稍大于樱桃，果肉紫红，有酸甜味，种苗作为育苗的砧木资源，遍生于域内山岭之中。

梨 品种有香水梨、鸭梨、糖梨、安梨（酸梨）、沙果梨、秋白梨、罐梨等。20世纪70年代，苹果梨发展较快，由于个大、皮薄、产量高、易贮藏，区内曾大量种植。安梨即酸梨，树高大，抗病力强，果实酸甜耐贮，被广泛种植。

葡萄 主要在庭院种植、零散栽培，品种香水葡萄居多。20世纪80年代后，引进巨峰、牛

偏桥子镇大连坑村葡萄园（区档案馆提供）

奶、玫瑰香、龙眼、红富士等品种。至2005年，域内有数家葡萄种植园，规模种植成为方向。

杏 家杏，乡土树种，多种植在庭院房前屋后，以散植为主。品种有香水杏、银白杏、大黄杏、小黄杏等，仲夏采摘，果实酸甜，果核分苦杏仁、甜杏仁两种。山杏漫生于山坡等处，暮春开花，仲夏采摘，果实丹黄。其果仁是加工杏仁露、杏仁霜主要原料，并有药用价值。域内曾发展万亩山杏基地，年产山杏仁5吨。大扁杏是乡土品种，嫁接培育而成，主要分布在域内北部。果实比家杏略扁，故名大扁。果仁大而甜，可生食，烹制后为风味独特的上等食品，产量逐年提高。

桃 乡土品种，域内各村均有种植。暮春开粉红花，初秋采摘，果实圆而有尖，表层毛绒。20世纪50年代引进蜜桃、五月鲜、六月红等品种。

李 乡土品种，散植于区内，暮春开白花、仲夏采摘，果实椭圆，鲜嫩多汁，味郁香而不散。

沙果 乡土品种，分布较少。又称太平果，果实红白甜脆。

海棠 乡土品种，零星种植。又称西府海棠，暮春开花，仲秋果实成熟，果实甜脆。

槟子 乡土品种，稀有种植。暮春开花，仲秋成熟，果实呈圆形，郁香可口，香味经久不散。

栗子 属干果类，本地稀少，散见南部山区，产量较低。秋季果皮爆裂，果实煮熟剥皮可食用，味道干面香甜。

核桃 分家核桃、山核桃两种。家核桃零星种植于院落内；山核桃生于山坡山坳处，产量较低，多作药用。

枣 分家枣、山枣两种，区内各村均有分布。家枣，果实椭圆形。山枣，果实椭圆个小，成熟后呈红色，果实生食甜酸，故称酸枣，果仁可入药。

桑椹 乡土树种，又称小叶桑，果名为桑椹，又称桑粒，紫红色，味酸甜。20世纪60年代曾引进大叶桑，植于各村。

樱桃 乡土树种，区内各村均有种植。分红、白樱桃两种，暮春开花，粉白色花朵，仲夏结果。

果实圆粒，呈红白色，味甜酸。

二 病虫害防治

域内果树常见病虫害主要有腐烂病、梨星毛虫、红蜘蛛、金龟子、食心虫、蚜虫、桑天牛等。防治方法主要采取人工、化学综合防治方法。果农在初冬及早春时采取刮除老翘粗皮、清扫园地、烧毁枯枝病叶等办法减少病源。根据上年病虫发生情况，早期萌芽前在树上普遍喷药、树下散粉、深翻或培土，杀死越冬病虫或控制害虫出土，达到减轻虫害的目的。按照病虫害种类、发生规律及害虫生活习惯的不同，对症下药，采用不同药剂、浓度、施药方法和喷药时间除虫。果树生长季发现病虫，采取人工捕捉、糖醋诱杀、腐蚀驱避、喷布化学药剂等措施防治。其中，腐烂病是苹果树的一大病害，它不仅消弱树势、影响产量，而且能造成果树死亡。在生长期，采用发现病斑随时刮治并涂药保护措施；在初冬果树近落叶期全树喷布福美砷 100 ～ 150 倍液，彻底消灭潜伏病菌，收到良好的效果。1986 年，大庙乡小三岔口村东山上的 300 多株苹果树，腐烂病大面积发生，病株达 60% 以上。村民承包经营后加强地下管理，及时刮治病斑、涂药，果树生长恢复正常，果品产量由上年的 1 吨增到 4 吨。至 2005 年，区内果树没发生大面积病虫害。

三 果品产量

果品产量除与种植面积和苗木管理有直接关系外，还与果木结果的大小年规律有关。1949 年，果树总株树 1.54 万株，果品总产 101 吨。1979 年果树 13.24 万株，面积 2030 亩，果品总产 182 吨。改革开放后，区委、政府注重林果业的扶植和发展。2005 年，全区果木栽植面积 10250 亩，总产量 2002 万吨。

1949—2005 年双滦区果树栽植面积及株数统计表

表 7-5-7　　单位：亩、万株

年份	干果		鲜果												
	杏扁	核桃	总面积	总株数	苹果		梨		山楂	葡萄	红枣		桃		杏
					面积	株数	面积	株数	面积	面积	面积	株数	面积	株数	面积
1949	—	—	—	1.54	—	0.2	—	0.5	—	—	—	0.24	—	0.6	—
1950	—	—	—	1.84	—	0.2	—	0.67	—	—	—	0.37	—	0.6	—
1951	—	—	—	1.99	—	0.2	—	0.74	—	—	—	0.38	—	0.67	—
1952	—	—	—	2.25	—	0.2	—	0.78	—	—	—	0.38	—	0.89	—
1953	—	—	—	2.39	—	0.2	—	0.83	—	—	—	0.40	—	0.96	—
1954	—	—	—	2.51	—	0.3	—	0.87	—	—	—	0.4	—	0.94	—
1955	—	—	—	2.64	—	0.7	—	0.89	—	—	—	0.3	—	0.75	—
1956	—	—	—	2.98	—	0.32	—	0.9	—	—	—	0.76	—	1	—
1957	—	—	—	3.22	—	0.36	—	0.96	—	—	—	0.76	—	1.14	—
1958	—	—	—	3.47	—	0.32	—	0.96	—	—	—	0.8	—	1.39	—
1959	—	—	—	2.26	—	0.28	—	0.93	—	—	—	0.7	—	0.35	—
1960	—	—	—	2.25	—	0.25	—	0.93	—	—	—	0.6	—	0.47	—
1961	—	—	—	3.98	—	0.28	—	0.81	—	—	—	0.8	—	2.09	—
1962	—	—	—	2.07	—	0.3	—	0.83	—	—	—	0.6	—	0.34	—
1963	—	—	—	2.27	—	0.32	—	0.94	—	—	—	0.6	—	0.41	—
1964	—	—	—	4.6	—	0.51	—	1.09	—	—	—	1.8	—	1.2	—
1965	—	—	—	—	—	—	—	—	—	—	—	—	—	—	—
1966	—	—	—	—	—	—	—	—	—	—	—	—	—	—	—
1967	—	—	—	—	—	—	—	—	—	—	—	—	—	—	—
1968	—	—	—	—	—	—	—	—	—	—	—	—	—	—	—

续表 7–5–7

单位：亩、万株

年份	干果		鲜果												
	杏扁	核桃	总面积	总株数	苹果		梨		山楂	葡萄	红枣		桃		杏
					面积	株数	面积	株数	面积	面积	面积	株数	面积	株数	面积
1969	—	—	—	—	—	—	—	—	—	—	—	—	—	—	—
1970	—	—	897	—	—	—	—	—	—	—	—	—	—	—	—
1972	—	—	1150	3.0	—	—	—	—	—	—	—	—	—	—	—
1973	6	0.3	1216	2.1	—	—	—	—	—	—	—	—	—	—	—
1974	6	0.29	1423	4.01	—	—	—	—	—	—	—	—	—	—	—
1975	—	—	—	—	—	—	—	—	—	—	—	—	—	—	—
1976	—	—	1435	—	—	—	—	—	—	—	—	—	—	—	—
1977	—	—	—	—	—	—	—	—	—	—	—	—	—	—	—
1978	—	—	—	—	—	—	—	—	—	—	—	—	—	—	—
1979	7	1.64	2030	4.6	1464	—	372	—	90	4	7	—	86	—	7
1980	200	3.9	2615	3.9	1655	—	497	—	361	11	—	—	84	—	7
1981	320	—	2634	—	1731	—	365	—	307	34	50	—	92	—	10
1982	450	—	5996	—	1628	—	396	—	3911	30	50	—	92	—	10
1983	500	—	6283	—	1653	—	378	—	4168	30	50	—	92	—	10
1984	500	—	4040	—	1620	—	370	—	2010	30	50	—	92	—	10
1985	530	—	2970	—	1700	—	400	—	660	50	50	—	90	—	10
1986	600	—	5000	—	2300	—	400	—	1900	100	50	—	90	—	12
1987	720	—	—	—	—	—	—	—	—	—	—	—	—	—	—
1988	800	—	11200	—	4100	—	700	—	5800	100	50	—	90	—	13
1989	1500	—	11214	—	4079	—	739	—	5820	100	55	—	92	—	13

续表 7-5-7

单位：亩、万株

年份	干果		鲜果												
	杏扁	核桃	总面积	总株数	苹果		梨		山楂	葡萄	红枣		桃		杏
					面积	株数	面积	株数	面积	面积	面积	株数	面积	株数	面积
1990	2000	—	19270	—	4079	—	759	—	5434	100	55	—	92	—	13
1991	5000	—	11248	—	4129	—	811	—	5340	100	55	—	92	—	13
1992	7000	—	11262	—	4124	—	810	—	5445	100	55	—	92	—	13
1993	7500	—	11010	—	3900	—	870	—	5415	105	55	—	95	—	13
1995	10400	—	11010	—	3900	—	840	—	5415	110	60	—	95	—	15
1996	10400	—	—	—	—	—	—	—	—	—	—	—	—	—	—
1997	11000	—	—	—	—	—	—	—	—	—	—	—	—	—	—
1998	11000	—	1101	—	3900	—	840	—	5410	110	60	—	95	—	15
1999	10000	—	11010	—	4000	—	840	—	5410	110	60	—	95	—	15
2000	11000	—	11010	—	4000	—	840	—	5410	110	60	—	95	—	15
2001	11000	—	11010	—	4000	—	840	—	5000	110	60	—	95	—	15
2002	12000	—	11310	—	4000	—	850	—	1900	120	70	—	125	—	50
2003	13000	—	11410	—	4000	—	860	—	4000	150	70	—	125	—	50
2004	13500	—	11710	—	4050	—	880	—	3500	170	80	—	125	—	80
2005	13000	—	10250	—	4000	—	900	—	3800	150	60	—	100	—	120

表 7-5-8

1949—2005 年承德市双滦区果品产量统计表

单位：吨

年份	干果			鲜果								
	总产量	其中		总产量	其中							
		核桃	杏扁		苹果	梨	山楂	葡萄	红枣	桃	杏	其他
1949	——	——	——	101	0.3	42	——	——	1.1	19	——	——
1950	——	——	——	125	0.25	56	——	——	1.1	42	——	——
1951	——	——	——	102	0.25	36	——	——	1.2	24	——	——
1952	——	——	——	149	0.25	65	——	——	1.2	48	——	——
1953	——	——	——	120	0.25	48	——	——	1.2	44	——	——
1954	——	——	——	155	0.3	71	——	——	1.4	47	——	——
1955	——	——	——	146	0.3	52	——	——	1.9	63	——	——
1956	——	——	——	221	0.6	95	——	——	1.9	74	——	——
1957	——	——	——	153	0.65	59	——	——	2.4	61	——	——
1958	——	——	——	209	1.1	106	——	——	2.6	59	——	——
1959	——	——	——	118	1.1	49	——	——	2.1	48	——	——
1960	——	——	——	136	0.7	59	——	——	1.6	49	——	——
1961	——	——	——	441	0.8	16	——	——	2.7	13	——	——
1962	——	——	——	641	0.9	33	——	——	3.2	19	——	——
1963	——	——	——	100	1.6	38	——	——	5	26	——	——
1964	——	——	——	157	3.4	76	——	——	14	30	——	——
1965	——	——	——	——	——	——	——	——	——	——	——	——
1966	——	——	——	267	6.5	163	——	0.85	4.6	28	21	——
1967	——	——	——	109	15.1	35	——	2.25	0.45	21.5	17.1	——
1968	——	——	——	——	——	——	——	——	——	——	——	——
1969	——	——	——	——	——	——	——	——	——	——	——	——

续表 7-5-8

单位：吨

年份	干果			鲜果								
	总产量	其中		总产量	其中							
		核桃	杏扁		苹果	梨	山楂	葡萄	红枣	桃	杏	其他
1970	——	——	——	57	40.2	12.9	——	1.6	——	——	——	——
1971	——	——	——	——	——	——	——	——	——	——	——	——
1972	——	——	——	257	61	169	——	1	5	6.6	11.4	——
1973	——	——	——	364	163	135		0.2	0.6	15	39	——
1974	——	——	——	393	113	242	15	1	——	3	16	——
1975	——	——	——	——	——	——	——	——	——	——	——	——
1976	——	——	——	336	200	110	5	2.2	0.95	——	——	——
1977	——	——	——	——	——	——	——	——	——	——	——	——
1978	——	——	——	395	——	——	——	——	——	——	——	——
1979	——	——	——	182	92	69	3.5	1.5	——	1	7	——
1980	——	——	——	144	106	29	3	0.5	——	2.5	2.5	——
1981	——	——	——	215	172	7545	1.5	——	1	7	2.5	——
1982	——	——	——	405	335	57	——	0.5	0.5	15	2.5	——
1983	——	——	——	504	409	43	6	0.5	2.5	24	4	——
1984	——	——	——	298	232	43	3.5		3	6.5		——
1985	——	——	——	510.9	464.2	54.5	2.2	1.7	2.8	23.6	6.4	——
1986	5	——	5	381	302	48	1	2	——	21	6	——
1987	4	——	4	——	——	——	——	——	——	——	——	——
1988	3	——	3	227	162	29	7	9	3	11	6	——
1989	3	——	3	326	232	48	15	——	——	——	——	31
1990	2	——	2	209	123	41	12	——	——	——	——	19
1991	1	——	1	201	115	45	19	——	——	——	——	23

续表 7－5－8　　单位：吨

年份	干果			鲜果								
	总产量	其中		总产量	其中							
		核桃	杏扁		苹果	梨	山楂	葡萄	红枣	桃	杏	其他
1992	—	—	—	247	109	46	47	—	—	—	—	41
1993	5	—	5	544	243	91	119	—	—	—	—	91
1994	5	—	5	584	256	101	146	—	—	—	—	81
1995	5	—	5	825	339	220	171	—	—	—	—	95
1996	5	—	5	710	288	149	155	—	—	—	—	118
1997	5	—	5	597	322	79	92	—	—	—	—	104
1998		—	—	130	89	16	16	—	—	—	—	10
1999	5	—	5	845	416	167	150	—	—	—	—	108
2000	5	—	5	603	228	56	111	175	7	8	9	9
2001	5	—	5	918	266	170	150	256	22	25	21	8
2002	5	—	5	814	217	138	145	260	11	—	19	4
2003	5	—	5	1874	849	373	150	309	18	29	75	71
2004	5	—	5	2078	833	432	168	350	26	35	91	93
2005	2	—	2	2000	750	460	150	260	6	190	20	164

第五节　林木管理

一 林权变革

清代，喀喇河屯行宫及周边森林和皇粮庄头圈地内树林均归内务府所有；各营汛地、牧马地内林木归属绿营营汛；林霄观及县令绅商于滦河岸旁所植树木归县衙所有；寺庙周围及香火地内林木归寺庙或乡牌所有；无主荒山、远山林木归乡牌公所。个人所有林木中，除满、汉地主拥有较多数量外，居民拥有少量或零星林木。

民国4年（1915年），喀喇河屯行宫树木归县公署所有。民国5年（1916年），皇庄地内树木随地售卖或分配给看守行宫的兵丁；八旗恩赏地内林木随生计地分给八旗人家；寺庙及香火地林木随寺庙失修、僧道减少或归村有或作学田。

土地改革中，原地主树木多分给农民；寺庙地收归村有；大面积山林划归国家，林权呈现以国有林木为主，以集体、私有为辅的结构。

1951—1955年，贯彻执行《热河省植树造林暂行办法》。经批准后，农民可以在公有荒山、荒滩造林，谁种归谁所有。在公路两旁植树造林，归土地所有人；荒山荒滩造林可以合作造林，按议定比例所有。林权形式表现为国有林、村屯公有林、合作林、民间合作林、团体林和私有林6种。国有林：国家投资营造林；权属不明的大面积天然林；没收敌伪、地主及庙宇面积为75亩以上或不足75亩，但具较大保护作用的林木；名胜古道、风景及道路林。村屯公有林：集体植造及面积不足75亩的天然林。合作林：1951—1954年，政府出种苗，群众出荒山、劳力的植林，股份二八比例，政府发给合作造林股票。私有林：土改时分得的林木；私有土地上的林木；经政府批准，在公有土地上的造林。

1956年实现高级农业合作社后，除保留房院内及坟地3～5株外，其余私有林木作价或无价划归集体所有。1958年实行人民公社化后，个人林木一律收归集体所有。

1961—1962年，贯彻中共中央、国务院《关于确定林权、保护山林和发展林业的若干政策规定》及省政府《关于迅速处理林木权和颁发林木所有证的通知》，坚持“谁植造谁所有”的政策，林权出现国有、国社合作共有、社有、生产大队所有、生产队所有、团体所有、合伙所有、私有8种形式。其中，在自留山、四旁或指定地点所植树木属私有。部分社队拿到了林权所有证。

1965—1976年，“四清”运动和“文化大革命”时期，私有山林和树木全部收归集体所有。

1981—1983年，域内进行林木“三定”。即，稳定林权、指定自留林、确定林业生产责任制。集体大面积成材林和果林实行统一管护或实行承包责任制，其余荒山、荒滩和疏林地全部划归为农户自留山、责任山。区内4个公社分别成立落实林业政策小组，指导各生产队逐块划分自留山。农户的自留山允许植树造林，不允许开荒种地。农户分到的自留山、四旁树全部发放了“林木所有证”。1982年3月，按照承德市革命委员会“关于落实国营与集体林地权属的批复”精神，区内对国有林、集体林进行确权。双塔山公社15个生产大队与国营金厂沟林场签定林地权属协议书，确认国营林地26001亩，集体林地45331亩，国营和生产队合作林539亩；大庙公社10个生产大队与国营金厂沟林场签定林地权属协议书，确认国营林地133060.5亩，集体林地96811.5亩，国营和生产队合作林50735亩。1985年，区内对宜林荒山、荒沙、荒滩实施承包植树造林，并对承包人发放“林权所有证”。至2005年，林权归属界定无纠纷、异议。

二 林木管护

1949年10月后，国家提出“三分栽树，七分保护，造林一时，营林一世”的方针，实行统一管理森林。1950年，承德市农林局发布“打柴留树，禁砍八大叶”（即杨、柳、榆、柞、椴、色、苦梨、山杏），严禁陡坡开荒，刨疙瘩，严格控制樵砍烧炭”等规定。1963年，贯彻执行国务院颁发的《森林保护条例》，乱砍滥伐现象得到有效制止。

1980年9月，林区开始建设围栏、设立专职护林员、禁止放牧开展护林。1984年，针对毁林案件多发的情况，林管部门与公安机关联合办案，查处了部分毁林案件。1985年，《中华人民共和国森林法》颁布，明确林业执法主体，森林资源和森林经营者的合法权益得到法律保障。2000年，《中华人民共和国森林法实施条例》正式实施，域内进一步明确了林权归属，林木的管护责任进一步明确。至2005年，全区林区围栏建设2.5万余米，专职护林员27人，兼职护林员43人。

三 森林病虫害防治

区内森林多为松林，虫害以松毛虫害为主，每年均有不同程度发生。

1957年，治虫采取人工捕捉。1958～1980年，域内防治松毛虫害开始使用药剂防治。1981年，首次使用超低量喷雾熏烟法（即杀虫剂加柴油）防治。同年，推出用杀虫剂棒（即毒笔）涂环杀虫剂法，杀虫率96%以上。

1983年，区林业局依据国务院颁布的《植物检疫条例》及省、市有关规定，在双塔山镇大三岔口设立木材检查站，检查途经苗木、木材、果品、花卉等，杜绝植物检疫对象及病虫害进入或流经区内。2005年，松毛虫害发生面积3000余亩，中、重度1000余亩，采取药物黄烟、喷洒等化学防治方法，防治率100%，杀虫效果95%。

四 森林防火

区内每年均有森林火灾或火警发生，原因多由烧荒、燎地边、烧茬子、野外吸烟、上坟祭拜等用火不慎引起。1988年，发生火灾3起，烧死树木5278株。1989年，双塔山镇厂沟门村一村民上山吸烟引起山火，17年生油松12.9亩过火，烧死树木687株。1990年，区成立森林防火指挥部，每年组织召开全体成员单位会议，明确森林防火的关键时间、部署重点地块及主要防火措施，并在关键部位设护林防火检查站和标志碑。区森林防火指挥部办公室在每年10月1日至下年5月30日森林防火期间，巡逻检查森林防火地块、发放防火传单、张贴防火标语等，预防森林火灾事故的发生。1996—1998年，双滦区连续3年被省林业厅评为“无火灾森林防火单位”，2002年被评为“三盟两市森林防火先进单位”。至2005年，无森林火灾发生。

第六章　农业管理机构

清代，县衙户房管理农业。民国期间，农业由县公署第二科负责，具体办事机构是农林会。民国18年（1929年），域内滦平县（滦河街）建设局管理林业；民国35年（1946年），县政府实业科管理林业。1949年至1958年8月，域内农业管理分别由滦平县和承德市管理。1958年9月至1981年，农业由承德市农业部门负责，人民公社办理。1982年，双滦区设农林局，开始管理农业，区内各乡镇相应建立农业管理服务机构。在不同的历史时期，各级农业管理机构为域内农业的发展作出了努力。

第一节　区级管理机构

一 农业畜牧局

1958年以前，滦河地域的农业生产由滦平县管理；双塔山、大庙、偏桥子地域农业生产由承德市管理。1958年9月后，域内统由承德市管理。1973年12月，双滦办事处管理域内4个公社的农业。

1982年初，设立双滦区农林局。下设多种经营办公室、林业站、水利和农机站4个站室，多种经营办公室负责农业、畜牧、水产管理。1987年3月，农林局撤销多种经营办公室，增设农业站、畜牧站和办公室。1993年12月，增设农经区划办公室。1998年初，成立双滦区农业畜牧局。2005年,区农业畜牧局下设农经局(二级局)、办公室、农业站、畜牧兽医站、水产站、动检站、农机站、区划办公室、产业化办公室、农业技术推广服务站、新能源办公室、农业综合执法大队，定编24人。

二 林业水务局

1982年初成立双滦区农林局，下设林业站、农业站、畜牧站、水利站、综合股,设副局长1人。

1998年3月，成立双滦区林业水务局，下设林业站、水利站、办公室、财务室，有工作人员20人。其中,局长1人,副局长4人。2005年,机构设置未改变。

第二节　镇级管理机构

一 滦河镇、双塔山镇农业技术服务站

1980—1984年，滦河镇、双塔山镇设农业助理，主要负责农业、林业、牧业、水利的指导和管理。1986年，2个镇分别设农业站、林业站、畜牧站、水利站，每站设站长1人，工作人员1～2人。农业站负责粮田、蔬菜的育种、种植、病虫害防治等技术指导。建农业服务门市部，供给种子、化肥、农药等。林业站负责林木、果树的育苗、栽培、果树病虫害的防治等服务。畜牧站负责猪、鸡疫病防治，养殖业技术服务和指导。水利站负责滦河、旱河防洪设施的管理和修建,水井、机电井的管理和指导,水产养殖的技术服务。

1990年机构改革时,4个站合并统称农业站,职责还是4个站原工作范围。

2002年机构改革，农业站改称农业技术服务站，主要职责是：引导农民做好农业产业结构调整，农业技术推广，加强林业能源技术推广服务，做好育苗、育林、护林及林区防火及抗旱、防汛、物资储备及人员组织，畜牧、水产、水利管理等。

至2005年底，滦河镇农业技术服务站设站长1人，有工作人员2人。双塔山镇农业技术服务站设站长1人，有工作人员4人。

二 大庙镇农业技术服务站

1961年，大庙人民公社成立。1966年设农业助理1人，兼管农林牧业。1979年，公社配备农业技术员、蔬菜技术员、林业技术员，负责农业生产技术指导，1971年，组建大庙兽医站，负责畜禽的防病治病，成员来自本地农村。

1982年，公社农林站建立，制定十年林果发展规划，成立由林业技术员任站长、农业技术员、蔬菜技术员3人组成的农林服务站，全面负责林、粮、蔬技术指导及推广。

2003年机构改革，农林站改为农业技术服务站，成员由3人组成，负责农、林、牧水工作，重点是退耕还林，护林防火、防汛。至2005年，农业管理机构无变化。

三 偏桥子镇农业技术综合服务站

1984年偏桥子建乡之前，公社没有专门的农业管理机构，只设农业助理员1人，负责农业生产及报灾。1984年设乡后，建立乡农业站，主要负责技术推广。1989年设立林业站，负责护林防火、禁牧、砍伐。1991年，偏桥子乡在区工商局注册“承德市双滦区偏桥子乡农业技术服务站”,经营农药、种子、化肥等农业生产资料。2003年，农业站和林业站合并称为双滦区偏桥子镇农业技术综合服务站，负责全镇农业、林业、畜牧、水利等。至2005年机构设置无变化。

第八编　工业　建筑业

清代，域内工业只有一些手工业作坊。主要有铁木加工、制砖、制瓦、制陶、造纸、织布、制药、酿酒、榨油、食品加工、爆竹生产等行业。民国时期，手工业曾一度兴盛，但由于军阀战乱、日本帝国主义的侵略和自然灾害等影响，手工业的发展日渐衰落。民国28年（1939年）始，日本侵略者为掠夺资源先后在域内建起发电厂、选矿厂、大庙铁矿、砖厂等。

新中国建立初期，手工业得到政府扶植。1956年，国家对农业、手工业、资本主义工商业进行社会主义改造，工业企业经营体制变为公有制经营模式。20世纪50年代后，国家投资在域内建起承德钢铁厂、滦河发电厂、矿山机械厂等重工业企业及麻纺厂、丝绸厂等轻工企业。“文化大革命”时期，工业企业生产经营受到影响，但大多企业坚持生产，为国民经济运行发挥了重要作用。

中共十一届三中全会以后，工业企业经营体制，以公有制为主体，多种所有制经济共同发展。1981年，驻区国有工业企业9家，区属工业企业2家，街办工业企业5家，区属工业总产值44万元；社办工业企业53家，总产值82万元。20世纪80年代中后期，乡镇企业依托国有企业和地区优势快速发展，个体私营经济逐步建立。1990年，驻区国有企业8家，区属工业企业5家，乡镇企业256家，个体工业202家，工业总产值2900万元。1998年以后，区内工业企业开始转轨转型，以建立现代企业制度为目的的产权制度改革整体推进，私营工业得到较快发展。2005年，区域工业企业形成以钢铁、电力、机械制造、建筑、建材等为主的布局。国有和国有控股集团工业企业6家总产值120.23亿元；规模以下私营工业企业108家，营业收入49656万元；规模以上私营工业企业16家，营业收入166.47亿元。

清、民国时期，域内没有专业的建筑队伍，建房依靠雇请民间的木、瓦匠和小工。1958年，承德市建筑工程公司是域内第一家国营建筑施工单位。1980年，双滦区有国营建筑施工企业1家，社队集体建筑企业5家。2005年，区内有国营建筑施工企业1家，民营建筑企业7家。

第一章　体　制

清代、民国时期，域内手工业均为私营作坊，大多是前店后厂式经营。建筑施工全部是民间的工匠。

新中国成立后，手工业得到扶植和发展。1956年，国家对资本主义工商业进行社会主义改造。此后，工业步入公有制（国营、集体）为主体的计划经济时代。由于体制的束缚，生产经营受条件限制，技术、工艺不够先进，产品质量提高较慢。

改革开放后，单一的公有制的体制和经营模式被打破，国营、集体、个体共同发展，区街、乡镇和个体私营工业得到政策扶植。1998年开始，随着社会主义市场经济的确立和经济体制改革的深入，5家区属工业企业，实行产权制度改革，全部退出公有制。私营工业成为区内经济增长的主力军。国营工业企业在计划经济时期为国家经济发展作出了贡献，对双滦经济的发展起到扶持和拉动作用。2005年，驻区国营企业（含国有控股）6家，私营工业企业124家。

第一节 国营工业

一 区属国营工业

1958年9月，国有双塔山砖厂成立（隶属承德市城建局），1962年，更名为国营承德市砖厂。1985年5月，承德市人民政府决定将承德市砖厂划归双滦区管理。同年，承德市砖厂更名为承德市建筑材料厂（简称建材厂）。划归双滦区后，建材厂从单一的生产红砖转向生产平瓦、青砖、青瓦、下水铸铁管件等。内部管理采取承包制和计件工资制，生产有所发展。1990年，受建筑市场影响，产品滞销，企业处于半停产状态，同年亏损114万元。以后企业经过多方努力，没有扭转被动局面，1994—1995年累计亏损516万元。1996年，建材厂主要车间租赁给个人经营，1998年后企业全面停产，2003年，建材厂依法破产。

二 驻区国营工业

1948年11月12日，承德市第二次解放后，人民政府接管双塔山发电厂，隶属承德市电业局。1949年2月，双塔山选矿厂和大庙铁矿隶属热河省建设厅，同年8月，移交给东北行政区人民政府重工业部。

1952年，热河省工业厅批准投资289.1万元，在双塔山建设承德市麻纺厂。1954年10月，热河铁矿厂成立，辖双塔山选矿和大庙铁矿。1958年，国家投资262.9万元扩建承德矿山机械厂并迁入双塔山。1959年1月，热河铁矿厂和承德市钢铁厂合并成立承德钢铁公司；国家电力部批准投资289.8万元在域内建立滦河发电厂；国家粮食部批准投资31.8万元建立三岔口面粉厂；承德市丝绸厂由市区搬迁到双塔山并扩建。1967年国家化工部批准投资230万元在双塔山建承德市红旗化肥厂。1976年6月，承德市化纤纺织厂改为承德市造纸一厂。1981年红旗化肥厂亏损严重停产，11月，承德市革命委员会决定在原址建立承德市普乐啤酒厂。1982年7月至1983年9月，年产5000吨的承德市啤酒厂竣工，生产普乐牌啤酒。

改革开放后，随着市场经济体制的建立，国营企业相继破产。1979年，双塔山发电厂关闭；1996年，承德市啤酒厂破产；2001年10月，承德市丝绸厂破产；2002年，承德市造纸一厂、承德市黄麻化纤纺织集团有限责任公司相继破产。

2005年，驻区国营企业（含国有控股）有承德钢铁集团有限公司、中国国电滦河发电厂、热河面粉厂、承德输送机集团有限责任公司、承德市第一建设工程公司、承德市畜牧场6家。

第二节 集体工业

一 区属集体工业

1956年，国家对个体工商户、手工业者和私营工商业者进行社会主义改造。滦河镇的木工、铁工、白铁、小炉匠、修鞋、服装、皮麻、编织等8个行业的手工业者分别成立7个生产合作社。双塔山、偏桥子、大庙境域的铁、木、石等工匠也相应参加了合作社。大庙陶瓷厂由9人组建的私营企业，公私合营后改为集体企业，后隶属于承德市手工业联社。

1981年，区属集体工业企业双滦轧板厂、双塔山被服厂，有职工194人；街办企业4家，职工501人。集体企业工业总产值45.51万元，利润5.08万元。1985年，市属集体企业滦河二轻制品总厂、大庙陶瓷厂划归双滦区管理。区属集体企业6家，工业总产值396万元。

1992年，区属集体企业机修厂、塑料厂亏损倒闭。1993年,滦河二轻制品总厂先后关停木工、化工、制桶、钢球等5个车间。1994年，二轻制品总厂联营的耐磨材料厂停产。1997年11月，服装车间遭遇火灾，企业濒临倒闭。1998年，二轻制品总厂破产后由职工组建股份制企业滦河金属制品厂。

按照产权置换、政企分离、企业重组、盈亏自负的产权改革总体思路,1998年,建筑陶瓷厂、轧钢厂、机械制造厂等区属集体企业改制。经厂职工代表大会通过，从出售企业净资产入手，采取个人买断、合伙买断、职工买断3种形式，置换公有产权，转制为私营企业。区属集体企业完成了产权制度改革。

二 乡镇、村办集体工业

1958年，手工业合作社归承德市手工业联社管理，农村其他工匠均加入农村高级社。人民公社建立后，农村工匠归生产大队统一管理，在生产大队的统一安排下从事副业生产。1958年，有的大队建起小高炉、小铁炉。大庙公社办起耐火土厂。1959—1962年，国民经济困难时期，社队企业全部停办。

1964年，随着国民经济好转，社队企业开始发展，各生产大队先后办起大车队、粉房、豆腐房等。1968年,滦河公社开办沙石厂、综合厂、缝纫组、农机站。偏桥子公社、双塔山公社、大庙公社先后建起农机修理厂。1973年，公社集体经济工业产值48.5万元。

1981年，区内社办企业53家，从业536人，工业总产值82万元，利润10.1万元、税金4.1万元。1984年3月，公社改为乡镇建制，社队企业改称乡镇企业。区委、区政府提出乡办、村办、联办、户办四轮驱动发展乡镇企业方针。1987年，乡镇工业企业118户，从业5019人，工业产值672万元。1988年，乡镇工业企业总产值1198万元，工业总收入1172万元，利润75万元。

1991年，乡镇办工业企业16家，村办企业32家，从业1825人，工业产值2954万元。双塔山镇热河钢铁厂生产实现采矿、选矿、烧结、炼铁一条龙。

1993年，滦河铸造厂股份制改革，建立承德滦河铸造有限责任公司，成为私营企业。1995年，以股份制、股份合作制、租赁、拍卖、破产等形式为主，以产权制度改革为核心的企业改制不断深化，乡镇股份合作制性质的企业发展到54家，股本总额6600万元。1997年，乡镇企业转制75%以上。至2005年，乡镇集体企业95%以上退出集体所有制领域，转为民营企业。

第三节　私营工业

一 手工业作坊

清朝末期，域内私营工业主要有铁木加工、酿酒、制革、制砖、织土布、食品加工等手工业作坊,大多集中在滦河街区。经营方式自产自销，服务当地。特点是规模小、技术原始，完全靠个人的经验组织生产,劳动效率低。小作坊投入少，抗风险能力差，生产发展缓慢。

新中国成立初，国家对私营工商业实行《共同纲领》规定的“凡有利于国计民生的私营经济事业，人民政府应鼓励其经营的积极性，并扶助其发展”的政策，实施订货定购、供应原料、发放货款、减税等措施，扶持手工业发展。政府号召并组织人民群众发展副业生产，域内345户手工业逐步恢复营业。1956年，国家对农业、手工业、资本主义工商业实行社会主义改造。手工业者全部参加了合作社，个体工商户的生产资料全部归集体所有，个体工商户被取消。

二 私营工业企业

中共十一届三中全会后，国家鼓励个体私营工业发展。改革开放初期，仅有木制品、修配、食品加工等行业，且从业人员很少，个体经济发展缓慢。中共双滦区委、区政府从政策上给予个体私营企业发展创造宽松环境。1988年，个体工业专业户163户，年收入99万元，纯收入55.9万元。1991年，个体工业户202户，工业收入524万元，从业650人。1993年，个体工业203家，总收入1076万元，从业706人。1995年，个体工业创产值13005万元。1997年，中共“十五大”提出以公有制为主体多种所有制经济共同发展的方针政策。双滦区采取发展集体企业与个体私营企业并重的思路，扶持和加快个体私营经济的发展，个体私营企业创工业总产值43204万元。1998年，双滦区委、政府坚持把财源建设的重点放在个体和私营经济上，在完善原有政策基础上制定《关于进一步加快个体私营经济发展的若干决定》，培育和扶持一批个体私营大户。区内注册资金50万元以上的私企有37户，注册资金100万元以上的私企有2户。

2002年，私营工业企业生产能力提高。长城钢管有限公司租赁3家停产企业，实施技术改造，年度生产钢管5万吨，工业总产值1.5亿元。双丰钢铁公司购买原热河钢铁厂后，新上海通、吉庆、青山、中营子4家选矿厂，年产铁精粉20万吨，产值4400万元。注册资金50万元以上的私营企业发展到108户，私营经济创造的增加值占到区生产总值的50%，上缴税金占全部区财政收入的40%。

2004年，私营企业继续拉动工业经济快速增长。钢生产能力30万吨，钢管年生产能力20万吨，大庙镇兴建丰帆、峰名、鑫源、奥华、华鑫、双达、丰源、安顺8家私营铁选厂，年创产值7000万元，税金897万元。

2005年，中共双滦区委、区政府把发展工业提到突出位置。区内私营工业企业124户，营业收入171.43亿万元。个体工业营业收入38581万元。

第四节　管理机构

一 区级

1973年12月，双滦办事处设立生产生活资料科。1980年9月，双滦区建立后，设区工业局和乡镇企业局。1984年，区工业局改为区经济委员会；1988年7月，经济委员会与区计划委员会合并为计划经济委员会；1995年2月，更名为区经济贸易局；1998年3月，区乡镇企业局与经济贸易局合并为区企业管理局；2002年4月，更名为区经济贸易局。2005年，双滦区不再设置企业管理机构。同年10月，区发展改革局成立，下设5个办公室和2个二级局，即专项资金办公室、局办公室、节能减排办公室、国民经济办公室、经济合作办公室、工业促进局、粮食局。

二 镇级

新中国成立前，域内没有专门的工副业管理机构。20世纪50年代合作化时期，个体工商户、手工业者组织起的合作社，分别由滦河工商联和滦平县手工业联社管理。1958年，人民公社化以后，大部分工副业项目归社、队集体统一经营，人民公社专门设1名工业助理，具体管理工副业生产。60年代中后期，社、队企业处于停滞状态，一些企业关闭，管理部门和人员也随之撤销。

1976年，国家关于社队企业的相关法规规定：“地区设相应的管理机构，人民公社要有专人管理社队企业”。据此，各公社相应成立公社副业站和社队企业办公室，设有正、副主任，会计，现金出纳。1984年，人民公社改为乡镇建置后，4个乡镇建立经济委员会，加强乡镇企业领导，并由镇长兼任经委主任，下设副主任、会计、现金出纳，同时设立党支部书记或党总支书记，具体负责党务及其它管理工作。2002年，各镇经济委员会改为镇发展经济办公室，主要职责是为乡镇企业、个体私营、民营企业服务。2005年，各镇无企业管理机构。

2005年双滦区规模以上工业企业主要经济指标统计表

表 8-1-1　　单位：千元

单位名称	工业总产值(现价)	从业人员数(人)	工业增加值(含增值税)	产品销售收入	利润总额	利税总额	应交增值税	产品销售率(%)	产成品	资产合计
承德输送机集团有限公司	173103	2018	22648	161823	−19637	−13381	5972	100	152209	50856
承德钢铁集团有限公司	11346213	15373	2709065	8452235	174889	578938	368597	99.26	180000	12292178
承德市畜牧场	13080	76	1314	13080	−310	−239	64	100	0	9910
承德滦电电力实业总公司	83026	680	2665	83026	−9216	−6045	2645	100	2544	57716
承德市双滦区自来水公司	8075	69	2317	6918	66	532	415	100	0	17080
承德长城钢管集团有限公司	503188	1560	100640	567487	80	13343	13100	99.64	17050	138382
承德金达矿业公司	10659	109	3304	10131	221	1805	795	95.05	1008	15819
承德铁龙金属制品有限公司	21423	210	4740	21423	300	956	592	100	0	10381
承德兴厦水泥制造有限公司	5130	35	1113	5055	58	269	196	98.54	300	7645
承德万通科工贸有限公司	43701	299	17260	46491	13681	18427	4277	111.86	2062	66743
承德远通工贸有限公司	20438	60	2143	20439	304	942	575	100	0	10523
承德双滦利民杏仁加工有限公司	20006	136	2095	21356	303	588	257	106.75	273	7098
双滦顺鑫铁精粉加工有限责任公司	47780	130	7080	47780	690	1336	580	100	6940	9800
承德双滦银河工贸有限公司	0	0	0	0	0	0	0	0	0	10286
承德德厦新型建材有限公司	26308	43	7596	16104	3074	3373	0	87.43	7250	57159
承德新新机械制造有限公司	43813	297	8762	43815	2625	7792	4687	76.74	4580	53891
承德华实发电有限公司	48054	224	7362	48054	1256	3456	1872	100	0	49288
承德双丰钢铁有限公司	387453	754	55146	340668	67	5420	3278	87.92	6053	160352
承德开源地毯有限公司	12800	162	1887	12974	77	327	223	89.67	10646	38082
承德春秋工贸有限公司	8060	30	2249	4600	−33	92	116	80.02	851	3255
承德蓝天纺织有限公司	8015	250	1967	5577	−3196	−3196	0	98.45	2050	14517
承德双滦三友汽车销售服务有限公司	1965	40	632	2213	−272	−207	61	81.22	170	6675
承德市双滦大兴矿业公司	29256	200	15947	27019	−939	2613	2184	92.35	1188	72359
承德市大庙万顺矿业公司	0	0	0	0	0	0	0	0	0	6017
承德市舒喜选矿厂	0	0	0	0	0	0	0	0	0	6857
承德市双滦区大庙鑫源矿业公司	14743	120	6420	14549	166	1654	939	99.08	1264	23080
承德新鹏工贸有限公司	19553	93	13288	13244	1765	3457	1588	93.86	852	8537
承德市天运物流有限公司	56503	701	36216	56503	1920	9107	5726	100	0	75834
中国国电集团公司滦河发电厂	462910	1178	136550	509902	186	58866	52865	100	0	544147
承德市双滦大庙双利选矿厂	0	0	0	0	0	0	0	0	0	1773
合　计	13415255	24847	3170406	10552466	168125	690225	471604	9809	397290	14343440

第二章　机械制造

清代、民国时期，域内机械制造仅限于手工业作坊，生产一些简单的农具。1958 年，国家大力兴办工业项目。承德矿山机械厂落户域内，国家投资在双塔山选址并建新厂，生产矿山洗选设备。1959 年，承德钢铁公司成立，其附属工厂承德钢铁公司机械厂生产结构铸件等非成套设备。1964—1971 年，承德矿山机械厂曾隶属国家第一机械工业部。企业产品新增加悬挂输送机械，成为国家发展重工业机械制造的重要基地，为国民经济发展做出贡献。

20 世纪 70 年代，滦河公社农机修造站、承德市双滦轧板厂依托驻区国营企业，加工、生产钢铁铸件、铁模、滚轮等。

改革开放后，驻区国营和区属集体机械制造、加工企业得到发展。1989 年 4 月，承德矿山机械厂改为承德输送机总厂。产品以系列矿山机械和悬挂输送机械为主，形成规模化生产。随着社会主义市场经济的的逐步建立，由于市场竞争激烈，国营机械制造企业经营成本高，举步艰难。1992 年，承德输送机总厂改制为承德输送机集团公司；1995 年 10 月，更名为承德输送机集团有限责任公司。

2005 年，区内机械制造业有国有企业 1 家，股份制民营企业 2 家。

第一节　主要企业

一　承德输送机集团有限责任公司

承德输送机集团有限责任公司的前身是八路军冀察热辽军区后勤部所属军械修理所，诞生于 1942 年。1945 年秋季，修械所改为军区后勤部铁工厂，承担为前线修理枪支、火炮等任务。1946 年，铁工厂随军进入承德，开始制造八二迫击炮，并生产过小型六〇炮。1948 年 11 月，承德第二次解放。军区后勤部铁工厂转为地方企业，隶属于热河省工业厅。1949 年上半年，铁工厂正式成为热河省地方国营企业。1952—1958 年，企业名称先后变更为热河省第一农具厂、热河省机械修配厂、承德机械厂、承德矿山机械厂。

1958 年，承德矿山机械厂迁入域内，职工 3089 人。1964 年，国家第一机械工业部将承德矿山机械厂收为部属企业。1972—1984 年，承德矿山机械厂改为河北省机械局直属企业。1985 年后，改为承德市属企业。

1983 年承德矿山机械厂全貌（区档案馆提供）

1958—1965 年，第二个五年计划和国民经济三年调整时期，国家计划投资 822 万元，在双塔山扩建新厂。1960 年，矿山机械厂陆续生产螺旋分级机、浮选机、浓缩机等矿石洗选设备，并逐步成为主导产品。1961 年，国民经济暂时困难时期，企业大量裁员，职工由 3089 人锐减为 401 人。1965 年，企业承担试制悬挂输送机产品的任务。同年，完成产品 1229.2 吨，工业总产值 385 万元，利润 75 万元。

1966—1975 年，国民经济处于第三、四个五年计划时期，也是“文化大革命”十年动乱时期。承德矿山机械厂干部职工排除干扰，坚持生产和科研开发。1971 年，矿山洗选设备形成系列产品。1973 年，矿山机械厂成为国内生产转筒干燥机的主要厂家。1975 年，工业总产值 1402 万元，产品产量4700吨，利润295万元。

1976—1980年，国民经济第五个五年计划时期。承德矿山机械厂通过拨乱反正和治理整顿，各项工作逐步走上正轨。中共十一届三中全会召开以后，1979年，工厂经济效益达到建厂以来最高水平，产品产量6404吨，工业总产值1647万元，上缴利润410万元。

1981—1985年，国民经济第六个五年计划时期。1982年，经河北省机械局批准，承德矿山机械厂成立链式输送机研究所，并邀请美国威伯公司技术人员交流技术。同年，试制成功系列悬挂输送机。1983年，矿山机械厂同美国威伯公司签署引进悬挂输送机技术合同。1985年，开始样机试制工作，完成三条样机的试制任务，并有两条样机于同年12月顺利通过国外鉴定，实现了悬挂输送机系列更新。1985年，工业总产值1928万元，利润305万元，销售收入2133.9万元。有职工2063人，其中管理干部和工程技术人员393人。

1986—1990年，国民经济第七个五年计划时期。矿山机械厂投资635万元，用于实施技术改造，其中，链式输送机的工艺和检测技术水平基本达到锻造、加工、装配专业化生产，各种工装齐全、检测手段配套。系列输送机产品形成批量生产能力。1989年4月，承德矿山机械厂更名为承德输送机总厂。“七五”期间，承德输送机总厂累计工业总产值22675万元，销售收入22160.95万元，利润2624.6万元，上缴税金1555.9万元。

1991—1995年，国民经济第八个五年计划时期。1991年9月17日，中共中央总书记江泽民在河北省委书记邢崇智的陪同下到输送机总厂视察。1992年，承德输送机集团公司成立。1993年，试制成功建国以来全国直径最大的大型带清扫装置滚筒式干燥机。1994年，QHC190单筒冷却机等4种新产品通过省级鉴定。1995年，WF4、WFJ50、WT3-6、WTJ3-6、悬挂输送机被推荐为国产精品；QHC190高效节能单筒冷却机、DTJ100-160地面积放式输送机被列为国家级重点新产品试产计划。同年10月，承德输送机集团有限责任公司（简称“集团”）成立，性质为国有资产授权经营的独资公司。“八五”期间，集团累计工业总产值52225万元，销售收入60414.3万元，利润3215.9万元，上缴税金3078.6万元。1995年10月，企业更名为承德输送机集团有限责任公司。

1996—2000年国民经济第九个五年计划时期，集团围绕产品结构调整和新产品研制开发，推进资产重组、主辅分离、内部分配制度改革和下岗分流。1996年5月,集团与美国威伯公司(以下简称威伯公司)合资的承德威伯输送机械有限公司正式成立。1997年5月，承输集团、威伯公司分别通过ISO 9001质量保证体系认证。同年，集团被机械工业部认定为“技术进步示范工程”试点企业;被认定为国家桥吊生产专业厂家;同时，WWJ积放式悬挂式输送机、DTJ反向积放式输送机、自动化立体仓库3种产品和直通回转窑等5种产品分别通过省级鉴定。2000年,“德威”牌WWJ4、WWJ6、DTJ4、DTJ6、宽推杆积放式输送机被认定为河北省1999年度名牌产品，平台式输送机、滑撬式高速自动分拣机获国家专利。集团被授予全国CAD应用工程示范企业。同年5月，河北省经贸委、统计局、财政厅、劳动厅、人事厅联合发文，认定集团为大型一档企业。“九五”期间，集团累计工业总产值71083万元，销售收入86978万元，利润1430.2万元，上缴税金5451.8万元。

2001—2005年，国民经济第十个五年计划时期，由于市场竞争加剧，以及计划经济体制下形成的企业办社会等沉重包袱的影响，企业经营出现较大困难，生产成本居高不下，经济效益大幅下滑。2001年，公司在谋划投资主体多元化的同时，制定“以人为本、强化制度；抓质量，促销售；降消耗，增效益”的经营方针，推行产品成本承包责任制 。“十五”期间，公司在生产经营相对困难的情况下，累计工业总产值83180.6万元，销售收入88059.22万元，利润亏损3079.23万元，上缴税金3239.57万元。

同时，公司加快对学校、医院等附属单位的剥离，使其社会化。完成原公司所属子弟小学、医院的分离和所属通用机械厂、机电设备厂、液化气站的改制；完成用水、用电、供暖等附属单位的剥离工作。在此基础上，按照“主业整合、分块运作”的原则，确定了各个子（分）公司的主导产品。新产品方面完成了摩擦链、风电塔架、链篦机和平板玻璃输送设备关键部件的研发和生产。销售方面开发潜在市场，增强企业发展后劲，为今后企业的发展打下基础。

2005年，承德输送机集团有限责任公司占地47万平方米，全部资产58607万元，有职工1802人，其中管理干部60人、工程技术人员129人。

二 承德市双滦机械制造有限责任公司

承德市双滦机械制造有限责任公司前身是成立于1971年的承德矿山机械厂“五七”铸造厂，坐落在双塔山镇白庙子村，有职工146人，固定资产5万元，流动资金3万元，大小设备19台（套）。主要为承德矿山机械厂加工铸件，利用废铁屑压制铁板；用生铁粉加工制成灰口铸铁，年产量300吨。1976年1月，移交给双滦办事处管理，改名为承德市双滦办事处机械铸造厂。1977年，改名为承德市双滦轧板厂。1983年7月改为承德市日用化工厂，生产洗发皂、痱子粉、日用化工肥皂、铸件等。1984年改为双滦轧板厂。1985年改为承德市双滦机械制造厂，企业占地面积10.71亩，建筑面积1922平方米。固定资产原值27万元，流动资金30万元，主要设备30台（套），装机容量400千瓦。年产铸铁件380吨，年加工产值60万元。1990年，工厂在双塔山镇棋盘地村征地17亩，筹建新项目。1991年先后投资500万元，新建厂房、购进设备，建立承德市轴承锻造厂，为生产轴承的厂家生产轴承内外环毛坯。1998年5月企业改制，由集体企业改为私营企业，企业名称改为承德市双滦机械制造有限责任公司。1998年下半年，由于产品结构单一，市场萎靡，企业停产。

三 承德新新机械有限公司

承德新新机械有限公司车间（区档案馆提供）

承德新新机械有限公司的前身是承钢机械厂，2002年9月改制为承德新新机械有限公司。现厂址在滦河镇宫后村，占地面积112.50亩。主要产品有铸钢件、铸铁件、铸铜件、结构件、锻件、离心复合轧辊及非成套设备等。

2005年，原注册资金69万元，固定资产净值633.36万元。公司内设：5个科1个室、5个车间、1个公司。有职工205人。销售收入4382万元，利润48万元，上缴税金263万元。2004年和2005年连续两年被承德市政府评为“优秀企业”。

四 承德市滦河铸造有限公司

20世纪90年代滦河镇铸造厂工人在劳动（区档案馆提供）

滦河铸造有限公司，前身是滦河铸造厂。1970年建厂，名为滦河公社农机站，有职工15人，仅有一个几十平方米的小型铸造车间，为承德市日杂公司生产民用小型铸件。产品有炉口、炉条、炉箅子、炉门子、压力井头等。

1972年，工厂在滦河北门外重新建立350平方米的车间，改名为滦河公社农机修造站。产品增添了F127型粉碎机，增设了拔丝车间。1975年5月，滦河铸造厂充分发挥临近承钢、滦河电厂、市建一公司等大厂矿的优势，发展为大厂矿服务的产品。1976 年正式为承钢生产钢锭模、铸铁机铁模、铸铁机滚轮、轧钢机用梅花套、高炉生产用冷却壁；为滦电生产大型机座、水泵叶轮铸件。当年扭亏为盈，产值 12 万元，利税 1 万元。1978 年新建 480 平方米的铸铁车间，3.5 吨／小时的化铁炉，3 ~ 5 吨电动天车。生产能力提高，为承钢生产钢锭模和各种工艺件。

1983 年建造 450 平方米的铸钢车间，安装电炉生产铸钢件。1984 年为承德自动化仪器厂生产电子轨道衡底座、规格 4.5 吨的 HT30–54 牌号的高材质铸铁件。1990 年 5 月，新建 370 平方米的二铸车间，增设 10 吨天车 1 台、15 吨天车 1 台、5 吨／小时化铁炉 1 座。为承钢生产炼钢用渣盘、渣槽、铸铁槽、规格 12.5 吨的浇钢底盘。1992 年，年产量 8000 吨，产值 1500 万元，年创利税 400 万元，发展成为滦河镇的支柱企业。

1993 年，滦河铸造厂做为滦河镇第一家股份制试点企业，经过资产审计评估，于 12 月 28 日正式改为股份合作制企业。评估资产 140 万元，按每股 500 元，计 2800 股。镇集体控股 54%，厂内职工股 46%。1998 年 12 月 28 日，全厂 58 名职工收购镇集体所有股额，建立承德市滦河铸造有限公司，成为股份制民营企业。

第二节　主要产品

一　矿山机械

1958 年，承德矿山机械厂开始研制生产 55 立方米以下高炉设备和配套离心式鼓风机、1.5 米转筒干燥机和 1.5 米球磨机；生产中心距 650 毫米以下的圆柱齿轮减速机，实现传动内部配套。

1960 年，试制完成 42 孔炼焦设备的装煤机、拦焦机、洗焦机和推焦机。同时开始生产矿山洗选设备中的分级、选别、脱水等机械，其中有 Φ1200 毫米单螺旋分级机、5A 浮选机和 Φ12 米浓缩机。1962 年，矿山机械厂开始陆续生产 Φ1 米、Φ1.2 米、Φ2.2 米和 Φ2.4 米各种规格的转筒干燥机。同年，完成支援越南的设备——1 吨翻车机和推车机及支援朝鲜的犁煤机等制造任务。1966 年，试制重选设备新产品，先后完成 1200 ~ 2000 × 3600 侧动式隔膜跳汰机、Φ1200（电）磁力脱水槽、SL–68BC 电磁漏斗、LZC–1 重介质振动溜槽等新产品。产品从过去为煤炭工业服务扩展到为金属矿山提供重选和磁选两类洗选设备。

1964 年以后，国家第一机械部加强矿机厂的技术力量，先后从第一重型机械厂、第二重型机械厂、太原重型机械厂、洛矿等部直属企业抽调工程技术人员和管理干部充实矿山机械厂，又陆续将一批大型设备调拨进厂，承德矿山机械厂在技术水平和技术装备上有很大的提高。工厂建立计量室，开展长度计量、材料物理性能试验和企业标准化工作。1964 年，生产 1 吨、2 吨、0 .6 立方米、0 .7 立方米、1.2 立方米、2 立方米、10 立方米单车、双车、摘钩和不摘钩的多品种、规格齐全的窄轨矿车翻车机系列产品。1968 年，将电磁脱水槽改为永磁脱水槽，产品经过试制后，由 Φ2 米发展到 Φ2.5 米、Φ3 米三种规格。

1972 年，承德矿山机械厂开发半逆流式 Φ600 × 900 永磁筒式磁选机。1973 年，更新设计各种规格的转筒干燥机图纸，设计了性能参数型谱，对传动装置、档托轮装置、密封装置、底座的结构和零部件的材质，做了较大的改进。同年，开发 ZLTC–79/4 双列四室侧动式矩型隔膜跳汰机。1976 年，设计试制抓斗起重机、门式起重机和桥式起重机，并形成系列产品。同年

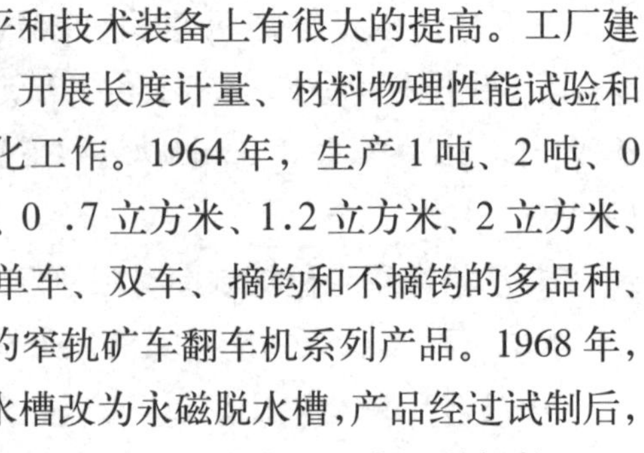

1974 年 5 月，承德矿山机械厂的新产品（摄影　李增）

开发32平方米真空过滤机，用于粒度小于1毫米，具有一定黏度和浓度矿浆的脱水，适应中型矿的脱水设备的需要。

1980年，承德矿山机械厂按国外提供的样机，测绘Φ914×7600砂石洗选机和双层振动筛等具有当代国际水平的产品，经外商验收合格，并签订每年向西德大陆公司出口50台砂石洗选机的5年合同。1981年，赴美国测绘的单轴振动筛试制投产，主要应用于建材砂石、选煤厂、选矿厂、药材等行业。1984年，矿山机械厂会同国家煤炭部煤炭设计院、沈阳煤炭研究院对国内现在应用的矿车和翻车机进行审查，制定新标准矿车系列和翻车机系列。按新翻车机系列标准需要设计一种新型3吨翻车机，全部设计工作由承德矿山机械厂承担。矿机厂生产重型矿山产品共5大类、8小类、12个系列、33个品种、118个规格。主要产品技术指标达到国际20世纪70年代末和80年代水平，居国内同行业先进水平。

1989年，厂名改称承德输送机总厂后，主要产品逐渐转为生产输送机械。

矿山机械主要产品一览表

表8-2-1

年代	产品名称及型号
20世纪50年代	55立方米以下高炉设备及配套的离心式鼓风机、1.5米转筒干燥机、球磨机
	中心距650毫米以下的圆柱齿轮减速机
20世纪60年代	42孔炼焦设备的装煤机、拦焦机、推焦机。
	120毫米单螺旋分级机、5A浮选机、直径12米浓缩机。
	1吨翻车机、推车机、犁煤机（支援越南、朝鲜）
	120～2000×3600侧动式隔膜跳汰机
	1200（电）磁力脱水槽、SL-68BC电磁漏斗
	LZC-1.0重介质振动溜槽
	重型组合机床动力头、永磁脱水槽
20世纪70年代	直径750、900毫米半逆流式、顺流式磁选机
	ZLTC-79　4侧动式隔膜跳汰机
	抓斗起重机、门式起重机、桥式起重机、32平方米真空过滤机。
20世纪80年代	Φ914×7600砂石洗选机和双层振动筛
	单轴振动机
	T326翻车机
	JZT18210间接加热式转筒燥干机
	“承矿”牌5～20t吨电动双梁桥式起重机
	“承矿”牌Φ1～Φ1.5米转筒干燥机
	KZT15100快速干燥机、NZT1560泥料干燥机
	GZT22120栅格式干燥机 ZT型转筒干燥机
	FZNT复合式干燥机 JNT间接传热式干燥机
20世纪90年代	水泥“五级旋风预热器烧成系统”成套设备
	直径100×300高压辊破机

二 输送机械

1965年4月，承德矿山机械厂经与北京起重运输机械研究所领导协商，并经原国家第一机械工业部十三局认可，生产北京起重运输机械研究所设计的悬挂输送机。1969年，国家第一机械工业部在承德矿山机械厂先后投资80万元，建成面积1142平方米的悬挂输送机专业车间，并确定矿山机械厂为悬挂输送机定点生产厂，这是国内第一个生产链式输送机的基地。先后承担第一汽车制造厂、第二汽车制造厂、天津拖拉机厂等国家重点工程项目的输送设备设计制造任务，国家重点计划内输送产品市场占有率达100%。

1982年4月，经河北省机械工业局批准，承德矿山机械厂建立承德链式输送机研究所。根据批复中“机构设置要注意研究所的工作重点放在新产品开发及科研上”的要求，工厂抽调40多名有丰富经验的工程技术人员，专门从事链式输送机的研究和开发工作。同年，进入悬挂输送机设计的改进阶段。这个时期先后完成FX228、FX208、PX80等新结构的链式输送机设计。1983—1984年，适应市场对地面输送设备的需求，先后成功的开发出具有国内先进水平的DH710电动台车式地面输送机和FT240封闭轨台车输送机。DH710电动台车式地面输送机，由轨道、电动台车、控制系统等部分组成。轨道采用地下馈线滑行接触集电式方式，系统控制用程序控制技术，实现机电一体化的自动输送。1983年10月，承德矿山机械厂与美国威伯公司在承德签约，引进4个品种、12个规格的悬挂输送机系列产品的设计制造专有技术。1985年开始样机试制，经过科技人员和全体职工的努力，完成WF4封闭轨悬挂输送机、WFJ50封闭轨积放式悬挂输送机和WTJ4积放式悬挂输送机产品样机的试制。使链式输送机设计制造技术从国际60年代水平跨越到国际80年代末水平。1987年2月，工厂承制首都钢铁公司WTJ6型积放式悬挂输送机高速线材轧机输送线，输送线总长680米，采用Pc控制、磁编码认址等新结构。这是将国产输送机应用于高速线材自动生产线的第一家。

根据国家“八五”期间国民经济发展思路，“汽车行业和大型成套项目（设备）为优先发展系列”，承德输送机集团确定开发“重型链式输送成套设备”，适应汽车、冶金、炼铝等重工业的需要。重型链式送成套设备先后应用于首钢、武钢、鞍钢、唐钢、包钢等40多家高速线材轧制生产线上；应用于青海铝厂、包头铝厂、平果铝厂等20多家炼铝铅锭阳极组装输送线上；应用于一汽、二汽、大众、长安、夏利等90家汽车生产线上，在国内重型成套输送项目的市场占有率达到70%。1993年6月，公司再次引进美国威伯公司具有20世纪90年代国际水平物料储运系统专有技术，引进技术中包括自动化立体仓库、自动化电动小车（AEM）、自动化导向车（AGV）等。经过第二次技术引进，企业具备从空中到地面，从仓储到移载的全方位成套物料储运系统的设计制造能力，技术开发从单机研制转向成套服务的研究，具备承接国家大型重点成套输送设备的设计制造能力。结合引进技术，公司承担广东华宝空调器厂年产15万台柜式空调器“物流总装生产输送系统”项目的设计、制造、安装和调试工程，即国家“863”工程项目。

2001年2月，公司为北京西单商场生产的首台堆垛机和分检机试运行，对全国商业单位仓储自动化和分拣自动化树立了一个范例。同年，AEM电动小车列为国家重点新产品。2002年6月，公司与上汽集团奇瑞汽车有限公司（芜湖）二轿厂签订6,020万元输送机合同项目，产品应用于二轿厂3个车间。2002年12月20日，烟台车身有限公司总装厂输送系统装配储运，包括WWJ4，WWJ6积放式输送机，工艺长度为1920米，3米板式输送机286米。3台4柱皮带式升降机等，经过半年生产安装，全部输送机系统完全达到合同要求，形成生产能力。同日，由集团公司承制的海南马自达汽车总装线正式投入生产。总装线包括WWJ4积放式输送机825米，地盘装线WWJ6积放式输送机580米，WFJ3输送机772米，最终装配线530米以及各种周边设备，合同总额为1130万元。

2003年2月，由集团公司二结构车间承担的东风本田和广州本田的12万辆生产线改造安装调试任务顺利完成。同年9月，公司又承担了武汉神龙汽车有限公司T53项目，分为总装车间和焊装车间，合同金额为2400万元。广州本田项目，包括总装线改造、仪表盘、分装线改造及新增移栽机、板链等各大项目，合同总额3000万元；沈阳华晨金杯MI改造项目和宝马项目，合同总价700万元，其产品是新开发的摩擦式输送机；北京现代项目，合同金额300万元。2004—2005年，集团公司承担设计、制造和安装的我国第一条年产24万辆汽车的生产线，在广州本田汽车有限公司成功启动，合同总额为6150万元。项目涵盖本田汽车公司总装、焊装、冲压、树脂、发动机五大生产车间。同年3月，集团工程设计院技术人员开发研制出新输送设备，该类设备是为大连固特异轮胎有限公司设计制造的轮胎生产线使用的输送机设备。主要类型有：工程塑料皮带机、爬坡皮带机、重力辊道、螺旋滑槽。

输送机械主要产品一览表

表8-2-2

时间	产品名称及型号	备 注
1966年	XT125推式悬挂输送机	
	100毫米普通悬挂输送机	援助朝鲜
1968—1969年	与北京起重机运输机械研究所、第一汽车制造厂、第二汽车制造厂、天津机械设计院联合设计完成“轻型普通悬挂输送机”“125公斤推式悬挂输送机定型部件”标准系列化设计	中国悬挂输送机第一个系列标准
20世纪80年代	FX228、FX208输送机；PX80输送机	
	DH7IO电动台车式地面输送机	
	FT240封闭轨台车输送机	
	WF4封闭轨悬挂输送机	
	WFJ50封闭轨积放式悬挂输送机	
	WTJ4积放式悬挂输送机	
	WTJ6型积放式悬挂输送机高速线材轧机输送线	
20世纪90年代	SF4上开口封闭轨悬挂输送机	
	DQT6浅拖链式地面输送机	
	WTJ3积放式悬挂输送机	
	BPZ重型平板式输送机	
	FJF125型封闭轨反向积放输送机	
	SK滑橇式输送机、UZC辊式输送机	
	DTJ100-160地面反向积放式输送机	

续表 8-2-2

时间	产品名称及型号	备 注
20世纪90年代～2005年	电动自行小车式输送机	
	积放式步伐机	
	DTS和DTL地面推式输送机	
	ATJ150地面积放拖链输送机	
	钢丝绳输送机	
	重型链式输送成套设备：DTJ地面反向积放式输送机、BP系列重型板式输送机、SK滑橇输送机、浅拖链式地面输送机和钢辊子输送机及各种中间转接设备、辅助设备、机械手等产品组成的成套机械化设备，并由PLC可编程序控制器及计算机控制和管理的机电一体化系统。	

第三章　纺织 服装 制革

清代、民国时期，域内纺织、服装、制革存有个体手工作坊，主要有造纸、裁缝、熟皮等。

1952年，河北省最早的纺织企业承德市麻纺厂迁入。1959年，承德市丝绸厂在域内选址建厂。1966年，有职工898人，厂区占地105.50亩。

1966—1976年，“文化大革命”时期，纺织企业生产受到影响。

20世纪80—90年代，驻区国有纺织企业挖潜节支、投资技改、更新设备，企业生产取得较好成效。1979年，承德市丝绸厂开始生产丝织挂锦工艺品；1980年，承德市麻纺厂被河北省命名为“大庆式企业”。1988年，麻纺厂引进国外技术设备生产丙纶簇绒地毯；1989年，企业更名为承德市黄麻化纤纺织总厂；1998年，更名为承德黄麻化纤纺织有限责任公司。丝绸厂生产白厂丝（生丝）1090吨，其中出口501.59吨；生产丝织品5484.6万米，其中出口327.36万米。有职工2169人，产值20618万元。

20世纪90年代后期，由于市场竞争激烈，企业投入过大、负债较重，驻区纺织企业生产经营发生困难。企业通过自身改革，实现承包经营、主辅分离、压缩开支、减负增效等措施仍然不能摆脱困境，企业开始逐年亏损。2001年10月，承德市丝绸厂破产。2002年11月，承德黄麻化纤纺织总厂（麻纺厂）破产。

域内第一家服装加工企业是1958年滦河二轻制品总厂设立的服装车间。1997年11月，服装车间因火灾停产，2005年破产。

承德市皮革厂是市属集体企业，1982年迁入双滦区内。20世纪80年代，企业经济效益较好。1988年产值286万元，有职工275人。90年代后，效益下滑，1994年1月停产，2002年企业破产。

至2005年，纺织、服装、制革业区内仅存服装加工集体企业1家、个体服装加工户2家。

第一节　主要企业

一 承德黄麻化纤纺织集团有限责任公司

1952年7月，热河省政府投资338万元将原热河省麻袋厂从赤峰市迁至承德市双塔山镇棋盘地村，定名为热河省承德市麻袋厂，是省内建立最早的麻纺企业。1953年9月，工厂建成投产，主要设备有铁木织机36台，年产麻袋200万条。1959年，更名为承德市麻纺厂。同年，组织技术人员研制成功用黄麻和棉秆皮混纺工艺，缓解了原料紧缺困境。1960年3月5日，国家纺织工业部在承德市召开全国野杂纤维混纺技术交流会，混纺工艺受到表彰。1962年，工厂因原料紧缺停产。部分职工离厂支援钢铁建设；部分职工还乡支农；余下职工到坝上地区从事麻加工和种植。1963—1964年，工厂恢复生产，招收新工人400人。先后有麻袋织机71台、宽幅度布织机19台，年生产麻袋40.8万条。1965年，企业派人到上海、浙江等地学习织布自动换纡、精纺加捻、并条自动转桶等新技术64项。经纱千锭时断头率由原来的752根降到497根；纬纱由846根降到758根；织布台时断头由原来的137根降到55根。当年，产麻袋284万条，宽幅麻布54.2万米。

20世纪90年代麻纺厂（区档案馆提供）

1968年，新建厂房3600平方米，受“文化大革命”的影响，年亏损80万元。1972年，土法建毛纺车间生产毛线、毛毯。1974年，因资金紧缺，毛纺车间停产。同年，自制挤出机和分丝机各2台，又从邯郸调进旧织机40台，生产塑编袋。1975年至1980年5月，通过挖潜改造、扩建等措施，麻袋年产能力达1000万条，产值利税分别达到2622.7万元、434.4万元，是建厂以来最好水平。全厂固定资产1185.2万元(原值)，净值798.4万元，被河北省政府命名为“大庆式企业”。 其中1979年，生产塑编袋和再生袋367.7万条，出口麻纱线108吨，麻布134万米。

1988年，工厂投资3234万元（其中：基建投入437万元）引进英国丙纶簇绒地毯生产线、西德1000吨/年丙BCF纱生产线及相配套项目，生产丙纶簇绒地毯，填补了省内空白，成为纺织工业部和河北省麻纺行业骨干企业。至1988年末，专用设备有麻纺C561精纺细纱机22台、C751精纺粗纱机12台、J211-90麻袋织机130台、J212-170麻布织机40台、丙纶BCF纱和丙纶簇绒地毯生产线各1条。固定资产原值4130.8万元，净值3234.2万元。年产麻袋1100万条、麻包布350万米、麻纱线400吨、丙纶地毯123平方米。从建厂到1988年末，产值共41164.37万元，利税12037万元，共生产麻袋20840.47万条，产品销往东北、华北、西北等市场。

1964年5月，麻纺厂工人纺绳做马车套具（摄影 季增）

1978年5月，麻纺厂精品地毯（摄影 季增）

1989年，承德市麻纺厂更名为承德市黄麻化纤纺织品总厂。同年，提升为国家大二型企业。1994年后，在计划经济向市场经济的转型、转轨过程中，由于产品结构及管理体制不适应，加之企业人员多、欠债多、社会负担重等多种因素影响，企业亏损严重。1998年，企业更名为承德黄麻化纤纺织集团有限责任公司（简称承麻集团），固定资产总额12267万元。公司下设2个生产分厂，1个物业公司，职工总数2243人。

1999年12月，企业推进各项改革，下岗分流职工1766人。其中，1033人进入再就业中心，与271名合同制工人解除合同关系。同时，精简机关处室、解散汽车队、撤并动力分厂等，开展生产自救。其间，解决了职工生活区供电、供水、供气问题；为无经济来源的职工解决发放最低生活费；为长病、大病职工解决医药费等，初步缓解职工生活中的困难。2002 年 11 月，承麻集团终因企业负担过重、长期亏损，宣告破产。

2003—2005 年，推进破产进程。先后变现生活区 100 亩土地、第一、二麻库 88 亩土地，变现资金全部用于职工安置；先后为 1000 余名符合提前退休条件的职工办理退休手续；为 600 多名买断工龄职工和解除合同制职工发放一次性安置费用；为 40 多名身有残疾及长病人员办理病退手续。至 2005 年 4 月底，为 2000 多名参保职工缴齐 857 万元医疗保险费用。至此，承麻集团破产工作基本完成，承德市中级人民法院下达了破产终结裁定书。承麻集团这个曾在全国同行业名列前茅，麻袋产品曾连续九年获国家“免检出口”荣誉，曾向国家累计上缴利税 2.25 亿元的国有大二型企业，从此在市场经济发展中退出。

二 承德市丝绸厂

承德市丝绸厂坐落在双塔山镇棋盘地村，占地面积 330.50 亩，其中，生产区 13.28 万平方米，生活区 8.73 万平方米。生产区建筑面积 4.59 万平方米，生活区建筑面积 4.87 万平方米。

承德市丝绸厂始建于 1952 年，原名热河省缫丝厂，位于承德市二条胡同。建厂初期，有职工 113 名。当时，利用旧仓库，以大锅煮茧和 130 支手工木纡（缫丝）机为工具，年产柞蚕丝 0.21 吨。1953 年，增加 17 台铁木织机，生产柞丝绸。同年，在青龙县设缫丝分厂，扩建木纡（缫丝）机 250 支。1954 年 6 月，热河缫丝厂改为热河省地方国营承德缫丝厂。1956 年，热河省建制撤销，承德缫丝厂划归承德市，更名为承德市丝织厂。1957 年，更名为承德市丝绸厂，产品改织真丝绸和真丝交织绸。全厂生产设备有木纡（缫丝）机 250 台、立缫机 10 台、织绸机 20 台，基本实现机械化、半机械化生产。全厂职工 205 人，利润 7.4 万元。

2003 年丝绸厂及其家属区（区档案馆提供）

1974 年 4 月承德市丝绸厂工人在劳动（摄影 季增）

1958 年 5 月至 1961 年，筹建“承德丝绸印染联合厂”。厂址选在双塔山公社棋盘地大队(即现厂址)。1959 年，破土动工。后于 1960 年 10 月停建。在此期间，新增缫丝机 14 台、铁木工组合制缫丝机 6 台、十法卷染槽 2 个、旧宽幅铁木织机 5 台，厂职工增加到 580 人，固定资产 31.7 万元。1962 年，河北省政府将其归属为河北省纺织工业局，更名为国营承德丝绸厂。同时筹资 250 万元恢复建设 6000 平方米厂房、新建 800 平方米印染车间 1 个、

1980 年 4 月，承德市丝绸厂工人对出口产品正在质检(摄影 季增)

新增立缫机80台、织绸机34台、卷染机2台。至1966年底，主要生产设备有立缫机160台、织绸机80台及相应的印染设备，基本形成集缫丝、织印染为一体的联合生产企业。厂区占地面积105.50亩，建筑面积13287平方米，固定资产总额243.9万元，职工898人。1965—1966年，生产丝织品196万米，白厂丝68.2吨，印绸127.3万米，实现产值522.83万元、利税117.7万元。

1966—1974年，受"文化大革命"的影响，生产不稳定。1975年，工厂投资49.7万，开始第一期生产扩建，新建2099平方米织绸车间和2107平方米的缫丝车间。1978年，投入使用后的丝织和印染能力增加130万米。1979年，开始生产避暑山庄丝织挂锦，是具有民族特色的高档丝质工艺品。1981—1987年，再次投资1527万元，进行第二、三期生产扩建，改造染整设备及锅炉和治理厂区环境。通过扩建和技术改造，已成为缫丝、印染、织绸联合生产的中型染织企业。从建厂至1988年底，共生产白厂丝1090吨，其中出口501.59吨；生产丝织品5484.6万米，其中出口327.36万米；利税2691.6万元。固定资产原值1749万元，净值1293万元，实现产值20618万元，全厂有职工2169人。年产白厂丝58吨，丝织品609万米，印染绸860万米。

1991年，工厂通过贷款投资2773万元，用于主厂房改造、织绸二车间易地重建和更新设备、扩建印染车间和新建出口产品车间及相应配套设施。1992年，新建织绸四车间，引进剑杆织机24台。至1993年底，丝绸厂内设26个职能科室、8个生产车间和1个辅助车间，有职工2468人，其中管理人员272人、各类专业技术人员133人，工人2063人，全厂有党员298人。丝绸厂建厂40多年来，共生产绫、罗、绸、缎、锦300多个品种，其中试制投产的新产品、新品种102项；荣获省、市级奖励的新产品有31个品种；技术革新项目25项；推广应用生产工艺，技术操作方面主要先进经验9项；全厂先后涌现出市级以上劳动模范38人。多次被省市评为"双文明先进单位""思想政治工作优秀企业""产品信得过单位"。

1994年以后，随着社会主义市场经济的发展，丝绸行业面临着日趋激烈的市场竞争。由于原材料涨价、资金紧缺、企业办社会负担重等诸多因素，丝绸厂开始出现亏损。企业采取"主辅分离、分灶吃饭、划小核算单位、实行承包制"等改革措施，将厂职工医院、液化气站、车队、后勤维修、商店、浴池等与厂主体生产脱钩，实行自主经营，自负盈亏。同年10月，韩国锦嬉株式会社在承德市丝绸厂建立外资企业"承德朝绢丝绸有限公司"。1995年，丝绸厂生产经营更加困难，不仅欠发职工工资，而且职工集资款75.5万元到期也无力偿还。1996年，成立"承德市丝绸厂工业公司"。1998年，全厂实施精简机构、压缩开支、减员增效，工人实行提前5年内退，并解除部分合同制工人劳动合同。丝绸厂虽然经过多方努力和采取各种措施，始终没有扭转亏损局面。2000年，企业有各类生产设备784台（套），其中，梭织机418台、剑杆织机24台年生产丝织品能力600万米；立式缫丝机104台，年生产厂丝能力60吨；普通卷染机10台，高温高压染色机6台、真丝炼染槽6个、绳状染色机2台，年染色能力1000万米；印花台案4条、160延长米，年印花能力30万米。2001年11月30日，企业资产总额6664.45万元，负债总额18060.57万元，资产负债率271%。同年9月，丝绸厂召开职工代表大会，讨论通过《丝绸厂破产方案》。同年10月10日，承德市中级人民法院宣告承德市丝绸厂破产还债。2003年9月18日，承德市嘉盛拍卖行将承德市丝绸厂以3200万元整体拍卖给承德长城钢管厂。2004年3月，开始给职工兑现工资、生活费、集资款、医药费等14项各类欠款。按照国家有关政策，企业与747名合同制工人全部解除劳动关系；提前办理退休473人，全部进入社会统筹；一次性买断工龄169人，每年工龄按753元补偿；两年内每月领取失业金95人，并由破产清算组给每人交纳两年养老保险金；3年等退107人，由破产清算组给交纳养老保险金，每月生活费150元。2005年，承德市丝绸厂破产安置工作基本结束。

三 承德市制革厂

承德市制革厂位于双滦区双塔山镇团瓢村，占地面积34.52亩，建筑面积15128平方米，固定资产原值534.43万元，固定资产净值341.3万元，是市属集体所有制企业。

制革厂前身为承德市皮麻生产合作社，创建于1952年1月15日，由10人发起组建，每人交股金50元（或以工具材料折合入股）。合作社主要给供销社带料加工车马挽具，麻绳等产品。1953年，社址从承德市马市街广生店迁至西大街大胡同第五监狱东侧。1956年全行业实现合作化，改承德市皮麻生产合作社为承德市手工业联社，社员发展到74人，自有资金5.6万元，年产值48.9万元，年利润4.3万元。

1958年11月，承德市皮麻生产合作社过渡转为地方国营承德市皮麻厂，划归承德市第二轻工业局领导。同年9月，设制革、地毯2个车间生产制革和地毯出口产品，有员工147人。制革车间主要生产重革、车马挽具、毛皮、麻绳产品；地毯车间有工人70人，机器10架，主要生产地毯。1959年，承德市手工业管理局成立，承德市皮麻厂隶属手工业局。同年，被评为“河北省工交系统的先进企业”。

1962年，皮麻厂调整恢复为集体所有制企业，改称皮麻合作工厂。同年，根据国际市场变化，地毯产品“下马”，山羊皮褥子和图案褥子产品开始出口。毛皮生产由6人增加到80人，最高年出口为1.2万条。1970年，增置片皮机设备，开始生产猪皮里子革。1971年，加入河北省制革行业，开始使用化学原料制革。1972年，半硝革产品开始打入国际市场。

1973年3月，皮麻合作工厂改为承德市皮革厂，隶属承德市二轻工业局。1975—1978年，毛皮生产停止，并将麻绳生产交出。产品先后增加羊皮制革、皮革劳保手套等。

1980—1982年，投资166万元，在双塔山建新厂址，并更新制革设备。1982年5月，全厂由市区迁入新厂址投入生产，实现制革生产机械化。1984—1988年，企业推行经营承包责任制。实行“大批量、少品种为主，小批量、多品种为辅”的经营方针，先后增加猪、羊、牛等皮革制品及彩色革、黄牛皮修饰革、服装革等新产品。提高了企业经济效益。1985年，产羊皮55万自然张，实现利润39万元，交纳税金121.4万元，创建厂以来最好水平。1988年，全厂拥有主要制革设备和其他设备35台、生产山羊皮革自然张22.5万张、牛皮革自然张2万张、猪皮革自然张6000张，折合轻革15.8万平方米。产值286万元，全员劳动生产效率人均10214元。全厂有职工275人，其中管技岗35人，操作岗206人。

1989年5月，承德市皮革厂改名为承德市制革厂。

1990年以后，制革厂经济效益下滑。1994年1月，制革厂全面停产。至1994年底，累计亏损988.7万元。企业停产的主要原因是在银行紧缩银根的情况下，集体企业无法增加贷款，流动资金得不到及时补充，直接影响企业生产；市场对制革产品质量要求逐年提高，产品质量本身存在问题；市场放开后，猪、牛、羊皮自产自销，原材料价格上涨幅度大，企业自身无法消化原材料涨价原因带来的成本增加。2002年12月23日，停产9年之后，经承德市中级人民法院裁定制革厂破产。

2005年7月27日，制革厂土地在承德市国有土地储备中心挂牌拍卖。同年8月，全厂土地被承德市兴业房地产开发分公司以930万元中标整体收购。同年10月，制革厂用卖土地所得收入按承德市政府相关规定安置了全部职工。

四 滦河二轻制品总厂服装车间

滦河二轻制品总厂1958年初建时设有服装加工车间，全部手工操作。20世纪70年代，服装车间安装了电动缝纫机，为承德市各劳保门市加工手套、工作服、矿山棉等劳保用品。1997年11月26日，服装车间因火灾事故停产。2005年破产。

五 双滦区被服厂

1981年，区属集体企业被服厂，职工10多人，主要生产被褥、服装、劳动保护用品。同年，完成工业总产值6万元。两年后关闭，职工被区劳动服务公司分配到其他企业。

六 承德新新康达工贸有限公司蓝玉制衣分公司

承德新新康达工贸有限公司蓝玉制衣分公司坐落承钢厂区，是1982年建成投产的服装加工企业。2003—2004年两年共投入资金1100万元提档扩建。至2005年，生产车间达1000平方米，固定资产1200万余元，有员工80人。公司设有裁剪车间、针织车间、梭织车间、西裤车间、衬衫车间、绣花车间和印字车间，可加工针织、梭织产品。服装设计室有专业设计人员6名，从设计到排版均使用计算机。裁剪车间配有自动拉布机、带据、红外线验布机、缩水机、验针机；绣花车间配有12针绣花机3台、电脑自动平缝机55台；车间配有德国杜克普生产的自动开带机、圆头锁眼机、程控上袖机、上垫肩机、融袖笼纤条机、模板机、袖口假眼机、美国于仁生产的领底挑缝机、纤腰机、日本奈良生产的驳头撬缝机、底边撬缝机、袖口内衣撬边机等专业设备100多台套；后整烫工艺配有香港同发生产的整套设备19台。

2005年底，主要以加工外贸订单和为国内品牌产品企业带料加工。

七 个体服装加工点

1992年，滦河镇东园子村村民王兰芝组织家庭裁剪培训班，共培训县区学员160多人次。学员走向市场后，以家庭式和临街摆摊收取活计，普通布料的每套成衣手工费80元左右，1条裙子手工费25元。2002年，商业、供销退出市场，以集市、店铺、租赁柜台等形式的服装经营户快速发展，服装加工业受到严重冲击。至2005年底，从事服装加工个体户仅5户。规模稍大的有“丽雅”服装加工店，员工8人。从河北、北京等地购进布料，加工成衣、童装、儿童玩具及少量劳保用品，销售承德市内。

第二节 主要产品

一 麻纺产品

主要有麻袋、麻包布、麻纱线、丙纶地毯、丙纶长丝5大类。其中107×74厘米通用麻袋于1964年、1979年、1985年被评为河北省免检出品荣誉。丙纶簇绒地毯1987年获河北省优秀新产品二等奖。

二 丝绸产品

主要产品有：白厂丝、纯真丝织物、人丝真丝交织物、纯人丝织物、涤丝织物、涤丝与真丝交织物、旅游产品等花色品种82个。其中，宽幅衬里绸、织锦缎、畅远呢、七彩织锦被面、山庄挂锦、如意纺、仿宋锦、工业美丽绸、冷香绸等27种新产品分别获国家、省、市优秀新产品奖和技术进步奖。白厂丝、美丽绸、涤美绸等产品分别在1979年、1985年、1988年获省优质产品奖；线绨被面、花线绨、表绫、花富纺、团花涤绸、锦装裱表、美丽绸等产品分别在1986年、1987年、1988年获河北省丝绸行业实物质量评比优秀奖。

三 皮革制品

主要有猪、牛、羊皮革及彩色革、黄牛皮修饰革及服装革等，其中，1987年生产的山羊皮服装革获承德市科技进步二等奖。

四 服装产品

主要产品有工装、西裤、休闲装、学生装、运动装、衬衫、针织服装、劳保用品等。

第四章　食品饮料制造

清代、民国时期，域内食品饮料制造业全部为私营手工作坊。主要产品有豆制品、糕点、传统小吃及白酒等。1959年，承德市面粉厂是域内第一家市属驻区食品制造企业。至改革开放前，域内有驻区国营食品制造企业2家，职工200余人；区属国营食品制造企业1家，职工36人。主要产品有面粉、鲜奶及糕点。

改革开放后至20世纪90年代中期，区内有食品饮料驻区国营企业3家，区属国营企业1家，乡镇企业1家，个体食品加工专业户（作坊）百余家。国营、集体、个体私营企业在市场竞争中均得到不同程度发展。产品有面粉、鲜奶、啤酒、杏仁加工、糕点及豆制品等。20世纪中后期始，随着改革开放的深入，市场竞争愈发激烈。1991—1996年，承德市啤酒厂累计亏损3789万元。1996年8月，企业破产。1998—2002年，承德市面粉厂累计亏损328万元，2005年7月破产。

2001年，乡镇企业滦河杏仁厂改制为私营企业；2003年，区属国营企业滦河食品厂完成改制。

至2005年，区内共有驻区国营食品制造企业2家，生产面粉、鲜奶；私营企业3家，产品有杏仁脱苦、生猪屠宰、白酒。个体食品加工户100余家，产品有面食、豆制品、糕点等。

第一节　主要企业

一　承德市面粉厂

承德市面粉厂坐落在双塔山镇大三岔口村，占地面积67亩，建筑面积18260平方米。

承德市面粉厂1959年筹建。1960—1962年，建成投产，投资总额9.2万元，主要设备有800型磨粉机4台，刷麸机、清粉机各3台，其它设备共30多台（套）。1963年，投资60万元扩建仓库，存粮能力5000吨。面粉厂执行上级下达生产计划，担负承德市和承德北部4县的面粉加工供应任务，主要生产标准粉、普通粉两种面粉。年产量1万吨，年创利润8万元。1965年，按上级指令计划完成面粉加工任务1.5万吨，创利润12万元。1966—1969年，没有利润。

1970—1979年，面粉厂改造设备采用新工艺加工面粉，引进先进的CQ型磨粉机4台，每班产量达到50吨。出粉率提高0.04%、电耗下降0.717千瓦时／吨、面粉水分增加0.1%—0.4%，面粉中的蛋白质、面筋质也有所提高。1980年，承德市小溪沟粮油加工厂挂面车间所有设备调给面粉厂。同年，继续改造旧设备，调整工艺流程，减少动力29千瓦，吨耗电由43.5千瓦时降到40.7千瓦时；实行“五定”（定人员、定消耗、定产量、定质量、定出粉率）管理考核办法，面粉加工吨成本逐步下降。当年产量下达33900吨，实际完成34452吨，利润下达50万元，实际完成63.49万元。

1981—1983年，面粉厂先后投资358万元，建新厂房1580平方米、引进新的加工设备和机械码垛技术、自制输送机天车1台，每班可生产10吨成品挂面。1986年，投资70万元改造挂面车间，购进美际联通CHBQ挂面生产流水线每天可产精粉挂面等产品20吨。产品销往内蒙古多伦县和承

承德市面粉厂及家属区概貌（区档案馆提供）

德各县、区粮店。继而又投资1000万元，新建面粉生产车间、购进天津化院生产的FGLZI1000×2新型磨粉机、PCS麸皮电子称等设备。

1990年，生产面粉37,000吨，其中特一粉7000吨，标准粉30000吨，挂面1500吨。出粉率80%，利润实现45万元。1993年，制粉厂、挂面分厂签订三年承包合同，创利润120万元。1994年，根据市场需求，又投资组建挂面第二车间。1995年又开始生产莜面挂面、荞麦挂面、蛋清挂面、水产味挂面、省时烧火挂面等，当年获纯利润10万元。1998年以后，因流动资金短缺，外地原粮小麦价格上涨，产出的面粉成本过高，企业亏损，生产处于停滞状态。1998—2002年累计亏损328万元。

至2005年，固定资产原值2180万元，职工130人。7月，承德市粮食企业改革领导小组批准面粉厂产权制度改革实施方案。内部退养安置28人，其他职工以年工龄723元计算，一次性发放安置费，并解除同企业的劳动关系。

二 热河面粉厂

热河面粉厂座落在双滦区双塔山镇东平台村，投资1198万元，建筑面积4651平方米。2004年3月，热河面粉厂由国贸工程设计院和北京制粉科研所进行初步设计。同年8月，批准立项。2005年1—2月，公开招标土建工程和设备订购。3月6日，热河面粉厂土建施工正式开始。11月23日，正式投产并顺利生产出第一袋"热河牌"面粉。

面粉厂采用的设备大都是国内知名品牌，设计能力为年产4.5万吨专用面粉。麦间工艺为：一初清、五筛、两打、三去石、四磁选、五风选、刷麦、精选、一分离、两看水；粉间工艺：五皮、八心、两渣、两尾、三打麸、四清粉，其中四皮分粗细；配粉工艺为重力式配粉。热河面粉厂建立跟班生产检验、质检科抽验、质量总监复检的三级质量保证体系。依靠优质小麦的资源优势和先进设备及技术优势，以专用粉为主要经营方向，高、中、低档产品配合。

三 承德市啤酒厂

承德市啤酒厂坐落于双塔山镇白庙子村，前身是承德市红旗化肥厂，占地面积242.31亩。其中，生产区占地15万平方米，生活区占地1.1万平方米。

1981年11月，化肥厂转产啤酒饮料。1982年6月，河北省经委批复同意承德市啤酒厂进行技术改造，建设规模为年产5000吨啤酒生产能力。1982年7月，技改项目破土动工，其间，企业有职工 321人。1983年8月6日，投料生产并取得成功。同年9月28日，"普乐牌"啤酒正式投放市场。

1984年8月至1985年5月，为扩大啤酒发酵能力，企业进行技术改造。改造后，主发酵增加前酵池36个，后发酵增加25立方米贮酒灌36个，"普乐牌"啤酒年生产能力1万吨。1985年8月至1986年5月，第二次技术改造。新建灌罐厂房800平方米，新上8000瓶／小时灌装线1条，同时增加糖化过滤槽1台和煮沸锅1台，啤酒年生产能力达到1.5万吨。1986年8月至1987年10月，第三次技术改造。新建后酵房约1400平方米，增加13个25立方米后酵罐、9个75立方米不锈钢后酵罐，新建3台10吨沸腾炉，制冷站配套2万吨设计能力，新上1条8000瓶／小时灌装线，全厂生产能力配套达到2万吨。1987年12月，投入运行。1988年，啤酒产量提高到年产1.8万余吨。企业规模由原来的小型企业发展为市属中型企业。

至1990年底，啤酒产量9.24万吨，创利税

原承德市啤酒厂（区档案局提供）

1851.5万元。“普乐牌”啤酒不但在承德地区畅销，还远销北京、东北、华北、内蒙古、新疆、广东等地区。被评为“省级优秀产品”，红果酒被评为“省优秀新产品”。

1991—1996年，由于受“三角债”的影响，工厂出现原料短缺，流动资金缺口大，贷款回收难，生产陷入困境。其间，货款1900多万元收回困难，酒损高达20%以上。工厂自投产到1996年，生产啤酒199179吨，工业总产值23182.7万元，利税1832.8万元。由于后期生产经营出现困难，累计亏损1262万元，加上企业潜在亏损，总计亏损3789万元。至1996年4月底，欠银行本金加利息6629万元；欠外单位临时借款300多万元；欠原料款、燃料和电费1100万元；欠税金1000多万元；欠职工退休保险费110万元。1996年8月，经承德市中级人民法院裁定，宣布依法破产。

1997年3月，宣化钟楼啤酒集团有限公司依法收购已破产的承德市啤酒厂。1999年12月，钟楼集团承德啤酒分公司经营不到3年，由于企业资金短缺、货款回收困难、管理不善，企业又处于停产状态。2000年2月至2005年，进入破产清算阶段，先后安置合同制职工168人进入失业保险。

四 承德市畜牧场

1962年7月，承德市畜牧场落户双塔山镇松树沟村，占地面积297.30亩，有职工75人，有奶牛饲养、鲜奶加工2个车间，年生产能力3万吨，固定资产原值1200万元，注册资金117万元，企业性质为市属国营企业。2005年，企业存栏奶牛600头。至2005年，工业总产值1308万元，利润总额亏损31万元，应缴增值税6.4万元。

五 滦河食品厂

1975年，滦河食品厂建立，占地面积1.87亩，职工36人，固定资产14万元。1981年，隶属双滦区商业局，开始生产酱油、醋、咸菜等。20世纪70年代，开始生产糕点。除供应本地，还销往外地，年销售额20万元。1999年停产，2003年改制。

六 承德滦阳酒业有限公司

2005年，承德市魁星酒业公司从市内搬入双塔山镇厂沟村，原解放军某通信联防区院内，企业更名为承德市滦阳酒业有限公司，有员工30人。投资90万元，建烧酒、瓶装两个车间，年设计生产能力900吨。

七 双滦利民杏仁加工有限公司

承德双滦利民杏仁加工有限公司，是承德露露集团的原料供应企业之一。

企业的前身是1989年改建的滦河镇杏仁加工厂。1991年7月投资318万元，进行技术改造，为露露集团加工脱苦杏仁。企业建有8200平方米的仓库，成为露露集团的杏仁露成品仓库。2001年，镇党委、镇政府决定将原来的镇办集体企业杏仁加工厂改制为私营企业，厂名利民杏仁加工有限责任公司。

2004年10月新建厂房1400平方米，更新设备19台。规范生产工艺流程，加强工人和管理人员的技术素质培训，产量由2001年的600吨增到2005年的1200吨，翻了一番。

2005年，职工150人，固定资产120万元，总资产500万元。主要产品脱苦杏仁年产量1200吨，产值2000余万元，销售收入2000万元，上缴税金75万元。

第二节　主要产品

一 面粉

承德市面粉厂产品主要有标准粉、普通粉、特一粉、特二粉、富强粉、面条粉、饼干粉、挂面等。其中“白雪牌”面粉3个系列16个品种，经国家“QS”生产认证，获产品免检资格；被河北省粮食行业评为“放心粮油”“国家首批放心面粉”。

热河面粉厂主要产品有超级精粉、饺子粉、特一粉、特二粉、富强粉、馒头粉、上白粉、麦芯粉等8种面粉。其中，富强粉分为不含添加剂的蓝富强粉和含添加剂的红富强粉。包装采用25公斤、10公斤、5公斤等规格。

二 啤酒

主要品种有“普乐牌”瓶装啤酒、特制啤酒、黑啤酒、红果啤酒等。其中普乐牌啤酒1986年被评为河北省优秀产品，红果啤酒被评为河北省优秀新产品。

三 奶制品

承德市畜牧场产品注册商标“琳霄泉”牌，品种有纸袋装200克酸奶、纸袋装250克鲜牛奶、195克瓶装酸奶、125×4活性乳等。

四、豆制品

主要有个体加工户生产的豆腐、豆片、豆浆、豆皮、豆汁等。

五、糕点

品种有枣泥小糕点、油糕、糖酥条、麻仁酥、刀活白皮、香蕉条、五香酥、佛手酥、枣花、麻球、桂花蛋糕、云盘酥、可口酥、金丝枣、口香酥、挤花细点、白麻酥、杏仁酥、中果球、麻仁舌饼、芙蓉糕、小套环、大薄脆、花生酥、月牙酥等。

六、其他产品

矿泉水

白酒　承德市滦阳酒业有限公司主要产品有“滦阳”“普宁”牌瓶装白酒。

杏仁产品 主要产品为脱苦杏仁。

第五章　造纸 印刷

清代、民国时期，域内就有造纸作坊，生产毛边纸。1976年，承德市造纸厂落户域内。1979年，更名为承德市造纸一厂。20世纪80年代，承德市造纸一厂投入资金增加设备，加强技改，生产卫生纸、箱板纸等新产品。企业得到升级改造，创新产品，赢得了市场。90年代后，由于市场竞争激烈，企业投入大、成本高、利润小，逐年亏损，至2000年，已无能力组织生产。2002年破产。

1966年建立的承钢印刷厂是域内最早的印刷企业。改革开放后，区内相继建立福利印刷厂2家，主要招揽广告、商标、表册等印刷业务。后因管理、资金紧张等方面的问题，相继停产。至2005年，区内仅有印刷厂1家。

第一节　主要企业

一 承德市造纸一厂

承德市造纸一厂，坐落在双滦区双塔山镇中心北侧，占地面积56.35亩。其中，厂区20078平方米，原料仓库8325平方米，生活区9124平方米。前身是承德市化纤厂，1976年6月，改为承德市造纸厂，1979年3月，更名为承德市造纸一厂。

1975年8月，承德市造纸一厂第一台单缸单网造纸机由北京造纸试验厂和北京造纸机修厂协助安装。当年投产给北京造纸一厂生产纸浆。除生产纸浆外，1976年5月，开始生产仿牛皮纸，年产111吨；后生产有光纸和打字纸。

1983年10月，1号机改造为双缸三网造纸机，生产各种纸板，生产能力2500吨／年。1985年10月，第三台造纸机安装投产，生产瓦楞原纸。1986年，工厂投入技改，增加一个烘缸，造纸机改成双缸三网板纸机，生产箱板纸。1985年4月至1988年1月，先后两次安装2台单缸单网卫生纸机投入生产，生产能力为1000吨／年。1975—1988年，造纸一厂生产机制纸和纸板36691吨、包装纸箱132万平方米、本色木浆137吨，总产值3215万元，销售收入3141万元，上缴税金272万元、利税128万元，基建投资98

万元，更新改造216万元，累计亏损144万元。

1989年，造纸一厂投资建设高档卫生纸车间，12月，完成设备调试。1990年初，卫生纸车间生产转入正常。经河北省纸张监测站化验鉴定：各种物理指标全部达标，为国家A级卫生纸，批准正式投产。同年，又投资50万元购进设备改造原有车间，生产餐巾纸和面巾纸。7月开始施工，10月投产。产品销往北京、上海、天津、河北、山东等23个省、市、自治区。

1990年，原料库存亏损36.72万元，当年亏损24.61万元。

1991年，厂领导班子调整，生产呈现明显好转。由于外欠500余万元货款不能及时收回，造成生产经营资金严重短缺，加上原材料持续涨价，当年仍亏损21.32万元。

1992年以后，由于资金短缺、原材料等价格大幅度上涨等多种原因，造纸一厂年年亏损。至2000年，造纸一厂由原欠货款1315万元已累计到2317万元；同时，外欠款743.52万元、应收货款523.4万元，企业资不抵债，已无力组织生产。2002年5月17日，经承德市中级人民法院裁定，承德市造纸一厂宣告破产。

2004年6月12日，原厂区土地和厂房在市国土资源局土地储备中心挂牌拍卖。承德市兴业房地产开发公司以450万元购得(土地和厂房)。同时，厂原料库土地12.5亩，以每亩5万元的价格转让给双塔山森林公园，收回现金62.5万元，企业全部资产变现560万元。资金627.8万元用来安置补发在职、退休职工工资和在职职工买断工龄。安置退休职工107人、固定职工86人、合同制工人13人、老干部1人。至2005年，已全部安置完毕。

二 承钢印刷厂

1966年，承钢建印刷厂，服务《承钢工人报》社。主要设备有老式四开印刷机1台、铸字机2台和裁纸机1台。1982年，印刷厂添置全开切纸机、对开平台印刷机和卧式印刷机，员工40人，固定资产10万元。1989年，印刷厂技术改造，先后投入50万元资金改建厂房和购置设备，购置了全套激光照排胶印系统。

1993—2004年，印刷厂累计上交公司利润181万元。2005年，大修四开胶印机、晒版机、全开程控切纸机，增设双色四开胶印机1台；抽调4名业务员对外开拓市场，加强周边广告业务的承印发行。全年营业收入240万元，比2004年提高20%，利润10万元。

二 双塔山福利彩色印刷厂

双塔山福利彩色印刷厂1984年建厂，占地4.5亩，主要经营商标广告、印刷表格、本册制造。企业原属双塔山镇政府、应营子村、市美术厂三家合营，有从业人员55人。1986年，企业转给应营子村，成为村办集体企业。应营子村又投资50万元，选购先进彩印设备，为承德市啤酒厂普乐牌啤酒印商标。当年产值50万元，年交村利润3万元，上缴利税6万元。1989年实行承包制。2000年村委会收回企业，由村管理和经营。2002年停产。

三 大三岔口村福利印刷厂

大三岔口村福利印刷厂1986年建厂，位于村委会办公楼（旧址），使用面积200平方米，注册资金10万元。有职工13人，主要是该村残疾人。承印表格，年产值20万元，年利润3万元，1997年停产。

第二节　主要产品

一 造纸产品

1976—1988年，主要产品有纸浆、光面纸、打字纸、仿牛皮纸、纸板、包装纸箱等。

1989年后，增加产品有高档卫生纸、餐巾纸、瓦楞原纸等。其中“猫球”牌卫生纸达到国家A级标准，1989年被评为河北省优质产品，并被定为河北口岸出口产品。

二、印刷产品

主要印刷报纸、广告、商标、表册等。

第六章　建材 化工

清代，滦河街区南有陶瓷器窑2家；大庙、滦河区域建有砖瓦窑，烧制砖瓦。民国28年(1939年)，日军侵占承德后，日本人大诚太郎在双塔山建砖厂，生产红砖用于日企。

新中国成立后，域内建材产品仅限于砖、瓦、缸、泥、石等。主要生产企业有承德市砖厂和大庙陶瓷厂。改革开放后，域内建材增加新产品有釉面砖瓦、琉璃瓦、水泥、墙地砖、空心板等。至1985年，国有建材企业2家，社队集体沙石场4家。20世纪90年代后，国有企业逐年亏损，生产经营极度困难，走向破产。民营建材企业逐年兴起。至2005年，社队有小砖厂3家，民营陶瓷企业2家，民营水泥厂及水泥制品企业5家。

第一节　主要企业

一 承德市建筑材料厂

承德市建筑材料厂前身是新中国成立后双塔山应营子村的个体砖厂。当时砖厂负责人是应营子村的王山。1955年，砖厂从密云县引进制砖机50台。1956年，砖厂公私合营。1958年9月，划归国有，更名为国有双塔山砖厂，隶属承德市城建局；1959年，隶属承德市建工局。1960年，砖厂第一座30门轮窑投入使用。1962年，承德市四人沟劳改砖瓦厂、鹿棚子沟耐火材料厂及磁性材料厂合并到双塔山砖厂，企业更名为承德市砖厂。之后，企业投入资金技改。扩建40门、52门轮窑各1座；改手工坯为机制坯；建干燥洞10条，改自然干燥为人工干燥；建601、501型黏土砖生产线2条、208型瓦生产线1条，年生产红砖7000万块、缸平瓦75万块。

承德市建筑材料厂（区档案馆提供）

1985年，企业划归双滦区，更名为承德市建筑材料厂。企业增加产品有铸造生铁、冷轧带肋钢筋、耐火砖等。1994年后，企业新建釉面砖、纸箱等车间4个，年生产冷轧钢筋5000吨、铸造生铁5000吨，釉面内墙砖20万平方米，固定资产原值1348万元。1996年停产，职工全部下岗，开始租赁给个人经营。2003年9月，承德市建筑材料厂破产。

二 承德市兴宝建筑陶瓷有限公司

承德市兴宝建筑陶瓷有限公司前身是大庙陶瓷厂。1949年，建立大庙陶瓷厂，是韩天禄等9人组建的私营企业。1956年公私合营，先后隶属承德市手工业联社、手工业局、轻工局、建工局、建材局。1984年，新建缸平瓦生产线1条，30门轮窑1座，固定资产800万元，利税110万元。1985年，隶属于双滦区集体企业，职工350人。1988年企业改革，实行承包经营。1989年，开发出陶瓷卫生洁具产品。后因设备工艺落后，产品质次、成本高而停产。1998年，大庙陶瓷厂改制为私有股份合作制企业，更名为“承德市兴宝建筑陶瓷有限公司”。2003年，企业建成小型彩色釉面瓦生产线1条，年产釉面瓦250万片、瓷墙地砖800万片，年创产值500万元。2005年，企业仍在生产。

三 隆泰陶瓷有限公司

隆泰陶瓷有限公司2001年建立，厂址座落在大庙镇岔沟门村，占地面积19亩。公司投资13.7万元，建有原料、粉碎、成形、烘干、上釉、烧成等车间6个，有职工54人。2005年，固定资产115万元，销售琉璃瓦13万片，收入18.3

万元、利税 1.9 万元。

20 世纪 90 年代黄地沟村砖厂（区档案馆提供）

四　小型制砖厂

20 世纪 90 年代后，偏桥子镇大贵口村、滦河镇宫后村、双塔山镇荒地沟村相继开办制砖厂。2005 年，生产机制红砖 1550 万块。

五　承德市红旗化肥厂

1966 年 11 月，承德市红旗化肥厂建立。厂址座落在双塔山镇白庙子村，前身是 1958 年建成的双塔山钢铁厂。1962 年，国民经济调整时双塔山钢铁厂停产下马。1966 年 10 月，承德专员公署接管，在原址建设化肥厂。投资 235.70 万元，设计年产合成氨 3000 吨、碳酸氢铵 1.2 万吨。1967 年 10 月投料生产。企业建设生产正值“文化大革命”时期，经济效益受到影响。产量低、消耗高、成本大，年年完不成国家下达的生产任务。至 1980 年，累计亏损 900 多万元。1981 年 1 月停产。1983 年，改建为承德市啤酒厂。

六　双塔山光明涂料厂

1995 年，建立双塔山光明涂料厂，厂址设在承德市三岔口面粉厂院内。2002 年，投资 3 万余元，新增货车 1 台，搅拌机 1 台。2005 年，销售涂料 1500 余吨。

七　承德兴厦水泥制品有限公司

1999 年，成立承德兴厦水泥制品有限公司。座落于双塔山镇大三岔口村，占地面积 16.10 亩，总投资 680 万元，设计年产水泥 20 万吨，建有粉沫、包装两个车间。2000 年，公司正式生产，员工 35 人。工厂采用硅酸盐制造工艺，生产兴厦牌水泥。2005 年，有固定资产 800 万元，工业总产值 513 万元，上缴利税 337 万元。

八　承德德厦新型建材有限公司

2001 年，成立承德德厦新型建材有限公司。位于双塔山镇小元宝山村，注册资金 2000 万元，固定资产原值 2500 万元，主要生产墙地砖。2005 年，职工 100 人，工业总产值 2630 万元，上缴利税 337 万元。

第二节　主要产品

一　建材产品

砖瓦　红砖、缸平瓦、耐火瓦、耐火砖、青砖、青瓦等。

陶瓷　缸、陶瓷管、陶瓷洁具、釉面砖、瓷墙地砖、琉璃瓦等。

水泥制品　325 号、425 号兴厦牌水泥、墙地砖、隔墙空心板、水泥预制构件、灰渣砖等。

沙石　建筑用石子、沙、石材。

二、化工产品

化肥　碳酸氢铵、尿素。

涂料　雪鸽牌涂料。

第七章　其他工业

二轻工业源于民国期间的手工业作坊，新中国成立后，手工业者组织成立了合作社，后来演变为二轻综合厂。煤矿等非金属采选业，由于矿源少、品位低没有形成规模开采。

第一节 二轻工业

一 滦河二轻制品总厂

滦河二轻制品总厂，位于滦河镇财神庙东侧，占地面积15亩。是滦河镇建立最早的街办综合性集体企业。

1956年1月，滦河镇八大行业的手工业者分别成立木工、铁工、白铁、修鞋、服装、皮麻、编织生产合作社，隶属滦平县手工业联社。

1958年10月，隶属承德市工业联社，后转交滦河公社管理。几个合作社集中到一个大院成立滦河综合生产社，后又改为滦河综合厂。先后新建草织车间、皮麻车间、制鞋车间、公社农业机械厂。1962年，贯彻中央"关于城乡手工业若干政策问题的规定"和"调整、巩固、提高"方针，撤销农业机械厂、草织社、制鞋车间、滦河综合厂。大部分工人到社会自谋职业，单位保留在册名额。1964年底，手工业局派人整顿，1965年1月成立滦河手工业联社，下设六个社一个组(皮麻组)。职工陆续回厂,时有职工86人。党政由联社统一领导，财务统一管理，各社单独核算，自负盈亏。1965年11月至1968年12月，联社隶属承德市二轻局。

1969年，滦河手工业联社移交滦河公社管理。"文化大革命"期间单位进驻"斗批改"工作队开展政治运动；搞"战备"、挖防空洞、铸铁地雷。1977年，各车间逐步恢复生产。新建厂房288平方米，建皮麻车间70平方米，扩大木工院落660平方米。木工车间安装带锯、电锯、刨床、中凿子、沙轮机；铁工车间安装1台150公斤气锤、夹板锤2台；服装车间安装电动缝纫机。手工操作逐步走向机械化生产，提高了生产效率。木工车间生产桌椅、办公厨柜、写字台、家用厨柜等。铁工车间开始为承钢选矿厂加工钢球等产品。服装车间为市各劳保门市加工工作服、矿工棉、手套等劳保用品。1977年产值71.9万元，销售收入30.2万元,上缴税金4.3万元,固定资产18.4万元。1976年5月，滦河公社将滦河手工业联社移交承德市二轻局管理。1977年5月改名为滦河综合厂。

1978—1988年，是滦河二轻制品厂发展的鼎盛时期。中共党的十一届三中全会以后，企业先后投资106.2万元，分别扩建和新建车间、配电室；新上铸球、铸铝、机械制桶三个项目；购置400kg气锤1台、拖拉机1台、双排座汽车1台，并建设660平方米办公楼。至1988年，固定资产145.6万元，是1978年的6.22倍；产值273.4万元，收入335.6万元，利润16.8万元，分别比1978年增长153.38%、348.06%和37.7%。1981年10月，企业改为滦河二轻制品总厂，1985年5月，移交给区经委管辖。

20世纪90年代滦河二轻综合厂的生产车间(区档案馆提供)

1988年，企业开始个人承包。1989年，由于资金紧缺，原材料不足，钢球和机制桶产量下降，造成亏损；试制的"立德粉""干素纳""氧化铁红""氧化铁黄"等化工产品停产；承包人没有完成各项经济指标任务而被解除承包合同。1990年开始实行厂长聘任制。1992年7月，企业同海南省合资成立"北方耐磨材料制品工贸（集团）公司"。投资42万元，新建门厅、门卫室、门市部1处；厂区铺设柏油路面1100平方米；新增560公斤气锤1台、汽车吊车1台、拖车1台、链条机2台、捧剪机1台、天车1台、"213"小汽车1台，贷款157万元。产值480万元，收入441万元，实际亏损20万元。1989—1994年连续7年亏损，先后关闭了木工、化工、玩具车间。制桶车间、钢球车间也于1993年和1994年相继停产。1993年开始欠发工人工资。1994年，耐磨材料厂因南昌钢铁厂供应的钢坯原料不合格，造成钢球产品出口不合格，引发上千万元的经济诉讼案，致使联营被迫停止。二轻制品厂的生产也急剧下滑，企业除服装车间外不得不全面停产，工人下岗。

1995—2005年，改革步履艰难。1996年，由区经委、区审计局审计评估企业全部资产后，企业宣告破产。1997年11月26日，服装车间被一场大火烧光，全厂频临倒闭。1998年10月，经工人代表讨论决定企业实行股份制改造，并将企业名称改为承德市滦河金属制品厂。1999年，厂区内建立滦河农贸市场和蔬菜批发市场。2002年，内部集资机制桶车间恢复生产，承包给个人经营，部分收入维持交纳下岗工人的养老保险金、退休人员的退休金和留守人员的工资。

1970—1993年滦河二轻制品总厂基本情况统计表

表8-7-1　　单位：万元

年份	职工人数	固定资产	投资	产值	收入	利润	税金
1970	104	2	—	28	—	1.8	0.8
1971	103	—	—	—	—	—	—
1972	106	2.7	—	37.2	—	2.4	—
1973	111	6.4	—	41.4	17.7	1.8	1.2
1974	133	10.8	—	48.9	14.1	2	1
1975	133	10.8	—	51.8	18.2	3.8	2.2
1976	143	13	—	65.2	31	7.3	—
1977	175	18.4	—	71.9	30.2	6.6	4.3
1978	224	23.4	5	107.9	—	12.2	10.8
1979	208	29.9	—	129.3	86.2	10.1	10.5
1980	204	42.2	—	133	97.2	3	7.8
1981	217	—	—	129	99.5	4.9	7.3
1982	226	67.8	25.5	213	174.8	8	14.1
1983	226	68	—	216	180.6	10.1	3.9
1984	224	85.7	17.8	168	144.8	11	16
1985	239	91.7	6	150	215.9	12.7	16.4
1986	276	111	19.3	186.3	268.9	2.8	1.5
1987	306	138	27	295.7	—	17.8	14
1988	297	145.6	7.6	273.4	335.6	16.8	12
1989	285	145.6	—	236	—	−7	7.6
1990	242	178	—	264	300	−3.5	10
1991	232	—	—	401	405	−16.7	18
1992	305	—	42	480	441	−20	4.4
1993	279	—	—	337	350	−5.5	—

二 伯爵家具厂

承德市第一建筑工程公司始建于1958年，其木工厂主要制作门、窗口料。1995年，木工厂由内部职工承包，投资近10万元改名为“伯爵家具厂”，组织招聘木工近30人，以南方木工为生产业务骨干，生产“伯爵”品牌家具。主要产品有办公桌椅、组合家具等，产品畅销。1997年，受市场冲击，伯爵家具厂关闭。

第二节　煤矿、金矿及非金属矿采选业

一 煤矿

大庙镇北梁村一带储有煤炭资源。清光绪30年（1904年），有人在这里开办煤矿，年产量约2500吨。以后，一直有小规模开采，采矿方法是人工开采，用牛车、骆驼等往出运输。1933年，日本侵略者占领承德后，开采北梁煤矿，并修了公路，用汽车运输。1948年11月，承德第二次解放后，热河省工业厅在大庙建立国营煤矿。1950年开始生产，有工人200人左右，原煤销售到承德及外县。1953年，几次事故后煤矿停产。工人分别调往赤峰、元宝山等煤矿。1960年以后，大庙公社也曾组织开采过，煤矿是社办企业，有1000多名工人，生产出的煤供应承德等地生产和生活。1973年，煤矿发生透水事故，造成5名工人死亡，再次停产。1993年，北梁村村民姜林、舒喜等人雇了几名工人在浅层开挖小煤窑小量开采，人工背煤。1998年，矿山安全整顿，小煤窑关闭。

二 金矿

双塔山镇厂沟村（过去叫金厂沟）储有金矿资源。20世纪90年代，曾有人办证开采过。矿砂含金量仅在1克／吨～2克／吨左右，含金量太低且开采成本高，产量很小。1998年，实施矿业整顿后停产。双塔山镇通沟村、大庙镇小三岔口村、东沟村、陈营子村等也都储有少量金矿，个别村民办理过采矿证。终因储量偏少、品位太低、构不成开采规模，都没有再开采。

三 非金属矿

非金属矿主要有耐火土、石英石、磷、白云岩、矿泉水、黏土、河沙等。

耐火土 大庙镇北梁村的耐火土储量丰富、质量良好。1958年，大庙人民公社办起耐火土厂，生产的耐火土主要供应承德钢铁厂和大庙陶瓷厂。当时，生产规模比较大，曾用火车往外运输。后来由于销量、盈利逐渐减少，1992年停产。北梁村村办耐火土厂，注册资金5万元。至2005年，耐火土生产能力3万吨／年，主要供给陶瓷厂生产缸瓦、缸管等成品，无订货就停产，属季节性生产。

石英石 主要分布在双塔山镇厂沟村和大庙镇冰沟门村、陈营子村等地。厂沟村年产石英石矿1000吨，销往唐山等地的陶瓷厂做白釉用。由于订货少，不能坚持长年生产。冰沟门村、陈营子村的石英石矿质量不稳定，一直未能开采。

白云岩 俗称碴石。双塔山镇偏桥子村和前营子村有个体开采的碴石厂，长年生产，年产量6万立方米碴石，供给承德市和双滦区建筑和修路用。滦河镇宫后村碴石厂生产的碴石主要供应承德钢铁集团公司及其各建筑工地用，2005年已停产。

磷矿 大庙镇北梁村东山、双塔山镇厂沟村都有磷矿，因含量偏低，从来没有开采过。

第八章　建筑业

新中国成立前，域内没有专门的建筑施工队伍，修房建房由民间工匠承揽。施工设备仅限瓦刀、泥抹、锯、斧、凿、铇等工具。新中国成立后，国家大上工业项目，具有专业性质的建筑施工队伍落户域内。1958年成立的承德市建筑工程公司是域内第一家国营专业建筑施工队伍。1979年，

域内有国有建筑施工单位1家，职工2549人；社队集体建筑队5家，员工600人。承德市建筑工程公司（承德市第一建筑工程公司）自20世纪60年代始至90年代，承建了域内外几百项工程。驻区20余家省、市大中型企业及事业单位的建筑施工，都是由其施工的。20世纪90年代后期，企业包袱沉重、市场竞争激烈，因连年亏损停产。至2005年，承德市第一建筑工程公司面临破产。

20世纪70年代，由社队兴建的建筑队得到发展壮大。1984年，整合组建为双滦区建筑公司（下设3个建筑公司）。1998年开始，各建筑公司改制为民营股份制企业或个体企业。

2005年，区内有民营建筑企业7家。

第一节　主要企业

一 承德市第一建筑工程公司

承德市第一建筑工程公司（简称市建一公司），前身为热河省基建公司一处。1958年，改称承德市建筑工程公司。1960年，划归承德市建设局。1972年隶属承德市建工局。1977年正式成立承德市建安一公司，基地设在滦河镇西北，后迁到双塔山脚下。公司建立时有职工2549人，属国营中型施工企业，隶属承德市建筑安装总公司。

1981年5月，市建一、二公司合并为承德市建安工程总公司，双滦地区为建安三处。1986年，建安三处改为市建三公司。1988年4月与唐山建筑一公司合并，改为市建一公司。当时市建一公司下设10个项目经理和4个分厂，内设15个科室。

2011年在建工地（摄影 孙宝启）

公司施工任务主要承担双滦地区建筑工程、唐山援建工程，以及承德市区、外埠部分建筑工程。20世纪80年代，有职工4700人，年产值9600万元，利税300万元，是双滦区利税大户之一。

市建一公司自成立以来，承建了双滦区、承德市内外及外埠工程几百项，主要有双滦区地区的承钢、滦河发电厂、输送机集团、麻纺厂、丝绸厂、黑山铁矿、啤酒厂、面粉厂等主体车间、厂房、水塔、双滦区政府办公楼、双滦区保险公司大楼、工商行大楼及各大厂矿的职工住宅楼等工程；承德市内的武烈河大桥、旅游大桥、市医院住院处大楼、市人大办公楼等工程；1976年，还建有唐山地震后恢复重建的唐山电厂小区、开滦煤矿小区、新市区小区以及天津书苑里小区、土城小区等。

20世纪90年代后期，由于企业内部管理机制陈旧僵化，企业包袱沉重，退休职工2432人，使公司企业效益逐年下降，经营陷入困境，企业停产，职工下岗。至2005年，企业面临破产。

二 承德市繁荣建筑集团有限公司

承德市繁荣建筑集团有限公司前身是双滦区第二建筑公司，2002年4月，改制为承德市繁荣建筑有限公司。2004年，正式更名为承德市繁荣建筑集团有限公司，公司下设五个分公司：承德市繁荣建筑有限公司、承德市繁荣房地产开发有限公司、承德市繁荣输送机有限公司、承德市繁荣生态养殖公司、承德市繁荣服务有限公司。集团公司固定资产1700万元，流动资金186万元，有塔吊、挖掘机、装载机、汽车、搅拌机等建筑施工所需的各种设备。企业资质为房屋建筑施工总承包三级。至2005年，集团公司总资产6699万元，有职工250人，其中工程技术人员45人，年竣工量1.5万平方米，年产值2000万元。1999—2005年，先后承揽的主要建筑工程有：双滦区国税局办公楼及住宅楼、承输集团50号住宅楼、双滦区经济适用房三期1号楼工程、双滦区燃料公司住宅小区、承输集团住宅楼工程、繁荣大厦商住楼、承输集团51号住宅楼、双滦区自来水收费大厅、承德市第三中学学生宿舍楼工程、双滦区商贸街跨年度工程、承输集团53号住宅楼、双塔山镇及偏桥子镇政府住宅楼工程、承钢集团39号住宅楼工程、实验中学宿舍楼工程、滨河路商住楼工程、双滦交警指挥中心办公楼、黄麻化纤分厂工程，总建筑面积约24.9万平方米。

三 双滦畅远铁路工程有限公司

双滦畅远铁路工程有限公司前身是双滦建筑队。1994年4月，双滦建筑队成立，有职工20人，固定资产4.9万元，注册资金17万元。2000年7月，经注册改为双滦畅远铁路有限公司，企业资质铁路综合四级。注册资本70万元，流动资金19万元，固定资产51万元，职工30人，年产值100万元以上。经过几年的发展，企业规模不断扩大，至2005年底，有职工220人，其中工程技术人员45人；固定资产350万元，流动资金400万元，注册资本金686.19万元，机械设备63台/件，年产值1020万元，企业资质也由原来的铁路综合四级晋升为铁路工程施工总承包三级。

四 承德市民安建筑安装工程有限公司

公司前身为滦河发电厂所属电力实业总公司下设的建筑安装工程公司。滦电电力实业总公司建筑安装工程公司为法人单位。2000年7月，经省建设厅批准，公司企业资质由工业与民用建筑施工四级企业晋升为工业与民用建筑工程施工总承包三级企业。2002年，公司改制组建承德民安安装工程有限责任公司，注册资本700万元。原公司所属人员、资产、工程项目、施工业绩一并带入承德民安建筑安装工程有限责任公司，并以新公司申请三级资质就位，至2005年底，公司总资产1787万元，有职工220人，其中工程技术人员32人；有推土机1台，轮式起重机2台，震动碾2台，混凝土搅拌机站1座及其他相关机械设备；年竣工量2.85万平方米，年产值2220万元。

公司成立以来，主要承揽的工程项目有：滦电电力集控中心工程、滦电运行控制楼工程、滦电输煤系统土建工程、滦电厂外路工程和凡西营子坝工程等。

五 承德畅通公路工程有限公司

2000年7月，承德畅通公路工程有限公司成立，由原双滦区交通局公路工程处改制。2004年4月，又增设房屋建筑工程公司。至2005年底，畅通公路工程公司资质为公路工程施工总承包三级、房屋建筑三级。注册资本金1500万元，固定资产1554万元，机械设备有吊车、挖掘机、压路机、推土机、装载机、沥青拌和机、平地机等，年产值5124万元。公司有完整的质量管理、安全管理、成本管理体系和各项规章制度，有工程技术和经济管理人员98人，技工130人。公司施工的各项工程，优良率90%以上。

六 承德天工建筑发展工程有限公司

公司前身是承钢建安车间，先后更名为8车间、修建工程处、修建工程部等。2004年11月，企业改制，成立承德天工建筑发展工程有限公司，属民营企业。

第二节　工程设计

一 双滦区建设局村镇规划设计室

1999年10月，双滦区村镇规划设计室成立。2005年，设计室取消规划专项资质，保留测绘丁级资质。

2000—2005年，设计室先后设计双塔山农行集资住宅楼、双滦区农牧局集资住宅楼、双滦区民族广场、双滦区建设局办公楼等，总建筑面积5.5万余平方米。先后完成滦河镇农宅（9户）改造工程设计、双滦区实验中学校园规划、团瓢村整体改造工程设计、双塔山镇和滦河镇街景规划、偏桥子镇羊泉子村、十八盘村和大庙镇上碾子村搬迁工程规划及设计。

二　承德华泰工程设计有限公司（简称华泰公司）

公司前身是承钢厂基建设计科，1989年更名为承钢设计所(设计院),具有乙级工程咨询资格。2001年，企业改制，成立承德华泰工程设计有限公司，属民营股份制企业。2005年，有职工45人，净利润172.47万元。

华泰公司经营范围有冶金工程设计乙级、工程咨询乙级、工程测量丙级。主要工程设计有承钢工程技术改造设计和住宅、办公楼设计。

第三节　工程设备

新中国成立前，域内建筑行业无工程设备。20世纪60年代后，国营建筑企业开始拥有机械化设备。改革开放后，双滦区建筑企业各种建筑机械设备逐年完善。至2005年，区内建筑机械652台（件）。

2005年承德市双滦区建筑企业机械设备统计表

表8-8-1

设备名称	台（件）
自卸汽车	26
吊车	6
塔吊	7
水泥罐车	3
推土机	3
装载机	3
挖掘机	4
龙门吊	7
塔式起重机	3
搅拌机	97
各种电焊机	60
内振拉膜机	3
拖拉机	3
切割机	25
磨石机	30
卷扬机	48
电动机	50
震动器	2
压路机	2
其它	270
合计	652

第九编　钢铁工业

域内北部铁矿资源蕴藏丰富。民国18年(1929年）6月，国民政府农矿部北平地质调查所发现域内钒钛磁铁矿床。民国22年至34年（1933—1945年)，日本侵略者窥探并掠夺域内矿产资源。新中国成立后，国家重视发展钢铁工业，相继建立热河铁矿厂、承德市钢铁厂。1959年1月，热河铁矿厂和承德市钢铁厂合并为承德钢铁公司(以下简称承钢)。历经50余年的建设和发展，钢铁工业现已成为双滦区经济支柱产业。承钢依托资源优势，经过1984年、1994年、2000年3次大规模扩建，逐渐发展成为以钒钛产品和冶炼轧制为主多元化经营的大型企业集团。

钢铁工业的壮大，带动了地方经济的发展。1992年，双塔山镇建立热河钢铁厂。1993年，大庙镇建立双通冶炼厂。1998年，国营大庙铁矿交地方后，民营采、选矿企业快速发展。2005年，区内生产铁矿石268.9万吨、钒钛铁矿石236.5万吨，铁精粉160.5万吨、钒钛铁精粉158.9万吨，生铁237.7万吨、粗钢255.6万吨，钢材243.8万吨、铁合金5000吨。

第一章　矿藏勘探

域内矿产资源主要有铁、金、煤、萤石、耐火土、陶土等。钒钛磁铁矿资源主要分布在大庙镇、双塔山镇。民国18年（1929年)，国民政府曾经调查分析和论证大庙地区的铁矿资源。日本侵略军入侵后开始窥探、开采铁矿，进行资源掠夺。新中国成立后，国家曾多次勘探矿山地质、探查矿体规模和范围、资源储量。至2003年，确认双滦区钒钛磁铁矿可靠资源21927万吨。

第一节　矿区构造

一 矿区位置

大庙铁矿位于承德市西北双滦区大庙镇域，距承德市33公里。矿区位于北纬41°1′，东经117°40′；海拔标高690～1024米。矿床分布在大庙镇二道河子、大庙、老窑、七家、北梁等村，东西宽1.5公里，南北长4.5公里。矿区处于丘陵地带，山沟多呈V型，倾斜在30°～40°之间。承围公路（承赤西线）从矿区通过，承德市—大庙2路公交汽车通达。

黑山铁矿坐落在承德市东北35公里处高寺台镇，西侧距大庙铁矿15公里。采矿区在高寺台王营村域内，选矿厂建在高寺台纪营村南山坡上，采区与选区相距5公里。矿区四面环山、山高沟窄，最高海拔标高1120米，相对标高差600米，矿区面积4.43平方公里。矿区交通较为便利，建有4

公里铁路专用线，与沙通线承隆支线在高寺台站接轨；往西有 15 公里公路，通达大庙铁矿及承围公路，往东 3 公里与承赤公路衔接。

二 矿体形成

大庙矿区矿山地层大部分是火成岩，矿床赋存于基性火成岩中，属于晚期岩浆分异矿床。矿石构造分为致密型和浸染型两种，矿区内有钒钛磁铁矿大小矿体 52 个，分南部、中部、北部及东北部 4 个矿体群。矿体多呈扁豆状、瘤块状和脉状。

第二节 铁矿勘探

一 初期勘探

民国 18 年（1929 年）6 月，国民政府农矿部北平地质调查所地质调查员孙建初、王曰伦到热河特别区（今承德市）调查地质。两位地质调查员在返回北平（今北京）途经滦平、隆化两县交界地域七家子村（即今大庙镇）时，发现钒钛磁铁矿矿脉。孙建初、王曰伦在大庙矿区工作多日，对矿脉情况作详细了解、记载。随后，将矿样带回地质所化学分析，并写出《热河省滦平县七家子铁矿，十八年本所孙建初、王曰伦调查》。调查记载了七家子铁矿的具体位置、铁矿生成、矿脉走向和主要化学成分及储量。对矿量作出评估："铁矿生于太古界片麻岩闪长岩中，峭然壁立，走向为北北西、南南东。薄厚不一致，自五公尺以至三十余公尺。……矿石为磁铁矿，脉质颇密微量结晶粒状，呈钢灰色光泽……。经本所化验：含铁百分之七十以上，杂质颇少，且矿石均匀，无优劣悬殊之分。……其长为 4200 公尺，平均宽为 12 公尺，高 50 公尺，比重为 4.5，则当得储量 1134 万吨，此为沟底以上之矿量。然此矿确有愈深愈厚之势，计至地面下深 50 公尺，不为过多，则该处矿量当较前数加倍，即 2268 万吨，实有价值之宝藏也。"

二 资源调查

1954 年 1 月，国家重工业部地质局东北分局派出一一二地质队到大庙矿区勘探。同年 10 月，大庙地质勘探队成立，下设地质钻探队和坑探队，勘探地质情况。

1955 年 4 月，大庙铁矿成立管理所，原地质勘探队划归中央重工业部地质局一〇四队，勘探工作交由地质专业队负责。同年 7 月，地质局一〇四队提交地质调查报告称：大庙矿区的矿石储量为 B（Ⅰ＋Ⅱ）629.3 万吨，C1916.4 万吨，C2589.1 万吨，表外储量 99.3 万吨。1956 年 2 月，提交《大庙铁矿 1955 年年终储量报告》，又增加储量 B（Ⅰ＋Ⅱ）61 万吨，C1215 万吨，C263 万吨，大庙矿区储量 2572.8 万吨。1961 年、1963 年、1978 年又分别组织过多次详勘，矿量陆续有所增加。至 1985 年探明，大庙铁矿工业储量 2721.4 万吨。黑山铁矿矿区内已查明的矿体 46 个，其中 1 号、2 号矿体规模最大，其次是 3 号、6 号、8 号矿体。已探明储藏量 8230 万吨，采场圈进的矿石量 3635.28 万吨。另根据河北地质四队提供的资料，黑山矿区范围内新探明矿量 15011 万吨，其中东大洼 11866 万吨，龙潭沟 3145 万吨。至 2003 年，黑山矿区总储量 7947.6 万吨，保有储量 7000 万吨以上，含铁品位 35.8%，矿石中除含钒、钛外，还含有钴、镍等金属元素。

2003 年，经河北省地质小队勘探，河北省国土资源局确认：双滦区钒钛磁铁矿可靠资源量 21927 万吨，矿石成份：特种铁 12% ～ 23%、五氧化二钒 0.15% ～ 0.25%、二氧化钛 2.2% ～ 8.0%，铁矿具有埋藏浅、易采选、成本低和应用前景好的特点。

附记：

日本侵略者窥探大庙矿区

民国 22 年（1933 年）4 月，日本侵略军关东军特务部热河资源概查第三班勘察队到大庙地区地质勘察。他们将搜集到的矿样送到昭和制钢所（今鞍山钢铁公司）分析化验，写出《热河省滦平县缸窑（七家子）铁矿调查报告》。对大庙铁矿的矿床、地质、矿体产状、矿石结构，以及矿石的化学、物理性质等，作出初步分析，确认是稀有金属矿，提出可能含有钒成份的结论。民国26年（1937年）“七七事变”后，日本侵略者为了掠夺的需要，加紧对大庙矿区的地质调查和矿石化验。年内，日本人在大庙矿区地质调查4次、实验2次、做出3项分析；同时发现黑山矿区。民国29年（1940年），日本工程技术人员撰写大庙及黑山两个铁矿的调查报告11份。其中《热河省滦平县大庙及承德县黑山附近含钛钒铁矿调查报告》，除对矿区所有位置、交通、地形和地质情况作具体阐述外，还把大庙铁矿已经发现的28个矿体划分为南、北、西3个矿体群，分别作介绍，并列表分析矿样结果。

第二章　矿山建设

民国30年（1941年），日本侵略者成立满洲特殊铁矿株式会社，开始建立大庙铁矿、双头山选矿厂，开采掠夺铁矿资源。民国35年（1946年），国民党军队占领，大庙铁矿大多设备遭到盗卖、毁坏。1948年11月，域内第二次解放，大庙铁矿回到人民手中。1953年5月，国家开始恢复建设大庙铁矿、设计建设黑山铁矿。大庙铁矿1959年正式投产，经过多年技术革新和改造，至1995年共生产铁矿石2019.49万吨，工业总产值29240万元。由于资源原因，1995年，大庙铁矿转产；1998年4月停产，将矿山交予地方政府。黑山铁矿1953年开始设计，历经初建、停建、缓建，1986年正式投产。

大庙铁矿转为民采后，地方民营小铁矿、小选厂迅速发展。至2005年，民营小铁选厂发展到54家。

第一节　大庙铁矿

一　初建

民国29年（1940年），日本侵略者以伪满洲重工业万发株式会社为主体，日伪满州矿山株式会社、日本油脂株式会社合资成立伪满洲特殊铁矿株式会社，开始投资3000万日元，后又陆续增加到6000万日元，掠夺开发大庙铁矿。民国31年（1942年）8月，大庙矿完成采掘，建成水平坑16个、小竖井2个，开采部分矿体。年底，探矿总米数1644米。民国32年（1943年）下半年，平均日出矿量200吨；民国33年（1944年），平均日出矿量258吨。民国31年（1942年）8月至民国34年（1945年）8月15日，日本侵略者从大庙铁矿掠走钒钛铁精粉14.4万吨。

民国34年（1945年）8月20日，承德解放第二天，冀察热辽辖区八路军办事处接管大庙采矿所。随后，将大庙铁矿移交冀察热辽实业公司管理。热辽实业公司指派裴云生负责大庙铁矿工作，并组织起一支30多人的工人纠察队（后改编为双塔山区公安队）保卫大庙铁矿。

民国35年（1946年）8月29日，国民党十三军占领承德，大庙铁矿部分工人随人民解放军北撤转移。其间，矿内大量设备物资遭到盗卖。

二　重建

民国37年（1948年）11月13日，承德第二次解放，大庙铁矿重新回到人民手中。

民国38年（1949年）1月，热河省军区接管大庙铁矿，指派协理员侯振江为负责人，组建大庙铁矿保管所，开始修复旧坑道并收集散落丢失的机器设备及各种物资。承德市公安局派出警卫班负责矿山保卫。2月，热河省军区将大庙铁矿移交给热河省建设厅；8月，移交给东北行政区人民政府重工业部。

1956年2月，重工业部批准《热河钒钛联合工厂初步设计审核批准议定书》，确定大庙铁矿采用平峒、盲竖井、溜矿井开采方法。1957年，专门成立坑口机构，负责矿山井巷和主要运输坑道建设；成立快速掘进队、自营土建工程队和坑道混凝土工程队，矿山恢复建设加快。1955年至1959年2月，大庙铁矿基本建设总投资1890.54万元，其中生产性建设投资810.85万元，占总投资的43%。

1959年2月，大庙铁矿正式投产。至1960年底，生产矿石68.93万吨，完成采掘剥总量88.61万吨。1959—1965年，大庙铁矿采矿方法主要是小中段空场崩落采矿法。1966年5月，开始引进瑞典无底柱分段崩落法。1971年，针对国产钎压使用寿命短，进行钎压使用寿命攻关。1972年5月，成功试验出一套制作钎压热的新工艺，自制钎压730根，比过去每根钎压使用寿命提高8～10倍。1972年，工艺获冶金工业部科技成果四等奖。

1984年6月，大庙铁矿推行企矿工资含量包干，年产矿石59.14万吨，超计划6.14万吨。至1985年底，大庙铁矿总计生产铁矿石1449.52万吨，完成工业总产值17400万元。

三 转产开发

20世纪90年代后，大庙铁矿经过多年的连续开采，矿石资源逐渐减少。1990年开始筹划转产开发。1995年，大庙铁矿设有科室17个、生产区队3个、辅助生产工段3个、汽车队1个、初中学校1所、医院1所，有职工1037人。4月，成立多种经营开发公司，投入运营的生产经营项目有：土石机械工程、富矿购销、30号矿体回收利用、对外机械加工等，还建起木材加工厂、弯头厂、冷拔异型钢管厂等。1997年初，铁矿10号矿体停止开采；同年8月，41号矿体停采。年底，大庙铁矿员工全部分流安置。

1998年4月，大庙矿采区全部停采。铁矿组织职工回收停采矿体的设备、管线、设施及其它物资等。回收固定资产类物资原值817.68万元，净值264.91万元；实际回收物资（评估）残值139.44万元、净值6.22万元。1999年12月24日，河北省冶金厅下发《关于对承钢大庙矿区部分残留矿量划归地方开采的批复》，将大庙铁矿10号、24号、26号、30号、40号和41号矿体残留矿量划归双滦区地方开采。1959年2月至1995年底，大庙铁矿共生产铁矿石2019.49万吨，工业总产值29240万元。

第二节　黑山铁矿

一 初建

民国26年（1937年）2月，日本侵略者在

大庙铁矿办公楼及平房家属区（摄影　刘永占）

1985年，大庙矿主坑矿井概貌
（摄影　计建中）

大庙矿区四周地质勘察的同时，伪满铁道总局附业课派人到马家营子（现黑山铁矿所在地）调查，从砂金矿床形成洪积纪砾层中发现铁矿砾石，引起日本人注意。同年5月，伪满中央试验所对黑山矿区的71个矿石样品作试验分析，由伪满满铁产业部写出《热河省承德县黑山铁矿调查报告》。

黑山铁矿的矿石品位表

表9-2-1

成分	平均品位（%）	最高品位（%）
铁	48.09	55.71
二氧化硅	5.49	18.68
二氧化钛	12.20	15.31
五氧化二钒	0.45	0.70
钒	0.25	0.40

民国32年（1943年），日本人在黑山矿区设计水平坑道14个，探矿1640米，修建黑山至大庙矿的土石公路和黑山至大庙的架空索道铁架及基础。民国34年（1945年），承德第一次解放，黑山铁矿由大庙铁矿代管。

民国35年（1946年）8月至民国37年（1948年）10月，国民党军队占领承德时期，黑山铁矿遭到破坏。

民国37年（1948年）11月，承德第二次解放。黑山铁矿由人民政府接管。

二 复建

1953年，黑山铁矿作为热河铁矿厂所属矿山，被列为苏联援建重点工程，由苏联列宁格勒矿业设计院初步设计黑山铁矿。1954年9月，沈阳勘探公司一〇四地质队开始勘探黑山铁矿。经过8个月工作，1955年4月，提出地质调查报告。调查报告称：至1955年底，黑山铁矿总储量4364.5万吨，其中B+C1432.3万吨、C2932.2万吨。1958—1959年，由鞍山黑色矿山设计院修改黑山铁矿初步设计，国家投资200万元，黑山铁矿进入初建阶段：开始修建临时办公室和部分职工宿舍，购置矿车，锻钎机等设备，剥岩10万立方米。1960年7月，黑山铁矿暂停建设。

1970—1977年，黑山铁矿为建设阶段。1970年11月，承钢提交《关于黑山铁矿采选设计会议纪要》，黑山铁矿设计开采区域储量6042万吨，采出品位33.8%。

1978年2月至1984年5月，黑山铁矿缓建。

1984年5月15日，黑山铁矿全面恢复建设。至年底，建设投资516.6万元，采场剥岩22.03万立方米，选矿厂施工准备、部分工程开工。1985年，黑山铁矿建设投资1637万元，采矿部分剥岩61.14万立方米。1986年6月，黑山铁矿1号露天采场和纪营选厂建成投产，全年采剥总量124.49万吨。从开始施工建设到正式投产，黑山铁矿总计用时25个月，累计投资4014万元。

2004年3月，黑山铁矿机构设置12个科室、10个生产及辅助工段，还设有职工医院、实业开发公司和生活福利公司。有职工1971人，其中管理岗152人、作业岗1819人。

第三章　钢铁企业

承钢是中国钒钛磁铁矿高炉冶炼技术的发祥地和中国钒钛钢铁产业化的先导企业，是国家重点支持的520家工业企业和河北省大型支柱性企业集团之一，也是驻区最大的国营企业。

双滦区民营钢铁企业有双丰钢铁有限公司、双通冶炼厂。在十多年发展中，民营钢铁企业在规模小、投入不足、生产不稳定的状态中经营，已被国家列入明令淘汰的小钢铁企业范围。

第一节　承德钢铁集团有限公司

承德钢铁集团有限公司（简称承钢）是河北省省属企业，坐落在双滦区滦河镇。1959年1月，热河铁矿厂与承德市钢铁厂合并，成立承德钢铁公司。1960—1969年，承钢隶属冶金工业部。1963年9月，承德钢铁公司改为承德钢铁厂。1970年8月，承德钢铁厂隶属河北省。1992年4月，承德钢铁厂恢复承德钢铁公司名称。1995年7月，承德钢铁公司改制为承德钢铁集团有限公司。2005年10月，承钢和唐钢、宣钢一并以企业联合形式组建唐山钢铁集团有限公司。

1965年，高钛型钒钛磁铁矿高炉冶炼技术在承钢1号高炉获得突破，并率先在国内建立钒钛钢铁产业基地。钒钛磁铁矿开发利用的冶炼工艺技术，破解钒钛磁铁矿高炉冶炼技术的世界性难题，为四川攀枝花钒钛钢铁基地的建设提供科学依据，并获得“国家科技发明一等奖”。

1987年5月，承德钢铁厂厂区（摄影 季增）

20世纪 80年代初期承德钢铁厂厂区（区档案馆提供）

1967年，承钢首创水浸提钒新工艺。20世纪80年代初，承钢按国际先进标准BS4449开发生产“燕山牌”直径12～40毫米含钒高强度螺纹钢筋，其中直径40毫米螺纹钢筋填补了国内空白。产品销往香港，获得“免检使用”的信誉。1997年始，承钢率先在国内研制、生产供应新Ⅲ级钢筋，并长期保持国内领先优势。钒渣直接合金化新工艺，使含钒低合金钢的成本大幅降低，获得河北省科技进步一等奖、获国家发明专利。1999年，首创转炉顶底侧复吹提钒新工艺。至2005年，承钢将钒渣直接合金化等14项专利技术注册；40多项科技成果获国家部委和省、市科技成果奖；含钒非调质钢、钒钛矿开炉技术等90多项新产品、新技术获市级以上科技进步奖。

承钢建有科学的管理体系和完善的质量保证体系，1996年，通过了ISO 9002质量认证；1998年，成立省级技术中心；2002年，建立ERP信息管理系统。2004年，建立OA系统，实现无纸化办公。至2005年，承钢已形成采矿业、钒钛钢铁业、运输业、煤化工业、机械电子业、宾馆旅游业和进出口贸易等多元化产业。主要生产产品和经营范围包括含钒低合金钢材（Ⅱ、Ⅲ、Ⅳ级直径6～500毫米钢筋混凝土用热轧带肋钢筋，机械用热轧圆钢、高速线材，热轧带钢、热轧钢管，高速公路护栏板）；钒产品（氧化钒、钒铁合金、钒氮合金、硫酸氧钒、偏钒酸铵、偏钒酸钠）；钒精矿；机械电子产品等。1985—2005年，承钢先后投资80多亿元进行技术改造，使工艺结构和产品结构进一步优化、产品科技含量不断提高，促进了生产效率和经济效益的持续增长。至2005年，承钢已具备年产含钒低（微）合金钢300万吨、钒渣12万吨和钒产品6000吨的生产能力，新Ⅲ级钢筋销售市场占有率连续8年全国第一。

承钢生产的“燕山牌”螺纹钢筋独具钒钛资源特色，具有强度高、韧性好、抗疲劳、耐腐蚀和易焊接等优良性能，被大量使用在国内高承载、抗震和建筑性能要求高的重点建筑工程中。产品销往韩国、东南亚等国家以及中国香港、澳门、台湾地区。“燕山牌”HRB400（新Ⅲ级）钢筋越来越多地被广泛使用在国内许多著名的工程建筑中：全国第一家中外合资饭店——北京长城饭店、全国第一高塔——上海东方明珠电视塔、全国第一大水泥厂——山东大宇水泥厂、全国第一大电厂——托克托电厂、全国第一大单体建筑——北京东方广场、全国第一公路大桥——江苏润场长江大桥、全国第一（同时也是世界第一）大坝——长江三峡大坝、中央电视台新址工程等。尤其是在长江三峡工程中，承钢连续九次中标，其产品全部用于三峡大坝坝身、涡轮发电机基础构架和永久船闸等关键部位。

2003年承德钢铁公司厂区（摄影　刘永占）

承钢用自产钒渣为原料生产的“鸡冠山牌”片剂五氧化二钒产品先后出口日本、美国、韩国、

2005年承德钢铁公司厂区（摄影　刘永占）

英国、德国、法国、俄罗斯、捷克、奥地利、比利时、越南等国家，以及中国香港、澳门和台湾地区。1995年被墨西哥国际市场研究会评为“国际质量钻石奖”；粉剂五氧化二钒在国内市场占有率达70%以上，畅销国内18个省、市的100多家用户。此外，承钢采用新工艺生产的热轧带钢可用来制作高速公路护栏和隔离栅，采用新工艺生产的高性能热轧钢管可替代部分无缝钢管。还生产有含钒铁精粉、钛精粉、冶金焦炭、粗苯、煤焦油、工业煤气等多种产品，同时，可提供钒铁合金和钒氮合金等含钒添加剂等。

20世纪70年代以后，承钢获得的主要荣誉有：国家经贸委“全国资源综合利用先进企业”、国务院“水资源保护先进单位”、中央绿化委员会“全国绿化先进单位”、中国质量协会用户委员会“全国用户满意企业”、国家质量技术监督局“全国首批质量免检产品生产企业”“全国首批钢筋混凝土用热轧带肋钢筋免检产品质量十佳企业”“全国质量服务诚信示范企业”、中国企业信用协会“全国产品质量放心服务十佳诚信企业”、河北省政府命名为“经济效益好、社会贡献大企业”，河北省委和省政府“河北省文明单位”“河北省最佳工业企业形象单位”、河北省工商局授予“重合同、守信用单位”、建设银行和工商银行“特级信用（AAA）优等企业”，承钢党委被河北省委命名为“先进基层党组织”、评为“省属企业十佳先进基层党组织”“思想政治工作优秀企业”。

至2005年，承钢拥有总资产120.05亿元，其中所有者权益29.89亿元，下属分公司4个、子公司9个、参股公司22个，其中最大的子公司“承德新新钒钛股份有限公司”于2002年9月发行1亿A股上市。承钢集团公司机构设置11部1室：集团经营部、战略发展部、技改工程部、人力资源部（组织部）、企业管理部、审计监察部（纪委）、安全环保部、董事会秘书部、矿产资源管理部、党群工作部（宣传部、工会、团委）、武装保卫部和公司办公室（党委办公室）。在册职工17491人（其中承德钒钛公司11558人），有高、中级专业技术职称人员3073人。其中，正高职14人，副高职645人，中职2229人，工人技师、高级技师185人，大专以上文化程度2330人，占职工总数的13.32%。

第二节　私营钢铁企业

一　双丰钢铁有限公司

双丰钢铁有限公司前身是承德市热河钢铁厂。企业坐落于双滦区双塔山镇单塔子村，注册资金500万元。始建于1992年，通过十多年不断改建扩建，发展成集采矿—选矿—烧结—炼铁—炼钢—轧钢一条龙系列化生产的小型钢铁企业，年生产钢锭及其轧制产品4万吨。

1998年11月31日，资产评估总值10870.9万元，固定资产评估值4724.9万元，生产用房10305.44平方米，非生产用房969.18平方米，机器设备323台（套），运输设备18辆。1999年2月，双塔山镇决定把热河钢铁厂、承德电业钢球厂产权以282万元卖给个人。企业更名“双丰钢铁有限责任公司”，属私营企业。至2005年，双丰钢铁有限责任公司完成工业总产值38745.3万元，营业收入34067万元，工业增加值5514.6万元，税金728万元。

二　双通冶炼厂

1993年8月8日，双通冶炼厂在双滦区大庙镇上营子村破土动工，占地100.15亩。原名双通冶炼有限公司，属中外合资企业，外商是法国巴黎士多有限公司，公司原始投资1500万元，中方分别是北京市葛渠农工商联合总公司和承德市双滦区大庙镇政府。各占股份的51%、33.5%、15.5%。

1994年追加投资500万元，总投资2000万元。1996年1月5日，因经营不善，公司董事会决定由法方全权管理公司经营。1997年6月6日，法方以400万元将41%的股份转卖给北京市葛渠农工商联合总公司。以100万元将其余10%的股份转给个人。1998年3月12日，由于北京方未按合同付款到位，法方收回41%的股份，以250万元另卖给河北省承德市祥发物资有限责任公司，结束了中外合资的历史。1998年祥发钢铁公司扩大烧结能力，改土烧为机烧，提高烧结矿质量和产量，由原日产烧结矿150吨提高到300吨，烧结质量平均提高11个百分点。1999年日产生铁由原来60吨提高到100吨，高炉利用系数高达3.1，毛焦比降低至700公斤，电耗吨铁降至90度，产品合格率95%以上，吨铁成本控制在910元。1999年产生铁1.6万吨，创产值3145.5万元，创利税40万元。

2000年后，长城钢管公司收购祥发钢铁公司，更名为“双通冶炼厂”，继续炼铁。

第四章　采矿　选矿

域内铁矿采选企业，规模较大的是承钢所属的大庙铁矿、黑山铁矿、双塔山选矿厂。国营企业设备相对先进，经过多年的技术引进和改造，采、选工艺跻身于国内先进行列。改革开放后，村办小铁矿开始建设生产。1998年，大庙铁矿停采后，私营采选企业发展较快。

第一节　采　矿

一、国营铁矿采矿

大庙铁矿　是一座中型井下矿山。主要采用平峒、盲竖井、溜矿井方法开采。主平峒标高为海拔757米，长2050米，运输干线全长4250米。

1985年，大庙矿井下工人劳动（摄影 计建中）

1959—1965年，主要用“小中段空场崩落采矿法”，少部分用“天井崩落法”。小中段空场崩落采矿法存在矿柱占矿量大，矿石回收率低；采场生产受耙道限制，产量低；采场回采时间较长；采空区两帮围岩经常片落，使贫化增加；采场多，人员分散，掘进出渣使用耙子簸箕，人工装药并巷工程量和工人劳动强度加大，限制生产的发展。

1966年，大庙铁矿与马鞍山矿山研究院、鞍山黑色冶金矿山设计院合作，引进瑞典先进的无底柱分段崩落采矿法，提高了生产效率。这种方法具有机械化程度高、效率高、回收率高和成本低以及工艺简单、作业安全等优点。深孔台效比原来提高3.75倍，深孔凿岩工效提高1倍。大庙铁矿引进推行无底柱分段崩落采矿法，填补了国内井下金属矿山开采的一项空白，被收录《当代中国钢铁工业科学技术》一书。

1995年底，大庙铁矿主要生产设备有：装岩机、电机车、破碎机、推土机、卷扬机、空压机、电耙、汽车、切削机床等。

黑山铁矿　采矿方法是露天开采。

1985年，黑山铁矿采选设备总重量2600吨，主要设备有电铲、潜孔钻、空压机、推土机、解放汽车、翻斗汽车、克拉斯汽车。

黑山铁矿属采选合一、配套成龙的中型矿山。1986年6月建成投产后，利用自己的技术优势进行一系列技术改造和科技攻关。生产工艺从开始的方形布孔改为三角形布孔；爆破从用电雷管爆破发展到用非电导爆管爆破；成功地采用推广采场临近边坡预裂爆破法等。先后改进了20平方米过滤机、尾矿输运系统和直线振动筛，完成选矿一工段球磨自动化高科技含量工艺，提高球磨机利用系数，改造选矿磁化输送设备，有效提高选矿能力。1986年，采剥总量124.49万吨；1990年增加到205.93万吨；2000年增加到335.40万吨；2003年达到444.59万吨。2002-2003年，精矿细度由原来60%提高到85%以上，精矿品位由原来的59%提高到61.17%，实现生产经营和主要经济技术指标的突破。

1986—2003年，采剥总量6072.67万吨、采出矿量1659.52万吨、生产烧结矿96.78万吨、生产低品位钛矿96507吨，高品位钛粉8954吨。至2003年底，黑山铁矿固定资产原值33335.1万元，净值12114.1万元，拥有各种类型设备1494台（套），设备总重10330.52吨。主要采运选设备有挖掘机、潜孔钻机、反铲碎石器、电机车、推土机、载重汽车、装载机、自卸车。选矿设备有球磨机、湿式格子型球麻机、螺旋分级机、颚式破碎机、圆锥破碎机、圆盘式真空过滤机、板式给矿机、浓缩机、重型板式给矿机。2004年，黑山铁矿划归承钢双大矿业公司。

二 私营小铁矿开采

1999年12月，原大庙铁矿10号、24号、26号、30号、40号、41号矿体的部分残留矿量划归地方。私营铁矿主要利用原大庙铁矿采矿的矿体，人工开采。使用设备有凿岩机、铲车、挖掘机等。通过爆破崩下矿石后，由拖拉机从巷道内运出洞外，再由汽车转运选矿厂。少数私营铁矿自行开拓巷道，通过爆破方法取得矿石，用卷扬机等设备将矿石运至地面。采矿工艺设备原始简陋。

双滦区属铁矿蕴藏极为丰富的区域，除大庙铁矿矿体外，大庙北梁村、通沟村、上营子村、大庙村、双塔山镇厂沟门村等均有矿体分布。

2005 年底，双滦区私营铁矿点 27 个。其中大、中型铁矿点 2 家，小型铁矿 25 家。固定资产原值 366 万元，注册资金 260 万元，采掘生产能力 404 万吨 / 年，有从业人员 440 人。

2005 年承德市双滦区私营铁矿开采企业统计表

表 9-4-1

序号	采矿企业名称	住所及经营场所	固定资产原值（万元）	注册资金（万元）	采掘能力（万吨）	在册人员（人）
1	金达铁矿	厂沟门村	100	50	30	20
2	大庙富来铁矿	上营子村	10	10	10	10
3	大庙东方铁矿	大庙村	20	5	50	30
4	双滦福瑞铁矿	三岔口村	50	10	60	40
5	大庙七家光明铁矿	北梁七家	10	10	10	10
6	大庙胜利铁矿厂	北梁村	10	5	10	10
7	大庙如意铁矿厂	北梁村	10	5	10	10
8	富龙铁矿	大庙村	5	5	5	5
9	大庙红星铁矿	西沟	20	5	5	10
10	大庙东山铁矿	北梁东山	10	5	5	10
11	北梁万顺铁矿	大庙村	10	5	5	10
12	双塔山通沟铁矿	通沟村	20	5	20	20
13	大庙徐庆连发铁矿	大庙村	5	5	3	10
14	老窑前沟铁矿	大庙村	3	5	2	10
15	大庙长兴铁矿	北梁村	10	10	5	15
16	大庙全兴铁矿	大庙前沟	5	5	5	15
17	大庙胜利铁矿	北梁村	5	5	5	20
18	老窑后沟光明铁矿	老窑后沟	10	5	10	20
19	大庙宝发铁矿	太阳沟	10	5	10	20
20	大庙顺发铁矿	大庙村	5	5	4	10
21	大庙十四坑铁矿	北梁村	3	5	5	10
22	宫后富民铁矿	宫后村	2	5	5	10
23	大庙宏大铁矿	松树沟	3	5	10	10
24	大兴矿业公司	大庙镇	10	50	60	40
25	胜达铁矿	北梁	10	10	20	20
26	大庙凤民铁矿	大庙村	5	10	20	20
27	大庙兴发铁矿	大庙村	5	10	20	20
合　计			366	260	404	440

第二节　选　　矿

民国30年（1941年），日本侵略者兴建双头山（双塔山）选矿场，面积11712平方米，年处理5000吨矿石。双头山选矿场与大庙铁矿同属伪满洲特殊铁矿株式会社滦平矿业所管辖，有工人1100余人，管理人员335人。

一 双塔山选矿厂

1949年初，热河省工业厅将双头山选矿场改名为双塔山选矿厂。同年7月，东北重工业部有色金属管理局接管双塔山选矿厂。1954年9月，双塔山选矿厂定名为热河铁矿厂双塔山选矿厂筹备处；1958年1月，改名为双塔山选矿厂。1959年1月，双塔山选矿厂属承德钢铁公司二级生产厂。

双塔山选矿厂车间（区档案局提供）

1965年，改进磨矿工艺。将原来的磨矿机换为直径2.7×3.6米的球磨机。1966年，改进碎矿工艺。拆除短头圆锥体碎矿机2台，换为日产直径1680毫米液压圆锥碎矿机1台。1968年，先后将一次、二次带式磁选机更换为永磁筒式磁选机。1973年，新增直径2.7×3.6米溢流型球磨机1台。1974年，增加直径1650毫米碎矿机1台。1979年，1650毫米碎矿机更换为直径1750毫米碎矿机。1985年，增置直径1020×2000毫米永磁式磁选机2台。自选矿投产至1995年，双塔山选矿厂共生产钛精粉54426吨。

1996年11月，承钢将大庙铁矿与双塔山选矿厂合并，组建双大矿业公司。1998年4月，大庙铁矿停产后，双大公司主要依靠收购民采矿石生产铁精粉，基本能满足生产需要。1999年1月，企业改造球磨机技术、安装再选机和盘式过滤机，作业率提高。2002年，双大公司铁精粉年产46万吨。2003年5月，双大公司通过改造生产系统，实现由矿石加工生产铁精粉到粗粉细磨生产方式的转变。

二 其他小型选矿厂

大庙铁矿停采后，双滦区私营采选企业发展较快，逐年呈上升趋势。私营选矿厂主要生产设备有破碎机、球磨机、磁选机、铲车、挖掘机等。工艺流程为破碎—球磨—磁选—尾矿处理等，生产出铁精粉。

2004年，区内私营采选企业27家，其中采选钒钛品种19家，单一采选8家。磨机64台，电碾2台。年设计产量170.5万吨铁精粉；年处理矿石800万吨。铁精粉主要供应承钢或外销，双丰钢铁公司和长城钢管集团生产的铁精粉自用炼铁。

2005年承德市双滦区个体私营选矿企业统计表

表9-4-2　　单位：万吨、万元

序号	选矿业名称	法定代表人(负责人)	住所及经营场所	企业性质	经营范围	磨机	年处理矿石能力	固定资产原值	注册资金	在册人员
1	聚选龙矿业公司	张俊和	单塔子西沟	有限责任	铁粉	1645两台	15	300	50	20
2	顺发矿业公司	于淑琴	大庙东沟	有限责任	低钒钛	2130一台	20	300	50	25
3	鑫源矿业公司	于　福	二道河子	有限责任	低钒钛	2130一台，1845两台	50	1000	50	40
4	富鑫铁选矿	李顺昌	大庙北梁	私营	低钒钛	1645、1545、1540各一台	20	1000	50	40

续表 9–4–2

单位：万吨、万元

序号	选矿业名称	法定代表人(负责人)	住所及经营场所	企业性质	经营范围	磨机	年处理矿石能力	固定资产原值	注册资金	在册人员
5	安顺矿业有限责任公司	袁宝成	冰沟门村	私营	铁粉	1645一台	10	200	50	20
6	双滦恒信铁选厂	武广普	黄地沟村	私营	铁粉	1218、1645各一台	6	200	50	15
7	大兴矿业公司	郭殿山	大庙村	有限责任	低钒钛	1830四台 1545两台 1845一台	60	1500	10	50
8	双发矿业公司	孔庆军	北梁村	有限责任	低钒钛	1636、1626、1545各一台	10	200	10	20
9	万顺矿业	于　福	大庙村	有限责任	低钒钛	1850一台 1835两台	40	1800	50	40
10	双滦宏利矿业公司	赵大勇	松树沟村	有限责任	铁粉	1838、1330各一台	20	200	180	20
11	钛邦矿业公司	李　华	大庙村	有限责任	低钒钛	1870两台	65	1200	50	50
12	远大矿业公司	袁宝承	岔沟门村	有限责任	铁粉	2130一台 1530两台	20	500	150	30
13	银河工贸公司	段　军	小三岔口	有限责任	铁粉	1545一台 1530一台	15	500	50	20
14	三丰矿业有限公司	应占义	厂沟村	有限责任	低钒钛	1557两台	10	604	50	40
15	龙丰物贸有限责任公司	李辰生	果山小区	有限责任	铁粉	1228一台 1645一台	10	100	50	10
16	双滦峰名矿业公司	郭殿山	岔沟门村	有限责任	低钒钛	2130两台 1845两台	60	1000	5	50
17	金达矿业有限公司	胡宪民	厂沟门村	有限责任	低钒钛	1330、1545各一台	15	600	50	20
18	双达矿业公司	肖　利	小三岔口	有限责任	铁粉	2130、2136各一台	60	1000	50	50
19	双滦峰钒矿业公司	郭殿山	凤凰嘴	有限责任	低钒钛	2130、1850各两台	60	1000	50	50
20	奥华矿业公司	陈茂礼	陈营子	有限责任	低钒钛		60	1200	50	50
21	富青山选矿厂	张兆山	陈营子	有限责任	低钒钛	1840、1540各一台	20	1000	50	30
22	双滦峰源矿业公司	陈广忠	上营子	有限责任	低钒钛	2130两台 1845两台	60	1000	50	40
23	长城钢管集团炼铁厂选矿	刘明海	陈营子	有限责任	精选自用	1557、1870各一台	—	600	—	20
24	双丰钢管公司一选厂	武广民	单塔子	分支	精选自用	1645、1228各一台	100	2200	—	60
25	双丰钢铁公司二选厂	武广民	单塔子	分支	精选自用	18364、2736各一台	100	1000	—	20
26	双滦华鑫矿业有限公司	赵焕灶	陈营子	有限责任	低钒钛	2130、1845各一台	60	1200	50	40
27	铁都矿业有限公司	李相伶	单塔子	有限责任	低钒钛(再建)		精选	2000	50	40

第五章　烧结 炼铁

1958年，承德市钢铁厂开始炼铁生产。1962年7月至1964年，炼铁厂停产。1964年，承钢承接高钛型钒钛磁铁矿高炉冶炼模拟试验任务，成立烧结工段，1965年，恢复炼铁生产。至2005年，企业先后进行烧结、炼铁工艺改造和技术革新，产品产量和质量达到国内先进水平。

第一节　烧　　结

一 发展概况

1958年5月，承德市钢铁厂在滦河厂区筹建烧结工段；1959年1月，烧结工段改为烧结车间；同年9月，烧结锅工程建成投产。1960年2月，新开辟土法平地吹场地，成立土法烧结车间。1961年，烧结车间与土法烧结车间合并，成立烧结一厂；在双塔山焦化厂增建土法平地吹车间，后改为烧结二厂。1962年至1964年7月，承钢烧结一厂、二厂先后撤销。

1964年8月，承钢承接高钛型钒钛磁铁矿高炉冶炼模拟试验任务，成立烧结工段。1965年9月，烧结工段改为承钢一车间；1974年3月，改为烧结厂。1977年3月，与炼铁厂合并为炼铁厂。1982年12月，承钢试验厂的链篦机－回转窑系统与炼铁厂竖炉土法烧结系统合并，成立承钢烧结厂。1995年前后，大庙镇的双通冶炼厂、富宏机械厂采用土法烧结；大庙村的老窑村建有烧结窑生产烧结矿，后因产量低、成本高先后自行关闭。2002—2005年，承钢烧结厂先后投产150平方米烧结机和50平方米烧结机各3台，年产球团矿300万吨。

2005年，承钢烧结厂设11个职能科室和4个工段，职工1507人。双滦区私营烧结厂有大庙镇的双丰矿业、盛兴矿产品和滦河镇的顺鑫铁精粉加工有限公司3家烧结厂，共拥有固定资产1500万元，职工230人，年生产能力30万吨。

二 工艺装备

烧结厂生产工艺分别为 土法烧结、竖炉球团工艺、链篦机—回转窑球团工艺、机烧矿生产工艺。

土法烧结 承钢先后建成的4个土法烧结平地吹场地，年产15万吨烧结矿。

竖炉球团生产工艺 1966年5月开始修建的1、2号8平方米竖炉，投产后生产不稳定；1984年6月竖炉报废。2003年1月，烧结厂建成投产国内第一座大型新工艺竖炉——TCS竖炉。月产球团矿5.15万吨，设备作业率96.3%。

链篦机－回转窑球团生产工艺 1978年，承钢修建中国第一套自行设计安装的QSL2.4×20米链篦机和φ3.5×30米回转窑。设计要求年产纳化球团9～12万吨、五氧化二钒400～600吨。工艺采用链篦机－回转窑焙烧纳化球团水浸提钒，浸后球团入高炉冶炼。1983年6月正式投产，1985年，生产球团矿17.75万吨；1986年，年产球团矿21.5万吨；2002年，球团矿年产45.4万吨，是原设计能力的2.52倍，超过国内同等规模设备生产水平。

机烧矿生产工艺 至2005年，承钢烧结厂建有50平方米烧结机3台和150平方米烧结机3台。

三 主要设备

2005年承德钢铁公司烧结厂主要设备一览表

表9-5-1

序号	设备名称	规格型号	台（套）	能力	投用时间
1	1号烧结机	50平方米	1	40万吨	1987年9月

续表 9-5-1

序号	设备名称	规格型号	台（套）	能力	投用时间
2	2号烧结机	50平方米	1	40万吨	1996年7月12日
3	3号烧结机	50平方米	1	40万吨	1998年10月1日
4	4号烧结机	150平方米	1	150万吨	2003年9月29日
5	5号烧结机	150平方米	1	150万吨	2004年12月28日
6	6号烧结机	150平方米	1	150万吨	2005年5月28日
7	链篦机－回转炉	ϕ3.5×30m QSL2.4×20m	1	18万吨	1983年6月
8	TCL竖炉		1	60万吨	2003年1月

第二节　炼　　铁

一 发展概况

1958 年，承德市钢铁厂成立炼铁一厂、炼铁二厂。同年 5 月 19 日，1 号 100 立方米高炉于破土动工，12 月建成投产，同时建成的还有 6.5 立方米小高炉 6 座。1962 年 7 月，承钢冶炼系统停产、停建。炼铁厂精简机构、下放人员，仅留少数人员看守厂房设备。1965 年 1 月，承钢承担钒钛磁铁矿高炉冶炼模拟试验，炼铁厂恢复生产。至 2005 年底，承钢炼铁厂机构有科室 5 个、工段 14 个，编制定员 1528 人，年产生铁 229.52 万吨。

20 世纪 90 年代，区内有镇办炼铁厂 1 家，中外合资炼铁厂 1 家，员工 300 人，年产生铁 4 万余吨。90 年代后全部转制为民营企业。

1958 年承钢 1＃高炉落成典礼（区档案馆提供）

二 生产设备

1958 年，承钢炼铁厂建有 1 号 100 立方米高炉和 6 座 6.5 立方米小高炉，1962 年停产。

1965 年 1 月，1 号 100 立方米高炉、2 号 100 立方米高炉和 3 号 255 立方米高炉相继开炉生产。1977—1999 年，承钢先后新建 100 立方米 1 号高炉 1 座、300 立方米 4 号高炉 1 座、300 立方米 5 号高炉 1 座；3 号高炉改建为 275 立方米，2 号高炉改建为 127 立方米。2003 年 9 月，原 2 号 127 立方米高炉扒炉重建为 450 立方米高炉建成投产。2005 年 3 月新建 1260 立方米高炉 1 座，建成投产。

三 技术改造

改进装料方法 1979 年前，承钢炼铁厂一直沿用“三正两倒”的装料制度。1979 年改用净矿装料，改善崩料、气流分布和煤气利用等环节。1985 年“大料批正分装”试验取得成功。1986 年 11 月 1 日，“混装焦丁装料”方法在 2 号 100 立方米高炉试验成功。1991 年，“焦矿混装料制”通过省级鉴定。

更新开炉方法 20 世纪 50—80 年代，承钢炼铁厂生产每次开炉都是采用普通生矿（红矿），用木材填充炉缸的方法开炉。1985 年 12 月，3 号高炉以全钒钛铁矿代替普通生矿做开炉料试验成功。1990年12月16日，在3号炉实行全焦开炉法获得成功。1998年、1999年，经过探讨，又摸索出渣铁口通风开炉新方法。

提高冶炼技术 1981年12月21日，承钢炼铁厂以降低冶炼铁损、抑制二氧化钛还原、保炉况顺行、增铁降焦为目的的配加黑山块矿试验成功。1982年10月21日，配加酸性球团试验成功。1986—1988年，采用钢渣代替部分溶剂入炉试验，降低了高炉冶炼成本，取得年增效益60.75万元的成果，并通过省级鉴定。1994年8月，高炉喷煤工艺投入使用。1995年，3号、4号高炉全年喷煤1502吨，平均喷煤比36公斤／吨；1998年，吨铁喷煤100公斤。2001年，实现普通矿和钒钛矿分别冶炼及富氧冶炼。2002年，高炉出铁次数由12次增加到15次。

四 设备改造

承钢炼铁厂建厂后，先后设备更新改造2000多项。1966年，增设皮带传送上料；称重系统由人工推车称量改为电瓶车载料称量等。20世纪70年代，炉前相继使用泥炮开眼机、堵渣机，手工铸铁改为铸铁机铸铁。80年代，改活小坑出铁为死小坑出铁；改木柴烤沟为高炉自产炉渣供热烤沟法。1988年，4号高炉采用pc-584计算机系统，实现上料自动化控制；煤气系统采用干式布袋除尘；炉顶装料、热风炉换炉及泥泡操作采用液压系统控制。1994—1999年，3号高炉、5号高炉、6号高炉全部采用计算机上料系统控制。6号高炉、热风炉采用DCS仪表控制系统，动力系统采用汽轮鼓风机送风。2003年9月，新2号高炉炉顶采用无料钟布料系统。推广使用顶燃式热风炉，实现红外线测温，通过850立方米／秒和900立方米／秒风机三元流改造，提高鼓风动能。2004年，完成高炉鼓风机电、仪系统改造等8项设备改造。

第六章　炼钢　轧钢

1958年，域内始有炼钢生产。由于工艺落后、产品质次、企业经营亏损停产。1988年7月，承德钢铁公司提钒炼钢厂建成投产。1990年，炼钢试验厂建成投产。炼钢厂不断采用新工艺、新技术，生产平均每年递增10%以上，相继生产出军工产品的特殊钢、提钒钢、科研用钢。2005年产钢241.74万吨，比1989年钢产量20.73万吨提高11.7倍。

轧钢生产经历了由低产运行到高速发展，坚持依靠科技进步，走挖潜改造扩大再生产之路。生产多种规格的热轧（冷轧）带肋钢筋及钢管、线材、棒材等品种30多个。2005年，钢材产量233.96万吨。

第一节　炼　钢

一 发展概况

1958年9月至1959年9月，承德市钢铁厂建成6吨提钒侧吹转炉厂房2座，建筑面积21770.9平方米，总投资569.44万元。

1959年至1962年6月，炼钢厂部分建成投产。由于没有形成系统生产能力，产量低、质量差，亏损严重。1962年7月，

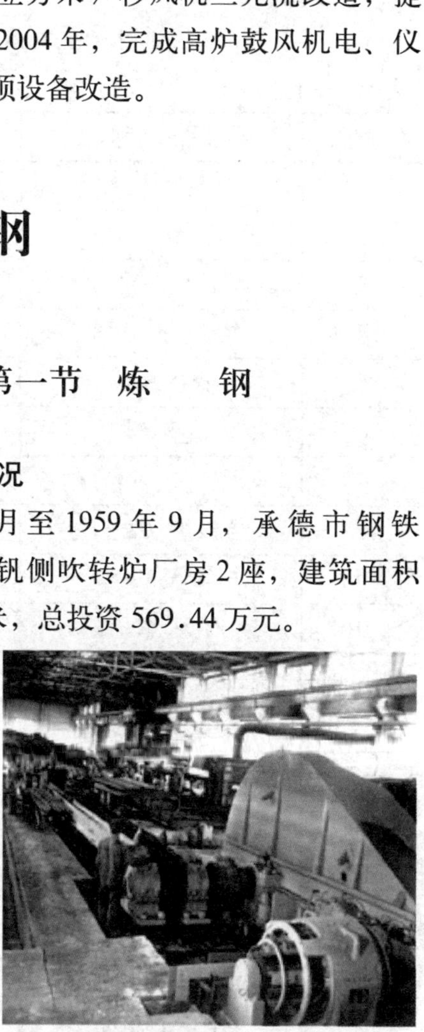

1971年，承钢炼钢生产（摄影 季增）

1975 年 6 月，承德市群众利用业余时间收拾废旧铁支援承钢厂图为送废铁的车队行驶在广仁岭山路上（摄影 季增）

承钢冶炼系统停产。

1965 年，承钢冶炼系统恢复生产。1965 年 4 月，承钢修建 3 吨电炉 1 座；1966 年 8 月，改造 6 吨转炉，扩容 8 吨侧吹转炉；1970 年 3 月，改建原 3 吨电炉为 5 吨电炉；1979 年，建成第二座 5 吨电炉。

1984 年，承钢实施续建配套工程，一期工程投资 1.2 亿元。1985 年 7 月至 1988 年 7 月，建成投产提钒炼钢厂。后又追加投资 2 亿多元，先后建成 20 吨顶底复吹转炉 1 座、600 吨混铁炉 2 座、小方坯连铸机 3 台和板坯连铸机 1 台，炼钢生产设计能力达到年产百万吨钢水平。1987 年 7 月，冶金部委托冶金部钢铁研究总院与承钢共同兴建炼钢试验厂。1988 年 9 月，炼钢试验厂一期工程开始施工。1990 年 12 月，炼钢试验厂新建的化铁炉投产。

至 2005 年，提钒炼钢厂机构设有 5 科、1 室、1 部、工段 12 个，职工 2231 人。附设耐火材料加工厂，有职工 1207 人。

二 主要设备

炼钢主要设备有高炉、天车、铸机等。

2005 年承德钢铁公司提钒炼钢厂主要设备一览表

表 9-6-1

序号	设备名称	规格型号	数量套（台）	设计能力	投用时间
1	炼钢转炉	40吨	3	60万吨/年	1998.7
2	提钒转炉（4号）	40吨	1	5.4万吨/年	1999.6
3	混铁炉（1号）	600吨	1	600吨	1996.12
4	混铁炉（2号）	600吨	1	600吨	2000.4
5	提钒转炉	100吨	1	120万吨/年	2004.10
6	炼钢转炉	100吨	1	120万吨/年	2005.3
7	混铁炉（1号）	1300吨	1	1300吨	2004.10
8	混铁炉（2号）	1300吨	1	1300吨	2005.3
9	天车	75/15吨	2	75/15吨	1987.3
10	天车	75/20吨	2	75/20吨	1990.6
11	天车	75/20吨	2	75/20吨	1995.6
12	天车	75/20吨	1	75/20吨	1994.5
13	天车	75/20吨	1	75/20吨	2003.1
14	天车	75/20吨	2	75/20吨	2004.10
15	天车	125/40吨	2	125/40吨	2003.9
16	天车	180/50/10吨	4	180/50/10吨	2004.10
17	1号连铸机	德马克R5.25米	1	60万吨/年	1988.10
18	2号连铸机	罗可普R7	1	60万吨/年	1992.11

续表 9-6-1

序号	设备名称	规格型号	数量套（台）	设计能力	投用时间
19	3号连铸机	罗可普R6.5/12米	1	60万吨/年	1995.6
20	4号连铸机	罗可普R6.5/12米	1	60万吨/年	1997.8
21	5号连铸机	连续矫直10.5米	1	60万吨/年	2004.10

三 生产

普通炼钢 1959—1985年，炼钢厂年产钢从230吨发展到年产钢11.2万吨；钒渣年产3500吨发展到年产9000吨；生产钢品种30多种，累计生产各种合格钢104万吨。

1979—1985年承钢炼钢厂主要经济技术指标完成情况统计表

表 9-6-2

指标名称		单位	年份						
			1979	1980	1981	1982	1983	1984	1985
产量	钢锭	万吨	9.6883	10.2606	9.8863	10.1381	11.3419	11.4221	12.0234
	钒渣	万吨	0.8914	0.8671	0.8164	0.812	0.8028	0.8182	0.9126
成本	钒渣	元/吨	967.63	1003.05	1031.47	1005.411	1121.51	1098.56	1154.88
	顶吹钢	元/吨	238.49	278.17	345.15	313.73	307.40	307.54	424.50
	电炉钢	元/吨	369.37	304.57	388.81	355.01	350.65	321.22	425.79
利（税）		元/人·年	749	241	181	294	80	140	62
劳动生产率（全员）		人/年元	35589	36228	36280	42528	43896	43427	46567
质量	电炉钢	%	95.64	98.86	95.4	97.10	97.03	98.18	98.71
	顶吹钢	%	96.41	98.10	97.73	97.91	98.83	98.30	98.37
	侧吹钢	%	95.34	96.78	96.16	98.64	98.10	97.0	98.38
消耗	电炉钢料	吨	1168.74	1084.45	1121.75	1057.79	1097.90	1071.26	1068.54
	顶吹料	吨	1193.21	1168.23	1184.61	1173.92	1151.64	1145.42	1154.81
	电炉电耗	千瓦时/吨	718	571	615	556	636.7	634	665
	电极	吨	10.2	5.08	7.11	5.68	7.56	8.01	9.29
	侧吹铁耗	吨	13.64	13.53	13.49	13.45	12.75	12.8	12.20
	顶吹炉令	次	273.4	273	2.04	176	213	178	213

电炉炼钢 1970年，承钢利用电炉先后生产出一批用途重要、冶炼难度大的军用合金钢。1972年5月，采用自产钒渣代替钒铁合金作为钒的添加剂，在电弧炉内直接冶炼中空钢35SiMnMoV试验成功，钒回收率90%～95%。1979年，采用大锭型涂料法生产中空钢新工艺，生产出优质中空钢35SiMnMoV及其配套芯材钢Mn14。

1981年，钒渣直接合金化工艺，钒的回收率31%～38%。1989年，再创硫矿直接合金化工艺冶炼，冶炼易削钢Y35-45MnVS成功，在国内开创了电炉冶炼含硫钢种的新方法。

1992年，锰渣直接合金化试验取得技术上的重大突破；同年，电炉调试喂丝机钢包加铝法成功，属省内首创。至1995年底，承钢采用此工艺生产含钒钢13万吨，创直接经济效益1500万元。1995年8月，电炉厂第三次扩容改造1号电炉，将炉壳内径由3.58米扩至3.75米，平均出钢量18.5吨/炉，继而改造了2号炉。这次扩容改造，使电炉钢年产量达到10万吨；同时，多项重要技术经济指标跨入国内先进行列。1996年3月，电炉炼钢厂短网系统应用复合导电横臂新技术成功。全年可减少热停工100小时，节能创效25万元。1998年4月，试炼20CrMnSiNi合金钢成功。

1992—1998年承德电炉炼钢厂历年产量及主要指标情况统计表

表9-6-3

名称	1992	1993	1994	1995	1996	1997	1998
电炉钢（吨）	75051	70143	77536	90594	85958	80091	24748
合格率（%）	99.29	99.31	97.76	98.60	98.15	97.94	98.38
冶炼电耗（千瓦时/吨）	596	598	595	550	527	580	611

提钒炼钢　1995年开发应用转炉溅渣护炉技术；1997年，推行"拉碳法终点控制"技术；同年，采用"钢包渣改造炼钢系"技术。1999年，建成投入使用"铁水炉外脱硫"装置，减轻转炉的脱硫负担，降低石灰消耗，有利于开发品种钢。1998年，应用"钒渣球直接合金化"技术，降低Ⅲ级钢筋的冶炼成本。1999年，建成并投入使用"40吨钢包CAS-OB精炼炉"，钢的内在质量得到大幅度提高。

2001年，"板坯双流高效改造"；2002年，开发应用"顶、底、侧复吹提钒工艺"，改善提钒工序的各项技术经济指标；2003年，成功研制混铁炉在线撇渣工艺，改变了铁水带渣多，转炉生产条件差的状况。同年，转炉系统扩容改造，出钢量由原30吨提高到38吨。相继采用推广风机自动调速、天车电子秤高温运行、合金料在线烘烤、混铁炉活动受铁口、板坯不同断面双流、转炉及钢包半钢包扩容、连铸全程保护、中间包冶金、中间包涂料、定径水口快换等几十项新技术、新工艺。2005年3月24日，2号100吨转炉投入使用，同年12月建成LF炉，2005年底，120吨大转炉正在建设中。

2000—2005年承德市双滦区提钒炼钢厂主要产品统计表

表9-6-4

年份	职工数(人)	钢产量(吨)	连铸坯产量(吨)
2000	1568	1050320	1050320
2001	1708	1191089	1191089
2002	1667	1570628	1570628
2003	1721	1731930	1731930
2004	2247	2118524	2118524
2005	2231	2417400	2417400

2000—2005 年承德市双滦区提钒炼钢厂主要技术经济指标统计表

表 9-6-5

年份	钢合格率（%）	连铸坯合格率（%）	连铸比（公斤/吨）	钢铁料消耗（公斤/吨）	炉龄（炉）	人均劳动效率（吨/人年）	降成本（万元）	利润总额（万元）
2000	99.628	99.628	100	1085.967	2988.273	2100.639	1258.76	2051.09
2001	99.817	99.817	100	1087.34	3363.333	2381.429	2979.00	4444.06
2002	99.809	99.809	100	1106.453	4737.125	3140.213	5759.47	9354.62
2003	99.372	99.372	100	1099.3	9864	1006.35	9354.62	14085.29
2004	99.6661	99.666	100	1062.786	11391.6	1120	460.72	128801
2005	99.755	99.755	100	1084.19	11392	117.16	−6676.55	−7157.96

四 炼钢试验

炼钢试验厂的任务是承担国家下达的和国内外厂矿、单位委托的科研项目；开展钢铁生产新工艺、新技术和新产品的研究开发；在国内努力推广钢铁生产新工艺、新技术及消化、移植和引进国内外先进技术；根据市场需求，生产适销对路的优质产品。

1988 年 9 月，炼钢试验厂一期建设工程开工，1990 年 11 月竣工，设计能力年产 5 万吨。1990 年 12 月，化铁炉开始生产。

1992 年，承钢将试验厂委托给冶金部钢铁研究总院承包经营，承包期从 1992 年 8 月 1 日至 1995 年 7 月 31 日。至 1994 年，产钢 15.30 万吨，钢锭平均合格率 98.7%。销售收入 32943.69 万元，利税 5903 万元，其中利润 4172.71 万元。1992 年 10 月，开发冶炼出电气工业生产必需的原料——热轧硅钢。1993—1994 年，投资 1600 万元，将原来的地坑式 6 吨顶吹转炉，改建成高架式 12 吨顶吹转炉，年生产能力由原来的 8 万吨增长到 15 万吨。至 1995 年，生产硅钢 4.5 万吨。

1995 年 8 月 1 日，炼钢试验厂改为冶金部承德炼钢试验有限责任公司，成为承钢集团的企业。1998 年企业停产。2003 年 10 月承钢调整产品结构，淘汰落后工艺。冶金部承德炼钢试验有限责任公司注销，固定资产转入承钢中型轧钢厂。

第二节 轧 钢

一 发展概况

1966 年 9 月至 1969 年 4 月，中型轧钢工段（车间）建成投产，设计能力年产 7.6 万吨钢坯和钢材；1967 年 9 月至 1969 年 12 月，小型轧钢工段（4 车间）建成投产，设计能力年产 4.5 万吨钢材。1970—1972 年，承钢 7 车间先后建成无缝、冷拔钢管、拔丝、冷带和锻钢车间。1972 年 6 月，4、7 车间合并为轧钢车间，1973 年 2 月，轧钢车间改为轧钢厂。

1982 年 8 月，无缝、冷拔、冷带车间从轧钢厂分出，单独成立钢管厂。原轧钢厂只管辖中型工段、小型工段和锻钢工段。1987 年 7 月，锻钢工段停产，原轧钢厂中、小型工段分别改设为中型轧钢厂和小型轧钢厂。

二 生产企业

中型轧钢厂 是原轧钢厂的一个生产工段，设计能力年产 7.6 万吨钢坯和钢材。1987 年 7 月至 1998 年 4 月，中型厂主要设备有：三段连续式加热炉 2 座、ф650 毫米轧机 1 架、ф550 毫米轧机 1 架、250 吨热剪 1 台、ф1500 毫米热锯 2 台、方坯冷床 1 座、矫直机 2 台。机构设有科室 12 个、工段 9 个，职工 456 人。

1987—1998 年，经历了低产运行阶段、产量和技术水平经济指标逐年提高阶段、新品种开发突破阶段、产量逐年减少阶段。期间，开展了一系列技术改造。1979 年，投资 120 多万元，增建 2 号波特 7 型煤气发生炉 1 座，改造 φ550 毫米 ×3 主轧机系列 1500KV 主电机和开式机架；1983 年 5 月，先后投资 756.7 万元，改造 φ550 毫米轧机，增加 φ650 毫米轧机 1 架，改造加热炉扩建和主电室、原料场地；1992 年，投资 127 万元，更换 250 吨热剪切机；同年，再次投资 144 万元，改造型钢方坯冷床。1994 年，投资 853 万元，增建两座加热炉；同年 12 月再次投入 227.45 万元，将原成品轧机胶木瓦轧机改为滚动轴承轧机等。1995 年底形成年产坯材 25 万吨的生产能力，是原设计能力的 2.29 倍。产品原 2 个品种、4 个规格达到 4 个品种 7 个规格。1981 年、1994 年、1995 年，分别按英标 BS4449−78 试制螺纹钢筋和试轧 10 号角钢、12 号槽钢成功。

1972 年承钢小型轧钢车间（摄影 季增）

开发产品有 GCr15、35CrM0 等圆钢产品、10 号角钢、12 号槽钢、窄带等。

1998 年 4 月停产。2001 年 9 月拆除。

小型轧钢厂（简称小型厂）于 1969 年 4 月建成投产，设计能力年产小型材 4.5 万吨。主要设备有三段连续加热炉 1 座、φ500 轧机 1 架、φ400 横列式轧机 2 架、φ300 轧机 5 架、斜辊式冷床 1 座、150 吨冷剪 1 台。1979 年，开始大规模技术改造，生产能力由原 4.5 万吨 / 年提高到 7.5 万吨 / 年。1981 年，按英标 BS4449 − 78 标准，成功生产高强度 φ40 毫米热轧带肋钢筋销往香港；1985 年，将加热炉由燃煤改为燃重油，生产能力达到 10.5 万吨 / 年；1989 年,自行设计安装“φ400 轧机阶梯及诱导辊道”，解决原工艺弊端，生产能力达到 14 万吨 / 年。1994 年,达到生产能力 18 万吨 / 年。钢种有普碳、碳结、低合金及合金结构钢；品种有 φ16 ~ 40 毫米热轧带肋钢筋、φ16 ~ 45 毫米圆钢。主要产品有 φ20 毫米、φ22 毫米Ⅱ级、Ⅲ级螺纹钢筋。同年自行设计安装的“弧形链轧级联轴器”通过省级鉴定。

2003 年 12 月，承钢调整工艺和产品结构，小型厂停产。2004 年 2 月拆除。

1986—2003 年承德钢铁公司小型轧钢厂生产经营统计表

表 9-6-6

指标名称	单位	1987	1988	1989	1990	1991	1992	1993	1994	1995	1996	1997	1998	1999	2000	2001	2002	2003
总产值	万元	6934.53	7312.29	7477.47	7665.93	16721	20006	19808	24234	20846	21352.85	15338.05	18502.56	20933.38	2075.2	22957.22	24178.59	24092.274
钢材产量	吨	107877	122699	134155	144475	141166	170011	170045	180659	178006	181745.892	132116.431	160084.135	182060.445	1820437.867	195506.988	21028.44	207179.553
钢材合格率	%	97.682	98.1	97.65	96.90	96.52	98.35	97.97	98.46	98.47	98.13	97.115	97.775	98.42	98.593	98.63	96.34	97.945
坯/材成材率	%	81.37	82.35	83.39	84.66	93.16	95.02	94.03	94.74	94.18	94.456	92.741	92.561	93.54	93.716	94.37	91.87	92.791
工序能耗	吨					112.43	86	92.17	89.6	89	91.193	110.183	110.602	94.21	102.688	106.641	104.182	93.337
重油消耗						47.24	39.68	44.48	42.75	43.01	44.34	53.01	49.13	48.61	187.495	203.135	198.705	175.182
电力消耗	千瓦时/吨	55.41	4[illegible].45	50.41	56.64	52.35	45.69	46	45.3	46.51	45.85	63.282	79.035	73.36	74.15	74.87	79.065	76.543
轧辊消耗	吨	1.45	1.6	1.31	1.19	1.3	0.99	1.17	0.97	0.93	1.05	2.361	2.586	1.7	1.417	1.235	1.879	1.955
工人实物劳效	吨/人年	301.33	34[illegible].57	377.9	435.17	423.92	509.02	518	584.66	536	549.08	382.417	462.333	50.17	480.047	544.588	612.97	732.083
日历作业率	%	64.30	6[illegible].44	63.37	66.82	69.55	73.74	66.26	69.93	69.88	70.79	64.575	65.929	66.35	66.334	75.78	74.75	73.234
小时产量	吨/小时	19.15	23.4	24.17	24.68	25.25	27.65	29.3	29.49	29.93	30	24.604	27.858	31.32	30.977	30.452	31.846	32.295
内部利润	万元					291.06	1413.97	156.81	1076.89	859.6	187.9	-863.93	130	500	321.76	769.72	1309.47	2100.00
定尺率			40.12	60.79		70.91	57.59	52.41	70.21	81.47	87.21	94.928	77.213	99.16	99.917	99.495	99.978	100

钢管厂（万利钢管有限公司）是 1965 年国家计委批准的承钢“小三线”建设的主要工程项目之一，投资 477.89 万元。其中无缝工段和冷拔工段 1970 年 2 月、5 月建成投产；冷带拔丝工段 1972 年 9 月建成投产。无缝、冷拔、丝带设计生产能力荒管 5000 吨、管材 4000 吨、带钢 500 吨、钢丝 500 吨。钢种有普碳钢、优质碳结钢、低合金钢、合金钢，主要产品规格 φ75　无缝钢管。1996 年 12 月，承钢与香港招商局期柏通投资有限公司共同合资建立承德万利通钢管有限公司。1999 年 7 月，公司筹措股票上市置换资产，将钢管厂划出归属承德钢铁集团有限公司。2001 年 9 月，承德万利通钢管有限公司注销，改称承德钢铁集团有限公司万利通钢管分公司。同年 10 月，承钢撤销钢管厂建制，并入承德万利通钢管分公司。2004 年 12 月，万利通钢管分公司改制，名为承德万利钢管有限公司。至 2005 年，内设 4 个部 1 个室 3 个车间，有职工 510 人。其中，管技岗 51 人，作业岗 459 人。

承德万利钢管有限公司坐落在滦河镇承钢主厂区西南角，占地总面积 12 亩，以生产张力减径钢管、直缝钢管、波形梁护栏板为主。主要设备有 φ89 热张力减径钢管生产线、φ165 冷弯型钢和焊管生产线、φ76 毫米无缝机组部分设备组成的管材生产线。工艺设备总重 2000 吨，装机容量 5000 千瓦，年生产能力 12 万吨。国民经济“七五”至“九五”期间，万利公司无缝钢管产品年产量稳定在 1 万吨以上，同时先后开发生产流体输送管、低冲压锅炉管等新产品投放市场。“九五”“十五”期间，开发生产 φ19 ~ φ159 毫米热张力减径钢管，用以替代无缝钢管；由于产品具有成本低、质量好，尺寸精和耐腐蚀的特点，现已成为公司主导产品。1999—2002 年，万利公司先后自行设计，制造安装 5 台钢管水压机；2000 年 5 月，将 φ165 线原定圈式 114 式卧式螺旋活套改为动圈式 165 卧式活套，根除原设备冲料、出料不匹配弊端；2002 年 3 月，改造 89 线平头机夹紧装置，使原有平头能力由 φ76 毫米变为 φ108 毫米，扩大了产品范围；同年 6—8 月，成功地改造 φ89 线工艺，使其产品品种又有拓展和增加。

2000—2005 年承德市双滦区万利公司钢管生产主要经济技术指标完成统计表

表 9-6-7

年份	产品名称	产量（吨）	产值（万元）	综合合格率（%）	坯材成材率（%）	电耗（千瓦时/吨）	煤耗（Kg/t）	煤气耗（立方米/吨）	单位成本（元/吨）	产量合计（吨）
2000	冷拔钢管	1172	504	96.25	70.51	120	52	—	4632.60	38586
	普通焊管	28974	8981	93.89	93.89	100.89	—	—	2362.45	
	热轧钢管	8440	3376	93.03	93.03	101.45	—	264.51	3163.74	
2001	普通焊管	24426	7423	94.02	93.86	96.32	—	—	2473.81	40910
	热轧钢管	16492	6761	93.86	94.02	97.86	—	253.49	2940.85	
2002	普通焊管	32529	10084	94.62	94.23	92.31	—	—	2512.28	68925
	热轧钢管	36396	13954	94.02	86.89	93.45	—	244.97	3015.00	
2003	普通焊管	9176	2846	95.33	94.62	90.03	—	—	2961.36	90240
	热轧钢管	81061	30459	94.36	89.28	90.56	—	238.88	3214.41	
2004	普通焊管	41916	13696	95.28	94.12	89.96	—	—	3061.42	86396
	热轧钢管	44480	17514	94.06	89.22	90.46	—	230.16	3301.11	
2005	热轧钢管	74117	27542	94.26	89.34	102.15	—	187	3371.2	—

连轧厂　设计能力30万吨／年。1987年11月至1990年5月建设投产，属于小型轧钢厂。1990年12月，连轧厂正式成立。

连轧厂建厂初期设备，除加热系统、两台飞剪和检验台架是国内配套外，其余都是从联邦德国（原西德）莎士给特派纳（peine）钢铁公司购进的二手设备，总投资额8000万元，设备总重4450吨，电气装机容量17700千瓦。主要设备有端进侧出三段连续加热炉（加热能力为80吨／小时）1座；φ420×4、φ380×6、φ330×4、φ350×4半连轧轧机机组及φ300 x 4南北两组粗轧机组,中间切头飞剪2台，倍尺飞剪2台，111×8（米）冷床两座，350吨冷剪2台，检验台架1座。

2005年承德钢铁公司连轧厂主要设备表

表9-6-8

设备名称	规　格	单位	数量	能　力	投用日期
加热炉	蓄热式	座	1	90吨/小时	2002
推钢机	600KN	台	2	推力600KN	1994
轧机	平立机组	架	18	150^2年产60万吨	2000
2号飞剪	回转式	台	3	剪切力26吨	2000
冷床上钢装置	裙板液压式	台	2	年产60万吨	2000
冷剪	非标	台	2	剪切力3920KN	1998

至2005年，机构设置3科1室5个工段，职工378人，其中:管技岗42人，操作岗336人。

技术改造　连轧厂电气设备是原西德西门子公司（SIMENS）20世纪50年代生产的产品。1991年12月至1995年1月，承钢投资1700万元改造电气设备。1994年8月至1995年3月，公司投资54万元新增包装台架；1994年7月至1995年6月，投资525万元，在北线增设东、西两部包装能力为20万吨／年的收集包装检验台架。1994年10月至1995年7月，投资780万元进行轧机轴承化改造。1996年4月，轧后控制冷却项目工程完工；5月，组织φ32毫米螺纹第一次穿水轧制并取得成功。

1996—1997年中修期间，完成北检验台架改造、W3减速机更新改造、S2立轧更新改造、S4与W1主电机增容改造等。1998年9月中修期间,新购南线350吨冷剪投入使用;同年12月，实现加热炉全烧煤气；同时，成功实施连铸坯热送热装，改变燃料结构，降低了能源消耗。1999年上半年,北线350吨冷剪备件国产化改造成功。1999年7月至2000年12月公司投资5000万元，实施600万吨全连轧技术改造。2005年，穿水线前移改造、北冷床下卸钢系统改造。

优化工艺　1994年，连轧厂优化孔型设计，使φ12～φ18米和φ20～φ25毫米产品减少2个和1个轧制道次。实现粗、中轧机组机架的单独传动和备用机架换辊。完成切分轧制新技术应用改造，实现直径12毫米、直径14毫米小规格切分压制,提高小规格螺纹钢产量。1995年，完成冷控新技术应用改造，使连轧厂具备生产BS4449—88英标460级钢筋能力。1997年，新数控铣引进投入使用，提高螺纹钢钢筋横筋铣削精度。1998年，改型扭转导卫，由扭转管替代笨重的扭转机，有效地减少热停工时间，提高经济效益。1999年，完成大规格钢筋用130方坯连铸坯的试轧，使连轧厂具备130方坯的轧制能力。2001年5月，开发φ16毫米两切分新工艺及新型切分导卫系统日产水平由原来不足1200吨，提高到2000吨以上。

产品开发　1990年，直径12毫米、直径14

毫米螺纹试轧批量生产；1991 年，直径 14 毫米圆、直径 16 毫米螺纹、直径 25 毫米螺纹试轧批量生产；1993 年，开发美标（ASTM 标准）的 5 #、6 #热轧螺纹钢筋，并完成直径 18 毫米、直径 20 毫米、直径 22 毫米螺纹工艺方案制定，各规格均具备批量生产能力；1994 年，开发 45MnSiv 的 IV 钢筋，并批量生产；1996 年，开发 20MnSiv 新Ⅲ级钢筋，批量生产；1997 年，完成直径 32 毫米、直径 36 毫米、直径 40 毫米螺纹新产品方案制定，具备生产能力；2002 年 1 月 20 日至 22 日，试轧直径 28 毫米螺纹，一次试轧成功投入生产。2002 年 5 月 8 日始，连轧厂轧直径 25 毫米规格，HRB3354 品种，实行组坯热装热送。5 月 26 日，直径 22 毫米圆钢一次试轧成功；12 月，试验生产日标（JIS）D19 钢筋。

2004 年，开发了 x3、x4、和直径 18 毫米切分工艺，直径 18 毫米圆钢日产由 1800 吨提高到 2600 吨以上。

2005 年 6 月，完成直径 50 毫米螺纹孔型设计机生产准备，一次试轧成功，表面质量及各项性能指标全部合格，连轧厂生产的直径 50 毫米螺纹规格是国内首次批量生产超大规格螺纹钢筋。

2000—2005 年承德钢铁公司连轧厂主要经济技术指标统计表

表 9-6-9

年份	产量（吨）	成材率（%）	单位成本（元/吨）	内部利润（万元）
2000	483444.373	94.41	1579.25	4127.43
2001	722982.606	96.244	1597.25	15000
2002	851122.977	98.326	1664.22	1050
2003	857620	97.37	2397	1210.69
2004	322913.48	92.83	2055.52	568
2005	775543	97.76	2516.8	
备注	2000年10月16日以后停产改造	从2000年起短尺材不计产		

高速线材厂 2004 年 11 月 30 日，高速线材厂（简称线材厂）投产。设计生产能力年产盘圆 40 万吨，主要产品有直径 5.5 ~直径 16 毫米带肋盘圆，最大盘重 2.5 吨。2005 年，高速线材厂生产线材 198051 吨。

2005 年承德钢铁公司线材厂主要设备一览表

表 9-6-10

设备名称	规格型号	台（套）	设计能力
加热炉	高效蓄热步进式	一座	100吨/小时
ϕ650粗轧机组	平立交替二辊式，ϕ650/ϕ560 x 850毫米	ϕ650 x 4	
ϕ450中轧机组	平立交替二辊式，ϕ480/ϕ420 x 700毫米	ϕ480 x 5	
ϕ350机组	平立交替二辊式，ϕ380/ϕ320 x 650毫米	ϕ380 x 5	
预精轧机组	旋臂辊环式紧凑型	ϕ285 x 4	
19号—23号精轧机组	45° 顶交型（ϕ230/ϕ205） x 72毫米	ϕ230 x 5	
24号—28号精轧机组	45° 顶交型（ϕ170.66/153） x 70毫米	ϕ170 x 5	

2005年，高速线材厂设2个科1个室，8个作业区，有职工203人。

棒材厂 2003年6月18日成立棒材厂，设计能力年产80万吨材。主要产品有直径12毫米～直径50毫米螺纹钢筋和直径18毫米～直径60毫米圆钢。生产线从意大利DNAELI(达涅利)公司和ASIROBICON（安萨罗宾康）公司引进，工艺技术及设备均为国内先进水平。

2003年12月26日，棒材厂热负荷试车成功。2004年，棒材全年产量45.22万吨，螺纹钢成材率97.38%，合格率98.41%；圆钢成材率92.56%，合格率93.42%；一次定尺率97.03%；圆钢11.37万吨，螺纹钢成材率97.971%，合格率98.403%；圆钢成材率96.531%，合格率96.061%。一次定尺率98.573%。

2005年承德钢铁公司棒材厂主要设备一览表

表9-6-11

设备名称	规格型号	单位台(套)	能力	投用时间	设备名称	规格型号	单位台(套)	能力	投用时间
上料台架		1座	8万吨	2003.12	水箱	QTB	1	8万吨	2003.12
火炉辊道					倍尺飞剪		1		
加热炉		1座			裙板辊道		1		
出炉辊道					冷床		1		
高压水除鳞		1台			摆剪		1		
夹送辊		1台			摆剪输出辊道		1		
轧机	6548	4架			输送链床		2		
轧机	5543	4架			计数器		2		
曲柄飞剪	125	1台			收集装置		2		
轧机	4838	1架			打捆机		4		
测径仪		1套			称重桥		2		
夹送辊		3台			输送链		2		
2号回转剪		1台			短尺收集装置		1		
水箱	LTR	1套							

第七章　钢铁工人

日伪统治时期，大庙铁矿矿工们政治上遭受压迫，工资微薄，劳动强度大，劳保少，无福利设施，过着悲惨的生活。矿工们以怠工、毁坏设备和逃跑等方式与日伪斗争。

解放后，在党和政府的关心下，钢铁工人工资多次调整，职工家属住宅面积达到66.71万平方米，建有职工医院、职工俱乐部、职工食堂、浴池、职工子弟学校、幼儿园、图书馆、游艺室、矿办商店等生活福利设施。职工上下班有通勤车接送，工会定期组织短期疗养，定期举办各类文体活动。职工参加企业民主管理，决定企业发展重大决策的制定和讨论。钢铁工人不但是建设者、劳动者，又是企业的管理者。

第一节　队伍建设

一　民主管理

1984年以来，承钢逐步建立职工民主管理和民主监督机制。主要制度有《职工代表大会条例实施细则》《厂务公开民主监督制度》《职工当好主人、办好企业行为准则》等；同时坚持《企业重大决策征求职工意见制度》《情况通报制度》。公司每逢出台重大决策，首先印发《情况通报》给职工，再通过职代会或常住主席团会上审议。企业坚持推行《职工意见、建议受理办法》。设立热线电话，建立《经理班子与工会联席会议制度》《公司基层总经理联络员制度》等，职工既是企业的劳动者、建设者，又是管理者。

二　文化学习

承钢是个有50多年历史的老企业，原有职工文化程度较低。1985年以后，采取多种形式，在职工中开展文化补课、技术补课、业务培训，提高职工文化技术素质。先后开办电大、电视中专、技工学校、MBA在职硕士研究生等学历教育和技能培训。2005年开始，调整人力引进思路和途径；坚持择优、高素质和企业急需人才的引进。至2005年，在册职工17579人。其中，硕士学位以上的21人，大学本科779人，大专1530人，中专文化及以下15161人。大专以上文化占职工总数的13.32%。

第二节　文化生活

一　创办报刊

1964年11月10日，承钢创刊自己的企业报—《承钢工人报》。1976年12月，更名为《钢铁战报》。1978年1月，更名为《承钢战报》。1980年7月，正式定名为《承钢报》。1988—1990年，经过三次全国内部报刊整顿，由河北省文化厅、省新闻出版局批准登记并核发准印证。1991年，报纸由铅印改为激光照排胶版印刷。2000年12月，《承钢报》更名为《承钢之声》。至2005年，报纸为周二出版，共出版1852期。报纸发至基层班组、科室。

二　文体活动

1986年，承钢组建业余文工团和业余文艺演出队，除参加市组织的文艺比赛外，经常开展厂内文艺汇演。1991年，又组织一支40人军乐队。1992年，投资20万元，组建承钢艺术团，经常为职工举办文艺演出。公司工会还每年坚持举办春节文艺汇演、卡拉OK歌手大赛、歌曲演唱会、消夏文艺晚会、中秋文艺晚会等。1993年，投资400万元，兴建1.80万平方米标准体育场，每两年举办一次职工运动会。2003年，投资500万元，大修原职工俱乐部，后更名为承钢剧场，

职工篮球赛（摄影　计建中）

职工文艺演出（摄影　刘永占）

购置了新型电影放映设备。承钢建有3个职工游艺室，以及图书馆、阅览室等，每天对职工开放，经常组织各种球类、棋类比赛。至2005年，举办职工运动会五届。

三 文化机构

1997年12月，承钢成立文学艺术联合会，下设作家协会、记者协会、书法协会、美术协会、摄影协会、音乐协会、舞蹈协会、老年合唱团、老年戏曲协会。在承钢文联统一协调组织下，经常开展各项丰富多彩的活动。

2004年庆祝承钢建厂50周年职工合唱比赛（摄影 刘永占）

第三节　物质生活

一 工资

1959年，承钢第一次调整职工工资，升级面30%。1985年，按新工资标准理顺工资关系，全体职工普调1级工资，职工年平均工资1379.5元。

1992年，在企业内部推行岗位技能工资制度，随着企业生产发展和经济效益提高，职工收入得到相应增加。1995年，职工年平均工资7992元，是1985年的5.8倍。1999年，职工年平均工资8984.6元。

2003年，承钢职工年平均工资17520元，是1985年的12.7倍，是1999年的1.95倍。2004年，承钢职工年平均工资24763元，比2003年增加7238元。2005年，承钢职工年平均工资26711元，比2004年增加1948元。

二 住房

家属住宅 1958—1979年，承钢滦河主厂区职工住宅以平房为主。1980—1985年，先后投资在滦河主厂区建成家属住宅楼16栋，建筑面积33241平方米，603名职工迁入新居。

1989年底，承钢实行福利商品房政策，1000多户职工以福利商品房形式购房。至1994年，共有职工集资建房2186名。1997年、1998年两年，建成经济适用房310户。

至2005年底，承钢建职工家属楼房187栋、8964户，建筑面积55.22万平方米；平房348栋、2141户，建筑面积7.80万平方米；筒子楼12栋、986户，建筑面积3.69万平方米。承钢所管房屋总面积66.71万平方米，总户数12091户。

单身宿舍 承钢单身职工宿舍随单身职工人数的增减和住宅楼建设的多次变化，最多时有6栋，建筑面积2万多平方米，住宿职工最多时3000余人。

1982年开始，单身职工住宅楼实行旅馆化管理。知识分子楼每间住2人，其他职工每间住3～4人，并统一配有被褥。楼内设有电视室、游艺室、阅览室、物品保管室、水房、洗衣房，楼外设有自行车、摩托车存车处，同时配有专职服务人员，购置洗衣机和烘干机，负责清扫房间、打水，按时清洗更换被褥。1995年，公司原1号办公楼改建为单身女职工宿舍楼，实现男女单身职工分楼居住。至2005年，承钢有单身职工宿舍楼4座，住宿职工2107人。

三 其他福利

休假 新中国成立后，域内国营钢铁工人实行8小时工作制度，按照劳动法的规定每周工作40个小时。职工依据相关规定享受年休假、探亲假、法定节假日休假及婚假、产假等。

就餐 1958—1961年，承钢建有职工食堂9个，有炊管人员196人，就餐人数3200余人。1988年，职工食堂按就餐区域归并为4个，其中回民食堂1个，有炊管人员200人，就餐人数3000余人。2003年5月，承钢成立饮食公司，职工就餐方式改为班中配餐。饮食公司配有炊管人员241名，设有32个配餐点，日就餐人数平均6500余人。

入托 1958年，承钢只有简易托儿所和少量保育人员。至1985年底，承钢有托儿所6处，入托儿童724人；配有保育人员和管理干部121人。1998年，承钢滦河主厂区建有幼儿园3所，各幼儿园均设有大、中、小班和哺乳室，各班配有单独的寝室、活动室、洗澡间、卫生间等。园内建有办公室、图书室、保健室、隔离室、玩教具室、陈列室、电教室和餐厅等设施，配有专职管理干部和保教人员111人，入园儿童994人。

2003年12月，投资600万元的新一幼综合楼建成，建筑面积6000平方米。至2005年，承钢3所幼儿园建筑面积14145平方米，可接纳1000名幼儿入园。此外，在承钢所属双大矿业公司、黑山铁矿也设有各自的托儿所和幼儿园。

洗浴 1995年以前，承钢滦河主厂区建有职工浴池，职工凭工作证或洗澡证免费洗浴。烧结、炼铁、炼钢、孔钢、钢管等分厂也都设有厂内浴池，供职工洗浴。1995年，公司在滦河主厂区北生活区、西生活区、果山生活区新建浴池3座，每天可接纳1000多人洗浴。2004年，承钢康达公司接收各分厂内部职工浴池，配备专职人员，实行统一管理，方便职工和家属洗浴。

生活区服务 1991年始，承钢滦河主厂区辖7个生活小区，有自行车棚30个、开水房6座、快餐点3处。1994年，北区内建起标准化生活小区，统一实行封闭式管理，制定小区管理制度。小区内楼房装有标牌、建有花坛、草坪，小区管理室内设有公用电话、有门卫值班，设有专人负责环境绿化和清扫卫生。至2004年，滦河主厂区的家属生活小区均建成标准化生活小区。有管理人员36人、绿化工50人。厂内有保洁公司1家，设有环境卫生管理人员7人，有环卫工204人，清扫工60人。购有洒水车3台、压缩式垃圾清运车3台、吸尘车2台和收污车1台。至2005年，在生活小区修筑柏油路、混凝土路32.6公里（面积28.9万平方米），建排水沟2.2万平方米并完善了路灯、路牌等配套设施，建成中心花园、滨河公园和西苑花园。

四 疗养与困难救助

1967年起，承钢工会组织开展职工疗养。先后与北戴河工人疗养院、平山温塘疗养院、兴城疗养院、承德县头沟温泉疗养院等签订职工疗养床位合同，每年安排职工赴各疗养院疗养。1987年，承钢在大庙铁矿兴建康复中心，至1995年，安排接待职工短期疗养1500多人次。1996年11月以后，每年安排近百名职工到承德县头沟温泉疗养院疗养。

公司工会制定《困难职工管理办法》，定期补助困难职工，保证困难职工最低生活水平，各单位建立职工互助补充保险制度。2003年始，建立《大病、重病职工救助制度》。至2005年，救助患大病、重病职工90人，补助金额18.48万元。2005年春节，承钢慰问特困职工和省级以上劳模及因病住院职工180人，发放困难补助金10.84万元。

第八章 安全环保管理

承钢安全生产管理，建立健全机构，重视职工的安全教育和培训，制定各项安全生产管理制度，加强科学防范，降低重、特大事故发生。

1979年，承钢开始建立环保管理机构，逐步建立健全《承钢环境保护管理制度》《承钢环保奖惩办法》《承钢建设项目环境保护管理办法》《承钢内部排污收费办法》等多项环保管理制度，使环保管理的各项工作纳入制度化的管理轨道。

第一节　安全生产管理

一 教育培训

承钢经常举办厂（矿）长、工长、班组长和安全员等多层次的安全管理人员安全生产教育培训班。2001年11月24—25日，承钢专门邀请国内知名安全专家、中国地质大学罗云教授为公司两级领导和各级安全生产管理人员举办安全专题讲座。

公司重视“厂、工段、班组”三级安全教育，实行安全教育“三联单”制度，经安全科签发许可证后方能上岗。

特殊工种培训，坚持每年分期分批地培训从事起重、电工、电气焊、司炉等特殊工种作业人员并复验上岗证。2004年，开展特种设备专项整顿，特种设备和特殊工种的安全管理步入规范化管理轨道。同年，开展部分公司领导和50多名中层干部及100多名内审员的“职业安全健康管理体系”知识培训。

二 安全管理

1985年起，引进“安全系统工程”，先后推广应用“安全检查表”“事故树分析”“事件树分析”“安全措施网络计划”“危险源（点）分级管理”“岗位危险预知”等现代安全管理方法。同年，承钢制定下发《安全评比挂牌考核标准》，对分厂、工段和班组三级安全管理应达到的标准作出具体规定。公司安全环保部定期组织检查，将检查结果纳入经济责任制严格考核。公司制定《工段安全管理台账》《班组安全管理台账》，规范工段、班组的安全管理。

1989年和1991年，承钢在企业晋等达标中，两次将公司制定的安全生产规章制度汇编成册下发到分厂、工段、班组，使安全生产管理做到有章可循。1992年，承钢“大中修安全措施网络计划”和“应用安全系统工程对危险源（点）进行管理”获河北省经委现代化管理成果应用二等奖；1995年，承钢多次组织开展“百日安全大整顿”“起重机械、输送皮带、特种设备、危险化学品”等专项整治，“煤气管理年”“炼钢无工亡年”等一系列安全精细管理活动。同年，应用“安全系统工程降低天车伤害事故”获河北省冶金厅现代化管理成果应用三等奖；1996年以后，先后修订完善《安全生产责任制》《岗位安全生产操作规程》等安全生产管理制度18项。1998年，“开展桥式起重标准化作业减少伤害事故”获河北省现代化管理成果应用三等奖。

2004年，承钢制定《建设工程、设备检修承包方安全评估标准》等制度。同年5—7月，开展危险化学品专项整顿活动，学习落实《安全生产法》《危险化学品安全管理程序》等有关法律法规。2005年6月，承钢顺利通过“职业健康安全管理体系”认证，并取得职业健康安全管理体系认证证书。

至2005年，承钢分别于1966年、1999年两次实现无工伤死亡年，承钢被河北省冶金行业办公室授予“安全生产先进企业”称号。

三 管理机构

承钢公司设有安全生产管理委员会，具体工作由安全环保部负责。各二级生产厂设有分厂安委会和安全科，生产工段设兼职安全员。

至2005年，承钢安全环保部下设安全科、环保科、职业卫生科、环境监测站和办公室，有专职安全管理人员35人。

第二节　环保管理

一 达标排放

承钢从上世纪80年代起，先后投资1.9亿元，建成重点环保设施170余台（套），使废气、废水、废渣和噪声得到有效地控制。2000年，承钢通过河北省环保局组织的“工业污染源达标”验收。企业先后投资6500万元，建成废水处理设施11套，采用相应处理技术，对选矿、焦化、烧结、轧钢、锅炉等系统的工业废水进行处理，使工业废水处理达标率100%。自1988年起，承钢投资240万元，相继治理钢铁风机、动力空压机、氧气厂等噪声污染源26个。目前，承钢厂界最高噪声白天低于65分贝，夜间低于55分贝，符合国际要求。至2004年底，承钢累计投资4500万元，使烧结、炼铁、炼钢、锅炉、焦化等重点废气污染源采用静电、布袋、水膜等高效除尘设施，有效地控制废气污染；同时，先后关停钢管厂、电炉炼钢厂、中试厂等工艺落后污染严重的分厂，将所有轧钢加热炉由燃重油改烧混合煤气。滦河厂区全部采用集中供热，取缔大小燃煤锅炉11台。2003年，所有办公室及工人休息室配备饮水机，取缔燃煤茶炉35个，厂区大气环境明显改善。

二 综合利用

承钢生产过程产生的烧结尘泥、炼钢尘泥、炼铁瓦斯灰和轧钢氧化铁皮等，全部回收用于烧结配料。承钢先后采用膨珠、炉前水淬等工艺加工处理高炉渣，大部分外销作为高炉护炉剂、水泥和铺路用料。1991年，承钢投资1000万元，建成钢渣加工生产线，年处理钢渣36万吨，选出4.3万吨富铁渣用于烧结、炼铁配料；锅炉渣年产6.7万吨，全部外销作建筑材料。

三 专业化管理

2003年8月，烧结厂的环保设施实行专业化管理。通过招标，宣化设备集团公司承包烧结厂的21台（套）环保设施的日常运营管理。2004年9月，无锡市东方工业环保有限公司中标，对炼铁厂、炼钢厂的7套除尘设备实行专业化运营。从2005年1月1日起，钒化工厂环保设施实行专业化管理。同时，进一步完善《环保设施台账》等7种环保基础管理台账，严格执行内部排污收费制度，将环保设施的运行状况及排放结果纳入经济责任制考核。

第十编　商贸 服务 旅游业

清代，域内商贸活动逐渐发展，至民国时期达到相对繁荣，滦河街成为热河西部重要的商品集贸中心。民国20年（1931年），滦河街有商铺门店41家。民国22年（1933年），日本侵略军侵占承德后，实行经济封锁，店铺大多关闭，市场萧条，物资奇缺。

中华人民共和国成立后，国家重点发展国营商业，扶持供销合作商业，改造私营商业，稳定物价，物资供应品种逐渐增多，商业日趋繁荣。1958年实行人民公社体制以后，个体私营商业被取消。"文化大革命"期间，个体私营被禁止。商品供应类少货缺，粮油、肉蛋等副食品、棉布等日用商品凭票证限购。改革开放后，农副产品等放开经营，个体商业迅速发展。以国营和集体商业为主体，个体私营商业为补充的多种经济成分、多种经营方式、多种流通渠道的社会主义市场经济逐渐形成。中共十五大以后，国有和集体商业改革不断深入，相继退出经营领域。至2003年，双滦区商业领域全部为个体私营。

域内旅游资源包括滦河水域、北方丹霞地貌等自然风光和辽代古塔、清代遗存的穹览寺、琳霄观、清真寺等人文建筑。1993年开始，区政府把发展旅游业作为区域经济发展的重要组成部分。随着旅游业的发展，区内的交通、餐饮、住宿等服务业也逐渐完善、发展。以刻瓷、织锦为代表的手工和现代艺术品，成为区内特色旅游商品。至2005年，区内有AAA级景区1处、宾馆旅店27家、饭店餐点263家、歌舞厅5家、网吧19家、游戏厅6家、美容美发店53家、照相馆4家、家政服务9家、物业管理公司8家、各类维修行业270家。

第一章　商贸体制

清代、民国期间，域内商贸业全部为个体经营。1949—1950年，大庙、偏桥子、滦河、双塔山相继成立供销合作社，是第一批集体商业企业。1950年，滦河街设立滦平县工商科贸易局，是域内第一家国营商贸企业。新中国成立之初，个体商贸发展较快。1955年，滦河街有私营商业95家。1956年，国家对私营工商业进行社会主义改造，私有商业改为集体所有制商业。至20世纪70年代末，有国营商店5家、集体商店4家。改革开放后，个体私营商业逐渐增多。国营、集体商业内部实行承包责任制，改革经营体制。21世纪初，有国营商店8家、集体商店95家。至2003年，国营、集体商业全部改制为私营。2005年，域内私营工商户2002户，有从业人员4939人。

第一节　国营商业

一 双滦区百货五金公司商场

前身是滦河中心商店。1950年，滦平县工商科在滦河镇设立贸易局（后更名为滦河百货商店），地址在滦河西街。1958年，滦河百货商店与滦河供销社合并为滦河中心商店，划归承德市管辖。1961年,滦河百货商店与滦河供销社分开，改为滦河百货中心店。下设南街百货商店、南街五金商店、南街鞋帽商店、南街副食门市部、下坡高级合作总店、滦河服务总店、理发馆、照相馆、旅店、北门菜站、西街菜站、食品店、收购站15个门市部。1963年，菜站、理发、照相馆、旅店、食品收购站从滦河百货中心店分出。

1982年，滦河北门外新建百货大楼，设立滦河百货二商店，兼并南街五金门市和电讯部。1988年10月，滦河百货二商店兼并滦河服务总店；12月，滦河百货二商店更名为滦河区百货五金综合商场，占地面积2.04亩。1989年，滦河百货五金综合商场与双滦五金公司批发部合并，改为双滦区百货五金公司商场。占地面积4.26亩，固定资产从320万元发展到650万元，销售额从390.5万元提高到401万元。2002年利润24万元，上缴税金7.5万元。职工71人。

2003年，双滦区百货五金公司商场改制，职工身份退出，企业注销。

二 双滦区烟酒公司

1981年，双滦区建立糖业烟酒蔬菜公司。1985年分为双滦区烟酒公司和双滦区蔬菜副食品公司，位于滦河镇北门外。双滦区烟酒公司专门经营烟酒批发，1992年改为双滦区烟草公司。2004年，双滦区烟草公司上划承德市烟草专卖公司管辖。

三 滦河购销站

1963年6月，承德市食品公司滦河接收站建立，有职工7人。经营生猪、羊、牛等牲畜的收购、调运和屠宰。收购范围包括滦平县红旗区、双塔山区的大庙、双塔山、偏桥子、西地、陈栅子、付营子等乡。年收购生猪1.3万头，羊、牛等1000多只（头）。每天屠宰生猪10头，年节屠宰50头，其他调往市内。1965年，改名为承德市食品公司滦河购销站，职工14人，隶属承德市食品公司。仍担负滦河镇及周边地区的猪、羊、牛等收购、调运和销售。购销站在滦河镇南街、双塔山、麻纺厂设立肉食门市部3个。每天猪肉销售量1.5～2.5吨,年节销售5吨。1978年，滦河购销站划分为滦河、双塔山、大庙三个购销站，隶属承德市食品公司。滦河购销站在滦河镇下坡、南街、钢厂、电厂、承钢厂区设立门市部5个。1980年，市场开放，实行议价销售，各门市部实行承包责任制。

2003年5月，商业体制改革，职工实行工龄“买断”“等退”制度。财产归承德市食品公司，职工队伍解散，滦河购销站撤销。

四 双滦蔬菜公司

1958年，滦河商店在西街下坡、北门外设立菜站。1963年，菜站与商店分离，建立滦河菜站。下设网点6个：西街菜站、下坡菜站、北门外菜站、钢厂、承钢厂区、电厂菜站。1975年以后，菜站门市部设立。20世纪60—70年代，滦河菜站隶属承德市蔬菜公司，担负着滦河公社蔬菜生产的计划指导、蔬菜的收购、调运、储藏和销售，年收购量6000吨。1976年，滦河菜站更名双滦糖业烟酒蔬菜公司。分管滦河镇西街蔬菜副食部、滦河街副食部和北门外、钢厂、电厂、西地和南街等7个副食门市部。1985年，双滦区糖业烟酒蔬菜公司分为双滦区蔬菜副食公司和双滦区烟酒公司。双滦区蔬菜副食公司下设滦河、双塔山、麻纺厂三个副食商店。滦河店包括西街、北门、钢厂和西地4个网点，营业面积990平方米。

1988—2003年，双滦蔬菜副食品公司实行承包责任制，竞争上岗。2000—2003年，钢厂和西地两个副食门市部先后撤销。

2003年，商业系统企业改制，双滦蔬菜副食公司撤销。

五　双塔山百货五金商场

1962年，双塔山百货公司成立，下设门市部3个：双塔山门市部、矿机门市部、麻纺厂门市部。营业面积6020.64平方米，有职工48人，固定资产20万元。主要经营百货、五金、交电等1000多种商品，年销售额70万元，年缴利税5万元。1993年后，亏损严重。1998—2000年，亏损11万元。2001—2003年，亏损21万元。2003年企业改制。

六　双塔山蔬菜副食商场

1959年，双塔山菜站成立，职工15人。1970年以后，双塔山菜站增设双塔山二部、麻纺厂门市部，矿机门市部，职工发展到49名，企业更名为双塔山蔬菜副食商场。主要经营蔬菜、调料、副食品，经营面积1430平方米，固定资产11万元。2003年企业改制。

七　麻纺厂综合批零商场

1983年，麻纺厂蔬菜门市部成立，地址在麻纺厂对面，占地面积1.20亩，下设蔬菜和副食门市部。经营品种有蔬菜、调料、烟酒、糕点等，有职工26人。1993年更名为麻纺厂综合批零商场。2003年企业改制。

第二节　集体商业

一　供销合作社

双滦区供销合作社　1984年8月，承德市供销合作社组建双滦区供销合作社。区供销社坐落在双塔山中心大街，下设办公室、业务物价科、财务统计3个科室，有职工104人。下辖双塔山、滦河、偏桥子、大庙4个供销社和农业生产资料公司、废旧物资回收公司、盛源收购站。改革开放初期，区联社和基层社、基层社和各门市部，层层签订企业经营责任制。1993年，采取职工牵头承包经营的方法，效益大幅度提高。2002年9月，区供销社划归双滦区管理。2003年2月，区供销社按照国有资产退出、职工身份退出的“双退出”原则改革企业产权制度，所属8个独立法人核算单位，其中7个单位参加了体制改革。至2003年底，改制基本结束，双滦区供销合作社撤销。

滦河供销社　1950年，滦河街建立滦平县二区供销联社，简称区联社。下设综合商店2个（南街、西街商店），农副产品收购站1个、供销分社6个（陈栅子、塔子沟、付营子、八里庄、康营、孙营分社）。区联社机构设业务组、物价组、财务组。

1958年，行政区划变更，改为承德市滦河供销社，并与滦河贸易局（国营商业）合并为滦河中心商店。1961年陈栅子、塔子沟、康营、付营子分社划归滦平县供销联社。同年，滦河中心商店“国合”分开，又单独成立滦河供销社。1965年，八里庄、孙营两个分社划归滦平县西地公社。滦河供销社辖西街百货综合门市部、副食门市部、生产资料门市部、收购站。20世纪70年代，滦河大十字街新建水果副食门市部。收购站迁到西南营村关帝庙（当地称老爷庙）后院，并与滦河大队在红旗营北联办收购站1个。有职工50人，年商品销售额50万元。1983年商品销售额120万元。

2003年2月，供销社系统开始改制。滦河供销社因资不抵债，未改制。企业采取继续承包措施，维持现状。2005年，滦河供销社尚有收购站土地8亩，库房300余平方米，房屋10间；西街供销社办公室和门市房院土地3亩，库房20间，经营面积370平方米。

大庙供销社　1949年，承德市第五区工作队组建合作社，地址设在永圣寺庙前马童殿。主要经营食盐、火柴、煤油、粗布，兼卖粮食。当时商品较少，没有柜台，用箩筐装货。商品摆放在地上，营业额较小。1953年，合作社更名为热河省承德市贸易公司大庙商店。主要经营生活日常用品、粮食、小型农具等，有职工2名。1954年，商店增加到4人，不再经营粮油。1958年6月，大庙供销社划归商业局，变为全民所有制企业。改名为承德市服务局副食品经理部大庙门市部，有职工6人。1960年前后陆续发展社员695名，有1374股，金额2784元。1962年5月，企业从商业局分出，归属承德市第二商业局，改为承德市大庙供销合作社，恢复集体所有制性质。1962年，社员股金分红按赢利余额的12%，分红额保持在股金的8%。1965年，大庙供销合作社增设日杂五金门市部，百货、副食分开销售。经营范围向下延伸：岔沟门村增建综合门市部、药材收购部和1个车旅店；小三岔口村增设1个综合门市部；北梁村增设1个综合门市部。合作社征用2.5亩土地筹建了1个废品收购门市部，主要收购大庙境内的废钢铁、中药材等物品。

1983年发展新社员1497人，新增加1827股，新增金额8435元。新入社的户数占应入社户数的88%。同年4月3日，大庙供销社召开第七届社员代表大会，民主选举理事会、监事会，并选出两会成员6人，主任各1人。1983年，社员股金由2元增至3元，一户可入多股。1986年，大庙供销社又按入股金额的11%分红1次。

2003年，大庙供销合作社改制，企业出售给社会自然人，转为私营企业。

偏桥子供销社　1949年，偏桥子成立供销联合社。经营地点在偏桥子村，建有房屋8间，经营食盐、火柴、红布、土布等日常用品和小型农具。1950年春季，偏桥子供销联合社改为供销合作社。

1958年夏季，供销社并入商业局，划为全民所有制企业。1962年春季，供销社从商业局分离，又成为集体所有制企业。同年，压缩人员，全社下放6人。1966年，偏桥子供销社改为偏桥子购销服务社。在偏桥子村西新建店面9间，经营生产资料、生活日用品、土特日杂，年销售额300万元。

1995年，偏桥子供销社专设生产资料、土产杂品、副食品等柜台。增设废品物资回收站、山货收购站，职工19人。偏桥子供销社三家村分社店面3间，柜台4个，售货员2人，经营布匹、鞋袜、生活用品、文具纸张。大贵口村分社店面3间，柜台4个，售货员3人，经营布匹、鞋袜、生活用品、文具纸张。另外小贵口村、长北沟村、十八盘村设代销点，各有代销员1人。

2003年，偏桥子供销社改制为私营企业。

双塔山供销合作社　1950年，承德市双塔山供销联合社建立，下设大庙、偏桥子、大三岔口、双塔山等4个供销分社及北梁、大庙街2个综合门市部和中营子销售点。1960年，大庙建立人民公社，大庙供销分社从双塔山供销社分离，独立建立供销社。双塔山供销社有土地25.96亩，其中在双塔山街北院有8.51亩，南院6.86亩，家属院占地2.92亩；三岔口分社占地4.75亩；中营子分社占地2.92亩。房屋建筑面积合计3177平方米。经营主要商品有百货、日杂、副食等。2003年，双塔山供销社改制，资产变现后安置职工。

二　双滦区日用杂品商店

1983年，区经委组建区供销公司，1984年8月成立双滦区贸易公司，1986年9月，经区政府同意，撤销区属供销公司和贸易公司。人、财、物合并为双滦区日用杂品商店，为区属集体所有制商业企业。主营日用杂品、副食、废旧物资收购。1990年，日杂商店商品经销额67.80万元，职工21人。1995年，日杂商店社会消费品零售额24万元。2003年，日杂商店改制，商店资产变现，职工买断工龄退出企业，日杂商店注销。

三　其他集体商业企业

1983年后，企业、事业、机关、学校及乡办集体商业增多。1985年，其他集体商业企业38家；1990年87家，从业500人；2000年其他集体商店90家，注册资本434万元；2003年始，境域其他集体商业企业全部转为民营商业企业。

第三节　私营商业

一 清代、民国时期个体私营商业

清代，滦河街个体商业逐渐发展、繁荣。清咸丰年间屡经水灾，市面日渐衰落，商铺不过10余家。光绪三十三年（1907年），滦河街有当铺1家，大药铺1家，经营布匹、杂货、油坊、京货等大小店铺7家。

民国20年（1931年），滦河镇有各种商铺41家，从业103人，资本总额大洋6268元。较大的店铺有德聚兴、务泉兴、明太堂、宝聚隆、魁升店、广丰玉、义和永、德厚兴、鸿巨兴、万祥成、义盛兴、义利成、万福永、中福祥等。专营布匹的门店有万聚号、福德祥；专营麻绳门店有田麻铺；京津货铺有玉顺栈；果食茶食店有三兴斋、德馨斋；药铺有万德义、保寿堂、定元堂；金银制品店有福盛银楼、万和银楼、利兴银楼；旅店有客栈、驮店、牛马车店。还有皮货铺、粮米店、铁货店、煤薪炭店、饭店、肉铺、黄酒店、发货店、外国代理店、当铺等。商店货源来自北平、天津、唐山、承德、内蒙、山东、山西等地。外销的商品除粮食外，主要是土特产品、皮毛、木材及制品和少量矿产品。日伪统治时期商铺骤减，商品极为匮乏。小商小贩经营方式居多，主要经销针线、扣子、鞋袜、染料、化妆品、小吃、农具、水果等。

二 新中国个体私营商业

1949—1950年，个体私营商业渐渐恢复。滦河镇店铺门市20余家，还有理发和菜摊等散户。大庙、偏桥子、双塔山的小商贩35家。1955年，滦河镇有私营商业95家，从业132人，资金1.84万元，年销售额19.13万元。1956年，域内个体商业参加公私合营改造，相继成立高级合作商店、饮食服务总店等。1958—1976年，人民公社建立以后，个体私营商业全部取消；“文化大革命”时期，个体私营商业被禁止。

1978年开始，国家对个体私营商业政策放宽。1981年，区内个体私营商业户63户，从业69人。个体商贩217个，从业276人。1989年，个体私营商户715户，从业1007人。1995年，个体私营商户1975户，从业2989人。商业摊贩由设点摆摊发展到租赁柜台、自建门市、承包商场。经营商品种类也由服装、鞋帽、水果、食品等拓展到五金、家电、自行车、摩托车、粮油食品、生产资料。进货渠道从省内向北京、沈阳及全国各地拓展。

至2005年，个体私营工商户2002户，从业4939人，注册资金16121万元。规模较大的超市有：超市发连锁店、金海洋超市、家福超市、钟声超市、德缘超市、大华超市。大型百货商场有荣信商城、热河大厦。较大的饭店、餐馆有承钢宾馆、柏龙酒店、电厂宾馆、丰泽园、新红新酒楼、老边饺子馆、绿杨酒店、御园春酒店、凌云酒店、华盛祥酒店、盛隆酒店、喜来登、好再来、金天福酒店、林峰斋、名人居、名盛园、天福酒楼、金顺酒店、天地兴大酒楼、紫滕酒家、繁荣宾馆、双塔山宾馆等。五金交化、摩托车行、电动车行。家具城有荣华家电城、新兴家电、鸿雁五金文化、科隆五金文化、物资供应站；祥隆摩托车行、东兴车行、新日、彪牌、速派奇等8个

20世纪90年代双塔山镇侯丽丽服装加工（区档案馆提供）

摩托车电动车商店；国泰、恒信家具城。副食、熟食、蔬菜综合商场 8 家，药店 20 家。各种服装、鞋帽、化妆品、婚纱摄影、烟酒、副食、歌厅、网吧、洗浴中心等经营店铺 200 余家。各种水果、烧烤、小吃、蔬菜等摊位 300 多个。

第二章　商品经营

清代、民国期间，商品生产能力低、品种少。交通、信息不发达，商品供应匮乏，居民的购买能力相对较低。

新中国成立后，政府采取各种办法，供应各类商品。在计划经济体制下，由国家统一下达生产任务，统一调配商品，一般生活日用品基本保证供应。1960 年以后，由于人民群众的消费需求日益增长，粮油、棉布、肉食、糖酒及自行车、手表、缝纫机等家庭日用消费品凭证、凭票供应或高价购买。改革开放后，生产力得到解放，商品生产品种增多，商品供应逐渐充足。1990 年以后，社会商品全部敞开供应。社会主义市场经济的建立，促使商品市场流通更加通畅，商品种类齐全，市场活跃。

第一节　副食品经营

一 肉禽蛋

猪肉　清代、民国期间，滦河街设有猪肉铺。民国 17 年（1928 年），滦河街年屠宰猪 747 头，供应周边城乡市场。1949—1953 年，猪肉实行国家、集体、个人自由销售。同年 12 月始，生猪收购由供销合作社代办。1954 年开始，国家统一经营生猪购销，私营肉商可为国家代销。同年，实行生猪派购。1955 年，实行生猪派养派购，农民完成派购任务后，剩余生猪允许自宰自食或自由出售。7 月，生猪收购改由国营商业直接采购。1956 年公私合营后，私营肉商成为国营食品公司的零售部门。实行粮食统购统销政策后，猪肉供不应求，猪肉开始实行计划供应。20 世纪 60 年代始，市民每人每月供应 0.25 ～ 0.50 公斤猪肉，节日增供 0.5 ～ 1 公斤；行政机关、团体、学校、幼儿园的内部食堂，按固定人口定量供应；从事高温作业、井下作业等特殊工种的人员，比普通市民略有增供；宾馆、饭店等饮食服务业根据客流量按需供应。为保证生猪供应，20 世纪 60 年代初期，销售每头生猪除奖励 30 公斤饲料粮外，再奖售化肥、绒衣、棉布、自行车等，实行奖售政策后生猪收购量大幅度上升。1962 年，国家调整生猪收购价格，制定奖售政策。1966 年底，为方便农民卖猪，实行“上门看猪，合格发证，定时定点，预约收购”的办法。“文化大革命”时期，集贸市场关闭，农民补充仔猪、购买饲料粮发生困难，生猪饲养量下降，猪肉供应紧张。1979 年，国家大幅度提高生猪收购价格，激发农民养猪积极性。从 1980 年开始，肉食供应发生变化，实行平、议双轨制，即凭票平价供应，议价供应一部分。1984 年，猪肉敞开供应。1988 年末，生猪敞开收购。

牛羊肉　新中国成立初，商业部门肉食收宰 14 岁以上老牛、残牛。耕牛和孕牛严禁屠宰，对饲养多年的小犍牛须经畜牧部门检验批准后方可收宰。为照顾回族居民，凡 8 岁口以上或失去繁殖、耕作能力的牛，可以收宰。计划经济时期，市场对牛羊肉的需求较小。牛羊肉的销售对象主要是回族等少数民族，每人每月凭本供应 0.25 ～ 0.50 公斤。节日时，除向回族等民族增供外，其他民族也供应少量牛羊肉。供应回族等少数民族的牛羊肉，必须由清真寺阿訇执刀屠宰，由回族职工按照回族习惯加工，方可进入市场。20世纪80年代后期，牛羊肉放开收购和供应。

鲜蛋 区内经营的鲜蛋大部分从区外收购。20世纪70年代以前，非农业人口凭票供应，每人每月0.25～0.50公斤，节日增供。80年代后，鲜蛋逐步放开经营，价格随行就市。

二 食糖

1949—1957年，域内食糖敞开供应，市民的购买力较低。1959年后，许多地方被禁止种植经济作物，加上三年自然灾害，制糖原料紧缺，产量连年下降，市场供应紧缺。砂糖首先供应医药、医院、特种兵、高温高空作业人员等，剩余有计划的供应冷食、加工、市民、机关、团体。产妇、病人、婴儿用糖，由街道居民委员会、医院或人民公社开具证明，限量供应。1960年，根据中央“保证特需、照顾重点、兼顾一般”的原则，食糖供应优先保证病人、产妇、高空高温及井下作业人员等特需人群。一般市民用糖由计划指标内自行解决，有余则供应，没有即停供。节日，域内市民每人供应食糖0.4公斤，农民每人供应0.1公斤。1962年5月，市场开始供应高价食糖，每公斤9元，是平价糖的8倍。1966—1968年，食糖供应偏紧，市场高价供应赤砂糖和糖粉。1969年，国家大量进口食糖，实行敞开供应。1974年，食糖减少进口，货源紧张，域内居民凭票限量供应；糕点用糖加50%的饴糖，糖果加30%的饴糖；收购鲜蛋奖售食糖或布票，以减轻食糖供应的压力。1978年，中共十一届三中全会以后，国家采取粮糖挂钩的政策，食糖产量连年增加，货源充足。1984年后，食糖供过于求。1988年，食糖又开始凭票供应，糕点用糖平、议价相结合供应。1990年以后，各种食糖敞开供应。

三 蔬菜

清代、民国期间，滦河街有几家菜农专门经营菜园。起初，供应行宫内食用，后供应市民。1949—1955年，域内生产的蔬菜由菜农自由上市销售。1956年，公私合营蔬菜供应站成立，每天挂牌收售一部分，其余由菜农自销。1960—1962年，42种蔬菜实行划片定点、定品种、定量，凭票供应。1963年末，少部分品种蔬菜开始敞开供应，大白菜凭本或凭票限量供应。1973年，每人年供应白菜50公斤；1974年每人年供应白菜65公斤；春节每人供应5公斤，直至20世纪80年代。1985年以后，改革蔬菜产销体制。国营、集体、个人共同经营，菜农可以把菜卖给国家，也可以进城自销。工商行政管理部门加强市场管理，公布限制菜价，设蔬菜批发市场，生产者、经营者、贩运者都可以进入市场成交。国营蔬菜公司发挥主渠道作用，管好几个主要品种，调剂余缺，平抑市价。其后，国营蔬菜经营比重逐年减少，各蔬菜商店把经营重点逐渐转向其他副食品经营上。90年代以后，蔬菜全部由农民自销或蔬菜个体经营户销售。

四 其他

其他副食品主要有酱油、食醋、黄酱、豆制品、各种小菜、罐头、糖果、奶制品、小食品、茶叶、麦乳精等。罐头经营50～60种，分为肉罐头、水果罐头2大类，另有少数混合型罐头、蛋类罐头。除一些海产品罐头外，大部分均产自承德地区，少数来自内蒙、辽宁、黑龙江等省区。北方果品罐头大部分产自承德市周围邻县，南方果品罐头则自福建、广东、广西、四川等地。

糖果制品经营品种30多个，有水果糖、奶糖、巧克力、酥糖、软糖、夹心糖等。糖果主要产地在承德地区平泉县、兴隆县、承德县和北京、天津、上海等地。奶制品主要有奶粉、炼乳两大类，主要购自内蒙古、吉林、黑龙江等省，小食品主要有饼干和儿童食品，约50多个品种，一部分是承德市当地生产的，一部分购自北京、天津等地。茶叶以销售花茶为主，也有少量红茶，约10多个品种，大部分购自天津茶厂，少部分购自北京、福建。麦乳精产品主要购自天津、吉林、内蒙古、湖北等地。

第二节　百货针纺

一 百货

清、民国期间，域内居民所需日用小百货，大多由走街串巷的小商贩经销，固定的门市很少。1950年，滦河百货站、双塔山百货店、农村供销合作社设立。百货经营品种有香烟、火柴、布类、鞋类、毛线、燃料、火碱、肥皂、香皂、蜡烛、玻璃制品、手表、钢笔、化妆品、小五金、陶瓷制品、自行车零配件、油印机、纸张、针织品、服装等。1954年,国家为便于综合平衡,计划管理,将商品分为三大类,一类商品有纸张、火柴、胶鞋、肥皂;二类商品有香皂、电池、搪瓷面盆、缝纫机、暖水瓶、牙膏、钢笔、墨水、复写纸、篮球、足球、排球；其余列入三类商品，俗称小商品。一、二类商品统一按计划购销，三类商品不受限制，此种分类经营直到20世纪70年代末。1981年，百货文化用品取消一类商品限制。1985年，计划商品只有胶鞋和火柴2种，且由指令性计划改为指导性计划。90年代以后，经营百货的私营商业兴起,至2005年,区内从事百货经营的商户有95户，从业人员774人，注册资本金9217万元。

二 针纺

清及民国期间，滦河街有专营布店。民国18年（1929年),滦河街有布店2家,资本1400元。花色有平纹青布、蓝布、白布、红布等。品种中土布居多，有少数机织布（洋布）。棉纱、棉布主要由私商经营。1954年9月14日，中央人民政府政务院发布《关于实行棉布计划收购计划供应的命令》，棉布实行统购统销政策。凡城乡个人消费衣着用布及棉布制品，均凭票供应；工业用布、复制用布、机关、团体、部队、学校、公司企业用布、社会临时用布等凭证购买。粗细帆布、针织品、丝织品、麻织品、毛织品、棉毛交织品、棉麻交织品，以及豆腐包布、粉包布、药布、冷布、蚊帐布、线毯、全幅床单及用布不足4尺的整套童装等暂不实行计划供应。居民衣着、被褥等用布不分花色、品种、档次，一律实行分等定量凭票供应。1956年，河北省人民政府财经委员会制定《棉布计划收购、计划供应实施方案》。规定每年6月至次年8月为一个供应年度，布票一次发放，分期使用。1956年9月至1957年8月为发放布票的第三年度，每人发放标准52市尺，是发放标准最高的年度。随着棉布资源情况的变化，凭票供应范围逐步扩大。2市尺以上零布头，服装里子布、布制蚊帐及蚊帐顶边布照实收票，幅宽4尺以上的加倍收票。1959年，河北省规定搭用野生纤维或废花在50%以下的棉布对折收票；棉花与丝毛、人造纤维等混纺交织的棉布，按搭用棉花比例酌收布票。1960年，布制窗帘、包袱皮等一部分产品纳入凭票供应范围。1961年3月，人造棉布、麻布、蚊帐布、枕套、枕心、风雨衣商品纳入凭票供应范围。1962年，河北省商业厅制定《棉花系统及主要针织品凭布票和购物证供应实施方案》。主要针织品正式纳入统销范围，凭布票供应的主要有卫生衫裤、棉毛衫裤、线衣、床褥单、线毯、毛巾被、绒毯、浴巾、睡衣、毛巾、袜子、汗衫、背心、小孩围嘴、围裙、台布、箱套等;凭购物证供应的主要有棉毯、缝纫线和人造丝、蚕丝、合成纤维等原料制成的各种袜子、汗衫、背心等；未列入凭票供应的其它针织品仍然敞开供应。1965年9月至1966年12月，域内农业人口每人发放布票15市尺，非

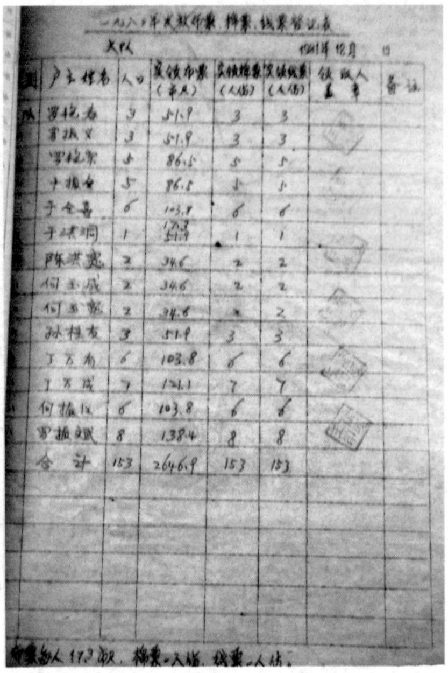

户主姓名	人口	实领布票（市尺）	实领棉票（人份）	实领线票（人份）	领取人盖章	备注
[illegible]	3	51.9	3	3		
[illegible]	3	51.9	3	3		
[illegible]	5	86.5	5	5		
[illegible]	5	86.5	5	5		
[illegible]	6	103.8	6	6		
[illegible]	1	17.3 51.9	1	1		
[illegible]	2	34.6	2	2		
[illegible]	2	34.6	2	2		
[illegible]	2	34.6	2	2		
[illegible]	3	51.9	3	3		
[illegible]	6	103.8	6	6		
[illegible]	7	121.1	7	7		
[illegible]	6	103.8	6	6		
[illegible]	8	138.4	8	8		
合计	153	2646.9	153	153		

布票每人17.3市尺，棉票一人份，线票一人份。

1982年双塔山镇中营子大队布票、棉票、线票发放登记

农业人口每人发放布票18市尺，职工每人发放26市尺。从1969年1月开始，每人年发放布票17.3市尺。1972年2月和1978年8月，河北省分别将涤棉混纺布和涤纶混纺布纳入凭票供应范围。1982年11月1日起，棉花混纺交织的针棉织品和针织小商品免收布票。1983年5月1日起，针棉织品免收布票，敞开供应。1984年，区内化纤、混纺等各类商店花色、品种齐全，停发布票，棉布统购统销政策取消。

第三节　五金交电

一 经营

新中国建立前，域内五金交电经营商品只有生产、生活所需的小农机具、小五金。1950年，五金机械商品分为7类，62个品种；交通电工器材2类，29个主要品种；化工商品3大类122个品种。1956年，中国五金机械公司河北省承德分公司成立时，除经营五金交电商品外，还经营钢材、机电产品、汽车配件等。1958年，国营商业、供销合作社合并后，增加农业生产资料商品经营，五金行业经营品种增加。1959年开始，国家对地方工业品实行包销，经营的地方工业品有机、泵、管、胎、马车、人力车配件、管子钳等商品。1962年，农业生产资料划归供销社收购经营，经营的地方工业品主要有铅丝、元钉、马铁件等。1978年，经营的地方工业品品种发展到120个，主要有铅丝、马铁件、管子钳、千斤顶、钳形表、电度表等。1985年，经营的品种有工具、建筑五金、水暖器材、消防器材、机械配件（兼营）标准件。交电商品有电工器材、电料、自行车及配件；家电商品有洗衣机、电视机等；化工商品有化工原料、油料、染料。1986年，区五金公司销售自行车1201辆，缝纫机617架，电视机1352台，洗衣机1325台。商品销售额390.5万元，利润13.7万元，上缴税金4.4万元。1987年，区五金公司年商品销售额401万元，利润24万元，上缴税金7.5万元。1998年，私企荣华家电商城注册开业；2001年，私企滦河新兴家电门市部开业，两家有雇员50人。经营中、高档电视机、洗衣机、电冰箱，并兼营矿产品、灯具、灶具等商品200多种。货源主要是来自山东、河北、上海、四川、广东、河南、安徽、浙江等地。2005年，荣华家电商城和滦河新兴家电门市部销售额2000万元。区内五金商品个体经营户10户，销售商品达140多种，有商户还经营摩托车、三轮车、小型货车。

二 采购与供应

新中国建立初，各基层供销社和零售商业限定从三级批发站进货，然后供应给消费者和生产部门。铅丝、元钉等供不应求的生产资料、原材料坚持“保证重点，兼顾一般”的供应原则。彩色电视机、洗衣机、电冰箱、各牌自行车、收音机、灯泡等生活用品和耐用消费品，凭票供应。大车轮胎钢圈、人力车胎及配件优先供应农村，货源充沛的商品则敞开供应，扩大销售。1978年，中共十一届三中全会后，改革商品流通体制，统配物资逐年减少，自由选购商品逐年增加。

1985—2001年承德市双滦区滦河百货五金商店商品销售统计表

表10-2-1　　单位：万元

年　份	商品销售总额	商品销售利润	上缴税金	固定资产	职工人数
1985	721.05	16.69	14.29	22.67	178
1986	809.43	10.99	18.10	55.97	185
1987	857.22	19.91	19.03	43.19	199
1988	1096.65	33.08	29.06	54.28	216

续表 10-2-1　单位：万元

年　份	商品销售总额	商品销售利润	上缴税金	固定资产	职工人数
1989	1025.07	17.42	30.19	72.68	219
1990	949.49	0.97	24.48	72.54	198
1991	1012.23	17.72	27.21	74.60	187
1992	803.94	13.13	21.16	78.16	157
1993	352.95	-16.94	13.00	78.44	156
1994	264.79	30.67	12.80	73.55	132
1995	156.70	25.40	12.77	66.10	121
1996	144.82	44.16	9.35	73.84	127
1997	111.95	32.80	6.90	73.80	118
1998	129.86	27.82	10.23	31.89	106
1999	179.51	23.99	9.08	40.21	101
2000	148.68	28.69	7.55	25.30	103
2001	168.72	21.86	5.04	22.00	92

第四节　其他商品

一　烟草

清代中后期，卷烟进入市场。民国14年（1925年），滦河街设有热河卷烟吸食户特捐处滦平分处。域内没有卷烟生产厂，吸卷烟的人员很少，当地居民吸自产旱烟。新中国成立初期，国营商业与供销合作社大多不经营卷烟，卷烟由小摊贩挎篮摆摊叫卖。1955年开始，卷烟被列入国家专卖经营。20世纪70年代初期，卷烟分甲、乙、丙、丁四个级别。甲级烟实行计划内凭票供应，乙级以下卷烟敞开销售。1980年以后，卷烟进货渠道拓宽，卷烟供应的品种增多。

1989年10月8日，双滦区商业局设立烟草专卖科。1992年1月1日，《中华人民共和国烟草专卖法》实施。2002年8月，区内烟草行业管辖权归属承德市烟草专卖局，双滦区设立烟草专卖管理所和双滦区卷烟配送中心。烟草专卖所负责管理卷烟市场，卷烟配送中心负责卷烟的市场供应。至2005年底，区内有卷烟销售户451家，年销售卷烟2万件。

1985—2001年承德市双滦区烟酒（烟草）公司部分年份销售统计表

表 10-2-2　单位：万元 人

年　份	商品销售总额	商品销售利润	上缴税金	固定资产	职工人数
1985	305.25	5.67	1.69	2.48	66
1986	335.39	3.94	3.71	3.96	60
1987	497.25	8.59	4.62	9.44	64
1988	507.60	8.17	10.46	12.60	61
1989	462.87	5.35	11.11	20.07（原值）	57
1990	484.53	1.06	8.82	20.89	56

续表 10-2-2　单位：万元 人

年　份	商品销售总额	商品销售利润	上缴税金	固定资产	职工人数
1991	567.92	6.86	10.22	24.03	45
1992	525.64	4.70	4.87	23.98	46
1993	753.01	6.05	2.95	21.38	43
1994	266.65	−5.04	1.05	46.10	41
1995	319.02	17.40	1.00	50.80	40
1996	157.01	12.92	1.30	59.02	41
1997	395.20	11.80	0.70	59.00	29
1998	763.06	19.03	3.83	37.81（清理）	27
1999	689.45	17.66	4.71	36.32	27
2000	662.58	18.54	7.34	33.71	26
2001	942.63	32.83	10.28	32.76	26

二 白酒

清代、民国时期，域内销售的白酒以当地自产烧酒为主,有少量外地白酒。新中国建立后,酒类商品的供应根据货源，敞开供应、高价供应、凭票限量供应、特需供应4种办法。1951年5月,国家为增加财政收入，对酒类商品实行“统一经营、分散管理，管、产、销、税四结合”的方针。以国营、公私合营、特许私营和委托加工4种方式经营。1952—1959年，普通白酒敞开供应。1960年粮食减产，酒类商品凭票供应。1961年下半年，为实现货币回笼，调节消费，市场开始供应高价酒。平价酒只供应特需人员、高空高温及井下作业人员、侨眷和正骨按摩、科学实验、泡制中药、农民打井、防汛抢险、拌种子、拌农药等需要。1964年3月3日,河北省政府颁布《河北省酒类专卖管理办法（试行草案)》。承德市政府建立专卖机构，审批、下发专卖检查证、酒类专卖零售执照、准运证,并加强缉私。1966年后,“文化大革命”时期专卖机构被取消，白酒凭票供应。1979年9月4日，河北省革命委员会颁发《河北省酒类专卖管理办法（试行草案)》，承德市糖酒公司代管酒类专卖。1980年改革流通体制，一些三级批发站直接从酒厂进货，流通速度加快，经济效益提高。除国家级名酒外，其他酒类敞开供应。1987年后，提高名酒销售价格，且敞开供应。

三 药品购销

宣统三年(1911年),域内有大、小药铺11家,经营中草药、中成药。其中宝元堂、保寿堂特制的专治寒症的砒蜡丸很著名。民国28年（1939年)，滦河街有西药房一处，资本不过30元。民国29年（1940年),滦河街屈显忱开办中西药房,给患者看病开始使用西药。至1949年，滦河街有6家中药铺，分别是万春堂、崇德堂、济生堂、延生堂、富生堂、天福堂。

新中国成立后，医药经营逐步实现国家经营。药品全部纳入国家计划，各种药品由承德市医药公司统一购进，分配给各医疗机构和药店售卖。1981年，随着流通体制改革，药品经营打破封闭式的经营方式。行业之间竞争经营，进货渠道逐步放开，价格放宽，部分常用药实行最高限价。

1984年以后，个体私营药店15家，规模较大的有：承钢西南药店、滦河怡笑堂、双塔山药店等。各药店经营西药及中成药1100余品种，主要有抗菌素、解热镇痛药、心血管系统用药、呼吸系统用药、消化系统用药等口服药品。药店允许有咨询药师，不允许经营注射药品及麻醉药品，不允许设坐堂医生。

至2005年，区内有药店20家。

四 烟花爆竹

清代、民国期间，域内有鞭炮生产及经营。

新中国成立后，双塔山、滦河、大庙、偏桥子4个供销合作社经营烟花爆竹。

1994年9月，河北省颁布实施《河北省烟花爆竹安全管理条例》。烟花爆竹在生产、运输、储存、经营、燃放等环节实施许可制度。区内烟花爆竹的生产、运输、储存、经营许可证由承德市公安局核发，双滦公安分局负责零售摊点许可证发放和监管。1995—1997年，双滦区城镇划为烟花爆竹禁放区。烟花爆竹营业额下降，年零售额8万元。1996年6月，修订《河北省烟花爆竹安全管理条例》。进一步明确烟花爆竹在各环节的行政许可及法律责任。1998年始，承德市取消禁放令。同年，双滦区烟花爆竹零售额30余万元。1998年，双滦区设立烟花爆竹存储库，先后在白庙子村南侧繁荣建筑公司仓库、原承德市皮革厂仓库设立烟花爆竹存储库（临时）。2000年，双滦区烟花爆竹零售额70万元。2003—2005年，双滦区供销社在偏桥子镇羊泉子村设立永久式烟花爆竹存储库，库容面积1300平方米。2005年，烟花爆竹零售额90万元。

第五节 农资日杂与物品收购

一 农业生产资料供应与销售

供销社销售生产资料品种主要有4大类。种子：有玉米、谷子、水稻、高粱、大豆、小杂粮和各种蔬菜优良品种。化肥、农药：20世纪50年代主要是肥田粉；60年代主要有碳酸氢铵、硝酸铵、硫酸铵、氯化铵、尿素、钾肥、磷肥等。农药品种主要有滴滴涕、硫磺、六六六、1059；70年代后农药品种大量增多，主要有敌百虫、敌敌畏、乐果、黏虫散、除虫散、硫酸铜等；80年代，推出新品种主要有溴氰菊酯、钾胺磷、速灭杀丁等。塑料薄膜：20世纪70年代多用于蔬菜育秧；80年代销量增加，用于地膜、中小拱膜、大棚温室蔬菜生产，农田水稻育秧、大田玉米地膜种植、大棚日光温室养鸡。农机具：主要有锹、镐、锄、镰、耙、犁尖、喷雾器、七寸方犁、双铧犁、铡草机、玉米和稻谷脱粒机、磨面机、粉碎机、面条机，还有小推车、车轮、胶带等。还经营木、瓦、电工工具和各种小五金工具，以及炉子、烟筒、压力井头、水壶、水桶、撮子、扫帚、簸箕、筐、锅、缸、盆、碗、笊篱、炕席等日杂用品。

二 日杂土产

1950年，供销合作社开始经营日用杂品。1955年4月，日用杂品经营范围划定炊事用具、陶瓷器、土纸等五大类，品种200多个。1956年，社会主义工商业改造，日用杂品经营者实行公私合营。1957年，供销社建制恢复后，日用杂品批发部采取组织地方生产、到外地采购等措施，缓解市场供应紧张状况。1966—1976年，主要日用杂品纳入国家计划经济管理范围。

1978年以后，供销社增加经营塑料制品、玻璃搪瓷制品、不锈钢厨房用具、洗衣机、电风扇、燃气灶具等。供销社在保留传统经营项目的同时，增加经营农村建房用材、出口转内销等新商品。

三 物品收购

清代、民国时期，域内有个体收购店铺。收购品种限于中药材、皮毛、山货等。新中国成立后，产品收购归供销社经营，主要负责废旧物资和农副产品收购。20世纪70年代，域内设有收购站2个。滦河供销社收购站，有职工50人，年废旧商品销售额50万元；大庙供销社收购站，职工8人，年平均收购废纸6吨，塑料、旧书报、杂铜3～8吨。改革开放以后，收购品种和数量逐渐增加。废旧金属收购有铁、铜、铝、铅、锌、锡等；中药材有杏仁、黄芩、远志、防风、柴胡、仓术、桔梗、大小荚珠、串山龙、黄芪、山枣核、蝎子等；编织产品有苇席、荆笆、筐、篓等；果品收购有苹果、梨、桃、杏、沙果、槟子、海棠、山核桃、榛子、大扁、蘑菇及各种野菜；皮、毛、绒收购有猪皮、猪鬃、羊皮、羊绒、羊毛、牛皮、狗皮、兔皮、兔毛、猪毛、杂骨等。此外，还收购旧洗衣机、冰箱、电视机、收音机等小家电和旧书刊、报纸、纸壳、酒瓶、易拉罐、碎玻璃、旧塑料鞋底、胶带、轮胎等。

随着市场经济的发展，供销社完成改制，区内市场出现多家个体收购站点和个人流动收购小贩，收购市场领域逐步扩大。

第六节　煤炭 成品油 建材

一 煤炭经销

清代及民国期间，域内有碳柴市场（柴市），全部为个体私营。

1959年，建有双塔山、滦河2个煤站，隶属承德市煤建公司，供应域内用煤。1973年，煤站增设柴场。城镇居民用煤柴凭票购买，每户年供煤平均2吨左右。机关、学校、企事业单位用煤按年度作计划上报，批准后按月供应。冬季取暖煤经申报，批准后分两期供应，每期供应50%。供煤的主要货源是承德兴隆煤矿，品种是混合煤和部分焦煤。

1990年，双滦区燃料公司成立，分管煤站和柴场，后实行承包经营。滦河煤站转制为民营企业，更名为承德市双滦同德煤业有限责任公司。2005年，从事个体煤炭运输12户。原煤多购于河北省张家口、内蒙古赤峰市、山西省等地，春夏储备，秋冬销售。除少量供给小企业单位外，其余煤炭销往4个乡镇，用于乡村居民冬季取暖。年销售额1500万元，购销煤炭2.50万吨。

二 石油存储

1958年，承德石油分公司中心油库建立三岔口油库，坐落在双塔山镇三岔口村，占地面积100亩。其中：储油区34764平方米，油品装卸区15300平方米，辅助生产和行政管理区16200

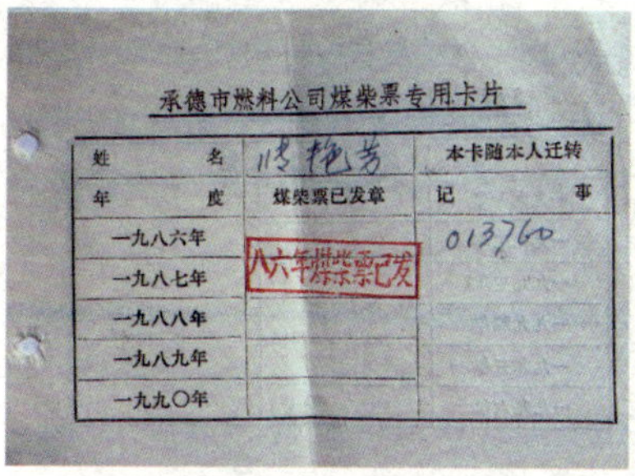

承德市燃料公司煤柴票
（摄影　杜俊秀）

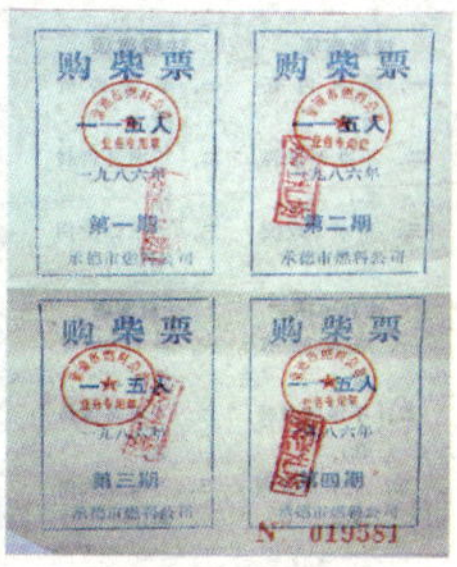

双滦煤场购柴票
（摄影　杜俊秀）

平方米，建（构）筑面积8900平方米，库容面积21400平方米。承担承德市和隆化、滦平、丰宁、承德等县大部分油源调配。

油库主要设备有立式金属油罐13个。其中：3300立方米油罐1个、3000立方米油罐3个、2000立方米油罐2个、1000立方米油罐2个、700立方米油罐3个、500立方米油罐2个。13个油罐中内浮顶罐（拱）顶灌改造5个，拱顶罐8个。有铁路专用线（双线）309米、卸油栈桥52米、卸油鹤管5个、货位10个。有卸油泵1台、油泵7台、付油台2座、罐装付油鹤管8个、桶装付油鹤管8个。油库建有完善的消防设施：有固定泡沫灭火系统、储水池4个总储水量1330立方米、消防泵房1座、消防泵3台。有160马力柴油发动机1台、消防管线2000米、固定式消防栓17个。

1959年，油库投入使用后，主要业务是油料经营。1994年3月，根据河北省石油总公司要求，油库主要负责仓储，油库不再经营业务。至2005年，油库有职工50人，年吞吐量25万吨。

三 柴汽油零售

双塔山加油站坐落在双塔山镇团瓢村，建于1986年2月。工程造价为4.8万元，占地面积4.83亩，建筑面积1200平方米。2005年2月经过扩建，有容量30立方米的卧式油泵5个，加油机6台、油枪7条，员工7名，年销油2000吨。

滦河加油站于2000年5月开始营运。2001年，有加油机6台、加油拖9条。2004年，由于公路加宽占地，将场地后移，改造灌区。加油站占地面积2.22亩，有2.5立方米的卧式油罐

5个。2005年,有员工12名,年销售油量5457吨。

三岔口加油站位于原麻纺厂泵库房院内，投资26万元，占地面积5.10亩，建有520平方米平房，30立方米卧式油罐5个，加油机8台。2002年5月29日建成使用。2005年，有加油站员工9名，年销油量在3000吨左右。

四　建筑材料营销

清代及民国时期，域内无建筑钢材销售，建材经营仅限木料、砖瓦等。

新中国成立后，钢材、木材、水泥等大宗建材由国家统一计划调配。20世纪90年代后，国家取消计划供应。2005年，区内有经营建材商户8家。经营钢材、水泥、玻璃、陶瓷、装饰材料等。进货渠道主要有河北唐山、廊坊等地，年销售额100万元。

1995年承德市双滦区商业企业统计表

表10-2-3　　单位：万元

企业名称	资产总额	负债总额	所有者权益总额	商品销售收入	商品销售成本	利润总额	在职职工人数（人）
承德市双滦区百货五金批发部	198.1	244.7	−46.6	0	0	−15.5	10
承德市双滦区滦河百货五金综合商场	42.4	44.7	−2.3	59.5	59.5	−2.7	57
承德市双滦区烟草公司	133.7	164.5	−30.8	297.6	297.6	−13.9	40
承德市双滦区百货五金公司	78.3	52.1	26.2	39.2	39.2	0	64
承德市双滦区蔬菜副食品公司	97.6	121.1	−23.5	66.1	66.1	−15.7	99
承德市双滦区食品厂	12.9	15.2	−2.3	12.7	12.7	−6.0	18
承德市双滦区双塔山百货五金商场	81.3	78.0	3.3	90.8	90.8	2.5	46
合　　计	644.3	720.3	−76.0	565.9	565.9	−51.3	334

第三章　粮油经营

清代，域内设有官仓，储存粮食供给军队和政府。民国期间，粮食市场均为个体私营。

1953年，国家开始对粮食、油料实行计划收购和计划供应（即统购统销）政策。严格控制粮食市场，严禁私商经营粮食。以保证城镇居民供应。在计划经济时代，国家每年向农村生产队征购粮食，定量供应城市人口粮油，用粮票调节控制流通。1993年5月，河北省全面放开城乡粮食购销价格，城镇居民取消粮油供应票证，粮油经营完全由市场调节。

第一节　粮食收购

清代，内务府会计司每年征收域内皇粮庄头小米。另每年秋后，清政府出资按市价在域内（滦平县）购粮谷200吨，待遇欠年时，以低于市场价售出，名曰："常平"。民国期间，田赋大多交纳大洋,不收粮食。购粮商可以直接收购农民粮食。

一　粮食统购

1953年10月，国家颁布《关于实行粮食的计划收购与计划供应的决议》，对余粮户实行统购，并取缔私商经营粮食。统购种类分为公粮、购粮、周转粮。

1954年春，为发展互助合作，扶助农业生产，打击农村高利贷违法行为，扶助灾区及贫困农民春耕生产。国家决定通过农村供销社，在农民自愿的基础上向其预购部分粮食。粮食部门与供销合作社签定预购合同，明确规定预购粮品种、数量、交粮期限、预付款项等。供销合作社在当地党政部门领导下，以买卖形式与农业合作社、互助组、社员小组及个体农民签定预购合同，以保证双方遵守信用。收购时，根据“依涨不依落”的原则，按照国家规定的粮食等级和质量标准结算并扣回全部预付定金。1955年起，在正常年景情况下，粮食统购实行定产、定购和定销，即“三定”政策，“定产、定购”三年不变，“定销”每年核定一次。根据中共承德市委决定，双塔山乡西平台村为“三定”到户试点。同年，双塔山乡定粮食产量任务2583吨，实产2339.874吨，完成任务的90.6%；定购任务445.5吨，实购227.331吨，完成定购任务的51%。偏桥子乡定粮食产量任务1461.5吨，实际产量1298.225吨，定购任务528.15吨，实购401.575吨，完成统购任务的76%。

1956年，粮食“三定”由以户为单位改为以农业生产合作社为单位计算。根据《河北省农村粮食统购统销办法实施细则》，按照“定产定实、留粮留够、购粮要占余粮数量的90%”的原则，开展以社为单位的“三定”预算。是年，农业遭受较重自然灾害，粮食减产。1957年，因自然灾害影响，粮食统购任务未完成。

1957年承德市双塔山、偏桥子、岔沟门乡粮食统购入库统计表

表10-3-1　　单位：公斤

乡　名	统购粮食		
	任务数	完成数	完成率
双塔山	445500	246701	55.4
偏桥子	528150	311136.5	58.9
岔沟门	4500	4500	100

1958年，粮食产量在“高估产、高征购”口号下，征购指标强行向下落实，在一些社队出现购“过头粮”现象，农民负担增加，严重挫伤了农民生产积极性。1959—1961年，农业连受严重自然灾害，粮食大面积减产，粮食征购工作遇到困难。承德市从生产度荒出发，生产队完成征购任务后，开展有计划的用工业品兑换粮食，制定奖售标准，扩大奖售范围，议价议购等一系列鼓励粮食生产的措施，使农业生产逐步恢复和发展，粮食征购任务逐渐恢复正常。

1963年双塔山、偏桥子、大庙、滦河公社征购粮完成统计表

表10-3-2　　单位：公斤

社名	征购粮食（贸易粮）					
	任务	实际入库				
		累计	占任务%	其中		
				大米	大豆	小米
双塔山	6500	86212	132.6	——	4817	26130
偏桥子	200000	192014	96	36717.5	9507	20483.5

续表 10-3-2　　单位：公斤

社名	征购粮食（贸易粮）					
	任务	实际入库				
		累计	占任务%	其中		
				大米	大豆	小米
大庙	20000	26034	130.2	——	3899	8099.5
滦河	200000	200397	100.2	35011	10914.5	83057
合计	485000	504657	104	71728.5	29137.5	137770

1965 年，承德市实行定购“三年不变，超产、超购、超奖”政策 。1966 年开始，域内农民克服各种困难，大搞农田基本建设，改善农业生产条件，粮食生产稳定发展。

1966—1967 年双塔山、大庙、偏桥子、滦河公社粮食征购统计表

表 10-3-3　　单位：公斤

社名	1965年		1966—1967年包干情况			
	征购任务	实际完成	生产队自认	大队意见	公社意见	粮食局意见
双塔山	75000	75603.5	86500	103000	95000	85000
大庙	22500	22500	31000	31000	25500	22500
偏桥子	340000	349535.5	4425000	450500	375000	375000
滦河	25000	25000	37250	36000	30000	25000
合计	462500	472639	597250	620500	525500	507500

1971 年 8 月，中共中央决定粮食征购由“一定三年”改为“一定五年”。河北省革命委员会决定，对超基数部分，一半加价 30% ，一半奖售化肥。此政策的实施，调动了农民种粮积极性。1971—1978 年，除个别年份稍有增减外，粮食征购基数没做较大调整。

1973 年双塔山、偏桥子、滦河、大庙公社粮食产购统计表

表 10-3-4　　单位：公斤

社队名称	粮食产量		征购			
	原粮	贸易粮	包干		超购	
			原粮	贸易粮	原粮	贸易粮
双塔山	2786057	2628035	185830	173055	64099	57683
偏桥子	2159508.5	1958673.5	434774.5	429274.5	181524.5	144329
滦河	664485.5	625521.5	50000	50000	20794.5	15575
大庙	1602904.5	1503526.5	49759	49736	26184	20468
合计	7212955.5	6715756.5	720363.5	702065.5	292602	238055

二 粮食定购

1985年4月，河北省取消粮食统购政策，改为合同定购，承德市被定为粮食免购地区。1987年，承德市给双滦区下达合同定购粮食任务150吨，其中玉米125吨，大米25吨。每百公斤定购粮食国家奖售优质平价化肥12公斤，柴油6公斤。合同定购粮，国家发放预购定金(按价款的20％预付)，在农民交粮时扣还，利息由国家财政负担。1988年，粮食合同定购任务和定购品种仍按1987年核定数不变，国家和省确定的合同定购“三挂钩”标准不变。

1999年，保护价敞开收购农民余粮，价格由河北省人民政府制定，订购粮和保护价粮同价。2002年始，国家粮食征购任务取消。

第二节　粮油供应

一 农村粮油供应

农村口粮 1953年10月，中共中央颁布《关于实行粮食的计划收购与计划供应的决议》。承德市农村计划供应范围为农村缺粮队、占地队、蔬菜队等。1955年，国家规定农村人均口粮为200～240公斤，不足200公斤者予以供应。1963年，双塔山公社有蔬菜生产队12个，人口1796人，供粮265672.5公斤；常年缺粮队2个，247人，供粮5300公斤。大庙公社有蔬菜生产队2个，474人，供粮5860公斤，常年缺粮队2个，173人，供粮1101公斤。偏桥子公社有常年缺粮队9个，767人，供粮27500公斤。滦河公社有蔬菜生产队26个，3933人，供粮500113.5公斤。

1971年，农民口粮人均不足145公斤的由国家补足至145公斤。1972年，增加菜农口粮供应，年人均200公斤。1978年始，菜农口粮供应采取基本口粮加奖励的办法，即按当年交菜数量多少定口粮标准。

1993年，随着粮食市场的逐步放开和粮食购销差价的缩小，农村返销粮已无存在的必要，自行取消。

农副产品奖售粮 1961年，政府规定交售活羊、生猪、杏仁等农副产品，均奖售粮食。

民工补助粮 自20世纪60年代中期始，域内民工参加水利、交通、三线建设工程享受补助粮。1972年，河北省规定：凡经县以上国家机关批准的水利、交通、三线等工程，施工民工每人每天口粮补助至0.9公斤。1979年，农村实行生产承包责任制以后，民工口粮补助停止执行。

二 城镇粮食供应

1953年10月，城镇开始实行粮食计划供应，居民按户发给购粮证，凭证到指定购粮点购买；机关、团体、企业、学校等集体伙食单位，按就餐人数发给供应证；饮食业、食品加工业用粮参照当年日常平均需要量按期上报计划，经承德市工商科批准后供应，供应比例“面四米六”。1954年4月，实行城镇居民粗粮计划供应。1955年8月，各机关、团体、企事业、学校等单位配备专职和兼职粮食定量管理人员，负责调查分类本单位的各工种人员，评定粮食供应标准。驻区粮食管理所设立粮食关系迁转点，配备专业人员负责粮食定量变动、粮食关系的迁出迁入、粮食补助及出生、死亡人口粮食变动供应事宜。至当年8月30日，工种定量核定基本结束。9月1日起，《承德市镇粮食定量供应暂行办法》正式执行，实行“以人定量、凭证供应”，纠正过去不分劳动强度和年龄大小平均分配的缺陷。

1955 年承德市城镇居民口粮定量表

表 10-3-5　　单位：公斤

人员类别		一级	二级	三级	平均
工人	特重体力劳动	29.5	27.5	25	27.5
	重体力	24	21.5	20	22
	轻体力	18.5	17.5	16.5	17.5
国家工作人员、公私营企业职工、店员及脑力劳动者		16.5	15		15.5
大中学生		14.5～18			17.5
一般居民	10周岁以上	12～14.25			13.75
	六至十周岁	9～11.75			11
	三至六周岁	6～8.5			7
	三周岁以下者	3～5.5			4

1956 年 6 月，承德市调整部分粮食定量标准。国家机关、企事业单位工作人员每人每月由 15.5 公斤调整为 16.5 ～ 18.5 公斤；市民根据劳动状况，分别划入轻、重体力劳动等级，按范围供应；不满 10 岁儿童由 4 级划分，按周岁晋级，增到 13.5 公斤后不再晋级。1957 年上半年，再次调整定量标准，由人均 16.65 公斤，降低为人均 15.5 公斤；食品用粮每人每月不超过 1.5 公斤，糕点用粮凭票供应。1958 年“大跃进”逐渐放松用粮管理，粮食供应定量大幅增加，供应定量人均 20.7 公斤。1959—1961 年，全国连续 3 年遭受严重自然灾害，粮食减产，供应困难，城镇居民人均定量标准 13.4 公斤；同时，所有厂矿、企事业、学校、街道居民所办的公共食堂贯彻“计划消费，节约用粮，粮菜混吃”，推行粮食食用“增量法、瓜菜代”等度荒措施。国民经济及居民生活进入困难时期。

1960 年承德市城镇非农业人口分级定量标准

表 10-3-6　　单位：公斤

人员类别		一级	二级	三级	平均
工人	特重体力劳动				25
	重体力				18.5
	轻体力	15.5	14.5	13.5	14.5
脑力劳动者					13
大中学生		13～14.5			14.5
十周岁以上居民		12～13.5			12.75
十周岁以下儿童		不满一周岁3.5公斤，每增加一岁，递增粮食1公斤，平均7.5公斤			

1964 年，承德市为改变城镇人口粮食供应指标偏低状况，采取工种定量外临时补助的办法。轻体力劳动者(供应标准在 15.25 公斤以下)每人每月平均补助 0.75 公斤；城镇居民每人增供议价粮 1 公斤。域内城镇人口 20995 人，粮食供应指标 4415.3 吨。其中：居民定量供应 3103 吨，食品业用粮 16 吨，副食业用粮 81.8 吨，酿造业用粮 26 吨，饲料用粮 111 吨，农业销售粮 1077.5 吨。

1966 年，“文化大革命”开始后，供粮定量标准混乱，出现城镇人口、粮食销售、工资总额“三突破”。承德市开展了城镇人口和粮食销售“三查、三对、三核实”的全面整顿。1967—1974年，域内城镇人口供粮标准进行两次调整。此后数年，工种定量供应标准无大变动。1975年，滦河粮食管理所管辖范围内月平均人口15752人，月均定量供应粮食248983.75公斤，月人均定量15.8公斤；双塔山粮食管理所管辖范围内（包括偏桥子、大庙）月平均人口17490人，月均定量供应253164公斤，月人均定量14.45公斤。

中共十一届三中全会前后，粮食连年丰收，国家商品粮库存增加，城镇粮油供应好转。1981—1990年，承德市重新调整粮油定量标准。1993年5月，区内全面放开城乡粮食购销价格，并取消口粮证、全国通用粮票、河北省地方粮票等业务，从此结束城镇居民粮食定量供应的历史。

三　城镇食油供应

1954年，承德市在实行城镇居民粮食定量供应的同时，实行食油定量供应。食油供应的定量标准由河北省具体规定并按计划安排调拨，供应食油的品种主要有豆油、93花生油、胡麻油、菜籽油等。

1954—1993年城镇居民食油人均供应情况概览表

表10-3-7　　单位：公斤

时间	干部职工	居民学生	集体伙食单位（每人每月）		
			30人以下	40人以下	50人以下
1954.1	0.5	0.35			
1957.4	0.4	0.3			
1959.5			0.35	0.25	0.2
1960.12	0.175	0.1			
1962.1	0.1	0.075			
1964.1	0.2	0.2			
1965～1975	0.25	0.25			
1975～1978	0.15	0.15			
1978～1984	0.25	0.25			
1984～1993	0.5	0.5			

四　定量外粮油补助

凡增加劳动强度、延长劳动时间、干部和职工下乡下厂参加体力劳动或农村人口进城自带口粮低于城镇同工种口粮标准，国家均给予粮食补助。定量外食油补助主要有：保健油补助（指从事有毒、高空、高温、井下及野外地质勘探作业等工作人员的食油补助）；外宾、华侨用油补助；民工食用油补助；专业及其他人员用油补助。定量外粮油补助的范围和标准，各个时期不同，由河北省、承德市劳动、卫生、粮食部门制定。1956年6月，承德市粮食局规定，城镇居民家遇丧事可一次性补助粮食15～25公斤；产妇在产期内一次性补助粮食5公斤。1959年10月，除军属、矿山井下工人、住院病人、高级知识分子和演员的细粮保证供应外，南方籍人和朝鲜族职工及其家属，可在定量标准内每人每月调剂大米2.5公斤，并可酌情供应部分小米。1963年，住院病人不分病种，每人每月定量外增供食油0.25公斤，调剂细粮60%；肝炎、干瘦病人每人每月增供食油0.5公斤。1966年6月，侨眷粮食供应标准从每月40公斤降为30公斤。10月起，住院病人的粮油补助和非住院病人凭诊断书定量外粮油补助停止。1967 年 1 月，停止侨眷物资供应。

五 粮油票证

1955 年 9 月，国家粮食部颁发《市镇粮食定量供应票证使用暂行办法》。域内粮食供应的票证主要有“七证”“三票”。“七证”：第一种是市镇居民粮油供应证，城镇非农业人口的购粮凭证，限在指定的粮店使用。还有“集体伙食粮证”“居民储备粮证”“工种粮证”。第二种是工商行业用粮供应证。以粮食为原料或辅料的工业、酿造业、饮食业、副食业等购粮食使用的凭证，只限在指定粮店使用。第三种是市镇饲料供应证。市镇饲养牲畜的单位购买饲料的凭证，只限在指定供应点使用。第四种是市镇居民粮食供应转移证。市镇居民迁居、学生入学或毕业分配时转移粮食关系的凭证。第五种是农村粮食供应证。农村缺粮户在指定粮站购买粮食的凭证，由区粮食管理所签发。第六种是农村粮食关系转移证。农村居民迁居转移粮食关系时使用的凭证。第七种是农村周转粮证。农户向国家买卖周转粮食时所使用的粮证。“三票”包括：①全国通用粮票。由国家粮食部统一印制发行，用于居民外出至其他省、市、自治区时，购买粮食或粮食制品的凭证。面额半斤、1 斤、3 斤、5 斤、10 斤 5 种（市制）。②河北省地方粮票。由河北省粮食局（厅）统一印制发行，只限在本省内购买粮食或粮食制品。面额有 1 两、2 两、半斤、1 斤、3 斤、5 斤、10 斤（市制）7 种。③河北省饲料票。由省粮食局统一印发，是饲料单位（户）购买牲畜饲料的凭证，在省内通用。票面有 1 斤、10 斤、50 斤（市斤）3 种。

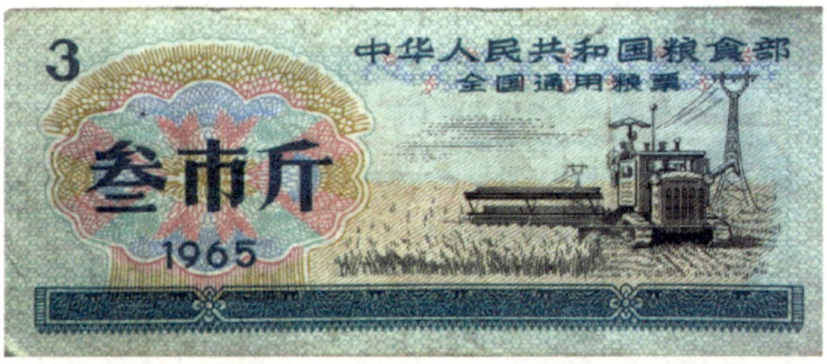

全国通用粮票（摄影　杜俊秀）

河北省地方粮票（摄影　杜俊秀）

除以上“三票”外，还有军用粮票及承德市根据当时需要自行印发的工种补差粮票。其中，军用粮票有供给粮票和价格粮票两种，是专为部队购粮时使用的凭证。承德市工种补差粮票面额有 0.5 斤、1 斤、2 斤、5 斤、10 斤 5 种。补差粮票是职工工种定量减去基本口粮（基本口粮凭粮证供应）外的部分，由粮食部门审核后发至单位，单位再逐月发给个人。补差粮票只限在承德市粮店按粗细粮比重购粮时（不带食油）使用，兑换成全国粮票或地方粮票时，必须另扣食油指标。补差粮票自 1975 年 5 月至 1978 年 12 月在承德市范围内使用。

第三节　粮油交易

一 自由交易

民国 18 年（1929 年），滦河街商号隆洁昌、富成店是较大的粮食专营店铺，其余大多是市场自由买卖。

1949—1954年，域内粮油可以自由交易。1956—1978年，粮油实行限制交易。1979年以后，粮食市场再度开放，国家允许农民完成国家粮食征购任务后，可以到集市进行粮食、油料的交易；同时粮食部门可以开展议购议销业务。1983年，粮食政策进一步开放，允许供销社、农村其他合作社以及农民个人收购和运输粮油。随之，一些专门从事粮食经营的专业户，运输户应运而生，粮油集市贸易得以恢复和发展。

1993年5月1日，根据国家政策，承德市放开城乡粮油购销价格，开放粮食统销和食油购销市场。随着国家粮食政策的逐步调整，“国退民进”（即：国营企业退出经营，民营企业进入经营）步伐加快，农民可以自由交易粮油。至2005年，区内有经营粮油的个体商户25家；区域内各大小超市也销售小包装的粮油食品。

二 限制交易

1954年，经中共承德市委、市政府批准，滦河镇设粮食交易市场，定为国家粮食市场，是没有私商参加的粮食交易市场。承德市粮食局在滦河镇粮食交易市场设置管理委员会，配备专职人员，负责监督与管理粮食交易事宜。粮食价格执行市粮食局公布的国家粮食市场交易牌价，居民凭购粮证或持粮食局、区政府批准的证件，经管理人员审验后，按其批准的品种和数量购买并记入证件。1955年，国家对粮食实行“统购统销”后，粮食集市贸易取消证照管理。1957年8月，河北省人民委员会下达通知：粮食（包括茶类）、棉花、油脂、油料一律由国家计划收购，粮食市场关闭。

1960年，国家放宽农村经济政策和粮油政策，恢复粮油市场、给农民发放自留地、调减粮油征购任务、提高粮油收购价格，实行工业品换购粮油和奖励办法。域内农民凭生产队以上的自产自销证明可以出售少量余粮。1966—1976年，“文化大革命”期间，禁止粮食上市，粮食市场再度关闭。

第四节　粮食仓储

一 发展概况

清代，喀喇河屯仓、热河仓、化育沟仓共同组成热河官仓。热河官仓建于清朝康熙五十年（1711年），是围绕热河周边行宫、避暑山庄而建立的大型皇家储粮基地。喀喇河屯仓建在今滦河镇，有康熙御笔亲题的名为“暑往”“秋收”两处各5间仓房，每年贮米6000石。因二仓贴有“丰字”“万字”，又称“丰字廒”“万字廒”。仓的围墙是虎皮石墙，长160米，上有一开间仓门1座，附有硬山式看仓房屋2座5间。乾隆九年（1744年）起，官仓储粮即遵循“出陈入新，轮转收放”的原则，收进新粮，放出旧存粮，以新换旧，保持一定仓储，出陈入新的时限是以5年为期。咸丰五年（1855年），确定“以放代盘”的原则，即以每次放粮代替查验库贮。热河官仓的粮食来源是通过皇庄正常租课、无偿捐输、地方采买等渠道，确保热河官仓的贮粮水平、维持承德府署及避暑山庄南北两路行宫的正常运转。

清朝末期至民国时期，域内没有官仓，粮食多由私商经营，私商经营的粮食和农民自收粮食存储受条件限制，大都采用旧式民房或院内临时堆积，用席子或荆条编囤储存。

民国37年（1948年），域内解放，滦河粮库建立。1955—1956年，双塔山新建粮库1处，有仓房16间，建筑面积280平方米；滦河镇建简易粮库1处。1963年，三岔口面粉厂建原粮、成品仓库各1座，仓容8500吨；滦河粮库建房式仓10栋，仓容量14250吨；双塔山粮食所建容量260吨的库房；大庙粮站建土仓5个，占地面积0.36亩。1979年，三岔口面粉厂成品库经过2次扩建，增加库存能力20360吨。1987年，三岔口粮库建钢板立筒仓4座，总容量5000吨。

至2005年，区内有“河北省承德滦河粮食储备有限公司”“承德三岔口国家粮食储备有限公司”粮食储备单位2家。

二 粮储企业

河北省承德滦河粮食储备有限公司 坐落在滦河镇酒店村二十八间房处，占地面积98亩，其中库区85亩，家属区13亩。粮库现有仓房13栋，仓容量4万吨。主要业务是：储存中央、省和承德市地方的储备粮，同时，兼营粮食加工及销售。公司属承德市非工业中一型企业，隶属承德市粮食局。前身是滦河粮库。1948年，滦河镇“娘娘庙”划归热河省滦平县粮食部门使用，成立滦平县第二粮库，即滦河粮库。当时，库区内并无仓房，存粮以露天囤垛的方式，主要储存小麦、玉米、高粱等原粮。1958年，滦河划归承德市管辖，滦河粮库更名为滦河粮食管理所。

1965年，经中央粮食部门与河北省、承德地市研究决定，滦河粮库划为“三线战备库”。同年底，拨款新建简易房式仓10栋，仓容量1.5万吨，存储品种以小麦为主。滦河粮库在滦河“穹览寺”及“老爷庙”处分设两个粮站，负责向市民供应口粮。供应范围包括承钢、滦河镇及滦河发电厂。同年，滦河镇粮库原有铁丝网栅栏改为石砌墙，滦河粮食管理所设在院内。

在计划经济时期，滦河粮库承担周边农村生产队公粮征购任务。征购范围除滦河公社所属各生产队外，还包括滦平县烧锅村、湛营村、药王庙村、李台村等，征购形式以农民到粮库交售为主。1970—1984年，滦河粮食管理所先后设立西地粮店、下营子粮店、钢一、钢二粮店、电厂粮店、农业粮店。1979年，为保证储备粮安全，在承德市粮食局仓储科的指导下，储备粮实行充氮冷冻保管试验。1984年，农村实行“家庭联产承包责任制”后，滦河粮库只负责滦河镇各村粮食的“合同订购”。1985年，进行艾蒿压顶防虫试验。1986年，进行机械通风降温、降水试验。经过几年试验，逐步摸索出一整套粮食储藏的科学保管方法，多年未发生坏粮事故。

1993年，粮食市场全部放开。滦河粮食管理所更名为滦河粮油食品公司，下设滦河粮库和粮油食品店7个。1996年3月，滦河粮油食品公司下设的7个粮油食品店，划归双塔山粮油食品公司。滦河粮库仍归属滦河粮油食品有限公司，业务主要是负责管理国家储备粮及专项储备粮。

1997年3月，滦河粮油食品公司隶属河北省承德省级粮食储备库。承德省级粮食储备库位于双塔山镇东平台村，紧邻101国道。储备库于1992年筹建，征地123.39亩，库内建有办公楼、仓房。承德省级粮食储备库管辖滦河库储备区和东平台储备区，主要储存小麦、玉米等。1998年9月，承德省级粮食储备库迁至滦河粮库办公。

2001—2003年，承德省级粮食储备库进行扩建改造和体制改革。2003年12月，企业职工中除法人代表和1名财务人员身份保留外，其余人员全部与企业解除劳动合同，进行身份置换。

2005年，粮食收储企业产权制度改革，企业更名为“承德滦河粮食储备有限公司”，承德市国资委授权国有资产划归市粮食局管理。4月，承德滦河粮食储备有限公司通过中央储备粮代储资格认证；8月，储备库参加省储备粮招标，并顺利中标。同年底，入库省储小麦1万吨。

承德三岔口国家粮食储备有限公司 座落在双塔山镇大三岔口村，占地面积100亩。其中，储粮区80亩、住宅区20亩，有各式仓房18栋，仓容总量3.5万吨。粮库属承德市非工业中二型企业，隶属于承德市粮食局。主要业务是：储存中央、省、和地方各级储备粮油，同时兼营粮食制品及粮油销售。

承德三岔口国家粮食储备有限公司始建于1958年，前身是承德市三岔口面粉厂，归属承德市粮食局主管，有苏式仓3栋，仓容量7500吨；

铁路专用线两条，总长960米。除面粉厂筹建人员外，有6名职工负责库房管理。1962年，由承德钢铁厂调进部分工人。1963年，面粉厂建成并开始试车，同时开始调粮。储粮和面粉生产逐渐开始分工，分别成立承德市三岔口粮库和承德市面粉厂。粮库有职工30人，主要负责储粮管理、面袋回收、粮食包装物管理和出入粮装卸等。

1965年，根据战备需要，经国家粮食部、省、市各级领导共同研究，把粮库划定为“三线”战备库，开始储存“甲”字、“506”粮及专项储备粮，品种以小麦为主。2000年，“甲”字、“506”储备粮取消。

随着社会发展和人口增加，三岔口粮库业务量不断扩大，逐步发展成为集粮食储存、加工、中转于一体的综合性粮食企业，仓储设施逐渐完备。1977年，经河北省粮食局批准建拱仓1栋，仓容6710吨。1980—1985年，每年分别建房式仓1栋，仓容1.2万吨；建钢板仓4个，仓容4000吨。1987—1989年，建铁路罩棚400平方米、圆筒仓1栋，仓容4900吨。其间，由于议价面粉市场放开供应，每月小麦进入量1万吨。1984—1985年，经河北省粮食局批准，粮库增建食油储罐8个，总容量1800吨，成为承德地区最大的食油储存点。

1991年，三岔口粮库从河北省藁城粮食科研所引进当时先进的粮温微机监测系统。1993年7月，三岔口粮库被国家粮食局命名为国家粮食储备库，成为国家专项储备粮承储企业，同时更名：河北省承德三岔口国家粮食储备库。1998年，粮库开始尝试用低药量环流熏蒸方法储藏粮食。这种方法不但能从纵深度杀死粮虫及虫卵，而且能完好无损地保持粮食原有的品质。

2003年12月，按照省、市粮食流通体制改革文件精神和市粮食局统一部署，制定《河北承德三岔口国家粮食储备库企业改制实施方案》。自2003年12月30日至2004年3月31日企业改制结束。企业职工143人，除上级主管部门委派的法人代表和1名主管会计保留原有身份外，其余人员全部置换身份，与企业解除劳动合同。经过竞聘上岗重组，企业职工有70人。

2004年，粮库更新了电子测温系统，增加库房三层粮食截面湿度检测，改进环流熏蒸，增设机械通风系统。

2005年，粮食收藏企业进行产权制度改革。承德市粮食局对三岔口国家粮食储备库进行公司制改造。经社会中介机构评估后设立为国有独资公司，企业改制为“承德三岔口国家粮食储备有限公司”，国有资产由市国资委授权市粮食局管理。

1957—2005年承德市双滦区粮食管理机构一览表

表10-3-8

时　间	机　构　名　称
1957—1964	滦河粮食管理所 双塔山粮食管理所 大庙粮食管理所(1960年改为粮食购销站)
1965—1983	双塔山粮食管理所
1984—1992	双塔山粮食管理所（辖粮店5个） 滦河粮食管理所（辖粮店8个）
1993—1996.2	双塔山粮油食品公司（辖粮油食品店6个） 滦河粮油食品公司（辖粮油食品店8个）
1996.3—2003	双塔山粮油食品公司（辖粮油食品店14个）
2005.10	双滦区粮食局

第四章　市场建设

清代、民国期间，滦河下坡旱河沿设农贸市场。新中国成立后，域内曾设农贸市场，“文化大革命”时期农贸市场停止交易。改革开放后，区内相继建立热河市场、热河大集、蔬菜批发市场和滦河集贸市场和大庙、偏桥子、双塔山农贸市场。集市的建立成为地域性物资集散交易中心，繁荣了地方经济。

第一节　早期农贸市场

一 滦河街下坡旱河沿农贸市场

清末至民国中期，滦河下坡旱河沿农贸市场较繁荣。市场位于滦河街下坡旱河沿，西起清真寺，东到财神庙旱河桥之间。经营商品有农副土特产品、干鲜果品、各种杂粮、柴炭、木材、家禽、蔬菜、牲畜等。农贸市场设有劳动力短工市(场)。平时上市几百人,逢年过节可达上千人，十分繁荣。交易方式既有现金交易，也有以物易物。小商贩经营食品有烧饼、包子、羊杂碎、油条、大果子、豆腐脑、煎饼、饹饹、杂面、玉米粥、蒸烤红薯、粽子、豆汁、凉粉、煎碗坨等各式各样小吃、快餐。下坡旱河沿市场一直延续到1956年（实行粮食统购统销后），国家取消个体私营商业，市场才逐渐萧条。柴草和少数零星商品直到“文化大革命”时期才停止交易。

二 永圣寺（大庙）集贸市场

清代，永圣寺称为大庙，庙会及庙内举行道场等活动，聚集了周边的人群，给经商者创造了条件，逐渐形成集贸市场。交易的商品主要有粮食、牛、羊、骡、马、家禽等，也带动了饮食业和其它商铺的发展。

民国22年（1933),日本侵略军侵占承德后，商贸往来及物资交易中断。

第二节　新兴集贸市场

一 双塔山农贸市场

1979年，双塔山农贸市场恢复。地点位于双塔山街（双塔山供销社门前）京承公路西侧。当时市场摊位不足10个。1980年，市场扩展，摊位增加至16个。1983年，市场建售货棚90平方米，摊位增至60个。1985年，市场扩展至80米,建售货台76米,摊位增至85个。1988年，区政府投资在双塔山北大街变电站前建成595平方米新农贸市场。市场摊位增至200个。经营品种有肉食、蔬菜、果品、餐饮、修理、裁剪缝纫等。日成交额5000元以上。

2000年10月10日，双塔山农贸市场迁至原双塔山供销社院内。市场占地1.80亩，建小吃棚99平方米、水泥售货台68米、蔬菜水果棚架40个。经营商品上百种，日交易额8万余元。

二 热河市场和热河大集

1987年，滦河镇政府和区工商局、农行、滦河村集资347万元，在滦河铸造厂北面兴建起热河市场。著名书法家关阔先生为市场书写了牌匾。热河市场占地面积10亩，建商品房100间，棚台摊位520个，地下仓库800平方米，成为当时全市规模最大的半封闭的集贸市场。引入浙江温州、石家庄、保定白沟、唐山、辽宁西柳等外地客商26户入驻市场。并于1994年开设“热河大集”，每月逢四、九（即农历初四、初九、十四、十九、二十四、二十九）为集日，平时集日有6000多人，日商品交易额6万元～8万元。每逢年节赶集人数上万人，日商品交易额8万元～10万元。

三 滦河集贸市场

2005年，滦河镇政府和区工商局，在滦河镇北门外新建滦河集贸市场。滦河老街、北门外市场、广通小区北开发新区、财神庙蔬菜批发市场连接成1.5公里长的环型集贸市场。上市人数1万人～1.2万人，日成交额10万元～12万元。每逢集日，人流往来购物，商品交易兴旺。

21世纪初滦河集贸市场（区档案局提供）

四 蔬菜市场

20世纪80年代开始，在滦河镇酒店村南起滦河电厂铁路桥洞口，北至财神庙的电厂路两侧逐渐形成早市蔬菜零售批发市场。初时，园田生产队的村民赶早将鲜菜运到市场上销售，形成蔬菜早市。后来逐渐有大批量的蔬菜批发，交易量和上市人数的增加，影响了电厂路交通。1999年，区工商局投资，将蔬菜批发市场迁到财神庙原滦河二轻制品总厂院内。每天蔬菜上市量约100吨，成为地域性蔬菜集散地。2005年，承钢投资分别在西地、果山家属区建设蔬菜市场。其中，西地市场面积6.16亩，商户160户；果山市场面积5.11亩，商户140户。年经营额1.5亿元。

20世纪90年代大庙集贸市场（区档案局提供）

五 大庙集贸市场

1992年10月13日，大庙集贸市场正式启动开集。此后，每月农历“逢三见八”即为集日。大庙集贸市场位居铁矿街，西起承围公路边，东到铁矿中学，总长1000米，摊位260个，商品有五金、炊具、农具、日用杂品、针棉纺织品、鞋帽、肉食、鱼类、烟、酒、糖、茶等。日成交额1.17万余元。

六 偏桥子集贸市场

1989年，偏桥子建立农村商品集贸市场。地点设在镇政府门前，京承旅游公路两侧，占地面积3.45亩。每月农历“逢一见六”为赶集日，逢五月初三、八月十三、腊月二十八加集一次。集市分服装区、布匹区、文化用品区、生活用品区、日杂商品区、农副产品区、肉类熟食品区、蔬菜区、小吃区等。商品种类繁多，日均上市摊位100～150个，上市5000人次，逢年过节多达8000人次。

1993年偏桥子大集开集（区档案馆提供）

七 金厂沟集贸市场

金厂沟集贸市场，占地3.30亩。每逢农历初五、初十是大集。集市有固定摊点60家和流动摊点8家，集市日交易量1.2万余元，其中以蔬菜、水果、小食品、日杂交易量最多。

八 小元宝山集贸市场

1987年，小元宝山集贸市场建立，有固定摊位73个，流动摊位15个。2004年，市场规划建商品房60间，变地摊位为室内营业，市场环境得到改善。

九 双塔山御祥园早市

2003年，御祥园小区北侧建成早市，经营农副产品、蔬菜、肉蛋禽、水果、日用杂品、服装、粮食、餐饮小吃等。

第五章　服务业

服务业发展始于清代，当时仅限于客栈、餐饮、理发、修鞋及修补锅碗等行业。解放后，随着社会的发展与变革及人们物质生活的需求，服务业的数量和行业逐渐增加。改革开放后，旅游业和人员流动带动旅馆业、餐饮业的大发展。家用电器、各种交通工具、日常生活用品的增多带动修理业的发展。房地产行业催生了装修业、物业、家政服务业的发展。人们物质生活水平逐年提高，服务业的服务项目增多，范围越来越宽广。

第一节　旅店业

一 个体私营旅店业

光绪二十六年（1900年）至宣统三年（1911年），滦河街设有旅店。在滦河镇西南营有王家大车店，占地1亩，草房5间，客房大火炕能住30余人，还能存马车；此外还有骆驼店。期间，滦河客栈最多时达4家，最少时1家。民国31年（1942年）后，双塔山大车（马车）运输队，也可以入住车马及客人。

1949年，滦河财神庙有王宝林、红旗营子曹席伍两家大车店，共11间房，客房是大通炕。1950年，党海臣、严铁生2人在范家店、郭家店开有两家旅店，共8间房。1956年公私合营后，个人开设的旅店先后关闭。计划经济时代，无个体私营旅店。

1979年以后，个体旅馆业发展较多，主要集中在滦河镇。1984年，区内个体旅馆15家、从业20人；1989年，个体旅馆18家，有从业人员112人，注册资金39万元。1998年，旅馆58家，注册资金18.34万元，有从业人员154人，营业额34.22万元。2000年，个体旅馆26家，有从业人员51人，注册资金170万元，营业额76万元。

2000年以后，旅馆行业数量减少，档次、床位、服务质量有所提高。集住宿、餐饮、洗浴为一体的旅馆逐渐增多。2001年，双塔山宾馆为个人投资兴建，有从业人员40人。其间，个体旅馆在市场竞争下，部分旅馆停业。2003年，双滦区个体旅馆22家，有从业人员45人，注册资金50万元。私企宾馆2家（含餐饮业），注册资金248万元。至2005年，区内有私营旅馆（宾馆）27家，注册资金298万元，有从业人员335人。

二 国有、集体旅店业

1956年，域内相继出现企业招待所和村办大车店。承德钢铁厂、承德市麻纺织厂、承德矿山机械厂等企业先后在厂内建立招待所。1957—1978年，域内有旅馆（招待所）13处（含社办、村办），住宿客人大部分是与企业有业务往来的商户和业务员。

1984年，区内国营旅馆6家，有从业人员67人，固定资产净值9.73万元，营业额8.32万元；集体所有制旅馆9家，有从业人员34人，固定资产净值26.96万元，营业额5.01万元。1985年，国营、集体旅馆（招待所）9家，有从业人员76人，固定资产净值25.55万元。1986年，国营旅馆3家，分支机构2户，有从业人员50人，固定资产净值11.5万元，流动资金4.41万元；集体旅馆业4户，分支机构1户，有从业人员14人，固定

20世纪90年代双塔山镇旅馆（区档案馆提供）

资产净值16.15万元,流动资金1.87万元。1990年,国有和集体单位设置的招待所和宾馆10家。2001年,承钢宾馆达到“三星级”酒店标准,具有旅游、餐饮、出租车,代购机票、火车票等多项服务功能,有从业人员100余人。

2002年以后，一些企业停产、破产或实施主辅分离措施，企业所属招待所和宾馆转为个人或股份制经营。至2005年，区内无国营旅店。

附记：

承德承钢宾馆有限公司

承德承钢宾馆有限公司（简称承钢宾馆）座落在承钢滦河主厂区东侧，占地面积7.68亩。1960～1995年，经过3次扩建改造。2003年，被评为三星级酒店。2004年12月29日，承钢宾馆在双滦区登记注册。注册资本361.65万元。其中：承钢集团出资36.17万元，占10%；职工合股基金216.59万元，占59.89%，5名职工出资108.89万元，占30.11%。承钢宾馆主体由贵宾楼、迎宾楼和综合楼组成。贵宾楼和迎宾楼为客房、餐饮、会议、娱乐等经营区，综合楼为宾馆办公和员工生活区。

承钢宾馆有210张床位，可同时接待500位宾客就餐。经营范围有住宿、餐饮、酒吧、茶艺、洗浴、歌厅、台球、干湿洗衣、洗车、美容服务、建筑物清洁保洁、物运配送、国内旅游等。1999—2005年，被河北省消费者协会评为第五、第六、第七、第八届“消费者信得过单位”。

至2005年，承钢宾馆是区内规模最大、设施相对齐全的酒店。机构有企划部、客务部、餐饮部、工程部、保安部、计财部、承钢旅行社，有员工150人。

第二节　餐饮业

一 个体餐饮业

清代，域内的餐饮业均为个体。烧饼、凉粉、片粉、碗坨、饹馇、麦芽糖、豆渣糕等小吃享有盛名。民国时期，除个体小吃以外，滦河还有小饭店20余家。

1949—1956年，个体餐饮逐渐萎缩。小吃主要在自由市场出摊或走街串巷叫卖。“文化大革命”期间，个体餐饮被取消。

中共十一届三中全会后，餐饮业开始恢复。1979年，域内个体饮食业发展到5家，有从业人员46人;社队办餐饮2家，有从业人员15人。

1980—1988年承德市双滦区个体餐饮业统计表

表10-5-1　　单位：万元

年份	1980	1981	1982	1983	1984	1985	1986	1987	1988
户数	42	24	50	72	98	112	214	258	185
人员	53	40	80	102	159	159	306	400	276
资金	0.5	0.6	0.8	0.9	0.46	6.45	9.4	17.5	23.0

全2005年底，个体餐饮业发展到253家，其中正餐54家。

二 国营集体餐饮业

1956年，滦河南街成立滦河服务总店隶属滦河商店；双塔山供销社在双塔山街建立大众食堂。滦河服务总店下设大十字街饮食店、南街理发馆、照相馆、旅店、大车店5个店铺。1962年，滦河服务总店隶属承德市饮食服务公司。“文化大革命”期间，国营 、集体企业分别开设餐饮业的分支机构。改革开放以后，滦河服务总店经营出现困难，经济效益下滑出现亏损。1988年10月，被滦河百货五金综合商场兼并。

1984—2005 年承德市双滦区部分年份国营、集体餐饮企业统计表

表 10-5-2　　单位：户、万元

年份	合计	法人	营业或分支机构	注册资金	营业额
1984	36	17	19	—	99.75
1985	31	14	17	—	—
1986	34	13	21	—	—
1987	47	15	32	—	—
1988	82	48	34	51	—
1990	—	—	20	17	—
1996	42	1	41	8	—
1997	41	1	40	8	—
1998	36	1	22	7.5	—
1999	31	1	30	8	—
2000	23	1	22	8	—
2001	14	1	13	41	—
2002	13	1	12	8	—
2003	5	—	5	分支	—
2004	5	—	5	分支	—
2005	5	—	5	分支	—

第三节　滦河传统风味食品

清代至民国中期，滦河街食品行业很繁荣。传统食品多以豆制食品、地方杂粮食品等风味食品为主，并带有浓郁的地方特色和民族特色。滦河街的豆汁、碗坨、饹馇、烧饼、豆片（千张）、“驴打滚”等很有名气。传统食品由于工艺原始，技艺大多是手教口授，随着岁月的流逝，一些传统技法已经失传；制作工艺经过现代化改造，有些已经失去原貌和风味。

一　吊炉烧饼

吊炉即烤炉，分为上下两层，下层是一个大饼铛，上层可以吊起。上部分形状像个大铁帽子，既是下面饼铛的盖又是烤炉的火罩，罩上有填炭柴的孔和出火的孔。讲究的吊炉用的是木炭，大多用木柴。经过吊炉烤制的烧饼称吊炉烧饼。吊炉烧饼只有三层，吃到嘴里皮脆、中筋、芝麻香。除好吃外，还因其绿色、耐嚼、便携的乡村品质，备受市民喜爱。

吊炉烧饼好吃不单是使用吊炉，在制作上还有讲究。烧饼使用的面是在发酵的基础上揉进多半的干面粉（戗面），“醒”好后才可使用。揉面也是道重要的程序，既要有力气，又要讲技术。经过较长时间的搓揉，面揉的像“棉花瓜”一样柔软，上面用湿布盖好待用。加工时，取一块揉搓成条状，再用手揪成大小均匀的“面剂子”，每一块就是一个烧饼的坯子。把面剂子用手压成块，再取一小块面在和好的植物油和芝麻酱中翻沾，再包在面片里。擀饼时用一个特制的面辊子擀。面辊长约十几厘米，直径约七、八厘米，中间有孔，孔内穿木轴。两手握木轴两端来回滚压，在有节奏的撞击声中，一个个烧饼的原型就做成了。下道工序是沾芝麻。芝麻用水淘净沙土，漂去秕子，稍晾干后放在石臼中去皮，取其芝麻仁。先给每个饼坯上刷一层水，把芝麻仁放在箩（底部为铁砂网）内，在饼坯上摇晃，芝麻仁便均匀地粘在饼坯上。粘芝麻的饼坯放在吊炉中匀火烤制，约十几分钟，一炉香喷喷的的烧饼便做好了。

清代及民国期间，滦河街有孟家、回家、马家、魏家、谢家等十几家烧饼铺。从20世纪60年代后至改革开放前，滦河的吊炉烧饼近乎绝迹。改革开放后，恢复了几家烧饼铺，但纯正的传统吊炉烧饼却很少了。

二 豆汁

豆汁是粉（豆）坊生产的副产品，主产品是杂面和淀粉，主要原料是绿豆。清代、民国期间，滦河街的粉（豆）坊有梁家、陈家、李家、刘家、孟家、冯家等。豆汁味酸，具有丰富的营养。深受居民的喜爱。滦河的豆汁远近闻名，至2005年，梁家、陈家的后代秉承祖业，仍然制作豆汁，有的已经传至第三代、第四代了。

豆汁的制作大体经过泡发、磨浆、过包沉淀等工序。绿豆经过手选、淘洗后泡发，泡发好的绿豆用石磨磨成豆浆；把豆浆放入吊架的包布中过滤；经过除渣后的浆放入大缸中沉淀若干小时；沉淀后，上部分的浆水即是豆汁。

豆汁的吃法大多用来熬制小米粥，主食配上韭菜馅饼或芝麻烧饼，再加上腌制的老咸菜，即是地道的风味小吃。

三 饹馇

饹馇的原料是绿豆。选好的绿豆经过淘洗、放入缸中泡发，然后用石磨磨成糊状。豆糊中加入适量明矾等辅料，取豆糊适量摊成饼片放在热饼铛上烤制六、七分熟时，将饼片向中间折成方形，用铲子翻个儿，烤熟晾凉即成。

饹馇有多种吃法，油炸饹馇外焦里嫩，再撒上糖甜香可口；可以中间夹上各种馅炸制；也可与青菜搭配烩炒饹馇。

四 碗坨

滦河的碗坨也是粉（豆）坊生产的副产品，主料绿豆（主料也可用荞面）。清代、民国年间滦河街的粉（豆）坊生产碗坨，至今仍是居民餐桌上特有的小吃之一。绿豆经过泡发磨浆后，在过滤沉淀工序时，绿豆浆经过数小时的沉淀，缸内豆浆分为三层。最下面的是绿豆淀粉，最上面的是豆汁，中间一层是黑粉。黑粉内加入适量碱、盐、矾等辅料，调成浓浆。锅内加水少许烧开后，倒入调制好的浓浆，加热的同时，不停搅拌，待锅内水分快蒸发完时，盖锅停火闷数分钟，盛入碗或盆中，自然晾凉即成碗坨。

碗坨切成小块，经过油煎炸，放芝麻酱、蒜末和醋等调料，即可食用。

民国年间，滦河街除生产绿豆碗坨以外，后营坊有位姓关的人还专门经营猪血碗砣。煎好的猪血碗砣浇上芝麻酱、香精和蒜泥等调料，用扁竹签插着吃。

五 米糖

米糖是传统风味糖果。清代，喀喇河屯（滦河街）有位山西籍的御厨善制米糖。其修致（退休）后，便留居滦河街专营米糖。清代末，滦河镇已有十几家制作米糖的作坊，其中以佟家、杨家最有名。佟家以制作一窝丝（糖杂面）、芝麻米糖见长；杨家以制作馅米糖、糖瓜、糖棍、糖勾闻名。

米糖的原料有陈年小米、麦芽、绵白糖、桂花、青丝、红丝、杏仁、蜂蜜。制作分为制坯、熬糖、成型三道工序。用10℃左右的温水泡大麦，冬季泡24小时，夏季12小时，春秋两季16小时。捞出后，放在20℃左右的温室中摊开，使之出芽，陈（隔年）小米洗净后上屉，蒸熟后与大麦芽拌匀、糖化。糖化后的原料过滤去除渣，用文火熬至糊状糖稀。稍凉后，把糖稀置于案上，反复拉成蜂窝状，滚沾熟豆面，切成30厘米长的段即成，味道香脆甜酥。域内有腊月吃米糖的习俗，腊月二十三祭祀灶王活动，供品中少不了米糖。目的是让灶王爷吃的甜甜美美，“上天言好事，下界降吉祥”。

六 冰糖葫芦

冰糖葫芦由南宋时期的“蜜弹弹”发展而来。明代，北京称之为“糖堆儿”，当时是把红果沾糖后堆起来卖，以后又用竹扦串起来，就是现在的糖葫芦。冰糖葫芦是清代时由北京传入的。民国末至新中国初，滦河街居民那文明制作糖葫芦在承德一带颇有名气。

冰糖葫芦原料有红果（山楂）或海棠果、香油、蜂蜜、豆沙、核桃仁、瓜子仁、熟芝麻、熟花生米、冰糖或砂糖。红果洗净，劈成两半、去除果核及果蒂，将其中一半挖成圆形备用。豆沙、香油、蜂蜜按比例和成馅，镶在挖成半圆形的半面红果里按实。上面用瓜子仁、花生仁、核桃仁等摆成各种图案，再用消毒竹扦将镶嵌好的红果串成串。冰糖熬好后，把串好的红果滚满糖汁，放在浸透水的木板上。摆满后，从头迅速抽起，即抽出圆形糖翅。做好后，花形美观，鲜亮透明，酥脆香甜，是深受人们欢迎的冬令小吃。

七 凉粉 片粉

凉粉是用纯绿豆淀粉经过熬制，冷却后形成的粉坨。卖主大多把粉坨切成10厘米大小的方块，论块卖。买回来的凉粉切成小长方块，加芝麻酱、盐、香醋和芥茉等，是道夏季消暑的凉菜。

片粉也是绿豆粉粉坨制作而成。与凉粉不同，是冬天吃的一种食品。把粉坨切成块状放在小铁桶内，下面用炭火炉保持一定温度。把热的片粉盛在碗内再浇上热卤子（用鸡蛋、豆腐皮、蘑菇、木耳、黄花等加盐和淀粉制成的酱汤）上面再加芝麻酱、香油、蒜泥等，吃起来别有风味。

民国年间，滦河大十字街有个姓李的居民，夫妇俩冬季挑担在街上卖片粉。

八 茶汤

茶汤用沸水一冲即熟，故名茶汤。茶汤的用料不同，京津茶汤主料选用糜子。山东茶汤主料选用小米。早年，滦河街上的茶汤，两种主料都有。先把糜子或小米碾制成细面，放笼屉上蒸熟，然后晾干。取适量粉面放置碗中，添加芝麻、白糖等辅料，用大铜壶中的开水冲熟食用。茶汤的色泽微黄，质地细腻。米香浓郁，甜润香醇。

九 驴打滚

域内碾米食品种类较多，有年糕、炸糕、粽子、元宵等，“驴打滚”是其中一种。“驴打滚”的主料有黏米面、豆沙、黄豆面等。先把黏米面做成一个一个“小窝头”放在屉上蒸熟，然后放在案子上用擀面杖压成厚度约0.5厘米的片，用刀切成宽约5厘米、长约15厘米的条状，卷上豆沙馅，外面撒上一层熟黄豆面即可。“驴打滚”吃起来甜而不腻，黏而不沾，香甜爽口。

第四节 娱乐业

一 歌舞厅、网吧

1990年后，区内陆续开办歌舞厅5家，其中承钢选矿厂和承德输送机集团开办的是露天舞场。1995年，开始有卡拉OK歌舞厅。2001年以后，大饭店、大宾馆也开办经营性舞厅。2002年，区内有歌舞厅25家，其中大型歌舞厅5家。2005年，大型歌舞厅7家。

1999年，区内开设第1家网吧，至2005年，网吧发展到19家。

二 游戏厅

电子游戏又称电子游艺，1990年以后区内始有开办。1990年12月20日，河北省文化厅、公安厅联合下发《关于加强台球、电子游戏娱乐活动管理的通知》，电子游戏经营逐步走上健康有序的轨道。至2005年，有电子游戏厅6家。

三 台球

20世纪80年代初，开始有台球娱乐活动。最初，打台球只是单纯的娱乐活动，后来逐渐开始演变为赌博性质的经营。承德市文化局、公安局、工商行政管理局联合下发《关于开展台球活动的暂行规定》，对经营的时间地点、经营性质作了明确规定。至1990年，区内经营台球项目的很少。

第五节　美容美发 照相业

一 美容美发店

清代、民国期间，域内有流动的理发工匠，俗称“剃头挑子”。1987年，区内有5家理发店，从业10人。1990年，理发店4家。至2005年，有理发店16家。

美容美发业最早是理发业的兼营范围。1978年后，美容美发业发展很快。至2005年，美容美发店共37家。

二 照相馆

1987年，域内有国有、集体照相馆各1家。其中法人单位1家，分支机构1家，有从业人员5人，注册资金1.8万元。1988年，2家照像馆注册资金增至2万元，有从业人员8人。1990年，照相馆4家。至2005年，照相馆发展到8家，有从业人员15人，均属个体经营。

第六节　家政物业

一 家政服务

2001年3月，双滦康达工贸公司登记注册家政服务项目。经营范围主要包括：家庭保洁、托儿、搬运等。2002年，家政服务业2家；2004年，发展到6家。至2005年，家政服务企业9家。

二 物业管理

2002年，区内有4家物业管理在区工商局注册登记。至2005年，区内有物业管理企业8家。

第七节　修理业

一 发展概况

清光绪二十六年（1900年）至三十三年（1907年），滦河街有铁匠炉4家、银匠炉4家、木匠铺2家。店铺生产兼修农具、家具、生活器具。走街串巷锔锅、锔碗、接铧犁尖的手艺人，从事修理工作。民国时期，双塔山、滦河一带的修理业主要是以农具、家具和家用器具简单修理为主，有店铺8家。民国37年（1948年），滦河有“掌鞋”（修鞋）店铺1家。

1956年，国家对资本主义工商业和个体手工业进行改造。域内仅有的4家个体手工业转入滦河手工业联社，其余的加入农业合作社。1974年开始，滦河供销社、双塔山供销社在日用百货柜台设立钟表修理专柜。双塔山、滦河百货门市部也相继在店内设立家电维修专柜。1978年初，有4家集体企业对农具等半机械工具承揽维修。

1979年，域内有修鞋摊点4家。1980年，修理行业11家。除修鞋外，增加修理自行车、钟表、收音机、洗衣机等。1984年，个体修理业主有43户，从业人员58人，资金数额3.51万元；国营修理企业1家，集体修理企业3家，资金数额12.3万元，有从业人员27人。至1988年，修理业101家。其中，个体修理店铺89家，有从业人员116人；修理企业4家，注册资金12万元，有从业人员46人。一些较大厂矿为方便职工家电维修，分别设立家电维修服务项目。厂矿、服务公司兼营修理业的有8家。1993年，区内维修业140家。维修范围包括锁、鞋、家电、自行车、摩托车、农机具、汽车等。

1993年10月31日，国家颁布《中华人民共和国消费者权益保护法》。一些大的生产厂家在各地建立维修服务网络，维修行业逐步规范发展。1996年，区内有维修行业个体户149家，从业人员200人，维修企业36家，从业人员256人。至2005年，维修业经营户270家。

二 修理行业

汽车修理　1986年以前，域内无汽车修理企业。驻区各大厂矿设立汽车修理车间。1986年7月，双塔山镇经济委员会在双塔山杨树沟南侧建立第一家汽车修理厂——双滦区万里汽车修理厂。企业占地面积9亩，注册资金4.8万元，职工人数25人。其中技工10人，徒工、辅助工10人，从事管理5人。主要经营范围：汽车，中、小型拖拉机修理，喷漆、补胎、钣金和电气焊业务。同年，开设汽车修理分支机构1家，汽车修理行业从业人员50人。

1988年，汽车修理企业增至6家，其中分支机构4家。1991—1994年，汽车修理行业中的集体单位逐步退出，由个体、私营企业替代。2005年，双塔山镇东、西平台村建立汽车修理、配件销售和汽车美容服务一条街，共有商户80多家。至2005年，区内有汽车修理店铺29家。

2002—2005年承德市双滦区汽车修理行业统计表

表10-5-3　　单位：户

年份	合计	个体	私营	企业
2002	20	10	1	9
2003	22	10	2	10
2004	25	12	3	10
2005	29	15	4	10

家电修理　1978年以前，家电修理业因用量有限，只有滦河供销社经营钟表、收音机修理。1978年后，收音机、录音机、电视机、洗衣机在职工阶层逐步增多，家用电器修理也随之增多。1988年，区内家用电器修理8户、企业兼营家电修理9户。2003年，修理业80户，从业人员182人，注册资金200万元。至2005年，从事各种家电修理91户，从业人员210人。

机电修理　域内机电修理业始于20世纪50年代。承德钢铁集团有限公司、承德输送机集团有限责任公司等较大企业，在建厂时分别设立机电修理车间（班组）。1980年以后，滦河综合厂和各公社（镇）农机修理站兼营机电修理。1988年，个体修理业中兼营机电修理8家。2002年，企业注册登记机电修理2家。2003年，发展到3户。2005年，登记注册的私营企业3户。

农机修理　民国时期，滦河有一些手工业作坊生产修理简单的农具。1956年，滦河成立铁工联社，修理农机具。1970年，大庙公社和双塔山公社先后建立农机修造厂，每年修理农具在8000～10000件左右。1985年以后，小型拖拉机在农民家中逐步增多。1995年，区内拖拉机达到660余台。拖拉机修理主要由当时的汽车修理厂承担维修。1998年，拖拉机基本上被农用汽车取代，农机具修理户减少，至2005年，有农机修理个体户2家，企业1家；一些汽车修理企业也兼营农机修理。

摩托车修理　1985年，双塔山第一家摩托车修理部为凤库摩托车修理部。经营面积10平方米，资金数额500元，从业人员3人。1987年，摩托车修理增至2户。1995年发展到6户，从业12人。1999年开始，经销摩托车的商店，都配有专业技术人员负责摩托车修理。2004年，摩托车修理发展到11家。2005年，摩托车修理业19家，从业人员24人。

自行车修理　1978年，域内在工商部门注册的自行车修理只有2户。随着自行车的普及，双滦区4个乡镇的主要街道路口，相继建立自行车维修摊点。2002年，发展到8户，从业人员8人。至2005年，自行车修理摊点11户。

第八节　其它服务业

一　装修服务

1999年之前，根据国家政策，装修服务属于建筑业。由于前置审批条件严格，由各建筑公司兼营。居民个人住宅的装修一般都是雇请社会上一些无营业执照的个体木工、泥瓦工、水暖工、电工等装修。2002年，根据国家行业调整，装修属居民服务业。同年，从事家庭住宅装修的24家。其中，个体8户，私营4户，国有和集体所有装修公司12户。至2005年，从事装修业已发展到66户。其中，个体经营28户，私营企业25户，国有和集体装修公司13户。

二 咨询服务业

1987年6月，区内第一家“双滦滦电企业咨询服务部”成立。经营范围有电力、热力化验，技术咨询服务等，从业150人。1988年，一些大企业工会、老干部处、金融等部门也相继根据企业特点办起咨询服务部。同年底，发展到7家，从业330人，注册资金6万元。1990年，咨询服务企业8家，其中法人2家，分支机构6家，从业40人，注册资金28万元。至2005年，信息咨询服务业8家。

1996—2002年承德市双滦区信息咨询服务业统计表

表10-5-4　　单位：户、万元

年 份	总 户 数	法人户数	营业单位	注册资金
1996	18	8	10	367
1997	19	9	10	389
1998	16	7	9	162
1999	11	3	8	58
2000	10	3	7	24
2001	8	4	4	49
2002	8	4	4	30

三 洗染业

1988年开始，单独从事洗染业的经营户在区内注册的只有1户，从业7人，注册资金6万元。1990年，洗染经营户注销。2005年，区内无洗染业经营户。

第六章　旅游业

以滦河为代表的水域风光，具有广阔的开发利用价值；以双塔山为代表的自然风光，具有很高的观赏价值和考古研究价值；清代遗留的庙宇遗址和建筑等，具有丰厚的历史文化内涵。这些自然、人文景观，构成了旅游观光的基本要素。1993年起，区政府把旅游业列为第三产业中的发展重点。1997年，开发建设双塔山森林公园。1998年，建成双塔山观光索道。2001年，开发建设鸟语林景区。2005年，区文化文物旅游主管部门组织编制《双滦区旅游发展总体规划》，为全面开发景观、景点和旅游服务提供科学依据。

第一节　旅游规划

一 规划发展

2005年，区人民政府办公室印发《双滦区整顿和规范旅游市场秩序工作方案的通知》，旅游业被列为第三产业四大行业中的发展重点。拟建三大旅游园区：以双塔山、元宝山及滦河古寺庙等组成自然与历史人文景观旅游区；以双龙山、碧绿林海及偏桥子科技示范园组成科技生态旅游区；以区内滦河水治理为依托，建设水上乐园旅游区。

二 规划内容

《双滦区旅游发展总体规划》包括的主要内容有规划总则、基础概况、旅游资源及评价、双滦区旅游客源市场规划、旅游业发展方略、总体布局和旅游产品开发、旅游产品开发及旅游线路规划、旅游形象设计和市场营销规划、旅游服务设施规划、旅游基础设施规划、生态环境与文物保护规划、旅游支持系统12个部分。

双塔山森林公园中心景区平面图

三 规划单位

2005年，中国科学院地理科学与资源研究所进行《双滦区旅游发展总体规划》的编制，预计两年内完成规划评审稿编制。

第二节　旅游资源

一 双塔山

承德市十大名胜景点之一，位于双塔山镇，距市区12公里，总面积3000公顷，系人文景观与自然景观相融合的著名景区。双塔山史称"双塔子""双头山"，造型奇特，挺拔险峻。远看，双塔山酷似两个相背、比肩而立的石人，且眉、眼、鼻、口、下颌、脖颈及发髻清晰可见；从山脚拾级而上，临近观看，双塔山是两块南北排列、上粗下细的巨石山峰，驻足仰望，巍峨耸然。南峰高约30米，周长34米；北峰高约40米，周长74米。山峰之巅各有一座古塔，蔚为壮观，因而称之为双塔山。除双塔奇峰外，还有卧犬梁、猿人石、情人石等自然景观20多处；另有三仙观、七宝楼等人文景观十余处，并称双塔山36景。

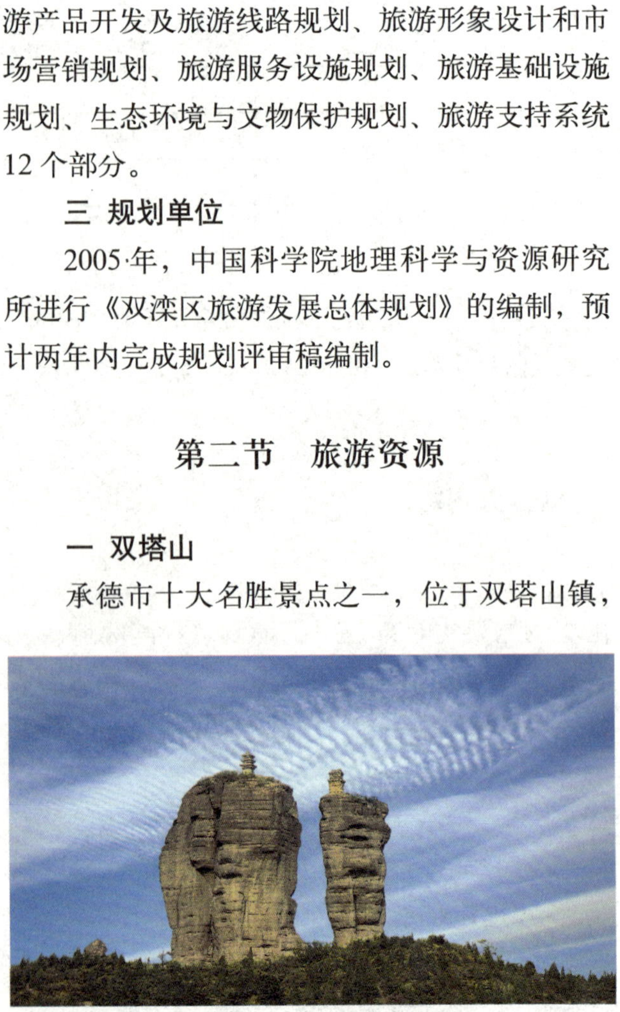

双塔山（区档案局提供）

双塔山周边山峰陡峭，异石林立，沟谷幽深，草木葱郁。滦河水宛如一条玉带，从西侧山谷自北向南穿流而过。以双塔山为主体及周边形态各异的红色砂砾岩质石柱砬壁和岩洞，构成了典型的中国北方丹霞地貌。晚霞余晖，红岩碧水，美不胜收。清乾隆帝曾为之感叹："东峙奇峰若双塔，天成胜景自洪荒。"

二 元宝山

元宝山位于双塔山镇元宝山村，距承德市中心区西约8公里处。在海拔562米的山峰上有一块长100余米、高宽各为20米的巨大岩石。中间狭小，两头翘起，岩体四壁如刀削般陡峭。其形状恰似一个放在山岗上的大元宝，故名“元宝山”。元宝山东段的石壁上有许多小洞穴，最大的一个洞在北部，深约8米，宽10米，高1.6米，终年不见阳光，温度较外部略低。

元宝山（摄影　王舜）

三　雕沟鸟语林景区

在元宝山、双塔山中间有一条山沟，东侧山崖上是一个高百米、长300余米的绝壁。壁上有很多蜂窝状洞窝。因大多是雕鹰在这里筑巢，故称雕砬子，这条沟亦称雕沟。雕沟里有许多造型奇特的怪石：有小棒槌山，椅子山、骆驼山、石人、石猴等。雕沟内有个较大洞穴，深30米，宽15米，高5～10米，洞内溪流涓涓，终年不竭。

四　大庙镇生态群落

位于大庙镇内，具有丰富的地下水源，植被覆盖好。从19世纪50年代开始，一直没有停止过造林，是区内最大的人工林和原始次生林林区。景区内有上百年的榆树、松树；有明开夜合等国家保护名贵树种；有各种野花和百余种中草药；有国家二级保护动物雉鸡、狍子，是动植物研究和生态旅游开发的理想地域。

五　滦河镇古街区

滦河古街自清初逐渐形成，是清代、民国时期县级行政机构的所在地。民国中期，街市繁荣，大小庙宇10余处，固定商号店铺40余家。日本侵略军侵占承德后，滦平县政府迁出，古街逐渐失去繁荣。新中国建立后对滦河古街区疏于保护，“文化大革命”时期一些古建筑又遭毁坏。20世纪初，滦河古街被列为国家级保护项目。古街由大小十字街构成，房屋多为木质构造的高屋脊硬山顶民间建筑，门砖雕花精致。至2005年保存量很小，多处房屋已经翻修或重建。

六　双滦乡村游

双滦乡村旅游主要内容是采摘、垂钓、品尝等。采摘区主要是水果蔬菜，四季皆有；垂钓区环境优雅；鲤鱼、草鱼、鲶鱼鱼品多种、肉质鲜美；柴鸡、豆腐、蘑菇、农家饭、绿色实惠。2005年，双滦区有垂钓园7家、农家饭8家。

2005年承德市双滦区旅游资源名录

表10-6-1

序号	景区名称	所在行政区	类　　型
1	大黑山	大庙镇	自然风光
2	大金山	大庙镇	自然风光
3	老红山	偏桥子	自然风光
4	广仁岭	双滦与双桥界	自然风光
5	卧象山	双塔山镇	自然风光
6	卧犬山	双塔山镇	自然风光
7	元宝山	双塔山镇	自然风光
8	石人峰	双塔山镇	自然风光

续表 10-6-1

序号	景区名称	所在行政区	类　　型
9	雕沟	双塔山镇	自然风光
10	大冰沟	大庙镇	自然风光
11	椅子山	双塔山镇	自然风光
12	雕砬子	双塔山镇	自然风光
13	双塔峰	双塔山镇	自然风光
15	清官石	双塔山镇	自然风光
16	情侣石	双塔山镇	自然风光
17	猿人石	双塔山镇	自然风光
18	棒槌石	双塔山镇	自然风光
19	蛤蟆石	双塔山镇	自然风光
20	哼哈二将	双塔山镇	自然风光
21	石鼓	双塔山镇	自然风光
22	老人石	双塔山镇	自然风光
23	望月洞	双塔山镇	自然风光
24	双眉洞	双塔山镇	自然风光
25	夕照洞	双塔山镇	自然风光
26	元宝山洞群	双塔山镇	自然风光
27	牤牛河	双塔山镇	观光河段
28	银河飞落	双塔山镇	自然风光
29	接龙亭遗址	双塔山镇	人文景观
30	御道遗址	双塔山镇 滦河镇	人文景观
31	观音力士庙遗址	双塔山镇	人文景观
32	穹览寺遗址	滦河镇	人文景观
33	永聖寺遗址	大庙镇	人文景观
34	清真寺	滦河镇	人文景观
35	双龙寺	双塔山镇	人文景观
36	三仙观	双塔山镇	人文景观
37	琳霄观遗址	双塔山镇	人文景观
38	鸟语林	双塔山镇	自然与人文相结合景观
39	日军炮楼	大庙镇	爱国主义教育基地
40	饱眼山川	双塔山镇	自然风光
41	辽代佛塔	双塔山镇	人文与自然相结合景观
42	书形雕塑	双塔山镇	人文景观
43	滦河古城门	滦河镇	人文景观
44	滦河古木屋	滦河镇	人文景观
45	滦河古街	滦河镇	人文景观

附记：

双塔之谜

双塔山奇异的巨石，山峰的古塔，给游人带来慨叹和神秘。近百年来，关于双塔山的民间传说也有着许多版本。人们从各种渠道解读着双塔山之谜，也引起考古人员的高度关注。

一 古塔缘由之谜

1996—1998年，承德市文物局的专家学者对双塔山古塔及周边进行了考察和调查。确认：两个巨石山峰上的古塔建于辽代（907—968年）。南塔坐北向南，为密檐式方塔。观其整体形制，似为三层砖塔，塔顶应有简单搭刹。残塔两层高为5.3米，两层之间塔的四角残存木角檐……原挂有惊鸟铃。塔基边长为2.5米，面积为6.25平方米。塔基为六层砖砌成，塔室为30层砖，塔檐为7层砖，塔室内顶旋转式收口样式。东、西、南三面是压缝砌法，北墙是齐缝砌垒，采用白色灰浆勾缝。方塔所用青砖有两种：长方形砖长50厘米，宽25厘米，厚7厘米；正方形砖边长35厘米,厚6厘米。砖背面有6～7道绳纹痕，是典型的辽代青砖样式。南壁正中间有一拱门，高1米，宽0.5米，原用砖封堵，后毁坏。北峰砖塔坐北向南，坍塌严重，残存20层砖。残存高度仅1.4米，塔基边长为2.4米。其形制亦为方形,又称“四面塔”。取义佛教中的“五方五佛”之说。“五方五佛”即央大日如来佛、东方阿閦佛、南方宝生佛、西方阿弥陀佛、北方成就佛。“五方五佛”表现在“四面塔”上:大日如来佛居中，而塔身的四面各代表一方之佛。

宋辽时期，崇佛是其显著的文化特征。那时佛教渗入契丹族，建塔盛行于宋辽。不仅佛寺建塔,没有佛寺之处也建塔。据辽宁朝阳出土的《灵感寺释迦佛舍利塔碑铭》记载：从辽国五京到各州县，均耸起了一座座高塔。当时双塔山一带属辽国北安州兴化境域，自然也会在大兴建塔之列。

辽人为何把塔建到双峰绝顶之上？这个问题引发了许多人的研究,也有着各种不同的解释。有的认为是“文风塔”（登临塔），供游人登临观赏风景之用；有的认为是料敌塔（也作瞭敌塔），供军事之用；有的认为是灯塔，在塔上点灯作为指向路标；有的认为是墓葬塔……。上述几种说法在文物部门考证中一一被否定。考古人员对塔门设置及塔顶形状进行了仔细研究，认为双峰顶上的古塔是与佛教活动有关的“佛塔”。理据是：契丹民族崇拜神山，素有拜山习俗。他们以为高山是通往上天之路，又是神灵的住所，因此对深山既敬畏、又崇拜。在奇特的山峰之巅建塔，一则是对佛的景仰与崇拜，拜塔如拜佛；二则可在塔下举行佛事活动,在稍远的地方也可拜塔敬佛。这种考证结论，应当是最为合理的解释。

二 古塔建造之谜

双塔山上两个上粗下细的巨石山峰，没有攀援之路，可望而不可及。如此巨峰绝壁，辽人工匠又是如何把塔建到绝顶上去的？这个问题也有几种不同的说法。

其一说：“双塔山周边原来是个大湖盆，那两个巨石山峰原本是湖盆中的两个小石岛，当时是坐船去建的塔”。这个古老的传说自然经不起推敲。理据是：大海变湖盆是几亿年前的事，而辽代青砖的历史不过近千年。乘船建塔之说显然不能成立。

其二说：“双塔山原来是一道又宽又高的的石墙。砖塔修好后，由于地质变化，只剩现在两根石柱。”此说依然不能成立。理据是：如果地质变化导致岩层崩落，两座砖塔也就不复存在。

其三说：“先在双峰周围堆土，然后登到峰顶上修塔。”这是一种主观想象。两个巨石山峰海拔148米，从山脚算起，峰高达110米，堆土造塔无异于人工造大山，非人力所及。

经考察，发现两峰间的石壁上有人为凿处的痕迹，疑为造塔时所留的架木眼。由此得出一个可能性的结论:“在两峰之间架木梯,直达峰顶，亦可运送建筑材料。”辽代工匠是不是用这种方法把砖塔建到峰顶上的，这是目前最具备科学推断的结论。

三 古塔藏宝之谜

据《承德府志》载："双塔顶平宽可竟亩。东塔之巅有古庙，不详何人所建。已就倾圮，旁有小碑，镌"王玺"二字。清代著名学者、文坛领袖纪晓岚在《阅微草堂笔记·滦阳续录》中写道："双塔峰，亭亭对立，远看如两浮图，拔地涌出，无路可上。或夜间有钟磬经吹声，昼亦时有片云往来，乾隆戊戌（1790）命守吏构木为梯，遣人登视，一峰周围一百六步，上有小屋。屋中一几一香炉。中供片石。镌"王先生"三字。……"清代无名氏曾诗云："朝阳双塔藏仙子"。这些记述，都给人以古塔藏有宝物的神秘之感。然而，在文物部门考古人员登峰入塔实地考察中，没有发现塔内藏有物品。

纪晓岚《阅微草堂笔记·滦阳续录》，另有一段记述："双塔山里许有关帝庙，主持僧悟真云：乾隆壬寅（乾隆四十七年），一夜大雷雨，双塔山坠下一石佛，今尚供庙中。……"《双塔山与滦河》一书中说："大雷雨中从顶峰坠下的佛像，一直供奉在双塔山下的关帝庙里。日本侵略者拆毁关帝庙建双塔山电厂时，这座佛像被转移到附近白庙子中供奉。1966年，"文化大革命"初期"破四旧"时，庙宇被砸，佛像被毁。避暑山庄博物馆的冯春江先生闻讯后，当即赶到白庙子。在庙旁的小沟里找到了被砸碎的佛像，并带回避暑山庄博物馆进行研究。……从佛像的佛光、手势、头饰等特点看，鉴定为辽代前期遗物……"。1999年末，当地公安机关破获一起文物盗窃案，所窃之物是双塔山北峰顶上一尊石佛像。前后两个佛像都说明双塔山峰顶古塔内确有珍贵的辽代文物——石佛像。

除两尊石佛像外，双塔山顶峰再没有见到别的什么宝物。至于《承德府志》所载镌有"王玺"二字的小碑或纪晓岚记述的镌有"王仙生三字"的片石，既无实物佐证，也没有拓片传世。

（撰稿人：袁宝森　秦玉鹏）

第三节　景区建设

一 双塔山森林公园

1993年，经承德市人民政府和省林业厅批准，金场沟林场开发双塔山森林公园。由于缺少资金，开发建设缓慢。1996年，承德市计划委员会批复双塔山森林公园开发项目立项申请。项目总投资345万元，其中主管部门和林场自筹105万元，申请林业项目贴息贷款240万元。1997年3月，金场沟林场、河北省磁县太行盆景厂、双塔山镇团瓢村联合签署开发双塔山森林公园中心景区协议，4月动工建设。

1998年5月1日，首批景区项目完工，开始接待中外游客。双塔山中心景区开发建设总面积600亩，开发自然景观10处，新建人文景观14处。开发后的双塔山景区有自然人文景观36处，称双塔山36景。

1998年双塔山森林公园开业运营（区档案馆提供）

山门　位于景区正前方，座南向北。面阔7间，进深4间，高8米，跨度10米，宽30米，是仿清建筑。主体建筑黄色琉璃瓦覆顶，飞角虚檐，通施彩绘。

双塔山山门（选自陈秉礼主编《双塔山》一书）

蹬道 百米左右，顺山势而行共计365阶，两侧是林区。

双塔山风景区景点示意图

博风有翼 位于双塔峰东南向30米处，单檐六角凉亭。

七宝楼 位于双塔山北峰石柱根部东侧，利用天然形成的洞穴，依山势建成仿清式半壁厦殿，通施彩绘。

七宝楼（选自陈秉礼主编《双塔山》一书）

仙踪灵迹 位于双塔山东南向，与灵峰古苑相邻。

单檐六角凉亭通高6米，上覆黄琉璃瓦，下设眉窗，通施彩绘。

仙踪灵迹（选自陈秉礼主编《双塔山》一书）

凌峰古苑 双塔山景区主体仿古建筑之一，位于双塔峰的南面。依山脊之势，弯曲盘绕，建成仿清长廊。通高4米，跨度3.2米，长100米。

凌峰古苑（选自陈秉礼主编《双塔山》一书）

三仙观 位于卧犬梁北崖下中部，一的一处道教宫观。

三仙观（选自陈秉礼主编《双塔山》一书）

卧佛 位于卧犬梁北崖西部一天然石凹中，卧佛身长5.7米，用现代玻璃钢材料铸成，通体描金彩绘。

双塔山卧佛（区档案馆提供）

饱眼山川 位于星星岩尽端，独占峰顶。单檐六角观景亭，亭内顶画八仙过海。

浮图天造 大型摩崖石刻，位于卧佛西数米悬崖上，与卧佛相呼应，“浮图天造”为著名书法家欧伯达亲笔所书。

浮图天造（选自陈秉礼主编《双塔山》一书）

鬼斧神工 大型摩崖石刻，是燕北一绝，位于骆驼峰东南侧山谷内，紧邻路旁的一块巨石垂直裂开，分成两块，其中一块上书“鬼斧”，另一石上书“神工”，著名书法家姚小尧笔书。

碧水湖 位于骆驼峰南侧山涧中。有一塘碧蓝的人工湖（为承德钢铁厂选矿厂尾矿坝）。湖坝高80米，长200米，有水时面积189亩。

银河飞落 与碧水湖一峰之隔。曾引湖水由峰崖飞流直下至山谷内，瀑面宽10米，落差30米。

金龟护塔 又称长寿石。石高4.7米，长6.8米。紧邻双塔山，位于两根大石柱北部山岗。

星星岩 也称猿人石，位于卧犬梁西部顶崖

双塔山公园康熙诗刻（摄影　田隽）

碧水湖（选自陈秉礼主编《双塔山》一书）

猩猩岩选（自陈秉礼主编《双塔山》一书）

试剑石（选自陈秉礼主编《双塔山》一书）

下，因酷似“中国猿人”头像而得名。头像高15米，宽10米。

试剑石　塔沟的东侧山坡上，一块巨石平如碾盘，石中有一深深的裂痕，十分整齐平直，有如刀砍，上书“试剑石”。

情人崖　也称情人石，位于双塔峰东坡上，有峰峦绝壁如削。壁面高约百米，宽约数十米，中有天然形成的勒石刻线，线条清晰，简洁、流畅，酷似一对男女头像接吻图。

子母岩　又叫子母石，位于双塔峰东卧山，高7米、宽5米，如母子相依相偎。

鸳鸯石　位于古苑长廊南侧，50米的山峦上，因酷似鸳鸯得名，背后有两石如哼哈二将守护。

情人崖（选自陈秉礼主编《双塔山》一书）

鸳鸯石（选自陈秉礼主编《双塔山》一书）

棒槌源　位于银河飞落对面山峰中部，传说棒锤山由此山挖走，故名棒槌源。

蛤蟆源　位于棒槌山右下9米处，有一半圆洞，进深2米，直径5米，外型如棒槌山南蹲坐的蛤蟆石，据传其蛤蟆石也是从这里挖走的。

石鼓　天然石洞双眉洞的东侧马蹄形岩壁内，有一面倾斜的石坡。敲击可发出咚咚的响声而得名。

石人峰　又称老人石。位于雕砾子南沟的的双眉洞前。高13米，宽5米，连同弧石基座高30米。

金字塔　因其和古埃及的金字塔形状相似而得名。

壁虎石　在金字塔与双眉洞的中断，紧挨峭壁上有一块岩石，高3米，宽1米，如壁虎立状。

骆驼峰　又称骆驼岗，骆驼峰全长约70米，宽约3米，峰与峰之间有一凹槽，与骆驼十分相像。

卧犬梁　位于双塔山景区南部山岗上，长200米，高15米，宽10米。形似一条沙皮犬卧于山岗之上。

椅子山　位于雕沟的南端，与双塔山遥遥相对，此峰海拔400米，形如椅子而得名。

雕砬子　位于双塔山与元宝山之间的一条沟谷内，进沟百米处，有一山崖高百仞、长300多米的绝壁，布满石洞，是鸟类理想的巢穴。

望月洞　又称日月同辉，位于蘑菇亭东侧山崖中部，岩壁上有“日月同辉”四个字。

双眉洞　位于雕沟沟里，是大型天然洞穴，两个洞口之间有巨石，恰似鼻梁，而两个洞口形状如眉毛得名。

鳄鱼石（选自陈秉礼主编《双塔山》一书）

夕照洞　与双眉洞为邻，也是天然洞穴，洞深30米，宽15米，高5～10米，洞内清爽幽凉，长年保持温度在10℃左右，每天夕阳照射，满洞生辉故得名。

大石缸　椅子山下石壁上有一天然岩洞。洞深4米，垂直深2米，内存清水，故称大石缸。

2002年，经有关部门论证批准，双塔山森林公园出资，遵循历史原貌，对双塔山南峰辽塔

2001年双塔山南峰顶上的古塔（摄影 张晓国）

2001年双塔山北峰上的残塔（区档案馆提供）

加固修复；重建北峰辽塔。修复后的南塔高5.57米、宽2.62米；重建后的北塔高5.54米、宽1.92米。

开发后的双塔山景区融自然景观、人文景观为一体，停车场、餐饮、住宿等服务设施齐全，成为理想的休闲娱乐场所。2003年，双塔山森林公园被评为AAA级景区。2005年，接待游客5.5万人，门票收入62万余元。

1996—2005年承德市双滦区双塔山森林公园接待游客统计表

表10-6-2

年　份	接待游客人数(万人)	门票收入(万元)
1996	15	160
1998	15	120
1999	14	170
2000	17	150
2003	5	75
2004	10.2	80
2005	5.5	62

二　鸟语林自然风景区

2001年3月，承德市鸟语林有限责任公司成立。公司注册资金7000万元，有管理人员16人、专业技术顾问5人，其他工作人员115人。鸟语林风景区占地700亩，有林面积400亩，建有动物珍禽观赏园区10处和及消费娱乐于一体的景点5个；先后引进各种鸟类18万只，引进各种观赏动物500头。另外，还建有停车场、中心广场、观赏步道等配套设施，并对整个风景区进行大面积绿化。鸟语林风景区累计投资1001万元。

2002年11月，鸟语林自然风景区工程建设项目正式立项。同年，鸟语林有限公司投资120

万元，陆续兴建双龙洞、百鸟长廊、蓄水池及蒙古包等工程。2003年投资41万元，完善3个狩猎场和鸟网修复等工程。

至2004年底，鸟语林共接待游客13.45万人，门票收入49.9万元。2004年末，由于自然灾害和管理不善，鸟语林风景区倒闭。

三 双塔山钢制旋梯

双塔山钢制旋梯是围绕双塔山两座柱峰自下而上旋转至峰顶的钢制旋梯。1996年11月7日，根据承德市市长办公会议精神，双塔山钢制旋梯以考古揭迷和修复辽塔为目的而修建，属临时性建筑。1999年3月，旋梯开工建设；同年8月竣工，投资80万元，耗钢材40吨。旋梯建成后，承德市文物局组成专家组到双塔山峰顶考察，对两座古塔制定详细的古建修复方案。随后，钢制旋梯开始向游人有限制性的开放。2003年2月底，北塔修复、南塔加固工程完工，通过专家验收。2003年3月12日至3月25日，钢制旋梯拆除完毕。

四 观光索道

1998年，新加坡伟佳投资有限公司投资建设双塔山景区观光索道，投资800万元。观光索道采用单线循环固定抱索器吊（椅）篮式，自双塔山森林公园入口150米处自下而上修建，索道总长1000米。至2005年，接待游客10万人次，旅游收入100万元。

第四节　设施与管理

一 旅游交通

从承德市区到双滦区开通的5路、15路、25路和35路公交汽车，分别经过双塔山旅游景区，平均每4分钟对开1趟。个体出租车招手即停，出行十分方便。

二 旅游接待

至2005年，区内共有大小宾馆、饭店60多家。其中：3星级宾馆1家，较大宾馆7家；有床位1275张。经济型酒店14家，大型餐饮业18家。到双塔山景点观光旅游的宾客游玩后，很少在区内停留。

三 旅游管理

1995年2月，双滦区成立文体旅游局，负责旅游管理。2002年4月，旅游局工作职能划归区经济贸易局。2005年10月，成立双滦区文化文物旅游局，管理旅游。

第五节　旅游商品

一 山核桃皮工艺品

山核桃皮工艺品是把成百上千个核桃切片粘结在一起，组成形态各异的物品，具有极佳的纹理和镂空效果。产品古朴端庄，精美别致，制作成笔筒、笔挂、手杖、枕头等工艺品。

二 刻瓷工艺品

艺人在瓷盘上刻制多种图案，用来装饰家居。瓷盘的选料表面多以蓝色或白色为主选，色彩亮晶、均匀，质地细腻无杂质。图案采用色彩明暗对比的手法，通过深、浅来表现虚实、远近、浓淡，手法类似素描或写意。在白瓷盘上把雕纹上色，来表现线条、轮廓，手法类似白描。大多数刻瓷以原色为主，着色为辅。刻瓷的图景主要有人物肖像、各家书法、山水风光、动物花鸟等。典雅清淡、神韵别具。

三 丝织挂锦

挂锦采用传统的中堂画形式，色彩典雅清新，画面气势磅礴、宏伟。在淡黄色或浅灰色的缎面上，采用散点透视，运用工笔写实手法，充分利用有限的面积，把避暑山庄园林玲珑精巧、典雅秀丽风格的古建筑错落有致地表现出来。整个挂锦似一幅浓淡相宜的中国画，是精致的旅游纪念珍品。

至2005年，双塔山景点有旅游商品店4家；除挂锦、刻瓷等商品外，还有泥塑、内画等艺术品在景区销售。

第十一编　财税　金融

清代，域内设财税机构和钱庄；民国时期，设有县财政局和金融机构。

1949—1981年，域内财政执行报账制。1981年，双滦区财政局设立后，多次改革财政管理制度。随着改革开放的深入和经济建设的发展，区属国有和集体企业相继改制，财政收入来源于民营经济的比重上升。财政、税收按照国家法律、法规加强征收管理和监督。1986年，双滦区建立乡镇财政制度；1991年，建立乡镇国库。2005年，全区财政收入20487万元，是1981年87万元的235倍。财政税收的不断增长，促进工农业发展，同时为文化、教育、卫生等项事业和城乡建设提供了资金支持。通过增收节支，开源节流，财政税收"取之于民，用之于民"，发挥了稳定社会和发展经济的作用。

新中国成立后，域内设立中国人民银行承德市支行滦河办事处和双塔山办事处。1950年始，域内开办保险业务。1987年，中国人民保险公司承德市双滦办事处成立。改革开放后，多家保险公司在域内开展业务，分为财产保险、人寿保险两大类。驻区金融单位营业网点及业务不断发展壮大。开始从国有商业银行向股份制银行转变。至2005年，现代商业银行的经营管理体制基本形成。

第一章　财　政

清代，域内财政体制开始建立；民国沿袭旧制。1949—1980年，双滦财政收支与管理先后由滦平县、承德市负责。1981年，双滦区成立财政局，负责全区财政收支和决算。双滦区财政根据国家政策和承德市财政管理体制，先后执行"划分收入、分级包干""划分税种、规定收支、分级包干""分税制"等财政管理办法，加快财政体制改革和调整步伐。财政收入不断拓展、培植壮大财源，实现快速增长。财政支出做到节约开支，严格执行财经纪律，控制不合理支出，财政监管体制得到加强。

第一节　体　制

一　财政体制

清初，田赋及契税等收入全部上解到藩司衙门，藩司管理开支，不足再行请领。道光十八年（1838年），改由热河道发给，形式上从上交款中扣除县地方额定支出数。清末，增加一些捐税，大部分上交，少部分地方附加留自用，基本上实行统收统支，尽收尽解。

民国初年袭清制，全部收入划为国家收入和地方收入。县行政财政支出由省拨款，警、学及县公署下属机关由县地方收入列支。民国期间，由于战乱，硬性摊派粮草，强征捐税不断，定制常遭破坏。

1949年至1956年，域内财政实行报账制。1958年9月，人民公社成立后，财政仍实行报账制。1973年12月，承德市双滦办事处财政实行报账制。

区财政 1981年4月，双滦区财政局成立。区财政实行“统收统支、收入分成、支出包干、节余留用”的管理体制。1983年，承德市政府出台税收分成办法，区税收任务实行不同基数和分级计算的超收分成。1984年，区财政实行“分灶吃饭”的财政体制，公用经费实行“限额包干、节余留用、超支不补”。 1985年，实行“统收统支、收入上交、节余留用”。1986年，实行“划分税种、核定收支、收支挂钩、总额分成、节余留用、超支不补、超收另定比例分成、一年一定”。1988年，试行“核定收支、收支挂钩、定额补助、超收全留、欠收自补”。1990年，区预算管理体制作调整。区包干体制和划分收支范围不变，规定收支基数和留解比例。1991年1月，正式建立乡镇国库。区财政仍然实行“划分收支、收支挂钩、超收全留、欠收自补、一年一定”。1993年，实行“核定收支、定额补贴递减”。

1994年，根据承德市人民政府《关于市、县、区实行分税制财政管理体制的决定》，在基本维持财政体制分配格局的基础上，改革税制和国有企业利润分配制度。建立以增值税为主体的流转税体制，统一企业所得税。实行“分税制”财政管理体制。

2002年，承德市政府出台《关于改革和完善分税制体制的暂行规定》，确定市、县、区的收入划分范围。除中央、省专项收入外，区内承钢、滦电、承德输送机集团有限责任公司等9家企业（上述企业包括其所属企业，同时也包括这些企业及企业破产重组后新注册的企业）实现的增值税、营业税、企业所得税、个人所得税（以下简称四税）由中央、省、市共享。除上述中央、省、市专项共享收入外，其他企业的增值税、营业税、企业所得税、个人所得税按属地实行比例分享。2003年1月至2005年12月，双滦区执行“省、市不再集中区级四税收入增量”的财政政策。

乡镇财政 1986年始，双滦区乡镇财政实行“定收定支、收入上交、超收比例分成、支出下拨、超支不补、结余留用、一年一定”的管理办法。1989年，乡镇财政实行收支挂钩。1991年1月，建立乡镇国库。1992年，乡镇级财政体制下放，实行“定收定支、收支挂钩、基数内按比例留成，超收部分按档次分成，支出包干、超支不补、结余留用，收支基数一年一定”的管理体制。同年6月，划分收支，乡镇国库正式开展业务。

1993年，区政府下发《关于进一步完善乡镇财政管理体制的通知》。下划乡镇所辖范围内的“耕地占用税”收入；下划乡镇事业行政单位的“公费医疗经费”“抚恤和社救事业费”支出。1997年，区政府出台《关于重新确定区与镇财政管理体制的决定》，重新确定区级收入和乡镇级收入范围，核定收支基数。2000年，各镇财政实行“划分税种、核定支出、定额上解、超收全留”的财政管理体制。

2002年，根据《承德市人民政府关于改革和完善分税制财政体制的暂行规定》，重新调整镇财政管理体制，重新划分收入支出范围。2003年，明确区对镇的分税制财政管理体制。至2005年，各镇财政管理无新政出台。

二 体制改革

2002年，从深化部门预算管理、推进政府采购、完善收支两条线管理，财政监督机制等方面实施财政体制改革。

预算管理改革 预算编制组织形式实行部门预算。一个部门编制一本预算，使各部门所拥有的公共资金量的对比关系清楚，提高部门间财政预算的透明度。预算编制方法采用零基预算、标准定额预算，取消“基数加增长”的预算编制方法，根据年度影响预算执行的所有因素，科学确定当年支出定额，使部门预算编制结果科学、准确，增强预算编制的科学性、准确性、完整性。预算管理成立专职机构，集中预算编制职能，实行预算编制、预算执行、资金管理分离，实行内部监督、相互配合、相互制衡的预算监督管理机制。

实施政府采购 2001年11月，区政府成立采购中心。区机关事业单位和团体组织采购物品目录以内的物品或采购限额以上的货物；工程、服务所需物品，由政府统一采购，实施财政监督。2002年，区内96辆公务用车统一投保，投保金额29万元，节约3万元；确定公务车定点加油。同年，采购预算147.5万元，实际采购132.8万元，节约14.7万元，节约幅度9%。2003年，中小学校服纳入政府采购，4月22日，双滦区在全市范围率先组织公开招标采购；6月，采购新建实验中学桌椅、床等物品83.12万元，比市场价节约25万元；确定公务用车定点维修厂。全年采购预算366.4万元，实际采购333.9万元，节约32.5万元，节约幅度6%。2004年，京津风沙源治理工程等项目所需物资实行政府采购，采购金额40.8万元，节约3.4万元；区农业开发办公室政府采购混凝土U型槽，采购金额44万元，节约2.8万元；采购区内学校校服18万元，节约2.5万元；采购机动车用油60万元，节约1.5万元；统一采购车辆保险28万元，节约3万元；统一车辆维修费28万元，节约2万元。全年采购333万元，节约33万元，节约幅度5%。

2005年，区委、区政府出台《双滦区人民政府采购工作实施办法》。全年采购18项次，总预算443.9万元，实际支付采购407.7万元，节约36.2万元，节约幅度8%。至2005年，政府累计采购1300万元。

推行集中支付 2001年1月8日，区财政支付中心建立，2002年4月1日正式运行，10月，纳入支付中心管理单位45个。2005年，纳入财政集中支付中心管理单位56个（其中二级单位22个）。

2002—2005年承德市双滦区财政收支付统计表

表11-1-1　　单位：万元

年份	累计收入	累计支出	拒付违规开支
2002	1918	1589	2
2003	7957	7472	4
2004	10686	10954	7
2005	15932	15623	7.2

第二节　资金管理与监督

一 企业资金及专用基金管理

1978年，实行企业基金制度。1979年，试行资金有偿使用制度，企业恢复利润留成制度。1980年，企业的固定资产实行占用制，流动资金实行信用制。1982年，双滦区企业实行利润包干制度。1983年以后，国营企业实行利改税，不再缴纳资金占用费，把原来实行的上缴利润，改为缴纳所得税；企业自负盈亏，财政不再拨款；流动资金改由银行管理。

二 支农周转金管理

新中国成立初期，国家投资的支农资金全部用于救济受灾的农民。

1958年，支农资金大部分用于农业生产，兴办集体企业。1960年以后，支农资金部分项目由无偿投资改为有偿无息借款，归市财政部门管理。

1981年，区财政局负责支农周转金的发放、管理和回收等。1986年，配备专职人员管理支农周转金，使用权下放到各乡镇。1987年以后，区各级财政部门都设有专人管理，建立账目，实行专户存储。

三 行政事业单位的财务管理

1980年前，域内行政单位主要有区公所和人民公社。市财政局按月拨付经费，月末向市财政局报账。会议费、设备购置费等报预算审批。事业单位主要有学校、医院等，市级主管部门实行条条管理，执行报账制。

1980年双滦设区后，各行政、事业单位的管理体制实行经费包干制，每年向各单位下达预算支出指标，做到节约开支，自求平衡，节余留用，超支不补。

1987年始，行政事业单位经费继续实行“定额包干、分级管理、结余留用、超支不补”。专项资金由主管单位和财政部门联合下达分配指标，严禁挪用，严格控制增资。2001年，区政府成立双滦区财政集中支付中心，行政事业单位实行核算式和支付式两种管理方式，纳入管理单位56个。

四 预算外资金管理

1987年开始，由区财政局下发《双滦区财政局关于预算外资金实行财政代管的几个问题的通知》，区内预算外资金实行财政代管。1998年，双滦区收费局成立，先后制定《双滦区预算外资金管理办法》《双滦区预算外资金管理实施细则》《双滦区财政票据管理办法》等，预算外资金实行“收支两条线”“票款分离”“罚缴分离”的管理办法。

1982—2005年承德市双滦区预算外收入统计表

表11-1-2　　单位：万元

年份	事业和行政单位收入	基金及附加收入	乡镇自筹统筹资金	罚没收入	专项收入	市场管理收入	提取管理费收入	其他收入	地方财政部门收入	国营企业及主管部门收入	合　计
1982	2	—	—	—	—	1.5	1.9	—	—	—	5.4
1984	3.9	—	—	—	—	—	—	6.8	83	—	19
1986	0.4	—	—	—	—	—	—	—	7	45.3	46.4
1987	18.4	—	—	—	—	—	—	—	—	62.6	81
1988	122.7	—	—	—	—	—	—	—	9	50.8	174.4
1989	149.8	—	—	—	—	—	—	—	13	129.3	280.4
1990	109.3	—	—	—	—	—	—	—	5	42.6	152.4
1991	165.3	—	—	—	—	—	—	—	5	85.4	251.2
1992	39.6	—	—	—	—	—	—	—	1	12.3	52
1993	565.0	—	—	—	—	—	—	—	130	—	578
1994	660	—	—	—	—	—	—	—	280	—	688
1995	550	—	—	—	—	—	—	—	90	—	559
1996	555	132	—	—	—	—	—	—	30	—	730
1997	481	102	135	—	—	—	—	—	—	—	718
1998	587	15	32	—	—	—	—	2	—	—	636
1999	528	7	59	—	—	—	—	10	—	—	604
2000	694	14	205	—	—	—	—	2	—	—	915
2001	725	28	332	—	—	—	—	—	—	—	1085
2002	1004	3	103	—	—	—	—	—	—	—	1110
2003	1650	13	190	—	—	—	—	—	—	—	1853
2004	2138	100	—	204	8	—	—	—	—	—	2450
2005	2546	271	—	616	9	—	—	122	—	—	3564
合　计	13294.4	685	1056	820	17	1.5	1.9	182.8	653	428.3	16552.2

1982—2005 年承德市双滦区预算外支出统计表

表 11-1-3　　　　单位：万元

年份	行政事业费支出	专项支出	罚没支出	乡镇自筹、统筹资金支出	市场管理支出	提取管理费支出	城市维护支出	更新改造支出	大修理支出	基本建设支出	福利奖励支出	增补流动资金资金支出
1982	2.2	—	—	—	1.8	1.4	—	—	—	—	—	—
1984	4.8	—	—	—	—	—	8.2	—	—	—	—	—
1986	11.8	—	—	—	—	—	—	3.1	7.1	5.8	12.2	10
1987	4.5	—	—	—	—	—	2.5	—	2	4.6	—	—
1988	61.9	—	—	—	—	—	—	1.7	10.8	9.6	16.4	—
1989	95.6	—	—	—	—	—	2.1	28.6	18.5	15.7	49.1	4.2
1990	82.4	—	—	—	—	—	—	6.2	1.1	5.3	38.5	0.7
1991	94.1	—	—	—	—	—	8.5	19.4	7.5	5.5	55.4	0.5
1992	19.1	—	—	—	—	—	—	8.3	1.6	7.4	5.9	—
1993	111	—	—	—	—	—	—	—	—	—	13	—
1994	375	—	—	—	—	—	—	—	—	—	18	—
1995	286	—	—	—	—	—	1	—	—	—	12	—
1996	490	—	—	—	—	—	23	—	—	183	—	—
1997	495	—	—	135	—	—	—	—	—	131	—	—
1998	531	7	—	32	—	—	—	—	—	25	—	—
1999	487	—	—	48	—	—	—	—	—	14	—	—
2000	679	—	—	211	—	—	—	—	—	—	—	—
2001	700	—	—	332	—	—	—	—	—	10	—	—
2002	951	—	—	103	—	—	—	—	—	—	—	—
2003	1573	—	—	190	—	—	—	—	—	—	—	—
2004	1730	8	150	—	—	—	—	—	—	—	—	—
2005	2572	9	616	—	—	—	—	—	—	—	—	—
合　计	11356.4	24	766	1051	1.8	1.4	45.3	67.3	48.6	416	220	15.4

1982—2005 年承德市双滦区预算外支出统计表（二）

表 11-1-4　　单位：万元

年份	上交国家能源交通重点建设基金	简易建筑费支出	上交国家预算调节基金	弥补盈亏包干不足	奖金税	养路费支出	固定资产投资支出	转作抵支收入	其他支出	合计
1982	—	—	—	—	—	—	—	—	—	5.4
1984	—	—	—	—	—	—	—	—	0.3	13
1986	2.1	—	—	—	—	—	—	—	14.2	42.1
1987	—	—	—	—	—	—	—	—	0.9	11.8
1988	5.9	—	—	—	—	0.2	—	—	38.8	145.3
1989	17.4	4.5	13.3	2.1	0.1	—	—	—	9.9	256.9
1990	2.8	2.2	2.2	—	—	—	—	—	12.7	153.4
1991	6.8	—	3	—	—	—	—	—	25.9	226.1
1992	0.6	—	0.3	—	—	—	—	—	8.1	51.3
1993	1	—	1	—	—	—	284	90	76	576
1994	—	—	—	—	—	—	94	7	57	551
1995	—	—	—	—	—	—	95	92	5	491
1996	—	—	—	—	—	—	—	—	23	719
1997	—	—	—	—	—	—	—	—	—	761
1998	—	—	—	—	—	—	—	—	2	597
1999	—	—	—	—	—	—	—	—	10	559
2000	—	—	—	—	—	—	—	—	13	903
2001	—	—	—	—	—	—	—	—	—	1042
2002	—	—	—	—	—	—	—	—	—	1054
2003	—	—	—	—	—	—	—	—	—	1763
2004	—	—	—	—	—	—	—	—	—	1888
2005	—	—	—	—	—	—	—	—	—	3197
合　计	36.6	6.7	19.8	2.1	0.1	0.2	473	189	296.8	15006.3

五 国有资产管理

1980—1990年，双滦区未设国有资产管理机构，存在总量不清、资产闲置、浪费流失和被侵占等现象。1991年，双滦区成立国有资产管理局，负责区内企业、行政事业单位国有资产的各项管理。1992年，国家颁布《国有资产产权登记管理试行办法》。行政事业单位开展国有资产清查和建账建制，此后每年均进行国有资产产权年检登记。区内开展国有资产产权登记的国营工商企业13个，登记资产总额1622.6万元，国有资产总额579．6万元，国有资本金总额577万元。其中，登记国营工业企业4户，资产总额753.3万元，国有资产总额394.6万元，国有资本金总额392.2万元；登记国营商业企业8户，资产总额866.8万元,国有资产总额182.5万元,国有资本金182.3万元；登记实行企业化管理的事业单位1户，资产总额2.5万元，国有资产总额2.5万元，国有资本金总额2.5万元。

1995年，双滦区国有资产管理局对区属工商企业、企业化管理的事业单位进行上年度年检。年检15户，国有资产总额523.5万元，国家资本总额702.5万元。同年，新批准设立国有企业6户，国有资产总额72.2万元，国家资本总额72.2万元。区工商企业资产总额2469万元，处理损失224万元，核销后国家实收资本318.2万元。

2000年，区属工商企业、企业化管理的事业单位进行上年度年检。年检20户，国有资产总额2663.1万元，国家资本总额831.4万元，资产总额5773.6万元，负债总额2720.5万元，所有者权益总额3053.1万元。区内72个行政事业单位开展1999年度产权登记年检，汇总资产总额8922万元，负债总额2172万元，国有资产总额6750万元。其中固定资产5255万元，拥有房屋面积115436平方米，占有土地面积273.52亩，汽车95辆。

2002年，双滦区国有资产管理局更名为双滦区国有资产管理委员会办公室。2005年11月，办公室撤销，区财政局内设国有资产管理股。同年，区属工商企业单位进行2004年度年检，年检8户，国有资产总额378.7万元，国家资本总额395.6万元，资产总额1218.1万元，负债总额581.6万元，所有者权益总额636.5万元。72个行政事业单位进行2004年度产权登记年检，汇总国有资产总额9112.6万元，其中固定资产9186.3万元，汽车95辆。

六 资产评估

1993年之前，双滦区国有资产评估项目由承德市资产评估公司进行评估。1994年，区财政局成立承德市资产评估公司双滦分公司，开展资产评估业务。1999年，承德市资产评估公司改制，双滦分公司撤销。1994—1999年，区内立项评估78项,申请评估资产价值12384.9万元，评估确认价值12458.5万元。

七 控制社会集团购买力

1980年建区后，开展控制社会集团购买力工作。由于财政实行报账制，未实行单独核算，控购实行省、市两级审批。1982年，双滦区实行计划、指标、购买三统一，财政建立辅助账。1985年，控购实行专人管理。1988年，专控商品增加到19种。1993年，调整专控商品品目，调整后的专控商品审批权限重新划分。2000年以后，小汽车实行专控，其它商品取消控购。

八 财政监督检查

1980年建区后，区政府每年检查区属国营企业、行政事业单位、市属和区属集体企业、预算外企事业单位和乡镇财政收支情况，除采取日常监督外，还进行重点专项检查。1986年以后，区先后成立税收财务物价大检查办公室、监督股。1999年，成立财政监督稽查局。主要对行政机关、企事业单位及其他组织执行财税法律法规和政策情况，以及对涉及财政收支、会计资料和国有资本金管理等事项依法监督检查。范围包括预算执行、税收征管及解缴、财务会计、国有资本金基础管理等。实施方式为日常监督检查和专项监督检查。1980—2005年，开展税收、财务、物价大检查以及财经纪律检查，累计查出违纪资金1000万元。

2001—2005年承德市双滦区行政、事业单位国有资产统计表

表11-1-5

年份	国有固定资产总额						
	合计（万元）	其中：固定资产					
		小计（万元）	房屋		专用仪器设备	汽车	
			面积（平方米）	金额（万元）	金额（万元）	数量（辆）	金额（万元）
2001	7485.637	7387.653	92068	5071.617	538.091	95	—
2002	7947.359	8066.299	82778	5061.584	1269.930	80	—
2003	8977.793	9172.820	88068	5165.611	1931.125	96	—
2004	9112.264	9186.132	92132	5470.638	1268.433	95	—
2005	13445.665	13142.849	122823	8313.116	1804.544	125	1577.189

1999—2005年承德市双滦区国有企业产权登记年检情况统计表

表11-1-6　单位：万元

年份	年检户数	国有资产总额	国家资本	所有者权益	资产总额	负债总额
1999	20	2663.1	831.4	3053.1	5773.6	2720.5
2000	20	2576.9	831.4	2920.7	5606.4	2685.7
2001	20	2374.0	728.3	2715.1	5430.1	2715.0
2002	18	2602.3	913.3	2929.4	5494.0	2564.6
2003	13	514.7	492.7	771.7	1228.3	456.6
2004	8	378.7	395.6	636.5	1218.1	581.6
2005	8	364.2	395.4	621.7	1362.1	740.4

第三节　农业税收

一 农业税

清代，农业税收主要有田赋、粮捐、地粮平余。征收田赋，旗地、民地有别。《承德府志》记载：道光十年（1830年）旗地上则地每亩征库平制银1分四厘、中则地7厘、下则地3厘5毫。民地上等地每亩征银6分、中等地3分、下等地1分5厘。庄头地、一些旗地及看守行宫、驿站兵每人60亩，千总每人90亩养赡地免征田赋。粮捐是光绪三十二年（1906年）因创办学堂而禀准奉办，细粮每斗捐制钱16文，粗粮每斗捐制钱8文。买主卖主各半，由商家包收。地粮平余是每两地粮银（田赋）随征平余银7分，归官支用。以备批解地耗、垫加库平及倾溶解费等项。

民国时期，农业税收主要有田赋和亩捐。民国初，田赋分为地粮、租科。地粮即原旗地（部分）和民地，除额定三银外，每两加征3钱，称为耗银。所征正银全部上解热河都统署。耗银三分之一上解，其余留作办公经费。民国9年，征收标准上上则地每亩纳大洋8分、上则地每亩纳大洋7分、中则地6分、下则地5分、下下则4分。兵丁生计地一律2分。民国10年(1921年)，为筹集警用款，将牌捐改为亩捐。肥地每亩纳捐大洋1角，脊地两亩纳捐大洋1角。民国17年又规定沙荒、薄碱地以4亩折1亩交纳亩捐。民国18—21年（1929—1932年），热河省政府训令各县加征一倍亩捐。

中华人民共和国建立后，税收改民国政府时期的田赋为农业税。包括粮食、棉花、水果、油料、工业原料和其它经济作物等，按年度产量依率计征的实物或钱款总称农业税。

1950年，农业税税率14%。根据“依率计征，依法减免，增产不增税”原则征收。农业税征收由粮食部门负责，采取“先征后购”的原则，运用“以小米计价，以款结算，以征收实物为主的形式，于每年秋季征购”。1953年起实行三定（定产、定购、定销）。1956年，改为以农业生产合作社为计征单位，计征税率13%。

1982年，双滦区农业税实征收总额8.4万元。

1985年，全年4个乡镇共征收农业税款11.3万元。1987年，双滦区征收农业税款10.84万元，附加税款2万元。1989年，由于农业生产遭受旱灾，农业税收8.8万元。

2005年，双滦区农业税收15.5万元。

1991—2005年承德市双滦区农业税收统计表

表11-1-7 单位：万元

年份	税率（%）	农业税	附加	农业税减免	备注
1991	5.83	9.3	1.5	2.4	因灾减免
1992	5.85	10	1.5	3.2	—
1993	—	10	1.5	3.2	—
1994	—	16	2.3	6	—
1995	—	21	3	3.2	—
1996	5.84	31	4.6	5	—
1997	—	23	3.5	13	—
1998	—	29	4.3	3	—
1999	—	12	—	14.4	—
2000	—	—	—	—	因旱灾农业税全免
2001	—	16	2.4	6	—
2002	7	57.6	9.6	15.4	农村税费改革试点
2003	—	16.9	3.4	37.4	减轻农民负担
2004	4	22	4	2.3	—
2005	—	15.5	—	15.5	—

农业税改革 1950年，境域农业税征收是以每户的土地面积定收数量，以征收实物小米为标准，计价结算，每年秋季征收。1953年起，农业税征收从以户为单位改为以生产合作社为计征单位。1961年，农业征收以生产队为计征单位。

改革开放后，农村实行土地承包经营，农业税改以土地承包户为计征单位。1985年，承德市农业税不再征收粮食，改为折征代金，统一按每公斤小米0.434元折算。1987年前，区内农业税由粮食部征购。1987年，双滦区开始自行征收农业税，单独入库。同年，农业税每公斤小米按0.46元折算。1989年，农业税小米价调整为每公斤0.4967元。

2000年开始，双滦区农业税取消乡统筹、屠宰税、劳动积累工、义务工、村提留等。2005年，取消农业特产税，农业税税率下调50%。

二 农林特产税

1987年，国务院颁布《关于征收农林特产税的规定》，设立农林特产税。农林特产品国家统一规定税率是：水产养殖产品10%，水珍15%，水果类10%，果用瓜类10%，圆木7%，其他应纳税产品不得低于5%。

1989年，双滦区开始征收农林特产税，农林特产税征收涉及4个镇、30个村，1700户、7200人，纳税单位83个。承德市财政局下达双滦区农林特产税征收任务1万元。因旱情，同年市财政局减免1万元，农林特产税为零。

1990—2004年承德市双滦区农林特产税征收统计表

表11-1-8　　单位：万元

年份	农林特产税	备注
1990	0.1	减免1万元
1991	0.66	——
1992	——	因水灾、虫灾影响免征
1993	1	因自然灾害影响，减免1.1万元。
1994	2	——
1995	1.5	——
1996	2.3	——
1997	2.1	——
1998	6	——
1999	3.2	——
2000	2.2	——
2001	9.2	——
2002	——	取消蔬菜大棚征收农业特产税
2003	36	水产品和木材加工税源扩大
2004	——	农村实行税费改革，取消农业特产税

三 耕地占用税

1987年4月1日，国务院颁布《中华人民共和国耕地占用税暂行条例》，河北省制定《耕地占用税实施办法》，从此开征耕地占用税。征收对象主要是农民建房税款，按2000元／亩征收，年计征2万元。耕地占用税由区财政征收。

1988—2005年承德市双滦区耕地占用税征收统计表

表11-1-9　　单位：万元

年份	耕地占用税	备注
1988	10	承德市啤酒厂、丝绸厂等单位占地
1989	4	农民建房

续表 11-1-9 单位：万元

年份	耕地占用税	备注
1990	2	农民建房
1991	2.6	农民建房
1992	0.6	农民建房
1993	8	耕地占用税按属地征收
1994	218	国家建设征地183万元，乡镇集体征地收30万元，其余为农民建房。
1995	79	——
1996	3	企业欠税6万元
1997	46	当年征收39万元，清理尾欠7万元。
1998	0.4	占地少
1999	1.4	——
2000	11.4	公路占地收9万元，其余农民建房。
2001	4	国家建设用地收2万元，其余为农民建房。
2002	5	国家建设用地收2.7万元，其余为农民建房。
2003	36	乡镇集体建设用地35，其余为农民建房。
2004	51	——
2005	298	其中287万元为2004年跨年度部分，其余为同年农民建房

四 契税

契税起源于东晋时期，仅限于对土地、房屋买卖、典当行为征税。清代契税（亦称田房税契），光绪三十一年（1905年）设立，当时无定额，每契价银1两征税9分，典契银1两征税6分，先典后买者准扣还税以免重征。

民国初期，沿袭清制。民国3年（1914年）5月1日，重新验契。规定4月末以前为旧契，以后为新契。凡买典田地、房屋及各项不动产的白契（未交税）收查验费大洋1元，注册费1角，契价在30元以下免征查验费。同年5月公布契税章程，税率卖契9%，典契6%。另外，收契纸价每张5角。先典后买者不收卖契税。官方和自治团体及其他公益法人不动产免征契税。民国6年（1917年），税率改为买契6%，典契3%。

新中国成立后，1950年3月31日第26次政务会议通过并颁布《契税暂行条例》。几十年间，国家根据社会经济情况发生的变化，契税政策陆续调整。1997年国务院修定颁布《中华人民共和国契税暂行条例》。条例规定契税的征收范围是：国有土地使用权转让，集体土地使用权转让（包括出售、赠与和交换）。房屋买卖、房屋交换。契税税率4%。2005年11月1日，契税税率调整为3%。

1999年8月1日起，个人购买自用普通住房执行暂减半征收的优惠政策，至2005年12月无变化。

1992—2005年承德市双滦区契税征收统计表

表 11-1-10 单位：万元

年份	契税征收	备注
1992	0.27	

续表 11-1-10　　单位：万元

年份	契税征收	备　　注
1993	0.26	
1994	0.8	
1995	3	
1996	3	
1997	3	
1998	4	
1999	4	
2000	19	
2001	78	
2002	45	
2003	167	双塔山和滦河镇发展小城镇建设
2004	192.4	城镇建设发展，土地房屋买卖增加
2005	508.4	城镇建设发展，土地房屋买卖增加

第四节　机　　构

一　清、民国时期机构

清代，域内由县户房经办财税。清末推行新政，宣统三年（1911 年）二月初一，域内成立理财所。县议会董事会派员管理，议事会派人检查监督。

民国 2 年（1913 年）8 月，域内成立县公署第二科，分管官产官物。民国 8 年（1919 年），恢复理财所，经理地方各款项。民国 14 年（1925 年），改为财政所，设文牍、会计两个股。民国 18 年（1929 年），设立县财政局。民国 34 年（1945 年）第一次解放，设立东滦平县财政科，后改为财粮科。民国 36 年（1947 年），改为财政科。

二　新中国管理机构

1949 年至 1958 年 8 月，滦河区域财政由滦平县管理，双塔山、大庙、偏桥子区域由承德市管理。

1958 年 9 月，域内成立 4 个人民公社，各公社设财粮助理员。

1973 年 12 月，承德市双滦办事处成立，设财政科。

1981 年 4 月，双滦区财政局成立，负责区财政收支和决算，有工作人员 3 人。至 2005 年，区财政局设有办公室、预算股、行政事业财务股、综合股、农财股、农税股、经建股、基建股、社保股、信息中心、国资办等股室 11 个；另设收费局、监督局、会计局、财政集中支付中心、政府采购中心等二级局及事业单位 5 个，有工作人员 46 人。

第二章　税　　务

清代税制分为国税和地方税，以国税为主，地方税为辅。所征地粮银全部上解承德府。除田赋正耗银全部上解外，尚有当税、斗税、土药统捐全部上解；田房捐、酒捐大部上解，余者多属本县地方使用。清末及民国初期，域内各项杂捐杂税实行投标或定额，由商包办（称之为包捐）。包捐虽有统一的税率，由于公税私收，舞弊现象时有发生。民国中期，虽然将包捐包税收回管理，由于没有健全的体制，一些捐税继续实行包捐制。日伪时期税收实行统一征收，国民党统治期间，捐税征收统筹办理，直接派员征收或乡公所征收。

新中国建立后，1950年1月，政务院颁布《全国税政实施纲要》，统一全国税收，建立新的税制。

1979年11月，承德市税务局双滦税务分局成立。除农业税由财政部门征收外，工商税收由税务部门征收。1983—1984年实行两步利改税，税种随之发生变化，形成多税种、多环节、多层次的复合税制体系。1993年，全区税收22147万元。1994年9月，税务分为国家税务、地方税务两部分。2005年，国税收入10238万元（区级），地税收入30958.9万元。

第一节　体制改革

一 税制沿革

清初，田赋及人丁徭役合为地粮和丁银。康熙五十一年（1712年），按土地亩数征纳，此后无论人丁增减，额定田赋不变。光绪二十九年后（1903年），因地方办理巡警、学堂等“新政”，原收赋税不敷支用，经热河都统批准开征一批新税。至清末，主要税种税目有田赋、契税、加征田房税（契税附加）、当税、斗税、土药统捐、亩捐（种植罂粟）、粮捐、地粮平余、盐捐、酒捐、外酒入境捐、盆贴、硝磺捐、乌叶捐、船捐、戏捐、牌捐、铺捐、杂捐等。

民国3年（1914年），热河特别行政区税制分为国税、省税、地方捐税。民国的国税、省税有直接税、间接税、行为税之别。地方捐税有省征税目、省县共征分成税目、县地方税目。民国5年（1916年），域内县公署上报《上解中央专款》栏内有契纸税、注册费、印花税、屠宰税。民国19年（1930年），县公署省地方收入计算书中分为田赋、正税、杂捐。至民国22年（1933年）新增税目达31种。日伪统治时期，基本沿袭民国税制。民国25年（1936年），域内地方财政概要表中载：地方税有地捐、房捐、营业捐、木捐、矿业捐、杂捐、户别捐。民国34年（1945年），日本侵略军投降后，人民政府依据新法规定征收粮食等实物。

新中国成立后，1950年1月，政务院颁布《全国税政实施要则》，统一全国税收，建立新的税制。7月，国家调整税收，主要内容有：简并税种，税种由14个减为11个，简化税目，税目由1136个减为358个，印花税的税目由30个减为25个；降低税率。房地产税、所得税、临时商业税、营业税和货物税率降低。

1952年12月，政务院财经委员会公布《关于税制修正实施日期的通告》，规定自1953年1月1日起执行新修正的税制。主要有：实行商品流通税，修订货物税。通过修订，工商税种12个，税目由358个简并为174个。1958—1978年，国家再次修订税制。其中：1958年，修改工商税制和统一全国农业税制；1973年兼并税制，同时简化税目、税率，原来的108个税目减为44个，141个税率减为82个。1980—1981年，国家开始征收个人所得税，同时建立和健全涉外税收制度。

二 税制改革

1979年，税制改革正式开始。1983年，国有企业实行第一步利改税；1984年，国家进行第二步利改税和工商税制改革。改革内容是把工商税按性质划分为产品税、增值税、营业税、盐税、土地使用税、车船使用税。改革后税种21个，其中工商税16个，税制改革还包括管好税制发票、增值税纳税人认定、建立专用发票管理等。1985—1990年，国家充实部分税种；1991—1993年，调整税种，即开征固定资产投资方向调节税（同时废止原建筑税），开征外商投资企业和外国企业所得税（同时废止中外合资经营企业所得税和外国企业所得税），修改个人所得税法。新的税收制度使国家现行的税类分为7大类，26个税种。

1994年，根据中共十四届三中全会作出的《关于建立社会主义市场经济体制若干问题的规定》改革税制，将国家税收分为中央级税种、地方级税种、中央地方共享税种，并通过机构分设，由国家税务机关与地方税务机关分别征收、管理各自负责的税种。

第二节　分税制前税目

一 工商统一税

1950年1月，按着中华人民共和国政务院《货物税暂行条例》规定，域内开始征收货物税，税率分为8类15种。1958年10月，货物税并入工商统一税。1950年12月，开始征收屠宰税。1973年后，国营、集体肉食店交纳的屠宰税并入工商统一税。2002年，国家取消屠宰税。

1953年，商品流通税开征。甲级香烟税率最高66%，最低税率生铁5%。1985年，并入工商统一税。1958年，国家开征工商统一税。纳税品种及行业共42个。烟叶、白酒税率40%～60%；交通运输、商业零售2.5%～3%。1972年，对内资企业停止征收工商统一税；1973—1993年，外资企业停止征收此税种。

1993年12月，国家取消此税种。

二 牲畜交易税、车船使用税

1953年，牲畜交易税与车船使用税从交易税中划出，成为独立税种。凡马、牛、驴、骡、骆驼等5种牲畜的交易，按交易额的5%由购买方交纳。1966年7月，河北省规定：对国营、集体和生产队购买的牲畜，免征交易税。1983年，恢复征收牲畜交易税。

1951年9月，国家开征车船使用牌照税。每年1月缴纳全年税，胶轮畜力车单套12元、双套20元、三套25元，小驴车每台年税10元，1965年调为12元。自行车每台年税2.4元，1967年停征。1977年停征车船使用牌照税。1986年10月，开征车船使用税，载客汽车每辆60～320元，载货汽车每吨16～30元，双轮摩托每辆20～90元，三轮摩托每辆32～80元。

三 印花税、产品税、营业税

1950年，政务院颁布《印花税暂行条例》，开征初30个目，同年减为25个目。贴花办法两种：比例贴花，有千分之三、三分之一、十分之三的区别；定额贴花，税额为200元、500元、2000元、5000元（旧人民币）。1953年，一部分并入货物税；1958年，另一部分并入工商统一税。1985年，又恢复此税，改为独立征收。

1950—1958年，国家征收营业税，后取消。1984年，恢复征收。税率最高的是铁路运输和管道运输，税率15%；最低的商品零售税率3%。

1984年，国家开征产品税。税目有270个，税率有335种。其中：税率最低的有农药、石灰等产品，税率3%；最高的甲级、乙级卷烟，税率60%。1994年停征。

四 工商所得税与国企工商税

1958年开征。1966年，农村社队企业改按20% 比例税率征收。1981年，个体或商户实行8级超额累进税率。

1966年，开征国有企业工商税，1971年停征。

五 国营企业所得税与集体企业所得税

1984年开征国营、集体企业所得税，大中型企业采用55%的固定税率，其他企业用八级超额进税率的办法计征，其中最低的1%，最高的55%。

1985年，国家开征集体企业所得税。按新的八级超额累进税率，最高的全年所得额在20万元以上的，税率55%；最低一级，全年所得额1000元以下的，税率10%。

六 城乡个体所得税与个人收入调节税

1986年，国家开征城乡个体所得税。按十级超额累计税率，最低的是全年所得额在1000元以下的，税率7%；最高的是全年所得额在3万元以上的，税率60%。

1986年，国家开征个人收入调节税。根据工资、承包、转包、劳力报酬、财产租赁等收入，分20% ～60%五级征收；股息、利息、投稿、专利权的转让等征收税率20%。

七 城镇土地使用税与建筑税

1988年，国家开征城镇土地使用税。税额为县城、建制镇、工矿区，每年每平米征收0.2～4元。

1983年，国家开征建筑税。以自筹建设的全部投资额的更新改造措施项目中的建筑工程投资额为征收依据，税率10%。1993年停征。

八 奖金税与消费税

奖金税分国营企业、集体企业、事业单位3个税种。1984年开始，国营企业发放各种奖金超过标准的，其超过部分按超额累进税率征收，最低税率30%，最高税率300%。1985年开始，集体企业征收奖金税，明确事业单位根据自费程度，确定免奖金税限额；超过部分，比照国营企业奖金税适用税率征收。1986年，此税种停征。

九 资源税与企业所得税

1984年，国家开征原油、天然气、煤炭、金属产品和其它非金属矿产品等五种资源税。1992年，国家把铁矿石纳入征税。1994年，将盐类纳入征收范围。其中：原油8～30元/吨，天然气2～15元/千立方米，煤炭0.3～5元/吨，其他非金属原矿0.5～20元/吨或立方米，黑色金属原矿2～30元/吨，有色金属原矿0.4～30元/吨，固体盐10～16元/吨，液体盐2～10元/吨。

1994年，国家开征企业所得税。其税率实行从低从简设计，采用比例税率，税率33%；年应纳税所得额在3万元（含3万元）以下的企业，暂减按18%的税率征收；年应纳税所得额在3万元以上10万元（含10万元）以下的企业，暂减按27%的税率征收。

第三节 国税税目

1994年8月分税制后，至2005年12月双滦国家税务局征收的税目有两种。

一 企业所得税

1994年，国家开始征收企业所得税。税率实行从低从简设计，采用比例税率，税率为33%；年应纳税所得额在3万元（含3万元）以下的企业，按18%的税率征收；年应纳税所得额在3万元以上10万元以下（含10万元）的企业，暂减按27%的税率征收。双滦区国税局从2003年始征收企业所得税，至2005年，累计征收322万元。

二 增值税

2009年1月，国家开始征收增值税。根据纳税人销售货物和劳务情况税率为13%和17%。增值税是与地税局共享税目，国税为75%，地税为25%。至2005年，双滦区国税征收增值税24539万元。

三 个人所得税

2001年始，双滦区国税局征收储蓄存款个人所得税，至2005年，累计征收1374万元。

四 滞纳金 罚款

至2005年12月，双滦国税局共收滞纳金、罚款8万元。

1984—1993年承德市双滦区税务局税收统计表

表11-2-1

单位：万元

税　种	1984	1985	1986	1987	1988	1989	1990	1991	1992	1993
产品税	242	1328	1161	1182	1201	1324	1043	912	858	1256
增值税	205	1203	1815	2066	2321	2743	3190	3923	4623	17207

续表 11-2-1　　单位：万元

税　种	1984	1985	1986	1987	1988	1989	1990	1991	1992	1993
营业税	31	283	232	258	340	427	425	505	552	797
资源税	—	—	2	—	—	—	—	—	9	52
国有企业所得税	280	323	501	637	575	719	376	487	538	605
集体企业所得税	—	—	64	85	89	144	156	133	123	161
私有企业所得税	—	—	—	—	—	—	—	—	1	1
城乡个体户所得税	—	—	5	16	22	28	33	38	68	99
国营企业工资调节税	—	—	40	1	1	—	—	—	—	10
固定资产投资方向调节税	—	—	—	—	—	—	—	18	138	499
个人收入调节税	—	—	—	1	1	7	9	29	46	53
城市维护建设税	—	221	221	263	282	315	324	378	420	448
城镇土地使用税	—				33	200	199	188	186	193
工商所得税	49	90	—	—	—	—	—	—	—	—
工商税	1347	—	—	—	—	—	—	—	—	—
车船税	—	—	2	7	8	9	10	11	12	12
房产税	—	—	20	94	97	137	153	163	192	211
屠宰税	1	1	3	—	—	—	—	1	1	—
印花税	—	—	—	—	40	36	38	55	81	100
建筑税	14	35	35	127	50	33	170	9	-18	—
滞纳金罚款收入	1	1	1	1	5	1	7	5	6	4
奖金税	—	8	4	—	—	—	38	1	1	—
酒专项收入	—	—	—	—	—	10	—	7	10	—
教育费附加	—	—	—	—	—	—	31	101	125	135
技术开发基金	—	—	—	—	—	—	—	24	3	—
物价调节基金	—	—	—	—	—	—	1	2	1	—
粮食补贴基金	—	—	—	—	—	—	—	50	17	—
国家能源交通重点建设基金	122	237	306	388	324	331	292	301	246	169
国家预算调节基金	—	—	—	—	—	207	202	238	235	135

1994—2005 年承德市双滦区国家税务局区级税收统计表

表 11-2-2　　单位：万元

税种	1994	1995	1996	1997	1998	1999	2000	2001	2002	2003	2004	2005
增值税	347	418	548	600	700	800	1001	1050	1507	2585	5236	9741
企业所得税	—	—	—	—	—	—	—	—	—	3	221	98
个人所得税	52	123	—	—	—	—	—	127	253	267	328	399
滞纳金罚款收入	—	1	—	—	—	—	—	7	—	—	—	—
合计	399	542	548	600	700	800	1001	1184	1760	2855	5785	10238

第四节　地税税目

1994年7月，双滦区地方税务局（以下简称地税局）组建。9月开始，地税局主要负责15项税收的征管。

一 营业税、城市维护建设税

营业税各行各业征收税率不同。交通运输业3%、建筑业3%、金融保险业8%、邮电通信业3%、文化体育业3%、娱乐业5%～20%、服务业5%、转让无形资产5%、销售不动产5%。1994—2005年，双滦区累计征收营业税30776万元。

1985年1月1日始，国家开征城市维护建设税。1994—2005年，双滦区累计征收城市维护建设税20058万元。

二 企业所得税、资源税、个人所得税

1994—2005年，双滦区累计征收企业所得税48645万元。

征收资源税的主要税目是黑色金属矿原矿—铁矿石。双滦区铁矿石资源税税额为4.8元／吨。1994—2005年，累计征收资源税1687万元。

至2005年，双滦区征收个人所得税14119万元。

三 土地增值税、城镇土地使用税

土地增值税实行四级超率累进税率，税率分别为30%、40%、50%、60%，1994—2005年，双滦区累计征收土地增值税17万元。

1988年11月1日至1997年12月31日，双滦区土地使用税每平方米年税额0.4元；1998年1月1日起，土地使用税每平方米年税额1元。1994—2005年，双滦区累计征收土地使用税4652万元。

四 房产税、城市房产地税

房产税税率在1.2%～12%之间，1994—2005年，双滦区累计征收房产税6442万元。

城市房产地税税率在1%～15%之间，至2005年，双滦区收房产地税6442万元。

五 车船使用税、印花税、屠宰税

车船使用税定额税率，具体收税标准为：载客汽车。乘坐10人以下的，每辆每年110元；11～30人的，每辆每年120元；30～50人的，每辆每年150元；50人以上的，每辆每年180元。载货汽车。载重吨位每吨每年42元。三轮摩托车，每辆每年48元；摩托车每辆每年36元；轻便摩托车每辆每年24元。1994—2005年，双滦区累计征收车船使用税383万元。

印花税税率按行业分别征收0.3%～1%的税率。权利许可证照按件贴花5元。1994—2005年，累计征收印花税2151万元。

1950年，国家开征屠宰税。2002年1月起停征。1994—2001年，双滦区累计征收屠宰税194万元。

六 固定资产投资方向调节税、教育费附加

1991年，国家开征固定资产投资方向调节税，2000年暂停征税。1994—2000年，双滦区累计征收固定资产投资方向调节税1569万元。

河北省自2003年12月1日开征地方教育附加，征收率为1%。1994—2005年，双滦区累计征收教育费附加8043万元。

1994—2005年承德市双滦区地方税务局税收统计表

表 11—2—3

单位：万元

项目	1994年	1995年	1996年	1997年	1998年	1999年	2000年	2001年	2002年	2003年	2004年	2005年	合计
		完成	完成	完成	完成	完成	完成	完成	完成	完成	完成	完成	
总计	9817	2856	6211	7978	9303	9287	9945	10807	18775	14697	22526	25845	148047
一、 税收收入合计	9767	2830	6037	7419	8837	8878	9471	10284	10561	13610	20179	23271	131144
1.营业税	683	590	1054	1742	1783	1523	1611	1447	2047	3452	6939	7905	30776
2.资源税	282	222	240	48	15	2	20	38	92	188	169	371	1687
3.土地使用税	187	214	196	135	539	476	426	504	511	478	493	493	4652
4.企业所得税	7240	285	2162	2922	3470	3790	3844	4244	4374	4491	5359	6464	48645
5.个人所得税	124	87	294	252	887	849	1342	1647	1103	1780	2080	3674	14119
6.固定资产投资方向调节税	114	82	347	330	403	285	8	—	—	—	—	—	1569
7.城建税	613	812	1089	1123	922	1074	1294	1567	1505	2404	4268	3387	20058
8.印花税	106	125	126	122	172	147	134	206	199	206	250	358	2151
9.土地增值税	—	—	—	—	—	5	—	—	—	—	8	4	17
10.房产税	301	346	450	489	566	669	649	493	707	589	591	592	6442
11.车船使用税	13	10	13	14	50	14	87	92	23	22	22	23	383
12.屠宰税	—	—	3	15	30	44	56	46	—	—	—	—	194
13.税款滞纳金、罚款收入	104	57	63	227	—	—	—	—	—	—	—	—	451
二、其他收入合计	50	26	174	559	466	409	474	523	8214	1087	2347	2574	16903
1.教育费附加收入	50	23	171	551	458	400	464	514	538	1036	1683	2155	8043
2.税务行政性收费收入	—	—	—	—	—	—	—	—	1	—	—	—	1
3.基本养老保险费收入	—	—	—	—	—	—	—	—	7049	—	—	—	7049
4.失业保险费收入	—	—	—	—	—	—	—	—	619	14	16	32	681
5.副食品价格调节基金	—	3	3	8	8	8	9	8	6	15	8	16	92
6.义务教育费	—	—	—	—	—	—	—	—	—	—	—	—	0
7.残疾人就业保障金	—	—	—	—	—	—	—	—	—	20	64	71	155
8.地方教育附加	—	—	—	—	—	—	—	—	—	—	—	—	0
9.文化事业建设费	—	—	—	—	—	1	1	1	1	2	2	5	13
10.地方教育附加	—	—	—	—	—	—	—	—	—	—	574	295	869

第五节　税　　收

一 分税制前概况

1958年9月前，双塔山、大庙、偏桥子地域的税务由承德市负责，滦河的税收管理由滦平县负责。1958年10月至1980年9月，税收管理由承德市负责。1982年8月，双滦税务分局登记企业438户，其中，国营企业54户，集体企业155户，个体229户。1988年5月，双滦税务分局重新办理税务登记1182户，换发税务登记1170户。其中:国营企业100户,发证88户;集体企业212户；个体工商业登记823户；临时经营发证47户。9月,双塔山、滦河税务所在个体、集体以上企业中进行征收分离、管理分离、稽查分离的“三分离”试点，同年成立分局稽查队。

1991年,双滦税务分局完成税收6360万元。对14户企业减免税3513万元，对5家企业投放资金100多万元，帮助开发新产品6项。全年实现“支帮促”(支持帮助企业促进发展)项目39项，为企业增加产值8600万元，利润750万元，增税650万元。1993年1月，税务分局第三税务所成立，负责建筑安装企业税收。3月，分局实行地方税计算机管理，全年实现“支帮促”项目23项，为企业增加产值8422万元，利润137万元，增税410万元。

二 国税征收

1996年3月，区国税局接管外商投资企业税收，除原来的增值税和消费税外，又增加外商投资企业所得税。1998年12月底，区国税局入库工商税12050万元。其中区级完成700万元。

2000年12月，区国税局组织入库工商税15293万元，占年度任务的101.24%。2001年12月5日，区国税局税收17101万元，占年度计划的113.18%。完成两税1050万元。2002年，双滦区国税局组织税收收入24435万元，占年度计划的109%。区级收入1435万元，个人所得税247万元。2003年7月，区国税局管辖范围内执行新规定：月销售货物金额达不到2000元，销售应税劳务金额达不到1500元，每次(日)销售金额达不到150元的，免征应纳的增值税。当年完成税收28742万元，占年度计划的105%。区级收入2850万元，个人所得税247万元，营业税29万元。2004年5月,区国税局与区民政局、地税局联合年检。确定承德万通工贸有限公司标牌厂、承德输送集团有限公司通用机械厂、承德双滦福利彩印厂3家企业符合福利企业条件，决定3家福利企业继续执行先征后返增值税的优惠政策。当年，区国税局组织入库46921万元，增收18179万元，区级收入5785万元，超核定任务2485万元。至2004年，累计注册登记纳税人1301户。其中：企业316家，个体985户。新办(含变量登记)417户，其中：企业135家，个体282户，新办注册纳税人创历史最高水平。同时，年内注销登记319户，其中非正常户到期注销227户。还为59户符合政策规定的下岗再就业人员办理了免费登记。

2005年1月，区国税局采集、通过纳税人的静态数据转成模板数据365户；审核小组审检企业和个体工商户机制模板与纸制模版1109户，涉及纳税人1109人。5月，第四税务所采集录入新办证照纳税人的各项静态数据30户，按照新定额测定标准核定税额。6月，区国税局稽查分局重点稽查废旧物资回收及利用、农副产品深加工和矿选企业，查补入库134.64万元，其中税款133.33万元，滞纳金1.31万元。至12月15日，区国税收入57236万元，区级收入10238万元。

三 地税征收

1994年，国、地税分设后，区地税局负责全区1426户纳税人的征收管理。其中：国有企业105户,集体企业225户,个体工商户1096户。至2005年，有纳税人2311户，其中，国有企业57户，集体企业53户，股份合作企业4户，私营企业376户，个体工商户1821户。

1995年，区地税局制定《个人所得税征管暂行办法》《地方税征收管理办法》《欠税管理办法》等税收管理办法。同年，工商各税入库2773.3万元，占年计划的100.12%。区级450万元，占年计划的118.4%。2004年，区地税局制定《双滦区铁矿业税收征收管理暂行办法》，全年铁矿业税收240.1万元，比1994年增收56.2万元。2005年，累计收入30958.9万元，其中税收21354万元，其他各费收入9604.9万元。

四 税收减免

20世纪90年代初，区政府、区地税局，按照河北省政府规定，对国营、集体和乡镇企业落实若干税收政策，本着“该免则免、该减则减”的原则，扶持新办企业、福利企业和校办企业，增强企业发展后劲，涵养税源。1994—2002年，为15家企业减免所得税699.92万元。2001—2002年，为3家企业减免房产税548.26万元。

2003年，为23家企业减免所得税1240.93万元，为20家企业减免房产税386.69万元，为45家企业减免土地使用税14.96万元。2005年，为308家下岗再就业个体工商户累计减免税款76万元。为22家符合减免税条件的企业减免税金804万元。

第六节　管理与稽查

一 分税制前概况

1989年5月，河北省人民检察院、法院、公安厅、司法局、税务局联合发出《关于在全省开展严肃税收法纪、集中打击偷税、抗税违法犯罪活动的通知》。双滦区人民检察院、法院、税务局、司法局、公安分局成立联合领导小组，于7月31日在市麻纺厂俱乐部召开全区打击偷税、抗税违法犯罪活动动员大会。9月，清查区内企业、个体工商户，查补税款449037.59元。其中：举报案件13起，补税99198.98元；挖掘案源、检查企业和个体工商户778户，补税199095.39元；调整月税定额补交16118.42元；发票检查补税罚款33289.20元；检查重点户补税40531.82元；检查假集体企业、假民政企业、假校办企业、假青年企业34户，补税60803.78元。12月，税务分局全面实行征管查“三分离”。1991年6月，税务检查室检查承钢附属联营公司偷、漏税，补税30万元。8月，滦河税务所实行个体征管查分离，同时实行个体纳税制度；10月，双滦税务分局成立外埠建安企业检查站，改变过去由建行代扣税款的做法，由检查站直接征收；11月，区内开展税收大检查，查补税款74万元。

二 国税管理与稽查

1994年8月，区国家税务局（以下简称国税局）正式分设。10月26日，滦河税务所在西地市场召开现场会，当场处罚偷税、抗税行为人，补罚税款202元。11月，区国税局开始第一次税收大检查，检查纳税户94户，占所辖企业的44.8%。其中重点检查54户，占检查户数的57.5%。查补增值税512.73元、查补国家能源交通重点建设基金和国家预算调节基金6.58万元，入库税款458.33元，入库率88.3%。1995年2月，区国税局自查自纠新税制执行情况，由稽查分局抽查局属各征收单位的新税制执行情况。同年9月，区国税局在双塔山、滦河税务所所辖的个体工商户中实施“打卡征税”。

1996年5月，偏桥子征收站清理个体工商户和企业户，查出无照、无证经营3户，补税416元，罚款400元。双塔山税务所完成个体定额调整，调整146户的定额，平均每户月增税额22元，全所每月共增税额3212元。同年6月，进行增值税一般纳税人年审，审核一般纳税人企业109户，取消一般纳税人资格9户；双塔山税务所查处一汽车修理个体户无证经营5个月，补税564.44元，罚款1000元，并责令其办理税务登记证。7月，稽查分局查出承德市白雪面粉经营有限公司利用普通发票偷税，令其补交税款2800元，并罚款两成。8月，区国税局直属分局查封承钢宏达公司汽车3台，第一起对欠税企业采取查封财产的税收保全措施。9月，双塔山税务所依法扣押欠税企业双滦区农机供应站商品，限期清缴欠税。1997年5月，稽查分局检查所辖的大庙、双塔山、滦河、偏桥子、三岔口、联社经营部等6个信用社的所得税，查补所得税29720.79元。同年8月，区国税局与市工行卡部联合，采用金融结算工具POS机专用信用征收税款。至12月底，区国税局入库工商税收12164.9万元。1998年3月，区国税局增值税专用发票防伪税控系统正式运行。4月，区国税局依法对欠税企业双滦区畅远石材厂和双塔山轧钢厂采取强制执行措施，分别扣押一批大理石和一辆小轿车，交给市局公开拍卖，并将拍卖所得6250元抵补税款。同年8月5日，将双滦区烟草公司偷税案移交公安机关。这是新刑法实施后，区国税局首次向公安机关移交的偷税案件。8月6—10日，区国税局出动165人次，检查纳税户307户，查出不规范纳税户203户，查补入库税款171.05万元，罚款1.1万元。针对检查中暴露的征管漏洞，研究制定《矿山行业税收管理办法》《校办福利企业税收管理办法》《进项票三级审核办法》。

2000年6月，区国税局稽查分局集中清理检查区内煤气站，清补税款11万元，制定《煤气站税收管理办法》。至10月底，大庙税务所完成两税107万元，提前完成全年两税任务。

三 地税管理与稽查

1994—2005年，区地税局实行征收、管理、稽查三分离的征管形式，共检查各类纳税人1013户次，受理举报案件55件次，查补入库税款817万元，加收滞纳金7.2万元，罚款25.6万元。

1998年8月，区地税局与区公安分局、区检察院联合开展清理欠税活动，检查234户纳税人，清缴欠税186万元，处罚12户纳税人，罚款5760元。2002年，区地税局开展涉税违法犯罪专项治理行动，检查纳税人316户，处罚纳税人2户，补税罚款计17980元。

至2005年，在各镇、村和行政执法单位建立代征单位102个，代征人员121人。

第七节　机　　构

一 清及民国时期税务机构

清初税务征收较少，主要由户房负责，设吏征收。民国期间由财政部门负责，各区巡警催征。杂税杂捐在要塞通道设卡或派人或招商征收。民国3年(1914年)，滦河街设杂捐局。同年5月，滦河街设卡征收一切国税。后又设立粮捐局、硝捐局，除船捐外，均由商户承包。民国8年，域内成立热河滦平烟酒公卖兼税捐处。民国22年(1933年)日本侵略军侵占后，域内国税由财政局征收，并管理地方税捐，下设征收股。抗战胜利后，税收分别由东滦平县和承德市负责。

二 新中国成立后至分税制前税务机构

1948年至1958年8月前，双塔山、大庙、偏桥子等地域的税务由承德市管理，滦河地域的税务由滦平县管理。1958年9月以后，统由承德市管理。1960年，域内设滦河税务所。1961年，承德市税务局下设双塔山、滦河税务所。1966年，财政税务合并，税务局称人民收入局。1968年，撤销滦河、双塔山税务所。1971年后又陆续恢复。1972年，承德市财税局成立，设双塔山税务所。1974年8月，财税分开，成立双滦工商税务所。

1979年11月，双滦税务分局成立。1981年，双滦税务分局隶属双滦区政府，有工作人员9人。1981年4月，税务分局下设征收科、计秘科、双塔山税务分所。1982年7月，双滦税务分局隶属承德市税务局，设大庙税务所。1984年2月，双滦税务分局下设秘书股、计会股、征收一股、征收二股、滦河税务所、双塔山税务所。同年9月，增设税政股。1985年1月至1986年4月，滦河发电厂和承德钢铁厂设驻厂税务组，负责税收管理。驻厂税务组后与滦河、双塔山税务所合并，并增设稽查股。1987年5月，河北省税务局颁布《关于税收检查站管理办法（草案）》，双塔山税务检查站成立。同年12月，税务分局成立税务检查室，增设政工股。1988年3月，双滦区人民检察院税务检查室成立。4月，税政、征管合并为征管股。

1989年5月，税务分局实行省垂直领导。同年12月，驻厂一组改为第一税务所，驻厂二组改为第二税务所。1990年初，由区公安、交通、保险、工商、税务等单位正式成立联合检查站，地址设在大三岔口。1991年，税务分局下设第一、第二、双塔山、滦河、大庙5个税务所、税务检查站；分局内设办公室、人事股、监察股、计会股、税征股、检察室、稽查队职能股室7个，人员编制90人。1992年，税务分局人事股与监察股合并为人事监察股，职能股室变为6个，有干部96人。1993年，税务分局下设机构增设第三税务所，分局内增设促产办公室，职能股室变为8个。编制95人。1994年8月，国、地税分立，分别成立双滦区国税局、双滦区地税局，人员划分比例67%、33%。

三 双滦区国家税务局

1994年8月，双滦区国家税务局成立。设置：滦河税务所、双塔山税务所、大庙税务所、直属征收分局、稽查分局、办公室、人事股、监察股、税务股、征管股、计划财会股，编制57人。1996年3月，偏桥子征收站成立，工作人员2人。1998年5月，违法案件举报中心成立。2000年10月，稽查分局与区公安局联合成立税务治安办公室。同时，局内机构调整，设立监察室、计算机信息中心、人教股、计划财会股。2001年1月，调整定编各股室及征管单位人员，下设：办公室、人教股、监察室、计划财会股、信息股、征收大厅、驻厂组、双塔山、大庙、滦河稽查分局。同年9月，调整职能机构和人员编制，设行政股室5个，即办公室、人教股、监察股、计划财会股、直属稽查分局；事业机构7个，即信息股、票证所、驻厂组、滦河、双塔山、大庙税务所、办税服务厅，编制61人。2002年12月，调整征管机构设置，按专业管理成立第一、第二、第三、第四税务所，保留征收服务大厅，撤销驻厂组、双塔山、滦河、大庙税务所。至2005年，机构设置有：办公室、人教股、监察股、计划财会股、税政征管股、计算机信息中心、税务治安办、稽查股、票证股，以及第一、第二、第三、第四税务所，征收大厅，编制75人。

四 双滦区地方税务局

1994年7月，区地方税务局成立。机构设置有：办公室、政工股、监察室、计划会计股、税征股、稽征管理股、稽查队、直属征管分局、双塔山、滦河、大庙税务所，编制60人。同年11月，建筑市场税务所成立。1995年4月，直属双滦区地方税务稽查局成立。1996年8月，设立滦河分局、双塔山分局；同时撤销滦河税务所、双塔山税务所、建筑市场税务所、直属征收分局。1997年12月，增设偏桥子税务所。1998年3月，撤销偏桥子税务所，成立建安运输税务所。2001年12月，局内机构设置：办公室、税政征管股、计划会计股、政工股和监察股，编制65人。2003年4月，撤销地方税务稽查局、滦河分局、计划会计股、税政征收股；设立税政管理股、征管法规股、滦河税务所。至2005年，机构设置有：办公室、政工股、监察股、征收计会股、税政管理股、征管法规股、双塔山税务所、滦河税务所、大庙税务所、建安运输税务所，编制65人。

第三章　金　融

清光绪三十三年（1907年），滦河街有钱庄4家；民国12年（1923年）6月，热河兴业银行滦平县分行建立，行址设在滦河北街。1951年至1984年12月，中国人民银行承德市支行在域内设置办事处。1952年始，供销社系统内建立信用合作社。1962年，域内设立承德建行滦河办事处；1985年，双滦区设立承德工商行滦河、双塔山办事处；1980年，设立承德农行双塔山支行。

至2005年，域内设有中国工商银行股份有限公司承德双滦支行、中国建设银行股份有限公司承德双滦支行、中国农业银行承德市双塔山支行金融机构3家，还有农村信用社、城市信用社等股份制金融企业。同年底，金融机构存款余额237457万元，贷款余额282183万元。

第一节　货　　币

一 清代货币

清代，域内流通金属铸币种类有康熙通宝、乾隆通宝、嘉庆通宝、道光通宝、咸丰通宝、咸丰重宝、咸丰元宝、光绪通宝、宣统通宝。清光绪三十三年（1907年），流通纸币有银两票（大洋票）、制钱票。

二 民国货币

民国元年至民国3年（1912—1914年）域内币制是库平银两制，市场上流通的货币主要是银两，辅以制钱。民国3年（1914年）改为银元制，开始流通站人洋、鹰洋、袁头。每大洋1.5元折库平银1两。同时，中国交通银行、中国银行的纸币也相继流通。民国7年（1918年），开始流通热河兴业银行发行的纸币。

民国时期，热河兴业银行发行9种纸币，30多种面值：

小洋角票 民国7年(1918年)5月6日发行，有壹角、贰角等10种。

大洋票 民国7年（1918年）11月，第一次发行，有壹角、贰角等10种;民国11年（1922年）3月，第二次发行，票面为壹元、伍元、拾元3种。

铜元票 民国11年（1922年）发行4次，票额有十枚、二十枚、五十枚、百枚、二百枚。

汇总券 汇总券是热河兴业银行印刷最多的一种货币。分主币与辅币，主币有壹元、伍元、拾元3种；辅币有壹角、贰角、伍角3种。

银元票 民国15年(1926年)10月开始发行，有壹元、伍元、拾元3种。民国18年（1929年）5月发行银元票辅助券（银角票），面值有壹角、贰角、伍角3种。

粮秣通用券 通用券是一种特别货币，用于民众充任征粮秣支付的现金券。民国12年(1923年初）发行，面值有贰角、伍角2种。这种通用券从发行日起，经6个月可兑换现大洋，也可在市面上与其他货币流通。

民国20年（1931年），滦平县风俗调查纲目载，域内均行使国币、即七钱二银为一元者，种类有袁头、孙中山之首、站人北洋、大清银币，但以袁头为最多。此外尚有铜板，约400枚可换银元一元。辅币有中国交通、中南各银行、天津字亦均行使，又有本省兴业银行发行之兑换券，有拾元、伍元、壹元、伍角、贰角、壹角不等。

三 解放区货币

民国34年（1945年）域内第一次解放，开始流通边区民主政府货币。流通的货币有：苏

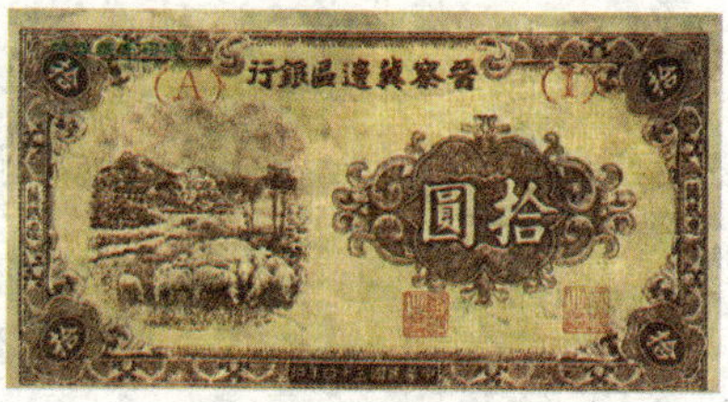

冀热辽边区币（一）

联红军票、热河省利民商店流通券、冀热辽流通券、晋察冀辖区流通券。民国35年（1946年）8月，国民党军队占领承德后，双滦地区流通东北九省流通券，第二年开始流通法币。1元东北流通券可兑换法币11.5元；同时，流通关金券（全称是海关金单位兑换券），以每元关金券折合法币20元的比价与法币同时流通。法币、关金券面额有壹元、伍元、拾元、五十元、一百元。

冀热辽边区币（二）

四 人民币

1948年12月1日，新中国发行第一套人民币。1951年4月，域内开始流通人民币，面额有壹元、伍元、拾元、贰拾元、伍拾元、壹佰元、贰佰元、伍佰元、壹仟元、伍仟元、壹万元、伍万元12种。

第一套人民币

第二套人民币

第三套人民币

第四套人民币

第五套人民币

1955年3月，开始流通第二套新版人民币；同年5月15日，第一套人民币停止流通。新版人民币均为纸币，主币有壹元、贰元、叁元、伍元4种，辅币有壹分、贰分、伍分、壹角、贰角、伍角6种。1962年4月20日，国家发行第三套人民币，同时域内开始流通。1964年4月15日，人行总行对苏联代印的1953年版叁元、伍元、拾元券停止流通，并限期收回。至2005年，域内先后流通五套人民币。2005年流通的人民币有100元、50元、20元、10元、5元、1元、5角、1角、5分、1分10种。其中，硬币有1元、5角、1角、5分、2分、1分。

附：

伪满政权货币

民国22年（1933年），日军侵占境域。伪满政权下令原市场流通的铸币、纸币禁止流通，并发行伪国币（满洲票）。伪满货币票面有壹元、伍元、拾元、百元4种主币，铜铸辅币有伍厘、壹分、伍分、壹角、伍角5种。日本纸币也有少量流行。至此，域内金属铸币停止流通。

第二节　贷　　款

一 建区前贷款发放

清及民国初，域内只有民间借贷，主要有高利贷和自由借贷。民国12年（1923年），热河兴业银行曾于域内发放贷款20万元。后因直奉战争，停止贷款。民国18年（1929年），滦河兴济当铺发放小额贷款，专门为个体工商户融通资金。当年，滦河开办邮政储蓄业务，后因战乱停办。

民国38年（1949年）2月，东北银行热河省分行对域内发放春耕折实（小米）贷款。1951年4月，人民银行滦平县支行开始发放农业贷款和商业贷款，并开展城乡储蓄、私人借贷和信用合作。1952年，开始发放工业贷款，重点扶植手工业、副业生产。同年，域内第一次发放粮食收购商业贷款。第一个五年计划时期，贷款发放优先供应国营商业收购资金和组织人民生活必需品的需要，确保国营商业的主导地位。农业贷款重点支持发展农田水利、畜牧，注重对互助合作组织的支持，帮助。第二个五年计划时期，国家采取紧缩信贷的方针，严格财政资金和信贷资金的分口管理，支持农副产品采购和增加商品库存。

二 建区后贷款发放

工商银行承德双滦支行 信贷业务种类有：工业贷款、商业贷款、固定资金贷款、技改贷款。1985 年，工商银行双滦支行主要负责辖区内国有、集体工商企业和个体业户贷款。工业贷款是银行发放的工业企业流动资金贷款，主要用于全民所有制和集体所有制等工交企业生产流动资金，包括工业生产贷款、工业供销企业贷款、物资部门企业贷款、集体工业贷款、“五小”工业设备贷款、黄金生产设备贷款、工业结算贷款和开发贷款等。工业贷款业务，按照“贷前调查、贷时审查、贷后检查”的“三查”制度，有计划地发放。1986 年，发放工业贷款 5205 万元。20 世纪 90 年代以后，信贷业务增加个人住房贷款、小额质押贷款和贴现贷款。至 2005 年，工业贷款余额 83444 万元。

商业贷款是银行发放的商业流动资金贷款，主要用于商业储备商品、收购工农业产品、开展议价购销和结算在途资金的需要，包括国有商业贷款、粮食贷款、供销贷款、外贸贷款、农副产品预购定金贷款和其它商业贷款。技改贷款属于固定资产投资范围，它是企业固定资产更新改造，补偿资金不足时，由银行发放的一种贷款。

单位：万元

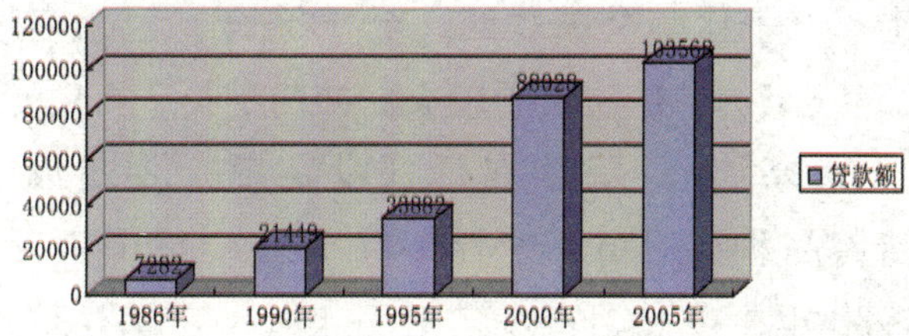

工商银行承德双滦支行部分年份贷款情况统计图

建行承德双滦支行 信贷业务主要开办流动资金贷款、固定资产贷款、票据贴现、个人贷款等业务。1998 年，双滦支行向承钢发放各类贷款 35530 万元，贷款余额当年增至 41380 万元。至 2005 年，向承钢提供贷款总计 25 亿元。同年，贷款余额为 91820 万元，新增 11146 万元，比 1994 年新增 81953 万元，是 1994 年的 9.3 倍，不良贷款率为零。

单位：万元

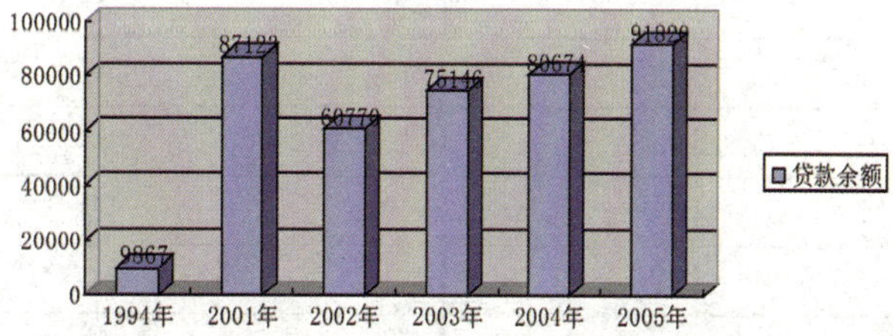

建行承德双滦支行部分年份贷款情况图

农行承德市双塔山支行 1980 年农行双塔山支行成立，贷款的投放主要支持农村商品生产。1983 年，贷款发放的重点开始以集体农业为主逐步转变到以承包户、专业户和重点户为主。服务对象主要是供销社、农村种植户和养殖户等。1985 年底，贷款余额 279 万元。1998 年以后，国家放宽贷款政策。当年，农行双塔山支行为双滦区承德祥发钢铁有限公司，发放贷款 420 万元。至 2005 年，已归还 225 万元，成为呆滞贷款 195 万元。

2000 年，农行双塔山支行先后为承钢集团和承德新新钒钛股份有限公司投放生产经营技改建设贷款 18 亿元。2000 年以后，农行贷款侧重支持私营企业发展。其中，滦河杏仁脱苦厂借贷 350 万元、轴承套圈厂借贷 260 万元、陶瓷厂借贷 106 万元、轧钢厂借贷 78 万元、承德大兴矿业有限公司借贷 2000 万元。不良贷款 5000 多万元，其中为承德热河耐磨钢锻球有限公司先后投放 2409.87 万元，贷款损失 2253.74 万元。

2002 年，农行双塔山支行为支持双滦房地产业的发展，先后为毓秀花园、新新家园、荣信和御祥园小区等发放住房按揭贷款和现房抵押贷款 3000 万元。

1980—2005年农行承德市双滦区双塔山支行贷款统计表

表11-3-1　　单位：万元

年　份	贷款余额	累计贷款
1980	139	79
1981	136	404
1982	115	382
1983	192	644
1984	210	292
1985	279	280
1986	384	552
1987	523	873
1988	845	1098
1989	1052	1846
1990	1407	2754
1991	2047	3061
1992	2232	4484
1993	2944	3980
1994	3691	5445
1995	4123	3741
1996	4822	4092
1997	5998	4310
1998	8189	13179
1999	8364	14004
2000	16381	15504
2001	24768	36106
2002	32665	47373
2003	39621	55917
2004	49943	70892
2005	54477	73088

第三节　存　　款

一　工行承德双滦支行存款

存款是工商银行的主要负债业务，分为对公存款和储蓄存款两类。双滦工商银行承担开办双滦区政府机关事业、国有、集体企业的结算业务，设有营业室负责办理对公业务。1986年，实现对公存款864万元。1998年，首先实行对公业务省内直通。2001年，结算手段实现现代化、电子化与全国联网。至2005年，对公存款26467万元，存款数额较成立初期增长2.6亿元。

1985年，双滦支行开设定期、活期两个储蓄品种，1986年，储蓄存款余额1116万元。1988年，按照国家规定对三年以上定期存款实行保值，统一执行国家每季度公布的物价指数，同时新开设定活两便存款。1994年，储蓄专业实行微机化并实现区域内联网，结束手工记账历史。1996年，国家取消保值储蓄。1998年，储蓄专业实现省内通存通兑。至2000年，储蓄存款突破2亿元。2002年，储蓄专业实现全国联网直通。至2005年，储蓄存款余额58468万元。

工商银行股份有限公司承德双滦支行部分年份存款统计表

表11-3-2　　单位：万元

种 类	1986	1990	1995	2000	2005
企业存款	845	626	6268	14436	26467
储蓄存款	1116	2644	5666	28746	58468
信用社存款	—	150	—	351	860
其他存款	19	55	—	—	—

二 建行承德双滦支行存款

企业存款是建设银行双滦支行信贷资金运用的主要来源。企业存款的种类主要有工业、农业、建筑业、商业、房地产业、服务业、公共企业、个体、机关团体、住房基金、保险公司、社会统筹、特种存款等。建行双滦支行改善吸收企业存款，拓宽吸收企业存款的范围，至2005年，企业存款余额29589万元，比1994年新增27263万元，是1994年的12.7倍。

建行双滦支行主要储蓄存款种类有活期、定活两便、整存整取、整存零取、存本取息、教育储蓄、个人保证金、个体信用卡等储蓄存款。1988年以后，先后设立钢厂街储蓄所、兰旗营储蓄所、西花园储蓄所、双塔山分理处、宾馆路储蓄所等储蓄机构5个。至2005年，储蓄存款余额38073万元，比1994年新增34676万元，是1994年的11.2倍。

单位：万元

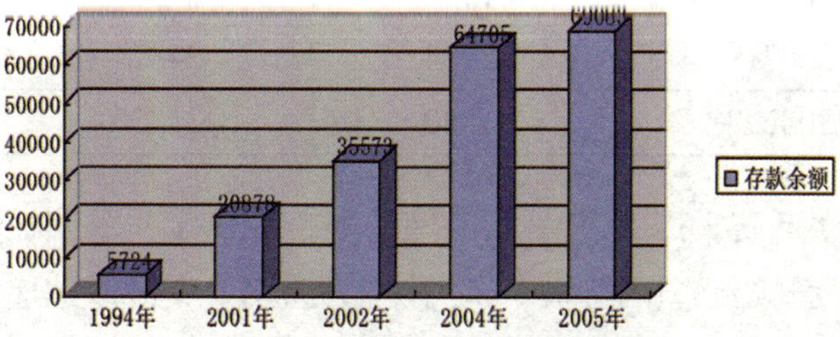

中国建设银行股份有限公司
承德双滦支行部分年份存款业务统计图

三 农行承德市双塔山支行存款

农行双塔山支行重视吸收农村存款，同时办理工商业、机关团体、乡镇企业和乡镇集体的存款，以及信用社转存款。1981—1985年，农村存款余额为608万元。

1986年—1990年，农行双塔山支行提出“以贷引存、存款立行”的经营理念和工作方针。1986年12月，新增元宝山和东园子储蓄网点2个，1990年底，存款余额2284万元。

1991—1995年，先后建立京承路、应营子和下营子储蓄所（后迁至果山区）3个。1995年底，各项存款增加到8100万元，比前5年增加3倍，信用社转存款1600万元。1996—2000年，乡镇企业、个体私营企业发展较快，个人和对公存款也有增加。农村信用社与农行脱离隶属关系。1997年，农行双塔山支行计算机网络在承德区域正式联网，先后开办代收代付、代理保险、代发工资、代收费等多项业务。1998年，存款突破1亿元。

2000年，农行双塔山支行吸纳存款1.6亿元；2001年，农行双塔山支行实现全省联网。2002年，各项存款1.96亿元。农行双塔山支行完善服务设施，先后在双塔山中心大街、承钢果山区、滦河荣信商城安装自动取款机，24小时昼夜为客户服务；在营业大厅设立大堂经理，解答客户询问、填写凭条、疏导客户；组织吸收对公存款和同业存款。

2001—2005 年，农行双塔山支行开始向国有商业银行转化，各营业所、储蓄所达不到规模的进行整合撤并。其间，原有的 9 个营业网点缩减到 3 个，各项存款稳步增长。2005 年，职员减至 46 人，各项存款 3.2 亿元。

1980—2005 年中国农业银行承德双塔山支行存款统计表

表 11-3-3　　单位：万元

年份	人员数	机构数	年度业务量	存款户数	各项存款（万元）
1980	18	3	87900	167	206
1981	22	3	79986	175	262
1982	21	3	81838	919	329
1983	26	3	109638	1618	448
1984	27	3	126809	2432	376
1985	30	3	101577	4433	608
1986	35	5	116401	21411	782
1987	38	5	168348	24755	1054
1988	50	5	166777	53484	1402
1989	50	5	174803	30760	1074
1990	49	6	167905	28951	2284
1991	55	7	178195	39670	2976
1992	61	8	248410	28135	4406
1993	64	8	211730	31236	4286
1994	70	9	240416	35571	6283
1995	72	9	250964	34823	8100
1996	69	9	202206	38300	8134
1997	69	7	190524	19870	9775
1998	66	7	198955	22548	11948
1999	69	7	174474	42933	13316
2000	71	7	296272	36980	15938
2001	80	5	228028	32987	17200
2002	72	3	272608	25890	19632
2003	68	3	283950	29239	24211
2004	46	3	308719	33934	24874
2005	46	3	300297	31880	31800

四 邮政储蓄

1986 年 10 月，双滦邮政局始办邮政储蓄。2001 年，双滦邮政局建有 4 个储蓄网点，开办了同城通存通取、异地存取款和代收网通、联通、移动话费，以及代发工资等业务。2003 年，双滦邮政局始办国内特快专递代收货款业务。是邮政速递部门为客户提供的快速传递实物，代收货款，并代为统一结算的一种特殊业务。至 2005 年，储户

14468户，储蓄余额7036万元，储蓄收入134万元。

第四节　农村信用合作社

一 发展概况

1952年开始，各乡镇供销社建立信用合作社。1953年，滦河、双塔山、偏桥子、大庙相继成立农村信用合作社（简称信用社）。1956年，信用社与供销社脱钩，划归农业银行领导。1958年，中国人民银行承德专区中心支行下发《关于试办“三社合一”有关信用社合作社方案》，将信用社与农业社、供销社三社合一，改为信用部。1976年，农村信用社体制改革，信用社划归农业银行管理，由事业改为企业单位。信用社的办公条件逐渐得到改善，信贷金融业务也有较大的拓展。

1985年，信用社业务正式与农业银行分离，成立双滦区信用联社，业务由双滦信用合作联社管理，人事关系暂由农业银行双塔山办事处代管。

1996年，国务院下发《关于农村金融体制改革的决定》。农村信用社与农业银行脱离行政隶属关系，建立和完善以合作金融为基础，商业性、政策性金融分工协作的农村金融体系。同年8月，承德市成立郊区信用联社，双滦区联社归承德市郊区联社管理。信用社依法自主经营、自担风险、自负盈亏，逐步走上市场运营轨道。

二 存贷款

农村的集体存款、乡镇企业存款、个人存款是信用社资金的主要来源。农村信用社是自食其力、自负盈亏的集体经济组织，以做好农业生产合作社的贷款发放、组织农村资金、配合银行非现金结算为主要业务。1952年开始办理集体和个人存款。农村信用社主要由农民以投资入股形式自发组织的，股金只有几千元（每1元为1股），存贷款非常困难。当时，年终结算大部分农户没有节余，有的农户无力偿还信用社粮食款。信用社开业后一年多时间里，吸收股金不足几千元，储蓄存款更少。1955—1961年，发放贷款仅限于帮助农民解决买粮、买衣、修房、治病等临时性困难。由于信用社存款少，信贷资金不足，几乎年年亏损。1959年1月，国家把财贸基层机构下放给人民公社，银行营业所和信用社合并为人民公社信用部，各生产大队设信用分部。1959—1962年国民经济三年困难时期，农村信用社组织几乎全部处于瘫痪状态。1962年，开始发放个人家庭副业贷款、集体生产费用贷款和社队副业贷款。1968年，恢复以人民公社为单位建信用社，农村借贷状况逐渐好转。

至2005年，双滦区各信用社储蓄存款总额18600万元，各项贷款17600万元。

三 信用社机构

双塔山农村信用合作社　双塔山农村信用社位于双塔山镇中心大街35号，办公楼房面积250平方米，有运钞车一辆，配有武装押运人员。信用社下设1个分社，有职工11人。2005年，双塔山信用社存款余额3515万元，其中：个人储蓄存款2818万元，集体存款697万元；贷款余额3264万元，固定资产143万元。

滦河农村信用合作社　滦河农村信用社位于滦河镇北门外，下设滦河十字街分社、北门外分社和信用社储蓄专柜3个储蓄点，有职工12人。信用社采取优化操作手段，增加储蓄种类等方式，不断拓展信贷存款业务，并实现储蓄业务电子化。2005年，信用社储蓄存款总额3679万元，发放贷款4399万元。

大庙农村信用合作社　大庙农村信用社位于大庙镇大庙村，有职工7人。1999年8月，根据国家对金融机构体制改革要求，撤并城乡专业银行网点，原工商银行大庙储蓄所业务移交给大庙信用社。

2002年3月，农业银行大庙营业所撤并，大庙信用社接收农行大庙营业所业务。2005年，大庙信用社各项存款4591万元，其中：个人储蓄存款4580万元，各项贷款4386万元；累计发放农业贷款7316万元；各项收入399万元，同年实现净利润227万元。实收资本348万元，全部为农民入股，信用社固定资产48万元。

偏桥子农村信用合作社 偏桥子农村信用社位于偏桥子镇偏桥子村中心，办公楼面积720平方米，固定资产166.7万元，有职工7人。至2005年，各项存款3562万元，其中个人股金462.5万元、贷款总额2181万元。

大三岔口农村信用合作社 大三岔口农村信用社位于原麻纺厂对面，办公楼面积252平方米，职工10人。信用社先后接收农行、工行在原麻纺厂储蓄网点各1个，现有办公电脑6台，实现储蓄业务电子化。至2005年，信用社储蓄存款总额3332万元，贷款余额3463万元。

第五节 债 券

一 债券认购

民国16年（1927年），域内居民开始认购热河金融整理债券；1950年，认购人民胜利折实公债；1954—1958年，认购国家经济建设公债。

1981年，国库券主要向国营企业、集体所有制企业、企业主管部门和地方政府分配发放。机关、团体、部队、事业单位和农村富裕社队，可以适当认购。个人也可以自愿认购。

二 债券发行

1982年，双滦区建立国库券推销领导小组。同年，国库券发行任务53668元，实际发行65030元，完成任务的121%。1982—1998年，双滦区共发行各种债券211.8万元。

三 债券兑付

1982—1991年，双滦区只有债券发行，没有债券兑付业务发生。1992年开始兑付债券。发行兑付债券种类有记名和不记名（实物）债券两种。记名债券分一般凭证式债券、贴息债券、建设债券、电力债券、特种公债、89保值公债等。1992—2003年，共兑付债券本息合计301.6万元。

四 发行机构

1982年开始，债券发行业务由双滦区财政局综合股负责。1995年3月，承德市国债中心双滦营业部成立，办公地点设在双滦公安分局院内。2001年12月，承德市国债中心双滦营业部撤销，已发行尚未到期的凭证式债券以及其它有关事宜转由区财政局综合股办理，其他发生兑付业务移交银行管理。至2003年，国债兑付、核销业务全部结束。

1982—2003年双滦区国债发行兑付统计表

表11-3-4　　　　单位：元

年份	发行任务				实际发行				实际兑付	备注
	公购	职工			公购	职工	农民	合计		
1982		25068	28600	53668		36310	28720	65030		
1983	2000	13610	34800	50410	8500	13850	28500	50850		
1984	5000	31130	34800	70930	5000	31465	28740	65205		
1985				54490	33390	23200		56590		
1986	7000	43560	40000	90560	25690	66105		91795		
1987				59000	8600	51340		59940		
1988				88310	5000	89095		94095		
1989				86000	7000	280060		287060		89保值特种债券
1990				87000	7000	81715		88715		

续表 11-3-4　　　　单位：元

年份	发行任务				实际发行				实际兑付	备注
	公购	职工			公购	职工	农民	合计		
1991				84360	3000	81505		84505		含特种债券
1992									606087.92	
1993								565300	176059.33	
1994				27000				27438	377913.04	
1995								195800	131664.9	
1996								234300	809441.88	
1997				51325				51325	146456.04	
1998								100000	296714.33	
1999									314470.5	
2000									22354	
2001									79179	
2002										
2003									55720	
合 计	14000	113368	138200	803055	103180	754645	85960	2117948	3016060.94	

说明：1996 年发行债券 234300 元中包括空发行 184300 元，1999 年兑付债券 314470.50 元中包括空发行 1996 年 3 年期债券 264470.50 元（本息合计）

第六节　城市信用社

一　业务

承德市城市信用社双滦营业部经营范围包括：吸收公众存款，发放短期和中期贷款，办理结算业务，办理票据贴现；代理发行、代理兑付、承销政府债券；从事同业拆借，代理收付款项及代理保险业务，提供信用证服务及担保，经中国银行业监督管理局批准的其他业务。至 2005 年 12 月 31 日，双滦营业部存款余额 21906 万元，贷款余额 11433 万元。

二　机构

承德市城市信用社是经中国人民银行批准，由承德市财政局和多家优秀企业及员工入股，于 2002 年 3 月正式成立的承德市第一家股份制金融企业。承德市城市信用社双滦营业部 2004 年 8 月正式开业，经营地点在承德钢铁集团公司职工之家 1 号楼。

第七节　保险业

1950—1959 年，域内相继开办普通火灾保险、小额简易火灾保险、财产强制保险、货物运输保险、旅客意外保险、牲畜保险。

一　中国人民保险公司承德市双滦区办事处

1987 年 9 月至 1995 年，中国人民保险公司承德市双滦办事处主要业务有企业财产保险、运输工具保险、家庭财产保险、养老保险、人身意外伤害保险、农业保险、独生子女保险、学生平安保险、承运人责任保险、公路伤害意外伤害保险、铁路运输保险、重大疾病医疗保险等。1988 年，中保双滦办事处保费收入 84.8 万元。

1995年保费收入566.9万元,比1988年提高6.7倍。1988—1995年，保费收入2218.5万元，保险赔款1931.2万元。其中：企业财产保险收入946.8万元，赔付1069.4万元；家庭财产保险收入89.3万元，赔付27.4万元；机动车辆保险收入1160.7万元，赔付803.6万元；其他险种收入21.7万元，赔付30.8万元。

1988—1995年中国人民保险公司双滦办事处保费收入、理赔统计表

表11-3-5　　单位：万元

年份		企业财产保险	家庭财产保险	机动车辆保险	农业保险	责任保险	人身意外伤害保险	货物运输保险	其他保险	合计
1988	保费收入	51.7	5.1	28						84.8
	赔款支出	0.4	0.9	24.9						26.2
1989	保费收入	63.5	8.7	66.7		0.6				139.6
	赔款支出	1.9	1.3	31.4						34.6
1990	保费收入	75.6	11.3	65.8		2.1				154.8
	赔款支出	129.8	2.5	34.5		1				167.8
1991	保费收入	105.8	8.2	72.3		1.9			0.1	188.3
	赔款支出	45.4	3	49.7		0.9				99
1992	保费收入	120	9.8	122.6	3.1	4.3				259.8
	赔款支出	7.9	1.5	116.5	7.8				0.1	133.8
1993	保费收入	125.6	10.9	197	8.1	0.9				342.5
	赔款支出	10.3	5.1	13.4	19.5					48.3
1994	保费收入	166.1	14.5	300.9					0.3	481.8
	赔款支出	844.7	7.3	240.1					1.5	1093.6
1995	保费收入	238.5	20.8	307.4				0.2		566.9
	赔款支出	29	5.8	293.1						327.9

二 人寿保险公司

中保人寿保险双滦支公司　主要经营团体人身意外伤害保险、独生子女保险、学生平安保险、健康保险、分红保险、大病医疗保险、养老保险、母子安康保险、小额贷款保险、银保银邮等保险业务。

1996年，经营险种有团体人身意外伤害保险、学生平安保险、母婴安康保险、独生子女保险等15种。1997年，险种增设99鸿福终身保险、66鸿运保险、重大疾病终身保险、重大疾病定期保险、88鸿利终身保险、鸿寿养老年金保险、企业年金险、司乘保险等。1999年6月，因利率调整，停办99鸿福终身保险、66鸿运保险、重大疾病终身保险、重大疾病定期保险、88鸿利终身保险、鸿寿养老年金保险等业务。同时开办康宁终身保险、康宁定期保险、国寿英才幼儿保险、国寿独生子女两金保险、祥运定期保险、祥瑞终身保险、祥瑞还本终身保险、国寿福瑞两全保险、国寿福馨两全保险、国寿如意两全保险、国寿简易保险、国寿养老金保险、国寿养老金还本保险、国寿松柏养老金保险、国寿松鹤养老金保险等。2000年，增办关爱生命女性疾病（A型、B型）保险和团体年金险（补充养老型保险），并推出第一款分红保险——“千禧理财两全保险”。2002 年，开办康宁重大疾病分红保险，半年后停办。同时开办银保、银邮中介业务开办的险种，国寿鸿泰保险（分红型）。2003 年，公司主要经营人身普通寿险、人身意外伤害保险、健康保险和分红型保险等保险产品计四大类 100 余种，至 2005 年无变化。

1996—2005 年人寿保险双滦支公司保费收入、理赔统计表

表 11-3-6 单位：万元

年份	保费总收入	一年期收入	寿险收入	营销收入	理赔
1996	205	50	155		29.9
1997	348	48	259	41	20.5
1998	566	74	322	170	14
1999	568	80	317	171	21
2000	579	84	403	92	26
2001	593	89	437	67	37.7
2002	1140	81	66	993	48
2003	1794	47	1447.6	300	15.9
2004	1908.1	108.8	1459.3	340	55.3
2005	2182.5	115	1707.5	360	86

三 中保财产保险公司

中保财险双滦支公司先后开办多种险种服务项目。主要有机动车辆及第三者责任保险、企业财产保险、家庭财产综合保险、公路货物运输保险、摩托车定额保险、个人抵押贷款房屋保险、现金综合保险、雇主责任保险、计算机责任保险、公众责任保险、医疗责任保险、公路客运责任保险、农业保险等。2003 年起，经中国保险监督管理委员会批准，开办短期人身意外伤害保险和健康保险。

1988 年，保险业务年收入 85 万元；2005 年，保险业务年收入 1309 万元。1988—2005 年，累计保险收入 9995 万元，累计支付赔款 6446.9 万元。其中：企业财产保险保险费收入 4478.4 万元，支付赔款 3003.8 万元；家庭财产保险保险费收入 253.1 万元，支付赔款 81.8 万元；机动车辆及第三者责任保险保费收入 5067.9 万元，支付赔款 3296.1 万元；责任保险保险费收入 138.8 万元，支付赔款 21.7 万元；货物运输保险保险费收入 13.9 万元，赔款 11.9 万元；农业保险保险费收入 11.2 万元，赔款 27.3 万元；意外伤害保险保险费收入 30.3 万元，赔款 2.1 万元；其他险保费收入 1.4 万元，赔款 2.2 万元。

1996—2005 年中保财产保险双滦支公司保费收入、理赔统计表

表 11-3-7 单位：万元

年份		企业财产保险	家庭财产保险	机动车辆保险	农业保险	责任保险	人身意外伤害保险	货物运输保险	其他保险	合计
1996	保费收入	299.8	17.9	361.7		—		2.9	—	682.3
	赔款支出	113.0	2.9	423.4		—		—	—	539.3
1997	保费收入	399.3	20.5	383.6		—		—	—	803.4
	赔款支出	160.2	4.2	229.9		—		—	—	394.0

续表 11-3-7　　　　单位：万元

年份		企业财产保险	家庭财产保险	机动车辆保险	农业保险	责任保险	人身意外伤害保险	货物运输保险	其他保险	合计
1998	保费收入	411.6	21.0	390.6		—		—	—	823.0
	赔款支出	214.1	4.0	221.4		—		—	—	439.0
1999	保费收入	315.7	16.8	267.2		12.1		0.1	—	611.0
	赔款支出	152.4	3.4	119.4		—		—	—	275.0
2000	保费收入	295.4	17.2	313.8		0.6		1.2	—	628.0
	赔款支出	67.9	5.5	223.5		—		—	—	296.0
2001	保费收入	356.7	26.1	356.5		21.1		—	—	760.0
	赔款支出	282.2	8.2	186.3		2.4		—	—	479.0
2002	保费收入	393.8	19.5	297.1		48.1		6.6	—	765.0
	赔款支出	207.6	11.3	206.8		5		1.8	—	432.0
2003	保费收入	382.7	28.1	401.2		2.1		3.7	1.0	829.0
	赔款支出	165.0	8.2	218.9		5.1		9.5	—	406.0
2004	保费收入	637.9	12.8	701.2		32.3		1	—	140.0
	赔款支出	445.5	5.9	350.5		—		0.6	—	803.0
2005	保费收入	414.1	13.1	861.8		14.8		1.1	—	1309.0
	赔款支出	194.4	6.3	535.9		7.3		—	0.6	745.0

四 太平洋保险公司

1995 年，双滦代理处主要业务是开办财产保险，承保辖区内企事业单位及个人财产险、机动车险、人身意外险等 10 多种保险业务。1997 年 8 月，根据业务发展需要，招录 32 名营销员，开始做寿险业务。开办险种有老来福、福禄寿、少儿六全等 10 个险种。至 1999 年 3 月，代理处撤并时，保费收入 212 万元。

第八节　机　　构

一 热河兴业银行滦平分行

民国 12 年（1923 年）热河兴业银行滦平分行建立，地址设在滦河北街。办理财政收入和支出、公债保管、公债本金和利息的支出业务。民国 14 年（1925 年）因亏损关闭。

二 中国工商银行股份有限公司承德双滦支行

1985 年 1 月 1 日，中国工商银行承德市支行在双滦区分别设立滦河办事处和双塔山办事处。滦河办事处下设人秘股、会计股、出纳股、储蓄股、信贷股、保卫股、信用社，办理对公存款、个人存款、贷款业务。双塔山办事处下设人秘股、会计股、出纳股、储蓄股、信贷股、保卫股，办理对公存款、个人存款、贷款业务。

1987 年，滦河办事处下设人秘科、会计科、出纳科、储蓄科、信贷科、计划科、信用社。双塔山办事处下设办公室、计划信贷科、保卫科、储蓄科、会计科、出纳科。1999 年 7 月，滦河办事处升格为中国工商银行承德市滦河支行；双塔山办事处升格为中国工商银行承德市双塔山支行。

2000 年 7 月，滦河支行与双塔山支行合并为中国工商银行承德市双滦支行。机构设有：客户经理部、个人金融业务部、管理保障部、营业室，员工101人。

2005年12月，中国工商银行实行股份制改革，双滦支行更名为中国工商银行股份有限公司承德双滦支行。机构设有：办公室、客户经理部、营业、滦电支行、双塔山支行、行宫分理处、西地分理处，有员工78人。

三　中国建设银行股份有限公司承德双滦支行

1958年8月，中国建设银行承德支行在承德钢铁厂成立建设银行工作组，加强对重点建设项目资金管理，编制4人。1962年6月12日，成立建行滦河办事处，经办承钢、滦河发电厂等大中型项目的拨、贷款业务。1987年6月29日，建行滦河办事处开办现金出纳业务。后经营范围扩展为：出纳、储蓄、会计、债券、本外币、公司贷款、个人住房贷款、个人委托贷款、网上银行、电话银行、票据贴现、银行承兑、代卖基金等业务。2002年11月1日，更名为中国建设银行承德双滦支行。2005年5月8日，经中国银行业监督管理委员会承德监管分局批准，更名为中国建设银行股份有限公司承德双滦支行。

中国建设银行股份有限公司承德双滦支行隶属于中国建设银行承德分行，办公地点在双滦区滦河镇承钢金融广场A座。双滦支行设信贷科、会计科、综合办公室，下辖双塔山分理处、钢厂街、兰旗营、西花园、宾馆路5个储蓄所，编制46人。

四　中国农业银行承德市双塔山支行

1980年1月，承德市农行双塔山办事处成立，职工18人。基层设立滦河营业所、大庙营业所。办事处内设人秘股、业务股、财会股，监管双滦区各农村信用社。1986年12月，增设元宝山储蓄所、东园子储蓄所。办事处设人秘股、财会股、储蓄股、信贷股、保卫股，有职工49人。

1990年11月，增设京承路储蓄所、应营子储蓄所；1991年9月，增设下营子储蓄所；1992年储蓄股改零售业务部。1996年4月，农村信用社与农行脱离隶属关系，增设农行偏桥子营业所。1997年1月，农行双塔山办事处更名为中国农业银行承德市双塔山支行。设办公室、会计科、信贷科、资金组织部、监察保卫部，有职工71人。1999年7月，应营子储蓄所、东园子储蓄所撤并；2000年9月撤京承路储蓄所、元宝山储蓄所；同年下营子储蓄所迁至承钢成立果山分理处。

2000年3月，双塔山支行资金组织部更名为个人业务部。2001年10月，农行双塔山支行内设机构有综合办公室、财会监管部、信贷管理部、客户经理部。2002年3月，先后撤大庙营业所和偏桥子营业所。至2005年，机构有：综合办公室、财会监管部、信贷管理部、客户经理部、滦河营业所、果山分理处，有职工46人。

五　中国人民保险公司

1987年9月，境内设立中国人民保险公司承德市双滦办事处。1995年，设业务一科、业务二科、人险科、财务科、办公室、营业室、滦河代理所。

1996年，人保公司机构改革，财产险与人寿险分业经营，分别成立中国人民财产保险公司承德市双滦支公司和中国人民保险公司人寿保险承德市双滦支公司。

1999年5月，中保人寿保险公司承德市双滦支公司更名为中国人寿保险有限公司承德市双滦区支公司。2005年，公司设机关营销服务部、承钢营销服务部、大庙营销服务部、偏桥子营销服务部。

2003年，中国人民财产保险公司承德市双滦支公司更名为中国人民财产保险股份有限公司承德市双滦支公司。至2005年，公司设综合部、销售一部、销售二部、业务部。

六　太平洋保险公司

1995年1月10日，域内设中国太平洋保险公司承德市办事处双滦代理处。1997年10月，双滦代理处撤销。

附：

当 铺

民国18年（1929年）10月，域内设有兴济当铺，地址在滦河街。设经理、庶务、会计、司号长、练习生等职位，其资金银元票4万元。当铺按抵押品的价值折合后确定借款数额，借款期限半年至1年，届期当铺收回本息，归还抵押物。若届期不能归还借款,抵押品即归当铺所有。当铺开设后，每日所存架号不过数十号，营业冷清，而开支浩繁。同年12月撤店。

第十二编　综合经济管理

新中国成立后，国家实行以指令性计划为主的计划经济。财政统收统支，粮食统购统销，主要产品和生产资料由国家统一调拨，城市居民消费品实行计划供应。计划经济的管理体制，对恢复和发展国民经济，确立国营经济的主导地位发挥了积极作用。中共十一届三中全会后，随着改革开放步伐的加快，确立社会主义市场经济体制，形成多种经济成分并存的格局，促进经济发展。为维护新形势下的经济秩序，双滦区人民政府逐步建立健全计划、统计、审计、工商、物价、技术监督、国土资源等综合管理体系，运用经济、法律、行政手段全面管理，维护区内经济的正常运行。

第一章　计划管理

双滦区计划主管部门担负着全区经济和社会事业发展规划的编制与综合管理职能。1980—2005年间，双滦区计划统计局在区委、区政府领导下，编制国民经济与社会发展中、长期计划，为全区经济运行和社会事业发展发挥职能作用。

第一节　计划编制

一“七五”计划

“七五”（1986—1990年）计划目标：到1990年工农业总产值比1980年翻一番，即农业总产值由1980年的1432．3万元增加到3585万元，年均递增9．6%，人均收入由1980年113．1元增加到675元，年均增长14.3%。计划实施分两个阶段：1986—1987年打基础，调整产业结构，理顺各业关系，选准突破口，抓好起步产业；1988—1990年，农业产值达到1022万元；乡镇企业产值在农村社会总产值中所占比重由1985年63.9%达到1990年75.4%；区街工业产值在全区工农业总产值中保持1985年水平。

二“八五”计划

“八五”（1991—1995年）计划目标是“六个达到”：工业总产值达到5800万元，比“七五”末增长89.2%，平均年递增13.6%；农业总产值达到2700万元，比“七五”末增长21.2%，平均年递增4%；乡镇企业总产值达到7700万元，比“七五”末增长86.7%，平均年递增13.3%；国合商业销售总额达到5000万元，比“七五”末增长51.1%，平均年递增8.6%；区级财政收入达到450万元，比1990年增长42.5%，平均年递增7.3%；农民年人均收入达到913元，比

“七五”末增长61.9%，平均年递增10.1%。

三 “九五”计划

“九五”（1996—2000年）计划目标：大力推进经济体制改革和对外开放，加强农业和城市建设，强化工业支柱产业，到世纪末把双滦区建设成经济强区。国内生产总值达到5.05亿元，力争6亿元，年均递增25.3%。人均国内生产总值达到5000元；一、二、三产业增加值年均增速分别为8.4%、27.3%、20.2%；财政收入达到2330万元，比“八五”末则增长111.1%，年均增长16.1%，力争达到20%；农民年人均纯收入达到3000元，比“八五”末增长54.1%，年均增长9%。

四 “十五”计划

“十五”（2001—2005年）计划提出努力发展“龙型”经济，推进改革，发展个体和私营经济。“十五”期间，全区国民经济和社会发展的主要目标是：国民经济以高于省、市平均水平的速度加快发展，经济增长的质量和效益显著提高，综合实力明显增强，为到2010年地区生产总值比2000年翻一番奠定坚实基础；经济结构调整迈出重大步伐，产业优化升级取得较大发展，形成具有市场竞争力的支柱产业；工业企业完成“国退民进”改革，民营经济占据财政收入的主体位置；旅游及第三产业快速发展，经济和社会效益显著提高；社会保障体系基本建立，要素市场发展逐步完善；人民生活有较大改善。主要预期指标：地区生产总值5.90亿元，年均递增8.3%。财政收入5500万元，年均增长10%；全社会固定资产投资五年累计7.80亿元，年均递增3.5%；农民年人均纯收入3650元，年均增长6%。

第二节 计划实施

一 “六五”计划实施

“六五”初期，双滦区委、区政府结合区情确定经济工作的指导思想是“因地制宜、发挥优势、城乡协作、厂村联营、为旅游服务、为厂矿服务，形成城郊型的农、工、商、牧、副、渔综合发展的经济体系。”农业方面落实各项经济政策，普遍推行联产承包责任制，不断调整产业结构，发展粮食生产，推行多种经营，乡镇企业开始全面起步。工业企业抓引进、抓管理、抓效益，企业产值、收入、利润等主要指标同步增长。至1985年底，农业总产值981万元，农民年人均纯收入346元；工业总产值1275万元，比1981年增长912%；财政收入213万元，比1981年增长145%；区属工业利润61万元，比1981年提高951.70%；商业纯销售额1007万元；供销系统销售额563万元。

二 “七五”计划实施

农业坚持“决不放松粮食生产，积极发展多种经营”的方针，依靠科技和政策的力量，促使农民种粮生产。乡镇企业成为区内经济发展的重要支柱，区街企业落实各项经济责任制，调动职工生产积极性。“七五”时期，农业总产值8683万元；工业总产值12024万元；财政收入2152万元。1990年，农业总产值2085万元，比1985年增长112.5%；工业总产值2900万元，比1985年增长127.4%；财政收入583万元，比1985年增长173.7%，农民年人均纯收入564元，比1985年增长63%。“七五”期间，教育落实分级办学，调整普通中学，建立职业中学，改善办学条件。滦河镇4所小学全部达到电化教学标准，区属29所中、小学基本消除危房。全区用于改善办学条件投资244.23万元，改建、新建中小学13所。

三 “八五”计划实施

全区完善和强化村级合作经济组织，改善农业生态环境，增强农业发展后劲。工业企业调整产品产业结构。依托厂矿，发展联合，走挂、靠、联发展乡镇企业之路。“八五”期间，农业总产值19484万元，比“七五”增长124.4%；工业总产值63658万元，比“七五”增长429%；财政收入5823万元，比“七五”增长171%。1995年，地区生产总值16088万元；农业总产值完成6474万元，比1990年增长210.5%；工业总产值19269万元，比1990年增长564%；财政收入1574万元，比1990年增长192.6%；农民年人均纯收入2149元，比1990年增长281%。区内新上项目15个，引进各类人才25人，引进资金1000多万元。投资450万元建成双偏公路，联通了承德市外环路。

四“九五”计划实施

农业推进产业化发展，按照“基地专业化，龙头规模化，经营一体化，服务社会化，发展同步化”的思路，建立五大农业基地，形成五条产业链。工业抓转制，上项目，保重点。通过制定优惠政策，加大开放力度，快速发展个体和私营经济。“九五”期间，地区生产总值158939万元。农业总产值36233万元，比“八五”增长86%；工业总产值200806万元，比“八五”增长215%；财政收入14031万元，比“八五”增长141%；固定资产投入55227万元。2000年，全社会总产值98134万元，其中：第一产业5732万元（农业遭旱灾），比1995年降低11.5%；第二产业48035万元，比1995年增长40.1%；第三产业20886万元，比1995年增长53%；地区生产总值37888万元，比1995年增长135.5%；财政收入3855万元，比1995年增长145%，农民年人均纯收入2700元，比1995年增长25.6%。

五“十五”计划实施

全区贯彻“农业抓精品，工业抓扩能，民营经济抓服务，城市建设抓速度，文教卫生抓质量，开放抓项目”的经济工作思路，经济保持稳定发展，经济总量快速增长。“十五”期间，地区生产总值1021822万元。农业总产值37518万元，比“九五”增长3.5%；工业总产值2959336万元，比“九五”增长316.6%；固定资产投资559736万元，比“九五”增长913.5%。2005年，全区社会总产值1610714万元，其中：第一产业9281万元，比2000年增长61.9%；第二产业1478577万元（加入驻区企业产值），比2004年增长4%；第三产业122856万元，比2000年增长176.9%；财政收入20487万元，比2000年增长431.4%；固定资产投入226227万元，比2000年增长1397.6%；农民年人均纯收入与2000年持平；城镇居民人均可支配收入7607.20元。“十五”时期，投资870万元建成牤牛河商贸一条街，安置80家商户；投资700万元建成雕沟鸟语林和清宫秘史博物馆。城市建设按照规划，加快了城市化进程，使城市功能日趋完善，城市面貌发生根本改变。教育事业完成实验中学一、二期工程建设，在校生4200人。市腾飞中专搬迁落户双滦区，促进了区内职业教育更快发展。医疗事业以区医院为龙头，通过调整领导班子，引进人才、增添设备、加强管理等措施，在增效、服务等方面有了新的提高。

第三节　编制程序与机构

一 编制计划程序

1980年9月，双滦建区后，开始计划编制。国民经济和社会发展的中、长期计划，主要根据中共党的路线、方针和政策，按照国家各个时期规定的国民经济和社会发展的比例、速度结合区内实际情况制定。由计委编制出计划草案，报请区委、区政府审查同意后，上报市计划委员会综合平衡，再由区计委将计划草案提交区人民代表大会审议批准。1981—2005年，共制定中期计划（五年计划）5个（即第六个至第十个五年计划）。1990年，开始编制国民经济和社会发展十年计划。至2005年，共编制十年计划两个。

二 计划管理机构

1958年9月以前，滦河地域计划工作由滦平县计划部门负责；双塔山、大庙、偏桥子地域的计划工作由承德市负责。10月以后，统归承德市计划部门负责。1980年9月双滦区政府设立后，设立计划统计科。1984年3月，计划统计科改为双滦区计划委员会（简称计委）。1987年3月，区计委与区经济委员会合并为双滦区计划经济委员会（简称计经委）。1995年3月，计划职能从计经委划出与统计局合并成立区计划统计局，内设综合股，编制6人。2002年4月，区计划统计局更名为双滦区发展计划统计局，内设综合股、项目办公室、治沙办公室，编制15人。2005年10月，区计划管理部门撤销。

第二章　统计管理

1980年9月，双滦区设立计划统计科，负责全区农业、工业、文教、卫生、劳资统计。统计范围较小，内容简单。1984年，《中华人民共和国统计法》颁布实施。统计方法由过去单纯定期上报、汇总，转为抽样调查、定点调查、全面普查相结合的方法。生产统计由过去只注重进度转向注重经济效益，以增强统计资料的真实性。1990年，双滦区开展第四次全国人口普查；1993年，推行国家新统计报表制度；1995年，开展全国工业第三次普查登记。至2005年底，区内各级企业、事业单位根据统计任务，设立统计机构或专设统计人员，负责企业（单位）的统计数据上报。双滦区国民经济各项指标、数据由统计部门搜集、整理、汇总后，上报承德市统计局，同时向区领导和社会公众反馈统计数据公布统计信息；年终综合当年各项统计数据，编辑《双滦区国民经济统计资料》和《统计提要》，印发全区各部门和乡镇政府；为各级政府和各部门决策提供依据。

第一节　普　　查

一 人口普查

1982年，区内进行第三次全国人口普查。普查时点为1982年7月1日零时，普查登记从7月1日至15日。区内抽调普查员、普查指导员402人，普查数据汇总于8月底结束。普查结果：至1982年7月1日零时，全区总户数10576户，总人口75752人，其中，男性40379人，女性35373人，人口密度302人／平方公里。

1990年，全国开展第四次人口普查。按国家标准，每200～250人为一普查小区，区内共划分了69个普查区、306个普查小区。抽调普查员、普查指导员434人，普查时点为1990年7月1日零时，普查登记时间为7月1日至7月10日。普查结果：至1990年7月1日零时，区内总户数25526户，总人口88133人，其中，男性46437人，女性41696人，人口密度351人／平方公里。

2000年，全国开展第五次人口普查。区内划分72个普查区315个普查小区，抽调普查员，普查指导员446人。普查时点为11月1日零时，普查登记时间为11月1日至11月10日。普查结果：至2000年11月1日零时，区内总户数29315户，常住总人口93400人，其中，男性48500人，女性44900人，人口密度372人／平方公里。双滦区被评为省、市“五普”先进单位。

二 第三产业普查

根据国务院《关于开展全国第三产业普查工作的通知》精神，1993年9月至1994年12月，双滦区普查 1991—1992年度区内第三产业情况。按通知要求，普查工作分为普查准备、摸底登记和资料汇总三个阶段。普查结果：1991年，第三产业单位机构2709个，从业人员9239

人，固定资产原值11276万元，总产出8973万元，中间消耗3858万元，增加值5115万元。1992年，第三产业单位机构共2741个，从业人员9736人，固定资产原值16962万元，总产出10569万元，中间消耗4857万元，增加值5712万元。

三 工业普查

1995年，双滦区开展第三次工业普查。普查标准时点为1995年12月30日，时期指标为1995年全年。普查范围包括所有乡及以上工业企业、国营单位和符合四条标准的村办企业、私营企业、城乡合作经营及个体工业企业。普查工业企业基本情况、财务情况、劳动、产销、库存原材料、能源消耗、产品质量等。普查结果：双滦区工业企业81个，从业人员4119人，工业总产值12379万元。年末固定资产原值3620万元，产品销售收入14718万元。乡及乡以下独立核算工业企业主要财务状况：普查企业27个，工业总产值不变价5916万元，工业总产值现价1.07亿元。

四 农业普查

1996年，区内开展第一次农业普查，普查的标准时点为1996年12月31日24时，时期指标为1996年1月1日至12月31日，普查范围内包括所有农业生产经营单位，普查农业生产经营单位数量、规模、劳动素质、生产性固定资产数量等。普查结果：双滦区农村总户数10451户，总人口40494人，从业人员25256人，耕地面积40772亩。其中水田7432亩、旱田33340亩，林地面积110969亩。大牲畜存栏1103头、猪存栏6534头。拖拉机拥有量158台，汽车29台。区内43个村，通电、通公路、通邮村42个，通电话村19个。

五 经济普查

2004年，根据《国务院关于开展第一次全国经济普查的通知》的精神，双滦区开展第一次全国经济普查。普查的标准时点为2004年12月31日，时期指标为2004年全年。普查结果：区内全部法人单位440个，从业人员37871人，营业收入1202984万元。

六 基本单位普查

1996年，根据国务院《关于开展第一次全国基本单位普查的通知》精神，区内进行第一次基本单位普查。普查的标准时间为1996年12月31日，普查对象是所有法人单位及法人单位附属的产业活动单位，普查单位的基本标识、经济类型、主要属性、从业人员、规模、经营状况等。

2001年，双滦区第二次基本单位普查。普查的标准时间是2001年12月31日，对象是区内所有法人单位、产业活动单位和个体工商户。普查结果：双滦区三次产业划分的法人单位合计407个，从业36690人。其中：第一产业法人单位5个，从业人员183人；第二产业法人单位108个，从业人员31094人；第三产业法人单位294个，从业人员5413人。

第二节 调 查

一 农村经济抽样调查

1984—2004年，以收入水平高低排队，区内抽取4个村共40户为调查对象；2005年增加到10个村100户为调查对象。调查内容包括每个农户的家庭基本情况、家庭种植、饲养和渔业生产、家庭粮食收支平衡情况、家庭出售产品、家庭总收入和纯收入、包干户和包产户承包经营、家庭费用总支出、家庭现金收支平衡、家庭购买商品、家庭主要实物消费量和耐用物品拥有量等。被调查户每月以流水式记账，填写当月各项经济收支和生活消费情况；区统计人员按月、季、年进行整理、汇总、上报调查结果。1984年，农民年人均纯收入未作统计；2004年，农民年人均纯收入2503元；2005年，农民年人均纯收入2701元。

二 城镇经济抽样调查

2004年，开展城镇经济抽样调查工作，区内抽取2个居委会50户作为调查对象。调查主要内容包括城镇居民总收入、支出和现金收入、支出的全部内容，以及物质生产、消费和拥有量等。为使职工家庭收支更具代表性，2005 年后按收入水平、家庭人口等每年调整 10 户，作为新样本点进行调查。2004 年，城镇居民人均可支配收入 7538 元；2005 年城镇居民人均可支配收入 7607 元。

三 人口变动抽样调查

按省、市部署的人口变动抽样调查任务，区人口调查队负责组织实施。重点调查出生人口、死亡人口、计划生育率和人口自然增长率等变动情况。此项调查 2001 年终止。

第三节　统计服务与监督

一 服务

1988—2005 年，区统计部门坚持每年编发《统计资料》《统计提要》，以满足区内各行业各部门对统计信息的需求。同时，撰写各种统计信息和统计分析 260 篇，为区政府制定各中、长期规划提供可靠依据。随着信息产业的更新进步，统计服务领域日益拓宽，开始利用互联网、广播电视等新闻媒体向社会公布统计资料，为社会各界提供统计信息。

二 监督

1984 年，国家颁布《中华人民共和国统计法》之后，统计监督逐步实现法制化、规范化、制度化。区统计部门每年都要开展 1 ~ 2 次统计执法大检查活动。方法是单位自查、各级联查和统计部门建点抽查。在执行检查中，发现虚报、瞒报、拒报或篡改数字的违纪、违法行为，相关单位给与纠正。在小康监测和人口监测中，区统计局经常采取不同形式的检查；有效监督个别单位不重视统计工作、统计人员不稳定、统计报表不发放等现象。至 2005 年，各部门、各行业普遍重视统计基础工作，提高了统计数字的准确性和真实性。

第四节　统计资料

一 综合统计资料

综合统计资料是根据各专业统计年报数据提取的主要数字资料，包括行政区划、土地面积、山川、河流、水资源等自然情况，农业、工业、建筑业、固定资产投资、商业、外贸、饮食服务业、劳动工资、财政收支、金融保险、交通邮电、人民生活、文教卫生、地区生产总值、计划生育资料等主要综合部分。1981—2005 年，共编辑双滦区国民经济和社会发展统计提要 25 册。

二 单项统计资料

单项统计资料包括农业年报、工业及能源年报、建筑及固定资产投资年报、商业外贸年报、劳动工资年报、财政金融和保险年报、交通、邮电及社会运输业年报、文教卫生事业年报、人民生活年报、民政事业年报。

第五节　机　　构

1949 年至 1958 年 8 月，域内滦河镇的统计由滦平县负责，其它地方的统计由承德市负责。1958 年 9 月至双滦建区前，统计由承德市统计部门负责。

1980 年 9 月，双滦区设计划统计科，编制 3 人。1984 年 3 月，改称计划委员会。1987 年 3 月，计划委员会与区经济委员会合并为计划经济委员会，统计归属计划经济委员会兼管。1988 年 3 月，区统计局成立，编制 4 人。

1991 年 11 月，区统计局组建人口调查队，为副科级事业单位，编制 4 人。1995 年 3 月，计划部门与统计部门合并，成立计划统计局，编制 21 人。1996 年 4 月，区统计局增设农村经济调查队和城市经济调查队。

2001 年 12 月，区人口调查队更名为普查中心。2003—2005 年，区统计局下设 4 个股，第一产业股、第二产业股、第三产业股、综合股，人数 19 人。

第三章　审　计

1984年2月，双滦区审计局成立。审计局依法行使经济监督职能，不断扩大审计范围，在财政金融、任期责任、基建项目、专项资金、财务收支等方面开展审计业务，评价经济责任。至2005年，共完成审计项目和单位项目1223个，查处各种违纪、违规资金总额9976.54万元，上缴财政21285万元，基本建设审减工程款1441万元。

第一节　国家审计

一　财政审计

1989—1995年，审计双塔山、滦河、大庙、偏桥子4个乡镇的财政预算，审计出虚列支出、划预算内资金为预算外资金、违规基建、财务收支未纳入财政预算外管理和形成体外循环等违纪资金122.6万元。1996年，审计双塔山、滦河两镇的财政决算、预算外财务收支，查出违控购置手提电话、寻呼机、摩托车等违规行为。审计发现镇级财政存在支出无预算、预算外资金未能得到有效控制和管理等，按有关规定作追罚处理，并向区政府提交审计建议。

2004年，区审计局审计双塔山和滦河两镇的两个街道办事处，查出违纪金额63.3万元。2005年，财政同级审计，查出违规资金2248万元。

1997—2005年，审计区财政局、地税局及各镇的财政预算情况，审计金额1074.86万元，查出违纪资金6358.76万元，上缴财政12384万元，纠正金额92万元。

二　金融审计

1990—2000年，区审计局审计工商银行、农业银行、建设银行、保险公司等金融机构办事处和7个信用社等单位的年度财务收支情况，查出乱列营业支出、漏缴奖金税、虚列成本、乱列基建费用、私设小金库等，查出违纪金额1019.7万元，上缴财政89.1万元。2001年后，没有再进行金融审计。

三　机关审计

1996—2005年，审计区财政局、人事局、广电局、经贸局、乡镇企业局、物价局、农林局、统计局、教育局、科技局、政府行政科、区残疾人联合会、建筑公司、劳动服务公司、三中、四中等18个单位和部门的离任干部，未发现重大违纪案件。期间，区审计局先后审计区物价局、乡镇企业局、信访局、经贸局、计统局、土地局、城建局、卫生局、老干部局、文体局、民政局、区公安分局、团区委、法院、职教中心、区医院、镇卫生院、滦河镇、大庙镇、滦河街道办事处、双塔山街道办事处、开放办等30个单位58名党政干部任期经济责任，其中3名干部因违纪被免职，查出违规金额11940万元，纠正金额187.6万元。

第二节　内部审计

一　企业审计

1988—1995年，审计承德市建材厂、承德市建筑陶瓷厂、滦河百货公司、滦河二轻制品总厂等8家企业的离任厂长、经理，未发现重大违纪案件。在审计中发现滦河二轻制品总厂亏损严重。1995年，区内审计金额3925.2万元，其中承德市建材厂盘亏85.3万元。

二　基建项目审计

1989—1990年，开展基本建设项目投资规模审计，先后审计单位27个，审计金额786.5万元。其中不落实项目金额34万元，资金来源不正当项目金额70万元。对查出条件不具备和资金来源不正当、不落实的基建项目，审计局向区政府提出缓建或削减投资建议。

1991—1999年，先后完成单位自筹基金项目审计41个，审计金额2005.7万元，审减401万元，审减率为20%。1993—1999年，区审计局先后审计承钢附属企业公司、农业银行双塔山办事处、信用联社、滦河热河大市场、承钢投资公司大理石厂、双塔山供销合作社、双塔山大酒家舞厅装修、区卫生局住宅楼、区土地局办公楼、区政府综合楼、偏桥子镇敬老院、滦河信用合作社、双塔山中心校和承德建筑陶瓷厂等单位的基建财务、工程预、决算，审减资金126.52万元。

2000—2005年，先后审计承德市第三中学、职业技术教育中心、区交通局、民族广场工程、区政府南门改造工程、偏桥子镇观光园工程、承德实验中学一期工程、区医院康复中心建设和滦广公路等工程的财务收支、工程预决算和资金使用等情况，查出违规资金2329万元，其中：工程高估冒算700万元，多报费用782.4万元，审减金额1040万元；同时，审计区政府投资项目16个，对查出的高估冒算、虚列成本等及时提出处理意见。

三 效益审计

1987年，审计区商业系统1984—1986年厂长经理3%晋级数的经济效益，审计总额384.1万元。

1992—1996年，先后审计陶瓷厂、滦河二轻制品总厂、双塔山建材厂（商店）、日杂商店、北方耐磨材料制品工贸联营集团公司和华星天然食品饮料公司、杏仁保健品厂和炼铁厂等单位承包责任制的执行、承包兑现、经营状况、联营和资产负债效益等情况，核实区属工业企业潜亏428万元、经营亏损588.7万元，商业企业潜亏176.2万元，供销社系统潜亏110万元，调减利润230.8万元。1998年，区属企业改制后，停止效益审计。

四 专项资金审计

1987—2005年，先后审计区民政事业费、支农资金、土地出让资金、扶贫资金、农业专项资金、京津风沙源治理等专项资金，共查出挤占、挪用等违规资金226.4万元，及时予以纠正，确保专款专用。

五 财务收支审计

1987年，调查审计区城乡局违反财经纪律情况，查出违纪资金1465.90元。

1992—1996年，区审计局先后审计区医院、各乡镇、区农牧局、土地局、城建局、环保局、林水局、武装部、公安分局和检察院、法院等33个单位和部门财务收支，查出违纪资金718.30万元。对审计出的问题，按有关规定采取归还原资金渠道的处理方式上缴区财政7万元，收缴违纪资金5.9万元。

1997—2005年，审计区劳动人事局、卫生防疫站、交通局、第三中学、第四中学、实验中学、文体局、计划生育局、残联和4个镇等单位财务成果的真实性、合规合法性，查出违规资金793.7万元。其中虚列开支11.9万元、大额支付现金82.2万元、乱收费56.2万元、乱摊派13.3万元、超标准收费82.3万元、公款私存0.6万元、挪用公款16.8万元、乱罚款15.4万元、支出挂账4.6万元，均按规定进行处理。处理上缴财政资金2万元、罚没2万元、追回被侵占挪用资金13.6万元。

第三节　社会审计

1994年，接受并完成46家新建集体企业审验注册资金2184.45万元；接受委托对西平台村、应营子彩印厂、大庙兽医站、宫后渣石厂、市华侨实业公司、大庙三发塑料厂以及8个驻区大中型企业所属劳动服务公司和基层信用社进行财务收支审计鉴证，并对人寿保险公司经理贪污案件进行审计鉴证。

1997—1999年，审计单位65家，其中：基建决算审计单位21个，申报决算金额1773.30

万元，审计确定决算金额1539.10万元。

1999年后，社会审计与审计局脱离隶属关系，社会审计不再隶属审计局管辖。

1987—2005年承德市双滦区社会审计统计表

表12-3-1　　单位：个、万元

年份	审计项目	审计单位	查出违纪资金	为政府节约资金
1987	5	29	6.54	0.54
1988	5	13	3.9	0.69
1989	4	18	18	0.5
1990	7	47	9	1.2
1991	6	35	8	1
1992	6	34	10	1
1993	14	51	10	2
1994	13	34	593.3	50.5
1995	27	61	124	58.1
1996	6	33	101	51.2
1997	11	99	240	68.4
1998	13	47	303	79.1
1999	13	61	412	93.7
2000	8	37	450	35
2001	9	52	338	18.2
2002	14	72	54	10
2003	11	102	1321	201
2004	14	88	2788	1483
2005	11	113	3186.8	839
合计	197	1026	9976.54	2994.13

第四节　审计机构

1949年至1958年8月，境内审计工作分别由滦平县、承德市负责。1958年9月后，审计工作全部由承德市审计部门负责。

1984年2月至1986年，双滦区审计局编制3人（其中局长1人）。1987—1994年，双滦区审计局编制6人。1995—2001年，双滦区审计局内设财政金融行政事业审计股、企业审计股和综合股。编制8人，其中局长、副局长各1人，股长3人。2002—2004年，双滦区审计局内设财政金融、行政事业审计股、任期经济责任审计股和综合法规股。编制8人，其中局长1人，副局长2人，股长3人。

2005年，双滦区审计局编制8人，内设机构未变。

第四章　物价管理

1986年5月，双滦区设立物价局。1990年后，国家对社会商品价格逐步放开。区物价管理工作重点转移至查处任意哄抬物价，牟取暴利的商业欺诈行为，稳定市场，保证流通。区物价局职能由管价为主向管费为主转变。加强行政、事业和经营性收费单位的收费管理，全面检查国家和省明令取消的收费项目，并制定下发收费项目和标准，使收费的监督和管理逐步走上正轨。

第一节　价格管理

一　价格改革

1984年，国家价格改革进入第二阶段。按照国家、省、市有关物价改革的方针、政策和规定，放开大部分农副产品价格。从1985年起，粮、棉、油由统购改为合同定购，合同定购以外的商品价格放开。同时，逐步放开生猪、鲜蛋、水产、蔬菜等大部分农副产品购销价格和缝纫机、手表、自行车、收音机、电风扇等部分工业消费品价格。1986年，放开电冰箱、电视机、洗衣机、收录机、80支以上纯棉纱及其织品、中表纤维布等7种工业消费品价格。1988年7月，放开13种名烟、13种名酒价格。生产资料实行计划内执行国家定价，计划外价格放开的"双轨制"。

1998年5月1日，《中华人民共和国价格法》实施，区物价局对重要的农副产品和生产资料价格实行周报制度；对280种商品实行月报制度。商品零售价格涨幅和居民消费品价格涨幅分别控制在3%和5%以内，生产资料实行计划内执行国家定价，计划外价格放开的"双轨制"。2005年，区物价局只管理国家重要物资、重要农产品和国家专营的民爆器材、烟叶、食盐、水、电等少数品类价格，其他商品放开价格，实行市场调节。

二　物价调整

中共十三届三中全会以后，国家为治理经济环境和整顿经济秩序，制定一系列政策和措施，多次大幅度提高电力、石油、交通、运输、水利工程等基础产品价格，以及教育、环保等系列公益、公用事业收费标准。彩电、针织品、搪瓷制品及肥皂、洗衣粉、火柴等日用消费品也相应调整。1989年，根据国家、省、市文件精神，化肥、农药、农膜实行专营；羊毛、絮绵、蔬菜、食盐、糖类及化肥、农药等物资实行价格调整；上调住院、手术、检查费等医疗收费和药品价格。1990年，区物价局与工商局联合下发《关于在全区范围内整顿饮食行业秩序、调整饮食价格的通知》，调整饮食行业毛利率，同时再次调整部分商品价格。2005年，商品价格基本上由市场调节。

三　物价监督

开展评比活动　1990年，区政府成立由区物价、工商、消费者协会等部门组成的"物价信得过"活动领导小组，制定评比标准和办法，开展"物价信得过"评比活动。同年，商业、供销、粮食等行业评出区级"物价信得过"单位6个、市级2个。1991—1992年，区政府物价局下发《关于稳定议价粮油及其制品价格的通知》，加大物价监管力度，抑制搭车乱涨价现象。累计评选出"物价信得过"单位23个。

实行明码标价　1998年，实行商品和服务明码标价制度。1993年9月至1994年6月，区物价局开始整顿农村电费电价。农村照明、动力电价实行最高综合限价；成立市场物价调控领导小组，对各类食品要求必须明码标价。1995年，受通货膨胀影响，域内粮食、食品、蔬菜类等商品价格大幅度上涨。鸡蛋涨幅13.77%，精粉价格由上半年的1.24元／公斤涨到2.60元／公斤，粳米由1.75元／公斤涨到3.80元／公斤，猪肉价格涨至13.60元／公斤。农业生产资料价格也有大幅度上涨，其中尿素420元／吨涨至760元／吨，涨幅80.95%。区物价局下发《关于进一步贯彻执行商品和服务实行明码标价制度的通知》，要求涉及收购、经销、服务等相关单位严格执行。2001年，区物价局制定实施新的明码标价制度，并检查食品、日杂、百货、文化用品、五金交电、化工商店及医院等行业和单位的明码标价执行情况。

整顿价格秩序　1988—1989年，为稳定市场经济秩序，抑制乱涨价风，区物价局先后进行物价检查9次，涉及医药、卫生、商业、供销、企业、服务业等行业和部门，发现价格违法行为60余起。其中重大价格违法案件2起，涉及违法资金11万元。1990年，区物价局检查供销社、百货商店、医药、餐饮行业、供电、建材、蔬菜等行业和单位，发现价格轻微违法部门50多家。区物价局对相应的违法责任单位进行教育，罚没1万元。1997年4月，区物价局专项检查农业生产资料价格，查处案件2起，涉及金额600元。1998—1999年，区物价局专项检查涉及农资价格情况，查处价格违规案件10起，没收过期、变质种子和农药；检查医疗单位和医药批零单位，查处违纪案件19起，涉及资金79.63万元，罚款3.4万元。2004年，区物价局检查教育、卫生、公安、土地、城建、液化气站、民爆服务站、热力公司等36个部门和单位，查处价格违法案件73起，涉及违法金额114.21万元，清退6.4万元，罚款12.8万元。

四　价格鉴证

物价局价格鉴证开始于1998年。当年，鉴证评估房地产5起，其他案件43起，鉴证金额72万元。1999—2004年，鉴证评估房地产3起，涉案物品价格评估和价值认定129起，鉴证金额437万元。2005年，鉴证评估21起，鉴证金额17万元。

第二节　收费管理

一　治理乱收费

1991年3月，区物价局下发《关于开展治理整顿乱收费工作的通知》，治理乱收费问题。1991—1992年，区物价局先后重点检查行政事业单位自定项目收费和超标准收费问题。清查出10个级次143个收费项目359个收费标准违规，涉及违规收费金额577.60万元。取消教育、农业、劳动人事、交通、计生、畜牧水产、工商、卫生、土地等22个系统121个收费项目。取消区经委、城建、劳动部门的各项收费项目。区物价局检查区内22所中小学校，检查出自立项目、标准收费和超标准收费等违法案件8起，违法金额26.77万元，纠正个别村电费收费偏高的问题。1997年，区物价局专项检查行政事业性收费情况，查出违纪收费5项，违纪金额7.52万元，分别给予没收、退款和罚款处理。1998—1999年，区物价局进行中小学校收费专项检查。存在乱收费问题6所，违纪收费8项，涉及金额131万元。同期，查出税务部门违纪案件2起，违纪收费7项，涉及金额2216万元。

2003—2005年，区物价局在检查中收缴违规费款2.84万元。

二　规范收费

1994年5月，按照省政府通知要求，区内取消计生、工商、民政、土地、人事、建设、卫生、烟草、无线电管理、乡镇企业、林业、水利、畜牧、科委、电力、邮电、金融、教育、税务、公检法、劳动等行业和系统收费项目170项。1996—1997年，双滦区物价局下发《关于办理河北省收费许可证的通知》，举办行政执法单位收费人员培训班，规范收费行为。针对个体私营企业负担偏重和中小学校收费较乱的情况，区政府取消收费项目5项，暂停收费项目3项，降低收费标准4项。同年，区物价局下发《关于对全区餐饮行业制定毛利界限的通知》，按照规定划分5个等级，规定综合毛利率幅度。1999年3月，根据省政府决定，区内取消城镇公共消防设施配套费、出版印刷发行管理费等9项收费，降低市政公用设施配套费收费标准2项。在审验本年度收费许可证时，取消不合理收费3项，降低收费标准4项。2000年，区物价局审验收费许可证，再次取消不合理收费项目13项,降低收费标准50个项目。

2001—2002年，区政府下发《关于治理经济发展环境，规范收费行为的几项措施》。继续做好“清费、治乱、减负”。区物价局下发《关于全区重点部门实行价格和收费公示制度的通知》，明确规定重点部门的价格标准和收费范围、公示的内容和形式等。区民政、计生、国土、工商行政管理、公交、劳动、电力、电信、邮政、教育、卫生等部门和单位均设立收费公示栏，自觉接受群众监督。4个镇的43个行政村悬挂涉农收费公示牌。

2003—2004年，区物价局取消收费项目61个，合并收费项目7个，降低收费标准2项，批准临时性收费29项。各单位公开收费项目、收费标准。2005年8月，区物价局召开高中学费价格听证会。同年，批准合并收费7项，取消收费2项、变更收费项目3项。

第三节　机　　构

1949年至1958年8月，域内物价管理，滦河地域归滦平县管辖，双塔山、大庙、偏桥子等地归承德市管辖；1958年9月以后，物价由市物价部门管理。

1984年9月，双滦区建立物价检查所，隶属区计划委员会，编制2人。1986年5月，设物价局，下设物价检查所。1990年7月，增设办公室。1997年5月，建立价格事务所。2001年7月，物价检查所内设价格监督检查所。至2005年底，区物价局内设办公室、价格监督检查所、价格认证中心，编制7人。

第五章　标准计量与技术监督

1949年至1958年8月，域内滦河镇域的技术监督由滦平县负责，双塔山、大庙、偏桥子区域技监工作由承德市标准计量局管理。1958年9月以后，境域的技术监督由承德市标准计量局负责。

1996年，双滦区成立技术监督执法队。1999年12月，双滦区质量技术监督局成立。区质监局在区委、政府和市质监局的领导下，履行职责，加强质量监管和标准化管理工作。至2005年底,为企业发放产品标准执行证书117家，办理代码证书169份。检定计量器具3625台(件)，没收假冒伪劣商品货值8.8万元，受理消费者投诉51起；办理案件251起。

第一节　计量器具检定

一　计量监督检查

1995年，区质量技术监督局在4个镇和主要集贸市场、工矿企业开展《中华人民共和国计量法》《计量法实施细则》的宣传。同年，检查生产经营单位计量器具使用情况，没收失准杆秤3杆；配合市局监督检查区内7个加油站所售汽油、轻柴油的产品质量和加油机计量。1996—1997年，淘汰双塔山、麻纺厂、热河和承钢等12个大市场固定摊点杆秤，淘汰杆秤500余个，淘汰率100%；协助市局计量科认证区内新上的两家复合肥生产企业；监督检查区内液化气充装单位5家；发现所有单位均未严格执行《承德市液化石油气罐装、销售计量监督管理规定》，问题是不主动为用户抽取残液、不实行残液补偿制度、计量器具超检定周期继续使用或不强制检定。5家液化气充装单位的违规行为被新闻媒体曝光。1998—1999年，商品计量监督做为执法检查的重点，相继开展“净市场保两节”“查农资保春耕”“查暑期保消费”等活动，开展商品计量大检查，重点检查大米、面粉、饮料、种子、洗涤用品等产商品，共检查定量器具2800台（件），合格率85%。

2000年，区质监局检查民用煤交易场所、收购部等使用的地中衡状况，查处一秤两砣、改变刀距、超期不检、严重不准等计量作弊案件17起。2001—2002年，开展食品、种子、农药等定量包装商品的监督检查，检查定量包装商品3700台件，合格率为92%，帮助12家企业开展定量包装商品标识备案。2003年，与区供电公司、区建设局联合下发《关于加强电能表燃气表强制检定的通知》，加大民用“三表”（水表、电能表、燃气表）的监管力度。2004年，检查定量包装1800件，查获计量负偏差的商品900件。2005年，开展医用辐射源、医用超声源、医用激光源等医用计量器具的强制检定和监督管理。检查中发现两家医疗单位所使用的医疗器具计量数据不准确，为其调试合格。

二 定量检定

1995年起，区质监局按照《中华人民共和国强制检定的工作计量器具目录》，强制周期检定直接用于贸易结算、安全防护、医疗卫生、环境监测方面的计量器具。当年，检定台案秤220台、地中衡5台。1996—1999年，按照计量检定周期表，每年两次计量器具强检，共检定计量器具1400台。2000年，计量检定由各镇扩展到乡村，检定计量器具1300台件，检定覆盖率提高到90%以上。同年，建立双滦区计量器具检定台账，360台贸易结算用计量器具、23台医疗用计量器具登记入账，实行动态管理。针对公用电话计量不准投诉增多现象，联合区工商分局组织开展公用电话计费器强检，检定计费器180台。2001年，监督检定贸易用计量器具2000件。2002—2005年，计量器具强检和检定工作正常开展。

三 计量公正站

2005年8月，双滦区称重计量公正站成立并投入使用，自计量公正站投入使用至年底，对外称重铁精粉、钢材、废品、粮油等货物8万吨，调处计量纠纷8起，发现计量作弊5起，处以罚款4000元。

第二节　产品标准化

一 标准化管理

1995年，区内开始实行标准化管理。区技术监督局与区经贸局、乡镇企业局、各镇经委协同配合，登记30万元以上产值企业采用标准情况46家，计54种产品，采标率85%，采标产值400万元。同年10月14日，举行“世界标准化日”宣传活动，4个乡镇共张贴宣传标语40余条，散发宣传材料800余份。

1996年，组织区内8家重点企业标准负责人参加市局组织的企业标准化工作培训班，组织区内9家化妆品经销单位负责人参加市局组织的化妆品标签新标准培训班。同年，开展组织机构代码工作，配合市局为企事业单位办理代码证书164份。

1997—1998年，开展工业产品执行标准情况的调查摸底。至1998年底，除修理、印刷等行业，区内有工业企业144家。其中：停产、倒闭、注销92家；加工企业19家，机械化工、冶金、轻工等企业33家，其中47种产品在消灭无标生产范围之内；执行国家标准产品23个，执行行业标准产品18个，执行企业标准产品6个。

1999—2000年，按照《河北省消灭无标生产县（区）规划》和市技术监督局《消灭无标生产工作安排意见》，双滦区被列为消灭无标生产区。按照“从区情出发，以服务企业为宗旨，消灭无标生产，推动企业健康发展，最终为加入WTO铺平道路”的指导思想，加大宣传力度。经过一年的努力，正常生产的33家企业47种产品全部办理“企业产品执行标准证书”，实现按标准组织生产。工业企业标准覆盖率由年初的56.9%提高到100%。同年，建立《双滦区停产、倒闭、注销企业台账》《双滦区委托检验产品台账》，产品质量抽查合格率由1998年的82.1%提高到93.2%。1999年12月，双滦区以92分（满分100分）的成绩，通过河北省和承德市质量技术监督局联合组织的消灭无标生产区验收。同年规范区内冷饮企业生产用的食品标签3家。

2001—2002年，建立区内生产企业标准台账，纳入微机实行动态管理。加快工业产品“双采”（采用国际标准和国内先进标准）和采标标志，采标1项，探索无公害蔬菜与旅游服务业等标准的制定与实施。条形码、组织机构代码发展加快，双滦路达蔬菜加工厂发展成为商品条码成员。偏桥子镇“承德市标准化无公害高科技观光园”执行农业标准化，推广“公司＋农户＋基地”示范区发展模式，尽快与国家制定的绿色园区接轨。

2003—2004年，为承钢万人配餐企业提供米面油相关标准，并通过多种渠道将调味品、冷冻食品、无公害蔬菜、豆制品等相关标准提供给企业，使配餐中心检验人员掌握食品的进化验收标准，保障“万人配餐”的食品安全。双滦质监分局为承德兴厦水泥制造有限公司办理“双采”1项，办理双滦区新新康达饮品公司的产品碳酸饮料和纯净水、承德双滦民友建材厂的产品粉煤灰和小型空心块、承德双滦金阳新型建筑材料厂的产品排风道备案标准3项。双滦区远通工贸公司成为商品条码成员。

2005年，围绕区“南菜北畜中间果”“千亩梨花坡”农业主体工程，建立农业标准示范区项目建设，促进农业和农村经济发展。同年，帮助承德实验中学水厂、双滦润达机械设备厂制定企业标准。

二 标准化监督

1995年起，依法查处违反标准化案件，查处无标生产和生产销售不符合强制性标准产品及违反食品标签行为、伪造冒用采标志等不法行为。

2005年3月，查处双塔山域内一纸制品加工厂无标生产案。执法人员在日常监督检查中发现，厂家生产的餐巾纸无执行标准、无相应的检验检测设备，产品库存3吨，售价为15200元/吨，予以立案调查。在给予处罚的同时，协助厂家完善生产条件、改造生产设备，并提供相应标准。

至2005年，查处违反标准化案件254起，其中立案查处43起。

第三节　质量监督

一 案件查处

1996年，区质监局，检查流通网点80家，检查36个批次400个品种，总标值95.2万元，处罚违规生产、经销厂家120家。检查区内15家较大工程建筑工地用水泥、白灰、钢材、预制件、电线等原材料，加强对无许可证产品的查处，罚款处理15家经销无证产品单位。

1998—2000年，区质监局开展食品标签专项检查和流通领域商品计量、质量专项检查。检查食品生产、经销企业40家、140多个品种，平均标签合格率80%。监督检查区内流通领域的烟、酒、调味品、建材、汽车、摩托车配件、化妆洗涤用品、粮油等商品，检查生产企业61家次，经销企业609家次，检查集贸市场32家次，检查商品406批次，没收假冒伪劣产品货值7.9万元，受理消费者投诉51起，办理案件246起。挽回损失8万元。2001年，区政府成立打假办，其成员单位有区企业管理局、公安分局、工商分局、卫生局、烟酒专卖局、药品监督管理局、农业畜牧局。区质监分局在区公安部门的配合下，查办滦河西南营村老爷庙内仓库存放私盐案，抓获两名涉案人员，查获无碘私盐 13.2 吨，刑拘涉案人员 4 人。

2002—2003 年，双滦打假领导小组成员单位，增设区检察院、区法院、武警支队、监察局、财政局、建设局、经贸局。在打假成员单位的配合下，双滦质监分局查获贩卖假酒、假茶叶案 1 起，端掉存放假酒、假茶叶的黑窝点 3 处，查获假酒 149 件，假茶叶 800 余袋。“非典”疫情期间，区质监分局严格按照国家质监总局等七部局《关于在防治“非典”工作中切实加强市场监管强化联合执法的紧急通知》，重点查处防护服、口罩、洗涤用品、消毒液等防治“非典”用品，检查防治“非典”用商品 370 余种，查获违法产品标值 9000 元。其中口罩 370 个、消毒液 67 公斤、劣质手套 120 双，药皂 72 块。

2004 年，区质监局重点检查建筑施工单位所使用的原材料，先后检查建筑工地 24 个、生产经销企业 17 家，查获存在质量问题的钢材 21 吨。查获国家明令淘汰的地条钢 20 吨。

2005 年“3 · 15”前夕，滦平县烧锅村大棚种植户农民投诉区内某农资门市销售的黄瓜种子质量不合格，涉及农户 18 户。区质监分局组成专案组到烧锅村调查取证。经鉴定，黄瓜种子确实质量不合格。经调解，经销商一次赔偿 18 家种植户 2.5 万元。

二 质量监管

1995 年，区质监局开展产品质量大检查活动。检查承德市啤酒厂、兴华饮料厂等生产厂家 5 个；检查承钢欣丰商场、滦河北门副食商场、滦河饮料批发部、双塔山供销社副食专柜等国有、集体、个体商品批发零售单位 41 个；检查烟、饮料、罐头、生熟肉制品、奶粉、洗衣粉等食用、日用商品品种 16 类 130 个。收缴各类变质、过期和质量低下的商品 36 种。

1996 年，区质监局对建筑工程用材料及制品开展市场质量监督。在市质检所的配合下，抽查区内经营电线电缆企业 30 家，查出不合格企业 15 家，占抽检总数的 50%；对区内 8 家生产企业实施生产许可证管理。1997 年，区政府下发《“关于对部分产（商）品实行售前报验等制度”的通知》。关系农民切身利益的种子、化肥、农膜等农资，严格执行售前报验制度，区内 4 个供销社销售的每批化肥、农膜都要具备检验报告和出厂合格证。禁止个体经营者倒卖化肥、农膜、农药等农资。同年，区内销售的碳铵 500 吨、二铵 200 吨、尿素 300 吨、农膜 100 吨质量合格。同时，开展产品准销制度的宣传工作。1998—1999 年，区质监局加强酒类产品生产许可申报工作，对区内所有白酒生产企业（包括勾兑、分装企业）的产品及各销售网点经销的散白酒进行统一抽样检验，合格率 60%；元旦、春节两节期间，抽查 45 家经销粮油、散白酒单位和个体经销户商品质量，合格的仅有 13 家，不合格率 73%；抽查 9 家生产蛋糕企业，合格率 10%；监督抽查电线电缆、低压电器、家具、眼镜等经销单位 23 家，合格率 46%；协助省质检所在区内抽检手机、寻呼机质量情况，抽检 2 家共 15 部，合格率零。

2000—2001 年，开展商品质量“五查”活动。即:查质量意识，查质量水平，查质量保证体系，查现场管理，查售后服务，全面掌握企业产品质量状况。实施名牌管理，支持光明塑钢门窗厂、露露矿泉水厂、天辰乳业有限公司、水泥厂、采轴厂争创“名牌”；帮助滦河发电厂、源泉纯净水厂办理生产许可证及大庙冰山饮料换证前期准备工作。监督检查区内医疗卫生机构的一次性输液器质量 10 家，抽检不合格率 80%。开展农用车配件、刹车片及橡胶制品的监督检查。在“查农资保春耕”中抽检化肥 7 个批次，农膜 3 个批次，合格率 70%。在区药监局的配合下，抽检区内所有医院使用的一次性输液器，合格率 87%。

2002—2004 年，区政府实施“质量兴区、名牌兴企”，引导长城钢管有限公司、天辰乳业等一些企业增加“名牌”意识，帮助长城钢管有限公司申报省级优质产品。区内食品类17家、冶金类16家、建材类21家、化工类8家、机械类16家企业建立质量档案。对“CCC”（中国强制认证）进行广泛宣传。区内11家年产值500万元以上的工业企业全部建立质量档案。监督抽检建筑材料、钢筋、涂料、城网改造用电线、食品等商品，合格率90%；抽检双滦区施工单位在用电线电缆，不合格电线电缆3万米；监督抽检区内摩托车经销单位，查获不合格摩托车8辆；抽检食品22个批次，查处劣质食品折价1万元。

2005年，质监局编制双滦区年度定期监督检查计划，将58家企业列入定检范围，严格按定检计划进行抽查，共抽检42个批次，批次合格率95%，产品和商品质量总体水平得到提高。区内质量档案企业增至150家，并帮扶兴夏水泥厂申报省级优质产品。

三 特种设备安全监管

2003年4月1日，特种设备安全监察从区劳动部门划转到质量技术监督部门。区质监分局按照《特种设备安全监察条例》和国家、省、市、区文件要求，开展特种设备安全监察。同年，开展特种设备普查登记工作，普查登记区内在用的锅炉21台、起重机械35台、厂内机动车辆21台、4家充装站的液化气罐11个、客运索道1家及压力容器、压力管道、电梯，并建立基础档案，录入计算机数据库，实行动态管理。2004年，专项普查液化气瓶2.6万个。

2005年，先后开展“双节”“五一”安全大检查、安全生产日等监察活动。在市特检所配合下，共检验锅炉20台、压力容器15台、电梯8部、起重机械9台。举办有220人参加的3期特种设备操作人员培训班，向操作人员宣讲《特种设备安全监察条例》。

四 食品安全监管

2004年，国家质监总局决定从第一季度开始全面实施食品市场安全准入制度，对合格食品加贴质量安全标志QS。根据国务院《关于进一步加强食品安全工作的决定》，同年起，原由卫生部门承担的生产加工环节的卫生监管职责划归质监部门。元旦期间，双滦质监分局清查区内小麦粉、食用植物油、大米、酱油、食醋5类食品的无证经销行为，查处未加贴市场准入标志的大米10吨、面粉4吨。

至2005年，区内有食品生产加工企业45家，其中正常生产37家。主要生产糕点、饮品、熟肉制品、酒类、乳制品、豆制品、调味品7类产品。这些食品加工企业，大多属小型企业，其中10人以下的小作坊70%以上。区政府成立食品安全整顿治理领导小组；绘制区食品加工企业分布图，实施食品安全区域监管责任制；建立“定责、定人、定区域、定企业”的监管模式，对企业实施分级管理；将食品企业分为4个等级，完善企业档案，落实强制检验制度；强力推进食品质量安全市场准入制度。同年，集中开展肉制品等新10类食品的清查，查处不合格食品80批次。

第四节　度量衡

一、度量衡制

清代、民国期间，域内度的计量标准用市尺，每尺10寸，每寸10分；量的标准单位用市斗，每斗10合，斗的体积以18公斤小米的体积为标准；《清会典》载：“户部量铸铁为升，形方，升积，三十一寸六百分，深一寸九分七厘五毫。”今测户部铁方升容积是1035立方厘米。衡的标准单位用市斤。民国时期，每斤16两，民国22年（1933年）每斤改为10两。

1982—1987年，国家建立“三等20公斤砝码”“四等50公斤砝码”“四等6吨组砝码”“七级50公斤天平”“三级200克天平”“七级5公斤天平”“一级20公斤天平”“标准容量”“标准血压计”“四等（“标准增砣”）砝码”“标准压力计”等11种计量标准。

1984年，国务院第21次常务会通过《全面推行法定计量单位的意见》。要求1990年底以前，全国各行业应全面完成向法定计量单位的过渡，自1991年1月起，除个别领域外，不允许再使用非法定计量单位。至2005年，区内全面实施法定计量单位。

二　度量衡器

度器

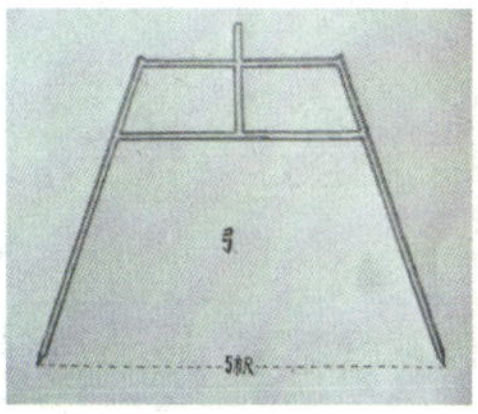
弓

木制市尺

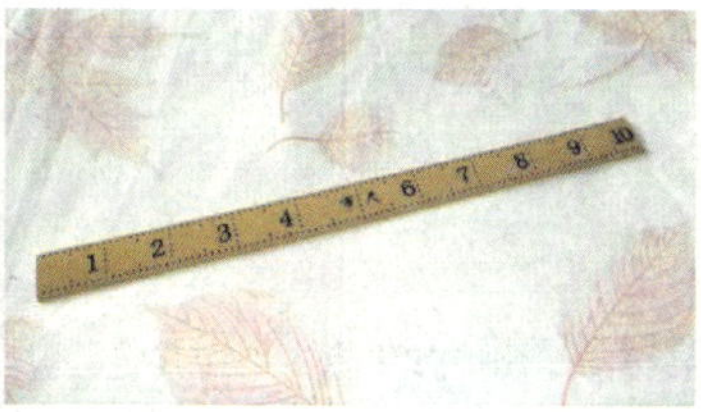
竹制尺

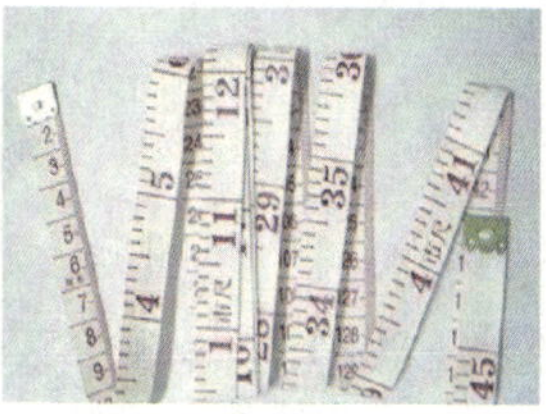
皮卷尺

量器

官　斗

柳编斗、升

提子(用于买油、酒、酱油、醋)

木　升

量　杯

衡器

地　磅

电子秤

数字式电子汽车衡

钩子秤

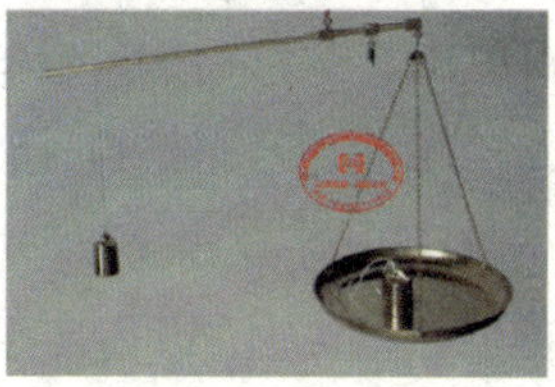
盘　秤

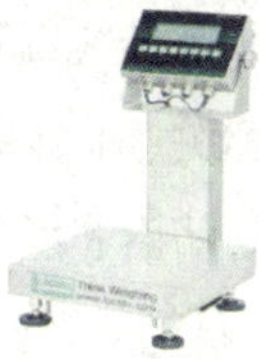
电子台秤

第五节　机　　构

1990年，双滦区设承德市标准计量局联络人1人；1992年，改为农林局设联络人；1993年，标准计量工作移交区计划经济委员会，人员1人。

1995年，技术监督工作并入区科学技术委员会，后更名双滦区科学技术局，编制4人。1996年编制增加到5人。同年，成立区技术监督执法队，编制4人。1999年12月，技术监督系统实行省以下垂直管理。技术监督工作由科委分出，成立区质量技术监督局，设办公室、执法队、财会股、管理股，编制18人。2001年2月，根据河北省《关于承德市质量技术监督系统机构编制及有关问题的通知》，区质量技术监督局更名为承德市质量技术监督局双滦分局，受市局直接领导。至2005年，内设机构有办公室（双滦区打假领导小组办公室）、综合股、管理股、特种设备安全监察股、执法队、区称重计量公正站，编制18人。

第六章　工商行政管理

1981年4月，双滦区工商行政管理局成立。在区委、政府和承德市工商行政管理局的领导下，充分发挥职能作用，严格各项管理，适时开展专项治理，依法打击经济领域违法活动，有效监管市场，维护了双滦区经济秩序和生产经营。

第一节　经济合同管理

一 鉴证管理

1979年8月8日，国家工商行政管理总局、国家经委、中国人民银行联合发出《关于经济合同若干问题的联合通知》，规定：不同商业部门之间，工业、农业部门，以及机关、团体、部队、事业单位与商业部门（包括外贸、粮食、供销社）之间的购销、加工定货合同，必须由工商行政管理部门鉴证。根据此规定，合同鉴证的范围扩大到工农业生产部门和机关、团体、部队、事业单位。同年，鉴证各类经济合同27份，金额30万元。1980—1981年，双滦区工商局鉴证合同177份，金额78.8万元。

1982年7月1日，《中华人民共和国经济合同法》实施。经济合同鉴证实行自愿原则，1983年后，鉴证数量相对减少。至1984年，鉴证经济合同53份、涉及金额290万元。1986年6月16日，河北省工商行政管理局下发《关于鉴证经济合同有关问题的通知》。1987—1995年，区工商局鉴证范围增加房屋（柜台）租赁、企业承包、动产抵押、借贷等合同，但鉴证数量增幅不大，总计鉴证合同42份、金额2355.8万元。1996—1997年，区工商局鉴证经济合同247份。1999年，根据国家工商总局80号令和省工商局关于经济合同鉴证的有关规定，区工商局加强对企业、个体经营场所租赁合同的鉴证力度，规范房屋租赁当事人双方的权利和义务，同年1—6月，鉴证经济合同55份、金额8333万元。至年底，鉴证租赁合同291份，其他经济合同344份。2000—2001年，鉴证经济合同598份。2002年11月1日起，区域工商管理工作取消经济合同鉴证。

二 合同调解与仲裁

1981年，开始受理合同纠纷案件，调解纠纷4起，涉案金额1500元。1983年3月，区工商局成立合同仲裁委员会，负责区内合同鉴证、调解与仲裁。1984—1987年，调解合同纠纷案件5起；1989—1991年，受理合同纠纷调解案件11起，涉案金额 12.6万元。从1991年起，未受理过合同纠纷案件。1995年9月，根据《中华人民共和国仲裁法》，仲裁委员会撤销，合同调解与仲裁终止。

三 合同监督检查

1985年，针对建筑市场存在的转手倒卖合同、违章转手承包等现象，会同区城建部门，检查73个企业的建筑合同83份。1987年，由于“三角债”（厂矿企业相互之间的债权、债务）的困扰，一些企业难于正常生产经营。根据市工商局和区政府的要求，区工商局担负为企业追还欠款的任务，全年为企业追回欠款13万元；检查合同文本40家，并依据经济合同法对个别企业的合同文本提出修改意见。

1989年，国家开始推行签订合同资格证书制度。1989年5月至1994年6月，区工商局举办6期培训班，培训区内340家企业厂（场）长、经理和业务员，讲授合同签订的基本知识和技能，参训人员337人。1990—1994年，针对合同文本使用过程中出现的偏差，检查文本使用情况，培训企业有关人员，规范使用合同文本。

1996年，检查发现不合格合同119份，涉及金额886元，立案查处违法合同案2件。1997年，依据国家工商行政管理总局发布的《企业动产抵押物登记管理办法》。开始办理企业动产抵押物登记、变更和注销业务。1999年10月，《中华人民共和国合同法》实施，合同实行归口管理，工商局管理的合同数量减少。至2005年，累计办理动产抵押物登记64件，其中注销5件；办理合同抵押登记27份，财产抵押47份。

第二节　商标与广告管理

一 商标管理

清代、民国期间，域内小手工产品大多用生产者的姓名或招牌代替商标。滦河应记铁匠铺店主应恩元在其生产的镰刀、锄头等农具上标有“元”字；刘记铁匠铺和上官林等一些小手工业生产者都在其商品上标有自己的标识，以区别他人产品，均无注册。

1981年，开始检查和监督管理区内商标注册和商标使用情况。主要做法是到企业中去宣传商标注册和商标使用的基本知识，检查商标标识的真伪及商标使用情况。1983年，承德市啤酒厂生产的啤酒“普乐寺”商标、承德钢铁厂生产的Ⅱ级热轧变形钢筋“燕山”牌商标、承德矿山机械厂产品“承矿”牌商标，被授予“河北省著名商标”。1985年，域内商标注册的企业有滦河杏仁制品厂生产的“天子泉”牌矿泉水、滦河酒店饮料厂生产的“百龄可乐”牌饮料系列产品。1988年开始，每年根据区域内经济发展情况，引导企业注重商标注册。当年，新注册商标3个。

1994—1995年，检查区内13家注册商标企业使用和内部管理商标情况，查处商标违法案件11件，罚款1.14万元。1996年1月，举办《中华人民共和国商标法》培训班，参训企业人员612人。同年4月，区工商局对承德市天辰乳业公司在商品上擅自使用“R”标记，依法予以处罚；7月，检查注册商标使用情况。区内注册商标30件，仅有16件使用，占总数的54%。1996—1997年查处商标违规案件34件，罚款8.9万元。

1999年开始，定期检查商标定点印刷单位管理情况。1999—2003年，查处应营子印刷厂不按规定建立档案、台账，违反商标即制规定案件。查处商标侵权案件4件，罚款4500元。

2003年8月，承德钢铁集团有限公司生产的螺纹钢筋“燕山”牌注册商标分别在2002—2003年内被河北省工商局评为河北省著名商标。2005年，区内新注册商标管理单位2家。

2005年承德市双滦区商标注册一览表

表12-6 1

企业名称	地址	商标名称	注册时间	注册证号	类别
双滦区酒店百龄饮料厂	滦河镇	滦河与图	1995.4.28	949949	32
河北承德市丝绸厂	双塔山	梦凯与图	1998.7.14	1190917	23、24
河北承德市丝绸厂	双塔山	梦凯图	1998.10.27	1218833	25
承德市昌盛源化工有限公司	滦河镇	双塔山与图	1997.2.28	952313	5、16

续表 12—6—1

企业名称	地址	商标名称	注册时间	注册证号	
承德市双滦区老板醇酒厂	滦河镇	瑞仙与图	1998.4.21	1169609	33
承德磁化复合肥厂	偏桥子	磁丰与图	1997.9.14	1098285	1
承德钢铁公司附属企业公司	滦河镇	双塔山与图	1997.1.14	9303385	6
河北省承德市啤酒厂	双塔山	普乐、钟楼与各图	1990.2.28	934007513018	32
承德双源工贸实业有限公司	双塔山	双塔山与图	2000.10.21	1462169	30
承德市双滦水泥厂	双塔山	兴厦与图	2003.3.28	3030623	19
承德第一轧钢厂	双塔山	鑫工	1996.8.7	860561	6
承德万通科工贸有限公司标牌厂	滦河	沃尔特与图	2003.4.7	3043780	21
承德长城钢管厂	滦河镇	长城图	2004.3.14	3383129	6
承德市双峰酿造厂	滦河	双峰与图	1999.11.12		30
河北省承德市麻纺织厂	双塔山	避暑山庄与图	1988.1.20 2003.2.28 续展注册	307180	57、27
河北承德市建筑陶瓷厂	大庙	宝鼎	1991.7.21	1057134	19
承德钢铁厂（承德钢铁集团有限公司）	滦河镇	燕山牌与图燕山与图方片与图	1982.1.7 2001.2.28 2001.5.28	174891 1564700 1528015	21 1 9
承德新新钒钛股份有限公司	滦河镇	燕山与图 双半圆图	2001.8.14 2005.1.14	1609604 3508775	6 5
承德市滦河海达洁具厂	滦河	拖拖宝 家妻乐	1997.7.14 1999.2.12	1052061 1248892	21 21
河北省热河御饮天然矿泉水公司	滦河镇	琳霄泉与图组合	1996.1.12	808988	32
承德市畜牧场	双塔山	天都与图 腾龙与图	2005.12.07 2004.3.22	3914777 3911464	29 29
承德隆泰彩釉瓦厂	大庙	山庄与拼音	2001.4.28	1560766	19
承德威伯输送机械有限公司	双塔山	德威与图	1997.8.28	1089923	7
承德市天辰乳业有限公司	双塔山	天辰与图	1997.5.21	1412016	32
承德市双滦双塔山纪念章销售部	双塔山	双塔山图	2000.1.1	1354509	6
承德市白雪面粉经营有限责任公司	双塔山	德雪与拼音	1997.8.21	1084133	30

说明：1.表中的商标名称“字与图”的商标是指文字与图型组合商标；直接的图商标表示为近似文字图，如“双半圆图”

2.商标注册时间为国家工商总局商标局批准的时间，没填写使用商标的起止时间

3.类别是指允许商标所在的划分商品范围的归类内所核定使用的商品

二 广告管理

域内商品销售招揽顾客的原始方式主要有口头叫卖、货郎摇鼓、卖药的铁串铃、剃头铁嗡、在铺面前挂商品实物（称为挂幌子）、店销牌匾式招牌、包装纸上印商号等。20世纪60年代至70年代，牌匾广告除保持原有商号、经营项目外，又添加隶属关系的名称。较大商店还设置商品陈列橱窗及展示经营项目的方形牌匾等。

1982年，区工商局实施广告管理职能。1986年4月，为规范户外张贴的小广告，分别

在承钢、滦河十字街、滦河北门外、双塔山街、麻纺厂、矿山机械厂等处设立广告栏6块。1990年9月，区工商局和区城建局组织区内的企业集资2.6万元，在双塔山、承德钢铁厂京承公路旁，建立两处群立广告牌29块，面积263平方米。分别为承德钢铁厂、承钢附属企业联营公司、承德市啤酒厂、双滦二轻制品总厂等11家企业，43种产品发布广告。1995年，清理户外广告，清理非法设置路牌9块。1997年9月1日，双滦工商分局、区环保局、双滦交警三大队联合下发《关于对户外广告及灯箱、牌匾进行清理整顿的通知》。依法处罚热河钢铁厂擅自在大三岔口设立广告牌的违规行为；清理5户户外违规广告。1999年，按规格、样式统一的要求，区内更新三岔口至承钢路段电子喷绘灯箱广告及门店牌匾。同年，户外广告迅速发展，在规模上以住宅、商贸群的牌匾、灯箱居多；电子喷绘代替了书写和手工绘制。2002年，全面清理整顿店堂广告，查处乱张贴、乱摆放的店堂广告7家、虚假产品广告1起、没收宣传单2000份、罚款550元。2003年，区内有广告经营户4家，其中3家是兼营广告业务。除印刷厂和区广播电视局承揽广告外，一些灯具装璜、美术服务部也承接户外、店堂、灯箱等广告业务。至2005年，域内共有墙壁、路牌广告 120 块，面积1500平方米。

第三节　私营企业登记管理

一 企业注册与验照

1982年1月，市工商局将个体工商业户登记注册权下放给区工商行政管理局。同年，登记注册个体工商业主505人，从业人员776人，注册资金96197元；1984年，验照649户，从业人员924人，注册资金79.43万元；1985年，验照470户，从业人员750人，注册资金86.31万元。1986年11月18日，河北省工商局下发《关于做好1987年度〈个体工商户验照贴花工作的通知〉》。规定：凡在省内各级工商行政管理局领取《个体工商业营业执照》的个体工商户和由个体劳动者组成的合作组织属验照贴花的范围。对未验照贴花的“营业执照”视为无效执照，予以吊销。1987年，验照687户，从业1531人，注册资金176.89万元；1988年，验照1674户，从业2376人，注册资金370万元。1989年1月1日至3月31日，按照国家工商行政管理局《关于使用新营业执照的通知》换照。域内应验换执照1674户，实验换照1063户，未验换照611户，有287人申请停业。区工商局重新核准了491户执照的经营范围，为124户办理变更登记，为54户补办相关手续。

1991年10月，双滦区工商局向区政府呈报《关于大力支持经济发展的若干措施的报告》。至年底，帮扶发展个体工商户2192户，注册资金593万元，产值经营额174.98万元；个人合伙企业17户，从业人员70人，私营企业9户，从业人员70人。1992年7月13日，区委、区政府办公室批转区工商局《关于支持改革开放搞活双滦经济的若干意见》，给予个体工商户、私营企业生产经营放宽政策的支持。1994年，域内个体工商户发展到4519户，从业人员7552人，产值营业额11933万元，个体户和私营企业税收360万元。1996年，域内注册资金5万元以上的个体私营企业大户457户（1995年为416户）；区内个体工商户5556户，从业人员9649人，产值营业额24285万元；私营企业87户，从业人员1120人，产值营业额461万元。

1998年，个体工商户发展到6550户，从业人员12219人，产值经营额40342万元，注册资金7783万元；私营企业132户，从业人员1681人，注册资金2722万元；1999年底，个体工商户3069户（不含种植、养殖业），其中新发展690户，从业人员5625人，注册资金6567万元，新增加注册资金2925万元，产值营业额39118万元；私营企业79户，当年发展39

户，产值营业额4564万元。2000年6月，区政府下发《关于减免个体私营经济有关收费项目的通知》，减免8个单位涉及到个体私营经济收费项目。2002年，开展“红盾帮扶”工程，引导私营企业向规模型发展；支持个体私营企业大户通过买断、租赁、入股等形式参与国有企业、集体企业改革。年底，域内有8户私营企业通过买断、入股成为个体私营大户，私营企业达到140户，其中50万元以上大户达108户，产值营业额达29839万元，还发展5户科技型企业、5户外向型企业。至2005年，域内私营企业307户，从业4775人，注册资金61429万元，营业额74211万元。个体工商户3295户，从业人员6506人，注册资金12950万元。

2000—2005年承德市双滦区个体经济发展统计表

表12-6-2　　单位：万元

年份	个体户数	从业人员	注册资金	产值经营额	销售总额营业收入
2000	3224	5668	9163	1715	17306
2001	2415	4208	11217	1654	19724
2002	3407	6319	14920	1975	16891
2003	3637	6736	18885	2630	11980
2004	3514	6230	19000	6654	24510
2005	3295	6506	12950	8778	30870

2000—2005年承德市双滦区私营企业发展统计表

表12-6-3　　单位：万元

年份	户数	投资者人数	雇工人数	注册资金	总产值	销售额或营业收入
2000	104	297	2933	8483	8926	9472
2001	103	325	2046	9181	9981	9771
2002	140	403	4000	15320	11746	18093
2003	183	756	3711	22818	59123	32282
2004	242	1130	4000	38805	68960	50451
2005	307	1031	3744	61429	95244	74211

二 企业登记管理

新中国成立时，区域内的商业、厂矿很少，且经营状况不佳。国民党撤退时留下的双塔山工人合作社更名为双塔山合作社，时有股本金9500多万元（旧币），合作社下设：铧子厂、门市部、铁工厂、纺织厂和客栈。1950年12月，政务院颁布《私营企业暂行条例》。1951年3月，政务院又颁布《私营企业暂行条例施行办法》。依据上述两个文件，政府逐步对私营企业的开业、转让、歇业登记管理和注册资本进行变更登记。

1958年9月，企业登记管理由承德市政府工商科管辖。1962年12月1日，国务院颁布《工商企业登记管理试行办法》。8月，域内登记的工商企业有社队企业11户，11个行业。至1963年8月底，域内有中央企业1家、供销合作社2家、社办企业14家，涉及11个行业，总资产56686元，从业人员217人，其中管理干部16人；队办企业19家，总资金33010元，从业人员63人，其中管理干部 7 人；小商小贩 22 户。

1972 年，社办企业 10 户。双塔山、大庙、滦河各有农技站 1 户，滦河有砂石厂 1 户，滦河大队、酒店大队米面加工各 1 户，街办企业 3 户。1975 年 12 月 20 日，承德市工商行政管理局对区属以下企业及农村社队办企业登记发证。1978 年，承德市工商局办理境内建筑、加工、服务企业登记证 78 户。1979 年底，承德市工商局为国营和地方集体企业登记发照。

1981 年初，依据国家工商总局、经委、农委《关于开展工业企业普查登记的通知》，区内所有工业企业开展普查登记。区内有集体商业 39 户、社队企业 64 户、街办企业 13 户、市属以上企业 19 户、分支机构 19 户。1982 年开始，企业实行填卡管理。同年 8 月，国务院颁布《工商企业登记管理条例》。12 月，国家工商总局依据《条例》印发《工商企业登记管理条例施行细则》。至 1983 年底，域内有企业 193 户。同年开始，全国各级工商行政管理机关开始实行企业登记注册年检制度。

1984 年，区内清理整顿党政机关经商，换发营业执照 119 户，新发展工商企业 152 户。同年 6 月 1 日，承德市工商局下放企业登记管理权限，个体、联营企业、区属以下企业的开业、变更、歇业登记由区工商局负责办理。1984 年，域内工商企业 244 户，比 1983 年的 193 户增加 51 户。1985 年，区内开展全国第二次清理整顿党政机关办企业。1986 年 5 月，域内金融分支机构 4 个办事处、2 个分理处（营业部）、12 个储蓄所和中国人民保险公司双滦办事处办理工商登记。至 1986 年，区内共有企业 227 户。其中从业人员 24545 人，资产净值 30190 万元、流动资金 11713 万元；集体所有制企业 175 户，从业人员 10911 人，资产净值 1134 万元；合营和其他企业 6 户，从业人员 214 人，资产净值 35 万元。1987 年，注销不符合继续经营资格的企业登记 8 户；变更登记 53 户；清理挂靠企业 20 户；清理整顿政府机关挂靠企业 4 户。年检企业 536 户，实检 469 户，办理注销登记 57 户，吊销企业 10 户。

1989 年 1 月至 3 月，双滦区开展清理整顿行政机关办公司和收购业。依法取缔公司 3 户、名称变更 3 户、法定代表人变更 4 户、经营范围变更 6 户、注册资金变更 16 户。其中 12 户注册资金增加，4 户减少，保留的 16 个公司重新登记。1991 年 12 月，检查 12 家物资供应、建材、收购企业，发现与营业执照登记不符的 7 家、超范围经营的 5 家、擅自改变经营地址的 1 家，分别按有关规定予以处理。至 2003 年 6 月 30 日，域内登记企业 346 户，其中：国有企业 126 户，集体企业 129 户，联营企业 16 户，股份合作企业 21 户，有限公司 77 户（其中法人企业 31 户）。50 家私营企业，有 30 家未参加年检，予以吊销营业执照。

至 2005 年，登记国营企业 86 户，注册资金 15603 万元；集体企业 88 户，注册资金 6503 万元；联营及其他企业 16 户，注册资金 811 万元；股份合作企业 2 户，注册资金 400 万元；有限公司 89 户，注册资金 290.017 亿元。

1983—1990 年承德市双滦区工商企业发展统计表

表 12-6-4　　单位：户、人、万元

年份	全民所有制企业				集体所有制企业				合营及其他			合　计				
	户数	分支数	从业人员	资金数	户数	分支数	从业人员	资金数	户数	分支数	从业人员	资金数	户数	分支数	从业人员数	资金数
1983年	35	64	22693	26011	126	31	7035	5447								
1984年	53	81	1015	21702	193	90	9634	2594								
1985年	47	64	26791	22336	205	92	11399	1151	3		52	83				

续表 12-6-4　单位：户、人、万元

年份	全民所有制企业				集体所有制企业				合营及其他			合　计				
	户数	分支数	从业人员	资金数	户数	分支数	从业人员	资金数	户数	分支数	从业人员	资金数	户数	分支数	从业人员数	资金数
1986年	46	92	24545	30691	176	85	10911	1135	6		214	35	232	177		
1987年	153	170	24286	45360	327	113	10969	14051	9		317	54		283		
1988年	197	182	25262	46007	393	140	11812	17069	11		314	53	601	302	37388	47767
1989年	206	192	25295	45865	413	157	15453	3568	9		280	52	628	327	39648	49485
1990年	152	181	35379	63512	254	169	6683	2833	29		400	289	435	328	42462	66274

1996—2005 年承德市双滦区各类企业发展统计表

表 12-6-5　单位：户、人、万元

年份	国营		集体		联营及其他		股份合作		有限公司		合　计	
	户数	注册资金	户数	注册资金	户数	注册资金	户数	注册资金	户数	注册资金	户数	注册资金
1996	311	61856	262	85888	34	2711	6	342	55	78111	668	151610
1997	326	123741	265	9072	26	1431	5	342	7	231	629	134817
1998	326	144003	225	8965	17	2432	5	343	28	1966	601	15770
1999	186	8512	193	5388	13	1239	8	460	136	118120	536	133723
2000	176	8441	178	5292	12	1186	9	450	107	118260	482	133644
2001	140	18467	155	5595	10	1147	8	434	76	116111	389	141745
2002	133	4711	137	5714	9	1097	6	408	77	261697	362	273627
2003	126	4695	129	7549	8	902	6	408	77	266797	346	280351
2004	128	471	110	6921	6	864	4	400	29	293775	277	306931
2005	86	15603	88	6503	16	811	2	400	89	290017	281	313334

第四节　市场监督管理

民国 16 年（1927 年），国民政府对盐、布、火柴、酒精、食糖、羊毛等商品实行管制；棉花、棉纱等商品实行统买统配。上市商品品种少，物价涨幅大。1933 年，日伪统治实行经济封锁，禁止货物流通，生活必需品实行配给制，禁止各类商品在市场上买卖。

1948 年 11 月，承德第二次解放，人民政府组织建立合作社，经营粮食、布匹、棉花、食盐、煤油、火柴等人民生活必需品，帮扶鼓励商店恢复营业。当时，滦河大十字街成为附近农民自由交易的主要场所，每天有固定摊位 20 ～ 40 个不等，每逢传统节日，达到上百个摊位。

一　市场管理

中华人民共和国成立后，滦河街区成立集市管理委员会，制止和打击哄抬物价、囤积居奇、掺杂使假、缺斤短尺等扰乱市场行为。利用滦河水运，从关内运进群众急需的食盐、棉布、煤油等生活必需品，把承德出产的特产运往关内，调剂余缺，繁荣市场。

1950年，国民经济处于恢复时期，一些不法商贩趁机利用占有的资金、粮食和物资，囤积居奇，哄抬物价，投机倒把牟取暴利。政府调入大批粮食和紧缺物资，充实市场，保证人民生活需要。同时加强对市场的监督检查。1951年，双滦设市场管理员，管理市场内的交易秩序，制止哄抬物价和欺行霸市等不法行为。1951—1952年，通过“三反”（反贪污、反浪费、反官僚主义）运动、“五反”（反行贿、反偷税漏税、反盗窃国家资财、反偷工减料、反盗窃国家经济情报）运动，维护正常经济秩序，制裁不法商贩，教育和引导私营工商业者守法经商。1953年以后，国家对粮、棉、油统购统销，实行凭票（本）供应，限制粮、棉、油、木材自由交易，取缔黑市。

1953年11月至1954年9月，政府禁止商贩私营粮食，由国营粮食部门统购统销。1955—1956年，国家对资本主义工商业进行社会主义改造，有些商贩弃商经农或者组成合作店组，或过渡为供销社职工。1956年，国家开放农村集贸市场，活跃物资交流，促进多种商品生产。1957年4月，国家规定贸易范围，农副产品开放自由市场；允许自产自销和购买自用，但不准经营商业。除保留一些半农半商小贩经营烧饼、豆腐脑等小吃和农具外，市场上还有自产蔬菜、小杂粮、土特产品等。在传统节日时，也有自产水果、蔬菜等农副产品上市销售。1958年市场关闭。1959年9月，恢复滦河集市贸易。1963年3月，滦河市场管理所成立，打击“黑市”交易，整治市场，统一安排有证商贩摊位。域内有证商贩22户，按水果、服务、农副产品、修理等行业划分4个组。自由流入贸易者也按蔬菜、水果、柴草、粮食、肉蛋、旧物、牲畜及零星工业品、手工业品等10个不同行市所指定的场地经营。同年7月，开放一类、二类物资，上市商品、交易人数及交易金额明显增加。1965年，再次关闭粮油市场，上市商品及成交金额明显下降。同年12月，上市商品总值1.53万元。1966年4月至1978年，滦河集贸市场管理部门发出通告，不允许社员（农民）出售各类物品；有证个体商贩经营的物品，必须从归口公司经营部进货，按国家规定价格出售。

1978年12月，中共十届三中全会以后，集贸市场逐步得到恢复和发展。1979年5月，滦河市场和双塔山市场恢复。1980年以后，集贸市场日益繁荣，市场逐渐增多，交易物资丰富，固定摊贩达到127户。1983年，农村实行“土地联产承包责任制”，市场政策逐渐放宽，上市贸易人数明显增加，每天市场成交额在2万元以上。

2000—2005年，在整顿市场经济秩序的同时，改革监管体制，双滦工商分局下放执法权限，各工商所以巡查方式加强市场日常监管。

二　市场收费与票据管理

1963年，滦河市场管理委员会配备市场管理员，并在交易额中收取卖方0.4%管理费。1973年，各市场按成交额1%收取管理费，主要用于市场建设和管理、人员开支。1983年，根据国务院颁布的《城乡贸易管理办法》，对市场管理费收费标准作出具体规定：工业品、大畜牲成交额不超过1%，其他商品不超过2%，劳务费不超过3%。

1980年起，工商企业征收费用上交省、市工商局。1980年至1989年6月，区工商局使用系统自制票据和市场定额票据。种类有：壹角、贰角、伍角、壹元、贰元。1989年7—12月，使用的票据是市财政局统一印制的非经营性收款收据。1990年1月启用由省财政厅监制的市场定额管理费票据。种类有：壹角、贰角、伍角、壹元、贰元、伍元。2003年7月1日，启用新版票据，票种由原来的14种减少到7种。种类为：市场管理费定额收据3种面值，即1元、2元、5元；市场管理费收据、个体管理费收据和个协会员费定额收据。4种面值，即10元、20元、50元、100元。征收的费用除省、市局扣留一定比例外，均返回区工商局。至2005年，票据没有变化。

三 打击非法交易

1963年，在开展打击“黑市交易”中，查处案件67件，牌价收购粮食290公斤，烟叶80公斤，没收布票87尺、粮票120公斤。1964—1965年底，查处倒卖粮票、布票、粮食、烟叶等违反国家政策的“黑市”交易行为137人次，没收布票60尺，粮票67公斤，牌价处理烟叶34公斤、粮食340公斤，粉条1828公斤，花生342公斤。

1966—1976年，“文化大革命”期间，市场管理工作重点是打击“黑市”交易，查处投机倒把行为。域内查处投机倒把案件123起，处理办法主要是按牌价收购或没收商品。1972—1977年，查处投机倒把案件586起，罚没款5459.87元，涉案987人，查处违法物资总值22739元。其中粮食4240公斤、粮票2831公斤、布票358尺，以及油料、猪肉、耕畜等。1978年，查处投机倒把和违章违法案件1236起,涉案1320人。其中投机倒把案件7起，涉案17人，罚没款653.37元。查扣粮食17公斤，粮食制品32.5公斤、鲜薯306公斤、干鲜果14060公斤、菜类3142公斤、烟叶193公斤、鲜蛋171公斤、肉食283公斤。其他生活用品2471件。

1979年，复查投机倒把案件22起。其中对1起购买木材加工成品案，给予撤销处理，退回罚款200元；上报市局处理12起；销案处理9起。同年,查处投机倒把案件66件。其中：倒卖中药材14件、倒卖照片16件、倒卖艺品9件、缺斤短两10件、其他17件。查扣灵芝8.5公斤、玉米黄素190包、空白证明信6件、消字灵21包、字画1547张。1980—1985年，区工商局查处假药、假中华烟等19种假冒商品；查获走私手表12块，价值9517元，罚款134元；查处投机倒把案件71起，罚没款7680.77元。1986—1987年，立案查处投机倒把案件18起，其中倒卖彩电案件4起，查扣彩电1011台；查获冒牌名酒82瓶、珍珠霜400袋、劣质磁带115盒；查扣金属铜608公斤，罚没非法收入13180元。1987年，专项整治节日市场、生产资料市场、夏季饮品市场、化妆品市场，先后组织专项检查9次，查处违章违法案件40起，罚款3万元；立案查处假冒伪劣商品5起，共9类40种，案值53.3万元，罚款2万元；销毁假冒伪劣商品价值2.6万元。1989年，市场案件查处转向“治理经济环境,整顿经济秩序”，查处重点是高抬物价的不法行为。国家规定经营商品利润不超过30%，超过的按投机倒把处理。全年开展检查75次，查处投机倒把案件5起。其中倒卖重要生产资料3起，倒卖紧俏耐用商品1起,经营假冒商品1起,罚款1.61万元。1990年，重点查处倒买倒卖和违法经营重要生产资料和计划商品，制造、销售假冒商品，掺杂使假以及哄抬物价等扰乱市场的行为；1991年,查处投机倒把案件11起，罚款2319.40元，查获走私烟64盒、没收走私手表17块、虫药71包。1994年，查处假冒伪劣农药价值29463元；伪劣化妆品价值3040元，罚没款34747元；销毁假冒商品价值3120元；1995年，查处劣质化肥、农药等价值3.2万元；查处4类11咱不合格夏季食品、饮料，价值1.50万元。1996—1999年，开展专项治理，立案查处违法经济案件104件，罚款11.97万元，销毁假冒伪劣商品价值2.60万元。

2000—2004年,立案查处违法案件1186件，罚款,202.54万元。其中查处假冒伪劣案件8起，查获汽车、摩托车仿冒配件79套。2005年，立案查处违法案件69件，罚款40万元。

四 保护消费者权益

1987年6月26日，区工商局、物价局、卫生防疫站等联合组建区消费者协会（以下简称消协），区工商局牵头开展工作。1987年8月，正式开通消费者投诉热线电话（从1999年3月15

日起热线电话号码12315），为消费者投诉提供方便。1988年3月14日、15日两天，区消协组织区工商、物价、卫生防疫、粮食、供电等部门的主要负责人走上街头，开展“3·15”服务活动，参加咨询对话消费者3700名；举办假冒伪劣商品展览，展出商品12类；受理消费者投诉18件。1989年5月，区消协被河北省消协授予“维护消费者利益先进单位”称号。1990年9月7日，组织开展“承德市消协第一届‘消费者信得过’产品、商店的评选活动”。全区评选出市级“消费者信得过”产品有：承德市啤酒厂生产的“普乐牌”普通啤酒和特制啤酒；承德市畜牧场生产的“天辰牌”酸牛奶，承德市丝绸厂生产的“双塔山牌”涤美绸；评出市级“消费者信得过单位”5家。1991年，为监督流通市场的产品和服务质量，分别在承钢、滦电等中型以上企业工会和4个乡镇及街道居委会建立13个物价监督站。1992年，区内各经营单位分别设置投诉箱、投诉电话，有的还设专人负责调解消费者投诉案件。1994年，区内共建立“保护消费者权益”联络站21个、联络组63个，下设联络员282人。1995年“3·15”活动日，开展《中华人民共和国消费者权益保护法》宣传咨询活动，散发传单4000余份、解答群众咨询57人，曝光一批假冒伪劣商品，编写《消法知识》讲座31讲，分别在各大厂矿播放。6月28日，在双塔山、滦河、大庙等3个镇分别建立消协分会，在各工商所设立消费者投诉站。2002年4月，规范建设镇级消协分会和农村消费者投诉站，规范建设4个镇消协分会、6个村消费者投诉站、2个企业分会投诉站、1个街道投诉站。2003年，加大对偏远农村消费者权益保护力度，扩大规范建设19个投诉站。2004年8月至2005年底，农村投诉站和“12315”联络站合并，规范建设标准“两站”32个、一般站11个，有义务维权者224人。至2005年，消协受理消费者投诉780件，为消费者挽回经济损失12万元。

第五节　机　　构

一　建区前工商管理机构

民国期间，域内工商行政管理工作由滦平县建设科负责。1950年，滦河街始建滦平县工商科；1956年工商科并入滦平县商业局。1958年9月后，域内工商管理工作归属承德市人民委员会财贸委员会。

1962年9月，滦河市场管理所成立，隶属虹桥区公所。1972年6月，双滦工商税务所建立，隶属于承德市财政局。1976年7月，工商、税务部门分开，双滦市场管理所成立。

二　双滦区工商管理机构

1981年4月，双滦区工商行政管理局（简称区工商局）成立，下设办公室、市场科、工商科、双塔山工商行政管理所（简称双塔山工商所）、滦河工商行政管理所（简称滦河工商所）。1986年6月，区工商局设立个体登记管理科（简称个体科）；1989年4月，成立经济检查科、合同科；1991年3月，成立大庙工商所和商标广告管理科。1992年，区工商局下设办公室、企业登记管理科、经济合同管理科、商标广告管理科、个体私营经济登记管理科、市场管理科、经济检查科、双塔山工商所、滦河工商所、大庙工商所、市场派出所、个体劳动者协会、消费者协会。1994年1月，增设专业市场管理所。同年8月，区工商局改由承德市工商行政管理局管辖，并更名为承德市工商行政管理局双滦分局。1996年，工商分局成立偏桥子工商行政管理所筹备组。1997年，设立督察办公室。1998年7月，工商分局党组设立纪检组。同年12月，实行省工商系统垂直领导后，机构设置：办公室、财务装备股、市场规范管理股、法制股、人事教育股、经检队、消费者协会、维修协会、私营企业协会、个体协会。2003年11月，偏桥子工商所筹备组、大庙工商所与双塔山工商所合并为双塔山工商所。至2005年，区工商分局机构设置为股室7个、工商所2个和经纪检察大队。

第七章　土地管理

清代，县户房管理土地。民国期间，县公署第二科(后为建设局)管理土地。旧中国土地私有制，征用民间土地双方议妥，立契约、交纳契税即可。

新中国成立后，为保护资源、发展农业，土地管理列入各级人民政府议程。双滦建区之始，土地管理以房基地审批和国家建设征地为主。随着经济的发展，征占土地用于建设和商业活动比例增多。1989年以后，区政府依据《中华人民共和国土地管理法》制定保护土地的政策和措施。区土地管理部门认真履行职责，加大执法监察力度，严把各类用地使用关，依法处理私占乱用、违法买卖土地行为。至2005年，查处违法占地案件16起。改革土地管理，开展土地使用权出让、转租、抵押、挂牌业务50件，涉地103018亩。

第一节　用地管理

一　建设用地管理

改革开放以后，境域乡镇企业发展较快，土地的需求量增加，出现一些违法占地现象。1972—1982年，河北省政府先后三次下发加强用地管理的文件，明确规定“公社集体所有制企事业单位占地（包括耕地）都要按照规定的审批权限审批”。双滦区按照河北省承德市下达的土地指标，执行用地计划，做到统筹兼顾，综合平衡，分解下达计划指标。1982年以后，区国土资源局对乡镇集体用地审批，坚持充分利用现有场地和非耕地，控制占用耕地。要求企业建设应符合村镇统一规划，占用土地企业需要经过申请，按征地审批权限和程序办理手续。区国土资源局对每一宗建设用地项目的审批坚持按计划、按规划、按程序和权限严格审查。2005年，一宗申请在双塔山镇松树沟村公路旁占用耕地建加油站项目，经审核用地不符合土地利用总体规划，且占用农田，未予批准。至2005年底，征用建设用地1977.77亩，其中耕地面积1353.41亩，非耕地面积624.36亩。被征用的土地主要用于商业、工矿、仓储、公用设施，以及单位选址建设办公楼和住宅楼等。

在建设用地管理中，坚持“对征而未用的土地暂时退给农民耕种”的原则，并认真落实。滦河电厂建厂时以每亩148元的价格征用滦河镇东园子村耕地1200亩。第一期扩建工程实际占用耕地400亩，其余800亩由东园子村生产队继续耕种。电厂三期扩建工程收回东园子村征而未用耕地12.8亩。以后，陆续扩建收回，至2005年底，征而未用的土地全部收回占用。

1990—2005年承德市双滦区建设用地统计表

表12-7-1　　单位：亩

年　份	建设用地		
	耕　地	非耕地	小　计
1990	169.00	123.00	292.00
1992	120.00	161.00	281.00
1993	31.00	36.00	67.00
2003	445.22	179.15	624.36
2004	529.23	15.065	544.30
2005	58.96	12.67	71.63
合计	1353.41	526.88	1880.29

二 农村宅基地管理

1981年4月，国务院发出《关于制止农村建房侵占耕地的紧急通知》。区政府执行关于农村宅基地管理原则，统一规划、合理布局、节约用地，农户建房坚持履行审批手续。1990年4月，由区国土资源局下发《关于加强农村宅基地管理实行公开审批制度的决定》。规定：每处宅基地用地标准一律控制在0.2～0.25亩以内；鼓励占用荒山、荒滩等地建房；确需占用耕地的要严格控制占地面积。1990—2005年，共审批农户宅基地1359户，用地338.9亩。其中，占用耕地196.15亩、非耕地142.75亩，每户约0.25亩。

1990—2005年承德市双滦区宅基地统计表

表12-7-2 单位：亩

年 份	审批户数	占地亩数	其中耕地面积	其中非耕地面积	户均亩数
1990	121	30.25	12.75	17.50	0.25
1991	78	19.50	10.00	9.50	0.25
1992	68	17.00	8.50	8.50	0.25
1993	121	30.25	14.00	16.25	0.25
1994	190	47.50	31.50	16.00	0.25
1995	75	18.75	15.75	3.00	0.25
1996	103	25.75	13.50	12.25	0.25
1997	52	13.00	4. 00	9.00	0.25
1998	48	12.00	0.50	11.50	0.25
1999	53	12.47	5.12	7.35	0.24
2000	99	24.36	13.48	10.88	0.25
2001	35	8.53	7.625	0.91	0.24
2002	81	19.91	13.62	6.29	0.25
2003	67	19.16	15.53	3.63	0.29
2004	38	9.33	4.37	4.96	0.25
2005	130	31.14	25.90	5.24	0.24
合计	1359	338.90	196.145	142.76	0.25

三 土地利用

1992年，区国土局调查区内土地利用情况。

1992年承德市双滦区土地利用面积分类统计表

表12-7-3 单位：亩

年 份	耕地面积	园 地	林地	牧草地	居民及工矿用地	交通用地	水域	未利用土地	总面积	备注
大庙镇	10427.2	1084.6	78548.0	4311.5	3751.1	1396.7	416.9	40732.9	140668.9	
双塔山镇	16066.7	3221.6	35077.5	—	7939.0	1779.2	3957.1	64977.0	133018.1	
滦河镇	4824.4	1172.9	1041.1	—	6246.5	341.5	1579.3	7870.6	23076.3	
偏桥子镇	10612.4	1685.8	4799.9	—	1775.1	472.4	5445.6	54505.3	79296.5	
总 计	41930.7	7164.9	119466.5	4311.5	19711.7	3989.8	11398.9	168085.8	376059.8	

1992—2005年，土地利用情况发生较大变化。林地面积123806.6亩，较前增加 4340.1亩，其中退耕还林2650亩、新造林地1690.1亩；居民点及工矿企事业占地增加，占地总量22925.8亩，增加3214.10亩，平均每年增加247.24亩，其中占用耕地1955.5亩、占用非耕地1203.60亩、未利用地55亩。耕地面积逐年减少，区内仅有耕地38145.9亩，13年减少耕地3784.80亩，平均每年减少耕地291.14亩。耕地减少的主要原因是退耕还林与建设用地。境内牧草地3832.3亩，减少479.2亩。减少的主要原因是植树造林，封山育林。未利用土地减少，区内未利用土地155924.5亩，减少12161.30亩。减少的主要原因是建设用地、包括商业用地、工矿仓储用地、公用设施用地、公共建筑、住宅用地、交通设施用地、水利设施用地等。

第二节　土地使用制度改革

一 清理整顿地产市场

2003年3月，区国土资源局开展以规范国有土地使用行为、防止国有资产流失和打击违法用地为重点的整顿土地市场秩序活动。通过自查和整顿,共清理出不合理用地7类43宗,上报并议定。

2004年4月，区政府下发《双滦区整顿土地市场秩序工作方案》。区国土资源局加大土地市场秩序整顿力度，全年自查自纠各类土地违法案件42起，立案10起，处理9起。其中，违法占地2起、擅自改变用途2起、擅自圈占集体土地5起、划拨土地用于房地产开发3起、缓交出让使用金30起。

二 地产市场管理

2004年，区政府下发《双滦区土地管理实施方法》，加强土地市场的管理，开展土地使用权抵押，土地使用权挂牌等业务。

三 经营性土地管理

区政府将经营性土地全部纳入土地市场，以招标、拍卖、挂牌方式交易。2004年，经承德市政府批准，区国土资源局以委托拍卖方式，拍卖出让国有土地使用权5宗，面积3.25亩，均为商业用地，出让年限40年。

2005年，区国土资源局严格执行土地有偿使用制度，按照土地法规和国土资源部的规定，各类用地履行上报审批手续。盘活存量土地。新增经营性土地，一律以招、拍、挂方式供地。全年利用国有存量土地136亩，上报审批划拨供地1宗，出让土地12宗，其中：协议出让6宗，挂牌招标出让6宗，收取土地出让金1378.32万元，政府收益163.43万元。拍卖和招标挂牌交易的2宗，分别以高出底价890万元和50万元成交。

2004—2005年承德市双滦区地产市场管理统计表

表12-7-4　　单位：亩

年　份	土地使用权出让			土地使用权转让出租			土地使用权抵押			土地使用权挂牌		
	办理手续(宗)	出让面积(亩)	出让金(万元)	办理手续(宗)	转让出租(亩)	转让出租金(万元)	办理手续(宗)	抵押土地(亩)	抵押金(万元)	办理手续(宗)	挂牌面积(亩)	出让金(万元)
2004	38	368.61	2474.27	6	25.96	413.73	6	198.94	4116.19	5	93.34	2899.657
2005	12	99.78	2465.76	8	117.11	1826.95	8	21.55	4761.77	9	104.89	3515.49
合　计	50	468.39	4940.03	14	143.07	2240.68	14	220.49	8877.96	14	198.23	6415.147

第三节　土地监察

新中国成立前，域内没有专门的土地监察机构，土地监察多侧重于对土地赋税的征收。新中国成立后，1949—1988年，域内土地监察未设机构，大多是按原热河省和河北省的要求由承德行政机构临时组织或由征地主管部门附带进行。检查内容大多是土地纠纷调处、建设用地征而不用等违章事件。

一　普法宣传

1989—2004年，每年组织集中宣传活动3次，宣传有关土地管理的法律法规。“4·22”地球日“6·25”土地日“12·1”测绘日，工作人员走上街头，开展以宣传《中华人民共和国土地法》为主，以“爱护地球”，保护耕地，珍惜土地和开发矿产资源等内容的宣讲活动。活动悬挂宣传条幅、张贴宣传画、散发宣传资料、“阳光宣传咨询服务”，为群众解答有关土地使用和管理问题。

2005年，通过召开会议、订阅报刊，出刊板报、悬挂标语和举办培训班等多种形式进行土地法律法规宣传，先后组织上街宣传40人次，制作横幅2条，永久性标语3条，张贴临时标语500条，张贴发放宣传挂图50套，发放宣传材料近1500份。在“阳光宣传咨询服务”活动中，接待群众咨询60人次。创办出刊《国土资源信息》40期，《承德日报》、《承德晚报》、承德市土地管理局和区委、区政府采用稿件17篇。

二　土地监察

1993—2004年，区国土资源局受理各种土地纠纷92件，其中调解解决89件，处罚1件，责令停工1件，拆除地表建筑1件。

2005年，按着“事前防范、事中监督、事后查处相结合”的原则，全年进行土地监察、巡查260余次，召开听证会3场，制止违法占地苗头6起，处理违法占地8起，罚款7.4万元。

2002—2005年承德市双滦区国土资源局查处违法占地统计表

表12-7-5　　单位：亩、万元

年份		违法占地	面积	其中耕地	处理情况					
					处理件数	拆除建筑物（亩）	收回土地	罚款（万元）	行政处罚	刑事处罚
2002	国家单位	—	—	—	—	—	—	—	—	—
	企事业集体单位	1	19.01	—	1	没收构建物	—	—	—	—
	个　人	3	3.38	—	3	1.54	—	—	—	—
	合　计	4	22.39	—	4	—	—	32.89	—	—
2003	国家单位	7	228.30	125.40	7	—	—	118.59	1宗为处理面积为21.60亩	—
	集体单位	—	—	—	—	—	—	—	—	—
	个　人	4	99.90	98.40	4	—	—	0.51	—	—
	合　计	11	328.20	223.80	11	—	—	1193.10	—	—
2004	国家单位	—	—	—	—	—	—	—		
	集体单位	—	—	—	—	—	—	—	—	—
	个　人	—	—	—	—	—	—	—	—	—
	合　计	—	—	—	—	—	—	—	—	—
2005	国家单位	—	—	—	—	—	—	—	—	—
	集体单位	—	—	—	—	—	—	—	—	—
	个　人	1	3.75	—	—	—	—	—	—	—
	合　计	1	3.75	—	—	—	—	—	—	—

第四节　机　　构

1958年8月以前，滦河镇土地管理由滦平县负责，双塔山、大庙、偏桥子等地由承德市民政局负责。1980年9月，双滦区土地管理由区民政局负责。1982年6月至1989年8月，区城建局内设城建科负责土地管理，并成立农村宅基地审批委员会，编制2人。

1989年8月，双滦区土地管理局设立，编制3人。1995年12月，双滦区第一次机构改革，区土地管理局下设建设用地股、地政股、监察股和土地评估所，编制12人。2002年4月，第二次机构改革，地矿机构与土地管理局合并为国土资源局，下设办公室、耕地保护股、地籍测绘管理股、地质矿产管理股和执法监察股，编制21人。至2005年，机构未变。区内4个镇分别设立土地管理所，编制26人。

第十三编　政党群团

民国34年（1945年）10月，境内始建中共东滦平县地方组织；民国35年（1946年）10月，境内成为国民党统治区，中共地方组织随部队转移出境或转入地下斗争。民国37年（1948年）11月境内解放，中共地方组织恢复重建。1949—1958年，滦河、双塔山两地建立中国共产党县区级地方组织，分别隶属中共滦平县委和中共承德市委。中共各级组织团结带领人民开展土地改革，积极投身社会主义革命和建设。“文化大革命”时期，党的各级组织被“革命委员会”取代。1972年，党的基层组织陆续恢复。1980年9月，中共承德市双滦区委设立。1985—2005年，双滦区委召开党员代表大会5次，选举产生5届双滦区委员会。中共双滦区委履行《中国共产党章程》和《中国共产党地方委员会工作条例（试行）》赋予的职责，把握方向、统揽全局、抓大事、定政策、谋发展，发挥领导核心作用。

域内的工会组织、中国妇女联合会和中国共产主义青年团组织分别成立于民国35年（1946年）、民国36年（1947年）和1949年。这些社会团体在中国共产党的领导下，团结广大工人、各界妇女和广大青少年，开展卓有成效工作，为社会主义革命和建设发挥了重要作用。20世纪80年代以后，个体劳动者协会等社会团体组织相继成立。这些社会团体遵循各自章程，积极开展工作，成为中国共产党和地方人民政府联系各界人士的桥梁和纽带。

第一章　党代表大会

1985—2005年，双滦区先后召开五次党员代表大会。党代表大会的代表由区委提出代表构成比例，并分配名额。经过差额选举，产生正式代表。第一次（1985年12月）党代会代表120名，是历届代表人数最多的；第二次（1989年）党代会代表111名，是历届代表人数最少的。历次党代会审议并通过区委、区纪委的工作报告；选举产生双滦区新一届委员会。

第一节　党代表

一　代表产生

双滦区党代表大会代表由区委分配名额，并提出代表构成的比例要求。代表候选人提名自下而上进行，由基层党组织召开党员大会民主推荐，并进行考察、征求党员及有关方面的意见后，确定代表候选人预备名单。经审查同意后，各选举单位召开党员大会选举正式代表。党代表大会代表实行差额选举。1985 年 12 月，各选举单位选举产生区第一次党代会代表 120 名；1989 年 12 月，各选举单位选举产生第二次党代会代表 111 名；1992 年 12 月，各选举单位选举产生区第三次党代会代表 113 名；1998 年 2 月，各选举单位选举产生区第四次党代会代表 113 名；2003 年 7 月，选举产生区第五次党代会代表 118 名。

二 代表构成

1985 年 12 月 26 日至 29 日，双滦区 5 个基层党委、5 个基层党总支、137 个党支部召开党代表大会或党员大会，选举出席区第一次党员代表大会代表 120 人。

1989 年 12 月 5 日至 7 日，双滦区第二次党员代表大会代表共 111 名。代表构成：各级领导干部 67 名，占代表总数 60.40%；专业技术人员 22 名，占代表总数 19.82%；各条战线先进模范人物 20 名，占代表总数 18.02%；武装干部 2 名，占代表总数 1.80%；妇女代表 20 名，占代表总数 18.02%；少数民族代表 17 名，占代表总数 15.32%； 45 岁以下的代表 66 名，占代表总数 59.46%。

1992 年 12 月 18—20 日，双滦区第三次党代会代表总数 113 名。代表构成：各级领导干部 73 名，占代表总数 64.60%；专业技术人员 18 名，占代表总数 15.93%；先进人物代表 22 名，占代表总数 19.47%；妇女代表 23 名，占代表总数 20.35%；少数民族代表 23 名，占代表总数 20.35%；大专以上文化的 34 名，占 30.0%；中专和高中文化的 52 名，占 46.0%；初中文化程度的 18 名，占 15.90%；小学文化程度的 9 名，占 8.10%； 45 岁以下代表 67 名，占代表人数 59.30%。

1998 年 2 月，双滦区第四次党代会代表总数 113 名。代表构成：各级领导干部 47 名，占代表总数 41.59%；专业技术人员和先进模范代表 65 名，占代表总数 57.52%；妇女代表 26 名，占代表总数 23.0%；少数民族代表 27 名，占代表总数 23.90%；大专以上文化的 37 名，占代表人数 33.0%；中专和高中文化的 40 名，占代表人数的 35.0%；初中文化程度的 33 名，占代表

双滦区第一次党代会代表合影（1985.12.16—1985.12.19）（区档案馆提供）

1989.12.5—7 中共双滦区第二次党代会代表合影（区档案馆提供）

人数29.0%；小学文化程度的3名，占代表人数3.0%；45岁以下代表72名，占代表总数63.72%。代表年龄结构趋于年轻，文化层次较前届有所提高。

2003年7月16—17日，双滦区第五次党代会代表总数118名。代表构成：各级领导干部79名，占代表总数60.8%；专业技术人员和先进模范代表人物63名，占代表总数48.5%；妇女代表37名，占代表总数28.5%；少数民族代表36名，占代表总数27.7%；大学本科以上41名，占代表总数34.72%；大专文化的42名，占代表人数35.60%；中专学历20名，占代表人数16.95%；初中及以下文化程度15名，占代表人数12.71%；50岁以下（含50岁）代表102名，占代表人数86.44%。

第二节　历次党代表大会

一 第一次党代会

1985年12月26—29日，中共双滦区第一次代表大会召开，会议出席代表120名，是历次党代会中代表人数最多的。大会审议并通过区委和区纪委的《工作报告》；选举产生区第一届委员会委员22名、候补委员3名；选举产生区第一届纪律检查委员会委员11名；选举产生出席中共承德市第八次党代会代表。

中共双滦区第一届常委　前排左起陈树峰、王俊山、郭恒林，后排左起张庆瑞、杨国钧、王云惠、徐炳勋（区档案馆提供）

中共双滦区一届六次会议常委合影　左起　张庆瑞、刘广涛、王云惠、杨国钧、陈树峰、陈秀峰、徐炳勋、杨和平、刘金卫（区档案馆提供）

二 第二次党代会

1989年12月5—7日，中共双滦区第二次代表大会召开，会议代表111名，实际出席107人，列席会议25人，会议出席代表人数是历次党代会中代表人数最少的。大会审议并通过区第一届委员会和区第一届纪律检查委员会《工作报告》；选举产生区第二届委员会委员21名、候补委员4名；选举产生区第二届纪律检查委员会委员11名。

1989.12.5—12.7 中共双滦区第二次党代会（区档案馆提供）

三 第三次党代会

1992年12月18—20日，中共双滦区第三次代表大会召开，会议代表113名，实际出席109人，列席39人。大会审议并通过区第二届委员会和区第二届纪律检查委员会的《工作报告》；选举产生区第三届委员会委员22名、候补委员5名；选举产生区第三届纪律检查委员会委员 11 名。

四 第四次党代会

1998 年 2 月 9—10 日，中共双滦区第四次代表大会召开，会议代表 113 名。大会审议并通过区第三届委员会和区第三届纪律检查委员会的《工作报告》；选举产生区第四届委员会委员 25 名、候补委员 4 名；选举产生区第四届纪律检查委员会委员 11 名。

五 第五次党代会

2003 年 7 月 16—17 日，中共双滦区第五次代表大会召开，会议代表 118 人。大会审议并通过区第四届委员会和区第四届纪律检查委员会的《工作报告》；选举产生区第五届委员会委员 25 名、候补委员 5 名；选举产生区第五届纪律检查委员会委员 11 名。

2003 年中共双滦区第五次党代会（区档案馆提供）

第二章 组织机构

民国 34 年（1945 年）10 月，域内设中共东滦平县一区、二区区委。同年，东滦平县一区区委（双塔山）建机关党支部。民国 37 年（1948 年）11 月承德解放，中共承德市委、中共东滦平县委在双塔山、滦河、大庙恢复建立党的各级组织。域内党组织贯彻党在各个时期的方针、路线和政策，带领党员和人民群众开展社会主义革命和建设。1958 年 9 月后，中共滦河、双塔山、大庙和偏桥子人民公社委员会划归承德市委领导。“文化大革命”时期，党的基层组织被各级革命委员会取代。1973 年，设中共承德市双滦办事处委员会；1980 年 9 月，设立中共承德市双滦区委，工作机构逐步建立和完善。历届双滦区委认真贯彻中共十一届三中全会以来的方针、路线和政策，加强各级党组织建设。各级党组织和广大党员在企业改制转轨、农村经济改革中发挥了战斗堡垒和先锋模范作用，党的基层组织在撤、并、建中得到巩固和加强。至 2005 年，双滦区委辖 12 个基层党（工）委、8 个党组、6 个党总支、183 个党支部，全区党员 4544 人。

第一节 领导机构

一 双滦区委设立前领导机构

民国 34 年（1945 年）10 月，域内东滦平县建中共双塔山一区、滦河二区委员会。民国 35 年（1946 年）2 月，滦平县一区（双塔山）区委改为承德市第七区委，8 月，承德市第七区（双塔山）又划归滦平县辖。

民国 37 年（1948 年）6 月，大庙区域设中共滦平县第三区委员会。民国 38 年（1949 年）1 月，滦平县一区（双塔山）、三区（大庙）划归承德市辖，设立中共承德市第七区委；同年 8 月，改称中共承德市第六区委。

1951 年 1 月，承德市第六区委改称承德市第五区委；1955 年 5 月，改称承德市双塔山区委。1955 年 6 月，滦平二区区委（滦河）改为中共滦平二区工作委员会；1956 年 4 月，改为中共滦平县滦河办事处委员会。1956 年 8 月，双塔山区委改称中共双塔山区工作委员会，1957 年 4 月撤。1958 年 9 月，中共滦河办事处委员会划归双塔山区委管辖。1966年，“文化大革命”开始,区委组织活动停滞。1968年12月至1973年，双塔山区工作委员会撤销，其所辖各公社党委直接归承德市革命委员会领导。

1973年12月，承德市革命委员会决定设立双滦办事处。经中共承德市委批准，组建中共双滦办事处委员会，设书记1名、副书记1名。1976年10月，副书记增至5名。中共双滦办事处委员会代承德市委领导双塔山、滦河、大庙、偏桥子4个人民公社党委。

1945.9—1968.1域内中共地方组织书记名表

表13-2-1

组织名称	姓名	性别	民族	任职时间	籍　贯
中共滦平县第一区委员会（双塔山地区）	马俊峰	男	汉	1945.9—1946.2	不详
中共滦平县第三区委员会（大庙地区）	柏　里	男	汉	1948.6—1949.1	河北省蠡县
	王玉珂	男	汉		河北省安新县
中共滦平县第二区委员会（滦河地区）	赵炳炎	男	汉	1945.6—1946.8	河北省望都县曹庄乡
中共滦平县第二区委员会（滦河地区）	刘士昌	男	汉	1947.11—1949.9	不详
	林　飞（王清云）	男	汉		河北省望都县
中共承德市第七区委员会（双塔山）	邵友民	男	汉	1946.2—1946.8	不详
	柏　里	男	汉		河北省蠡县
中共承德市第七区委员会（双塔山）	王玉珂	男	汉	1949.1—1949.9	河北省安新县
中共承德市第六区 中共承德市第五区 中共双塔山区委员会 （承德市第六区后改为第五区、双塔山区）	王玉珂	男	汉	1949.10—1950.4	河北省安新县
	沈明轩	男	汉	1950.4—1951.12	不详
	齐文臣	男	汉	1952.2—1954.4	不详
	梁宪章	男	汉	1954.4—1955.12	辽宁省朝阳
中共滦平县第二区委员会（滦河）	张海庆	男	汉	1955.5—1956.4	不详
中共滦平县滦河办事处委员会	张海庆	男	汉	1956.4—1958.9	不详
	杨清瑞	男	汉		不详
中共双塔山区委员会	梁宪章	男	汉	1956.1—1956.8	辽宁省朝阳
中共双塔山区工作委员会				1956.8—1957.4	
中共双塔山区偏桥子乡总支委员会	郭恒林	男	汉	1956.8—1958.9	河北省承德市
	谭文珍	男	汉		河北省丰宁县
中共双塔山区双塔山乡总支委员会	李金生	男	汉	1956.8—1958.9	不详
	梁宪章	男	汉		辽宁省朝阳
中共双塔山区岔沟门乡总支委员会	宋文祥	男	汉	1956.8—1958.9	不详
	杜连臣	男	汉		不详
中共滦平县滦河乡总支委员会	张荣善	男	满	1955.6—1958.9	河北省滦平县
中共双塔山红旗人民公社委员会	顾景瑞（第一书记）	男	蒙古	1958.9—1960.3	内蒙古自治区翁牛特旗
	邱文志（第二书记）	男	汉		河北省孟村回族自治县

续表 13-2-1

组织名称	姓名	性别	民族	任职时间	籍　贯
中共承德市滦河人民公社委员会	张　帜	男	汉	1959.7—1960.3	不详
中共承德市双塔山人民公社委员会	顾景瑞	男	蒙古	1960.3—1961.5	内蒙古自治区翁牛特旗
	冯　旗	男	汉		不详
中共承德市双塔山人民公社委员会	邱文志(第二书记)	男	汉	1960.3—1961.5	河北省孟村回族自治县
中共双塔山区委员会	林　飞	男	汉	1961.11—1963.2	河北省望都县
	赵玉振(代)	男	汉	1965.2—1966.5	河北省唐山市
中共双塔山区双塔山人民公社委员会	刘恒裕	男	汉	1961.5—1966.5	不详
中共双塔山区滦河人民公社委员会	杨清瑞	男	汉	1961.5—1966.5	不详
	赵国贤(代)	男	汉		不详
中共双塔山区大庙人民公社委员会	李亚洲(代)	男	汉	1961.5—1966.5	不详
	赵国贤(代)	男	汉		不详
中共双塔山区偏桥子人民公社委员会	孟宪成	男	汉	1961.5—1966.5	不详
	齐树槐	男	汉		不详
中共双塔山区委员会	赵玉振	男	汉	1966.5—1968.1	河北省唐山市
中共双塔山区双塔山人民公社委员会	刘恒裕	男	汉	1966.5—1968.1	不详
中共双塔山区大庙人民公社委员会	孙志勋	男	汉	1966.5—1968.1	不详
中共双塔山区偏桥子人民公社委员会	齐树槐(代)	男	汉	1966.5—1968.1	不详

1945.9—1968.1 域内中共地方组织副书记名表

表 13-2-2

组织名称	姓名	性别	民族	任职时间	籍　贯
中共滦平县第一区委员会（双塔山）	唐全义	男	汉	1945.9—1946.2	不详
中共承德市第七区委员会	唐全义	男	汉	1946.2—1946.8	不详
中共承德市第六区、五区双塔山区委员会	李　智	男	汉	1952.4—1955.12	河北省承德市
	王子阳	男	汉	1953.10—1955.12	河北省承德市
中共滦平县第二区工作委员会（滦河）	孙凤藻	男	汉	1955.5—1956.4	不详
中共滦平县滦河办事处委员会	孙凤藻	男	汉	1956.4—1958.9	不详
中共双塔山区双塔山乡总支委员会	王玉起	男	汉	1956.8—1958.9	不详
	高世忠	男	汉		不详
中共承德市双塔山红旗人民公社委员会	谭文珍	男	汉	1958.9—1960.3	河北省丰宁县
中共承德市滦河先锋人民公社委员会	张荣善	男	满	1958.9—1958.10	河北省滦平县
中共承德市滦河人民公社委员会	闫增录	男	满	1959.7—1960.3	北京市延庆

续表 13-2-2

组织名称	姓 名	性别	民族	任职时间	籍 贯
中共承德市双塔山人民公社委员会	谭文珍	男	汉	1960.3—1961.5	河北省丰宁县
	刘恒裕	男	汉		不详
	张荣善	男	满		河北省滦平县
中共双塔山区委员会	邱文志	男	汉	1961.6—1965.5	河北省孟村回族自治县
	闫增录	男	满	1961.11—1963.3	北京市延庆
	曹建光	男	汉	1965.4—1966.5	河北省石家庄市深泽县
中共双塔山区双塔山人民公社委员会	刘世英	男	汉	1961.5—1966.5	不详
中共双塔山区滦河人民公社委员会	马秀英	女	汉	1961.5—1966.5	不详
	姜之栋	男	汉		不详
中共双塔山区大庙人民公社委员会	高世忠	男	汉	1961.5—1966.5	不详
中共双塔山区偏桥子人民公社委员会	宋文祥	男	汉	1961.5—1966.5	不详
	齐树槐	男	汉		不详
中共双塔山区委员会	曹建光	男	汉	1966.5—1968.1	河北省石家庄市深泽县
中共双塔山区双塔山人民公社委员会	李焕梓	男	汉	1966.5—1968.1	不详
中共双塔山区滦河人民公社委员会	高秀英	女	汉	1966.5—1968.1	不详
	姜之栋	男	汉		不详

1973—1980 年中共承德市双滦办事处委员会历任书记、副书记名表

表 13-2-3

职务	姓名	性别	民族	任职时间	籍 贯
书记	俞 谦	男	汉	1973.12—1976.10	不详
副书记	徐 平	男	汉	1973.12—1976.10	辽宁省宁城县
	汪永丰	男	蒙	1974.9—1976.10	不详
	张树榜	男	汉	1976.6—1976.10	河北省定县
	安树旺	男	汉	1976.6—1976.10	河北省丰宁县
书记	俞 谦	男	汉	1976.10—1977.11	不详
	徐 平	男	汉	1977.11—1980.9	辽宁省宁城县
副书记	徐 平	男	汉	1976.10—1977.11	辽宁省宁城县
	汪永丰	男	蒙	1976.10—1979.10	不详
	张树榜	男	汉	1976.10—1980.9	河北省定县
	王子林	男	汉	1976.10—1980.9	河北省承德市
	安树旺	男	汉	1976.10—1980.9	河北省丰宁县
	邱文志	男	汉	1976.10—1980.9	河北省孟村回族自治县

1972—1983 年双滦区域人民公社党委书记、副书记名表

表 13-2-4

组织名称	职务	姓名	性别	民族	籍贯
双塔山人民公社					
中共承德市双塔山人民公社委员会（1972.1—1976.10）	书记	申文斌	男	汉	不详
		郭恒林	男	汉	河北省承德市
	副书记	李焕梓	男	汉	不详
		杨　山	男	汉	不详
		王志勇	男	汉	不详
		王　春	男	汉	不详
中共承德市双塔山人民公社委员会（1972.1—1976.10）	副书记	李　永	男	汉	不详
		王振清	男	汉	不详
中共承德市双塔山人民公社委员会（1976.10—1983.12）	书记	郭恒林	男	汉	河北省承德市
		周金生	男	汉	河北省徐水市
		张荣善	男	满	河北省滦平县
滦河人民公社					
中共承德市滦河人民公社委员会（1972.4—1976.10）	书记	高秀英	女	汉	不详
		俞　谦	男	汉	不详
		张振清	男	汉	不详
		马世明	男	汉	不详
	副书记	姜之栋	男	汉	不详
		马世明	男	汉	不详
中共承德市滦河人民公社委员会（1976.10—1983.12）	书记	焦成信	男	满	不详
大庙人民公社					
中共承德市大庙人民公社委员会（1972.12—1976.10）	书记	刘恒裕	男	汉	不详
	副书记	焦成信	男	满	不详
		王金霞	女	汉	不详
中共承德市大庙人民公社委员会（1976.10—1983.12）	书记	杨作舟	男	汉	不详
		周宝堂	男	汉	不详
偏桥子人民公社					
中共承德市偏桥子人民公社委员会（1972.1—1976.10）	书记	齐树槐	男	汉	不详
		周金生	男	汉	河北省徐水市
	副书记	陈剑平	男	汉	不详
		马福春	男	汉	不详
		王悦庭	男	汉	不详
中共承德市偏桥子人民公社委员会（1976.10—1983.12）	书记	周金生	男	汉	河北省徐水市
		马福春	男	汉	不详

二 中共双滦区委员会

1980年9月，中共双滦区委成立，由承德市委任命书记1名、副书记3名、常委10名。1985年12月，区委一届一次全会选举产生一届委员会，产生委员18名、候补委员3名。一届一次全会选举书记1名、副书记3 名、常委7名。1990年11月，区委二届一次全会选举产生二届委员会，产生委员22名、候补委员4名。二届一次全会选举书记1名、副书记3 名、常委9名。1994年4月，区委三届一次全会选举产生三届委员会，产生委员22名、候补委员5名。一次全会选举书记1名、副书记3名、常委10名。1997年9月，区委四届一次全会选举产生四届委员会，产生委员25名、候补委员5名。一次全会选举书记1名、副书记3名、常委11名。2003年4月，区委五届一次全会选举产生五届委员会产生委员25名、候补委员5名。一次全会选举书记1名、副书记4名、常委11名。

1980—2005年中共双滦区委历届常委、书记名表

表13-2-5

届　别	姓 名	性别	民族	任职时间	籍　贯
1980—1983	贾　桐	男	汉	1980.9—1983.3	河北省玉田县
1983—1985	于清水	男	汉	1983.3—1985.11	河北省丰宁县
一　届 1985.12 —1989 .12	杨国钧	男	汉	1985.11—1989.12	河北省承德市营子区
二　届 1989.12—1992.12	杨国钧	男	汉	1989.12—1990.10	河北省承德市营子区
	陈秀峰	男	汉	1990.10—1992.12	河北省承德市
三　届 1992.12—1998.2	陈秀峰	男	汉	1992.12—1994.5	河北省承德市
	刘学军	男	汉	1994.5—1997.8	河北省平泉县
	关　悦	男	满	1997.8—1998.2	河北省围场县
四　届 1998.2—2003.7	关　悦	男	满	1998.2—2003.3	河北省围场县
五　届 2003.7—	崔振泉	男	满	2003.3—2004.1	河北省隆化县
	苏爱国	男	满	2004.2—	河北省滦平县

1980—2005年中共双滦区委历届常委、副书记名表

表13-2-6

届　别	姓 名	性别	民族	任 职 时 间	籍　　贯
1980.9—1985.12	于清水	男	汉	1980.9—1983.12	河北省丰宁县
	徐　平	男	汉	1980.9—1983.12	辽宁省宁城县
	杨　普	男	汉	1980.9—1983.12	河北省滦平县
	杨国钧	男	汉	1985.8—1985.10	河北省承德市营子区
	周金生	男	汉	1984.1—1985.11	河北省徐水县
	郭恒林	男	汉	1984.1—1985.12	河北省承德市
	陈树峰	男	汉	1985.11—1985.12	河北省承德县
	王云惠	男	汉	1985.8—1985.12	辽宁省朝阳县

续表 13-2-6

届别	姓名	性别	民族	任职时间	籍贯
一届 1985.12—1989.9	郭恒林	男	汉	1985.12—1989.12	河北省承德市
	陈树峰	男	汉	1985.12—1989.12	河北省承德县
	王云惠	男	汉	1985.12—1989.12	辽宁省朝阳县
二届 1989.10—1994.3	陈树峰	男	汉	1980.12—1992.4	河北省承德县
	陈秀峰	男	汉	1989.12—1990.10	河北省承德市
	王云惠	男	汉	1989.12—1992.4	辽宁省朝阳县
	高晓成	男	汉	1992.6—1992.12	山东省
三届 1994.4—1997.8	高晓成	男	汉	1992.12—1993.1	山东省
	刘学军	男	汉	1992.12—1994.3	河北省平泉县
	徐炳勋	男	汉	1992.12—1996.4	北京市
	李振山	男	汉	1992.12—1997.11	河北省承德市营子区
	罗 炜	男	满	1994.5—1996.4	北京市
	徐树清	男	满	1996.4—1998.2	河北省围场县
	赵建中	男	汉	1996.4—1998.2.	河北省承德县
	王瑞林	男	满	1996.5—1998.2	河北省滦平县
	李长银	男	汉	1996.8—1998.2	河北省承德市双滦区
四届 1997.9—2003.3	徐树清	男	满	1998.2—2003.7	河北省围场县
	赵建中	男	汉	1998.2—2003.3	河北省承德县
	王瑞林	男	满	1998.2—2003.3	河北省滦平县
	李长银	男	汉	1998.2—2003.3	河北省承德市双滦区
	程星辉	男	汉	1998.6—2002.3	河北省定州市（挂职）
	苏爱国	男	汉	2002.1—2003.7	河北省滦平县
	单化军	男	汉	2003.3—2003.7	河北省平泉县
	于雅芬	女	汉	2003.3—2003.7	辽宁省营口市
	刘启明	男	汉	2003.3—2003.7	河北省承德市
五届 2003.4—	苏爱国	男	汉	2003.7—2004.1	河北省滦平县
	胡熙宁	男	汉	2004.2—2005.12	河北省宽城县
	单化军	男	汉	2003.7—2005.12	河北省平泉县
	于雅芬	女	汉	2003.7—2005.12	辽宁省营口市
	刘启明	男	汉	2003.7—	河北省承德市

1980—2005 年中共双滦区委历届常委会其他委员名表

表 13-2-7

届次	姓名	职务	性别	民族	任职时间	籍贯
中共双滦区委常务委员会	李崇伦	常务委员	男	汉	1980.9—1985.12	河北省玉田县
	高凤喜	常务委员	男	汉	1980.9—1983.12	不详

续表 13-2-7

届次	姓名	职务	性别	民族	任职时间	籍　贯
中共双滦区委常务委员会	王俊山	常务委员	男	汉	1982.4—1985.12	山西省五台县
	李生龙	常务委员	男	汉	1984.1—1985.12	不详
	张庆瑞	常务委员	男	满族	1984.6—1985.12	河北省滦平县
	徐炳勋	常务委员	男	汉	1985.8—1985.12	北京市
中共双滦区委第一届常务委员会	王俊山	常务委员	男	汉	1985.12—1987.6	山西省五台县
	徐炳勋	常务委员	男	汉	1985.12—1989.12	北京市
	张庆瑞	常务委员	男	汉	1985.12—1989.12	河北省滦平县
	刘广涛	常务委员	男	汉	1987.6—1989.12	河北省平泉县
	刘金卫	常务委员	男	汉	1988.4—1989.10	河北省蠡县
中共双滦区委第二届常务委员会	刘广涛	常务委员	男	汉	1989.12—1992.6	河北省平泉县
	徐炳勋	常务委员	男	汉	1989.12—1992.12	北京市
	高　芳	常务委员	男	汉	1991.3—1992.10	河北省滦平县
	冯文琴	常务委员	女	汉	1989.12—1992.12	河北省承德县
	杨和平	常务委员	男	汉	1989.12—1991.8	河北省灵寿县
	张庆瑞	常务委员	男	汉	1989.12—1992.10	河北省滦平县
	王德山	常务委员	男	汉	1991.12—1992.10	河北省滦平县
中共双滦区委第三届常务委员会	冯文琴	常务委员	女	汉	1992.12—1996.9	河北省承德县
	王文元	常务委员	男	汉	1992.12—1997.9	河北省承德市
	田印平	常务委员	男	满族	1992.12—1998.1	河北省承德市
	张双吉	常务委员	男	汉	1992.12—1997.12	河北省大城县
	张如松	常务委员	男	汉	1996.4—1998.1	河北省盐山县
	王晓忠	常务委员	男	汉	1996.8—1998.1	河北省行唐县
	丁　然	常务委员	男	满族	1995.9—1998.1	河北省滦平县
	李利民	常务委员	男	汉	1994.5—1998.1	河北省承德县
中共双滦区委第四届常务委员会	丁　然	常务委员	男	汉	1998.2—2003.7	河北省滦平县
	李利民	常务委员	男	汉	1998.2—2003.7	河北省承德县
	王依荣	常务委员	男	汉	1998.2—003.7	黑龙江省拜泉县
	张如松	常务委员	男	汉	1998.2—2003.7	河北省盐山县
中共双滦区委第五届常务委员会	王依荣	常务委员	男	汉	2003.7—2005.12	黑龙江省拜泉县
	丁　然	常务委员	男	汉	2003.7—2005.12	河北省滦平县
	许先民	常务委员	男	满族	2003.7—2005.12	河北省平泉县
	张铁军	常务委员	女	满族	2003.7—2005.12	河北省围场县
	李清玉	常务委员	男	汉	2003.7—2005.12	河北省承德市
	刘大威	常务委员	男	汉	2003.3—2004.4	辽宁省

第二节　工作机构

一 常设机构

1980年9月，中共双滦区委常设机构设区委办公室、区委组织部、区委宣传部。1984年机构改革，增设档案科（馆）、统一战线工作部、区委政法委员会、老干部局、区委政策研究室、区委机要局。

1995年机构改革，区委常设机构为：区委办公室、区委组织部、区委宣传部、区委政法委员会、区委农村工作部、信访局。2002年机构改革，区委所属工作部门8个：区委办公室、区委机要局、区委组织部、区委宣传部、区委政法委员会、统一战线工作部、区委农村工作部、信访局。

2005年底，区委所属工作部门有：区委办公室、区委组织部、区委宣传部、区委政法委员会、统一战线工作部、区委农村工作部，部门管理机构有双滦区信访局、老干部局；直属事业机构有档案局（兼党史研究室）。

二 派出机构

1980年9月，双滦区人大常委会、双滦区政府和双滦区政协分别建党组。1985年，双滦区人民法院、双滦区检察院、承德市公安局双滦分局建党组。1994年7月，双滦区地方税务局建党组。1995年2月，双滦区国家税务局建党组。1997年4月，承德市工商局双滦分局建党组。2002年，区直机关党委更名为区直机关工委。2005年，中共双滦区委派出机构有党组8个，区直机关工委1个。

第三章　重要会议

区委重要会议包括全体委员会议和常务委员会议。中共双滦区委员会自成立至2005年，历经五届常委会。其间，召开常委会议412次、全委会议32次。

区党代表大会闭会期间，区委全委会领导全区工作。各届区委第一次全委会议选举产生区委书记、副书记和常务委员。各届各次全委会议，贯彻中共中央、中共河北省委、中共承德市委的重要会议精神；听取和审议区委常委会工作报告；对全区经济建设、社会发展、民生事业及其他涉及全局性的重大问题作出决策；对区委常委会提请决定的重要问题作出决议决定，决定重要部门正职拟任人选。

区委全委会闭会期间，区委常委会主持区委工作。中共双滦区委员会自1980年9 月成立至1985年12月第一届委员会产生前，共召开156次常委会议。常委会议不定期召开，主要任务是贯彻执行中共中央方针政策、传达中共河北省委、承德市委重重要会议精神，并作出部署；对双滦区经济发展、精神文明建设、党建工作、社会稳定、各级领导班子建设及干部人事调整等重大事项作出决议或决定。

第一节　区委全委会议

一 第一届区委全委（扩大）会议

1985年12月，中共双滦区第一届委员会（以下简称一届区委）召开第一次全委委员会议（以下简称全委会）。会议选举杨国钧为区委书记；陈树峰、郭恒林、王云惠为区委副书记；杨国钧、陈树锋、王云惠、郭恒林、王俊山、徐炳勋、张庆瑞为区委常委。会议通过《关于端正党风，增强党性的决定》。

1987年1月7—9日，中共双滦区委第一届

1988.8.17—8.12 中共双滦区一届四次全委（扩大）会议（区档案馆提供）

委员会召开第二次全委（扩大）会。会议传达中共承德市委八届二次全委（扩大）会议精神和省经济工作座谈会精神；修改区委、区政府贯彻落实《中共中央关于社会主义精神文明建设指导方针的决议》的措施；讨论区委《一九八六年工作总结》和《一九八七年工作要点》。

1988年1月14—15日，一届区委召开第三次全委（扩大）会议。会议贯彻中共十三大会议和省委三届五次全会精神；总结1987年工作，研究确定1988年全区的任务，讨论通过《一九八八年工作指导纲要》。

1988.12.12—12.14 中共双滦区委一届五次全委扩大会议（区档案馆提供）

1988年8月19—20日，一届区委召开第四次全委（扩大）会议。会议传达市委八届四次全委（扩大）会议精神，从双滦实际出发，研究学赶山东，加快经济建设步伐。会议通过《关于实行三年经济发展目标责任制的决定》；确定《乡镇财政管理体制的试行办法》；陈树峰作题为《学赶山东，奋起实干，努力开创我区经济建设新局面》的讲话；区委书记杨国钧作题为《学习山东，群策群力抓经济，上下一心，创新务实搞改革》的讲话。

1988年12月12—14日一届区委召开第五次全委（扩大）会议。会议传达贯彻中共河北省委三届六次全委（扩大）会议和市委八届五次全委(扩大)会议精神；研究部署治理全区经济环境、整顿经济秩序、全面深化改革的各项工作；区委书记杨国钧作题为《认真贯彻落实十三届三中全会精神，完成治理整顿》的报告，区委副书记陈树峰作题为《治理整顿并举，全面深化改革，努力促进全区经济和其它各项建设事业稳步发展》的讲话；会议通过《关于加强承包土地管理，增加对土地投入的决定》；讨论通过《关于进行形势教育的安排意见》。

1989年7月21—22日，一届区委召开第六次全委（扩大）会议。会议贯彻中共十三届四中全会精神；传达省委三届七次全委（扩大）会议精神和市委八届六次全委（扩大）会议精神；区委书记杨国钧作题为《坚持立国之本，走好强国之路，把全区的改革和建设继续引向深入》的报告。

1989.7.21—7.22 中共双滦区委一届六次全委扩大会议（区档案馆提供）

二 第二届区委全委（扩大）会议

1989年12月8日，中共双滦区第二届区委员会（以下简称二届区委）召开第一次全委会议。会议选举杨国钧为区委书记；陈秀峰、陈树锋、王云惠为区委副书记；杨国钧、陈秀峰、陈树锋、王云惠、刘广涛、徐炳勋、冯文琴、杨和平、张庆瑞为区委常委。

1990 年 3 月 6 日至 7 日，二届区委召开第二次全委（扩大）会议。贯彻中共十三届五中全会和省委三届八次全会、市委八届七次全委（扩大）会议和 1990 年承德市计划工作会议精神；总结 1989 年工作，部署本年度工作。区委书记杨国钧作题为《统一思想，坚定信心，保障全区进一步治理整顿和深化改革的顺利进行》的报告；会议讨论并通过《关于加强基层组织建设的意见》和《关于农业发展和农村改革》《关于繁荣市场、整顿流通秩序》《关于持续、稳定、协调发展工业经济的决定》等文件；会议通过《1990 年工农业生产和社会发展计划（草案）》。

1990.3.6 双滦区委二届二次全委扩大会议（区档案馆提供）

1990 年 9 月 27—28 日，二届区委召开第三次全委（扩大）会议。会议传达市委九届二次全委（扩大）会议精神；区委副书记陈树峰作题为《统

1990.9.27—9.28 双滦区委二届三次全委会（区档案馆提供）

一思想，坚定信心，创造条件，稳步前进》的报告；区委书记杨国钧作题为《振作精神，齐心协力，艰苦奋斗，把双滦经济搞上去》的讲话。

1991 年 3 月 28—29 日，二届区委召开第四次全委（扩大）会议。会议审议并原则通过《双滦区国民经济和社会发展十年规划和“八五”计划（草案）》；区委书记陈秀峰作题为《认真贯彻中共十三届七中全会精神，坚持不懈地做好经济工作》的报告。

1992 年 1 月 21—22 日，二届区委召开第五次全委（扩大）会议。会议传达中共十三届八中全会和省委四届三次全委（扩大）会议及市委（扩大）会议精神；讨论通过《一九九二年工作要点》。安排 1992 年经济工作。区委书记陈秀峰作题为《认真贯彻中央八中全会精神，进一步加强农业和农村工作》讲话。

1992 年 7 月 16 日至 17 日，二届区委召开第六次全委（扩大）会议。会议贯彻市委九届五次全委会和经济工作会议精神；传达中共中央、国务院关于加快发展第三产业的决定；总结上半年经济工作情况，部署下一步改革开放经济发展工作。刘学军作题为《解放思想，抓住机遇，扎实工作，加快发展》的讲话；陈秀峰作题为《抓住机遇，大胆开拓，进一步开创我区经济工作的新局面》。明确下一步改革工作的总体思路是：抓住经济体制改革的中心环节，突出转换企业经营机制这个重点，加快转变政府职能，建立和完善社会劳动保障体系，培育和发展市场体系配套改革。

三 第三届区委全委（扩大）会议

1992 年 12 月，中共双滦区第三届委员会（以下简称三届区委）召开三届一次全委会议。会议选举陈秀峰为区委书记；选举刘学军、徐炳勋、李振山为区委副书记；陈秀峰、刘学军、徐炳勋、李振山、罗炜、冯文琴、王文元、李长银、田印平、张双吉为区委常委。会议审议通过《关于加快双滦区改革开放和经济发展的决定》。

1993年2月8日，三届区委召开第二次全委（扩大）会议。会议贯彻省委三届八次全会、市委八届七次全委（扩大）会议和1990年承德市计划工作会议精神；总结1989年工作，部署年度工作；区委书记杨国钧作题为《统一思想，坚定信心，保障全区进一步治理整顿和深化改革的顺利进行》的报告；会议讨论并通过《关于加强基层组织建设的意见》《关于繁荣市场、整顿流通秩序的决定》《关于持续、稳定、协调发展工业经济的决定》《1990年工农业生产和社会发展计划（草案）》。

1994年2月26—27日，三届区委召开第三次全委（扩大）会议。会议贯彻党的十四届三中全会、市委常委（扩大）会议、全市经济工作会议和农村工作会议精神；研究确定1994年经济工作及各项建设的具体思路、工作任务、奋斗目标及具体措施；部署全区1994年经济及农业农村和区属工业及乡镇企业工作。区委书记陈秀峰作题为《不断解放思想，强化发展意识，力争全区经济今年再迈新台阶》的讲话；徐炳勋讲话强调加强农业和农村工作；区委副书记、区长刘学军作题为《从零开始，二次创业，加快发展，富民强区》的讲话。

1995年1月7—8日，三届区委召开第四次全委（扩大）会议。会议明确1995全区经济工作思路、奋斗目标和主要措施；传达中共十四届四中全会和市委常委扩大会议精神；讨论区委关于贯彻落实十四届四中全会《决定》的若干问题；会议号召全区人民按照1994年5月区委区政府制定的《双滦区农村小康建设规划》，以小康建设总揽农村工作全局，全面推进农业农村工作再上新台阶，确保在1997年建成小康区。

1996年2月5—6日，三届区委召开第五次全委（扩大）会议。会议贯彻中央五中全会和省、市会议精神；通过《对全区经济发展和各项事业的正确估价和宏观分析》，研究确定1996年全区各项工作的总体思路、工作任务和奋斗目标；讨论通过《关于制定全区国民经济和社会发展“九五”计划及2010年远景目标的建议》《关于加强“九五”时期社会主义精神文明建设的意见》；区委书记刘学军作题为《找准基点，谋好开局，自我加压，强力突破》的讲话。

1997年1月9—10日，三届区委召开第六次全委（扩大）会议。会议贯彻市委全会、经济工作会议精神，讨论通过区委《关于进一步加强基层领导班子建设提高干部队伍素质的决定》《双滦区1996—2000年社会主义精神文明建的建设实施纲要》；研究确定1997年全区经济工作目标、任务及措施。

1997年10月14日，三届区委召开第七次全委（扩大）会议。会议通过《关于召开中国共产党承德市双滦区第四次代表大会的决议》；确定第四次代表大会的主要议程、参加代表名额、分配原则及产生办法。

1998年2月7日，三届区委召开第八次全委会议。会议听取和讨论区委第三届委员会工作报告；确定第四次党代会日期、议程、代表名额、分配原则及产生办法。

四　第四届区委全委（扩大）会议

1998年2　月11日，中共双滦区第四届委员会（以下简称四届区委）召开四届一次全委会议。会议选举关悦为区委书记；选举徐树清、赵建中、王瑞林为区委副书记；关悦、徐树清、赵建中、王瑞林、张如松、李利民、李长银、王晓忠、丁然、王依荣、于雅芬为区委常委。

1998年12月24日，四届区委召开第二次全委（扩大）会议。会议通过关于贯彻落实《中共中央关于农业和农村工作若干重大问题的决定》的实施意见，明确到2010年全区农业和农村工作的指导思想；区委书记关悦作重要讲话。

1999年12月24日，四届区委召开第三次全委（扩大）会议。会议贯彻落实省委五届八次全会和市委十届九次全会精神，结合实际，研究部署在新世纪如何进一步加快区域经济发展问题；讨论通过《关于加快区域经济发展的决定》，确定扩大对内对外开放、实施“国退民进”体制改革、发展个体私营经济和旅游业、推进农业结构调整，最终实现产业结构的优化升级，活跃区域经济。

2000年12月12日，四届区委召开第四次全委（扩大）会议。会议通过《关于制定国民经济和社会发展第十个五年计划的建议》，提出以党的十五届五中全会精神为指导，坚持解放思想，实事求是，实施“开放带动”和“科教兴区”两大战略；突出旅游产业化和现代化城区建设两个拉动；强化政策、环境保障；抓好非公有制经济、旅游业、骨干、产业化农业四个支柱；努力解决财政收支矛盾和就业压力大两个突出问题，构建双滦区域特色经济框架。2001年6月，四届区委召开第五次全委（扩大）会议。会议选举出席承德市第十一次党代会的代表14名。

2003年7月14日，四届区委召开第六次全委（扩大）会议。会议确定区第五次党代表大会召开的时间、主要议程、代表名额、分配原则及产生办法；通过《关于召开中国共产党承德市双滦区第五次代表大会的决议（草案）》。

五　第五届区委全委（扩大）会议

2003年7月，中共双滦区第五届委员会（以下简称五届区委）召开五届一次全委会议。会议选举崔振泉为区委书记；选举苏爱国、单化军、于雅芬、刘起明为区委副书记；丁然、于雅芬、王依荣、刘大威、刘起明、许先民、苏爱国、李清玉、张铁军、单化军、崔振泉为区委常委。

2004年3月31日，五届区委召开第二次全委（扩大）会议。会议讨论并通过《中共双滦区委常委会工作报告》、《双滦区全面建设小康社会总体规划纲要》和中共双滦区委《关于加快创建繁荣、开放、诚信、文明经济强区的决定》；区委书记苏爱国作题为《在求真上做文章，从务实上下功夫，增强综合素质　努力提高创造性开展工作的能力和水平》的讲话。

2004年12月8日，五届区委召开第三次全委（扩大）会议。会议贯彻落实市委十一届七次全会《实施意见》，听取和审议区委书记苏爱国的工作报告；会议讨论通过《关于中共双滦区第五届委员会常务委员会工作报告》的决议；审议通过《中共双滦区委关于贯彻落实〈中共承德市委十一届七次全会实施意见〉的具体意见》；增补区委委员1名。

2005年1月16日，五届区委召开第四次全委（扩大）会议。会议听取区委书记苏爱国的工作报告；审议通过《中共双滦区委关于在加快创建繁荣、开放、诚信、文明经济强区中推进“六个转变”落实“六个坚持”的决定》；“六个转变”即思维方式由封闭型向开放型转变、工作作风由“唯上唯书”向求真务实转变、发展定位由郊区向城区转变、工作态度由应事等事耽误事向谋事干事干成事转变、落实工作由“难字当头”向“干字当先”转变、服务大局由一般认识向实际行动转变。“六个坚持”即坚持“一线工作法”（“领导一线指挥、干部一线锻炼、工作一线推动、典型一线培树、感情一线加深”的工作方法）、坚持新精神、坚持新观念、坚持新作风；坚持新理念、坚持新意识。

2005年7月22日，五届区委召开第五次全委（扩大）会议。会议贯彻落实省委六届七次全会和市委十一届八次全会精神，围绕加快实施“科教兴区”战略，专题研究科技教育工作；讨论通过《关于加强教育工作的决定》和《关于加强科技工作的决定》；学习讨论区委书记苏爱国在第五次全委（扩大）会议上的讲话。

2005年12月28日，五届区委召开第六次全委（扩大）会议。会议讨论通过区委书记苏爱国作常委会工作报告、《关于制定国民经济和社会发展第十一个五年规划的建议》和《关于构建“和谐双滦”的实施意见》。至2005年12月，第五届双滦区委召开6次全委（扩大）会议。

第二节　区委常委会议

中共双滦区委员会自1980年9月成立至1985年12月一届委员会产生前，召开常委会议156次。1985年12月至2005年12月，中共双滦区五届委员会召开常委会412次。会议分别研究各届期内的重大事项和重点工作。

一　第一届区委常委会（1985年12月至1989年12月）

一届区委常委会共召开129次会议。其中，涉及党建党风廉政工作29项次，研究工商业工作23项次，研究农村、农业工作19项次，研究计生工作10项次，文教卫生工作3项次，城建工作1项次，其他工作81项次。

1986年1月3日，常委会议传达承德市直机关干部大会精神，学习市委书记张唤群题为《全党动手为实现承德市党风好转而奋斗》的讲话，布置双滦区整党工作。1月11日，常委会学习中共中央〔1986〕1号文件，研究双滦区农业工作，决定开展农村调查。2月21日，常委会传达河北省“全省农村整党总结经验交流会”精神，提出“加强整党工作力量、区委常委分包乡镇、按计划时间推进工作”等意见。2月24—25日，常委会传达《中共河北省委一九八六年工作指导纲要》，对党建工作进行专题研究，决定对区内3名党员暂缓登记。3月17日，常委会议讨论抓党风责任制问题，同时讨论了基层干部调整问题。5月7—10日，常委会传达河北省委关于农村整党和党建的领导讲话，传达承德市委关于整党验收工作的要求，会议听取了双塔山镇党委关于整党工作的汇报，并对双塔山镇党风建设等工作进行了分析。会议指出：解决好镇机关党员干部存在的不正之风，领导干部要以身作则、严以律己，主动纠正错误，摆脱工作被动局面。7—8月，常委会两次研究计划生育工作，研究对个别违反计划生育政策人员的处理意见，提出抓好多胎现孕和长效措施两个重点，抓好经常性措施等意见。8月19日，常委会议听取整党工作总结汇报，提出下步工作意见。研究对10名人员落实政策问题，对“文化大革命”期间犯有严重错误人员进行定性，研究处理意见。11月28日，常委会议讨论《中共双滦区精神文明建设规划》。11月29日，常委会议研究农村清理集体财产问题，明确清理范围和原则。12月6—25日，常委会召开5次会议，布署开展民主评议区级领导干部工作；讨论区委、区政府班子年度工作总结及区委常务、区政府各副区长年度述职报告；向区委常委、政府各副区长通报民主评议结果，讨论研究整改措施。

1987年1月19日，常委会议学习中共中央政治局扩大会议精神，强调坚持四项基本原则，反对资产阶级自由化。2月19日，常委会议学习中共中央(1987)5号文件，讨论继续改革农村统派购制度，扩大农村市场；完善村级合作服务组织，改革农村流通体制、培训农业技术人员；发展乡镇企业、林果业、畜牧业等。3月21日，常委会议传达承德市委县、区长、局长会议精神。布署深入开展反对资产阶级自由化斗争。7月6日，常委会议专题研究双滦区农村计划生育奖惩补充规定意见。9月22日至10月7日，常委会议两次研究工农、军民共建两个文明问题及区内商业系统加快改革，推行承包经营和租赁经营工作。12月24日，常委会议专题研究区内工业企业承包经营工作，总结第一批承包企业成功经验，查找问题，议定：企业承包经营工作，在区内全面推开。

1988年2月25日，常委会议讨论通过陈树峰在双滦区计划会议上所作题为《深化改革开拓前进，加快发展双滦经济》的发言稿。7月21日，常委会研究建材厂工人反映承包人在生产经营中存在问题和承包人存在的经济问题，议定：成立调查组进厂调查。9月29日，常委会议研究讨论《双滦区引进资金奖励办法》《双滦区三年经济发展责任制》《乡镇财政体制》《党政机关干部保持廉洁的规定》《区委、政府领导参加会议和活动的规定》等文件文本。9月30日至10月10日，常委会两次召开会议学习中共中央工作会议精神和赵紫阳同志在中共十三届三中全会上的讲话，布署双滦区治理经济发展环境，整顿经济秩序工作。

1989年1月13日至2月16日，常委会先后3次召开会议学习中共中央《农村工作会议提纲》〔1988年〕11号文件，传达承德市农村工作会议精神，研究双滦区农业发展工作；讨论双滦区1989年国民经济发展计划；布置召开双滦区农村工作会议。4月12日，常委会议讨论1989年双滦区财政预算安排意见；研究双滦区公费医疗改革方案；听取整党工作处置不合格党员工作的情况汇报及优秀党员、优秀党务工作者评选情况汇报，并提出指导意见。6月14日至26日，常委会先后两次召开会议学习邓小平同志关于政治风波讲话精神，学习中共中央十四届四中全会公报，并进行讨论统一思想。9月19日，常委会议专题研究党风廉政建设工作，围绕吃喝、收受礼、建私房、公车私用、家属子女经商、用人等方面的不正之风和拖欠公款、购买紧俏商品等问题，布署开展自查自纠。11月17日，常委会议学习中共十三届五中全会精神，重点学习《中共中央关于进一步治理整顿和深化改革的决定》和江泽民、李鹏等中央领导的讲话，会议进行讨论。

二　第二届区委常委会（1989年12月至1992年12月）

双滦区第二届区委常委会议共召开89次会议。其中，涉及党建廉政工作26项次，研究工商企业工作34项次，研究农村、农业工作27项次，研究机构设置和干部任免调整方面25项次，研究计划生育工作、信访工作各3项次，研究其他工作69项次。

1989年12月9日、1990年1月12日，常委两次召开会议传达河北省、承德市委关于进一步治理整顿和深化改革若干问题，研究布署双滦区治理整顿工作。1990年2月9日，常委会议例会研究乡镇换届选举工作。3月10日，常委会议研究区人大、政协换届工作。4月9日，常委会议学习中共中央5号文件《关于加强党同人民群众联系的决定》，会议要求区内各级党员领导干部要加强理论学习，坚持群众路线，甘做人民公仆。5月28日，常委会议讨论1989年度各乡镇责任状考评与兑现，研究1990年度责任状各项指标。9月20日，常委会议讨论双滦区二届三次全委会议议程内容，讨论通过区长陈树峰所作题为《关于1至8月份经济情况总结及9至12月份工作任务》的讲话稿，讨论“八·五”计划。10月5日，常委会议研究讨论区属企业第二轮承包工作，研究市场建设、人事调整等问题。12月7日，常委会议讨论双滦区企业“基本国情、基本路线”教育计划，听取区属企业第二轮承包工作情况汇报；讨论农村“五个三”（三学：政治纪律、时事政策、科学文化，三树：社会主义信念、爱国主义精神、集体主义观念，三除：破除封建迷信、陈规陋习、不正之风，三建：宣传组织队伍建设、阵地渠道建设、工作制度建设，三争取：体制网络完善、村风民风好转、集体经济发展壮大）活动规划；研究人事任免事项。

1991年1月31日，常委会议讨论并通过1991年双滦区计划会议领导讲话材料，讨论双滦区计划指标。3月26日，常委会议专题讨论双滦区十年规划和双滦区“八·五”计划文本。5月21日，常委会议先后研究双滦区财政预算、当前工业生产、农村社会主义教育工作及计划生育工作。7月20日，常委会议传达承德市党风廉政建设、纪律检查工作会议精神，研究双滦区纠正不正之风工作重点；研究矿机厂基建工程与白庙子村之间的纠纷，决定组成工作组调查处理；同时研究确定乡镇人大主席和代表组长培训及人事任免问题。8月9日，常委会议召开常委生活会，围绕贯彻执行党的路线方针政策、班子团结协作、贯彻群众路线、廉政建设等方面进行总结，查找不足。10月17日，常委会议传达河北省、承德市乡镇企业会议精神，讨论双滦区《关于加快发展乡镇企业的决定》，研究下步农田基本建设工作。12月4日，常委会学习传达《中共中央关于进一步加强农业和农村工作的决定》，讨论双滦区农村工作；研究政协工作，议定12月底召开双滦区政协工作会议。12月30日，常委会议听取农村工作调查组关于对农业、农村六个方面调查情况的调查汇报，研究下一步农业生产和农村工作。

1992年1月14日，常委会议传达承德市九届四次全会精神，传达市纪委全会精神，研究区年度各项经济计划指标、经济工作指导思想、确定召开计划工作会议时间等。2月19日，常委会议传达河北省承德市“社教”工作会议精神，听取乡镇社教工作汇报，布署下步社教工作。3月4日，常委会议传达邓小平同志视察武昌、上海等地的讲话精神；研究双偏公路建设、滦河集贸市场建设、农田旱改水工程等几个具体问题。3月14日、28日，常委会议学习“中共中央政治局学习邓小平谈话公报”及邢崇智在河北省七届五次人代会闭幕时的讲话；学习河北省委《关于进一步加快企业改革的十一条措施》和《关于扩大对外开放的十二条措施》，要求全区干部要进一步解放思想，更新观念，加快发展。7月6日，常委会议传达河北省委九届五次全委（扩大）会议精神，听取区属企业及有关部门上半年工作汇报，确定下半年工作重点；进一步学习邓小平南方谈话；会议提出：以转换企业经营机制为重点深化改革，扩大开放；落实企业自主权；抓上项目，发展合资企业。10月17日，常委会议专题研究区人大换届选举工作。10月30日、31日，常委会议布署学习中共十四大文件精神，研究双滦区解放思想、发展经济问题。11月2日，常委会议研究区委、乡镇党委换届工作。12月1日，常委会议讨论通过双滦区全委扩大会议主要内容：讨论通过区委二届委员会三年工作总结、关于加速双滦经济发展（草案）、双滦区第三次党代会安排意见。12月12日，常委会议通报中共双滦区第三届区委、区纪委候选人名单；讨论中共双滦区三次党代会主席团、执行主席分组和代表资格审查委员会名单；研究乡镇企业产值指标及二轻厂部分车间分开独立经营等问题。

三　第三届区委常委会（1992年12月至1998年1月）

第三届区委常委会议共召开71次。其中涉及党的建设和廉政建设工作28项次，研究工商企业工作22项次，研究农业和农村工作16项次，研究全区精神文明建设工作9项次，研究政法工作7项次，研究信访工作4项次，研究机构改革和干部任用调整22项次，其他工作59项次。

1993年1月5日，常委会议就乡镇新体制、个体私营经济发展、企业保值增值、对企业放权等方面研究了政策性文件起草工作。4月6日，常委会议听取1992年度目标责任制考评情况汇报，研究先进集体和个人表彰事项，决定对2名有突出贡献人员给予奖励晋级。9月18日，常委会议传达省纪委工作会议精神，研究反腐败工作。10月29日，常委会议讨论通过区委《关于加强区级领导干部中心组理论学习的规定》《关于坚持党员领导干部民主生活会制度的决定》《关于重新明确市级来区人员招待费标准及有关问题的规定》《关于严格财务制度的规定》《关于坚持两公开一监督制度的决定》《关于加强机关工作纪律的决定》《关于党政机关办经济实体的补充规定》等7项廉政制度。11月8日，常委会议传达中共承德市委反腐倡廉工作会议精神，研究双滦区反腐倡廉工作。11月19日，常委会议研究区级后备干部名单和干部任免事项。

1994年1月11日，常委会议传达市纪委会议精神，研究反腐倡廉回头看工作，研究人事调整问题。1 月 21 日，常委会议传达中共承德市委常委（扩大）会议精神，内容是“以思想大解放促进经济大发展”；传达承德市经济工作会议精神，研究双滦区 1994 年经济计划指标、兑现奖惩、启用人才等问题。2 月 21 日，常委会议研究区委（扩大）会议暨经济工作会议有关事项，听取 1993 年度乡镇企业表彰大会准备情况的汇报。2 月 25 日，常委会议研究引进资金有功人员奖励和人事调整问题。4 月 15 日，常委会议传达承德市“双拥”工作动员会议精神，研究双滦区“双拥”工作；研究双滦区小康建设规划；研究机关干部到企业工作的暂行办法；研究建住宅楼集资办法。8 月 13 日，常委会议传达河北省第二次支援承德灾区会议精神，研究双滦区特大洪水灾情调查工作。9 月 17 日，常委会议讨论区委、区政府《关于建立乡镇进档升级实施激励和约束机制的试行办法》《中共双滦区委员会关于加强领导班子建设的规定》区委区政府《关于农村小康建设责任制的决定》《关于进一步加强计划生育工作的决定》等文件；研究工业企业扭亏增盈问题。9 月 29 日，常委会议讨论区委《关于搞活干部任用机制》和《关于对干部考核的暂行规定》。研究人事问题。11 月 10 日，常委会议传达中共承德市委（1994 年）27 号文件《关于加强区级行政管理职能的决定》，研究双滦区机构改革问题。12 月 20 日，常委会讨论区委《关于加强农村基层组织建设的意见》和《双滦区小城镇建设规划》。

1995 年 1 月 16 日，常委会议研究对口扶贫和春节前困难户走访工作，听取综合治理检查情况汇报。1 月 21 日，常委会议传达承德市机构改革会议精神，研究区机构改革意见。2 月 25 日，常委会传达承德市体制改革工作会议精神，研究双滦区体制改革工作。传达市武装工作会议精神，研究双滦区武装工作。4 月 19 日，常委会议研究机构改革工作，主要是机构设置和人员编制等问题；讨论区委《关于加强干部管理的规定》《廉政谈话制度》《对新任领导干部跟踪考察制度》《领导干部离岗审计制度》《基层评议职能部门制度》；传达承德市廉政建设工作会议精神，议定召开区直机关纪律整顿大会，布署纪律作风整顿；研究小康建设工作及人事调整工作和信访工作。7 月 12 日，常委会议研究下半年区委工作要点；常委分工包点工作；培养选拔后备干部问题；听取上半年经济及各项工作情况汇报；会议一并研究区党校筹建工作和老干部工作。12 月 7 日，常委会议讨论《关于“三学、三查、三克服、一坚持”活动安排意见》（三学：学理论、学党章、学孔繁森，三查：查人生观、查世界观、查价值观，三克服：克服个人主义、克服拜金主义、克服享乐主义，一坚持：坚持全心全意为人民服务的宗旨）；研究区人大《关于推行“两错”责任追究制的意见》（“两错”即执法过错和错案）。12 月 9 日，常委会议讨论《双滦区“九五”规划及 2010 年远景目标的建议》。

1996 年 3 月 4 日，常委会议讨论区委、区政府《关于对外开放工作有贡献人员的奖励办法（讨论稿）》和《民营经济区优惠办法》；研究乡镇进档升级工作和区、镇财政体制问题。4 月 8 日，常委会议传达承德市政治工作会议精神、组织工作会议精神、宣传工作会议精神；讨论《双滦区鱼水工程安排意见》。研究省、市、区三级文明单位评选工作和老干部工作。5 月 12 日，常委会议研究区属工业和乡镇企业有关奖励政策；研究信访工作和 1995 年小康村验收工作。7 月 29 日，常委会议研究外来企业优惠政策和乡镇企业工作会议有关事项。9 月 19 日，常委会议通报参加厦门“9 · 8”洽谈会情况，要求 4 个镇和各部门都要在开放工作上有新突破。10 月 31 日，常委会听取滦广公路建设工程进展、供水工程进展、工业发展、体制改革、开放、政法、信访等方面工作情况汇报。11 月 1 日，常委会议听取领导干部清理建私房工作汇报；研究“学、树、爱、增”活动和“鱼水工程”工作。12 月

18—19日，常委会研究双滦区1997年经济指标；研究区人大述职评议工作；讨论《中共双滦区委员会关于加强领导班子建设的意见》。

1997年1月31日，常委会听取双滦区1996年财政决算和1997年财政预算情况汇报；讨论区委、区政府《关于进一步加大帮扶力度确保小康建设目标如期实现的意见》。研究定于1997年2月17日召开全区组织纪律、思想作风整训工作会议。3月16日，常委会研究干部考核工作；研究政法和信访工作，决定于3月前召开政法和信访工作会议。9月6日，常委会研究教师节庆祝活动，决定对1996—1997学年工作成绩突出的37名教师、27名优秀班主任和12名先进教育工作者予以表彰；研究对外开放和招商引资工作和稳定工作。

四 第四届区委常委会（1998年2月至2003年7月）

四届常委会议共召开79次。其中，研究党建廉政工作44项次，研究机构设置及干部调整36项次，研究工商企业工作18项次，研究农村农业工作12项次，研究政法工作14项次，研究卫生工作7项次，研究财政工作7项次，研究社会主义精神文明建设工作6项次，研究信访工作10项次，研究计划生育工作3项次，研究其他工作56项次。

1998年7月28日，常委会议听取关于全区农村基层组织建设、基层民主政治建设大调查的情况汇报；讨论通过《双滦区1998～2000年农村基层组织建设工作三年规划》《双滦区村级班子管理办法》;研究讨论区、镇、村“三提五统”（指农村三项提留五项乡统筹等，即公积金、公益金和管理费提留；统筹农村教育事业费附加、计划生育、优抚、民兵训练、修建乡村公路等民办公助事业的款项）。听取上半年度经济运行情况通报；听取区纪检委《关于重申区级领导电话费报销限额及报销办法的规定》；听取关于清理预算外资金情况的汇报，原则同意对有关违纪单位和违纪人员的处理意见及个别干部违规购买手机的处理意见;研究讨论区委《关于依法治区的决定》《关于对全区副科级以上干部动态考核管理的决定》《关于纪念中共十一届三中全会召开20周年庆祝活动的安排意见》等。11月5日，常委会议听取关于“小康村验收工作情况的汇报”“村财镇代管工作安排意见”；听取农村基层组织建设情况及基层党建现场会筹备情况的汇报；研究区委四届二次全委（扩大）会议筹备工作；研究稳定工作，强调进一步落实领导包案和一岗双责制度；会议一并研究人事任免等事项。

1999年1月5日，常委会议研究讨论“双滦区1999年经济指标”、《关于区与镇财政体制的规定》；听取关于1998年区财政预算执行情况的通报；讨论1998年党政班子工作报告及人事任免事项。3月3日，常委会讨论六届人大二次会议《政府工作报告（征求意见稿）》;讨论《1999年财政收支预算编制说明》；讨论双滦区1999年政法和信访工作安排意见等事项。9月10日，常委会议讨论《双滦区关于延长农村土地承包期进一步稳定土地承包关系的意见》《双滦区关于维护企业正常生产经营秩序的有关意见》；听取关于双滦区农村经济发展与村务管理中存在的有关问题调查情况的通报和农村党支部换届工作情况的汇报；会议还研究了人事、信访考核工作等事项。9月29日，常委会议专题研究农业生产结构调整问题，会议同意“制定土地流转办法、发展市场中介组织、抓大户和典型示范、鼓励下岗职工参与农业结构调整”等相关意见。12月21日，常委会议听取关于1999年财政决算及2000年财政预算情况汇报、听取关于1999年度主要措施完成情况及2000年指标预计情况，确定2000年各项指标；研究四届三次全委（扩大）会议及经济工作会议有关事项。

2000年1月20日，常委会议讨论通过《中共双滦区委常委会议议事规则》《区政府工作报告》征求意见稿；听取区纪委、监察局“关于

2000 年纪检、监察工作要点”汇报；会议还研究了抽调干部下访等工作事项。5 月 29 日和 6 月 5 日，常委会议学习江泽民同志关于“三个代表”重要思想；专题研究区级领导班子、领导干部“三讲”工作；研究依法治访工作等事项。8 月 8 日，常委会议讨论区委领导班子“三讲”（讲政治、讲学习、讲正气）教育整改方案。

2001 年 2 月 9 日，常委会议研究开展“三个代表”重要思想学习教育活动相关事项；研究镇党委换届选举工作；研究双滦区 2001 年个体私营经济发展目标及工作会议有关事项；听取 2001 年财政预算安排情况汇报；会议还研究了区人大六届四次会议和政协四届四次全会有关事项。8 月 8 日，常委会议专题讨论《双滦区“十五”期间龙型经济培育发展意见（讨论稿）》。12 月 18 日，常委会议研究《中共双滦区委关于“十五”期间加强社会主义精神文明建设的意见》；会议还研究了纪检监察工作、2002 年全区镇级人大换届工作及干部年终考核等工作。

2002 年 4 月 28 日，常委会议讨论并原则通过《关于以德治区实施意见》《双滦区作风建设年活动实施方案》《双滦区综合治理工作方案》《双滦区关于促进扩大开放的奖励办法》《双滦区关于鼓励国内外招商投资的规定》；会议一并研究了乡镇级党委换届工作和计划生育工作。11 月 21 日，常委会议研究学习贯彻中共“十六大”精神安排意见；讨论区委《关于开展创建农村基层组织建设先进区活动意见》《关于开展创建“六个好”优秀镇党委活动意见》《关于开展创建“五个好”优秀农村党支部和红旗党支部活动意见》等文件的征求意见稿。12 月 12 日，常委会议研究《双滦区 2003 年国民经济和社会发展计划（草案）》；研究党代会筹备工作和干部调整等事项。

2003 年 1 月 3 日，常委会议研究召开全区经济工作会议相关事项，确定各项经济指标及有关部门责任状内容；研究区人大代表选举工作等事项。3 月 27 日，常委会议研究区人大、政协换届工作。4 月 22—28 日，常委会议先后四次研究非典型肺炎防治工作；会议讨论《双滦区 2003 年纪检监察工作要点》讨论稿。5 月 12 日，常委会议研究双滦区防治“非典”和经济发展两手抓问题，会议通报前段经济工作情况，部署下一阶段经济工作。7 月 8 日，常委会议研究全区防治“非典”表彰大会相关事项；筹备召开双滦区第五届党代会。

五　第五届区委常委会（2003 年 7 月至 2005 年 12 月）

五届常委会议共召开 42 次。其中，涉及党建和廉政建设 16 项次，研究经济和社会发展工作 14 项次，政法工作 5 项次，教育卫生 5 项次，精神文明建设 3 项次，机构改革、机构设置及干部任用调整 23 项次，其他工作 47 项次。

2003 年 8 月 18 日，常委会议学习讨论中共承德市委书记赵文鹤在党员领导干部会议上的讲话；议定召开全区副科级以上干部会议，传达赵文鹤书记讲话精神。9 月 10 日，常委会传达河北省和承德市政法工作会议精神；研究双滦区政法工作，提出：“加强社会治安工作，维护稳定，加大办案力度，震慑犯罪活动”等意见。10 月 16 日，常委会传达中共河北省委六届四次全会精神，核心内容是：解放思想，实事求是，与时俱进；学习省委《关于加强各级党组织民主集中制若干重要问题的决定》；研究农业发展工作，提出：“发展城郊型精品农业”的战略决策；研究工业发展工作，提出抓好重点项目；研究财政工作，提出抓好“增收节支”工作意见；研究城市基础建设工作，提出“抓好供热工程建设”等意见；研究卫生工作，提出：“抓好医疗体制改革”等意见。

2004 年 2 月 2 日，常委会议研究调整、充实区级后备干部事项；讨论区委组织部《关于执行〈国家公务员暂行条例〉设置副主任科员和主任科员职务的建议》。议定：从 2004 年起在区直行政机关和参照试行《国家公务员暂行条例》机关中设置主任、副主任科员职务。2月8日，常委会议研究关于表彰2003年度经济工作中做出突出贡献的先进集体和先进个人事项，议定；对区财政局等8个经济工作成绩突出单位、区经济贸易局等11个经济工作有特殊贡献单位、双丰钢铁有限公司等3个纳税大户、区环保局等18个经济工作先进单位、双滦金大物资贸易有限公司等4个纳税先进企业、李瑞霞等49名先进个人进行表彰。2月26日，常委会议讨论通过区委、区政府《关于经济建设中对干部实行责任追究和轮岗交流制度的决定》《中共双滦区委常委会议事规则》。3月12日，常委会议讨论区委2004年工作要点；研究2004年区委组织工作安排和2004年区委宣传工作安排及“以德治区”方案。3月20日，常委会传达中共河北省委召开的市委书记会议和中共承德市委召开的县（区）委书记会议精神，研究做好特殊时期的稳定工作，议定召开教育、政法、宣传和安全生产紧急会议，做好高中学生的稳定工作和信访工作，确保安全生产；决定成立“3·18”工作领导小组和办公室，负责稳控具体工作。3月30日，常委会议讨论修改《中共双滦区委关于加快创建繁荣、开放、诚信、文明的经济强区的决定》和《双滦区全面建设小康社会总体规划纲要（草案)》；研究优化经济发展环境和民主评议行风工作。4月14日，常委会讨论通过《中共双滦区委关于加快创建繁荣、开放、诚信、文明的经济强区的决定》；研究有关人事任免事项。研究关于呈报荣记二等功人员有关事项。6月3日，常委会议讨论区委《关于在全区农村开展创建文明生态村活动的意见》；研究推广双滦公安分局先进经验等有关事项。6月13日，常委会议讨论通过区委《关于面向社会公开选拔副科级领导干部的实施方案》。9月24日，常委会传达中共十六届四中全会精神，研究学习贯彻意见。10月8日，常委会研究表彰文明生态村建设先进单位有关事项；研究开展“创四无村居、建平安双滦”活动有关问题。12月7日，常委会议研究治安防控体系建设工作，议定区委、区政府下发《关于在全区开展社区治安综合治理防控体系建设的决定》。12月25日，常委会研究《双滦区非领导职务选拔任用办法》。

2005年1月8日，常委会议讨论“2005年全区经济和社会事业发展工作计划”文本。根据全市县（区）委书记党建工作专项述职会议精神，研究双滦区加强和改进党建工作意见。1月16日，常委会议讨论通过《中共双滦区委关于在加快创建繁荣开放诚信文明的经济强区中推进“六个转变”，落实“六个坚持　”的决定（草案)》，并提请区委五届四次全委会议讨论通过。2月1日，常委会议讨论修改《中共双滦区委关于开展以实践“三个代表”重要思想为主要内容的保持共产党员先进性教育活动的实施方案》。2月21日，常委会议研究召开2005年全区经济工作会议有关事项；研究个别干部任免事项。3月28日，常委会议听取先进性教育活动学习动员阶段工作情况汇报，研究分析评议阶段工作意见。4月22日，常委会议研究召开全区工业大会有关事项；研究机构编制及个别人事变动事项。6月18日，常委会讨论修改《关于双滦区急需人才和区级以上拔尖人才优惠待遇暂行规定》《关于公开招选校长的方案》文本。7月19日，常委会研究第二批先进性教育活动有关工作；研究召开区委五届五次全委会议有关事项。7月22日，常委会讨论通过《关于加强教育工作的决定》《关于加强科技工作的决定》。10月16日，常委会议研究计划生育工作；讨论修改《关于区级专业技术拔尖人才和急需人才的管理办法》。11月13日，常委会议讨论通过《双滦区人民政府机构改革实施意见》和政府机构改革人事安排方案、部分干部任免等事项。12月27日，常委会议讨论《中共双滦区委关于制定国民经济和社会发展第十一个五年规划的建议（讨论稿)》和《中共双滦区关于制定国民经济和社会发展第十一个五年规划建议的说明（讨论稿)》。讨论修改《中共双滦区委关于构建"和谐双滦"的实施意见(讨论稿)》《中共双滦区委关于第七届村民委员会换届选举工作的实施方案意见（草案)》及《实施细则》；通报农村党支部换届情况。

第四章　发展战略

1980 年 9 月，双滦区委成立后，围绕"以经济建设为中心，以解放思想为动力"的工作重心，结合区位优势及特点，谋划经济发展的富民强区之策。先后确立发展城郊型经济战略、开放带动战略和发展城区型经济战略等重要决策，制定双滦各个时期经济发展的结构框架，出台一批政策性的指导文件，为决策的实施提供了坚实的保障。至 2005 年，全区经济和社会事业快速发展，人民生活水平不断提高，各项工作实现跨越式发展。

第一节　确立城郊型经济发展战略

一 决策背景

双滦区中、南部地势平坦，北部为丘陵地带，以滦河为主的水系流经境内西、南部 24.5 公里，区内可耕地面积较多。历史上"以农为本、以粮为纲"的思想深入人心。1981 年，农业人口为总人口的 47.4%；驻有大、中型国有企业十余家，主要是钢铁矿冶、发电、机械制造、丝绸麻纺、造纸制革、粮油存贮等。改革开放前，区域经济以单一的粮食种植为主，区街企业少且小，经济发展缓慢。改革开放后，双滦区的经济发展、社会进步、人民群众生活水平的提高需要制定科学、实际、可行的发展决策。双滦区委审时度势，结合实际制定出城郊型经济发展战略，出台一系列重要举措，实现经济总量的增长和人均收入的提高。

二 决策制定

20 世纪 80 年代初，区委贯彻落实新时期党在农村的各项方针、政策，推行以联产承包责任制为主的承包责任制，以推广"两高一优"农业种植为主，突出农业的基础地位，在不放松粮食生产的前提下,开展多种经营。区属企业和街(村)办企业以各种形式的承包,实行经营体制的改革。1981 年，区委制定"因地制宜、发挥优势、城乡协作、厂村联营、为旅游服务、为厂矿服务，形成农、工、商、牧、副、渔综合发展的城郊型经济体系"的经济工作指导思想。1985 年，区委一届全委会提出"以种、养业为主体，以区街和乡镇企业为两翼，以城市和区内大中型企业为依托，农、工、商、牧、副、渔相促进，全面发展高效益飞鸟结构城郊型经济"的经济发展构想。为实现这一构想，提出在"五个方面实现突破"，即产业结构调整方面要有所突破：建立副食品基地，在质量、品种、数量、效益上有所突破；大力发展乡镇企业，在厂村联营、城乡一体上有所突破；区街企业在推广新技术、开发新产品上有所突破;加强横向联合,在开放、引进上有所突破。1987 年,区委一届二次全委(扩大)会议确定:"大力发展新企业、鼓励农民办企业、巩固提高老企业"的工作思路。相继出台政策性保障措施，制定《双滦区关于大力发展横向经济联合的决定》《双滦区关于发展户办、联办企业的决定》《关于深化农村改革、完善合作经济组织，发展农村合作经济的决定》。

1990 年，区委二届全委会确定城郊型工业发展"依托厂矿，发展联合，走挂、靠、联发展乡镇企业之路"的指导思想，走"互利互惠灵活联、敞开大门多方联、走老攀新主动联、发动群众上下联"的联合发展道路。相继制定出台《双滦区加速发展乡镇企业的决定》《发展乡镇村集体企业的若干政策规定》《鼓励人才向乡镇企业流动的暂行规定》。1992年，区委作出《关于大力发展乡镇企业的决定》，确立“立足城郊优势，依托科学技术，乡（镇）村，联户、个人一齐上，大中小项目一齐上，内向型、外向型一齐上，积极发展乡镇企业”的指导思想。1993年，全区经济工作会议上，区委政府确定“以承钢、滦电发展为契机，南抓钢铁、北抓建材，高起点、高投入、高科技、高效益，为建设城郊型经济发展格局打下坚实基础”。

20世纪90年代中后期，区委在城郊型农业发展方面重点突出抓好农业产业结构的调整。通过典型培养、效益引导和政策扶植，引导农民从农、工、商、牧、副、渔综合发展向农业产业化方面发展。区委结合双滦区情制定“南菜北畜”发展战略，扶植区域中南部发展蔬菜日光大棚，中北部发展以奶牛为主的畜牧养殖业，形成农副产品基地化、产业化。至2005年，蔬菜基地种植面积9665亩，蔬菜产值占农业总产值的40.3%；畜牧基地专业养殖户420户，畜牧产值占农业总产值的28.1%。全区出现一批“公司+基地+农户”等形式的龙头骨干企业。

第二节　确立开放带动战略

一 决策背景

改革开放之初，由于长期“左”的思想束缚和计划经济模式的影响，人们对社会主义经济建设缺少足够的认知和理解，一些人习惯于“等文件、靠上级、看风向”的工作模式。20世纪80年代初，区委组织开展“实践是检验真理唯一标准”的学习讨论活动，提出：“解放思想，勇于实践，更新观念，大胆创新”的工作思维模式。1992年邓小平南方谈话发表后，区委要求各级党员、干部进一步解放思想，提出“从零开始，二次创业，加快发展，富民强区”的工作思路。围绕“资源开发、企业扩能、财源建设、城区建设”等问题，以“发展是硬道理”为主线，以“三个有利于”作为衡量判断事物的是非标准，相继解决双滦在发展过程中遇到的许多难题。思想解放为双滦确立开放带动战略提供了动力。

二 决策制定

20世纪90年代初，全区产业结构调整取得初步成效，固定资产投入形成一定规模，但是企业缺少管理人才，缺少先进的技术，缺少资金投入等问题已经突显。区内投资潜力减少，区域经济发展受到制约。1992年，双滦区成立开放办公室，“以开放促发展”，实施开放带动战略。按照“深化改革激发内在动力，扩大开放增强发展潜力，改善环境提高对外引力，加速发展立实区域实力”的总体思路，“围绕产业抓开放，更新观念促开放，优化环境保开放，加速发展强势”，以“引人才、引资金、引项目”为重点，“开放强区”成为双滦经济发展的重要举措。1998年2月，双滦区发展计划统计局下设项目办公室，建立项目储备库，跑省进京争取上级对口支持、组织参加国内较大规模的招商活动。2000年12月，区委四届四次全委（扩大）会议提出：“以党的十五届五中全会精神为指导，继续实施开放带动和科技兴区两大战略”。为确保开放带动战略的实施，区委、政府相继出台招商引资奖励政策和外来投资优惠政策，为开放带动战略提供保障。1993年，双滦区制定《关于引进资金，引进人才的奖励政策》；1995年，制定《双滦区关于引进资金、项目、人才的奖励办法》；1996年，制定双滦区《关于对外开放工作有贡献的人员的奖励办法》《关于对新办企业的优惠办法（试行）》；1999年，制定《关于对全区各部门开放引资奖励的暂行办法》；2002年，区委、政府颁布《关于鼓励国内外客商投资的决定》，重点在土地、税收、服务、收费等方面给予优惠，吸引投资者。同年，制定《关于促进开放的奖励办法》；2003年，区委政府制定《关于鼓励区内外居民在双滦投资置业的若干优惠政策》，放宽户籍及政策，实施“万人入区”工程。至2005年，全区累计引进项目

242 个，引进人才 1144 人，引进国内资金 12.46 亿元，直接引进或利用外资 1675 万元。

第三节　确立城区经济发展战略

一 决策背景

1995 年，承德市总体规划中，双滦区规划为中心城市区。其功能定位为“以滦河镇的钢铁、电力工业和双塔山镇的机械、纺织为主体的工业区”。2004 年，双滦区规划强调“以城市规划功能定义为基础，尽快发展成为城市工业中心，带动全市的经济发展。”其功能定位是：以居住、工业、休闲娱乐为主要功能的承德中心城区的西部组团。

进入 21 世纪，区属工商企业产权制度改革趋于结束；全区农村以家庭联产承包责任制为基础的统分结合双层经营体制已基本建立。

双滦中心城市区功能的定位，决定城市经济的发展走向。双滦区委以此为基础，制定城区经济发展战略，双滦区经济社会发展驶入了快车道。

二 决策制定

1999 年，区委四届三次会议通过《关于加快区域经济发展的决定》。提出今后 10 年强化城区型经济发展模式，确定扩大对内对外开放，实施“国进民退”改革，发展个体私营经济的工作目标。2000 年 12 月，区委四届四次全委（扩大）会议再次提出“以党的十五届五中全会精神为指导，坚持解放思想，实事求是，继续实施‘开放带动’、‘科教兴区’两大战略，突出旅游产业化和城区建设现代化两个拉动，抓好非公有制经济、旅游业、骨干企业、产业化农业四个支柱，构建双滦特色的区域经济”。确定“农业抓精品，工业抓扩能、民营经济抓服务、城市建设抓速度、文教卫生抓质量、开放抓项目的经济工作整体思路”。2003 年后，区委提出双滦经济与社会发展新的构想。即：把双滦打造成为新型工业区、休闲旅游区和山水宜居区。2004 年 3 月，区委五届二次全委（扩大）会作出《关于加快创建繁荣、开放、诚信、文明经济强区的决定》，提出“农业立区、工业强区、民营富区、开放活区、城建靓区、科教兴区、旅游旺区”的构想，巩固壮大矿山冶金、机械制造、新型建材、服装纺织、电子仪表、休闲旅游六大主导产业。2005 年 1 月，区委五届四次全委（扩大）会议通过《中共双滦区委关于在加快创建繁荣、开放、诚信、文明经济强区中推进“六个转变”落实“六个坚持”的决定》，提出“发展定位由郊区向城区转变”，再次明确强调发展城区型经济战略的决策。

附录：

双滦“洼地效应”

2002 年 6 月，区委、区政府面对经济发展困境，打破“内源经济”观念的束缚，作出了“思想大解放，对外大开放，城区大发展”的决策，举全区之力打造吸引外来投资的硬环境和惠民安商的软环境。

建设中心城市，强化“洼地”硬环境

双滦区以城市硬件建设为切入点，按照把城市“做强、做优、做美”的思路，全力推进城市建设。2002—2004 年，在不到 3 年的时间里，启动城市建设项目 108 项，建筑面积达到 104 万平方米，投资总额达 22 亿元。其中：投资 8000 万元修建民族文化广场，投资 1.79 亿元修建长 7.42 公里宽 22.5 米的一级公路，投资 1.5 亿元修建河北承德实验中学，投资 1.6 亿元修建供热面积 200 万平方米的环保型供热系统，投资 6.6 亿元，占地 522 亩的御祥园住宅区，投资 3162 万元修建城农网改造工程，投资 3000 多万元修建建筑面积 2.7 万平方米的两座购物中心，投资 4000 多万元修建 9 个单位办公楼，投资 1000 多万元对供水系统进行改造，投资 1000 多万元修建区医院门诊病房楼、投资达亿元对滦河大街拓宽改造等精品工程和民心工程，集中解决了群众

生活的上学难、取暖难、休闲难、购物难、就医难、住房难、用电难、行路难等实际问题。城市功能得到前所未有的改善。2004年按照"园林式、生态型、现代化"的城市建设目标和"拉长东西、拓宽南北、连点成线，以点带面"的建设规划，投资10亿多元，对滦河水系双滦段全长25公里的河道和沿河公路进行综合整治建设，以滦河为轴建设横跨两岸的大桥将双塔山镇与滦河镇相连接。在建设高楼、拓宽公路、修建大桥的同时，注重山与水的融合，绿色与文化的装点，在建设生态化、园林式城市上下功夫。沿公路两侧遍植花草树木，居民区灌木丛生、绿草如茵。城区面积扩大了1.2倍。四季胜景的城市环境，对外产生了强大的吸引力，1000多户区外公民在双滦买了住房，6500多名外来人口在双滦落户，600多名各业人才在双滦扎根就业或创业，许多外地客商也纷纷前来投资置业。

提高服务效能，优化"洼地"软环境

双滦区委、区政府推进城市硬件建设的同时，着力建设吸引投资的软环境。先后推出了"赔本招商""挂牌保护""封闭建设""绿色通道""一条龙审批""一站式办结""捆绑式收费"等一系列招商引资政策和服务措施，使双滦形成了"聚财生金、活力四射"的磁场。在"人人都是投资环境，人人都是'洼地'建设者"的统一号令下，上至五大班子（区委、区人大、区政府、区政协、区纪委）领导，下至各部门，人人身上有项目、有任务；人人身上有责任、有压力，在各自职责范围内全力做好"洼地"建设者。其间，双滦工商分局提出了"投资在双滦，满意在工商"的口号，制定"五禁止""六开放""七不罚"的政策措施；国税局提出"服务企业零差距""服务质量零差错、服务对象零投诉、办事流程零障碍、法定之外零收费"的服务措施。实实在在的优惠政策和热情便捷的服务环境，为投资置业者提供了高效能的支持和帮助。双滦区兴业热力总公司投资1.6亿元的环保型供热工程，得到工商部门"特事特办"的帮助，当天领取了营业执照。在工程施工中，区政府领导亲自帮助协调解决各方面的问题，确保了工程进度，从开工建设到竣工落成仅仅用了80天时间。北京华厦剑龙矿业科技有限公司在双滦区大庙镇投资1亿元年产50万吨采选项目，得到工商部门专人专职帮扶，在帮扶人员的积极协助下很快完成了各种前置审批事项，在最短的时间内办理了营业执照。承德双丰钢铁公司原本打算到外地投资，当区领导到企业调研时主动为他们排忧解难，经理深受感动，不但二次扩能投资2000多万元，还把朋友的6000多万元资金引进双滦。原双滦某个体老板已到北京经营多年，看到双滦区良好的投资环境，毅然回到双滦，投资500多万元兴建了双滦第一家档次较高的宾馆。2002年9月21日，双滦区长城钢管有限责任公司48万元现金被盗，区公安分局全力组织侦破，经过21天的昼夜侦破工作，追回被盗款45万多元。此事对企业震动很大，投资安全感倍增，2003年，决定出资6000余万元收购破产的丝绸厂。

随着双滦区投资环境的不断优化，国内外一些大项目相继落户双滦：2004年3月23日，河北省（香港）投资贸易洽谈会上，总投资9.96亿元的双滦区万佛山旅游风景区开发项目正式签约，省委书记白克明、省长季允石、承德市等领导亲自参加了签约仪式。滦河镇一私营企业投资2000万元的餐饮城、大庙镇一私营企业投资2000万元的家具城和投资4000万元的建材城、保定一公司投资1500万元的洗浴城、韩国现代汽车公司投资1500万元的汽车城等"五大城"酝酿成熟。房地产、养殖、矿业等各业投资者也纷纷涌入：河北置业房地产开发有限公司投资5000万元建设占地350亩的高级住宅小区；太原一家公司投资2000万元建设2万多平方米的住宅小区；美国第一投资公司投资4000万元建设占地800亩的美国肉牛饲养场相继开工建设。11家采选矿企业在双滦投资置业。

2004 年，区内工业企业发展到 131 家，其中规模以上企业由 2003 年的 7 家发展到 17 家。2004 年新增就业岗位 2000 多个，下岗失业人员再就业人数占年度任务的 102%。

说明：本文根据《“洼地效应”看双滦》和《“洼地效应”是怎么形成的？》两篇文章整理。

（原作者：寇占文、闫忠昊　整理：王乃民）

第五章　工　会

民国 35 年（1946 年）2 月，中共承德市第七区（双塔山区）建立工会组织。1946 年 8 月至 1948 年 10 月，中共地方组织撤离境域或转入地下斗争，工会停止活动。1948 年 11 月至 1980 年 9 月，域内的基层工会组织分别隶属承德市各系统工会。1980 年 9 月，承德市总工会设立双滦工会办事处。1989 年 9 月，双滦区成立总工会。各级工会组织认真履行职责，为企业和单位的发展起到积极作用。2005 年，区总工会所属基层工会 94 个，有会员 12176 名；驻区部分企业基层工会 253 个，有会员 21939 名。

第一节　代表大会

一　区总工会代表大会

1989—2005 年，区总工会共召开 3 届代表大会。1989 年 9 月 28 日，区工会召开第一次代表大会，代表出席 65 名，特邀代表 9 名。会议听取了郝桂成作题为《紧紧依靠全区职工，坚持一个中心、两个基本点，为建设文明、繁荣的新双滦而奋斗》的工作报告，讨论审议并通过《推进工会改革，努力把工会建成充满生机和活力的群众组织》的决议。选举产生区总工会第一届执行委员会委员 11 名，其中主任 1 名、经费审查委员会委员 3 名、主任 1 名。

1996 年 10 月 28 日，区总工会召开第二次代表大会，代表出席 86 名。会议听取王玉山作题为《全心全意依靠工人阶级、充分发挥工会职能作用为实现“九五”计划和 2010 年远景目标而奋斗》的工作报告。选举区总工会第二届执行委员会委员 7 名，其中主席 1 名、经费审查委员会委员 5 名、主任 1 名。

2002 年 11 月 8 日，区总工会召开第三次代表大会，代表出席 91 名。会议听取刘仁伟作题为《与时俱进开拓创新团结和动员全区职工为双滦经济发展作出更大贡献》的工作报告。于海英作《关于财务工作及经费审查工作报告》。选举产生区总工会第三届执行委员会委员 12 名，其中主席 1 名、经费审查委员会委员 5 名、主任 1 名。

二　驻区企业职工代表大会

承德钢铁公司工会　1965 年 5 月，承钢工会召开第一次工会代表大会。至 2005 年，共召开 11 届工会代表大会。

滦河发电厂工会　1958 年 12 月，滦电工会召开第一届工会代表大会。至 2005 年，共召开 9 届工会代表大会。

承德输送机集团有限公司工会　1960 年，承德矿山机械厂（承输集团前身）迁址至域内。至 2005 年，承输集团工会共召开 6 届工会代表大会。

第二节　维护职工权益

一　区属企业职工维权

1991 年，区总工会采取行业、区域、企业三层覆盖，工会、劳动、经贸三方联动的方法，落实劳动合同制度，维护各行业职工的合法权益，用工单位合同签订率达96%。区内餐饮、美发美容、食品经营、家电维修等用工较少的门店，用工单位与职工签订劳动合同2360份。同时，建立职工劳动争议调解中心、职工法律服务所和职工劳动法律监督组织。各企业内部相应也建立劳动争议调解委员会，参与办理重大事件调查、劳动争议调解、劳动仲裁审理和代理职工诉讼等。2000年，区内企业建立用工平等协商并执行合同制的52家；签订区域性集体合同的20家，涉及职工1.1万名。2002年，区内新建企业合同签订率95%，建立工资集体协商制度的企业27%。2003年，区总工会规范和推进劳动合同制度，非公有制企业、集体企业合同制度的覆盖面96%以上；对国有企业、私营企业、外商投资企业涉及劳动用工制度、工资、安全、卫生和劳动保护等进行多次专项检查，纠正企业违反安全生产规程和劳动保护规定等问题。

2005年，4个镇、2个街道全部建立劳动关系三方协商制度，指导与企业职工签订劳动合同6000份。建立平等协商集体合同制度的企业88家，涉及职工6351名；企业实行工资集体协商制度23家，区属56家企业成为劳动关系和谐企业。区总工会"以行业为依托，提高劳动合同签订率"规范劳动关系的做法，得到省委常委、省总工会主席臧胜业的肯定，并在全省推广。

二 驻区企业职工维权

承钢工会 1983年，承钢工会制定《职工住房分配方案》；1987年，成立生活福利检查（分房监督）工作委员会；1991年，制定《重大决策征求职工意见管理办法》《职工意见、建议受理办法》《职工对生活福利"满意率"征求意见与考核办法》等制度。1994年，工会贯彻《中华人民共和国劳动法》实行用工制度改革，执行集体合同制；1995年、1999年，工会主席代表职工与总经理签订两轮《集体合同》，组建承钢工会劳动法律监督检查委员会和承钢劳动争议调解委员会。1999年，工会建立劳动保护监督监察网络，每年在职工中开展"安全生产周"活动。2002年，工会制定《工会主席接待日制度》《经理班子与工会联席会制度》，各级工会组织监督《集体合同》的签订落实情况，集体合同履约兑现率95%以上。2005年，公司两级工会解决各种劳动争议50余人次。

滦电工会 1979年，滦河发电厂工会设立劳动保护监督检查委员会，制定《职工体检和职业危害体检管理办法》《生产现场作业环境监督检查管理办法》。接尘人员和职业病患者定期疗养，工会帮助解决其生活困难。1987年开始，职工代表与厂长开展对话制度，涉及职工重大利益问题，必须由代表组长联席会讨论通过。1990年，工会召开职工代表和行政领导座谈会4次、召开职工代表组长和分会主席联席会6次、召开民主协商座谈会2次，解决工资调整、奖金、住房分配、子女就业等涉及职工切身利益的问题。1995年，企业推行全员劳动合同制，工会起草《滦河发电厂集体合同制度》，工会主席代表职工与厂领导签订集体合同。1996—1997年，工会对劳动现场进行劳动监督检查，查出问题113条，电厂逐条落实整改。1998年，工会职工代表，听取厂级领导述职报告，并对厂级和50多名中层干部进行民主评议。依据职工代表的评议结果，中层干部被免职1名、解聘4名、交流使用7名、被提拔6名。

2000—2005年，厂工会制定《厂务公开工作考核办法》《厂务公开责任追究制度》等管理制度17个，厂务公开内容涉及公司92项、车间6项、班组3项。

第三节　劳动竞赛

一 区属企业劳动竞赛

1987—2005年，区工会开展技术革新、技术协作活动，其间制定《双滦区职工经济技术创新奖励办法》。参加劳动技能竞赛的非公有制企业有 83 家，职工 7220 人，取得经济创新成果 20 项。1996 年，大庙陶瓷厂先后对缸平瓦、烟预热式干燥及轮碾工艺进行改造，年节约资金 29 万元。

二 驻区企业劳动竞赛

承德钢铁公司 1958—1964 年，工会先后开展“比学赶帮超”、“创五好企业、五好班组、五好职工”和“增产节约百分赛、小指标赛”等劳动竞赛活动。厂内先后评出先进班组 11 个、优秀班组 26 个、先进职工 49 名、优秀职工 208 名，技术革新项目 527 项，节约资金 61.63 万元。1979 年，开展“增产节约百日赛”，实现增产节约 37 万余元。1985—2000 年，全厂开展“一条建议一份心”“创文明班组”“比赶超”等多种竞赛 50 多个。职工提出合理化建议 1453 条，采纳 1177 条，实现 636 条，创经济效益 549.68 万元。其间，还开展“创效益、夺红旗”分区劳动竞赛和“设备作业率”“重点工序攻关”“工会主席技术攻关工程”等劳动竞赛。其中，1991 年，“双增双节”活动，增收节支 58.93 万元；1994 年，“双增双节创效百万大行动”活动，创收 180 万元。2001—2003 年，开展“抢抓机遇、高产高效”“学宣钢、挖潜增效”等劳动竞赛活动。2004—2005 年，工会组织“棒材达产达效”“创新、创效、争优，向建厂 50 周年献礼”职工经济技术创新竞赛和“提一条建议、学一门技术、创一项新成果、改进一项操作法、刷新一项新纪录”的劳动竞赛。至 2005 年，职工提合理化建议 69565 条，采纳实施 13610 条，创效 54451 万元。

滦河发电厂 1977—1982 年，滦电工会成立“劳动竞赛委员会”，开展“安全、经济、满发、多供”“百日安全无事故”和“安全小指标赛”等劳动竞赛。1984—1989 年，开展“千项操作无事故”、“百争一创”等劳动竞赛。运行内值班组、化学室分别创下 2398 天、2074 天无事故、无差错的成绩。个人竞赛获千次操作无差错奖 101 人，获万次操作无差错奖 4 人。其间，滦电代表队参加河北省电力系统技术表演赛，成绩获前 10 名 3 人，其中获前 6 名 2 人。1992 年，职工提合理化建议 1833 条，采纳 83 条，创价值 260 万余元。1998 年，工会组织开展“以生产班组标准化建设为突破口，以保安全、增效益为龙头，以双增双节和提合理化建议为内容，以安全文明建设为重点”的劳动竞赛，工会制定《滦河发电厂星级班组考评实施细则》，评比三星级 3 个，二星级班组 11 个，一星级班组 62 个。同年，开展“青工运行岗位知识百问不倒”竞赛，117 名职工进入决赛，其中获一等奖 12 人。2000—2005 年，全厂开展班组上星级活动。评出四星级班组 7 个、三星级班组 55 个、二星级班组 9 个。滦河电厂被承德市总工会推荐为全国“安康杯”竞赛先进单位。

承德输送机集团有限责任公司 1963—1965 年，全厂开展劳动竞赛。锻工车间制作 5 面流动红旗，开展质量、节约、安全等指标竞赛。各车间班组开展对口赛、对手赛等竞赛。实现技术革新 266 项，自制工卡具 234 项、先进刀具 37 种。1973—1975 年，在劳动竞赛中，研制革新 6M 导轨磨床、仿型切割机等一批项目。1977—1979 年，全厂开展“七比七看七赛”为内容的劳动竞赛，即赛学习、比思考、看实践；赛指标、比质量、看节约；赛管理、比制度、看坚持；赛出勤、比干劲、看功效；赛团结、比协作、看风格；赛安全、比教育、看措施；赛革新、比项目、看贡献。1981 年，全厂开展小建议、小窍门、小改、小革、小节约活动。1985 年 7 月，厂工会制定《关于 1985 年开展车间科室各项工作竞赛评比试行办法》。1987 年，开展“双增双节”活动。

第四节　女工工作

承德钢铁公司工会 1988—2005 年，承钢工会贯彻执行《女工劳保规定》《女工禁忌劳动范围的规定》《中华人民共和国妇女权益保障法》，制定《承钢女职工劳动保护条例和实施办法》，加强女职工的“五期”保护。工会与公司协商解决“女职工怀孕期间给予调换工作”等女职工特殊保护问题，每两年进行一次妇女病普查。各级女职工委员会为女职工解决哺乳、更衣室、浴池和改善女工工作条件等实际问题，先后建起卫生间12个、车间婴儿哺乳室4个，各单位女工浴池全部实现淋浴。经常组织女性生理保健知识讲座，每年对已婚女职工进行妇女病普查，普查率85%以上。依据公司生产建设任务，开展“创一流业绩、建巾帼新功”等竞赛活动；每年“三八”国际劳动妇女节举办大型纪念庆祝活动，表彰先进女职工、文明家庭和女职工先进集体。

滦河发电厂工会　1978—1985年，滦电工会先后开展“三八红旗手”竞赛和“五好家庭”评选活动。1982年，评出先进个人40名、“三八红旗手”51名、“五好家庭”7户。其中出席市“三八红旗手”2名。1986年，女职工恢复卫生补贴，建立女工劳动保护制度，定期为186名女职工进行身体检查。在妇女经期、孕期、产期、哺乳期、更年期期间给予照顾。1988年，厂工会与承德市妇幼保健医院签订孕妇保健合同，约定北京电力医院为218名已婚女职工进行妇女病检查、治疗。厂工会对女职工住房给与照顾，在女工怀孕、分娩，孩子入托、入学，以及怀孕期间的工作安排都作了详细规定。1991年，工会开展“巾帼建功立业”竞赛活动。开展“学工人运动史、学妇女运动史、学业务技术、比理想信念、比岗位成才、比社会贡献”等竞赛。举办“爱我中华、爱我滦电、爱我岗位”和“妇女顶起半边天”演讲比赛。1998—2005年，开展“树典型、学先进、讲理想、比贡献”竞赛活动，有3人获华北局优秀女工光荣称号。在企业推行合同制中，厂工会将《女职工劳动保护规定》《女职工禁忌劳动范围的规定》等维护女职工权益的法律条文写进了合同。

第五节　机　　构

一　双滦区工会办事处

1980年9月，承德市总工会设双滦区工会办事处，编制2人。辖区属基层工会4个，会员469名；1988年，区工会办事处辖基层工会26个，会员2273人。1989年8月，双滦区工会办事处撤销。

二　双滦区总工会

1989年9月，双滦区总工会成立，编制2人。辖区属基层工会33个，会员2245人，专职工会干部5人，兼职工会干部32人。2005年，区总工会辖基层工会94个，有会员12176人。

三　驻区企业工会

承钢工会　1957年2月，热河铁矿厂（承钢前身）工会成立。1958年8月，承德市钢铁厂工会成立；1959年1月，改称承德钢铁公司工会，下设基层工会5个，有会员5374人。2005年，承钢工会设生产竞赛部、职工宣教部、生活保障部、民主管理部、文体部、艺术团、办公室，辖基层工会42个，有会员20511人。

滦电工会　1958年6月，滦河发电厂筹建处工会成立，辖工会小组5个，有会员36人。1959年，滦河发电厂工会成立，设专职主席1人，辖工会小组5个，有会员260人。2005年，辖基层工会15个，有会员1428人。

矿机厂工会　1949年，热河铁工厂（矿机厂前身）工会成立，设工会小组4个，有会员119人。1958年更名为承德矿山机械厂工会，设工会小组130个，有会员1400人。1960年迁入境内。“文化大革命”期间，工会组织停止活动。1975年，厂工会组织恢复，辖基层工会13个，工会小组133个，有专职工会干部17人。1980年，辖基层工会23个，有会员1642人，专兼职工会干部26人。2005年，更名为承德输送机集团有限公司工会，辖基层工会16个，有会员2113人。

麻纺厂工会 1952年，承德市麻袋厂工会成立，1998年，更名为黄麻化纤纺织集团有限公司工会,有会员2243人。2002年11月企业破产。

皮革厂工会 1958年11月，国营承德市皮麻厂工会成立，有会员147人。1980年，更名为承德市皮革厂工会，厂址迁入双塔山镇。1994年，企业停产，2002年破产。

丝绸厂工会 1953年，承德市缫丝厂工会成立，有会员122人。1957年更名承德市丝绸厂工会。1965年3月厂址迁入双塔山镇，辖4个基层工会，有会员650人。1980年，辖基层工会12个，工会小组104个，有会员1226人，专兼职工会干部9人。2001年10月，企业破产。

造纸厂工会 1976年,承德市化纤厂（前身）工会成立；1979年改为承德市造纸一厂工会；2002年5月，企业破产。

四 区属企业工会

大庙陶瓷厂工会 1949年，大庙陶瓷厂工会成立，1985年隶属双滦区，有会员350人。1989年因亏损停产，1998年改制为私有股份合作企业。

承德市建筑材料厂工会 1958年，国营双塔山砖厂成立工会组织。1985年，改为承德市建筑材料厂工会，1996年企业停产，2003年企业破产。

五 其他基层工会

教育系统基层工会 1949年12月，承德市第六完全小学（双塔山小学）工会成立。1950年，大庙、大三岔口、偏桥子等地学校先后成立工会。1951年，滦河镇滦平县第二完小成立工会。1957年，承德市第三、第四中学成立工会。至1980年，上述工会组织隶属承德市教育系统工会。

商业系统基层工会 1950年，双塔山中心商店、滦河中心商店成立工会组织，分别隶属承德市百货公司工会和滦平县商业系统工会。1958—1980年，上述基层工会组织隶属承德市商业系统工会。

1981年7月，双滦工会办事处接管境内基层工会15个，有会员947人。其中双滦区商业系统基层工会7个、文教系统基层工会6个、双塔山医院基层工会和双滦轧板厂基层工会。

第六章　共产主义青年团

民国34年（1945年）8月，域内始建儿童团组织；民国38年（1949年）6月，始建中国新民主主义青年团组织。1982年7月，中国共产主义青年团双滦区委（简称团区委）建立。1982—2002年，团区委共召开六届团员代表大会。2005年，团区委所属基层团委12个，驻区企业共青团基层团委32个。各级共青团组织在党委、政府的领导下，开展各种特色活动加强青少年的思想教育，创建青年文明号，开展青年志愿者及希望工程活动，发挥了团组织的助手作用和青少年的先锋带头作用。

第一节　代表大会

一 团区委代表大会

1982年7月20日，团区委第一届代表大会召开，代表出席144名。大会审议《工作报告》，选举第一届团区委委员13名，其中书记1名、副书记1名、常委5名。1985年8月27日，团区委召开第二届代表大会，出席代表201名。大会审议《工作报告》和《关于团费收缴使用情况报告》。选举二届团区委委员13名，其中书记1

名、副书记1名、常务委员5名。选举出席团市委十三大代表。1989年9月14日，团区委召开第三届代表大会，出席代表110名。大会审议《工作报告》和《团费收缴使用情况报告 》。选举产生三届团区委委员15名，其中书记1名、副书记2名、常务委员7名。1993年9月15日，团区委召开第四届代表大会，出席代表100名。大会选举四届团区委委员15名，候补委员2名，其中书记1名，副书记1名、常务委员7名。1996年10月18日，团区委召开第五届代表大会，出席代表66名。大会选举五届团区委委员15名，其中书记1名、副书记1名、常务委员7名。2002年8月30日，团区委召开第六届代表大会，出席代表66名。大会选举产生六届团区委委员15名，候补委员2名，其中书记1名、副书记1名、常务委员7名。

二 驻区企业共青团委员会

承钢 1960年5月26日，共青团承钢委员会（以下简称承钢团委）召开第一次代表大会，出席代表52名。选举产生一届委员会委员25名。至2005年，共青团承钢委员会共召开9届团代会。

滦电 1973年3月5日，共青团滦河发电厂委员会（以下简称滦电团委）召开第一次团代会，代表出席28名，选举产生团委委员7名。至2005年，共青团滦电委员会共召开5届团代会。

第二节　青年思想教育

一 教育活动

1981年，团区委组织团员青年开展“有理想、有文化、有道德、有纪律”教育，并与爱国主义和革命传统教育相结合。“五四”青年节，团区委组织全区近万名团员青年开展登山、历史知识猜谜、知识竞赛、诗歌朗诵会等形式的活动20余场次。

1986年“七一”和“十一”期间，团区委组织“党在我心中”、“祖国在我心中”讲演比赛，区内20个代表队参赛，受教育青年达1000余人。1991年，对团员、青年进行法制教育。机关团员青年重点学习《中华人民共和国宪法》《中华人民共和国刑法》，农村主要学习《中华人民共和国继承法》《中华人民共和国婚姻法》等法律。1992年，团区委在团员中开展“赛思想、比贡献，赛技术、比质量，赛纪律、比出勤，赛消耗、比节约，赛团结、比风格”的“五比五赛”活动。1997年，纪念香港回归和中国旅游年，团区委举办“促进承德旅游，迎香港回归”为主题的“铭盛杯”知识竞赛，参赛人员1500余人。

2000—2005年，团区委组织团员、青年学习“三个代表”重要思想，学习《公民道德建设实施纲要》，学习党的十六大精神，引导和帮助青少年树立正确的世界观、人生观和价值观。

二 青年职工思想教育

承钢 1973—1976年，承钢团委开展读好书、学英雄活动，先后开展向雷锋、刘胡兰等英雄人物学习活动；1983年，开展向张海迪学习活动；1994年，开展厂史系列教育活动。从1987年开始，承钢团委每年组织“承钢最佳青年”评选活动。1995年以后，开展“爱国、爱党、爱厂、爱岗”为主题的教育活动。各级团组织开展“爱我承钢、团徽在岗位闪光”讲演赛和先进模范人物事迹教育活动，使“四爱”教育活动不断深入。在学雷锋、树新风活动中，承钢成立学雷锋小组499个，青年服务队7个、义务理发小组3个、送温暖小组55个。

2005年，第十八届“承钢最佳青年”、第五届“承钢科技十大杰出、优秀青年”评选出最佳青年20名，科技十大杰出、优秀青年20名。推荐21名优秀青年加入党组织。

滦电 1984年，滦电团委开展“学雷锋、树新风”和“五讲四美三热爱”“做全心全意为人民服务的好青年”“争做合格团员”等活动。1985—1990年，开展“基本国情、基本路线”

的思想政治教育。1991 年，与党委宣传部、厂工会联合举办“滦电新风座谈会”“让理想在岗位上闪光”演讲赛和“国庆知识竞赛”等活动。1992—1995 年，滦河团委开展“做党的坚强后备军”、“高举团旗跟党走，艰苦奋斗建功业”等专题教育活动。1995 年，滦河团委针对个别青年出现的一些消极因素，开展建设有中国特色社会主义理论教育。

2000—2005 年，庆祝共青团建团 80 周年，滦电团委对团员青年进行革命历史、革命传统和爱国主义教育。举办“青春的年华”大型图片展、“永远跟党走”征文、“青春擂台”知识竞赛，举办团史展览、党团知识问答、组织参观革命烈士纪念馆、重温入团誓词、参观驻军部队、聆听部队领导讲述国防知识等活动。

第三节　主题实践活动

一　青年志愿者活动

1994 年，团区委成立双滦区青年志愿者协会，下设分会 10 个，有志愿者 3000 余人。每逢“学雷锋活动月”，志愿者协会组织青年志愿者走上街头为群众服务。1995—1999 年，青年志愿者清除非法小广告 10000 余条，拾捡白色垃圾 500 余袋，发放各种宣传资料 20000 多份。2003 年，防治“非典”期间，团区委组织 5 个青年志愿者服务队 100 余人，对来往流动人员进行排查，测量体温，并会同区卫生防疫站、文明办等单位在大街上开展宣传活动，向群众讲解“非典”预防知识。“五一”放假期间，1000 余名志愿者深入到街道、集市、企业和农村发放预防“非典”宣传材料。

1995—2005 年，承钢团委开展青年志愿者行动，建立“承钢青年志愿者服务站”，并制定《承钢志愿者章程(试行)》，设置青年志愿者标志，为 28 个青年志愿者服务队发放旗帜，配发带有承钢志愿者标志的帽子，并制定《青年志愿者公约》，将每年 3 月定为“承钢志愿者奉献月”。为方便职工生活，青年志愿者服务队把集中服务改为分散服务，4 个生活小区为居民提供服务，每年接受服务人员万人以上。

二　青年文明号创建活动

1995 年，承钢团委组织开展争创“青年文明号”活动。带钢公司轧钢生产线获“全国青年文明号”称号；运输部“共青团号”机车包乘组获“省级青年文明号”荣誉称号。1998 年，滦电团委在加强对基层团支部考核的基础上，确立青年文明号创建单位 4 个，开展安全评比，技术比武，岗位练兵活动，评选出“青年岗位能手”6 名，“优秀突击手”10 名。2003 年，双滦区财政局团委获“河北省青年文明号”称号。2004 年，滦电团委先后组织开展“青年文明号”“青年岗位能手”“新长征突击手”等评选活动。2003—2005 年，区法院团委连续 3 年获“全国青年文明号”称号。双滦时运公司、滦河荣信商城、双塔山宾馆等单位团委被共青团承德市委授予“精神文明号”称号。

2005 年，区内有国家级“青年文明号”1 个、省级“青年文明号”7 个、市级“青年文明号”6 个。承钢公司共有 24 个单位、168 个岗位的 1700 余人参加了“青年文明号”争创活动。评选出国家级“青年文明号”集体 1 个，省级“青年文明号”集体 7 个、市级 22 个、公司级 30 个。

三　实施希望工程

1991 年，团区委实施希望工程，先后与北京花旗装饰有限公司、海尔集团等单位建立友好关系，争取救助资金近 200 万元。新建、扩建希望小学 5 所，救助失、辍学儿童 200 余名。北京船舶系统工程部向贫困学校捐赠办公桌 40 套，书橱 19 个；英国剑桥大学华新基金会为大庙镇小学捐赠价值 1 万元的少先队鼓乐设施。团区委还争取到价值 30 万元的“希望书库图书”，用以加强学校图书室建设。2003 年，经团省委和团市委多方联系，山东海尔集团捐资 30 万元，在大庙镇北梁村建成海尔希望小学1所。

第四节 少年先锋队

一 组织建设

民国34年（1945年）8月，滦河完全小学建立儿童团组织。1949年11月，儿童团改为中国少年儿童队。1953年9月,中国少年先锋队(简称少先队）成立后，城市和农村较大的小学均建立少先队组织。“文化大革命”期间，“红小兵”组织取代少先队组织。

1978年，域内各小学恢复少先队组织。至2005年，凡7～14岁的少年儿童都可以申请加入少先队组织。少先队组织系统为每所小学设一个大队委员会。每个班级设一个中队委员会、三个小队。大队和中队委员会根据工作需要，设队长、副队长、旗手和学习委员、劳动委员、文娱委员、体育委员、宣传委员和组织委员，分别管理少先队的各项工作。学校设大队、中队辅导员，大队辅导员由共青团组织聘任优秀团员担任，中队辅导员由班主任兼任。区教育局设总辅导员。

二 少先队活动

区属小学少先队活动 1982—1986年，区内少先队组织先后开展“五讲四美三热爱活动”、“学雷锋树名城”等活动。1992—2000年，各校少先队在上级团委的领导下，围绕不同时期的重点工作，组织开展活动。相继落实《公民道德建设实施纲要》，实施“公民道德建设计划”，开展“养成道德好习惯、我做合格小公民”主题活动和“在少先队中成长，做思想道德建设小标兵”专题队会等活动，区内有6所小学的主题队会获省级奖励。2003年，开展庆祝避暑山庄肇建300周年系列教育活动，选出绘画作品50幅，书法作品9幅，参加全市评选并获奖。在组织科普教育活动中，参加全国第十八、十九届青少年科技创新大赛，其中科幻画获国家二等奖1幅；获省一等奖1幅；获省三等奖4幅。区内少先队员被承德市评为“优秀道德小卫士”2名,被评为“十佳道德小卫士”1名。2003年，逸夫实验小学、双滦一小、滦河民族小学、大庙小学、东园子小学，分别获得过市级、省级、国家级红旗大队称号。团区委在少先队工作上坚持“全团带队”的宗旨，抓辅导员队伍建设，配合教育部门抓辅导员老师的培训。并根据团市委要求，开展“中国雏鹰争章行动”和“手拉手”活动。组织少先队开展“民族精神代代传”“红领巾心向党”等主题活动。团区委2004年度被评为“全国团建先进县（区）”。

至2005年，全区各校少先队已参加五届全国爱国主义教育读书活动。共青团市委、区委和市、区教育局多次组织召开学校少先队工作经验交流会，双滦作典型发言。

承德钢铁公司小学少先队活动 1987年，承钢团委在少先队和儿童中开展了“学赖宁做党的好孩子”等系列活动，并举办首届少先队夏令营。1991年开始，开展“手拉手”为灾区同学义务捐献活动，举办“跨世纪接班人风采”演讲比赛活动。1995年，开展“中国少年雏鹰行动”，并在暑假期间组织41名少先队员进行社会实践活动，与滦平县三道梁小学等8所小学结成20对“手拉手”对子。1997年，承钢一小少先大队被评为“全国雏鹰少先大队”。1998年，开展“文明小使者大行动”活动，1000名少先队员自愿长期坚持清扫家属院环境卫生。承钢一小少先大队在小学前建成一条环境优美的“承钢青少年形象路”。2000年，公司团委先后在少先队员中组织“手拉手地球村”和栽种“承钢青少年成材林”活动。2002—2005年，公司团委举办“小能人”竞技赛。承钢一小、二小和3所幼儿园的小朋友们参加比赛。建立“中国少年报承钢小记者站”，有18名少年小记者参加《中国少年报》社在承德市举办的培训班。承钢小记者成立兴趣小组20个。

第五节　组织机构

民国38年（1949年）6月，域内热河省立第三师范学校，建立第一个中国新民主主义青年团组织，滦河完小建立教工团支部。1950年，域内滦平县第二区建立中国新民主主义青年团组织。1956年，大庙高级社始建团总支，辖团支部4个，有团员63名。1958年后，各公社成立团总支，各生产大队建立团支部。1973年12月，双滦办事处设中国共产主义青年团总支部。辖团支部77个，有团员1865人。1975年，双滦煤场、双塔山医院、承钢街道办事处、双滦综合零售公司等建立基层团支部。至2005年，双滦区有团委组织26个，团员10007名。

一　团区委

1982年7月，中国共产主义青年团双滦区委（简称团区委）成立。1998年，团区委编制2人，辖基层团委9个，团总支部4个，团支部130个，有团员1894人。2003年，团区委编制2人，辖基层团委9个，团总支部4个，团支部121个，有团员3758名。2005年，辖基层团委12个，团总支部1个，团支部219个，有团员7625名。

二　驻区企业团委

承钢团委　1957年4月，中国新民主主义青年团热河铁矿厂委员会建立，初期有团员310名。1959年1月，热河铁矿厂与承德市钢铁厂合并，组建共青团承钢公司团委下属基层团委2个、团总支4个、直属团支部7个，团员300名。1961年，承钢团委辖团委6个、团总支6个、团支部66个，全厂有团员2245名。1963年9月，改为承德钢铁厂团委。1966年“文化大革命”开始后，团组织活动停止。1978年，承德钢铁厂恢复团组织。1992年1月，改为承德钢铁公司团委。1995年7月，改为承德钢铁集团有限公司团委。至2005年，承钢公司团委由31名委员组成，设青工生产部和组织宣传部。下属基层团委21个、团总支10个、团支部144个，有团员2162名。

滦电团委　1965年，共青团滦河发电厂总支委员会成立（简称滦电团委）。1966年“文化大革命”开始，团组织瘫痪。1973年，团组织恢复，重建共青团滦河发电厂委员会。1982年，厂团委下设基层团支部9个，有团员302人。1998年，有基层团支部11个，团员335人。2005年，厂团委下属基层团支部11个，团员220人。

第七章　妇女联合会

民国34年（1945年），域内始建妇救会组织。解放战争时期，妇救会组织各界妇女拥军支援前线。新中国成立后，广大妇女积极参加国家建设。1956年8月，双塔山区建妇女联合会（简称妇联）。1980年9月，双滦区组建区妇联。2005年，区妇联辖镇妇联4个、街道办事处妇联2个、城市妇女委员会5个。各级妇女组织在党的领导下，维护保障妇女的合法权益，积极改善妇女的工作环境，组织各界妇女开展巾帼建功立业活动，涌现出一批“致富能手”“技术标兵”“生产骨干”“三八红旗手”和先进典型。

第一节　支前及参加建设

一　拥军支前

解放战争时期，域内各级妇女组织在中国共产党领导下，向社会各界广泛宣传男女平等、妇女解放的革命道理。民国35年(1946年)2月，地方党组织领导妇女积极参加减租减息、清算复仇斗争；组织妇女拥军支前，慰问部队，看护伤员。同年8月，国民党军队攻占热河时，域内妇女动员400多名亲人参军参战；同时组成慰问队、担架队，为人民军队送米、送面、送军鞋、救护伤员。

二　参加建设

新中国建立后，妇女参加农业生产和农业合作化运动。1977年，妇女投入“农业学大寨”运动。域内成立女子创业队5个、女子突击队1个、女子种田小组7个。1978年后，妇女积极参与商品生产。先后有830多名妇女办起缝纫组30个、米面加工厂28个、“五七”服务点395个。先后评比产生市级先进集体7个，“三八红旗手”50名。1988年，区妇联在农村妇女中开展兴建小菜园、小果园、小饲养场和开办小商店、小加工厂为内容的“五小”生产劳动竞赛活动。至2000年，妇女专业户1179个、达标“五小”户1493个，其中小果园75个、小菜园507个、小加工厂 365个、小商店327个，创收140万元。

至2005年，全区有5143名妇女从事商品生产经营活动，占商品生产经营人员总数的40%，年创收入70多万元。

第二节　开展活动与维护权益

一　双学双比活动

1989年，区妇联组织18～40岁的农村妇女开展学文化、学技术、比成绩、比贡献的“双学双比”竞赛活动，帮助她们通过劳动脱贫致富。区妇联举办各种技术培训班18期，培训妇女450人；推广“叶面宝”和“速育精”两种新科技产品；组织部分妇女干部和女能手，赴承德县等地参观学习育苗、养殖、绣花等技术。1990年，在农村妇女中开展“争当种植、养殖、林果管理、加工、经商能手”竞赛活动，全区有1154名“女能手”受到表扬奖励。1991年，开展千元庭院、千元田的“双千”竞赛。全区评出千元庭院1050户，千元田1630亩。1992年，开展“创科技能手和小康家庭”竞赛，评选出“科技能手”1124名和“小康家庭”1050户。1993—1996年，开展“庭院经济争千创万”和“手拉手”奔小康活动，庭院经济收入达5000元以上的农户680户；千元以上的农户1540户。

至2005年，区妇联推广粮、菜、果、牧、林等新技术、新品种30多项。举办各种技术培训班296期，培训妇女15000余名。全区85%以上农村妇女至少能够掌握两门以上的劳动致富技术。双滦区连续4年获河北省“双学双比”优秀组织奖，全区有60名“女能手”“女状元”受到省“双学双比”协调组的表彰奖励。

二　巾帼建功活动

1985年，大庙镇北梁村“三八女子造林队”成立。女队长孙淑荣当年仅17岁，她带领90多名妇女开展植树造林工作。1990年，孙淑荣出席河北省妇女工作表彰会。1991年，区妇联在妇女中开展有理想、有道德、有文化、有纪律和自尊、自爱、自重、自强教育，开展“巾帼建功立业”活动。大庙镇上碾子村妇女于桂玲，在发展庭院经济中，大搞庭院养殖，年收入6000多元，成为妇女致富带头人。岔沟门村女青年郭莲在发展果树生产中，为10户村民嫁接红果树17300棵，成活率达90%以上。滦河镇东园子村妇女姜桂兰办裁剪培训班50多期，培训裁剪技术人才300多名。2004年，大庙镇北梁村“三八女子造林队”被授予“全国绿化工程先进集体”称号。至2005年，累计造林12000亩。栽植落叶松45万株、洋槐2万株、黑松2500亩，总计木材储量达1万多立方米，创经济价值1000多万元。

三　维护妇女儿童权益

1986—1991年，区妇联组织广大妇女学习《中华人民共和国未成年人保护法》《中华人民共和国妇女权益保护法》等法律、法规，并利用广播、电视、板报和知识竞赛等多种形式进行宣传。区妇联会同人事局、工会等有关部门，宣传国务院《女职工劳动保护规定》《河北省女职工劳动保护实施办法》。对女职工劳动保护、婚假、独生子女奖励假、卫生费等问题按国家和省市有关规定逐个单位地检查落实，重点解决女职工劳动保护不到位、同工不同酬等问题。

1992年10月，《中华人民共和国妇女权益保障法》颁布实施后，区妇联先后举办10期学习班，培训300余人；各级妇联组织张贴大字标语488条、书写板报40块、发放宣传材料320份、举办《妇女权益保障法》广播讲座30期。其间，各级妇联组织妇女代表参加区法院召开的惩治流氓犯罪大会，配合法庭协调解决17起侵害妇女权益案件；自行调节处理涉及侵害妇女、儿童合法权益事件80起。

2005年，区妇联接待群众来访33件，与法院共同协调解决5件，自行调解28件。

第三节　机　　构

一 建区前机构

民国34年（1945年）至民国35年（1946年），域内中共滦平县二区（滦河镇）、承德市七区（双塔山区），组建妇女救国会（简称妇救会）。1956年8月，双塔山区设妇女联合会（简称妇联）。1958年，4个公社建妇联组织。1966—1973年“文化大革命”期间，妇联组织一度不能正常开展活动。1974年双滦办事处建妇联，辖基层妇联组织9个。

二 双滦区妇联

1980年9月，双滦区组建区妇联，编制2人。1998年，区妇联辖镇级基层妇联4个，城市妇女委员会6个。2000年，双塔山和滦河街道办事处建立妇联组织。2005年底，区妇联编制2人，辖镇级基层妇联4个、街道办事处妇联2个、城市妇女委员会5个。

第八章　工商业联合会

1953年，滦河镇内建有滦平县工商业联合会滦河分会。1993年，双滦区工商联成立，各乡镇同时建立分会。至2005年，区工商联召开三届会员代表大会，下设6个分会，有会员108名。双滦工商联发挥会员中人大代表、政协委员的作用，主动参政议政。通过调查研究，及时向区委、政府反馈意见和建议，主动帮扶民营企业发展，在引进人才、沟通信息、引进资金等方面，积极为企业排忧解难。

第一节　会员代表大会

一 第一届代表大会

1993年7月5日，区工商联召开第一届会员大会，出席会员55名。会议听取工商联筹备工作报告，对今后工作提出六条建议。选举产生第一届执委会执委11名，其中主任委员1名，副主任委员4名。

二 第二届代表大会

1997年1月30日，区工商联召开第二届会员大会，出席会员82名。会议听取并审议工商联工作报告，提出今后五年工作设想，选举产生第二届执委会执委11名，其中会长1名，副会长4名。

三 第三届代表大会

2002年9月24日，区工商联召开第三届会员大会，出席会员108名。会议听取并审议工商联工作报告，提出今后五年的工作设想，审议通过《双滦区工商联合会会员缴纳会费实施意见》。选举产生第三届执委会执委18名,其中会长1名,副会长9名。

第二节　主要工作

一 调研与参政议政

1993年，区工商联按照“坚定不移跟党走，精心协力为四化”的宗旨，发扬团结合作的光荣传统，树立廉洁、勤奋、创新、务实的作风，以经济建设为中心，爱国、敬业、守法开展工作。商会选用信誉好的民营企业老板为监督员，对政府职能部门进行监督，当好民营企业代言人。

1998年，区工商联开展调研活动，并向区委、区政府提出意见、建议和提案。2000年，完成《非公有制经济人士思想状况调查》《双滦区私营企业文化建设》《双滦区民企党建工作》等调研课题。会同区物价局、个体私营发展局开展个体私营企业的收费情况调查，就行业各项收费标准与实际执行现状向区政府提出建议。2002年，区工商联有15名会员当选为区政协委员，有4名会员当选为市工商联执委。2003年，区政协换届时有19名会员被选为政协会员，其中常委3人，占政协委员总数的16%,4人被选为人大代表,其中常委1人。

至2005年，34名会员被选为人大代表或政协委员。区工商联向区委、区政府提出合理化建议和提案210条，开展调研活动10余次，撰写调研报告8篇。

二 帮扶民营经济

1993—2001年，区工商联和各镇分会为会员企业提供法律服务、搭建交流平台，协调政府职能部门为企业解决难点问题80余件次；为企业提供各类培训3期，培训各类人员100余人；动员会员企业安置下岗职工3000人，新增就业岗位160个。其间，12家会员企业参与国有企业改革，6家会员企业参与区域重点工程项目建设，引进项目3个，引进区外资金130余万元。

2002—2004年，区工商联为滦河开发区引进资金30余万元；免费为20名民营企业家进行体检；聘请3位常年法律顾问为20多家会员企业提供法律服务；组织13家民营企业赴四川、湖南等高新技术区和知名企业进行考察。区工商联每年走访资本50万元以上非公有制企业21户，并及时反映会员意见和要求，维护会员的合法权益。通过给民营企业牵线搭桥，建立商业联系，使会员企业获得多有价值的商业信息。

2005年，区工商联组织6家会员企业参与市级人才招聘会，招聘人才8名，并与20名本科毕业生建立用人联系；协调承钢和供电等有关企业和部门，解决双滦慧龙有限公司用电纠纷问题，为企业减少经济损失10万余元。

第三节　机　　构

1993年7月，双滦区工商业联和会成立，设执委11名，其中主任1名、副主任4名，有会员55名。1996年11月,工商联主任改称为会长。1997年，双滦区工商联设执委11名，其中会长1名,副会长4名,有会员82名。1998年,双塔山、滦河、大庙、偏桥子镇分别成立工商联分会。

2002年，双滦区工商联有执委29名，其中会长1名,副会长9名,有会员108名。至2005年,双滦区工商联设执委29名，下设6个分会，有会员108名。

第九章　残疾人联合会

1990年1月，双滦区残疾人联合会（简称区残联）成立。区残联成立后组织开展残疾人普查康复工作；建立残疾人培训基地，开展就业能力培训;安排、扶植残疾人就业创业。至2005年,区残联共召开三次会员代表大会。

第一节　会员代表大会

一　第一次代表大会

1990年1月17日，双滦区残联召开第一次代表大会，出席代表61名，其中特约代表18名。会议审议通过《双滦区残疾人联合会章程（实施细则试行草案）》，选举产生主席团委员18名、主席团主席1名、副主席2名，聘请名誉主席1名、副主席1名，选举理事1名。

二　第二次代表大会

1993年12月23日，区残联召开第二次代表大会，出席代表83名，其中特邀代表24名，选举产生主席团委员22名、主席1名、副主席2名，聘请名誉主席4名。选举产生理事、盲人协会主席、聋哑协会主席、肢残协会主席各1名，推选出席市残联代表大会代表8名、出席市残联主席团委员3名。

三　第三次代表大会

区残联第三次代表大会因资金紧张未能召开。2003年7月3日，区残联召开第四次代表大会，出席代表98名，其中特约代表40名。选举产生残联主席团委员23人、残疾人联合会主席1名、副主席2名，肢残协会主席、聋哑协会主席、盲人协会主席、精神残疾亲友会主席各1名。推荐出席市残联第五次代表大会的代表7名，出席市残联第五次代表大会主席团委员2名。

第二节　主要工作

一　残疾人普查

2002年8月，区残联抽调70余人普查残疾人状况。全区有残疾人5335人，占全区总人口的5.37%。其中：视力残疾580人，听力残疾596人，语言残疾387人，肢体残疾2272人，智力残疾765人，精神残疾735人，非农业人口残疾2853人，农业人口残疾2482人；0～7岁43人，8～16岁143人，17～60岁2403人，61岁以上2746人；文盲1376人，小学文化1716人，初中文化1802人，高中文化361人，大专以上80人。残疾人中，有文艺特长的3人，有一定劳动能力的1473人，特困人口531人，享受低保的365人，少数民族505人，农村贫困人口88人。

二　残疾人康复

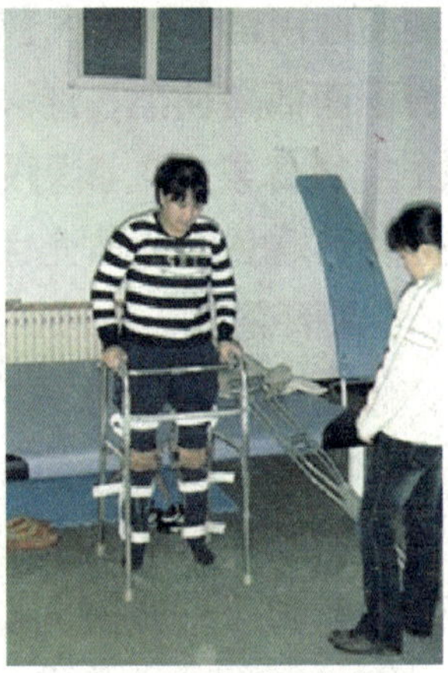
残疾人康复训练
（区档案馆提供）

1991—1995年，区残联开展白内障复明，残疾儿童麻痹矫正手术和聋儿语训三项抢救性康复工作。1996—2000年，完成白内障复明手术102例；为低视力残疾儿童配助视器3例；完成肢残康复手术10例；肢残康复训练14例；智残儿童训练4例，供应轮椅、拐杖等用品用具17种306件。同期，开展“精神病防治康复试点城市”活动。区、镇、村分别成立综合领导小组，建立以大庙镇卫生院为主的精神病防治中心。经普查摸底，查明全区有精神病患者735人，监护率达95.5%，康复显好率64.8%，社会参与率59.2%，肇事率为零。

2005年，区残联确定承钢医院为白内障复明定点医院，免费为白内障患者实施复明手术15名。利用专项彩票公益金救助项目，为12名贫困精神病患者连续三年免费提供药品总价值12.96万元。在城镇13个社区．设置康复员，开展康复服务和康复知识宣传工作，为东园社区争取到中国残联彩票公益金社区配发康复训练器具项目；完成白内障复明手术380例，为21名视残儿童配备了视力配助器，培训家长8名；完成聋儿康复培训21人，培训聋儿家长15人；完成肢残儿童康复训练18人，智残儿童训练18人，脑瘫儿童训练5人；安装假肢22人、安装矫正器24人。元宝山社区建立了残疾人康复训练室。区残联荣获“十五”期间全省康复工作先进集体。

三　残疾人培训

1991—2002年，区残联组织部分盲聋人员参加河北省举办的电脑培训班。其间，各镇、街道办事处先后为残疾人开办蔬菜种植、养殖技术、猪牛饲养与疾病预防学习班3期，请专职教师授课56小时，培训残疾人员460名；开办家电维修，计算机培训班3期，授课196小时，培训残疾人110名。2003年，为2名盲人补贴培训费600元、帮扶建按摩诊所每人400元。2004—2005年，建立残疾人培训基地。通过“基地＋残疾人家庭”的方式，为残疾人提供仔猪和饲料，带动周边11个村400余名残疾贫困人口实现脱贫致富。

四　残疾人就业

1990年，区残联为部分残疾个体就业人员办理营业执照，并协调工商、税务等部门减免各种税费。1991年5月，区残联成立福利厂。1993年，福利厂改为经贸公司，注册资金20万元。其后，相继建立承钢标牌厂、本特顺达仪表厂等福利企业，安排残疾人就业360余人。2003年11月，双滦区在全省第一个实现残疾人就业保障金一站式征收。至2004年，征收残疾人就业保障金161万元，列全市之首。同年度，安置残疾人390余名。2005年底，残疾人个体从业者有220余名。区残联被省、市残联评为“按比例安排残疾人就业工作”先进单位。

五　组织活动

1991年5月，区残联通过会议、广播、橱窗、标语、简报、举办学习班等多种形式宣传《中华人民共和国残疾人保障法》。召开座谈会31次，参加人员260余名。开办学习讲座15期，参加人员7500余人次；广播200余次；出版报100余块。同年，在承德市举办的残疾人保障法知识竞赛中，区残联代表队获第二名。1993年，为鼓励残疾人努力学习奋发向上，区残联通过广播、橱窗等形式多次宣传《扶助照顾残疾人若干暂行规定》《关于对高考残疾考生进行奖励的办法》《考入高等学校贫困残疾人子女实施救助意见》《关于对参加职业技术培训的残疾人进行补助的办法》等文件。通过电视宣传《承德市按比例安排残疾人就业办法》，并向辖区内各企事业单位发放宣传册1000余份。其间，对2名残疾人典型事迹进行宣传；举办助残日活动14次，参加人员达600余名；举办残疾人学雷锋活动3次，为群众办好事873件；开展群众性募捐活动2次，募捐金额46.7万余元。2004年，区残联为各社区残疾人订阅《中国残疾人》和《三月风》杂志。

第三节　组织机构

1980—1989年，残疾人工作由民政部门兼管。1990年1月，双滦区残疾人联合会成立，为副科级单位。设理事长1人。1993年，升格为正科级单位，编制3人。2002年7月，区残联设劳动就业服务所，为自收自支事业单位。2003年6月，改为财政拨款。

2005年，区残联下设劳动就业服务所一个，编制4人。

第十章　其他社团组织

1981年，双滦区成立个体劳动者联合会，后改为区个体劳动者协会（简称区个协）。个协以自我教育、自我管理、自我服务为宗旨，组织会员学习国家法律和政策、外出参观考察、开展招商引资、维护会员权益等各项活动。2005 年底，区个协有会员 3286 户，从业人员 6407 人。

1987 年 10 月，双滦区消费者协会（简称区消协）成立。消协以维护消费者合法权益为宗旨，宣传《中华人民共和国消费者权益保护法》及消费知识、受理消费者投诉、调解消费纠纷、开展咨询服务等项工作。2005 年底，区消协有理事 49 名。

第一节　个体劳动者协会

一 主要工作

学习活动 1988 年始，区个体劳动者协会开展理论政策教育，组织会员学习中共十三大精神，深入理解社会主义初级阶段理论和“以公有制为主体，多种所有制形式并存”的方针政策。中共十六大召开期间，区个协组织会员学习关于“个体私营经济是社会主义市场经济重要组成部分“的论述。1995—2000 年，区个协开展法制教育，举办普法培训班、印发普法试卷、发放普法教育读本等，重点学习《中华人民共和国宪法》《中华人民共和国公司法》《中华人民共和国商标法》《中华人民共和国广告法》《中华人民共和国行政诉讼法》《中华人民共和国反不正当竞争法》等 19 部与生产经营相关的法律法规，增强会员依法经营意识。其间，向会员发放读本 3000 册，印发试卷 1500 份，举办普法学习班 4 期。1983—2005 年，区个协开展职业道德教育，举办职业道德学习班 13 期，培训各行业人员 328 人；组织会员参加职业道德报告会，在会员中开展“户户讲道德，店店无假货”“光彩服务周”“重操守、讲诚信、创光彩业绩”等活动，34 名个体工商户和 6 户私营企业受到表彰。

监督检查 1989 年 3 月，区个协会与公安分局、工商分局等单位共同成立治安联防大队，双塔山镇、滦河镇设分队。联防大队对市场秩序、卫生进行经常性检查，制止强买强卖、缺斤短两、乱扔杂物等违法和不道德行为，调解市场内发生的买卖纠纷；参与大型活动保卫巡逻任务 2 次，执行治安巡察任务 30 次，协助公安民警抓获各类违法犯罪人员 8 人次。同时，区个协建立区、镇维护个协会员合法权益服务中心、服务站。2000 年 6 月，为抵制“三乱”（乱收费、乱罚款、乱摊派），区个协接待会员投诉，为会员提供法律咨询服务；化解会员之间的矛盾，调解会员之间的纠纷。1991—2003 年，区个协开展拥军活动。每年“八一”、春节等节日，组织会员到驻军义务为战士理发、修鞋，累计服务 5000 多人次；慰问驻军猪肉、粉条、花生、西瓜等物品，折合人民币 22500 元。

服务商户 1986 年 3 月，区个协利用协会结余资金购买货车一辆，为经营者运输货物，减免运费 4681 元。1988 年，组织开展个体经营联购分销活动，建立联购分销服务部。1990 年，区个协与有关部门联合下发行业收费标准 5 个；调解纠纷 12 起；向会员发放互助金 30 万元；发放救济款 1.7 万元。同期，区个协协调有关部门减免困难个体经营户管理费、缓缴税款 4 万元；开展调查研究，撰写发表调研文章 4 篇；草拟上报发展个体经济优惠政策文件 3 份。2003 年，区个协组织 47 家个体企业分别到四川、湖北、山东、吉林、廊坊等地参加经贸洽谈会；组织 50 名个体商户到围场、兴隆、平泉等地学习农业产业化经营经验。在避暑山庄肇建 300 周年之际，区个协签约项目 1 个，签订意向 2 个，合同引进资金 1 亿元。2004 年，组织 43 户会员参加廊坊经贸洽谈会和承德旅游文化投资洽谈会，签约投资项目 4 个，合同引进资金 9 亿元。

2005 年，区个协参与区政府个体经济发展规划的制定。向区政府提交《关于对全区非公有制经济人才基本情况调查报告》；提出解决“民营企业贷款难、子女入学难”等问题的建议；推介项目 5 个，包装项目 10 个；组织 29 户个体人员参加廊坊经贸洽谈会两次，达成签约意向 12 份。

二 机构

1981 年，区个体劳动者联合会成立，设管理委员会委员 7 人，其中主任 1 名，副主任 2 名。1982 年，区个体劳动者联合会改名为区个体劳动者协会。选出主任 1 名，副主任 1 名，委员 3 名。1987 年 3 月，双塔山、滦河两个镇建立个协分会，每个分会设专职工作人员 1 名。

至 2005 年，区个协已历时 9 届，设名誉会长 2 名，会长 1 名，副会长 3 名，理事 15 名，其中常务理事 11 名，有会员 3286 户，从业人员 6407 人。

第二节　消费者协会

一 主要工作

受理投诉 1987—1989 年，区消协共受理并处理消费投诉 412 起。投诉案件主要涉及皮鞋、旅游鞋及家用电器质量和店主不履行“三包”等问题。1991 年，受理消费者投诉 231 起，结案 229 起，为消费者挽回经济损失 94078 元。2002—2005 年，接待农村消费者咨询 590 人，受理投诉 139 件，为消费者挽回经济损失 4.1 万元。

宣传法律法规 1988 年，区消协开展《河北省保护消费者合法权益条例》(以下简称《条例》)宣传活动，印发宣传资料 32900 份，张贴布告 1400 张。1988 年 12 月，与承钢联合举办《条例》和消费知识竞赛，承钢、矿机、丝绸、麻纺、啤酒厂、商业局等 6 个代表队参加竞赛。同年，区消协代表队参加市消协举办的“消费者知识竞赛”，获得第一名。1994 年 10 月 31 日，《中华人民共和国消费者权益保护法》(以下简称《消法》)颁布实施。区消协采取印发《消法》手册、维权知识资料、举办培训班等形式进行宣传。至 2005 年，印发《消法》10429 本，维权法规 2300 册，维权知识 16000 份；举办《消法》培训班 28 期，培训 1381 人。

“3·15”国际消费者权益日活动 1988 年 3 月 15 日，区消协会同区工商、物价、卫生防疫、粮食、供电等部门的主要负责人，在滦河、双塔山镇的主要街道，开展与消费者直接对话活动，参与对话的消费者达 3700 余人。活动中，对消费者提出的有关粮食、火柴、食盐供应中存在的问题进行认真解答；展出假冒伪劣商品 12 类；受理消费者投诉 18 件。开展“诚信经营活动”，滦河百货商场获得“家电三包信得过商店”称号。1995 年，全区有 18 个理事单位派出人员走上街头，开展《消法》宣传和打击“假冒伪劣”商品活动。向群众当场散发宣传资料 4000 余份，解答消费者咨询 157 人次，举办《消法》知识讲座 43 次，评出普法征文获奖作品 64 篇。2005 年，区消协会同区工商、物价、卫生等 13 个部门举办“3·15”国际消费者权益日活动。摆放宣传展牌 13 块，展出假冒伪劣商品、药品共 11 类 76 种，涉及金额 1.2 万元；散发宣传材料 12500 份；受理消费者投诉 7 起，接受消费者咨询 460 人次。

净化消费环境。1987 年 12 月，区消协会同物价、工商等部门，对全区国营、集体、个体商业餐饮进行维权检查。检查商店和餐饮店 98 家，解决存在各种问题的店铺 29 家。其中随意涨价的 17 家、掺杂使假的 3 家、有其它问题的 9 家。消协建议有关部门分别依法处理，并通过简报、广播为消费者发出警示。1989 年，区消协开展商品质量大检查。查出“假冒伪劣”商品和不合格商品 1583 种，涉案总金额达 61.341 万元。1989 年 10 月至 1991 年 12 月，区消协组织理事单位开展执法检查 26 次，受检单位 1050 个。同年度，参与河北省消费者协会“信得过”日用品评选工作，向社会发放选票 1000 张。组织承德市第一届消费者信得过产品评选，发出有奖问答选票 3100 张，收回 2362 张，评选出信得过产品 176 件、信得过单位 40 家。1995—2005 年，开展争创“3·15”优质达标竞赛，有40家被评为"达标单位";组织区法院、公安、工商、卫生、物价、动检等执法部门，开展"保护消费者权益月"活动,发放宣传材料500余份，接待咨询100余人次。

二 机构

1987年10月，双滦区消费者协会（以下简称区消协)成立。区消协设会长1名,副会长2名，秘书长1名，下设办公室。至2005年，区消协已历4届，现有理事49名，其中常务理事15名，会长1名，副会长2名，秘书长1名，工作人员2名。

第三节　新闻工作者协会

一 主要工作

1988年，区新闻工作者协会成立后，对会员进行培训。邀请承德市有经验的新闻工作者为学员授课4次,每年举办骨干通讯员培训班1期，受训会员195人。选派5名骨干通讯员去北京广播学院深造。协会先后组织会员6次到承德市中药厂、承德市啤酒厂等企业搞调查研究，撰写《企业活力从何而来》《浅谈企业层层承包》《浅谈村民自治组织》《试论共建合力》等新闻调查稿件，并与市新闻媒体一起为承德钢铁公司和承德市皮革厂等企业编写广告，为会员单位解决生产经营问题25个。至1994年底，协会共撰写新闻稿件958篇，其中被市以上新闻单位采用831篇，被省以上新闻单位采用15篇，获市优秀新闻作品奖8篇。

二 机 构

1988年1月10日，双滦区新闻工作者协会成立，46个团体会员单位，385名个体会员。协会设会长1人，名誉会长9人，副会长13人，理事32人，其中常务理事22人。协会下设办事机构，有工作人员2名。

1995年后，由于管理方面原因，活动渐少。1999年，双滦区新闻工作者协会自行解体。

第四节　书画协会

一 主要工作

1986年，区书画协会成立后，组织和辅导书画爱好者开展活动。有3名会员组织幼儿书画班、有4名会员先后被承德市老年大学和双滦区老年大学聘为书法教员。协会会员举办书画展4次，并经常举办书法笔会。1991年，协会举办"滦水深情"笔会。1993年12月,在双滦公安分局举办"纪念毛泽东同志诞辰100周年"笔会。1997年，协会在承钢举办庆祝香港回归和新中国成立50周年书画笔会，邀请承德市10余名书画家和书画知名人士到会，创作书画作品100余幅。2000年，协会组织部分会员到河南孟津、江苏扬州、南京和山东泰山等地采风。与隆化、平泉等县书协举办交流联谊活动。2003年，在河北省书协举办的书法艺术评级中，双滦区协会有2名会员评为6级，4名会员评为5级。2003—2005年，区书画协会举办各种形式的笔会40余次，书画展览60余次，市级以上参赛作品160余幅。

二 机构

1986年5月，双滦区书画协会成立，设理事会主席1人，副主席6人，有会员15人。1992年，书画协会换届，设主席1人，副主席2人，有会员30人。2005年，书画协会换届，设主席1人，副主席2人，有会员50人。

第十四编　党务工作

中国共产党双滦区委员会在工作中“一手抓经济建设，一手抓党的建设”。纪律检查以维护党的章程、巩固执政党地位出发，严肃党内各项纪律，加强党风廉政建设。党的各级组织发挥战斗堡垒作用，严格标准培养发展党员，坚持“三会一课”制度，开展宣传工作，培训教育党员。加强社会治安综合治理，加强统一战线、政策研究等各方面的工作，为双滦的经济发展、社会进步及党的建设作出了努力。

第一章　纪律检查

1980—2005年，双滦区纪检监察工作紧紧围绕全区改革、发展、稳定的大局，从维护党章和党内各项法规出发，协助区委加强党风建设；检查党的路线、方针、政策和决议的执行情况；坚持从严治党，加强党风廉政建设和反腐败工作。区纪委在工作中坚持以预防为主的原则，对党员及领导干部党风廉政建设以教育为主要方法；加强制度建设，建立内外监督机制；相继开展廉洁自律自查自纠、纠正行业不正之风等活动；查处违纪，惩处腐败分子，全区党风廉政建设和反腐败工作整体水平得到进一步提高。

第一节　党风廉政建设

一 领导干部廉洁自律

1980年，双滦区委在党员干部中开展《关于党内政治生活准则》的教育。1984年，区纪委向全区党员干部发出倡廉公告：“不允许党员干部乘改革之机私分国家资财，营私舞弊，挥霍浪费；不许私下封官许愿，拉帮结派，搞非法组织活动；要求每名党员工作要认真负责，不准消极怠工，推脱搪塞。如有违反者，给党造成不良影响和损失的，追究责任，从速从严处理”。1986年，区纪委结合实际情况，组织干部认真学习《承德群众报》刊登的《狠刹吃喝风》的文章，制定下发《严禁对领导干部请客送礼的通知》，狠刹请客送礼风。全区领导干部拒吃请99人次，拒受贿23人次。

1994—1995年，双滦区委在副处级以上领导干部中开展廉洁自律自查自纠活动。区委把区法院作为职业道德建设联系点，拍摄《公正·廉洁·无私》的录像，作为廉政典型，号召全区学习。1994年5月，区纪委在领导干部中开展教育月活动，共播放廉政教育录像片6部13场。1995年5月，召开区级领导干部廉洁自律民主生活会。1996年，根据公车使用规定，对全区唯一一辆超标轿车进行调换；对全区副科级以上领导干部违反规定建房、住房问题进行清理。经核查有19人（处级5人、科级14人）存在不同程度的住房违规问题。清理退出住房15套，总建筑面积637平方米。1997—1998年，清理出党政机关、事业单位个别工作人员公费配备移动电话168部，对批准保留的移动电话全部实行话费定额和“一机一户一卡”制度，年节约经费33万元；清理公费安装个人住宅电话133部，经批准保留的住宅电话实行定额话费并过户个人名下，年节约资金3万元。1998—1999年，对机关单位领导干部自吃自喝、互吃互喝问题，区纪委组织专项检查7次，突击检查1次。

2000年3月，双滦区纪检委在党员中开展警示教育，组织收看《胡长清案件警示录》《生死抉择》等电视片，副科级以上干部每人撰写学习笔记和心得体会；举办由区理论中心组及部门一把手116人参加的“两个条例”封闭式培训班。2001年3月，在领导干部中开展以“上一堂课、学一本书、看一组片、考一次试”的廉洁自律教育活动。区级理论中心组集中收看《被钱和色推向深渊的市长—李乘龙》《湛江特大走私案》等录像片。区级领导集中学习《领导干部廉洁自律知识应知应会100题》，280余名副科级以上干部写读书笔记，进行测试答卷；专项治理领导干部不准收受单位和个人的现金及有价证券问题；在指定的工商银行设立“583”廉政账户。全区科级以上党政干部拒收礼金和有价证券12万余元。2005年，开展“廉政内容再明确，廉政目标再承诺”活动，区委书记和区长率领党政班子成员在区有线电视台公开作出廉政承诺，自觉接受广大人民群众监督，推进诺廉工作的开展。区内各乡镇、街道、区直部门、社区、行政村，分别开展“做廉内助”、创“廉洁家庭”和“廉政假日”活动。各社区都成立领导干部“八小时以外”廉洁自律监督领导小组，聘请社区中的老党员、老干部、楼院长为监督员，监督、评议辖区内科级以上领导干部。全区43个村开展“百姓评议村干部”活动，共评议村干部163人。

二 党风党纪教育

1981年，双滦区委举办两期科、局级以上领导干部读书班和党员读书班，参训率达90%以上。1984年，举办以学习新《中国共产党党章》和《关于党内政治生活的若干准则》为主要内容的党员轮训班和支部书记培训班。1986年，结合整党，举办以纠正不正之风、加强党性和职业道德教育，端正党风，整顿纪律为内容的学习会354次，参加人数12373人次，8名区级领导讲课13次。1989—1990年，区纪委采取“两对照、四检查”方法，组织全体党员学习党章和准则，开展廉政建设纪律整顿活动；组织全区党政机关党员进行党风党纪知识考试；利用乡镇党校举办9期1000多名农村党员参加的培训班；全区200多名党员参加党的纪律基本知识答卷。1993—1994年，区纪委组织区机关党员干部参加“学党章、促廉政”为内容的考试，参考331人；组织党员、干部观看反腐倡廉图片展览800余人次；组织全区副处级以上党政干部参加“处级党政干部党风党纪知识测试”答卷27人次。2004年，开展以“立党为公、执政为民”为宗旨，以《中国共产党纪律处分条例》和《中国共产党党内监督条例》为主要内容的学习教育活动。

2005年，区纪委组织全区纪检干部集中培训30余人次，在机关干部中进行经验交流并组织参加市纪委举办的演讲比赛；区电视台开辟《廉政专栏》，制作编辑节目10余期；承德市报社、广播电视台《廉政之声》刊播双滦专题节目1期。

三 廉政制度建设

1980—1984年，双滦区委要求全区党员干部中坚持“三会一课”（支部党员大会、支部委员会、党小组会和党评）制度，严格组织生活，开展批评与自我批评。区纪委制定《关于纠正干部建私房不正之风的安排意见》。1986—1990年，区委组织部、纪委联合印发“关于整顿纪律安排意见的通知”，各单位本着解决实际问题的原则，进行认真整顿，纠正乱发补贴、奖金、私分公款、乱涨工资等问题。区委制定《中共双滦区委区级领导干部廉政守则》《常委抓党风责任制》《端正党风增强党性的十条规定》。区政府党组制定《关于端正党风、转变作风、加强机关建设十二条意见》。

1991年，区委先后下发《关于党政机关和干部必须保持廉洁的规定》《全区党风廉政建设责任制目标分解》等有关制度和规定。1995—1998年，区委、区政府联合下发《关于加强干部管理的五项制度》（即黄牌警告、廉政谈话、跟踪考察、离任审计、基层单位评议职能部门制度）、《关于建立党风廉政建设责任制的意见》、《关于禁止公款旅游的通知》、《关于党政机关厉行节约制止奢侈浪费行为的实施细则》。区纪委监察局会同区教育局、物价局、纠风办联合制定《关于制止中小学乱收费行为的处理规定》，规范中小学收费标准。

2000—2004年，双滦区委制定《进一步加强公车使用与管理的规定》，制止使用公车接亲歪风及公用车辆管理使用中的不正之风。先后制定下发《关于在全区农村取消村组行政招待费的规定》《关于实行领导干部重大事项报告制度的规定》《廉政谈话制度》《领导干部诺廉、践廉、述廉、述职制度》《关于坚决防止和杜绝换届中不正之风和违法违纪行为的几点要求的通知》《双滦区2003年整顿和规范建筑市场秩序实施方案》《建筑合同和廉政合同“一签”制度》等。2005年，区委贯彻《建立健全教育、制度、监督并重的惩治和预防腐败实施纲要》，对300多名科级干部进行考试。制定行风评议创建工作方案和民主评议行风活动方案。

第二节　查处违纪案件

一　查办违纪案件

1981—1985年，区纪委查办案件154件。其中经济案56件，党员违纪案88件，党员申诉案10件。1986—1990年，查办案件31件。其中经济案23件，党员违纪案8件。1991—2000年，查办案件65件。其中经济案20件，党员违纪案35件，违反社会道德案1件，违反财经纪律和赌博案3件，行政案6件。2001—2005年，查办案件34件。其中经济案 1件，党员违纪案18件，违反财经纪律和赌博案8件，渎职案1件，挪用专项资金案2件，妨碍社会秩序案2件，其他2件。

二　处理来信来访

区纪委成立后，把受理群众来信来访工作作为发现案件线索的主要渠道。1981—1985年，受理群众来信来访272件。1986—1990年，受理群众来信来访152件。1991—2000年，受理群众来信来访299件。2001—2005年，受理群众来信来访28件。

1981—2005年双滦区违反党纪、政纪案件查处情况统计表

表14-1-1　　单位：人

年份	处分人员			党纪处分						政纪处分						其他					
	副科以上	一般干部	小计	警告	严重警告	撤销职务	留党察看	开除党籍	小计	警告	记过	记大过	留察一年	开除	通报批评	小计	逮捕	收审拘留	“文革”三种人	刑事处罚	小计
1981		8	8	5				3	8					1		1					
1982		14	14	1	1	1		5	8	1						1	1	4			5

续表 14—1—1　　单位：人

年份	处分人员			党纪处分					政纪处分							其他					
	副科以上	一般干部	小计	警告	严重警告	撤销职务	留党察看	开除党籍	小计	警告	记过	记大过	留察一年	开除	通报批评	小计	逮捕	收审拘留	“文革”三种人	刑事处罚	小计
1983		21	21	2		2	2	1	7										14		14
1984		3	3	1					1								1				1
1986		18	18																	18	18
1988	1	1	2	1	1				2												
1990	2	4	6	2	5				7												
1992		6	6	2		1		1	4						2	2					
1994		4	4	1				1	2			1	1			2					
1995		3	3	2	1				3												
1996		1	1								1					1					
1999		4	4	4					4												
2000	4	6	10	4					4	6						6					
2001		9	9	5					5	4						4					
2002		6	6	4			2		6												
2003		8	8	4					4	4						4					
2004		10	10	7					7	3						3					
2005		6	6	6					6												

1981—2005年双滦区党员干部违法违纪案件处理情况统计表

表 14—1—2　　单位：件

年份	立案件数	立案人数	结案件数	案件类型										
				经济	党内违纪	党内申诉	违反社会道德	违反财经纪律赌博	渎职	挪用专项资金	妨碍社会管理秩序	群众信访	其它	行政
1981	99		99	15	7	10						67		
1982	94		75	22	24							48		
1983	68		50		31							37		
1984	92		72	14	26							52		
1985	73		72	5								68		
1986	73	52	48	23								50		
1987	13		12									13		
1988	17		17		2							15		
1989	40		38		2							38		

续表 14-1-2　　单位：件

年份	立案件数	立案人数	结案件数	案件类型										
				经济	党内违纪	党内申诉	违反社会道德	违反财经纪律赌博	渎职	挪用专项资金	妨碍社会管理秩序	群众信访	其它	行政
1990	40		40		4							36		
1991	40		39		6							34		
1992	43		43		7							36		
1993	57		57		2							49		6
1994	38		38		9							29		
1995	28		28		5							23		
1996	24		23	2			1					21		
1997	46		46		3							43		
1998	29		29	8								21		
1999	51		51	5	3							43		
2000	8	10	8	5				3						
2001	15	10	15					8				7		
2002	27		27		6							21		
2003	7		7	1	6									
2004	7		7		6					1				
2005	6		6						1	1	2		2	

第三节　纠正行业不正之风

一 治理整顿

1980—1986年，双滦区纠正行业不正之风工作开展“七查”活动。按照中共中央〔1983〕4号文件精神和省委的部署，侧重在“农转非”、“招工转干”“拖欠公款”“变相涨价”“乱摊成本费”“乱发奖金实物”“公款旅游”等方面进行集中清查治理。其间，各部门对自查出的问题及时进行纠正，全区对76名党员、干部存在的不正之风均按有关规定作出处理，收回违规资金6千多元。1987年，纠风的重点放在“反对个人主义、官僚主义、自由主义和违反职业道德”四个方面。全区召开纠风动员大会，各部门、行业制定工作方案，以自查自纠为主，开展批评与自我批评。共查摆出各类不正之风现象11种173条，立案5起，涉及党员6人。同年5月，在全区教育系统以清理中小学收费为内容的纠风工作。在自查的基础上对中小学收费情况进行检查，对个别学校乱收费问题进行处理。收费依据、项目和标准向社会公开、统一收费票据。1988—1994年，纠风的重点放在基层站所。全区12个行业的58个基层所、站参加整顿。整顿分为学习文件、提高认识、自查自纠、揭摆问题、整章建制、总结提高六个阶段。查摆出问题及现象319件，其中，“吃、拿、卡、要”问题185件，人情税（照、案）的问题18件，服务态度存在冷、硬、横问题74件，违法、违纪、打骂人问题2件，滥发钱物问题1件，贪污受贿问题2件，其他方面问题37件。采取组织措施调离原岗位5人，立案调查2人。

1994—1998年，纠风工作的重点放在专项治理上，先后开展治理公路“三乱”（乱收费、乱罚款、乱扣车）、清理预算外资金、治理侵害企业“五乱”（乱摊派、乱收费、乱罚款、乱集资、乱拉赞助）及清理中小学乱收费等工作。治理公路“三乱”实施源头控制，逐级签订责任状，设置举报电话，有关部门不定期进行检查。清理纠正个别单位向基层企业摊派资金购车、借车问题；对个别单位有预算外资金收入进行检查，发现并纠正不按规定使用收费票据、违规购买专控商品、滥发奖金补贴、私设小金库等问题，查出违纪资金326万多元。区纠风办在有关单位配合下取消9个擅自设立的收费项目，对违规单位罚款8万多元；撤销20个预算外资金过渡户。1999—2000年，开展集中整治医药购销中的不正之风。取缔无证经营药店2家、销毁30余种达万余元的伪劣药品、清理游医药贩20余人。

2005年，区纪检监察部门组成两个检查组，对有预算外资金收入的单位进行检查，查出违纪资金300多万元，按相关规定进行了处理。同时对各收费单位票据管理、资金缴库、收费管理等方面作出规定。

二 行风评议

1993—2004年，区委组织群众对行业、部门开展评议行风活动。区委定期组织256名各界代表，按项目进行评议，代表们提出意见和建议329条。区纪委分类、归纳、整理，以通报形式下发全区有关部门和单位，共商改进措施。先后开展了万人评行风活动，对评议提出的问题，要求有关单位限期整改，并制定整改措施。每年区纠风办组织各基层站、所，举行“阳光投诉”活动，公开办理、解答群众提出、关心的各类问题。区纠风办定期开展经济环境问题排查工作，活动期间发放宣传材料9万多份，解答群众提出问题1272条，受理群众举报投诉98件次。区委召开14个执法部门、13个经济和社会管理部门及16家入统和重点民营企业负责人调度会议和座谈会，征求企业对优化经济发展环境的意见和建议。调查问题42件，受理投诉举报7件次，区环境办查办2件，转办5件，全部结案。区纠风办还召开行风评议听证质询会；有关单位到会回答质询，聘请社会各界监督员54名，随机打分评议优化经济发展环境和行风建设情况。

2005年，全区5个系统69个单位及基层站、所，18个系列67个部门分别制定纠风参评及创先工作实施方案。聘请社会各界监督员480人，召开动员会、座谈会108次。其中46个单位在“中邮专递广告”上向社会各界作出公开承诺。4个镇的基层站、所根据工作实际制定行风建设实施方案，通过不同形式向群众作出承诺。

第四节　组织机构

一 区纪委

1980年10月，双滦区委设纪律检查委员会（简称区纪委），为区委科级工作机构。1984年9月，区纪委升格为副处级机构，受双滦区委和承德市纪律检查委员会双重领导，编制3人。1985年12月，双滦区第一次党代会选举产生第一届双滦区纪律检查委员会（至2005年共历经5届）。1988年9月，区纪委下设办公室。1993年4月，区纪委和区监察局合署办公。1997年9月，区纪委内设“纠正不正之风办公室”。2001年4月，区纪委监察综合室成立。2002年6月，机构改革，区纪委设案件检查室、廉政办公室、信访室、审理室，编制12人。至2005年，区纪委机构、编制未变。

二 镇（街道）纪委

1991年8月，双塔山镇、滦河镇、偏桥子乡、大庙镇成立纪委，各设专职书记1人。2002年8月，双塔山街道、滦河街道设纪委，各设书记1人。

1980—2005年双滦区纪检书记名录

表14-1-3

姓　名	任职时间
杨　普（区委副书记兼）	1980.10—1984.9
郭恒林（区委副书记兼）	1984.9—1985.8
王俊山	1985.8—1987.6
刘广涛	1987.6—1988.4
刘金卫	1988.4—1989.10
冯文芹（女）	1989.10—1998.2
李长银	1998.2—2005.12

第二章　组织工作

民国34年（1945年）10月至1949年10月，域内先后发展中共党员37人。中华人民共和国成立后，各级党组织不断发展，党员队伍不断壮大。1974年，设中共双滦办事处委员会。1981年，双滦区委设组织部。全区建有基层党委4个，党总支2个、党支部98个，有党员1042名（不含驻区省市属单位）。近年来，党的基层组织不断进行调整、充实、整顿，基层组织的战斗堡垒作用和党员的先锋模范作用得到良好发挥。至2005年，全区基层党组织中被评为省级先进镇党委1个；被评为区级优秀乡镇党委2个；43个农村党支部达到“五个好”（领导班子好、党员队伍好、工作机制好、工作业绩好、群众反映好）标准18个；12个社区中党支部达到“五个好”标准9个。2005年底，全区有党员4544名。

第一节　党　员

一　党员发展

民国34年（1945年），域内开始建立中共基层组织，有党员8人。民国35年（1946年）2月，双塔山白庙子村成立党支部，有党员13人。同年4月，大庙岔沟门村党支部有党员10人。1949年3月，偏桥子村党支部有党员6人。新中国成立前，域内建立党支部5个，发展中共党员37人。其中，党员中农民比例约占70%，干部和军人党员占30%。农民党员多为村干部和土地改革积极分子，文化程度较低。1951年，农村8个党支部有党员63人。1954年，有中共党员126人。1976年，中共双滦办事处党委辖党支部19人，有党员157人（不包括归市直接领导的4个公社）。

1981年，区内有中共党员1024人。其中“文化大革命”前入党536人，“文化大革命”期间入党367人，“文化大革命”后入党139人。改革开放后，区委在发展新党员注重发展生产一线的骨干力量、重点培养科技骨干人员；坚持党员标准，严格履行入党手续。1982年，在全区91名入党积极分子中，发展预备党员27人。区内无党员的8个生产队和3个商业门市部开始发展党员；职工多、党员少的单位增加党的骨干力量，加强党的领导。

1985年，按照“四化”标准和工作需要，积极慎重的发展新党员，注意培养发展知识分子入党。同年发展新党员84人，其中知识分子34人，占发展总数的40.5%；新党员35岁以下的46人，占发展总数的54.8%。同年11月，农村城镇开始整党工作。1987年，区委组织开始民主评议党员。1990年，全区1790名党员参加评议，评出优秀党员165人，占总数的9.2%；合格党员1603人，占总数的89.6%；基本不合格和不合格党员22人，占总数的1.2%。基本不合格党员确有决心转变和实际表现，能够按照党员标准要求自己的，可以限期改正。党的组织妥善处理了不合格党员。

1993年，全区党员总数2176人。其中，女性党员515人，占总数的20.8%；少数民族党员201人，占总数9.2%。45岁以下党员856人，占总数的39.3%；46～60岁的党员769人，占总数35.3%；61岁以上551人，占总数的25.3%。大专以上党员190人，占总数的8.7%；中专党员182人，占总数的8.4%；高中党员255人，占总数的11.7%；初中党员633人，占总数的29.1%；小学党员789人，占总数的36.3%；文盲党员127人，占总数的5.8%。1996年，按照改善机构，慎重发展的方针，发展新党员17人，其中农民10人，职工7人。

2005年，全区党员总数4544人。其中女性党员1172人，占总数25.8%；少数民族党员708人，占总数15.6%。35岁以下党员882人，占总数的19.4%；36～45岁党员914人，占总数的20.1%；46～54岁党员833人，占总数的18.3%；55～59岁党员441人，占总数的9.7%；60岁以上党员1474人，占总数的32.4%。研究生党员20人，占总数的0.4%；大学本科党员623人，占总数的13.7%；大学专科党员608人，占总数的13.4%；中专学历党员394人，占总数的8.7%；高中学历党员434人，占总数的9.6%，初中以下学历党员2465人，占总数的54.2%。工人党员122人，占总数的2.7%；技术人员588人，占总数的13%；机关干部党员742人，占总数的16.3%；农民党员1000人，占总数的22%；其他2092人，占总数的46%。根据中共中央关于保持共产党员先进性教育的要求，中共双滦区委制定《全区保持共产党员先进性教育活动实施方案》，党员受训面在95%以上，各行各业党员开展“立宗旨、做模范、办实事”活动。农村党员结成帮扶对子502对，经过一年时间培养帮扶，231名党员被培养成致富能手，184名致富能手被培养成党员，89名党员致富能手被培养成村干部。有309名农村致富能手向党组织递交入党申请书。社区党建围绕服务发展、服务居民、服务稳定、服务文化，突出抓无职党员设岗定责活动，并设岗位12类，充分发挥社区党员的先锋模范作用。2005年比2004年增加党员344名。

1981—2001年双滦区中共党员基本情况统计表

表14-2-1　　单位：人

年份	总数	性别		民族		年龄			
		男	女	汉族	少数民族	25岁以下	26岁至45岁	46岁至60岁	61岁以上
1981	1042	821	221	1003	39	66	447	444	85
1982	1112	875	237	1074	38	59	471	464	118
1983	1153	912	241	1109	44	44	479	492	138
1984	1218	964	254	1178	40	60	492	526	140
1985	1398	1095	303	1349	49	29	618	554	197
1986	1468	1142	326	1400	68	44	577	620	227
1987	1592	1249	343	1464	128	67	678	631	216
1988	1692	1303	389	1554	138	55	722	663	252

续表 14-2-1　单位：人

年份	总数	性别		民族		年龄			
		男	女	汉族	少数民族	25岁以下	26岁至45岁	46岁至60岁	61岁以上
1989	1757	1340	417	1614	143	35	740	668	314
1990	1843	1419	424	1695	148	28	744	707	364
1991	1955	1484	471	1788	167	27	655	849	424
1992	2098	1593	505	1908	190	35	778	782	503
1993	2176	1661	515	1975	201	47	809	769	551
1994	2367	1814	553	2138	229	61	883	860	613
1995	2449	1873	576	2191	258	59	842	849	699
1996	2564	1960	604	2287	277	55	881	836	792
1997	2810	2110	700	2506	304	89	1100	756	865
1998	3039	2320	719	2627	412	96	1085	837	1021
1999	3283	2477	806	2858	425	108	1127	928	1120
2000	3443	2585	858	2985	458	115	1162	962	1204
2001	3543	2638	905	3049	494	96	1150	941	1356

2002—2005 年双滦区中共党员年龄结构情况统计表

表 14-2-2　单位：人

年份	总数	性别		民族		年龄				
		男	女	汉族	少数民族	35岁以下	36岁至45岁	46岁至54岁	55岁至59岁	60岁以上
2002	3649	2685	964	3113	536	619	637	636	351	1406
2003	3881	2894	987	3324	557	651	743	768	836	883
2004	4200	3022	1178	3494	706	792	760	824	361	1463
2005	4544	3372	1172	3836	708	882	914	833	441	1474

1981—2001 年双滦区中共党员文化结构情况统计表

表 14-2-3　单位：人

年份	总数	文化程度					
		大专以上	中专	高中	初中	小学	文盲
1981	1042	24	35	55	262	497	169
1982	1112	24	43	67	273	532	173
1983	1153	28	51	56	317	515	186
1984	1218	34	55	77	352	517	183
1985	1398	47	69	101	408	631	142
1986	1468	56	71	131	451	617	142
1987	1592	76	98	166	432	683	137

续表 14-2-3　　单位：人

年份	总数	文化程度					
		大专以上	中　专	高　中	初　中	小　学	文　盲
1988	1692	90	113	181	460	714	134
1989	1757	96	120	185	477	745	134
1990	1843	106	127	192	498	786	134
1991	1955	81	129	238	585	757	165
1992	2098	126	175	290	563	811	133
1993	2176	190	182	255	633	789	127
1994	2367	181	249	292	688	835	122
1995	2449	183	273	302	694	880	117
1996	2564	187	281	305	762	906	123
1997	2810	394	278	317	826	871	124
1998	3039	349	390	342	1024	886	48
1999	3283	415	454	357	1156	863	38
2000	3443	460	491	377	1217	860	38
2001	3543	505	520	386	1234	861	37

2002—2005年双滦区中共党员文化结构情况统计表

表 14-2-4　　单位：人

年份	总数	文化程度					
		研究生	大学本科	大学专科	中　专	高　中	初中以下
2002	3649	1	118	449	543	396	2142
2003	3881	3	217	542	536	854	1729
2004	4200	5	271	616	567	423	2318
2005	4544	20	623	608	394	434	2465

1981—2000年双滦区中共党员职业分布情况统计表

表 14-2-5　　单位：人

年　份	总数	职　业　分　布								
		职　业			乡镇企业劳动者	农牧渔民	民办教师乡村医生	城镇个体劳动者	离退休职工	其他
		工人营业员服务员	国家干部	其他						
1981	1042	139	150			592	64		63	34
1982	1112	170	157			587	76		85	37
1983	1153	177	238			596	1		109	32
1984	1218	164	272			614	1		89	78
1985	1398	126	384	1	65	622	5	5	166	24

续表 14-2-5

单位：人

年份	总数	职业分布								
		职业			乡镇企业劳动者	农牧渔民	民办教师乡村医生	城镇个体劳动者	离退休职工	其他
		工人营业员服务员	国家干部	其他						
1986	1468	299	248		64	618				
1987	1592	143	291	195	55		1	8	247	34
1988	1692	153	325	201	54	624	1	9	292	33
1989	1757	196	450	47	58	635	1	9	326	35
1990	1843	204	454	37	55	645	1	9	417	21
1991	1955	123	566	48	64	656	1	9	463	25
1992	2098	133	591	37	77	642	5	10	562	41
1993	2176	189	566	36	83	590	4	67	607	34
1994	2367	157	579	83	78	630	4	65	731	40
1995	2449	179	589	60	74	644	4	65	800	34
1996	2564	164	579	61	74	696	1	67	896	26
1997	2810	279	717	17	78	711	1	67	921	19
1998	3039	219	819		57	853		65	1021	5
1999	3283	308	836		74	773		18	1265	9
2000	3443	327	883		67	794		17	1335	20

2001—2005 年双滦区中共党员基本情况统计表

表 14-2-6

单位：人

		公有制经济			非公有经济		农牧渔民	学生	离退休人员	其他
		工人	管理技术	机关干部	工人	管理技术				
2001	3543	229	406	654	6	3	856	5	1355	29
2002	3649	247	436	674	8	3	864	3	1375	39
2003	3881	231	459	652	99	44	857		1461	78
2004	4200	314	403	636	39	193	837	3	1595	180
2005	4544	85	520	742	37	68	1000	4	1682	406

二 党员培训

1981 年 7 月，各公社党委与区直机关党委分别举办 5 ~ 7 天的党员培训班，参训党员 615 名。主要培训内容是党的《十二届六中全会决议》、胡耀邦“七一”讲话、《农村支部工作条例》《关于党内政治生活的若干准则》等。1982 年初，全区开展“学赶先进，争当一名合格共产党员”教育活动。区委组织党员学习党章，要求党员按照《关于党内政治生活的若干准则》严格规范自己的言行。1984 年，全区党员脱产轮训 7 ~ 10 天。轮训班重点学习《中共中央关于整党的决定》和新党章等，参训党员 1073 人，占党员总数的 93%。

1986—1988 年，区委举办党员培训班 11 期，培训党员 1820 人次。农闲时间对农村党员进行培训，先后举办农村党员轮训班 15 期，培训党员 680 人次。培训内容主要是学习党的十二届六中全会文件，学习中共十三大精神和党在社会主义初级阶段的基本路线，社会主义精神文明建设、法制建设和现代领导艺术知识等。

1990 年，举办“坚持四项基本原则，反对资产阶级自由化”党员培训班 6 期，参加党员 500 余人次；举办党的基本知识竞赛 2 次，参赛 800 多人次。1992—1993 年，学习中共十四大精神和邓小平南巡重要讲话，学习社会主义市场经济管理理论和相关法律知识、经济工作知识等。区、镇两级党校对党员开展电化教育，两年共培训党员 2200 人次。1994 年，党员干部教育内容主要是学习建设有中国特色社会主义理论、市场经济理论和科学文化知识，加强党风廉政建设。教育方式仍以办班为主，兼以支部、小组为单位组织党员学习。在农村，除党校培训外，还利用电教方式对党员进行教育，播放电教片 23 场，收看 2500 人次。区委利用正反典型教育党员，学习孔繁森同志的先进事迹、剖析王宝森腐败的根源，坚定党员的宗旨、信念。每名党员自身开展查、纠活动。农村党员深入开展学习中国特色社会主义理论、新党章和当前农村工作的相关政策、决定等。1999 年，举办科级干部培训班、农村党支部书记任职资格培训班、乡镇党委书记培训班、后备干部培训班和新提拔干部培训班。培训期间，组织有关部门及乡镇企业干部 20 余人赴山海关等地参观学习企业转制经验。

2004—2005 年，区委对区直属部门党员主要领导干部进行培训。主要内容为：“农业、农民、农村”问题、“一把手的领导艺术”等。举办农村党支部书记培训班，受训人数 650 人。制定《党员电化教育基层播放站标准化建设实施细则》，投资 2.1 万元为 37 个村、12 个社区配送 49 台 VCD 机，全区党员电化教育培训覆盖率 100%。

三　党员教育

1981 年，中共双滦区委针对党员队伍中存在的问题，要求基层组织坚持“三会一课”制度，严格党员组织生活纪律，整顿党风党纪。1982 年，区委区分不同情况处理“文化大革命”时期犯有严重错误的党员 5 名。1983—1997 年，区委围绕党员思想、纪律、道德操守等方面，多次开展整顿、教育活动。

讲学习　讲政治　讲正气教育　1998 年，中央下发《关于在县级党政领导班子、领导干部中深入开展“讲学习、讲政治、讲正气”教育活动》(以下简称三讲教育)。组织副区级以上党员领导干部集中学习 5 次，学期 13 个学习日。1999 年，区委四大班子领导 25 人参加教育活动。区理论中心组全年组织集中学习 5 次，辅导专题 5 个。2000 年，区委制定《关于在区领导班子、领导干部中深入开展以“三讲教育”为主要内容的党性党风教育的实施方案》。在教育中，区委、区人大、区政府、区政协四大班子领导分组包镇、包村，组织领导抗旱工作，筹措资金 10 多万元，打井 60 多眼。

“三个代表”教育　2000 年，江泽民同志提出“三个代表”重要思想（中国共产党必须始终代表中国先进生产力的发展要求、代表中国先进文化的前进方向、代表中国最广大人民的根本利益）。2000 年 2 月，按照省委部署和市委要求，区委常委会研究制定《中共双滦区委关于在全区开展“三个代表”重要思想学习教育活动的实施方案》。从 2000 年 3 月开始，全区各部门、镇、村领导班子和基层干部，有计划、有步骤地开展“三个代表”重要思想学习教育活动（简称学教活动）。学习教育活动分两批进行，第一批的重点是镇、区直部门及驻镇单位、系统垂直领导的驻区部门。集中学习教育从 2001 年 3 月开始，5 月结束，之后转入整改，10 月底基本完成；第二批重点是村“两委”班子和系统垂直领导的驻镇单位的派出所、工商所等单位，集中学习教育从2001年11月初开始，12月底结束，之后转入整改，到2002年6月底基本完成。

区委班子成员与全区1093名干部一起学习培训、对照检查、制定整改方案。每人都摘录1万字以上的读书笔记，撰写3000字以上的心得体会文章。在学教活动中，区委常委先后召开民主生活会21次，走访农户271家，召开座谈会10次，征集各方面意见、建议435条，先后深入联系点230多天次，帮助群众解决实际问题56件。班子制定整改方案41条，全部得到落实。区委党校用7天时间集中举办镇、区直部门和驻区部门主要领导干部培训班，进行思想动员、学习辅导、讲座交流。各镇党委、区直部门和系统垂直领导的驻区部门用10天时间，组织机关干部进行自学。全区有4000多名党员干部参加学习教育。党员和基层干部深入基层，边学边改，结合实际，发挥自身长处，为群众办好事、办实事,切实解决了一批群众关心的热点、难点问题。

保持共产党员先进性教育　2005年，在党员中开展“保持共产党员先进性”教育活动。有12个基层党（工）委、8个党组、6个党总支、178个党支部、总计4457名党员参加。活动中，请专家学者作辅导报告50场次；组织交流学习体会177次；创建学习园地142个；举办知识竞赛、讲演比赛168场；举办党员培训班231期，培训党员2900余人。先后召开座谈会371场，参加座谈的党员群众2829人，发放征求意见表15594份，设立意见箱212个，征得对各级党组织意见和建议737条，对党员个人意见3518条。在整改提高阶段，对查出的274个问题解决150个、其余124个问题全部制定解决措施。经过测评，群众对解决问题的满意度达到98%。区机关工委在“千名党员助民大行动”中开展“扶贫济困、支农惠农、帮学助教”等活动。走访慰问困难党员和群众1497名，救助困难党员和群众669名，救助资金176.3万元，为群众办实事、做好事568件，为生活困难党员解决实际问题1400余件。全区建立党员责任区132个，党员自发建立为群众义务服务组织157个，建设党员示范路46段。区内各企业党组织认真开展“学习一门技术、提供一条合理化建议、争做一名优秀党员”活动，党员挂牌上岗，设立党员先锋岗、开辟党员示范窗口。

第二节　基层组织

一　基层组织建设

1980年，中共双滦区委建立，下辖4个公社党委。1982年，4个街道办事处分别设立党委，居委会建党支部19个。1984年，区委对农村基层党支部进行充实调整，一些懂经济、会管理、有文化的年轻干部进入领导班子。1985年，全区调整充实企业党组织，区委对4个基层党委和1个党总支进行考核和调整，对农村中瘫痪、半瘫痪支部和年龄较大、文化水平低、工作不力的党员干部作相应调整。区委根据《中共中央关于整党的决定》，重点解决党员队伍中存在的思想不纯、组织不纯、作风不纯的问题。整顿后，党员进行重新登记。全区31个单位部门，19个党支部开展整党工作，涉及党员149名。同年，对边远分散的学校党支部进行调整，将部分学校党员直接编入邻近农村党支部。党支部调整后，当年发展教师党员34名。1986年，4个乡镇党委、街道办事处党总支和115个党支部参加第二批整党，涉及党员1292名。

1987—1999年，双滦区委对已经具备按行业建党支部条件的企业组建新的党支部，加强企业单位党组织建设。乡镇企业和个体工商户中设党总支1个、党支部7个；区经委成立党委，在其系统6个企业中建立党总支2个、党支部4个。各企业党组织设置专职书记或副书记，增设政工机构，按照职工总数1%～1.5%比例配备政工干部。企业二轮承包中,注重加强领导班子配备。

1992年7月，双滦区委批转《双滦区基层党组织建设三年规划》，对企业、农村和机关党组织建设提出明确具体的要求。区委组织部下发《关于解决农村党支部多年不发展党员问题的具体意见》，要求各镇党委、农村各党支部要提高思想认识，加强领导、采取措施、加快培养，力争三年内彻底消除多年不发展党员的“白点村”。《意见》发出后，组织部门加强对重点农村基层党支部的督促和检查，农村党员培养与发展工作打开新局面。1993年，区委开始对各村党支部班子成员培训，建立村级后备干部队伍，继续解决部分农村党支部多年不发展党员的问题。1995年4月，区委下发《关于印发“1995～1997年全区农村基层党建工作规划”的通知》《加强村级基层组织建设意见》。区四大班子领导包乡镇，区委常委每人建一个联系点，领导基层党建工作。

1998年4月至2000年，区委组织部下发《关于进一步抓好以党支部为核心的村级组织体系建设通知》。成立农村基层民主政治建设领导小组，集中1个月时间对农村“两委”成员进行考核，对部分农村基层党支部进行调整。实施镇、村两级书记“素质工程”，举办镇、村书记大专班、本科班和镇党委书记研讨班，对农村党支部书记集中封闭培训，推行持证上岗。全区选派38名农村党支部书记参加市委举办的培训班，举办“如何当好镇党委书记”研讨班1期。

2004—2005年，区委制定《双滦区委常委联系非公有制企业党建工作的意见》；帮助9家非公有制企业建立党组织；采取选派、聘任、推荐等办法向25家企业派党建工作指导员，协助企业党建工作；调整社区党支部12个。

二 创先争优工作

1982年，双滦区委组织开展“学赶先进，争当一名合格共产党员”活动。1990年，开展评议党员活动，参评党员1790名，评出优秀党员165名。

1993年，双滦区委制定《关于全区农村党支部开展“创先争优”活动的实施意见》，开展农村党支部“创先争优”活动。1997年，区委制定《关于创建优秀乡镇党委活动的实施意见》《关于在全区开展创建农村优秀党支部活动实施意见》，农村不合格党支部经过整顿全部达到基本合格以上标准。

2002年，双滦区委制定下发《双滦区三级素质工程实施规则》，开办农村党支部书记大专班和任职资格培训班，全区49%的村党支部书记达到高中以上文化程度。开展创建农村基层组织建设先进区、“五好”乡镇党委和“五好”村党支部活动，先后有10个支部得到优化调整，42%的党支部实现“五个好”目标。滦河镇党委被评为市级“优秀乡镇党委”，滦河镇西南营村和大庙镇北梁村党支部被评为“优秀农村党支部”，西南营村被市委树为全市“农村标杆党支部”。2004年，双塔山镇党委被河北省委评为“全省先进基层党组织”。

2005年，双滦区委制定《农村党建“三级联创”活动创建标准、创建机制和考评办法》。27名区级党员领导干部每人联系一个村（或社区），负责抓好一个党建示范村（或示范社区）；各镇党委书记每人联系一个亮点村；各村每个党员干部结对培养一名党员或致富能手。开展把农村党员培养成致富能手，把优秀致富能手培养发展成党员，把党员致富能手党员培养成村干部活动；提高党员干部率先致富，带领群众共同致富能力。区内11家私营企业全部建党组织，其中2家私营企业的党支部组织活动达到规范化标准。同年，区内各级党组织和党员中开展“紫塞先锋”活动。设立党员先锋岗42个、党员先锋路19段、党员先锋车15辆、党员责任区11个、党员示范服务基地3个。评出区级优秀乡镇党委2个、“五个好”农村党支部18个、“五个好”社区党支部9个。

三 基层组织机构

民国34年（1945年）10月，双滦境内东滦平县一区（双塔山地区）建机关党支部；同年11月，滦河宫后村建党支部。民国35年（1946年）2月，双塔山白庙子村建党支部；4月大庙岔沟门村建党支部。民国37年(1948年)11月，滦河农村建联合党支部。民国38年（1949年）3月，偏桥子村建党支部。新中国建立前境内共有中共党支部6个。

1951年，域内大三岔口、应营子、单塔子、中营子、小三岔口、大庙、长北沟、岔沟门村建党支部。1952年2月，滦河镇机关建党支部；西平台、偏桥子、三家村建党支部。1956年2月，滦河乡建党总支；滦河先进一社建党支部，后改为滦河大队党支部；同年，双塔山、大庙、偏桥子乡分别建党总支。1957年4月，域内3个乡党总支划归承德市委管辖。1958年9月，双塔山红旗人民公社、滦河先锋人民公社建党委。1965年2月，双塔山、大庙、偏桥子、滦河4个公社建党委。1969年1月，各公社、生产大队及机关、事业单位分别建"革命委员会"，取代党组织，实行革委会主任负责制的一元化领导。1972年，基层党组织陆续恢复。1973年12月至1976年，双滦办事处党委辖党支部19个。1978年，双滦商业系统组建党总支。1980年8月，双滦公安分局建党支部。

1980年9月，中共承德市双滦区委成立，辖双塔山、滦河、大庙、偏桥子4个公社党委。1982年11月，商业局党总支改建党委；双塔山、滦河、承钢、麻纺厂4个街道办事处建党总支。1983年，双滦蔬菜副食品公司和百货五金公司建党总支。1984年，双塔山、滦河公社党委改为镇党委，大庙、偏桥子公社党委改为乡党委。4个街道办事处党总支撤销（归乡镇党委管辖），全区共有党支部98个。1985年，承德市砖厂、大庙陶瓷厂党总支、二轻制品总厂党支部归区委管辖；公安分局建党总支。年底，区属党支部共136个。1986年8月，双塔山百货五金公司党总支撤销；同年10月，滦河镇经委建党总支。1987年3月，区文教局建党总支；区武装部党委归区委辖。1988年，区计划经济委员会建党委；双滦蔬菜副食品公司党总支撤销。

1990年，区属党支部为154个。1993年2月，区工商行政管理局建党总支；3月区卫生局建党总支，撤销滦河镇经委党总支；同年底，区属党支部为176个。1996年3月，国税局建党总支；4月，武装部党委归军队辖；公安分局党总支改建党委，下辖10个党支部。1997年，滦河镇教委建党总支；7月，滦河街道建党总支。1998年，撤销区经济贸易局党委，组建区企业管理局党委；3月，区教育局、区卫生局党总支撤销，建区教育局、区卫生局党委；12月，区交通局建党委。2000年，建材厂、陶瓷厂党总支撤销。当年，区属党支部为153个。2002年4月，区商业局党委撤销；区企业管理局党委改为区经贸局党委；组建双塔山、滦河街道办事处党委。2003年9月，承德实验中学建党总支；10月，区委老干部局建党总支。

2005年底，双滦区委辖基层党(工)委12个、党总支6个、党支部183个。

第三节　干部管理

一　干部培训

1982年10月，双滦区委培训村党支部书记、村主任178名，学习党的"十二大"文件精神，统一思想认识。1987—1988年，区委组织全区120名副科级以上干部参加经济管理知识等内容的学习培训。学习中共十三大文件，学习生产、经营、管理等方面的知识，并组织有关干部先后赴山东等地学习考察。

1990—1995年，双滦区委组织200多名副科级以上干部参加读书班4期，学习党的十二届五中全会、六中全会精神和马克思主义的基础理论；学习党的"十四大"精神和邓小平南巡重要讲话；学习中共十四届三中全会《关于建设社会主义市场经济体制若干问题的决定》等有关文件。举办村干部培训班1期，举办机关干部培训班4期。

1996—1999年，全区培训在岗干部的技能，加强职业道德教育。45岁以下科级干部进行计算机应用能力培训；50名科级后备干部和45名信息员进行素质、业务方面的培训；公务员进行法律知识培训；公、检、法及其他行政执法部门干部进行业务技能和文明执法方面培训；举办科级干部理论培训班两期，系统地学习市场经济基本理论。2000—2001年，举行“WTO”知识讲座；举办依法行政培训班，学习《中华人民共和国行政处罚法》等国家法律法规。组织部制定《双滦区2001—2005年干部教育培训规划》，共举办法律、WTO知识、计算机、英语等各类培训班6期，培训干部1946人次。2002年，区机关机构改革，一批新的干部走向领导岗位。区委举办科级干部培训班1期，培训245人；举办《党政领导干部选拔任用工作条例》培训班1期，培训干部55人。

2005年，区委对各部门领导、副科级以上干部、乡（镇）、街道领导干部等分别进行培训，先后举办培训班12期，累计培训1345人。

二 干部考核

区内干部考核，主要采取平时考核、任职前考核和定期考核等三种形式。平时考核是对领导干部的经常性考核，通过检查工作、个别谈话、专题调查、工作总结等形式进行，考核结果纳入年终综合考核中。任职前考核采取个别谈话、发放征求意见表、民主测评、实地考察、查阅资料、专项调查、任前公示等方法。定期考核对象为各镇、街道办事处党政领导班子成员，区直各部门、事业单位领导班子和全区科级干部。考核分届中、届末考核和年终综合考核。考核的方式主要是区级领导签评、部门互评、单位民主测评、个别座谈和实地检查等。领导班子考核主要内容是思想政治建设、整体领导能力、工作业绩3个方面，领导干部考核主要内容是思想政治素质、组织领导能力、工作业绩、廉洁自律4个方面。根据年初确定的工作任务和目标，考核各单位、部门和领导干部。最终考核结果分为优秀、称职、基本称职、不称职等4个级次。

1996年，双滦区干部考核办公室成立，挂靠在区委组织部，年终按百分考核全区科级单位和乡镇政府的领导班子和班子成员。1999年11月，区委制定《关于在全区实行领导干部任职前公示制的实施方案》，对公示对象、内容、方式、范围、期限及公示程序等作出具体规定。区委组织部门注重做好考核结果的运用工作，对考核结果突出的予以奖励。

2002—2005年，区委对为区经济发展有突出贡献的干部经考核给予一定的物质奖励，对不称职的干部进行诫勉谈话并调整工作。

三 干部任免

中共十一届三中全会以后，选拔任用干部以革命化、年轻化、知识化、专业化为标准。各级领导班子的知识结构、年龄结构开始发生变化，知识分子和年轻干部比例逐年增加。1986年，干部任免工作执行中共中央《关于严格按照党的原则选拔任用干部的通知》。同年，双滦区委提出民主推荐、民意测验和组织部门考察相结合的办法选拔领导干部。1987年，开始对领导干部实行年终民主考评，根据民主评议和组织部门考核结果，实行升、降职制度。区委下放干部管理权限，基层党委有权选贤任能，实现管人与管事相结合。1995年2月，根据中央《党政领导干部选拔任用工作暂行条例》，严格执行干部任免原则、要求、条件、方法和程序。2002年7月，区委根据《党政领导干部选拔任用工作条例》，先后制定《双滦区科级干部选拔任用管理办法》《双滦区科级非领导职务选拔任用办法》《双滦区选拔任用领导干部工作责任追究暂行规定》等具体规定。

2004年，为落实中央关于《公开选拔党政领导干部工作暂行规定》，进一步深化干部人事制度改革，区委在干部选拔任用中引入竞争机制。在全区范围内公开竞聘选拔信访局、档案局、法制局和卫生局副局长各1名。2005年，在全市范围内公开选拔承德市第三中学、第四中学、区职教中心的3名校长和6名副校长。

1981—2005 年中共双滦区委员会干部任免情况统计表

表 14-2-7　　单位：人

年份	任职		免职		其他	
	正科	副科	正科	副科	任职	免职
1981	15	40	11	7	42	
1982	9	21	2	11	63	10
1983	4	16	4		18	13
1984	19	27	6	16	29	3
1985	8	9	2	3		
1986	无资料					
1987	25	27	6	13	49	4
1988	30	48	6	22	6	1
1989	12	25	7	9	9	5
1990	63	60	17	16	40	2
1991	17	51	5	24	18	2
1992	35	36	25	27	22	10
1993	32	30	11	24	15	3
1994	24	36	17	33	22	8
1995	47	53	21	21	19	2
1996	24	54	8	24	17	15
1997	19	29	13	14	27	3
1998	53	52	22	30	81	13
1999	19	49	5	11	40	13
2000	2	7	1	1	10	5
2001	4	14	2	1	5	
2002	47	90	31	61	50	18
2003	59	34	16	24	32	16
2004	22	65	3	27	2	
2005	11	34	8	10	24	17

四　干部监督

1980 年建区后，区委组织部会同区纪委（监察局）、政法委、公检法、人事、审计、信访等部门建立干部监督联席会议制度。干部监督联席会议各成员单位保持经常性联系，每半年召开一次会议，交流干部监督方面的情况。围绕干部队伍中出现苗头性、倾向性问题和干部监督工作的重点、难点问题进行专题分析和研究，制定防范措施。

2003 年，区委组织部建立组织部长与干部约谈制度。即由组织部长与科级领导干部约谈，了解科级干部的思想、工作和实绩情况，进一步沟通思想，激励和鞭策干部。约谈制度建立后，基本保证每年在科级干部中轮流约谈一次。同年，区委组织部在在职干部、企事业工作人员、离退休领导干部和农民群众中聘请 38 名监督员，对选任干部中存在考察不实、买官卖官、拉票贿选等问题，监督员可通过面谈、书信、电话等方式反映问题。组织部还设有专门举报箱，方便举报人使用。在干部监督考核中发现问题的，组织部门及时对其进行诫勉谈话并限期改正，对问题严重的给予纪律处分。领导干部离任前，审计部门对审计其重大决策和财务执行情况，没问题的方可离任。

2004—2005年，在干部监督工作中，区委加强对各单位第一责任人的监督和党性党风及民主集中制的教育。定期审计各单位第一负责人重大经济责任，并实行动态管理；抓好重点工程、重点经济项目监督，进行定期调度，实施民主监管。

第四节　机关党建

一　组织建设

1981年6月，区直机关党总支建立，下设党支部9个，有党员89人。1985年4月，区直机关党总支改为区直机关党委，下设支部30个，党员总数发展到180人。1988年，区直机关党委严格按照党章规定的标准，坚持入党自愿、个别吸收的原则，采取切实有效的措施，把好党员入口关，保证新党员质量。同时，从改善党员队伍年龄结构、文化结构和分布结构入手，做好发展党员工作，确保党员整体素质，提高党的战斗力。区直机关党委有党总支2个，党支部34个，党员278人，当年发展党员21人。1994年4月，区直机关党委改为区直机关工委，有党总支4个，党支部42个，党员431人，当年发展党员17人。至2005年底，区直机关工委下设党总支4个，党支部52个，有党员648人。

1981—2005年区直机关工委组织及发展党员情况统计表

表14-2-8　　单位：人、个

年份	总数	男党员	女党员	总支数	支部数	发展党员数
1981	89	80	9	1	9	
1982	105	99	16	1	22	10
1983	129	108	21	1	24	17
1984	148	124	24	1	25	16
1985	180	149	31	1	30	15
1986	219	179	40	2	32	20
1987	246	198	48	2	33	18
1988	278	223	55	2	34	21
1989	294	233	61	2	34	16
1990	310	245	65	2	34	9
1991	330	262	65	2	35	17
1992	357	285	72	2	35	19
1993	402	318	84	4	41	22
1994	431	328	103	4	42	17
1995	455	350	105	4	45	15
1996	446	333	113	4	45	18
1997	488	348	140	4	46	25
1998	417	318	99	2	38	20

续表 14-2-8　单位：人、个

年份	总数	男党员	女党员	总支数	支部数	发展党员数
1999	449	343	106	2	45	28
2000	481	364	117	2	45	26
2001	508	382	126	2	45	14
2002	543	405	138	4	46	20
2003	579	431	148	4	40	22
2004	632	473	159	4	50	26
2005	648	478	170	4	52	23

二 思想建设

1981—1997年，区直机关工委采取开座谈会、生活会、写心得体会等形式，在党员中开展学理论、学党章等思想教育活动。组织学习《关于建国以来党内若干历史问题决议》，开展迎香港回归和“工行杯”知识竞赛活动，开展“岗位学雷锋，行业树新风”活动，在机关党员干部中形成“我对群众有义务，我对工作负责任”的共识。1998年，先后组织600多名党员和入党积极分子，举办以庆祝香港回归一周年和学习中共十五大文件、《中国共产党章程》、《党和国家机关基层组织工作条例》等为主要内容的有奖知识竞答活动，组织区直机关300余名干部职工开展“千家万户颂党恩”歌咏比赛和文艺汇演。1999年5月，机关工委在党员中开展“争先创优”活动，表彰先进基层党组织7个、优秀共产党员30名。2000年4月，区直机关工委开展“争先创优”、“争创文明机关、当好人民公仆”等活动。表彰奖励先进基层党组织5个，优秀共产党员7名，优秀党务工作者3名。2001年4月，开展“三个代表”重要思想学习教育活动，培训入党积极分子50名。举办“党在我心中”文艺演唱会和党风、党建知识竞赛活动。

2005年，组织开展“保持共产党员先进性教育”活动。在机关50个党支部中开展创建“规范化党支部”活动。组织党员到董存瑞烈士陵园进行革命传统教育。同年9月，机关广大党员干部为三岔口村尿毒症患者徐金凤捐款4万元，为白血病患者孙士权捐款5万元。在区直机关所属党支部中，受区委表彰的基层党组织6个，优秀党务工作者4人，优秀共产党员9人。

第五节　组织机构

一 建区前组织机构

1945年12月，承德市七区（双塔山区域）区委设组织科。1973年，中共双滦办事处设组宣组。

二 双滦区委组织机构

1980年9月，中共双滦区委设组织部。1996年，双滦区设干部考核委员会办公室，隶属区组织部。2002年，中共双滦区委组织部设办公室、干部科、基层组织科，编制9人。

2005年，区委组织部机构、人员编制未变。

第六节　知识分子工作

一 工作机构

双滦建区后，知识分子工作由区委组织部负责。2000年，区委专门成立知识分子工作领导小组，下设办公室（在组织部）负责日常工作。至2005年，机构设置未改变。

二 引进人才

2000年，区委制定《双滦区引进科技及专业技术人才的优惠政策》《双滦区急需人才和区级以上拔尖人才优惠政策》等措施，并完善健全区管专业拔尖人才和急需人才的管理办法。2002年，组织部门建立党外高级知识分子人才库，收录具有副高职以上职称和大专以上学历的知识分子29名。2003—2004年，全区引进各类人才97名，其中引进外省人才57名。区医院引进市拔尖人才3人，引进和招聘技术人员47人，并通过业务进修等途径培养一批骨干，使原来因缺乏技术力量一直未能开展的CT、五官科、儿科等临床业务开展起来。教育系统先后引进人才196人，全部为本科以上学历，培养区级骨干教师63名。

三　落实政策

1980年，区委定期召开会议，专门研究解决知识分子工作生活中的一些具体问题。1982年，区委统战部召开"小教二级"以上、"中教三级"以上教师座谈会，并按有关政策落实党的知识分子政策。其中：双塔山医院1名护理师被错定为右派，落实政策后，对其爱人、子女予以适当安排；第三中学1名教师，落实政策后被提拔为教导处副主任；原三中1名老教师"文化大革命"中被揪斗，遣返农村，落实政策后，补发了工资，并被选为区人大常委会委员。

至2005年，先后为知识分子解决住房146户，返还住房（"文化大革命"中被挤占）3户，解决家属及其子女户口"农转非"25人，恢复城镇户口6户，安排知识分子子女就业47人，解决历史遗留问题31件，落实工资待遇8件，为知识分子创造学习机会、提供进修、参加培训550人次，吸纳为中共党员79人，提拔到科、处级领导岗位80人。区委组织部开展"非公经济组织党外知识分子情况的摸底调查"，确认在全区非公有制经济组织中，共有各类专业技术人才478人。其中，初级职称76人，中级以上职称和大专以上学历的知识分子121人（党外知识分子52人）。在企业负责人中，具有初级职称12人、中级职称26人、高级职称18人。

第三章　宣传工作

民国34年（1945年）12月，中共承德市第七区（双塔山）区委设宣传科。时值解放战争时期，主要任务是宣传中国共产党的新民主主义主张，揭露国民党反共反人民的嘴脸，提高人民群众觉悟，动员群众积极参加土地改革。新中国成立后，宣传工作紧密围绕党在各个时期的中心工作，通过经常化、制度化的工作，把党的路线、方针政策，变成人民群众的实际行动，推动革命和建设事业的发展。1973年12月，双滦办事处党委设工宣组。1981—2005年，双滦区委采取多种形式和方法学习宣传马克思主义哲学理论、毛泽东思想、邓小平理论和"三个代表"重要思想，提高党员干部的理论水平，实现宣传工作与经济建设同步推进，为全区经济建设和社会发展奠定理论基础。

第一节　理论培训

一　学习经济理论

1980—1981年，区委在全区机关、企事业单位和农村干部中举办辅导班，学习党的十一届六中全会决议和薛暮桥《中国社会主义经济问题研究》《中国的社会主义经济问题》两本书。1985年，区机关和企事业单位干部学习《中共中央关于经济体制改革的决定》《科学社会主义概论》《政治经济学》等内容，聘请市讲师团来区辅导5次，有800余人听讲。1994年，采取区理论学习中心组、科级干部、一般党员干部分层施教和举办全区科级干部学习班等形式，学习市场经济理论。区理论学习中心组集中学习23次，举办学习班15期，参训人员1678人。学习《关于经济体制改革的决定》《关于加强党的建设的决定》以及市场经济基本理论等内容，区委宣传部提供各种学习材料共1500多本。区委组织部、机关工委联合对全区基层党委和系统部门学习制度、学习计划、学习档案、学习笔记情况。

二 学习邓小平理论

1983—2002年，学习邓小平理论。区级领导干部理论中心组采取集中、分散、辅导、自学相结合的方法，建立学习考勤记录制度，做到全年学习有安排，阶段学习有重点，个人读书有笔记。全区170余名中层干部通过灌输、辅导、自学和召开汇报会、座谈会、经验交流会等形式，提高政治素质和理论水平。各单位党支部利用"三会一课"和党团活动日，抓好一般党员干部的理论学习。以区、镇党校为阵地，轮训全区党员干部。区委组织理论学习宣讲团，深入各乡镇、企事业单位进行宣讲辅导。区委宣传部为区委中心组专题辅导4次，举办科级干部辅导班3期，为基层单位送课上门19次，举办各类培训班50余期，培训党员干部2500人次，受训面达90%。2002年，理论学习按照领导干部、一般干部、农村党员干部三个层次分别进行，区委宣讲组深入基层，专题辅导学习邓小平理论进行67场次。

三 其他理论学习

1987年，全区机关、学校、企业、乡镇开展学习《坚持四项基本原则、反对资产阶级自由化》和《建设有中国特色社会主义》两本书活动。全区举办辅导讲座7次，3000多人次参加。同时，在干部群众中组织开展"四项基本原则还要不要""社会主义制度好不好"等专题大讨论活动。同年4月，区委组织7人讲课小组，集中讲授辅导对区直干部《马克思主义哲学》一书。学习结束后考试，54名参考干部成绩优秀率达90%以上。1990—1992年，党员、干部先后学习马克思主义哲学的理论、《社会主义若干问题学习纲要》。1991年，学习"国民经济和社会发展的十年规划"和江泽民"七一"重要讲话、中共党史及党建理论学习纲要等。区委组织全区126名科级以上干部进行理论考试，及格率达100%。区委宣传部门组织近千人党史、党建理论答题活动；举办领导干部和理论骨干学习党的十四大精神培训班，参训80余人。各单位还利用广播、电视、橱窗、报纸等形式开展学习活动。2003—2004年，全区共举办各类培训班13期次，学习江泽民同志"三个代表"重要思想，党员干部受训面95%以上。区委宣传部组织收听收看北京大学中国可持续发展研究中心主任《关于科学发展》的辅导报告；听取市委党校老师关于《宪法修改案》和《加强党的执政能力》讲座；组织学习《加强党的执政能力建设学习读本》《当代中国科学发展观学习读本》《中国共产党党内监督条例》《中国共产党纪律处分条例》等。

2005年，区委强化理论学习机制，提出理论学习一把手参与、一把手组织、一把手检查、一把手总结的要求；强调各单位党政一把手要带头学、带头讲、带头用。区委全年组织各级干部理论学习培训8次，累计参学参训1345人次，科级干部受训面达100%；组织全区干部理论知识应知应会闭卷考试3次；开展"学理论、用理论"知识竞赛；各级干部撰写心得体会文章300余篇。

第二节 社会宣传

一 舆论宣传

舆论宣传的范围主要涉及党的路线、方针、政策和社会公德、人生美德、热爱祖国、热爱家乡及法律、法规等。宣传的内容，因时代不同而不同。

1981—1984年，全区开展"实践是检验真理的唯一标准"的大议论，宣传工作围绕党的"实事求是”的思想路线展开，引导社会的舆论导向，从思想上正本清源、拨乱反正；开展“文明礼貌月”、“五讲、四美、三热爱”（讲文明、讲礼貌、讲卫生、讲秩序、讲道德，心灵美、语言美、行为美、环境美。热爱祖国、热爱社会主义、热爱中国共产党。）主题宣传活动。结合毛泽东同志“向雷锋同志学习”题词20周年，组织开展学习雷锋活动，倡导文明、向上，助人社会的良好风气。

1987—1989年，舆论宣传工作的重点是“坚持四项基本原则，反对资产阶级自由化”，引导群众认清“只有社会主义才能救中国，只有中国共产党才能领到人民走向幸福之路”。结合承德解放四十周年和改革开放十年取得的成果，开展宣传活动。

1990—1993年，舆论宣传重点宣传中共十三届六中全会精神，中共十四大方针、政策和江泽民同志加强爱国主义重要指示；宣传建设有中国特色社会主义理论，明确建立社会主义市场经济体制的改革目标。

1997年，结合迎香港回归祖国，宣传爱国主义精神；宣传双滦改革开放后农业的产业化发展，宣传个体私营的发展壮大。1999年，围绕精神文明、物质文明建设工作，宣传双滦开展的街区亮化、干部进村入户、树窗口形象、重点引进对经济的辐射带动等。

2001—2004年，舆论重点宣传民心工程和经济发展的走向与前景；宣传小康文化工程科技工作；宣传创建“文明单位”“平安、和谐双滦”“创建文明村镇”等；宣传避暑山庄肇建300周年系列活动。

2005年，围绕全区经济工作，宣传工作配合“先教”活动，开展“保持共产党员先进性教育活动”、“构建和谐双滦”主题系列宣传。

二 专项宣传

1981—1984年，宣传工作配合“五讲四美三热爱”活动，宣传涌现的先进集体、先进个人事迹。1987年，举办承德市著名书画家关阔、王信等40余人参加的书画联谊笔会，《承德日报》作专题报道，并专版刊登名人作品。1990—1991年，全区开展“学雷锋、学赖宁、树新风、做有理想、有道德、有文化、有纪律的新人”活动，宣传新人新事、新思想、新风尚。1993年春节期间，宣传部门组织25个单位1050人参加的大型花会表演活动，演出节目28个，双滦区获市委、市政府春节花会优秀组织奖。同年，举办专题广播3次、开办橱窗展览6期、召开座谈会3次，宣传改革开放、经济建设取得的成绩。毛泽东诞辰100周年，区委宣传部门举办毛泽东不同历史时期照片展和专题广播，播出有关歌颂毛泽东革命业绩和纪念活动稿件30篇，组织学党史、学“毛选”答题活动，组织观看50场《毛泽东》珍贵历史镜头录像，组织以“导师颂”为主旋律的卡拉OK文艺演唱会和举办毛泽东书法展，召开“忆领袖、比贡献”座谈会40余次。

1995年春节期间，区委宣传部门组织11个单位举办大型花会表演。同年，组织纪念中国抗日战争暨世界反法西斯战争胜利50周年报告会、座谈会和知识竞赛活动，举办迎国庆歌咏大赛。1997年，区直机关和驻区大厂矿举办联合纪念承德解放四十周年文艺演出；区委宣传部等7家单位联合举办纪念承德解放40周年智力竞赛和党的基本知识竞赛。2001年，开展建党80周年纪念活动，区委宣传部组织召开全区建党80周年庆祝大会；举办“党在我心中”歌咏演唱会和庆“七一”书画展、纪念建党80周年图片展。2002年，区委组织开展文化、科技、卫生“三下乡”活动。组织送法律下乡28次，；培训、外出参观67场次；组织农村秧歌队和老年大学文艺演出队专场演出20多场次。滦河镇西南营村和双塔山镇团瓢村，被评为省级“宣传文化示范村”。2004年6月、9月，在民族文化广场，区委宣传部门分别组织“多彩承德”、庆祝建国55周年文艺汇演，各镇、村、街道、社区的秧歌队、高跷队、腰鼓队、舞蹈队等20余支业余文艺队参加演出。

2005年，庆祝中国共产党成立84周年和建国56周年，区委宣传部门组织“庆七一、颂党恩”文艺汇演和“欢度国庆”大型文艺演出，邀请市歌舞团举办为期10天的“多彩双滦”系列消夏文艺晚会。

三 专题宣传

1992年，全区组织开展《中华人民共和国妇女权益保障法》《中华人民共和国工会法》《中华人民共和国企业法》《中华人民共和国宪法》《中华人民共和国选举法》等法律知识的宣传活动，出刊橱窗15期，举办专题广播10次，社会法律咨询10次，举办宣传月活动4次。1993年，组织开展对新《宪法》《选举法》《农业法》等法律知识的宣传，举办4法律咨询活动，专题广播10次、橱窗展览5期；举办“人防”知识竞赛，《选举法》《商标法》知识竞赛等活动。

1994年，区有关部门组织开展科技知识普及宣传。区委宣传部、区农林局、科委、妇联等有关单位，先后举办培训班30多期，主讲科技知识、大棚蔬菜种植技术、食用菌栽培技术、果树管理技术和养殖技术，培训各类技术人员1000多人次。1996年，区宣传部撰稿专题报道一批科技推广服务项目和科技致富典型，文章《科技入户十家富》《一花引来满园春》《引水上山开发山地时差菜》《地下水灌溉旱田变稻田》等在省市报刊发表。面向社会宣传推广国家科委推广的喷灌、山坡日光温室和稻草轮作等10项综合技术以及本区科研人员推广的果树嫁接、稀土栽植水稻、山杏嫁接大扁等20多项新技术，向社会进行推广宣传。1997年，区宣传部分专题宣传双通冶炼厂、热河钢铁厂等重点企业，宣传偏桥子镇蔬菜大棚、大庙镇时差蔬菜等特色农业和扶持发展个体私营经济重大举措及成果等。

2005年，区宣传部专题宣传民主法制示范村—西南营村和税务系统建安税务所的先进事迹。

四 新闻报道

1981—1984年，双滦区新闻报道宣传的主要内容是全区各条战线发生的重大变化、涌现出的先进人和事，宣传物质文明和精神文明建设，农村推行的生产责任制和农村专业户勤劳致富的经验。1981—1983年，双滦区宣传工作共撰稿1713篇，其中被中央广播电台采用4篇、《工人日报》采用1篇、《河北日报》采用6篇、河北广播电台采用9篇。1991—1995年，新闻报道重点宣传经济建设的先进典型、先进经验，围绕区委“再造优势拓宽经济增长点”等中心工作进行宣传。期间，宣传部门撰写宣传全区改革经济体制、经济建设方面的稿件2000余篇，其中被省委督查专刊转载1篇、省以上报纸采用6篇、省广播电台采用2篇。

1996—2000年，新闻报道围绕全区工农业、乡镇企业、个体私营业的发展、科技和精神文明建设，贯彻党的十五大精神和区委、区政府的中心工作开展宣传。重点报道双滦区经济建设、改革开放、项目开发、农业结构调整、发展个体经济，旅游开发等新闻。1996—2000年，撰写宣传全区精神文明建设、贯彻党的十五大精神和区委、区政府的中心工作的稿件3000余篇。其中国家级报刊采用15篇，省广播电台、省报刊发稿234篇。获河北省好新闻一等奖1篇、二等奖1篇，评为“全国城市经济研究”优秀文章1篇。

2004—2005年，新闻报道围绕城郊生态型农业建设，重点宣传报道双滦区农业发展“南菜、北畜”新格局；优化经济发展环境、经济发展和城市建设实现跨越式发展；构建和谐社会和保持共产党员先进性教育活动等。2002—2005年，新闻宣传共撰稿 4000余篇。其中省级以上报刊刊发100余篇。《双滦区投巨资打造教育航母》一文被《人民日报》采用；《一线出发展力——对河北省承德市双滦区‘一线工作法’的调查》《和谐社会看双滦》分别被《人民日报》采用，并在中央电视台报道。

第三节　机　　构

1955年5月，中共承德市双塔山区委设宣传科。1968年12月，建制撤销。1973年12月，双滦办事处党委设工宣组。1980年9月，双滦区委设宣传科，编制2人。1981年，宣传科改为宣传部，编制2人。1984年3月，区委统战部与宣传部合并，人员编制5人。1987年5月，单设宣传部编制4人。2002年5月，区机构改革，宣传部内设综合办公室、理论党教科、新闻宣传科，编制8人。另外，精神文明建设指导委员会办公室和区委对外宣传局、区政府新闻办公室挂靠宣传部。2005年，宣传部机构、编制未变。

附录：

养猪致富的带头人——王海燕

王海燕，女，1970年生人，中共党员，承德市双滦区双塔山镇白庙子村规模生猪养殖专业户。2001—2003年获双滦区“巾帼创业带头人”、“双学双比女状元”、“优秀共产党员”、承德市“巾帼明星”等荣誉称号。2004—2005年度获河北省“双学双比先进女能手”称号。2006年被评为全国“双学双比女能手”。

1992年时，王海燕家境贫困，5口之家拥挤在仅有的3间老土坯房里，公婆均已70多岁，医药费开支很大，孩子幼小需吃奶粉，一家人的生计靠丈夫在外打工维持。拮据的生活，促使王海燕萌生了养猪致富的念头。她用家中仅存的一点积蓄买了一头小猪，喂养8个多月后，卖了975元钱。这975元钱成了王海燕的起家资本，用这笔钱又买了幼猪。由于不懂科学喂养和防病治病，很快就病死了3头，赔了1500元，相当于她在外打工一年半的工资。突如其来的打击，她没有被吓倒，按照自己认准的道一直走下去。失败的教训，使她变得更加清醒。她购买了许多科学养猪的书籍，一边自学，一边向区畜牧部门专家请教，还经常到村内外养猪专业户实地参观学习。2001年还自费2000元到中国农业大学参加李兴怀教授主讲的“养猪知识和疫病防治培训班”。科技知识的充实和积累，使她进一步坚定了干好养猪事业的信心，以“滚雪球”的方式滚动发展。到2007年，她的养猪厂已发展到年出栏1000头、常年存栏500头的规模，年纯收入达到70万元。

王海燕创业成功了，但她没有满足现状，又开始了第二步计划：用自己的经验和技术带领全村群众一起养猪致富。在她的倡议下，白庙子村的部分党员和群众自愿组织，建立了养猪合作社，她当选了合作社社长。上任后，她组织社员到外地规模养猪基地考察学习，聘请江西农业大学专家为社员讲授科学养猪技术知识，对养猪户挨家挨户地进行技术指导，使本村的生猪养殖能够有效地控制疫病传播，达到一定规模的很快发展到20户，年存栏育肥生猪达到2200头。

王海燕在带动本村养猪致富的同时，对外村养殖户给予全力支持和帮助。大三岔口村的养殖户郭秀芬一直从外地引进仔猪，成活率低，肉质差。在王海燕的建议下，郭秀芬改养本地种猪，很快发展到400头的规模。双桥区大石庙镇养殖户王增祥在她的帮助下，从28头母猪产崽105头发展到存栏母猪120头，产崽1100头的规模。

王海燕带领村民创业，帮助她人致富的事迹，得到了广大群众的赞扬，称她为养猪致富的带头人。

凝心聚力谋发展的当家人——石秀芝

石秀芝，女，1960年生人，中共党员。2000年3月当选双滦区双塔山镇下店子村主任，2002年12月当选为下店子村支部书记、村主任，多次被评选为双滦区优秀共产党员，双滦区优秀人大代表。

公平办事，取信于民。“30年农村土地延包”，事关农民的切身利益。在依附土地生存的状况下，每家每户都期望承包到离家近、土质好、产量高的土地。由于坡地多，平地少，分配不好，就会引发一系列的矛盾。为使土地分包工作做到公平公正，村民没有怨言，她先对全村各家各户的情况进行调查摸底，了解他们的思想活动和要求，与村委会成员一起研究制定公平合理的分配方案。为保证方案得到落实，她不分白天黑夜的深入到各家各户做好深入细致的思想工作，顺利完成了“30年农村土地延包”工作，并取得了广大村民的信任。

以民为本，为民解忧。下店子村地处广仁岭隧道西出口，与双桥区交界。村内多为山地，水资源缺乏。2002年以前，村口只有一口水井，水质很差。为了让村民吃上干净水，在村里欠几十万外债的困难情况下，她跑镇进区，争取上级领导支持，终于为100多户村民引来了山泉水。继而又多次到水利部门求援，争取资金20多万元在下店子街打了一口大眼井，并在山坡上修建了水塔，安装了自来水，使下店子街的村民吃上了深井水。下店子村老年沟道路年久失修，坑坑洼洼，晴天时尘土飞扬，雨天时泥水横流，住在这个自然村的400多口人出行困难。石秀芝请求镇领导支持，借贷款10万元，动员村干部和党员集资10.5万元，协调交通部门资助水泥300吨，使老年沟道路全部硬化。

美化村容，优化环境。为美化村容村貌，建设文明和谐的新农村，石秀芝带领村民平填荒沟20余亩，招商引资80余万元，硬化了全村路面和村小学地面。为全村安装程控电话120多部，对低压线路进行了整修改造。组织党员义务植树2300多株，清理路基及河道垃圾并绿化添景2000多米。筹措资金18万元建设400平方米的村民娱乐广场，并安装了20多件健身器材。安装路灯18盏，改变了村街夜路无照明的状况。建立党员示范林，栽植观赏树木500余株，组建60余人的秧歌队活跃了村民的文化生活。

双轨发展，富村富民。城区建设的不断扩大，很多土地被征用。在这种情况下，石秀芝调整发展思路，借助地处城郊，交通便捷的优势，一手抓个体和维修，一手抓招商引资。村内有58家失地农民搞个体运输，成了富裕户。通过各种渠道引进承德市轻型建设材料厂、京双电力有限责任公司、活动板房厂等企业，引资550万元，安排村民就业200多人。

（袁宝森根据石秀芝事迹材料整理）

第四章　政法工作

1986年2月，双滦区委政法委成立。1989年12月，设立双滦区社会治安综合治理办公室。双滦政法工作紧紧围绕党的中心工作，努力提高政法队伍干警素质，加强对政法各项工作的组织、协调和指导，强化对重大疑难案件和涉法信访案件的协调督办，适时组织政法各部门协调联动。在协调重大疑难案件中，围绕案件定性、分析并协调公检法部门加快办案节奏。根据各时期社会治安的特点，区政法委协调组织开展专项整治12次；与区内各部门及驻区单位签订综合治理目标管理责任状；开展“创四无村居、建平安双滦”活动；实行综治工作年终评优工作一票否决制，为双滦的社会发展和经济建设做出了贡献。

第一节　政法队伍建设

一 思想建设

1986—1989年，双滦区委在政法队伍中先后开展“端正党风”教育；思想、纪律、作风整顿；职业道德教育和为人民服务的宗旨教育。组织干警学习理论和先进典型的事迹；开展“为政清廉”

评比活动，评选出先进集体3个、先进个人12个。1990年，开展“学雷锋，争做人民好警察”活动，加强政法队伍的廉政建设。当年，全区政法各部门拒收礼品34件、现金1800元，拒吃请234人次、拒说情98人次，为群众做好事108件、收到群众表扬信12封。年末，有6个单位、17名政法干部被评为市级“为政清廉、秉公执法”先进单位和个人。1994—1995年，政法队伍进行教育整顿，开展“为人民服务”大讨论，区公安分局开展“群众路线回归公安”活动。2004年，区法院开展“争创人民满意的好法院、争当人民满意的好法官”活动；区检察院开展“学习型、团结型、创新型、廉政型、服务型”班子建设活动；整个政法系统普遍开展“理想信念教育、执法为民教育、严格执法教育、艰苦奋斗教育、求真务实教育、纪律作风教育”等六项教育活动，开展向任长霞同志学习活动。

2005年1月，区政法委印发《关于开展向牛玉儒同志学习的决定》；6月，印发《关于开展向张剑波同志（双滦公安分局干警）学习的决定》，并组织广大干警展开学先进、争先进活动。

二 组织建设

1986年，区委政法委调整和充实各基层治保、民调组织。教育系统各学校成立综治领导小组、建立“门卫岗位职责”等。1989年，区政法委制定印发《双滦区政法系统廉洁执法规定》。要求公、检、法、司各部门“依法独立行使权力，要尽职尽责；树立全心全意为人民服务思想，增强服务意识；要做到秉公执法，刚正不阿；严禁利用职务之便谋私利；要清政廉洁，不得贪赃枉法；严格财经纪律，杜绝用公款吃喝、旅游等；不得接受当事人或单位赠品、纪念品；外出办事要坚持勤俭、不得住高级房、坐高级车”的八项规定。1995年，乡镇分别建立政法委员会、综治领导小组，配备专职政法书记和综合治理办公室主任。调整充实村级治保组织和民调组织，全区有村民治保员147名、调解员1036名。2004年，区政法委先后印发《双滦区政法系统政法理论学习制度》《双滦区政法系统政法工作领导责任制》《思想政治工作联席会议制度》《对违法违纪干警四访制度》《关于加强全区政法队伍思想政治工作实施细则及考核标准》等有关制度。

至2005年，区政府先后投资442万元，规范全区司法所、派出所、拘留所、法庭建设，实现全部达标。

第二节　社会治安综合治理

一 专项整治

1991年，全区开展社会治安综合治理专项整治，重点整治双塔山白庙子村治安秩序混乱和废金属收购网点违法收购问题。全区14个收购网点，取缔4个、治安处罚2个。区综治办帮助白庙子村建全综合治理领导小组和治保民调组织、帮教组织，制定治安防范措施，治安状况有明显好转。1992年，滦河镇发生杀人、强奸等暴力性案件，区政法委、综治办、公安分局、检察院等部门，以及承钢、滦电等厂矿分别成立重点治理工作组。公安机关充分发动群众，经过侦查连续破获刑事案件4起、逮捕11人、训戒36人。1993—1995年，全区开展农村治安专项治理活动，调整治保会43个、民调组织39个，建立村巡逻队伍40个；落实《农村治安管理“四长”联环责任制》《党团员包片责任制》《治保会工作制度》等农村基层治安责任制。

1996年，综合治理工作提出“领导重视敢抓周边秩序，开展严打稳定周边秩序，加强基础工作巩固周边秩序”的工作思路。企业治安工作重点加强内部人防、物防、技防等防范措施；全区取缔企业周边废旧金属收购点19家；开展以城镇、工矿区和铁路、公路沿线为中心的治安整治集中打击活动；农村开展矛盾纠纷大排查活动，共排查出各类矛盾纠纷196件，调处178件。2002年，综治工作重点整治滦河大集部分商户占道经营问题，治理后，部分行业商贩摊位迁入滦河街内及热河市场内，基本缓解101国道西侧交通堵塞问题。年内，相继开展偏桥子大集、黄地沟大集治安秩序整治；收购网点治安整治和采矿业、建筑业治安秩序整治。采取“减缩网点、加强规范管理、加大打击力度”等措施，全区12家废旧金属收购站，取缔7家，重新办理“资格认证”、集中培训从业人员；矿山开采企业停产整顿14家；建筑企业整改17家，内容涉及32项。2003年，综治工作重点整治大三岔口至大庙公路客运扒窃和双塔山滨河大街、滦河大桥至承钢医院道口交通秩序问题。2004年10月，区综治委、教育局、公安分局、工商分局、文化局、交警三大队、卫生防疫等10余个部门联合治理校园周边治安秩序，查处滋扰学校正常教学秩序等案件36起、排查治安隐患70余件、取缔校外流动商业摊点20余个、停业不合格小饭桌9个、处罚违规经营网吧7家。年内，开展企业周边秩序和道路交通秩序专项治理，整治混乱地段12处，纠正违章并处罚驾驶员100余名。

2005年，区政法委组织公安、工商、城管、滦河镇政府等单位和部门，重点整治滦河集贸市场，规范商户经营活动、打击欺行霸市等扰乱市场经济秩序行为。

二 治安防范

1986年，全区开展创建评选“遵纪守法光荣户”活动。农村和企业、街道组建治安巡逻队，有巡逻队人员422人。1987年7月，区委政法委印发《社会治安综合治理工作中有关部门的重要职责》，明确政法、宣传、纪检、组织、文化、教育、卫生、工商、广播电视、劳动人事、共青团、人武部等部门及有关企事业单位综治工作的任务和责任，动员和依靠各方面力量加强社会治安综合治理。1988年9月，召开全区治安承包工作会议。区委、区政府与驻区及区属27个企事业单位签署社会治安承包责任书；4个乡镇分别建起治安联防组织；62个单位加入城区联防组织，抽调民兵40多名与公安干警组成巡逻队10支，加强治安防范。1989年初，区委、区政府与全区39个单位签订责任状，实行治安目标管理承包责任制。同年7月，在滦河电厂召开全区综治工作经验交流会。1990年，全区评出遵纪守法光荣户11700户。

1991年，区委与4个镇、38个企事业单位签订综合治理目标管理责任状；各乡镇和企事业单位还分别与所属基层部门签订责任状，区内形成一个完整的综合治理网络。1995年7月，双滦区成立“轻微违法人员法制教育中心”，设名誉校长、副校长及教务主任，成员18人，负责对轻微违法人员的法制宣传教育工作。各学校在学生中普及《中华人民共和国预防未成年人犯罪法》，组织青少年犯罪现身说法报告会，观看法治教育光盘等。2004年，双滦区委提出“创四无村居、建平安双滦”的工作目标，构建六级防控网络和四大防控体系。全区筹资60余万元，在重点场所和部位安装电视摄像监控系统。

2005年，建立“区综治委成员单位联系点工作制度”。各综治委成员单位对综治工作中问题较多、难度较大的街道、乡镇及社区（村）或学校、单位等实行定期联系帮扶，加强治安工作。

第三节　机　　构

1986年2月，区委政法委成立，编制3人。1988年10月，撤销区委政法委，成立区委政法领导小组。1989年9月，撤销区委政法领导小组，恢复区委政法委。1989年12月，设社会治安综合治理办公室，与区委政法委合署办公。1995年，机构改革，区委政法委（包括综治办）定编5人，内设机构有组织干部科、综治办公室。2002年4月，机构改革，区委政法委内设机构为办公室、干部科（2004年改为政治处）、执法监督科、案件协调科，编制5人。2005年，区委政法委（包括综治办）人员编制11人。

第五章　其他党务工作

其他党务工作包括信访、党校、保密、政策研究、督查、统战工作等。1980—2005 年，党务工作历经恢复、完善和正规化三个时期。恢复期间主要工作是建立健全机构，落实干部、知识分子和统战政策，实现工作有序运转。完善时期重点研究新形势，在工作方式、内容上进行探索和尝试，培育典型、积累经验，建立相关机制。正规化时期着重长效性机制的建设，管理工作趋于规范，各项运转机制更加成熟和稳定。

第一节　统一战线

一 无党派人士工作

2002 年，区委建立无党派人士培养方案和联系制度，对党外干部做好政治思想鉴定，统战部协同组织部重点培养和考察。无党派人士每年为区人大、区政协，提交各类提案议案 40 余件。

2004 年 4 月，区委统战部与组织部联合下发《进一步做好党外干部工作的意见》。同年 6 月，下发《关于抓紧推选党外科级后备干部的通知》，在全区范围内开展推荐党外科级后备干部工作，建立党外干部后备库，先后安排党外干部参加市举办的培训班 2 期；并组织 3 名副处级党外领导干部参加中央社会主义学院党外干部培训班；邀请党外干部列席一些党内会议，认真听取他们的意见和建议，充分发挥他们的参政议政作用。2005 年，区直部门共推荐 46 名大专学历以上、年龄在 40 岁以下、有培养前途的党外人士为党外后备干部，并录入人才库。同年，区政府为起义投诚人员协调困难补助 2 万元。至 2005 年，区人大、政府、政协全部配齐党外领导干部；区直各部门提拔党外副科级干部 18 人；区法院提拔党外副科级审判员 2 名；对条件成熟的党外干部，先提拔任副主任科员，待领导职数空缺时再转任实职。

二 民主党派工作

1985 年 8 月，中国国民党革命委员会（简称民革）承德市委双滦直属小组成立。同年 10 月，改建为双滦支部；同年 12 月，中国民主促进会（简称民进）承钢支部成立；1989 年 2 月，中国民主建国会(简称民建)承钢直属小组成立。遵照“长期共存，互相监督，肝胆相照，荣辱与共”的的统战方针，区委加强同民主党派、无党派人士的团结合作。重大问题保持密切协商。1990 年 4 月，双滦区委就区人大正副主任、政府正副区长、政协正副主席候选人问题，召开民革、民进、民建负责人及部分党外人士座谈会征求意见。至 2005 年，境域民革党员 15 人，民建成员 16 人，民进会员 11 人，中国民主同盟会会员 4 人。

三 民族宗教工作

1981—1983 年，区委、区政府每年召开两次联席会议，听取民族宗教工作汇报。每年人大、政协两会对民族宗教的提案、议案都作为特殊议案办理。其间，解决滦河镇回民丧葬用地问题；拨给滦河小学和酒店小学 600 元，作为少数民族学费补贴，提高少数民族学生入学率；协调市民委拨给滦河公社扶贫无息贷款 1000 元；解决“文革”遗留宗教房产问题。1990 年，集资 1.1 万元、争取省资金 1 万元维修滦河清真寺。2005 年，统战部、民宗局、公安分局联合行动，取缔偏桥子镇门徒会非法活动 5 起。

四 对台工作

1981—1989 年，区委统战部无专门对台工作机构，全区台属 2 人。1990 年，区委成立对台工作领导小组办公室，制定《关于进一步做好对台工作的通知》。开展党员、群众对台方针政策和台湾形势教育。1999年9月，区台湾事务办公室成立后，走访台属32名，了解并解决其住房、子女升学、户口等问题，进行"一国两制"和发展两岸关系方针政策的宣传教育。同年，政府领导、民营企业家11人参加赴台交流。2003年6月，区委发出《关于进一步加强境外记者采访管理问题的通知》。关心台湾亲属工作生活情况，为他们解决各种困难100余件。2004年8月，接待台湾亲民党秘书长秦金生亲友团一行49人到双滦风景区观光考察。至2005年底，区台办接待回乡探亲台属3人。

五 归侨侨眷工作

1982年，区内有归侨2人、侨眷2人。1982—1985年，区四大班子领导每年春节参加归侨、侨眷、民族宗教、知识分子茶话会。召开统战工作会议，落实上级统战工作会议精神，落实台属、国民党起义投诚人员政策，解决统战对象冤假错案6起。1990年，区内有归侨、侨眷9人，区委统战部及时解决归侨侨眷子女入学、食宿等问题。2004年3月，走访调查13个社区内归侨、侨眷的分布情况，撰写《关于双滦区社区侨务工作开展情况的调查》。同年8月，组织开展"《中华人民共和国归侨侨眷权益保护法》宣传月"活动。区侨办下发学习新《中华人民共和国归侨侨眷权益保护法》通知，并在区电视台开辟专栏，利用两周时间连播新《侨法》。区政府机关一楼大厅、各集贸市场和文化广场等处放置宣传栏，并深入侨民家中宣传《侨法》。2005年，救助特困归侨8人，扶持归侨创业5人，培训归侨待业子女20人。同年国庆、元旦和春节慰问归侨、侨眷30户共150人。

六 其他工作

1983年，区委核实起义投诚人员证件和投诚号码，对"文化大革命"中因此受到牵连的人员，督促有关部门在政治上予以平反，经济上给予每人补偿800元。同年11月，1名原起义投诚人员获补助100元。

1989年3月，双滦区委、区政府制定《 关于统战工作理顺关系明确职能的意见》，形成统战工作党委、政府齐抓共管的工作机制。1990年，成立双滦区委统战理论研究会。1994年11月，区委统战部下发《关于在乡镇、机关、企事业单位建立基层统战网络的通知》。1996年7月，制定《统战工作五年规划》。1997年开始，全区副处级以上领导干部每人至少与一名党外人士交朋友，定期谈心，关心党外人士成长。2003年，开展"创建党外人士温暖之家开创统战工作新局面"活动。同年8月，区统战部组织14个单位200多人参加全省统一战线知识竞赛活动。2002年5月，区委组织部、统战部联合下发《关于基层党委配备统战干部的通知》。基层党委（工委）配备统战委员，由各党委组织委员、宣传委员兼任。同年8月，在双塔山、滦河两个街道工委设统战工作副书记。同年11月，组织全区统战干部参加市委统战部举办的培训班。

2005年4月，开展机关效能建设活动，建立《统战工作目标》《统战工作准则》《统战部廉洁勤政制度》《统战工作人员综合考评办法》等18项管理制度。全区有4个部门、2个镇配齐党外副职领导干部，调整基层党委统战委员6名，基层党委全部配齐统战干部。同年，统战部对承德实验中学聘请的6位外籍教师进行动态管理。

七 机构

1982年，区委设统一战线工作部（以下简称统战部），部长由组织部副部长兼任。1995年3月，统战部并入区委宣传部。

2002年，统战部机构单设，内设机构为：综合办公室，编制4人。2003年7月，统战部内设综合办公室，人员编制2人。工商联机构设在统战部，人员编制2人。台湾工作办公室（政府台湾事务办公室）设在统战部，人员与统战部混合使用。至2005年，统战部机构、人员编制未变。

第二节　信访工作

一 信访接待

1973年前，境内信访接待工作由承德市信访局统一负责。1973年12月，双滦办事处时期，信访接待工作由办事处办公室负责。

1980—1985年，群众来信来访反映问题多以申诉为主，主要是1948年“土地改革”至“文化大革命”期间的个人组织、劳资关系、房产物资、土地纠纷等问题。1986—1989年，农村实行“家庭联产承包责任制”，此时信访反映的问题多为因对政策理解的原因而导致的纠纷、权属争议问题。

1989年1月，双滦区对重大信访案件及群众反映强烈的难点问题，建立区级领导接待日制度。1990年，重要案件由区领导接待、处理、做善后工作，一些老信访户久拖不决的问题得到妥善解决。1997年6月，双滦区委制定《关于建立五大班子领导信访接待日制度的意见》。1998年，区委、区政府领导承担接待包案，并向社会公示接待领导姓名、接待时间和地点。2000年，区委制定《关于继续推进带着感情做好群众工作的意见》，实行信访工作“领导包揽责任制”，从接待、调查处理到回访，由接待领导一包到底。

至2005年，区级领导共接待群众来信来访517件，其中来信124件，来访393件，集体访125批2689人。

1980—2005年双滦区信访情况统计表

表14-5-1　　单位：人、件

年份	信访人数		来信		来访			
	总计	数量	总计	数量	总计	数量	其中集体访	
							批次	人次
1980	6	6			6	6		
1981	10	10			10	10		
1982	6	6			6	6		
1983	29	29	27	27	2	2		
1984	32	32	18	18	14	14		
1985	50	50	25	25	25	25		
1986	53	53	27	27	26	26		
1987	22	22	11	11	11	11		
1988	12	12	3	3	9	9		
1989	9	9			9	9		
1990	34	29	20	20	14	9	7	133
1991	42	42	20	20	22	22		
1992	34	34	10	10	24	24	3	108
1993	52	49	15	12	37	37	16	241
1994	45	45	8	8	37	37	16	241
1995	68	68	66	16	62	62	13	351
1996	50	44	3	3	47	41	21	413
1997	44	41	2	2	42	39	12	167

续表 14-5-1　　单位：人、件

年份	信访人数		来信		来访			
	总计	数量	总计	数量	总计	数量	其中集体访	
							批次	人次
1998	34	34	3	3	31	31	12	282
1999	46	46	15	15	31	31	13	442
2000	78	75	16	15	62	60	12	311
2001	71	69	7	7	52	50	10	275
2002	136	124	20	13	116	111	18	566
2003	118	106	7	7	111	99	45	657
2004	343	294	13	8	330	286	56	1029
2005	213	204	10	10	203	194	44	668
合 计	1637	1533	346	280	1339	1251	298	5884

1992—2005 年区级领导接待处理信访案件情况统计表

表 14-5-2

年 份	接待(批次)	办案(件)	批阅信(件)
1992	9	9	6
1993	30	30	9
1994	51	51	7
1995	42	42	2
1996	22	23	4
1997	41	39	6
1998	50	43	7
1999	24	23	4
2000	51	43	6
2001	36	38	4
2002	48	43	6
2003	24	24	3
2004	63	88	13
2005	62	82	15
合 计	553	578	88

二 信访案件办理

1981—1987 年，信访案件的办理程序是由主管信访工作人员将群众来信来访反映的问题、呈报给领导，由领导指派相关人员具体办理。1989 年后，随着信访工作范围逐步扩大，信访部门直接办理案件，并开始交办、转办部分案件。同年，全区 4 个镇的 43 个行政村均设立信访信息员，形成区、镇、村三级信访工作网络。1998 年，大庙镇拟定将设在岔沟门村的大庙镇中学和大庙矿中合并，新校址设在大庙矿中，村民予以阻挠并多次上访。区委副书记接待群众来访后，赶到大庙镇，建议召开镇人民代表大会。人大代表对此事表决决定，使问题得到圆满解决。2004 年 9 月，建立“双滦区处理信访突出问题及群众性事件联席会议”制度，联席会议下设专项小组，处理企业改制、农村征占补偿、城市拆迁安置、农村各类问题、企业军转干部及人事问题和涉法涉诉问题。在原三级信访网络的基础上，各行政村和各社区，均增设村（居）民小组信访联络员和 10 户村（居）民信访信息员，初步形成区、镇、村、居民小组、10 户村民上下贯通的五级信访网络。

2005 年，按照“分级负责、归口管理”和“谁主管、谁负责”的原则，区信访局交办转办信访案件。重要案件由区信访工作领导小组协调和区主管领导包案解决。全区基层单位和部门共排查化解信访案件 4100 余起，实现“一般问题不出村、中等问题不出乡（镇、街）和重大问题不出区”的工作目标。全区发生群众集体访 173 件，涉访人员 3195 人。

三 信访机构

1973 年 12 月，双滦办事处信访工作由办事处办公室负责。1980 年 9 月，区信访工作由区政府办公室负责。1983 年，成立双滦区信访科（股级）隶属政府办公室，编制 1 人。1988 年 6 月，成立双滦区信访领导小组，下设信访办公室，编制 2 人。1995 年 3 月，信访办公室改为区信访局，内设办公室、接待室和群众建议征集办公室，编制 4 人。2002—2005 年，区信访局内设信访案件办理办公室、综合办公室两个股室，编制 3 人。

第三节　老干部工作

一 老干部管理

1986 年 6 月，双滦区委成立双滦区老干部局，负责区机关企事业单位离退休老干部的管理工作。1986 年 9 月，区老干部工作领导小组成立，设立老干部党支部 2 个，每周组织集中学习一次。县处级以上老干部不能参加学习的，支部将文件送到其原单位或家中让其自学；乡镇离退休和住处较远的，支部组织他们到镇里学习。每年每名为老干部订阅一份《老人世界》杂志，及时送转有关离退休的政策文件。

每年元旦、“七一”、重阳节、春节前夕，区政府都拨专款由区老干部局购买米、面、油等慰问品走访慰问全区 27 个单位、400 余名离退休老干部。区 4 大班子领导分组重点走访县团级及抗日时期老干部和老红军。1999 年，区老干部局被省委、省政府评为省级先进集体。2002 年 9 月，老干部党支部改建为 7 个支部，并成立区直机关离退休干部党总支。每年召开人代会、政协会时，请实职离休人员列席会议；经常组织离退休老干部参加全区经济形势通报会；区政府每年召开一次老干部座谈会，征询对全区经济建设和老干部工作意见。2003 年，离退休老干部共提出建议和意见 50 条，大多被采纳。特别是关于“小城镇”规划、街道命名的建议，区委、区政府很重视，责成区民政局聘请老干部协助落实。2005 年“八一”前夕，组织部长走访慰问一位抗日老干部，当场解决与其有关的问题 4 件。2005 年，区委老干部局下设办公室和组织管理科，编制 4 人。管理全区离、退休干部 422 人，其中离休 42 人。

二 老干部待遇

1986 年开始，区政府每年从公务费中提取 150 元特需经费发给每个离休干部。享受地专级以上待遇的离休干部每人每月发 8 元交通费，县团级及享受待遇的离休干部每月 6 元，科级以下每人每月 4 元。1987 年 9 月，区委、区政府解决 4 名离休干部住房困难问题，形成制度。1993 年，离、退休干部特需经费、交通费按级别分别都有提高。行政、事业单位的离休干部报销医药费由区财政担负；企业单位离休干部，由区人事劳动和社会保障局解困办负责，每年从解困资金中解决。

至2005年，先后为70名老干部解决住房问题；每年定期为离休老干部进行体检。对生活不能自理的离休干部、抗战时期及以前参加革命工作的离休干部，护理费标准提高到每人每月200元；解放战争时期参加革命工作的离休老干部，护理费标准提高到每人每月120元。

三 老干部活动

1999年4月，区委老干部局组织10名（62岁～70岁）老同志成立"夕阳红"法制宣讲团到全区工矿企业、街道社区、学校、农村宣讲各种法律、法规条例等。组织老党员开展"引进一个项目、引进一个人才、引进一笔资金、领办一个经济实体、提一条好的建议、帮扶一名困难企业老党员、讲一堂生动的党课、监督一个窗口单位、关心一名后进少年、看管一片绿地"活动。同年7月，以"自我管理、自我教育"为主的双滦区老年大学成立，挂靠在区委老干部局。建校初，开设音乐班、文史班、舞蹈班。9月，举办双滦区"老年人运动会"。2002年，老年大学经费列入财政预算。2003年4月，老年大学合唱团参加市委老干部局举办的歌咏比赛，获得荷花奖。2005年5月，区老年大学改为市老年大学双滦分校。学员由最初的30余人发展到180余人，开设专业也由最初的2个专业发展到音乐、文史、舞蹈、书法、绘画、形体等6个专业。

第四节　党校与政策研究

一 党校工作

1995年8月，中共双滦区委党校成立。校址设在双滦区职教中心，校长由区委领导兼任，设常务副校长主持日常工作。1990年，区委党校对全区科级以上干部进行马克思主义哲学的理论学习轮训。1996年3月，举办首期农村党支部书记、村委会主任培训班，参加人员70人。1992—1993年，利用区、镇两级党校电化教育手段，学习中共十四大精神和邓小平南巡重要讲话，学习社会主义市场经济管理理论和相关法律知识、经济工作知识等，培训党员2200人次。1997年8月至1998年8月，分别举办副科级以上干部培训班，共培训300人。1998年，利用区委党校，利用15天时间对45岁以下干部进行计算机应用能力培训。1999年4月至2001年9月，举办有36人参加的农村党支部书记大专班，学习政治理论、农村政策等15门课程，通过考试(考查)，全部结业。

2002—2005年，区委党校举办镇、区直部门和系统垂直领导的驻区部门主要领导干部"三个代表"学习教育培训班，区委主要领导到培训班讲课。

二 政策研究

1997年10月，区委办公室设信息中心和区委调研室，为区委提供决策参考依据。每年有5～8篇调研文章，被省、市政研部门采用。2002年机构改革后，信息中心和区委调研室与政策研究室合署办公，是区委办公室下设科室，有调研人员2名。2003年，区委办公室创办《双滦综合与调研》《双滦内参》《双滦信息》刊物，紧紧围绕区委、区政府的中心工作，抓重点、强服务，充分发挥参谋助手作用。各单位、各部门，设立信息员，保证信息及时、准确、畅通。建立学习培训制度，信息报送数量和质量逐年提高，每年收到上报的信息达2000多条，平均每年有50多条在《双滦信息》刊出。至2005年，《双滦综治与调研》《双滦信息》分别刊出89期和14期。其中,《深入"一线"促发展》《"一线"出发展力》《洼地效应是怎么形成的》《打破瓶颈制约　舞动工业龙头》等调研文章分别在《人民日报》《河北日报》上发表，为领导的决策提供了重要参考。2005年，区委办制定《中共双滦区委办公室信息调研工作考核评比办法》，年终通报各部门调研文章数量和采用情况，工作突出的调研员得到奖励。

第五节 保密工作

一 日常工作

1983年4月,双滦区委保密委员会制定《文件管理、保密制度》。要求全区各单位对工作人员要经常进行保密教育，提高对保密重要性的认识，严格遵守保密纪律，以保障党和国家秘密的安全，对印发文件做出具体要求。区保密委制定《档案室安全保密制度》《双滦区保密办立卷归档制度》等规章制度。档案管理和保存工作实现制度化、规范化。1985年，区保密委先后两次组织区机关全体干部和各乡（镇）有关人员学习保密工作有关文件精神，检查、落实市委保密委员会印发的《保密守则》实施情况，并重新制定保密规划。 1986年，组织全区副科级以上干部和区机关全体工作人员观看保密教育影片《黄蜂行动》，增强保密意识。同年8月，根据市保密工作会议精神，再次调整区保密委员会，并进一步健全和完善机要文件管理、传阅、借阅等制度。收文有登记，发文有签字，传阅有秩序，借阅有手续，清退有凭据；坚持一季一核对，半年一清查，一年一清退制度；文书人员做到及时传递，随时催办，早送晚收，达到规范化管理和制度化的要求。区保密委制定《机务工作职责》《密码管理制度》等十几项规章制度；坚持二十四小时昼夜值班制、领导带班和主、副班制度。严格履行主、副班及带班领导在场的交接班程序，及时向上级业务部门及区委信息中心报送工作情况。坚持每年下半年进行一次大检查活动,堵塞漏洞,消除隐患,确保不发生泄密问题。2004年，制定《关于开展密码保密教育整改活动的实施方案》。

2005年，区委机要局分三个阶段开展密码保密教育整改活动；开展电报办理“精品年”活动。在全市八县三区首家开通党政系统保密电话网。

二 工作机构

1983年4月，双滦区委保密委员会成立。区级四大机关分别配备机要人员，各乡、镇建立保密委员会和保密领导小组。1992年，区委机要局成立。1995年，区委机要局并入区委办公室。2002—2005年，区委机要局（密码工作领导小组办公室)、区委保密委员会办公室(保密局)均由区委办公室管理。

第六节 档案与史志工作

一 档案工作

档案管理 双滦设立办事处之前，域内形成的档案归各公社办公室管理存放。1980年9月双滦建区后，区直单位和各公社（1984年后改为“乡镇”)设立档案室,负责各自单位档案收集、整理、保管和利用工作。各档案室配备档案橱、密集架等档案装具，安装防盗门、防盗栏等安全设施。1983年底，区直属单位设有3个档案室，有兼职档案员34人。1989年6月，根据河北省档案局《关于档案工作等级目标考核标准》要求，区内开展档案升级工作。

至2005年底，区内共有基层档案室76个，专职档案员25人,兼职档案员51人。26个机关、团体、事业单位的档案室档案管理达到省三级以上标准，其中有8个单位达到省一级标准。

档案征集 1981年，双滦区立档单位33个，档案总数2819卷。1984年,开始收藏图书资料。重要的有《人民日报》《河北日报》《承德日报》《红旗杂志》《半月谈》《中共十一届三中全会重要文件简编》，双滦区历次党代会、人代会和政协会文件汇编，以及承德市大事记述、河北政区沿革志、河北革命大事记等。撤销公社建立乡镇后，区档案局接收原4个公社的档案932卷。1985年底，馆藏档案共8个全宗，977卷。1988年，区档案局下发《关于收集照片档案的通知》，在全区范围内收集各类有保存价值的照片376张。同年度，按照承德市委办公室、市政府办公室《关于加强声像档案收集归档管理的通知》要求，对区内重大活动均直接采集照片录像资料，各单位重大活动由各单位收集归档。至2005年底，全区馆藏档案增至36个全宗，分为文书档案、会计档案、科技档案、声像档案、实物档案5大类，共有档案5664卷、4133件，照片2050张，录像带3盒，馆藏图书资料4161册。

档案利用　1984年区档案馆建立后，健全全宗介绍、案卷目录、卷内目录、目录卡片等检查工具，为检索、查档提供便利。2000年后，区档案馆配置档案管理软件，将纸质目录录入计算机，从查阅纸质档案逐步过渡到计算机检索，同时编写《双滦区大事记》《双滦区组织机构沿革》等编研资料。至2005年底，区档案馆年均接待查档者460人次，查阅档案800多卷次。

档案馆建设　1984年12月，区档案馆初建时，仅有25平方米的库房1间。1998年12月，有办公室2间，档案库房扩展至50平方米。2004年10月底，区档案局（馆）迁到区建设局，局（馆）建筑面积500平方米。至2005年，区档案馆有办公室2间、阅档室1间。140平方米的档案库房1处，安装有密集架40门，档案橱30套。

二　史志工作

党史编研　1997年8月成立，区委党史研究室（简称研究室），为区委办公室内设正科级机构。研究室成立当年，结合香港回归和党的十五大召开，举办全区第一次党史知识竞赛活动。同年度，在研究室内设立党史编撰办公室（简称党史办），与区档案局、区委组织部（后改为区委办公室）共同编撰1980—1986年、1987—1992年两部《双滦区组织史》。1999年，党史办建立党史联络员网络。同年4月，承担并完成《承德巨变——纪念建国五十周年史籍》双滦部分征编任务。

研究室及党史办成立后，每年七月一日都开展以“重温党的历史，弘扬创业精神”为主题的系列活动，邀请历届区委书记、区内老党员和长期在本区工作的老干部参加，召开全区党史工作座谈联谊会。每年都充分利用区、乡镇两级党校阵地，对党员进行党性教育、宗旨教育、纪律教育和时事政策教育。

地方志编修　2004年5月，双滦区启动《承德市双滦区志》编纂工作。双滦区地方志编纂委员会（简称编委会）下设双滦区地方志编纂办公室（简称方志办），挂靠区档案局。方志办为《双滦区志》的实际编纂机构，设主编1人、编辑若干人，配备电话、电脑、打印机、扫描仪等办公用品。同年8月，召开《双滦区志》编纂委员会第一次会议。2005年6月，双滦区召开地方志编纂委员会第二次会议，专门研究制定《双滦区志编纂方案》。同时确定编纂27部分志，其中，镇志4部（双塔山镇、滦河镇、大庙镇、偏桥子镇）；部门志23部（民政局、财政局、农牧局、教育局、交通局、林水局、经贸局、工商局、公安分局、卫生局、建设局、广播电视局、双滦区国税局、双滦区地税局、计生局、承德钢铁集团有限公司、滦河电厂、承德输送机集团、三中、四中、双滦职教中心、双滦逸夫实验小学、酒店小学）。

三　机构设置

1981年10月，双滦区成立档案科，为科、馆合一机构，工作人员1名。1984年12月，成立区档案馆，隶属区委办公室，为股级机构，工作人员2名。1986年9月成立区档案局（局、馆合一机构），为区政府的科级机构，编制3人。2002年5月，区党史办合并到区档案局，为区委直属事业单位，编制5人。

第十五编　人大 政协

新中国成立后至双滦建区前，期间间接选举出席承德市人民代表大会的代表，参加市人代会。1981 年 5 月，双滦区召开第一届人民代表大会（以下简称人代会）。至此，承德市双滦区首届地方国家权力机关和地方国家行政机关产生。1984—2003 年，双滦区分别召开二至七届人代会。双滦区历届人代会，依据《中华人民共和国全国人民代表大会和地方各级人民代表大会选举法》（以下简称选举法）的规定，依法确定代表名额、划分选区、组织选民登记和选举。所选代表来自全区各个阶层，具有广泛的群众基础。各届人民代表大会常务委员会（以下简称人大常委会），履行《中华人民共和国各级人民代表大会和地方各级人民政府组织法》（以下简称组织法）所赋予的职责，依法行使决定权、监督权、任免权。至 2005 年，一至七届人代会共召开常委会议 178 次，任免国家工作人员 209 人，做出决议、决定 142 个，提出并处理议案 53 件。

1987 年 4 月，中国人民政治协商会议承德市双滦区委员会（简称区政协）成立。1987—2005 年，区政协共召开五届全体会议。在中共双滦区委的领导下，历届政协组织团结各党派、社会团体和各族各界人士，高举社会主义和爱国主义两面旗帜，把握团结和民主两大主题，围绕经济建设和全区中心工作，按照政协章程完善政协组织，履行政治协商、民主监督、参政议政三项职能，通过提案、视察、调研等形式，组织区政协各党派、各人民团体和各族各界人士参政议政。一至五届政协共召开 19 次全体委员会，专项调研 59 项，收到政协委员提案 1051 件。

第一章　人民代表及代表大会

1981 年 5 月，根据《中华人民共和国选举法》和《中华人民共和国组织法》，双滦区召开第一届人民代表大会。1984 年、1987 年、1990 年、1993 年、1998 年、2003 年分别召开区二至七届人代会。历届代表大会的主要任务是：听取和审议区政府、区法院、区检察院（以下简称一府两院）工作报告；审议和批准双滦区国民经济和社会发展计划，财政预算及执行情况的报告；讨论决定涉及政治、经济、教育、科学、文化、卫生、环境与资源保护、民政、民族等工作的重大事项，选举本级人大常委会组成人员和人民政府组成人员，选举人民法院院长、人民检察院检察长。历届人代会任期届满时，依法选举产生新一届地方人大常委会和政府组成人员。

第一节　人民代表

一 代表产生

根据《中华人民共和国选举法》和《中华人民共和国地方各级人民代表大会和地方各级人民政府组织法》的规定，1981年3月，双滦区成立第一届人代会代表选举委员会并设办事机构，将代表名额直接分配到各个选区。选举工作由区委批准的选举委员会主持，下设资料组、组织组等办事机构。选举分为准备、宣传发动、选民登记、提名代表候选人、投票选举五个阶段进行。依照法律规定，区内年满18周岁的公民，不分民族、种族、性别、职业、家庭出身、宗教信仰、教育程度、财产状况和居住期限，都有选举权和被选举权。依法被剥夺政治权利的人不具备选民资格，没有选举权和被选举权。选举在区域内划分若干选区，每个选区选举1～3名代表，实行差额选举，代表资格由代表资格审查委员会确定。选出的各届区人代会代表由工人、农民、知识分子、机关干部、街道居民、解放军等各阶层优秀分子组成，体现出广泛的代表性和先进性。非共产党员代表占代表总数40%以上，妇女代表占代表总数20%以上，少数民族代表占10%。1981—2003年，双滦区人代会依法选举一至七届人代会代表。

二 代表构成

1981年，双滦区第一届人代会出席代表97人。其中，工人13人、农民26人、知识分子11人、机关干部43人、街道居民2人、解放军2人；非共产党员45人，占代表总数的46.4%；妇女28人，占代表总数的28.9%；少数民族9人，占代表总数的9.3%。

1984年，区第二届人代会出席代表110人，其中，工人23人、农民30人、知识分子12人、机关干部37人、街道居民6人、解放军2人；非共产党员56人，占代表总数的50.9%；妇女22人，占代表总数的20%；少数民族11人，占代表总数的10%。

1987年，区第三届人代会出席代表120人，其中，工人34人、农民36人、知识分子14人、机关干部26人、街道居民9人、解放军1人；非共产党员31人，占代表总数的25.9%；妇女20人，占代表总数的16.6%；少数民族17人，占代表总数的14.1%。

1990年，区第四届人代会出席代表130人，其中，工人33人、农民54人、知识分子10人、机关干部26人、街道居民6人、解放军1人；非共产党员45人，占代表总数的34.7%；妇女30人，占代表总数的23.1%；少数民族13人，占代表总数的10%。

1993年，区第五届人代会出席代表130人，其中，工人16人、农民30人、知识分子22人、机关干部51人、街道居民10人、解放军1人；非共产党员32人，占代表总数的24.6%；妇女34人，占代表总数的26%；少数民族21人，占代表总数的16%。

1998年，区第六届人代会出席代表136人。其中，工人17人、农民32人、知识分子27人、机关干部48人、街道居民11人、解放军1人；非共产党员46人，占代表总数的34%；妇女36人，占代表总数的26%；少数民族26人，占代表总数的19%。

2003年，区第七届人代会出席代表140人，其中，工人24人、农民43人、知识分子19人、机关干部50人、解放军2人、其他部门2人；非共产党员42人，占代表总数的30%；妇女44人，占代表总数的31.4%；少数民族42人，占代表总数的30%。

第二节　历届人民代表大会

一 第一届人民代表大会

1981年5月26日，双滦区召开第一届人民代表大会第一次会议，出席代表97名。会议审议和通过双滦区革命委员会工作报告。选举产生双滦区人大常务委员会主任1名、副主任4名、委员9名；选举产生双滦区人民政府区长1名、副区长4名。1981年12月，召开双滦区第一届人民代表大会第二次会议，出席代表93名。审议并通过区人大常务委员会、区政府工作报告；选举产生出席承德市第六届人代会代表70名；接受区人大常务委员会1名副主任辞职。1983年5月，区人大召开一届三次会议，92名代表出席。会议听取和通过区人大常务委员会、区政府工作报告，选举区政府区长1名。

双滦区一届一次人代会合影（1981.5.26—5.30）（区档案馆提供）

二 第二届人民代表大会

1984年5月7日，双滦区召开第二届人民代表大会第一次会议，出席代表110名。会议审议和通过区人大常务委员会、区政府工作报告。选举产生第二届双滦区人大常务委员会主任1名、副主任3名、委员11名；选举产生双滦政府区长1名、副区长3名；选举产生区法院院长、区检察院检察长各1名。1985年5月，区人大召开二届二次会议，出席代表110名。会议听取并通过区人大常务委员会、区政府、区法院、区检察院工作报告。1986年4月，区人大召开第二届三次会议，出席代表109名。会议听取并审议区人大常务委员会、区政府及财政、法院、检察院工作报告；补选区人大常务委员会常务委员1名；选举区政府区长1名。

1987.4.25—4.29 承德市双滦区第三届人民代表大会第一次会议

1988.3.9—3.12 双滦区第三届人民代表大会第二次会议

三 第三届人民代表大会

1987年4月25日，双滦区召开第三届人民代表大会第一次会议，出席代表120名。会议审议批准区人大常务委员会、区政府、区法院、区检察院工作报告和财政收支预决算报告。选举产生第三届双滦区人民代表大会常务委员会主任1名、副主任4名、委员10名；双滦区人民政府区长1名、副区长3名；双滦区人民法院院长、检察院检察长各1名。1988年3月，区人大召开三届二次会议，出席代表117名。会议听取并通过区人大常务委员会、区政府及法院、检察院工作报告，选举产生承德市第七届人民代表大会代表37名。1989年4月，区人大召开第三届三次会议，出席代表113名。会议听取和审议区人大常务委员会、区政府及法院、检察院工作报告。

四 第四届人民代表大会

1990年4月4日，双滦区召开第四届人代会第一次会议，出席代表130名。会议审议和通过区人大常务委员会、区政府及法院、检察院工作报告。选举产生双滦区第四届人民代表大会常务委员会主任1名、副主任4名、委员10名；选举产生双滦区人民政府区长1名、副区长4名；选举产生双滦区人民法院院长、检察院检察长各1名。1991年4月，区人大召开四届二次会议，代表出席129名。会议增设财政预算审查委员会；审查和批准《双滦区国民经济和社会发展十年规划和第八个五年计划纲要的报告》《双滦区1990年国民经济和社会发展执行情况与1991年国民经济和社会发展计划的报告》《双滦区1990年财政决算情况和1991年财政预算情况的报告》；讨论并通过区人大常务委员会、区法院和检察院工作报告。1992年2月,区人大召开四届三次会议,出席代表129名。会议审议和通过区人大常务委员会、区政府及法院、检察院工作报告、《双滦区1991年国民经济和社会发展计划执行情况与1992年国民经济和社会发展计划报告》《双滦区1992年财政决算和1993年财政预算的报告》。

五　第五届人民代表大会

1993年2月10日，双滦区召开第五届人民代表大会第一次会议，出席代表130名。会议审议和通过区人大常务委员会、区政府及计划经济委员会、财政局、法院、检察院工作报告。选举产生双滦区第五届人大常务委员会主任1名、副主任5名、委员11名;选举产生区人民政府区长1名、副区长5名、科技副区长1名、区人民法院院长、检察院检察长各1名。1993年8月，区人大召开五届二次会议。会议听取区政府《关于经济工作的报告》，选举出席承德市九届人代会代表19名。1994年3月，区人大召开五届三次会议，会议审议和通过区人大常务委员会、区政府工作报告、双滦区1993年国民经济计划执行情况和1994年国民经济和社会发展计划报告、双滦区1993年财政决算和1994年财政预算的报告、区法院、检察院工作报告；接受1人辞去人大常务委员委员职务。1995年2月，召开人大第五届四次会议。会议听取并审议区人大常务委员会、区政府及计划经济委员会、财政局、法院、检察院工作报告；补选人大常务委员会委员1名。1996年5月，区人大召开五届五次会议。会议审查和批准《双滦区国民经济和社会发展"九五"计划 2010年远景目标纲要的报告》；审议和通过计划统计局、财政局、人大、法院、检察院工作报告;选举政府区长1名；接受1名人大常务委员会副主任、2名人大常务委员会委员、1名副区长辞职；补选人大常务委员会委员2名。1997年2月，人大召开五届六次会议。会议审议和通过区政府、人大常委会、法院、检察院、计划统计局、财政局工作报告；接受1名人大常务委员会委员、1名科技副区长、1名检察长辞职；补选人大常务委员会副主任1名，选举检察院检察长1名。

1993.2.13　双滦区第五届人民代表大会第一次会议全体代表合影

六　第六届人民代表大会

1998年2月17日，双滦区召开第六届人代会第一次会议，出席代表136名。会议审议和通过区人大常务委员会、区政府、区法院、区检察院工作报告；审查和批准双滦区1997年国民经济和社会发展计划执行情况与1998年国民经济和社会发展计划的报告、双滦区1997年区本级预算及总预算执行情况和1998年区本级预算及总预算的报告。会议选举产生双滦区第六届人大常务委员会主任1名、副主任4名、委员11名，双滦区人民政府区长1名、副区长5名，双滦区人民法院院长、检察院检察长各一名。1999年3月，区人大召开六届二次会议。会议听取和审议并通过区人大常务委员会、区政府、计划统计局、财政局、法院、检察院工作报告。接受1名人大常务委员辞职。2000年3月，区人大召开六届三次会议。会议审议区人大常务委员会、区政府、计划统计局、财政局、法院、检察院工作报告。接受1名常委会副主任、1名副区长辞职。2001年2月，区人大召开六届四次会议。会议审议和通过区人大常务委员会、区政府、区计划统计局、财政局、人大、法院、检察院工作报告。补选人大常务委员会副主任1名，人大常务委员会委员2名；选举法院院长1名。2002年3月，区人大召开六届五次会议。会议审议和通过区人大常务委员会、区政府及计划统计局、财政局、人大、

2002.3 双滦区六届人代会五次会议（区档案馆提供）

法院、检察院工作报告；接受1名区长、1名副区长辞职；选举区政府区长1名。

七 第七届人民代表大会

2003年4月6日，双滦区召开第七届人代会第一次会议。出席代表140名。会议审议和通过区人大常务委员会、区政府及法院、检察院工作报告和双滦区2002年国民经济和社会发展计划执行情况与2003年国民经济和社会发展计划草案的报告、双滦区2002年财政决算和2003年财政预算草案的报告。选举产生区第七届人大常务委员会主任1名、副主任4名、委员15名；选举产生区政府区长1名、副区长5名、法院院长、检察院检察长各1名。2004年3月，区人大召开七届二次会议。会议审议并通过区人大常务委员会、区政府及发展计划统计局、财政局、人大、法院、检察院工作报告；接受2名人大常务委员、1名区长，1名法院院长辞职；补选人大常务委员会委员1名；选举政府区长1名、法院院长1名。2005年3月，区人大召开七届三次会议。会议听取并审议区人大常务委员会、区政府及发展计划统计局、财政局、法院、检察院工作报告。接受2名常委辞职，补选人大常务委员会委员2名。

附录：

一心为群众致富的好代表——田立

双塔山镇白庙子村田立，曾任小学教员、赤脚医生，后被群众推选为村长。自1981年开始，连续当选双滦区第一、第二两届人民代表大会代表。

田立当选代表后，一心带领全村群众致富。他与村支部书记一起走访群众，召开干部座谈会，制定“一抓农业生产、二抓村办企业”的致富规划。在认真落实农业生产责任制的同时，聘请技术人员向广大农户传授科学种植管理技术，水稻生产由原来的平均亩产四、五百斤，一跃增到近千斤。园田亩产也有大幅增长。为办企业，1984年，他东奔西跑，筹措资金，购买设备，先后办起了机件加工厂、修缮队、养鱼场、砂石场。1985年又建麦芽厂，成为啤酒厂的原料供货基地，年收入可达35万元。

为帮助群众致富，他根据各户的能力和条件，帮助群众借贷筹资。在他的帮助下，村民们承包荒山、搞运输、开办饭店、从事种植和养殖业，全村各类专业户发展到100多户，约占全村总户数的三分之一。1984年，全村人均收入由1982年的100多元增加到500元，1985年人均收入预计达到600元，部分农户存款达到1万元。

田立带领全村致富的事迹，在群众中产生了巨大感染力。1985年10月14日，双滦区人大常委会以“双滦人发（1985）第21号”文件，将他的事迹转发给全区人民代表，要求全区人民代表向田立同志学习。

（选自区人大档案资料，整理：王乃民）

第二章　人大常务委员会

区人大常务委员会是本级人民代表大会的常设机构，由本级人代会选举产生，对本级人代会负责和报告工作。常务委员会实行集体领导，通过常务委员会议行使宪法赋予的职权和人代会赋予的权力。按照《地方组织法》的规定，区人大常务委员会定期举行会议。常委会议题、召开日期由主任会议拟定。人大常务委员会举行会议时，“一府两院”和政府有关部门负责人列席会议，听取意见，回答询问。会议形成的纪要、决议、决定、人事任免等重要文件印发并编入《公报》，发至“一府两院”、有关部门和人大代表。1981年5月至2005年12月，双滦区共选举产生七届人大常务委员会。每届常委会选举主任1名，副主任3～5名，常务委员10～12名。一至七届人代会共召开常委会议178次，主任会议491次。

第一节　机　　构

一　领导机构

1981年5月，双滦区第一届人民代表大会常务委员会（以下简称人大常委会），组成人员为1名主任、4名副主任、9名委员。双滦区第二届人大常务委员会由1名主任、3名副主任、12名委员组成。区第三届人大常务委员会由1名主任、4名副主任、10名委员组成。区第四届人大常务委员会由1名主任、4名副主任、10名委员组成。区第五届人大常务委员会由1名主任、5名副主任、11名委员组成。区第六届人大常务委员会由1名主任、4名副主任、11名委员组成。区第七届人大常务委员会由1名主任、4名副主任、12名委员组成。

1981—2005年双滦区各届人大常委会组成人员名录

表15-2-1

届　次	姓　名	职　务	任职时间	籍　　贯
第一届	徐　平	主　任	1981.5—1984.5	内蒙古宁城
	李书琴	副主任	1981.5—1984.5	辽宁省义县
	朱凤州	副主任	1981.5—1984.5	河北省承德市
	张振兴	副主任	1981.5—1984.5	河北省承德市双滦区
	胡庆友	副主任	1981.5—1981.12	河北省赤城县
	朱凤州	秘书长	1981.5	河北省承德市
	于戏云	常　委	1981.5—1984.5	吉林省九台县
	于德林	常　委	1981.5—1984.5	河北省承德市双滦区
	高凤喜	常　委	1981.5—1984.5	河北省赤城县
	马淑贤	常　委	1981.5—1984.5	河北省定县
	王金侠	常　委	1981.5—1984.5	河北省承德市双滦区
	孙　德	常　委	1981.5—1984.5	河北省承德市双滦区
	单桂珍	常　委	1981.5—1984.5	辽宁省赤峰市
	李淑琴	常　委	1981.5—1984.5	河北省承德市营子区
	邱玉芝	常　委	1981.5—1984.5	辽宁省赤峰市
第二届	杨　普	主　任	1984.5—1987.4	河北省滦平县
	朱凤州	副主任	1984.5—1987.4	河北省承德市
	王庆奎	副主任	1984.5—1987.4	河北省承德市
	李书琴	副主任	1984.5—1987.4	辽宁省义县
	朱凤州	秘书长	1984.5	河北省承德市

续表 15-2-1

届　次	姓　名	职　务	任职时间	籍　贯
第二届	王桂珍	常　委	1984.5～1987.4	河北省承德市双滦区
	付庆英	常　委	1984.5～1987.4	辽宁省本溪市
	蔡云刚	常　委	1984.5～1987.4	河北省承德市
	王振刚	常　委	1984.5～1987.4	河北省承德市双滦区
	刘恩福	常　委	1984.5～1987.4	河北省承德市双滦区
	张庆瑞	常　委	1984.5～1987.4	河北省滦平县
	单桂珍	常　委	1984.5～1987.4	辽宁省赤峰市
	温裕清	常　委	1984.5～1987.4	广东梅县
	梁贵有	常　委	1984.5—1987.4	河北省承德市双滦区
	罗　炜	常　委	1984.5—1987.4	北京市东城区
	焦成信	常　委	1984.5—1987.4	河北省滦平县
	赵桂鲜	常　委	1986.4—1987.4	辽宁建昌县
第三届	杨　普	主　任	1987.4—1990.4	河北省滦平县
	朱凤州	副主任	1987.4—1990.4	河北省承德市
	张振兴	副主任	1987.4—1990.4	河北省承德市双滦区
	庞志才	副主任	1987.4—1990.4	河北省承德市双滦区
	邵广珍	副主任	1987.4—1990.4	辽宁省朝阳县
	朱凤州	秘书长	1987.4	河北省承德市
	张如松	常　委	1987.4—1990.4	河北省沧州市
	焦成信	常　委	1987.4—1989.4	河北省滦平县
	李德满	常　委	1987.4—1990.4	辽宁省鞍山市
	刘恩福	常　委	1987.4—1990.4	河北省承德市双滦区
	佟殿祥	常　委	1987.4—1990.4	河北省承德县
	高韵琴	常　委	1987.4—1990.4	河北省承德市双滦区
	李福长	常　委	1987.4—1990.4	河北省承德市双滦区
	郝桂成	常　委	1987.4—1990.4	河北省保定市
	杨晓霞	常　委	1987.4—1990.4	河北省滦平县
	王金霞	常　委	1987.4—1990.4	河北省承德市双滦区
第四届	王云惠	主　任	1990.4—1993.2	辽宁省朝阳县
	朱凤州	副主任	1990.4—1993.2	河北省承德市
	张振兴	副主任	1990.4—1993.2	河北省承德市双滦区
	张朝春	副主任	1990.4—1993.2	辽宁省沈阳市
	庞志才	副主任	1990.4—1993.2	河北省承德市双滦区
	朱凤州	秘书长	1990.4	河北省承德市
	王德志	常　委	1990.4—1993.2	辽宁省凌源

续表 15-2-1

届　次	姓　名	职　务	任职时间	籍　贯
第四届	宁凤春	常　委	1990.4—1993.2	辽宁省朝阳
	刘述贤	常　委	1990.4—1993.2	内蒙古自治区
	刘淑贤	常　委	1990.4—1993.2	河北省丰宁县
	李学荣	常　委	1990.4—1993.2	河北省承德市双滦区
	佟殿祥	常　委	1990.4—1993.2	河北省承德县
	张如松	常　委	1990.4—1993.2	河北省沧州市
	房淑君	常　委	1990.4—1993.2	辽宁省昌图县
	郝桂成	常　委	1990.4—1993.2	河北省保定市
	高　云	常　委	1990.4—1993.2	河北省滦平县
第五届	王云惠	主　任	1993.2—1998.1	辽宁省朝阳县
	王德山	副主任	1993.2—1998.1	河北省滦平县
	张朝春	副主任	1993.2—1997.4	辽宁省沈阳市
	张振兴	副主任	1993.2—1996.5	河北省承德市双滦区
	王凤璞	副主任	1993.2—1997.4	河北省滦平县
	庞志才	副主任	1993.2—1998.1	河北省承德市双滦区
	马福春	副主任	1996.5—1998.1	河北省文安县
	王悦庭	副主任	1997.2—1998.1	河北省承德市双滦区
	王德山	秘书长	1993.2	河北省滦平县
	于桂芹	常　委	1993.2—1998.1	河北省承德市
	王德志	常　委	1993.2—1998.1	辽宁省凌源县
	刘洪声	常　委	1993.2—1994.3	河北省承德市双滦区
	沙文华	常　委	1993.2—1998.1	河北省滦平县
	李财林	常　委	1993.2—1998.1	河北省承德市双滦区
	张如松	常　委	1993.2—1998.1	河北省沧州市
	张革华	常　委	1993.2—1996.5	河北省滦平县
	岳葵珍	常　委	1993.2—1998.1	北京市丰台区
	杨金兰	常　委	1993.2—1996.5	河北省围场县
	赵　森	常　委	1993.2—1998.1	河北省滦平县
	徐小平	常　委	1993.2—1998.1	河北省滦平县
	付庆英	常　委	1995.2—1998.1	辽宁省本溪市
	赵文斌	常　委	1996.5—1997.2	北京市平谷县
	史国英	常　委	1996.5—1998.1	河北省承德县
第六届	王云惠	主　任	1998.2—2003.4	辽宁省朝阳县
	王德山	副主任	1998.2—2003.4	河北省滦平县
	马福春	副主任	1998.2—2003.4	河北省文安县

续表 15-2-1

届　次	姓　名	职　务	任职时间	籍　贯
第六届	佟殿祥	副主任	1998.2—2000.3	河北省承德县
	张乃礼	副主任	1998.2—2003.4	河北省承德市双桥区
	张晓国	副主任	2001.2—2003.4	河北省丰宁县
	王德山	秘书长	1998.2	河北省滦平县
	王玉山	常　委	1998.2—2003.4	河北省承德市双滦区
	王首先	常　委	1998.2—2003.4	辽宁省北票市
	史国英	常　委	1998.2—2003.4	河北省承德县
	刘瑞江	常　委	1998.2—2003.4	河北省承德市双滦区
	李剑侠	常　委	1998.2—2003.4	内蒙古赤峰市
	李清玉	常　委	1998.2—1999.3	河北省承德市双滦区
	何代福	常　委	1998.2—2003.4	北京市西城区
	陈树宏	常　委	1998.2—2003.4	河北省曲阳县
	杨光伟	常　委	1998.2—2003.4	湖北省武汉市
	屈向红	常　委	1998.2—2003.4	河北省承德市
	付庆英	常　委	1998.2—2003.4	辽宁省本溪市
	刘国玉	常　委	2001.2—2003.4	河北省丰宁县
	李广银	常　委	2001.2—2003.4	河北省承德市双滦区
第七届	王晓忠	主　任	2003.4—2005.12	河北省行唐县
	田印平	副主任	2003.4—2005.12	河北省承德市双滦区
	张晓国	副主任	2003.4—2005.12	河北省丰宁县
	曹素艳	副主任	2003.4—2005.12	河北省兴隆县
	李启银	副主任	2003.4—2005.12	安徽省宿县
	田印平	秘书长	2003.4—	河北省承德市双滦区
	付庆英	常　委	2003.4—2005.12	辽宁省本溪市
	史国英	常　委	2003.4—2005.12	河北省承德县
	陈树宏	常　委	2003.4—2005.12	河北省曲阳县
	麻　星	常　委	2003.4—2005.12	河北省隆化县
	师照华	常　委	2003.4—2005.12	河北省邢台沙河市
	刘国玉	常　委	2003.4—2004.3	河北省丰宁县
	刘仁伟	常　委	2003.4—2004.3	重庆市沙坪坝区
	李雅君	常　委	2003.4—2005.12	河北省承德市双滦区
	王　军	常　委	2003.4—2005.3	北京市石景山区
	张建勇	常　委	2003.4—2005.12	河北省承德市双滦区
	程　静	常　委	2003.4—2005.12	河北省乐亭县
	屈向红	常　委	2003.4—2005.3	河北省承德市

续表 15-2-1

届　次	姓　名	职　务	任职时间	籍　贯
第七届	孙国斌	常　委	2004.3—2005.12	河北省承德市双滦区
	许虎林	常　委	2005.3—2005.12	河北省沙河市
	李秀宏	常　委	2005.3—2005.12	河北省围场县

二 工作机构

1981 年 12 月，区人大常委会下设办公室。1990 年 12 月，区人大常委会内设办公室、财政经济工作委员会、法制工作委员会；1998 年 2 月，内设办公室、代表工作委员会、法治工作委员会、财政经济工作委员会、教科文卫工作委员会；2005 年，区人大常委会内设办公室、财政经济工作委员会、法制工作委员会、代表工作委员会、教科文卫工作委员会，人员编制 12 人。

三 乡镇人民代表大会简介

1980 年 9 月，双滦区政府成立，下辖双塔山、大庙、偏桥子、滦河 4 个公社，其间各人民公社召开过社员代表大会，选举出席承德市人代会代表。1984 年，域内建滦河镇、双塔山镇、大庙乡、偏桥子乡。同年，4 个乡镇分别召开第一届人民代表大会，1990 年，乡镇设立人大主席团常务主席及乡镇人大办事机构，乡镇人大主席团工作上受区人大指导，组织上没有领导与被领导关系。乡镇人大主席团每年对基层站所的工作进行评议。至 2005 年，滦河镇、双塔山镇分别召开七届人代会。偏桥子镇、大庙镇分别召开六届人代会。

双塔山镇 1984 年 2 月，撤销双塔山公社，建双塔山镇政府。1984—2005 年，共召开七届双塔山镇人民代表大会。

滦河镇 1984 年 4 月，撤销滦河公社，建滦河镇政府，1984—2005 年，共召开七届滦河镇人民代表大会。

偏桥子镇 1984 年 3 月，撤销偏桥子公社，建偏桥子乡政府。1990—1994 年，召开两届偏桥子乡人民代表大会。1994 年 9 月，撤销偏桥子乡政府，建偏桥子镇政府。1995—2005 年，偏桥子镇共召开四届人民代表大会。

大庙镇 1984 年 3 月，撤销大庙公社，建大庙乡政府。其间，召开一届大庙乡人民代表大会。1986 年 12 月，撤销大庙乡政府，建大庙镇政府。至 2005 年，大庙镇共召开六届人民代表大会。

第二节　常务委员会议

一 第一届人代会常务委员会议

1981 年 5 月至 1984 年 5 月，双滦区一届人大届期内共召开常务委员会议 20 次，听取和审议“一府两院”工作报告 24 项，提出审议意见和建议 45 条。审议事项主要有农业、工业、商业、计划生育、文教卫生、城市建设、公安、司法等方面的工作情况。其中，听取全区治安工作汇报 3 次、商业工作 4 次、农林业工作 2 次、饮食及食品卫生工作 2 次、卫生工作 2 次、工商局工作 2 次，工业、民政、统计、教育、计划生育、财政工作各 1 次。

1983 年 4 月 7 日，第十四次常委会议审议通过《双滦区人大常委会关于人事任免工作暂行办法》。1983 年 7 月 20 日，第十五次常委会议审议通过区政府《关于双滦区城镇环境卫生管理办法（试行）》。

1984 年 1 月 27 日，第十八次常委会议决定撤销王留泽商业局局长职务，通过《关于郭恒林同志调至区委工作，不再担任区长职务的决定》，任命周金生为代理区长。1984 年 2 月 22 日，第十九次常委会议，讨论研究区、乡（镇）两级换届选举有关事项，任命张连祥为区人民法院代理院长、杜文汉为代理检察长。

二 第二届人代会常务委员会议

1984 年 5 月至 1987 年 5 月，双滦区二届人大届期内共召开常务委员会议 19 次，听取“一府两院”工作报告 43 项，提出审议意见和建议 60 余条。其中，听取经济工作汇报 2 次，商业和司法工作汇报 2 次，农业、民政、法院、文教、工商、税务、议案办理工作汇报各 1 次。

1985 年 4 月 16—17 日，第六次常委会议听取区政府“关于 1985 年经济工作安排情况的报告”，提出“进一步抓好乡镇企业和区街工业”等建议；1985 年 5 月 8 日，第八次常委会议审议区政府“关于双滦区 1985 年上半年经济工作情况报告”；作出《关于加强法制宣传教育普及法律常识的决议》；通过区人大常委会《关于监督司法机关执行法律的试行办法》。1995 年 11 月 18—19 日，第十次常委会议审议司法局“关于普及法律常识工作汇报”，提出“加强农村普法工作、各部门联系工作实际学习法律法规”等建议；听取商业局《关于落实人大调查组对滦河糖业烟酒公司四点意见的汇报》，提出“完善承包经营机制”等意见；接受罗炜辞去区人大常委会委员的请求。

三 第三届人代会常务委员会议

1987 年 5 月至 1990 年 5 月，双滦区三届人大常委会届期内共召开常务委员会议 19 次，听取和审议“一府两院”工作报告 48 项，并提出审议意见、建议或作出相关决议、决定。听取审议企业经营机制改革、企业整改、农村果树承包等经济工作议题 22 项，普法、司法、法律法规贯彻实施等方面议题 15 项。其中，听取工商企业生产经营情况汇报 2 次，农业、司法、治安工作汇报各 2 次，听取审计、土地、统计、卫生、计生、廉政建设、代表议案办理、物价、法院、检察院工作汇报各 1 次。

1988 年 4 月 28—29 日，第六次常委会议听取审议区政府《关于工商企业招标承包后发展情况的汇报》，对企业承包后出现的经营管理不善、利益分配不合理等问题，提出相应的意见和建议；听取区政府“关于 1988 年蔬菜生产计划安排管理情况的汇报”，提出“菜田应向种菜能手集中、引导菜农科学种植和管理”等意见。1988 年 6 月 28—29 日，第七次常委会议听取区政府“关于贯彻执行《土地管理法》情况的报告”，提出“严格用地审批手续、增设土地管理机构和人员”等意见。

1989 年 6 月 21—22 日，第十三次常委会议听取区政府“关于增加农业投入保持农业生产增长的报告”，提出“加强农田水利设施建设、重视农家肥利用”等意见。审议人大常委会《人事任免办法（修改稿）》。1989 年 8 月 24—25 日，第十四次常委会议听取区政府“关于区属工业企业发展情况的报告”，建议区政府责成有关部门研究解决“机修厂严重亏损问题”的意见；听取审议区政府“关于廉政建设情况的报告”，提出“抓好‘两公开一监督’制度落实”等意见；听取审议区政府“关于代表议案办理情况的报告”，提出“进一步做好职称评定复查工作，查处弄虚作假骗取职称行为”等意见。

四 第四届人大常务委员会议

1990 年 4 月至 1993 年 5 月，双滦区第四届人大常委会届期内共召开常务委员会议 22 次，听取审议“一府两院”工作报告 40 项，就全区重大工作事项作出决议决定 8 项，提出审议意见、建议 100 余条。该届人大常委会自 1991 年开始实行会前预审制度。其间，常委会议听取工商企业情况汇报 8 次，农林业、财政工作汇报各 5 次，治安工作汇报 4 次，代表议案办理和普法工作汇报各 3 次，文教、法院、检察院、司法局、城建、审计、科委、卫生工作汇报各 2 次，土地、廉政建设、计生、工商、民政工作汇报各 1 次。

1990 年 7 月 3—4 日，第二次常委会议作出《在全区工商企业中开展“双增双节”和“提合理化建议”活动的决定》；讨论区人大常委会

《关于“一府两院”自觉接受人大监督的决定》。1990年12月20—21日，第六次常委会议：听取财政局“关于1990年财政收支预算执行情况的报告”，提出“强化税收、勤俭办事”等意见；听取审议计经委“关于调整产品结构的报告”，提出“稳定老产品、抓好新项目”等意见。

1991年3月20日，第八次常委会议通过区人大常委会《关于每年4月为双滦区全民义务植树月的决议》。1991年5月30—31日，第九次常委会议听取审议区政府“关于贯彻执行《义务教育法》和《河北省普及义务教育条例》情况的报告”，提出“合理设置校点，确保适龄儿童就近入学”等建议。1991年7月26—27日，第十次常委会议通过《区人大财经工作委员会同政府有关财经部门联系的试行办法》《关于被任命的“一府两院”的工作人员在任命前进行法律考试的决定》，通过人事任免事项。1991年11月29日，第十二次常委会议：听取审议农林局“关于经济沟建设情况的报告”，提出“完善承包责任制、抓好经济沟建设规划落实”等意见；通过区人大常委会《关于对司法机关实施监督管理的暂行办法》。1991年12月20日，第十三次常委会议：作出《关于召开区四届人大三次会议决定》；通过人事任免事项。

1992年2月15日，第十五次常委会议审议财政局《关于1991年财政收支预算调整建议的报告》，作出批准决定。1992年4月20—21日，第十六次常委会议接受陈树峰辞去双滦区人民政府区长职务的请求，任命刘学军同志为双滦区人民政府代理区长；审议农林局“关于贯彻落实《中华人民共和国森林法》及区人大常委会《义务植树月决定》情况的报告”，提出“加强规划、层层建立植树基地、加强护林防火”等意见。1992年 6月17日，第十七次常委会议决定任命王凤璞、靳凯智为双滦区人民政府副区长；接受刘广涛、张玉华辞去双滦区人民政府副区长职务的请求。1992年8月25日，第十九次常委会议：审议区政府“关于经济形势和项目工作的报告”，提出“加强审计工作，把企业潜亏因素控制在最低限度”等意见。

1993年2月2日，第二十二次常委会议听取审议区政府《关于代表建议办理情况的汇报》，听取审议区政府《关于1992年财政预算调整意见的报告》，作出批准决定。

五 第五届人代会常务委员会议

1993年2月至1998年2月，区五届人大届期内共召开41次常务委员会议，听取审议“一府两院”各项工作报告120项，作出相关决议决定41项，提出审议意见或建议166条。其中，听取财政工作汇报8次，工商企业工作情况汇报7次，农林、治安、检察院、法院工作汇报各6次，人大代表议案建议办理情况汇报、经济工作情况汇报各5次，文教、工商工作汇报各4次，卫生工作汇报3次，计生、土地工作汇报各2次，城建、统计、审计、物价、民政、环保工作汇报各1次。

1993年5月18—19日，第二次常委会议作出“关于批准区政府1993年预算”、通过“1992年决算”等决议；通过区人大常委会《关于开展打击盗窃犯罪专项斗争的决定》。

1994年3月2日，第九次常委会议通过“关于表彰1993年度先进代表活动小组和优秀人民代表的通报”及《关于授予法院等四部门执法先进集体和封丽然等五名同志模范执法工作者荣誉称号的决定》。1994年5月17日，第十一次常委会议作出《关于加快个体私营经济发展的决议》。1994年7月26—27日，第十二次常委会议通过区人大常委会《关于加快农村小康建设奋力实现发展规划的决议》。1994年9月23日，第十三次常委会议通过区人大常委会《关于组织区人大代表评议公安分局工作的决定》。1995年10月31日至11月1日，第二十二次常委会议分别听取法院、检察院、公安分局“关于推行错案责任追究制情况的汇报”，作出《关于实行错案和执法过错责任追究制的决定》。

1995年12月8日，第二十三次常委会议通过《关于实行错案和执法过错责任追究制度进行监督的暂行办法》。

1996年6月11日，第二十七次常委会议听取区政府“关于深化企业改革,强化企业管理、实现企业增效国家增收工作情况的报告”，作出《关于深化开展“学邯钢、抓管理、增效益”活动的决议》。1996年9月17日，第二十九次常委会议：听取环保局“关于城市市容和环境卫生情况的报告”，提出“有关部门积极配合齐抓共管”的意见；听取司法局“关于‘三五’普法规划安排意见的报告”,提出“保障普法经费、加强普法检查”等意见，并作出《关于在全区公民中开展法制宣传教育的决议》。1996年12月12日，第三十一次常委会议听取审议财政局“关于1996年财政收支预算调整方案的报告”，作出批准决定；听取计划统计局“关于调整1996年部分国民经济计划指标的报告”，作出批准决定。

1997年12月6日，第三十九次常委会议听取农林水利局“关于贯彻实施《农业法》《农业技术推广法》情况的汇报”，提出“实施‘科技兴区’战略、放宽发展养殖业政策”等意见。

六 第六届人代会常务委员会议

1998年3月至2003年3月，双滦区第六届人大常委会届期内共召开常务委员会议39次，听取审议“一府两院”工作报告142项次，就全区重大事项作出决议决定31项，提出审议意见40条，作出审议意见书25份。重点议题有：国民经济与社会发展，财政、企业转制改革，矿业治理整顿，农业产业化，统计、审计、司法、法律法规贯彻实施,卫生、环境保护,政府机构改革,行风建设以及下岗职工再就业等方面的工作。其中听取经贸工作汇报10次，治安工作汇报9次，代表建议议案办理和财政、检察院工作汇报各7次，审计、卫生工作汇报各6次，劳动保障及人事工作汇报各4次,工商企业、农牧、普法、林水、建设与环保、计统工作汇报各3次，工商、民政、税务工作汇报各2次，文体旅游、教育、计生工作汇报各1次。

1998年7月30日,第四次常委会议作出《关于依法治区的决议》。1998年12月29日，第七次常委会议听取区政府“关于解放思想、发展个体私营经济情况的报告”，作出《关于进一步解放思想，加强发展个体私营经济的决议》。

2000年1月28日，第十六次常委会议审议通过《双滦区人大常委会实施个案监督暂行办法》《双滦区人大常委会对区人民法院个案审理派出听审团暂行办法》《双滦区人大常委会关于列席区人民检察院检察委员会会议的试行办法》。2000年4月25日，第十八次常委会议听取审议审计局“关于1999年区本级财政预算执行情况及其他财政、财务收支情况的审计报告”；批准“1999年区本级决算”。

2001年1月15日，第二十二次常委会议个体私营发展局“关于个体私营经济发展情况的汇报”,作出《关于治理经济发展环境的决议》。2001年4月28日，第二十四次常委会议听取财政局“关于2000年区本级财政决算及区总预算情况的报告”；听取审计局“关于2000年财政预算执行情况和其他财政收支情况的审计报告”,作出《关于批准区本级财政决算的决议》。2001年9月28日，第二十七次常委会议听取审议司法局“关于‘三五’普法工作情况和‘四五’普法规划安排意见的报告”，作出《关于进一步开展法制宣传教育的决议》。2001年1月25日,第二十九次常委会议听取财政局“关于2001年财政收支预算调整方案的报告”，作出批准决定。

2002年5月31日，第三十二次常委会议听取建设局“关于城市绿化情况的汇报”,作出《关于加强城市绿化建设的决议》。2003年2月26日，第三十八次常委会议听取审议财政局“关于2002年区本级预算调整方案的报告”，并作出批准决定。

七　第七届人代会常务委员会议

2003年4月至2005年12月，双滦区七届人代会第一至三次会议期间，共召开常务委员会议24次，听取“一府两院”工作报告38项次，就全区重大事项作出决议决定23项，提出审议意见或建议82条。重点议题有：法律法规贯彻实施，国民经济及社会发展，财政、林业、农业、发展个体私营经济，城市建设，文教，环境保护，计划生育等工作事项。其中听取财政工作汇报7次，农牧工作汇报4次，审计、计统、代表议案建议办理情况汇报各3次，安全生产、经济工作情况汇报各2次，卫生、林水、教育、治安、城建、文教、环保、计生、法院、工商、国土和廉政建设工作汇报各1次。

2003年4月29日，第一次常委会议：听取审议区政府“关于贯彻实施《传染病防治法》防止非典型性肺炎工作的报告”，作出《关于认真贯彻实施〈中华人民共和国传染病防治法〉，切实做好防止非典型性肺炎工作的决定》。2003年8月6日，第三次常委会议：听取审议财政局“关于2002年区本级财政决算和全区总决算的报告”和审计局“关于2002年区本级预算执行情况及其他财政收支的审计报告”，作出《关于批准双滦区2002年区本级财政决算的决议》。2003年9月29日，第四次常委会议听取区政府“关于区七届人大一次会议代表建议办理情况的报告”；通过《双滦区人事任免考核办法》。

2004年2月4日，第七次常委会议：听取财政局“关于2003年财政收支预算调整方案的报告”并作出批准决定。2004年4月7日，第九次常委会议：审议“双滦区全面建设小康社会总体规划纲要（草案）”，作出《关于双滦区全面建设小康社会总体规划纲要的决议》。2004年7月26日，第十一次常委会议听取审计局“关于2003年区本级预算执行情况及其他财政收支的审计报告”和财政局“关于2003年区本级决算及区总决算情况的报告”，作出《关于批准2003年区本级决算的决定》。2004年9月2日，第十二次常委会议讨论通过区人大常委会《关于严格执行〈中华人民共和国代表法〉和〈双滦区人大常委会关于提请对区人大代表采取限制人身自由等强制措施许可的审批程序〉的决定》。

2005年1月20日，第十五次常委会议审议区人大常委会《关于开展述职评议工作的实施办法（试行）》。2005年2月24日，第十六次常委会议听取财政局“关于2004年财政收支预算调整方案的报告”并作出批准决定。2005年4月21日，第十七次常委会议讨论通过区人大常委会《关于代表履行职务的暂行办法》。2005年6月10日，第十八次常委会议听取财政局“关于2004年区本级财政决算和全区总决算情况的报告”和审计局“关于2004年度区本级预算执行和其他财政收支的审计报告”，作出《关于批准双滦区2004年区本级决算的决议》《关于进一步优化经济发展环境，保护企业合法权益的决定》。2005年11月29日，第二十一次常委会议审议通过《双滦区人民政府关于街区道路名称命名和实施意见》。

第三章　人大主要工作

区人大常委会以依法行使决定权、监督权、任免权为核心，突出法律监督和工作监督两个重点，围绕中央重大决策、区委工作部署、经济与社会发展及群众关注和反映强烈的热点难点问题，确定工作内容。同时以《宪法》和法律法规为依据，从自身职能和工作实际出发，相继制定和完善一系列规章制度，规范工作运行，保障依法行使职权。

第一节 监　　督

一 法律监督

执法监督 1981年5月至2005年12月，一至七届区人大常委会，对区政府及各部门贯彻执行国家法律法规和地方法规情况进行了58次监督。1981年10月，区人大一届二次会议听取并审议双滦公安分局“关于整顿社会治安工作情况的汇报”和区商业局“关于对区人代会代表提案的答复汇报”。第一届人大常委会对卫生防疫部门贯彻执行《中华人民共和国食品卫生法》、计划统计科贯彻执行《中华人民共和国统计法》情况进行监督。第三届人大常委会对区政府贯彻实施《中华人民共和国土地管理法》《中华人民共和国统计法》《中华人民共和国食品卫生法》《河北省计划生育条例》情况进行了监督。1992年，区人大实施人大代表对乡镇基层单位工作进行评议措施。1993—1995年，区人大两次听取区政府、区法院、区检察院实行错案和执法纠错责任追究制的专项汇报。第四届人大常委会对区政府贯彻实施《中华人民共和国土地管理法》《中华人民共和国义务教育法》《中华人民共和国企业法》《乡村集体所有制条例》《城镇集体所有制企业条例》及农林局贯彻执行《中华人民共和国森林法》卫生局贯彻执行《食品卫生法》，工商局贯彻执行《集市贸易卫生管理条例》，民政局贯彻执行《中华人民共和国居民委员会组织法》等进行监督。第五届人大常委会对区政府贯彻实施《农业法》《中华人民共和国科学技术进步法》《中华人民共和国矿产资源法》《治安管理处罚条例》《河北省社会治安综合治理条例》及计划经济委员会贯彻执行《全民所有制工业企业转换经营机制条例》，计划生育委员会贯彻执行《河北省计划生育条例》，统计局贯彻执行《统计法》，文教局贯彻执行《义务教育法》，农林局贯彻执行《农业法》《农业技术推广法》，矿山局贯彻执行《矿产资源法》《矿山资源管理条例》，土地局贯彻执行《土地管理法》《河北省土地管理条例》，卫生局贯彻执行《药品管理法》，工商局和物价局贯彻执行《消费者权益保护法》，审计局贯彻执行《审计法》，卫生局贯彻执行《食品卫生法》《食盐加碘消除碘缺乏危害管理条例》《河北省食盐加碘防治碘缺乏病监督管理条例》，民政局贯彻执行《居民委员会组织法》等法律法规情况进行了监督。第六届人大常委会对工商局贯彻执行《消费者权益保护法》，林业水利局贯彻执行《水土保持法》《河北省实施〈水土保持法〉办法》，卫生局贯彻执行《药品管理法》《食品卫生法》，民政局贯彻执行《村民委员会组织法》，国税局贯彻执行《税收征管法》，环保局贯彻执行《环境保护法》，爱卫会贯彻执行《河北省爱国卫生条例》，计划生育局贯彻执行《河北省计划生育条例》，农业畜牧局贯彻执行《农业技术推广法》，药品监督管理局贯彻执行《药品管理法》《药品管理法实施办法》，经济贸易局贯彻执行《矿山安全法》，公安分局贯彻执行《消防法》，林业水务局贯彻执行《水土保持法》等法律法规情况进行了监督。第七届人大常委会对区政府贯彻实施《传染病防治法》，林业水利局贯彻执行《森林法》，教育局贯彻执行《职业教育法》等法律法规情况进行了监督。

司法监督 一至七届区人民代表大会期间，除历届各次人代会审议法院、检察院整体司法工作情况外，各届区人大常委会对“两院”专项司法工作和个案进行了监督。1989年12月，区三届人大第十六次常委会议听取法院“经济审判”工作情况的汇报。1990年11月，区四届人大第五次常委会议，听取法院“民事审判”工作情况汇报。1989年12月区三届第十六次常委会议和1990年11月区四届人大第五次常委会议，两次听取检察院“反贪污贿赂斗争”情况汇报。1994年11月区五届人大第十五次常委会议和1996年12月区五届人大第三十一次常委会议，两次听取法院“经济审判”和检察院“打击经济犯罪”及“法纪检察”工作情况汇报。1996年，区人大常委会建立对法院审判工作临案听审制度。区五届人大第二十七次常委会议听取法院“行政审判”工作情况汇报。1997年10月，区五届人大第三十八次常委会议，分别听取法院贯彻实施《法官法》、检察院贯彻实施《检察官法》、公安分局贯彻实施《警察法》情况汇报。1998年5月，区六届人大第三次常委会议，听取法院、检察院贯彻实施修改后的《刑事诉讼法》情况汇报。2000年，区人大常委会制定《关于对法院个案审理派出听审团暂行办法》。同年7月，区六届人大第十九次常委会议，听取检察院“反贪污贿赂打击经济犯罪”情况的汇报。2000年9月，区六届人大第二十次常委会议，听取法院“执行工作”情况汇报。1993年2月至1998年2月，区五届人大常委会制定《关于对司法机关实施监督的试行办法》。2001年，区六届区人大常委会制定《关于实施个案监督的试行办法》《关于列席人民检察院检察委员会议的试行办法》。2001年6月，区六届人大第二十五次常委会议听取法院、检察院、公安分局三部门开展“严打整治斗争”情况汇报。2001年11月，区六届人大第二十八次常委会议，听取法院“审判监督”、检察院“法纪监督”情况汇报。2002年12月，区六届人大第三十七次常委会议再次听取公、检、法3部门关于开展严打整治斗争的情况汇报。

个案监督　区人大常委会从人民群众的控告、申诉和执法检查中发现的司法违法和行政违法案件中，选择影响较大的个案，按照集体行使职权和不代行审判权、检察权的原则，进行重点监督。1996年，区人大常委会受理大庙镇北梁村村民姜某上访案件。此案事由为因铁矿缺乏安全防范措施，造成姜某二级伤残。姜某对法院判决提出应追加被告的异议。经调查，被要求追加的被告系铁矿发包方，区人大常委会即与法院进行沟通，经法院重审，申诉人得到应有的经济补偿。1997年，滦河电厂职工边某非法侵入民宅一案，公、检、法各持不同意见，区人大常委会组织公、检、法三部门一起讨论分析情况，统一了意见，对边某作出有罪判决。1998—2002年，区人大常委会通过信访渠道对重点案件进行监督。其间，受理群众来信来访410余件次，除及时转交有关部门依法处理外，对一些久拖不决的案件进行督办，得到尽快解决。2003—2005年，区人大常委会共监督个案14起。

二　工作监督

经济工作监督　区第一届人代会期间，常委会对商业系统改进和提高服务质量、区街工业发展、农业种植、养殖、加工等多种经营、农业生产责任制、科学种田、荒山绿化及山场承包等工作情况进行审议监督，提出相应的意见和建议。区第二届人代会期间，常委会对农村商品生产、“两户”及专业村发展、乡镇企业和区街工业发展、农村扎根副业、商业企业承包经营等方面情况进行审议监督，提出了相应的意见和建议。区三届人代会期间，常委会对工商企业承包经营、蔬菜产业发展、农田水利基础设施建设、区属工业企业发展等工作情况进行审议监督，提出相应的意见和建议。区第四届人代会期间，常委会对区属工业企业计划执行、工商企业“双增双节”、工业产品结构调整、乡镇企业发展、“经济沟”建设规划落实、集贸市场建设、科技兴区等情况进行审议监督，提出相应的意见和建议。区第五届人代会期间，常委会对落实引进人才和资金优惠政策、热河市场建设、国合商业企业转换经营机制、发展个体私营经济、发展“两高一优”农业、发展村办企业、区属企业扭亏增盈、农业增产增收、农业“四个基地”建设、推广农业科技、深化企业改革、落实发展个体私营经济优惠政策情况进行审议监督，提出相应的意见和建议。区第六届人代会期间，常委会对农业产业化、企业转制改革、实施开放带动战略、农业结构调整、发展旅游业、发展高效农业、重点工程建设、发展奶业“龙型经济”等情况进行审议监督、提出相应意见和建议。区第七届人代会一至三次会议期间，常委会对发展无公害蔬菜、发展民营经济、建设小康社会、招商引资、优化经济发展环境、“南菜北畜”工程建设等情况进行审议监督，提出相应意见和建议。

文化、教育监督 区第一届人代会期间，常委会对小学校舍维修、学校布点等情况进行审议监督，提出相应意见和建议。区第二届人代会期间，常委会对教育改革、学前教育、教育经费及教学秩序等情况进行监督，提出“解决学生带煤带柴上学问题”等意见。区第五届人代会期间，常委会对全区改善适龄儿童就近入学条件、建立教育发展基金、小学危房改造、落实“双滦教育八五规划”、清理制止中小学乱收费、文化市场管理等情况进行审议监督，提出相应意见和建议。

其他工作监督 区一至七届人大常委会，对区政府财政预决算、计划生育、普法教育、社会治安管理、环境保护、城镇建设、扶贫、下岗职工再就业、传染性疾病防治、安全生产等项工作，采取审议工作报告、视察、调查、检查等方法进行常态化监督，推动工作开展。

区五届人大常委会完善对“一府两院”的工作监督，建立视察（检查）—审议—决议（审议意见）—反馈监督机制。在听取和审议“一府两院”工作报告前，先行组织代表视察和执法检查。审议后作出决议或提出审议意见，要求“一府两院”把落实情况向常委会反馈、汇报。

第二节 调查视察

一 专项调查

1982年，区人大常委会组织调查组进行3次专项调查。主要调查区糖业烟酒蔬菜公司实行经营责任制情况；饮食服务公司连年亏损情况；卫生防疫站个别干部工作中的一些错误和问题。1988年4月，区人大常委会组织调查组，对区属第一批工商企业招标承包情况进行专项调查。经调查认为，工商企业招标承包后，企业增强了活力，效益得到不同程度的提高。商业企业广开进货渠道，直接从厂家进货，减少环节，减少费用，增加利润;职工的责任感、主人翁精神增强。二轻制品厂实行计件工资、超额计奖等方法，调动职工生产积极性；建筑材料厂重新整合内部机构，减员增效；大庙陶瓷厂承包后，落实各岗位承包责任制，实行超额计件奖励。在此次专项调查中也发现一些问题。如：商业企业有随意提价和工资奖金分配不合理等问题；工业企业中存在机关科室人员过多、电力缺乏、产品销路不畅、企业内部管理水平有待提高等问题。调查结束后，区人大常委会专门召开常委会邀请政府区长、副区长、有关部门负责人列席，听取“第一批工商企业招标承包情况的调查”汇报，在肯定招标承包的积极作用的同时，对企业管理与发展提出整改意见13条。区人大调查组对滦河、双塔山两镇的蔬菜生产计划安排情况进行专项调查。发现存在商品菜种植计划面积不落实的问题。产生问题的主要原因是地膜、化肥、农药等生产资料涨价，菜农投入大于产出;“以菜换平价粮”的政策，使菜农每年有8个月得不到平价粮的待遇；产销渠道不畅、技术、信息服务滞后等因素，直接影响菜农的生产积极性。针对上述问题调查组提出建议4条。

1997年3月，区人大常委会针对学生家长反映的中小学乱收费问题，组织调查组对全区中小学收费情况进行专项调查。这次调查采用社会与学校、家长与学生相结合的方法，以问卷和座谈等形式进行调查。通过四个镇的人大主席和驻区企业的人大代表，向学生家长发放“1996年中小学生费用支出调查表”280份，收回260份。共调查15所小学、5所中学。经调查，全区中小学乱收费问题比较严重，主要是收费项目多，国家明令取消的收费项目仍在收取，既有镇政府、村委会规定的收费，也有学校自行确立的收费，大多数收费不开正式收据，有些收费不立账，分散管理，各自支配使用。这些现象已影响到学生的正常学习秩序，有的学生因家庭困难交不起费用而中途退学，引起学生和家长的不满。对此，调查组提出建议：区政府及教育行政部门要落实国务院和省政府的有关规定，纠正和禁止自行决定收费项目及乱收费现象的发生。公开收费标准，接受家长和社会的监督。教育局应制定《禁止学校乱收费的管理和监督办法》。学校收费应使用财政部门制发的票据。1997 年 4 月，区五届人大三十四次会议通过《关于认真清理中小学乱收费的决议》，提出整改意见 7 条，撤销区政府对教育局关于解决办学经费的请示的批复（双滦区政 [1996] 复字 12 号）第二条。至 2005 年，区人大先后进行专项调查 21 次。

二 代表视察

1981—1983 年，区人大常委会围绕带有全局性、政策性较强和群众普遍关心的大事，会同政府有关部门进行视察。其间，会同承德市人大常委会联合视察区内工业、商业、卫生、文教等二十几个单位和农村家庭联产承包责任制情况。特别是对双塔山镇部分村群众反映强烈的“承钢选矿尾矿坝漏水问题”，在市、区人大的努力下，得到妥善解决。1987 年，针对社会上出现的乱涨价、掺杂使假、非法经营等问题，区人大常委会组织部分委员和代表对违反物价政策和《食品卫生法》的情况进行视察。视察区内国营、集体企业 61 家，个体摊点 177 户，农贸市场 7 个，纠正违章、违法经营 31 户，进行批评教育的 52 人。视察中对执行国家物价政策好、文明经商优质服务的单位和个人给予表扬和鼓励；对滥涨价的商户提出批评和经济处罚；对问题比较严重的、当事人缺乏认识的商户，由政府有关部门依法进行处理。区人大还专门发出通知，强化工商、卫生、物价部门的职能作用，加强日常监管。

1990 年，实施第二个五年普法教育规划，区人大常委会组织市、区人大代表和政府有关部门负责人，进行一个月的普法教育视察。采取听汇报、召开座谈会、当场答卷等办法，视察各乡镇、驻区厂矿等单位 22 个。视察后，结合审议区政府关于“第二个五年普法教育情况”报告，提出全区“二五普法”应以党政领导干部和青少年为重点的建议。1999 年 11 月，区人大组织人大代表视察驻区承德市造纸一厂，检查《中华人民共和国环境保护法》《河北省环境保护条例》贯彻实施情况。在视察中了解到化学制浆车间承包给个人后，产生的废水严重超标，直接排入　牛河，流入滦河，蒸球排出的气体和废水污染饮用水水源和空气，引起社会的强烈不满。有关部门要求停产治理或转产，但承包人以种种借口继续生产。对此，人大代表依照法律程序向市政府提出紧急建议，关停该厂的化学制浆生产车间，解决废水污染问题。2000 年，人大组织代表开展以《农业法》《土地管理法》《村委会组织法》等法规执行情况的视察，依法解决农村中存在的一些矛盾和问题，调解纠纷 100 多起，制止群众上访 20 余起，制止群众械斗 2 起。2003 年，人大常委会对全区民营经济发展和重点工程建设情况进行视察。发现区政府各职能部门部分执法人员素质不高、服务意识不强；多数企业融资困难，部分企业电力不足；多数企业经营管理粗放。对此，区人大常委会提出要求政府及各部门解放思想、强化服务，提高效率，建立完善融资体系；加强教育和引导，提高经营者的素质，改善发展环境等意见和建议。

2005 年，人大常委会开展对农业重点工程、项目进展情况视察。实地查看偏桥子大贵口示范区、千亩梨花坡、双山乳业公司。建议区政府要切实提高农业产业化水平，增强农民的市场意识，落实好各项惠农政策，加强农业实用技术推广和应用。

附录：

双滦区人大常委会调查组关于第一批招标承包试点企业生产经营状况调查

区人大常委会调查组于1988年4月1—10日，对区属糖业烟酒公司、滦河百货商场、二轻制品厂、建筑材料厂、大庙陶瓷厂5个第一批招标承包试点企业生产经营状况进行调查。

一 生产经营基本情况

糖业烟酒公司批发部：一季度销售额131.8万元，同比增长25.43%；实现利润8.38万元，同比增长20.4%。

滦河百货商场：一季度销售额109.68万元，同比增长27.8%；实现利润5.8万元，同比增长103%。

二轻制品厂：一季度完成产值47.2万元，占年计划的18.7%，比上年同期的44.8万元增长5.3%；完成收入20.6万元，占年计划的6.2%，比上年同期的35.6万元下降42.1%；实现利润0.34万元，占年计划的2.1%，比上年同期的3.5万元下降90.3%。

建筑材料厂：一季度完成产值37.3万元，占年计划的10%，比上年同期的49.2万元下降23.2%；完成收入68.6万元，占年计划的17.8%，比上年同期的48.9万元增长40.3%；一季度亏损17.6万元，比上年同期亏损的9.3万元增亏89.2%。

大庙陶瓷厂：一季度完成产值52.2万元，占年计划的25.7%，比上年同期的53.8万元下降2%；收入完成50.3万元，占年计划的22.9%，比上年同期的36.6万元增长37.4%；实现利润4.03万元，占年计划的16.1%，比上年同期的6.6万元减少38.9%。

二 承包经营的主要成效

企业承包经营后，在“自主经营、自负盈亏、超收多留、欠收自补”的原则下，改革内部运行机制，调动职工积极性，增强了企业活力。主要措施是：

1.落实承包责任制　二轻制品厂，大庙陶瓷厂等工业企业，实行层层承包，把各项指标分解到各车间、各班组，使职工利益同企业经营效益紧密联系起来，增强了职工对企业增产增效的责任感。糖业烟酒公司对批发部实行承包经营，增强了职工增收节支意识，进销货物职工主动自己装卸车，节约费用300多元。

2.开展增产节约　二轻制品厂严格控制车间经费和原材料消耗，车间经费比上半年同期压低20%。铁工车间3月份揽收外活增加收入2800元，其他车间节约原材料1200元。滦河百货商场一季度费用率比上年同期下降0.5%；汽车一季度运行86天，货运量达120多吨，全部自装自卸，节约费用800多元。大庙陶瓷厂鼓励车间挖潜改造，降低废品率。一车间对瓦形进行改造，把深条由6毫米改为1公分，并对制瓦机进行改造，不仅使瓦形达到了整齐美观的效果，还增强了半成品硬度，降低了废品率。

3.建立奖励机制　二轻制品厂对车间实行产、销一体承包、计件工资、超额记奖等管理机制，充分体现多劳多得。大庙陶瓷厂对车间实行“工资、奖金包干”计酬机制，每完成1万片瓦发给奖金299.30元，调动了车间增产增收的积极性。滦河百货商场和糖业烟酒公司食品商店实行超额记奖办法，激励职工自动采取延长营业时间、举办展销会等营业措施，增加营业收入。

三 承包企业存在的问题

1.思想观念与新体制不相适应　由于“大锅饭”体制的长期影响，企业中的部分职工对企业内部的运行机制改革不理解，认为是“肥了少数人苦了多数人”。还有的企业工人提出“本企业不适宜搞承包经营。

2.内部关系不够理顺　滦河百货商场职工反映，各组进货缺乏与业务部门联系，商品价格掌握不准。二轻制品厂存在生产经营门类多，缺乏相互联系，给经营管理造成一定困难。建筑材料厂由三班生产改为二班生产，劳动时间由每班8小时增至12小时，工人劳动强度加大，影响工人身体健康。

3.指标分配和效益分配不尽合理 滦河百货商场对各组下达计划指标，没有充分考虑影响增长速度的各种因素，出现了计划增长和实际增长偏差较大的情况。费用分摊也没有按各柜组不同的毛利率水平计算系数，而是按零售额平均计算，出现了利润指标分配不合理的问题。上述问题直接造成了超额记奖分配的不平衡。还有职工反映本企业副职领导奖金占职工奖金总额的16.4%，比例过高。糖业烟酒公司副职领导效益工资占职工奖金总额的30%，职工认为不合理。

4.多种因素造成生产成本加大 工业企业生产成本增加的主要因素是：(1) 频繁停电导致成本增加。砖厂（归属建筑材料厂）一季度停电192小时，折合24天。因停电造成停产而耗煤增加，生产成本随之加大。(2) 议价电费增加导致加大生产成本。工业计划内用电每度0.058元，而议价电每度0.1698元。1998年砖厂预计比上年增用议价电4100度。(3) 煤价上涨导致增加生产成本。(4) 劳动力价格上涨也导致了生产成本增加。砖厂由于生产工人不足，需雇用一定数量的临时工人作为补充，因雇工工资上涨导致费用增加。

（袁宝森根据双滦区人大常委会调查报告整理）

第三节 议案建议办理

一 议案办理

1981—1983年，区一届人代会确定立案的议案4件，办理完毕4件。其间，专门召开代表提案处理经验交流会，专门听取政府及有关部门对议案处理情况的汇报，并通过重点抽查的办法，检查其落实情况。公共厕所的修建、路灯安装、建立清洁队，偏桥子乡通班车等问题都相继得到解决。1984—1986年，区二届人代会确定立案的议案13件，办理完毕13件。1987—1989年，区三届人代会确定立案的议案 12件，办理完毕12件。如整修滦河街地下排水管道、整修路面；双塔山大街公路两旁铺路面砖；完善工商企业和乡镇企业1989年承包责任制；在偏桥子、大庙建立巡回法庭；建立小元宝山农贸市场等议案全部得到落实。

1990—1992年，区四届人代会确定立案的议案13件，其中“关于新建滦河镇集贸市场和完善大庙镇集贸市场有关设施问题”、“关于加强居委会领导，解决居委会办公地点和干部工作福利待遇中存在的问题”等，均交有关部门办理。1992年底，13件议案都办理完毕。1993—1997年，区五届人代会确定立案的议案5件，办理完毕5件。其中“关于为发展双滦区应加快双偏公路的建设速度，进一步解决集资和组织施工工作”的议案，得到区政府的高度重视。1993年双塔山镇至偏桥子镇公路动工修建，1995年底实现通车。1998—2002年，区六届人代会确定立案的议案 4件，办理完毕4件。2003—2005年，区七届人代会确定立案的议案2件，办理完毕2件。其中，2004年七届二次会议提出的“关于申请解决社区居委会办公用房的议案”，交由政府办理；2005年，区人大七届三次会议提出的“关于市场规范化管理问题的议案”，交由区政府办理。

二 建议、意见办理

1981—1983年，区一届人大代表提出建议、意见622件。涉及工交财贸、农业、文教卫生、城市建设、公安司法、政权建设等各方面。区人大常委会经分析研究，由专门办事机构，交各有关部门研究处理，并负责答复，在下次人代会之前，向区人大常委会书面报告。1983年底，622件建议、意见全部办理完毕。区二届人大代表提出建议、意见371 件，办理、处理371件。 区三届人大代表提出建议、意见290 件，办理、处理 290 件。区四届人大代表提出建议、意见 288 件，办理、处理 288 件。区五届人大代表提出建议、意见 158 件，办理、处理 158 件。区六届人大代表提出建议、意见 171 件，办理、处理 171 件。2003—2005 年，区七届人大代表提出建议、意见 184 件，办理、处理 184 件。

1981—2005 年双滦区人大代表建议、批评意见、议案办理和来信来访情况统计表

表 15-3-1

年份	提出建议批评和意见(件)	答复办理处理建议意见(件)	提出议案(件)	议案处理(件)	来信来访(件)	来信来访理(件)
1981	510	510	0	0	9	9
1982	41	41	1	1	9	9
1983	71	71	3	3	—	—
1984	222	222	8	8	—	—
1985	92	92	3	3	—	—
1986	57	57	2	2	50	50
1987	164	164	4	4	24	24
1988	92	92	2	2	65	65
1989	34	34	6	6	46	46
1990	118	118	4	4	18	18
1991	99	99	7	7	—	—
1992	71	71	2	2	—	—+
1993	60	60	3	3	18	18
1994	29	29	1	1	13	13
1995	24	24	0	0	11	11
1996	20	20	1	1	18	18
1997	25	25	0	0	16	16
1998	47	47	3	3	20	20
1999	33	33	1	1	12	12
2000	30	30	0	0	30	30
2001	30	30	0	0	36	36
2002	31	31	0	0	40	40
2003	84	84	0	0	64	64
2004	43	43	1	1	70	70
2005	57	57	1	1	18	18

附录：

关于对我区教育工作及旅游发展情况的视察报告（节选）

双滦区人大常委会视察组（2000 年 9 月）

2000 年 9 月 4 日至 6 日，双滦区人大组织部分区人大常委会委员和人大代表视察了承德市第三中学、第四中学、双滦区职教中心、双塔山镇中学、三岔口小学、滦河小学，听取了教育局和各校负责同志的工作汇报，重点了解了学校实行素质教育和学生减负之后的教学质量、治理学生辍学、学校收费情况等方面的工作；视察了双塔山森林公园、伟佳索道公司、双塔山自然动物园，重点了解旅游发展方面存在的问题及旅游发展的规划、前景。现将视察情况报告如下：

一 双滦区教育的基本情况

全区现有小学25所，教职工249人，在校学生8090人；中学6所，教职工294人，在校学生4522人。学校强化规范化管理，建立了《教育管理制度》《学生管理制度》《教育教学工作管理制度》《校园管理制度》等7项规章制度；制定了《学校办学水平》《教师工作考核》《学生素质发展》三项评价方案。

视察中看到，办学条件继续得到改善。完成了双塔山小学旧校舍改造，新建成的逸夫实验小学教学楼总面积3400平方米；第三中学的教学实验楼也在谋划之中。中、小学的电化教学设备逐步增添，已有7所中小学建有微机室，第三中学的多媒体教学已经走入课堂。滦河小学“三讲、三不、三要”有很好的推广价值（讲奉献、讲风格、讲大局；不搞有偿家教、不收学生家长礼品、不向学生推销和摊派商品及学习资料；学习负担要减轻、教师讲课要求精、教学质量要提高）。小学、初中入学率达到100%，义务教育巩固率小学是100%，初中是98%。小学升初中取消了考试，教学成绩注重考察全学科合格率。今年中考全区参考人数718人，500分以上考生40人，是近几年被市重点中学一次录取人数最多的一年。今年高考全区考生136人，大中院校录取37人。第三中学考生被大专以上院校录取31人，其中本科录取5人、省部专科录取11人、电大录取6人、承德师专录取9人，是近几年高考成绩最好的一年。

今年初，教育部下发《关于在小学减轻学生过重负担的紧急通知》后，区内各所学校都在采取措施，减轻学生的过重负担，得到社会各界的普遍关注。区教育局组织各校领导开展大讨论，减负不减卷，减负不减质，把提高教育质量工作重点转移到提高课堂教学效率和质量上。一些学校开展各种形式的教研活动，对教师进行培训。提出向课堂45分钟要质量的教学效益观念，注重对学生能力的培养。

存在问题：

1．学生辍学情况严重。全区仅初二、初三两个年级有285名学生辍学。经动员有240名学生同意返校，还有45名仍需动员劝返。今年一些小学毕业学生升初中后未到学校就读，流向不明。主要原因是：①一部分学生家庭困难，负担不起入学的各种费用，只好选择辍学。②一部分学生厌学。有些学校只重视少数优等生的升学。轻视对全体同学的培养，导致有些学生感到对升学无望，逐渐厌学，最终辍学。③一部分家长受“读书无用”论影响，认为读了书也找不到工作，放弃孩子读书学习的机会。

2．我区农村教育附加没有足额征收，有的镇没有做到乡征、县（区）管、乡用。

3．学校周边环境差。有的学校门口挤满了小摊位，垃圾满地，影响卫生、影响学生出入校园，存在安全隐患。

4．双滦区职教中心招生困难。近几年，国内用工单位招用人才，要求学历一般都在大专以上，职业高中毕业生受冷落。今年，双滦职教中心仅招收50名学生。给办学造成较大压力。

几点建议：

1．城建、工商、公安等部门要加强对学校周边环境的治理，解决中、小学校园门前商贩随意摆摊设点，垃圾任意排放问题。

2．教育部门要采取措施，确保中、小学生新生的入学率，激发学生学习兴趣，切实解决学生中存在的一些问题，确保学生完成九年义务教育阶段的学习任务。

3．切实加强对学生的思想品德、纪律、法制教育。采取多种措施对学生进行爱国主义、集体主义、社会主义的教育，帮助他们树立正确的世界观、人生观、价值观。与家长及时沟通情况，确保学校安静、和谐、健康的育人环境。

4. 进一步做好“减负”工作，真正把学生从繁重的课业负担的桎梏中解决出来，向素质教育转变，让学生德、智、体、美、劳全面发展。摆正减负和提高质量的关系，改革陈旧的教学方法，培养学生读书能力，使学生在轻松、愉快的环境下自主学习。

5. 在发展职业技术教育方面，希望职教中心走与高等院校和大型企业、大公司联合办学之路，走出困境。

二 旅游业发展概况

我区现有双塔山森林公园、双塔山自然动物园、700 米空架观光客运索道和客运滑索等旅游项目，并开发了一些旅游产品。旅游产品有真丝挂锦、山庄景点微缩工艺品、刻瓷艺术品、泥塑等。按照区委、政府提出的“旅游牵动、三产突破、多业并举、富民强区”的思路，旅游业应向既符合区情又能与全市接轨的方向发展。

几点建议：

1. 制定双滦区旅游发展的总体规划，统筹兼顾，协调发展。

2. 加强基础设施投入，为旅游业招商引资创造良好的环境。

3. 建立旅游商品的设计、生产的专业技术队伍和相应的民间组织，宣传旅游资源和产品，扩大知名度。

（王乃民根据双滦区档案资料整理）

第四节　人事任免

一 任免范围

区人大常务委员会依法任免干部的范围是：决定副区长、政府办主任、各局局长、各委员会主任的任免；在区长因故不能担任职务时，决定代理区长人选。任免人大办公室主任、副主任，各工作委员会主任、副主任；任免区法院副院长、审判委员会委员、庭长、副庭长、审判员，决定区法院代理院长人选；任免区检察院副检察长、检察委员会委员、正（副）科长、检察员，决定区检察院代理检察长人选，报市检察院和市人大常委会备案。决定撤销副区长和由区人大常务委员会任免的政府其他组成人员的职务；撤销法院副院长、庭长、副庭长、审判委员会委员、审判员及检察院副检察长、检察委员会委员、正（副）科长、检察员的职务。

二 任免人员

1981 年 12 月至 1984 年 1 月，区一届人大按照有关规定，决定代理区长、区法院代理院长、检察院代理检察长和 9 名科局级干部，撤职 1 名局长。补选 2 名承德市人大代表和 8 名区人大代表，依照法律有关规定和法定程序罢免 1 名人大代表资格。1984 年 5 月至 1987 年 2 月，区二届人大按照有关规定任命人大相关人员 2 名、政府相关部门领导 10 名、法院工作人员 5 名、检察院工作人员 12 名。对 5 名政府工作人员免职。补选承德市人大代表 5 名。1987 年 5 月至 1990 年 2 月，区三届人大按照干部四化标准，依据干部的德才，委员采取无记名投票的方式表决，并进行任职后谈话，颁发任命证书。任免国家机关工作人员 36 名。

1990 年 7 月至 1992 年 12 月，区四届人大共任免国家机关工作人员 82 人次。任命前实行法律知识考试制度，不及格者暂缓任命。被任命的干部，年终向常委会作书面述职报告。1993 年 2 月至 1998 年 1 月，区五届人大共任免国家机关工作人员 138 人次。1998 年 2 月至 2003 年 3 月，区六届人大共任免国家机关工作人员 176 人次。其中决定任命代区长、代院长各一名，副区长两名，接受区长、人大副主任、法院院长辞职各一名，副区长辞职两名。

2003 年 3 月至 2005 年 12 月，区七届人大共任免国家机关工作人员 123 人次。

第五节 制度建设

一 建立议事制度

1981年7月10日，双滦区第一届人民代表大会第一次全会通过《承德市双滦区人大常委会人民代表联系选民的暂行办法》和《承德市双滦区人大常委会关于工作范围和工作制度的规定(试行)》。此是区人大常委会设置后建立的第一批工作制度。对人大常委会议召开的时间、工作职责、任免对象及各项工作程序等作出规定。人大会议以"会议纪要"形式发至政府及有关部门，协助政府推动工作。1988年6月，三届人大七次会议制定《双滦区人大常委会主任会议制度》。1994年7月，五届十二次人大常委会通过《双滦区人大常委会议事规则》。先后制定《双滦区人代会议事规则》《人事任免办法》《联系代表办法》《人大常委会联系人员守则》等。1998年2月，六届人大一次会议通过《双滦区人民代表大会议事规则》。2002年6月，六届人大三十三次会议通过《关于提高常委会审议质量，改进会风的若干意见》。

2005年，区人大常委会党组制定《向区委请示报告工作制度》。提出人大的重大活动、重大事项、重要决议、决定都坚持事先向区委请示汇报，实现区委对人大领导方式的制度化。完善《人大常委会议事规则》《人大常委会主任会议议事规则》《代表列席常委会议制度》和《信访接待制度》。

二 建立监督制度

1989年，区人大常委会制定《监督区司法机关执行法律的暂行规定》。1991—1992年，区人大作出"在区政府各部门中推行部门执法责任制的决议"、"评选执法先进集体和模范执法工作者的决定"。1995年，制定《关于加强法律法规实施情况检查监督若干问题的决定》《关于听取和评议国家机关工作人员述职报告办法的决定》。同年11月1日，区五届人大常委会第二十二次会议作出《关于实行错案和执法过错责任制追究的决定》，强化司法、行政执法的内部监督与制约。督促各部门健全执法责任机制、执法运行机制、内部监督制约机制和激励惩治机制等一系列基础工作。1995年，人大常委会作出《关于实行错案和执法过错责任追究制的决定》,制定《关于对实行错案和执法过错责任追究制进行监督的暂行办法》。1996年，区人大建立对法院临案听审制度，对影响重大的案件，人大成员和人大代表到庭旁听，了解掌握其实际审判能力和公诉水平，此项工作得到省人大的肯定，并推广到全省。1997年，制定大案要案汇报制度。2000—2003年，制定《关于个案审理派出听审团和实施个案监督暂行办法》、《关于列席监察委员会会议试行办法》。

2004—2005年，区人大与区委组织部共同制定考核被任命国家机关工作人员等制度和《双滦区人大常委会关于开展述职评议工作的实施办法》。

第四章 政协委员及全体会议

政协委员由某一党派、团体或界别的代表人物构成，具有参政议政能力。1987—2005年，双滦区政协委员产生5届。各届委员遵守和履行人民政协章程，积极履行民主监督、参政议政职能，为双滦区经济与社会发展发挥作用。1993年前，区政协委员每3年换届；1993年后，每5年换届。

第一节 政协委员

一 政协承德市双滦区第一届委员

中国人民政治协商会议承德市双滦区第一届委员会有委员72人，来自全区16个界别。其中，中共党员28人，占委员总数38.8%；妇女委员15人，占委员总数的21%；民主党派4人，占委员总数5.6%；少数民族委员13人，占委员总数18%。大中专以上学历者42人，占委员总数59.7%。

1987年双滦区政协筹委会合影 前排左起区统战部部长张友谊、公安分局政委胡廷、区委书记杨国钧、区委副书记郭恒林、巡视员张书榜、麻纺厂副厂长项显德。后排左起“五四三”副主任王云恩、区工会副主任郝桂成、承钢党委宣传部统战科科长杨荣德、矿机宣传部杨兰华、民进双滦支部副主委张宇良、民革双滦支部主委金戈、区体委主任于树成、区团委副书记薛华、区委组织部部长杨和平（区档案馆提供）

二 政协承德市双滦区第二届委员

二届政协委员比一届界别层面扩大9个单位，农村、乡镇、商业等单位增加了委员人数。

双滦区第二届政协常委合影前排左起张庆余、回玉春、王庆魁、郭恒林、周维福、杨士华、宋玉章 第二排左起屈汕、郭世昌、贾桐林、于树成、吴同顺 第三排左起王云恩、张宇良、白天雄、孙文敏

区政协召开二届委员会有委员87人。其中，中共党员34人，占委员总数39%；妇女委员17人，占委员总数19.5%；少数民族委员16人，占委员总数18.4%。新任委员44人，占委员总数50.6%，委员中大中专以上学历的53人，占委员总数61%。委员分别由中共、民革、民盟、民建、民进、科技、教育、农林、工商等20个界别组成。

三 政协承德市双滦区第三届委员

区政协第三届委员会有委员101人，来自20个界别。其中，中共党员40人，占委员总数39.6%，非中共党员61人，占委员总数60.4%；二届留任委员55人，占委员总数55%；女性委员23人，占委员总数23%，少数民族委员15人，占委员总数14.9%，民主党派5人，占委员总数5%。大中专以上文化程度的65人，占委员总数64.4%。三届政协比二届政协增加了委员人数，增加了经济界别。

政协双滦区第三届会议新当选的政协常委合影

四 政协承德市双滦区第四届委员

区政协第四届委员会有委员110名，来自15个界别。其中，中共党员46人，占委员总数41.8%，非中共党员64人，占委员总数58.2%；三届留任委员42人，占委员总数38.2%，新任委员68人，占委员总数61.8%；女性委员23人，占委员总数21%，少数民族委员28人，占委员总数25.5%，委员中大中专以上学历的73人，占委员总数的66.4%。四届政协比三届适当增加经济界和科技界别的委员人数。

五 政协承德市双滦区第五届委员

政协双滦区第五届委员会有委员117人，共7个界别，其中，中共党员47人，占40%，非中共党员 70 人，占 60%；四届留任委员 31 人，占 26%，新委员 86 人，占 74%；女性委员 28 人，占 24%；少数民族委员 44 人，占 38%，委员中大中专以上学历的 101 人，占委员总数的 86.3%。五届政协适当增加了工商界和教育科技卫生等方面委员的人数，五届委员比四届委员略有增加。

政协承德市双滦区委员会历届委员界别构成统计表

表 15-4-1

届别	委员总数	中共党员	民主党派	民主人士	群团组织	少数民族	文化艺术	民族宗教	三胞眷属	农林水利	工商界	科技	教育体育	医药卫生	经济界	特邀	大中专以上文化
一届	72	11	3	1	3	6	2	1	6	2	3	15	8	6	—	5	42
二届	87	7	4	1	8	2	—	1	4	11	7	14	9	8	—	11	53
三届	101	8	5	—	9	1	—	1	5	5	11	9	9	10	19	9	65
四届	110	10	4	—	7	2	—	2	4	8	16	16	7	7	18	9	73
五届	117	47	7	—	—	44	—	—	—	—	—	—	—	—	—	—	101

第二节　政协承德市双滦区第一届全体会议

一　一次会议

1987 年 4 月 22—24 日，政协双滦区第一届委员会在区政府大会议室召开第一次会议。出席委员 72 人，会议听取并一致同意于树成所作的《关于双滦区政协筹备情况的报告》；讨论审议王庆奎所作的《关于一九八七年开展区人民政协工作的报告》，并通过相应的决议。全体委员听取并讨论政府工作报告和区检察院、区法院（简称两院）工作报告。会议选举产生政协双滦区第一届委员会主席 1 名，副主席 4 名，常务委员 14 名。

1987.4.22—4.24 中国人民政治协商会议双滦区第一届委员会第一次会议（区档案馆提供）

二　二次会议

1988 年 3 月 3—5 日，政协双滦区第一届委员会在区政府会议室召开第二次会议。委员出席 76 人，列席会议 37 人。会议听取并通过区政协常委会工作报告和区政协提案委员会关于提案办理情况报告。听取并讨论区政府工作报告和两院工作报告。作出“关于学习和贯彻中国共产党第十三次全国代表大会精神的决议”。会议经过民主选举增补政协常务委员 1 名，政协委员 4 名。

区政协一届二次会议上代表们鼓掌通过决议（区档案馆提供）

三　三次会议

1989 年 4 月 4—7 日，政协双滦区第一届委员会在区政府会议室召开第三次会议。委员出席 85 人，列席会议 41 人，会议听取并同意区政协常委会的工作报告和政协提案工作委员会关于提案办理情况的报告。会议表彰 1988 年度政协先进工作组和模范委员。列席区人大三届三次会议，听取并讨论政府工作报告和两院工作报告。

第三节　政协承德市双滦区第二届全体会议

一　一次会议

1990 年 3 月 26—29 日，政协双滦区第二届委员会在承德三中会议室召开第一次会议。委员应到 87 人，实到 85 人，缺席 2 人，列席会议 39 人，会议听取并审议政协一届委员会常务委员会所作的工作报告，审议政协提案委员会所作的提案工作办理情况的报告；会议一致通过这两个报告，并做出决议。会议表彰 1989 年度先进政协工作组和模范政协委员。会议听取并讨论政府工作报告和两院工作报告，充分民主协商了区内重大问题。会议通过政协决议和选举办法。会议选举政协双滦区第二届委员会主席 1 名，副主席 4 名，常务委员 14 名。

1990.3.26　中国人民政治协商会议双滦区二届一次会议（区档案馆提供）

双滦区政协第二届一次大会为 1989 年被评出的教育、民族宗教、农业 3 个先进工作组颁发奖状（区档案馆提供）

二　二次会议

1991 年 4 月 2—5 日，政协双滦区第二届委员会在区政府大会议室召开第二次会议。应到委员 87 人，实到 72 人，列席会议 41 人，会议听取并审议区政府常务委员会工作报告和提案办理情况的报告，并通过相关决议。委员列席区四届人大二次会议听取陈树峰区长《关于 1990 年国民经济计划执行情况及 1991 年国民经济和社会发展计划的报告》以及《双滦区国民经济和社会发展 10 年规划和"八五"计划纲要（草案）》，委员表示赞同。会议通过选举增补二届常委 1 名。

三　三次会议

1992 年 2 月 25—28 日，政协双滦区第二届委员会在区政府会议室召开第三次会议。会议应出席委员 87 人，实到 75 人，列席 44 人。会议听取和审议政协双滦区第二届常务委员会工作报告和提案工作委员会关于提案办理情况的报告，委员一致通过两个报告，并作出决议。会议通过政协工作组改为专门委员会，同意提案工作奖励办法。全体委员列席区人大四届三次会议，听取并讨论政府工作报告和两院工作报告，听取并讨论《双滦区 1991 年国民经济和发展计划（草案）的报告》及《1991 年财政决算和 1992 年财政预算报告》。

双滦区政协二届三次全体代表合影

第四节　政协承德市双滦区第三届全体会议

一　一次会议

1993 年 2 月 9—12 日，政协双滦区第三届

政协双滦区 1993.2.9 三届一次会议

委员会在双塔山镇会议室召开第一次会议。委员应出席 101 人，实到 90 人，列席 49 人。会议听取审议二届常委会工作报告和提案委员会关于提案办理情况的报告，会议通过这两个报告并作出决议。全体委员列席区人大五届一次会议，听取并讨论了政府工作报告和两院工作报告。会议选举产生政协双滦区第三届委员会主席 1 人，副主席 3 人，常务委员 12 人。

二 二次会议

1994 年 3 月 8—11 日，政协双滦区第三届委员会在双塔山镇会议室召开第二次会议。委员应到 101 人，实到 92 人，列席 47 人，会议听取审议并通过区政协常委会工作报告和提案工作委员会关于提案办理情况的报告。政协委员列席区人大五届二次会议，听取并讨论政府工作报告和两院工作报告，会议补选区政协常务委员 2 人。

三 三次会议

1995 年 2 月 21—23 日，政协双滦区第三届委员会在双塔山镇会议室召开第三次会议。委员出席 95 人，列席 54 人，会议听取并审议区政协常委会工作报告和提案工作情况报告，会议通过这两个报告，并作出相关决议。政协委员列席区人大五届四次会议，听取并讨论政府工作报告、区国民经济和社会发展计划报告、财政预决算报告和两院工作报告。通过政协双滦区三届三次会议政治决议，经过充分酝酿、协商，会议补选区政协三届委员会常务委员 1 人。

四 四次会议

1996 月 5 月 7 日至 9 日，政协双滦区第三届委员会在双塔山镇会议室召开第四次会议。应到委员 101 人，实到委员 95 人，列席 56 人，会议听取并审议区政协常委会工作报告和提案工作委员会关于提案办理情况的报告，会议通过两个报告并作出决议。会议有 7 名委员就双滦区改革开放、经济建设、社会发展和精神文明等问题作大会发言，会上表彰优秀政协委员 12 人和优秀提案个人 5 人，先进办案单位 2 个。全体委员列席区五届人大五次会议，听取并讨论《双滦区国民经济和社会发展“九五”计划和 2010 年远景目标纲要报告》和其他报告。全体会议补选区政协委员会副主席 1 人，常务委员 3 人。

五 五次会议

1997 年 2 月 25—27 日，政协双滦区第三届委员会在双塔山镇会议室召开第五次会议。应到委员 101 人，实到 96 人，列席 59 人。会议听取审议并通过区政协常委会工作报告和提案办理情况报告。全体委员列席区人大五届六次会议，听取并讨论政府工作报告和其他有关报告。会议审查通过区政协三届五次会议政治决议。会议表彰优秀政协委员 11 人，优秀提案个人 7 人，办理提案先进单位 5 个，办理提案先进个人 1 人。

第五节　政协承德市双滦区第四届全体会议

一 一次会议

1998 年 2 月 16—19 日，政协双滦区第四届委员会在区政府会议室召开第一次会议。委员应到会 110 人，实到 99 人，列席 57 人。会议听取并审议三届政协常委会所作的工作报告和提案委员会所作的提案办理情况的报告。会议通过关于政治协商、民主监督、参政议政的规定和政治决议，通过常务委员会的工作报告和提案工作报告的决议。会议给区政协三届离任委员发致谢信一封。全体委员列席区人大六届一次会议，听取并讨论区政府工作报告和其他几个工作报告。会议通过充分协商讨论，选举产生政协双滦区第四届委员会主席 1 人，副主席 4 人，常务委员 18 人。

1998.03 政协四届一次会议

二 二次会议

1999 年 3 月 7—9 日，政协双滦区第四届委员会在区政府 7 楼会议室召开第二次会议。委员应到会 117 人，实到 96 人，列席 71 人。会议听取并审议区政协常委会工作报告和提案工作报告，大会通过两个报告并作出决议。全体委员列席区人大六届二次会议，听取政府工作报告和其他几个报告。大会通过政治决议，表彰优秀政协委员 9 人，优秀提案 5 个，承办提案先进单位 4 个，承办提案先进个人 1 人。

三 三次会议

2000 年 3 月 7—8 日，政协双滦区第四届委员会在区政府 7 楼大会议室召开第三次会议。委员出席 106 人，列席 71 人。会议听取并审议区政协常委会工作报告和提案工作情况报告。全体委员列席区人大六届三次会议，听取并讨论区政府工作报告和其他几个报告。审议通过区政协四届三次会议决议和提案审查情况报告。通过四届三次会议政治决议。会议表彰 1999 年度优秀提案和先进办案单位。

四 四次会议

2001 年 2 月 21—22 日，政协双滦区第四届委员会在政府 7 楼会议室召开第四次会议。委员应出席 117 人，实到 108 人，列席会议 66 人。听取并审议政协双滦区第四届委员会常务委员会工作报告和提案委员会关于提案工作情况的报告，通过相关决议。列席区人大六届四次会议，听取并讨论《双滦区国民经济和社会发展“十五”计划纲要的报告》和其他几个报告。会议通过政治决议，表彰 2000 年度优秀政协委员，优秀提案和办理提案先进单位。会议同意 1 名政协副主席辞去职务，通过酝酿讨论选举区政协副主席 1 名。

五 五次会议

2002 年 3 月 11—12 日，政协双滦区第四届委员会在区政府 7 楼会议室召开第五次会议。委员出席 117 人，列席 66 人。会议期间委员们审议通过区政协常委会工作报告和提案工作情况的报告；列席区人大六届五次会议，听取并讨论政府工作报告和其他几个相关报告。表彰 2001 年度优秀政协委员，优秀提案先进办案单位。通过四届五次会议政治决议。

第六节　政协承德市双滦区第五届全体会议

一 一次会议

2003 年 4 月 5—4 月 8 日，政协双滦区第五届委员会在区政府 7 楼会议室召开第一次会议。委员应出席 117 人，实出席 106 人，列席 66 人。会议认真听取并审议通过政协双滦区第四届委员会常务委员会工作报告和政协第四届委员会提案委员会关于提案办理情况的报告。全体委员列席区人大七届一次会议，听取并讨论政府工作报告和其他相关报告。会议按照政协章程规定在充分酝酿和协商的基础上，选举产生政协双滦区第五届委员会主席 1 人，副主席 3 人，常务委员 21 人。会议通过区政协五届一次会议政治决议。

政协双滦区第五届委员会第一次会议主席台

二 二次会议

2004年3月8—10日，政协双滦区第五届委员会在区政府7楼会议室召开第二次会议。应到委员117人，实到113人，列席68人。会议听取并审议通过区政协常务委员会工作报告和提案委员会提案工作情况的报告。政协委员列席区人大七届二次会议，听取并讨论政府工作报告和其他相关报告。委员审议通过区政协五届二次会议政治决议，表彰2003年度优秀提案和办理提案先进单位。

三 三次会议

2005年3月10—12日，政协双滦区第五届委员会在区政府7楼会议室召开第三次会议。委员应到会119人，实到114人，列席64人。会议审议通过区政协常委会的工作报告和提案工作报告。列席区人大七届三次会议，听取并讨论政府工作报告和其他相关报告。会议通过政协双滦区五届三次会议政治决议；表彰2004年度提案办理先进单位，优秀提案工作先进个人；选举产生区政协五届委员会副主席1人。

第五章　政协常务委员会

双滦区政协常务委员会由区政协全体会议选举产生，是政协委员会的常设机构，主持政协日常工作，召集并主持政协委员会全体会议。1987—2005年，共选举产生5届双滦区政协常务委员会。1987年4月，政协双滦区第一届委员会成立，内设办公室。1991年6月后，建立各乡镇、较大企业联络组。1992年，内设办公室、委组办公室。2003年5月，区政协五届委员会内设提案委员会、财政经济委员会、社会和法制委员会、教科文卫委员会、人口资源委员会、民族宗教（港澳台侨）委员会和文史资料委员会。

第一节　机　　构

一 领导机构

区政协委员会由政协主席、副主席、常务委员组成。其候选人由参加政协委员会的各党派、团体各民族和各界人士协商提名，经政协全体会议选举产生。政协常委会是政协委员会的常设机关，主持政协日常工作，召集并主持政协委员会全体会议。

政协双滦区第一届至第五届常务委员会中，非中共党员所占比例分别为64.7%、68.4%、66.1%、65.2%、60.9%，大中专以上学历的所占比例分别为47%、68.4%、71.2%、74%、69.6%，常委会成员平均年龄分别为52.3岁、51.1岁、50.6岁、46.4岁、44岁。

1987—2005年双滦区历届政协主席副主席名表

表15-5-1

届别	姓名	职务	民族	任职时间	籍贯
一届 1987年4月至1990年3月	郭恒林	主　席	汉	1987.4—1990.3	承德市双桥区
	王庆奎	副主席	汉	1987.4—1990.3	承德市双桥区
	张书榜	副主席	汉	1987.4—1990.3	河北省定州市
	于树成	副主席	汉	1987.4—1990.3	天津市蓟县
	陈培坚	副主席	汉	1987.4—1990.3	云南省昆明市

续表 15-5-1

届别	姓 名	职 务	民 族	任 职 时 间	籍 贯
二届 1990年3月至1993年2月	郭恒林	主 席	汉	1990.3—1993.2	承德市双桥区
	王庆奎	副主席	汉	1990.3—1993.2	承德市双桥区
	张庆余	副主席	汉	1990.3—1993.2	天津市蓟县
	于树成	副主席	汉	1990.3—1993.2	天津市蓟县
	吴同顺	副主席	汉	1990.3—1993.2	河北省定州市
三届 1993年2月至1998年2月	徐炳勋	主 席	汉	1993.2—1998.2	北京市门头沟区
	张庆余	副主席	汉	1993.2—1998.2	天津市蓟县
	于树成	副主席	汉	1993.2—1998.1	天津市蓟县
	吴同顺	副主席	汉	1993.2—1998.2	河北省定州市
	佟殿祥	副主席	汉	1993.2—1998.2	河北省承德县
	陈 银	副主席	汉	1996.5—1998.2	河北省滦平县
四届 1998年2月至2003年4月	徐炳勋	主 席	汉	1998.2—2003.4	北京市门头沟区
	张庆余	副主席	汉	1998.2—2003.4	天津市蓟县
	吴同顺	副主席	汉	1998.2—2003.4	河北省定州市
	陈 银	副主席	汉	1998.2—2003.4	河北省滦平县
	王悦庭	副主席	汉	1998.2—2003.4	承德市双滦区
	李瑞霞	副主席	满	2000.3—2003.4	河北省滦平县
五届 2003年4月至2005年12月	李长银	主 席	汉	2003.4—2005.12	承德市双滦区
	李 国	副主席	汉	2003.4—2005.12	河北省承德县
	李瑞霞	副主席	满	2003.4—2005.12	河北省滦平县
	于洪江	副主席	满	2003.4—2005.12	承德市双滦区
	张树国	副主席	蒙古	2005.7—2005.12	河北省围场县

二 工作机构

1987年7月23日，区政协一届一次常委会协商决定，成立6个工作组、4个委员会，即科技工作组、工业工作组、教育工作组、卫生工作组、农业工作组、民族宗教工作组；文史资料委员会、学习委员会、祖国统一委员会、提案工作委员会。

1988年6月20日，区政协一届六次常委会决定，在6个工作组基础上再增设5个工作组，即科技工作组、工业工作组、教育工作一组、教育工作二组、卫生工作组、农业工作组、林果工作组、工商财贸工作组、法律服务工作组、民族宗教工作组、党群工作组。

1991年6月，政协为加强同各乡镇、驻区各大厂矿政协委员的联系，及时收集各位委员的意见和建议，成立大庙镇联络组、双塔山镇联络组、滦河镇联络组、偏桥子乡联络组、承钢联络组、滦河发电厂联络组、输送机总厂联络组、丝绸厂联络组。

1992年2月13日，区政协二届十五次常委会决定设置机构有经济工作委员会、科教文卫委员会、社会法制委员会、提案委员会、文史资料委员会、祖国统一委员会、学习委员会。

1996年5月30日，区政协常委会根据人员变动和实际工作需要，调整政协各个工作委员会的组成人员。机构设置有经济委员会、科教文卫委员会、提案委员会、文史资料委员会、祖国统一委员会、社会法制委员会、学习委员会。

2003年5月16日，政协五届常委会一次会议，结合区政协工作实际，决定区政协五届委员会专门委员会的组成人员，设7个委员会，即提案委员会、财政经济委员会、社会和法制委员会、教科文卫委员会、人口资源环境委员会、民族宗教（港澳台侨）委员会、文史资料委员会。

第二节　政协常委会议

区政协常务委员会由政协主席、副主席、秘书长和常务委员组成，常委会主持政协委员会会务。1987—2005年，共召开常委会议91次。

一 第一届政协常委会

区政协第一届委员会（1987年4月至1990年3月）共召开常委会议19次。

1987年7月24日，第一次常委会主要内容：确定政协主席、副主席、常务委员分工；决定成立政协4个委员会，6个工作组；制定机关工作制度；决定区政协工作机构设置和任命办公室成员；规定每月一次主席办公会。每季一次常委会，每年一次全委会。1987年11月7日，第二次常委会会议议题主要有：为部分区、镇、村办铸造企业进行咨询；学习中共十三大有关文件；汇报提案办理情况；部署第四季度工作。第七次常委会议中心议题是：学习山东在商品经济大合唱中，发挥政协作用，为双滦区经济发展引进资金、引进项目、引进人才和技术，由各位常委、各工作组正副组长发言提出想法和建议。

1989年9月22日，第十五次常委（扩大）会议，主要听取双滦公安分局《关于双滦区当前社会治安情况的通报》，听取提案委员会《关于提案办理情况的报告》，会议还通过区政协常务委员会工作规划和各委员会工作简则等。1989年10月9日，第十六次常委会学习贯彻中共中央总书记江泽民同志在庆祝中华人民共和国成立四十周年大会上的讲话，常委们进行热烈讨论。会议还通过了人事任免事项。

1990年3月19日，第十九次常委会协商决定召开政协双滦区第二届委员会第一次会议有关事宜，确定第二届委员会由87名委员组成。

二 第二届政协常委会

区政协第二届委员会（1990年3月至1993年2月）共召开常委会议21次。

1990年11月27日，第五次常委会主要议题：贯彻区委、区政府关于组织经济建设“大合唱”，打好工业生产总体战的部署；发挥政协人才库和联系面广的优势；干好本职工作，多方联系引进资金、引进技术、传递信息、推销产品；为双滦经济发展提出一些意见和建议。

1991年6月5日，第十次常委会，决定加强区政协与各乡镇、各大厂矿政协委员联系，及时收集各位委员的意见和建议，发挥政协委员在两个文明建设中的作用，在各乡镇、大厂矿设立政协联络组。

1992年4月15日，第十七次常委会主要议题：深入学习邓小平视察深圳、珠海等地讲话精神；区政协工作安排。

1993年1月12日，第二十一次常委会主要议题：通过二届常委会工作报告和二届全会以来提案办理情况报告；通报政协换届准备情况；决定区政协三届一次全委会召开日期和会议主要议程。

三 第三届政协常委会

区政协第三届委员会（1993年2月至1998年2月）共召开常委会议20次。

1993年4月16日，第一次常委会通过区政协1993年工作要点：加强学习指导、提高委员的整体素质；认真履行职能，开展有效的协商监督活动；充分发挥政协人才智力优势，为双滦区经济再上新台阶献计出力；加速文史资料的征集与复审工作，为出版《双滦区文史资料》第一辑做好准备；加强机关自身建设，开创政协工作新局面。决定任职事项。

1994年3月1日，第五次常委会决定区政协三届二次会议召开时间；通过三届二次会议议程和日程；通过区政协三届委员会常务委员会工作报告；协商增补常务委员和委员名单提交大会选举。1994年4月15日，第六次常委会听取讨论1994年工作要点，区政协主席徐炳勋对区政协1994年工作提出具体要求。常委学习政协全国八届二次全委会通过的新章程。1994年8月18日，第七次常委会议中心议题是：总结区政协1994年上半年工作；传达柳宝全市长在抗洪救灾会议上的讲话；请区政府领导通报抗洪救灾情况。1994年12月17日，第八次常委会议，学习李瑞环在全国政协提案工作会议上的讲话和其他领导讲话;同时结合区政协提案工作找差距，提出改进区政协提案工作意见；讨论1994年区政协工作总结(初稿),常委提出改进和补充意见。

1995年5月9日，第十次常委会会议主要议题：学习全国政协八届三次会议文件；重点讨论和通过1995年政协工作计划和工作安排；增补委员，通过人事任免；讨论通过政协优秀提案标准和政协优秀提案承办单位标准。1995年11月21日，第十二次常委会传达学习中共十四届五中全会精神，讨论了双滦区“九五”计划和2010年远景目标（草案）。

1996年4月19日，第十三次常务委员会研究决定区政协三届四次会议召开时间、会议的主要议程及其他事项。

1997年6月2日,第十八次常务委员会决定，1997年6月10日召开“迎回归,话统一”座谈会，参加人员有政协常委、各民主党派代表、三胞眷属代表及其他各界人士。

1998年2月5日，第二十次常委会通过：区政协四届委员会委员名单；四届一次会议召开时间，大会秘书处负责筹备会议及其他组织工作等具体事项。

四 第四届政协常委会

区政协第四届委员会（1998年2月至2003年4月）共召开常委会议20次。

1998年4月9日，第一次常委会议学习传达全国、省、市政协工作会议精神；通过主席分工和政协委组设置；讨论通过1998年政协工作要点；决定其他事项。1998年7月30日，第二次常委会听取区政府上半年经济工作情况的报告。学习吕传赞在省政协八届二次常委会上的讲话。传达中共承德市委关于《市政协各委办局和县区政协领导班子1998年度考核目标》的通知精神和其他事项。

1999年7月20日，第六次常委会听取区政府关于全区上半年经济运行情况的报告；传达河北省政协会议精神；讨论区政协关于全区农业科技推广情况的视察报告和人事变动事宜。

2000年12月29日，第十二次会议决定2001年2月21日召开区政协第四届委员会第四次全体会议，确定会议议程和其他事项。决定增补区政协四届委员会委员3人。

五 第五届政协常委会议

区政协第五届委员会（2003年4月至2005年12月）共召开会议11次。

2003年5月16日，第一次常委会议通报区政协关于主席、副主席工作分工情况。讨论通过区政协设立专门委员会及各专门委员会主任、副主任和委员名单；讨论《政协双滦区委员会常务委员会工作细则》《政协双滦区2003年工作要点》；讨论决定2003年政协委员调研、视察的主要内容；会议对政协常委会委员进行了政协工作基本知识和提案办理有关知识培训。2003年10月17日，第二次常委会听取并通过政协委员调研组《对农村税费改革情况的调研报告》《关于区政法系统干警队伍建设情况的视察报告》。会议讨论通过增补1名政协委员。2003年12月30日，第三次常委会听取并审议五届政协《2003年工作总结和2004年工作要点的报告（草案）》《政协五届一次会议政协委员提案办理情况》的报告（草案）。讨论通过《对提案办理先进单位和优秀提案实施表彰的决定》。

2004年11月30日，第七次常委会听取区政协主席李长银传达市政协工作会议精神，听取政协提案委员会《关于2004年提案工作督察情况的报告》,听取政协办公室《关于双滦区“南菜”工程建设情况的报告》。

2005年9月14日，第十一次常委会议讨论区政协《关于双滦区构建和谐社区情况的调研报告》《区政协关于农业产业化发展情况的调研报告》，会议协商讨论通过增补6名同志为区政协委员，同时因工作调整在征求个人意见后，免去4名同志的区政协委员资格。常委会建议免去1名同志区政协五届委员会常务委员职务，报区委批准。

第三节　主席会议

政协委员会主席、副主席、秘书长组成主席会议，处理常务委员会的日常工作。

一 第一届政协主席会议

1987年9月15日，区政协主席会议决定召开政协第二次常委（扩大）会议，决定视察区属、乡镇、村办铸造企业，并讨论深化经济体制改革等问题。1988年2月9日，区政协主席会议贯彻中共双滦区委一届三次全委会精神，区政协常委就当前形势、经济工作任务、深化改革和其他方面的问题发言。1988年9月8日，区政协主席会议贯彻省委召开的“学山东开展商品经济大合唱”广播会议精神，结合双滦区实际，提出具体建议和措施。1989年12月4日，区政协主席会议研究总结区政协成立3年来的工作，评选1989年度区政协先进工作组，模范政协委员等工作。1990年2月15日，区政协主席会议学习《中共中央关于坚持和完善中国共产党领导的多党合作和政治协商制度的意见》；总结一届常委会工作及其他事项。

二 第二届政协主席会议

1991年1月15日，区政协主席会议安排视察区内春节物资供应情况。1991年8月28日，区政协主席会议要求区政协各工作组在1991年下半年开展各项活动，组织1～2次调查或视察，写出报告。各组自行安排好学习，将学习活动情况报区政协。1991年8月23日，区政协主席会议研究如何发挥政协人才库的优势，帮助区内18个无企业的村联系项目资金、找门路办企业。1992年5月20日，区政协主席会议听取刘学军区长通报双滦区经济建设情况，讨论经济发展、教育及捐资助教等问题。1992年10月19日，区政协主席会议号召全体政协委员认真学习中共十四大的各项文件，将学习情况报区政协。

三 第三届政协主席会议

1993年3月23日，区政协主席会议确定政协主席、副主席分工。1993年6月1日，区政协主席会议学习市政协转发的《省政协关于维护社会稳定的几点意见》，并就如何贯彻省政协意见制定工作计划和措施。1993年8月18日，区政协主席会议决定，在各乡镇开展一次村办、私营和个体企业调查，了解《中共双滦区委、双滦区人民政府关于鼓励发展个体、私营经济的若干规定》的落实情况。调查企业现状及存在困难和需要解决的问题。1994年8月18日，区政协主席会议，总结区政协1994年上半年工作。1995年8月9日，区政协主席会议决定召开纪念抗日战争胜利五十周年各界人士座谈会。1996年12月28日，区政协主席会暂定区政协三届五次会议于2月25—27日召开，为发挥委员参政议政作用，提高全会质量，通知委员结合实际写出有分量、有价值的提案。1997年1月14日，区政协主席会议确定区政协三届五次会议秘书处组织设置及工作职责。1997年2月16日，区政协主席会议研究并报区委批准，确定区政协三届五次会议召开时间和会议主要内容。1997年6月2日，区政协主席会议决定召开由政协常委和各民主党派、三胞眷属代表及其他各界人士代表参加的“迎回归，话统一”座谈会。

四 第四届政协主席会议

1998年2月26日，区政协主席会议研究决定区政协主席、副主席分工，按分工联系工作。1998年2月27日，区政协主席会议研究决定政协双滦区第四届委员会各个工作委员会的设置和组成人员。学习委员会主任徐炳勋，经济委员会主任张庆余，提案委员会主任王悦庭，教科文卫委员会主任张庆余，文史资料委员会主任王悦庭，祖国统一委员会主任王悦庭，社会法制委员会主任张庆余。1999年6月，政协主席会议决定：由区政协主席徐炳勋、副主席王悦庭、副区长李成彦带领部分政协委员会同政府办、农牧局、科技局及偏桥子镇、滦河镇有关领导视察全区农业科技推广情况。2000年3月13日，区政协主席会议通过区政协2000年工作重点，深入学习邓小平理论和政协统战理论；开展好调研视察活动；做好提案工作；围绕团结、民主两大主题，调动各方面积极性，为两个文明建设做贡献；加强政协机关自身建设。2001年4月24日，区政协主席会议决定，按照市政协统一安排，区政协在5月上旬视察和评议全区有关职能部门治理经济发展环境情况。

五 第五届政协主席会议

2003年4月28日，区政协主席会议由主席李长银主持，讨论决定主席、副主席分工；讨论政协各专门委员会主任、副主任委员名单；讨论《政协双滦区委员会常务委员会工作规则》；确定政协承德市双滦区委员会2003年工作要点；确定在5月上旬召开五届政协常委会第一次会议及主要议程；根据当前防治“非典”工作需要，为有力配合区委、区政府工作，会议决定以政协双滦区委员会名义致全区政协委员的一封信。信中要求全体委员在区委、区政府领导下，发挥优势、恪尽职守，带头参加防治“非典”各项活动，为打赢这场特殊的战争贡献力量。2003年9月1日，区政协主席会议研究决定从9月9日开始，组织部分政协委员调研双滦区农村税费改革情况，主要内容包括上级有关农村税费改革政策落实情况；农村税费改革后，农民减负情况；清理涉农收费项目情况。2005年8月1日，区政协主席会议决定组织部分政协委员于8月中旬，在区内开展以构建和谐社区为主要内容的专题调查研究。

第六章　政协主要工作

区政协成立以来，依照协商在决策之前和决策执行过程中的要求，对事关全区社会两个文明建设、民主法制建设和改革开放中的重大方针政策及重要部署、政府工作报告、国民经济与社会发展计划及规划、财政预算、社会生活各个方面重大事项、重要人事安排、人民群众关心的重大问题等，认真参与协商和讨论。区政协通过重点研讨、专题调研、主席建议案等渠道为区内的发展出谋划策，在经济建设、改革开放和精神文明等领域参政议政。政协提案是政协委员向政协全体委员会议或常务委员会提出的，经过区政协提案委员会立案，上交有关单位办理的书面意见和建议。区政协坚持围绕中共双滦区委、区人民政府的大政方针、重要事项，以及群众生活、爱国统一战线内部至关重要的问题开展各项工作，发挥政协组织作用。

第一节　政治协商

一 重大决策协商

政治协商的主要形式是重大决策协商，主要通过政协全体会议以及通过主席、副主席、列席区委常委会和区政府常务委员会的形式参与协商；其次是通过邀请区委、区人大、区政府主要领导参加区政协常委会议，通报有关情况进行协商专门协商、对口协商。

区政协成立后，每年召开一次全体会议，每次会议听取和讨论区政府工作报告及其他有关报告，均为主要议程。会议期间对报告提出的指导思想和工作任务以及全区经济发展的大政方针，进行协商讨论。提出了许多有价值和可行性较强的意见和建议。1995 年 11 月 21 日，区政协常委会听取讨论双滦区“九五”计划和 2010 年远景目标（草案），常委们认为计划和目标很详细具体、目标宏伟、对策和措施有力，切合实际、有较强的操作性，并提出协商建议：要注意农业投入和工业投入的比例关系；重视投入和产出的比例关系；重视物质文明和精神文明的关系等。

一至五届区政协坚持政协主席列席区委常委会议和政府常务会议制度，使政协及时了解区委、区政府的工作重点。同时，区委、区政府在每次重大决策出台前都以书面形式印发草案，征求这些意见。区政协有效的履行政治协商职能，发挥人民政协抓大事、议大事，帮助区委、区政府科学决策的参谋作用。

二 专题决策协商

1990 年，区属工业企业经济效益大幅度降低，亏损严重。政协委员指出，企业经济效益下降不单单是市场疲软造成，应当从主观上找原因，同样的经济环境，为什么乡镇企业发展很快，区属企业上不去。区政协根据政协委员提出的意见，向政府和企业主管部门提出协商意见，重点是加强企业管理，落实经济责任制，调动企业干部和职工积极性，选好企业厂长等措施，以改善企业经营状况。1991 年，区政协参与区委、区政府关于十年规划和“八五”计划的协商讨论，讨论稿提前发到区政协常委和各民主党派负责人手里。协商讨论时，政协常委和各方面人士作充分准备，提出的意见和建议得到区委、区政府的重视，部分意见和建议被采纳。1992 年，区政协积极与有关单位协商维修清真寺，使多年失修的滦河清真寺得到修复。1997 年 3 月，区政协三届四次全会，政协委员认真协商讨论《双滦区国民经济和社会发展“九五”计划和 2010 年远景目标纲要》的报告，为双滦区如何加快经济和各项事业的发展，提出中肯的意见和建议。1999 年，区政协专项调查全区民族、宗教管理情况，向区委呈报“认真贯彻落实党的民族宗教政策，关心民族宗教界群众生活和注重发挥民族宗教界人士作用”的协商建议，促进了党的民族宗教政策在区内落实。2004 年，区政协五届二次会议确定政协委员提出的 5 个重点提案是：“加强牤牛河综合治理”、“定期公布享受低保人员名单，接受群众监督”、“应加强对待业青年就业培训”、“修缮滦河清真寺危房”、“解决街道社区办公用房问题”。区政协将提案呈送区政府协商办理，区政府实行副区长分管责任制，重点提案得到有效解决。

第二节　民主监督

区政协组织委员视察工业、农业、城市建设、文化教育、卫生防疫、社会保障、政法机关、街道社区等行业和单位，通过视察、检查、评议对有关单位实施民主监督，向区委、区政府提出许多切实可行的意见和建议，收到较好的经济和社会效益。

一 视察

工业 1987 年 7 月，区政协主要领导和部分委员视察区内铸造企业。政协委员就如何提高铸造企业的技术和装备水平，提出很多好的建议和意见。区政协邀请驻区政协委员和大厂矿的铸造业专家为二轻制品总厂铸造车间、滦河镇铸造厂、东园子铸造厂、双塔山镇铸造厂和白庙子村铸造厂“会诊”，从技术、设备、原材料来源等方面提供咨询，帮助企业解决生产技术方面的问题，还就试验矾钛球项目同有关企业进行磋商。1990 年 9 月，区政协组织部分委员到大庙陶瓷厂视察生产经营情况，召开大庙陶瓷厂上新项目集资座谈会，参加承德市主管部门召开的陶瓷厂釉面砖项目鉴定会，提出多项建议和意见。

农业 1993 年 7 月，区政协经济委员会部分委员视察偏桥子乡大棚蔬菜生产情况，分析大棚生产蔬菜的有利条件，并向区政府、偏桥子乡提出建议：要向抓乡镇企业那样，在短时间内抓好 2 ~ 3 年的大棚建设规划，尽快落实农业资金和农民迫切要求解决的问题；组织人力在自愿的基础上帮助部分土地过于分散的农民适当调整土地，使每户大棚菜地均能达到适当的规模；组织有关部门迅速落实产前、产中、产后三服务。1995 年 10 月 9—12 日，区政协组织部分政协委员视察区内农业“四个基地”，委员们分别听取 4 个乡镇有关基地建设情况的汇报，并到基地现场视察、座谈了解情况。视察中委员们看到 4 个基地都有很大发展，林果基地 1.5 万亩；蔬菜基地日光温室 1500 亩，山地时差菜 1403 亩，陆地园田蔬菜 3000 亩；养殖基地已发展各类养殖大户 326 户。委员们肯定取得的成绩也提出发展的意见和建议。在红果和山杏方面，要加强管理，增加品种和投入；加强技术指导，注重当前和长远利益密切结合；养殖业要总结典型经验，提高宣传力度，搞好社会服务；蔬菜要挖掘潜力向高产值、多品种方向发展，逐步扩大生产规模。1999 年 7 月，区政协主要领导带领部分政协委员视察全区农业科技推广情况，视察采取“一看二听三座谈四总结”的方法。通过视察，委员们认为双滦区坚持实施“科技兴农”的战略，在农业科技推广方面取得一些成绩。基本实现农业增产、农民增收、振兴农村经济的目标。视察后提出建议：抓好农业科技推广基地建设，形成比较集中又各具特色的产品经济带，达到规模化生产和经营的目标；政府要加大资金投入力度，搞好农业科技队伍培训，树立科技典型，做好示范引路工作；成立市场预测组织，科学分析和预测市场。2004 年 6 月，区政协组织部分委员和有关部门视察区畜牧业发展情况，畜牧业在区内形成小规模、大群体养殖模式，农民取得了效益。政协委员又详细地分析发展养殖业的有利条件和存在的问题，提出对策和建议。视察报告引起区委、区政府高度重视，作出重要批示，采取措施和落实相关政策，解决存在的问题。2004 年 11 月，区政协组织部分委员和有关部门视察偏桥子镇为主的南部蔬菜发展情况，实地入户调查老沟门、大贵口、偏桥子等 5 个村，了解实施“南菜工程”取得的显著效果。偏桥子、双塔山 2 个镇 20 个村近 4000 家农户，全年产销蔬菜 4 万余吨，产值 3000 万余元，户均 7000 多元。调研后，区政协把“南菜工程”建设中存在的调地、供水、用电、市场销售、平抑菜价等方面的问题，向区政府提出建议，引起有关部门的重视。

水利 2000 年 5 月 25 日，区政协主要领导带领部分政协委员视察滦河镇西南营村南沟百亩菜园节水灌溉工程、大庙镇科技示范园建设情况和陈营子村扬水上山工程。区林水局汇报全区水利建设情况，委员们分别同镇村领导和群众进行座谈，委员们提出建议：重视水利工程建设；增加投入，区、镇财政要支持；林水局加大全民兴修水利的宣传力度；建议成立水务局，实现对水资源的统一管理；每百亩稻田打一眼机井，保证水稻丰收。

城市建设 2004 年 6 月 22 日，区政协主席和部分常委同驻区的市政协委员们举行座谈会，并视察双滦区城市建设情况。区政府马浩然副区长向各位委员们介绍双滦区近两年城市建设情况及 2004 年谋划建设 10 项重点工程情况。委员们看到，近两年双滦区城市建设发生根本变化，完成的主要工程有滦广一级公路；实验中学一期工程；御祥园和新新家园等住宅小区；区财政、交通、林水、交警、土地、城建、广播、经贸、教育局等单位新建办公住宅综合楼；城区集中供热、双塔山民族广场等项目。2004 年，谋划以 10 个重点工程为主的 30 余项承建工程，预计投资 10 亿元。委员们对双滦变化和近两年城市建设方面工作十分满意，认为应乘势而上谋求更快全面协调发展，把双滦建设更美好。同时，对城市建设中存在的一些问题，提出要加强规划，按规划开发建设；加大引资力度，利用好国内外资金；加强城市街道和餐饮业的管理，注意解决脏、乱、差问题等十几条意见和建议。

文化教育　1996 年 6 月 11—12 日，区政协领导带领科教文卫委员会的委员视察双滦区普及九年义务教育（简称普九）工作，委员们听取区教育局、各镇主抓教育的副镇长和中心校长的汇报，视察大庙镇北梁村、偏桥子镇中学及老沟门村。委员们认为区委、区政府高度重视“普九”工作，取得了阶段性成果，但还面临一些实际困难。委员们建议：进一步加强领导，统筹安排提供必要条件，制定具体措施，调动社会力量办学积极性；加大“普九”工作宣传力度；建立一整套激励约束机制,保障“普九”工作落实到实处。1999 年，政协科教文卫委员会到大庙镇上碾子村、偏桥子镇三家村、滦河镇东园子村 3 所小学视察，委员们对解决山区教育经费短缺、办学存在困难的实际问题提出具体建议，得到区政府和有关部门重视。

社会保障　1998 年 11 月 3—10 日，区政协主要领导组织部分委员会同区总工会、劳动人事局、企业管理局、区再就业办公室等单位视察区属企业，听取下岗职工的意见，了解企业职工下岗的基本情况，分析下岗再就业存在的问题和原因，提出意见和建议：加强宣传教育转变下岗职工择业观念；全社会关心再就业，全方位拓展再就业门路；把发展个体和私营经济作为解决再就业的重要途径；加强企业待就业服务中心的管理；为下岗职工再就业提供优惠政策；政府推动，社会各界齐抓共管。2004 年 4 月至 5 月初，区政协组织部分政协委员会同工商管理部门的同志，视察区农村消费者投诉站建立后的作用和农村消费投诉侵权案件处理难的问题。通过入村访户调研，近 60% 的村建立投诉站，取得一定的效果。但还存在宣传力度低、必要投入少、工作人员职责不清楚等问题，投诉站需要加大建设力度。区政协把调研结果和提出解决问题的建议向区政府作了报告，政府召开专门会议，采取措施加以解决。

政法　2002 年 5 月中旬，区政协组织部分政协委员视察区法院、基层法庭和公安分局派出所的建设情况。视察目的是学习总结法院和公安分局在基层庭、所建设的做法和经验，并提出建议和意见。视察内容包括：基层法庭、派出所硬件建设情况；基层干警作风和以德治警情况；基层法院、派出所严格执法、秉公执法情况。委员们视察基层庭所 5 个，召开座谈会 7 次，了解基层法庭和派出所的建设情况和精神风貌，交换意见和看法，提出建议：基层法庭、派出所加强爱岗敬业教育是非常必要的，同时要进一步改善基层干警的工作生活条件；民事案件与经济案件并重，不能重经济案件，轻民事案件；法院司法救助工作很有成效，要进一步加强救助弱势群体，让有理没钱的群众打得起官司；基层派出所干警不足，特别是大庙派出所只有 3 人，人少影响工作；基层派出所经费紧张应引起重视。2004 年 9 月，五届政协组织部分政协委员由政协主席带队，历时 9 天，视察区法院、区检察院、双滦公安分局、钢城公安分局干警队伍警风警纪情况，有关“禁令”执行情况。通过视察，政协委员对干警队伍存在的问题提出意见和整改建议。这些意见和建议，得到区委、区政府主要领导的重视，并做出批示，要求部门尽快制定整改措施，树立政法干警新形象。政协视察报告引起区政法部门的重视，在较短时间内研究制定出整改办法，并向社会公开，接受群众监督。

街道社区　1990 年 3 月 20—21 日，区政协领导和有关委员视察滦河镇、双塔山镇所属街道工作，向承德市政协呈上视察报告。报告分析两镇街道工作的基本情况和存在的问题，提出建议：区镇两级领导要重视街道工作，加强街道工作的领导力量；为街办企业创造适于发展的客观环境；适当提高街道居委会干部补贴金额。2005年8月15—30日，区政协组织部分政协委员就构建和谐社区工作，到滦河、双塔山两个街道的部分社区和部分居民群众中，通过调查和视察，召开街道和居委会负责人座谈会，听取街道办事处和社区居委会以及区属有关部门关于社区建设的情况汇报，广泛征求多方意见，向区委、区政府呈上《政协双滦区委员会关于双滦区构建和谐社区情况的调查报告》。调查报告分析双滦区构建和谐社区的基本情况，取得成绩的主要做法和特点，指出存在的问题。报告提出构建和谐社区要科学规划，加大社区基础设施建设力度；明确职能，完善社区工作体制；规范物业管理，为构建和谐社区提供优美的人居环境；多渠道筹集资金，促进社区投入机制；加快村改居进程，健全以地域划分为主的新型社区；加强社区治安防范体系建设，为构建和谐社区创造安全稳定的环境。

二 检查

卫生防疫 1991年11月20—24日，区政协卫生工作组检查村级卫生组织建设情况，发现农村卫生医疗建设中存在的问题严重，向区委、区政府及有关部门提出加强村级卫生组织建设的建议。1995年6月27—28日，区政协领导带领部分委员会同区爱委会、环保局、公路站、滦河镇、双塔山镇的有关领导检查101国道从滦河大桥至果山公路路面和公路边沟问题；双塔山镇应营子村苗圃家属院的公共厕所和家属院养鸡卫生问题；牤牛河河道垃圾问题；公路两侧的建设垃圾和生活垃圾问题。在实地检查后，协调有关单位，当场解决问题。2003年6月初，区政协组织部分政协委员视察全区环境整治情况，关注健康"爱国卫生月"活动情况，并检查4个镇2个街道办事处卫生。委员们认为各镇、街道以防治"非典"为契机，以改善卫生环境提高生活质量为宗旨，做了大量工作并取得明显效果。对存在问题，委员们提出：建立领导负责制度，避免出现卫生死角；在双塔山大街建起高标准卫生公厕；对病菌科学消杀，堵住疾病传染源；加大监管和执法力度，处罚违章违法者；将中心区垃圾点改为使用垃圾桶；在农村推广改厕、改圈、改灶、改院及"三位一体"沼气养猪相结合的生态家园建设，从根本上改善农村卫生状况；在公民中宣传革除卫生陋习，倡导文明生活习惯。

市场物价 1991年1月21—23日，区政协组织部分委员会同区商业局、供销社、工商局、物价局及驻区大厂矿主管生活的领导，检查区内春节物资供应情况，采取听、看、查的方法，听取受检查单位领导汇报物资准备情况；实地查看受检单位物资上市、库存情况；重点抽查受检单位物资品种是否齐全、质量是否合格、物价是否按规定执行。通过检查，就发现的问题提出整改措施，并将整改建议提交政府有关部门办理。

三 评议

2001年5月上旬，区政协按照市政协统一安排，评议区内有关职能部门治理经济发展环境工作情况。区政协组织110名政协委员参加评议活动。评议采取由每位政协委员填写一份评议问卷，每位政协委员再找一家企业或一家个体工商户填写一份评议问卷的方式进行。全区共发放评议问卷204份，收回196份，填卷委员98名，填卷企业27家，填卷个体工商户71户。委员们提出4条建议：加强领导提高认识，用活用好政策；各职能部门要增强服务意识，提高服务水平和工作效率；要依法保护企业的合法权益，坚决杜绝"三乱"行为和吃、拿、卡、要现象；纪检监察机关要充分行使权力，发挥作用。2002年，区政协利用问卷，投票表决，面对面检查工作等多种形式，评议政府部门工作。区政协邀请各民主党派、无党派人士和政协委员参加，对评议意见都认真整理郑重上报。多名政协委员和各界知名人士被双滦区文明委聘请为区文明建设监督员；被区政府纠风办聘请为纠正行业不正之风监督员；被工商局、税务局、公安局、交通局、卫生局、工商银行、移动公司、电力局等单位聘请为社会监督员，推动各行业树文明新风。

第三节　参政议政

一 调研

政协历届委员不断深入基层单位调查研究，向区委、区政府提出大量建设性意见和建议，得到区党政部门的高度重视和认真采纳。

1990年10月，区政协教育工作组委员在区教育局的配合下，调查区内青壮年文盲情况。1991年12月2日，区政协教育工作组委员会同文教局调查区三级文化网的现状，报告指出存在的问题和如何满足人民群众对文化需求的建议。1993年8—10月，区政协领导带领区政协部分委员在区政府有关部门的配合下，到村办、私营和个体企业调研。其主要经验是：领导重视，各乡镇都配有主管村办企业的负责人；充分运用本地的优越条件发展经济的思路十分明确；股份合作经济有效地解决了办企业资金匮乏的困难；合理使用土地补偿费用，优先用于扩大再生产。存在的问题是发展不平衡；小农意识制约村办企业的发展；部分基层干部素质低，思想保守；村办企业经济责任制落实不到位；缺资金、项目、技术、人才是村办企业举步艰难的原因。建议企业培训、调整、选派有经济头脑的干部，利用股份制集中社会闲散资金；建立奖惩制度；做好关于资源开发法规的贯彻落实工作，改变资源开发中的混乱现象；进一步重视和支持个体、私营企业的发展。1994年6月，区政协组织经济界、科技界部分委员在区政协主要领导带领下，先后到宽城县、蓟县进行调研考察。考察后，结合双滦区实际，提出建议：把发展个体、私营经济切实列入议事日程；学习学透、用足用好政策；发展个体私营经济需要扶持和加强服务，创造条件多方投入；坚持一切从实际出发的原则，完善配套措施，把握个私营经济发展方向。1995年，区政协各专门委员会开展蔬菜大棚生产向高科技含量转变的方法和措施的调研；建立某些品种养殖业生产基地可行性调研；有关初级卫生保健方面热点、难点问题的调研；有关区内人才情况和个体私营向经济规模化、集约化方面发展的调研；有关荒山拍卖的方法、措施可行性的调研。1998年，区政协开展经济科技委员会对全区非公有制经济发展情况的专向调研；科教文卫委员会对全区中小学实施素质教育情况专题调研；提案工作委员会对全区下岗职工基本生活保障和再就业情况专题调研；政协机关对全区新能源开发利用情况的专题调研。调研后写出专题调研报告，向区委、区政府作呈报。2005年，区政协组织部分委员会同区农牧局工作人员紧紧围绕“发挥区域优势，推进农业产业化”专题，调研区内种养基地、园区和重点龙头企业，走访部分农户和个别专业协会以及经纪人，通过调研，了解区内农业产业化现状，发现一些问题，并对农业产业化发展提出建议，呈报区委、区政府。

二 主席建议案

1988年7月6日，区政协农业工作组，组织各乡镇畜牧助理、兽医站负责人到承德县双峰寺区养殖业服务站学习后，撰写《关于建立养殖服务站，开展养殖业一条龙服务活动的建议》。形成主席建议案呈交区政府。1988年7月23日，区政协农业工作组关于“增加农业后劲，多积农家肥”的建议，形成主席议案呈交区政府。1988年8月3日，向区政府呈交《关于发展外向型经济优惠政策的建议》。1988年8月15日，区政协向区委、区政府呈交《关于民主党派、三胞眷属、各界人士座谈会上为发展双滦区经济提出的经济项目的建议》。2005年，根据部分政协委员提出的“关于解决回民墓地”的提案，区政协主要领导亲自召开座谈会，组织政协委员到实地调查了解情况，与镇、村干部及区土地局、民宗局等部门负责人，探讨解决办法，将建议呈报区政府。

第四节　提案办理

一 提案办理程序

政协会议召开之前向委员下发提案函，会议期间提案者也可写提案。提案交提案委员会，审查立案。提案委员会办公室初审征集到的提案，并提出参考意见。提案委员会依据审查内容和立案标准定审、立案。立案的提案进行统计存档。每年政协会后，区政府、区政协都要召开提案交办会，要求各单位要按期保证质量解决实际问题办好提案。对于能尽快落实和解决的问题马上办理；对暂不具备条件解决的问题，向委员做出答复和解释，待条件具备后解决。对于重点提案，政协领导跟踪调查、督办催办。政协提案委员会每年两次调查和督导提案办理情况，及时将提案办理过程中好的做法和存在问题反映给政府，促进提案办理工作的落实。

二 提案办理情况

一届政协期间共收到委员提案206件，经审查立案150件。提案涉及政府工作、经济建设、经济体制改革、文化教育、医药卫生、体育工作、商业、市场管理和其他方面工作。得到立案解决的55件，占立案数的36.6%。其中有解决1967年分配的1966届毕业生工龄、整治滦河镇大街、铺建双塔山大街两边路面砖、建立垃圾场等问题；部分得到解决的78件，占总数的52.9%。其中有解决承钢、造纸厂、丝绸厂的污染；改善办学条件；加强物价管理与监督问题等。需要市政府帮助解决的17件，占总数的11.3%。其中有建磷矿居委会问题、在磷矿建粮店和银行办事处问题、建小机组发电供热厂问题等，这些不能解决的提案，会后都及时向委员作了说明。

二届政协期间共收到委员提案137件，经审查立案135件，被区政府和有关部门采纳并得到落实的提案30件，占立案总数的22.2%。其中包括解决区回民清真寺使用煤气、区政府设立工业副区长、商业企业承包兑现等提案。偏桥子农民卖粮难问题，区政协通过市政协委员向市政府作为提案提出，市政府转交市粮食局办理，使问题得到解决。《关于百货五金批发供应给厂矿企业用于生产的五金电料，化工等商品，不征零售税》的提案，区税务分局很重视，明确商业企业销售给建筑安装企业、基本建设单位的建设材料，在征税时按批发征税，不代扣3.5%的零售环节营业税。有关部门列入计划逐步解决的提案24件，占立案总数的17.8%。其中有修建双偏公路、在滦河镇建大型集贸市场、清理企业“三角债”等。有些提案因条件所限，需待条件成熟后解决。其中有建双塔山公园、文化馆和图书馆等。

三届政协期间收到委员提案176件，经审查立案144件。提案涉及经济建设、精神文明、城建、交通、环境治理、群众生活、民族宗教、科教文卫、政协、统战、政府工作和其他方面工作。其中，立案得到解决的103件，占总数的71.5%；列入计划逐步解决的21件，占总数的14.6%；不能解决作了说明的20件，占总数的13.9%。

建议案被区委、区政府采纳作为决策施政参考的有：进一步重视和支持个体私营经济发展、加强农业基地建设、巩固农业基础地位、开好省中学生运动会、修好双偏公路等建议案。关于滦河发电厂公路修复问题；101国道滦河段路面修复问题。关于区政府和有关部门协调联动，搞好初级卫生保健的提案；关于杜绝荒山、荒地、奖励农业种粮的提案；关于强化区“普九”教育，严格控制学生失学的提案等，这些提案得到区委、区政府的高度重视，列为工作重点，并召开专门会议进行研究部署和落实。有关反映社情民意的提案有白福云委员提出的关于注意落实少数民族政策的提案；申玉萍委员提出的盗窃案发生较多，望有关部门提高办案效率的提案等。

四届政协期间共收到委员提案255件，经审查立案207件。提案涉及经济建设、法治建设、精神文明、城建、交通、环保、农业、农村、科教文卫、开放旅游、群众生活等方面。得到解决的147件，占总数的71%，其中有热河大集影响道路应予搬迁、加强滦广路复线交通管理、加强双塔山附近环境保护工作等。列入计划逐步解决的39件，占18.8%；暂不能解决作了说明的21件，占总数的10.2%；办复率达100%。委员满意率达95%。大部分提案被区委、政府作为决策施政的参考，并有很多建议被采纳，产生经济效益和社会效益。关于解决热河大集堵塞公路交通、改善办学条件、提高教育质量、加强滦广路复线交通管理、加强双塔山附近环境保护工作等提案，得到区委、区政府的重视，并及时办理给予了满意答复。

五届政协期间，共收到提案276件，经审查立案265件。提案涉及经济改革发展、工业交通、城市建设、环保、旅游、农业生产、科教卫生和精神文明建设等方面。其中：经济发展、交通、环保、城市建设的提案占50%以上，集中反映了政协委员和人民群众关心的热点问题。在265件提案中，已解决或基本解决的135件。其中，部分委员提出的关于简化投资置业手续、进一步改善投资环境、加强御祥园小区市场建设等得到解决。列入计划逐步解决的111件；暂不具备条件解决向委员作出解释的19件。按时办结率100%，委员满意率100%。

2003年，五届一次委员会提出关于防止公路两边及松树沟村西沟洪水冲进园田及个人房屋的提案、马存亮委员提出的关于孟某某非法占用清真寺活动场所的提案，区政协召开有公安、统战、民宗、滦河镇等部门参加专门会议研究，使问题得到彻底解决。关于双塔山景点环境建设的提案，受到区委、区政府重视，及时安排解决。滦广路通车后，交通事故时有发生，委员提出在公路交叉路口设红绿灯，公路沿线设限速标志的建议提案。此建议被采纳后，交通事故明显减少。2004年，政协双滦区五届二次会议提出五项重要提案，区政府列为重点给予解决。2005年，政协五届三次会议上，陈国新委员提出关于规模企业发展中存在的问题和对策的提案。区政府列为重点给予解决。

至2005年底，区政协共收到委员提案1051件，经审查立案888件，办复处理887件。

三　完善提案工作制度

1987年，区政协自成立以来，通过组织领导、全面摸底、信函联系、深入走访、督促办理、集体办案等形式，解决政协委员的各种提案。在办理委员提案的过程中采取“案件承办责任制办法”，明确承办部门或单位。每届政协会议召开之前向提案者下发提案函，会议期间提案者也可以写出提案，统一交到提案委员会；提案征集到后，提案委员会办公室先进行初审，并提出供提案委员会参考的初审意见；提案委员会依据审查内容和立案标准审定、立案；把立案的提案进行分类、编号、登记、微机录入，进行统计和查询。每年政协会后，区政府、区政协领导主持召开提案交办会，对暂不具备条件解决的问题，向委员做出耐心的答复和解释。

区四届政协制定《关于办理提案的意见》。利用提案反映社情民意，对党风、政风、行风、廉政建设等实施广泛的民主监督。区五届政协在全体委员大会前，就提案工作向委员发出预备通知、列出参考题目，要求委员在走访群众、搞好调研的基础上，撰写精品提案。在全会中，政协提案委员会严把立案关，对不符合要求的提案退给委员重写，达不到标准的不予立案。历次政协全委会闭幕后，政协主席会、常委会和提案专门委员会都对此项工作认真研究，重点提案由政协领导督导调查和办理。政协提案委员会每年分两次调查提案办理情况，及时将提案办理过程中好的做法和存在问题反馈给区政府。

附录：

政协双滦区委员会
关于偏桥子乡建造日光温室情况的
调查报告

（1991年8月13日）

根据区委的指示，为解决冬季蔬菜生产断裂带的问题，政协机关会同政协农业工作组，对偏桥子乡建造日光温室的可行性进行了调查研究，现将调研情况向区委、区政府汇报：

一 产生断裂带原因

偏桥子镇管辖11个行政村，共有7719人，耕地面积9067亩，其中水稻3100亩，菜田220亩，人均收入430元，过去只有部分村有小面积的温室，技术落后，日光温室没发展起来，主要原因是：⑴群众思想守旧，满足现状。偏桥子乡近几年水稻发展较快，农民种稻田的多，有大米吃就满足了，对日光温室的生产没有认识，没尝到甜头。⑵交通闭塞，农民卖菜难。过去京承公路没有修通，农民生产的蔬菜只满足于自给自足，就是有多余的蔬菜，农民要挑着翻山越岭去卖，运输成问题，农民怕菜多卖不出去。⑶过去多年来都是种旱田和水稻，对种菜不懂技术，不会经营，再加日光温室要求技术高，怕搞不好赔本。⑷偏桥子乡是贫困乡，农民以种粮食为主，乡镇企业不发达，农民收入少，要建日光温室缺少资金。以上原因导致偏桥子乡日光温室基本上没有发展。市委领导和区委领导都很重视，市委领导指示要尽快解决断裂带问题。偏桥子乡根据市、区领导的指示精神，在今年春季就着手宣传动员，并多次召开乡党委会研究这项工作，指定一名副乡长和一名蔬菜技术员专门抓日光温室的发展，安排建日光温室的农户在春季种地时就留出地块，留好茬口，为日光温室的发展做了大量的准备工作。

二 目前情况

由于各级领导的重视，进行了广泛的宣传，农民的积极性很高，加之鸳窝、大石庙、闫营子、陈栅子等邻村的日光温室发展的快、收入高，农民看到了致富的希望。区农林局与乡农业站又举办了建造日光温室的培训班，既传技术又帮助组织各种建棚物资，充分调动起农民的积极性，春季就自动地调整地块，留出建温室的土地。大贵口村的农民说：现在镇里号召我们搞，正和我们的心愿，看到大石庙等地的乡亲种温室挣了钱，我们早就想搞，就是不懂技术，怕搞不好。农民霍申说："过去我们去东北做小工，一年累死累活才能挣一千多元钱，看人家搞大棚一年收入几千元，我就是拼命也要把大棚建起来，再也不出去做工了。"在调查中我们看到，现在发展日光温室具备两方面的积极因素。一方面是各级党委、政府重视，偏桥子乡多次开会研究这项工作，特意派专人抓温室的技术指导，农业站蔬菜技术员在市蔬菜所实习两个月，掌握了日光温室的生产技术，区农林局和乡农业站举办了培训班，对日光温室各期管理进行技术培训，解决了农民不懂技术的后顾之忧，并准备了各种建棚物资，种籽、农药的供应。另一方面是群众积极性高，目前申请建大棚已达84户，面积近百亩，每户交保证金的已有50多户，有些试范户已经开始动工，群众建棚学有榜样，加之京承公路已修通，交通方便，生产的蔬菜可组织外运。

为了更好地把这项工作做好，根据我们的调查和结合工作的实际情况，提出几点建议：

第一，建棚投资全乡需50万元，乡里自筹了30万元，需上级扶持20万元，我们建议所需资金请区委、区政府与市财政局协商拨给周转金20万元或拨给贴息款每户2万元～3万元，所拨款项由乡里统一掌握，再由乡与建棚户签订借贷扶持一年的合同，到秋后由乡政府如数收回。采取统一购进建棚物资，折款按低息分配给建棚农户的办法，使资金用实，促进日光温室的发展。

第二，建棚物资需抓紧组织，特别是山东省寿光县无滴农膜要抓紧联系落实，本着少花钱多办事的的原则，使各种物资、农药、种籽及早到位，保证建棚和生产的需要。

第三，要制定一整套可行的产、供、销服务措施，提前考虑温室的种种环节管理问题和销售渠道，避免出现菜多销不出去的现象发生。

第四，对建棚标准要严格掌握，建棚农户按高效节能日光温室的标准建造，要求标准整齐划一，连片经营，尽量杜绝建造土大棚，努力使百亩日光温室一次达标当年受益。

第五，建议区委尽快抽专人，组建大棚建设指导工作组，在11月以前协助偏桥了乡专抓大棚建设，善始善终认真抓好此项工作。

（王乃民根据区政协档案资料整理）

附录：

政协双滦区委员会关于村民自治需要在实践中不断完善与发展

——西南营村基层民主政治建设的调查报告

（2000年10月20日）

西南营村位于双滦区滦河镇西南侧，现有耕地112亩，全村405户，695口人，村办企业两家，1999年人均纯收入2900元。

西南营村曾经被群众戏称为“稀烂营”和“西乱营”，上访告状的人多。曾是个“进不去车，出不来人”，“冬天一溜冰，夏天稀胡同”，出入羊肠小道，弄不好要掉泥坑的村。同时西南营村又是村民自认为“太老实”，村外人认为“不好惹”的村。总之，内外都没有个好印象。在1996年底，全国首次实行村委会直选，西南营村选出了新班子。全村人把改变这种面貌的希望都寄托在这个新班子身上。两年多的实践证明，这任班子光许诺不还愿，没有兑现上任前的承诺。1998年4月，西南营村村民罢免了村主任，使西南营村名扬全国。1998年6月13日《人民日报》头版头条报道了此事，说西南营村罢免了全国首次“海选”出的村主任；并加了编者按称之为“时下燕赵乡村悄然推进的民主建设的一朵浪花。”也就是从1998年4月份开始西南营村的村民自治开始起步并逐渐成熟。新任的两委班子认真总结了以往失败的教训，大家一致认为以前失败的原因有三条：一是原班子内部不团结，把主要精力搞在内耗上，伤害了群众感情，群众在村干部身上看不到希望；二是民主这扇窗没有完全敞开，干部与群众缺乏沟通，使本来就对立的情绪进一步恶化；三是群众殷切盼望的事没有办成，失去了群众的信任。针对这种情况新班子制定四条原则；一是群众利益优先，二是政务公开，三是全心全意办好集体的事，办好村民的事，管好集体的钱、财、物；四是村干部要除去私心私利，处好干群关系。新班子按照这四条原则，先后组织群众修了3条主干路，4条胡同，全长2000多米，总投资60多万元；投资10多万元为村民安装了闭路电视；投资19万元为339户村民安装了电话；投资13万元修水渠，为200多户实施了旱改水工程；投资3万元打了深水井为村民解决了吃水难题；全村大小胡同安上了路灯，到了夜间通明瓦亮。如今的西南营村大变样，道路干净整洁，村风纯正，群众收入很高，思想十分稳定。近两年来，没有上访的、没有打架斗殴的、也没有违法乱纪的现象。群众对现任村班子很满意，很拥护，对他们的工作十分支持。

纵观西南营村前后几年的重大变化，这是实行村民自治的结果。这得益于《村民委员会组织法》的贯彻落实；得益于各级政府对村民自治的正确领导和支持；得益于村民不断提高的民主意识和与之相适应的民主政治建设。

从成功经验看，西南营村的村民自治开创出了“三结合”的新路子。

第一，发挥党支部的领导核心作用与支持村委会依法行使职权相结合。在工作中做到了以下两点：⑴党支部坚持领导不包办。党支部的领导主要体现在政治领导和发展方向的领导上。对村内大事采取由两委班子共同研究，统一思想后再提交村民代表会讨论决定的办法。做到了党支部把握方向不主观，不独断。⑵党支部对村委会的工作，对村民代表会议和全体村民会议决定的事项，予以支持，并号召全体党员带头执行。由于两委班子相互支持，分工协作，处处为群众着想，为群众办事，提高了干部在群众中的威信，使许多大事变成小事，难事变成易事。比如“三提六统”和“土地延包”的事，在别的村是难的事，而在西南营村却很容易。1999年的“三提六统”工作没等镇里布置，西南营村就提前主动收缴，圆满完成了任务。土地延包工作，西南营村也是全区第一个签合同、第一个完成的。

第二，认真坚持民主集中制度与严格依法办事相结合。在基层民主政治建设中，西南营村两委班子十分尊重村民的四项民主权利：即民主选举、民主决策、民主监督和民主管理的权利。在日常工作中，他们注意调动村民参与全村的经济发展、社会治安、精神文明建设等方面管理的积极性，注意强化群众民主监督，建立了财务公开、政务公开等六公开监督制度，对凡涉及村民利益的重要事项和全村经济发展的重大决策，均按照法律规定的要求由村民代表会议和党员会议讨论决定后实施。如承钢招占地工的问题，这是老百姓最敏感的问题，也是造成打架上访告状的主要原因。村两委班子先后处理了三批300多人的招工问题，一场纠纷没有，一场架没打。成功的原因就是先和村民代表、党员讨论分配方案，以村务公开的方式公布出去，再请公证处公证，让大家以抓阄的形式确定谁先走，谁后走，谁家走男，谁家走女。合理合法在前，公平公正在后，既避免了相互争执，也削除了群众对干部的怀疑。

第三，提高干部素质与做好群众工作相结合。西南营村两委班子成员时刻注意提高自身素质，把功夫下到了“勤”与“廉”上。平时他们按时按点上下班，不喝酒、不打麻将、遵纪守法，在公务活动中不掺私事，在处理私事时谨慎处事，时刻注意自己的形象。对该办的事情，要办的事情，他们一户一户的走，一人一人的谈，耐心细致地做好群众思想工作，使大家心往一处想，劲往一处使，工作越来越顺利。比如说：在占地招工，土地延包中，他们也和老百姓一样抓阄，以身作则，用自己的一言一行带动群众，影响群众。群众看到干部在各方面都不搞特权，做到公平公正平等，也就没意见了。这样增进了干群之间的感情，取得群众的信任，全村出现团结向上，蓬勃发展的朝气和热爱集体，关心集体，遵纪守法的正气。

（王乃民根据区政协档案资料整理）

第五节　政协其他工作

一　文史工作

1992年2月，区政协成立了文史资料专门委员会，区政协委员先后向《承德文史文库》、《承德名萃》供稿5篇，分别是《双滦少数民族风俗》《穹览寺和琳霄观两座寺庙的由来》《双塔山森林公园—双塔之谜》《喀喇河屯行宫》《双塔山与滦河》。

历届区政协领导重视文史工作，发动委员调查收集整理全区文化古迹资料，如滦河镇的关帝庙、文昌祠、龙王庙、龙母庙、土地祠等寺庙。文史工作的开展整理保护了古文化，考证、订正和补充了文献资料。

二　联谊活动

区政协关心“三胞”眷属，到“三胞”家属家中走访。先后组织各界人士参加纪念抗日战争暨反法西斯战争胜利五十周年座谈会。组织开展“迎回归，话统一”各界人士座谈会。组织收看1997年7月1日香港政权交接仪式。每年利用“中秋”“春节”等重大节日，召开各民主党派、三胞眷属、少数民族和宗教界代表及各界人士参加联谊座谈会，既增进了解和友谊，又能听到他们的意见和呼声。

第十六编　政　府

清雍正十一年（1733 年），承德直隶州治所设在滦河街；乾隆七年（1742 年），域内设立喀喇河屯厅，后改为滦平县。民国期间，滦平县公署、滦平县政府曾设于域内。

民国 34 年（1945 年），域内始建县区级人民政权机构。至 1954 年，域内先后设有中共领导的滦平县一区（双塔山）、二区（滦河）政府；中共承德市七区、六区政府。1955 年，设承德市双塔山区政府。1973 年，设承德市双滦办事处。1980 年 9 月，承德市双滦区人民政府成立，辖双塔山、滦河、大庙、偏桥子 4 个人民公社管理委员会。1980—2005 年，双滦区人民代表大会选举产生七届双滦区人民政府区长、副区长。历届人民政府认真贯彻党在各个时期的方针路线、政策，带领全区人民巩固政权，发展经济，为提高人民生活水平和社会进步，履行职能。

第一章　清及中华民国政府

境域在宋代辽金时期曾设立州、县地方政府。有较详尽记载的地方政府机构始于清代。清雍正十一年（1733 年）至清宣统三年（1911 年），域内先后设有承德直隶州、喀喇河屯厅和滦平县政府。民国 3 年至 37 年（1914—1948 年），域内先后设有滦平县公署、滦平县政府和中共区级政权组织。

第一节　清政府机构

一　承德直隶州

清雍正十一年（1733 年），承德直隶州署衙设在今滦河镇旱河沿南侧，后迁入今双桥区西大街。

二　喀喇河屯厅

清乾隆七年（1742 年）至四十二年（1777 年），清政府在域内设立喀喇河屯厅，署衙设于今滦河镇域。

三　滦平县政府

清乾隆四十二年（1778 年）至光绪二十年（1905 年），清政府在域内建滦平县政府，署衙设于今滦河镇域。

清代滦平县政府官员名表

表 16-1-1

官职官级	姓　名	任职时间	籍　贯
理事通判(管滦平县事)	诚　安	乾隆四十三年	满洲正黄旗

续表 16-1-1

官职官级	姓　名	任职时间	籍　　贯
理事通判(管滦平县事)	海　成	乾隆四十四年	满洲正蓝旗
理事通判(管滦平县事)	瑚　嵩	乾隆四十五年	满洲镶蓝旗
理事通判(管滦平县事)	清　格	乾隆四十六年	满洲镶蓝旗
理事通判(管滦平县事)	舒　明	乾隆四十七年	满洲正白旗
理事通判(管滦平县事)	德　谦	乾隆四十九年	蒙古镶蓝旗
理事通判(管滦平县事)	德　象	乾隆五十二年	满洲正红旗
理事通判(管滦平县事)	爱阿申	乾隆五十七年	满洲正白旗
理事通判(管滦平县事)	舒乐炳阿	嘉庆元年	满洲正白旗
理事通判(管滦平县事)	丰盛额	嘉庆五年	满洲正蓝旗
理事通判(管滦平县事)	阿中阿	嘉庆十二年	满洲镶红旗
理事通判(管滦平县事)	继　昌	嘉庆十四年	满洲镶黄旗
理事通判(管滦平县事)	那　俊	嘉庆十八年	满洲镶红旗
理事通判(管滦平县事)	常　久	嘉庆二十年	满洲正红旗
理事通判(管滦平县事)	福　永	嘉庆二十二年	满洲镶红旗
理事通判(管滦平县事)	海　福	嘉庆二十五年	满洲镶红旗
理事通判(管滦平县事)	德　起	道光五年	满洲正蓝旗
理事通判(管滦平县事)	兴　林	道光九年	满洲正白旗
理事通判(管滦平县事)	常　谦	道光十年	满洲正红旗
理事同知(管滦平县事)	阿勒精阿	道光十七年十二月	蒙古正黄旗
理事同知(管滦平县事)	乌尔通阿	道光二十四年二月	满洲正黄旗
理事同知(管滦平县事)	齐克里 · 尔布	道光二十七年九月	满洲正黄旗
理事同知(管滦平县事)	明　通	咸丰三年十一月	蒙古镶红旗
理事同知(管滦平县事)	张　栋	咸丰五年八月	镇江丹徒
理事同知(管滦平县事)	宝　谦	咸丰九年七月	—
理事通判（管滦平县事)	春　志	同治元年三月	—
理事通判（管滦平县事)	春　祥	同治四年十一月	—
理事通判（管滦平县事)	奎　昭	同治五年十月	满洲镶黄旗
理事同知(管滦平县事)	齐里克诺尔布	同治七年十一月	蒙　古
理事同知(管滦平县事)	启章平	同治十年六月	陕西同州
理事同知(管滦平县事)	张桂芳	光绪五年九月	山东陵人
理事同知(管滦平县事)	英　顺	光绪八年九月	满洲正蓝旗
理事分府(管滦平县事)	裘履谦	光绪十一年九月	—
理事分府(管滦平县事)	何□□	光绪十三年七月	—
理事分府(管滦平县事)	裘履谦	光绪十三年十二月	—

续表 16-1-1

官职官级	姓　名	任职时间	籍　贯
理事分府(管滦平县事)	李枫林	光绪十四年十二月	奉　天
理事同知(管滦平县正堂)	崇　岭	光绪十九年	满洲镶白旗
理事同知(管滦平县正堂)	晋　昌	光绪二十年三月	满洲正红旗
理事分府(管滦平县正堂)	霖　康	光绪二十四年四月	蒙古正蓝旗
理事分府(管滦平县正堂)	文　□	光绪二十五年正月	—
理事分府(管滦平县正堂)	霖　康	光绪二十五年五月	—
理事分府(管滦平县正堂)	缪贵荣	光绪二十七年五月	安徽巢县
理事分府(管滦平县正堂)	镆□□	光绪二十八年正月	—
理事分府(管滦平县正堂)	苏□□	光绪二十八年四月	—
理事分府(管滦平县正堂)	镆□□	光绪二十八年十二月	—
理事分府	王维镛	光绪三十年正月	—
理事分府(管滦平县正堂)	俞良臣	光绪三十年四月	—
理事分府(管滦平县正堂)	郑　焯	光绪三十二年正月	—
理事分府(管滦平县正堂)	张文灏	光绪三十三年四月	常州府江阴县
理事分府(管滦平县正堂)	陶藻华	光绪三十三年六月	安徽南陵
理事分府(管滦平县正堂)	窦仁桢	光绪三十四年二月	—
理事分府(管滦平县正堂)	文　俊	宣统元年正月	—
理事分府(管滦平县正堂)	李文生	宣统二年八月	安徽巢县
理事分府(管滦平县正堂)	陈建中	宣统三年二月	—
理事分府(管滦平县正堂)	杨祖荣	宣统三年十一月	—

第二节　中华民国地方政府机构

一　滦平县公署

民国3年至16年（1914—1927年），境域设滦平县公署，署衙设于滦河街区内。

二　滦平县政府

民国17年至21年（1928—1932年），境域设滦平县，县政府设于滦河街区内。

民国35年（1946年）9月至37年（1948年）10月，境域设滦平县，县政府设于滦河街区内。

民国时期滦平县政府官员名表

表 16-1-2

官职官级	姓　名	任 职 时 间	籍　贯
特署直隶理事分府(管滦平县正堂)	张　模	民国元年1月	—
特署直隶理事分府(管滦平县正堂)	宣鸿烈	民国元年12月	安徽仑山县
署滦平县知事	杨文铣	民国2年8月	安徽合肥
代理县知事(兼警察所长)	方大年	民国3年3月	江苏省仪征县

续表 16-1-2

官职官级	姓　名	任职时间	籍　贯
代理县知事(兼警察所长)	张　植	民国5年12月	山东大谷县
代理县知事	邱方煜	民国6年1月	—
代理县知事	张　植	民国6年12月	—
代理县知事	王　枢	民国7年1月	河间县
代理县知事	杜　霆	民国9年7月	贵州贵阳
代理县知事	方大年	民国10年5月	江苏省仪征县
代理县知事	赵常恂	民国13年8月	—
代理县知事	刘克俭	民国13年12月	—
署理县知事	李　毅	民国14年4月	奉天黑山县
署理县知事	李莫堂	民国14年10月	奉天北镇县
代理县知事	毛德凤	民国14年12月	湖北麻城
代理县知事	吴秉仁	民国15年4月	安徽合肥
代理县知事	毛德凤	民国15年4月	湖北麻城
代理县知事	金井第	民国15年6月	—
代理县知事	杨宗立	民国15年7月	热河建平
代理县知事	赵养愚	民国15年12月	—
署理县知事	项　强	民国16年1月	—
署理县知事	隋文楠	民国17年1月	山东海阳
曾任广东国民议会议员	孙品璋	民国17年10月	热河赤峰
曾任广东国民议会议员	李毓棻	民国19年2月	—
县长	夏秉衡	民国19年2月	辽宁义县
署理县知事(日伪维持会会长)	赵养愚	民国21年7月	山东临淄
南京民国政府滦平县长	张卫滨	1946.9～1948.5	北　京
南京民国政府滦平县长	陈绎如	1948.6～1948.7	河北省宛平
南京民国政府滦平县长	杨　策	1948.8～1948.10	不　详

附：伪滦平县政权

民国 22 年（1933 年）6 月，日伪政权在域内今滦河镇设立伪满洲国热河省滦平县公署，县长赵桂馨，佐官正副参事官是日本人。民国 29 年（1940 年）9 月 16 日，伪滦平县公署迁出域内至鞍匠屯。

伪满政权滦平县官员名表

表 16-1-3

职衔名称	姓　名	任职时间	籍　贯
伪满政权热河省滦平县县长	赵桂馨	民国22年6月	河北抚宁
伪满政权热河省滦平县县长	陈学裕	民国23年8月	—

续表 16-1-3

职衔名称	姓名	任职时间	籍贯
伪满政权热河省滦平县县长	郭钟韶	民国24年9月	河北深县
伪满政权热河省滦平县县长	王恩州	民国27年5月	—

第二章　区人民政府

民国 34 年（1945 年）至 1980 年 8 月，域内先后设有滦平县一区、二区、三区政府；承德市七区、六区政府及双塔山区政府、承德市双滦办事处。

1980 年 9 月，承德市双滦区人民政府（以下简称区政府）成立。1981 年 5 月，双滦区第一届人民代表大会（以下简称人代会）选举产生第一届政府区长 1 名、副区长 4 名。区政府下设工作机构 17 个。1984—2003 年先后召开六届人代会，选举产生二至七届区政府行政领导人。期间，区政府领导成员的文化结构、年龄结构逐届得到优化，所属政府工作部门多次进行机构精简、调整。2005 年，区政府常设工作机构 18 个，直属事业机构 5 个，市属派驻工作机构 8 个。

第一节　领导机构

一 建区前机构

民国 34 年（1945 年）10 月，双塔山域内设东滦平县一区人民政府；滦河域内设东滦平县二区人民政府。民国 35 年（1946 年）10 月，境域滦平县一区、二区政府随军队西撤转入地下工作。民国 37 年（1948 年）6 月至 1949 年 1 月，大庙域内设东滦平县三区人民政府。1948 年 11 月至 1956 年 6 月，滦河街设中共滦平县第二区人民政府。1949 年 1 月至 1965 年 4 月，双塔山街设承德市第七区（后改为六区、双塔山区）人民政府。1973 年 12 月至 1980 年 8 月，承德市双滦办事处设于双塔山镇。

1945—1980 年部分年份域内区级人民政府领导名表

表 16-2-1

机构	职务	姓名	性别	任职时间
东滦平县一区政府（双塔山区域）	区长	李钦超	男	1945.9—1946.2
东滦平县第二区政府(滦河区域)	区长	刘士昌	男	1945.9—1947.4
		尹庶宗	男	
承德市第七区政府	区长	柏　里	男	1946.2—1946.8
东滦平县第三区政府(大庙区域)	区长	柏　里	男	1948.6—1949.1
		王玉珂	男	
滦平县第二区政府(滦河区域)	区长	王子春	男	1948.11—1949.9
		郭振海	男	

续表 16-2-1

机　　　构	职 务	姓　名	性别	任职时间
滦平县第二区政府（滦河区域）	区长	尹庶宇	男	1947.11—1949.9
		柏　里	男	
		王子春	男	
		郭振海	男	
滦平县第二区政府(滦河区域)	区长	杨　先	男	1949.10—1956.6
		张歧祥	男	
		赵秀山	男	
滦平县第二区政府(滦河区域)	区长	周公才	男	1949.10—1956.6
		武万恒	男	
承德市第七区、第六区人民政府（双塔山区域）	区长	沈明轩	男	1949.1—1955.9
承德市双塔山区人民政府	区长	闫增禄	男	1961.3—1965.4
		张　钧	男	
承德市双滦办事处	主任	于　谦	男	1973.12—1980.8
		徐　平	男	

二 双滦区政府

1980年9月，双滦区人民政府成立。承德市革命委员会先后任命双滦区区长1名，副区长4名。1981年5月，双滦区第一届人代会选举产生第一届政府区长1名、副区长4名。区长、副区长平均年龄 49岁；中专以上文化程度 2 名、中学文化程度2名。1984年5月，双滦区第二届人代会选举产生区第二届政府区长1名、副区长3名。1986年4月，第三届人代会选举产生第三届政府区长1名、副区长3名。1990年4月，第四届人代会选举产生第四届政府区长1名、副区长4名。1993年2月，第五届人代会选举产生第五届政府区长1名、副区长5名。1998年2月，第六届人代会选举产生第六届政府区长1名、副区长5名。

2003年4月，双滦区第七届人代会选举产生第七届政府区长1名、副区长5名。区长、副区长年龄结构为:35岁以下1名,36～45岁5名，大专文化程度6名。党政交叉任职的2名。领导班子平均年龄比上届有所下降，文化结构有明显改善。

1980年9月至1981年5月双滦区人民政府领导名表

表 16-2-2

职 务	姓 名	民族	任 职 时 间	籍　贯
区 长	于清水	汉族	1980.9—1981.5	河北省丰宁县
副区长	郭恒林	汉族	1981.1—1981.5	河北省承德市
副区长	李崇伦	汉族	1981.1—1981.5	河北省承德市
副区长	王子林	汉族	1981.1—1981.5	河北省承德市
副区长	王庆奎	汉族	1981.1—1981.5	河北省承德市

1981年5月至2005年12月双滦区人民政府历届区长名表

表16-2-3

届别	姓名	民族	任职时间	籍贯
第一届（1981.5—1984.5）	于清水	汉族	1981.5—1983.3	河北省丰宁县
	郭恒林（代区长、区长）	汉族	1983.4—1984.1	河北省承德市
	周金生	汉族	1984.1—1984.5	河北省徐水市
第二届（1984.5—1987.4）	周金生	汉族	1984—1985.11	河北省徐水市
	陈树峰	汉族	1985.1—1987.4	河北省承德县
第三届（1987.4—1990.4）	陈树峰	汉族	1987.4—1990.4	河北省承德县
第四届（1990.4—1993.2）	陈树峰	汉族	1990.4—1992.4	河北省承德县
	刘学军（代）	汉族	1992.4—1993.2	河北省平泉县
第五届（1993.2—1998.2）	刘学军	汉族	1993.2—1996.5	河北省平泉县
	徐树清	满族	1996.5—1998.2	河北省围场县
第六届（1998.2—2003.4）	徐树清	满族	1998.2—2002.3	河北省围场县
	苏爱国	满族	2002.3—2003.4	河北省滦平县
第七届（2003.4—2005.12）	苏爱国	满族	2003.4—2004.1	河北省滦平县
	胡熙宁	满族	2004.1—2005.12	河北省宽城县

1981年5月至2005年12月双滦区人民政府历届副区长名表

表16-2-4

届别	姓名	民族	任职时间	籍贯
第一届（1981.5—1984.5）	郭恒林	汉族	1981.5—1983.3	河北省承德市
	李崇伦	汉族	1981.5—1984.5	河北省承德市
	王子林	汉族	1981.5—1984.5	河北省承德市
	王庆奎	汉族	1981.5—1984.5	河北省承德市
第二届（1984.5—1987.4）	张振兴	汉族	1984.5—1987.4	承德市双滦区
	张庆余	汉族	1984.5—1987.4	天津市蓟县
	张玉华	汉族	1984.5—1987.4	河北省承德市
第三届（1987.4—1990.4）	张玉华	汉族	1987.4—1990.4	河北省承德市
	张庆余	汉族	1987.4—1990.4	天津市蓟县
	刘金卫	汉族	1987.4—1990.4	河北省承德市
第四届（1990.4—1993.2）	刘广涛	汉族	1990.4—1992.6	河北省承德市
	张玉华	汉族	1990.4—1992.6	河北省承德市
	罗 炜	满族	1990.4—1992.6	北京市
	许同江	汉族	1990.4—1992.12	辽宁省朝阳市

续表 16-2-4

届　别	姓 名	民族	任 职 时 间	籍　贯
第四届（1990.4—1993.2）	王文元	汉族	1992.10—1993.2	河北省承德市
	王凤璞	汉族	1992.6—1993.2	河北省滦平县
	靳凯志	汉族	1992.6—1993.2	承德市双滦区
第五届（1993.2—1998.2）	罗　炜	满族	1992.6—1996.4	北京市
	王文元	汉族	1993.2—1997.9	河北省承德市
	靳凯志	汉族	1993.2—1996.6	承德市双滦区
	李利民	汉族	1993.2—1998.2	河北省承德市
	李光忠	汉族	1992.2—1997.12	河北省承德市
	熊裕嘉	汉族	1992.2—1996.12	湖北省武汉市
第六届（1998.2—2003.4）	李利民	汉族	1998.2—2002.12	河北省承德市
	靳凯志	汉族	1996.6—2003.4	承德市双滦区
	田印平	满族	1998.2—2003.4	承德市双滦区
	李　国	汉族	1998.2—2003.4	河北省承德县
	李成彦	满族	1998.2—2003.4	河北省承德县
第七届（2003.4—2005.12）	丁　然	满族	2003.4—2005.12	河北省滦平县
	刘敏儒	汉族	2003.4—2005.12	河北省乐亭县
	李成彦	满族	2003.4—2005.12	河北省承德市
	马浩然	汉族	2003.4—2005.12	河北省承德市
	刘凤宇	汉族	2003.4—2005.12	河北省承德市

第二节　工作机构

一 常设机构

1980 年 9 月，双滦区政府下设工作机构 14 个，即办公室、计划统计科、劳动科、税务分局、人民防空办公室、人事科、农业局、民政科、文教科、计划生育办公室、卫生科、工商行政管理局、工业局、商业局。1981 年，新增财政局、城建科，并将劳动科、文教科分别改为劳动局和文教局。1983 年 7 月，工业局更名为经济委员会。1984 年 1—12 月，双滦区先后设立双滦区司法局、双滦区审计局、承德市物价局双滦区分局、双滦区乡镇企业局、双滦区体育运动委员会；分别将计划统计科、城建科、卫生科、民政科和计划生育办公室更名为：双滦区计划委员会、双滦区城乡建设环境保护局、双滦区卫生局、双滦区民政局和双滦区计划生育委员会，同时撤销人民防空办公室。1985 年 4 月，双滦区爱国卫生运动委员会办公室设立。1986 年 8 月，人事科改称人事局。同年 9 月，成立物价局、档案局（局馆合一）。1987 年 3 月，双滦区科学技术委员会设立，劳动局与人事局合并为双滦区劳动人事局；计委、经委合并为计划经济委员会。1988 年 3—8 月，区政府先后设立双滦区监察局、广播局、信访办公室、统计局。1989 年 8 月，双滦区设立双滦区土地管理局、烟草专卖局。12 月，设立双滦区酒类专卖局，与商业局、烟草专卖局合署办公。

1991 年 1 月，区政府设立双滦区行政科；4 月，设立双滦区法制科，与政府办合署办公。

1993年4月，监察局与纪检委合署办公。1994年1月至3月，区政府机构调整。先后设立双滦区体制改革委员会、经济合作办公室，文教局更名为双滦区教育局，科学技术委员会更名为双滦区科学技术局，体育运动委员会更名为双滦区文化体育局，区城乡建设环境保护局更名为双滦区建设环保局，农林局更名为双滦区农林水务局，统计局更名为双滦区计划统计局，计划经济委员会更名为双滦区经济贸易局，计划生育委员会更名为双滦区计划生育局，区烟草专卖局上划承德市烟草专卖局。1998年3月，区经济贸易局与乡镇企业局合并为双滦区企业管理局；农林水利局分设为双滦区林业水利局和双滦区农业畜牧局；设立双滦区交通局；体制改革委员会合并到政府办。1999年3月，设立双滦区技术监督局。

2001年2月，区技术监督局上划河北省垂直管理。2002年4—8月，区政府机构调整。设立双滦区安全生产监督管理局，撤销双滦区商业局，经济协作办公室合并到双滦区计划统计局，行政科更名为双滦区机关事务管理局，乡镇企业局更名为双滦区经济贸易局，土地管理局更名为双滦区国土资源局，建设环保局更名为双滦区建设局，林业水利局更名为林业水务局，教育局更名为双滦区教育体育局。2005年10月，区政府机构改革，撤销经济贸易局成立双滦区发展改革局，发展计划统计局改为统计局，同时设立双滦区机构编制委员会办公室。

2005年底，区政府常设工作部门18个，即

2005年双滦区政府办公大楼（区档案馆提供）

政府办、发展改革局、教育体育局、科学技术局、监察局（与纪委机关合署办公）、民政局、司法局、财政局、人事劳动和社会保障局、建设局、交通局、农业畜牧局、林业水务局、卫生局、人口和计划生育局、统计局、审计局、安全生产监督管理局。议事协调办事机构1个：双滦区机构编制委员会办公室。直属事业机构5个，即双滦区机关事物管理局、商务局、城市管理局、文化文物旅游局、广播电视局。

二　市属派驻机构

1980年3月，承德市公安局双滦分局成立。1982年7月，承德市税务局双滦分局成立。1987年，承德市公安局交通警察中队成立；1989年，改为承德市公安局交通警察直属三大队。1989年5月，承德市双滦区税务局成立。1994年9月，区工商行政管理局划归承德市工商行政管理局，改称承德市工商行政管理局双滦分局。1994年8月，税务机构改革，分别设承德市双滦区国家税务局、承德市双滦区地方税务局。1998年3月，双滦区质量技术监督局更名为承德市质量技术监督局双滦分局。2001年9月，区环保局由建设环保局划出，改为承德市环保局双滦分局。2003年，区国土资源局更名为承德市国土资源局双滦分局。

2005年，双滦区市属派驻工作机构8个，即承德市公安局双滦分局、承德市双滦区国家税务局、承德市双滦区地方税务局、承德市工商行政管理局双滦分局、承德市质量技术监督局双滦分局、双滦区国土资源局、承德市环境保护局双滦分局、承德市公安局交通警察直属三大队。上述部门实行双重领导，业务工作以垂直领导为主，党务工作以区委领导为主。

第三节　党政机构改革

一　第一次机构改革

1984年，区委、区政府机构进行首次机构改革。按照承德市委、市政府关于机构改革的部

署，本着“精简政府机构，提高政府工作效率，以及实现干部革命化、知识化、专业化、年轻化”等原则，进行区党政机构合并精简。改革后，区委机构设置为8个部门，区政府机构设置为21个部门。双塔山、滦河公社改为镇政府，大庙、偏桥子公社改为乡政府。新建双塔山、滦河、承钢、麻纺厂、大庙5个街道办事处。

二 第二次机构改革

1995年，区委、区政府按照《承德市党政机构设置和人员编制实施方案》的要求，确定“稳定有序、快速有效、扎实稳妥”的指导思想。改革以“政企分开”和“精简、统一、效能”为原则，围绕“转换职能，理顺关系，精兵简政，提高效率”的总体目标进行。转变政府职能，理顺区、镇之间和区直各部门之间的管理和工作关系，合理划分和明确区直各部门的职责范围，确定机构和人员编制，实施人员分流，精简机构和人员。出台《关于鼓励党政机关工作人员到企业工作的暂行规定》，有3名干部到镇村领办企业。

人员分流采取的措施是：成建制转移，整体分流；实行政事分开，将部门中具有服务职能的内设机构化为事业单位；将机关部分人员充实到事业单位；从机关选调部分干部充实政法、税务等新建和扩建单位；鼓励机关干部男55周岁，女50周岁以上提前离岗；选派机关干部到企业和基层工作；鼓励机关干部创办第三产业，允许机关干部辞去公职自谋职业；精减机关工勤人员；清理整顿机关“以工代干”人员；清理机关各种计划外临时工和基层自行聘用人员。

1995年底，经承德市编委会核定，双滦区精减后行政编制总数为387人，其中区直275人，4个镇112人。通过分流、清岗等形式精减干部44人，减幅为14%。区直部门由39个精减到25个，精减后区委部门7个，政府部门18个，减幅为36%。

三 第三次机构改革

2002年，双滦党政机构进行第三次机构改革。按照《承德市委、市政府关于县区乡机构改革的实施意见》，区委制定《双滦区区级机构改革方案》《双滦区区直机关机构改革实施意见》《双滦区镇机构改革实施意见》对指导思想和原则，职能调整与转变，机构调整，人员编制，组织领导都做了明确规定。针对现有机构设置存在的部门之间，内设机构之间职能交叉、管理重复等问题，把非常设机构、临时机构和议事协调机构清理撤销。区政府在转变职能，实现政企、政事、政社分开的同时，清理减少行政审批事项，规范行政审批权力，完善城市建设“两级政府、三级管理、四级落实”（即市、区两级政府，市、区、街道三级管理，市、区、街道、居委会四级落实）的体制。改革后的区委机构设置工作部门8个。区政府机构设置工作部门17个。4个镇政府分别下设4个行政综合机构和4个事业站所。

2002年4月，市委、市政府正式批准双滦区机构改革方案。改革后的区党政人员编制由原275人减为223人，减少52人，减幅为19%；4个镇政府编制由原112人精减为93人，减少19人，减幅为17%。

第三章　乡镇人民政府

民国时期，域内始设中国共产党领导下的乡镇政府。1946年8月至1948年11月，滦河域内设有中共滦平县滦江乡政府。1952—1956年，先后设有滦平县滦河镇政府、双塔山乡和岔沟门乡政府。1958年，设偏桥子公社、钢铁公社、红旗公社管委会。1959年，设滦河公社管委会，双塔山公社管委会。1961年，设大庙公社管委会。1984—1994年，双滦区先后设滦河镇政府、双塔山镇政府、偏桥子乡政府，岔沟门乡政府（后改为大庙乡政府、大庙镇政府）。1994年，偏桥子乡政府改为偏桥子镇政府。至2005年，全区设双塔山、滦河、大庙、偏桥子4个镇政府。

第一节　双塔山镇人民政府

一　工作机构

1956年8月，承德市设双塔山乡人民政府。1958年9月，改称红旗人民公社管理委员会；1959年5月，改称双塔山人民公社管理委员会；1976年10月“文化大革命”时期，改称双塔山人民公社革命委员会；“文化大革命”结束后，改称双塔山人民公社管委会。双滦建区前，双塔山人民公社先后设有办公室、财政所、民政所、计划生育办公室；另配有文教助理员、治安助理员和农业助理员等。1984年2月，双塔山人民公社管委会撤销，建双塔山镇人民政府，镇政府设5个办公室。2005年，双塔山镇政府内设党政、经济发展、文化教育与社会事务办公室，财政所、司法所、农村合作经济经营服务站、计划生育服务站、农业技术服务站、农业爆破物品管理服务站等机构。双塔山镇人民政府驻地在双塔山镇滨河路29号。

二　派驻机构

1949年，承德市公安局在域内设承德市公安局双塔山派出所。1961年，设承德市税务局双塔山税务所。1980年，设承德市公安局双滦分局双塔山派出所。1981年，设承德市公安局双滦分局元宝山派出所。1981年4月，区工商行政管理局设双塔山工商所。1987年，双滦法院设双塔山人民法庭。1989年，区土地局设土地所。1994年7月，区地方税务局设双塔山税务所。1994年8月，区国家税务局设双塔山税务所。2002年12月撤销国税双塔山税务所。

2005年，市、区在双塔山镇设置的派出机构有公安派出所、土地所、地税所、城建所。

1980—2005年双塔山公社、双塔山镇党委书记名录

表16-3-1

姓　名	任职时间	职　务
郭恒林	1980—1983.12	公社书记
张荣善	1984.1—1984.3	公社书记
焦成信	1984.3—1987.10	镇书记
王德山	1987.11—1989.8	镇书记
陈　银	1989.8—1990.12	镇书记
靳凯智	1990.12—1992.6	镇书记
付庆英	1992.7—1994.12	镇书记
郭福连	1994.12—1996.11	镇书记
董少川	1996.11—1998.12	镇书记
马浩然	1998.12—2002.7	镇书记
郭　涛	2002.7—2005.12	镇书记

1980—2005年双塔山公社、双塔山镇镇长名录

表16-3-2

姓　名	任职时间	职　务
陈剑平	1980—1984.2	公社管委会主任

续表 16-3-2

姓　名	任职时间	职　务
冯俊玉	1984.2—1987.10	镇长
郭福连	1987.11—1995.12	镇长
董少川	1995.12—1998.2	镇长
郭　涛	1998.2—2002.7	镇长
王国辉	2002.7—2005.12	镇长

第二节　滦河镇人民政府

一 工作机构

1956年1月14日,滦平县政府设滦河镇(村级镇),同年4月12日，滦平县政府滦河办事处辖滦河乡政府。1958年9月，滦河乡政府撤销合并到滦平县先锋人民公社；同年10月又与双塔山公社合并为红旗人民公社。1959年5月，建滦河人民公社管委会；1968年2月至1968年12月称滦河公社革命领导小组；1969年1月至1972年4月，改称滦河公社革命委员会。1980年4月，恢复滦河人民公社管理委员会。双滦建区前滦河人民公社先后设有办公室、计划生育服务站、财政所、民政所等。1984年3月，滦河公社管委会撤销，建滦河镇政府。2005年，滦河镇政府设党政、经济发展、文化教育与社会事务办公室，财政所、司法所、农业合作经济经营服务站、计划生育服务站、农业技术服务站、劳动事务保障站等机构。镇政府驻地滦河村。

二 派驻机构

1949年，承德市公安局设承德市公安局滦河派出所。1961年,承德市税务局设滦河税务所。1974年，承德市在滦河镇设承德市公安局承钢派出所。1980年，双滦公安分局设滦河派出所。1981年4月，区工商行政管理局设滦河工商行政管理所。1987年，区法院设滦河法庭。1989年设土地管理所。1994年7月，区地方税务局设滦河税务所。1994年8月至2002年1月，区国家税务局设滦河税务所。2005年底，各单位在滦河镇设置的派出机构有公安派出所、土地所、地税所、城建所、滦河法庭。

1980—2005年滦河公社、滦河镇党委书记名录

表 16-3-3

姓　名	任职时间	职　务
焦成信	1980.9—1984.3	公社党委书记
王凤璞	1984.3—1992.7	镇党委书记
王俊峰	1992.8—1994.3	镇党委书记
王悦庭	1994.3—1996.7	镇党委书记
李　国	1996.8—1998.3	镇党委书记
徐小平	1998.3—2003.9	镇党委书记
杨海龙	2003.9—2005.12	镇党委书记

1980—2005年滦河公社主任、滦河镇镇长名录

表16-3-4

姓　名	任职时间	职　务
陈　荣	1979.3—1981.4	公社管委会主任
郭　恩	1981.5—1983.3	公社管委会主任
王凤璞	1983.3—1984.3	代理公社管委会主任
王悦庭	1984.4—1994.3	镇长
王振福	1994.3—1995.12	镇长
王悦庭	1996.1—1996.7	镇长
李国(代)	1996.8—1997.12	镇长
杨海龙	1997.12—2003.9	镇长
贾　冀	2003.9—2005.12	镇长

第三节　大庙镇人民政府

一　工作机构

1956—1958年，岔沟门乡人民政府成立，辖4个高级农业生产合作社。1961年，成立大庙公社管委会。双滦建区前大庙人民公社内设办公室、财政所、民政所、计划生育服务站等机构。1984年改为大庙乡人民政府。1986年12月，改为大庙镇人民政府。2005年，镇政府设党政、经济发展、文化教育与社会事务办公室，财政所、司法所、农业合作经济经营服务站、计划生育服务站、农业技术服务站、农业爆破物品管理服务站、劳动事务保障站等机构。大庙镇政府驻大庙村。

二　派驻机构

1950年，承德市公安局设承德市公安局大庙派出所。1989年，区土地局设土地管理所。1991年，区法院设大庙法庭。1992—2003年10月，工商行政管理局设大庙工商行政管理所。1994年7月，双滦区地方税务局设大庙税务所。1994年8月至2002年11月，区国家税务局设大庙税务所。2005年底，各单位在大庙镇设置的派出机构有公安派出所、土地所、地税所、城建所。

1980—1986年大庙公社、大庙乡党委书记名录

表16-3-5

姓　名	任职时间	职　务
周宝堂	1980.9—1984.3	公社党委书记
周宝堂	1984.3—1986.12	乡党委书记

1986—2005年大庙镇党委书记名录

表16-3-6

姓　名	任职时间	职　务
周宝堂	1986.12—1989.9	镇党委书记
刘泽民	1989.9—1990.10	镇党委书记

续表 16-3-6

姓　名	任职时间	职　务
田印平	1990.10—1992.10	镇党委书记
付玉宝	1990.10—1996.12	镇党委书记
李克斌	1997.2—2003.9	镇党委书记
张宝东	2003.9—2005.12	镇党委书记

1980—1986 年大庙公社主任、大庙乡乡长名录

表 16-3-7

姓　名	任职时间	职　务
郭宏铎	1980.9—1984.2	公社管委会主任
刘继民	1984.2—1986.12	乡长

1986—2005 年大庙镇镇长名录

表 16-3-8

姓　名	任职时间	职　务
魏　琏	1986.12—1990.3	镇长
王玉山	1990.3—1992.4	镇长
李启银	1992.4—1993.3	镇长
丁克臣	1993.3—1996.12	镇长
李克斌	1996.12—1997.12	镇长
王青春	1998.2—2003.9	镇长
周建军	2003.9—2005.12	镇长

第四节　偏桥子镇人民政府

一 工作机构

1958 年，偏桥子人民公社管委会成立。双滦建区前偏桥子人民公社先后设办公室、计划生育服务站、财政所、民政所等所站。1984 年改为偏桥子乡人民政府。1994 年 9 月，偏桥子乡政府改为镇政府。2005 年，偏桥子镇政府设党政、经济发展、文化教育与社会事务办公室，财政所、司法所、农业合作经济经营服务站、计划生育服务站、农业技术服务站、劳动事务保障站等机构。镇政府驻地偏桥子村。

二 派驻机构

1985 年，双滦公安分局在偏桥子乡设派出所。1989 年，区土地局设土地所。1991 年，区法院设偏桥子法庭。1996 年 3 月，区国税局设偏桥子征收站。2005 年底，区各部门在偏桥子镇设置的派出机构有公安派出所、土地所、地税所、城建所。

1980—1994 年偏桥子公社、偏桥子乡党委书记名录

表 16-3-9

姓　名	任职时间	职　务
马福春	1980.9—1984.3	公社党委书记
付庆英	1984.3—1988.8	乡党委书记
刘继民	1988.6—1989.8	乡党委书记
田印平	1989.8—1990.10	乡党委书记
陈　银	1990.10—1993.12	乡党委书记
李　国	1993.12—1994.9	乡党委书记

1994—2005 年偏桥子镇党委书记名录

表 16-3-10

姓　名	任职时间	职　务
李　国	1994.9—1996.10	镇党委书记
徐小平	1996.10—1998.3	镇党委书记
付铁柱	1998.3—1998.11	镇党委书记
张秀瑞	1998.11—2003.9	镇党委书记
王青春	2003.9—2005.12	镇党委书记

1980—1994 年偏桥子公社主任、偏桥子乡乡长名录

表 16-3-11

姓　名	任职时间	职　务
王悦庭	1980.9—1984.2	公社管委会主任
高程远	1984.2—1987.10	乡长
刘继民	1987.11—1988.7	乡长
王海森	1988.7—1990.2	乡长
王依荣	1990.2—1991.11	乡长
李　国	1991.11—1994.9	乡长

1994—2005 年偏桥子镇镇长名录

表 16-3-12

姓　名	任职时间	职　务
李　国	1994.9—1996.3	镇长
付铁柱	1996.3—1998.3	镇长
张宝东	1998.3—2003.9	镇长
孟宪明	2003.9—2005.12	镇长

第四章　重要会议

1980年9月建区后，双滦区人民政府相继建立政府会议制度。通过召开区长办公会议、常务会议和全体会议，传达贯彻上级党委政府、同级党委的重要决策、决定；出台政府决策、措施和经济社会发展规划；讨论决定政府工作中的重大事项，全面履行经济调节、市场监督、社会管理和公共服务职能；部署、检查、总结、指导政府各项具体工作。1980—2005年，双滦区人民政府召开区政府常务会议262次、区政府全体会议38次、区长办公会议684次。

第一节　区长办公会议

区长办公会议是区政府研究协调某方面工作并作出决定的重要会议。区长办公会议由区长或区长委托常务副区长召集并主持，主管副区长及相关部门负责人参加，主要研究处理区政府日常工作中的重要问题，办公会议根据需要不定期召开。1980—2005年，双滦区政府共召开区长办公会议684次。其中，涉及工业及改革方面的会议179次，占会议总数的26.2%；涉及农业方面的会议186次，占27.2%；涉及城建房改方面的118次，占17.2%；涉及科教文卫方面的87次，占12.7%；其他方面114次，占16.7%。

一　农村、农业方面

1980—1985年，区长办公会议研究农村、农业方面问题33项次。1981年7月1日，会议议定：用1个月时间解决林权纠纷并确权。全区划自留山5480亩，涉及全区17个大队，39个生产队，949户农户。退还个人树木1128株；退还中营子村15户农民1953年栽植树木1374棵，生产大队发林权证。同年7月7日，会议议定：秋菜生产承包到户、到居民组，不吃“大锅饭”。征占菜地，每亩补偿7000元。1982年3月9日，会议议定：粮食征购任务实行包干，落实到生产队。力争全年完成粮购50万公斤，其中偏桥子公社完成30万公斤、双塔山公社完成13.5万公斤、滦河公社完成4万公斤、大庙公社完成2.5万公斤。1983年7月21日，会议提出：农业发展多种经营，安排组织各人民公社去外地参观学习副业生产情况。1984年4月2日，会议议定：成立“双滦区农村改革研究中心”“双滦区农工商综合公司”。同年10月9日，会议讨论草拟《双滦区关于农村计划生育奖罚意见》；农村重点扶植发展专业户、承包户。办公会议听取有关部门林权确权情况汇报，至1984年，区内国有林场林地面积44726亩，集体林地面积18755亩，自留山面积91929亩。其中，联户、大户承包荒山11532亩，承包百亩以上荒山的有175户，分别与乡镇政府签定林业生产责任状。1985年4月4日，办公会议提出：调整农业产业结构，抓好村级试点。同年7月7日会议议定：召开全区农村工作会议，扶植农户开展“庭院生产”、“家庭工厂”，发展种植、养殖业生产。9月13日，会议议定：全区推广滦河镇东园子村生猪养殖保险的经验做法。农户与兽医站签定保险合同，每头猪交4元钱保险费，兽医站对养殖户负责技术指导、疾病防治指导、包割骟、包赔偿（每头猪最高包赔付50元）。东园子村61户参加保险，投保生猪78头。

1986—1990年，区长办公会议研究农村、农业问题58项次。1986年2月27日，会议贯彻双滦区计划会议精神，提出确保粮食稳产、增产；选育优良品种；调整种植结构比例，提高蔬菜、油料作物种植面积；争取资金发展果树种植，全年完成育苗250亩；抓好畜牧防疫灭病和检疫工作，肉蛋奶产量达到1000万公斤。同年3月10日，会议贯彻承德市蔬菜工作会议精神，议定：

1987.7.24—7.31 双滦区农村工作会议（区档案馆提供）

增加蔬菜产量；贯彻“以菜换粮”政策，弃菜经商的农户，取消其口粮供应；做好菜农与商店对接，调动菜农积极性。会议提出进一步落实林业政策，实行“四旁植树分户划片，谁栽谁有；奖励开展林木育苗，培育1亩树苗可享受补贴500元”。1987年11月27日，会议议定：农业要建立双层经济结构，搞好合作经济组织，落实林业、土地责任制，搞好农村干部工资改革（成果工资制）。1988年3月12日，会议确定林业绿化工作重点是“一点三线”。即双塔山风景点和滦河、牤牛河、公路两侧沿线。同年4月1日，会议听取农林局工作汇报，提出农业工作要抓好农民技术培训，推广优良品种，抓春耕前保墒轧地，抓好防疫，抓好春季选林准备，抓机井水设施责任制，抓农田基本建设。同年4月9日，会议议定：全区计划种植大田作物4331亩，园田17.5亩；农资部门按每亩200～250公斤备足化肥；造林任务分解到各村，四旁种植2万棵。同年11月29日，会议议定：1989年落实菜、肉蛋增产增收计划；粮食主攻单产，增加总产；扩大蔬菜种植面积，推广新品种、新技术；巩固养殖业，力争增长20%。政府做好农资服务，技术培训服务。1989年1月27日，会议议定：办好果树栽植培训班、蔬菜栽培培训班和水稻旱育秧培训班；旱育秧计划实现200～300亩；建养殖业饲料加工厂。计划粮食播种3万亩，总产达到945万公斤；蔬菜种植5400亩，产量达到2000万公斤；荒山造林 3500亩，四旁植树10万株；果园达到11000亩；生猪养殖2.7万头；禽4万只，羊1.3万只；肉产1400吨，蛋产1200吨。同年2月12日，会议提出“科技兴农”构想，全面落实中央1号文件精神，加强农副产品基地建设，加强农业技术的推广与培训。同年8月13日，会议传达承德市粮食会议精神，实行粮食定购、包干，实行粮食定购的农户或村组给予免除3年统筹费的奖励政策。1990年9月8日，会议从“科技兴农”的角度提出“丰收计划”、“燎原计划”、“星火计划”。

1991—1995年，区长办公会议研究农村、农业问题30项次。1991年1月7日，会议议定：农村开展清理财务，利用冬季农闲开展农技培训，筹备召开农业表彰大会。1992年9月9日，会议讨论并草拟《双滦区关于农村宅基地有偿使用暂行办法》。同年11月7日，会议提出调整农业种植结构，发展蔬菜日光温室。1994年9月23日，办公会议专题研究农建工作。会议提出：农田基本设施尽快恢复到灾前水平；确定滦河沿线5个沟堤坝、偏桥子乡蔬菜大棚恢复建设和秋季造林为重点工程；加强对救灾物资的管理与发放；政府相关局、委帮扶减灾建设。会议研究并草拟《双滦区关于发展“两高一优”农业的决定》，拟宣传表彰种粮大户李富春的致富典型事迹。1995年3月31日，会议贯彻河北省农村工作会议精神，提出：发挥区位优势发展城郊型农业；加快科技推广力度，加大对农民的技术培训，重点推广投

1989.3.21—3.22 双滦区农村工作会议（区档案馆提供）

资小、收益快的项目；加快农业产业化进程，以龙头企业带动当地产业发展，以基地建设带动农户规模发展；落实中央扶植农业政策，减轻农民负担。会议强调：农业发展要实现两个目标：粮食增收，农民人均收入达到小康水平。农业产业化要抓好基地和市场。

1996—1999 年，区长办公会议研究农村、农业问题 19 项次。1996 年，办公会议议定：农业向产业化发展，成立双滦区农业产业结构调整领导小组，抓好蔬菜基地、养殖基地和水果基地建设。支持农户发展第三产业和种养殖业，创造走多条致富路的模式。稳定农村土地承包政策，做好二轮土地延包工作。1998 年，会议议定：成立“千头母猪产业化龙头示范场”领导小组，促进养殖业产业化发展进程。

2000—2005 年，区长办公会议研究农村、农业方面 31 项次。2000 年 11 月 28 日，办公会议讨论《双滦区“十五”建设纲要（草案)》，强调把发展生态农业、科技农业、设施农业作为农村经济可持续发展之路。2002 年 8 月 9 日，办公会议议定：农业以“两园一室”为工作重点。即：青青农业旅游观光示范园；碧绿林海特种养殖示范园；蔬菜日光温室。2004 年 4 月 5 日—10 月 25 日，先后召开 3 次区长办公会议，专题研究调度农村地方道路“村村通工程”。涉及全区 4 个镇 35 条道路，总里程 98.8 公里，计划投资 1593.9 万元。2004 年 9 月 24 日，办公会议研究文明生态村建设工作，议定：集中时间消灭“五乱”。即：家畜乱跑、柴草乱堆、垃圾乱倒、污水乱泼等问题。2005 年 8 月 9 日，召开农业重点项目调度会，听取工程进展并进行专题研究。重点项目有：千亩梨花坡工程、百亩垂钓园工程、羊泉子村生态移民工程、南菜工程、北畜工程和滦河截水坝工程。

二 工商企业方面

1980—1985 年，区长办公会议研究工商企业方面工作 36 项次。1981 年 7 月 9 日，会议议定：取消双滦手工联社，被服厂人员及厂地移交双滦服务公司管理；二轻综合厂、滦河综合厂移交区属管理。1984 年 2 月 14 日，会议强调：不可用行政命令的方法管理企业。会议先后议定：商业企业改革主要措施是：消政放权，减少行政管理人员；试行工厂与商店联营；烟酒销售与蔬菜销售分开经营；打破铁饭碗，实行责任制；改善流通渠道；修缮商店门面。1985 年 3 月 11 日，会议议定：供销社改革要从体制上建立民主理事会，监督供销社经营。当年，入股户达到 6757 户，入股资金占总资金的 78%。

1986—1990 年，区长办公会议研究工商企业方面工作 68 项次。1986 年 3 月 11 日，会议讨论《双滦区企业承包经营责任书》，着手布署工业普查工作。同年 3 月 2 日，会议确定工业工作重点是抓区属企业，大力发展乡镇企业、社队企业。1987 年 3 月 11 日，会议研究商业体制改革：简政放权，实行“国家所有，个人经营”；搞经理厂长责任制，任期 1 ~ 4 年，逐年考核；完善企业内部责任制，百货核标到柜台，蔬菜经营实行利润包干；发挥职工民主管理作用，对领导定期评议。

1987 年 4 月 6 日，区长办公会议确定：“原有企业抓提高，立足优势抓发展，创造条件搞服务”的工作思路。企业技改拟上新项目、新产品。同年 11 月 27 日，会议研究 1988 年工作要

1987.4.14 双滦区召开四个乡镇 1987 年承包兑现 1988 年承包签状大会（区档案馆提供）

点。确定工业以效益为重点，把竞争机制引入承包经营，改革分配制度，推行厂长任期目标责任制。1988年7月16日，会议议定：工业倡导增产节约，确保各项经济指标的落实；抓全面质量管理；抓新产品开发；完善企业内部承包责任制；对承包人半年考核。1989年2月12日，会议听取工业生产情况，讨论草拟《企业承包责任制意见》。同年7月19日，会议确定企业半年考评内容：查承包经营状况，查生产经营状况，查产业产品结构调整，查领导工作能力。同年11月20日，会议确定成立双滦区建筑公司。12月11日，会议研究讨论完善工商企业承包合同。调整1990年工业企业承包指标；选好企业承包人；完善厂长岗位津贴。1990年，先后5次例会，研究各企业二轮承包。

1991—1999年，区长办公会议研究工商企业方面工作63项次。1991年6月24日，办公会议提出：把双滦建成工业开发区的构想。围绕如何加快双滦经济发展，实现五年翻番，每年增长15%的目标制定措施；引进人才；挂靠大企业，联合经营发展；解放思想，大办企业。1992年元月2日，会议议定：商业企业实现改革，"经营分开、价格放开、分配放开、用工放开"。1993年4月3日，办公会议研究成立"工商企业第三轮承包领导小组"，议定：商业企业实行"五定一包"，即"自主经营、自负盈亏、自筹资金、自由组合、自由分配、包死上缴利润"。承包形式采取："柜组承包、优化组合；企业内部个人承包；租赁设施自主经营；领导牵头集体承包经营"等。同年10月5日，办公会议听取企业股份制改革工作汇报会，讨论"关于双滦区推进企业股份制试点意见"。议定：乡镇企业推进股份制试点单位，即焊管厂、铸造厂、渗漏管件厂、钢球厂。同年11月11日，会议强调要用改革精神抓区属企业；用政策搞活企业，推行股份制和劳动用工聘用制等。商业企业实行"国有民营"。会议先后讨论草拟《乡镇企业体制改革方案》《工商企业第三轮承包方案》《关于推进工业企业科技进步奖励办法》《关于发展个体私营经济的规定》等文件。1994年1月20日，会议提出："从零开始，二次创业，加快发展，富民强区"的战略目标。同年9月15日，召开区属工业扭亏增盈工作会，提出：精简企业机构和人员；抓好产品质量和销售；争取资金；推行股份制和清欠等措施。1995年1月25日，会议议定：拟召开乡镇企业表彰会。表彰优秀乡镇企业家，支持乡镇企业发展的先进单位和发展乡镇企业先进个人。

1995年7月13日，区长会议议定：企改从产权制度改革入手，推进股份制、股份合作制、法人分立、能人承包、企业租赁、破产拍卖等多种形式。上半年全区股份制和股份合作制企业发展到54家，股本金总额6607万元。

1996—1999年，区长办公会议先后9次研究企业转制及善后工作。1996年6月12日，会议听取区属企业二轻厂和建材厂转制工作组汇报。议定：拿出转制方案，分别交企业职代会讨论。1997年2月24日，会议研究全区工商企业转制工作，议定：全区企业分三批进行转制。第一批，滦河轧钢厂、机械制造厂、建筑公司；第二批，大庙陶瓷厂、滦河铸造厂、第一轧钢厂；第三批，商业企业及剩余乡镇企业。1998年，办公会议多次研究项目工作，议定：1998—1999年争取列入国家级、省级、市级的重点项目25个。

2000—2005年，区长办公会议研究工商企业问题41项次。2000年8月15日，办公会议

2003.1.7 双滦区全区经济工作会议（区档案馆提供）

议定：双塔山供销社北院由区工商局和供销社联合开发，建设商贸市场。2001 年 4 月 25 日，会议专题研究大庙陶瓷厂转制后遗留问题。议定：加强社区管理，保障原厂家属区居民生 活有序；对确有生活困难的职工和现厂内居民全部纳入社会最低生活保障；原留取的医疗基金作为医疗保险金，用于原职工就医需要，随后分批加入医保；现留在企业的职工，由现企业负责保险统筹接续。对一次性安置的职工，与市劳动部门协商，解决养老保险接续问题。同年 10 月 15 日，会议议定：同意商业局蔬菜公司一部以整体出售形式进行改制的方案，所得资金优先解决拖欠职工工资及养老保险问题。2002 年 8 月 29 日，办公会议议定：全区工业发展要围绕构筑冶金矿山和建筑建材两条龙型经济展开。

2004 年 4 月 30 日，办公会议专题研究企业改制后遗留的若干问题。议定：建材厂原改制方案中涉及的“经济补偿金”改为“一次性安置费”；改制企业拖欠职工费用截至 2003 年 12 月末，之后不再延续；改制前涉及职工生活费、养老保险等，按承包时的文件处理；建材厂 19 名合同制工人失业保险问题，由区人事劳动部门核实，政府统一交纳。同年 5 月 26 日，办公会议再次专题解决企业改制工作。议定：建材厂西家属院部分土地出让给国家粮食储备库，所得资金用于补偿拆迁户；改制后涉及职工医保问题，依据有关文件精神，实行给予一定补贴的办法，不再参加基本医疗保险；涉及职工工伤问题，按工伤等级给予一次性补偿；同意给建材厂 16 名合同制工人补发 1996—1998 年生活费；免除供销社机关欠失业保险滞纳金；滦河百货公司拆迁补偿标准按每月承包费的 3 倍给予补偿，由区经贸局负责扣除承包期间拖欠企业的 204 万元承包费。补发拖欠部分职工的医药费，批准职工重组要求。商业系统改制企业，因企业原因下岗的职工，补发生活费；自愿离岗的不予补发；同意给供销社离休干部预留医药费，每人 8000 元。

三 科教文卫工作方面

1980—1989 年，区长办公会议研究文教工作 24 项次、卫生工作 17 项次、计生工作 23 项次。1980 年 12 月 9 日，办公会议讨论“双滦区计划生育奖励办法”，奖励独生子女家庭，提倡一对夫妇只生一个孩子。1981 年 6 月 16 日，会议议定：成立双滦区爱国卫生运动委员会，拨款培训农村赤脚医生；加强学校思想教育，提高师资水平和教学质量；建立学前教育机构，开展幼儿教育，解决学生就近入学问题；建立电影放映队，修建体育场所。同年 12 月 12 日，会议传达河北省工农教育经验交流会议精神，布署业余教育任务。开展扫盲、职业教育，整顿“五七”大学改办成农业技术学校。1983 年 11 月 16 日，会议研究双塔山医院和学校领导班子建设问题。1984 年 4 月 30 日，会议议定：乡镇卫生院实行改革，“自负盈亏，执行浮动工资”。同年 6 月 8 日，会议讨论原则通过《双滦区关于乡镇卫生院改革方案》。10 月 9 日，会议研究草拟《双滦区关于农村计划生育奖励意见》。1988 年 2 月 4 日，会议研究中学教师职称改革工作及儿童计划免疫工作。同年 5 月 5 日，会议专题研究教育工作，讨论教育 15 年规划和幼儿园发展规划；小学、初中、高中、职业中学发展规模；师资水平达到“普九”标准，配备比例：小学 1：26、初中 1：17、高中 1:14；校舍小学人均 3.6 ㎡、中学人均 4.8 ㎡；经费 1985 年 80 万元，1990 年 113 万元，1995 年 172 万元，2000 年达到 265 万元。1988 年 6 月 29 日，会议拟定成立双滦区职业技术高级中学。12 月 8 日，会议部署开展《中华人民共和国食品卫生法》《中华人民共和国药品法》《中华人民共和国九年义务教育法》学习活动，开展教师学历达标工作。1989 年 4 月 6 日，会议研究教育“燎原计划”。即在校初中学生每人学一门实用技术，毕业后服务于双滦，促进双滦经济发展。1989 年 8 月 3 日，会议听取计划生育工作汇报，全区计划生育率达到 83.3% 。

1990—1999年，区长办公会议先后研究教育工作15项次，卫生工作10项次，计划生育工作16项次。1990年9月17日，会议议定：国民经济计划“八五”时期，双滦拟改建一所精神病院。同年10月4日，会议拟成立双滦区教育发展基金会。1991年1月7日，会议研究扫盲工作，全区文盲176人，其中70%为女性。1991年7月6日，会议研究双滦区九年义务教育五年规划。1992年1月14日，会议听取计生工作汇报。1992年人口目标计生率98%，人口出生率17‰，自然增长率13‰。1992年6月25日，办公会议听取1994年双滦承办河北省中学生运动会筹备情况；教育危房检查情况。1994年1月6日，会议研究结合教育“两基工作”（基本实现九年义务教育，基本扫除青少年文盲），筹措资金兴建教学楼八幢，改善办学条件；增加教师编制，培训师资能力，提高教学水平。1992—1999年，办公会议先后研究卫生工作6次。会议讨论“双滦区卫生系统职称评定意见”；开展农村合作医疗制度，先行在滦河村试点。1994年3月7日，会议研究制定“双滦区计生工作责任目标”；同年11月4日，会议研究讨论《双滦区人口目标考核内容及方法》。1999年3月29日，会议讨论草拟《双滦区流动人口计生工作管理办法》。同年10月24日，会议议定：成立双滦药品管理监督局，副科级单位，挂靠在双滦区卫生局。

2000—2005年，区长办公会议先后研究科教文卫工作25项次。2000年9月1日，会议议定：健全流动人口管理制度，实行“一证管多证”制度。办理暂住证、营业执照、务工许可证时，相关单位要查验当事人的婚育证。建立相关单位流动人口月沟通制度；计生工作实行“一票否决”制，作为年终责任目标考核的重要依据。2002年4月12日，会议议定：第三中学从2002年暑期开学改为完全高中，高中招生8个班，教师招聘择优录用；第四中学招收初中学生，计划招收10个班。重建区医院。装修现有精神病病楼房，面向社会招聘医务人员，改变落后面貌。2003年3月4日，会议议定：成立实验中学筹建领导小组；拟定政府投资兴建一座占地350亩，校舍面积10万平方米高标准的高中。2004年11月3日，会议对实验中学食物中毒事件中的相关单位和责任人进行通报批评。2005年1月16日和1月26日，区长办公会议专题研究“第三中学迁建”及“实验中学发展”问题，听取新建第三中学工程情况汇报，协调下步工作。

四　城建　交通　环境方面

1980—1999年，区长办公会议先后研究城建、交通、环境方面工作29项次。1981年6月16日，会议研究治理环境脏乱差，拟成立清洁队，解决城市垃圾和造纸厂、皮革厂环境污染。1982年3月9日，会议研究议定：城区主要街道安装路灯。同年4月12日，会议讨论草拟《双滦区环卫管理暂行条例》。布署整治居民随意搭建小屋问题。1983年7月19日，会议议定：城建重点抓“门前三包”工作（临街单位包门前卫生、绿化、秩序）；各街道办成立“三包”办公室；街面清扫由环卫处负责；人行道和小巷由居委会负责；市场由工商局负责。1984年2月11日，会议议定：双塔山、滦河街区纳入城市规划。同年6月8日，会议拟定成立双滦区城乡建房领导小组；驻区企业内部建房，须经报区审核后报市相关部门批准；凡区镇企业及个人建房，须由乡镇签署意见，区批准。9月14日，会议明确双塔山镇为承德市卫星城镇，改造旧村、建设新村。郊区总体规划外的城乡结合部也要规划好。要求：综合规划、综合开发、综合建设，有利于生产、生活、教育、美化、净化。拟成立乡镇规划领导小组，加强乡镇建房审批领导。1986年2月27日，会议议定：双塔山街区路灯向两侧延伸500米，3个农贸市场建公厕。同年7月29日，会议讨论研究《双滦区市容环境卫生管理暂行规定》。1988年6月29日，会议议定成立双滦区房屋开发公司，隶属区城建局。1988 年 7 月 19 日，会议研究成立专业城管监察队伍，落实好单位“门前三包”。1989 年 4 月 4 日，会议专题研究城镇改造和绿化问题。7 月 15 日，会议议定：双塔山、滦河新建公厕 5 个；滦河大桥至承钢路段安装路灯；双塔山矿机大管子至煤站路灯换装新灯具；改装升降车 1 辆；园林绿化投入 2.5 万元；防洪工程投入 2 万元；滦河镇郊建垃圾场 1 个；加强违章建房、建筑清理。1990 年 11 月 27 日，会议专题研究城镇基础建设。议定：规划建设自来水设施；拟修建双塔山至偏桥子公路；安装双塔山至三岔口街道西侧路灯；建设双塔山森林公园。

1992 年 6 月 22 日，区长办公会议听取热河集贸市场建设情况汇报；讨论双塔山街道规划；议定成立双滦区房地产开发公司。同年 8 月 20 日，会议研究双偏公路修建方案；同年 8—12 月，办公会议先后 4 次召开专题会议，研究解决双偏公路修建事宜。1993 年 4 月 15 日，会议研究双塔山镇总体规划，规划面积 1456 公顷。同年 6 月 30 日和 7 月 3 日，会议专题研究城建房地产开发工作。11 月 10 日，会议研究自来水管网和水源地建设，预计自来水一期工程需要资金 97 万元，并确定为 1994 年重点工程之一。1999 年 3 月 7 日，会议研究修订《双滦区爱国卫生管理条例》。

2000—2005 年，区长办公会议研究城建开发、交通、环境方面问题 83 项次。2001 年，先后 6 次例会研究牤牛河双塔山街设商业街开发建设，双塔山大街拓宽改造和滦广公路建设。2002 年 4 月 1 日，会议议定：“进一步明确双塔山大街拓宽改造和滦广公路沿线城市改造开发工程 13 个地段的政府相关包段责任人，加强城建改造工作力度。同年 8 月 29 日，会议明确交通工作重点是抓好丝绸厂至下营房路段的拓宽改造和新建滦河大桥项目。12 月 11 日，会议确定 2003 年城建重点工程：实验中学建设、团瓢村改造、

2003 年双滦区建筑工地（区档案馆提供）

双塔山应营子临街开发、砖厂家属区开发、滦河镇部分路段开发，区政府 9 个局办公楼及交警大队办公楼建设。2005 年，办公会议先后例会 18 次研究城建开发，供热供水项目施工及交通问题。同年 5—7 月，会议先后 5 次研究解决大庙镇企业及居民饮用水工程建设。

五 政府自身建设

1981 年建区之初，办公会议先后议定：《区长办公会议制度》《工作汇报制度》《学习制度》《奖励制度》《财务管理制度》《请销假制度及修车购件规定》。1981 年 3 月 27 日，会议议定：节约开支，封闭部分电话。全区机关开通政府办公室、区委办公室、组织部、农林局和区委书记 5 部长途电话，科室打长途电话由科负责人批准。各办公室照明用电不得超过 60 瓦灯泡。同年 6 月 15 日，会议强调：提倡深入基层，搞调查研究，各单位要认真处理群众来信来访。7 月 18 日，会议讨论制定“政府工作范围和各项制度”。9 月 4 日，会议布署全区各单位开展财经纪律检查。政府定期向人大、区委汇报经费开支情况。1984 年 2 月 18 日，会议议定：政府各机关实行岗位责任制，完善机关考核制度。1985 年 1 月 17 日，会议明确区长及副区长分工，讨论完善信访值班制度、民主生活会制度、区务会等制度。1989 年 8 月 5 日，会议听取各局委办工作汇报。布署廉政建设，清查干部职工建私房；清理滥发奖金、实物问题；检查机关日常工作纪律。1990—1995 年，办公会议先后研究讨论并拟定“双滦区政府常务

会议议事规则”“双滦区关于实行有限目标管理责任制的意见”。1991年4月21日，会议布署狠抓公款吃喝问题。议定：实行工作餐制度，定饭菜标准，定陪客人数；要求领导干部不吃招待饭，不喝酒。1992年1月，会议部署纪律作风整顿，修订《双滦区政府办公会议规则》。1993年3月7日，会议讨论“双滦区乡镇体制改革方案”。1998—1999年，办公会议先后讨论《双滦人民政府关于预算外资金管理细则》《双滦区人民政府关于加强财政票据管理与使用实施办法的规定》。议定：落实党风廉政责任制，狠抓公款吃喝风，开展财务专项检查。

2000—2005年，办公会议研究政府自身建设方面40项次。2004年11月11日，党政联席会议上讨论并原则通过《双滦区关于党政领导干部亲自处理信访突出问题及群众性事件的意见》。2005年5月23日，会议讨论并原则通过《双滦区关于在村（社区）设立政府联络员的意见》。

第二节　区政府常务会议

区政府常务会议由区长、副区长和办公室主任及政府有关部门组成，人大、政协、武装部各有一位领导列席会议，必要时请有关部门的主要领导参加。会议主要内容：贯彻上级领导机关的重要指示和决定，研究和决定报请市政府、区委、区人大常委会审批的重要事项，研究部署政府重要工作事项。区政府常务会议原则上每月召开一次，如遇特殊情况，可临时决定召开。会议决定的事项由办公室整理成会议纪要，经区长或常务副区长审批后，印发有关单位贯彻执行。1980—2005年，区政府共召开常务会议262次。其中，涉及工商企业及改革方面的76项次，涉及农村农业发展方面的79项次，涉及城建房改方面的80项次，涉及科教文卫方面的60项次，其他方面54项次。

一　农村、农业方面

1980—1984年，常务会议在农村、农业方面主要研究落实党在农村的各项政策，推行“土地承包责任制”。1982年4月6日，会议研究农村土地承包责任，明确实行“家庭联产承包责任制”。重点抓粮食种植生产，完成上级下达的粮食征购任务；抓蔬菜种植生产，确保秋菜种植面积，保障居民冬贮蔬菜供应；抓生猪养殖，确保居民副食产品供应。

1980—1990年，区政府常务会议召开93次。其中，涉及农村、农业方面29项次。1985—1990年，常务会议先后研究全区农村第二轮土地承包等工作17项次。1989年2月26日，会议议定：在全区推行土地有偿承包，并研究制定弃耕扔荒土地的惩戒办法。会议多次研究调整农作物种植结构比例，提出“科技兴农”构想，推广“两高一优”作物种植和种养殖新技术，引导农民从单一的粮食生产向农村牧副渔多业发展。

1993—1994年，常务会议先后3次研究“小康村建设”，制定“小康村建设标准”，听取农村小康建设规划与进展情况。1995年6月6日，会议专题研究“双滦区蔬菜日光温室发展年规划”。会议强调：发展蔬菜日光温室是发展双滦城郊型农业的有效途径。会议议定：1995年，偏桥子镇蔬菜日光温室在1250亩的基础上再发展450亩。提出：靠典型引路、效益引导，调动农业生产积极性；培育社会化服务体系，为农户提供物资、技术服务；营造农业生产经营一体化的体制，发挥联市场、联基地和农户功能，使生产、加工、销售紧密结合。同年7月13日，会议提出：农业重点抓结构调整，粮食作物与经济作物比例达到6.5：3.5；“两高一优”作物覆盖率达到90%以上。1995年11月18日，会议讨论通过“关于拍卖荒山使用权实施意见”和“关于双滦区土地管理实施办法”。1997年，常务会议先后研究并原则通过“双滦区农村社会保障制度实施方案”、“双滦区农村救灾互助储金会暂行办法”、“双滦区农村最低保障制度暂行办法”、“关于推行农村合作医疗实施意见”。1998 年 5 月 21 日，会议议定：加快农业产业化进程，重点抓好水稻基地、山杏基地、蔬菜基地、果园基地和养殖基地建设。1991—1999 年，常务会议研究农村、农业问题 31 项次。

2000 年 3 月 2 日，会议议定：全力抓农业结构调整，落实“双滦区农业结构调整实施意见”，2002 年 3 月 20 日，会议确定本年度农业工作抓好“两园一室”开发建设。即：青青农业旅游观光示范园、碧绿林海特种养殖示范园和蔬菜日光温室建设。同年 12 月 5 日，会议讨论双滦一、二、三产业发展规划，确定农业发展以奶牛养殖和蔬菜日光温室为重点，明确其为两条“龙型经济”。2003 年 7 月 22 日，会议议定：双滦农业抓“南菜北畜”工程。即：区域南部发展蔬菜种植，北部发展养殖业。2004—2005 年，会议先后讨论并原则通过《双滦区全面建设小康社会总体规划纲要（草案）》《双滦区人民政府关于对种粮农民直接补贴办法》《关于对 2004 年度文明生态村创建活动先进单位、村两委班子先进集体、优秀包户干部和先进工作者进行表彰的决定》《千亩梨花坡工程定位及规划》《双滦区退耕还林验收管理办法》《双滦区封育禁牧管理办法》。2000—2005 年，政府常务会议研究农村、农业问题 19 项次。

二 工商企业方面

1980—1990 年，常务会议研究工商企业工作 22 项次。会议多次研究企业扭亏增盈，提高效益问题，先后讨论并通过“双滦企业承包经济责任书”“双滦区企业第二轮承包方案”；议定：工商企业实行经营体制改革，落实厂长、经理任期目标责任制和经营承包责任制。

1982 年 8 月 11 日，会议总结上半年工作，议定企业下半年实行“定产定额”，提高经济效益。

1987 年 3 月 10 日，会议听取经委工作汇报，成立“双增双节”领导小组（增产增收节约节支），讨论企业技改，上新产品。砖厂拟上万宝炉炼铁项目，陶瓷厂拟上彩釉砖，轧板厂拟上悬挂输送链，二轻厂拟上利色粉和中频电炉项目。

1987 年 3 月 11 日，会议确定商业企业销售额达到 1600 万元，比 1986 年同期增长 10%。议定：进行商业经营体制改革。安排好市场供应：抓好蔬菜与基地建设，搞好蔬菜市场供应；商办企业落实厂长责任制，酿造厂要提质增加品种。

1988 年 11 月 7 日，会议强调乡镇企业重点抓管理、抓发展、抓承包经营责任制。1989 年 3 月 25 日，常务会议听取工商企业考核情况汇报，议定：按承包协议书兑现奖励。1989 年 12 月 11 日，会议研究工商企业承包合同问题。议定：详细测算后调整企业承包的经济指标；商业企业承包指标基本不变，可对个别调整。1990 年农历正月初六，会议研究并原则通过“双滦区乡镇企业发展规划”。同年 6 月 21 日，会议贯彻中央五中全会“关于进一步治理整顿的决定”。议定：清理整顿公司，取缔 4 个，食品批发进行整合，由原来 26 家减到 11 家，个体、集体批发一律取缔。同年 12 月 18 日，会议讨论并通过“乡镇企业承包意见”，全区工业企业二轮承包工作结束。

1991—1999 年，常务会议研究工商企业工作 36 项次。1991 年 3 月 25 日，会议研究双滦工商企业兑现承包责任制奖惩。1993 年 3 月 3 日，会议讨论通过《关于推进双滦区企业技术进步的奖励办法》。议定：1993 年工业工作“两个重点三项工作”。即解决大庙陶瓷厂扩建和建材厂经营困难；重点“抓企业管理、抓产品销售、抓流动资金”三项工作。同年 11 月 29 日，会议通过“关于双滦区塑料机电厂破产责任制的审查意见”。1994 年 1 月 7 日，会议确定年度经济工作要点涉及工商企业方面，重点是发展个体私营经济和推进企业股份制改革。1995 年 7 月 13 日，会议听取各部门工作汇报，明确企业改革从产权制度改革入手，进行多种形式改革的尝试。全区股份制和股份合作制企业发展到 54 家，股本总金额达到 6607 万元。议定：下半年全区乡镇企业改革要达到50%，区属企业改制要达到90%。1998年2月23日，双滦区第六届政府第一次常务会议提出：努力实现富民强区的目标和跨世纪的各项任务。工业方面主要是提高工业、乡镇企业生产运行质量。会议确定6家转制企业的政府责任人。同年5月，确定8个企业为转制工作重点企业。政府组成3个工作组，进驻企业协助转制工作。会议议定：加快区属商业企业改制步伐，加强下岗职工再就业和解困工作。

2000—2005年，常务会议研究工商企业方面问题18项次。2000年3月2日，常务会议提出：工业生产争创首季开门红，着手制定商业企业转制方案和措施，尽快组织实施。2001年6月7日，会议讨论并通过双滦质量技术监督分局“关于清理整顿小钢铁厂和地条钢生产企业的请示”，议定：马上关闭存在严重质量问题的企业，尽快整改环保手续不完备的企业。2002年5月15日，会议提出：工业抓扩能、抓骨干保重点。同年12月5日，会议讨论双滦区一、二、三产业发展规划，初定双滦“五条龙型经济”发展方向。涉及工业分别是冶金矿山发展一条龙；建筑建材发展一条龙。2003年7月22日，会议再次强调工业抓扩能，实现两条龙型经济。2004年7月22日，会议明确提出：双滦区发展定位是“建设中心城市重点工业区和从属旅游区”的发展理念。进一步借助驻区大企业的辐射带动作用，发展高科技含量、高附加值、低能耗、低污染的企业；延伸产业链条，进一步强化工业对区域经济的支撑作用。2005年，常务会议分别议定：归还本特顺达公司土地出让金、运通公司占地补偿费及搬迁费、京双电力有限公司征地补偿费；布署开展企业安全生产大检查；取缔环保不达标的双丰钢铁公司土烧结厂；停产整顿蓝天纺织公司碳黑项目及印染车间。

三　城建及房改方面

1980—1990年，常务会议研究城建、交通、环境方面工作19项次。1982年4月16日，会议讨论通过《双滦区环卫管理暂行条例》。1983年7月19日，会议议定：街区道路落实门前“三包”规定，各街道办公室成立相应组织落实各项工作。1984年4月11日，会议议定成立村镇规划建设（房）领导小组，确定“综合规划、综合开发、综合建设、有利于生产、生活、教育、净化”的原则。1989年3月25日，会议议定：成立专职城管监察队伍，加强城市管理。

1991—1999年，常务会议研究城建开发、交通方面工作27项次。1991年3月25日，常务会议通过“双滦区政府关于进一步贯彻城市规划法，严格履行建筑审批程序的通知”。1994年1月7日，会议确定年度城建三项任务：自来水供水工程、垃圾收集处理场工程和房产开发工程。会议研究双塔山中心规划：4～5年内发展到7万人的城镇，将来再搞双塔山公园和横竖公路及文化娱乐设施建设，功能逐步齐全。1995年3月9日，五届区政府常务会议研究讨论《双滦区房屋拆迁实施细则》，决定成立区城镇房屋拆迁领导小组；成立有区城建局、土地局等部门参加的区拆迁办公室，并要求城建部门在公布细则之前，确定有关产权。1996年10月30日，五届政府第9次常务会议通过关于区民政局和金厂沟国营林场，联合在三岔口林区范家沟内，建占荒山五亩的“经营性公墓”一处。

2000—2005年，政府常务会议研究城建、交通、房屋开发34项次。2000年10月17日，区六届政府第17次常务会议，研究讨论“区林水局关于开发牤牛河建商业一条街的请示”。林业水利局在牤牛河上兴建长320米宽8米，总建筑面积4200平方米，可容纳42户个体商户的商业一条街的请示。2001年6月7日，六届区政府第21次常务会议，研究讨论“双塔山镇关于建设牤牛河商贸市场的请示”。会议原则同意对牤牛河矿机漫水桥至滦广公路应营子大桥段河道进行开发，要求按照建设程序实行招投标；区林水局负责工程行洪、清淤规划；区城建局负责建筑格局规划设计，执行一期开发政策。2002 年 3 月 20 日，六届区政府第 27 次常务会议确定建设区民族文化广场。功能定位为文化休闲、旅游服务、自然适用，为居民提供健身强体、文化活动的场所。2002 年 12 月 31 日，六届政府第 32 次常务会议，决定成立双滦区供热公司。2003 年 1 月，区六届政府第 33 次常务会议研究决定 2003 年度城市重点工程建设项目为：团瓢村整体改造、政府 9 部门新建综合楼、新建实验中学、应营子村京承公路沿线住宅改造、双塔山供销社北院开发、滦河烟草公司开发、滦河百货公司至承钢果山公路沿线旧城改造、丝绸厂至市城管界公路拓宽、双偏公路中修、承围支线公路大修、新建滦河大桥、集中供热等。对城市重点建设工程给予优惠政策：免收区内各项行政事业性收费；对土地出让金和土地使用金实行即征即退。2003 年 2 月 20 日，区六届政府第 33 次常务会议，研究关于建设京承线丝绸厂平交处至市区下营房城管道路交界处全长 8.4 公里一级公路有关问题。七届政府第二次常务会，研究通过《双滦区集中供热工程占地拆迁补偿办法》。

四 科教文卫及计生工作

1980—1990 年，政府常务会议研究科技文卫及计生工作 20 项次。1980 年 12 月 11 日，会议讨论通过《双滦区计划生育奖励办法》，提出一对夫妇只生一个孩子。1982—1985 年，会议先后研究双滦区医院和学校领导班子建设问题；讨论并通过《双滦区乡镇医院改革方案》《关于农村计划生育奖惩意见》。1988 年 5 月 5 日，会议研究并通过《双滦区教育 15 年规划（1985—2000 年）》《全区幼儿园发展规划》及“普九”师资配备等问题。同年 6 月 29 日，会议议定“成立双滦区职业技术高级中学”。1989 年 4 月 6 日，会议讨论区教育局制定的“燎原计划”，议定：在大三岔口中学和第三中学进行试点。1989 年 5 月 3 日，会议研究落实知识分子政策，为有关人员浮动一级工资，家属办理农转非。

1991—1999 年，常务会议研究科教文卫及计生工作 21 项次。1993 年 5 月 13 日，会议议定成立科技进步年领导小组，副区长熊裕嘉任组长，科委李永录、李士林任副组长，通过《关于推进双滦区企业技术进步奖励办法》。1994 年 4 月 26 日，会议研究承办全省中学生运动会工作，落实体育场及设施建设。1995 年 11 月 18 日，会议讨论通过《关于农村照顾二胎生育费征收管理办法》，同时研究教育“普九”工作，卫生工作争取第七个世界银行贷款项目。1996 年 3 月 9 日，会议研究原则同意教育局、卫生局分别建家属楼，同时研究乡镇畜牧兽医站人员编制等项目。1997 年 4 月，会议研究教育“两基”工作遗留问题（基本实现九年义务教育，基本扫除青壮年文盲）。议定：加强领导，多方筹集资金，解决全区 5 所教学楼停工待建问题。同年 8 月 26 日，会议议定：推行农村合作医疗制度，先行在滦河镇进行试点，取得经验再行推开。

2000—2005 年，政府常务会研究科技文卫工作 19 项次。2000 年，会议讨论研究了“双滦区医疗机构设置规划”。2001 年 6 月 7 日，会议原则通过“关于成立承德市双滦区民族中学的请示”。2002 年 3 月 30 日，会议确定双滦区民族文化广场为重点工程；同年 5 月 15 日，会议提出教育、卫生要作为产业进行谋划，并原则通过“承德市第三中学关于招聘优秀高中教师的优惠政策”；同年 7 月 22 日，会议决定：给实验中学招聘教师每人住房补助 1.2 万元，不再由校方统一安排住房；8 月 14 日，会议专题研究招聘高中教师事宜，决定聘用 20 名教师。2003 年 7 月 27 日，会议提出教育工作核心问题是质量，关键是管理。会议研究第三中学和实验中学招生等事宜。议定：向银行借贷 300 万元，用于双滦区医院门诊楼建设；同年 8 月 17 日，会议原则通过“双滦区中小学教职工竞争上岗实施方案”“双滦区中小学教职工编制核定方案”。2004 年 5 月 27 日，会议原则通过“双滦区 2004—2008 年医疗机构设置原则”“关于实验中学增补教师的报告”“双滦区教育局按劳分配津贴制度的实施意见”，会议同意双塔山中心小学危房改造工程。2005年2月18日，会议议定：在双塔山镇棋盘地村新建承德市第三中学。政府出资300万元，其余资金缺口由教育局通过整合教育资金，争取项目资金和教育附加费的办法逐年解决。

五 个体私营经济发展方面

1993年3月3日，会议讨论并原则通过《双滦区关于鼓励个体私营经济发展的决定》。1994年4月26日，会议听取全区个体私营经济发展情况汇报，布署召开个体私营经济工作会议。1995年7月13日，常务扩大会议提出：双滦区关于发展个体私营经济的若干规定，要求全区各部门落实对个体私营经济优惠政策。1997年12月19日，会议提出：加速发展全区非公有制经济，强调发展非公有制经济是双滦区经济上台阶颇具活力的增长源和切实有效途径。2000年3月2日，会议强调：大力发展个体私营经济，增强区域经济实力。2001年1月19日，会议再次强调：将个体私营经济发展和城建工作摆在强力突破的基点上，作为工作的重中之重。

六 其他工作

1981—2005年，常务会议先后讨论研究政府一至七届《政府工作报告》《双滦区国民经济和社会发展执行情况及计划（草案）的报告》。1989年5月3日，会议研究加强政府机关廉政建设，讨论并原则通过《双滦区人民政府关于开展反腐败斗争，争创廉洁机关活动的意见》《廉政干部守则》。1991年3月27日，会议讨论并通过《双滦区政府关于监察机关直接行使行政处分权程序的通知》。1993年3月3日，会议讨论并通过《双滦区关于引进资金的奖励办法》。1994年3月14日，会议研究公安建设工作。同意实行“有偿转非”（农转非收取3000～4000元城市增容费）；批准全区招聘10名合同制民警（辅警），充实到派出所，以缓解警力不足。1995年10月11日，会议讨论并通过《双滦区政府行政执法过错责任追究制实施方案》。1996年10月至1998年3月，常务会议先后讨论通过《双滦区关于建立城市最低生活保障制度的决定》《双滦区政府关于进一步完善区和镇财务管理体制的有关决定》《关于罚没款管理办法的规定》《双滦区预算外资金管理办法》《双滦区关于改革公费医疗的管理办法》。2001年，常务会议先后讨论并原则通过《双滦区“十五”期间特色经济培育发展意见》《双滦区关于政府采购实施方案》《双滦区财政集中支付方案》。2002年3月至2003年2月，会议讨论并通过《双滦区关于促进扩大开放的奖励办法》《双滦区人民政府关于鼓励区内外居民在本区投资置业的若干优惠政策》。2004—2005年，常务会议先后讨论并原则通过《双滦区2004年经济目标考核方案》《双滦区人民政府工作规则》《双滦区政府机构改革方案》。

第五章 施政辑要

双滦区政府各项工作以经济建设为中心，不断解放思想、更新观念，坚持改革开放，围绕区委确立的发展经济和提高人民生活水平的总体思路，认真实施城郊型经济发展战略，开放带动战略和城区经济发展战略。从巩固农业基础地位入手，调整农业结构，发展高产、高效农业，实现农产品稳定增加和农民收入逐步增长的目标。不断提升乡镇企业和民营企业在市场经济中的竞争力，大力发展第三产业、扶植个体私营企业发展壮大。政府职能不断改变，执政能力不断提高。

经济结构调整成效显著，综合实力明显增强，城镇建设及其他各项事业健康发展，人民生活水平不断提高，经济社会实现跨越式发展。

第一节　实施城郊型经济战略

一　农业

1980 年，区政府在农村推行家庭联产承包责任制。其主要形式有：专业承包、联产计酬、管理分组、责任到劳、定额管理、小段包工、专业户饲养、集体投资、个人承包等，并实行集体与个人分成，独立经营和自负盈亏等。1982 年，区政府与农户签订 3 ~ 5 年的土地承包合同。1983 年，区内农村开始逐渐由自给半自给的自然经济向商品生产转化。“专业户”“重点户”发展到 2615 户。农户分别从事粮食、蔬菜、养殖、林果、加工、商业、工业、服务、运输、建筑等行业，经营数百个项目和品种。商品生产的发展加快了农民致富的步伐，农民人均纯收入 230 元，比 1981 年翻了一番。

1984—1987 年，区政府注重调整农业产业结构，以供应承德市内为基点，围绕为城市、旅游、厂矿服务，大力发展肉、蛋、果、菜、杂，建设副食品基地。区内 4 万亩耕地，2 万亩种植粮食作物、1 万亩种植经济作物和蔬菜、1 万亩退耕栽植果树。1986 年，栽植果树 34 万多株，建成 50 亩以上果园 29 处；生猪存栏 2 万头，禽类存栏 5 万只，养鱼水面 155 亩；蔬菜生产面积 1908 亩。农村社会总收入 2454 万元，比 1983 年增长 89.7%；农民人均收入 368 元，比 1983 年增长 60%。1987 年，村级合作经济组织相继建立，重点建设发展蔬菜、果品、瘦肉型种猪生产基地。1990—1992 年，区政府提出“立足优势，综合开发，因地制宜，重点突破，长短结合，提高效益”的发展城郊型农村经济的指导思想。围绕“稳产粮菜产量、加快改善农业生产条件和副食品基地建设”的工作重点，推广水稻生产新技术和地膜玉米技术，发展经济沟、经济园和蔬菜、食用菌基地建设。1992 年，粮菜优种面积达 95% 以上，农产品商品率达到 65% 以上。

1993 年，区内农业种植发展“两高一优”（高产、高效、优质）农业，推广农业科学技术。1995 年，“两高一优”农作物面积 32298 亩，占播种面积的 87.9%。1996 年，建成蔬菜基地 7474 亩、水稻基地 5800 亩、山杏基地 8000 亩，养殖基地猪 3.2 万头、鸡 10 万只，农民人均纯收入 2643 元。

二　乡镇企业

1980 年，区内社队办企业 13 家。1983 年，社队企业发展到 124 家，产值 615.4 万元，上缴税金 33.2 万元。1984 年，社队企业改称乡镇企业。区政府提出：“乡办、村办、联办、户办，四个轮子一起转”发展乡镇企业，确定“以乡镇企业为突破口，向城郊型经济迈进”的总体思路。1986 年，区政府以“打基础、抓落实、讲效益、迈新步”为指导思想，按照“积极扶持、合理规划、正确指导、加强管理”的原则，全面整顿乡镇企业，乡镇企业得到巩固和发展。全区发展乡镇企业 20 个，村办企业 85 个，与厂矿联办企业 29 个，个体办企业 849 个，从业人员 5720 人；全年完成产值 1524 万元，比 1983 年增长 2.47 倍；总收入完成 1677 万元，比 1983 年增长 2.69 倍；利润完成 111 万元，比 1983 增长 2.5 倍；上缴

1987 年末，双塔山镇召开责任状兑现表彰大会。图为镇党委副书记兰振文在大会上讲话（区档案馆提供）

税金73.5万元比1983年增长2.21倍。

1988年，区政府提出“立足优势、四轮驱动、因地制宜、积极发展”的指导思想，开展联合引进、借资生财走联合发展乡镇企业的道路。同济南钢铁厂、赤峰瓦厂、承德矿山机械厂、承德钢铁厂等十几个企业单位联办企业11个，新增产值4500多万元。乡镇企业（含村办）123家，总收入2315万元，完成工业总产值2365万元。1991年11月，区政府召开乡镇企业工作会议，明确“依托厂矿，发展联合，走挂、靠、联发展乡镇企业之路”的指导思想，制定关于发展横向联合的二十条优惠政策，提出“互利互惠灵活联，敞开大门多方联，走老攀新主动联，发动群众上下联”的具体要求，相应调整工业结构，坚持立足城郊型经济，突出发展工业，调整结构上项目，提高乡镇企业的战略地位，把发展乡镇企业做为致富奔小康的重要产业。在承德市“关于加快发展乡镇企业的决定”中，滦河镇被列为全市10个试验示范工业小区之一；双塔山镇被列为全市10个重点试验、示范镇之一；双塔山炼铁厂、滦河铸造厂、滦河杏仁加工厂被列入全市10个试验、示范企业。区政府组织区、镇、企业50多名基层领导先后到香河、霸州、枣强等乡镇企业发展较快的地区参观考察；制订加快发展乡镇企业的具体目标和政策措施；调整结构上项目，解决电力增容1100千伏。根据各企业实际情况，量化考核产值、利税等13项经济指标，促使企业增产增效。至1997年底，乡镇企业总产值13.8亿元，营业收入12.4亿元，利税总额1.1亿元。年产值超500万元、1000万元的企业分别有10家和9家；村办企业年产值超300万元、1000万元的分别有10家和4家。4个镇均实现产值过亿元。

1998年以后，随着市场经济的发展和产权制度改革的不断深化，乡镇企业大多数向私营或股份制企业过渡，市场经营主体和经营机制呈现多样化。全区推行股份制和股份合作制，同时，采取兼并、合并、租赁、拍卖、承包等多种形式。至2003年底，有乡镇企业1428家，企业员工12767人，实现总产值219227万元，营业收入218180万元，上缴税金7028万元，利润12582万元，增加值39689万元。2005年，乡镇企业全部转为个体私营或股份制企业。

三 个体私营业

1997年3月，区政府召开个体私营经济工作会议，制定下发《双滦区个体经济1997～2000年发展规划》。提出鼓励各类人员从事个体经济，开办私营企业或到其中就业；为个体私营经济创造良好的发展环境；鼓励个体工商户和私营企业向规模效益型、科技型和外向型转变；加强和改进参与个体私营经济的管理和服务。1999年，个体私营经济迅速发展，新增注册资金5万元以上的个体私营户139户，个体私营经济注册资金17169万元，同比增长34%　。2000年，区政府进一步突出个体私营经济的主体地位，成立个体私营经济发展局。专门召开会议解决个体私营经济发展中的思想障碍问题、环境保障问题、规划布局问题和政策落实问题。坚持不看成分看成果，不看比例看实力，只要能促进发展，符合“三个有利于”标准，就鼓励支持；坚持对个体私营经济不限规模、不限领域、不限速度、不限形式，放手放胆发展；坚持对个体私营经济先放开后管理、先发展后规范、先搞活后理顺的原则；坚持对个体私营企业经营者在政治上“高看一眼”。先后制定《区级领导联系个体私营企业大户制度》《扰乱个体私营经济正常经营秩序举报制度》《个体私营经济经营者座谈制度》《申办证、执照全程“一站式”办公制度》《部门包扶私营企业大户制度》等5项制度，把支持个体私营经济发展工作日常化、规范化、制度化。个体工商户和私营企业反映比较强烈的收费问题，物价等有关部门认真清理和规范各部门的收费项目、收费标准、收费范围，取消减免42项收费项目；政府给个体私营户发放收费明白卡，设立举报电话，充分调动个体私营者的积极性。全区个体工商户发展到3277户，私营企业96家，产值营业额52696万元，同比增长18%。

四 城乡建设

基础设施 1983年，区政府制定农村建房规划，在老沟门、应营子两个大队试点，逐步推广。1984—1986年，根据承德市城镇规划条例，编制双滦区详细规划。将双塔山、滦河两镇城镇建设列入议事日程，制定4个乡镇43个村的村镇规划。清理机关厂矿企事业单位非法用地；核发农村宅基地使用证试点；制定清理农村宅基地和有关问题的32条政策。1987—1989年，区政府按照“一年打基础，二年起变化，三年见成效”的城镇基础设施建设思路，配合市政府规划部门合作完成双塔山小区的总体规划。同年，区内开通程控电话。1990—1992年，制定双塔山小区和偏桥子乡建设规划；三岔口至滦河镇公路安装了路灯；修筑防洪坝，新建改建公厕和垃圾点。1993—1997年，区政府筹集资金460万元，修通双塔山至偏桥子公路；完成区自来水基础设施建设；全区程控电话装机容量8512门，4个镇和70%的村安装程控电话。投资140万元建成区有线电视台。

旧城改造 1987年，双滦区开始旧城改造。规划建设双塔山大街，主街拓宽10米，两边人行道铺设路面砖，成为双塔山中心商业一条街。改造滦河镇西街和北街。1998年开始，城镇建设由城镇型向城市型转变。区政府鼓励支持各种投资主体参与城镇建设和开发。至2005年，开发建设繁荣大厦、改造双塔山中心区、滦河村临街和造纸厂旧房。建成金色家园等小区。开发原燃料公司、双塔山电厂二家属院，新建成居民住宅楼和商业区。

人居环境 1980—1983年，区政府确定城镇建设主要是初步解决城区脏、乱、差问题。在双塔山、滦河大街安装路灯，新建公厕，成立清洁队，建垃圾厂。1984—1986年，区政府把滦河、双塔山两镇城镇建设列入议事日程。在市政府和有关部门的支持下，2个镇安装了路灯和低音喇叭，初步改变脏、乱、差现象。1987—1989年，双塔山建商业一条街，安装路灯，修筑防洪坝，整修道路，新建、改建公厕，新建垃圾点。在双塔山、麻纺厂、丝绸厂建起标准集贸市场3个。1990—1992年，广仁岭至双塔山街栽植花草、树木、建花坛、形成5公里绿化带。1993—1997年，区政府投资1000万元建住宅楼6座，新建办公楼7座。建成热河集贸市场、滦电市场、偏桥子镇市场和金厂沟市场等7个商贸市场。国有粮食经营连锁店14家。1998—2005年，建成双塔山集贸市场、滦河镇东园子农贸市场、滦河原二轻厂区农副产品批发市场、双塔山建材批发市场和牤牛河商贸一条街。

景区开发 1982年，承德市是国务院公布的第一批44个国家重点风景名胜区，双滦区内双塔山、元宝山是承德市十大景观中的两大景观。1993年3月，经河北省林业厅批准建立双塔山森林公园。1997年，区政府把双塔山风景区开发列为重点工程建设。1998年5月1日，双塔山风景区正式开放，填补了双滦区旅游业空白。同年，区政府引进新加坡伟佳投资集团投资1000万元，修建双塔山森林公园观光索道。2000—2005年，区政府实施“旅游牵动”的发展路子，以双塔山公园为中心，开发区内旅游资源，增设滑索、卡丁车场等一批旅游项目。

五 社会事业

学校建设 1980—1985年，区政府和乡镇、村共投资30.5万元，翻新教室360间，增购桌椅450套。1987年双滦职业高中建立，全年投资244万元用于改善办学条件。1992年，全区投资226万元用于改善办学条件。1994年，筹资900多万元，改善三中的办学条件，新建6所教学楼，添置教学仪器等，并成功举办河北省第七届中学生运动会。1997年，全区投资2800万元新建8座教学楼，2座学生宿舍楼和3座教师住宅楼。1998年，新建偏桥子中学和四中教学楼，并建成2座教师家属楼。2003年,区政府投资1.5亿元建成河北省承德实验中学。

医疗卫生 1984—1986年，区和乡镇各医院医护人员得到充实，增添了一批医疗设备。防疫、妇幼体制趋于健全。儿童计划免疫工作提前6年达到卫生部规定标准。1987—1989年，区医院门诊楼建成。1990—1992年，制定《双滦区农村实现2000年人人享有卫生保健规划目标》，确定在1个镇5个村试点。1993—1997年，村镇医疗机构覆盖率分别达到95%、100%，基本实现农村初级卫生保健达标，推行农村合作医疗制度。双塔山、偏桥子两所卫生院综合楼建成投入使用。滦河、大庙2个镇卫生院扩建改造完成。1998—2002年,开展农村三级医疗网络建设。计划生育工作完成人口控制计划。区医院综合楼建成投入使用。

有线网络 1988年，双滦区建起电视差转台，覆盖3个乡镇。1996年，区有线电视台建成。1998—2002年,全区农村实现接通有线电视。2005年底，安装可寻址系统，有线电视安装2万多用户。

第二节　实施开放带动战略

一 优化环境

1994年，区政府放宽户口政策，凡来双滦区投资、经商、办企业和区外国营、集体、个体经营者，参与双滦区经济发展人员，可申请办理双滦区城镇户口；对来投亲靠友、求学、务工及久居的农民申请转为城市户口时，降低收取城市增容费。1996年7月，区政府制定出台《关于对新办企业的优惠办法（试行）》。1997年，鼓励国内外客商到双滦区投资置业，区政府先后出台一系列招商政策，在土地、税收、收费、服务等各方面对客商予以优惠，鼓励社会各方面力量多形式、多渠道招商引资。区政府明令要求各部门实行“一条龙办公”“限时办结”“特事特办”和“挂牌保护”等措施，形成“招商、富商、安商”的“绿色”通道。2001年,区政府提出“把环境建设摆在经济建设的突出位置”。2002年4月，区委、区政府制定《关于鼓励国内外客商投资规定》。改善投资环境，正确处理利益关系，最大限度地放宽政策吸引合作者，维护投资者的合法权益。2003—2005年,区政府围绕加快发展，建设服务型政府机关，为企业提供优质高效的服务。2003年2月，区政府制定《关于鼓励区内外居民在双滦区投资置业的若干优惠政策》。建立人才基地，引进人才，营造人才创业的机制和环境。实施“万人入区工程”,放宽户口迁入政策，取消办理城镇户口审批手续，为区外人口到区内居住、置业、经营提供各种便利条件，以较低成本和优质服务吸引各类资源汇聚双滦区。

二 招商引资

1987年开始,区政府确定“走老攀新主动联，互利互惠灵活联，发动群众上下联，敞开大门多方联”的开放思路，开展“挂龙头、联大户、找靠山”活动，发挥近郊优势，拓宽招商引资渠道。1992年，区政府设立区经济技术协作办公室（后改为开放办公室），负责全区对外开放、经济技术协作、招商引资的组织实施。1997年后，区政府每年把“引进资金、引进项目、引进人才”指标分解到各镇、部门，并签订责任状。年初确定全年开放工作总体目标，将任务分解下发到区属各部门，分阶段进行督导调度。重点项目实行区级领导分包制，明确责任目标，责任人，把开放指标完成情况与年终单位考核挂钩。财政、经贸、城建、水保、农牧、统计、民族宗教等部门谋划项目，跑省进京争取上级对口支持。每年3月以后,政府组织相关单位参加香港投资洽谈会、“5·18”河北省对外经济贸易恰谈会、承德市赴北京“双百”企业招商洽谈会、“9·8”厦门投资贸易洽谈会、中国（承德）国际旅游投资贸易洽谈会和北京市高校成果转让洽谈会等活动。广泛接触各类客商，推介双滦区优惠政策和优势，扩大双滦区知名度。双滦区利用网络快速、便捷的优势做好项目及开放信息的发布、收集、整理等工作，1998—2005年，区政府在河北省招商网发布项目50个，收集客户信息120条。把区内的矿产资源，旅游资源、林果资源、畜牧养殖资源、农业产业化、钢铁产品深加工等开发项目，通过制作图示标注出相应资源位置、可开发利用储量、产业链规划等，以直观效应增加推介项目的吸引力，让外商根据自身需求有更大范围的选择空间。推介的重点项目有：双塔山风景区、元宝山风景区、老红山景区、滦河古街及寺庙遗址修复、污水处理、球磨离心铸管等项目100余个。

至2000年，北京通县葛渠农工商总公司投资1100万元建成大庙双通炼铁厂；石家庄磁县盆景场投资550万元,开发建设双塔山森林公园；新加坡伟佳投资集团投资1800万元，修建双塔山森林公园观光索道；区民政局和偏桥子镇从省民政厅引资40万元兴建偏桥子敬老院；北京和德公司投资610万元建成年饲养8000头猪项目；湖北芳通药业有限公司投资20万元，在双塔山镇建成串山龙提取液项目；唐山宏远房地产公司投资在双塔山中心大街建设毓秀花园住宅小区。

2002—2005年，承德翠兴房地产开发公司投资建御祥园小区，滦平县1位私人企业家投资建双塔山宾馆，石家庄浩林房地产开发公司投资建金色家园小区，石家庄河北置业房地产开发公司建元宝山低层园林住宅小区，北京溢丰房地产公司投资建山水文苑小区，秦皇岛超华房地产开发公司投资建馨安小区，滦平房地产开发公司投资建樱桃园小区，唐山华育房地产有限公司投资应营子村改造项目等。

1996—2005年，区内引进或直接利用外资1675万美元，引进国内资金12亿元，引进项目242个。其中，签约200个，建成140个。引进人才1144人，劳务输出2000人。区内引进常住人口7000人，暂住人口15000人。

1996—2005年双滦区招商引资成果统计表

表16-5-1

年 份	引进国内资金（万元）	引进项目（项）	引进人才（人）	引进或直接利用外资（万美元）
1996	3023	22	66	—
1997	5351	33	76	—
1998	6668	44	65	101
1999	7428	30	98	—
2000	8980	19	90	245
2001	9525	18	90	—
2002	11800	18	109	—
2003	10700	24	166	—
2004	29600	25	180	259
2005	31500	9	204	1070
合 计	124575	242	1144	1675

三　奖励政策

1993年，双滦区制定《关于引进资金、引进人才的奖励政策》。1995年，区政府制定《关于引进资金、项目、人才的奖励办法》。1996年，制定《关于对外开放工作有贡献的人员的奖励办法》。1999年，区委、区政府制定《关于对全区各部门开放引资奖励的暂行办法》。每年依据各单位和个人引进资金、项目完成情况，制定具体的奖励实施细则。政府每年出资10万元～100万元财政资金，奖励招商引资先进单位和个人，鼓励全社会各方面的力量多渠道招商引资，加快经济发展。2002年，区政府出台《关于促进开放的奖励办法》，鼓励个人引资。至2005年，双滦区制定各项招商政策仍在实施中。

四 区域合作

1987年，双滦区加入中国北方城市经济发展协作区；1988年与香河县结为友好区县；与中国农科院、建材研究院建立经济技术联系。区内共发展联合项目33个，创产值700余万元，引进资金350万元，引进人才150名。1992年，区政府从树立大市场、大流通、大农业观念出发，参与国际、国内经济活动。先后组团参加深圳、北京、石家庄等地举办的招商引资项目发布会，在避暑山庄文化艺术节期间同海内外客商接触、洽谈业务。在哈尔滨等地设立办事处，开展边贸活动，全方位发展区域经济。1996年，区政府要求各部门、各企业单位根据自身发展优势和本地丰富矿产资源引进外资，实施资金、技术、人才、项目并举的招商方式。在北京、天津两地设立办事机构，与厦门市开元、杏林区及天津市台资企业协会建立友好合作关系。1998年，组织参加天津经贸技术、河北省投资贸易、承德旅游文化投资、中国国际厦门投资贸易洽谈会等外联招商活动。1999年，区政府继续坚持“内联入手、外引突破、多极辐射、整体推进”的开放工作思路，区直部门充分借助人缘、地缘优势，以基础产业项目为依托，连续跑部进厅，争取对口支持，引进资金900多万元，其中无偿资金500多万元。围绕北京、天津、石家庄、厦门，强化旅游、农业、基础设施、骨干企业“四业带动”，实施区、镇、村及企业外联招商活动，引进项目30个，合同引资1.2亿元。2005年，区政府共发布各类项目24个，邀请外商到双滦考察20人次；外联客户库中，外国公司21家。

第三节　实施城区型经济发展战略

按照区委发展城区经济战略，区政府实施农业立区、工业强区、民营富区、城建靓区、科教兴区、旅游旺区的决策取得初步成效。

一 农业立区

双滦农业按照“抓精品、调结构、搞基地、建龙头、兴产业、无公害、保质量、活市场”的思路，把蔬菜、山杏、生猪、奶牛作为农业主导产业，着力培育发展。2001年，双滦区被列为“国家农业综合开发示范区”。2002年，全区日光温室蔬菜大棚达到1000个，年产蔬菜2万余吨。偏桥子镇成立蔬菜批发市场，日销售蔬菜30余吨。同年，双滦区被列为首批“环京津无公害蔬菜生产基地”。2003年，全区初步形成农业“南菜、北畜”（“南菜”指区域南部以发展蔬菜为主，“北畜”指区域北部主要以养牛业为主）的经济格局。 2004年9月，区政府制定《双滦区“千亩梨花坡”工作实施意见》利用双塔山镇东、西平台村区位、资源优势，建成集城郊旅游、家庭休闲消费为一体的高效农业示范园区。2005年，偏桥子镇大贵口村建成百亩无公害蔬菜综合生产示范区；大庙镇北梁村、双塔山镇单塔子、松树沟村建成三个奶牛养殖小区；松树沟村建成一个省级“羊改良站”。“千亩梨花坡”栽植果树4万株，承包到户；滦河宫后村完成千亩观光果园工程的水、路配套设施；偏桥子三家村建水果温室20栋，栽植果树4万株。政府扶持承德市畜牧场、承德市双滦区利民杏仁加工有限公司、承德市双山乳业有限公司、承德市双滦区繁荣生态有限公司、承德市三杨养殖加工有限公司等产业化龙头企业发展。全区蔬菜日光温室1498个，占地2490亩，绿色环保新鲜蔬菜年产21511吨。“南菜北畜”工程，带动全区5000农户实现增收520万元，户均增收1040元。农民人均年纯收入2701元，与2004年同比增长7.9%。

二 工业强区

按照“调优主导产业、调强特色产业、调高新技术产业、调大重点骨干企业”的思路，区政府以双丰钢铁有限公司、长城钢管有限公司为龙头，形成采、选、烧、炼、轧较为完整的钢铁产业链条。矿业冶金、建筑建材两大产业得到巩固和加强。17家规模以上工业企业中有2家企业位列全市工业企业10强。2005年，区本级工业总产值完成14．3亿元，增加值完成4.4亿元，实现利税0.65亿元。

三 民营富区

区政府按照“强行业、壮规模、高质量”的思路，扶持组建长城钢管、繁荣建筑、大兴矿业三个大型民营企业集团，民营企业向规模化、集团化方向发展。2005年，民营企业4172户，从业19473人，营业收入完成11.7亿元，实现税金1.4亿元。

四 城建靓区

2002年，区自来水厂及管网开始运营，实现城区自供水；城乡电网改造完成；应营子至棋盘地公路改扩建后通车；综合治理牤牛河；建成区民族文化广场；双塔山大街“井”字型路网框架基本形成。

2003—2005年，区政府聘请上海同济大学专家对滦河大街、御祥园小区和实验中学三个地段作了控制性详细规划；市规划设计院对双滦区做了总体规划、分区规划和控制性详细规划。构建和完善“一核、两区、三轴”的城区功能结构。即：以牤牛河与滦河汇合处作为双滦区开发建设的核心，建设集办公、商务、金融、商贸、教育培训、信息服务研发等功能于一体的中心区；以滦河为界，分为东区和西区。东区以双塔山镇为中心，围绕双塔山森林公园、鸟语林风景区、元宝山风景区等旅游资源，发展以旅游业为重点的第三产业，将双塔山镇建成全市旅游重镇。西区以滦河镇为中心，依托承钢、滦电两大企业，重点发展第二产业，将滦河镇建成全市工业重镇；由核心区向东的公共服务设施发展轴和由核心区向西的工业产业发展轴，沿滦河、牤牛河两岸及城区南北两侧的山地公园和坡地绿化构成的绿色生态景观轴。“一核、二区、三轴”为城市建设提供重要依据，实施项目20个，总建筑面积31万平方米，总投资3.11亿元。构建和完善围绕核心区，连接东西两区的环形城市主干道；纵贯城区南、北的三条城市主干道，即滨河路，滦广路，北园路；承钢出口路、滦河北路、滦河南路、应大路和北环路的路网框架。完成拓宽改造双塔山中心大街、滨河大街等主干线，建成滦广一级公路、滦河观光大道和京承高速公路双塔山出口连接线等工程。城区的路网框架基本形成。筹集资金740万元，4个镇32个行政村的57.4公里土路铺上水泥路面。自来水覆盖面达到80%，日供水量2.8万多吨。全区供热面积达到130万平方米。完成大庙110千伏变电站及城乡电网改造工程，供电能力16万千瓦。制定应营子村整体改造、滦河古镇、宫后工业园区、元宝山别墅山庄等规划。区政府以“拓城、造市、增绿、添景”为总体思路建设新双滦。建成滦河下营子小区和双塔山维利多德酒店。开发建设双塔山镇团瓢村和应营子村等住宅小区。引进荣信、北京城建、河北置业、石家庄浩林等17家房地产开发公司，开发房地产项目86项，总投资10亿元，建筑面积100万平方米。建成东方比华利庄园、御祥园小区、行政区综合楼、新新家园、山水文苑、喀喇河屯等18个居民住宅小区。区面积由原来的7.5平方公里增加到9平方公里，城市化水平提高到64%。区政府为改善城市环境，规范管理广告牌匾、街边摊位以及主要街道的卫生等，实施城市绿化、亮化、硬化工程。投资766万元，新增绿化面积6.5万平方米，绿化覆盖率33%，硬化面积4.9万平方米，安装景观灯28组、路灯459盏。人均住房面积16平方米。同年，双滦区荣获承德市“山庄杯”县区环境容貌评比竞赛“城建项目”工作实绩突出单项奖。

五 科教兴区

2001年，农业引进粮、果、牧草等18个新品种，引进畜禽4个新品种，优种覆盖率90%以上；引进地膜水稻、舍饲养羊等种养技术16项。新打机井501眼，新增节水灌溉面积1500亩，改善灌溉面积2100亩。加快了“四位一体”养猪，千亩高科技示范园，承德市生态农业观光示范园等几个项目的建设力度，农业科技正在发挥重要作用。

2003—2005年，区政府投资1.62亿元建设承德实验中学、承德市第三中学，改善办学条件，促进教育水平的提高。市腾飞中专搬迁到双滦落户，使全区职业教育得到更快发展。

六 旅游旺区

2001—2004年，区政府制定旅游发展规划，“坚持动态旅游与静态旅游相结合，旅游与购物相结合，景点开发与旅游线路开发相结合”的方针，建设以双塔山公园为中心方圆10平方公里的动态旅游区。围绕“食、住、行、游、购、娱”六要素完善配套设施，借助山庄和外八庙的优势，发展游客参与性、娱乐性较强的动态旅游项目。政府扶持开发森林公园游乐场、鸟语林、民族民俗村、元宝山等旅游项目建设；开发刻瓷、挂锦、微缩景观等旅游特色产品；发展旅行社等中介服务组织，引导旅游消费，逐步形成集观光、度假、娱乐为一体的大旅游产业格局。承德市双塔山鸟语林有限责任公司和双塔山风景旅游有限公司投资700万元建成双塔山鸟语林风景区和双塔山博物馆，同时开发双龙洞景点。2005年，区政府制定“大旅游、大产业、大发展”的工作思路，完成《双滦区旅游业发展总体规划》的编制。加大双塔山景区投入，整合旅游资源。偏桥子镇羊泉子村建成农村生活体验基地旅游项目。

第四节　重点民生工程

一 双偏公路

1993年，区政府投资450万元修建双塔山至偏桥子公路。路线起自双塔山矿机厂道口，经白庙子、老沟门和三家村至达连坑村，全长9.43公里。1995年9月底实现通车。2001年调整为县级公路，贯通承德市外环路。双偏公路便捷了偏桥子镇11个行政村2万余名居民的出行，完善了城乡公路网络。

二 自来水工程

20世纪50年代开始，境内部分城镇居民生活用水，靠各企业自备水源井供水。2002年，区政府投资1000多万元，建成区自来水厂，实现城区自供水，日供水3000吨。2005年，安全供水650万吨，日供水3万吨。实现城区供水面76%，解决7.5万居民饮水问题。

三 民族文化广场

2002年5月，区政府投资800万元建设民族文化广场，占地33000多平方米，中心区1200平方米花岗岩地面，6根华表、5根云柱、4根牡丹柱环绕四周，南侧建有1000平方米舞台一座，广场正中有直径30米的大型音乐喷泉一座，喷泉中有直径3米、重60吨花岗岩球一个，广场西侧有绿地草坪17200平方米。2002年9月，民族文化广场建成，为双塔山周边近4万名居民提供健身、娱乐、休闲的场所。

四 集中供热工程

2003年8月，双滦区集中供热管网工程开工建设，成立“承德市双滦区兴业热力有限公司”。首期工程总投资约8500万元。同年11月16日，向全区供暖，供热面积40多万平方米，入网的企、事业单位及经营单位130多家，居民住宅3100户。全区拆除燃煤小锅炉35台，每个取暖期可减少二氧化硫排放量约2224吨。2005年底，全区供热面积105万平方米，入网单位及商户790家，居民住宅7800户。

五 教学楼建设

1993—2005年，区政府新建区直学校有职教中心、第四中学、承德实验中学、第三中学、逸夫实验小学、区民族幼儿园等教学楼、实验楼

6.3万平方米；学生宿舍楼、食堂等9.5万平方米。其中 2003年9月投资1.5亿元的河北承德实验中学落成。校园面积208亩，建筑面积10万平方米，成为“河北省示范性高中”。

六 村村通公路建设

村村通公路建设采取国家补助（每公里补4.5万元），职工捐助（全区干部职工分级别共捐资21万元），企业支援，村集体和村民适当分摊的筹资方式，共筹集完成投资740万元，全区4个镇的32个行政村57.4公里村路全部建成。

七 大庙区域引水工程

2005年，大庙区域工业用水及人畜饮水发生困难。区政府主导修建一条50华里长的引滦入企管道，将滦河水引入大庙区域，解决企业缺水和居民生活用水问题。工程取水点在滦河与牤牛河交汇处的河道外，沿牤牛河向上游铺设管道，经四级泵站扬水至大庙村，管道途经双塔山镇10个村和大庙镇6个村，其中涉及占地12个村。工程计划总投资3500万元，实际使用资金2510万元。2005年7月8日开工建设，同年9月5日全线供水。

八 生态移民工程

2005年，偏桥子镇羊泉子村80户450名居民，告别交通、通信、人畜饮水困难的山沟，整体迁居至新村。工程争取中央专项资金225万元，双滦区城建局、电力局、水利局、交通局等单位给予了无偿帮助。

第六章 提案 议案办理

1981年开始，区政府加强区人大代表所提建议、议案和区政协提案办理工作，召开专门会议研究并建立承办责任制。坚持“分级负责、归口办理”的原则。对一般性议案、提案责成专人负责，将任务分解到有关部门，由承办单位办理；对主要议案、提案则由政府区长、分管副区长亲自协调督办；对暂时不能解决的，由承办单位制定计划和措施，待条件成熟后予以办理。至2005年，区政府共受理人大代表建议和批评意见1980件、议案50件，办理答复2030件，办复率100%；受理政协提案案888件，办理887件，办复率99.9%。

第一节 人大建议、议案办理

一 建议意见办理

1981—1983年，区政府办复、处理一届人代会期间代表提出的建议、意见658件。其中一般答复219件。一届二次会议代表提出“关于对全区干部进行身体健康检查和妇科病普查问题”的建议，区政府责成区卫生部门限期解决。组织全区干部进行体检，4215名妇女进行妇科病检查，对查出患有妇科疾病的711人及时予以治疗。代表提出关于“改变饭馆卫生条件问题”的建议，区政府责成区卫生局办理。卫生部门加强宣传教育和检查督促，对卫生较差的帮助改进，符合卫生要求的予以表扬，发给合格证，个别太差的给予经济罚款或停业整顿，饭馆卫生有明显好转。

1984—1986年，区政府办复处理二届人代会期间代表提出的建议、意见217件，其中一般答复29件。1987—1989年，区政府办复处理三届人代会代表提出的建议、意见302件，其中一般答复107件。1990—1992年，区政府办复处理四届人代会代表提出的建议、意见288件，其中一般答复117件。

1993—1997年，区政府办复、处理五届人代会代表提出的建议、意见143件，其中一般答复38件。其中，五届一次会议代表提出交“一府两院”及有关部门研究处理的建议和意见60件，属财政经济的13件；农业的6件；城建环卫的13件；文教卫生的7件；政法的6件；民政的5件；转给上级和有关部门的10件。一些涉及民生的建议，区政府作为重点建议办理。关于“居委会设置问题”的建议，经过区民政局认真调查研究，提出增设居委会的报告，区政府批复滦河增设小高炉、行宫、西地3个居委会。关于“牤牛河垃圾乱倒需要处理，有关部门对公路两侧摊点进行管理”的建议，区政府责成区城建局办理。城建局增加市容卫生监察人员加强管理，垃圾乱倒得到控制。同时对公路两侧摊点进行统一管理，使乱摆、乱放、乱占现象得到控制。五届四次会议代表提出关于“市场物价上涨问题”的建议。区物价局采取3项措施进行解决：一是认真搞好市场物价检查，打击欺行霸市，缺斤短两行为；二是以双滦价字[1995]3号文件下发《关于做好对价格暴利认定工作的通知》，规定20种商品的加价率和最高收费标准；三是加强监督管理，经常进行检查，使物价上涨水平控制到最低限度。

1998—2002年，区政府办复、处理六届人代会期间代表提出的建议、意见174件，其中一般答复81件。政府承办六届人大一次会议提出的建议44件，涉及公安的5件，民政2件、城建12件，财政8件，交通5件，卫生、文体4件，其他8件。基本解决的26件，不具备解决条件18件。六届二次会议代表提出“解决滦河大集商户侵占101国道影响交通问题”的建议，区政府责成有关部门调查解决，下发《关于整治101国道滦河镇段两侧经营秩序的通知》，对滦河集市经商者实行分行划市管理。服装、布匹、鞋帽、小百货经营户安排在“热河市场”内；农副产品经营户一律进入滦河北街；将滦河早市迁至二轻制品总厂院内，集市堵塞交通问题得以解决。

2003—2005年，区政府办复、处理七届人代会期间代表提出的建议、意见184件，其中一般答复99件。七届一次会议代表提出建议、意见84件，涉及城市建设方面10件，占建议总数的12.5%；公安方面4件，占建议总数的5%；交通方面8件，占建议总数的10%；教育方面7件，占建议总数的8.75%；政府办2件，占建议总数的2.35%；其他方面45件，占建议总数的51.25%。对重点建议进行重点办理，实行领导办理责任制。其中，关于“加强住宅小区安全问题的建议”，区公安分局组织相关人员进行专门研究，提出加强居民住宅安全防范设施建设的意见，上报区政府，待批准后实施，代表们表示满意。关于“要求解决大元宝山村人畜饮水问题的建议”，区水务局组织自来水公司、规划、市政技术人员进行实地考察，于2002年为大元宝山村打井5眼，基本解决了问题。关于“加强物业管理问题的建议”，主要反映物业公司没能够尽职尽责，保质保量为居民服务。区建设局督促物业公司对电厂二家属院和柴场小区进行绿化、硬化，增加值班人员，制定《经理责任制》《收费员责任制》《公司工作规则》，逐步使物业管理规范化。关于“加大对中小学教师的考核管理，建立激励和约束机制，提高教学水平”的建议，区教育部门激励区直优秀教师到山区学校支教；组织开展“送教下乡”活动；对青年教师进行跟踪听课、培训辅导；帮助山区青年教师和其它有经验的教师结对子，进行传帮带，提高教师队伍的整体素质。关于“改变供电用电问题”的建议，区政府责成双滦供电分公司办理，对收费不清、收费手续不完备和服务态度生硬的当事人进行严肃批评。全体职工引以为戒，转变工作作风，切实做好供电服务工作。

2005年，代表提出关于“集中供热收费和管理应予加强”的建议。经调查这一建议的焦点是麻纺厂等部分居民小区冬季取暖室温达不到规定温度，原因是区内供热能力饱和，各小区无供暖调节装置，无法加压，致使远程小区室内温度普遍不高。为解决此问题，区政府及热力公司投资1800万元，新建换热站16座，使远程小区居民取暖问题得到解决。

二 议案办理

1981—1983年，区政府受理区一届人代会议案3件。1983年底，区内完成公共厕所的修建和路灯安装；建立环境卫生清洁队；偏桥子乡通班车3件议案全部办理完毕。1984—1986年，区政府受理区二届人代会议案13件，办理完毕13件。其中区政府重点研究解决的议案有："关于落实农村经济政策，完善生产责任制"议案。1985年，全区签订土地承包合同32500多亩，颁发土地承包使用证4000多份，农村生产责任制得到完善。"关于落实蔬菜产销合同"议案。区政府按照搞活放宽的原则，取消统购包销形式，实行蔬菜自由上市，落实蔬菜种植面积4300多亩。"关于颁发林业承包证书"议案。全区"三荒"面积有7.9万亩，1985年，落实幼林承包面积7.1万亩；荒山承包面积7.4万亩；牧场承包面积3.3万亩。签订林业承包合同5200户，颁发林业证书1500份。1987—1989年，区政府受理三届人大议案11件。其中重点解决的议案有："关于修滦河街地下排水管道，整修路面；双塔山大街公路两旁铺路面砖；完善工商企业和乡镇企业89年承包责任制；建立小元宝山农贸市场"等议案。至1989年底全部办理完毕。

1990—1992年，区政府受理四届人大议案11件，其中"关于新建滦河镇集贸市场和完善大庙镇集贸市场有关设施问题"、"关于加强居委会领导，解决居委会办公地点和干部工作福利待遇中存在的问题"等议案，11件议案于1992年底全部办理完毕。1993—1997年，政府受理五届人大议案5件。其中，"西平台小学校舍破旧问题"的议案，区政府和区文教局非常重视，责成双塔山镇东、西平台2个村共投资21万元翻建校舍，当年7月动工，9月交付使用。"关于为发展双滦区应加快双偏公路的建设速度，进一步解决集资和组织施工工作"的议案，区政府于1993年动工修建双塔山至偏桥子公路，1995年底实现通车。1997年，5件议案全部办理完毕。

1998—2002年，区政府受理六届人代会议案3件，全部办理完毕。

2003—2005年，区政府受理七届人代会关于"申请解决居委会办公用房"和"关于加快市场建设，规范市场管理"的2件议案，于2005年底，全部办理完毕。

第二节 政协提案办理

一 办理程序

1992年，区委、区政府制定《提案工作条例》，规范区属部门重视政协提案办理。政府常务副区长担任提案办理组长，按照副区长工作分工，采取提案承办责任制。每届政协会议后，区政府领导主持召开提案交办会，要求各单位按期保质解决，办好提案。对暂不具备条件解决的问题，向委员做出答复和解释。在办理委员提案过程中，采取提案承办责任制办法，明确承办部门或单位，做到承办工作有领导分管，有专人具体负责办理。

二 提案办理

1987—1989年，区政府承办一届政协提案206件。其中涉及政府工作36件，经济建设和经济体制改革15件，文化教育医药卫生体育工作61件，商业和市场管理17件，其他方面77件。重点提案有：关于1966届毕业生分配的工龄问题；整治滦河镇大街、铺设双塔山大街两边路面砖问题；建立垃圾场、市场摊位建设问题；双塔山医院增加医疗设备及病床、三中建设教学楼和加强职业中学建设问题等，这些重点提案均得到尽快解决。至1989年底，区政府办理、答复、处理完毕提案206件。1990—1992年，区政府承办二届政协提案137件。其中涉及经济改革27件，文化教育20件，医疗卫生21件，社会治安9件，民族宗教、统战工作5件，群众生活19件，城镇建设33件，计生工作3件。其中，关于区政府应设主管工业副区长和设民族管理干部问题，关于解决回民清真寺阿訇用煤气问题，关于商业企业承包兑现问题，关于百货五金批发供应各厂矿企业用于生产的五金电料化工等商品不征收零售税问题，关于承钢铸造业务由滦河镇铸造厂承担问题，关于滦河大桥至承钢厂区路段安装路灯问题，关于基层卫生人员上浮一级工资问题等重点提案，均在限定的时间内办理完毕。到1992年底，区政府办理、答复、处理完毕的提案137件。

1993—1997年，区政府承办三届政协的提案125件。其中涉及经济工作42件，关于城建、交通、改善环境、关心群众生活38件，民族宗教3件，科教文卫27件，其他方面10件。1997年底，区政府办理、答复、处理完毕125件。政协委员白福云“关于注意落实少数民族政策”和申玉萍委员“盗窃案发较多，望有关部门提高办案选题与效率”的提案，区政府作为重点交有关部门限期办理。1998—2002年，区政府承办四届政协提案207件。其中涉及经济工作14件，法制建设和精神文明16件，城建、交通、环保等方面的56件，农业、农村15件，科教文卫35件，开放旅游10件，群众生活20件，转为市级办理的22件，其他方面的19件。其中，关于热河大集影响道路堵塞、改善办学条件、提高教育质量、加强滦广路复线交通管理、加强双塔山附近环境保护工作等提案，得到区政府的重视并采纳。四届三次会议委员提出“关于尽快改善双滦区环境面貌”的提案。区政府召开专题会议研究，投资4000万元，修建长4.2公里的滦广公路，以解决交通车辆拥挤问题；投资600万元对双塔山大街进行拓宽改造；投资5万元，修建双塔山贸易市场，双塔山大街两侧所有临时摊点全部迁入市场内经营；投资6万元改造区计生局胡同；投资60万元，清理牤牛河河道内垃圾，修建326延长米防洪堤；加大对环境卫生监督力度，责成各商贸摊点负责清理本摊点垃圾，并堆放到固定地点，环卫定时收集，全区的环境面貌得到改善。至2002年底，区政府办理、答复、处理完毕政协提案207件。

2003—2005年，区政府承办五届政协提案196件。其中，关于“解决街道和社区办公用房问题”的提案，政府召开区长办公会议，专题研究解决关于“应加强公共设施建设和城市卫生管理”的提案。区政府责成建设局抓好落实，开展环境卫生整治，建立城区垃圾日产日清制度；同时，建成双滦区民族文化广场；对双塔山大街部分路面进行硬化、绿化、亮化、美化；完成承德三中、牤牛河桥、承赤线公路大修、集中供热等11项公共设施建设。关于“增强企业活力，促进工业经济发展，保障社会稳定，孵化高新技术”的提案，区政府卸掉解决输送机集团在上项目、搞技改和生产经营中的难点问题。至2005年，区政府办理、答复、处理完毕政协提案196件。

第七章　法治 督查

1991年4月，双滦区成立法制科，隶属区政府办公室。其主要职能是：为区政府规范性文件起草，进行一般规则审查、修改、清理；对具体行政行为审查及其它事物涉法环节审查；执法队伍资质管理及人员培训；执法行政规范与监督和行政复议与应诉；职权纠纷协调确认等方面工作。

1999年，区政府成立督查室，隶属政府办公室，主要是对本级政府各项政务活动和本级政府有权管辖的事项进行督促检查。

第一节　法治工作

一 主要工作

政府法制工作机构设于1991年。1991—1999年，政府法制工作主要是起草、审核政府文件，办理行政复议、行政应诉、行政执法监督和行政确权等事项。贯彻实施《中华人民共和国行政许可法》、国务院发布的《全面推进依法行政实施纲要》等法律法规。2000年，区法制办与区司法局联合对全区行政执法人员进行《行政诉讼法》《行政复议法》《行政处罚法》等法律法规培训，并组织参加全市统一考试。起草《关于落实区人大三项执法检查的实施意见》，并参与环保执法检查、依法关停承德市造纸厂、双滦个体皂素厂等11家对环境污染严重的企业。依法解决大庙镇小冰沟门村一村民诉区政府“因宅基地使用证发放影响道路通行”和“双塔山镇小元宝山村与棋盘地村因土地纠纷上访”等问题。2001年，在区城市化建设中，先后起草《双滦区城市房屋拆迁管理实施细则》《双塔山街旧城改造拆迁补偿安置办法》等文件，为城市改造拆迁工作提供了法律和政策依据。同年，按照省、市要求起草《双滦区行政审批制度改革实施办法》《关于进一步做好行政执法责任制工作的通知》，对明确行政审批制度改革的目标、范围、重点和方法，指导有关行政执法部门做好完善行政执法责任制工作。

2002年，区法制办对建区以来至2000年底区政府下发的文件进行清理。共清理出规范性文件85份，经区政府研究废止34份；对区行政审批事项进行清理，共清理行政审批事项164项，经区政府审查，取消3项，改为核准1项，备案5项，下放3项。同年，区法制办审核《双滦区出租汽车管理办法》《双滦区出租汽车客运经营权竞投办法》等规范性文件；对区内246名行政执法人员进行培训考试。2003年，区法制办制定《双滦区清理行政许可工作实施方案》，召开区内所有行政执法职能部门参加的清理行政许可工作会议，部署清理任务，清理行政许可项目166项。其中建议继续实行的120项、修改的16项、废止的2项、待定的28项；清理行政许可收费项目151项。其中继续实施的114项、修改的8项、废止的4项、待定的25项。2004年，按照《行政许可法》的规定，区法制办对区内142项行政许可事项、44个行政许可机构、126个行政许可收费项目进行清理。除法律、行政法规规定的行政许可事项收费主体予以保留外，其他全部废止。同年，按照《行政复议法》的规定，对以往办理的案件进行检查核实，在参与办理应营子村和承德市建材厂土地权属纠纷答辩和行政应诉中，客观地分析案情，提出解决的具体建议，得到市政府和市法院的认可，为区政府挽回经济损失30余万元。

2005年，区法制办贯彻落实国务院颁布的《全国推进依法行政实施纲要》，制定具体落实办法和配套措施。通过行政处罚案卷抽查，对案卷中存在的程序违法问题进行纠正；对全区325名执法人员的执法主体资格、执法处置和执法人员资格进行年检；受理双塔山镇棋盘地村一村民的行政复议案和双塔山镇西平台村林木数量复议案，与双塔山镇、区林业水务局联合进行实地勘察，做出复议决定。

二 机构

1991年4月，双滦区成立法制科，副科级单位，与政府办公室合署办公，编制1人。1999年6月，法制科改为法制局，编制1人。2001年5月，法制局改为法制办公室，与区政府办公室合署办公，编制1人，至2005年，机构编制没有变化。

第二节　督查工作

一 主要工作

1999年，区政府制定《双滦区政府督查工作实施细则》，对督查职责、程序、要求和办法等作出详细规定。2000年，督查室对发展个体私营经济会议落实情况进行检查，通过抽查、走访、听取汇报和邀请各行业代表座谈等方式掌握情况，理顺关系。2001年，围绕区政府确定的全年经济工作中心，制定督查方案，把事关全区农民增收、重点工程建设、旅游开发等工作进行细化分解；全年共编写督查简报5期，撰写论文3篇。2004年9月，对落实区委常委扩大会议“关于加快文明生态村建设，解决偏桥子镇达连坑、小贵口、偏桥子等3个村公共设施建设滞后的问题”深入到各村进行实地督查。按照“重点工作、分包领导、分管部门、时限要求”等4个方面进行梳理排序，确定每季督查重点，先后组织专项督导22次，其中农业项目3次、工业项目5次、城市生态环境项目6次、民营项目4次、社会事业项目2次、引人入区项目2次。

2005年，对农业、工业、城市生态环境、第三产业等方面工作进行督查。在区政府《政务督查》刊物上连载《2005年全区农业重点项目进展情况概述》《十个工业项目进展情况扫描》《十个第三产业项目进展情况盘点》《2005年上半年城镇生态环境建设回眸》等调研文章。区督查室对“十里汽配服务街”“百亩垂钓园”“千亩梨花坡”，修建一条50华里的“引滦入企管道”、“全区铁精粉年产量200万吨”、“实现工业产值10亿元”、“实现利税1亿元”等热点难点项目进行跟踪督导。

二 机构

1999年6月，双滦区政府督查室成立，隶属于区政府办公室，编制1人。至2005年，机构无变化。

第十七编　综合政务管理

双滦区政府以经济建设为中心，转变政府职能，改革劳动用工和人事制度。区机关事业单位推行职务工资制；企业普遍推行工资增长同经济效益挂钩的举措；先后实行劳动保险、医疗保险、失业保险、工伤保险及离退（职）休制度，保障劳动者的合法权益；实施就业和再就业服务，为具有劳动能力的人员提供就业信息并安排工作。1996年，党政机关全面实施公务员管理制度，通过完善干部考核、改革工资分配和奖惩机制，调动各级干部的工作积极性，形成精干高效的政府行政管理体制。

民政工作以救灾救济、优抚安置、发展社会福利事业为重点，在最低生活保障、农村五保户供养、优抚助残等方面加强帮扶；拥军优属、抚恤优待，争创“双拥模范区”；婚姻、殡葬、社团等社会事业逐步走上社会化、法治化的轨道；加强基层政权和村民道德素质建设；初步完成区内地名与勘界工作；通过科技扶贫，引进资金项目，全区贫困人口下降至8000余人。

安全监察以预防为主，开展安全生产教育和职业技术培训，侧重监察矿山、锅炉、易燃易爆品等重点单位、特殊岗位，把“安全第一”的方针落实到基层。

第一章　人事管理

新中国成立后，域内人事管理工作由承德市委组织部和承德市人事局直接管理。1980年，双滦区建立后，按照干部管理权限，副处级以上干部由市委管理，其他干部交由双滦区委和区政府管理，其中科级干部由区委组织部管理，股级以下干部由区人事局管理。人事管理的范围包括区属行政机关、人民团体、事业单位、全民（国有）企业的国家干部。1996年9月，开始实施公务员制度。至2005年，区内机关事业单位有干部1406人，专业技术人员1563人。

第一节　干部来源与结构

一　干部来源

区属机关事业单位干部来自上级调入、大中专毕业生分配、军队转业干部安置、引进外地人才、招聘、以工代干等途径。1981年末，区内机关事业单位有干部197人。干部总数随着区行政职能的完备逐年增加和成建制划入。2005年，区内机关事业单位有干部1406人，其中调入113人，占总数8%；大中专毕业生分配436人，占总数

31%；军转干部安置 84 人，占总人数 6%；工转干 309 人，占总人数 22%；招聘 76 人，占总人数 5%；引进区外人才 388 人，占总人数 28%。

二 干部结构

1980 年，区属机关事业单位干部总体上文化结构偏低、年龄偏高。1984 年，区属 238 名机关事业单位干部中，大专及大专以上 32 人，占总人数 13%；中专 66 人，占总人数 28%；高中 26 人，占总人数 11%；初中及初中以下 114 人，占总人数 48%。25 岁以下 23 人，占总人数 10%；26 ~ 45 岁 122 人，占总人数 51%，46 ~ 60 岁 93 人，占总人数 39%。

按照干部革命化、年轻化、知识化、专业化的要求，随着新老干部的交替和干部在职教育的开展，干部年龄结构和知识结构逐年发生变化。1990 年，区属干部 290 人，大专以上学历 72 人，占干部总数 24.80%；中专学历 92 人，占干部总数 31.7%；高中及以下的有 126 人，占干部总数 43.5%。2000 年，区属干部 1202 人中，大专以上有 527 人，中专有 613 人，高中及以下的有 62 人。中专以上学历占干部总人数的 94.8%；大专以上学历占干部总人数的 43.8%。

2005 年，区属 1406 名机关事业单位干部中，大专及以上 1204 人，占总人数 85.6%，中专 192 人，占总人数 13.7%；高中及以下 10 人，占总人数 0.7%。25 岁以下 611 人，占总人数 43.5%；26 ~ 45 岁 467 人，占总人数 33.2%；46 ~ 60 岁 328 人，占总人数 23.3%。

1983—2005 年区属机关事业单位干部结构情况统计表

表 17-1-1　　单位：人

年度	合计	其中		文化程度				政治面貌				年龄结构			
		女性	少数民族	专科以上	中专	高中	初中以下	共产党员	共青团员	民主党派	无党派	25岁以下	26~45岁	46~60岁	60岁以上
1983	211	59	10	22	61	21	107	98	14	1	98	20	112	79	—
1984	238	68	13	32	66	26	114	109	15	1	113	23	122	93	—
1985	224	65	10	27	69	20	97	101	20	1	101	29	115	71	—
1986	254	66	20	34	78	18	124	125	23	1	105	43	122	76	—
1987	265	68	23	44	79	18	124	128	26	1	110	51	137	77	—
1988	274	71	27	59	80	51	85	153	22	2	100	56	144	95	0
1989	281	75	39	61	87	50	83	171	41	—	69	49	156	76	0
1990	290	78	37	72	92	54	72	178	39	—	73	45	167	63	1
1991	405	133	59	101	150	56	98	215	68	—	122	61	229	114	1
1992	431	140	61	107	171	58	95	225	70	—	136	66	245	119	1
1993	426	149	76	110	174	56	86	217	53	—	156	67	231	128	0
1994	968	464	174	309	483	63	112	321	256	—	391	348	363	257	0
1995	927	445	158	464	378	63	61	342	205	—	425	382	332	253	2
1996	1174	570	192	440	577	72	83	352	208	—	614	453	437	283	1
1997	1198	617	260	467	609	52	70	393	164	16	625	481	450	267	0
1998	1199	618	261	499	610	42	48	393	164	17	625	481	451	267	—
1999	1200	619	262	510	611	40	39	394	165	17	624	482	451	267	—
2000	1202	621	263	527	613	40	22	394	165	17	626	483	452	267	—

续表 17-1-1　　单位：人

年度	合计	其中		文化程度				政治面貌				年龄结构			
		女性	少数民族	专科以上	中专	高中	初中以下	共产党员	共青团员	民主党派	无党派	25岁以下	26～45岁	46～60岁	60岁以上
2001	1204	623	265	531	614	38	21	395	166	17	626	513	470	221	—
2002	1205	624	266	542	614	38	62	395	166	17	627	538	444	223	—
2003	1489	881	279	906	474	108	1	393	268	25	803	674	660	155	—
2004	1408	839	490	1135	240	29	4	369	254	22	763	698	497	213	—
2005	1406	848	592	1204	192	9	1	436	210	22	738	611	467	328	—

第二节　干部管理

一 任免调配

新中国建立后，域内领导干部先后由滦平县委组织部、承德市委组织部任免、调配。“文化大革命”期间，公社干部由承德市革命委员会任免。建区后，一般干部由区级人事部门任免、调配。

1988 年始，副处级以上领导干部的任免、调配、奖励、培训教育统一由市委组织部负责。区属各部门的科级干部，由区委任命、调整；政府直属局、室（科）级局长、主任的任免、调整，由区委常委会研究提名，经人大常委会审议通过后任命。2000 年前，股级干部的任命、调整由该部门党组织研究或行政领导任命，并报劳动人事局备案。2000 年后，股级干部任命、调整，先由部门党组织或行政领导提出意见报区劳动人事局，由区劳动人事局考核同意后任命或调整。一般干部由区人事局管理。

2005 年，按照干部管理分工，区委组织部负责区属科级干部的考核及离退休工作；区劳动人事和社会保障局，负责股级及以下机关事业单位干部的考核及离退休工作，并负责全区机关事业单位工作人员的工资调整和福利待遇工作。

二 推行聘任制

1985 年，区政府首次聘任乡镇统计员 4 名。1987 年，面向社会招聘企业厂长、经理；公开竞争招聘乡镇经委主任 4 名。1988 年，区政府从非国家干部中选聘干部 17 名充实乡镇机关。1993 年，全区有聘用制干部 92 名。2004 年，双滦区制定《双滦区各级干部轮岗交流办法》《双滦区干部差额考察试行办法》等制度，在全区首次开展面向社会公开选拔科级干部工作。2005 年底，有聘用制干部 6 名。

三 推行目标管理

1988 年开始，区机关事业单位推行有限目标管理岗位责任制。按照“三定”方案（定职能、定机构、定编制）确定的总体职责、职能、职位，将每个部门、每个岗位的职责、任务、目标具体化。建立岗位责任考评、检查等制度，把任期目标完成情况作为中层干部任免的依据。1992 年，实现有限目标管理责任制的部门由 21 个扩大到 27 个，岗位责任制考核指标由 53 项增加到 193 项。2000—2005 年，实施目标管理岗位责任制的单位扩大到 43 个，并将党风廉政建设、反腐工作、行风建设、机关效能建设等内容纳入岗位责任制考核范围。

四 实行公务员制度

1993 年 10 月 1 日，《国家公务员暂行条例》开始实施。区政府行政机关中除工勤人员以外的工作人员、乡镇机关中的工作人员、区直党群机关和社会团体机关中除工勤人员以外的工作人员参照《条例》试行。1996年9月，全面部署实施公务员考核制度，双滦区先后制定《双滦区职位分类实施办法》《双滦区国家公务员制度实施办法》《双滦区公务员过渡考核办法》等文件，规范指导公务员过渡工作。至1997年7月，政府系列（含乡镇）的387名机关工作人员完成公务员过渡转轨工作。

1998年，依据《承德市国家公务员考核实施办法》，双滦区年度按照优秀、称职、基本称职、不称职四个档次考核公务员，其中优秀者分别予以嘉奖和记功。嘉奖人数占受奖人数的15%，记二等功和三等功人数分别占考核人数的3%和10%。授予二等功、三等功和嘉奖的人员分别获奖金600元、400元和200元。2003年，区政府第一次面向社会发布招考公告，开始招录担任主任科员以下非领导职务的公务员。首批招录7名。至2005年，公务员仍执行年度考核制度。

五 事业单位用工制度改革

1980年建区后，区内事业单位人员来自上级调入、大中专毕业生分配、部队转业干部安置等途径。用工性质属于录用制固定工。1988年，区内事业单位开始实行专业技术人员聘任制。

2002—2003年，双滦区面向社会招聘教师122名。2004年，面向社会公开招考社区干部10名。2005年，全区有聘任事业单位专业技术人员1563人。

第三节　毕业生分配与职称评定

一 毕业生分配

建区前，毕业生分配工作，按照承德市下达的分配计划接收毕业生,接收毕业生数量不详。1980—1988年，双滦区接收安置大中专毕业生28人,其中大专毕业生10人,中专毕业生18人。1993年，接收安置大中专毕业生15人。随着社会主义市场经济的发展，大中专毕业生就业政策也逐步调整，由国家包分配向双向选择过渡。按照面向企业、面向生产一线原则，大专以上毕业生由区劳动人事局在一定范围内安排就业；中专毕业生在国家方针政策的指导下由区劳动人事局在一定范围内推荐就业。通过召开毕业生就业洽谈会方式，毕业生与用人单位“双向选择”。1996年，接收安置大中专毕业生77人。至2005年，区内共接收安置大中专毕业生436人。

二 职称评定

1982年，双滦区开始对专业技术人员进行职称评定。首先在工程技术、农业技术、卫生系统、会计和统计人员进行职称评定。1965年、1966年之前中专以上学历的毕业生，并在机关企事业单位直接从事本专业的技术干部套改技术职称。1988年底，区内机关企事业单位专业技术职称人员57人，其中初级职务45人、中级职务12人。1989年始，高、中级职称由承德市科委评审，初级职称由区科委评审。当年共评审职称人员1066人，其中高级职称18人、中级职称231人、助理级职称441人、员级职称376人。1990年，评审职称人员70人，其中中级职称13人、初级职称57人。1991年，评审会计员职称17人。1994年，专业技术人员职称评审实行指标控制。每年市职称改革办公室下达高、中职职称评审计划，区劳动人事局按计划落实专业技术人员职务晋升。2001年，高、中级专业技术职务评审实行开放申报。2002—2003年，评审非公有制企业职工技术人员初级职称110名,其中高级职称1人、中级职称4人、初级职称95人。2004年，共申报高级职称卷37卷，中级职称卷46卷，增聘高职32人、中职90人、初职58人。

2005年底，区内已聘任的事业单位职工职称总数为1563人。其中教学人员1179人：中学高级教师145人、中学一级教师和小学高级教师531人、中学二级教师和小学一级教师374人、中学三级教师和小学二级教师104人、其他25人。卫生技术人员221人：主任医师（护师、药师、技师）4人，副主任医师（护师、药师、技师）13人，主治医师（主管护、药、技师）63人，医师（护师、药师、技士）67人，其他8人。地质、测绘野外队技术人员17人：工程师4人、助理工程师3人、技术员10人。其他专业技术人员146人：相当副教授职务的4人，相当讲师职务的27人，相当助教级职务的55人，相当教员职务的52人，其他8人。

1988年区属单位各类专业技术人员统计表

表17-1-2　　单位：人

单位	1988年末合计	其中：自然科技人员	已有技术职务或技术职称人员			1987年末合计
			合计	初级	中级	
合计	137	40	57	45	12	128
建材厂	6	3	—	—	—	5
区政府	67	—	16	9	7	60
工会	1	—	—	—	—	1
农林局	12	12	12	12	—	13
广播站	8	3	8	7	1	8
计经委	12	3	3	2	1	13
乡镇企业局	4	2	4	3	1	4
双塔山镇	7	4	7	7	—	6
滦河镇	6	4	2	1	1	5
大庙镇	6	4	1	1	—	5
偏桥子镇	6	4	2	2	—	6
城建局	2	1	2	1	1	2
合计	14	—	14	13	1	14
集体单位	14	—	14	13	1	14

第四节　机构设置

一　双滦区人事局

1980年9月，双滦区委设组织科负责全区人事工作，编制2人。1982年10月，区政府设立人事科，原区委组织科负责的政府人事工作改由区政府人事科负责，编制2人。1984年3月，人事科更名为人事局，编制2人。

二　双滦区劳动人事局

1987年3月，人事局与劳动局合并为劳动人事局，编制4人。1995年，劳动人事局内设工资福利股、综合股、劳动争议仲裁股、劳动安全卫生监察股，编制11人；另设2个事业单位：劳动服务公司，编制10人；机关社会保险所，编制2人。

三　双滦区人事劳动和社会保障局

2002年3月，劳动人事局更名为人事劳动和社会保障局，内设综合股、公务员管理股、工资福利股、职业技能开发和劳动仲裁股、再就业办公室、人才市场管理办公室，编制11人。2003年6月，劳动服务公司更名为就业服务局(二级局）编制13人。同年6月，社会保险所更名为社会保障局（二级局），编制2人。

至2005年，区人事劳动和社会保障局内设综合股、公务员管理股、工资福利股、职业技能开发和劳动仲裁股、再就业办公室、人才市场管理办公室和就业服务、社会保障两个二级局，编制26人。

第二章　劳动与社会保障

民国时期域内私营作坊和地主用工均采用雇佣形式。劳动用工分为“长工”“包月”和“打日工”（短工）三种。解放后，随着社会主义所有制的确立，域内企事业单位用工制度按企事业单位性质分为全民、集体所有制职工两种；按劳动者身份性质分为固定工和临时工。1976年，增加计划内、计划外临时工和“轮换工”。进入20世纪90年代，企业性质呈现多样化。少数单位无视劳动法规，侵害劳动者合法权益的问题比较突出。1993年，区劳动局加强劳动用工监察和劳动仲裁，实施医疗、养老、失业等社会保障，加强劳动技能培训等再就业服务，依法维护劳动者的合法权益，提高待业人员的就业和再就业能力。1995年，区内推行劳动用工合同制。

第一节　劳动用工管理

一 劳动用工形式

民国时期域内私营作坊和地主用工均采用雇佣形式，公、私企业都是雇佣劳动，没有规范的管理制度，工人地位低下，生活艰难。

新中国成立后，企业用工由雇佣劳动变为招工，并逐步形成以固定工为主体，临时工、合同工、农民轮换工并存的用工制度。1983年前，劳动用工实行高度集中的计划用工制度。上山下乡知识青年、大中专毕业生、城镇的退伍军人和社会其他劳动力就业由国家“统包统配”。1983—1984年区劳动服务公司建立养鸡场（后转为建筑材料制品厂）、贸易货栈、废品收购部、服装门市部等经济实体，安置待业青年90人。1984年后，劳动用工除国家统一分配的大中专、技校毕业生和退伍军人外，实行“公开招工、自愿报名、全面考核、择优录取”。同年，区内招录待业青年就业665人，占全部待业人员的77%。1986年，国务院发布《关于改革劳动制度四个规定》等文件，废除“子女顶替”和“内招”的用工制度。面向社会公开招考、择优录取，实行合同工、临时工、固定工等多种形式并存的用工制度。1987年，区内各企事业单位安排集体固定工189人，承钢合同制工人288人，技校毕业生73人。1988年，区劳动服务公司成立区、乡镇、企业三级劳动管理网络。区内各企事业单位安排合同制工人187人，承钢招收合同制工人355人。安排待业青年做临时工297人，待业青年就业率89%。1993年，招录待业青年228人，待业率控制在1%以下。1995年，《中华人民共和国劳动法》颁布实施，明确劳动合同制的地位和作用，形成与市场经济相适应的劳动用工制度。1997年，区内安置下岗商业职工1252人，安置就业率达79%；1998年，招录待业青年961人，其中集体固定工189人，合同制工人475人，临时工297人，待业人员就业率89%。

1999—2005年，由于大部分国有企业转制或破产，用工减少。

二 劳务市场

1981年开始，区劳动局的劳动服务公司负责安置城镇待业青年、农村剩余劳动力和下岗失业人员。1993年，双滦区成立劳务市场，分设职业介绍服务、劳务协作服务、职工交流服务、职工培训和劳动合同、综合服务五个办事窗口。至1998年，主要培训待业青年、农村剩余劳动力、下岗失业人员，举办各类培训班150期，培训人员8327名，其中待业青年2000人，失业人员100人，培训后安置企业用工1300人。1999年，增加职业介绍，并建立"劳动力资源库"。共登记求职人员12400余名，收集招工信息1000余条，建立劳务经济合作单位17个，2000年，实行失业保险区级统筹。2003年，就业服务局建立就业服务大厅，行使劳务市场职能。从就业登记证的发放、就业指导、职业介绍、岗前培训、职业技能鉴定、劳动合同备案、档案管理和失业登记的环节实行"一站式"就业服务。

至2005年，为北京、石家庄、天津和承德市定向岗前培训2750人。为区外市内劳务输出农村剩余劳动力2344人，省内外劳务输出农村剩余劳动力13750余人次，创造劳务经济收入5600万元。

三 再就业服务

1998年4月，根据市委、市政府《关于进一步推进再就业工程意见》，区再就业办公室、企业主管局就业机构、企业就业服务中心，具体负责下岗职工调查摸底和就业技能培训工作，并采取对口帮扶、多方协调的方法，实施再就业工程。至1999年，两年共安排下岗职工617人再就业，扶持下岗职工从事个体经营180人。2000年，区政府出台下岗职工再就业6项优惠政策，先后建立再就业工作联席会制度、督导检查制度、定期通报制度、再就业服务咨询制度和再就业考核目标管理责任制等管理制度。通过与工商、税务、卫生防疫、财政等部门协商，积极为下岗职工再就业提供方便。2003年6月，区就业服务局免费培训再就业人员2000人。

至2005年，区内共安排下岗人员再就业2139人，其中公益性岗位343人，从事个体经营386人，企业吸纳445人，其他形式就业965人。城镇登记失业率控制在3%以内，同时为下岗再就业人员减免各种费用37万元。

1981—2005年双滦区部分年份用工服务统计表

表17-2-1

时间	办班培训		企业用工		职业介绍		失业保险	
	待业青年（人）	失业人员（人）	用工人数（人）	合作单位个数(个)	本市输出（人次）	省内外输出(人次)	参保人数	征缴保险金（元）
1981—1998	2000	100	1300	10	1350	—	—	—
2000	—	—	—	—	—	—	809	87350
2001	15	80	—	—	20	—	812	105102
2002	—	120	—	—	35	—	829	100000
2003	74	400	—	5	230	3200	950	136472
2004	—	520	—	5	110	3530	1252	159485
2005	263	729	—	6	599	7020	1434	323713
合计	2352	1949	1300	26	2344	13750	6086	912122

第二节　劳动监察与仲裁

一 监察工作

进入20世纪90年代，随着企业性质多元化的发展，少数企业和单位违反劳动法律法规，不依法签订劳动合同，强制职工加班加点、超负荷超体力劳动；任意克扣、拖欠和侵占职工工资和加班费；招用童工、不按规定缴纳职工社会保险费等，侵犯职工的合法权益。1993年，区劳动局开始监察企事业单位劳动用工情况，下达《询问通知书》9份，《整改通知书》13份，办理“务工许可证”1085份，外埠人员暂住证515份。1997年，监察用人单位40家，查出违法侵权事件26件，下达《劳动监察询问通知书》53份，《劳动监察限期整改通知书》38份，《劳动监察处罚通知书》4份。

2002年，区劳动局开展宣传《劳动法》活动4次，发放宣传材料3000余份，举办学习班3期，培训400人；检查用人单位145家，下达限期整改指令书85份，受理群众举报11起，立案4起，结案3起，为劳动者追回拖欠工资3万元；补签劳动合同500份，劳动合同签约率达95%以上。2003年，检查用人单位200家，清理非法用工50个；为劳动者追回拖欠工资1万元；开展劳动监察年审工作，年审覆盖率达90%以上。2004年12月，区劳动监察大队在某集团有限公司进行日常检查中发现，该单位没有核查招用人员身份登记、未与施工人员签订劳动合同，并有大量外地未成年工人。在施工现场务工人员240名中，有未成年男、女童工14人。根据国务院《禁止使用童工规定》《中华人民共和国行政处罚法》的相关规定，向用人单位下达限10日内将童工送回原籍的通知书，并依法处以罚金。

至2005年，区劳动监察部门共审验监察用工单位747个，发送限期整改指令书91份，补办用工手续153家。到企业现场讲解劳动保障法律、法规200余次，发放宣传材料5000余份，举办各类培训班11期计420人，接待群众走访200人，受理群众举报案件36起，其中立案22起，结案21起，为劳动者追回拖欠工资107.3万元。

二 仲裁工作

1987年3月，双滦区开展劳动仲裁工作。至1992年，无劳动争议案件立案。1993年，受理劳动争议案件4起，全部调解解决。1994—1997年，调解劳动争议案件1起。1998年，受理劳动争议案件6起，立案6起，结案6起。2001—2003年，全区推行劳动合同登记，公有制企业劳动合同签订率为100%，非公有制合同签订率为95%以上。其间，受理劳动争议案件45起，结案31起，其中调解结案27起，裁决结案4起；涉案标的金额26万元，涉及人员81人。2004年，受理劳动争议案件30起，结案26起，其中工伤争议案件20起，拖欠工资及经济补偿案件6起，涉案标的金额80余万元。2005年，受理劳动争议案件33起，劳动关系案件10起，审理结案33起，涉案标的金额198万元。

第三节　劳动工资

一 机关事业单位工资管理

新中国成立初期，党政机关、人民团体实行供给制，即供给衣食加津贴的工资形式。1950年，实行“等级工资制”。1952年，实行“薪金制”。1956年，国务院发布《关于工资改革的决定》，废“薪金制”实行“货币工资制”。工部调资前月平均工资49元，调级后月平均工资52元，平均提高月工资额的7.29%。

1985年6月，根据省、市统一部署，废除等级工资制，实行以职务工资为主的“结构工资制”。按工资不同职能分别由基础工资、职务工资、工龄工资、奖励工资4个部分组成。解决职级不符、劳酬脱节和工资标准过多的问题。区属参加工资改革的有 408 人，月增资额 7171.8 元。

1993 年 10 月，根据《河北省有关工作人员工资制度改革实施办法》，重新调整机关、事业单位的工资结构，并分别建立体现各自不同特点的工资制度。行政机关建立“职级工资制”。职级工资分别由职务工资、级别工资、基础工资和工龄工资 4 部分组成。事业单位实行专业技术职务等级工资制，管理人员实行职员、职务等级工资制，并建立工资正常晋升机制和工资动态调整机制。1993 年，区属共有 1463 人调整工资，月增资额 84976 元。

1994—2005 年，每年初，为职级工资制人员进行正常滚动升级，为连续三年评为优秀的公务员晋升工资。

二 企业单位工资管理

1949—1978 年，域内企业劳动工资分配实行计划经济体制下的按劳分配等级工资制度。企业工人工资由政府统一规定和管理，人均月工资增幅较慢。1978 年，国营企业实行以计时为主、计件为辅和计时加奖励的工资分配制度，并对劳动强度大、劳动条件差的工种实行岗位津贴。

1988 年，双滦区开始实行企业工资同经济效益挂钩，同两个或两个以上的经济指标复合挂钩，浮动比例为 1：0.4。除考核挂钩的经济指标外，还对销售收入、人均上缴税利、资金利税率、全员劳动生产率、工资税利率等指标进行考核。完不成计划，每项扣减上浮工资 20%。1992 年 9 月，区劳动局、财政局联合下发《关于区属企业 1992 年工效挂钩基数的通知》，将工资、奖金分配权交给企业，实行工资总额同经济效益挂钩，企业有权自主选择工资分配形式。1993 年，效益工资升级企业 9 家，涉及职工 700 人。1995 年，套级增资企业 17 家，涉及职工 1914 人，人均增资 4.29 元。1997 年，晋升效益工资企业 3 家，涉及职工 130 人。

1998—2005 年，企业开始实行工资集体协商制度。

第四节 社会保障

一 医疗保险

1952—2000 年，域内机关、企事业单位实行公费医疗。域内自 20 世纪 60 年代始农村实行合作医疗制度。

城镇职工 2000 年，《承德市城镇职工基本医疗保险实施方案》发布实施，2001 年，双滦区成立医疗保险改革办公室。区内机关事业单位、社会团体和民办非企业单位实行基本医疗保险，建立由劳动保障部门管理，实行国家、企业、个人共同负担的新医疗制度。2001 年 1 月起，区机关事业单位工作人员全部纳入承德市城镇职工基本医疗保险。基本医疗保险金由参保单位和职工双方共同缴纳，单位缴纳比例为上年度本单位工资总额的 6.5%，在职工作人员个人缴纳比例为上年工资总额的 2%；同时由单位按每人每年 96 元交纳补充医疗保险金。单位和个人所缴纳医疗保险金，由市医疗中心统一管理。一部分作为社会统筹基金，另一部分划入个人账户作为个人账户资金。2002 年 1 月 1 日起，承德市调整机关事业单位在职和退休人员住院医疗保险统筹基金支付比例。一级医院由原 80% 调整为 86%，二级医院由原 78% 调整为 84%，三级医院由原 76% 调整为 82%。至 2005 年，双滦区共有参保单位 76 个，参保人员 3357 人，本年度上缴医保金 348.7 万元。

农村居民 20 世纪 60 年代后期，域内农村实行合作医疗制度。农村合作医疗制度以农民自愿参加为原则，每户农民交纳少量资金，所属生产大队拿出部分公共积累，由生产大队统一管理资金使用，属农民互助性质的医保制度。由于没有国家资金的投入，农民医疗仍然没有保障。80 年代农村推向土地承包责任制以后，特别是人民公社体制的结束，区内的农村合作医疗制度也走向终结。各村的合作医疗站，大部分成为乡村医生的私人诊所。至 2005 年，区内农村医疗保险仍为空白。

二 养老保险

职工养老保险 1949—1994年，域内行政机关企事业单位职工养老实行退休工资制度，退休工资由国家企事业单位承担。1995—2005年，机关行政单位职工养老仍实行退休工资制度。

1995年，根据《承德市自收自支事业单位工作人员养老保险实施细则》，区机关事业单位工作人员实行养老保险统筹。统筹基金来源分个人和单位缴纳两部分，个人缴纳金额为月工资的2%，单位缴纳金额为18%。离休人员按本人职务工资与津贴两项之和的规定比例计发。对不按时缴纳养老保险统筹金的人员，其不缴纳的时间暂不计算为发放养老金工作年限。自1995年4月起，统筹基金实行按月结算。1995年，全区在职职工参保人员为400人，共收缴统筹基金41万元，其中有103名离退休人员实行退休金由社会发放。2001年，参保单位扩展为32个，年征缴养老保险金102万元，年发放养老金48万元，累计滚存资金78万元。2003年，根据《河北省机关事业单位聘用人员基本养老保险暂行办法》，机关事业单位聘用人员实行养老保险。个人养老保险金缴纳比例调整为在职应发工资的8%，单位缴费调整为在职应发工资的20%。

至2005年，全区机关事业单位养老保险参保单位37个，参保在职职工626人，其中聘用人员15人；征收养老保险基金187万元，发放和补发离退休金143万元，养老保险基金滚存242万元。

农村养老保险 新中国成立以后，农村的独寡无赡养人、无收入的老人享受“五保户”待遇。享受“五保户”待遇的老人采取集中供养（养老院）和分散供养（生产大队）相结合的方式。

2003年，承德市劳动和社会保障局制定下发《关于认真做好当前农村社会养老保险工作的意见》，双滦区成立农村社会养老保险所。2004年3月，区委、政府制定《双滦区农村社会养老保险实施方案》。农村社会养老保险实施范围：“全区已参加农村社会养老保险人员、镇村企业（包括私营、个体经济组织）从业人员、在职村干部、失地农民、劳务输出人员、村计划生育专管员、乡村聘用人员、农村义务人员、民办幼儿教师、“退耕还林、退耕还草”的农民、自谋职业者、农村专业户、计划生育对象和“农转非”人员等有较稳定收入或补贴的群众。”统筹层次：双滦区农村社会养老保险实行区级统筹，分级管理的方法。村级农保代办员负责基金收缴和养老金发放等具体工作。养老保险金的筹集和征缴：有单位的参保人员，其养老保险金由单位和个人共同缴纳。镇、村企业（包括私营、个体经济组织）从业人员按应发工资总额的16%缴纳养老保险金，其中单位缴纳不低于缴纳总额的60%。在职村干部缴纳基数为本区农民人均年收入的40%以上。2004年，在村干部中开展农村社会养老保险扩面。在职村干部扩面20人，其中失地村干部5人，在双塔山镇计划生育家庭成员中间扩面80人。

2005年，规范农村社会养老保险细则的执行和参保档案的管理，实现农村扩面120人，征缴基金16万元，完成上划基金7万元。至年底，全区农村社会养老累计参保540人，农保基金滚存36.2万元。

三 最低生活保障

1996年12月，区政府根据省、市《关于城市居民最低生活保障制度暂行办法》，建立双滦区城市最低生活保障制度（以下简称低保）。1997年4月，参照全区物价指数及城市居民消费情况，依据有关入户调查数据，确定城市居民最低生活保障线为月人均120元。享受“低保”条件的对象是：无劳动能力、无固定收入、无法定赡养人的，双滦区常住人口，且人均收入低于全区最低生活保障线的家庭。区内享受低保有106户、251人。

1998年2月，承德市政府制定下发《承德市城市居民最低生活保障制度实施办法》。区民政局对全区贫困居民重新进行调查摸底，确定享受低保户和低保人员。1999年7月，经调查核实全区共有保障对象152户共273人，最低生活保障金标准由120元提高到150元，年发放低保金22万元。2001年，城市居民最低生活保障工作实行规范化管理。社区居委会每月、街道办公室每季、民政局每半年对享受低保待遇人员情况分别核实一次，并设公示栏公示。同年底，区内有享受低保居民287户共620人，年发放保障金60万元。2003年，区内有享受低保居民2076户，6385人，当年发放保障金280万元。2004年9月，区政府在双塔山镇、滦河镇设立两家低保户超市，低保居民凭证可领取500多种生活必需品。

2005年1月，承德市政府制定《关于解决承德市三辖区低保居民取暖费的意见》。区内享受低保人员每人每月增发取暖费补贴10元，总计为2692户发放取暖费补贴83万元；12家特困户每年增发70元。至2005年底，双滦区享受低保居民2692户，6422人，年发放低保金507万元，保障率为100%。2005年，区内农村居民没有实行最低生活保障制度。

四 失业保险

1986年，国有企业和事业单位合同制工人开始实施失业保险金制度。1995年，征缴范围扩大到集体企业、股份制企业及乡镇企业中城镇户口职工。1999年起，建立失业保险基金个人缴费记录，作为职工失业后领取失业保险金期限的依据。2000年8月，区属城镇企事业单位职工按照《失业保险条例》，缴纳失业保险金。同年，全区申报登记单位16个，参保人员720人，征缴保险金8.7万元。2001年，加大失业保险宣传力度，累计发放各类宣传材料5000余份，失业扩面39人。2002年2月，失业保险金征缴工作由双滦区税务局负责。失业保险所负责申报、审核基金管理，税务局负责保险金征缴工作，年度征缴保险金10万元。2003—2004年，失业人员在领取失业保险金期间，有508人参加创业培训。

至2005年，区内失业保险申报单位41个，参保人员1669人，累计征缴失业保险金141.6万元，发放失业保险金40万元。为失业的39人办理申报小额担保贷款。为市代管的702名失业人员领取失业保险金。

附记：

偏桥子镇三家村老年人养老状况调查

三家村位于偏桥子镇政府西部，距镇政府约6公里，南临滦河与滦平县相邻，北至老沟门村，东与达连坑村相邻，西与滦平县接壤。双塔山至偏桥子公路穿村而过，交通相对便利。全村共有324户，1210人，耕地面积1600亩，人均占有土地1.3亩。2005年粮食亩产500公斤，人均年收入2400元，是个典型的以农业种植为主的城郊行政村。全村共有60岁以上老年人口111人，占总人口的9.2%。其中男性54人，占老年人口的48.7%；女性57人，占老年人口的51.3%。有配偶的老年人78人，占老年人口的70.27%；独身老年人33人，占老年人口的29.7%。这些老年人由于健康状况、经济来源不同，在养老问题上也有着不同情况。

一 老年人生活现状

据三家村委会提供的资料，2005年，这些老年人口中，生活达到温饱以上水平的91人，占老年人口的82%；生活较为贫困的有19人，占老年人口的17.1%；特别困难的1人，占老年人口的0.09%。

1.生活来源。老年人生活来源分为两种情况：一是以自食其力为主，凭借自身的劳动能力从事农业和家庭副业劳动，以其所得收入自养其老，不足部分子女给予适当帮助。属于这种情况的有68人，占老年人口的61.3%；丧失劳动能力、完全依靠子女赡养的43人，占老年人口的38.7%。

2.居住状况。与子女分开单独居住有58人，占老年人口的52.2%。这部分人大部分居住平房或瓦房（只有1人住草房）。所住房屋均有庭院，人均居住面积为26平方米。其中老人独居的10

人，占与子女分开居住老年人数的17.24%。与子女同住的53人，占老年人口的47.8%。其中老年夫妻共同与子女同住的有30人，占与子女同住老年人的56.60%；单身老人与子女同住的有23人，占与子女同住老年人的43.40%。

3. 医疗情况。老年人口中，有104人能够生活自理，占老年人口的93.7%；有7人失去自理能力，依靠子女服侍照顾，占老年人口的6.3%。2000年以前农村合作医疗属于互助形式，医药费报销只限于在本村医疗点购药。这种合作医疗形式只能解决老年人小病的医疗问题，遇有住院或到乡镇以上医院看病的费用需要自行承担。20世纪90年代以后，随着土地承包到户，农村合作医疗互助金无人交纳，这种互助形式的合作医疗也随之消亡。2005年，全村老年人中有58人能够自行承担日常的医药费(大病除外)，占老年人口的52.3%；有53人的医药费由子女负担，占老年人口的47.7%。

4. 文体活动。20世纪70—90年代，村里有电影放映队，老年人每月可以看上三四场电影。90年代后期，电影放映队解散。至2005年，80%的家庭有了电视机、收音机，多数老年人业余时间能够收听收看广播、电视节目。部分老年人闲暇时聚在一起打麻将、打扑克；部分老年人参加秧歌队扭秧歌、走步晨练等进行娱乐健身活动。

二 老年人养老存在的问题

虽然多数老年人老有所养、老有所乐，但由于农村各方面条件的局限，老年人的生活仍面临一些困难和问题。

1. 收入不稳定。随着老年人年龄的不断增长，劳动能力逐渐下降，自食其力的老年人仅仅依靠农业和微薄的家庭副业，很难保持收入的稳定性。遇有旱、洪等自然灾害或其他情况，生活来源缺乏保障。贫困户、特困户的生活就更加艰难。他(她)们因缺少稳定的收入来源，给子女增加了赡养负担。至2005年，区内农村居民没有享受最低生活保障待遇。

2. 缺乏必要的医疗保障。由于经济条件所限，老年人的疾病医疗困难较大。特别是老年人患慢性疾病或遇有重大疾病，医药费难以承受。医疗缺少保障成为全村老年人的普遍问题。有少部分老年人怕拖累子女，小病忍、大病拖，延误最佳治疗期而致重病。村内老年人郭某患慢性疾病，因长期得不到正规、有效治疗，导致不治而终。

3. 老年孤独。2005年，全村有10名老年人与子女分开居住;有约24对老年夫妻与子女分住，过着“空巢”式生活。闲暇时大多老人只能聚在街头巷尾拉拉家常、晒太阳晚年精神生活匮乏。

4. 文体活动缺乏。2005年以前村里没有文化娱乐场所，老年人的文体活动局限在个体、自发的状态。文化娱乐活动场所仅限在街道、马路上；活动内容只有下棋、打扑克、散步、扭秧歌等，文体活动既无组织更无经费支持。

传统的居家式养老在三家村得到充分体现，经济条件较好的家庭尚能保障老年人的养老问题，而一些家庭由于承受力有限，赡养老人成为家庭的负担。随着老年人口的不断增加，解决好老有所养问题日渐迫切，尤其是农村养老问题更应引起高度关注。在大力弘扬中华民族敬老爱老、恪守孝道传统美德的同时，应尽快完善敬老院、基本养老金、医保等配套的农村养老保障体系，推进农村养老社会化进程，使农村老年人享受到改革开放和社会发展的成果。

(调查人：王乃民　袁宝森)

第五节　安全生产监督管理

一 矿山安全生产监管

1987年，双滦区劳动人事局举办镇、村铁矿负责人和爆破手培训班。1994年，区安全生产监察部门在大庙镇举办矿长、安全员培训班。安全检查矿山企业，查出隐患11起，下达整改通知书11份;1997年，检查矿山企业，下达《矿山安全监察指令书》4份；1999年，关闭无证开采矿点3个。

2004年，区安监局对重点矿山和危险源点实施重点控制，坚持每月抽查、每季普查。会同区国土资源局等有关部门，查处矿山一证多坑、多井、交叉重叠开采以及越层越界开采等违法行为。重点整治采矿、通风、开掘、运输、供电提升等生产系统和矿山采空区存在的问题，先后下达整改指令书20余份。对存在重大隐患的大兴矿业集团838铁矿三坑，给予停产整顿的处罚。区安监局从各镇安监站抽调8人作为安全监督员派驻重大危险源点，详细记录每天的安全生产情况，发现安全隐患及时上报。在所辖51个非煤矿山企业实施“安全生产许可证”制度。开展《安全生产法》宣传活动，发放宣传材料500余份；开展“百日安全生产竞赛”和“百日安全集中整顿”活动，在重点企业关键部位布控，有针对性地督导检查，遏制重大事故发生。

2005年，区安监局培训区内矿山企业矿长和安全员200余名。全年开展安全检查12次，下达整改指令书97份。

二 其他行业安全监管

1981年5月，区劳动局负责各企业安全生产检查工作。1984年，区劳动局检查锅炉8台，基本符合安全运行的5台，不合格的3台，分别按照规定依法处理。1987年，检查企业安全生产和食品卫生安全情况，举办镇、村个体采矿负责人和爆破手培训班2期；特殊工种人员学习班5期；开展小型安全生产检查10次，大型生产安全检查4次；建立安全保障组织，配置专职安全员。1988年，区劳动局针对个体采矿业，制定《民采管理办法章程》；举办特殊工种（电工、电焊工等）培训班5期。开展安全检查14次。1993年，区内安全大检查共查出重大事故隐患60多起，各单位按照检查要求及时消除安全隐患。

1994年，区劳动局组织公检法、工商、企业局检查全区企事业单位安全情况，查出各种不安全隐患24处。1999年，开展对空压机工、电工、绞车司机等特殊工种的培训。2004年9月，区安监局从局机关及各镇安监站抽调8人，分组专项整治区内危险化学品经营单位17家。在此次整治中，检查危险化学品经营单位15家，整改隐患3处。同年，开展烟花爆竹专项整治工作，检查区内烟花爆竹批发单位1家和烟花爆竹零售点38家。开展烟花爆竹营销人员岗前培训，经考试合格后发证，持证上岗。专项检查易燃易爆单位及商场、网吧等重要公共场所；检查消防安全重点单位及重点部位175处，发现各类违规行为及火灾隐患240余处，整顿237处，依法处罚单位7家。

2005年，区安监局检查易燃易爆场所10家、检查人员集聚场所20家、企业10家；检查区内歌厅、舞厅8家、网吧19家和游戏厅5家公共场所安全管理状况，消除危险化学品隐患2处。

三 机构

1987年，双滦区劳动人事局内设劳动卫生监察股；2002年，双滦区经贸局负责区内安全监察工作；2004年，设立双滦区安全生产管理局；至2005年，机构设置未改变。

第三章 民　政

民政机关是政府主管社会行政事务的职能部门。主要负责救灾救济、抚恤安置、民间组织管理、村级政权建设、村民自治、城乡居民最低生活保障、社会福利、社会事务和区划地名等工作。1980年，双滦区政府设民政科，开始履行各项工作职能。自1984年始，经过多年持续的扶贫工作，至2005年，全区贫困人口下降至8000人；解决最低生活保障2692户，6422人；供养“五保户”25户，27人；福利企业安置残疾劳力134人；年发放军烈属、遗属抚恤金4万元；登记社会团体20个。

第一节　基层政权建设

一 民主选举

1984年，境域撤销人民公社，建立双塔山、滦河镇人民政府，大庙、偏桥子乡人民政府。农村实行村民自治，以原生产大队为基础建立43个村民委员会。1988年，按照全国人大颁布的《村民委员会组织法》和省人大颁布的《河北省村民委员会选举办法》，区内开始第一届村民委员会选举。选举采取群众推荐、组织考核、民主选举等程序。43个村分别选出村民委员会主任、副主任和委员5～7人。村民委员会下设调解委员会、治保委员会、公共卫生、妇联、民兵等组织，各委员会主任由村委员成员兼任。村民委员会以原生产小队为范围设若干个村民小组，村民小组设组长1人，村民委员会和村民小组的成员由本村的村民选举。至2005年，区内各村举行6届村民委员会换届选举，达到村民自治标准的90%。

二 民主管理

村民委员会是群众性自治组织，实行民主选举、民主决策、民主管理、民主监督。1996年，区政府下发《双滦区村民自治民主管理示范村实施方案》，确定各类示范村典型20个。各村委会设立村民代表议事会，开展依法治村工作，推行“村务公开”制度。1998年4月，滦河镇西南营村村民强烈要求罢免不称职的村主任，在镇党委和镇政府的调查考核基础上，召开西南营村村民代表会议，罢免了村主任，村民依法行使了自己的合法权利。

第二节　扶　　贫

一 贫困人口状况

清代、民国期间，由于封建统治和日本帝国主义的侵略，加之灾荒、战乱和疾病的流行，域内居民生活贫困。

新中国建立后，党和政府逐步开展帮扶贫困农民的脱贫工作。因自然生产条件差，基础设施建设滞后，部分农民生活水平低而不稳。建区前，扶贫工作由承德市政府负责，主要实行困难救济。

1980年建区时，区内贫困村人均年收入不足200元。1984年，区政府成立扶贫领导小组和扶贫办公室。1990年，贫困村年人均收入500元。1995年，区委、区政府按照《国家八七扶贫攻坚计划》要求，确定“以区域划出类型，以类型定路子，以路子定项目，以项目效益覆盖贫困人口”的方针，通过领导、部门包扶和集中财力、物力实施重点支持。2000年，区委区政府重新调整区、镇、村三级10年扶贫开发规划，确定省级贫困村21个，涉及贫困人口3500户，计1.2万人。

至2005年，区内实现脱贫1000户4000余人。区内仍有贫困户2300户8000余人，贫困户年人均收入850元。

二 科技扶贫培训

1986—1987年，区民政局、农林局等部门与各乡、镇共同举办果树栽培、蔬菜种植、家畜养殖等科技培训班22期，参加培训1000余人，发放科技资料1800余份。同时，区政府组织千人参观团，分批到隆化县西地村，承德市大石庙乡参观红果生产和蔬菜种植。1987年，全区栽种各类果树31万余棵。至1988年，区内累计举办各种科技培训班58期，培训农民3042人，发放科技资料2370余份。区扶贫办、区妇联还组织贫困户到承德县参观土法养鸡、举办养殖经验报告会，向贫困户传授养殖技术。

1999—2005年，区妇联成立“妇女致富协会”，创办致富信息专栏。各乡、镇建立技术推广和信息服务站，向农民提供实用技术和致富信息。区扶贫办根据贫困户掌握技术参差不齐的现象，分层次开办技术培训班15期，参培人员900余名。在培训期间，重点向贫困户推广了“十项科学技术”和“十项新品种”；印发“速育精”“叶面宝”等产品使用技术资料1000余份。贫困户基本达到每户掌握一种致富技术，每人懂得一两门致富科技知识。

三　扶贫项目

基础设施项目　1995—2005年，改善贫困村的生产环境、交通状况和农业基础设施建设，区内累计投入资金27万元。修路15.5公里，修筑小型桥梁2座，护河堤坝550延长米。

养殖项目　1995—2005年，区政府累计投入扶贫资金50余万元，发展养殖山地柴鸡300余户。其中，饲养量超过2000只的养殖大户10家，饲养总量超过10万只。项目获得河北省省级无公害柴鸡蛋产地认定；科技部也将其列入《规范化生态养鸡技术试点与示范》项目，给予重点扶持。区民政局在10个贫困村中累计投入扶贫资金35万元，引进良种波尔山羊和小尾寒羊1000余只，发展养殖户近100家。

人畜饮水项目　1995—2005年，区政府投入扶贫资金58.3万元，实施人畜饮水工程，重点解决羊泉子、小元宝山、下店子、长北沟、上碾子、凤凰嘴、小三岔口南北沟等7个自然村人畜饮水问题。

生态移民项目　根据京津风沙源和生态建设规划，双滦区有12个自然村列入省生态移民规划之中，涉及3106人。至2005年，共争取生态移民专项资金450万元。完成羊泉子村的整体搬迁和上碾子村第一村民组的搬迁工作，搬迁村民250户，计900余人。

四　社会扶贫

2001年以来，双滦区结合生态文明村建设，以社会帮扶为依托，推动贫困村经济发展。区内自筹脱贫资金100万元，对贫困村给予支持；争取滦河电厂、市直机关工委、市人防办、市残联等有关部门和企业对口帮扶10个贫困村，直接注入扶贫资金100余万元。2005年，全区贫困人口由1.2万人下降到8000人。

第三节　社会救济

一　困难救济

清代，皇帝每次北巡或举行木兰秋狝途经境域，均降旨蠲免应征额赋十分之三、十分之五不等。清光绪二十年（1894年），滦河街设孤贫院一处，房3间，收养孤贫由县库发口粮；民国5年(1916年)改由财政局发。民国18年(1929年)，孤贫院收养孤贫人员10人。民国17年(1928年)7月6日，“有饥民数百聚于县衙四里，宫后赵姓三家坐卧乞讨赈济。县知事隋文南亲自前往查询，后回县与绅商等去盐运分局赊盐一包派员发放。长者一斤，小孩半斤。不久又有饥民640余名，来县（滦河街）乞赈，县知事无存粮，故与驻滦孙师长商议由孙捐助小米6石，按大人1升，小孩半升发放。”同年10月1日，域内成立中国华洋义赈救灾会滦平支会；民国18年（1929年）热河省分会拨大洋1500元，尽数赈济。民国19年（1930年）6月1日，由金菩慧捐资成立滦平县（滦河街）红十字会。同年8月，滦平县全境米粮缺乏至极点（含现境域），热河省赈济会放赈粮75石，救济百姓。

民国37年（1948年）6月4日，民国政府曾代表联合国救济总署赠与滦平县（含境域）一批食物，旧衣等救济物资，仅为少数居民领到。

中华人民共和国成立以后，1950—1960年，域内政府发放的专项救济款、救济粮、衣被、棉布等，具体数字不详。1959—1961年国民经济困难时期，政府发放专项救济款及棉花、棉布、衣服等物资；1961年，政府给在集体食堂吃饭的危重病人发放葡萄糖。1971—1979年，困难居民曾得到政府的救济款及棉衣、棉布、棉花、绒衣等救济物资。期间，少数民族困难户曾得到政府的救济款两次；上山下乡知识青年得到政府救助款两次。

双滦建区后，列入政府救济范围的城市困难户 36 人。其中享受定期定量救济人员 8 户 21 人、退职职工困难户 15 人；农村困难户 982 人。1980—1990 年，区政府向各公社困难户发放捐赠的棉衣 7 件、大衣 170 件、救济金 4000 元、布票 6000 尺；发放社会救济金 11.3 万元，救助城乡特困人员 9030 人次。1991—1996 年，发放社会救济金 7.3 万元，救助城乡特困人员 5949 人次。1997 年以后，城乡特困户全部纳入社会最低生活保障统一管理。

2004 年 11 月，区政府出台《农村特困群众医疗救助暂行办法》，把农村因病残丧失劳动能力、鳏寡孤独等家庭生活困难的农户作为补助的对象，对农村特困的 152 户 316 人，每人每月发放 50 元的救助金。2005 年，共发放城乡医疗救助金 9.1 万元，救助 116 人。

二 灾害救济

清嘉庆二十四年（1819 年）七月，境域水灾。内阁侍读嵩安与知县先领行在广储司库银三千两，前往被水淹各村庄，依户口清册先行散给。清代至民国年间，境域遇到较大水、旱、雹灾，政府均适度免除或缓征额征正银，休养生息。

新中国成立后，每遇灾害发生，政府及时开展生产救灾工作。依据灾情轻重及范围，国家给予必要的救济（款、物）等。1958 年 8 月 8 日，境域降大暴雨，灾情严重。滦平县委书记、县长亲自赴重灾区慰问，安置灾民生活，组织生产自救。

20 世纪 80 年代，区内 4 个乡镇发生较严重的洪涝灾害 4 次，旱灾 3 次。灾情发生后，市、区共发放水灾救济金 4.23 万元，救济 1851 户 8098 人次；发放旱灾救济金 3.1 万元，救灾粮 5.5 吨，救济 784 户，3054 人次。90 年代，区内发生较严重的洪涝灾害 6 次，旱灾 5 次。市、区发放水灾救济金 32 万元，全区捐款 9.5 万元，捐赠衣物 20968 件，救济 4621 户，17981 人次；发放旱灾救济金 33.7 万元，全区捐款 14.3 万元，捐赠衣物、棉被 1716 件，发放救灾粮 20 吨，救济 3000 多户，10631 人次。

2000—2005 年，区内发生较严重的洪涝灾害 2 次，旱灾 3 次。市、区共发放水灾救济金 26 万元、捐赠衣物 8000 件、发放救灾粮 25 吨、救济 1485 户，11465 人次；发放旱灾救济款 27 万元、救灾粮 861 吨、全区捐款 5 万元、捐赠衣物 4896 件，解决 8000 多户，14000 人的口粮和临时生活困难问题。

三 救助

新中国成立后至 1980 年以前，域内收容遣送工作由当地政府和公安部门负责。对长期在区内乞讨人员，政府解决路费，使其自行返乡。对无人认领的无名尸，经公安部门验尸后就地掩埋。双滦建区后，收容遣送工作由区民政局负责。发现流浪乞讨人员，送承德市收容遣送站处理；发现无名尸体，区民政局通知区公安局进行尸检，若属正常死亡，通知市殡葬管理所将尸体运走、火化。骨灰保存 1 年后仍无人认领的，作无名骨灰处理。

至 2005 年，区内共发现无名尸体 12 具。其中正常死亡 10 具，溺水死亡 2 具。除 1 具由亲属认领外，其他均经公安部门尸检后由市殡葬管理所火化；发现流浪乞讨人员 8 名，其中 6 名交送市收容遣送站，另 2 名精神病患者由区民政局支付医药费 5000 多元，病情控制后送回原籍。

第四节　社会福利

一 福利企业

1986 年，大庙乡办陶瓷制品福利厂、双塔山镇大三岔口村办福利印刷厂，两厂安排农村残疾人就业 42 人。1987 年，大庙街道办红星福利印刷厂，安置残疾人 4 名。承德市麻纺厂和双塔山镇元宝山村联营办麻毛福利厂，安排残疾人 6 名。双塔山北街居委会办福利针织厂，安排残疾人3名。1988—1999年，大庙镇冰沟门木材加工厂、大庙镇烟筒厂、滦河镇东园子皮鞋厂、偏桥子乡缝纫厂、大庙镇矿石经销站、双塔山镇东平台珍珠岩厂等6个福利企业，安置残疾人就业79名。1990年以后，承钢标牌厂、双滦区残联福利综合公司、滦河碳化稻壳厂、滦河炉料厂等4个福利企业安置残疾人就业61人。

至2005年，区内共有残疾人5335人，其中有劳动能力的1473人，福利企业安置134人。

二 敬老院建设

双滦建区前，域内福利事业由滦平县和承德市负责。

1985年，区民政局投资1000元，在偏桥子乡、村的共同努力下建起双滦区第一处敬老院，收住五保户3户3人。1987年，区政府和各镇政府先后筹集资金20多万元，在滦河、双塔山、大庙、偏桥子4镇各建1所敬老院。敬老院配置彩电、冰箱等各种生活设施，收住五保户15人。各敬老院种菜、植树、养猪、养鸡等，增加收入，改善院内老人生活。

1996年，省民政厅和区政府共同投资120万元，在偏桥子镇兴建高标准康怡老年公寓。公寓为三层塔式楼房，建筑面积2200平方米，有房屋30间，其中设有卫生间的14间，床位36张；公寓建有老年活动室、集体餐厅，配有管理服务人员3名。区内各镇敬老院供养五保老人15名，全部集中到此公寓生活。1999年，偏桥子敬老院获省级敬老院称号。2000年，《河北日报》和《承德日报》分别报道双滦区五保老人实行集中供养，老人幸福安度晚年的情况。2004年，康怡老年公寓自筹资金15万元办起小型养鸡场，饲养柴鸡600多只，日产柴鸡蛋200多个；购进波尔山羊11只、猪3头；租赁4亩垂钓园一处，建硬化路面停车场760平方米。同时，公寓食堂对外营业，年可创收1万余元。当年，收住五保老人15名，自费代养13人。

2005年，双滦区征地10亩，投资465万元，建设社会福利院，面积4500平方米。收养弃婴、孤残儿童、孤寡老人和无依无靠、无家可归、无生活来源人员。

三 五保户供养

1952年起，国家对农村丧失劳动能力，无依无靠的鳏寡孤独老人实行“五保”制度，即：保吃、保穿、保住、保医、保葬。资金来源主要从集体公益金中提取，不足者，国家予以补助。1958年后，公社、生产大队承担“五保户”供养，供养标准不低于所在生产大队人均生活水平。

1983年，农村实行联产承包生产责任制。“五保户”的供养分为三种供养方式：敬老院供养。区及各乡镇统筹资金，每人年均生活费400～500元、口粮250～350公斤。另外，通过院办经济加辅助，可达到当地农民中等以上生活水平村组供养。这部分人一般有一定经济收入，且身体较好，暂不愿意入住敬老院。对达不到生活标准的“五保对象”，集体和民政部门给予补贴。亲属供养。“五保对象”主要依靠亲属服侍，对低于当地人均生活水平的，由集体或民政部门给予补贴。

至2005年，全区五保户共25户、27人。其中敬老院供养15人，供养标准为人均年2400元；分散供养12人，村供养标准人均年500元，粮食300～350公斤。

第五节 优抚优待

一 拥军优属

1946年1月中旬，域内中共滦平县政府发动群众支援部队。出动民夫400人，组织担架380付，征集并收集粮食260万斤和部分布匹、钱250万元，食盐40万斤（包括救济盐）及猪肉、豆腐等物资支援前线。

1948年8月，承德解放。12月，域内滦平县委接到热河省军区后勤部司令部命令，成立一支支援平津战役的远征担架团，各区武委会主任担任连长。双塔山区为一个连，排长有大三岔口村李文志、厂沟村兰某。滦河为一个连。担架团由所在地出发，到通州北郊的刘庄找到人民解放军48军后勤部，驻防待命随军行动。担架队员学习解放军，遵守纪律，听从指挥，宿营时给群众挑水、扫院。随军行动时，利用待命间隙进行军政整训和开展文体活动。为更好随行抢运伤员任务，担架团内成立党的临时支部委员会。各连建立党小组，并发展队员加入共产党组织。小元宝山村李彦、王芝和下店子村王生就是在担架连参加的党组织。1949年1月31日，北平宣告和平解放，担架团返回原地。

1948年，域内解放后第一个新年，政府组织拥军优属照顾伤员活动。新中国成立后，每逢建军节、春节，政府组织慰问团、慰问小组开展各种形式的慰问活动。召开军属代表座谈会，征求驻军意见并帮助解决一些实际问题。

1980年后，双滦区政府对在职革命伤残军人、在乡革命残废军人和复员军人及烈属，按时发放伤残抚恤金、补助和烈属抚恤金；对有特殊困难的再给予临时困难补助并通过扶持形式帮助其脱贫致富、对其子女在招工时给予照顾。每年八一、中秋、国庆、春节等重大节日，区委、区政府、区人大、区政协领导带领有关部门负责人，慰问驻区部队，帮助解决实际困难，并通过举办军地座谈会和联欢会的形式加强沟通，增进友谊。1987年，区委先后召开常委会4次，制定创建“双拥”模范区的规划。成立由区委书记任组长的工作领导小组，全面落实各项优抚政策。学校、厂矿、地方各单位与部队间结成共建对子11个，在原有386个学雷锋小组的基础上，新成立拥军优属定点活动小组68个、“军人家庭服务中心”132个，累计做好事3830件。

1991年，双滦区被承德市委、市政府、承德市警备区命名为“双拥模范区”。1992—2003年，拥军慰问小组累计为战士理发340人次、修鞋380双、服务5000人次；同时还为部队送去猪肉等慰问品，折合人民币22500元。驻军部队在大庙镇北梁村进行冬训时，区个体协会负责人代表4000名会员，为部队官兵送去猪肉380斤、粉条200斤。区政府，公安分局、法院、检察院和民政局等单位联合组成双滦区军人军烈属合法权益维护中心，并在区武装部设办公室具体办理拥军优属工作。至2005年，累计为军人、军烈属维护合法权益160多件次。

二 抚恤优待

新中国建立前，域内抚恤工作执行东北行政委员会1948年2月颁布的《阵亡烈士抚恤条例》及热河省政府补充通知。新中国建立后，境内对军属、烈属、干属的耕地，由村委会包耕、代耕。1950年，执行国家颁布的有关褒恤条例，发给抚恤金（粮）。等级分为牺牲、病故、伤残抚恤、定期定量补助、临时困难补助五种。1955年，部队干部实行工资制，军队干部家属的代耕及物质优待停止。1956年，代耕、包耕优待停止，改为优待劳动日形式。20世纪60年代至生产队解体，农村优抚以照顾工分为主。建区前，优抚工作由承德市民政局管理。双滦建区后，区民政科负责优抚工作。烈军属等优待对象每年吃粮要达到或高于社员口粮平均线10%。1981年，全区有烈属24户，民政部门按时发放烈士抚恤金和定期补助外，对生活确实困难的再给予临时补助。1991年，发给14户烈属抚恤金0.7万元。2005年，发给12名烈军属抚恤金4万元。

1981年，区内有优抚对象774人，其中革命伤残军人91人、在乡复员军人138人、农村义务兵205人、城镇义务兵151人。农村义务兵军属实行群众优待政策，优待标准按上年本村人均收入水平发放优待金。城镇义务兵军属优待由父母所在单位负责。1986年，民政局为尚未享受补助的复员军人和原来补贴偏低的复员军人办理定期补助手续45件。1986年，根据省、市关于城镇义务兵家属实行优抚的有关文件精神，对双滦区当年入伍的115名新兵，在发放入伍通知书的同时发放“优待通知单”，兑现优待政策。其中由企业单位实施优待的64名，由政府负责优待的44名，由乡村负责优待的7名。并根据市政府的规定，每人年发给优待金360元。与此同时，还把优待数额同本人在部队的表现结合起来，实施基本优待加奖励的办法。在部队荣立一、二、三等功者，分别奖励300元、200元、100元。奖励范围扩大到所有现役军人。1991年，区内享受国家定期补助的伤残军人88人，其中在职的68人，年发放伤残补助金1.87万元；复员军人134人，年发放补助金4.2万元；城镇义务兵166人，年发放优待金6万元。全年优抚总额为12.77万元。1996年，伤残军人的伤残金、保健金进行调整。2000年，冬季入伍及以后应征入伍的省内非农业户口青年，发给"优待安置证"，作为优待和安置的合法凭证，并按当地政府规定，凭证领取优待金。农村户口入伍的青年仍按原政策规定执行。2001—2005年，全区优待政策为：入伍前为企业在职职工的义务兵，优待金由所在企业全部承担；入伍前是待业青年的城镇义务兵，优待金为每年360元；农村义务兵优待金发放实行乡镇统筹。

2005年，区政府为55名立功的现役军人发放奖金6000元；为68名现役军人发放生活补助费70500元。区内享受国家定期补助的伤残军人88人（在职74人），年发放伤残金24.7万元；复员军人109人，年发放补助金15.41万元。

第六节　退役军人安置

一　农村复员退伍军人

1950年，域内设有复员委员会，负责接转伤兵和安置工作。1952年，复员委员会改为转业建设委员会，滦河设有办事处。1955年，实行义务兵制度。实行义务兵制度前入伍退出现役的称为复员。实行义务兵制度后入伍退出现役的称退伍。双滦建区前，域内复员退伍军人的安置工作一直由承德市安置办公室负责。

双滦建区后，区民政局按照市安置办公室的意见，本着"妥善安置，各得其所"和"从哪里来到哪里去"的原则，农村户口复员退伍军人的安置基本是回村务农。其中伤、病、残和孤身者，政府拨专款为其解决住房、医疗等问题。1981年，在乡复员军人138人，退伍军人165人。1985年，区政府建立农村退伍军人两用人才介绍所，有160名进行登记，其中有110名到厂矿企业、党政机关工作或到农村担任村干部，其余50名自谋职业。1993年，农村退伍军人8名，除1人因立二等功给予安置工作外，安置在农村7人。1994—1998年，区内53名农村退伍军人中安排在村办企业44人，自谋职业9人。1999—2005年，安置农村退伍军人67名。

至2005年，全区有在乡复员军人109名、退伍军人512名。

二　城镇复员退伍军人

新中国建立至2005年，域内城镇非农业户口退伍军人的安置工作一直由承德市安置办公室负责。城镇退伍军人一般安置在机关、企事业单位。1993年双滦区城镇退伍军人77名，区内安置12人。2001年，城镇退伍军人68名，待安置期间，政府发放生活补助费70500元。

第七节　婚姻登记与殡葬管理

一　婚姻登记

域内婚姻登记始于新中国建立后。1950年，颁布《中华人民共和国婚姻法》，婚姻登记工作由区、乡政府的民政助理办理。村和生产大队开据证明信，男女双方当事人到场，即可办理登记手续。1958年，人民公社时期，域内婚姻管理由各公社民政助理负责。1973年双滦设立办事处后，婚姻管理按户籍性质进行管理。农村户口由各公社民政助理负责，非农业人口由办事处民政助理负责。

1981年7月，婚姻登记改由双塔山、麻纺厂、滦河、承钢、大庙5个街道办事处办理。1984年，取消各街道办事处婚姻登记工作，改由各镇民政助理负责办理，办理离婚由各镇司法所代管。1982—1990年，民政部门办理结婚登记8036对，办理离婚登记271对。1991年，婚姻登记由各镇民政所专管，并开始建立婚姻管理档案。1991—2000年，办理结婚登记9123对，办理离婚登记715对。2003年10月，新《婚姻登记条例》颁布实施，婚姻登记管理统一由区民政局负责。

至2005年，累计办理结婚登记20984对，合格率达100%。办理离婚登记1775对。

二 殡葬管理

20世纪60年代前，域内殡葬形式为土葬，家族设墓地，殡葬管理属于自然发展状态。20世纪70年代后，国家逐渐推行火葬。1980年9月，区民政科负责境域殡葬管理工作。1982年，根据河北省有关殡葬管理文件，结合区实际情况，双滦区民政科印发《积极火葬、限制土葬的通知》。规定：非农业人口死亡后遗体必须实行火葬，农业人口死亡后遗体实行火葬的应给予鼓励、支持。1985年12月，根据《国务院关于殡葬管理的暂行规定》，双滦区确定双塔山镇和滦河镇的应营子、团瓢、白庙子、元宝山、东平台、西平台、东园子、大龙庙等17个村为殡葬改革火化区，其他26个村为殡葬改革暂缓火化区。各镇、村确定公墓地点。同年，火化区内的城镇居民死亡178人，其中遗体火化98具，火化率55%。

1987—1992年，区政府强化殡葬管理，在全区范围内开展宣传。1993—1995年，区内城乡遗体火化率达93%以上，居全市第二位。1996年，民政局在三岔口国营林区范家沟内建经营性公墓，面积5亩，解决安葬骨灰问题。1996年，民政局将殡葬改革列入各镇民政管理工作考核。1999年，区政府制定《双滦区殡葬管理办法实施细则》，对殡葬用品实行规范化管理，成立协调领导小组，组建殡葬执法监察队。

至2005年，区内城乡遗体火化殡葬率在80%以上。

第八节　地名与勘界

一 地名管理

1949—1980年，地名管理由承德市民政局负责。1984年，承德市人民政府批准双滦区4个镇的43个生产大队改为村名，原地名不变。双塔山镇辖17个村，分别是厂沟村、松树沟村、三岔口村、小元宝山村、应营子村、东平台村、西平台村、通沟村、黄地沟村、下店子村、棋盘子村、白庙子村、大龙庙村、中营子村、单塔子村、大元宝山村、团瓢村。偏桥子镇辖11个村，分别是老沟门村、达连坑村、大贵口村、长北沟村、羊泉子村、偏桥子村、小贵口村、十八盘村、三家村、二道沟村、前营子村。大庙镇辖10个村，分别是北梁村、陈营子村、上碾子村、上营子村、大庙村、东沟村、冰沟门村、凤凰嘴村、岔沟门村、小三岔口村。滦河镇辖5个村，分别是东园子村、西南营村、酒店村、宫后村、滦河村。

1985年，区民政局负责区内地名管理。1996年，根据承德市《地名管理实施办法》，实现地名管理标准化。辖区内村镇设置永久性地名标志牌27块。1997年，全面审定全区所辖4个镇、43个行政村、32个居委会的名称。1998年，完成区政府所在地1条主街标志及沿街各单位的门牌设置。对3个小康村（东园子村、老沟门村、冰沟门村）设置街、路、门牌标志，并绘制镇、村（居委会）地域平面图。

2002年，区民政局规划区政府所在地的3条街、6条路，命名为：双塔山中心大街、滨河大街、北园大街；矿机路、汇通路、双偏路、选矿路、茶棚路和新园路。2003年，区民政局对双塔山中心大街、滨河大街的企事业单位、店铺门牌查漏补缺；对镇、村精简合并后的13个社区居委会地名标志统计造册并归档。

2005年，区人大审议通过《双滦区街、道、路命名实施意见》。双塔山镇6条大街、11条道路、2条胡同分别规划命名为：双塔山大街、滨河大街、北园大街、建设街、元宝山大街、服务大街；滦江路、矿机路、汇通中路、汇通北路、汇通南路、茶棚路、选矿路、新园路、团瓢路、祥通路、祥和路；粮油胡同、吉祥胡同。滦河镇6条大街、7条路分别规划命名为：滦河大街、滦河后街、滦河西街、滦河南街、滦河东街、滦河北街；市场路、滦电路、滦顺路、红旗营子路、四中路、旱河沿北路、喀喇河屯观光路。上述街道分别安装街、路、胡同标志牌。

双滦区行政区域命名更名一览表

表17-3-1

类别	标准名称	废止名称	批准机关	批准年度	备　注
市辖	双滦区	双滦办事处	河北省人民政府	1980	冀政〔80〕43号文
镇	双塔山镇	双塔山公社	承德市人民政府	1984	
	滦河镇	滦河公社	承德市人民政府	1984	
	偏桥子乡	偏桥子人民公社	承德市人民政府	1984	
	偏桥子镇	偏桥子乡	承德市人民政府	1994.9	
	大庙乡	大庙公社	承德市人民政府	1984	
	大庙镇	大庙乡	承德市人民政府	1986	
办事处	双塔山街道办事处		双滦区人民政府	2002	新建单位报市待批
	滦河街道办事处		双滦区人民政府	2002	新建单位报市待批

双滦区居委会更名情况一览表

表17-3-2

归属	标准名称	废止名称	批准机关	批准年度	备注
双塔山街道办事处	北园社区居民委员会	双塔山北街居委会	双滦区人民政府	2002年	2002年11月11日
	输送机社区居民委员会	白庙子一街居委会	双滦区人民政府	2002年	
	东园社区居民委员会	棋盘地街道居委会	双滦区人民政府	2002年	
	元宝山社区居民委员会	元宝山东街居委会	双滦区人民政府	2002年	
	福园社区居民委员会	大庙一居居委会	双滦区人民政府	2002年	
	黑山社区居民委员会		双滦区人民政府	2002年	
	偏桥子社区居民委员会		双滦区人民政府	2002年	
滦河街道办事处	行宫社区居民委员会	仓坡社区居委会	双滦区人民政府	2002年	
	凤凰社区居民委员会	西地一居居委会	双滦区人民政府	2002年	
	果山社区居民委员会		双滦区人民政府	2002年	
	怡园社区居民委员会	运输部社区居委会	双滦区人民政府	2002年	
	滦江社区居民委员会	滦河社区居委会	双滦区人民政府	2002年	
	滦电社区居民委员会		双滦区人民政府	2002年	

二 勘界

双滦区勘界工作始于20世纪90年代。1998年5月，承德市勘界办召开双滦区、双桥区、承德县、隆化县、滦平县勘界工作协调会。会议通过《双滦区、双桥区两区联合勘界工作实施方案》《双滦区、滦平县两县区联合勘界工作实施方案》《双滦区、隆化县两县区联合勘界实施方案》《双滦区、承德县两区县联合勘界实施方案》，并将方案报河北省勘界工作领导小组。经区民政局、土地局、林水局等单位实地踏勘、测绘。2001年9月，完成双滦区与双桥区、承德县、隆化县、滦平县的边界勘定任务。双滦区与之相邻的区、县临界线全长115.72公里，其中与双桥区边界线长32.7公里，与滦平县边界线全长61.5公里，与承德县边界线12.15公里，与隆化县边界线9.37公里。

2001年9月，区政府与双桥区、承德县、隆化县、滦平县政府签订行政区域界定协议书并上报省政府。2001年12月，省政府批复，形成边界地形图、界桩成果表、界桩登记表等完整的勘界成果资料。

第九节　社团与民办非企业单位管理

一 社团管理

1991年，根据《中华人民共和国社会团体登记管理条例》，区民政局开展社团审查工作。同年，审查登记双滦区计划生育协会、双滦区食用菌协会等5个社团，并核发执照。1994年3月，区民政局检查原已登记的5个社会团体的业务活动、组织机构、财务收支、遵纪守法等情况。1995年，登记双滦区机动车辆驾驶协会和滦河发电厂会计协会，注销双滦区计划生育协会。1996—2001年，按照《社团登记管理条例》要求，登记承钢集团有限公司老干部协会、双滦区维修行业协会、双滦区私营企业协会、区检察院举报奖励基金会、双滦区农用车驾驶员协会、双滦区滦河电厂管理协会6个社会团体。区内12个社团开展自查和年检，除双滦区举报协会因不合格被注销外，其余11个年检合格。2003年，区民政局审查登记双滦区养殖协会、双滦蔬菜产销协会和双滦区农业技术推广协会。2004年，登记双滦区山地柴鸡协会。2005年，审查登记双滦区消费者协会双塔山分会、双滦消费者协会滦河分会、双滦区消费者协会大庙分会、双滦区消费者协会偏桥子分会和双滦区反邪教协会。

至2005年，区内共有社会团体20个。

二 民办非企业单位管理

1997年，双滦区开始管理民办非企业单位。同年，确认育才幼儿园、淑霞幼儿园、蓓蕾学前班为民办非企业单位。1998年，民办非企业单位增加“童乐幼儿园”和“乐乐幼儿园”。同年10月，根据《民办非企业单位登记实施办法》，原有5家非企业单位予以登记并颁发证书。2001年～2003年，民办非企业单位增加“哆咪咪幼儿园”和“辽清博物馆”2家，并予以登记。2005年5月，区民政局检查民办非企业单位，注销“童乐幼儿园”和“哆咪咪幼儿园”。

至2005年，区内有民办非企业单位5家。

第十节　机　　构

1980年9月至1984年12月，双滦区设立民政科。1985年1月，民政科改为民政局。1993年，增加民族宗教管理事务。1995年4月，双滦区民政局内设：综合财务股、优抚社救股、社政股。1997年1月，增设农村社会养老保险管理处。1998年3月，增设民族宗教局。2002年，增设扶贫开发领导小组办公室；8月增设地名、低保、民间组织管理综合办公室。2003年7月，民政局下设：扶贫办、综合财务股、优抚社救股、社政股、地名低保民间组织管理综合办公室。

2005年，民政局内设：办公室、财务股、扶贫办、地名民间组织管理综合办公室、低保股、优抚农救股、社政股、民族宗教事务局。

第四章　民　族

境域古代是少数民族的游牧、围猎聚居区。清代，以八旗兵的驻防为始，满族、蒙族居民逐渐增多。喀喇河屯厅设立后，以喀喇河屯为中心的政治、经济地位的上升，吸引了关内以汉族为主的其他民族的定居。清中期后，由于清廷政策的改变，汉族居民在数量上超过满族、蒙古族居民，成为以汉族人为主，以满族、回族、蒙古族等少数民族为辅的多民族聚居区。新中国成立以来，各民族居民以邻为伴、团结和睦，为境内的社会发展、进步做出重要贡献。2005 年，双滦区总人口 104166 人，汉族人口 85744 人，有满族、蒙古族、回族、朝鲜族等 21 个少数民族，共 18422 人，占总人口的 18%。其中满族 15328 人，回族 1562 人，蒙古族 1376 人，其他少数民族 156 人。

第一节　主居民族

一　汉族

清初，“八旗军”驻扎域内，其绿营兵中汉族兵丁者居多。康熙初年，应蒙古王公“汉佃招垦”之请，放宽汉人出关禁令，直隶、山东、山西等地的贫苦汉人谋食定居者不断。康熙年间修建喀喇河屯行宫，招募以汉族为主的工匠和劳役从事劳务活动。汉族兵将和工匠携带着家眷，在当地定居。雍正初（1723—1727 年），直隶、山东、山西、河南连年水旱灾害，理藩院奉诏向昭乌达盟、卓索图盟的蒙古王公“借地养民”，关内汉民再次涌入。清中期至民国，域内设县后，喀喇河屯（滦平县城）成为热河西部政治、经济、文化中心，人口总量中汉族居民成为多数。新中国成立后，迁入的人口大多是汉族人口。2005 年，区内汉族人口 83385 人，占人口总数的 81.9%

二　满族

清朝定都北京后，八旗兵及家眷开始驻防。清初“圈地运动”，域内大部土地成为八旗兵丁的庄地、官吏贵族的旗地。此时居民多数为满族和蒙古族。清中期，随着关内大批汉族的进入和喀喇河屯县级行政中心的确立，满族、蒙古族居民比例逐渐减少。特别是辛亥革命以后，满族由特殊阶层变为受歧视的民族。民国初年，政府下令迫使旗人“更名、冠姓、入籍”，很多满族居民改为汉族。新中国成立后，工业大发展、人口增加，域内满族居民比例再次减少。改革开放后，落实民族政策，一些改为汉族的居民重新改为满族。2005 年，满族人口为 15328 人，占区内居民总数的 14%。

三　回族

清代初年，邻近省份的一些回族人到喀喇河屯谋生。回族居民的居住特点是大分散小集中，域内的回族主要集居地在滦河镇酒店村。当时约计共 30 余人，分为回、陈、哈、孟四姓。乾隆二十年至二十四年（1755—1759 年），清政府平定准噶尔部的叛乱后，将部分受俘军卒的回族人安置到喀喇河屯，官府拨下一定田产供其耕种。民国 10 年（1921 年），域内回族 122 人，占人口总数 2.2%。1964 年，回族居民 234 人，占人口总数的 0.6%。回族姓氏有回、陈、哈、孟、白、李、尹、马、孔、吴、赵、胡、陈、王、石、于、金等。新中国建立后，共有阿訇 6 人，按姓氏依次为：哈、白、回、李、尹、马；管委会也延绵 6 任，主任依次为：于德林、回玉春、陈志一、陈浩明、哈忠、回丙仁。2005 年，回族人口 1562 人，占总人口的 1.5%。

四　蒙古族

域内的蒙古族居民，其中一部分是喀喇沁部蒙古族的后裔。明清战争影响，使得蒙古族部落北撤。清初后，八旗驻军部分人为蒙古族兵将；少数留下的蒙古族人逐渐改变游牧生活，开始农耕生产。境域蒙古族居民姓氏以吉、白、赵、徐、那、特、杜者为多。1964年，域内蒙古族居民仅31人，占总人口的0.07%。2005年，蒙古民族1376人，占区内总人口的1.32%。

第二节　民族管理

一 落实民族政策

辛亥革命后，满族由优等民族变为被歧视民族。民国初年，一部分满族人被迫改变了自己的民族成分。1985年开始，双滦区内全面开展核实民族成分工作。凡自身或上代改变民族成分的，可以自愿恢复本民族成分；汉族居民与其他民族有血缘关系的，也可自愿改为其他民族。少数民族在生育子女；学生升学等方面予以政策照顾。

滦河镇酒店村的清真寺在“文化大革命”期间曾受到一定毁坏，有8间房被酒店村占用。1993年，酒店村归还清真寺房产，政府协助筹资30余万元，对清真寺进行维修。

二 培养民族干部

新中国成立以来，政府十分重视培养和使用少数民族干部。区委组织部、区人事局、区民宗局密切配合，从基层少数民族群众中挑选、发现人才。德才兼备、年富力强的少数民族干部源源不断地充实到干部队伍中来。至2005年，双滦区共有在职行政干部2140人，少数民族干部701人，占区内干部总数的32.8%　。其中，满族627名、蒙古族52名、回族22名。有16名少数民族干部走上县处级领导岗位，其中满族15名、回族1名。

三 民族基础教育

康熙七年（1742年），喀喇河屯设官学一处，招收驻防的八旗子弟入学。宣统元年（1909年），在滦河设驻防小学堂，专收八旗子弟入学。民国2年(1913年)，滦河清真寺内建有回民初等小学，后合并到滦河小学堂。新中国成立后，滦河小学招收地域内各民族学生接受教育。20世纪90年代，滦河小学曾更名为滦河民族小学；承德市第四中学曾更名为滦河民族中学。

四 机构设置

清雍正十一年（1734年）域内设承德州，内设有旗务科，管理满、蒙、汉八旗；乾隆七年（1742年），设立喀喇河屯厅，其职责以办理旗民事务为主；乾隆四十三年（1778年）撤销喀喇河屯厅改为滦平县，旗民事务仍由知县管理。

新中国建立后，民族事务机构分别隶属滦平县和承德市。1991年，双滦区民族事务委员会成立，编制2人，挂靠民政局，专门负责管理区内民族、宗教事务。1994年，设立双滦区民族宗教局（简称区民宗局），编制2人，开始独立办公，至2005年，机构设置未改变。

第五章　宗　　教

清代，宗法性传统宗教为国教，统治阶级对其祭祀活动，不仅加大保护，而且身体力行。为了巩固统治的需要，对佛教、道教、伊斯兰教采取利用为主，限制为辅的政策。出于笼络蒙古族、藏族上层人士的需要，始终礼遇藏传佛教。清代，域内的皇家寺庙一穹览寺、琳霄观，在当时政治生活和宗教活动中发挥重要作用。民国期间，由于日本的入侵和县域中心的迁移，民间的宗教活动规模减少。新中国成立后，宗教活动基本停止。“文化大革命”期间，残存的寺庙遭到毁坏。改革开放后，正常的宗教活动得以开展，古寺庙得以恢复和保护。2005年，境内天主教信徒754人，基督教信徒390人。佛教信徒480人。道教信徒100余人。有宗教活动场所5处。

第一节　宗教活动

一 佛教

辽代，域内佛教盛行。清入主中原后提倡喇嘛教，大修庙宇。清初，喀喇河屯建有皇家寺庙——穹览寺，一度成为滦河周边重要的宗教活动中心。

新中国成立后，僧侣还俗，过上自食其力的生活，宗教活动基本停止。中共十一届三中全会以后，落实党的宗教政策，正常的佛事活动开始恢复。2002年，新建宗教活动场所双龙寺，有住寺修行者3人（其中主持一人）。自2002年后，区内佛教信徒的各种大型宗教活动皆在此寺进行。2005年，在寺庙修行的信徒有3人，信徒共477人。

二 道教

清康熙四十九年（1710年），滦河镇东南郊建成道教寺庙琳霄观，观内有道士居住。新中国建立后，道教活动遭到禁止，庙宇破损荒废。改革开放后道教活动得到恢复。2000年，双塔山森林公园，于卧犬梁北崖下依崖筑建三仙观。殿内供奉道家神灵。2005年统计，区内没有出家道士，仅有道教信徒百余名，大多集中居住在双塔山镇。

三 伊斯兰教

清代初年，邻近省份的一些伊斯兰教信教群众，迁居到喀喇河屯（滦河街区）。域内伊斯兰教以回族为主，当时约有30余人。新中国建立后，有一定数量的回族职工和家属随迁至此。2005年，双滦区有伊斯兰教信徒1000余人。

清乾隆四十一年（1776年），在滦河旱河南沿修建清真寺。寺院坐西朝东，分前后两院，有围墙环绕。占地面积共1326平方米，房屋总计29间。双滦区伊斯兰教信教群众的重要宗教活动，都在寺内举行。信教群众平日的活动主要有：礼拜、念经、把斋三项。其中“礼拜”分为每日的五时拜，每周1次的主麻拜和每年1次的开斋节、古尔邦节会礼3种。20世纪50年代中后期，宗教活动受到制约。“文化大革命”时期基本停止活动。改革开放后，宗教活动逐渐恢复。1949—2005年，伊斯兰教管委会延绵6任。

四 天主教

清康熙四十五年（1706年），比利时一位神甫到偏桥子村传教，在当地建天主教堂。其吸引居民入教的方式之一是入教者可享受1斗米的待遇。偏桥子村沈、吴、石3个姓氏，几十户人都入了天主教。经过300余年的曲折发展，至2005年，区内天主教信教群众754人，主要分布在偏桥子镇的偏桥子村和三家村。

境内原有天主教堂，坐落在偏桥子村。新中国成立后，教堂已经破败。20世纪50年代中后期，天主教活动处于停顿或半停顿状态。“文化大革命”开始，天主教活动完全中止。20世纪80年代末，党和政府落实宗教政策，天主教堂归还了信教群众，重新开始活动。2000年，承德市天主教会出资25万元，对偏桥子原天主教堂进行翻修、扩建。2002年后竣工投入使用，可容纳信教群众800余人。

五 基督教

清光绪二十九年（1903年），国内东北省份来的基督教开始在滦河镇传播，起初是在东北籍的部分居民中发展，后来扩展到不同籍贯和周边的居民中来。信教群众最多时达500余人。20世纪50年代中后期起，基督教活动处于停顿或半停顿状态。“文化大革命”时期，当地的基督徒活动停止。改革开放后，各种宗教活动得以恢复。滦河、大庙两地自2000年后开始筹建基督教堂。2005年底，区内4个镇共有基督教信教群众390余人。其中滦河镇126人，双塔山镇

84人，大庙镇143人，余者在偏桥子镇。滦河镇基督教管理委员会由7人组成，承德市基督教协会副会长兼任主任，下设日常办公机构。

第二节　机构与管理

一 清代

清代承明制，从地方至中央设立寺僧衙门，掌握宗教活动。清政府的理藩院“掌外藩蒙古、喇嘛、回部、金川事”。清代首推的宗教是以宗法性传统宗教为主，始终礼遇藏传佛教，儒、释、道等宗教共存。域内寺庙的喇嘛依靠政府划拨的“香火地”供养生活。

二 民国时期

1912年3月8日，《中华民国临时约法》规定，“人民有信教之自由”。1929—1949年，南京政府先后颁布《寺庙登记条例》《寺庙管理条例》《神祠存废标准》等20多个宗教事务法规。

三 新中国时期

新中国建立后，承德市政府与滦平县政府遵照《中华人民共和国宪法》和党的宗教政策，对居民不断地进行“唯物论”教育，同时宣传信教自由政策保护正常的宗教活动，打击邪教破坏活动。

1956年11月，滦平县设立民族事务委员会，合法宗教场所及活动得到保护。1958年以后，民族宗教事务由承德市相关部门负责。1991年，双滦区成立民族常务委员会，编制2人。1994年，双滦区民族宗教局成立，编制2人。至2005年，双滦区民宗局机构未改变。

第十八编 公 检 法 司 军事

清代，域内设有巡检司。民国时期，设警察署（所、公安局）、监狱等。新中国成立后，域内相继设立公安派出所、公安分局、检察院、法院和司法局。公安、司法机关担负着打击各种刑事犯罪、查处各类违法行为、维护社会治安稳定、开展法制宣传教育、调解各类纠纷及提供法律咨询服务等职责。在历史的不同时期，其任务和作用略有不同。

中共十一届三中全会以后，随着改革开放的推进和经济社会的发展，公安机关在研究把握各个时期社会治安特点和规律的基础上，认真组织区域性、阶段性打击行动和专项斗争；加强各项治安管理，提高社会治安的管控能力。检察机关认真履行监督、检察职责，对严重危害社会秩序的刑事犯罪案件依法批捕和提起公诉；深入开展反贪污贿赂检察，严厉查处经济犯罪和职务犯罪。审判机关独立行使审判权，依法审理和审判各类公诉、自诉、申诉和再审案件；依法办理刑事、民事、商事、行政、行政申请强制执行案件的审理和立案工作；依法办理发生法律效力的民商事、行政案件判决和裁定的执行事项及刑事案件判决和裁定中有关财产部分执行事项。司法行政部门开展不间断的法制宣教育，发挥各级民调组织作用，努力把问题解决在基层，化解在萌芽状态。1980—2005 年，公安机关破获各类刑事案件 3287 起，查处治安案件 6409 起；检察机关审查批捕 1592 人，提起公诉 1789 人，办理贪污受贿等经济犯罪案件 177 件；审判机关依法分别审判刑事、民事、经济、行政案件 1298 件；司法机关加强五年普法规划宣传，积极推进依法治区工作，加强基层民调组织建设和指导，依法公证个案 21612 件。

清代，域内开始有“八旗军”长期驻防。民国时期，域内先后设立乡团、保卫团等地方军事组织。民国 34 年（1945 年）8 月，中共政权在域内开始设立地方军事组织。1948 年，承德解放。新中国成立后，各乡镇建立人民武装部。1980 年，双滦区人民武装部成立。双滦区人民武装部认真履行职能，在加强民兵、预备役组织建设和军事训练及征兵、开展国防教育等方面发挥积极作用。

第一章 公 安

清乾隆七年（1742 年），喀喇河屯（滦河镇）设立巡检司，为军、警、司法与行政合一的机构。清光绪三十一年（1905 年）喀喇河屯设巡警总局；民国时期，域内设有警察署和公安局。民国 34 年（1945 年）中国共产党设立东滦平县公安机构，民国 37 年（1948 年）承德解放，域内先后设立公安派出所。1980年3月，承德市公安局双滦分局成立。2001年12月，承德市公安局钢城分局成立。

双滦区的公安工作，在承德市公安局和双滦区委、区政府的领导下，“一手抓队伍建设，一手抓维护稳定”，从巩固中国共产党的执政地位高度出发，严厉打击各类违法犯罪活动，全力维护双滦社会稳定，全面加强户政管理、治安管理、交通管理、消防管理、国内安全保卫和内部单位安全保卫工作，化解各类矛盾和纠纷，为辖区创造良好的治安环境。

第一节　案件侦办

一　刑事案件侦破

承德市公安局双滦分局（简称双滦分局）设立前，域内的刑事侦查工作由承德市公安局刑侦部门负责。1980年6月始，双滦分局组建刑警队行使侦查职能。至1982年，双滦分局共侦破各类刑事案件139起。1981年12月4日夜，双滦区某饭馆青年女工张某（19岁），下班途中被杀害。尸体被藏于双塔山镇白庙子村一小桥下。次日，双滦分局接到报案，刑警队经过一天一夜的连续工作，将犯罪嫌疑人王某抓获。公安刑事侦查工作根据域内不同时期治安发案特点，结合上级公安机关布署，适时开展各种专项治理、破案会战、集中打击等活动。

“严打”斗争　改革开放初期，经济发展，流动人口迅速增加。在对外开放的同时，西方一些腐朽没落的思想也随之渗透。期间，社会治安秩序混乱，违法犯罪案件高发，居民缺乏安全感。违法犯罪的主要特点表现为团伙作案、暴力犯罪、街头作案，盗窃侵财增多。1980—1982年，区内团伙违法犯罪占案件总数13%；街头违法犯罪占案件数11%；伤害、抢劫（夺）、强奸、流氓等暴力犯罪占案件总数15.4%；盗窃案件占案件总数77.4%。1983年，根据社会治安的实际状况，中共中央作出《严厉打击刑事犯罪活动的决定》，全国人大常委会作出《严惩严重危害社会治安的刑事犯罪活动的决定》。1983—1985年，公、检、法、司联合办案，开展“严厉打击刑事犯罪活动”专项行动（简称严打）。双滦区以双滦分局警力为主，从企业抽调保卫干部105人，调集车辆12台，于1983年8月7日凌晨，与全国统一行动同步，抓获违法犯罪嫌疑人72人。次日，双滦区在承德市第二中学召开万人参加的公捕大会，公开逮捕41人、收审31人，有力震慑违法犯罪。1983年，双滦分局全年立案侦查刑事案件572起，侦破367起，共抓获刑事犯罪嫌疑人587名。其中，16周岁以下23人，16～17岁73人，18～25周岁343人，26岁以上148人。提请逮捕207人，起诉306人，摧毁流氓盗窃团伙21个，涉及团伙成员93人。青少年（25岁以下）违法犯罪占抓获违法人员总人数75.4%。1983年，双滦区逮捕207人、起诉215人。逮捕、起诉人数超过1980—1982年逮捕起诉人数总和。至1985年，区内共破获各类刑事案件499起。1986年5月，根据发案情况，以滦河、双塔山两地为重点，双滦分局开展“破案严打”专项行动。分局领导包片、刑警队包案、承钢公安处包单位，投入破案警力29人，对13起案件进行集中侦破。当月破案12起，抓获犯罪嫌疑人11名，缴获赃物折款4400元。1990年5月，根据省政法委电话会议精神，双滦分局再次开展“严打”斗争。分局采取领导分工包片，刑警队员分工包所的办法，全年破获各类刑事案件118起。其中：破获盗窃案件68起，抓获犯罪嫌疑人87人。打掉犯罪团伙8个，涉案成员39人。1990年夏季至1991年秋季，滦河镇及与滦平县接壤的偏僻地区，发生多起针对女性的暴力犯罪案件。其间，单独女性不敢到田地劳动，女生放学不敢单独回家。双滦分局刑警队派出专案组，通过走访多个受害人，掌握了犯罪分子的体貌特征。经过三个多月的侦查，将在滦河镇、西地乡两地持刀强奸、抢劫作案13起，作案时间长达近两年的犯罪嫌疑人常某抓获归案。1991—1995 年，侦破刑事案件 637 起。进入 20 世纪 90 年代后，“严打”工作机制转入常态化。公安机关根据不同时期的犯罪特点，集中开展专项行动。

专项行动 1985 年，河北省公安厅部署“严厉打击破坏电力设备犯罪活动”的专项斗争。双滦分局在区工商局的配合下，清理整顿区内废旧物品收购摊点 110 个，切断犯罪嫌疑人销赃渠道，查获一批违法收购的成品和半成品生产性金属。此次专项行动，摧毁盗窃团伙 2 个，处理犯罪嫌疑人 7 名，吊销并取缔非法收购点 41 个。1986 年破案 74 起，抓获犯罪嫌疑人 173 人，其中：17 岁以下 21 人，18 ～ 25 岁 65 人，26 ～ 36 岁 21 人，37 ～ 50 岁 4 人，50 岁以上 2 人。青少年违法犯罪人数占年抓获违法犯罪总人数的 49%，与 1983 年相比下降了 26 个百分点。1987 年，双滦分局集中开展“打击卖淫嫖娼和拐卖人口犯罪活动”。在一个月时间，查获卖淫妇女 2 人，嫖客 12 人；劳动教养 5 人，治安处罚 9 人。1989 年，针对镇村农田水利设备屡遭破坏的情况，分局胡廷政委上案督导，经过三个多月的深挖细查，打掉一个自称是“夜袭队”、专门破坏盗窃变压器的犯罪团伙，侦破案件 7 起，抓获并处理犯罪嫌疑人 5 人。同年，开展“严厉打击流窜犯、盗窃犯”的专项行动。此次行动共抓获处理犯罪嫌疑人 6 人，破获盗窃案件 31 起。自

1988.1.6 双滦区追捕逃犯有功人员表彰大会（双滦公安分局提供）

1990 年始，按照上级部署，相继开展“打击两抢一盗”“打现行、追逃犯、破盗案”“春季攻势””夏季会战”“秋狝行动”“冬季会战”“命案必破”等一系列的专项行动。1991 年 5 月，开展“夏季破案会战“专项斗争。破获刑事案件 33 起，收审 38 人、提请逮捕 28 人、起诉 24 人。1993 年，承德市公安局开展“蓝盾行动”，双滦分局破获刑事案件 30 起。从 1996 年开始，按照公安部、省公安厅和市公安局的统一部署，双滦分局调整刑事侦查的主攻方向，确立“破大案追逃犯”的工作主线，开展严厉打击涉枪犯罪、流氓恶势力和带有黑社会性质的团伙犯罪专项斗争。1996 年 4 月，双滦分局偏桥子派出所通过群众举报，抓获非法制造枪支犯罪嫌疑人 1 人，缴获私制手枪 1 支、仿冲锋式步枪 1 支、火药枪 1 支。1999 年，双滦分局通过调查摸排，掌握大量证据，摧毁了以王某为首专门敲诈勒索收购铁矿石企业的违法犯罪团伙，抓获违法犯罪嫌疑人员 8 人。网上追逃专项行动，全年抓逃犯 17 人，抓获外地逃犯 2 人。至 1999 年，共侦破刑事案件 261 起。自 2000 年开始，双滦分局开展“严厉打击严重刑事犯罪”专项行动，加强“追逃”工作。开展“打击盗窃专项斗争”、“三打一破一整治”专项斗争、“秋季破案会战”、“治痞除霸”专项斗争。2001 年，先后开展“打黑除恶”“治爆缉枪”“重点区域整治”等专项斗争。相继破获“1 · 22 杀人焚尸案”“2 · 15 聚众斗殴案”“3 · 09 系列盗窃案”等案件；查处涉爆案件 7 起 14 人，收缴炸药 895 公斤、雷管 378 枚、导火索 1800 米。枪支 16 支、子弹 580 发。随着社会经济的发展，进入 21 世纪以后，盗窃、抢劫（夺）、绑架、敲诈等侵财性犯罪占有相当大的比例，盗窃案件发案呈高发态势。2000 年盗窃立案 156 起，2002 年盗窃立案 193 起，2005 年立案 181 起，分别占全年刑事发案的 77.23%、70.96% 和 88.29%。2002 年 9 月 21 日，滦河镇承德长城钢管厂发生特大入室抢劫案件。犯罪嫌疑人蒙面潜入承德长

城钢管厂有限公司泵房，将检斤员张某及女儿捆绑，胶带封嘴，撬开保险柜，抢走现金48万余元，惊动了市委、市政府领导。双滦分局全警动员，100多名干警夜以继日展开侦破工作，经过13天的深入摸排，锁定池某等6名犯罪嫌疑人。2002年10月11日，此案告破，追缴返还被盗抢现金44万元。2004年，开展“百日破案会战”“五打两防一整治”“秋狝行动”等专项行动。破获大贵口村杀人案、实验中学电脑被盗案、系列抢劫出租车等刑事案件70起。至2005年，全区公安机关共侦破各类刑事案件1287起，其中命案发5起，破6起，破积案1起。抓获犯罪嫌疑人978人，其中抓获逃犯43人，打掉犯罪团伙32个。

经济案件侦破　随着改革开放的深入和市场经济的建立与发展，经济领域犯罪案件逐渐增多。2002年双滦分局组建经侦部门。至2005年，经济案件侦破75起，批捕起诉6人，劳动教养1人，其他处理74人。

1980—2005年双滦区刑事案件统计表

表18-1-1　　单位：起

年份	全年立案数	全年破案数	破积隐、协处案件	危害公共安全	侵犯公民人身权利				侵犯财产						妨害社会治安
					杀人	伤害	强奸	其他	抢劫	抢夺	盗窃	诈骗	敲诈勒索	其他	
1980	14	9	0	0	0	2	1	0	2	0	7	0	0	0	2
1981	109	62	7	3	1	3	5	0	1	1	84	0	0	4	7
1982	109	68	2	1	0	6	6	5	3	0	86	0	0	0	2
1983	572	367	36	5	4	17	20	15	9	7	443	7	3	5	25
1984	101	66	3	7	0	6	3	3	2	0	67	1	0	7	5
1985	99	66	6	4	2	4	4	3	2	0	69	0	0	6	5
1986	97	74	3	2	1	9	4	6	1	0	64	2	0	0	8
1987	71	62	1	0	4	7	6	0	1	1	46	0	0	3	3
1988	82	58	0	3	0	6	3	4	2	0	59	0	2	2	4
1989	139	92	0	3	1	4	9	13	2	0	86	1	0	5	15
1990	177	118	19	6	0	14	4	6	5	1	116	3	1	10	11
1991	152	110	0	3	3	9	4	0	6	0	88	3	0	28	8
1992	151	132	6	4	3	6	8	9	13	1	90	6	0	4	7
1993	162	141	0	3	2	3	9	4	3	0	122	5	0	2	9
1994	190	166	2	8	5	3	7	0	11	0	139	4	0	8	5
1995	105	88	0	2	1	5	4	0	4	2	77	0	0	6	4
1996	105	90	0	4	0	7	6	0	6	0	75	0	0	1	6
1997	57	42	0	1	1	4	5	0	3	0	38	0	1		4
1998	81	60	0	2	1	6	6	0	3	0	58	0	0	2	3
1999	111	69	0	7	2	3	9	2	13	0	67	1	0	2	5
2000	202	147	11	10	2	11	3	0	8	0	156	0	0	4	8
2001	244	154	4	9	3	13	3	0	5	1	196	0	1	6	7
2002	272	245	13	4	3	14	2	22	16	0	193	0	0	14	4

续表 18-1-1　　单位：起

年份	全年立案数	全年破案数	破积隐、协处案件	危害公共安全	侵犯公民人身权利				侵犯财产						妨害社会治安
					杀人	伤害	强奸	其他	抢劫	抢夺	盗窃	诈骗	敲诈勒索	其他	
2003	152	137	0	2	0	7	1	0	8	0	131	0	0	1	2
2004	222	249	44	3	2	14	0	13	9	0	164	0	1	6	10
2005	205	237	41	2	1	7	0	0	10	0	181	0	0	1	3

说明：2000—2002 年开始纠正立案不实工作，一批轻伤案件和盗窃案件被统计立案。2002 年后，增加了钢城分局案件数据

二 治安案件查处

1978 年以后，改革开放带来了人口大流动，异地务工、经商的人群大量增加。域内治安案件的发案数量与刑事案件的发案都有从低到高发展的态势。1980 年双滦区治安案件发案 121 起，1985 年治安案件发案 180 起，1990 年双滦区治安案件发案 202 起，2005 年双滦区治安案件发案 351 起。治安案件发案逐年上升，呈现发案城乡不同、地域发案不同的特点。赌博案件、因纠纷引发斗殴造成伤害案件、偷窃案件等发案乡村居多，约占农村年治安案件发案的 80%；扰乱公共秩序案件、殴打他人（或）故意伤害他人身体案件、毁坏公私财物案件、赌博案件、偷窃案件等发案占城区年治安案件发案的 80% 以上。青少年违法犯罪呈下降态势。1985 年前，25 岁以下违法人员占违法人员总数的 59% ~ 70%，1986 年后逐渐减少，25 岁以下违法人员占违法人员总数的 33%。1994 年开始，卖淫嫖娼治安案件有所增多；因毒品和封建迷信引发的治安案件也偶有发生。双滦分局始终贯彻“惩教结合，重在教育”的查处原则，投入大量的警力和精力，调解、处理各类治安案件。年调解处理的案件占全部治安案件的 34%。1980—2000 年，双滦分局治安处罚 8749 人，其中拘留 5671 人；2001 年，全年查处治安案件 657 起；2003 年，全年查处治安案件 318 起；2005 年，全年查处治安案件 335 起。

1980—2005 年双滦区治安案件统计表

表 18-1-2　　单位：起

年份	治安案件发案数	扰乱秩序	妨害公共安全	侵犯他人人身权利	侵犯公私财物	妨害社会管理秩序	其他	查处起数	行政拘留人数	罚款处罚人数
1980	121	14	6	29	34	10	38	121	42	93
1981	133	24	8	35	31	7	28	133	53	89
1982	174	30	11	28	34	11	60	174	85	109
1983	196	52	16	37	26	7	58	196	81	120
1984	160	31	9	32	20	10	58	156	98	101
1985	180	38	20	48	47	6	21	160	123	94
1986	309	51	24	61	53	29	91	309	144	211
1987	138	24	19	24	39	11	21	136	118	164
1988	101	28	14	20	32	4	3	99	152	144
1989	215	42	16	48	38	9	62	198	131	230
1990	202	44	14	51	34	7	52	138	172	246

续表 18-1-2　　单位：起

年份	治安案件发案数	扰乱秩序	妨害公共安全	侵犯他人人身权利	侵犯公私财物	妨害社会管理秩序	其他	查处起数	行政拘留人数	罚款处罚人数
1991	197	42	15	42	40	8	50	182	83	160
1992	291	47	27	65	59	11	82	282	139	177
1993	326	49	27	56	64	31	99	324	155	194
1994	285	41	23	48	48	17	108	284	226	301
1995	212	39	19	47	35	18	54	211	177	225
1996	129	40	10	24	21	6	28	127	182	200
1997	209	50	20	35	44	11	49	207	154	214
1998	142	20	4	36	28	8	46	142	252	307
1999	190	46	14	34	34	10	52	190	303	374
2000	631	45	13	142	119	67	245	403	325	391
2001	688	40	11	152	94	110	281	657	382	414
2002	645	48	14	151	158	10	264	624	427	466
2003	454	39	3	238	66	97	11	318	427	480
2004	428	39	12	194	60	101	32	303	340	411
2005	351	54	9	55	70	17	146	335	368	425

说明：2000—2002 年进行立案不实的纠正，一批偷窃案件和调解处理的案件被统计立案

第二节　户政管理

一 常住人口管理

新中国建立后，滦河派出所、双塔山派出所辖区相继建立常住人口户口册。其余村建立由村治安员掌握的花名册。1950 年春，各行政村开展户口登记，对常住人口进行专册管理。常住户口由村治安员负责管理，派出所负责对特殊人口管理（指一贯道、三青团、伙会、伪职员人员）。1953 年，全国第一次人口普查，各乡均建立户口登记簿。至此域内户籍管理实行市和乡两级管理制度。

1958 年，《中华人民共和国户口登记条例》颁布实施。户口登记项目由原来出生、死亡、迁出、迁入 4 项变为常住、出生、死亡、迁出、迁入、变更 6 项。1966—1976 年，“文化大革命”时期公安机关的职能被消弱，户口管理工作处于停滞状态。1985 年后，区内的户籍管理工作全部由承德市公安局双滦分局接管。各派出所负责具体业务，分局治安部门进行业务指导。承德钢铁公司其生活区的职工户籍管理工作由承钢派出所办理，其户口重要变更事项的审批由双滦分局负责。区内形成区（分局治安部门）、乡镇（派出所户籍内勤）、村（户管员）三级户籍管理网络。1986 年，公安机关重点开展以整顿建立工作对象为中心的基层基础工作。各派出所的管片民警以熟悉辖区常住人口、掌握工作对象为主要工作任务；为刑事案件侦破提供基础材料；为违法青少年的帮教工作提供依据。1987 年，双滦分局确定“工作对象”233 人，占区内总人口的 0.33%。1990 年，配合全国第四次人口普查工作，区内户籍管理工作进行整顿。户口项目核对逐户进行，纠正户籍登记中的差错，全区换发户口簿 2 万余册。1995 年，双滦分局各派出所启动户籍管理信息化建设，将户籍信息录入计算机。1996 年，滦河派

出所、双塔山派出所、元宝山派出所、承钢派出所实现户籍信息化管理。1999 年，区内户籍管理全部实现信息化。

1998—2005 年，派出所户籍办证大厅实行低台敞开式办公；双滦分局制定《办理户口、居民身份证制度》《户籍民警内外勤联系制度》；建立“预约服务”“办事明白卡”等各项便民服务措施；向社会公开办理户口、居民身份证的流程及收费标准；户籍民警着装挂牌上岗，公安户籍管理工作更加规范。2004 年，元宝山派出所被承德市公安局评为户籍文明窗口；双塔山派出所被市文明办评为三星级文明窗口单位；滦河派出所被市文明办评为二星级文明窗口单位。

二 暂住人口管理

随着经济的发展，城乡之间、地域之间人口流动量逐渐增大。流窜作案、异地违法犯罪的问题愈显突出。1983 年，双滦分局抓获的违法犯罪人员有 73 人属异地流窜作案，占违法犯罪人员总人数 13%。1986 年，双滦区加强对流动人口的管理，在全区开展第一次流动人口大清查。清查的范围和重点是包工队、建筑队和施工队；商贸网点的打工经营人员；各企业单位使用的临时工、季节工。按照流动人口管理的有关规定，清查整顿工作期间，办理“暂住证”1133 个，摸排出工作对象 17 人。

1987 年开始，各乡镇建立暂（寄）住人口管理站，各村和居委会设立流动人口协管员。实行“人来登记，人走注销”的工作制度，流动人口管理走上常态化。1989 年，区内开展第二次流动人口清理整顿。清理整顿期间，共登记暂寄住人口 2198 人，其中建筑业 611 人、工业 1021 人、商贸服务业 492 人、其他 74 人。工作中发现各类案件线索 46 条，抓获犯罪嫌疑人 4 人，打掉盗窃团伙 1 个，破获刑事案件 14 起，查破治安案件 4 起。1991 年开始，双滦分局贯彻“谁主管谁负责，谁用工谁负责，谁出租房屋谁负责”的原则，制定并完善《企业用工制度》和《出租房治安管理责任制》。1995 年，《河北省暂住人口治安管理办法》颁布实施。各派出所暂住人口管理站对流动人口逐一进行登记并建立档案。1999 年以后，配合派出所等级评定工作，双滦分局每年组织对派出所的流动人口管理工作进行考核。根据流窜作案增多、逃犯增多及邪教组织地下发展的治安形势，每到重大节日、国家重大政治活动时，公安机关组织开展流动人口清查工作。2000 年，全区流动人口资料录入计算机，实行信息化管理。2003 年，双滦分局制定《流动人口管理工作责任倒查追究办法》。同年，取消暂住人口管理费。至 2005 年，区内共登记管理暂住人口 4332 人，建档 2661 人，建立流动人口工作对象档案 63 人，累计发现各类违法犯罪线索 117 条，抓获各类违法犯罪人员 494 人，打掉犯罪团伙 3 个，破获刑事犯罪 62 起，查处治安案件 59 起。

三 农业人口转非农业人口管理（农转非）

域内的农转非工作自 1971 年开始，农转非户口审批由承德市军事管制委员会批准。1974 年起，农转非户口报承德市革命委员会批准；1978 年开始由承德市公安局审批。落实政策“农转非”人员由市公安局直接办理，分局负责落户工作。每年“农转非”的指标由承德市公安局下达分配。“农转非”的申请材料，经双滦分局审核后，上报市公安局批准，手续由公安、粮食部门办理。从 1992 年开始，经河北省政府批准，开始有条件扩大“农转非”范围，即“有偿转非”。开始是收取城市增容费，每人 5000 元，之后减为 1000 ～ 3000 元。1990—1994 年，双滦分局共审核办理“农转非”户口 382 人；1993—1999 年办理“有偿转非”5492 人。1993 年以后，城市居民粮食供应本取消，申请办理“农转非”的人口越来越少。2003 年 10 月 1 日，全省实行户籍管理制度改革，取消农业、非农业“二元”户口管理结构，统一为居民常住人口。至此，“农转非”户口政策成为历史。

四 居民身份证管理

1985年，全国人大颁布《中华人民共和国居民身份证条例》。1987年，双滦区政府成立居民身份证办公室，办事机构设在双滦分局治安科。各派出所从乡（镇）村（街道）抽调31人协助户籍外勤民警入户核对人口。1990年核发居民身份证49432人，办证率达到79.47%。1995年，核发居民身份证共78764人，领证率达到83.8%。1999年始，在办理首次领证工作的同时，各派出所开展10年有效期居民身份证换证工作和对丢失居民身份证的补证工作。2000年，区内开始居民身份证纠错。纠错工作首先开展户口核查，核查的重点是“人户分离”问题。即户口在境内，本人流动到其他地方。对这些人户分离人员的户口核对，采取找关系人、发函、电话联系等方式，进行逐一户口项目核对。当年核对人口97634人，占人口总数的97.3%。同年，为现役军人编制身份证号码361个。发现并纠正身份证错号、重号、一人多号等问题297人次。2002—2003年，双滦分局为进入16周岁年龄的公民制发身份证。区内完成人口信息操作系统版本的升级过渡。2004年开始，为即将进行的换发第二代居民身份证工作，双滦分局再次开展对居民身份证编码清理纠错工作。清理纠错工作发现人户分离人员4212人，重户口12人，未落户933人，应销未销户口174人，发现人口信息主、副项差错331项，纠正差错291项，新采集照片23492张。2005年，居民身份证办理纳入常规化管理。

第三节 治安管理

一 民用爆炸物品管理

新中国成立后，应承德钢铁厂生产需要，域内建民用爆炸物品储存库1个，隶属承德钢铁厂大庙铁矿。存储的民用爆炸物品直供大庙铁矿井下采矿爆破，年消耗炸药近百吨。承德市公安局对爆炸物品储存库实施监管。1980—1998年，双滦分局对存储库实施监管职能，每年对爆炸物品从业人员进行培训、定期进行治安消防隐患检查，提出整改意见。区内村民建房、打井、采石等零散使用的民爆物品，由驻乡镇派出所进行使用和购买的审批。1998年后，大庙铁矿停产交由地方政府转为民采。双滦分局协助并督促大庙镇政府和偏桥子镇政府于1999年分别建立“民用爆炸物品管理服务站”。大庙镇和偏桥子镇分别选址建立两座小型民爆物品储存库。2001年3月，河北省石家庄市发生连环大爆炸后，双滦分局按照公安部的统一部署，在市公安局的统一领导下开展“治爆缉枪”专项整治活动。双滦分局主管局长与治安大队及各派出所责任区民警层层签订“治爆缉枪”工作责任状。宣传收缴枪支和爆炸物工作不漏一户，不漏一人，张贴收缴《通告》1300份、悬挂张贴条幅标语40余条、检查民爆物品使用矿点44处。双滦分局制定《承德市公安局双滦分局民用爆炸物品监管暂行规定》，明确在监管民爆物品中各级民警的职责和任务。同年，针对安全储存、使用民爆物品问题，出台“爆破组长负责制”的工作流程。治爆缉枪行动共收缴民用枪支（含部件）316支（件），炸药306公斤，雷管211枚，导火索300余米，黑火药4.5公斤、军用子弹2774发、汽枪子弹1600发、废旧炮弹4发；查处违反爆炸物的管理规定的案件4起，处理违法人员11人。专项行动结束后，双滦分局被河北省公安厅评为“治爆缉枪专项行动先进单位”，分局治安大队荣获集体三等功，并被授予全市公安系统“十面红旗单位”。双滦民爆物品管理的做法在全省介绍经验，并在全市推广。2002年，双塔山镇建立“民爆物品管理服务站”。2003年，区内建立双滦供销系统的烟花爆竹储存库。至2005年，区内共有小型民用爆炸物品储存库3个，烟花爆竹储存库1个，涉爆从业人员67人，年存储、消耗炸药180余吨、烟花爆竹1000余件。

二 枪支管理

非军用枪支管理 1980—1995年，区内的非军用枪支沿用凭证持枪的管理办法。居民和单位持有的猎枪、汽枪等枪支，由居民和单位出具申请和证明，派出所进行登记，经审查后发给持枪证并在双滦分局治安科备案。至1995年，区内居民办理持枪证161个。有一些单位和个人，购置民用枪支后不在公安机关登记，不办理持枪证件，私购、私藏、私制、转借枪支问题比较突出，误伤他人事件偶有发生。1996年5月，《中华人民共和国枪支管理法》颁布实施。双滦分局对区内的民用枪支和私购的枪支进行统一收缴，共收缴非军用枪支171支，各类子弹1630余发。由于少数居民法制观念淡薄，一些枪支未能得到彻底收缴。2001年，在全国范围内开的“治爆缉枪”行动中，双滦分局收缴并销毁各类民用枪支427支（含部件）。

军警用枪支管理 区内公安机关、人民检察院、人民法院和金融单位配发军（警）用枪支。双滦分局的治安部门负责对各单位的枪支储存、使用实施监督管理职能，并定期进行检查。2001年以后，检察院、法院的枪支全部上交集中保管，双滦分局的枪支也交由分局集中统一保管。金融单位的枪支建立领用、交回、储存保管制度，实行枪、弹分离储存。双滦分局治安部门定期检查枪支的使用管理状况。

2001—2005年，双滦枪支管理方面存在的社会治安隐患得到有效治理，区内未发生涉枪案件。

三 剧毒物品及其他危险物品管理

域内剧毒物品的采购、储存、使用许可由市公安局负责审批。2003年，双滦分局治安部门在区农牧局的配合下，对区内农药销售网点进行一次集中检查，对剧毒农药的采购和销售实行报备制度。此次集中行动共检查农药销售网点24家，收缴禁止销售使用的剧毒农药64瓶（袋），限期整改各类治安隐患19处。2004年始，对区内3家使用放射物品的单位进行摸底备案，适时进行治安检查。2005年，区内有农药销售网点24家、使用放射物品单位3家。

四 特种行业管理

特种行业的管理始于中华人民共和国成立之后。1980年前，承德市公安局负责对特种行业实施管理。

1980年后，双滦分局开始对区内的特种行业实施管理。至1985年，区内共有特种行业42家。其中刻字业2家、印刷业4家、收购业15家、旅店业21家。行业经营单位大多是国营或集体经营，个体经营仅占特种行业总数的11.9%。当时，特种行业的经营许可审批由市公安局负责，管理难度相对较小，治安问题也不突出。改革开放以后，特种行业中个体私营成分比例逐渐扩大。1995年，区内旅店业41家、收购业34家、歌舞厅6家、洗浴业4家、录像游戏厅17家。个体经营占特行总数的96.4% 。1996年，双滦分局配合市公安部门、对全区的特种行业换发“特种行业经营许可证”，并对从业人员进行培训。在特种行业中培训培养、使用治安耳目29名，加强阵地控制。1990—2000年，特种行业治安耳目提供破案线索30余条，破获各类刑事案件18起。其中：破获盗窃案件14起、伤害案件3起、杀人案件1起；挖出盗窃团伙5个，抓获违法犯罪人员23人；抓获负案在逃人员3人。

2000年，承德市公安局将大部分特种行业的审批权下放给双滦分局。当年，双滦分局开始对区内特种行业进行清理整顿，加强制度建设。旅店业在实行住宿登记等制度的同时，开始安装电子登记报警系统；加强对歌厅、洗浴行业从业人员的登记和管理；对收购业实行物品收购登记制度；对汽车维修行业实行汽车修理实名登记制度；严格限制未成年人进入网吧、加强火灾隐患排查等。2005年，区内特种行业发展到129家。其中：旅店业56家、录像歌舞游戏厅26家、洗浴13家、收购业15家、汽车修理业14家、印刷业4家、刻字业1家，从业人员240余人。双滦分局重新核发“特种行业经营许可证”。

2001—2005年，公安机关通过特种行业管理破获各类刑事案件20起，抓获犯罪嫌疑人12人；查获赌博案件37起、卖淫嫖娼案件41起、其他治安案件29起，打击处理违法犯罪人员274人次。

第四节 安全保卫

一 单位内部安全保卫

双滦分局保卫机构负责监督指导全区单位内部保卫工作，落实“人防、物防、技防、犬防”等治安防范措施，定期组织开展治安隐患排查，督促内保单位加强隐患整改，协助刑侦部门调查发生在内部单位的各类案件。1980—1990年，双滦分局保卫机构开展“防盗窃、防事故、防火”专项检查30余次，监督整改各类治安隐患110余个。1990年以后，随着企业的改制和市场经济的建立，多数国有企业和集体企业转型重组；个体私营、股份制企业逐步壮大；企业专职保卫干部减少，更夫门卫老弱残较多，单位内保工作一度有所弱化。1995年，企业单位专职保卫干部比1990年减少23人，老弱残人员占更夫门卫总数的88.4%。1999年，双滦分局成立治安保卫大队，对区内的内保单位进行重新摸底。将具有一定经营规模的私营企业纳入内保范围，加强安全保卫指导。每年对内保干部（专兼职）进行集中培训，开展创建“无重大盗窃案件、无重大火灾事故、无重大责任事故、无邪教滋事”单位的活动（创建“四无”单位）。双滦分局对内保单位实行警情通报制度，定期在区内保卫系统中通报内保单位发案情况；各单位内部防范及发案情况与年终综合治理目标奖惩挂钩。双滦分局治安大队内保中队不定期对重点单位的值班、防范进行检查和抽查，落实“管好自家人，守好自家门”等具体要求。有条件的单位进行警企联防，夜间治安巡逻延伸到家属区、生活区。双滦分局每年对单位内保工作进行总结；对单位专兼职保卫干部进行表彰。2000年，区内金融网点安装110电子报警系统14家。1999—2005年，双滦分局共发内保工作信息、通报31次，召开全区内保工作会议16次，检查重点部位700余个次，下达隐患整改通知66份。2003年，承德市保安公司双滦分公司成立，开始发展保安队伍。2005年保安业务覆盖全区，共有保安员112人。

二 国内安全保卫

国保工作以前称作政治保卫工作。1980年前，域内政保工作由承德市公安局直接负责。主要工作是加强情报信息的收集和反馈，依法维护信教群众的合法权益，维护辖区政治稳定。1980—1990年，双滦分局建立政保工作档案11卷，上报各类情报信息160余条。进入20世纪90年代以后，国内安全保卫工作任务愈加繁重。国内安全保卫大队采用公开与秘密相结合的工作方式，进行阵地控制、情报收集。年收集各类情报信息300余条，为上级领导决策提供依据。1999年，在有关单位的配合下成功依法取缔域内邪教组织“门徒会”。2000年开始，根据国内形势的需要，国保的主要工作是打击取缔邪教组织。至2005年，取缔邪教组织非法聚集场所15场次，收缴邪教组织非法宣传品2100册（份），教育受骗群众1390人次，收集反馈各类信息2000余条。

三 其他安全保卫工作

1990年9月，中共中央总书记江泽民到境内承德输送机总厂视察。双滦分局抽调警力50人，完成境内沿途和现场安全保卫任务。2000年，双滦分局治安保卫大队完成了京承旅游公路双滦段和112线双滦段及双塔山风景区一、二级警卫工作预案。2000—2005年，公安机关共出动警力2529人次，治安联防力量23000人次，参与承德避暑山庄建园300周年肇庆活动及“老爷车”拉力赛保卫任务。多次完成双滦区群众性文体活动的安全保卫和中、小型烟花燃放现场及群体性事件现场安保工作。

四 安全保卫机构

内保机构 1980年建局之初，内部单位的安全保卫指导工作归属双滦分局保卫股负责。任务包括政治保卫（国家安全保卫）、经济保卫和文化保卫。1991年，双滦分局设内保科和政保科，政治保卫工作从内保工作中分离出来。1999年，设治安保卫大队下设内保中队。2003年设经济保卫科，负责内保工作。双滦分局内保机构负责监督指导区内行政、企事业单位安全保卫工作。至2005年，机构设置无改变。

国保机构 1980—1990年，双滦分局政治保卫机构未单设，主要业务归双滦分局保卫股负责。1991—1998年，双滦分局设政保股（对外称一科）。1999年，国内安全保卫大队成立，干警编制由原来的1人增至3人。2005年，国内安全保卫大队干警增至5人。

单位内部保卫组织 企事业单位内部保卫机构和街、村治保会组织，是公安内保工作重要的社会治安辅助机构。其主要工作是在单位内部和村、街开展“四防”（解放初期内容是防火、防盗、防奸、防特，新时期内容是防火、防盗、防破坏、防自然灾害事故）工作。具体负责单位设备、物资的安全；管理更夫、门卫；维护村、街和单位内部正常的生产工作秩序。1980—1990年驻区国有企业和党政机关、金融、学校等单位共44家，区属单位有保卫科（股）38个，专职保卫干部61人，兼职保卫干部34人，专职巡逻队和门卫更夫266人。村、街治保会41个，专兼职治保会干部41人。1999年，区内内保单位共46家，专职保卫干部15人，兼职保卫干部31人，从事保卫工作人员296人。村、街治保会43个，专兼职治保会干部43人。至2005年，区内有保安队伍和经警队伍共280人，企事业保卫科（股）13个，专职保卫干部11人，兼职保卫干部23人。村、(街道）治安保卫委员会（简称治保会）43个，专兼职治保会干部46人。

承德钢铁公司保卫处 承德钢铁公司保卫处是域内成立最早、机构最大的企业保卫机构。1954年10月，热河铁矿厂设保卫科，时有保卫人员59人。主要任务是维护企业治安秩序和开展“四防”（防奸、防特 、防火、防盗）工作。

1959年1月，承德钢铁公司成立保卫处，各分厂共设12个保卫科。承德市公安局派员兼任保卫处长。主要任务是强化企业内部治安保卫工作，维护企业正常的生产、生活秩序。1966年，“文化大革命”开始，公司的保卫组织处于瘫痪状态多年，直至1973年4月，公司恢复职能处室，恢复设立保卫处。1974年11月，设承德市公安局承钢派出所。承钢派出所实行双重领导，业务由承德市公安局领导，人事管理归承德钢铁公司保卫处。1980年，承德市公安局双滦分局成立，承钢派出所的业务归属双滦分局领导。

1985年7月，承钢保卫处更名为承钢公安处。下设秘书科、刑警队、生产保卫科、治安科（负责厂内交通管理）和4个保卫处（黑山铁矿、大庙铁矿为一分处，选矿厂、运输部为二分处，派出所为三分处，冶炼轧为四分处），共有保卫人员85人。承钢公安处虽然被授予公安机关的一些职权，由于是企业公安处，干警全部为承钢职工，没有合法的执法身份，在具体执法活动中，受到制约。在刑事侦查工作中，对犯罪嫌疑人采取收审、拘留、逮捕等强制措施，需由双滦公安分局办理法律手续；案件预审工作需由双滦公安分局负责；查处治安案件中，需要行政拘留的违法人员交由双滦分局执行；在户籍管理中，涉及户口“农转非”和主要项目变更、迁移的审批，需盖承德市公安局双滦分局户口管理专用章（此模式持续至2003年）。

1991年，人民警察实行警衔制。承钢公安处属于企业性质，不在授衔范围，其执法权限愈加受到制约，再次更名为承钢保卫处。

2001年12月，承钢保卫处与武装部合并，称为承钢武装保卫部。内设党总支书记兼部长1人，副部长2人，外勤科、综治办、办公室、经警队、治安巡逻大队、消防队、物资部、保卫科、武装部，二级单位保卫科24个。

附：

取缔“一贯道”邪教组织

“一贯道”在境内起源于民国时期。“一贯道”邪教组织的道首不仅谋财害命、诱奸妇女，还散布谣言、组织暴乱，威胁社会治安，是一个彻头彻尾的邪教组织。1951年12月至1952年2月，滦平县政府开展突击打击、取缔“一贯道”的复辟活动。对其组织多伦线、京奉线在滦河镇的总枢纽进行清剿，抓捕道首及骨干分子76人。

第五节 交通管理

一 秩序管理

域内的交通秩序管理工作始于1987年。工作重点是道路交通安全管理、交通秩序整治和交通违法行为治理，预防重、特大交通事故，核心内容是治理超载、超重、客车超员、客货混装等。1990年开始，交通直属三大队针对无证驾驶、酒后驾驶、疲劳驾驶等违章行为开展专项整治行动；打击盗抢机动车辆、挪用遮挡号牌、假牌假证专项整治；挤占道路摆摊设点、妨碍道路通行的专项治理；校园周边及恶劣天气交通安全专项整治。年纠正查处交通违章行为7000余人次。至2005年协助破获盗抢车辆案件3起，查获被盗车辆11辆，抓获犯罪嫌疑人2人。

二 安全教育

双滦区交通安全教育工作始于1990年。交通安全教育工作实行民警包校包村制度，宣传落实《中国人民共和国道路交通安全法》。民警深入到驾驶员相对较多的各企事业单位，为驾驶员上安全教育课，年听课人数达1万多人次。交通安全教育工作采取交通民警进单位、进企业、进社区、进农村、进校园的“五进”形式，开展交通安全教育活动。至2005年，区内共建“双滦机动车辆驾驶员协会工作站”30个。出动宣传车50台次、警力170人次，受教育群众和学生1.7万人次。制作悬挂警示标语110幅，发送宣传资料2万余份，展示典型案例图片12场次。

三 车辆管理

双滦区车辆管理工作始于2000年2月。双滦机动车辆管理所负责办理两轮、三轮摩托车和低速货车新车的注册牌照；办理两轮（三轮）摩托车驾驶执照初次申领审核和考试发证；机动车驾驶员年度审验。至2005年，双滦区共有机动车辆11700辆，机动车驾驶员13500人。

四 交通事故处理

交警直属三大队交通事故处理工作始于2000年。主要工作是：交通事故现场处置、证据调查、出具交通事故责任认定书、损害赔偿调解。2001—2005年，双滦区共发生道路交通事故1949起，死亡24人，伤982人，直接经济损失137.6万元。

2001—2005年双滦道路交通事故统计表

表18-1-3　　单位：起 、人 、万元

年 份	事故起数	死亡	伤	经济损失
2001	349	2	154	36
2002	313	3	149	39
2003	380	9	180	41.0
2004	443	4	231	62.9
2005	464	6	268	68.7
合计	1949	24	982	247.6

五 管理机构

1987年12月开始，承德市公安局交通警察大队双滦中队派驻双滦区，时有民警3人。1989年12月，双滦中队改称承德市公安交通警察支队直属三大队（简称交通直属三大队），有民警5人。1990年，交警直属三大队办公室迁至双塔山镇棋盘地村。民警增至7人；1996年，警力增至13人。2004年，办公地点迁至双塔山森林公园对面。2005年，交警直属三大队机构设置有办公室、宣传室、事故处理室、承德市车辆管理所双滦分所、交通违法处理室和双塔山、滦河、大庙、偏桥子4个中队，共有民警20人。交通直属三大队设大队长1人（正科级）、教导员1人（正科级）、副大队长3人（副科级）。

第六节　消防管理

一 消防设备

2005年，承德钢铁公司、国电滦河发电厂、石油公司大三岔口油库和公安消防特勤中队共有水罐消防车7部、泡沫消防车4部、小型抢险救援车2部。

二 消防宣传

1984年，国务院颁布《中华人民共和国消防条例》，贯彻落实“预防为主，防消结合”的工作方针，消防宣传工作主要结合消防监督检查进行。其间，组织各种培训班40余期，培训区内企事业单位负责消防工作的干部和消防队员及义务消防员800余人次，召开消防工作会议150余场，举行灭火演练60余次。

1998年9月1日《中华人民共和国消防法》（简称消防法）颁布实施。消防法将消防知识教育、提高公民消防意识作为各级人民政府的工作职责。同时规定“教育、劳动等行政主管部门应当将消防知识纳入教学、培训内容”，“新闻出版、广播、电影、电视等有关主管部门，有进行消防安全宣传教育的义务”。境内消防工作形成了政府、相关职能部门、社会公众共同参与消防宣传工作的新格局。消防科组织消防宣讲团为企事业单位宣讲14场、为中小学校宣讲11场，受教育人数达到2万多人。区内建立消防组织和志愿者队伍39支，人数达到2100多人。消防宣传方式呈现出多样化的特点。至2005年，政府组织消防工作联席会议11次，解决消防工作重点难点问题20个；中、小学校将消防常识纳入教学内容，组织消防逃生演练24次；46名企事业单位消防安全责任人经过学习培训，成为消防明白人；辖区派出所结合日常检查开展消防宣传工作；区电视台适时宣传报导消防工作动态。其间，举行各类消费培训班100余次、发放各类宣传单10余万份，举办消防知识竞赛20场，张贴悬挂各类消防标语条幅800余条，举办消防图板巡回展出46场。

三 消防安全检查

1980年，双滦分局设立消防监督机构，把石油公司大三岔口油库、麻纺厂麻库、造纸厂原料库等易燃易爆单位和企业事业的原材料及产品库房纳入重点监督检查部位。随着经济的迅速发展和人员密集性生产企业和活动场所的增多，消防工作重点单位扩大至商场、市场、宾馆、饭店、公共娱乐场所、医院、学校、国家机关、劳动密集型生产企业、重点物资仓库等发生火灾后损失大、伤亡大、政治影响大的单位。1982年，双滦区消防安全重点单位16家；1989年，消防安全重点单位21家；2001年，消防安全重点单位29家；2005年，消防安全重点单位47家。其中易燃易爆的单位9个、政府机关1个、歌舞厅、洗浴中心7家、饭店、宾馆14家；医院、学校及幼儿园17家；供热、供电、粮库、电台、电视台、影剧院、市场13家。双滦分局消防大队加强对消防安全重点单位进行监督抽查。每年组织2～3次消防安全检查，发现隐患下达整改通知书，督促整改。每年不定期进行消防安全抽查，对隐患超期整改或拖延整改的单位予以行政处罚。对公众聚集场所使用或开业前进行检查。对具有火灾危险的大型群众性活动在举办前进行安全检查，年安全检查3～5次。根据火灾发生特点，结合重大节日等消防安全需要，双滦分局消防大队组织监督抽查和夜查。2001—2005年组织夜间检查14次，发现火灾安全隐患21个。对社会单位落实“安全自查、隐患自除、责任自负、接受监督“的企业内部消防管理机制，提高企业自防自救能力。平均年检查发现和整改火灾隐患400余处，年平均行政处罚案件10余起，罚款5万余元。其间，消防大队加强建筑消防审核验收及对违法建筑、违法施工的稽查执法，罚款14万元。

四 消防灭火

1981—2005年，双滦区共发生火灾441起，造成经济损失154.92万元。消防二中队出警灭火441次、外援灭火6起、协同地方灭山火15起。

1981—2005年双滦区火灾及损失情况统计表

表18-1-4 单位：起 、元

年　份	火灾起数	火灾受损情况
1981	13	1932
1982	15	1675
1983	9	1956
1984	11	1991
1985	21	1525
1986	11	2566
1987	8	2055
1988	15	3258
1989	19	5500
1990	17	8321
1991	16	10659
1992	16	25418
1993	14	25200
1994	8	41566
1995	26	54665
1996	17	87442
1997	12	52335
1998	18	67525
1999	21	98533
2000	10	55622
2001	24	35860
2002	31	65035
2003	22	51102
2004	31	761824
2005	36	85650

五 机构

1980 年，双滦分局设消防股，有专职消防干警 2 人。1982 年 12 月，消防股转为现役编制，建立消防站（后称消防二中队、1992 年称消防特勤中队），隶属承德市消防大队。1989 年 12 月，双滦分局消防股升格为副营职单位，改称承德市公安局双滦分局消防科。1992 年 12 月，升格为正营职单位，称为双滦区公安消防大队。设大队长 1 人，参谋 2 人，下设特勤中队 1 个。至 2005 年，区内有企业消防队员 67 人，消防官兵 41 人。

第七节　公安机构

一 清代警察机构

清乾隆七年（1742 年）喀喇河屯设巡检司。喀喇河屯巡检司监管厅县典史事，管理监狱及掌捕盗贼、盘结奸宄等事宜。清光绪三十一年（1905 年），域内设巡警总局（隶属滦平县），时有巡警 24 人。宣统二年（1909 年），巡警总局有警官 31 人。

二 民国时期警察机构

民国元年（1912 年）域内巡警总局更名为警察事务公所（简称警察公所）。民国 2 年（1913 年）建大庙二等警察事务分所（后称派出所），分所长蔚国。民国 4 年（1915 年），域内巡警计 25 人。民国 8 年（1919 年）警察事务所更名为警察所，派出所称分驻所。民国 18 年（1929 年）警察所改为公安局，派出所改为公安分局、分所。民国 19 年（1930 年），域内滦平县公安局有警员 144 人。

民国 34 年（1945 年），中国共产党在滦河街设滦平县公安科，同年 7 月改称公安局，有干警 4 人。民国 35 年（1946 年）2 月，双塔山公安派出所设立。同年 4 月，双塔山公安派出所设大庙、红旗（现滦平境内）公安分所。同年 8 月，国民党军队占据承德，中共公安工作转入地下。双塔山派出所交由中共滦平县委代管。民国 35 年 8 月（1946 年），国民党县政府在滦江（今滦河镇）设警察分局，双塔山街、滦河街两地设派出所。同年，组建县警察大队。民国 37 年（1948 年）10 月，承德解放。域内公安机构相继恢复建立。

1949 年 1 月，承德市公安局设立滦河派出所，时有干警 5 人，第一任所长王振刚；1949 年 2 月，承德市公安局设立双塔山派出所，时有干警 4 人，第一任所长秦士元。

三 新中国警察机构

1954 年春，承德市公安局设大庙派出所，时有干警 3 人，第一任所长张书田；1974 年 11 月，承德市公安局设承钢派出所（人员全部为承德钢铁公司职工身份，属企业派出所）。至 1979 年，域内公安机构设置无改变。

承德市公安局双滦分局（以下简称：双滦分局）

1980 年 3 月，双滦分局成立，办公地点设在承德矿山机械厂北侧，1991 年迁至双塔山镇

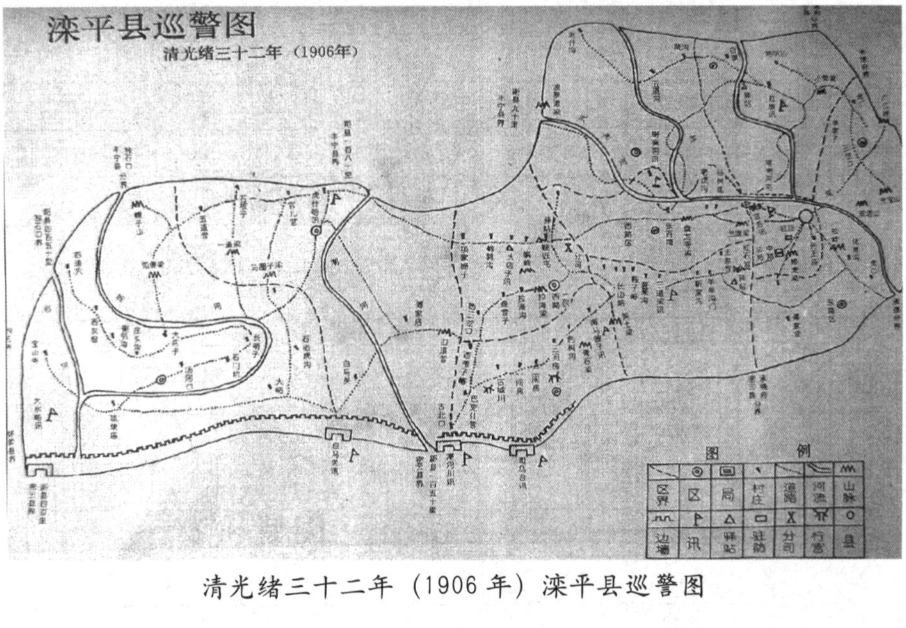

清光绪三十二年（1906 年）滦平县巡警图

中心大街。双滦分局辖双塔山、滦河、大庙、承钢（企业派出所）4个派出所。分局机关设刑侦、治安、经保、文保、办公室、政工、后勤7个部门。1981—1988年，先后增设元宝山派出所、偏桥子派出所、市场派出所、自行车管理所和消防科（现役编制）。至1993年，双滦分局有干警52人。

1999年1月，承德市公安局进行机构和人事制度改革。双滦分局设办公室、政工科、刑侦大队、治安保卫大队、法制大队（兼管拘留所）、国内安全保卫大队、大庙派出所、偏桥子派出所、滦河派出所、双塔山派出所、元宝山派出所、市场派出所。2001年3月，双滦分局成立承德市保安公司双滦分公司（属自收自支事业单位）。2003年8月，双滦分局进行第二次机构人事制度改革，设16个正科级机构。即政治处、纪检委、办公室、警务督察大队、刑侦大队、治安大队、国内安全保卫大队、法制科、经保科、市场派出所、大庙派出所、滦河派出所、偏桥子派出所、治安拘留所、消防科。至2005年12月，机构设置无改变。

承德市公安局钢城分局（以下简称钢城分局）

2001年12月，承德市公安局钢城分局成立，编制为50人。钢城分局下设政治处、办公室、国内安全保卫大队、法制大队、治安管理大队、刑事警察大队、交通巡逻警察大队、滦阳派出所、承钢治安派出所 。2003年11月，增设承德市保安公司钢城分公司。

至2005年12月，钢城分局机构设置为：政治处、办公室、国内安全保卫大队、法制科、治安管理大队、刑事警察大队、滦阳派出所、承钢治安派出所、交通巡逻警察大队。

附：

日伪时期域内敌特组织

域内日伪特务组织有警察署、宪兵队、关东军情报部、弘报股、协和会（成员5人，其中日本人3人）、保安局。国民党特务组织有中统滦平滦河工作站，负责人梁桂荣；军统热西突击队滦河组，组长韩效超，成员15人；军统热察特别通讯站，组长谢莜山，成员25人；国民党13军谍报队资料室、八十九师别动队。

日伪时期域内警察机构

民国22年（1933年），日本帝国主义侵占热河。伪满政府在滦河街设警务局，下设警察署、警察分署；滦河街为第一警察署，大三岔口设警察分署。民国33年（1944年），双塔山设伪警察署治所；滦河、双塔山、三岔口设分所治所。双塔山伪警察署治所有警察20多人，其中3人是日本人。

第八节　公安队伍建设

1949—1954年，域内有公安民警10～12人。1966年，民警总数达到14人。“文化大革命”开始后，公安机关受到冲击，正常工作秩序被打乱。1967年11月，承德市军事管制委员会取代公、检、法机关。1973年后，公安工作得以逐步恢复。

一 思想教育

1980年，承德市公安局双滦分局成立后，把“政治建警”放在各项工作首位。1982年，分局制定《关于加强队伍管理的八条规定》；1983年，制定“严厉打击刑事犯罪斗争四不准”

新党员入党宣誓（摄影 高振友）

工作纪律，即不准说情、不准通风报信、不准“走后门”、不准泄露案情（即禁止内部说情通融、禁止向案件关系人透漏案情、禁止办人情案、不准向外界泄露案件情况）；1989 年，北京发生政治风波后，双滦分局加强坚持党的四项基本原则教育。组织党员干警开展对事件严重性、危害性的认识和讨论，增强政治敏感性。

20 世纪 90 年代，双滦分局重点加强对民警的社会主义初级阶段的理论和邓小平理论及“三个代表”思想理论教育。开展做“文明警察”活动、“群众路线回归公安”和“作风伴我行、百名民警进街村”活动。聘请警风警纪监督员 32 人，主动接受社会各界监督。先后向群众征求意见和建议 114 条，为基层群众做好事 244 件，资助贫困学生 15 人，帮助他们完成学业。分局政委刘润平带头资助两名初中特困学生、偏桥子派出所资助长北沟村特困学生张某姐弟俩、滦河派出所民警田晓静自己家境并不宽裕，连续多年资助一名特困学生。分局其他单位也主动到辖区走访老革命、老干部、特困户，力所能及地帮其解决实际困难。其间，收到单位和群众送来的表扬信 21 封、锦旗 14 面。

进入 21 世纪，区内公安队伍狠抓纪律作风整顿，重点解决民警“涉枪、涉酒、涉车、涉赌”等违纪问题。分局制定《枪支携带和使用的有关规定》《车辆管理规定》，工作日及值班备勤日“禁酒令”等相关纪律规定，对照“禁令”自查、自省、自纠。2003 年，区内公安机关开展“公安机关如何为经济建设服务大讨论”活动。双滦分局出台《为双滦经济建设服务十条规定》。2005 年，双滦分局为河北省“公安队伍正规化建设示范单位”，在学习教育、内务管理、业务训练、严格执法等方面，开始为期 3 年的队伍正规化建设工作。

二 警衔评授

1991 年 4 月人民警察授衔前，中央政法委、公安部、人事部等六部委联合下发《关于清理不适合做政法工作人员的通知》。承德市公安局对队伍中不适合担任人民警察工作的人员进行摸底、清理、调出。双滦分局共调出 4 人（其中自行调离 2 人）。2005 年，区内公安队伍在编人员 177 人。其中：一级警督 12 人，二级警督 33 人，三级警督 26 人；一级警司 34 人，二级警司 19 人，三级警司 3 人；二级警员 1 人，待授衔人员 42 人，其他 7 人。

三 职级待遇

双滦分局建局时只有正副科级指数各 1 人，其余中层干部均为股级。1991 年，根据公安队伍长期职级偏低的实际情况，组织人事部门开始逐步解决公安职级待遇问题。1991 年，承德市公安局与双滦区组织部门为一线派出所的 10 名所长、指导员解决了副科级待遇。1992 年 2 月至 2002 年 12 月，先后共有 37 名中层科、所、队干警解决了科级（正、副）职级待遇。其中，正科级 21 人、副科级 16 人。2005 年，区内公安队伍共有副处级领导干部 4 人，正科级干警 52 人，副科级干警 29 人。领导指数占民警总数 66.4%。

四 学习训练

20 世纪 80 年代，民警的业务学习训练内容主要是军事队列科目、军用手枪射击、警绳手铐的使用、常用法律文本等。进入 90 年代，以“学法、懂法、用法”为重点，系统学习《中华人民共和国宪法》《中华人民共和国刑法》《中华人民共和国刑事诉讼法》《中华人民共和国治安处罚条例》及“办理案件有关规定”。民警通过各种渠道开展法律、公安、中文等专业的自学考试。1997 年，双滦分局 73 名干警，有 47 人参加专科、本科自学考试，参考率达到 64.4%。

2000—2005 年，区内公安机关开展全警“大练兵”活动。各警种从实战出发，购买教材 200 余套，培训教官 13 名。本着“干什么，学什么”的要求，开始全警练兵活动。2003 年，双滦分局表彰“优秀侦察员”、“优秀社区民警”、“优秀

队列训练（摄影 高振友）

民警练习擒拿本领（摄影 杨贵学）

户籍民警”41人。2004年，表彰“破案能手”、“优秀社区民警”、“优秀户籍民警”、“优秀治安民警”等优秀民警47人。至2005年，区内177名民警本科学历53人、大专学历88人、中专学历25人、高中以下11人。

五 争先创优

双滦分局从2000年开始，以创建“优秀公安局”为工作目标，提出“带一流队伍、争一流业绩”的口号，开始创建活动。2001—2005年，双滦分局连续五年被承德市公安局评为“优秀公安分局”；2001年、2002年、2004年、2005年，先后4次被省公安厅评为“优秀公安局”；2003—2005年，双滦分局连续3年在全省执法考评工作中被评为优秀单位；2004年双滦区委、政府两次做出全区向公安分局学习的决定。至2005年底，区内公安队伍共有109人先后荣获市局级以上表彰和奖励，其中一等功1人次，二等功9人次，三等功38人次。获河北省优秀人民警察称号6人次。

第二章 检 察

1984年2月，双滦区人民检察院成立。双滦区人民检察院认真履行宪法和法律赋予的监督监察职能，与公安、法院等机关密切配合，严厉打击各种刑事犯罪；深入开展反贪污贿赂检察；在控告申诉、民事行政、预防职务犯罪和渎职侵权检察等方面取得优异成绩。工作中严格依法办案，为改革、发展、稳定创造了良好的法制环境。至2005年，共受理移送审查起诉案件共1039件，1783人；办理经济案件177件，212人；查处渎职侵权案件42件，55人；受理控告申诉案件34件，55人；受理来信来访4398件（次）。

第一节 刑事检察

一 审查批捕

双滦检察院刑事检察部门，在工作中严把事实关，大要案件提前介入，发现问题及时提出，确保案件批捕质量。1997年8月，审查批捕科办理朱某强奸案。承办人阅卷后认为缺乏证据证明朱某有强奸行为。并且犯罪嫌疑人拒绝供认有强奸事实，被害人第二天又主动到公安机关要求撤诉。批捕科建议公安机关补充调查，公安分局接受意见。1998年，受理张某入室抢劫案。办案人员经过工作，发现张某不构成犯罪。其没有共同入室抢劫的目的和共同犯罪的故意。经过沟通公安撤回案卷，防止了错案的发生。1986—2005年，双滦检察院作出不批捕决定11件16人。

1984—2005年，双滦区人民检察院刑事检察部门共受理公安机关提请逮捕的各类刑事案件850件，1619人；审查后批捕816件，1599人，批捕率为95%。自1998年开始立案监督工作，至2005年立案监督87件，132人。其中2003年立案监督较多，为10件29人。

二 审查起诉

双滦区人民检察院在起诉阶段，运用“提示、查询、催办”三项制度，对批捕后由公安机关侦查的案件实施跟踪监督。案件批捕后的第三日，提示公安机关将执行情况及时通知检察院。对不批捕需要补充侦查的案件，监督公安机关是否按照检察机关提供的补充侦查意见调查取证；侦查完毕后是否及时向检察院重新报捕。案件批捕一个月后，以查询的方式监督公安机关的侦查工作。自20世纪90年代初始，双滦区人民检察院规范办案流程，制作“另案处理人员情况登记卡”，防治放纵犯罪问题发生；制作“逮捕案件变更强制措施监督卡”，防治强制措施变更的随意性，确保诉讼程序顺利进行；制作“批捕再逃人员执行情况反馈卡”，督促检查及时抓捕再逃人员。2002—2005年，双滦检察院对异地审理案件跟踪查询5起，其中对1起移送双桥区检察院的案件调查，为法纪部门提供案件线索1件。在案件侦查期限届满前7日，催办公安机关加快办案速度，对尚不符合起诉条件的，要求公安机关变更强制措施。2003年，双滦检察院查处原承德市中级人民法院刑二庭庭长周某受贿案，以“零口供”起诉，一审法院认定周某受贿罪成立，处有期徒刑5年，周不服提出上诉，二审法院经审理驳回上诉维持原判。为提高办案质量，起诉科编写《常见犯罪证据目录》，发送给公安机关有关部门，引导侦查工作。2004年9月，双滦检察院受理1起涉嫌强奸案。犯罪嫌疑人赵某16岁。办案人员发现案卷中虽有户籍证明，但笔录中未问及年龄，犯罪嫌疑人年龄接近法律规定的临界点。办案人员通过查阅计生部门档案、走访群众取证，证明犯罪嫌疑人13岁。后经法医骨龄鉴定，证实赵某实际年龄为13岁，依据法律规定为不负刑事责任人。在审查起诉阶段，双滦区检察院履行职责，加大追诉漏罪的工作力度，追诉工作位于承德市检察系统前列。1999年11月，双滦检察院审理娄某强奸案。在审理中发现另一犯罪嫌疑人宋某被遗漏。1999年12月，退卷补充侦查，依法进行追溯。2000年2月，娄、宋二人分别被人民法院依法判处有期徒刑6年、2年。2004年，审理一起故意伤害案。双滦检察院依照刑事侦查监督程序，追诉了李某等被告人8名。2005年3月，双滦检察院审理1起职务侵占案时，发现原认定犯罪嫌疑人郭某利用从事销售业务主办的职务便利，领取单位业务备用金，用于个人家庭支出，至案发累计10854.61元。受理案件后，办案人员核查证实，上述领取的现金，全部经总经理批准，是以借款的形式未归还的备用金。其中有3000元是公司为其代交的罚款；有2100元是以郭看望两位业务员和借工资的事由，与销售业务无关，最后认定郭某侵吞本单位财物4254.81元。虽有职务侵占行为，但不能构成立案标准。依据法律规定，决定对郭某不起诉。

1984—2005年，双滦区人民检察院移送审查起诉1039件，1783人；向人民法院提起公诉884件，1446人；向上级人民检察院移送审查起诉50件，116人；免予起诉10件，23人；不起诉23件，34人；提出抗诉案件4件，4人；追诉漏罪漏犯10件，43人。刑事案件移送审查起诉数量呈上升趋势。其中1984—1996年盗窃、抢劫、伤害和强奸案件所占比例较大，占案件总数的78.9%。1997年后，强奸案件呈下降态势。盗窃案件居高不下，约占案件总数的69%。绑架、拐卖妇女和妨害公务罪时有发生。未成年人犯罪自20世纪90年代以后，呈下降趋势。

1991—2005年，未成年人犯罪占犯罪总人数的28.4%。初中以下文化和无业人员占犯罪总人数的63.6%。

1986—2005年双滦区人民检察院侦查监督科批捕情况统计表

表18-2-1

年 份	公安提请批捕	批准逮捕	公撤退捕	不批捕	自侦批捕	决定批捕	追 捕	立案监督
1986	37件68人	37件67人	0	0	0	0	0	0
1987	37件40人	31件33人	0	2件2人	0	8人	0	0
1988	39件59人	37件57人	0	0	0	9人	0	0
1989	45件109人	45件106人	0	0	0	5件6人	0	0
1990	53件99人	53件99人	0	0	0	0	0	0
1991	56件89人	53件85人	0	0	5件6人	5件6人	0	0
1992	51件80人	54件77人	含去5件7人	0	0	0	0	0
1993	30件60人	30件60人	0	1件1人	0	0	1人	0
1994	45件106人	43件101人	0	0	0	0	20人	0
1995	31件66人	29件63人	2件3人	0	5件9人	4件8人	0	0
1996	76人	73人	0	0	0	0	0	0
1997	23件36人	22件33人	0	1件3人	0	0	0	0
1998	58件105人	51件89人	7件16人	0	1件1人	1件1人	0	5件9人
1999	61件98人	56件88人	5件10人	0	2件2人	2件2人	0	9件13人
2000	50件95人	50件95人	0	0	3件3人	3件3人	0	10件12人
2001	48件94人	48件94人	0	0	2件2人	2件2人	0	14件15人
2002	55件106人	53件98人	0	2件4人	5件7人	5件7人	0	16件17人
2003	44件101人	43件100人	0	1件1人	2件2人	2件2人	0	10件29人
2004	49件93人	45件88人	0	4件5人	1件3人	1件3人	0	12件18人
2005	38件93人	38件93人	0	0	3件4人	3件4人	1人	11件19人
总 计	850件1673人	818件1599人	14件29人	11件16人	29件39人	33件61人	22人	87件132人

1984—2005年双滦区人民检察院审查起诉情况统计表

表18-2-2

年 份	受理情况		向人民法院移送起诉数		移送上级检察院情况		免诉情况		不起诉情况	
	件	人	件	人	件	人	件	人	件	人
1984	25	43	16	28	0	0	2	2	1	1
1985	27	52	27	48	0	0	0	3	0	1
1986	30	63	28	49	0	0	1	2	0	0
1987	33	41	33	50	0	0	0	0	0	0
1988	57	99	44	64	0	0	0	0	0	0

续表 18-2-2

年 份	受理情况		向人民法院移送起诉数		移送上级检察院情况		免诉情况		不起诉情况	
	件	人	件	人	件	人	件	人	件	人
1989	46	98	42	89	0	0	2	4	1	3
1990	58	89	49	74	4	4	4	10	0	0
1991	56	100	46	72	0	0	0	0	0	0
1992	59	79	51	71	0	0	0	0	0	0
1993	30	64	32	62	0	0	0	0	0	0
1994	45	99	42	71	6	30	0	0	0	1
1995	27	52	26	40	0	0	0	0	0	0
1996	58	86	44	64	9	18	1	1	0	0
1997	26	37	22	29	3	3	0	0	0	0
1998	57	92	48	78	4	6	0	0	0	0
1999	66	93	60	82	2	3	0	0	1	1
2000	63	97	53	90	1	1	0	0	4	4
2001	57	90	45	73	5	8	0	0	2	2
2002	77	106	59	80	4	4	0	0	4	5
2003	53	101	41	72	7	14	0	0	6	13
2004	46	98	38	77	4	16	0	0	1	1
2005	43	104	38	83	1	9	0	0	2	2
总计	1039	1783	884	1446	50	116	10	22	22	34

第二节　经济检察

1996年9月，双滦区人民检察院设立反贪污贿赂局（简称反贪局），其前身为经济检察科。反贪局把反贪污贿赂作为打击经济犯罪第一位工作。重点查处贪污、受贿、挪用公款等经济犯罪。1993年，查办原区财政局干部王某贪污公款赌博案；1997年，查办承钢选矿厂马某、冯某等受贿案。2003—2005年，先后查办原区交通局养路费征稽员徐某贪污案、双滦供电公司刘某挪用公款案、市中级人民法院刑二庭周某受贿案、双滦公安分局消防科高某贪污案等。有效地惩治腐败，遏制并震慑了职务犯罪。至2005年，反贪局查办各类经济犯罪案件177件，212人，为国家挽回损失459.26万元。其中：贪污案73件，90人，占案件总数的41%；受贿案53件，56人，占案件总数的30%；挪用公款案23件260人，占案件总数的13%；私分国有财产案2件，8人，占案件总数的1%；其他26件，32人，占案件总数的15%。

1985—2005年双滦区人民检察院反贪污贿赂案件立案统计表

表 18-2-3

年份	贪污		贿赂		挪用公款		私分国有财产		其他		合计	
	件	人	件	人	件	人	件	人	件	人	件	人
1985	2	2	0	0	0	0	0	0	3	3	5	5
1986	4	4	1	1	0	0	0	0	5	5	10	10
1987	3	3	1	4	0	0	0	0	0	0	4	7
1988	5	6	2	2	0	0	0	0	1	2	8	10
1989	4	4	3	3	1	1	0	0	3	4	11	12
1990	1	1	4	4	0	0	0	0	1	3	6	8
1991					0	0	0	0	0	0	0	0
1992	9	9	5	5	2	2	0	0	3	3	19	19
1993	5	9	1	1	1	1	0	0	0	0	7	11
1994	4	4	2	2	1	1	0	0	0	0	7	7
1995	2	2	10	10	0	0	0	0	4	6	16	18
1996	7	7	1	1	2	2	0	0	3	3	13	13
1997	4	4	12	12	1	1	0	0	2	2	19	19
1998	3	7	4	4	2	3	0	0	0	0	9	14
1999	3	3	1	1	2	3	1	4	0	0	7	11
2000	1	1	2	2	6	6	0	0	0	0	9	9
2001	7	13			2	2	0	0	0	0	9	15
2002	1	1	1	1			0	0	0	0	2	2
2003	3	3	2	2	1	1	0	0	1	1	7	7
2004	2	4	1	1			1	4	0	0	4	9
2005	3	3			2	3	0	0	0	0	5	6
总 计	73	90	53	56	23	26	2	8	26	32	177	212

第三节 控告申诉与民事行政检察

一 控告申诉检察

1987年7月，双滦区人民检察院设控告申诉检察科，开始受理以举报、控告为主要内容的来信来访案件；承办法律赋予的特定申诉案件及经济、违纪犯罪线索的初查。控告申诉检察科发挥窗口作用，接待工作中，干警认真登记、解答。对属于检察机关管辖的案件做到归口办理；对不属于检察机关管辖的及时分流到有管辖权的部门，并告知举报人和采访人；对涉法上访案件，确定承办人办理，主管检察长作为第一督办人，定责任、定时限，及时处理。至2005年，共受理来信2368件，来访2030人次；处理告急访、集体访23件；聘请监察信息员和联络员74人。每年利用广播、电视、图版、宣传车等形式进行举报宣传、街头法律咨询等活动；复查刑事申诉案件 34 件，55 人；办理刑事赔偿案件 5 件。2004 年，控告申诉科荣立“集体三等功”，被河北省人民检察院授予“省级文明接待室”称号。2002—2005 年，连续 4 年被承德市人民检察院授予“市级文明接待室”称号。

二 民事行政检察

1991 年 7 月，双滦区人民检察院设立民事行政检察科。开始受理对审判机关民事、行政审判、裁定的审查，对有错误的生效判决、裁定依法提出抗诉。初期，受理案件较少。随着法制宣传的深入，公民法律意识增强，民事行政检察社会影响力扩大，办案数量明显上升。双滦检察院同双滦区人大法工委、纪委、监察、信访等部门建立协作关系，定期沟通情况，发现案源；采取“普法赶大集”的方法，到各集市农贸市场宣传法律知识；与驻区国有大中型企业开展共建活动，开展民事行政检察专项宣传。2005 年 4 月，民事行政检察科受理 1 起经营合同纠纷案。申诉人邹某 2004 年与被申诉人崔某签订“铁矿与选厂合作协议书”，约定共同开发小三岔口铁矿。2004 年 4 月，邹以崔未支付 13 万元承包款为由终止与崔的合作，并将崔等 5 人告上法庭。崔等人不服，向双滦检察院申诉。经查，本案当事人双方签定的两份协议书，内容不真实且违反法律相关规定，系无效合同。双滦检察院向承德市中级人民法院提请控诉，最终给予了改判。对于不符合控诉条件的申诉案件，双滦检察院及时和申诉人交换意见，耐心做好解释。至 2005 年，共接待来信来访 124 人次，受理案件 77 件。其中立案 57 件，提请上级人民检察院抗诉 20 件；发出检察建议 26 件，法院自行改判 24 件，息诉 27 件。

1992—2005 年双滦区人民检察院民事行政检察情况统计表

表 18-2-4

年份	来信来访（人次）	案件受理(件)	立案(件)	提起抗诉(件)	发出检察建议(件)	息诉(件)
1992	5	2	1	0	0	1
1993	4	3	1	0	1	2
1994	9	2	2	2	0	2
1995	7	3	3	1	0	2
1996	7	4	3	1	2	0
1997	6	6	2	0	2	0
1998	8	5	4	2	1	1
1999	10	6	5	2	0	3
2000	10	7	5	3	2	2
2001	13	8	8	3	1	4
2002	5	3	3	3	0	2
2003	11	9	6	0	6	3
2004	18	11	9	1	8	2
2005	11	8	5	2	3	3
总计	124	77	57	20	26	27

第四节　预防职务犯罪与渎职侵权检察

一　预防职务犯罪

2002 年 6 月，双滦区人民检察院职务犯罪预防科建立，开始职务犯罪预防工作。在工作中，贯彻“打防并举”“标本兼治”的方针，采取专项预防、会议预防、共建预防、个案预防、宣传预防和系统预防等多种形式的职务犯罪预防工作措施。

至 2005 年，职务犯罪预防科共召开职务犯罪预防工作会议 14 场次。在保护国有资产工作中，先后走访国有企业 25 家，为企业有关人员讲授法制课 24 场次；启动实施专项预防方案 6 个，即《关于在司法系统中开展职务犯罪预防工作方案》《关于在金融系统中开展职务犯罪预防工作方案》《关于开展专项工程职务犯罪预防工作方案》等；对办案中发现的问题，提出检察建议 16 件，向发案单位提出整改意见，并监督整改；开展个案预防，对本院自查案件逐一进行登记，形成个案预防卷，撰写个案预防分析 31 件。在教育系统开展“育苗工程”，与区教育体育局共同成立“教育预防犯罪中心”，向双滦文教局发出检察建议 1 件 6 条，组织青少年参观警示教育基地 4 次。2005 年，针对承德市公安局交通警察支队直属三大队教导员薛某酒后交通肇事逃逸案，双滦区检察院与直属三大队共同制定《关于预防职务犯罪专项活动实施方案》，收到了明显效果。针对各类犯罪的成因和特点，职务犯罪预防科加强信息调研工作，撰写调研文章 9 篇。其中，市院转发 2 篇，双滦区政法委转发 3 篇。其他信息 35 篇。区检察院通过承德市电视台制作预防职务犯罪专题片 3 个，分别在河北电视台和承德电视台播出。

二　渎职侵权检察

1985 年 7 月，双滦区人民检察院设立法检科，2002 年 6 月更名为渎职侵权监察科。主要受理群众举报、控告或自首的侵权渎职犯罪的案件线索；负责对侵权、渎职案件进行侦查、起诉。1985—1996 年，共立案查处 22 件，32 人。其中：玩忽职守案 6 件，7 人；侵犯通讯自由案 1 案，1 人；重大责任事故案 8 件，10 人；非法拘禁案 3 件，7 人；刑讯逼供案 1 件，2 人；非法侵入他人住宅案 2 件，4 人；徇私舞弊案 1 件，1 人。

1997 年后，根据修改后的《刑法》《刑事诉讼法》和最高人民检察院司法解释，侵权渎职案件的管辖范围有所调整。犯罪主体仅限于国家机关工作人员，不再受理重大责任事故案件。反渎职侵权检察工作的重点向司法腐败案件和行政执法人员渎职侵权案件转移。1997—2005 年，共立案查处 20 件 24 人。其中：玩忽职守案 6 件，7 人；滥用职权案 2 件，3 人；非法拘禁案 5 件，6 人；刑讯逼供案 2 件，2 人；徇私舞弊案 5 件，6 人。1998 年，渎职侵权监察科查处承德市地税局双滦分局苏某徇私舞弊案（移送市院处理）；1999 年，查处了原双滦公安分局局长张某和原隆化县公安局局长辛某徇私舞弊案；2002 年，查处双滦区金厂沟林场刘某和双滦林业派出所杨某非法拘禁案。上述案件的查处，在国家工作人员中引起了很大反响。

1987—2005 年双滦区人民检察院查处渎职侵权案件统计表

表 18-2-5

年份	玩忽职守		滥用职权		非法拘禁		徇私舞弊		其　他		合　计	
	件	人	件	人	件	人	件	人	件	人	件	人
1987	3	3	0	0	0	0	0	0	0	0	3	3
1988	0	0	0	0	0	0	0	0	2	2	2	2

续表 18-2-5

年份	玩忽职守		滥用职权		非法拘禁		徇私舞弊		其他		合计	
	件	人	件	人	件	人	件	人	件	人	件	人
1989	0	0	0	0	1	1	0	0	1	2	2	3
1990	0	0	0	0	1	3	0	0			1	3
1991	1	2	0	0	1	3	0	0	2	5	4	10
1992	0	0	0	0	0	0	0	0	1	1	1	1
1993	0	0	0	0	0	0	0	0	1	1	1	1
1994	1	1	0	0	0	0	0	0	1	1	2	2
1995	0	0	0	0	0	0	0	0	3	4	3	4
1996	0	0	1	1	0	0	0	0	2	2	3	3
1997	3	3	0	0	0	0	0	0	1	1	4	4
1998	0	0	1	1	0	0	0	0	0	0	1	1
1999	0	0	0	0	0	0	1	2	0	0	1	2
2000	0	0	0	0	1	1	2	2	0	0	3	3
2001	1	1	0	0	1	1	2	2	0	0	4	4
2002	0	0	0	0	3	4	0	0	0	0	3	4
2003	0	0	0	0	0	0	0	0	1	1	1	1
2004	0	0	1	2	0	0	0	0	0	0	1	2
2005	2	2	0	0	0	0	0	0	0	0	2	2
合计	11	12	3	4	8	13	5	6	15	20	42	55

第五节　人民检察院机构与队伍

一　机构

1949—1958 年，境内检察工作分别由滦平县和承德市管辖。1958—1983 年，域内检察工作由承德市人民检察院负责。

1984 年 2 月，双滦区人民检察院设立。1985 年 7 月，内设科室有经济检察科、法律检察科、刑事检察科和办公室；1987 年增设控告申诉科；1991 年 7 月，增设民事行政检察科；1996 年成立“反贪污贿赂工作局”（前身为经济检察科）；1998 年，成立审查批捕科、审查起诉科、检察技术科、政工科。2002 年机构改革，机构设有：侦查监督科、公诉科、渎职侵权检察科、职务犯罪预防科、法律政策研究室、办公室、反贪污贿赂工作局和政治处。至 2005 年，内设机构无改变。

二　队伍

1984 年 2 月，双滦区人民检察院有干警 9 人；1985 年 7 月，有工作人员 21 人。至 2005 年，编制为 46 人，其中，政法编制 39 人，事业编制 7 人，实有人员 43 人。岗位设置为：检察长 1 人、副检察长 4 人、检察员 22 人、书记员 1 人、法警 3 人、其他 12 人。职级副处级 1 人、正科级 7 人、副科级 9 人、科员 12 人、其他 14 人。文化程度大学本科学历 33 人、大学专科学历 8 人、高中学历 2 人。党员干警 36 人，占全院总人数的 78%。

第三章 审 判

1984年3月，双滦区人民法院（简称区法院）成立。区法院依法履行宪法和法律赋予的职责，独立行使审判权。随着改革开放的不断深入和社会主义市场经济的建立，特别是民主法制进程的推进，审判工作重心，逐渐由严厉打击刑事犯罪转向维护社会稳定与化解人民内部矛盾、保障经济建设与打击刑事犯罪。在案件审理中，坚持“以事实为依据，以法律为准绳”的原则，紧紧围绕“公正与效率”这个主题，不断加强队伍建设和制度建设，使审判工作逐步趋于规范。至2005年，审理各类刑事案件1290件，民商事案件9524件，行政案件208件，受理审结执行案件1691件，受理申诉案件87件，接待来访群众16586人次。双滦区法院各厅、室、队多次受到河北省高院、承德市中级人民法院和承德市、双滦区两级政府的表彰。1999年，双滦区人民法院被承德市中级人民法院评为“优秀人民法院”；2000年，荣立集体三等功并荣获“精神文明建设”先进单位；2001年获全省法院系统“争创”活动先进集体、荣立集体二等功；2002年荣立集体二等功、荣获全市司法系统统计工作先进单位；2003年被承德市委、市政府评为“严打整治斗争先进单位”，获市级“青年文明号”称号；2005年获全省法院信息工作先进单位、宣传工作先进单位和“全国青年文明号”称号。

第一节 案件审理

一 刑事案件审判

1984—1987年，收受刑事案件100件，审结100件，审结率达到100%。进入20世纪90年代，各类刑事案件逐年增多。1988—1992年，区法院刑事审判庭收案397件，结案率均达到100%。1993—1996年，刑事审判工作以“严厉打击各类刑事犯罪活动”为主线，坚持从重、从快、从严的原则打击各类刑事犯罪。共受理各类刑事案件258件364人。其中，盗窃案占全部案件的47.7%，伤害案件占全部案件的19.9%，强奸案件占全部案件的14.4%，纵火案件占全部案件的3%，流氓案件占全部案件的7%，交通肇事案件占全部案件的1.8%，其他类案件占6.2%。判处10年以上有期徒刑21人；判处5～至10年有期徒刑83人；判处3～5年有期徒刑77人；判处3年以下有期徒刑及缓刑58人；判处罚金11人；宣告无罪1人。

1997—2005年，共受理各类刑事案件609件752人。其中，盗窃案件占全部案件的46.6%，抢劫案件占全部案件的4.1%，伤害案件占全部案件的18.5%，强奸案件占全部案件的1.4%，聚众扰乱社会治安、聚众斗殴和寻衅滋事案件占全部案件的9%，贪污受贿、私分国有资产占全部案件的7.9%，交通肇事案件占全部案件的10.5%，其他案件占2%。

1997—2005年案件与1993—1996年案件情况比较，盗窃案件居高不下，伤害案件占有较大比例，反映出社会在变革过程中各类矛盾、纠纷十分突出。交通肇事案件上升8.7%；贪污受贿、挪用公款等案件增多，涉案经济犯罪的国家工作人员比例逐渐增大。强奸案件下降13%，1997—2005年刑事案件男性犯罪727人，占全部犯罪人数的96.6%。农村人口犯罪人数536人，占全部犯罪人数的71.3%。城镇人口犯罪人数216人，占全部犯罪人数的28.7%。2005年，区法院审理1起入室抢劫案。涉案4名被告人，有3人系未成年人。成年人被告范某，系劳动改造、劳动教养释放人员，因盗窃罪、寻衅滋事、窝藏罪曾分别被判处刑罚和劳动教养。在本案中，范某系主要策划人之一，指使未成年人入室抢劫，且拒不认罪。合议庭以抢劫罪对被告人范某从重判处有期徒刑13年，并处罚金、剥夺政治权利。对其他3名被告人在法定刑幅度内予以从轻或减轻处罚，体现罪刑相适应的原则。

1984—2005年双滦区法院刑事审判统计表

表18-3-1　单位：件

年份	收案	结案	审结率（%）
1984—1986	100	100	100
1987—1989	157	157	100
1990—1992	164	164	100
1993	58	58	100
1994	62	62	100
1995	57	57	100
1996	81	81	100
1998	97	97	100
1999	100	100	100
2000	65	65	100
2001	88	88	100
2002	104	104	100
2003	54	54	100
2004	49	49	100
2005	54	54	100
累计	1290	1290	100

二 民事案件审判

1984—1987年，受理民事案件334件。1988—1992年，受理民事案件1399件。民事案件受理呈逐年上升态势。1993年，全年共受理各类民事案件354件。其中离婚案208件、赔偿案34件、债务案45件、其他类67件。婚姻家庭、损害赔偿、债务纠纷三类案件占全年受理案件总数的81%，并呈上升趋势。1998年开始，离婚和涉及老年人的赡养、子女抚养案件较之前有所增加；交通肇事民事案件上升；损害赔偿案件占有较大比重。1984—2001年，共受理民事案件5003件。其中，婚姻类2391件，占案件总数的47.8%；损害赔偿类851件，占案件总数的17%；债务纠纷类1001件，占案件总数的20%；赡养、扶养、抚养类202件，占案件总数的4%；宅基地类224件，占案件总数的4.5%；其他类案件334件，占案件总数的6.7%。2000年，双塔山镇经委诉承德市热河耐磨球煅钢有限公司拖欠企业买断款、集资款案，诉讼标的613万元，涉及偿还双塔山镇400多户群众集资款问题。办

2005年10月双滦区人民法院工作人员在街头接待群众咨询（双滦区法院提供）

案人员通过说服疏导和教育，在法院的主持下，此案终以调解告结。群众如期拿回了集资款，企业承担了相应的法律责任，消除了社会不安定因素。

三 经济案件审判

1986年，区法院设立经济审判庭。至1987年共受理经济案件53件，年平均受理案件13.2件。随之农村经济体制改革的推进，农村各业承包合同纠纷案件和涉及个体户、专业户、经济联合体的经济纠纷案件不断发生，经济案件在法院审理案件中的比例逐步上升。1988—1993年共受理经济案件179件，年平均受理59.7件。1994年以后，年受理经济案件达到100件以上。在经济案件的审理中，区法院坚持以为建立社会主义市场经济服务、为困难企业服务、为农村经济服务为重点，发挥审判职能作用。1993年，承德市黄麻化纤纺织总厂诉辽宁省鞍山市工业布厂购买合同拖欠货款纠纷案。区法院仅用15天时间，将被告拖欠的30余万元货款追还。滦河双龙焊接管厂诉铁道部直属机关建筑工程公司拖欠货款一案，诉讼标的60余万元。立案当天，区法院就冻结被告账户46万元，先予执行40万元。原告企业的资金及时得到追偿，合法利益得到保障。

1995年，区法院受理乡镇和村办企业各类经济纠纷案件131件，执行标的177万余元。1996年，受理涉及农村经济纠纷案件109件，执行标的134万元。1998年，区法院在办理经济案件中，全力帮助企业清欠。法院集中警力，先后派出30多个办案小组奔赴全国各地，为企业追回欠款1800万余元，确保企业的经济健康发展。

2002—2005年，双滦区人民法院加强民商事案件的审判力度和审判质量。制定双滦区人民法院《关于进一步加强民商事案件调解工作的暂行规定》《关于提高民商事案件当庭宣判率的若干规定》。在审判过程中，区法院立足化解和疏导，运用诉讼调节方法，做到诉前、诉中、诉后调节相结合，做到“案结事了”。2005年，共受理民商事案件450件，审结462件（含18件积案），结案率为98%。其中，调解结案165件，经调解撤诉114件，调解率为63%。

1984—2005年部分年份双滦区法院民商事审判统计表

表18-3-2　　单位：件

年 份	收案		结案		结案率(%)	
	民事	经济	民事	经济	民事	经济
1984—1987	334	53	332	38	99.4	70.1
1988—1990	581	129	579	128	99.6	99.2
1991—1992	818	126	818	125	100	99
1993	354	53	348	53	98	100
1994	432	164	430	163	99.5	99.8
1995	287	105	277	100	96.5	95.2
1996	394	156	385	154	90	98.7
1998	613	192	611	190	99	99
1999	487	363	487	363	100	100
2000	506	184	506	183	100	99.5
2001	484	195	483	195	99.8	100

续表 18-3-2　　单位：件

年份	收案		结案		结案率(%)	
	民事	经济	民事	经济	民事	经济
2002	584		580		99.3	
2003	888		861		97	
2004	712		700		98.3	
2005	450		462（含旧案18件）		98	

四 行政案件审理

1990年，区法院设立行政审判庭，开始受理行政诉讼案件。1990年10月，《中华人民共和国行政诉讼法》颁布实施。区法院在全区各执法单位中巡回开展《行政诉讼法》的宣传和培训活动，积极推动依法治区的进程。在案件审理过程中，慎重处理每一起行政诉讼案件，认真审查每一个具体行政行为的合法性，监督保障行政机关依法行使职权，充分保障人民群众的民主权利。1997年，偏桥子镇老沟门村两村民因民间纠纷发生斗殴，公安机关给予了及时处理。事隔两个月后，当事人吴某以民警对案件调查不深入，以其门牙松动脱落造成伤害为由，将双滦公安分局告上法庭。区法院在审理过程中，深入调查研究，依据斗殴当时吴某被击打部位的证言和吴某牙周病史的病历材料及法医鉴定材料，认定：双滦区公安分局在此案的处理中，无行政执法过错。其牙齿松动、脱落是自身牙周病所致，保障了公安机关依法履行职责。行政审判庭受理行政诉讼案件的同时，积极执行乡镇等行政机关申请的非诉执行案件。巡回开展执行活动，强化征收乡统筹案件的执行。2003年，区法院受理行政诉讼案件6件，行政执行案件40件，全部办结。2004年，受理行政诉讼案件4件，行政非诉执行案件27件，全部审结。2005年，受理行政诉讼案件5件，全部审结。1984—2005年，共受理各类行政诉讼案件208件，均在法定期限内审结，审结率为100%。

第二节　审判监督与执行

一 审判监督

1997年，双滦区法院设立告诉申诉庭（简称告申庭），负责告诉、申诉和案件评查等工作。同年，设立信访接待室，建立院长接待日制度。2000年9月，在告申庭的基础上，分为立案庭和审判监督庭。立案庭对受理案件严格把关，凡符合立案条件的及时登记立案，进入流程管理；对不符合立案条件的及时通知当事人补正，耐心地做好当事人思想工作。同时，采取上门立案、现场立案、预约立案等便民措施，方便群众诉讼。2000年开始建立案件评查制度。由审监庭负责对审结的各类案件逐案进行评查。主要审查立案、审理、执行程序是否合法；案件事实是否清楚；适用法律是否正确；判决结果是否得当。对发现的问题向主办人发出补正通知书，限期改正。评查机制形成后，区法院还通过设置审务公开栏、聘请执法监督员、向社会各界发放征求意见卡、走访区人大代表和政协委员等渠道，多角度、多层次征求意见，听取批评和建议，主动接待社会监督。2005年，区法院接待来访5000人次，解答咨询3500人次；调查各类案件700件，合格率为100%，优秀率为80%。1984—2005年，区法院共受理申诉案件87件，发出补正通知书23份，接待来访群众16586人次。

二 判决执行

1988年前,双滦区人民法院实行“审执合一”工作模式。由于审判人员忙于审判工作而无力顾及执行工作，导致案件当事人的合法权益得不到及时保护。1989年，区法院“审执分离”，设立执行庭，专司执行工作。在执行工作中，坚持教育疏导与强制执行相结合，坚持耐心细致的思想工作与必要的强制措施相结合。针对不同个案的具体情况，采取不同的工作方法，使被执行人自觉履行义务。1995年，为执行庭增配了警力和车辆，改善了执行庭的硬件条件。1996年，执行庭与经济庭紧密配合，重点执行标的数额较大和执行难度较大的案件。年度执行经济案件31件，执行标的达2000万余元，1998年，开展“执行会战”，重点是收缴“三提六统”（三提：指村提留、公积金和公益金管理费。六统：指乡镇统筹、教育附加、计划生育费、民政优抚费、民办交通费和植树造林费）和小标的案件的执行。当时收缴“三提六统”，一直困绕着基层政府。区法院依据当事人的申请，从依法治区、依法行政的高度，组织开展收缴“三提六统”费用的专项执行会战。会战中，通过区电视台、镇村干部会议、散发宣传材料等手段，做好法律宣传，澄清村民的模糊认识。在具体执行中，采取教育与惩处相结合、依法执行与解决群众实际问题相结合等措施，在一个月时间，完成全区43个行政村近万户村民的“三提六统”费用的收缴工作。实收费127万元，收缴执行率达到98.6%。执行小额标的案件97件，依法维护了当事人的合法权益。2000年9月，双滦区六届人大常委会第20次会议通过《双滦区人大常委会关于加强人民法院执行工作的决议》。至2005年，区法院受理执行案件1766件，结案1691件，结案率为95.9%。

双滦区人民法院工作人员向群众发送宣传单（区人民法院提供）

1998—2005年部分年份双滦区法院执行工作情况统计表

表18-3-3　　单位：件

年　份	收　案	结　案	结案率（%）
1998	374	339	90.6
1999	382	382	100
2000	212	192	90.5
2001	210	204	97.1
2003	219	211	96.3
2004	150	143	95.3
2005	219	220（含旧案7件）	97.3
累 计	1766	1691	95.3

附录：

浅析未成年人犯罪的特点及成因

近几年来，未成年人犯罪问题引起全社会的普遍关注和深深忧虑。预防和减少未成年人犯罪，已成为一项重大的社会课题。笔者通过对1990—2000年本院审判的46件59名未成年人的犯罪情况的调查，仅就本辖区范围内未成年人犯罪特点、犯罪成因作一简要分析。

一 未成年人犯罪特点

未成年人犯罪，是指不满十八周岁的人所实施的犯罪。自1990—2000年，双滦区人民法院刑事审判庭共受罪各类刑事案件705件1009人，其中未成年人犯罪案件46件59人，占收案总数的6.5%，未成年人犯罪人数占总人数的5.9%。从案件的性质和类型来看，以盗窃、

抢劫、强奸、伤害为主；其成员以缀学、待业青少年为主；未成年人结成团伙实施犯罪成为未成年人犯罪的主要形势和显著特点。

双滦区范围内未成年人犯罪主要有以下六个特点：

1.从未成年人犯罪的身份看，农村和闲散少年占较大比例。在所判处的59名少年犯中，农村少年20名，占34%；临时工14名，占24%；学生12名，占20%；社会无业人员12名，占20%。

2.从犯罪人员的文化程度看，所有的未成年犯罪人员的文化程度普遍偏低。59名未成年犯罪人员中，初中文化程度42名，占71%；小学文化14名，占24%；具有高中中专文化程度的仅为3人，占5%。

3.从犯罪的年龄上看，以16～17岁的居多，占人员总数的96%，其中年龄最小的只有14岁。

4.从犯罪的类型看，侵财犯罪和暴力犯罪所占比例最大，性犯罪有一定数量。1990—2000年，我院共受理未成年人犯罪案件46件59人，其中犯盗窃罪的29人，占49%；犯抢劫罪的7人，占12%；犯强奸罪、流氓罪的4人，占7%；犯故意伤害罪的15人，占25%；其他4人，包括故意杀人罪1人、交通肇事罪1人、寻衅滋事罪1人，窝赃、包庇罪1人，占7%。其中校园内的故意伤害案件上升趋势明显。

5.从作案方式看，共同作案和团伙作案的非常突出。29起盗窃案件中，89%是共同作案，并且往往是多个未成年人结成团伙或者与成年人纠集在一起，在作案时分工明确。踩点、望风、作案、销赃等均有主犯指挥。到周围的各大厂矿、家属区行窃，常常是多次作案、流窜作案。本院1994年审理的应某（17岁）、张某（17岁）、苏某（17岁）伙同应某（18岁）、冯某（18岁）盗窃一案，5名被告人在不到一年的时间内，先后到承钢、选矿、滦河及附近的农村入室盗窃6起，后又窜到平泉县城作案1起，盗窃金额达一万余元。作案次数多，连续作案相隔短，社会危害性非常大。

6.从作案手段看，暴力犯罪增加、手段恶劣、后果严重。被告人梅某、宗某犯抢劫罪一案，二人事先经过预谋，准备作案工具镐把各一把，物色好抢劫地点。当时有辆汽车，二人上前用镐把打碎汽车的挡风玻璃，将司机从车中拽出，用凶器威逼、殴打司机，当场抢走现金，并用电线将司机捆住，用袜子堵住嘴，然后逃离现场。

二 未成年人犯罪的原因

首先，从未成年人自身的年龄特点来考察，犯罪与年龄具有密切的联系。14～18岁的未成年人，正处在身体、智能、生理的发育时期。特点是好奇，迫切要求与社会交往，接受新事物能力强，喜欢争强好胜，但辨别是非的能力差，自制力、辨别能力弱。有的未成年人因为心胸狭窄，容易急躁、冲动，常常感情用事，不计后果，往往为一件小事而产生报复心理，萌生犯罪动机。法院2000年审理的未成年人被告人宫某杀人（未遂）一案，就是因为被告在白天打工时与同事姚某发生争吵，遂怀恨在心，晚间二人在同一床上睡觉，被告人宫某乘姚熟睡之机，用剔骨刀在脖子上扎了一刀，意欲杀死姚某，结果致姚某重伤，被告人宫某也

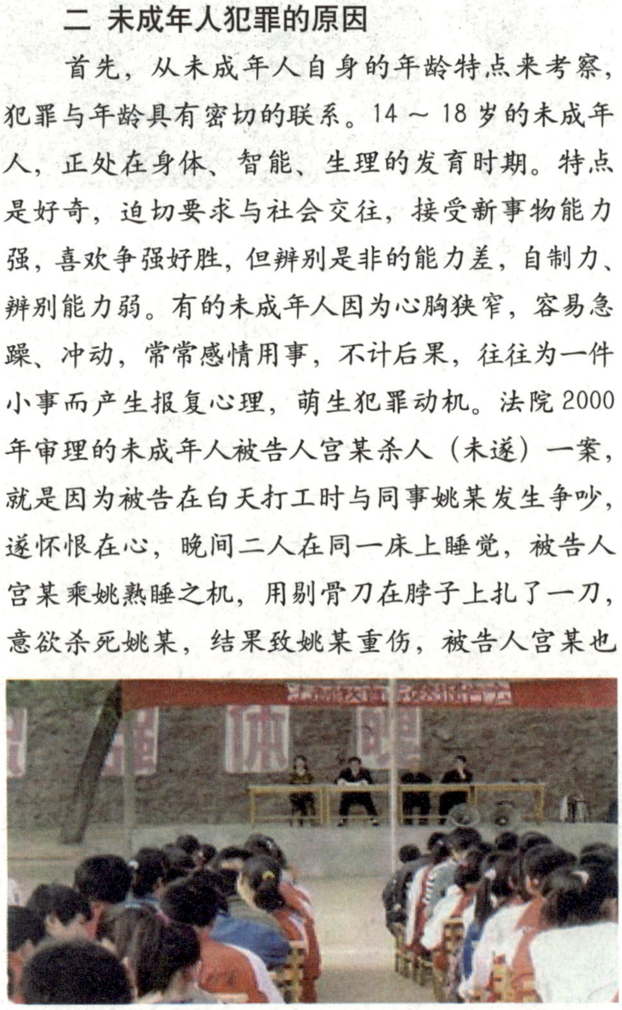

双滦区人民法院工作人员正在给学生上法制课

因犯故意杀人罪（未遂）被判处有期徒刑12年。

此外，应该注意到一些客观的外在因素对未成年人犯罪的影响。主要包括：

（一）缺乏良好的家庭教育和成长环境。判处的59名少年犯中，有40%是因为缺乏良好的家庭教育环境而堕落成罪犯的。

1. 教育方面简单粗暴。个别父母“望子成龙”心切，对孩子在思想行为上的不足或偏差，不能正确对待，并加以教育和引导，而是动辄就采取打骂的教育方法。这种不正确的教育后果不但没能起到教育和警戒的作用，相反使之失去家庭亲和力，产生逆反心理，或离家出走，或夜不归宿，从而一步步走向犯罪的深渊。李某本有一个幸福的家庭，父母对他期望很高。可他的学习成绩总是上不去，被老师告到家里遭到父母打骂，几次打架之后，李某更加厌恶学习，逃学后不敢回家，后被坏人教唆去偷，去抢劫，最终走上犯罪的道路。

2. 百般依顺，过分溺爱。家长把孩子视为掌上明珠，对子女的要求，百依百顺，不注重正面引导其正确的消费观，而是顺其自然，任其发展，更有甚者对孩子不正确的思想行为，不是采取批评教育，而是采取姑息迁就，视而不见，放任自流的态度，致使他们在犯罪的泥潭中越陷越深。少年犯张某是独生子，父母平时对他无理要求总是尽力满足。尤其张某在外有小偷小摸行为之初，其父母不但不进行批评教育，加以管教，而是处处托人说情，赔些钱了事。致使张某有恃无恐，胆子越来越大，最终被判入狱。

3. 父母不和、离异。有些家庭的父母在离婚前往往有很长时间互相敌对、争吵，顾不上教育孩子，有的还拿子女出气，使孩子失去昔日家庭的温暖，得不到正常的家庭教育和学习环境，渐渐偏离人生轨道而走向歧途。从59名少年犯看，因家庭不和、父母离异而导致犯罪的占35%。有的父母行为不端，子女上行下效。

（二）一方面，一些学校重文化教育轻法制和道德教育。学校是未成年人接受教育的重要场所，学校除向学生传输知识外，还肩负培养学生树立正确的世界观、人生观、价值观的责任。但由于一些学校只重视文化知识的教育，忽视德育和法制教育，使有些未成年人没有形成应有的道德、法制观念，不知法，不懂法。某少年纠集社会闲散人员，多次抢劫小学生。在庭审中，他却说：“我只不过是打几个小孩，要了点钱，现在都还给人家了，该放我走了吧！”根本不知道自己已经犯罪，当在审判人员教育后方知自己行为是犯罪但后悔已晚。另一方面，有的学校只片面追求升学率，分出快慢班，使部分学习不好的学生感到失望，失去学习动力和信心，开始沉迷于玩乐，追求物质生活上的所谓潇洒和刺激，为满足自己的虚荣和享乐而走上犯罪的道路。

（三）受社会上不良因素影响较深。随着改革开放的不断加快，一些不法商人受到利益驱使，不健康的影视书刊和色情、淫秽、凶杀等影视作品泛滥，这些精神垃圾严重的影响和干扰青少年的思想和行为。有的未成年人受黄色书刊、影视作品影响，渐渐产生不良的需求和动机，从而引发犯罪行为。14岁少年犯于某，在街头购买黄色书刊，偷看黄色录像带，将在其家门口玩耍的1名五岁幼女奸淫，而沦为犯罪。

（原作者：承德市双滦区法院　曾晖　整理：王乃民）

第三节　人民法院机构与队伍

一　机构

1984年3月，双滦区人民法院（简称区法院）成立。1986年，区法院设3庭1室：刑事审判庭、民事审判庭、经济审判庭和办公室；1987—2001年，先后增设双塔山法庭、滦河法庭、执行庭、行政审判庭、大庙法庭、偏桥子法庭、法警队、告诉申诉庭、政治处、立案庭和审判监督庭；2002年5月，增设技术室，将原民事审判庭改为民事第二审判庭，将大庙、偏桥子法庭改为巡回法庭。

双滦区人民法院（摄影 田隽）

至2005年底，区法院共设16庭、局、室、处、队：刑事审判庭、民商事第一审判庭、民商事第二审判庭、行政审判庭、立案庭、审判监督庭、执行局、法警队、办公室、纪检组、政治处、双塔山人民法庭、滦河人民法庭、偏桥子人民法庭、大庙人民法庭、司法鉴定技术室。

二 队伍

1984年，区法院设立时有工作人员7人；1986年，工作人员增至11人；1989年，有工作人员21人；1998年，工作人员增至58人。至2005年,全院有工作人员65人,其中:副处级1人，正科级8人；副科级13人，其他43人，大学本科学历57人，大学专科学历6人，中专学历2人，党员总数41人，占全院总人数的63%。

第四章 司法行政

1982年，承德市司法局在双滦设分局，1984年，改设双滦区司法局。双滦区司法工作围绕各时期中心工作，开展五年普法规划的制定实施及法制宣传；建立健全镇村、社区及企事业单位的民事调解组织，区内有各级民调组织56个，调解人员达到700多人；加强对刑满释放人员、解除劳教人员的安置帮教工作；加强对律师、公证、司法鉴定工作的指导与管理，为推进依法治区，创造平安、诚信、和谐双滦做出了努力。2002年,区司法局获全市政法系统先进单位；2002年，获全市“转变作风年”活动先进单位；2004年，双滦司法局被河北省司法厅评为便民利民先进单位；2005年，被评为全国司法行政基础建设工作先进单位。

第一节 法治宣传

双滦区法治宣传的主要内容是以普法工作为主线，采取辅导讲授培训、知识竞赛、制作电视宣传片、广播、宣传橱窗（栏）、文艺演出、服刑人员现身说法等形式和方法，提高普法宣传效果。

1982—1985年，双滦区司法局重点宣传经济体制改革和农村包产到户，联产承包、包工定额计酬等富民政策及各项法律法规。

一 第一个五年普及法律工作（1986—1990年，简称“一五”普法）

双滦区成立普法工作领导小组,制定“一五”普法规划。区属和驻区各单位共设立普法办公室16个。普法的主要内容是《中华人民共和国宪法》《中华人民共和国刑法》《中华人民共和国民法通则》《中华人民共和国婚姻法》《中华人民共和国继承法》《中华人民共和国兵役法》等。普法对象的重点是干部和青少年。区内各单位共选送普法宣传骨干1247人，进行辅导培训后，担任普法辅导员。全区共上辅导课2100课时，举办法律讲座515场次，听课人数达6万人次，撰写电视广播稿件1000余篇,举办法制知识竞赛42场，办板报、专栏800余期。各单位共购买法律书籍3万多册，购买录像、录音带130多盘，编辑辅导材料1.3万份。干部手中人人有教材，职工、农民手中有资料，确保普法工作需要。1987年7月，区普法工作领导小组召开全区普法工作经验交流会。承德市麻纺厂、承德市第三建筑公司和滦河二轻综合厂3家企业介绍开展普法宣传教育活动的经验。“一五”普法顺利通过验收。

二　第二个五年普及法律工作（1991—1995年，简称“二五”普法）

“二五”普法主要是以学习《中华人民共和国宪法》为重点，以普及专业法为主，推进各项事业依法管理。“二五”普法重点对象是领导干部和执法干部、青少年；主要内容是：《中华人民共和国国旗法》《中华人民共和国行政诉讼法》《中华人民共和国税法》《中华人民共和国环境保护法》《中华人民共和国选举法》《中华人民共和国义务教育法》《中华人民共和国矿产资源法》《中华人民共和国水法》等法律法规。学习方法采取灵活多样的形式。机关、企事业单位干部集中办班，分期轮训；企业职工组织学习，定期辅导；农民组织宣讲团入村、包组、包户，送法上门。在“二五”普法期间，各乡镇开展“依法治乡治镇”工作，制定《乡规乡约》，相继设立司法所。企业开展“依法治厂”活动，一批企事业单位建立完善各项规章制度。1992年，区司法局组织区内15000名干部职工，参加河北省举办的《宪法》知识学习答卷活动；组队参加承德市举办的《宪法》知识竞赛，获得第二名。1993年，组织相关人员参加河北省举办的“关贸总协定”培训班。

三　第三个五年普及法律工作（1996—2000年，简称“三五”普法）

1996年，双滦区委、区政府批转《关于在公民中开展法治宣传教育的第三个五年规划》，成立领导小组，并制定实施方案。“三五”普法重点掌握《中华人民共和国刑法》《中华人民共和国劳动法》《中华人民共和国行政诉讼法》《中华人民共和国国家赔偿法》《中华人民共和国行政处罚法》《中华人民共和国公司法》等法律法规。1996年双滦司法局配合“严厉打击刑事犯罪”斗争，组织“严打宣传月”活动；1997年，配合“迎接香港回归”举办学习宣传法律大型书法绘画展和专家法律讲座；1999年，区普法办开展“送法走四方”活动；开展“每月一次赶大集”“法律进村入户到人工程”“农民杯法律知识竞赛活动”；2000年，针对青少年犯罪问题，在区内初、高中及中专、技校学生中举办“青春的悔恨”报告会，有4名服刑青年现身说法，受教育学生5000余人。中、小学校与公安、法院开展共建活动，14名民警被聘为法制副校长，对学生开展经常性的法治教育。

“三五”普法期间，普法对象受教育面95%以上。

四　第四个五年普及法律工作（2001—2005年，简称“四五”普法）

在“四五”普法工作中，区普法办制定总目标：“通过五年普法教育，全面提高全区人民，特别是各级领导干部的法律素质和依法决策能力，提高全民依法办事和依法维权的自觉性，提高社会、经济、文化事业法制化管理水平，努力推进依法治区进程”。主要开展“法律进村入户到人工程”和“法律进社区”活动。区建立法律培训基地，各镇建立法律辅导站；各村建立学法夜校；村民组培养一名法律宣讲人；每户培养一个法律明白人。农村开展“民主法制示范村”，社区街道开展“法律进社区”活动。双塔山街道办事处北园社区编排的《四大妈普法》节目，在各镇街道巡演中受到群众欢迎。结合普法工作，各社区开展“三八妇女维权宣传周”、“3·15”法律咨询、“宪法宣传月”、“综合宣传月”等项活动。各中、小学配备法制副校长，开设法治课。公安、工商、文化、教育等部门，加强“校园周边秩序集中整治”工作，出动宣传车10余台次，取缔不达标网吧、游戏厅3个，清理校园周边无证摊点5家，对4名扰乱校园秩序的违法人员进行教育和处罚。

在“四五”普法中，各单位共购买发放法律书刊12万余册，印发宣传资料35万余份，发送录音、录像带2000余盘，举办学习班260期，张贴宣传图片10万余张，举办各种法治宣传教育展览2000余场。各类信访案件明显减少，与“三五”普法期间比较，信件案件下降11.4%。集体进京赴省上访为零，单户进京赴省上访下降87.5%。司法局被评为承德市“四五”普法先进单位。

第二节　民事调解

一 纠纷调解

1982年前，纠纷调解涉及的内容多为婚姻家庭纠纷、邻里纠纷、赡养纠纷等。其中婚姻家庭纠纷占总调解量26.4%；邻里纠纷占总调解量32.6%；赡养纠纷占总调解量的14.6%；其他占27.4%。1982年以后，随着生产队集体经济体制的解体，农村土地承包制度的建立，土地纠纷、宅地纠纷所占比重增加。1983—1988年，区司法局共调解各类民事纠纷2772起，调解成功率为85.5%。其中，涉及土地、宅地、林地纠纷582起，占总调解量的21%。1989年，区司法局举办调解员培训班，培训调解员779人。是年，区内共发生民事纠纷890起，经各级民调组织调解879起，调解率为98.5%，调解成功808起，成功率为92%。1990—1994年，整顿基层调解委员会，推行调解委员会“达标”（达到标准化）工作。其间，共发生民事纠纷3466起，调解3295起，调解成功3213起，调解率为94.9%，成功率为97%。

1995—2005年，村企之间、生产经营、债务赔偿、婚姻家庭、扶养赡养等相关矛盾问题增多。有些矛盾纠纷发展为群体性倾向，个别纠纷转化成为刑事案件。其间，各级民调组织开展多次、大规模的民间纠纷排查调处工作。开展民间纠纷大排查17次，排查出各类民间纠纷2786起。对这些纠纷分门别类进行筛选，对247起难度较大的纠纷，落实责任人，集中开展调处。调解率达98.6%，调解成功率达99%。

二 基层调解组织

1982年6月，双滦区民事调解工作由法院划归承德市司法局双滦分局。局内设基层工作股，负责民事调解工作。区内4个人民公社和各生产大队建立基层民事调解组织。1985年，农村建立民事调解组织43个，民事调解员144人。1989年，推广邯郸“十户调解员”“楼院调解员”经验，区内农村民事调解员增加至1638名。1990—1992年，乡镇相继建立司法所，加强对基层调解组织工作的指导力度。1990—1994年，双滦区达到标准化的调解委员会由原来的45个发展为60个。1995年，基层民调组织进行整顿，培训调解员372人。2004—2005年，区司法局成立人民调解领导小组，构建起区、镇（街道）、村（居委会）、村民组、“十户调解员”五级民调网络。调解人员达到700余人。

第三节　律师公证

一 律师事务

1993年12月，双滦区司法局成立热河律师事务所（自收自支事业单位），有执业律师4人。1997年全国律师制度改革，热河律师事务所经营体制由国办改为合伙经营。1994—2003年，律师事务所共代理各类案件209件，其中经济案件96件、刑事案件74件、民事案件96件、行政案件3件。1999年，双兴法律服务所成立。2002年更名为弘维法律服务所，执业法律工作者5人。2004年，维权法律服务所成立，执业法律服务工作者5人。2004年12月，双滦区普宁律师事务所成立，有律师3人。

至2005年，区内设有1个律师事务所、2个法律服务所。共代理各类案件687件，其中刑事案件78件、民事案件337件、经济案件243件，其他案件29件。索回欠款1200万元，代写法律文书1211份，接待群众法律咨询3772人次，为20多家企事业单位承担常年法律顾问。

二 公证事务

1985年7月，承德市双滦区公证处成立，有执业公证员1人。公证处建立初期，业务较少，只办理出生、过继、收养等简单的公证业务。1991年，公证处的工作人员深入街道、企事业、农村宣传有关法律、法规和办理公证的意义。在承德钢铁厂、滦河电厂、承德市矿山机械厂、承德市麻纺厂和承德市丝绸厂等较大企业建立5个公证服务点，并指派公证联络员。

1993年4月，双滦区公证处开展“公证宣传月”活动，召开公证新闻发布会。建立公证质量管理、考勤、财务、开拓证源奖励、“三员”（质检员、核对员、审批员）审批等规章制度，使公证业务进一步拓展和规范，并创办《双滦公证信息专刊》。同年，在滦河镇设立公证办理处，派驻专人负责接待。1995年，结合双滦住房制度改革，双滦公证处向区政府提出房改公证建议，当年办理房改公证事项218件。1998年，区属企业实施企业改制，双滦区公证处被吸纳为企业改制领导小组成员单位，负责制定企业改制工作程序。公证处还起草《双滦区企业产权买断协议》《双滦区企业职工解除劳动关系安置补偿协议》（职工买断工龄解除劳动关系协议）等示范文本，使区属改制工作规范、有序、合规地推进。同年，为滦河轧钢厂、双滦建筑公司、双塔山轧板厂、大庙陶瓷厂和大庙耐火土厂5家区属企业办理《企业产权买断协议》《职工解除劳动关系安置补偿协议》公证。1999年，公证处对双塔山电厂二家属院《房屋拆迁安置补偿协议》《房屋拆迁证据保全》公证；2000年5月，对双滦工商银行、建设银行和农银行个人住房按揭贷款和现房贷款借款、抵押合同等进行公证。同年，公证处主任董素梅撰写的《谈期房抵押贷款应掌握和注意的问题》一文，被司法部编入《全国金融房地产论文集》。

2003年，双滦区公证处被河北省司法厅授予“文明公证处”称号，被河北省人大内务司法委员会、河北省人民法院、河北省公安厅、河北省残联、河北省劳动和社会保障厅联合授予“残疾人维权先进集体”称号；2004年，双滦公证处再次被河北省司法厅授予“文明公证处”称号；2005年，双滦公证处第三次被河北省司法厅授予“文明公证处”称号，1人被司法部评为“2005年度全国公证队伍教育规范树形象”活动先进个人。

第四节 法律援助与司法鉴定

一 法律援助

2001年3月，双滦区司法局法律援助中心成立。双滦维权法律服务所、弘维法律服务所和普宁律师事务所3家法律服务部门为法律援助单位，接受区法律援助中心指派，负责具体援助代理业务。法律援助的范围包括：刑事案件、请求给付赡养费、抚育费等法律事项；因工伤请求赔偿、残疾人、未成年人和老人追索侵权赔偿等法律事项；请求国家赔偿的诉讼案件、发放抚恤金、救济金和其他需要法律援助的事项。

至2005年底，双滦法律援助中心共接办各种法律援助案件65件，其中赡养2件、抚养8件、支付劳动报酬9件、交通肇事6件、医疗纠纷2件、扶养9件、指定辩护3件。

二 司法鉴定

2005年9月，双滦区司法局鉴定委员会成立，编制11人。其中组长、副组长各1人。鉴定委员会负责双滦区司法鉴定管理，规范司法鉴定活动。司法鉴定的业务工作，指定双滦区医院具体承办。至2005年底，共受理司法鉴定70件，其中公安局、检察院、法院等部门委托办理 60 件，其他委托办理 10 件。

第五节　司法机构

一　司法局

1982 年 5 月，承德市司法局在双滦区设分局。1984 年改为双滦区司法局，局内设秘书股和基层工作股，共有工作人员 3 人。

2005 年双滦区司法局获得全国优秀基层单位称号。左：双滦区司法局局长张新民　中：司法部部长吴爱英（区档案馆提供）

1991 年 1 月 1 日，双滦区司法局干部管理权由市司法局下放到双滦区。1992 年 3 月，双滦区司法局设秘书股、基层工作股。

2004 年 2 月，双滦区司法局设有：办公室、基层工作指导科、法制宣传教育科、公证律师工作指导科、政治处、法律援助中心。编制共 8 人。至 2005 年，机构及编制无变化。

二　司法所

人民公社时期始（1958 年），境内双塔山、滦河、大庙、偏桥子人民公社分别设有司法助理员。此编制设置一直延续至乡镇和街道办事处司法所的设立。

1990 年 5 月，双塔山镇、滦河镇、大庙镇设司法所；1992 年，偏桥子乡设司法所；2003 年 6 月，滦河街道办事处、双塔山街道办事处分别设司法所。

至 2005 年，区内共有司法所 6 个，编制 18 人。司法所实行双重领导；行政管理由镇和街道办事处负责，业务指导由区司法局负责。

第五章　武　　装

历史上各朝代的军队和部族武装，曾多次过境参与军事行动。清初，域内始有“八旗兵”驻防，由于清代“世兵制”的兵役制度和地方治安的需要，开始建立地方武装性质的军事组织。民国时期，为地方治安及补充兵源的需要，曾先后设立乡团练、保卫团、管区司令部等地方军事组织。民国 22 年（1933 年）3 月至民国 34 年（1945 年），日本帝国主义侵占热河。民国 34 年（1945 年）8 月，中国共产党领导下的县区人民政权在域内设立地方军事组织——武装委员会（简称武委会）和县大队、区小队。人民群众在区武委会的组织下，参加民兵和县大队，开展对敌斗争，配合人民解放军支前、剿匪，巩固革命政权。1948 年承德解放。1951 年，区武装委员会改为人民武装部。1974 年，承德市双滦办事处成立，设双滦武装部。1980 年，承德市双滦区人民武装部成立。辖区军事组织在社会主义建设中，认真履行职能，加强民兵、预备役组织建设和教育训练，组织做好征兵工作，深入开展国防教育和人民防空工作，在国防后备力量建设和推进政治文明、物质文明、精神文明建设中发挥重要作用。

第一节　驻　　军

一　清代驻军

清康熙四十五年（1706 年）初，设河屯守备，河屯营绿营兵驻扎在喀喇河屯。雍正元年（1723年），添河屯营参将。雍正二年（1724年），改设河屯协副将1员、河屯左营1员、河屯协中军监管左营事都司1员、中军千总1员、左右哨把总各1员、分防喀喇河屯千总1员、镶红镶蓝二旗协领1员、镶红旗佐领2员、防御2员、骁骑校2员，驻防喀喇河屯。满洲兵600员、蒙古兵200员始驻热河、喀喇河屯、化育沟三处，其满州兵厢蓝二旗4佐驻喀喇河屯200人。至雍正十三年（1736年）河屯营辖滦河东、西共12汛，计兵800人。

清乾隆二年（1737年），改河屯参将为副将，添设左右二营，改中军守备为中军都司，兼营左营事。乾隆五十一年（1786年）、乾隆五十七年（1792年）喀喇河屯汛各增马甲兵100人。驻喀喇河屯协领1员、佐领3员、防御4员、骁骑校4员、兵440人，计452人。各兵均携眷属，终身服役。喀喇河屯汛辖21个村庄。为此，拨圪地709亩建四佐子弟小学。四佐原享俸禄，喀喇河屯仓每年供其小米5000石。

清道光十年（1830年），喀喇河屯汛隶属左营。各汛原为冷兵器，光绪年间已装备步枪武器。清宣统三年（1911年），热河兵备处派陆军马队1营驻防喀喇河屯。喀喇河屯行宫守卫兵丁50人左右，末任千总为葛福。

二 国民革命军及军阀驻军

奉系军阀 民国11年（1922年）10月，东北陆军第七旅副官处及35团、37团一部，驻防滦河一带，两个月后撤离。

民国17年（1928年），奉军第九旅驻域内，军部驻在大三岔口，至民国18年（1929年）春撤离。

民国18年（1929年）5月，东北陆军第11师步兵第163团团部及步兵一营二连、机枪连、迫击炮连驻喀喇河屯，余部驻在周边。民国22年（1933年）3月，日本侵略军侵占承德，该团撤走。

民国30年（1941年），伪满洲国军第5军管区第8旅第33团驻防滦河一带。驻防时间不详。

直系军阀 民国13年（1924年）7月，直系毅军第二营驻防喀喇河屯。同年11月，冯玉祥在喀喇河屯召开旅长会议，宣布班师回京。

民国15年（1926年）1月，毅军第一师师长宋哲元率该部由通县向北进发，其一部进驻喀喇河屯，同年4月，该师撤至古北口一带。

国民革命军驻军 民国34年（1945年）8月日本投降后，中共原十四军分区第十三团骨干与黄方刚起义部队合编为国民革命军第八路军二十四旅，旅长陈云中，参谋长王振东率领进驻滦河。驻防时间不详。

民国35年（1946年）8月28日，国民革命军第十三军第四师独立团驻防滦河街，第十三军余部驻周边各村。民国37年（1948年）撤走。

三 解放军及武警驻军

中国人民解放军驻军 1971年5月间，中国人民解放军某部工程兵施工部队某团1000余人，分别驻防在厂沟门、双塔山、东平台、上白庙村等处，团部设在岔沟门村。该部于1984年归属铁道部第18工程局，1986年迁至秦皇岛。

1973年初，中国人民解放军某部通讯连100余人驻防双塔山镇厂沟门村，1988年10月撤防。

2005年9月，中国人民解放军某部导弹部队，驻防双塔山镇大龙庙村。

中国人民武装警察驻军 1974年5月至2005年，中国人民武装警察部队承德市公安局消防支队二中队（公安消防特勤中队）驻守双塔山镇三岔口村。

1980—2005年，中国人民武装警察部队承德支队直属一中队驻守在双塔山镇下店子村（1992年改称武警承德支队二大队四中队）。

第二节　地方武装机构

一 清代地方武装

清代，域内各甲、牌设有团练、练勇。各

牌甲有团练、练勇三四十人不等。县设练勇局，管辖各甲、牌团练，其任务是保卫地方，防范匪盗，协助武汛管理民间治安。

清末，曾建有巡警军，其兵丁多由绿营兵中人员组成。

二 民国地方武装

国民政府地方武装机构 民国初年，延清代团练机构，各牌设乡团。乡团设团长、副团长各1人。县设保卫总团。民国13年(1924年)解散。

民国14年（1925年）5月10日，奉热河都统阚朝玺命令，将保卫团改组为保甲事务所，改编成地方武装部队。后因枪械缺乏、甲丁未能编齐，改编未成。各地设保甲事务所，域内有甲丁50余人。

民国16年（1927年）6月，域内无军队驻防，盗匪窜扰。9月15日，热河道尹公署以盗匪扰害、烧杀抢掠，民不聊生为由，令各县半月内成立乡练。民国17年（1928年）3月18日，保甲事务所更名为乡练所。滦平县乡练所驻扎在滦河街关帝庙。

民国19年（1930年），改乡团练为保卫团。主要任务是防止盗匪、维持治安。域内县设总团，总团设团总（由县长兼）。滦河区15甲（牌），每甲（牌）设甲（牌）长1名，练丁和团丁均属义务。武器有步套筒、来福、开斯、抬杆、俄连珠等步枪和火药枪。经费来源由各甲、牌按户平均分担。团丁训练会操定期组织，一般每半年一次，常操早冬闲进行。民国22年（1933年）3月，日本侵略军占领承德后，保卫团随之解散。

民国35年（1946年）8月，国民党县政府组建保安大队（亦称警察大队）。共有警力600余人，下设四个中队。大队长张嘉齐、副大队长吕云亭。民国37年（1948年）5月，人民解放军解放承德时，该部逃离域内。

民国36年（1947年）国民党滦平县政府组织自卫总队。滦河、双塔山设有自卫队，自卫队下设分队。民国37年（1948年）自卫队与保安大队合并。

中共地方人民武装机构 民国30年(1941年)10月至民国32年（1943年）7月，中共承滦兴联合县抗日游击大队曾在境域活动。大队长刘继抗（魏宝泉），政委李越之、李守善、新中华（李建国）。

民国34年（1945年），域内双塔山地区和滦河地区分别建立滦平县第一区、第二区人民武装委员会。民国35年至民国36年（1946～1947年），域内相继建立承德市第七区人民武装委员会和滦平县二区（滦河）、三区（大庙）人民武装委员会。民国37年（1948年），承德解放，滦河、双塔山成立区武装委员会配主任1人，干事3～5人。

民国34年（1945年）8月，域内组建中共东滦平县县大队，隶属县委领导。时队长王殿清、政委王泽民。县大队刚组建时不足百人，后发展到五六百人。民国36年（1947年）11月，东、西县大队合并。民国37年（1948年）1月，县大队一部补充到热西独立团编入华北二零九师。1948年3月，中共承德工委，重新组建承德工委公保大队，营级建制，兵员350余人，对外称南山部队。

民国35年（1946年）2月至9月，承德市第七区（双塔山）区小队成立。队长侯国喜，指导员宋杰，副队长王玉泉。

民国37年(1948年)10月承德解放，域内各区成立区小队，队长由县大队派任。队员从土改积极分子中挑选，另有一些是愿意参加革命的原伪职员。主要任务是剿匪除霸、保卫区委政府机关、协助工作队下乡土改、收缴地主武装、向县大队输送兵员等。

民国35年(1949年)，域内撤销县武委会和各区武委会，改设县武装科。滦河等区各设武装助理员1～2人。1949年1月19日，双塔山区划归承德市管辖。双塔山区设武装科。

三 新中国地方武装

双滦区人民武装部 1951年，双塔山、滦河

（隶属滦平县）分别建立区人民武装部。配部长1人，助理3～5人，均为现役军人。1974年3月，成立承德市双滦办事处，设双滦办事处武装部，第一任部长陈剑平。

1980年双滦建区，设双滦区人民武装部（县团级单位），第一任双滦区武装部长高凤喜。1986年4月，双滦区人武部改为地方机构，受双滦区委、区政府和承德军分区双重领导。设军事科、政工科、办公室，编制21人。1996年4月，双滦区人民武装部收归军队建制。设军事科、政工科、后勤科，隶属承德军分区和双滦区委、区政府双重领导。各乡镇、街道办事处和驻区较大企业设武装部，属地方党委和企业党委机构。

1991年8月，双滦区成立国防教育办公室，设在区人武部，由人武部代管。至2005年，双滦区人民武装部的隶属和内设机构无改变。

乡镇武装部　1956年撤区建乡，双塔山乡、大庙乡、偏桥子乡未设武装部。1962年，域内设滦河、双塔山、大庙、偏桥子公社武装部。1980年后，滦河镇、双塔山镇、大庙镇、偏桥子乡相继成立武装部。乡镇武装部受地方党委和区人民武装部双重领导。主要职能负责乡镇民兵工作、退伍军人预备役登记统计、兵役登记、征兵工作和国防教育。至2005年，双滦区4个镇、2个街道办事处共设武装部6个。

驻区企业武装部　解放后，域内承德钢铁公司、滦河发电厂、矿山机械厂、丝绸厂、皮革厂、麻纺厂、面粉厂等省、市属国营企业党委均下设武装部。至2005年，驻区企业武装部共3家。分别是承钢武保部（武装与保卫合并）、国电滦河电厂武装部和承德输送机集团武装部。企业武装部受企业党委和区人武部双重领导。

民国时期域内中共地方军事组织机构一览表

表18-5-1

机构名称	领导成员	时　间
中共滦平县第一区（双塔山地区）人民武装委员会	主任：张立新　林飞（王清云） 刘明友	民国34年（1945年）9月至民国35年（1946年）2月
滦平县第二区（滦河地区）人民武装委员会	主任：王志敏（烈士）	民国34年（1945年）9月至民国35年（1946年）8月
中共东滦平县（滦河、双塔山）人民武装委员会	主任：李　冰　穆子昌	民国34年（1945年）9月至民国36年（1947年）11月
承德市第七区人民武装委员会	主任：刘明友	民国35年（1946年）2月至民国35年（1946年）8月
滦平县第三区（大庙地区）人民武装委员会	主任：申宝和	民国37年（1948年）6月至民国38年（1949年）1月
滦平县第二区（滦河地区）人民武装委员会	主任：谢文斌　马洁石 王　勇　马满朝	民国36年（1947年）11月至民国38年（1949年）9月
承德市第七区（后改为六区）人民武装委员会	主任：申宝和	民国38年（1949年）1月至同年9月

1949年10月至1980年域内地方军事组织机构一览表

表 18—5—2

军事组织机构	领导成员	时　间
滦平县二区人民武装部（滦河地区） 滦平县滦河办事处人武部 （1949.10—1958.9） 滦平县滦河乡人武部 （1956.4—1958.9）	部长：马满朝　郭福春 李　智　林福清 刘　品 部长：李　智 部长：李友田（兼）	1949年10月至1958年
（1949.10—1949.12） 承德市第六区人民武装委员会 （1950.1—1951.1） 承德市第六区人民武装部 （1951.1—1955.6） 承德市第五区人民武装部	主任：申宝和 部长：康永和 部长：侯　明（1951.12—1952.4） 李兴业（1952.4—1953.1） 孙继宗（1953.1—1953.12） 荀　焕（1954.1—1955.6）	1949年10月至1955年6月
承德市双塔山区人民武装部	部长：荀　焕	1955年6月至1957年4月
承德市双塔山区人民武装部	部长：刘凤明（1961.5—1961.12） 于广全（1961.12—1963.8） 郭志民（1963.8—1964.11） 孙喜寨　（1964.11—1966.5）	1961年5月至1966年5月
承德市双塔山乡人民武装部 承德市偏桥子乡人民武装部 承德市岔沟门乡人民武装部	部长：温玉林 部长：田国富 部长：（缺职）	1956年9月至1958年9月
承德市双塔山乡(红旗)人民公社人武部 承德市滦河(先锋)人民公社人武部	部长：刘凤明 部长：李友田	1958年9月至1961年5月
承德市双塔山人民公社人武部 承德市滦河人民公社人武部 承德市大庙人民公社人武部 承德市偏桥子人民公社人武部	部长：王春芳　韩　森 部长：李友田　葛宝信 部长：韩　森　张桂森 部长：温玉林　陈剑平	1961年6月至1966年5月
双塔山区人民武装部	部长：孙喜寨	1966年5月至1968年12月 （文革时期）
承德市双塔山人民公社人武部 承德市滦河人民公社人武部 承德市大庙人民公社人武部 承德市偏桥子人民公社人武部	部长：韩　森　王志勇 部长：葛宝信　郭　恩 部长：张桂森　赵公达 部长：陈剑平　马福春	1966年5月至1976年10月
承德市双滦办事处人民武装部	部长：陈剑平	1973年12月至1980年9月
双塔山人民公社人民武装部 滦河人民公社人民武装部 大庙人民公社人民武装部 偏桥子人民公社人民武装部	部长：王志勇　矫立福 部长：郭　恩　陈　银 部长：赵公达　孙广如 部长：马福春　赵永岐	1976年10月至1984年4月

双滦区人民武装部历任部长名表

表 18—5—3

姓　名	任职时间	民　族	学　历	籍　贯
高风喜	1981年12月—1983年3月			河北省赤城县
李生龙	1983年11月—1984年2月	汉族	高中	河北省承德市
张庆瑞	1984年2月—1986年2月	汉族	本科	河北省承德市

续表 18-5-3

姓　名	任 职 时 间	民　族	学　历	籍　　贯
张如松	1986年2月—1998年5月	汉族	中专	河北省沧州市
刘大威	1998年5月—2004年2月	汉族	本科	辽宁省北宁县
许虎林	2004年2月—2005年12月	汉族	专科	河北省沙河市

双滦区人民武装部历任政委名表

表 18-5-4

姓　名	任 职 时 间	民　族	学　历	籍　　贯
高凤喜	1981年4月—1981年12月			河北省赤城县
张庆瑞	1986年2月—1993年6月	汉 族	本科	河北省承德市
李生龙	1993年7月—1996年5月	汉 族	高中	河北省承德市
吴江泽	1996年6月—1998年1月	汉 族	本科	江苏省江阴市
陈春迎	1998年2月—2002年12月	汉 族	本科	河南省临颍县
田恩华	2002年12月—2003年2月	汉 族	本科	河北省玉田县
王　军	2003年2月—2005年2月	汉 族	本科	北京市石景山区

双滦区人民武装部历任党委书记名表

表 18-5-5

姓　名	任 职 时 间	民族	学历	籍　　贯
杨国均	1988年5月—1990年10月	汉族	大学	河北省承德市鹰手营子矿区
陈秀峰	1990年10月—1991年12月	汉族	专科	河北省沧州市海兴县
刘学军	1996年1月—1996年6月	汉族	专科	河北省平泉县
吴江泽	1998年1月—2002年12月	汉族	专科	江苏省江阴县
陈春迎	2002年12月—2003年2月	汉族	本科	河南省临颍县
王　军	2003年 3月—2005年12月	汉族	本科	北京市石景山区
王　军	2003年2月—2005年2月	汉 族	本科	北京市石景山区

附：

日伪时期地方武装

日伪时期城内曾有滦平县讨伐大队，为当时伪滦平县警务科纠集汉奸、反动地主等组编而成，总人数 400 名。酒井次郎（日本人）任大队长，下设 7 个中队，1 个自卫队。其中：胡新队，50 人，队长胡新民（警佐，滦河人）；田富队，50 人。队长田富（警佐，滦河人），均驻防县城（滦河镇）。在各村设有自卫团。“集家并屯”后，各部落设有自卫团，人数三四十名不等，各自卫团由伪县警察署直接指挥。

第三节　兵　　役

一 世袭兵役制

雍正元年（1723 年）六月，八旗兵将满蒙八旗丁户迁居承德、平泉、隆化、丰宁、围场等地，从事屯垦，实行“圈地养兵”政策。八旗兵采用世兵制（亦称军户制度）。兵皆部族世袭，父死子代。凡16岁以上的八旗男性“人尽为兵”，世代相袭。除操练，出征外，平时散居部族，参与生产和社会活动。兵丁的挑选，一般在年终之前定期进行，每年都有定例，有时也可根据各旗兵丁出缺或战时扩大兵员的需要而随时征补，通常在出缺员额的本旗内挑选。

二 募兵兵役制

清代，招募汉人当兵，其旗帜为绿色，称为绿营兵，主要是招募制。绿营兵员主要来自归降明军，不足者纳新，均为招募。应招兵丁需将家眷迁于军营驻防地居住，以便巩固和管束。绿营兵丁应募虽为自愿，但无退身之自由。一经入伍编入兵籍，成为职业。域内驻防清军，部分为绿营兵。

雍正二年（1724年），为解决八旗生计问题，清政府建立养育兵制度。规定：凡满、蒙生下男婴，即到本旗领催处报丁，并从小开始习武。长到10岁以后，就要到领催处参加比尺（量身高），身高五尺以上者，叫作入尺，称为成丁；未入尺的仍称幼丁。16岁后可参加挑补步甲，不得甲者为“闲散”，自谋生计。旗营兵丁退甲，不以在伍时间长短为准，而以“曾经效力”和“得过军功”为准。清末，旗人因养尊处优、战事废弛，军功问题不再突出，逐渐变为凡病、残、老退甲者，均可得饷银一份，以资赡养。绿营兵年过50岁、体衰不能从事教练和作战时，则解除现役 。若家中有子弟在营，每月发饷米三升；若无子弟在营，每月给饷兵分粮一份养老；若有出征效力受伤或患病致残者，则不受年龄限制，均按上述标准发给养老俸饷。清末，由于兵员缺乏，以募兵制为主要补充兵源。

民国军阀统治时期，军阀为扩充兵力大量募兵。民国13年（1924年11月，直系冯玉祥部所属国民军游击第1团，曾在域内募兵。民国14年（1925年）11月，奉系军阀阚朝玺任热河督统期间，曾在双滦募兵丁。民国22年（1933年）日本侵略军占领热河后，伪满洲国军队曾在域内募兵。

三 征兵兵役制

民国36年（1947年），中华民国颁布实行第3部兵役法。规定：中华民国男子，依法皆有服兵役的义务。男子年满18岁，翌年1月1日起服役，至45岁之年12月31日退役。役种分为常备兵役、补充兵役和国民兵役三种。国民政府为竭力推行其征兵法，在各地建立师、团管区司令部，负责在各管区内的征兵工作。当年，在承德周边征集新兵500人，在承德市征兵 720人。民国37年（1948年）4月，国民党热河省政府命令承德中学学生集中军训，半月后发给军装与枪支，并从中挑选部分学生编入“爱国自卫军”。

四 志愿兵兵役制

民国16年（1927年）至1954年，中国工农红军、八路军、新四军、中国人民解放军先后实行的兵役制度为志愿兵役制。

志愿兵役制是建立在政治动员和武装人民群众的基础上，公民自愿参加人民军队，担负军事任务的制度。民国27年（1938年）6月，宋时轮、邓华领导的八路军第四纵队挺进热河地区，建立抗日根据地。经过政治动员，工人、农民、革命知识分子和其他爱国人士，自愿参军入伍。入伍者，不计报酬，长期在部队中服役。国民党起义部队及伪军反正投诚部队和被俘人员，经过政治教育参加人民军队，也是战时人民军队的重要兵员来源之一。此外，还采取“升级”扩编方式，来扩大主力部队的兵员。即由民兵发展为区小队，由区小队升为县大队，县大队升为军分区独立团，再由军分区独立团升为主力作战部队。八路军冀热辽部队进军热河后，吸收一部分愿意参加八路军的伪军士兵 ，还从工人、农民和劳工中吸收兵员，扩大军队。部队总兵员由进关时的1.3万人扩大到12万余人。

五 义务兵役制

义务兵役制，是依照国家法律规定，每个公民在一定年龄内都有义务服一定期限兵役的制度。

新兵入伍（区武装部提供）

1954年，域内第一次试行征义务兵（试行），凡年满18岁青年均有服兵役义务，有210名适龄青年自愿报名，批准入伍26名。1955年一届全国人民代表大会审议并通过《中华人民共和国兵役法》，改志愿兵役制为义务兵役制。省军区、军分区和市、县（区）人民武装部（1954年热河军区专设兵役局，市县为人民武装部兼兵役局）是军队系统的建制单位，也是同级政府的兵役机关。

义务兵的征集，一般每年进行一次，每年征集的人数、时间和具体要求，由国务院和中央军委发布命令，由市（县）兵役机关按照征集政策进行征集。承德市征兵工作，在地方党委的统一领导下，由承德市政府、承德军分区根据河北省政府、省军分区的命令统一部署。工作程序一般分为建立征兵工作领导小组、进行兵役登记、思想发动、体格检查、政治审查、批定和输送新兵等几个阶段进行。域内每年兵员征集，均按质量、数量如期完成。1978—2005年，区内共征集义务兵781人。

六　义务兵与志愿兵相结合兵役制

1978年3月17日，第五届全国人民代表大会常务委员会第一次会议通过《关于兵役制度问题的决定》。指出："为了加强人民解放军革命化、现代化、正规化建设，决定实行义务兵与志愿兵相结合的制度，部分超期服役的义务兵可以改为志愿兵，留在部队长期服役，以稳定和加强部队的技术骨干力量"。1984年，国家颁布新的兵役法，以"法"的形式把此制度确立下来。志愿兵是经过一定培训，担任部队基层行政或专业技术领导、管理职务的人员，并授予专业军士或军士长的军衔。义务兵服役满5年（1984年前为6年），已成为专业技术骨干的，由本人申请，经师以上机关批准可改为志愿兵。服役年限，从改为志愿兵之日起，至少为8年，不超过12年，年龄不超过35岁。如有特殊需要，经志愿兵本人自愿，军以上机关批准，可适当延长。志愿兵实行工资制和供给制相结合的制度，除按义务兵的标准免费供应伙食和被装外，并按不同等级发给工资，每年安排探亲假。志愿兵退出现役后，由原征集地安排工作。

七　民兵与预备役制

预备役制度　预备役制度是规定公民在军队外担负一定军事义务，履行兵役义务的制度，是国家储备兵员的重要方式。1955年，第一部兵役法颁布后，开始建立预备役制度。1957年，中央军委颁布《关于改进兵役工作的指示》，将预备役工作与民兵工作合而为一，民兵即预备役。1981年，中央军委《关于调整民兵组织问题的报告》规定：把民兵制度同预备役制度相结合起来，民兵组织是国家武装力量的组成部分，又是预备役的基本组织形式。

登记与训练　1955年，由志愿兵役制度改为义务兵役制后，实行预备役登记。男民兵除征集服现役者外，均编入民兵组织服预备役基干民兵（18～25岁）为一类预备役，普通民兵为二类预备役；服现役期满的退伍兵、士兵、经登记服预备役的也编入民兵组织。军官退出现役时，符合服预备役条件的，进行服预备役登记。双滦区登记的应服预备役人员未单独组织军事训练，随民兵训练一并进行。

第四节　民　　兵

一　民兵组织

民兵队部　新中国成立初期，域内各村、乡

民兵高炮团（区武装部提供）

组建民兵组织。1952 年 12 月，《中华人民共和国民兵组织暂行条例》颁布，把自愿参加民兵组织的原则改变为普通民兵制度。凡年满 18 ～ 40 岁之男性公民，身体无残疾或无精神病者均编入民兵组织。以乡（行政村）为单位建立民兵队部，下设中队、分队、小队。设民兵队长 1 人，指导员 1 人，副队长、副指导员 3 ～ 5 人，文书 1 人。1953 年 1 月，承德市武装部组织民兵训练团军训，域内抽调基干民兵 1 个连参加训练。1956 年，域内有民兵队部 43 个。民兵总数不详。

民兵师团 1958 年域内建立人民公社，撤销乡（行政村）民兵队部。凡 16 ～ 50 岁健壮男女均加入民兵组织。1959 年，域内承德钢铁厂组建民兵师。滦河电厂、矿山机械厂等厂矿企业也都成立民兵团、营。各人民公社均成立民兵营，各生产大队成立民兵连，民兵总数达万余人。

1961 年 7 月 31 日，中共中央、国务院颁发第一个《民兵工作条例》。1962 年，毛泽东主席提出民兵工作要做到“三落实”（即组织落实、政治落实、军事落实）。结合城市双压工作（压缩机构和人口）的开展，承德市对民兵组织进行全面整顿，将男性民兵年龄由 16 ～ 50 岁改为 16 ～ 45 岁，女性民兵年龄由 16 ～ 50 岁改为 16 ～ 30 岁。

民兵武装基干团 1966 年，依据《民兵工作纲要》的要求，承德市以退伍和复员军人为骨干（30 岁以下），组建基干民兵团。1970 年，承德市组建民兵武装基干团。

域内厂矿企业和乡镇的部分民兵参加了武装基干团，具体人数不详。

民兵游击队 1980 年 3 月，根据北京军区的指示，承德市有计划地组建民兵游击队，便于战时灵活机动地配合部队作战。市武装部在双滦大庙公社组建了民兵游击队队员 46 人。设队长、副队长和政治指导员各 1 人，下设步兵班、迫击炮班和通信组。

民兵“三队” 1981 年，为适应经济建设的要求，民兵组建工作进行调整和改革取消民兵师、团；缩小民兵组建范围，压缩民兵年龄，简化民兵组织层次。保留普通民兵和基干民兵两种基本组织，把民兵制度和预备役制度结合起来。1982 年，区内有民兵约占总人口数的 9.6%，其中基干民兵约占民兵总数 44%。

1986 年，按照中央军委提出的“减少数量，提高质量，抓好重点，打好基础”的民兵工作建设方针，重点是加强基干民兵和民兵应急分队、专业技术分队、对口专业分队建设。民兵分队主要建在厂矿单位。至 2005 年，区内民兵建有运输、防化消杀、担架等应急作战分队。

二 教育与训练

思想教育 1949—1957 年，通过办夜校、扫盲班等形式，相关部门组织民兵学习文化和政治。1958—1965 年，通过读书、读报等形式，在民兵队伍中组织学习毛泽东思想和社会主义教育，开展评选“四好民兵连”和“五好民兵”等活动。至 1965 年，民兵建设的中心课题是路线教育。结合国内形势贯彻落实毛泽东主席关于民兵工作“三落实”（政治、组织、军事）的指示，对民兵进行人民战争的思想教育，开展向董存瑞、雷锋、南京路上好八连等英雄人物和先进集体的学习活动。民兵思想教育侧重爱国教育、革命英雄主义教育。1966—1976 年“文化大革命”期间，民兵教育贯彻以“阶级斗争为纲”的方针，学习无产阶级专政理论，极左思想给民兵工作带来一些负面影响。

1978年，中共十一届三中全会以后，全党全国工作重点转移到经济建设为中心的轨道上来。以建设“四个现代化”（现代工业、现代农业、现代国防、现代科学技术）强国为目标，开展有理想、有道德、有文化、有纪律思想教育。教育形式主要通过辅导站、开办学习班、开办政治夜校等。区内99.3%的公社和88%的厂矿、企事业单位建立联合辅导站，94.4%的大队和民兵连建立联合辅导小组。

防化训练（区武装部提供）

1990—2005年，民兵思想教育重点是开展国防教育、形势教育。

民兵训练 解放初期，域内民兵训练主要是以战代训，训练科目主要是射击、投弹等。

1950年 始，民兵训练主要利用农闲季节，采取小型、就地、分散的方法。军事训练采取队列、刺杀、投弹、射击等最基本的军事科目。1958年以后，民兵训练由农村扩展到城市。1962年，《民兵工作条例》颁布后，训练内容主要有射击、

射击训练（区武装部提供）

投弹、刺杀、爆破及防核武器、防生物和化学武器知识等。“文化大革命”初期，民兵训练受到干扰。1969年开始，遵照毛泽东“提高警惕，保卫祖国”和“要准备打仗”的指示，域内民兵训练主要内容有射击、投弹、埋排地雷、爆破、“三打三防”（打飞机、打空降、打坦克；防核、防生物、防化学武器）等科目。

党的十一届三中全会以后，围绕“减少数量、缩小范围、压缩时间、突出重点、改进方法、提高质量”的原则进行民兵训练。区内基干民兵每年训练15天，专业分队年训练20天。民兵训练列入企事业单位的生产劳动计划。民兵训练以基地训练为主，分散训练为辅。利用电化教学和直观教学等方法，突出民兵干部和专业兵种训练，并安排部分科技知识的学习，适应“兵民两用，军地两利”的需要。

1996年开始，民兵训练以“服从国家建设大局，减轻群众负担，突出重点，提高质量，打好基础”的原则，立足于改革创新。军事训练内容向信息化作战倾斜，突出应急作战分队的训练。同年全区年度训练人数300人次，2005年，年度训练人数减为220人次。训练的主要内容为战术基础、轻武器基础知识、实弹射击和通信装备器材的使用与管理。

三 装备与管理

武器装备 民兵组织成立初期，武器主要来源是靠自造土枪、土炮、地雷和手榴弹，依靠缴获敌人武器及收缴地主、敌伪人员的武器来武装自己。

1965年，为适应民兵开展训练和战备工作需要，上级陆续从部队抽调一些武器武装民兵，并增加了重兵器。但大部分是“老套筒”“汉阳造”“捷克式”“三八大盖”等旧式武器，只有少部分卡宾枪、冲锋枪和机枪。

1966年12月，承德市民兵开始装备部分国产武器。20世纪70年代后期，全市民兵武器装备全部更新为国产化装备，并配发地炮、高炮、

工程、通信、侦察、防化和反坦克武器等装备及器材。

武器管理 20世纪50—60年代中期，民兵武器主要是个人保管，实行“定人、定枪、定责任”的制度。1974年，武器由民兵武装基干连、排集中保管。连队建立武器库,设有枪架或枪柜，并配有专职军械员负责管理。

1981年以后，随着民兵组织的调整，缩小了民兵武器的分布面，武器装备逐步过渡到集中保管。1985年，全市除大型火炮由厂矿保管和留用训练的部分武器外，其余统由市武装部统一保管。1986年，全市武器全部集中管理。至2005年，武器装备管理形式没有改变。

第五节 国防教育与人民防空

一 国防教育

宣传教育 双滦区国防教育工作始于1991年。1992年，国家教委颁发《小学、初中的国防教育纲要（试行）》，国防教育工作在中小学校逐步展开。区内建设少年军校两所，定期请校外教官讲授课程、开展以队列和行进为主要科目的军事训练。1995年，《河北省国防教育条例》和承德市《企业国防教育实施计划》颁布实施。区内各企业单位开展以爱国主义和革命英雄主义为主要内容的国防教育，组织参观国防教育基地1500人次，召开报告会4场。

国防教育（区武装部提供）

滦河发电厂、承德钢铁集团有限公司，被承德市国防教育领导小组评为企业国防教育先进单位。

1997年3月14日，《中华人民共和国国防法》颁布实施。各乡镇、区直各单位相应成立由主管领导任组长的国防教育领导小组，下设专人主抓日常工作。区、镇、村分别聘请国防教育宣传辅导员33人，双滦区国防教育领导小组制定和下发《双滦区国防教育宣传辅导员职责》。为迎接香港回归和纪念中国人民解放军建军70周年，区内开展系列国防教育活动。区国防办组织5000余名群众参加“全国国防知识竞赛”；举办“迎香港回归演讲赛”；区人武干部及区主管领导参加北京军区举办的“长城杯”人武工作知识竞赛；举行庆祝中国人民解放军建军70周年国防教育报告会。区广电局设立国防教育专栏节目，利用春季学生军训时间举办国防教育讲座。1997—2000年，国防教育重点学习《中华人民共和国国防法》《中华人民共和国兵役法》《河北省民兵预备役条例》《中小学国防教育常规》等国防法律法规及课程。区国防教育办公室以“民兵之家”、中小学校、广播电台（站）、电视台为阵地，使用《中国国防报》《中国民兵》《国防》《华北民兵》等报刊杂志为基本教材，集中讲课20次、召开国防教育报告会4场、举办国防知识竞赛2次。各单位还经常利用爱国教育基地举行入党、入团宣誓活动，组织学生祭扫烈士陵墓。

2001—2005年，全民国防教育日（每年9月的第三个星期六），区国防教育办公室组织开展国防教育活动。区委、政府听取军事部门的汇报4次、组织观看民兵和预备役人员的军事表演2次、组织实弹射击1次。有条件的单位定期开展升国旗仪式；各单位召开重要会议唱国歌、办公场所悬挂中国地图。区内组织演唱革命歌曲4场、主题演讲比赛2次、年发放宣传资料2000余份。

大庙镇日军20世纪30年代修的炮楼（摄影 胡忠孝）

机构 1991年3月，双滦区成立国防教育办公室，设主任1人，干事1人。2001—2005年，设主任1人。国防教育办公室在区国防教育领导小组和市国防教育办公室领导下，负责全区的全民国防教育工作，办公地点设在双滦区人民武装部。

二 人民防空

防空设施建设 域内人防设施建设始于1969年。同年3月，中苏边境发生珍宝岛事件。毛泽东主席提出“深挖洞、广积粮、不称霸”和“备战备荒为人民”指示，域内全民动员开展防空工程建设。至1973年，修建的防空设施主要有地道、防坦克壕、单人掩体、碉堡。

战斗村建设 1969年9月，国务院、中央军委转发黑龙江省“三合战斗村”建设的经验。大庙公社建战斗村一个，村内挖地道、暗壕，修碉堡，设火力点。双塔山镇棋盘地村二道沟生产队，50多户人家，近200人，集体在后平台土梁西侧挖一个规模较大的土洞，总面积约为110平方米。洞内南北两侧为4个长方形大洞，能容纳200多人进洞躲藏。洞中央往北挖了出口通道，设有射击孔。双塔山镇大元宝山村民杨发，自己抱钢钎攒眼、放炮、清渣，用时4个多月在其房后挖防空洞一个。洞内设多个通道，双塔山公社组织各村干部去参观，有人进洞后迷了路，杨发受到表彰。

参演庆功大会（区武装部提供）

防空演习 2005年10月，双滦预备役民兵参加了河北省省委、省政府、省军区联合组织的河北省二年成果校阅暨城市防空作战演习。双滦区民兵防化连被授予“防化洗消尖兵”的称号。

机构设置 1996年，双滦区国防动员委员会人民防空办公室成立，办公地点设在区建设局。主任由区建设局长兼任。

2002年，双滦区人民防空办公室，为正科级机构，核定事业编2人。2005年8月双滦区编委又重新核定行政编2人。人民防空办公室接受区人民政府、区国防动员委员会的领导。

第六节 兵事与惨案

一 兵事

宋及以前兵事 周赧王三十二年（齐襄王五年）（公元前283年），燕王派秦开率军北击东胡，却胡千里，建上谷，渔阳、右北平、辽西、辽东五郡。

东汉永元十三年（101年），鲜卑攻幽州，一部经域内入渔阳郡，为郡兵所败。106年（东汉殇帝延平元年）四月，鲜卑攻渔阳，太守张显率兵出塞经域内追击。128年（东汉顺帝永建三年）九月，鲜卑一部经域内复犯渔阳。

隋大业八年（612年），炀帝发兵200万分24路东伐高丽，其第6路出古北口经域内。唐先天元年（712年），十一月，奚、契丹两万骑经域内攻渔阳，大掠而去。唐开元十八年(730年)六月，唐玄宗发18总兵征奚、契丹经域内。

宋嘉定七年、金贞祐二年（1214 年），木华黎率军自顺州（今北京顺义县）出古北口收兴州（今双滦、隆化、滦平一带）及北部各地。南宋理宗景定二年，蒙古忽必烈中统二年（1261 年）十月，诏平章政事塔察儿率军士万人，由古北口西便道赴域内一带屯兵。

明、清兵事 明洪武二年（1369 年）六月初三日，明太祖命大将军常遇春与副将李文忠率部骑九万，自北进击元军。经三河鹿儿岭东进，采取迂回战术，击破元将江文清于锦州（今辽宁地），元丞相伊苏迎战于全宁（今赤峰境），元军大败，伊苏逃走，明军遂进攻大兴州。战时明军过境。明崇祯十一年，清崇德三年（1638 年）清太祖皇太极过境入关，派克勤郡王贵托率右翼军入古北口，与古北口明总兵吴国俊交战，大败明军。

清咸丰三年（1853 年），热河驻防满蒙八旗官兵 1000 名过境，赴山东及江南诸省剿杀太平军历经数十年。咸丰 23 年（1873 年），热河八旗官兵 1000 名过境，调往涿州、通州征剿捻军。

民国时期兵事 民国 11 年（1922 年）4 月 29 日，第一次直奉军阀大战爆发。双方在马厂、固安、长辛店一带开战。毅军大败奉军五十五旅后，经滦河、双塔山直逼热河首府承德，直军总指挥王怀庆率部进入承德。民国 14 年（1925 年）11 月 25 日，冯玉祥派国民军宋哲元部和陈境湖率内蒙古特别民军第三纵队，途经滦河、双塔山，进攻热河道府承德，增援郭松龄。民国 15 年（1926 年）3 月中旬，奉军利用大沽口事件和直鲁联军反攻国民军之机，向热河国民军攻击；4 月 5 日宋哲元部率军由承德经滦河回防多伦，承德为奉军所占领。

民国 22 年（1933 年）2 月 21 日，日本侵略军关东军第八师团及伪军丁强等部，在关东军飞行大队协助下，向朝阳、凌源、承德、滦平及古北口发动进攻。3 月 4 日 11 时 50 分，日本侵略军川原旅团先头部队占领热河都会承德。3 月 5 日上午 11 时许，日本侵略军先头部队占领滦河镇（时滦平县城）。3 月 6 日上午 9 时，日本侵略军以步兵第十七联队第三大队十一中队为先遣队自滦河镇（滦平县城）出发，向古北口进犯。

二 惨 案

日伪暴行 民国 30 年（1941 年），日本侵略者实行“集家并村”。域内修建部落定居点 5 个：大龙庙村、西平台村、棋盘地村、三岔口村、应营子村。部落周围修筑土墙，墙上架设铁丝网或插上葛针枝（山枣枝）以防攀越。周边村民必须集中在部落内居住，老百姓称之为“人圈”。其目的是切断中国共产党抗日武装与人民群众的联系。对不愿意搬迁的居民，以通匪为名，或遭毒打，或被烧房。棋盘地二道沟村，有一无儿无女的老头崔凤祥，由于没按时搬家，遭到日伪特务和警察的毒打。部落内居住和卫生条件极差，有的人家人畜同居。天花、疟疾、伤寒等传染病流行。其间，死于瘟疫 350 多人。滦河镇宫后村村民张连玉（男，1931 年 2 月出生）回忆：1941 年左右，日本侵略者搞“集家并村”，部落里瘟疫流行。曹家大院的 4 家共 30 多口，其中两家姓王、一家姓曾、一户姓金，因瘟疫死了好几口人。部落里，居民白天不让随便走动，晚上不让点灯（照明），违反规定挨打的人很多。棋盘地村不到百户，一年就病死 20 多个小孩；有的人得了天花虽然没死，身体也落下了残疾。崔凤勇一家 7 口人，病死 6 口。

日本侵略者对百姓实行“配给制”，分甲、乙、丙、丁四类供应。普通百姓是四类配给，经过层层盘剥，最终配到百姓手中的物品微乎其微。群众缺吃少穿，挨冷受冻，却没有购物的自由。一经发现，就被定为通共治罪。滦河地区就有被定为“国事犯”、“经济犯”、“密输犯“而治罪的。滦河村民何明老人回忆：其中王少夫、纪笃培被无辜定为“国事犯”而遭关押。滦河镇张连玉老人回忆：民国 26 年（1937 年），村民戴大全被日本侵略者以土匪罪将其杀害，把人头挂在北门城头示众。西南营村刘天顺老人回忆：民国26年（1937年），日本侵略者以通匪罪将王凤（滦平县红旗人）、张树（滦河镇西南营人）、高石匠（姓名、住址不详）拉到滦河镇西南营村砖瓦窑砍头。

民国29年（1940年），日本侵略者在大庙修铁路，掠夺铁矿资源。抓捕很多外地劳工，大多是江苏人，因传染天病花和水土不服死亡140多人，大多被埋在双塔山镇黄地沟和大庙东沟。

滦河事变　民国34年（1945年）8月，中国共产党在滦河镇建立县区政权。10月成立地方武装——区小队。区小队队长田恩系县大队派任，队员从当地土地改革工作的积极分子中挑选，一些日伪时期的警、宪、特人员伪装成积极分子也混入区小队。民国35年（1946年）6月26日，国民党撕毁停战协议，向解放区发动进攻。同年8月，国民党十三军占领承德。敌特分子趁势内外勾结，策反区小队，抓捕、杀害县区革命干部。

民国35年（1946年）8月29日，中共滦平县委决定紧急战略转移，从滦河镇向西撤退。9月5日，区委书记、政委赵炳炎从县委接受任务后回到滦河镇，安排转移和善后工作，决定分三路撤出滦河地区。第一路由区长刘士昌带部分区干部，从蓝旗梁方向向西撤退；第二路由区委书记赵炳炎带县委宣传部长李光、民教科长张辅华和部分区干部到陈栅子，接应汇合下乡区委组织委员周士斌、妇联主任杜君（女），然后向西撤退；第三路由区小队长田恩带区小队一个班，做完滦河的善后工作后沿滦河向西撤退。

9月5日晚8时，田恩带区小队押解着犯人孙永清行至宫后村做暂短休息。当部队向西走到梯子梁山顶时，区小队队员葛桂芳、刘忠岐动手将田恩的枪夺下，解下犯人孙永清的绳子捆绑田恩。9月6日晨，转押到滦河街小老爷庙关押。田恩被捕的消息被区武委会王志敏、副主任靳景银知道后，赶去营救。二人行至滦河西街时被叛徒贺崇保枪杀，光荣牺牲。叛徒葛桂森、刘忠岐为向国民党反动派邀功请赏，又赶到曹家店村将管理布匹等物资的两名解放军战士武器夺下，一名战士机智逃脱，另外一名战士和田恩被叛徒交给国民党第十三军。

当日，叛徒葛桂芳、刘忠岐又带人从滦河镇向二道湾了方向抓捕县区干部。在孙营附近分别将区干部尤信、娄大臣的枪支缴下。这时，区武委会干事王永带区小队队员宋显贵、秦志敏正在二道湾子村开展土地改革工作，对区小队部分人员叛变投敌的消息全然不知。葛桂芳先找到宋、秦二人，密谋抓捕王永。秦志敏以拿王永的枪玩儿为由，将王永佩枪骗出。葛桂芳等人冲进屋内将其捆绑，后带至康营村汤玉书家中。深夜，王永被其亲戚汤玉祥偷偷放走。9月7日早晨，葛桂芳等人得知王永逃走，追至曹碾村王永家中，殴打王永妻子、孩子，威逼说出王永下落，无果而归。区长刘世昌等人得知区小队葛桂芳等叛变投敌的消息后，决定向北转移出境。

9月5日，区委得知区小队葛桂芳等叛变、田恩队长被捕和王志敏、靳景银牺牲的消息，赵炳炎带领区、村干部到达陈栅子村与周士斌、杜君等会合，召开村干部会议安排撤退和善后工作。此时，陈栅子村原伪村长、恶霸地主陈桂森秘密召集土改清算队负责人陈林祥（伪警长、自卫团长）、陈桂录（伪宪兵）等人，叛变革命。并串通区小队队员陈桂有、马俊生、包旺等作为内应。他们制造假情报，骗赵炳炎等人返回陈栅子村。途中休息时，趁赵炳炎不备，叛徒陈桂有、马俊生将赵炳炎推倒，捆起来押到陈栅子村公所。梁凯、孙松芝的枪被叛徒包旺等人缴下。随后，叛徒陈林祥带领原区小队等叛变人员20多人，赶到陈家沟将区干部李光、张辅华、周士斌、杜君的住处包围，并向屋内开枪射击。妇联主任杜君冲出门外，被打倒在屋门外。李光等三人奋勇还击，终因寡不敌众，全部壮烈牺牲。叛徒包旺等把四位烈士的耳朵割下与赵炳炎一起送到滦河街伪维持会。维持会长吴振廷主张就地枪毙，赵炳炎在滦河街北门外大桥下被杀害，年仅25岁（河北省望都县曹庄乡太和庄人）。遗体被滦河街居民金元庆埋葬。

二区（今滦河镇）治安员贾金录（河北省行唐县羊柴村人），1946年9月撤出滦河后，被派到付营子村坚壁军需物资时，被叛变的村干部张喜旺和林姓地主杀害。二区财粮助理于超（简历不详），被派到烧沟村做善后工作，完成任务后，西撤途中，被黄店村杜姓地主杀害。

1948年，承德解放后，葛桂芳、刘忠岐被人民政府处决。1951年5月31日，经滦平县人民法院判决，陈桂森、陈林祥、陈桂录被判处死刑，执行枪决。

第十九编　精神文明建设

双滦区精神文明建设工作始于1982年3月，即全国第一个“全民文明礼貌月”活动。至2005年，相继开展“全民礼貌月”活动、“五讲四美三热爱活动”；“三杯”（文明执法杯、优质服务杯、便民利民杯）竞赛、“文明创建”、“以德治区”等工作。双滦区的精神文明建设工作从整治环境“脏、乱、差”入手，坚持以职业道德、社会公德教育和培育“四有新人”（有理想、有道德、有文化、有纪律）为核心内容，始终坚持精神文明、物质文明一齐抓的方针，通过开展各种主题实践活动，公民的道德、公德意识和遵纪守法意识普遍提高，社会主义新风尚在全社会得到尊崇。区内涌现出一批见义勇为、舍己救人、爱岗敬业、尊老爱幼、助人为乐的先进集体和个人。至2005年，58个单位被授予不同级别的文明称号。其中，国家级文明单位1个，省级文明单位5个，市级文明单位3个。

第一章　思想道德建设

双滦区精神文明建设工作在区委的领导下，以提高居民思想道德水准和科学文化素质为目的，通过“文明礼貌月活动”“五讲四美三热爱活动”“学雷锋树新风爱名城增光辉活动”“四职一纠竞赛活动”“三杯竞赛活动”，以及“以德治区工作”等有效载体，坚持开展评选“五好家庭”“文明户”；坚持创建文明村街、文明单位、文明所站、文明乡镇工作，广泛地吸引群众参与，大力倡导社会主义道德风尚。公民的基本道德水准和文明程度得到提高，为双滦经济建设和发展创造了良好的社会环境。

第一节　主题教育活动

一“五讲四美三热爱”活动

“五讲四美三热爱”，即讲文明、讲礼貌、讲卫生、讲秩序、讲道德；心灵美、语言美、行为美、环境美；热爱祖国、热爱社会主义、热爱中国共产党。

1982年3月，双滦区开展了第一个“全民文明礼貌月”活动。以治理环境“脏、乱、差”为重点，发动群众和各单位对城乡环境卫生、公共秩序、服务质量进行治理。各单位组织党团员和青少年走上街头为群众义务修理自行车、鞋、表，免费理发；各单位清理垃圾、整修花坛、植树种草。1983年，区委成立“五讲四美三热爱”

活动办公室。同年3月，全区发动干部、职工、学生4万余人次，出动各种车辆244辆次，清运垃圾3155吨，消灭卫生死角153个；挖沟渠、疏通下水道1350延长米；新建花坛31个，栽植树木万余株。按照统一布署，各单位划定卫生责任区，街面单位实行“门前三包”(包门前市容整洁；环境卫生整洁和责任区内设施、设备和绿地整洁)措施。区工商局会同公安、城管、卫生等部门，对滦河、承钢、双塔山等地的农贸市场进行整顿，建设公厕，统一规划、分类管理、定点售货，改善市场卫生环境和经营秩序。大庙公社陈营子大队组织党员、民兵、妇女开展义务劳动，填平班车站附近大污水坑1个，整修出公共堆粪场600平米；规划一条长250米，宽8米主干街道。

1983年8月,区委制定“双滦区建设文明村、文明单位三年规划”。区委、区政府抽出人员派到各公社、街道协助创建工作。“五讲四美三热爱办公室”制定“关于建设文明村、文明单位工作人员守则”。区委确定双塔山街道、白庙子一街居委会为文明街道试点单位；商业系统的百货大楼、教育系统双塔山小学为区的试点单位。同时，确定城建局帮建双塔山镇厂沟大队；妇联和财政局帮建大庙公社北梁大队；农林局帮建偏桥子公社二道沟大队；团委帮建滦河东园子大队。

1984—1986年，各村街、单位开始制定各种道德、行为规范。中小学开始全面贯彻“中、小学生守则”，开展文明礼仪教育，并作为常规性教育内容。窗口服务单位制定文明服务(接待)守则，开展优质服务竞赛。各村分别制定村规民约，其中大庙公社大庙村制定的村规民约得到承德市精神文明建设指导委员会的肯定，并发文向全市推荐。电厂社区成立义务治安巡逻队，制定“联防公约”。商业系统在全区系统内开展评选“十佳营业员”活动。全区成立学雷锋小组和青年服务队732个，做好事1.7万余件次。1986年11月，双滦区委、区政府批转“五讲四美三热爱委员会”《关于文明村、文明单位建设情况的报告》的通知。自此，全区文明村镇、文明单位的基本内容是“六抓、六治、六变”，即抓生产发展、治穷变富；抓思想教育，治旧变新；抓文化科学，治愚变智；抓社会秩序，治乱变安；抓服务质量，治差变优；抓环境建设，治脏变美。1986年底，区内开展文明创建活动单位30个，评选文明单位18个、五好家庭2130户。

二“四项基本原则”教育活动

1987年1月28日，中共中央发出《关于当前反对资产阶级自由化若干问题的通知》。区内干部普遍进行一次坚持党的四项基本原则，反对资产阶级自由化教育。即：坚持社会主义道路；坚持无产阶级专政；坚持共产党领导；坚持马列主义毛泽东思想。1987年4月30日，双滦区精神文明建设委员会召开第一次会议。确定年度精神文明建设工作指导思想是：“以坚持四项基本原则，反对资产阶级自由化，开展“双增双节”运动为基本内容，以实现社会风气和社会秩序明显好转为主要目标，重点抓好职业道德和社会公德建设”。1988年区委、区政府组织党员干部群众学习中国共产党十三大报告等文件，学习党在社会主义初级阶段的基本路线；学习“中共中央关于社会主义精神文明建设指导方针的决议”；全区副科级以上干部轮流参加“坚持四项基本原则，反对资产阶级自由化”学习班5天。区委制定落实“决议”十条措施，举办学习理论知识竞赛活动。滦河镇树立“致富不忘国家,不忘教育”的典型，请养鸡专业户为农民讲授养鸡新技术，通过回忆对比，用收入和生活水平的变化教育群众。全区组织不同层次的形势报告会14场，举办以坚持四项基本原则为内容的座谈会、讲演会36场。区直机关制定部门岗位责任制，评选文明科室6个；商业系统学习北京市百货大楼全国劳动模范张秉贵同志先进事迹，开展“假如我是一名顾客”的大讨论，职业练兵比数纸、比打算盘速度与准确，比过秤“一抓准”；卫生系统开展优质服务月活动;政法系统努力解决“门难进、脸难看、话难听、事难办”问题；文教系统结合“四项基本原则教育”，狠抓师德教育，组织教师自尊自爱报告团，巡回演讲；农村重点抓计划生育、破除迷信、禁赌工作。全区43个行政村建立“红白理事会”19个、道德评议会18个。

1989年，双滦区精神文明建设指导委员会制定文明机关和文明乡镇评比标准。标准实行100分制，思想政治工作分数占总分值1/4。共建文明单位的形式，从厂街共建、民兵参建发展到工农共建；内容从共建精神文明发展到共建物质文明;共建深度从“六抓六治六变”发展到“坚持一个中心，两个基本点”大力发展商品经济上来。即坚持以经济建设为中心，坚持四项基本原则，坚持改革开放。此后，“四项基本原则教育”成为党员干部思想教育的必修课，也是衡量党员干部政治立场的重要标准。至2005年，“四项基本原则”教育依然是全区党员干部、群众日常思想政治工作的重要内容。

三“四职一纠”竞赛活动

“四职一纠”，即：职业理想、职业道德、职业纪律、职业技能、纠正不正之风。1991年，双滦区在商业、交通、电力、工商、税务五大行业开展“四职一纠”竞赛活动。同年，双滦区税务局、邮电局被承德市精神文明建设委员会评为优胜单位。1992年，“四职一纠”竞赛活动扩大到供销、卫生和公安等系统。1993年，区内共有13个系统部门参加竞赛活动。各系统部门根据自己不同的职业特点，分别制定实施办法和措施，开展职业理想、道德教育，参赛单位共制定岗位职责13类69种；完善各类规章制度870余种。各系统根据各自特点开展职业技能学习、练兵活动。税务系统围绕税收任务，开展税企共建文明单位活动。百余名党员带头为企业送信息、送技术、筹资金，帮助企业提高经济效益，4个基层税务所分别与6个村11家企业建立联系，为企业提供各类信息38条，提出合理化建议39条。国税部门设立征收大厅，为企业提供便捷服务。工商局开展创建“三无市场”活动（无假冒商品、无缺斤少两、无强买强卖)。邮电局制定规范化服务细则15个类别标准。其他服务行业先后制定“文明服务用语”“优质服务标准”等。公安机关针对“冷、横、硬、推”问题，纠正行业不正之风。以树立人民警察形象，培养全心全意为人民服务的宗旨为目的,开展“文明办案”“文明接待”活动。全区聘请义务监督员245名，监督行业纠风活动。1996年，税务、邮电、交通等被评为“四职一纠”竞赛优胜单位。至2005年，做“四有新人”活动已成为全区青少年思想教育内容的重要内容。

四“三杯”竞赛活动

1997年开始，区内执法执纪、社会服务等行业分别开展“文明执法杯”“优质服务杯”“便民利民杯”竞赛活动。“文明执法杯”竞赛参赛单位有工商、国税、地税、公安、审计、检察院、司法、法院、城管、环保、土地管理、技术监督等12个所属系统；“优质服务杯”竞赛参赛单位有交通局、公用事业局、卫生局、贸易促进局、供销社、旅游局等6个系统所属单位。“便民利民杯”竞赛参赛单位有电力局、邮电局、农业银行、农村信用社、城市信用社、工商银行、建设银行、中国保险公司等9个系统所属单位。同年8月，双滦区委制定《关于创建文明行业的实施意见》，确定卫生、经贸、电力、建设、交通、邮电、供销、商业、粮食、金融、旅游、税务、工商、公安、文化、教育、财政、林水、农牧等21个行业为参选行业。年内，双滦地税局、双滦国税局、双滦区检察院、双滦区法院、农行双塔山办事处、工行滦河办事处获“1997年创建文明行业活动先进系统”称号。“三杯竞赛”采取群众评议方法，每年按一定比例向辖区机关、企事业单位、个体私营业主、农民、城镇居民、人大政协发送评议卡，自下而上民主评议，排列名次，广泛征求意见后，区委进行通报表彰并呈报市文明办。1997—2005

年，全区先后有 81 个行业单位分别获得“三杯竞赛”前三名。2005 年度，“三杯竞赛”活动评比结果为：获文明执法杯单位 4 个、获优质服务杯单位 3 个、获便民利民杯单位 4 个。

1997—2005 年双滦区“三杯”竞赛优胜单位统计表

表 19-1-1

年份	文明执法杯	优质服务杯	便民利民杯
1997	地税局、国税局、检察院、法院	农业银行、工商银行、电力公司	卫生局、旅游局、交通局
1998	地税局、国税局、检察院、法院	卫生局、森林公园、文体旅游局	农业银行、工商银行、供电公司
1999	地税局、国税局、检察院、法院	卫生局、森林公园、文体旅游局	农业银行、工商银行、供电公司
2000	地税局、国税局、法院、审计局	卫生局、交通局、旅游文物局	农业银行、工商银行、电信公司
2001	地税局、国税局、法院、公安局	卫生局、交通局、林业局、文体旅游局	农业银行、工商银行、电力公司、电信公司
2002	地税局、国税局、法院、公安局、	交通局、卫生局、林业水务局	工商银行、电力公司、网通公司、建设银行
2003	地税局、国税局、公安局、工商局	工商银行、交通局、电力公司、建设银行、 网通公司	
2004	地税局、国税局、公安局、工商局	交通局、卫生局、经贸局	工商银行、电力公司、网通公司、建设银行
2005	地税局、国税局、工商局、公安局	交通局、卫生局、人寿保险公司	工商银行、电力公司、农业银行、网通公司

第二节　以德治区

一 公德教育

1996 年，商贸经营单位开展强化文明服务意识，树立诚实守信形象，打造“诚信双滦”活动。通过“文明经商户”争创活动，发动个体工商户和私营企业制定文明经营措施，加强社会监督和自我约束，提高服务水平。“不强买强卖、不缺斤少两、不哄抬物价、不以次充好”，成为文明经营的重要标准。2005 年，个体服务业被评为“诚实守信经营户”133 家。

1997 年后，思想道德教育内容不断拓宽，教育形式呈多样化。区内开展以文明礼貌、助人为乐、爱护公物、保护环境、遵纪守法为主要内容的社会公德教育。在行业中开展爱岗敬业、诚实守信、办事公道、服务群众、奉献社会教育；在社区和农村中，开展以尊老爱幼、男女平等、夫妻和睦、勤俭持家、邻里团结为内容的家庭美德教育。1999 年，中共中央颁发《公民道德建设实施纲要》，将“爱国守法、明礼诚信、团结友善、勤俭自强、敬业奉献”作为公民基本道德规范。双滦区委制定《双滦区各行各业职业道德实施细则》：农村以改善农民生存环境为出发点，开展创建“文明生态村”和“文明卫生一条街”活动；各级党政机关、企事业单位，以落实环境卫生责任制为重点，开展环境卫生“十佳单位”评比竞赛，环境卫生不达标不得评为文明单位；居民小区，以美化家园为重点，开展“美化小区、革除陋习”活动和“五星级”文明家庭创建评选活动；各中小学校开展“弘扬社会新风、创建文明校园”及学习遵守“中小学生守则”活动。全区各行业、各单位、各部门根据自身特点，进一步细化道德要求，建立健全自律与他律相结合的运行机制和考核奖惩制度。区委宣传部设立热线电话，受理对不文明、不道德、不卫生行为的举报。各单位也都成立道德建设监督小组，及时发现、纠正本单位道德建设方面存在的问题。聘请 100 名社会监督员，对各种不文明行为进行监督。

二 以德治校

1990—1992 年，区内青少年学生开展“学雷锋、学赖宁、树新风、做四有新人”活动，开展“怎样做人，为谁活着”的人生观、价值观教育。召开各类主题班会、主题队会40余场次，做好事1300余件。

2001年，区委成立“加强和改进未成年人思想道德建设”领导小组。将未成年人思想道德建设纳入各级党政领导班子考核内容。区文明委聘请40名离退休老干部、人大代表和政协委员组成监督员队伍，对各学校、单位、营业性歌舞厅、电子游戏厅等场所进行明查暗访，对发现的问题予以曝光。2004年，区委制定《双滦区加强和改进未成年人思想道德建设的若干意见》。各中小学校组建有3000余名青少年参加的“青少年道德卫士小分队”。开展“妈妈和我同进步”和“学雷锋、树新风、爱名城、增光辉”等10余项有益青少年健康成长丰富多彩的系列活动。区电视台制作播出“在阳光下成长”专题教育节目18期。2001—2004年，有58名学生被批准为中共预备党员，评选出省、市级优秀学生干部324名。各学校与驻地派出所开展“警校共建”活动。聘请民警为法制副校长，坚持定期给学生上法制课。2005年，双滦逸夫实验小学和双滦区地税局联合开展“社会主义荣辱观教育暨税校文明共建”活动，以“文化长廊”“税校文明共建长廊”为载体，对学生进行教育。师生及家长在“践行社会主义荣辱观从我做起”横幅上签名并承诺：知荣辱、树新风，从我做起，从身边做起，从点滴做起，从现在做起。推选出教子有方的家长典型10名，举行事迹巡回演讲报告会10余场。

三“八九八”活动

2002年，区委制定《关于贯彻〈公民道德建设实施纲要〉推进以德治区工作的实施意见》。确定“通过以德治区，形成与社会主义市场经济相适应的思想道德新观念；形成体现社会主义制度优越性的良好道德新风尚；形成扶正祛邪、追求高尚、激励先进的良好社会新风气；形成全社会齐抓共管的新格局；形成物质文明与精神文明协调发展的新局面”的工作目标。提出八项“德治工程”、九类“道德实践活动”和八个“主题教育”活动。八项“德治工程”：即美化净化工程、倡导新风工程、窗口形象工程、健心健身工程、帮扶共建工程、优化环境工程、文化乐园工程、城区森林工程。九类“道德实践活动”：开展科教、文体、法律、卫生进社区活动，文明村镇创建活动、爱岗敬业活动、文明单位创建活动、文明景区创建活动、双百扶贫活动、树立学习典型活动、节日庆典活动、爱国教育活动。八个“主题教育”活动：开办“以德治区”电视专题栏目、举办《公民道德建设实施纲要》知识竞赛、举办公民道德教育文艺汇演、举办全民体育运动会、组织社会公德、职业道德、家庭美德事迹巡回报告会、发放《公民基本道德规范》宣传卡、组建道德建设监督员队伍、组织“以德治区”活动经验交流会。

2003—2005年，城区开展创建文明街道、文明社区和争当文明市民活动。向社会发放宣传手册3000册，评选表彰文明社区4个，文明市民100名；农村开展“守法规、刹五风、治五乱”活动；农村评选“十星级文明户”3598户；在学校开展“助教”活动，社会各界救助贫困生132人，为学校办实事70件；在“窗口”单位开展“讲职业道德、树行业新风”和“三德事迹”（职业道德，社会公德，家庭美德）评选活动；组织7个先进典型在全区巡回演讲。

第二章　文明创建

双滦区文明创建工作从点到面，范围覆盖城乡各个角落，形式呈现多元化特点，既有厂街、厂村共建，也有单位帮建、军（警）民共建。文明村街以评选“五好家庭”、“遵纪守法户”、“双文明户”为基本内容，成立红白理事会等自治组织，开展移风易俗活动；文明单位创建以系统的子单位为基本创建单位，分别开展文明班组、文明科室、文明所站、文明店、文明学校等创建活动。全区形成精神文明和物质文明一起抓的工作格局,取得两个文明双丰收的可喜局面。2005 年，区内建成国家级文明单位 1 个、省级文明单位 5 个、市级文明单位 32 个、区级文明单位 59 个，市级文明生态村 5 个。

第一节　创建文明窗口

一 争创星级单位

1988 年，双滦首次开展“窗口”行业创星级单位活动。以服务人民、奉献社会为宗旨，引导窗口行业单位的干部职工明确职业责任、履行职业道德、遵守职业纪律、提高职业技能、全心全意为人民服务。卫生、商贸、电力、建设、交通、邮电、供销、金融、财政、旅游、税务、工商、公安等直接面向社会服务的单位为创建活动范围。1997 年，工商银行滦河办事处行宫分理处等 22 个基层窗口被承德市文明委命名为一星级单位；农业银行双滦办事处偏桥子储蓄所等 12 个基层窗口被承德市文明委命名为二级星级单位。各单位相继向社会推行“政务公开”“厂务公开”“警务公开”“村务公开”等措施，全区有 57 个系统及窗口单位向社会公开办事程序、收费标准和办事承诺。

二 争创服务优秀单位

1998—2005 年，双滦区公安分局结合基层基础工作，进行派出所达标和窗口建设工作，户籍办证大厅全部实行低台敞开式,增加休息座椅、水杯、打气筒、办事明白纸等便民设施，元宝山派出所、双塔山派出所户籍窗口先后被公安部、省公安厅、市公安局评为窗口服务优秀单位。

2004 年，地税双塔山分局等 14 个基层窗口被承德市文明委命名为二星级单位，滦河国税所等 16 个基层窗口被河北省文明委命名为三星级单位。大庙卫生院和双滦区地税局建安运输所被树立为行业窗口典型。

附记：

承德市双滦区地税局建安运输所

承德市双滦区地方税务局建安运输税务所组建于 1988 年 3 月，是承德市第一家税务系统专业所，所址仅有 200 平方米、有税务干部 8 名。2003 年 4 月，被河北省政府授予“人民满意的公务员集体”，9 月被国家税务总局命名为“全国税务系统文明单位”，2004 年 8 月被中宣部、中组部、国家文明委、人事部授予全国“人民满意的公务员集体”。至 2005 年，该所先后被评为省级文明税务所、省级窗口服务质量“三星级单位”、省级基层规范管理“窗口”示范单位，全省地税系统“最佳办税服务厅”,全省地税系统“十面红旗”单位。

1999 年 3 月底，市地税局确定该所为基层规范管理窗口示范单位，要求在最短的时间内为全市地税系统规范管理做出样板。面对资金少、时间紧、任务重、要求高等现实情况，该所干部在 50 天的时间里“打破八小时，取消双休日”，每天早晨从 7 点开始，到晚上 7、8 点钟都不肯下班，有几次坚持到夜间 1、2 点钟。在任务最紧时,就连干部家属也被发动起来参加义务劳动。所长张立民身患多种疾病,平时靠吃药坚持工作，但为了让同志们感到有主心骨，他始终支撑着和大家一起干，有一天因为疲劳过度昏倒在所里。副所长张福才是年过半百的军转干部，妻子患重病需要去北京确诊，可这时正是所里工作最紧张的关头，张福才怀着内疚的心情，含泪先让女儿陪着妻子去了北京。在房屋改建期间，上拨资金一时没有到位，原有的材料已快用完，马上有停工的危险，大家东拼西凑近 3 万元，有的把家中准备的购房款也取出来。在大家相互激励和感召下，仅用短短的两个月时间，就将破旧的临时房屋改造成了功能齐全的办税服务厅、职工食堂、活动室、午休宿舍等，在规定的时间内达到规范管理的前期目标。

作为地税服务窗口，全所干部提出“干净整洁的办税环境，热情周到的纳税服务，耐心细致的解疑释惑，快捷熟练的办税程序”的服务口号，开展了首问责任服务、纳税提醒服务、限时办理服务、延时服务、预约服务、上门服务、导税服务、窗口式全程服务等为民、便民服务措施，深受纳税人的称赞。

2000年冬季的一天，平泉县小寺沟第一白灰厂与承钢结算账款，需要开具运输结算发票。该厂的人员发现在下班前赶不到税务所，于是在路上给该所打电话，请求帮助。所里留下2名征收人员等候，到晚上下班后近2个小时后，厂方人员才匆匆赶到。两名工作人员及时为他们开具了9张总金额65万元的运费发票。

建安运输税务所拼搏奉献、全方位多举措服务纳税人的事迹在全省地税系统产生了巨大影响。共有河北、北京、天津、福建、湖南等7个省市的党政机关、政法部门、财税金融系统、工商、交通、审计、进出口检验检疫等60多个不同行业、单位和部门到所里参观学习，参观人数达4000多人次。

（袁宝森根据档案资料整理）

第二节　创建文明村街

一 创建文明村、镇

1983年，区内部分行政村开展自建文明村活动。同年滦河镇东园子村被评为市级文明村。1985年，区内30个村开展文明村创建活动，评选出文明村4个，“五好家庭”2740户，“双文明户”（即遵纪守法、五好家庭）420户。白庙子村和北梁村为文明创建先进党支部。1987年9月，滦河镇与驻区大企业承德钢铁厂开展双文明共建活动，召开共建大会，并签订共建协议书。滦河镇1996—2003年，连续8年被承德市委、市政府评为“文明镇”。其中，1999年被市委、市政府命名为“农村精神文明建设示范区”。2001—2002年，滦河镇东园子村、西南营村被评为“承德市文明村”。2004年，偏桥子镇被河北省委、省政府评为“河北省文明生态村创建先进乡镇”。2005年，滦河镇被河北省委、省政府评为“河北省文明小城镇”。

二 文明生态村建设

2004年4月，双滦区启动创建文明生态村活动。6月初，区委、政府召开创建文明生态村活动动员大会，根据双滦区《创建文明生态村活动的实施意见》，区政府成立规划设计、道路硬化、环境净化、沼气建设、文明建设等8个工作组。利用报纸、电视、板报、橱窗、标语等进行宣传，印发《公民道德建设实施纲要》200册。组织30名包村干部、各镇党委书记、市级文明生态示范村主任到迁西县参观学习。创建文明生态村的工作重点是：道路硬化、村庄绿化、街道亮化、街院净化、沼气池建设和治理五乱（柴草乱垛、粪土乱堆、污水乱泼、垃圾乱倒、禽畜乱跑），打造环境优美、宜居和谐的新农村。包村干部挨家挨户摸底调查，对全区5个市级文明生态示范村采取帮扶措施。对家庭条件极差的重点帮扶；对有养殖能力、有建池积极性、有管理使用沼气能力的农户优先扶持。采用联建互帮的办法，引导农户把资金投向沼气建设。偏桥子镇大贵口、小贵口、偏桥子、达连坑、二道沟5个市级文明生态示范村，建有沼气池235户。区内67个部门、单位划分5个组，分包5个村，抽调1100名干部分包农户，帮助建设。当年，承德市工商局投资40万元，帮助偏桥子镇修建近3000平方米集休闲娱乐和市场经营于一体的广场。承德市供电公司投资60.8万元，帮助偏桥子镇改造农田电网、安装路灯、修建广场和厕所。大贵口、偏桥子、达连坑3个村投资150万元建成经济生态示范园区3个。区机关干部捐款10余万元，帮助建设村村通公路，全区农村路面硬化工程开工 26 个。

2005 年，滦河镇东园子、西南营、酒店村、双塔山镇松树沟、小元宝山、下店子、大三岔口和偏桥子镇羊泉子、大庙镇北梁、上营子共 10 个村列入第二批文明生态村建设。至 2005 年，在创建文明生态村建设中，区政府向上级争取资金 32 万元，承德市帮建部门支持资金 80 万元，区财政投入 174 万元，区内各帮扶单位投入 260 万元；包扶干部投入 85 万元，党员干部群众自愿捐款 2 万元；村集体和村民投资 300 万元。累计投入劳动力 12 万人次，投入义务工 3000 个，清理垃圾 800 立方米，硬化道路 50 公里，实现村村通公路；安装路灯 230 盏，栽植各类树木 6.5 万株，修护坝 2000 米、漫水桥两座；建人畜饮水工程两处，新建沼气池 743 个，购置图书 4000 册；11 个村安装了健身器材，新建文化休闲广场 10 个（1.6 万平方米），村成立秧歌队和舞蹈队 15 个。

附录：

大庙村村规民约

咱们村	是宝地	将你我	来养育
建设好	新农村	本公约	要牢记
爱国家	爱集体	跟党走	志不移
务正业	谋生计	勤劳作	同富裕
常学习	守法律	坏行为	要抛弃
除六害	灭劣迹	不赌博	禁恶习
交税金	不抗拒	起带头	莫迟疑
搞建筑	经审批	遵章法	守规矩
用水电	不违纪	公家物	要爱惜
交公粮	顾大局	为国家	多考虑
建勤工	积极去	公益事	多出力
好青年	服兵役	戍边疆	保社稷
按计划	来生育	生男女	都满意
倡晚婚	讲优育	独生孩	有福气
娶儿媳	聘闺女	破旧俗	有新意
丧事简	不挑剔	要火化	省土地
敬老人	合伦理	对儿童	会教育
邻里间	有情谊	互帮助	如兄弟
讲文明	行礼仪	宽他人	严自己
讲卫生	成风气	环境美	有秩序
倒垃圾	不随意	砖瓦柴	摆整齐
猪羊狗	鸭兔鸡	要圈养	勤管理
此公约	大家立	执行好	都受益
两文明	不分离	求发展	齐努力

第三节　创建文明单位

一 争创文明厂校

1983 年，全区开展建设文明厂（矿）、文明景区、文明工地、文明班组、文明村、文明商店、文明学校、文明班级、文明街道等活动。1984 年，双塔山、滦河、大三岔口、大庙 4 所小学分别被评为市、区文明学校。1985 年，区级文明单位评选 19 个。

1988 年，区委在工商、税务等 12 个系统的基层站（所）中，开展创建文明站所活动，每两年评比表彰一次。1992 年 2 月，各单位开展“学雷锋、树新风、爱名城”活动。加强社会公德和职业道德教育、纪律教育和“全心全意为人民服务”宗旨教育。

二 评选职工之家

双滦区在企业职工中开展“有理想、有道德、有文化、有纪律”的教育；文明企事业单位创建工作以在职职工、青年、团员中开展“赛思想、比贡献；赛技术、比质量；赛纪律、比出勤；赛消耗、比节约;赛团结、比风格”的“五比五赛”活动。 1995 年，双滦区总工会在全区企业中开展“爱岗敬业”大讨论，评选职业道德“十佳单位”，创建学习型企业，争创省、市“职工模范之家”活动。同年，全区评选市级“职工模范之家”企业 15 个，省级“职工模范之家”企业 2 个。1996 年，围绕服务质量、环境面貌、效率效益、科学管理 4 个方面实施等级达标。

三 争创星级文明单位

1997年，工商银行滦河办事处、行宫分理处等22个基层单位被承德市精神文明建设委员会命名为一星级单位。农业银行双塔山办事处偏桥子储蓄所等12个基层单位为二星级单位。

2004—2005年，双滦地税双塔山分局等14个基层单位被承德市精神文明建设委员会命名为一星级单位；滦河国税所等16个基层单位被河北省精神文明建设委员会命名为三星级单位。区级星级评选评出一星级单位14个，二星级单位38个，三星级单位18个。双滦区国税局被承德市精神文明建设委员会评为共建双文明典型。

四 荣获荣誉称号

2003—2005年，双滦区财政局获“河北省青年文明号”称号1次；双滦区法院获“全国青年文明号”称号3次。2005年4月，双滦地税局建安运输所被中组部、中宣部、中央文明办、人事部授予“全国人民满意公务员集体”荣誉称号。同年10月，承德新新钒钛股份有限公司获“全国精神文明建设工作先进单位”荣誉称号。至2005年，区内创建国家级文明单位1个、省级文明单位5个、市级文明单位 32个、区级文明单位 59个。

双滦区获国家级、省级文明单位荣誉称号统计表

表19-2-1

年 份	单 位	级别
1996－1997	农行承德分行双塔山办事处	省级
1998－1999	农行承德分行双塔山办事处、工行承德市滦河办事处	省级
2000－2001	工行双滦支行、农行双塔山支行、双滦区财政局	省级
2002－2003	双滦区国税局、农行双塔山支行、工行双滦支行、承德市通信公司双滦营业部	省级
2004－2005	双滦区国税局、双滦区地税局、工行双滦支行、双滦供电分公司、滦河镇	省级
2005	承德新新钒钛股份有限公司	国家级

第四节 创建文明家庭

一 评选五好家庭

1981年，区委在城镇社区开展评选“五好家庭”（遵纪守法好、敬老教幼好、家庭和睦好、环境卫生好、邻里团结好）活动。区委“五讲四美三热爱”办公室分别制定“五好家庭”评选标准，经过“群众推荐，组织确认”的方法，评选五好家庭户。1985年评出五好家庭2740户。1986年，文明家庭创建工作增加单项评选内容。同年4月，滦河镇5个村、13个居委会评出五好家庭1300户、卫生先进家庭2136户、遵纪守法模范家庭710户。1997年，城镇开展创建五星级（即敬业、守法、文化、和睦、新风五星）文明户和争当文明市民等活动。

至2005年，全区评出市级文明市民标兵10名，区级文明市民100名，“五星级”文明家庭2082户。

二 评选文明农户

1985年，农村开展创建“双文明户”（即遵纪守法、五好家庭）活动，当年评出“双文明户”420户。1997年，在农村开展创建致富、守法、计生、科技、养教、和睦、文化、义务、卫生、新风十星家庭活动。即“十星级文明户”活动。区委成立创建领导小组，制定评选标准与镇、村签订责任书，把各项职责分解落实到20个职能部门，并列入年终目标考核。区委把每年5月份定为“文明农户活动宣传月”。举办“十星级”文明户先进典型巡回报告会，培养树立各类先进典型18个。区文化局组织编排21个反映农民生活的文艺节目，下乡进村入户演出。大庙北梁和偏桥子等10个村还结合实际自编自演小节目进行宣传，把规范管理星级文明农户工作纳入村务公开内容。年初确定各有关部门为帮扶创建“十星文明户”责任单位。区直干部包乡镇、乡镇干部包村、部门干部包“星”、村干部和党员包户的责任制，并作为全年和区内工作进行重点考核。各镇、村制定对“十星级”文明户的表彰奖励措施。

至2005年，全区“十星级文明户”争创面达100%，评出“十星级文明户”4744户，占总户数的42%。

第五节　文明共建

1980年始，全区相继开展厂街、厂村共建；军地共建、部门帮建等形式的创建活动。1985年，承德市委在双滦区召开文明村、街共建现场会，双滦区在会上做了典型经验介绍。1991年，双滦区被承德市委、市政府、承德市警备区命名为“双拥模范区”。

1987.10.23双滦区工农兵共建文明区领导小组成立大会（区档案馆提供）

一　厂村共建

1980年，区委利用驻区厂矿企业较多的优势，开展厂村文明共建活动。至1983年底，区内已有共建村30 个，共建点42个。1984年，承德矿山机械厂、承钢大庙铁矿、滦河电厂、承德市啤酒厂、承德市麻纺厂、承德市丝绸厂、承德市造纸厂、承德市制革厂、承德市一建公司、承德市三岔口油库、承德市三岔口养路工区等企业累计捐资60万元，用于共建镇、村改善办学条件。先后帮助白庙子、团瓢、大庙等6个村办起采矿、铸造、机械、纸箱、炼油、麻毛厂等小型企业18个，安排农民进厂务工3000余人。

承德市啤酒厂帮助白庙子村建厂房（区档案馆提供）

1984年，承德市啤酒厂与白庙子村以改善工农关系为出发点进行横向经济联合，繁荣厂、村经济，开展共建活动。3年时间，啤酒厂帮助白庙子村建起麦芽厂、纸箱厂、肉牛厂、养鱼池等。安排进厂工作300人。至1986年，白庙子村总收入达到196万元，固定资产120万元，人均收入达到669元，成为全区各村富裕之首。啤酒厂由于得到村里的支持，从转产到扩建进展顺利。1986年12月，《承德市报》登载了承德市啤酒厂与白庙子村共建活动的调查报告。

1984年，团瓢村人均收入不足180元。1985年开始，团瓢村与市皮革厂、市造纸厂搞共建。在皮革厂的支持下，村里先后办起了尾毛加工厂、炼油厂和明胶厂；市造纸厂帮助村建起了纸箱厂和建筑队，并派去17名熟练工人培训农民。至1988年，团瓢村工农业总产值达到213.5万元，其中村办企业产值184万元，人均收入609元。人均收入比1984年提高约3.4倍。两厂职工和村民多次开展拔河、象棋、扑克等文体联谊活动和法律常识竞赛活动。厂村还联合修了一条友谊路。皮革厂一度资金有困难，村里主动赠送2500元，帮助解决燃眉之急。几年来，厂村共建活动，使昔日厂村关系紧张，变成了互利互惠、友好合作的“一对亲”。

1985年，区委在双塔山街道、白庙子街道、东园子村等5个单位进行文明村、文明街试点。同年6月，承德市委在双滦区召开文明村、街共建现场会，推广白庙子村、街道齐抓共管，厂街共建的经验。1986年，元宝山村与承德市麻纺厂、承钢与滦河镇、双塔山镇与承德矿山机械厂分别开展厂村、厂镇共建活动。

小元宝山村位于承德市十大风景之一的元宝山下，邻近承德市麻纺厂。1987年春季开始，小元宝山村与麻纺厂开展厂村共建双文明活动。市麻纺厂投12万元，帮助村修建拦河坝400米，坝上修建了一条工农同行的道路，架起三座连结厂区、家属院和小元宝山村的小桥。麻纺厂投资5000元，派出工人30多名，铺设主管道300米，把自来水引到了村民各家各户。工厂还提供管理、技术人员和材料，帮助村里办起麻毛加工厂，年产值可达3万余元。村民也出动劳力帮助工厂排除污水，清除垃圾，美化环境，协助维护厂区治安。厂村还共同开展普法教育，厂规民约的宣传教育，以及党的基本路线教育，使厂村工农关系越来越密切。

二　军地共建

1987年，区委成立军地共建领导小组，开展军地共建活动。先后召开常委会4次，研究军地共建工作，落实各项优抚政策，制定创建“双拥”模范区的规划。区武装部协调军地关系，发动驻军部队和全区民兵预备役人员，参与地方经济建设和地方组织的植树、访贫扶贫、捐资助教、爱国卫生等活动。区武装部联系羊泉子、老沟门、黄地沟3个村为扶贫点，为村民清理河道、修路补桥、销售农产品、开垦荒山、种植经济林等。岔沟门村的某部队，帮助上碾子村磨盘沟修乡村土路一条，为困难无房户建造住房3户。驻厂沟某部通信分队，为双塔山公社支援电话线杆，并赠送电话交换机一台。农忙时，部队主动帮助生产队劳动。驻东平台村的铁道兵十八局的官兵，为双塔山镇东平台村打机井一眼，并赠送水泵，为全村安装自来水。1990年底，驻区部队与学校、厂矿、地方各单位结成共建对子11个。全区成立拥军优属定点活动小组68个，累计为驻军做好事3830件。双滦职教中心和武警承德支队二大队四中队结为共建对子。中队为学校进行国防教育、军训，学校为部队培训地方建设需要的技术人才。1991年，双滦区被承德市委、市政府、承德市警备区命名为“双拥模范区”。

承德市厂村共建、民兵参建双文明现场经验交流会（区武装部提供）

2000年，双塔山镇小元宝山村人畜饮水困难，驻村消防中队用水车为村民拉水，并长期扶助两位孤寡老人。驻双塔山的某部修理营，为团瓢村修一条通往输送机厂的土路。2002年，下甸子村修大坝，驻村武警部队支援水泥30吨、平整乡村公路路基4条。

2002年3月，双塔山镇松树沟村15户贫困户承包荒山120亩。军分区到内蒙古采购经济价值较高的树苗无偿帮助农户，协调市科技局派出技术顾问予以指导，使树苗成活率达到95%。村民王进宝在内蒙古一家奶牛厂打工，回来后萌生了养奶牛的想法，军分区帮助他和其他4户村民共同投资建场。奶牛场投产后，年利润在10万元以上。2003年6月，军分区高政委为帮助村民发展矿业捐款3000元，军分区其他常委每人捐款2000元，军分区先后为松树沟村筹资15万元。军分区还帮助村里跑采矿手续、帮助村民贷款60万元，并请来技术专家指导培训；协调地方教育部门，投资扩建松树沟小学、改善教师待遇、筹资设立教师奖励基金、帮助村里制定村民守则、组织村民学习养殖技术等。

三 税校共建

1995—1996年，国税局先后捐款4600元，捐衣物190件，资助10名贫困学生重返校园，帮助他们完成学业。1995年，双滦区国税局同大庙镇中学、大庙铁矿中学和大庙岔沟门小学结为精神文明共建对子。1997年，国税局出资1万元，在大庙镇中学设立“园丁奖”“山花奖”，奖励工作突出的教师和品学兼优的学生。同年，国税局被双滦区委、区政府评为“关心下一代先进集体”。1998年，双滦区国税局为大庙镇中学14名教师和15名学生颁发首届“园丁奖”“山花奖”，共发奖金4100元，为学校购买体育用品30件。1999年，向大庙镇中学捐赠计算机2台和图书100册。2000年9月至2003年，国税局领导多次到大庙镇中学帮助解决实际困难，进行税收知识讲座。捐赠1套价值2000元的《世界名著》。

至2005年，区国税局共捐助失学儿童38名。大庙镇中学利用学生多、涉及面广的优势，主动走访家长，将广大群众对税务干部的评价反馈给国税局，协助加强机关行风建设。

附文：

工农携手前进　同走致富金桥

——白庙子村与承德市啤酒厂共建两个文明的调查

白庙子村位于承德市西南双塔山脚下，毗邻承德市啤酒厂。1980年，居民300余户1200人，人均收入不足200元。至1985年人均收入增到600元，村有固定资产120万元，一跃成为双滦区的富村。市啤酒厂自1983年投产以来，产量、产值、利润不断上升，生产势头一年比一年好。这些成绩取得源于厂、村共建两个文明。

厂、村两家以前关系很紧张，农民和工人之间常相争斗。村里的青少年经常跑到厂里明偷暗拿，厂里的少数职工也时常到村民地里连偷带摸。村里个别青少年明目张胆地往厂房上扔石块、砸瓦片和玻璃。

1984年初，啤酒厂建厂后，厂领导主动找到村干部，提出共建文明村、厂的建议，并于同年4月共同制定了共建协议。他们首先在农民和职工中各自进行“爱工厂、爱农村、爱国家、爱集体、爱人民”的“五爱”教育。大力宣扬先进典型事例，严格执行共同制定的“厂规”和“民约”。共建活动开展不久，村里有个在啤酒厂做工的青年，工作服丢了，便怀疑是啤酒厂人偷去了，拉上4个不明真相的村民进行寻衅打斗。通过厂、村教育，使他们认识到错误。1984年春季，厂排出的污水淹了村民五十亩菜地，有些村民想和往常一样，乘机敲“竹杠”。村干部及时教育村民，只收取厂400元的补助费，双方都比较满意。为了进一步密切工农关系，村、厂经常开展文化娱乐活动，看电影，举行篮球赛。厂为村修一条长150米路沟，村里也自修一条长350米、宽5米的大街，使白庙子村容村貌变了样。为方便厂职工生活，村委会专门购置一台加工面条的设备，还廉价供应蔬菜、豆腐等。厂利用含有大量蛋白质的废水，帮助村建养鱼池，还为村购买五台增氧机，帮助村发展养鱼事业。

厂、村认为，共建精神文明在改善工农关系的同时，只有通过厂、村的经济联合，才能把共建活动推向纵深。啤酒厂坐落在白庙子村边，啤酒厂的投产和扩建离不开村里的支持，而村里的经济繁荣，也依赖于啤酒厂的发展。厂长刘金和站得高、看得远，主动到村里与村干部共商联合大计，而村干部也主动到厂拜访，共签联合项目。1984年，啤酒厂正式投产后，面临最大的困难是啤酒的主要原料麦芽供应不足，而且长期在北京、赤峰两地加工，不但成本高、运输难、质量差，而且受制于人。如果在本厂建个箱式麦芽厂，投资达300多万元，厂子受不了。最好的方案是与白庙子村实行联合。村出地、出劳力，厂出技术、出管理人员，提供原料，这样投资少、见效快，双方均可受益。经双方协商，在白庙子村建成了一个供年产15000吨啤酒的麦芽厂。仅一年多，村获纯利30多万元。啤酒厂不但降低了啤酒成本，而且保证了正常生产。从此，联合的纽带把两家连结得更加紧密。1984年，啤酒厂第一期工程征用的16亩土地，就是让厂长到村里拍板定的。去年第二期工程所用40亩地，也是这么办的。1985年秋季，啤酒厂又要占地10亩，需9户搬迁，而这9户的房子大都是近几年新盖的。村里积极做工作，不久都搬迁了，从而保证了啤酒厂的扩建。啤酒厂投产、扩建需用运输车辆、临时工及修缮队。白庙子村每年有10余台拖拉机、200多名村民在厂里搞运输、做临时工，每年可为村增加收入50多万元。

以繁荣厂、村经济为目的，把共建活动引向深入。1984年，村麦芽厂为了充分利用副产品酒糟，厂、村于今年商定联合办肉牛饲养场。村出地、出劳力，啤酒厂出资金和设备。盈利按投资分红。现在，啤酒厂已投资32000元，与村建牛舍10间、饲养室3间、仓库5间，其他事项正在进行中，今春双方又商定，建一个啤酒瓶盖厂。材料、设备由厂解决，产品由厂包用。白庙子村在教育上投资7万元，新建校舍30间，以此改善办学条件，成立科技业校。他们还投资四万元，修了滦河坝，以保证农业的增产和工厂的安全生产。

（作者：高杰，本文有删改）

巩固工农联盟的有效途径

中共双滦区委员会

双滦区工农共建活动，是在1983年中央办公厅批转保定地区军民共建经验后发展起来的，前后经历了萌发、兴起到形成网络三个阶段。工农共建文明活动以强大的生命力，证实了它是新时期巩固工农联盟的有效途径。

工农共建，即工人、农民达成协议，团结合作，以发展生产力为目的，以解决工农之间的矛盾为突破口，围绕两个文明建设开展的一系列活动。它是密切工农关系，促进生活风气好转，推动工业建设农业生产发展的好形式。

由于历史的因素，在消费品的分配、医疗、就业、接受教育等方面工农之间出现了不平等。近年来，随着商品经济的发展，思想教育的削弱，工人、农民之间的矛盾似有加深之趋势，工人以“老大哥”自居，农民以“地头蛇”称霸；工厂认为原料由国家调拨，产品由国家包销，扩建由国家征地。无需和农民打交道。而农民则认为，工厂的扩建使自己失去了最基本的生产资料，使本来不多的土地显得更加紧张。于是，就理直气壮地去工厂拿，拿不出来就偷，偷不出来就想法设障碍。卡“油水”，敲竹杠，挖沟断路成了“制服”企业的有效手段。过去在滦河镇农民中曾流传过这样一句顺口溜：“翻身不忘共产党，盖房不忘钢铁厂”，横批是：“缺啥拿啥。”

党的十一届三中全会以后，区委、区政府确定了“发挥优势、联合搞活、互相依托、形成合力、共建双滦”的指导思想。根据驻区企业多，工业对农业的辐射能力强，便于引进资金、技术、人才的特点，借鉴保定地区军民共建的经验并使之具体化，创造了本区解决工农矛盾，密切工农关系，促进工农联盟的新途径。

在新形势下，农村经济必须由单纯的小生产的自然经济向商品经济转化；企业也必须由封闭型、半封闭型向开放型转化，而实现这个转化仅仅依靠各自的力量是不够的，这就需要工农之间互相联合、互相渗透、取长补短。打破过去那种闭关自守的局面，走工农联合、共同繁荣之路。其次，培养一代有理想、有道德、有文化、有纪律的社会主义新型农民和工人是社会主义精神文明建设的根本任务，这就需要工农在共同的理想前提下，互相学习、发挥优势、这就决定了开展工农共建活动的必然性。第三，从阶级根源看，“工农本是一家人”，工人、农民有着共同的政治经济地位，这是工农联盟的基础。工人阶级与农民之间从历史就有着天然的联系，有着广泛的自然交往，有密不可分的社会关系。尤其是城市郊区，工农交叉，城乡交融，互相制约，从而决定了工农共建的可能性。

开展共建活动，有利于融洽工农关系。自开展共建活动后，工农双方以民兵为骨干，举办各种联谊活动，进行爱工厂、爱农村、爱国家、爱集体、爱人民的教育，大力宣扬工厂和农村的先进典型人物事迹，厂村互放电影，民兵开展军体表演，节日举办花会、舞会等各种形式的活动，相互增加理解，逐步消除隔阂，由过去的互相怀疑、刁难变为相互尊重和信任。在一些共建对子中，双方互聘名誉厂（村）长，有事坐下来共同商量，出现了心想到一块、话说到一块、劲使到一块的可喜局面。

开展共建活动，有利于促进农村商品经济的发展。工业的发展，使耕地不断减少，加之过去农村政策的失误，部分地区农民的生活确实很苦。改革开放以来，农民迫切需要上项目，办企业摆脱贫困，但是，农村底子薄，无资金、无技术、无设备。共建活动，则促进了城乡结合、信息交流和横向联合。至1989年，双滦区农村从厂矿引进技术人才150人，资金150万元，设备120台，培养各类技术人才300多人。办起村镇企业18个，年产值可达3000万元，安排了农村劳动力3000多名。发展第三产业，根据1989年末统计，全区乡办、村办的工业、交通运输、商业饮食、服务行业发展到108个，个体1460个，从业人数达5955人，上缴国家税收150多万元。1989年全区工农业总产值3574万元，比开展共建前的1983年增加1.1倍，其中乡镇企业年创利比1983年增长4倍多，人均收入增长2倍。从而加快了农民脱贫致富的步伐，为合理调整工农物质利益向前迈了一步。

开展共建活动，有利于工农双方扬长避短，借水行舟。开展共建活动后，厂村都看到了联合的优势，工厂有资金、技术，农村有劳力和土地。工农紧密结合办起各种形式的小企业，显示出勃勃生机。如过去承钢需用的绝热板一直由河南省购进，与滦河村联合办厂后，产品由承钢包销，降低损耗9%，村年盈利10万元。同时，由于节省了进货的中间环节，承钢年节省资金11.7万元，既解决了农村剩余劳力的出路，又使双方受了益，农民又增加了收入，使共建活动的生命力更强。

共建活动促进了农村精神文明建设。通过共建活动，城乡交往频繁，文化活动不断交流。全区各村办起了民兵之家，企业向农村赠送政治科技文化书籍1000多册，驻区各企业影剧院全部向农民开放。承德钢铁厂、黄麻化纤纺织总厂等企业，为驻地村民安装了闭路电视3000多户。每遇重大节日，厂村还联合开展文艺、体育联欢，既丰富了厂村文化生活，更增进了工农之间的友谊。

共建活动，有利于社会稳定，保证了工厂农村经济建设的顺利进行。开展共建活动六年来，全区社会治安秩序明显好转。企业、街道居委会、镇村共同采取多种形式向工人农民进行法制、纪律和社会道德风尚教育，通过办学习班、展览、板报、广播、电视讲座等形式，使50000人次受到普法教育。成立帮教小组228个，厂、村、街建立了15个治安巡逻队，义务活跃在大街小巷和公共场所。全区社会治安综合治理网络化，保持了安定团结的政治局面。

共建活动有利于创造一个良好的生活环境和工作环境。联合共建活动，将区域性环境治理统一规划、统一保护、统一建设，使厂容村貌有了明显改变，几年来，厂村集中人力、物力、财力建设小区，职工、农民共同绿化、美化环境，厂村投资150万元，联建大型垃圾场3处，修桥5座，修路8条，植各种树木两万多株。有的企业还为许多农民安上自来水，较好解决了农民走路难、吃水难和就医难等困难。

实践证明，我区工农共建活动由萌发、兴起到形成网络，是从工人、农民的利益出发的，是顺人心、合民意、工农都受益的，是在新的历史条件下发扬党的优良传统，密切工农关系，解决工农之间矛盾，巩固工农联盟的一个有效途径，也是把两个文明建设一齐抓的战略方针落实到基层的一种好形式。

（本文为在全市精神文明建设会议上的交流材料，有删改）

第三章　文明典范

1982年始，双滦区开展精神文明建设工作。通过“学雷锋、树新风、爱名城、增光辉”等文明创建活动，各行各业涌现出一大批爱岗敬业、孝老爱亲、见义勇为、助人为乐、拾金不昧、舍己救人和兴办公益事业的先进单位和个人。传承中华民族的优良美德，弘扬时代精神，为社会主义精神文明建设树立了典范。

第一节　见义勇为

一　陈浩明勇斗歹徒

陈浩明

陈浩明，男，回族，滦河镇建筑公司副经理。1991年11月18日下午3时，两名犯罪嫌疑人在滦河镇东园子村盗窃时被村民发现。陈浩明闻讯后立即与其他职工分别骑摩托车参与抓捕。陈浩明在滦河桥头双滦供电所墙外追上逃犯，并骑车向犯罪嫌疑人刘某撞去，与刘一同摔倒在地。陈浩明起身去捉刘某时，另一犯罪嫌疑人宋某返回用刀刺向陈浩明，致使其颈静脉和动脉血管破裂，经医院全力抢救，陈浩明脱离危险。公安干警与到场群众奋力追捕，终将宋、刘两名嫌疑人抓获。1991年11月，双滦区委、区政府做出“关于在全区开展向勇于同犯罪分子做斗争的陈浩明学习的决定”，并为陈浩明荣记一等功。1992年，中宣部、公安部授予陈浩明“全国见义勇为先进个人”荣誉称号。1993年8月，陈浩明进京参加公安部、中宣部和全国见义勇为基金会召开的全国社会治安见义勇为先进集体和个人表彰大会，荣获“全国社会治安见义勇为先进个人”称号。

二　刘怀志临危不惧

刘怀志，男，双滦区滦河镇环卫队职工。1990年夏，犯罪嫌疑人回某持刀杀死1名妇女和1名儿童后，窜上街头追赶无辜群众。在这危急时刻，刘怀志不顾个人安危，挺身而出与滦河派出所民警一起与犯罪嫌疑人展开搏斗，并将其制服，保护了人民群众生命安全。1991年，刘怀志应邀参加河北省第一届见义勇为英雄和先进分子表彰大会，被授予“见义勇为先进分子”称号。

第二节　助人为乐

一　鲍守坤义务献血

鲍守坤

鲍守坤，男，汉族，1970年7月2日出生，大学学历，承德钢铁集团公司职工。1999年3月，鲍守坤无偿献血200毫升。血站人员希望他以后继续参加献血时，他在应急献血申请表上签字同意，并毛遂自荐当上承德市中心血站的义务宣传员。2001年，他四次去平泉、两次去围场参加义务献血宣传活动。2002年，承德市中心血站首次开展机采血小板，鲍守坤成为承德市捐献“机采血小板”第一人。2005年，鲍守坤出差到上海时，正好赶上采血车采血，他捐献400毫升鲜血。1999—2005年底，鲍守坤已无偿献血100多次，累计献血5万毫升。2004年，鲍守坤被共青团中央评为百名优秀志愿者；2005年获国家卫生部、全国红十字总会、中国人民解放军总后勤部卫生部联合颁发的“全国无偿献血奉献金奖”。

二 屈汕扶贫助教

屈汕为承德市七至十届政协委员，双滦区政协常委、承德市个体私营协会副会长。

屈 汕

1980年，屈汕在滦河镇开办饭店，成为当地最先富裕起来的家庭。他致富不忘乡亲，无偿提供给邻居娄某启动资金2000元，帮助建起个体旅馆，使其在一年内就改变了贫困状况。屈汕先后借出资金30万元，帮助20多位村民开旅馆、办饭店、跑运输。

屈汕从1986年起担任滦河镇属小学的校外辅导员，设立“塞外酒家奖学金”，为4所小学40个班每班学习第一名的学生交纳学费和杂费。累计发放奖学金数万元，受奖学生400多人。他为偏桥子镇长北沟小学捐赠桌椅130套，并为学校焊制大门、旗杆、单杠等，还捐出1000元，集资5000元为学校购置收录机、投影机等教学设备和校服148套。冬季取暖，他送去炉子11个，并雇车买煤。至2005年，屈汕先后资助修建小学6所，担任十几所中小学的校外辅导员、名誉校长，资助贫困学生1000多人。他为扶贫提供无息贷款及社会各项公益事业先后出资100多万元。在承德市开展的“学雷锋、树新风、爱名城、增光辉”活动中，他连续十年榜上有名，被授予“学、树、爱、增”活动标兵称号。1986、1991年两次被评选为“全国关心少儿工作先进个人”。

三 双滦公安分局捐资助教

1995年，双滦公安分局开展“群众路线回归公安”和“作风伴我行，百名民警进村街”活动，全局干警捐款2000余元，资助贫困学生15人。分局政委刘润平先后资助4名贫困学生完成高中学业；1995—1998年，偏桥子派出所连续3年帮助长北沟村特困学生张某姐弟俩完成小学学业；民警田小静曾连续多年资助贫困学生1名。至2005年，双滦分局先后捐款20000余元，资助中、小学特困生11名，为7户特困家庭捐送衣物。

第三节 拾金不昧 舍己救人

一 晁明辉拾金不昧

2004年6月21日下午5时许，双滦区人民武装部干事晁明辉，在承德钢铁公司路边捡到一个黑色的公文包。打开包一看，发现里面全是百元现钞。晁明辉在拣包地点等到天快黑了，也不见失主的任何消息。于是，他把拣到的包带回人武部，并向部领导作了汇报。听完汇报后，政委与他一起仔细检查了包内物品。发现里面有8万多元现金和一些银行信用卡，还有名片和公交月票。于是，他俩按照这些线索连夜查找，终于找到失主。失主是承德钢铁公司连轧厂办公室主任仇某，这笔钱是准备为职工发放福利的公款。晁明辉把公文包送还时，仇当即掏出2000元以示感谢，被晁明辉婉言谢绝。

二 李建萍、李建民舍己救人

1985年5月6日16时左右，滦河镇酒店小学五年一班学生李建萍（女，13岁）放学后在家门前面（酒店村）铁道路基边上玩耍。居住在酒店村的承德钢铁公司房产处职工张金横跨铁路时，突然癫痫病发作，摔倒在铁轨中间，失去知觉。当时，承德钢铁公司运输部的一列火车从滦河站开出，向双塔山方向奔驰。李建萍发现这种情形，立即向前救助。她用尽全身力气，也没能挪动处于昏迷状态的张金。飞驰的列车越来越近，情况万分危急。李建萍一边用尽全身力气拖拽，一边大声呼喊救人。正在路基边挖菜的李建民（男，13岁，酒店小学五年二班学生）闻声赶到，两人奋力把张金抬出铁轨。刹那间，飞驰的火车急驰而来。为了防止意外，两人用力按住张金不断抽搐的手脚，忍受着列车强大气浪的冲击，坚持到列车全部通过。张金得救了，一场重大人身伤亡事故避免了。

年仅13岁的李建萍、李建民舍身救人的感人事迹轰动全区。双滦区委、区政府授予李建萍、李建民"忘我救人好少年"光荣称号，全区开展向"忘我救人好少年"李建萍、李建民学习活动。

第四节　爱岗敬业

一 优秀教师王晓翠

王晓翠

王晓翠，女，满族，毕业于河北省师范大学，1995年参加工作，现为承德市第四中学教师。王晓翠在10年的教学实践中，爱岗敬业，潜心研究教学方法，努力调动学生学习兴趣，所任学科在全市统考中多次取得优秀成绩。长期以来，她一心扑在工作上，没有请过一天病假和事假。2002年，6岁的孩子得了急性喉炎，住进承德市医院。为了不耽误给学生上课，她狠心给孩子办了出院手续，在家里给孩子输液。班里一名男生由于母亲病逝，与父亲沟通的少，变得孤僻寡言，并且经常逃课上网。王晓翠一次次的去网吧把他找回来，给他以母亲般的疼爱和照顾，为他补课，帮他树立信心。这名男生经过教育开导，很快克服了心理障碍，健康成长。

2004年，班里一名学生家长感情不和，时常打架。母亲离家去了外地，父亲失去工作每天以酒消愁。王晓翠主动找到家长做工作，又联系学校领导，帮助这名学生办理免费住校学习。王晓翠每周还给他30元钱生活费，帮助解决困难。2005年，这名学生以中考400分的成绩被实验高中特长班录取。

"十年树木，百年育人"，在平凡的教育一线，王晓翠十年如一日，奉献育人，被评为承德市教学能手、学生最喜爱的老师。2004年，王晓翠被评为河北省优秀教师；2005年，被评为承德市十大杰出教师。

二 纺织女工吕桂兰

全国劳模吕桂兰

吕桂兰，女，汉族，1934年出生，高小文化，内蒙古赤峰市人。1950年参加工作。

1953年9月，吕桂兰调入承德市麻纺厂。先后担任整理车间扎口工、团小组长、工会小组长、女工委员、代理工段长。吕桂兰刻苦钻研操作技术，不到一年时间就从一个普通女工，成长为一名岗位能手、技术标兵。1954年上半年，她从事缝边岗位的拉线工作，工作上专心致志，一丝不苟。她发明的两个手指操作的系扣方法，提高了工作效率，并推广到全工段。当年产量达到上年度的127.4%。

1955年，她潜心钻研操作技术，改进了折叠麻袋的方法、纫针方法、握剪子方法和叠袋子方法。经过系统整理、归纳，总结出一套完整的操作流程，被工厂确定为"吕桂兰操作法"，并在全厂推广应用。经过一段时间的探索和改进，吕桂兰又提出"打结接袋和变两股线扎3针为3股线扎两针"的操作方法。在第四季度创出了个人生产2580条麻袋的历史记录。她本人用11个月的时间完成了二年零七天的生产任务。工厂采用并推广了她的操作方法，工作效率提高1.64

倍。同年，吕桂兰加入中国共产党。

1956 年，吕桂兰荣获全国劳动模范称号。

1970 年 9 月，吕桂兰去世。

三 劳动模范张炳华

张炳华

张炳华，男，初中文化，1931 年 1 月出生于河北省乐亭县。1952 年参加工作，历任工人、车工组长、车间负责人、技术科副科长、动力科副科长、技术改造办公室主任、承德矿山机械厂副厂长兼总工程师、链式输送机研究所所长、工会主席等职。

1956 年，张炳华学习苏联科洛索夫高速切削经验，经过多次试验，攻克机床降温、刀具角度等难题，使车床转数每分钟 600 转提高到 900 转，提高工效 30%。同年，被评为全国劳动模范，出席全国先进工作者代表大会。

1959 年，他参加河北省青工技术推广团。回厂后，他推广改进了陶瓷刀、90° 精车刀等十几种刀具。一次偶然的机会，张炳华在兄弟工厂看到一名能够加工 15 吨部件的“大头旋”，这也是车间急需的设备。他掏出小本，把各个部件认真的画出来，回厂后发动工友制作了一台土设备，解决了生产难题。同年，张炳华晋升为工人工程师。

1953—1960 年，张炳华改进工具，优化操作，革新技术 132 项。先后革新创造了机床“高速切削发”“强力切削发”“水泥联合机床”等技术，并被广泛推广到机械行业。

20 世纪 70 年代，张炳华主导建起军工车间，克服了很多技术难题，生产出合格的军工产品。1978 年，他升任为主管技术的副厂长兼总工程师，参与了对矿山洗选、干燥机等产品进行技术整顿，优化了产品的性能。80 年代，他主导引进美国韦伯公司链式输送机的相关技术问题。

至 1980 年，张炳华 6 次被评为市级劳动模范，4 次评为河北省劳动模范，2 次被评为全国劳动模范。

四 全国“五一”奖章获得者刘江

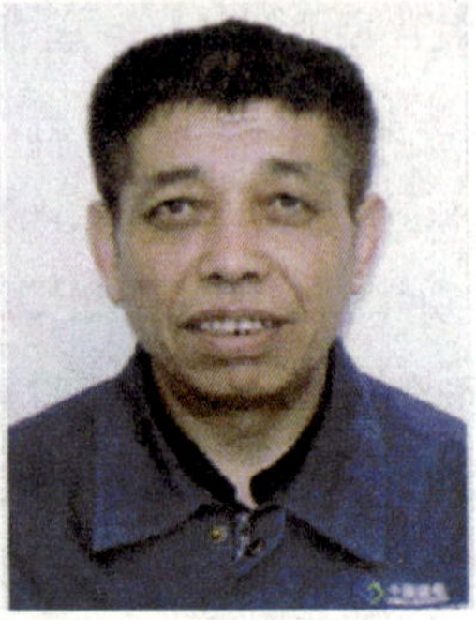

刘　江

刘江，男，汉族，1959 年 5 月出生山西省浑源县，大专文化。1977 年到滦河发电厂工作，任滦河发电厂电气车间继电保护班班长。

1993 年，5 号机 7.5 万千瓦“二机励磁系统”老化，事故频发。刘江接受了改进任务后，与几名同志找来原设备的图纸，查阅、计算了大量数据，拟定了改进方案。5 号机大修开始，刘江既要考虑其他的大修项目，又要负责“二机励磁系统”的改进工作。他每天工作十几个小时，一心扑在工作上。爱人上夜班有时就把 4 岁的儿子锁在家中。听到儿子在屋里的哭声，他选择的是流着泪水，承受着内疚坚持工作在车间一线。大修一个月，他和同志们反复测算数据 6000 多个，100 多个控制板上的近万个元件进行了逐一测试，更换大小零部件 2000 个，完成焊接点 4000 多处。改进结束，开机试验，各种参数完全符合技术要求，而且全部费用只花了 4000 余元。

华北网局“9511”工程开工后，刘江又主导改进了 10 万千瓦机组吸风二次回路系统深井泵遥控装置，为企业安全生产解决了难题。

1994 年 3 月，刘江获得河北省职工科技明星称号；1995 年，获得河北省劳动模范；1996 年，获得全国“五一”劳动奖章。

五 岗位能手常继德

常继德，男，汉族，1963 年出生。1981 年参加工作，先后在承德钢铁公司机械厂任学徒工、车工、车工一组组长、厂生产科科长。

常继德进厂后当学徒工学习车工，经过勤学苦练，以优异的成绩提前一年出徒，成为车间的生产骨干。一次承钢氧气厂 6500 立方米 / 小时制氧机的主电机因滑环烧坏而停机。常继德接到求助电话后立即赶到现场。经检查，主电机滑环上布满焊点状的黑色硬点，必须用车刀打磨才能排除。传统方法需要 2 ~ 3 天时间才能排除故障。

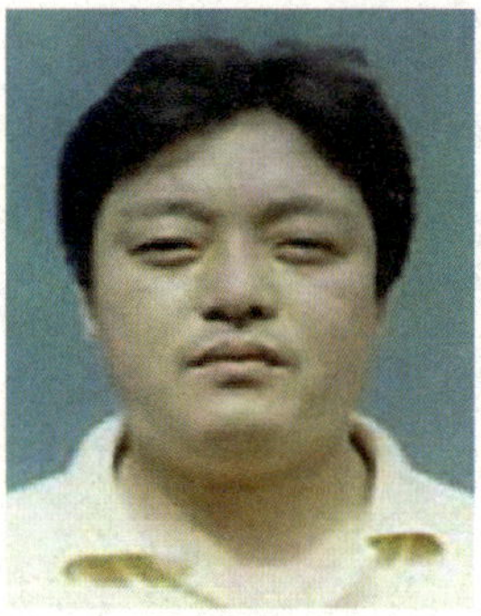
常继德

常继德经过琢磨，找到了解决问题的“巧”办法。他和工友们从车床上拆下刀台，巧妙地利用电机的四个地角螺栓支撑刀台，利用电机的余转摇刀台手柄的方法清除硬点。电机从启动到停转，一次需要 20 分钟，他和工友们在雪地里干一会儿，等一会儿，工作了一整夜，排除了故障。凭着多年的实践经验，常继德总结出一套车工的操作方法——《加工大型丝杠、蜗杆、螺母分段直进法》。采用该方法，提高工效两倍多。

1989 年，他担任车工一组组长。他抓青工的技术培训，传授自己的“绝活”。他带的多名徒弟在公司组织的技术比武中获得好成绩。车工一组月月超额完成生产任务，产品合格率达到 99% 以上。

1988—1997 年，常继德累计完成工时 43010 小时，9 年的时间完成了近 20 年的生产任务。

2000 年，荣获全国劳动模范称号。

六 炼钢工人张志新

张志新，男，汉族，1964 年 9 月出生于河北省滦平县，初中文化。1984 年参加工作，先后在承德钢铁公司炼钢厂任炉前、二助手、一助手、炼钢炉长、冶炼工段段长助理，炼钢技师。

张志新

张志新参加工作就在炼钢炉前。十几年来他利用培训机会和业余时间，刻苦钻研学习炼钢技术，先后系统学习了《炼钢读书》《炼钢基础知识》《炼钢工艺》《炼钢 500 问》《炼钢工艺与设备》等专业书籍。在工作中，他大胆实践，苦练操作技能，在测温、摇炉、补炉、烧枪、吹炼等方面样样精通。1990—1997 年，在集团公司组织的技术比武中取得第一、第二名的好成绩。在实践中，他练就了目测终点碳与化验结果丝毫不差的绝招。1993 年，他被唐山矿冶学院破格聘为该院钢铁专业实践指导教师。

1990 年起担任炼钢炉长。在岗位上，他吃苦在前，以身作则，脏活累活抢着干。生活中，遇到工友生病，他及时看望；工友有困难，他慷慨解囊。他把全组同志紧紧团结在自己周围，形成强大的合力。他带的班组在全厂 8 个炼钢班组中，产量、质量、炉龄、用料消耗等指标，数十次刷新历史记录，连年高居榜首。八年多，他没休过一个正常的星期天和节假日，平均每天工作 10 个小时以上，累计炼钢 50 多万吨，创效益千万元。

从 1990 年起，张志新先后获得公司、承德市、河北省劳动模范等称号；1998 年，被全国总工会授予全国“五一”劳动奖章。

第五节　孝老爱亲

一 好儿媳李盛卉

李盛卉，女，汉族，双塔山镇杨树沟村人。1999 年与麻纺厂工人齐志强结婚。2003 年 3 月，婆婆突患脑溢血，失去了生活自理能力。当时，麻纺厂刚刚破产，公公、丈夫同时下岗，全家月收入不足 1000 元。婆婆重病需要服侍，而家庭困难又需要生活收入。在这两难的时候，李盛卉却放弃了超市的工作，承担起照顾婆婆的重任。喂水、

李盛卉

喂饭、喂药、擦屎端尿、换洗衣裤、擦洗身子、翻身按摩，成了她每天的必修课。婆婆长期卧床，经常便秘，李盛卉不嫌脏臭，坚持用手去抠。除此之外，还要照顾三岁的孩子和家人的生活。李盛卉从早到晚辛勤劳动，每天只能休息五六个小时。为了更好地侍候婆婆，李盛卉和婆婆睡在一起。一家五口人蜗居在49平方米的老式楼房里。虽然家中有长期卧床的病人，室内却整洁干净，没有异味。婆婆卧床三年多至去世，没有长过褥疮。几年来，李盛卉省吃俭用辛苦操劳，没有为自己添置一件新衣。

当年李盛卉和丈夫齐志强结婚时，婆婆对这个农村来的媳妇并不十分认可。但是李盛卉不计前嫌，欣然觉得："谁都有老的那一天，伺候婆婆是我们晚辈的义务。"

2005年，李盛卉受到了双滦区妇联的表彰，同时《承德晚报》也报道了她的事迹。

二 好儿媳闫瑞华

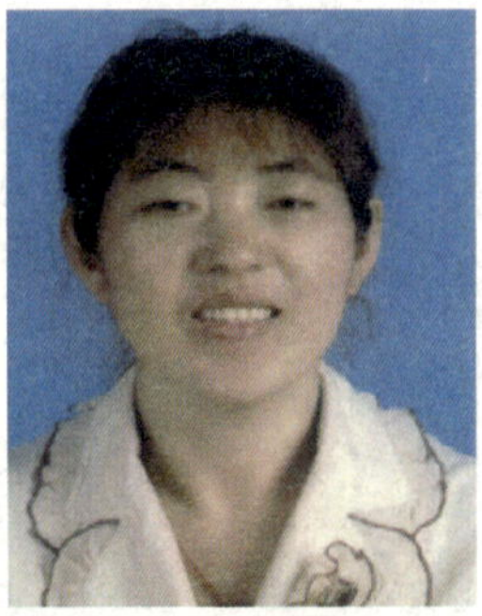
闫瑞华

闫瑞华，女，满族，双滦区大庙镇人。1993年5月，闫瑞华结婚嫁到大庙镇大庙村，丈夫在外上班，公公是村干部，她结婚进门便担起农活、家务活和照顾有病不能完全自理的婆婆的担子。1994年春，公公又得了脑血栓。她面对患病需要护理的公婆，默默地选择了担当。1999年10月，公公又病发恶性肿瘤，住院治疗。她一面要在家照顾婆婆和料理家务，一面要到医院侍奉公公。公公出院后，生活不能自理，时常大小便失禁。一次公公大便拉到裤子里，弄得身上、衣服上、炕上、地下衣柜上全是屎。她没有嫌弃，端来温水给公公擦洗身子，换衣服，清洗干净。为方便治疗，她学会了打针，按时给公公打针、服药。由于昼夜操劳扶持，她十分疲惫，有一次热水袋放在脚下睡着后，竟烫伤了小腿，留下疤痕。她每天像陀螺一样从早到晚忙个不停，娘家虽然在本村却没时间回去探亲，就连母亲生病都没能回去照顾。娘家人还得帮着带孩子、干农活。一次做饭时，她突然两眼冒金星，一下子晕了过去。由于长时间接触洗涤剂，她的手发生了皲裂、溃烂，但是婆婆的尿布没有停止换洗，屋里没有一点异味。2000—2001年，公婆先后过世，紧张神经突然松懈下来，闫瑞华却大病了一场。她十年如一日悉心照料患病的公婆，用诚心和真情传承了孝老爱亲的美德。

第六节 身残志坚

一 盲人修车工左树和

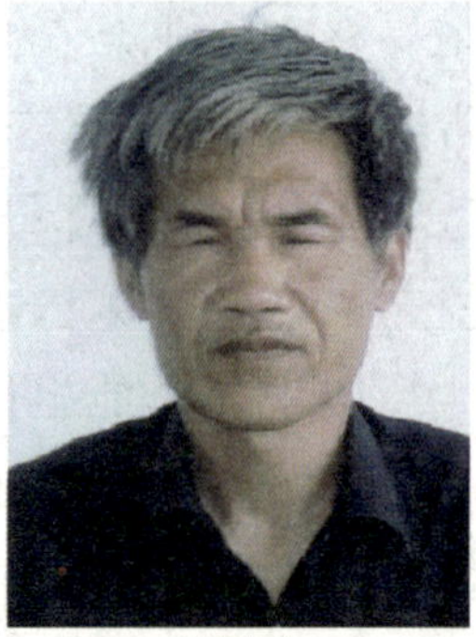
左树和

左树和，男，1967年5月生，初中文化，住双滦区大庙镇陈营子村。1985年，左树和在原大庙铁矿的"毛坡"上捡到了1枚雷管。在研究其构造时发生意外，致使其双眼失明，左手中指、食指缺失，落下了终身残疾。那年，他刚刚18周岁。

面对这沉重的打击，他曾一度消沉。父亲曾经打算让他学习算命，自幼就不相信算卦占卜的他，决心用自己的能力闯出一条生存之路。1987年，农用三轮柴油车刚刚进入农村市场，保养维修人员相当缺少。上学期间就偏爱物理学科的左树和开始琢磨修理农用柴油车。理论书他看不了，就请邻居的伙伴、学生帮忙给他读。靠耳朵听、心里记，了解掌握了柴油机的工作原理和维修常识。为了更好的实践，他又从废旧物品收购部买回两台废旧的柴油机，用手摸着反复拆装强化记忆，经过一段时间的摸索，他把这两台废旧的柴油机拼装修理为1台能正常运转的机器。1987年秋，姐姐家买了1台农用三轮车，车辆的保养、维修自然就由左树和负责。柴油机是靠离心力调速配比，这是维修柴油机的技术难点。靠着一股顽强的劲儿，他反复拆装，一点点摸索，娴熟的掌握了柴油机修理技术。听声音，他就能准确判断出柴油机的工作状态。1988 年以后，农村购买农用三轮车的农户多了，左邻右舍三轮车坏了都来找他帮忙。开始他是义务修车，不收一分钱。1989 年至 1991 年，左树和义务为乡亲们修车 200 余台次。1992 年以后，左树和修车开始收取一些费用，但大多都是车主估量着给，他从来不与人家讨价还价。十几年间，左树和修过的柴油车动力从 6 马力到 25 马力；品牌从时风、五征到大金龙、银牛等六、七种。他修车名气也逐渐大了起来，维修活不再局限于十里八村，几十里外的滦平县红旗乡、韩麻营乡、李台儿及市内的一些柴油机用户也都找他维修。双塔山镇大三岔口卖柴油机械的商家也请他作为售后特约维修人员。到 2000 年的时候，左树和每月的收入达到了两千多元。他用自己的劳动收入购买了一款盲人手机，打电话、上网、发短信、发微信，左树和的“眼界”广了，道更宽了。

二 残疾医生孙志成

孙志成

残疾医生孙志成 女，汉族，中专学历，中共党员，1937 年 5 月出生，河北省隆化县人。1958 年 8 月调入承德钢铁厂运输部，先后任护士、医生。

1962 年 3 月，在一次出诊返回途中，孙志成遭遇车祸，失去右臂和右腿。面对厄运，她没有消沉，而是以乐观的态度面对生活和工作。手术后的第六天，高烧还没有退去，伤口还在发炎，她就开始用左手练习写字。她工工整整地给厂党委写了一封信：“……我现在虽然肢体残疾了，但我还有一颗火热的心。我绝不辜负党和同志们对我的关心和期望，只要我的心还在跳动，我的呼吸还没有停止，我就要以坚强的毅力，克服各种困难，争取早日恢复健康，重新走上工作岗位，把我的一切献给党。”康复期间，假肢咯得右腿残端的嫩肉，象针扎一样疼。她的伤残集中在右边，身子偏重的厉害，连站都站不住，更不要说迈步了。她先是扶着床沿蹭，后来慢慢撒开手，试着站立，就像小孩子走路那样，摇摇晃晃，终于迈出了第一步。孙志成家距卫生所只有七十多米，但对于一个刚安上假肢的人来说，每一步都是毅力的考验。她与常人一样，每天坚持上班出诊，从不迟到早退。为了更好地为病人服务，孙志成把那些患慢性病人的家庭住址和基本情况一一记录下来，下班后经常定期寻访诊疗，方便了群众。刚回到工作岗位时，孙志成诊断、开方、注射都不方便，她就用左手反复在枕头上扎针；一只手摸不准肝脾，就在自己身上练；一只手绑不上血压仪的束臂带，就求病人帮忙。从开始每天只能看十几个病人，逐渐增加到能给二、三十名患者诊病治疗。为了不影响工作，孙志成工作期间假肢始终戴在身上，夜间在诊所值班休息也不摘下。二十多年，她记写了笔记十多本，累计二十多万字。其中有读书心得、成熟的诊疗验方等。至 1992 年退休，孙志成为职工及家属累计看病 18 万余人次。

1977 年，孙志成被评为全国冶金系统先进工作者；1978 年被评为冶金系统劳动模范；1979 年、1983 年，两次被评为全国“三八”红旗手；1978 年至 1985 年，连续七年获得承德市劳动模范称号；1991 年被评为全国自强模范。

第二十编 教育 科技

域内有较详文字记载的教学活动始于清代。宣统元年（1909年），喀喇河屯设劝学所，主管教育事务。民国期间，滦河、双塔山两地分别建有小学校并出现职业教育萌芽，民间私塾发展较快。民国30年（1941年）开始出现中学教育。

新中国成立后，域内的教育事业迅速发展，构建了完善的基础教育网络体系。“文化大革命”期间，学校曾一度停课，学生学业一度荒废。中共十一届三中全会之后，教育先后完成“基本普及九年义务教育”和“普及学前三年教育”。成人教育以扫除文盲为基础，大力开展职业技能培训和学历自考。随着“科教兴区”战略的实施，各类教育得到快速发展，民办教育初见成效，教育结构渐趋合理。教师队伍素质大幅提高，基本适应教育事业发展的需要。2005年，区内共有幼儿园27所、中小学校22所、职教中心1所、民办职业学校1所。

20世纪50年代，大、中型企业开始建立内部科技工作机构。1987年，双滦区成立科学技术委员会，并开始专业技术职称评定工作。1988年，区属有专业技术人员137人。20世纪90年代，国家实施“科技兴国”战略。双滦区着重实施农业高效示范工程、企业技术改革创新和科技成果引进、示范、推广工作。2005年，机关事业单位共有科技人员1563人，一批科研技术成果获得市级表彰。

第一章 教 育

清乾隆五十二年（1787年）至清光绪三十年（1904年），滦河街建有滦江书院，后改为学堂。当时，办学、讲学的影响力波及周边诸县。民国22年（1933年），域内有私塾16所；民国27年（1938年），有国民学舍12所。

新中国成立后，教育事业迅猛发展。从学前教育到小学、中学教育，再到职业、成人教育，构成完善的基础教育体系。教师队伍发展壮大，素质不断提高，各项待遇得到落实。教育机构为国家高等教育输送了大批人才；为企事业发展培养大批专业技术骨干；为成人自考提供服务和保障。至2005年，区政府制定《关于加强全区教育工作的决定》。各级政府、各有关部门、各级各类学校围绕教育发展目标和整体工作思路，以教育发展为主题，学前教育抓普及，义务教育抓均衡，高中教育抓规范。基础教育实现由“普九”向“普十五”延伸，率先在全市完成学区建设。河北省“普九”第三轮复查，双滦区达到合格标准。区内有幼儿园27所、小学18所、初中3所、高中1所、职教中心1所、民办职业中专1所。教职工1354人，其中中小学教师1067人、幼儿教师124人、行政人员163人。

第一节　书院　私塾

一 书院

乾隆五十二年（1787年），滦平县理事通判景文（字松同）在喀喇河屯（今滦河镇）文昌祠院内创建滦江书院。嘉庆十九年（1814年），山长傅文炳（字肖严）捐资在原址重建书院。光绪三十年（1904年），滦江书院改为小学堂。滦江书院历经110多年，其办学宗旨为“劝学兴贤”。课程设置主要为儒学经典等，内容为《四书》《五经》《性理大全》等及应对科举考试的“时文”之类。书院实行肄业制。学习1年后可以回家自修，然后按时参加府学入学考试，也可以继续在校学习参加岁科考试。滦江书院培养了很多秀才进入承德府学学习（热河文庙内），其中12人在科举考试中中举。

二 私塾

民国18年（1929年），偏桥子苏忠（羊泉子村人）开办私塾，有学生12人，两年后停办。民国22年（1933年），域内有私塾16所，学生234人。教师有滦河街汪培祯、王笑凡、冯国兴、娄延福、刘凤池和单塔子村李占源、上营子村韩书阁、大三岔口村冯乐山、中营子村胡大辛、金厂沟刘俊清等。其经费来源由学生分担，每人每年交3～10个大洋。教育宗旨是：认字习字。开设的课程有《百家姓》《三字经》《千字文》等，学制一般是3～5年。民国26年（1937年），部分私塾改称“国民义塾”。即采取新式教材、教学及管理。民国34年（1945年），大庙区域仍有私塾。新中国成立后，私塾逐步被淘汰。

第二节　学前教育

一 农村学前教育

20世纪60年代，域内有民办幼儿园2所，教师2人，招收幼儿100余人。1972年，滦河镇宫后村小学建起第一个学前班，招收5～6周岁儿童。开设课程有算术、常识、唱歌、美术、体操、游戏、语音识字等。1973年，各小学开始逐渐增设学前班。1986年，区内13所小学招收学前班16个，在校儿童640人。2003年，为普及学前三年教育，4个镇各建中心幼儿园1所。2004年，各校取消学前班。

2005年底，区内有中心幼儿园4所，村级幼儿园9所，民办幼儿园8所。幼儿教师86名，在园幼儿1037名。

二 城镇学前教育

民国18年（1929年），滦河街县立小学附设幼稚班，招收幼儿50余人，时间不长即停办。

1958年，驻地国有企业相继设立幼儿园。由于办学条件不具备和随之而来的国民经济三年困难时期，各企业幼儿园相继停办。20世纪70年代，双塔山小学设学前班。国营企业恢复设立幼儿园；职工子弟学校开始招收学前班。1988年，驻区企业承德钢铁厂、滦河发电厂、承德市麻纺厂、承德矿山机械厂、承德市丝绸厂等建有幼儿园（托儿所）10所。招收企业子女，入园儿童3000余人。1998年，区教育局把学前班教育统一纳入学校管理，配备1名专职干部管理幼教工作。2002年，由于企业改制等原因，承德市麻纺厂、承德市丝绸厂等企业幼儿园（托儿所）停办。2003年，新建区直属民族幼儿园1所。2004年，各校取消学前班。

至2005年，区内有区直属幼儿园1所，教职工41人，在园儿童408人。驻区企业幼儿园5所，教师124人，在园儿童703人。3～6周岁适龄儿童入园率达88.5%，规范幼儿园率达88%。

第三节　小学教育

一 学校

光绪三十年（1904年），滦河镇设滦平县县立初、高等小学堂，孙绳武任学堂董事，设有高级班 1 个，初级班 2 个，有教师 4 ~ 5 人，学生 120 余人。宣统元年（1909 年）7 月，滦河沙土梁建驻防小学堂，人称官学，驻防小学专收八旗子弟。负责人由关咏鸠（字乐民）担任，后由傅鹤龄（字松年）担任。

民国 2 年（1913 年），滦河清真寺院内设公立回民初等小学堂，后与县立小学堂合并。民国 3 年(1914 年),滦河驻防小学与县立小学堂合并。同年，县立女子初等国民小学堂设立，原校址在县立小学（土城）西跨院内。后曾两次迁址于西旱河沿单级教员讲习所院内和糖坊胡同孙绳武家院内,后又迁回原址。民国 4 年（1915 年）6 月，袁世凯曾为滦平县高等小学堂题写校名。民国 5 年（1916 年）4 月,各初等小学堂改为国民学校。地处偏僻,条件较差的国民学校称之为国民学舍。民国 22 年（1933 年）,偏桥子地域杜举、李永春、

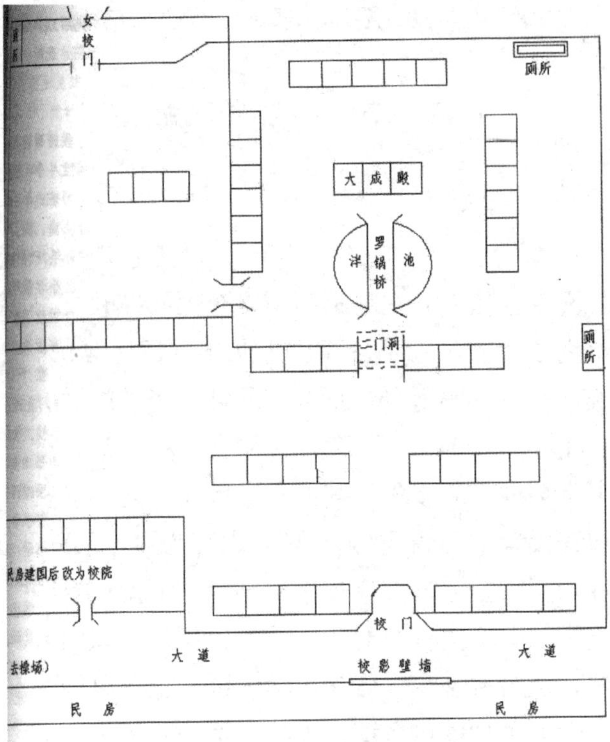

民国初年滦平县立小学平面示意图

石宝山等人曾开办国民学舍。民国 27 年（1938 年），域内有国民学校（舍）12 所。

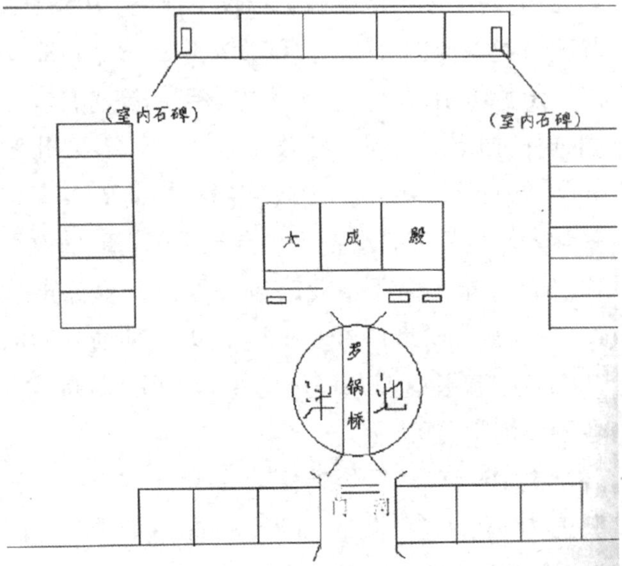

说明：1、门洞内悬挂“滦江书院”（横匾）

“滦平高等小学堂”（横匾）

2、大成殿前立三尊石碑

右为“创建滦江书院碑”

中为“滦平县创设学堂记碑”

左为“重修滦江书院碑”

清末滦平县两等小学堂平面示意图（原滦江书院）

民国 36 年（1947 年），滦河街滦平国民学校改称滦平县滦河小学。民国 37 年（1948 年），滦河小学改为滦平县第二完全小学；双塔山区域设热河省第六完全小学。

1949—1951 年，域内有小学校 11 所。分别是滦平县第二完全小学、热河省承德市第六完全小学、三家小学、偏桥子小学、长北沟小学、小三岔口小学、大庙小学、北梁小学、大三岔口小学、岔沟门小学、中营子小学。1952—1959 年，先后增设大贵口小学、陈营子小学、下店子小学、宫后小学、上碾子小学。1956 年，承德市第六完全小学改称双塔山小学；1959 年，滦平县第二完全小学改称滦河小学。1960—1965 年，域内先后增设承钢选矿小学、承钢职工子弟小学。1970 年,承德市普及小学教育,小学总数为 37 所。至 1970 年，先后增加凤凰嘴小学、西平台小学、滦河村小学、东园子小学、宫后小学、承钢二小、黑山矿小学、矿机厂小学。

滦河民族小学（区档案馆提供）

1981年，双滦区设立教育局。1982年，双滦区第一次调整小学布局，撤销小学教学点4个，合并为完全小学28所。1996年，应营子小学、选矿小学撤并到双塔山小学。

2000—2005年，区内小学布局进一步调整，驻区企业子弟小学政策性移交地方。2005年，区内有小学16所、教学点2个，在校学生6989人。

二 学制与课程

清末，初等小学堂学制5年；高等小学堂学制4年。课程设置有修身、儒家经典讲读、文学、算学、地理、历史、体操、格致（科学）等。7岁以上儿童可入初等学堂，毕业后可升入高等学堂。高等小学堂增加农业、书画等课程。

民国元年（1912年），政府对学制进行修改。初级小学学制4年，高级小学学制3年。民国11年(1922年)，小学修业年限为6年，初小4年，高小2年。国民学舍学制为1～3年，施以简易的教材。

民国时期，学校课程设置各时期略有不同。民国元年（1912年），取消讲读经课，部分内容并入国文课。民国11年（1922年），改国文课为国语课，设"国民课外训练课"。民国13年(1924年)，高小格致课改为博物课，有条件的开设英语课。民国17年(1928年)，初小开设国语、算术、常识、音乐、图画、体育；高小开设国语、算术、历史、地理、自然、体育、三民主义、音乐、图画、手工、卫生、英语课。民国36～37年（1947—1948年），学制为"四二制"，初小4年，高小2年。课程增加公民、党义课。民国37年(1948年)，取消公民、党义课。各小学设语文、算术、自然、社会常识（政治）、地理、历史、美术、体育、音乐等，低年级开社会常识课，高年级开设政治课。

新中国之初，小学学制仍为"四二制"，课程设置无改变。1951年10月1日，政务院发布关于改革学制的决定，小学学制统一为5年。1952年以后，小学不分初、高小，学制为"五年一贯制"；1953年，学制恢复"四二制"，后改为"六年一贯制"。1959年，课程设置略有调整，社会常识停设，增加共产主义教育课，不久停设。

"文化大革命"时期，境内小学相继停课，1968年复课，小学学制为6年。各校开设毛泽东思想教育课，替代政治课；体育课改为军体课；音乐课改为革命文艺课；自然课改为科学常识；美术、历史、地理停设。"文化大革命"后，小学学制仍为6年。

1980年，小学复设地理、历史、美术课；1981年，设思想品德课。各小学课程设思想品德、语文、数学、自然、地理、历史、体育、美术、音乐及"三防"(防原子、化学、生物武器）课。1989—1999年，个别小学试设英语、计算机课。2000年始，小学全部开设英语课。2001年，小学思想品德课改为品德与生活；增加综合实践活动课。2003年，小学1～2年级取消自然课，思想品德改为生活。3～6年级思想品德改为品德与社会，自然课改为科学。2005年，小学课程设置为：1～2年级设生活、语文、数学、体育、音乐、美术；3～6年级设品德与社会、科学、语文、数学、外语、体育、艺术、计算机和综合实践活动。

三 教学研究与改革

清代，教学方法采用"注入式"，教学形式主要是读、讲、背、写，以读、背、写为主。民国小学取消讲读经课，课程设置多样化。

新中国成立后，授课方法为"讲授法"，老

师是主体，学生处于被动学习的从属地位。文革时期，境内小学曾停课1年，1968年恢复上课。1976年以后，小学教育逐渐走入正轨。

1985—1989年，双滦区贯彻《中华人民共和国义务教育法》，保证适龄儿童的入学率、巩固率和毕业率。在教学上依据《九年义务教育全日制小学教育大纲（适用）》，进行整体改革。为减轻学生过重的课业负担，各校侧重抓学生平时考核，单元考核成绩占学生总成绩的60%，期末考试成绩占40%。1985年，双滦区普及初等教育通过市、省两级验收。小学入学率为99.5%、巩固率99.3%、毕业率95.3%、普及率99.6%。

1991年，各校建立听课、评课制度，提倡校领导第一、二节课进课堂听课。区教育局组织教师开展“三优”（优秀论文、优秀课、优秀教案）评选活动、参加承德市数学教师大选赛、小学教师写字基本功竞赛、语文课评优活动；组织双滦区小学生参加数学竞赛、全国科学少年北戴河夏令营智力竞赛，承德市第三届小学生自然智力竞赛。1995年，小学入学率为100%、巩固率99.8%。1997—1998年，继续深化教育科研和教学改革，总课题是各学科如何落实素质教育。

1999年开始，双滦区小学教育从注重“双基教学”“培养能力和发展智力”，转移到“发展素质”“提高素养”的轨道上来。随着教育理念的不断更新，小学教学的课程、教材、教法、教学评价和教学研究等领域也产生了一系列的改变。1999年，教育局提出“端正教学思想，改进教学方法，提高教学质量”和“面向全体学生，全面提高学生的思想道德、文化科学、劳动技能和身体心理素质”的要求。1999年，小学取消升学考试，按学区全部升入初中。小学入学率、巩固率均为100%。2001年开始，双滦区落实《全日制义务教育课程标准》（以下简称《课程标准》）。教育局组织教师和教学管理人员，分期分批、循环多次地进行专题辅导。参与辅导人员对每个学科的性质与地位，课程的基本理念，课程标准的设计思路，课程的总目标，阶段目标，课程的实施建议，都有比较系统的了解。教育局又依据《课程标准》的要求，组织部分学校的骨干教师，对语文、数学、科学、英语、音乐、美术、品德与生活、品德与社会、综合实践活动等学科，进行实验教学和示范教学的观摩活动。小学部分学科的研究学会，还组织素质教育和实施《课程标准》的专题研讨会，深入研究本学科的具体要求。课程改革，注重培养全面和谐发展的学生、个性充分发展的学生、学会终身学习的学生。在教学方法上，提倡自主、合作、探究的学习方式。全区各学科一律倡导自主学习，强调学生在学习中的主体地位。

2002年，区内小学开展“提高课堂教学质量，实现‘减负、提质、增效’的研究”；“加强教学策略，教法贴近学法的研究”；“信息技术和学科整合，提高课堂实效性的研究”；“爱的教育的研究”等课题研究56项。对已经结题的研究成果，采用恰当的形式，进行推广。

2005年，区内小学开展以解决课堂教学中产生的问题为切入口，以“个人反思、同伴互助、专业引领”为基本内涵，以探索校本教研的有效机制和教研形式多元化为重点的校本教研工作，解决教学工作上的实际问题。

2005年双滦区小学学校名录

表20-1-1

序号	所　　属	校　　名	建校时间
1	区直属	双滦区逸夫实验小学	1948年
2	区直属	双滦区第一小学	1961年
3	区直属	双滦区第二小学	1969年

续表 20-1-1

序号	所　　属	校　　名	建校时间
4	区直属	双滦区第三小学	1963年
5	区直属	黑山小学	1970年
6	双塔山中心校	双塔山镇中心小学	1950年
7	双塔山中心校	中营子小学	1964年
8	双塔山中心校	下店子小学（教学点）	
9	滦河中心校	滦河民族小学	1904年
10	滦河中心校	东园子小学	1972年
11	滦河中心校	酒店小学（教学点）	
12	大庙中心校	大庙小学	1955年
13	大庙中心校	北梁小学	1958年
14	大庙中心校	岔沟门小学	1951年
15	大庙中心校	小三岔口小学	1949年
16	偏桥子中心校	偏桥子小学	1948年
17	偏桥子中心校	三家小学	1948年
18	偏桥子中心校	大贵口小学	1953年

2005 年双滦区小学学生人数统计表

表 20-1-2

校　名	班级个数	学生人数	校　名	班级个数	学生人数
双滦区逸夫实验小学	24	1111	北梁小学	6	108
双滦区第一小学	26	1359	岔沟门小学	5	124
双滦区第二小学	12	494	小三岔口小学	4	115
双滦区第三小学	13	595	偏桥子小学	6	125
黑山小学	8	318	三家小学	6	124
双塔山镇中心小学	12	545	大贵口小学	5	163
中营子小学	6	289	酒店教学点	2	44
滦河民族小学	23	1017	下店子教学点	2	21
东园子小学	7	245	合　计	173	6989
大庙小学	6	192			

附记：

双滦区逸夫实验小学

双滦区逸夫实验小学是香港著名实业家邵逸夫 2001 年捐赠部分资金而建。其前身是 1948 年建校的“热河省承德市第六完全小学”，校址在双塔山镇茶棚街。1956 年，学校更名为双塔山小学，附设 2 个初中班，有学生 401 名。1957 年，学校迁至双塔山造纸厂院内平房，附设 6 个初中班。1972 年，双塔山小学迁到双塔山镇东街，

双滦区逸夫小学（摄影　田隽）

学校有教学班13个，学生450人，教师20名。1977年，学校有教师28名，在校生800多人，教学班16个。1980年，双塔山小学被确定为双滦区直属小学。2001年，邵逸夫捐赠50万元港币建成新教学楼。校园占地面积4200平方米，教学楼建筑面积3440平方米，有19间教室，9个专用教室。学校更名为“双滦区逸夫实验小学”，有教职工38人，其中专职教师33人；有省级骨干教师1名，市级骨干教师2名；区级骨干教师7人，专科以上学历15人，学历达标率100%。有教学班14个，在校生679人；有学前班3个，有幼儿150人。

2005年，学校先后获得“承德市科研型先导实验校”“承德市科研先进学校”“承德市教学改革先进校”荣誉称号。全校有教职工46人，其中专职教师39人，专科以上学历34人，学历达标率100%。学生1086人。

（撰文：袁宝森　刘士起）

第四节　中学教育

一　学校

初级中学　民国30～34年（1941—1945年），今滦河镇设立热河省立滦平国民高等学校。民国35年（1946年），今滦河镇设热河省立滦平初级中学，在校学生86名。1949年10月，滦平初级中学迁出。

1956年9月，滦河小学、双塔山小学、大庙小学附设初中班。1957—1958年，滦河小学初中班、双塔山小学初中班与母校分离，建立滦平第二中学、双塔山初级中学。1959年，滦平二中改为承德市第四初级中学；1961年，双塔山初级中学改为承德市第三初级中学；1964年，承钢大庙铁矿子弟中学设立。至1965年，域内有初级中学6所。1966—1967年，各学校停课，没有招生，也无毕业生，1968年复课。同年，双塔山育新学校附设初中班。1970年，域内有初中14所，其中11所为村办、社办（人民公社）。同年，矿机厂初中、黑山铁矿职工子弟中学建立。1971—1972年，承德市第三初级中学、第四初级中学先后更名为承德市第三、第四中学。1975年，承钢设立职工子弟中学。1979年，双塔山育新小学初中班从母校分离，设立大三岔口中学。至此，域内共有初中6所。

原承德第三中学（1995年）（区档案馆提供）

1982年，双滦区调整学校布局，撤并村办中学9所，区内中学为5所。1999年，有初中6所。即承德市第三中学、承德市第四中学、承钢职工子弟中学、大庙镇中学、双塔山镇中学、偏桥子镇中学。2001年，承德市第三中学停止招生，初中部移并到承德市第四中学。2003年，承钢职工子弟中学更名为第十五中学。

2005年承德市第四中学教学楼（区档案馆提供）

2005年，双滦区调整初中学校布局，重建三中。初中整合后共3所，即承德市第三中学、第四中学、大庙镇中学。初中在校学生2852人。

农（林）中学　域内农林中学属初级中学，办学宗旨是为境域培养农、林方面的技术人才。1958年至1960年2月，偏桥子建农业中学。

1962年，中营子建林业中学，隶属中营子国营农场。开始为1个班，40人；1973年，在校学生150人。同年，改为农林中学，隶属双塔山镇，1984年合并到大三岔口中学。1964—1966年，大庙公社曾建农业中学，校址在岔沟门村，后改为普通高中。农业中学学制两年，课程除文化课外，设农业种植技术、林木管护、果树培植、病害防治等。

河北承德实验中学概貌（摄影　翟俊威）

高级中学　1969年，承德市第三中学附设高中班，即是双滦区高中教育的起始。1972—1975年，承德市第四中学和承钢职工子弟中学附设高中班，在读学生180人。1978—1988年，区内承德市第三中学、第四中学、承钢职工子弟中学等6所中学设高中部或附设高中班。1989—1999年，双滦区调整高中布局。承德市第三中学成为区内唯一招收高中学生的学校。1998年，三中高中共12个班，在校学生600余名。同年招收音、体、美特长生29人；1999年，招特长生40人。

2003年，河北承德实验中学建成，成为域内唯一一所高中学校，承德市第三中学高中部并入实验中学。2005年，承德实验中学在校高中学生5760人。

二　学制与课程

初级中学　民国30—34年（1941—1945年）域内初中课程设置有国文（后改为满文）、日语、数学、农业、物理、化学、历史、地理、理科（动植物、矿物）、体育、音乐、美术、技练（军训）等。35年（1946年），境内热河省立滦平初级中学，学制3年，秋季始业。课程设置为国文、数学、英语、公民、历史、地理、化学、植物、动物、生理、体育、图画、党义（三民主义）等。

1957—1965年，初中课程设置为政治、语文、数学、自然（植物、动物、达尔文学说基础、生理卫生）、化学、物理、历史、地理、外语（俄语）、体育、音乐、美术等。学制三年，秋季始业。1969年，初中学制从三年改为两年，变秋季始业为春季始业。“文化大革命”时期，课程设政治、语文、数学、工业基础知识、农业基础知识、音乐改革命文艺，体育课改为军体课，其他课程停设。1976年以后，恢复“文化大革命”前课程设置。

1981年，初中增设劳动技术课；1998年，部分中学增设计算机课；2001年，区内中学全部开设计算机课程。2001年，国家实行基础教育课程改革，双滦为实验区，常规课程无改变，部分课程有所改变。政治改为思想品德；增加综合实践活动、校本课程和地方课程。1983年，初中学制改为3年，秋季始业。至2005年，初中课程设置无变化。初中入学率100%，巩固率99.1%，15周岁人口初等教育完成率100%。

高级中学　1969年，域内高中班学制两年，春季始业，在读学生110余人。1976年，改为秋季始业，学制仍为两年。其间，课程设置为政治、语文、数学、工业基础知识、农业基础知识、革命文艺、军体等课程，后增加英语课。

1983—2005年，高中学制改为三年，秋季始业。课程恢复“文化大革命”前设置。课程设置为语文、数学、外语、物理、化学、生物、政治、地理、历史、计算机、体育、音乐、美术等。为适应高考，高中第二学年分文科、理科班。

三　教学改革与研究

长期以来，学校讲授方法是“注入式”的“满堂灌”，教师讲学生听，“应试教育”占主导地位。

1984年，双滦区中学的教学改革围绕贯彻“三个面向”方针（即教育要面向现代化、面向世界、面向未来），教育思想上开始关注到面向全体学生，并开展教研教改活动。教学过程中注重处理好知识与能力的关系，教法与学法的关系。改进教学方法，提高教学质量。在指导教改工作上，以培养自学能力、开发智力、增强课堂效果为目标进行教法改革实验。1985—1986年，“教师为主导，学生为主体，训练为主线”的观点逐渐为各校所接受。教师摒弃传统的“一言堂”的教学方式，注重培养学生独立思考能力、创新能力和实践能力，注意发现和培养有特长的学生。各个学校都采取措施减轻学生过重的课业负担，提高教育教学质量。1987年，全市中学的教学改革提出“人人有题目”的要求，并将教改列入对教师工作考核项目之一。1988—1995年，以提高教育教学质量为重点，全面实施素质教育为目标，教学思想更加重视启发式、情景式教学，注重面向大多数学生。1995年，初中入学率100%，巩固率为98.3%，残病儿童入学率为100%；15周岁初等教育完成率为99.5%，17周岁义务教育完成率为93.6%。1996—1997年中学开始进行目标教学改革。英语教学中推行“愉快教学法”等，教学中开始重视学生学习兴趣的培养。1997年，双滦区制定《双滦区实施素质教育方案》，落实《承德市教育委员会关于在初级中学学科教学中实施素质教育的意见》，区教育局制定“坚持改革、强化管理、整体优化、办出特色”的发展思路，区教育局中学教研室开始进行教学实验改革。把“目标教学改革实验”“创新教育实验与研究”作为重点科研课题，进行探索实验。1998年，教育改革由“应试教育”向“素质教育”转轨。双滦区贯彻《河北省九年义务教育中学部分学科教学内容和教学要求的调整意见》，适当删减教学内容、降低教学难度、部分教学内容改为选学内容、缩小考试内容范围。至2000年，区教研室承担省“九五”课题《目标教学可操作性研究》，各校全面实施目标教学。同年，承德市第三中学参加高考83人，大专以上院校录取32人，升学率为37.4%。8名本科大学录取生中有6名为音体美专业的学生。2001—2002年，高考上线率分别为44.5%和51.61%。2003年，承德市第三中学取消高中招生。

2003—2005年，各校按照《基础教育课程改革纲要》的精神，探索、实验并推广新课程教材和先进的教学方法，探索创新人才培养的途径。注重教学评价体系的改革，一批重点课题取得突破性进展。区教研室先后编辑出版《初中数学课堂教学的艺术》《初中英语课堂教学的艺术》两部专著。

附文：

河北承德实验中学创建纪实

河北省承德实验中学，位于承德市双滦区双塔山镇。2003年由双滦区政府投资建设，占地350亩。校舍面积10万平方米，绿地占校园总面积的57%，校园拥有高标准的图书馆、科技馆和1万平方米的体育馆、1.94万平方米的运动场以及占地142亩的公园。实验中学共有教职工399人，其中任课教师333人，教学班99个，在校高中学生5700人。2004年、2005年两年高考成绩取得了历史上的突破。2004年高考，专科以上上线211人，上线率82.4%；一本上线132人，上线率51.56%；其中重点本科上线15人，改写了双滦区重点本科上线率为零的历史。2005年高考，一本上线人数为524人，上线率为51.47%，其中重点本科上线人数64人，考生林在强夺得承德市文科状元，被清华大学录取。建校3年时间荣获“河北省示范性高中”“河北

河北承德实验中学落成暨开学典礼（摄影　翟俊威）

省依法治校示范校”“河北省优秀体育传统项目校”“河北省高中会考优秀考点”“河北省竞技健美操推广先进单位”“体育卫生和艺术教育先进单位”等荣誉称号。实验中学被录入《河北教育年鉴》和《中国现代教育年鉴》。

一　建设一流校园

2003年以前，由于历史原因，双滦区的教育特别是高中阶段的教育一直处于低迷状态。硬件少、师资缺、教育质量低、育人环境差。在这种状态下，当地生源外流，群众有意见，也给双滦区的社会发展带来诸多负面影响。为了改变这种落后状况，区委、政府把提高高中办学能力、发展优秀教育列入重要议事日程，谋划了“兴建全市规模最大、硬件设施最好、师资力量最强”品牌名校的发展目标。2002年，制定了实验中学建设规划，2003年开工建设，整个工程计划用3年时间分三期完成。

一期工程于2003年初动工，暑期竣工，建筑面积34736平方米。包括一号教学楼6147平方米，40个教室；行政办公楼4220平方米；逸夫实验楼8491平方米；两栋宿舍楼11310平方米；一号餐厅楼4568平方米；78米长的校门；800延长米的围墙及附属用房。另投资5000万元，装备理、化、生实验室10个，微机室4个，视听语音室2个，形体训练室、绘画室、钢琴室各一个。配备493万元的教学设施、仪器设备、学生生活器具用品等。

二期工程于2003年底施工，2004年暑期竣工，建设面积46000平方米。包括教学二号楼9440平方米，图书馆5107平方米，宿舍楼17655平方米，餐厅二号楼3768平方米，浴池楼1000平方米，喷泉、广场4800平方米。

三期工程于2004年底施工，2005年暑期竣工，建设校舍面积27000平方米。包括体育馆10，000平方米，实验楼一栋8000平方米，二号实验楼7000平方米，外教当家楼2000平方米。另修建运动场19400平方米，公园142亩。

区政府领导积极协调解决资金借贷、招聘教师及施工中遇到的各类难点问题，保证了工程和学校组建工作的顺利进行。2003年9月7日举行了“实验中学成立暨开学典礼”仪式。2005年暑期，实验中学三期工程全部完成。这所现代化建设格局、园林式校园的中学，在市内外产生了重大影响。《承德日报》《承德晚报》、承德电视台、承德广播电台分别以《追求卓越，引领未来，塞外名校，育人摇篮》《争创一流是胆识》《实验中学里的洋外教》《路在人间》《心有多大，舞台就有多大》等题目，对实验中学创建工作进行专题报道。

二　创新办学模式

围绕创建品牌名校，实验中学对学校管理体制、教学方式、工作运行、校园管理等方面进行了一系列改革创新，走出了一条有自身特点的办学之路。

在管理体制上，实行了“校长负责制、全员聘任制、岗位责任制、津贴结构制、考核奖惩制”等责、权、利相统一的管理模式。校长负责制：校长聘任副校长及中层领导干部组成校务委员会，在校长领导下开展工作。校长具有人事任免权、教师聘用权、自主招生权、财务支配管理权、奖惩决定权。校长权力的行使受校内职代会监督。全员聘任制：面向市内外公开招聘教师职工竞争上岗，择优录用。在任课教师中，有外籍教师4人，中学高级教师53人，中学一级教师183人。岗位责任制：学校党政办公室、教务处、政教处、团委、总务处等中层管理机构，实行定岗、定责，岗责对应。考核奖惩制：对任课教师实行考核定档制。每学期由学生对所有任课教师进行3次民主测评，测评结果与津贴挂钩。津贴结构制：实行“国拨工资、职级工资、效益工资、奖励工资、加班工资、自习补助”的动态工资结构，彻底打破“大锅饭”模式。

在教学模式上，推行启发式教学方法。学生主动参与，让学生自己观察、自己动手、自己表述、自己总结，调动学生主动学习、深入思考的潜能。

同时，与新西兰怀卡多大学联合联合开办双语实验班，先后聘请美、英、法、加拿大、爱尔兰、喀麦隆、肯尼亚等国教师任教。聘请双语报社主编、留美学者来校讲学。聘请北京人大附中朱章力来校举办新教材英语培训班。招收音、体、美特长班，举办自己艺术节、文艺汇演和书画展。

在规范管理上，制定了包括学校章程在内的112项规章制度。党务工作方面：制定并完善了《民主生活会制度》《联系群众制度》《党员管理制度》《三会一课制度》《政治理论学习制度》《积极分子培养、考察制度》等制度。德育工作方面：制定了《实验中学学生一日常规》《学生言行举止文明礼貌有关要求》《学生宿舍管理制度》《学生违纪处理条例》《教学事故处理办法》《班级管理日常考核细则》《文明班级、文明宿舍评比考核细则》《先进班集体考核细则》《体育卫生工作有关规定》等制度。教学工作方面：制定了《教学工作考核细则》《实验中学教学常规》《科任教师职责》《教研组长工作职责》《明星教师、骨干教师、首席教师评选办法》《教科研奖励办法》《学生评教的基本要求》《各类公开课评议要求》《课堂教学评价标准》《学生课堂常规》《报刊阅览制度》《教务工作人员职责》等制度和规定。总务工作方面：制定了《出纳人员职责》《保管人员岗位责任制》《物品购置制度》《物品发放制度》《公物损害赔偿办法》《学校安全工作责任制》等20余种制度。师生利益方面：建立了教师、学生申诉制度，通过工会、团委、学生会等组织妥善处理教师、学生申诉案件。

在校园管理上，实行全封闭管理，加强校园环境整治。实行家长探视登记制度，校内实行领导值班、学生值岗制度。校内设立治安室，门卫和夜间巡逻保安排保安员。会同工商、公安、广播、教育、文化稽查等部门不定期对校园周边网吧等娱乐场所进行检查，净化周边环境。学校成立安全工作领导小组，定期对校园场地、校舍及教学设施、设备进行安全检查。

（撰稿：袁宝森　王乃民）

2005年双滦区中学在校学生统计表

表20-1-3　单位：个、人

单位	班级	学生总数	初一	初二	初三	高一	高二	高三
三中	28	1202	420	305	477	—	—	—
四中	28	1337	421	504	412	—	—	—
大庙镇中	7	313	108	111	94	—	—	—
实验中学	99	5621	—	—	—	2250	1141	2230
职教中心	9	376	—	—	—	117	129	130
合　计	171	8849	949	920	983	2367	1270	2360

1949—2005年双滦区域部分年度教师学生情况统计表

表20-1-4　单位：人

年份	班级（个）	学生数	高中	初中	小学	教职工数	国办教师	民办教师	代课教师	行政人员
1949	60	1744	—	—	1744	38	29	—	—	9
1952	162	3670	—	—	3760	189	173	—	—	16
1955	168	3880	—	—	3880	196	180	—	—	16
1958	182	4580	—	468	4112	227	205	—	—	22

续表 20-1-4　　单位：人

年份	班级（个）	学生数	高中	初中	小学	教职工数	国办教师	民办教师	代课教师	行政人员
1961	224	6680	—	480	6200	248	188	1	—	59
1964	227	7720	—	605	6615	258	185	4	10	59
1967	240	8415	—	615	7800	258	176	11	11	60
1970	340	14136	100	3968	10068	643	536	20	23	62
1973	343	14345	106	4038	10205	660	516	31	41	72
1976	353	15035	596	4050	10430	750	517	45	50	97
1978	367	15475	31	4208	10836	713	443	96	64	110
1981	360	12788	322	3852	8614	719	475	93	60	108
1984	331	13455	571	4368	8516	854	542	89	56	167
1987	328	12544	435	3613	8496	868	643	80	—	145
1990	310	11550	415	2811	8324	886	656	61	—	169
1993	327	12242	312	3192	8738	884	654	21	—	169
1996	330	13520	615	3398	9507	842	700	3	—	139
1999	323	13852	1067	4013	8772	824	696	—	—	128
2001	320	13009	686	4619	8752	826	698	—	—	128
2004	418	14724	4213	3418	7093	1080	918	—	—	162
2005	293	15462	5621	2852	6989	1230	1067	—	—	163

第五节　职业教育

一　师范学校

民国元年（1912 年），今滦河镇设立单级讲习分所，专门为小学教育培养师资。民国 3 年（1914 年），讲习分所有学员 23 人。民国 10 年（1921 年），滦河街设立国语讲习所，共有两届毕业生。其中 15 名学生成为小学教师，62 名学生开办私塾。民国 17 年（1928 年），滦河镇的滦平县立小学附设职业补习科，招收高小毕业生，为小学培养师资。学制两年，春季始业。第一期毕业生 23 人；第二期 16 人，后停止招生。开设课程为公民、国民、经学、数学、簿记、教育、生物、历史、地理、习字、图画、音乐、体育等。

民国 21 年（1932 年），滦河职业补习科改为乡村师范学校，校址在滦河南街李其济院内。当年招收学生 37 人，学制 3 年，春季始业。民国 22 年(1933 年),日本侵占境域,学校被迫停课。民国 26 年（1937 年），乡村师范学校改为热河省立滦平初级师范学校，有教师 7 人，毕业学生 62 人。民国 38 年（1949 年）4 月，滦河镇设热河省立第三师范学校。有教职员工 17 人，招收学生 134 人，学制 3 年，春季始业。同年，学校迁出境域。课程设国文、经学、数学、日语、国民道德、历史、地理、生物、矿物、农业、物理、化学、心理学、伦理学、教育学、体育、音乐、美术等。

二　技工学校

热河省立滦平工业学校　民国 27 年（1938 年），滦河镇设热河省立滦平工业学校，学制两年，春季始业。有教员 7 人，生源来自热河省范围，每年招收学生 50 人。课程分常规课与专业课。常规课程设国文、数学、日语、国民道德、历史、地理、体育等；专业课程设建筑、测量、木工、家具制作、冶金采矿等。民国四十年（1941 年），学校改为滦平国民高等学校，民国 34 年（1945 年），学校解散。

滦电技工学校 1959 年，滦河发电厂成立承德电厂技工学校。学校是为满足建厂初期需求，培训专业技术工人和工程技术人员而设。首期招生 200 人，学制两年，开设汽机、电瓦和锅炉运行及检修专业。1960 年 4 月，技校解散。1987 年，成立中等技工学校滦电校外班。1988 年，办学合作学校固定为唐山电力技工学校。生源 58.9% 是电业职工子女，其余为初、高中毕业生。1993 年停办，共招收 8 个班，总计学生 136 人。

承钢技工学校 1984 年，承钢技工学校成立，隶属承德钢铁公司。至 2005 年，学校有专职教师 23 人，在校学生 206 人，设有车工、天车工、电工、钳工、机运、炼钢、轧钢、冶金、焊工、电子、机电、制氧等 16 个专业。向承钢输送毕业生 1438 人。

输送机厂技校 1985 年，成立输送机厂技校。学校面向社会，每年招收学生 40 人。1996—2000 年，输送机厂技校与双滦职教中心合作办学。2000 年后，停办。毕业学生大多在输送机厂就业。

三 职业高中

1986 年，承德市第四中学附设职业高中班（与滦电联办），学制 2 年，秋季始业。设机电专业，招生 50 人。1988 年，设机电、财会专业，招生 200 人。同年，职业高中班从第四中学分离，成立双滦区职业高中；1995 年，更名为双滦区职教中心。学校占地面积 7200 平方米，建筑面积 6000 平方米。校址在滦河镇东园子村。1995—1998 年，增加办公自动化、会计电算化、水利和技工冷作、兵役班等。在校生达 500 人，毕业生大多在本市就业。1999 年开始，举办短期培训班，开展务工人员引进性培训和在职人员技能性培训。开设电气焊、钳工、计算机应用等专业，年培训 200 人以上。2000 年，学校与北京市世学教育文化信息中心、北京金桥高级商务管理培训公司、天津新兴技术学校等单位签订就业合同，毕业生就业率达 95% 以上。2001—2003 年，先后与天津立博职业技术学校、天津南开职专、北京海淀计算机学校等单位联合办学。至 2005 年底，职教中心有教职员工 36 人，在校生 376 人。

1986—2005 年双滦职教中心招生就业情况统计表

表 20-1-5

年份	招生人数				在校生数		毕业人数	就业人数	就业率%
	职高	职、普专	职高	技工	职、普专	技校			
1986	50	—	50	—	—	—	—	—	—
1987	50	—	150	—	—	—	—	—	—
1988	50	—	200	—	—	—	—	—	—
1989	50	—	180	—	—	—	—	—	—
1990	47	—	139	—	—	—	48	48	100
1991	—	80	81	—	80	—	82	81	99
1992	—	40	35	—	106	—	47	47	100
1993	31	—	31	—	106	—	46	44	96

续表 20-1-5

年份	招生人数				在校生数		毕业人数	就业人数	就业率%
	职高	职、普专	职高	技工	职、普专	技校			
1994	—	100	61	—	100	—	29	29	100
1995	—	150	31	—	221	—	70	70	100
1996	—	143	—	36	380	36	37	37	100
1997	—	174	—	36	496	72	31	31	100
1998	—	150	—	36	500	108	92	90	98
1999	—	70	—	—	400	72	146	142	97
2000	25	50	20	—	214	36	150	141	94
2001	—	34	20	—	114	—	200	189	95
2002	—	116	—	—	240	—	150	143	94
2003	—	174	—	—	324	—	90	86	96
2004	—	120	—	—	410	—	34	32	94
2005	—	110	—	—	376	—	140	132	94

四 职业中专

2004年，承德腾飞职业中专迁入双滦，系民办中专。校址租用原承德市第三中学校园，学校有教职工180人，设机电、汽修等10个专业。2005年，在校学生3000人。同年举办“全国汽修职教核心专业课示范交流会”。时任国家交通部道路司副司长徐亚华、省委书记白克明、省政协主席赵金铎曾分别到学校视察。

腾飞中专（腾飞中专提供）

附记：

腾飞中专创建发展专记

腾飞中专是一所民办学校，2004年8月迁址至双滦区滨河路。校园占地108亩，总建筑面积27000平方米，建有400米标准化操场、有办公教学楼2栋、综合楼1栋、宿舍楼1栋，占地1000平方米实训大厅1座。2005年，在校学生2500余人。

1999年5月8日，承德市腾飞汽车修理职业技能培训学校成立。学校创建人高巍任校长，教师为聘任制。学制为半年至一年，学校开设语文、数学、英语、汽车构造、发动机原理、单片机原理、机械制图、金属工艺学、汽车概论和电子技术等课程。2000年5月，经河北省教育厅批准，学校升为中专，更名为承德腾飞中等专业学校，开设现代汽车维修、汽车电子电气两个专业，学制为三年。

开始创业时，老师和学生自己动手改装实习设备。2004年，学校建成了承德市最先进的汽车实验室。腾飞学校实行军事化管理，每年秋季入学时，学校聘请军事教官对师生进行为期7～10天的军事素质训练。宿舍物品摆放参照部队

学校教学设备（腾飞中专提供）

内务条令要求，整齐划一。除节假日外，学校安排每天出早操，培养学生们良好的生活习惯和外在形象。学校相继制定了“二十条行为规范”等规章制度，逐步走上正规化管理之道路。

建校之初，学校办学的理念是“入学就是就业”，学生入学后学校与家长签订协议，确保合格的毕业生全部就业。2002 年，腾飞中专首批 68 名毕业学生全部在北京就业。这些人大部分在北京的汽车维修界站稳了脚跟。隆化县的吴玉龙同学现在已经成为东南汽车维修厂的厂长，年薪超过 20 万元。毕业的首批女生李敏进入北京鑫广宝工作，从前台接待做起，成为前台主管，成为企业的骨干。2002 年 12 月，腾飞学校与承德北辰公司合作签约，合作开设输变电专业。腾飞学校负责学生培养，北辰公司提供实习岗位，并负责接收输变电专业的学生，当年，腾飞学校招收学生比上年翻了一番，超过 500 人。

学校汇操表演（腾飞中专提供）

在以后的实验中，腾飞学校总结用人单位要求，提出了腾飞培养学生的“六项标准”。即“品德高尚、身体健康、技术精湛、承受挫折、吃苦耐劳、举止优雅”。确定了“学好本领闯天下，挣钱孝敬咋爸妈”的校训。为了培养学生更加适应社会，学校又对办学理念进行修改完善，重新确定“学好本领报国家，挣钱孝敬咱爸妈”的校训。以“孝道”为切入点，培养学生感恩之心，把个人成长与国家民族的兴亡有机地结合起来。

2003 年 10 月，河北省职业学校第四届学生技能大赛，腾飞学校 5 名学生参赛获得团体第一名。2005 年 10 月，河北省汽车维修专业学生技能大赛，腾飞学校 5 名学生再次代表承德参赛，获得五项第一名，再次荣获一等奖。

2004—2005 年，全国政协副秘书长、民建中央副主席陈明德，河北省委书记、省人大主任白克明，省政协主席赵金铎先后到腾飞中专进行视察。

（根据腾飞学校资料整理　撰稿：王乃民）

第六节　成人教育

一　农民教育

民国 19 年（1930 年），滦河镇设民众学校，招收失学男女及民众入校学习识字。先后招收 3 个班，每班学习 1 个月，共招收 91 人。民国 37 年（1948 年），滦河镇成立冬学委员会，负责农民业余扫盲教育工作。大庙东沟创办“冬学识字班”，由转业军人梁自明任业余扫盲教师。

1949—1950 年，农村开展扫盲工作。大庙、陈营子、岔沟门、上碾子、三岔口等村办起冬季夜校速成识字班，主要学习常用字、词组。1952 年，根据热河省文教厅推行的《速成识字法》，开展扫盲教育。1958 年，农民教育由各公社管理，主要方法是由小学生包教文盲家长识字。1959 年，滦河、双塔山公社小学总校成立后，负责农民的扫盲和文化补习，师资由本村或邻村小学教师兼任，业余时间授课。1963年，各公社开展暑期农民教育，学习形式更加灵活多样，农民由原来上夜校学习，扩展到村里村外、田间地头。承德市文化局指派工作人员下乡辅导，提供学习材料，选拔优秀成员任教师。党团员、干部带头上门包教。下乡工作人员教唱“东方红”“三大纪律八项注意”“社会主义好”等歌曲；组织青壮年排演文艺节目演出。1966—1974年，“文化大革命”时期，农民教育处于停顿状态。

1975年，双滦总校重建，恢复农民教育工作。1981年，区工农教育委员会负责农民教育工作。1984年，农民教育重点从识字教育转到培养实用技术和劳动力培训。各乡镇建立农技校，利用农闲开展农技讲授。1987年，大庙镇农技校被评为省级先进单位。1988年，农村户口的初中毕业生进行“绿色证书”（农民技术岗位证书）培训、考核。1993年，乡镇农业技术推广站对农民开展科技培训，教材以工、农业科技知识为主。先后举办种养殖业、民采矿业、农机管理、安全爆破、企业管理、财会、电器修理等适用技术培训班20多期。1995年，脱盲人员根据抽样验收巩固率为100%，区内4个镇43个村均达到标准。1996年10月，经河北省政府验收，双滦区扫除青壮年文盲工作基本达到国家和省制定的评估标准。全区脱盲1463人，农村非文盲率在95%以上。2000年，双滦区全部扫除青壮年文盲。

至2005年，区内农民参加培训44614人次，有11900人取得“绿色证书”。

二 职工培训

1954—1958年，热河铁矿厂设职工教育培训科，负责扫除文盲和职工初等教育。1959年，承钢、矿机厂、承德市丝绸厂、承德市麻纺厂、滦电等企业也先后成立职工业余学校或学习班，以扫除文盲为主，逐步开办小学、初中、高中文化补习班。在职职工技能技术开办技术培训班、以师带徒的形式传授技能、到外地定向短期培训的形式提高技术水平。1966—1974年，“文化大革命”期间职工教育基本停顿。

1979年3月，承德矿山机械厂女车工进行技术交流（摄影 季增）

1975年后，职工技能培训开始恢复。承钢、矿机厂先后开办“七二一”工人大学（1968年毛泽东关于理工科大学如何办学，曾有过一段论述。后被称之为“七二一指示”），组织职工学习政治理论、专业知识和技能。1982年12月，承钢职工学校成立，承担职工文化补课和技术补课任务。1983—1987年，区内有2936名职工参加文化补习班学习。1988—1994年，区内参加教育培训的职工有3530人，参加工人技术培训的有4367人。1991—1999年，区财政局设立的中华会计函授站，培养中专学历毕业生337人。1987—2005年，河北广播电视大学承钢电大工作站向厂内输送电大毕业生487名。2004年，区内专业技术人员接受培训780人次、岗位业务培训35000人次。2005年，承钢举办岗位、技术职工培训5840人次。

三 学历自考

1984年，双滦区高等自学考试委员会办公室与区招生办公室合署办公，负责成人高考和自学高考报名工作。自学考试面向社会，采取学员自愿报名、自愿选择开考科目、自愿参加考试的方法。所有规定学科考试合格后，发给相应学历的毕业证书，国家承认其学历。1984—2005年，双滦区高等教育自学考试累计报考7903人，报考科次19218科（次），合格5269人，毕业723人；1994—2005年底，成人高考累计报考2213人，录取1811人，毕业1811人。

1984—2000年双滦区高等教育自学考试情况统计表

表20-1-6　　单位：人、次

专　业	报考人数	报考科次	合格人数	毕业人数
党政干部基础科	845	1357	544	70
法律	1130	2863	743	94
汉语言文学	611	1465	396	50
英语	166	396	109	13
统计	127	327	81	10
工业经济管理	629	1508	463	49
农业经济管理	256	675	164	17
商业经济管理	389	945	258	32
计划	63	148	42	5
财政	109	277	73	9
金融	105	250	68	7
会计	564	1311	373	47
文秘基础科	98	242	65	28
政治管理	837	1983	566	67
合　计	5929	14303	3895	498

2001—2005年双滦区高等教育自学考试情况统计表

表20-1-7　　单位：人、次

专　业		报考人数	报考科次	合格数	毕业人数
专科	金融	33	83	23	3
	工商企业管理	634	1585	444	52
	法律	545	1364	382	46
	行政管理	198	495	138	17
	秘书	49	122	34	4
	汉语言文学	115	276	80	10
	英语	49	117	34	4
	视觉传达设计	47	116	31	3
	技术监督管理	29	72	19	3
本科	汉语言文学	165	412	116	14
	国际贸易	26	65	16	2
本科	工商企业管理	31	78	20	3
	行政管理	26	65	18	62
	英语	27	67	19	2
合　计		1974	4915	1374	225

1994—2005年双滦区成人高考情况统计表

表 20-1-8　单位：人

年　份	报考人数	录取人数	毕业人数
1994	162	127	127
1995	183	138	138
1996	169	132	132
1997	181	126	126
1998	175	138	138
1999	186	154	154
2000	203	162	162
2001	196	168	168
2002	166	143	143
2003	188	168	168
2004	201	176	176
2005	203	179	179
合　计	2213	1811	1811

第七节　教　　师

一 教师队伍

乾隆五十二年（1787年），“滦江书院”为地方官办书院，聘名儒为讲师授课。光绪三十年（1904年）至宣统三年（1909年）间，滦河镇小学堂先后有教员7人。

民国元年至民国22年（1912—1933年）间，域内有高小教师39人，初小教师24人。小学教师由教育局聘任，政府发薪。民国23年(1934年)至民国34年（1945年），有教师65人。民国34年（1945年）至民国37年（1949年），有教师76人。

1950年，域内有教师110人。1954年，在整顿改进小学教育工作中，精简小学教师10人。1961年，教师队伍中首次招收民办教师1人（指在中小学不列入国家教师编制、相对固定的教学人员）。1966—1971年，师范学校停止招生，教师队伍有减无增。1972年，师范学校恢复招生后，中等师范（中师）毕业生陆续充实教师队伍。同时民办教师增加，部分代课教师转为公办教师。1978年，全区有民办教师96人。1978年后，民办、代课教师经考核后逐年转为公办教师、中师招收民办教师入学、加之“文化大革命”中受迫害的教师归队，民办和代课教师比例逐年下降。高等师范毕业生逐年分配，教师队伍整体素质不断提高。1987年，447名教师首次评定技术职称（不包括企业学校教师），其中，高职6人，中职89人，初职221人。1996年，全区小学、初中、高中教师的学历达标率分别为97.45%、94.94%、70%。1999年，民办教师转为公办教师80名，双滦区结束民办教师的历史。

至2005年,区内有教职员工1230人。其中：专任教师1067人、行政人员163人。教师学历达标率为100%。教职员工中高级职称137人，中级职称519人，初级职称423人。

二 教师培训

民国元年（1911年），域内教师培训主要参加滦河镇的滦平县单级讲习分所和滦平县乡村师范学校举办的培训班。民国7年（1918年），为改良私塾、培养国民学校教员，高小毕业生到滦河单级教员研究所学习，学期3个月，期满发给证书，充作国民学校教员。民国10年（1921年），私塾老师和各小学教员，均入滦河国语讲习所学习1个月。国语经考试合格发给证书，回学校后讲授国语课程。讲习所开设2期，有77名学员毕业。

新中国成立后，部分教师到省立第三师范学校学习进修。1955年后，每年选送部分教师到平泉师范及承德师范进修学习。1982年后，区教育局每年组织教师参加承德市教师学历教育培训，骨干教师培训和继续教育培训。1982年，教师参加承德市举办的教材教法过关培训。1983年，有76名教师参加市进修学校中师函授班学习。同年，进行教材教法过关培训考核。1990—1994年，进行专科结业证书培训。1995—1996年，区教育局教研室每年组织小学各学科教师教材教法考核，并评定等级。

2000年，教育主管部门鼓励教师进行高一层次学历学习。全区参加国家级骨干教师培训1人，省级2人，市级4人。2002年，参加承德市教育局组织的全市骨干教师培训教师60名。2004年，区教育局组织《师德启思录》《中小学心理健康》《新课程理念与教学策略》的教师培训与考试。2005年，组织《教师职业道德》《中小学心理健康》培训与考试，考试合格率达100%。

至2005年，全区小学、初中专任教师学历达标率100%。小学教师专科率69.6%，比2002年提高36.2%。初中教师本科以上学历达78%，比2002年提高41.5%。中小学校长岗位培训率100%，其中18人参加岗位提高培训，有9名校长获得高级研修证书。教师继续教育证书注册率达90%以上。

三　教师待遇

清代书院讲学者由县衙发薪俸（工资），数额不详。私塾先生地位低、报酬少，无福利，不分等级。民国时期，小学教师薪水微薄，教师队伍不属行政事业序列，定为自由职业者。小学教员月薪为8～30元不等，由地方附加捐中解决。民国22年（1933年），教师薪金，低者24元，高者90元。

民国35年至37年（1946—1948年），热河省政府统一规定，教师每人每月发小米65公斤～80公斤。

新中国成立之初，农村小学教师实行实物工资制，每人每月60公斤～70公斤小米。城镇小学实行工分制。1950年，实行职务等级工资制。教师挣工分，每人每月挣60分～130分，每月工分值按省政府公布的标准计算。教师分正式教员、见习教员、初小教员、高小教员4等。1956年，工资改革，由工分制改为薪金制，教师按学历、教龄、工作质量重新评定等级。

1966年，“文化大革命”中有部分农村国办教师下放到大队，工资改为工分加补贴，1972年恢复国办教师身份。1981年，教师调资，范围为91%。国办教师人均工资47元，民办教师月增加4～9元。1983年，民办教师实行工资制，人均月工资不低于30元。1985年7月，工资改革，等级工资改为以职务工资为主的结构工资制。此后，教师增加教龄补贴、班主任费、山区补助和10%的浮动工资。工资改革以后，教师人均月工资提高到52.5元（基础、职务、工龄、教龄、奖金五部分结构工资）。1988年，教师评定职称后，教师执行职称工资。1993年工资改革，建立事业单位不同类型的工资制度。1994年，教师开始实行人员总数3%面工资晋级。全区教师共有50人晋升一级职务工资。2000年10月，教师工资发放实行银行化管理，做到按时足额发放。当年，在教师队伍中建立医疗社会保险制度和失业保险制度。2003年，区内有149名教师工资晋级。

2005年，教师工资实行区财政统筹，按国家统一规定的工资项目和标准，按时、足额发放。

新中国成立后至20世纪60年代，教师住房问题基本由个人解决。1978年，承德四中自筹资金建平房18间，解决了部分教师住房问题。1981年，承德四中建平房42间，解决部分教师租住民房的问题。1986年，三中建两层家属楼1幢，教师入住12户。1992年，三中建1幢6层教师家属楼，教师入住36户。1999年，承德三中集资建1幢7层家属楼、四中集资建2幢6层家属楼，教师入住100余户。双塔山镇中心校集资建1幢7层教师住宅楼。2002年，逸夫实验小学集资建一幢6层家属楼，教师入住36户。2005年，落实康居工程，50多名教师入住楼房。

双滦区部分年度中小学教师学历、职称情况一览表

表20-1-9　单位：人

年份	高中			初中			小学			职称		
	本科	专科	中专及以下	本科	专科	中专及以下	本科	专科	中专及以下	高职	中职	初职
1990	17	13	2	9	122	87	0	342	92			
1995	17	4	3	30	144	59	0	403	48	19	233	368
2000	38	0	0	47	210	1	1	62	349	36	345	294
2005	335	0	0	155	41	0	87	161	100	137	519	423

第八节　教育经费

一 经费来源

清朝时期，滦江书院的经费由县署拨给。小学堂经费由地租、税契等充作教育经费。私塾由学生交纳。民国时期，官办学校由县公署拨给。国民学舍、国民义塾等学校，部分由官方拨给，其余由学田、庙田地租补充。

新中国成立后，公办中小学经费由各级政府拨给；乡、村集体办学校经费由乡村自筹，政府给予补贴。1955年开始，学校收取学生一定数额的学费补充教育经费。建区前，教育经费由承德市教育局直接拨付。1980年9月，建区后由区财政拨付。1984年，开始征收教育费附加，由税务部门征收入市级财政，返还部分用于改善办学条件。1999年，区财政对教育的拨款为727万元，2000年为845万元，2001年为991万元，分别比上一年增长19%、16%、17%。2002年为1429万元，2003年为1716万元，2004年为2085万元，分别比上一年增长44%、20.8%、64%。2002—2004年，双滦税务共征收城市教育费附加3831万元，全部上缴市财政，市返还双滦区115万元，用于改善办学条件。2005年，全年教育经费7570万元，其中：财政预算内拨款3534万元，基建拨款1670万元，预算外收入1657万元，其他收入483万元，教育附加200万元。

二 经费支出

民国时期，教育经费主要用于教职员工的工资。

新中国成立后，教育经费逐年有所增长，主要还是用于教师工资和福利费，改善办学条件资金很少。1984年教育经费54万元，用于教职员工资支出比例占教育经费支出的64.27%、公用经费占35.73%。1990年教育经费227万元，用于教职员工工资支出144万元，占63.44%、公用经费83万元，占36.56%。

2005年，教育经费支出7546万元，其中用于教职员工工资支出3182万元，公用经费支出4364万元。

附记：

捐资建校助教典型选介

2001年，香港富商邵逸夫个人捐赠50万元港币，帮建双滦区逸夫实验小学教学楼。

2003年，山东海尔集团捐资66万元，在大庙镇北梁村建成海尔希望小学教学楼。

2004年，双滦区李杰、李贵宝等13名民营企业家共捐助15371元，扶助贫困学生15名。大庙镇个体户舒礼为北梁小学建校捐款3万元。

（撰稿：刘士起）

1984—2005年双滦区教育经费支出情况一览表

表20-1-10　单位：万元

年度	经费总额	预算内拨款	基建拨款	预算外收入	社会捐款	其它收入	教育附加	教育支出	人员支出	公用支出
1984	54	45	—	9	—	—	—	51	33	18
1985	100	82	—	5	—	13	—	96	64	32
1986	114	94	—	7	—	13	—	116	66	48
1987	114	98	—	6	—	10	—	136	81	33
1988	235	126	—	11	19	37	42	235	112	123
1989	241	141	—	22	31	47	35	241	119	121
1990	227	166	—	13	16	29	3	227	144	83
1991	250	188	—	12	17	30	3	250	157	93
1992	426	226	—	30	67	100	3	426	226	200
1993	872	298	65	31	326	146	6	872	232	640
1994	717	417	60	109	87	35	9	717	387	330
1995	708	423	—	130	97	53	5	708	390	318
1996	961	576	—	149	25	51	160	961	437	524
1997	910	543	—	107	58	86	116	910	511	399
1998	1089	606	—	209	19	160	95	1089	615	474
1999	1212	727	—	307	35	—	143	1212	704	508
2000	1287	844	—	324	11	52	57	1287	796	491
2001	1475	991	35	311	58	48	32	1475	925	550
2002	1947	1429	—	408	2	58	50	1947	1229	718
2003	2635	1661	—	858	59	51	65	2635	1415	1220
2004	5026	2814	650	1261	26	213	30	5010	2643	2367
2005	7570	3534	1670	1657	—	483	200	7546	3182	4364

说明：2003年前，双滦区教育分为地方学校和企业学校，企业学校的人、财、物不归教育部门管辖，因此，此表没有企业学校的教育经费统计情况

三 校舍建设

清代，“滦江书院”占用孔庙为校舍，每年校舍维修费为白银30两。民国时期，校舍一般都是借用庙宇、公房等略加改建而成，学校设备简陋，课桌椅子残缺破旧。

新中国成立后，政府逐步对原有校舍进行维修、改造、扩建。部分学校占用企业旧房做校舍。部分学校由市教育局拨给资金，由村出工建设校舍。

1982年，承德市教育局拨给双滦区教育修

2002 年海尔集团投资 66 万元在北梁村建希望小学（摄影 张升）

2005 年承德市第三中学新址（摄影 田隽）

缮费 16000 元，公社、生产队筹工、筹料合款 14328 元，为北梁、陈营子小学翻盖教室 25 间，维修中小学教室 46 间。1983 年，承德市教育局拨修缮费 34500 元，维修教室 102 间。1986 年，按分级办学、分级管理的体制管理学校，各乡镇、村自筹资金改善办学条件。滦河镇宫后村自筹资金 5.5 万元，盖标准化校舍 26 间；大庙镇集资 3.4 万元，翻盖校舍 52 间；双塔山镇集资 2 万元，维修危房校舍 15 间。1992—1995 年，区政府累计筹资 1162 万元、乡镇筹资 60 万元，用于改善办学条件（其中新建校舍 1.6 万平方米）。1996 年，全区总投资 7003 万元，新建教学楼 6 座，改建学校实验用房 43 间。2000 年，区教育局争取到香港富商邵逸夫教育捐款港币 50 万元，承德市教育费附加 60 万元，引进无偿资金 15 万元，新建 2650 平方米的双滦逸夫实验小学教学楼。2003 年，区政府投入 6377 万元改善办学条件。新建承德实验中学，一期建筑面积 3.5 万平方米。新建区民族幼儿园、中营子小学、滦河民族小学、大庙镇中学、大庙北梁小学教学楼和区教育局综合楼等计 2.4 万平方米。2004—2005 年，区政府投入 1.7 亿元改善办学条件。续建承德实验中学二期，建筑面积 3.1 万平方米、三中教学楼和大庙小学教学楼 0.1 万平方米。

2005 年底，区内 21 所各类学校占地总面积计 44.7 万平方米，校舍建筑总面积计 13.7 万平方米。有图书 21.9 万册 ，电子图书 10 万册。

2005 年双滦区中小学校舍情况统计表

表 20-1-11　　　　单位：所、平方米

学校类别	学校	占地面积	校舍建筑面积	其中:当年新增面积
高中	1	138653	66200	—
初中	3	105030	21300	10822
职中	1	7333	6200	—
小学	16	196207	43600	1430
合计	21	447222	137300	12252

第九节 教育管理

一、管理机构

清代，域内设滦平县劝学所，负责教育行政管理。民国十五年(1926 年),设滦平县教育局。1948 年，双塔山区教育工作归承德市教育局负责。域内其他区域教育仍归滦平县管理。1958 年 9 月至 1965 年，域内教育工作由承德市教育局负责。

“文化大革命”时期，企业子弟小学和城镇中、小学进驻“工人毛泽东思想宣传队”;农村中、

小学进驻“贫下中农毛泽东思想宣传队”，实行工人、农民管理学校。1969年，农村小学下放到生产队办，教师报酬实行工分加补助。1976年10月，“文化大革命”结束，各学校恢复正常教学秩序。1978年，“工宣队、贫宣队”撤出学校，学校实行校长负责制。

1973年12月，双滦办事处设双滦总校，同年改为文教科。1980年9月，双滦建区设文教科。1981年，文教科改为文教局。同年，成立区工农教育委员会，负责成人教育工作。承德市教育局将小学管理权下放到区文教局。1984年，承德三中、四中管理权由市下放到区。同年，区工农教育委员会撤销。1988年，区文教局内设办公室、人事股、督导室、教育股、师训股、财会股、成职教股、勤工俭学管理股、电教仪器站、招生办公室等职能部门，领导和管理全区教育事务。1995年3月，区文教局改为区教育局，文化、文管职能分出。局内设办公室、人事股、计财股、教育股、招生办、督导室、成职教股，编制17人。1998年，区政府教育督导室成立，机构设在教育局。2002年 ，区教育局改为区文化教育体育局，同年11月，又改为区教育体育局。

2005年，区教育体育局机构设置为：办公室、教育科、人事科、计财科、招生办公室、督导室、中学教研室、小学教研室、勤工俭学办公室、电教仪器室、体育科、基建办公室等，人员编制 33 人。

二 教学管理

教学制度 清代教育实行的是科举制度，考八股文。清晚期废除科举，拟定《奏定学堂章程》。对学校系统、课程设置、学校管理，都作了具体规定。民国时期，南京临时政府颁布一系列教育法令，对各级各类学校的培养目标、任务、课程设置、学校设备以及入学条件、教职员的任用、学校经费等都作了具体和详细的规定。1912年9月颁布《学校管理规程》，后来又陆续颁发一系列相应的具体规定，确定民国初期学校管理制度的基本框架。新中国成立后，境内各类学校制定一系列行之有效的教学制度。包括教师备课制度、上课制度、学生课堂常规、布置与批改作业制度、考试制度等。

考试与招生 民国时期，学生升学要经过考试，由初等（初级）升入高等（高级）小学，受名额限制。新中国成立后，小学升学考试只考语文、数学。试卷由教育局统一命题，考试、评卷分片进行。先由国办中学录取，后由乡镇中学录取。各校考试制度分为平时考试、期中考试、期末考试、模拟考试、毕业考试和升学考试等。

1986年以后，中、小学期末考试由区教育局统一命题、统一标准、统一时间、全区统考。1992年，小学毕业考试，不举行大范围统一考试，区直和乡（镇）国办学校，由学校自行命题并组织考试；农村学校由区教育局命题，中心校组织考试、阅卷，逐步过渡到乡镇命题，中心小学组织考试阅卷。

初中升学考试，评卷，录取均由市里统一安排。1966年前，考试科目有语文、数学、政治、物理、化学。“文化大革命”期间不考试。1977年恢复考试制度，增考外语。1992年，初中招生实行划片招生，就近入学。初中毕业升学考试，由全省统一考试，统一录取。1998年，取消初中招生考试，按学籍管理规定，让准予毕业的小学生就近升入初中学校。中考的组织、考试、阅卷工作由市下放到区，同时把体育学科考试和物理、化学、生物试验操作考试列为中考内容。2000年，初中升学考试实行全省统一考试，区负责组织。省、部属中专招生指标和跨县招生的重点高中指标分解到区，招生录取工作由市统管。区职教中心从初中毕业生中直接招生。2005年，双滦区中考教学质量综合评价（平均分、优秀率、及格率）位居承德市八县三区第二名。

高中升学考试，分理工、文史、农医三类。理工、农医类考试科目有政治、语文、数学、物理、化学、外语、生物。文史类不考物理、化学、生物，另加地理、历史。“文化大革命”期间不考试。推荐工农兵上大学。1977年恢复大、中专招生考试。1979年，承德三中设高考考点。1992年，秋季入学的高中学生开始实行会考制度，由过去三年考三次改为三年考两次。会考采取考试和考察两种方式，由区组织会考，省统一命题、评卷。1994年，双滦区设招生委员会并在区教育局设招生办公室，具体负责初中、高中招生工作。1996年，三中考点撤销，考生直接到市内参加考试。2001年，承德三中重设高考考点。2004—2005年，双滦高考考点设在承德实验中学。

三 教学研究

小学教学研究 1981年12月，区教育局成立小学教研室，开展教学研究工作。1982年，教育局组织小学骨干教师去北京听课两次，学习先进教学方法，并在滦河、双塔山小学及企业学校开展教学方法改革实验课；部分教师参加中国教育学会数学教育研究发展中心尝试教育研究会理事长邱学华在承德的讲学会，并在滦河小学搞示范课。全区试验推广“尝试教学法”。1984年，在语文学科教学方法上进行探索性，对作文课教学方法进行研讨，并多次在滦河小学举行示范课。1988—1996年，开展“整体改革”试验以及“识字阅读同步”试验。数学学科主要研究“用整体性观点组织教材和教学过程”；语文学科高年级以“用整体思想组织阅读教学”为专题，低年级以“识字阅读同步”为专题。通过8年的实践，全区教师把握教材、设计教学过程的能力有很大提高。1997—1998年，全区小学开展素质教育研究，要求各校开齐课程，重点是英语、音、体、美等学科，并对英语教师进行为期半年的培训。创建以中心校为单位，一个教师教两所学校学生的新方式。学校在保障国家学科课时计划要求、教学质量的基础上，开展学习地方课程、第二课堂活动及兴趣小组活动。发展学生的个性特长，开展“科学＋特长”评价方法的实验。双滦一小、二小、黑山小学尝试进行“等级＋评语”实验。对语文、数学、英语、自然等学科进行等级评价，改变第三人称为第二人称的评语，注重发现每个学生的优点。1998年，小学教研室被评为“河北省教育科技和教学研究先进集体”。

1999—2001年，双塔山小学进行河北省“九五”规范立项课题《小学数学实施素质教育，重点是培养小学生自学能力的研究》的试验和研究。2001年6月，课题通过省专家验收组验收。同年，参加承德市科研成果评比，获三等奖。2002—2004年，小学教研室申报的省“十五”规划定项课题“优化课堂结构，促进学生自主学习、自主发展”，在逸夫实验小学进行试验。在承德市小学各学科课堂教学系列评比中，双滦区选送参赛的6节课，有4节获一等奖、2节获二等奖，逸夫实验小学获全市小学教学改革先进学校称号。2004年，通过河北省课题验收组专家验收。专家组认为该课题研究过程科学、严密，效果显著，建议在全区推广。小学教研室承担河北省“创建以校为本教研制度建设”实验。制定区“创建以校为本教研制度建设”实施方案。同年11月，双滦区在逸夫实验小学召开“创建以校为本教研制度建设”现场会。

2005年12月，承德市“校本教研活动”现场会在双滦逸夫实验小学举行。同年，“创建以校为本教研制度建设课题”参加承德市教育科研成果评选，获一等奖11项，二等奖10项，三等奖7项。

中学教学研究 1988年，区教育局中学教研室成立。1988—1996年，中学教学研究主要以教师教材、教法培训为主，开展教材、教法过关等系列活动，目的在于提高全区中学教师领悟大纲、驾驭教材的能力，促进教师素质提高。1997年，区教研室以大庙镇中学为试点校，作省“九五”课题《目标教学可操作性研究》实验研究。2001年，经省验收该课题结束。大庙镇中学获市“目标教学先进教改学校”和“市科研先导试验校”

荣誉称号。王志刚获“省级先进教师”称号；杨志杰代表承德市参加河北省目标教学成果展示，做目标教学示范课，获省级二等奖。从课题开始到结束，在省级以上刊物上发表并获奖论文 80 余篇、优质课获市级奖励 30 余节、教师获承德市初中教学能手称号 6 人。2002 年，在承德市中学教学评优活动中，双滦区教师 1 人获初中语文一等奖、2 人获初中语文二等奖。2003 年，双滦区被河北省教育厅列为基础教育课题改革试验区。

至 2005 年，双滦区教师获省级教学基本功大赛特等奖 1 人、获省 1 等奖 1 人。在河北省刊物发表和各类获奖论文共计 208 篇，教师获承德市教学标兵称号 12 人。同年，双滦区中考教学质量综合评价（平均分、优秀率、及格率）位居承德市八县三区第二名。在河北省第一届《基础教育课程》论文、教案大赛中，双滦区有 37 名教师论文获奖。其中：一等奖 5 名，二等奖 1 名，三等奖 22 名；教案获奖 7 名：一等奖 2 名，二等奖 3 名，三等奖 2 名。

第十节　学校卫生工作

一 视力检测

1987 年始，区卫生防疫站开始调查、检测学校学生视力情况。同年，检测区内中学 3 所、小学 1 所部分班级学生视力，并对学生看书、写字、光照、做眼保健操情况进行调查。调查结果：小学 1 ~ 3 年级学生视力基本正常；四年级开始少数学生视力逐步减退；高中二年级学生视力减退较明显。承德市第三中学 62 名学生，视力减退者有 35 人，占调查总数 56.45%。

1989 年 5 月，承德市第三中学、第四中学、承钢中学、大庙中学、双塔山小学、承钢第一小学 1126 名学生接受视力检测。中学生平均视力 5.06，优等视力的比例仅占 0.96%，与全国同龄孩子比较处于中等状态；小学生平均视力 5.11。中小学生视力下降比例为 27.17%，其中中学生视力下降 41%，小学生视力下降 15%，重度占 21.84%，中度为 20.8%，轻度为 57.34%。

1992 年 12 月，区防疫站检查承德市第三中学、双塔山小学学生视力 859 名。小学生视力低下的占受检学生的 19.7%，初中学生为 41.97%，高中学生为 52%。各学校宣传用眼卫生，纠正学生不良用眼习惯；调查教室内照明；强化学生做眼保健操；推广戴雾视镜等。

2001—2005 年，每个学期检查在校学生视力两次；推广“两课、两操、两活动”经验（体育课、卫生课、眼保健操、课间操、文娱活动、体育活动）。

二 卫生室建设

1960 年，承德市第四中学设立卫生室，有校医 1 人。2001 年，双滦区直属 5 所中学全部建立卫生室，全区有校医 5 名。2005 年，区内学校有医务室 6 个，校医 11 名。

三 健康检查

2005 年，区内各医疗单位对中学生开展健康检查，检测 8800 名中小学生身高、体重、龋齿、营养发育、蛔虫卵、乙肝 6 项指标，同时开始建立中小学生健康档案。

1988—2005 年双滦区直属学校儿童健康情况统计表

表 20-1-12

年份	应检数	实检人数	体检率（%）	发病数	发病人数所占比例（%）
1988	2814	1472	52.31	236	16
1989	2704	1714	63.39	348	20.30
1990	2402	2035	84.72	532	26.14

续表 20-1-12

年度	应检数	实检人数	体检率（%）	发病数	发病人数所占比例（%）
1991	2114	1803	85.29	347	19.25
1992	1822	1592	87.38	189	11.87
1993	1792	1595	89.01	203	12.73
1994	1795	1620	90.25	403	24.88
1995	2750	2458	89.38	526	21.40
1996	2550	2217	86.94	518	23.36
1997	2723	2035	74.73	436	21.43
1998	2304	1748	75.87	326	18.65
1999	1184	1127	95.19	218	19.34
2000	3398	3294	96.94	637	19.34
2001	2486	2320	93.32	486	20.95
2002	2666	2517	94.41	513	20.38
2003	2408	2175	90.32	427	19.63
2004	2613	2288	87.56	368	16.08
2005	2818	2439	86.55	403	16.52

说明：发病人数指近视眼、沙眼、营养不良、肠道蛔虫感染、龋齿人数

附录：

自主学习自主发展教学的实验研究

赵振生

一 问题的提出

实施素质教育，主旨是通过运用先进的教育思想和教育教学改革的实践，使教育能够面向全体学生，并促进他们的全面发展；能够重视学生创新精神和创新能力的培养，重视实践能力的培养；能够关注学生个性的健康发展。也就是说，实施素质教育的目标是培养能适应未来社会具有较高综合素质的建设人才。

目前在中小学各科教学中，仍然存在着不符合素质教育要求的诸多倾向。其表现为：在教育思想上，仍以教师为中心，以教材和知识为中心，忽视学生的主体地位，课堂教学以教知识为主，把学生当成盛装知识的“容器”，忽视学生全面素质的提高。在教学方法上，以教师讲学生听、教师问学生答的“单向灌输”为主，学生学习的时间和空间多数被教师占据，学生处于被动的甚至是被迫的地位，造成很大一部分学生产生厌学情绪。这很不利于学生的发展，不符合素质教育的要求。

研究“自主学习自主发展”教学改革实验课题，目的在于彻底改变不适合学生发展的传统的陈旧的教育观念，构建起自主学习自主发展的课堂教学模式，突出学生在教育教学活动中的主体地位，使学生能够积极主动的学习和发展。

二“自主学习自主发展”的含义及其理论基础

“自主学习自主发展”指学生在教师的精心组织和科学指导下，作为教育的主体、学习的主人，在教育教学过程中能自觉自愿地主动地参与学习，自觉地主动地得到发展。

1. 以发展为本。第一，正确处理基础与发展的关系。基础教育不仅要关注学生掌握必备的

知识、技能和能力，为将来进一步学习打下基础，还要关注中小学学生作为21世纪合格公民提出基本素质训练，为学生走向社会和终身学习奠定基础。第二，正确处理主客体间的关系。学习活动中，学生是内因，教师、教材是外因，学生是学习的主体。教师的组织指导是为了学生更好地学。学生的发展取决于主体意识的形成和主体参与能力的提高，要让学生掌握自行获取知识的方法，养成主动参与学习、实践的习惯，以获得终身受用的基础能力和创造能力。

2．从实际出发。要针对学生都希望成为学习的成功者，想通过自己努力，在教师的指导帮助下得到发展的实际，采取“自主学习自主发展”的策略，使学生都能得到充分的发展。

3.承认差异。学生的智力、能力、个性，由于遗传、环境与教育的不同，存在着差异，但每个学生都蕴藏着学习潜力，必须区别对待。提高他们的成就动机是教育成功的关键。成就动机犹如催化剂，能促使学生不断取得进步与发展。成功教育为“自主学习自主发展”提供了心理学根据。

三 “自主学习自主发展”课堂教学的基本模式

“自主学习自主发展”课堂教学的基本模式，是“以发展为本”为理论依据构建起来。它突出课堂教学中学生的主体地位，体现师生民主、合作、互助的教学关系，积极主动、生动活泼的教学过程，运用启发、内化、转化的教学方法，创造和谐、愉悦、共振的教学环境。这里提供的只是“自主学习自主发展”课堂教学模式的基本框架。各学科、各学段应在基本框架原则指导下，发挥各自的优势，去探索更具体实用的课堂教学模式。

（一）课前预习

预习能力是学习的重要能力，是终身学习的基础。养成良好的预习习惯，是学生自主学习意识的具体体现，通过课前预习，学生能初步领略所学知识内容，把预习中遇到的疑难问题做好“划”“批”记号，供课上质疑。预习能力越强，提问质疑的能力也越强。预习可采取学生独立预习和教师抽取上、中、下三类学生代表组成的小组预习两种。小组预习可使教师较准确地把握各类学生的学习心态和需求，做到有的放矢。

（二）创设情境

创设良好的教学情境，可以激发学生的学习兴趣和求知欲，对于探索新知是一种动力。具体做法如下：

1.创设呈现知识的情境。这要体现出能创造性的运用教材，做到把新知识的学习与学生的生活实际相结合，新知识内容让学生感到既熟悉又新鲜，能激发求知欲和学习兴趣。

2.创设学习问题呈现情境。本着能促进学生个性化思维去创设问题。对每个新知识内容，教师要根据教学要求提出具体开放性的问题供学生思考，并有充裕的时间做保证。学生有了广阔的思维空间和充足的思考时间，才能产生多种思考方法和独特见解，有利于培养学生创新意识和创新能力。

3．创设学习活动情境。要调动学生的多种感官去参与学习活动，通过动手做、用眼观察、动脑思考去探索知识奥秘，让学生在自省自悟中获得知识，掌握学习方法。

（三）自主探求

研究性学习是通过解决问题来学习的活动，是推动学生自主学习的最佳方式。教师应针对要学习的内容设计出具有思考价值的问题，通过对问题的思考、讨论，去尝试问题的解决办法。在解决问题中，使学生综合运用已有的知识与经验。查阅有关的资料，做出合理的分析、综合与判断，形成自己的假设和解决问题的方案。对于不能独立解决问题的学生，可引导看书，按教材中提供的方法去解决问题。在学习过程中，教师是作为指导者发挥主导作用，当学生学习遇到困难时，及时指导帮助，促进学习成功，实现主动发展。

（四）交流研讨

交流研讨是通过合作学习方式进行的学习活动。课上有效地组织学生进行交流研讨，促进学生能够提出问题、研究问题、解决问题。交流研讨一是将学习新知识的过程和结果在小组里进行交流，小组成员之间相互学习，取长补短。还可以把遇到的疑难问题及解决问题过程中出现的错误提供给同学研究讨论，经讲解释疑，使问题得到解决，错误得到改正。二是组织更大范围的交流研讨活动，由小组选派代表到讲台前像老师一样的讲解学习情况，本组成员做补充说明，其它组成员进行质疑问难或介绍不同的学习方法。在合作学习活动中，学习可以充分地进行交流，进行质疑、释疑，充分地展示自己的学习成果，享受学习成功的喜悦。

（五）实践应用

学生对知识的掌握，要经历一个初步理解、知识重组、学习应用、加深理解的过程。在教学活动中，不仅要使学生具有自行获得知识的能力，更要具有在实践中应用知识的能力。培养实践应用能力，第一，在课堂上要为学生应用知识创造条件和提供机会。教师为使学生掌握所学知识，设计一些多层次、高质量的练习题供学习练习，是十分必要的，同时也要为学生提供自己选择和设计练习题的机会。学生自己动脑思考选择和设计练习题，不但能够加深对所学知识的理解，还常能设计出具有较高水平的练习题。第二，放手让学生在实践中去应用。把知识与实践衔接，让学生在实践中练，这将为学生提供施展所学知识和发挥聪明才智的天地。

四 “自主学习自主发展”教学改革实验的几点体会

（一）构建了“自主学习自主发展”的理论框架，突破了以教师为中心、以教材和知识为中心的传统教育观念，确立了学生在学习活动中的主体地位，使中小学生真正成为自主学习自主发展的主人。构建了符合素质教育要求，能适应各学段各学科多样化自主学习自主发展的课堂教学模式，真正使课堂教学成为实施素质教育的主渠道。

（二）教师的教育教学观念得到更新，教学能力得到提高。参与课题研究的教师逐步确立了“为学而教”、“为学生发展而教”的现代教育观念，并把这种观念变成可操作性的教学实践落实到教学中去，形成了互相尊重、互相信任的良好师生关系。教师由知识灌输者转变为促进学生“自主学习自主发展”的组织者、指导者和管理者。教师在教学实践中广泛地吸收先进的教学方法，在学法指导上下功夫，初步形成了自主学习自主发展的教学特色。

（三）学生的整体素质得到发展。第一，学生主动参与学习的兴趣和欲望明显增强。自主学习自主发展教学改革实验，使教师会教、善教，学生乐学、会学，学生在课内对学习充满渴望，在课外参加实践活动的兴趣浓厚，个性特长得到发展；第二，学生掌握了比较科学的学习方法，能进行独立探索学习，能与同学合作学习，能在实践中应用所学知识解决实际问题，学生的智能水平、综合素质与过去相比，与对比班比明显提高。

（此论文发表于《基础教育改革论坛》2002年第一辑中。作者单位：双滦区教育局科研室）

如何向45分钟要效益

——实施目标教学，优化课堂结构，提高课堂效益

杨志杰

《中国教育改革和发展纲要》中指出：“中小学要由‘应试教育’转向全面提高学生的思想道德、文化科学和劳动技能，办出自己的特色。”基础教育实施素质教育，是我国基础教育改革和发展的必然趋势，是社会主义现代化建设的需要，是培养新世纪人才的需要。毫无疑问，转变教育观念是实施素质教育的首要问题。但是，如何把素质教育的培养目标转化为广大教育教学工作者的实际行动，并在全体学生中产生实际效果，是我们必须要解决的关键问题。

柳斌同志把素质教育概括为三个要点：①要

使学生德、智、体全面发展;②要面向全体学生;③要使学生主动获得发展。而目标教学的理论与操作机制正适应素质教育的总体要求。

目标教学基本模式的五环节为“前提测评,认定目标,导学达标,达标测评,反馈矫正。”这种教学模式,便于教师的宏观调控,针对教学内容、课型、学情,随时随地去调节各个环节的功能分工,时间分配,使目标教学进入有序状态,实现教学过程的最优化。目标教学过程体现了“以教师为主导,学生为主体,训练为主线”的教学原则。要求教师通过导读、导议、导学,使学生乐学、学会、会学,并采用置前诊断、达标检测、反馈再达标,以达到师导生探,训练达标之目的。

下面我就如何在英语课堂中实施目标教学,优化课堂结构,向45分钟要效益的几点做法和主张拿来与大家探讨:

前提测评这一环节主要是复习所学知识,并为学习新知识扫除障碍,牵线搭桥。它涉及的内容与新课有关或者说是必备的认知前提,而非新课本身。这种设计为学生更好理解新课内容奠定了基础,有效地缩短了学生对新知识的认识时间。在前提测评中可采用多种形式:课堂提问、自由对话等。这些方法快速、便捷,可直接反映学生对旧知识的掌握情况,也能考查学生的知识运用和口语表达能力,从而根据实际情况,适时调节教学内容、方法和步骤。

通过测评把学生的注意和思维引到新课题的内容上,向学生展示目标,展示形式可灵活多样,有时一次性展示,有时分层展示,在这一环节只把它当做一个过渡段,使学生能自然转到新课的学习中,目标明确的去接受、获得新知识,做到有的放矢。

导学达标是目标教学过程中重要的一环。在这个环节中,教师只有精讲精练,精于设计,精益求精,把时间还给学生,才能达到预期的教学效果,所以教师要在设计课型上少讲、精讲、多练。“少讲”是指讲新知识的新环节,突出新授内容的特点,着眼于讲概念、讲结构、讲方法、讲思想、讲过程、讲区别等。“精讲”的目的就是为了节省时间,减少讲量,还时间给学生,因此,教师必须站在高角度提炼新知识,用恰如其分、形象生动的语言突出重点、突破难点、讲解掌握知识的关键。此环节还应注意启发诱导学生,要注意所讲的知识面及难易度,照顾全体学生。“多练“是在理解新内容基础上的大量训练。在学生感性认识新知识的基础上,指导学生进行强化训练,以求巩固新知,对课堂上训练题的设计应根据学生极易掌握的低起点、密台阶、小坡度的方式来设计。如现在进行的教学中,应预测学生特别容易丢掉动词be,常出现He flying a kit的错误。针对这种情况,题组一可先作变换动词的练习,例如:

T: he is swimming — He is simming.

T: reed a book

S: He is reading a book.

T: close the door.

S: He is closing the door.…etc.

题组二可作变换主语的练习,例如:

T: He is singing . I…

S: I am singing.

T: We…

S: We are singing. …etc.

题组三可做问答式训练,例如:

T : What are you doing now?

S: I am sitting.

T: What is he doing now?

S: He is sitting now.…etc.

这一练习大大加深了学生对动词be在现在进行时构中的印象,学生在达标测评时不仅不丢动词be,而且以往常出现you is 动词用法错误的现象也不再出现,全体学生顺利达标。

最后通过做一些测试题来检测学生对学习目标的达成情况,教师应设计一些既能使学生吃得好,又能吃得饱的检测题。

根据学生在检测中反馈回来的信息,再进

行目标教学的最后一个环节——反馈矫正。目标教学要求教师和学生在教学进程中，要通过多种形式的诊断检测来评价教和学的效果，并根据诊测及时发现问题，及时采取有针对性的矫正措施，从而最大限度的减少学生在课堂教学过程中的失误积累，大面积提高教学质量。因此反馈矫正一定要面向全体学生，反馈矫正一定要及时，才能收到最佳效果，提高教学时效。

在实施目标教学的同时，还应加大课堂密度，减少时间空耗。各别教师在提高课堂教学质量方面，效益观念很淡薄，一般通过增课时，搞题海，挤点节假日来实现。这样的疲劳战术效果很难尽如人意。实际上授课时浪费时间的现象比比皆是，如：不善于组织课堂教学；语言杂、繁多、重复、详略不当；繁杂而不必要的板书；不适当的加大提问量；教学环节松散等。因此，必须优化课堂结构，精心设计教学程序，组织好教学语言，设计好板书，珍惜教学时间来提高45分钟的效益。

优化课堂结构，还要注意课堂结构的完整性，要紧紧围绕教学目标而使教学的各个环节衔接自然，协调有序，有机结合，浑然一体，充分调动学生的眼、耳、手、脑等感官，从而产生课堂教学的整体效益，这就要求每一步教学活动有明确的目的，严密的逻辑，教学步骤既无重叠，又无脱节。从而使学生注意力集中，思维始终处于积极状态，与教师的思维产生共鸣，蕴素质教育于其中，提高课堂效益，从而大面积提高教学质量。

（此论文发表于《中国教育论坛杂志》2002年第1卷第五期。作者单位：承德市第三中学）

第二章 科 技

20世纪50年代始，域内大中型企业内部设立相关科研机构，负责企业内部设备改造、产品研发等。1987年8月，双滦区科学技术委员会成立（1999年改为科技局）。双滦区科技局通过科技普及宣传、示范引导等措施，推广应用农林牧渔业新技术，为区内经济发展做出了努力。至2005年，冶金钢铁、机械制造、轻工产品、养殖及教学研究等方面获得多项科研成果，多项研发获得国家专利。

第一节 科技普及推广

一 科技宣传

1987—1993年，区科技局举办科技培训班，组织科技宣传周、科技下乡等活动。开办电视科普专栏、建科普画廊、板报，举办科技竞赛，召开现场会等多种形式进行科技宣传。根据双滦区经济发展的不同阶段，科技宣传主要内容是宣传普及科技知识、科学思想，倡导科学精神、科学方法、科学生活、保健常识等。针对农民科技意识的提高和对科技知识的需求，农村科普宣传主要是以农业科技知识普及为主，重点是温室蔬菜大棚生产，日光温室暖棚饲养畜禽，蔬菜及畜禽疫病综合防治，卫生保健、健康常识等知识。

1996年，科技宣传主要通过科普文章《科技入户十家富》《一花引来满园春》《引水上山开发山地时差菜》《地下水灌溉旱田变稻田》等宣传科技致富典型。同时，对国家科委推广的喷灌、山坡日光温室和稻草轮作等十项综合技术及果树嫁接、稀土栽植水稻、山杏嫁接大扁等20多项新的科学技术向社会进行推广宣传。2004年8月，在承钢中学举行河北省科协“科普大篷车”巡回展,参观的学生、家长达4000余人次。同年10月,区科技局与中国科协声像中心联系，在区广播电视节目中开播每周1期“科普大篷车”专题栏目。栏目重点介绍重大疫病防治、卫生保健、农业生产、生活常识、环境保护、破除封建迷信等知识，全年共播出52期。同年，区科技局将双塔山沟“鸟语林景区”申报为省级“青少年科普教育基地”并挂牌。

2005年，区政府拨专款2.5万元，在滦河街道行宫社区建起全市第一座高标准省级“科普示范画廊”。展出内容主要有：科技政策法规、科普知识、科学生活、科学健身、科技信息、现代科技、实用技术等。

二 科技服务

1983年，区科技局举办蔬菜、农机、果树、畜牧、缝纫、木工等各种技术培训班38期，培训人数4722余人次;1994年,先后举办科技知识、大棚蔬菜技术、食用菌技术、果树管理技术和养殖技术培训班30期，培训各类技术人员1000多人次。1990年，区内各乡（镇）设农业技术服务站和畜牧兽医站，建立农业技术学校，制定培训计划，配备教师编写教材，按时授课，并建有实习场地，形成区、镇科技服务网。服务内容主要有：组织外出参观考察新技术、新项目；举办科技图片展览；举办养鱼、养鸡、养兔、养猪、养牛培训班；向农民传授新技术、推广科技新品种的试验、示范等。1992年，双滦区建立食用菌协会。

1993—1995年，农村发展“两高一优”（高产、高效、优质）农业，科技局共举办各种培训班40场次、培训人次达5260人；为农户提供蔬菜优种14.2万公斤。“两高一优”农作物种植面积32298亩，占播种总面积的87.9%。双滦区被列入国家农业综合开发示范区行列，引进新品种20个，引进新技术7项；开展15个新品种和6项新技术示范、试验。2001年，科技局及有关部门举办种养业培训班6场次，培训农民技术骨干500人次，培训农民群众5500人次，技术咨询1300人次。

至2005年，区政府先后制定《关于加强科技工作的决定》《区管专业技术拔尖人才和急需人才的管理办法》《双滦区科技发展十一五规划》等文件。区科技局举办各类科技培训班8期，培训师资技术人员60人，普及培训农民650人次。同年，区财政给科技局增拨科技三项经费5万元。区政府为首届6名专业技术拔尖人才颁发奖金100万元。

三 科技推广

1982—1987年，农业科技推广工作主要有：水稻薄膜育秧、蔬菜和玉米制种、化学药剂除草、地膜覆盖、青椒双行密植、仔猪快速育肥、家畜家禽检疫、果树叶面浇肥、大规模鱼种放养等新技术。

1989年，科技推广项目范围包括：新型农业机械、农作物新品种、蔬菜新品种、种植新技术、饲料青贮技术等。主要推广引进“水稻早育稀植”、“生猪快速育肥”、“笼养蛋鸡综合高产”、“日光温室蔬菜”、“秸秆饲料青贮”、“沼气综合利用”和“苹果套袋”、“高优稼接”、“山杏接大扁”、“生根粉”、“营养杯造林”等先进农牧技术。1992年，双滦区开展科技兴农工作，落实承德市计委、科委联合下达的15项农业技术推广项目和双滦区21项农业技术推广项目。全区有各类科技项目示范户100个，示范点20个。1998年，农村推广应用“三位一体”（猪圈、厕所、沼气池一体）沼气生产技术,应用该技术受惠农户达4000余户。同年,承德市政府在偏桥子镇召开“三位一体”现场会推广该镇经验。偏桥子镇使用沼气综合利用生产无公害农产品技术，温室黄瓜平均每亩增收1600元；达连坑村栽植葡萄160亩，每亩增产750公斤，每亩纯增收3600元。在推广新技术应用上，培养树立种植示范典型5个，养殖示范典型27个。偏桥子镇水稻种植区培养15亩生态稻，引进水稻新品种“五优一号”，采用旱育稀植栽培技术，实施无公害操作，经试验每亩增收300元。推广旱作集雨工程，偏桥子镇三家村一农户建集雨窖后，0.9亩山地油桃收入2万元，增收1万元。大庙镇、双塔山镇推广小尾寒羊、绒山羊舍饲技术。团瓢村一农户建120平方米舍饲示范场，采用草粉和配合饲料养羊150只，年创经济效益4万元。区内树立32个种养户示范典型。2000—2004年，偏桥子镇建科技示范园区，发展冀Ⅰ型高效日光温室。

2005年，区内农作物主要品种相继不断更新，亩产由过去的100～200公斤增加到400～600公斤；日光温室大棚面积2490亩，全年蔬菜生产以精细菜品种为主；生猪出栏时间缩短到4～5个月；蛋鸡生产蛋料比为2.7：1；新增优良品种黑白花奶牛和西门塔尔肉奶兼用牛412头，西杂肉奶兼用牛1100头。

第二节　科技成果

一　区属单位科技成果

1990年，双滦区农林局“冬季塑料暖棚养猪技术”项目获承德市科技进步二等奖。1991年，偏桥子乡“简易池塘流水养鱼开发实验”项目获承德市科技进步三等奖。1992年，区农林局“冬季塑料暖棚饲养畜禽综合配套技术推广”项目，获承德市科技进步二等奖。1994年，滦河镇铸造厂获河北省级“V”法铸造（真空负压成型铸造）技术成果奖。1995年，滦河轧钢厂获承德市“清洁高效燃烧型煤”科技成果奖；区林水局农艺师王笑天主研的《冀北山地果园应用稀土提高苹果产量和质量实验与推广》，获承德市科技进步三等奖。2003年，双滦区组队参加河北省第十八届“青少年科技创新大赛”，获优秀组织奖。参赛学生获一等奖1个、二等奖4个、三等奖4个。

1997年，区教研室以大庙镇中学为试点校，作河北省“九五”课题《目标教学可操作性研究》实验研究。2001年，该课题通过省级验收。2004年，在全国教育科学“十五”规划专项课题“优化课堂结构，促进学生自主学习，自主发展”研究中，双滦区有6所学校（承德十五中、承德实验中学、承德四中、双滦一小、双滦三小、逸夫实验小学）被河北省教育厅、省中小学教师继续教育中心批准立项研究。同年10月，该课题通过河北省教育厅课题验收组专家验收。

2005年5月，双滦区教育局申报的河北省教育厅“十五”规划定项课题“优化课堂结构，促进学生自主学习，自主发展”项目，参加承德市教育科研成果评选，获一等奖11项，二等奖10项，三等奖7项。

2003年河北省青少年科技创新大赛双滦区获奖情况统计表

表20-2-1

姓名	作品名称	获奖等级
张　杨	《未来水世界》	一等奖
张欣国	《没有灯光的城市》	二等奖
潘　美	《我的理想秀》	二等奖
林婷婷	《田野上的科技之歌》	二等奖
刘　馨	科学幻想画《未来海底世界》	二等奖
付天宇	《我的梦》	三等奖

续表 20-2-1

姓名	作品名称	获奖等级
彭志雪	《我们坐未来渔船参观海底世界》	三等奖
张立尧	《探索太空》	三等奖
牛东阳	《科技树》	三等奖

1987—2005 年双滦区部分年度科技项目成果统计表

表 20-2-2

年份	项目级别	项目名称	承担单位
1987	市级星火	食用菌系列品种开发	区科委
1989	市级研发	全程农村技术服务体系示范及技术推广	区政府
1988—1989	市级研发	简易池塘流水养鱼	偏桥子乡
1990—1992	市级研发	县级星火科技示范区建设	区科委
1990—1995	市级研发	草食畜基地开发	大庙镇
1991	市级研发	谷子对比实验	区农业站
1991	市级研发	伟晶型花岗岩综合利用	区科委
1991—1992	市级研发	引种美国鱼	区农林局
1993—1994	市级研发	山杏优良品种区域性栽培与综合利用	区农林局
1994	省级研发	“V”法铸造（真空负压成型铸造）技术	滦河铸造厂
1994	市级研发	WSC型高硬度金属/陶瓷复合材料石材锯刀（锯齿）	先河特种材料厂
1995	市级研发	清洁高效燃烧形煤	滦河轧钢厂
1995	市级研发	塑料大棚菜、平菇周年生产高效技术开发	区食用菌协会
2002—2004	省级研发	冀北山区农业旱作节水及资源优化配置综合利用技术研究	区科技局
2004	省级研发	河北省中药材GAP承德研究中心	区科技局
2005	国家级研发	黄芩种质资源的道地性评价与‘热河黄芩’良种选育的研究	区科技局

1990—1993 年双滦区部分年度科技项目获奖情况统计表

表 20-2-3

年份	级别	奖项	项目名称	获奖人	单位
1990	市级	科技进步二等奖	冬季塑料暖棚养猪技术	张宝军	区农林局
1991	市级	科技进步三等奖	简易池塘养鱼开发实验	司作志	区农林局
1992	市级	科技进步二等奖	冬季塑料暖棚饲养畜禽综合配套技术推广	张宝军	区农林局
1993	市级	三等奖	科技达标镇	滦河镇政府	滦河镇政府

1989—2005年双滦区部分年度科技论文获奖情况统计表

表 20-2-4

年份	论文题目	获奖级别	获奖人	单位
1989	主养草鱼稳产高产技术	《中国水产》第9期	司作志	区农林局
1989	北方山塘主养草鱼连续高产实验总结	《淡水养鱼》第3期	司作志	区农林局
1990	鸡蛋延时饲喂技术研究	《河北畜牧兽医》第2期	张宝军	区农林局
1993	按照知识的整体结构，改革倍数关系应用题教学尝试	省教科研成果三等奖	赵振生	教育局
1995	浅谈小学数学新授课教学过程的整体优化问题	省教科研成果三等奖	赵振生	教育局
1995	舞剧天鹅欣赏	省教科研成果三等奖	张晓国	承德三中
1995	快慢班刍议	省教科研成果三等奖	秦玉鹏	承钢中学
2005	浅谈在学校教育中德育教育的几点做法	省科技征文三等奖	李树敏	黑山小学

二　驻区企业科技成果

冶金钢铁　1979年，承钢高钛型钒钛磁铁矿高炉冶炼模拟实验获“国家科技发明一等奖”。1992年，承钢生产的高强度圆环链钢23MnV产品获河北省“国家科技发明一等奖”。1993年，“ф400轧钢阶梯及诱导轨道”项目获河北省科技成果一等奖。1995年，“弧形链轧级联轴器”获河北省青年科技进步一等奖；1996年，获“中国科技博览会”银奖。1996年，承钢开始应用转炉溅渣护炉技术获河北省科委二等奖。1997年，承钢“拉碳法终点控制”技术获河北省冶金科技进步一等奖、省经贸委二等奖、省科委三等奖；同年，采用“钢包渣改造炼钢轧系统”技术获河北省冶金行业科技进步二等奖、省经贸委科技进步三等奖。2003年，“板坯双流高效改造”技术获国家经贸委三等奖；同年，“顶、底、侧复吹提钒工艺”获河北省科技厅科技进步一等奖。

矿山机械　承德矿山机械厂经过多年的研发，企业生产能力、技术装备、产品质量和科研水平达到国内同期领先水平，并先后获得奖项。

承德矿山机械厂产品科技成果一览表

表 20-2-5

研发时间	科研产品	成果奖项
1964	与第一机械工业部、第一设计院联合设计研制“10立方米翻车机”。	是当时国内最大的矿用翻车机
1968	直径2～3米永磁脱水槽	填补国内机械产品空白
1978	LZC—1.0重介质振动溜槽	河北省科技成果奖
	ZLTC—79/4侧动式隔膜跳汰机	获全国机械工业科学大会奖
1986	ф914x7600沙石洗选机	承德市“六.五”科技进步一等奖
1987	提高中锰钒钛铁研究项目	承德市“科技进步二等奖”
1986	JZT18210间接加热式转筒燥干机	河北省优秀新产品一等奖；河北省科技进步三等奖。
1983—1993	“承矿”牌5～20t吨电动双梁桥式起重机	连续10年获得河北省优质产品称号
1984—1993	“承矿”牌ф1～ф1.5米转筒干燥机	连续10年获得机械工业部优质产品称号
1992	NZT型粘性物料转筒干燥机	河北省优秀新产品三等奖

续表 20-2-5

研发时间	科研产品	成果奖项
1998	QSY2542直筒回转窑、SDBF熟料链斗输送机、RX五级旋风预热器	承德市科技进步二等奖证；同年获得河北省经贸委颁发的新产品三等奖。
1998	ZST385增湿塔	河北省优秀新产品二等奖
1998	直径100×300高压辊破机	河北省机械工业科技进步一等奖；河北省科技进步三等奖。

输送机械 承德输送机总厂在产品研发生产过程中，通过联合研发、技术引进、吸收借鉴等方法，在国内输送机生产行业中占据领先地位，科研成果先后获得诸多奖项。

承德输送机总厂产品科研成果一览表

表 20-2-6

时 间	产品及项目	成果及奖项
1966	XT125推式悬挂输送机	填补国内机械行业一项空白
20世纪80年代	FX208输送机	河北省优秀新产品奖；国家优秀新产品“金龙奖”。
	PX80输送机	1983年河北省科技成果三等奖
20世纪80年代	DH7IO电动台车式地面输送机	1983年河北省优秀新产品奖；国家优秀新产品“金龙奖”；机械部科技成果二等奖。
	WF4封闭轨悬挂输送机	1986年河北省优秀新产品一等奖；1987年河北省科技进步一等奖；1989年国家科技进步二等奖。
	WFJ50封闭轨积放式悬挂输送机	
	WTJ4积放式悬挂输送机	
	FT240封闭轨台车输送机	河北省优秀新产品一等奖；承德市“六五”科技进步一等奖；河北省科技进步三等奖。1987年获国家机械工业部首届科技进步三等奖。
20世纪80年代	悬挂机引进消化项目	1987年获国家机械工业部首届科技进步三等奖。
	JB3925-85通用悬挂输送机技术条件	1987年获承德市科技进步二等奖；河北省科技进步二等奖。
20世纪90年代	JB5321.2-91积放式悬挂输送机技术条件	1993年获承德市科技进步奖
	DQT6浅拖链式地面输送机	1990年河北省优秀新产品二等奖
	BPZ重型平板式输送机	1990年河北省优秀新产品一等奖
	FJF125型封闭轨反向积放输送机	1992年河北省优秀新产品二等奖
	WTJ3积放式悬挂输送机	1992年河北省优秀新产品二等奖；承德市科技进步二等奖。
	SK滑橇式输送机	1992年河北省优秀新产品一等奖；河北省科技进步四等奖。
	DTJ100-160地面反向积放式输送机	1993年承德市科技进步一等奖；河北省科技进步二等奖；1995年列入国家级重点新产品。
	重型链式输送成套设备	1996年河北省科技进步三等奖；选编入《中国“九五”科技成果选》，并获证书。
20世纪90年代	输送机CAD网络系统	1997年河北省科技进步二等奖；1999年国家科学技术部授予“全国CAD应用工程示范企业”称号。
	物流总装生产输送系统	1997年承德市科技进步一等奖

续表 20—2—6

时 间	产品及项目	成果及奖项
20世纪90年代	自动化立体仓库	1998年河北省优秀新产品一等奖；河北省科技进步二等奖。
	WWJ宽推杆积放式悬挂输送机	1998年河北省科技进步三等奖
	积放式悬挂输送机技术	1998年11月获国家实用新型专利证书
	凸缘槽钢	1999年获国家实用新型专利证书
	WWJ4/WWJ6宽推杆积放式输送机	1999年获河北省名牌产品
	DTJ及方式输送机	1998年承德市科技进步一等奖
21世纪	电动自行小车式输送机	2000年河北省科技进步三等奖
	WTJ3封闭轨积放式悬挂输送机	2000年河北省优秀新产品二等奖
	AEM电动小车式输送机	

轻工产品　承德市麻纺厂生产的107×74通用麻袋于1964年、1979年、1985年被评为河北省优质产品；1980年、1988年被评为国家轻工业部优质产品。1988年，丙纶簇绒地毯产品评为省级优秀新产品。1989年10月，承德造纸一厂生产的“猫球”牌卫生纸被评为河北省优质产品。1990年，承德市啤酒厂生产的“普乐牌”啤酒获河北省优质产品。20世纪80—90年代，承德市丝绸厂生产的“宽幅衬里绸、织锦缎、畅远呢、七彩织锦被面、冷香绸等27种新产品分别获国家、河北省“优秀新产品奖”和“技术进步奖”；白厂丝、美丽绸、涤美绸等产品于1979年、1985年、1988年获河北省优质产品奖；线绨被面、花线绨、表绫、花富纺、团花涤绸、美丽绸等分别于1986年、1987年、1988年获河北省“丝绸行业实物质量评比优秀奖”。1987年，承德市皮革厂生产的山羊皮服装荣获承德市科技二等奖。

第三节　专利技术

一　区属单位专利技术

2000—2005年，双滦区属单位获得国家专利7件。其中，外观设计1件、发明1件、实用新型5件。

区属单位部分专利技术一览表

表20—2—7

单位	专利名称	专利号	申请年
承德万通科工贸有限公司	转炉出钢挡渣器	20002668963	2000年
承德万通科工贸有限公司	挡渣器投放装置	20012656860	2001年
承德市鸿博科贸有限公司	高炉用煤气和助燃空气预热装置及方法	20011397462	2001年
承德市鸿博科贸有限公司	两段式热风炉	20012753998	2001年
国家粮食储备局承德直属库	仓储密闭窗自动开关装置	200257411X	2002年
承德长城钢管有限公司	高频焊管热刮内毛刺液压刀杆	20032C74788	2003年
承德市畜牧场	鲜奶包装袋	20043070957	2004年

二　驻区单位专利技术

冶金钢铁　承德钢铁集团有限公司、新新钒钛股份有限公司依靠厂内技术人才和设施，多年坚持科研开发，至2005年获得国家专利35件。

其中，发明18件、实用新型17件。

1991—2005年承钢集团有限公司、新新钒钛股份有限公司专利技术一览表

表20-2-8

专　利　名　称	申请号	申请单位	专利类型
钒渣炉内直接合金化工艺	19911097260	承德钢铁厂	发明
钒钛型超高碱度烧结矿制造方法	19951063383	承钢	发明
钒钛型超高碱度烧结矿制造方法	19951059734	承德钢铁公司	发明
用钒钛矿高炉冶炼钒钛磁铁矿开炉法	1995118394x	承钢股份有限公司	发明
回转窑补窑方法	19961007052	承钢股份有限公司	发明
轧辊径向调整接轴锁定装置	19972213341	承钢股份有限公司	实用新型
混铁炉出铁口自动炉盖	19972159762	承钢股份有限公司	实用新型
炼钢用钒球及其合金化方法	19981235697	新新钒钛股份有限公司	发明
用转炉钢包渣作调渣剂改造低Si铁水或半钢炼钢渣系的方法	19981251943	新新钒钛股份有限公司	发明
高炉荒煤气外冷式冷却塔装置	19892089334	承德钢铁厂	实用新型
高炉荒煤气外冷式冷却塔装置	19902048848	承德钢铁厂	实用新型
矿热炉热兑法生产含铝复合脱氧剂	1990107425x	承德钢铁厂	发明
一种热风炉用燃烧器	19992422779	承钢股份有限公司	实用新型
在线车削轧辊装置	19992557542	承德钢铁厂	实用新型
辊式筛分机筛辊粘料清除装置	19992045223	新新钒钛股份有限公司	实用新型
一种低碳微合金钢及其生产链条链板方法	19991000331	承钢集团有限公司	发明
一种低碳微合金金刚及其生产链条链板方法	19991007247	承钢集团有限公司	发明
高炉预热炉缸开炉法	19991273125	新新钒钛股份有限公司	发明
固定式转炉无结缝砌炉法	20001335987	承钢集团有限公司	发明
顶侧复吹转炉炼钢法	20001335995	承钢集团有限公司	发明
铁水渣铁分离装置	20022366636	新新钒钛股份有限公司	实用新型
一种利用制氧机组生产氩的方法	20021088594	新新钒钛股份有限公司	实用新型
分体混铁炉	20022366482	新新钒钛股份有限公司	实用新型
一种用铁水作增碳剂的炼钢方法	200212253x	新新钒钛股份有限公司	发明
高炉铁水连续脱硫装置	20032050720	新新钒钛股份有限公司	产用新型
一种用于高频焊管热刮内毛刺的液压刀杆	20032074788	新新钒钛股份有限公司	实用新型
一种轧钢加热炉炉底出渣装置	20042017790	承钢集团有限公司	实用新型
一种转炉提钒工艺方法	20041853161	新新钒钛股份有限公司	发明
一种氮化钒的生产方法	20041853157	新新钒钛股份有限公司	发明
一种生产氮化钒的装置	2004208857x	新新钒钛股份有限公司	实用新型
棒材在线抽头机	20042017786	新新钒钛股份有限公司	实用新型
高炉荒煤气一步法除尘装置及方法	20041297688	新新钒钛股份有限公司	发明

续表 20-2-8

专 利 名 称	申请号	申请单位	专利类型
高炉煤气袋式除尘多段脉冲装置及方法	20041297692	新新钒钛股份有限公司	发明
圆形竖炉的冷却装置	20052A7462x	承钢集团股份有限公司	实用新型
固定式转炉无结缝砌炉方法	20052078820	新新钒钛股份有限公司	实用新型

机械制造 承德输送机集团有限公司是中国北方矿山机械、输送机械制造的知名企业。企业多年坚持技术引进、吸收、开发利用，取得专利技术4件。

1998—1999年承德输送机集团有限公司专利技术一览表

表20-2-9

专 利 名 称	申请号	申请单位	专利类型
WWJ宽推杆积放式悬挂输送机	1998年	承德输送机集团	实用新型
压力固液分离机	1998年	承德输送机集团	实用新型
一种轻型积放式输送机式	1999年	承德输送机集团	实用新型
凸缘槽钢	1999年	承德输送机集团	实用新型

电子仪器 承钢电子仪器有限责任公司近年来取得国家专利技术4件。全部为实用类型。

1996—2002年承钢电子仪器有限责任公司专利技术一览表

表20-2-10

专 利 名 称	申请号	申请单位	专利类型
石英电子计价秤加载机构	1998241272x	承钢电子仪器有限责任公司	实用新型
石英电子案秤	19982078692	承钢电子仪器有限责任公司	实用新型
双面板式臭氧发生片	19962191914	承钢电子仪器有限责任公司	实用新型
一种柔性铰接平行四边形机构传力秤	2000245453x	承钢电子仪器有限责任公司	实用新型

第四节 职称管理与机构设置

一 职称管理

1989年，双滦区科委开始职称管理工作。按照相关规定，高、中级以上职称评定分别报省、市职称办公室评审；区科委负责初级职称评审。同年，区内评定高级职称18人、中级职称231人、初级职称817人。1990年，区内评定中级职称13人，初级职称57人。1991年，评定初级职称17人。1992年，职称管理工作移交双滦区劳动人事局负责。

2001年，双滦区科技局开始接收非公有制企业技术人员的职称评审工作。2002—2003年，共评定高级职称1人、中级职称1人、初级职称105人。2004年，非公有制企业技术人员的职称管理工作移交给双滦区劳动人事局。

二 机构设置

1987年8月，双滦区科学技术委员会成立(简称区科委)，编制2人；1999年4月，区科委更名为双滦区科学技术局，编制5人。至2005年，机构设置未改变。

第二十一编　文　化

域内有文字记载的文化活动始于清代康熙年间。由于多民族聚居，其文化呈现出不同的民族特色，遗存古迹种类较多。汉族、满族、蒙古族、回族等民族文化与习俗相互渗透，相互融合，形成了具有一定特点的地域文化。新中国成立之后，文化事业发展加快。1958 年，有线广播开通；1996 年，有线电视台成立。至 2005 年，区内有线电视覆盖率达 95%。以承德钢铁集团有限责任公司、承德输送机集团有限责任公司为代表的企业文化和存在于乡镇、街道的民间文化，凸显工业区特色和浓郁的塞北乡土风情。刻瓷、内画、泥塑、花鸟字画等民间技艺展示了丰厚的文化积淀；美术、书法、摄影等爱好者众多，国家、省、市等各级各类大赛频现精品；小说、诗歌、散文等文学艺术创作取得一定成就；以社区、村街文化活动为主的群众演艺、健身、娱乐活动蓬勃发展。

第一章　群众文化

清代康熙年间，域内已成为多民族聚居地，文化呈现出多民族共同依存、互相借鉴又独立发展的特点。灯会、花会、庙会等民间表演活动自清代始发展、传承。昆曲、二人转等戏曲曲艺和代表寺庙音乐的穹览寺乐队（后改为十番班），影响力较为久远。新中国建立后，域内的群众演出活动主要是驻区企业演出团体和乡村剧团。1980 ~ 2005 年，域内民间花会、歌咏、集体舞等各类群众文化活动普遍开展。

第一节　民间文化活动

一 灯会

域内灯会始于清代，主要举办地点多在滦河街区。民国时期继承这一传统，每年正月十五，沿街商号悬灯结彩，九莲灯、走马灯、冰灯等各类灯饰五彩纷呈。群众扮演的“灯官爷子”和“灯官娘子”出巡，到各店铺门市祈福祝愿，讨要喜钱，老板们为图个吉利，都纷纷解囊。新中国建立后，滦河镇、双塔山等地仍举办规模不等的灯会。“文化大革命”运动中，视灯会为“四旧”（旧风俗、旧习惯、旧思想、旧文化）之一被取消。1978 年，改革开放后，群众开始自发举办灯会活动，大多以节日装扮为主要目的。2000—2005 年，驻区大型企业在元宵节，举办大型灯会及焰火晚会 6 场次，大多为燃放烟花焰火。

二 庙会

清代康熙年间至民国时期，域内每年都举办庙会。其中琳霄观的农历四月初八娘娘庙会（琳霄观，俗称娘娘庙）最盛。当日，周围十里八乡的百姓云集庙前广场，磕头烧香，祈福吉利。庙外广场四围及附近街道上摊贩云集，叫买叫卖十分热闹。年节庙会，地点多在喀喇河屯老街的财神庙戏楼。戏楼开台唱戏，广场边还有打场子卖艺的。民国29年（1940年），日伪统治时期取消了庙会。新中国建立初期，庙会活动被视为封建迷信，停止举办。20世纪50年代初，滦河镇的各座庙宇被拆除或改作他用。自此，庙会在域内消逝。

三 花会

清代康熙年间，花会在域内兴盛起来。农闲和逢年过节举办演出的地点在滦河城街，年节时也到较大的村镇去串演。以春节、元宵节和各个庙会举办期间演出最盛。演出的组织者为民间的花会“会首”。常见的节目有：高跷、寸子、背哥、舞龙、中幡、狮子、秧歌、腰鼓、旱船、小车、跑驴、大头娃、二贵摔跤、龙灯等。花会队伍采取沿街行进式表演和街道广场驻留式表演两种形式。

新中国建国初期，花会被作为落后文化和封建迷信活动而遭禁。1956年，中共“八大”上提出文艺“百花齐放、百家争鸣”方针，花会这种民间文艺活动又得到许可。这一时期，滦河、双塔山、大庙等地的城区街道和农村于春节、元宵节期间举办小规模的花会、灯会。“文化大革命”期间，花会、灯会遭禁。

改革开放后，花会活动逐步恢复。1986年，大庙镇小三岔口村组织花会活动，走街串巷演出高跷、秧歌、旱船等曲目。演出使用的主要乐器有锣、鼓、钹、唢呐等。1993年元宵节，区政府首次组织大型花会巡演活动。区内25个单位，1050人参加表演。花会有彩车15辆，演出节目28个，沿途观众达万人。同年，双滦区组队参加承德市花会表演，获得市委、市政府春节花会优秀组织奖；滦河镇组织花会的个休协会被评为先进单位。1997—2002年，村街和单位自行组织花会，最多年份有花会队伍36支、上千人参加演出。2003年区政府组织双塔山镇团瓢村高跷队、双塔山街道办事处输送机社区腰鼓队，参加“避暑山庄肇建300周年”庆典活动，获得好评。至2005年，双滦区各街道、社区及各镇的行政村，每年旧历正月都举办不同规模的花会演出活动。

第二节　民间艺术团体

一 穹览寺乐队与十番班

清代康熙四十三年（1704年），穹览寺成立寺内僧人小型乐队，又称穹览寺乐队，人数不详。主要为举办佛事活动演奏寺庙音乐。 乐队的主要演奏乐器有唢呐、笙、管、笛、锣、鼓、铙、钹、云锣等。按使用器乐，分为“文武”两种；按表

大庙北梁村花会表演队（摄影 张升）

1984年倪永泉等人照片前左起郭晓明、倪绪明、英国友人、倪绪清、倪永泉（倪广信提供）

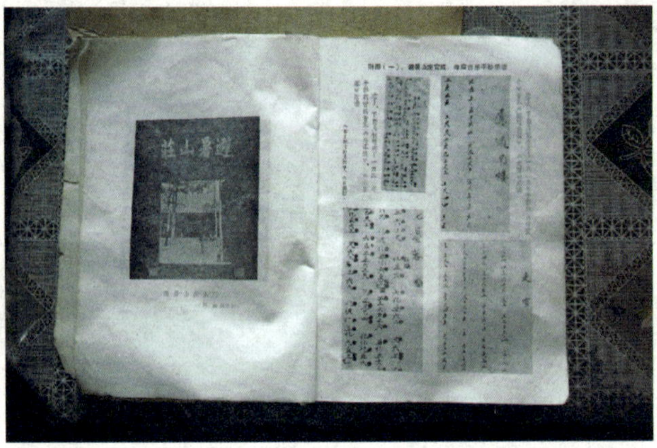

书中右侧为倪永泉1929年手抄乐谱影印（倪广信提供）

演形式分为“座乐”和“行乐”。清朝灭亡之后，出于生计需要，乐队经常与当地艺人联合参加一些民俗演奏活动，表演曲目有《大华严》、《开坛铙》等百余首乐曲。

“十番”，是民乐一个传统乐种，是融打击乐与管弦乐为一体的交响音乐。演奏时需要十种乐器，故称“十番”。其演奏方法别具一格，有自成一家的锣鼓经。管弦乐的乐曲，多取自元曲及昆曲的曲牌选段或选句，音韵清脆、幽雅宜人。穹览寺僧人乐队中所演奏乐曲中含有“十番”乐。乾隆年间喀喇河屯“鼓乐班”所演奏的乐曲中也有“十番”乐的内容。民国15年（1926年），喀喇河屯鼓乐班的演奏艺人倪永泉、常德林为更全面地掌握“十番”音乐，拜穹览寺主持大祥、文义为师学习。同年，穹览寺乐队与倪永泉、常德林的“鼓乐班”合为“十番班”。“十番班”有乐手12人，常在花会、庙会、寺庙法事和民间红白事等活动中演奏。民国22年（1933年）后，域内被日军占领，乐队走向衰落。1982年，承德市挖掘民族民间音乐时，滦河镇居民倪永泉献出其民国18年（1929年）抄于穹览寺乐队的乐谱87首。其中77首后被编入1983年出版的《承德避暑山庄清代宫廷音乐、寺庙音乐》一书。

二 业余剧团

滦河文化站剧团 1954年，滦河文化站组建业余剧团，时有演员84人。演出的剧种有评剧、河北梆子，另外还有话剧、歌剧等。演出的主要剧目有《杨二舍化缘》《打狗劝夫》《金水桥》《调寇》《翻天覆地的人》《白毛女》《小二黑结婚》《小女婿》《王贵与李香香》《打渔杀家》《打塔子沟》等，曾到相邻各县巡回演出。1962年，剧团还曾赴二龙山水库工地慰问演出。1966年文化大革命开始后，剧团解散。

麻纺厂剧团 1954年，承德市麻纺厂职工白孟馥等人组建麻纺厂业余剧团。1957年，剧团发展到80多人，先后排演《金玉奴》等30多个评剧剧目，还配合技术革新运动自编自演评剧《走新路》。剧团从成立到文化大革命开始的12年中，在域内及承德市双桥区、鹰手营子矿区和周围农村共演出300余场。文化大革命时期，剧团解散。

上碾子村剧团 1985年，大庙镇上碾子村成立业余剧团。逢年过节搞演出。演出的剧种主要是河北梆子和评剧等。活动范围主要在本村和邻近各村。后因无人组织管理，剧团解散。

三 业余演出队

承钢文工团 1960年，承钢工会组织业余文艺演出队。1966年文化大革命开始后，演出队曾排演《红灯记》《沙家浜》《智取威虎山》等革命样板戏选场、选段。1986年，在原文艺演出队的基础上组建“承钢业余文工团”（简称文工

2004年承钢艺术团成立演出实况（摄影 刘永占）

团）。1992年，组建“承钢业余艺术团”，重大节庆时，举行文艺演出。2005年该团仍有演出活动。

警民艺术团 2002年，滦河街道办事处凤凰社区成立河北省首家社区警民艺术团。成员为滦阳派出所民警和社区居民（在职职工或离退休人员）。表演的节目有歌舞、小品、京剧、三句半、诗朗诵等。到2005年，艺术团仍在活动。

怡园社区艺术团 2003年，滦河街道办事处怡园社区组建业余艺术团，成员为社区居民（在职职工、退休人员）。每周组织排练活动2～3次，大多是自己编排的讴歌党和新中国及表彰社区内好人好事的节目。有戏曲、歌舞、快板、表演唱等。演出所用乐器、服饰、道具、音响设备，都是演员自带和团内逐年添置的。每逢年节和重大节日，都在社区广场举办演出活动，并到周围村镇、企业演出。

第三节　戏曲曲艺

一 昆曲与弋阳腔

清代皇帝频繁驻跸喀喇河屯行宫，行宫内开始有戏剧演出。宫廷的“南府内学班”经常来演出昆曲（又名昆山腔，昆剧），其剧目有《游园惊梦》《思凡》《夜奔》《钟馗嫁妹》等。同时演出的还有弋阳腔（高腔），其剧目略少，有《醉打山门》《单刀赴会》《六国封相》等。在宫内戏剧活动的影响下，宫廷内外的杂役、工匠、百姓等开始学习演唱。喀喇河屯及周边村镇，出现一些民间小型戏班子。据记载：清末民初时期，除喀喇河屯的戏班外，相对较偏远的长山峪、白旗、小营、虎什哈等地的戏班子逢年过节也常来域内演出。民国中后期，由于军阀间战争和日军的入侵，各类戏曲演出很少举办，昆曲与弋阳腔自此在境域消逝。

二 热河二人转

清道光年间，热河二人转与热河五音鼓、莲花落、地秧歌等融会贯通，形成集说唱、舞蹈、音乐演奏于一体的民间曲艺形式。热河二人转，兴于热河（今承德市双桥区），后传至域内。其第一代艺人何世来等曾在喀喇河屯行宫办“祥福班”传艺。后来，时任行宫护卫镖总的敖镖镇等人及其他宫邸艺人，专门为热河二人转第三代传人“杨二舍”、“水萝卜”、“百里香”（皆艺名）写了《陈蔡绝粮》《泣颜回》《大纲鉴》《白蛇传》等曲目。这一曲艺剧种得到宫廷、官府及群众的喜爱，越唱越盛，遍及域内各地。曲目后来发展到100多个。民国后期时局不稳，曲目发展受到很大影响，但仍在断续演出。

1953年，热河省首届人民文艺检阅大会，热河二人转节目多达17个。此后，此演唱形式逐渐减少。域内流行的还有评书、大鼓书（乐亭大鼓、梅花大鼓）等曲艺剧种。剧目有《大八义》《大五义》《三侠五义》《包公案》《呼杨合兵》《西游记》《秦英征西》等。

20世纪60年代以后，群众文艺演出的曲艺形式有快板书、三句半、京韵大鼓、相声、山东快书、单弦、小品等。

三 皮影戏

域内的皮影戏出现于清代，演出时段大多是农闲和逢年过节。民国8年（1919年），喀喇河屯的皮影班子称“新乐民影班”，演出情况不详。民国24年（1935年），滦河街居民徐富国组建起新的皮影社（名称不详），走街串乡搞巡回演出。新中国成立初年，陈栅子村、付营子村等地几个皮影社也经常来域内演出。由于皮影戏基本为地方戏的旧剧目改编本，在历次的政治运动中屡受批判。文化大革命中，大部分皮影道具被焚毁。自此这一剧种在域内消失。改革开放后，偶有外地艺人来演皮影戏。

第四节　文艺演出与电影放映

1949—1980年，域内的群众演唱活动主要由企事业单位、人民公社及生产大队自行组织和文化部门组织，各单位参加两种形式。演出的时间主要在节庆活动之中。1980 年建区后，群众文艺演出从范围到规模都有扩大。

一 主题演出活动

1986 年，双滦区举办“纪念承德解放四十周年文艺演出”，区直机关和驻区五大厂矿参加，演出各类节目 40 多个。1991 年，区政府组织开展“双拥”演唱活动，全区（包括驻区企业、部队）有 14 个单位 1000 多人参加文艺演出。

1995—2001 年，双滦区先后组织庆祝“反法西斯斗争胜利 50 周年”群众文艺汇演；“国税杯”歌咏赛；首届青年歌手大赛和颁奖晚会；“迎回归、庆七一”歌咏赛；首届“顺酒杯”少儿歌手电视大赛；第二届青年歌手电视大赛；“千家万户颂党恩”大型演唱会与“党在我心中”歌咏演唱会；“企地联谊颂祖国演唱会”等。2002 年，双塔山街道办事处组织老年戏曲演唱队、秧歌队、腰鼓队、太极拳队、健身操队，不定期开展各种演出活动。

2003—2004 年，在“承德避暑山庄肇建 300 周年庆典”活动中，滦河镇西南营村和双塔山镇团瓢村参加了相关演唱活动，节目获奖，两村被评为省级“宣传文化示范村”。在承德市业余歌手定级考核比赛、第二届少数民族文艺汇演和“移动通信杯”舞蹈比赛中，双滦区选送 17 个节目参赛，其中获一等奖 9 个，二等奖 8 个。

2004 年，承德市文化局和双滦区政府在双滦区民族文化广场举办“多彩承德进双滦”、庆祝建国 55 周年文艺汇演区内各镇、村、街道、社区组织的 20 余个秧歌队、高跷队、腰鼓队、“红杏舞蹈队”等参加演出，演出 41 场。其中《承德我爱你》节目，选送参加承德市庆祝中华人民共和国成立 55 周年文艺汇演，获得二等奖。同年，双滦区组织相关单位参加全市第三届少数民族文艺汇演和第三届歌手大赛，获得一等奖 3 项，二等奖 5 项，三等奖 5 项。

2005 年，双滦区举办纪念党的生日和庆祝国庆两场文艺汇演。参加单位 38 个，700 余人登台，40 个自排自演文艺节目观摩演出。同年，双滦区邀请市歌舞团在区民族文化广场举办“多彩双滦”系列消夏文艺晚会，共演出 7 场，观众多达 6 万人次。

二 文化下乡

2003—2005 年，双滦区组织文化下乡活动。双滦区文化局组织老年大学文艺班学员排练文艺节目。深入到学校、机关、驻军、企业巡回演出。3 年间，演出 11 次 40 场。

三 电影放映

民国 23 年（1934 年）始，日伪政权在域内不定期放映黑白无声电影，内容大多为美化日本军国主义，放映活动至民国 33 年日本投降为止。

1953 年，热河省文化厅、热河省军区电影队开始到域内放映电影。大多是每周末，露天放映，场次不定。内容是纪录片、战争片、戏剧片等普通银幕黑白片有声电影。20 世纪 60 年代初，驻境企业建成职工俱乐部 10 个，各俱乐部陆续建立自己的电影放映机构。1976 年，承钢俱乐部经过翻修，设座位 1640 个，常年为企业职工及附近居民放映电影。20 世纪 70 年代后，各公社及少数生产大队也相继成立电影放映队，在公社范围内走乡串村利用露天场地免费为社员放映电影，影片开始有少量彩色片。20 世纪 90 年代以后，随着电视的逐步普及，域内的电影放映队机构和场次逐渐减少，域内电影放映机构大多解散。2004 年，双滦区全年组织电影下乡放映 18 场次。

至 2005 年，双滦区只有承钢剧场偶尔放映电影。

第二章　文学创作

新中国建立前，域内的文学创作情况无考。新中国建立初期，文学创作方面的人才匮乏。20世纪50年代始，驻区企事业单位出现一些文学爱好者，工作之余，致力于文学创作。1956年承德矿山机械厂创编的大型话剧《分水岭》和1958年该厂创编的大型古装评剧《棒槌山上的老桑树》为域内较早创作的戏剧作品。张振兴、韩宇、潘永清、李久实等文学爱好者，在不同年份创作的诗歌、散文、小说等文学作品，在区内外产生一定影响。

第一节　戏剧小说

一 戏剧创作

1956年，承德矿山机械厂自编自演的中型话剧《分水岭》，在承德市第三次职工文艺汇演中被评为创作和演出的优秀节目。

1958年，承德矿山机械厂王占举、张德福编写的大型古装评剧《棒槌山上老桑树》，在承德市第四次职工文艺汇演中获奖。

二 小说创作

承德输送机集团有限公司职工李久实的中篇小说《欲望的人质》，2005年在《特区文学》第一期发表；同年，其中篇小说《网上情缘》，在《北方文学》第五期刊载。

第二节　诗歌散文

一 诗歌创作

张振兴创作诗歌《扎山沟（二首）》，1958年发表于《大公报》、《公社人物集》；1960年发表于《承德日报》。

20世纪70—80年代，韩宇在地市报刊发表的短诗有《双塔山》《离宫塞湖》《金星》《汗》《炼铁炉》等。

1982年，阎立刚相继在《国风》《热河》《承德群众报》发表诗歌、散文。

穆春雨的120首短诗集《滦阳放歌》于2004年5月在远方出版社出版。

二 散文创作

1990年12月，秦玉朋的散文《今昔苦麻菜》入选花山文艺出版社《山风散文选》第四卷；散文《清凉世界——寿王坟》发表于国务院环保委员会主办的《中国环境报》副刊；1993年10月，散文《鼓劲论旁说》入选中国文学出版社《心雨霏霏》散文集。2004年，韩宇业余时间创作的多首诗歌、散文作品《无弦集》出版。2005年10月，潘永清的散文集《南风北雪》在远方出版社出版。同年，散文《迎春花》参加《中国作家》杂志社举办的“金秋之旅笔会”，获三等奖。

三 其他创作

2002年，安忠和与闫忠昊合著的《双塔山与滦河》一书，作为《山庄文化丛书（三）》在中国戏剧出版社出版。

第三章　艺术创作

域内的艺术创作涉及美术、书法、摄影、内画、花鸟字画、织棉、刻瓷、泥塑等多个门类。新中国建立后直至双滦建区前艺术创作情况无记载，艺术爱好者的创作活动多隐于民间。1986

年，双滦区举办“双滦区迎春画展”，共展出书法、绘画作品 80 余幅；1986 年举办以纪念承德解放 40 周年为主题的“滦水情深”书画联谊笔会，有数十位书画艺术爱好者的作品入展。20 世纪 90 年代以后至 2005 年，随着经济社会的发展和文化事业的繁荣，艺术创作的门类和数量有所增多，出现一批荣获省级、国家级奖项的艺术作品，织锦等工艺产品和刻瓷等民间艺术创作也呈现独特的艺术风格。

第一节　美术与书法

一 美术创作

1973 年，双塔山镇松树沟村民梅世明开始制作龙凤花鸟字画。常见的有：龙凤呈祥、吉祥如意和对联、人名等。多幅作品销售至国内外。2008 年，梅世明的字画被列为承德市“非物质文化遗产”。

1985 年，刘占平创作的国画《新老矿长》，获首届全国冶金系统美术、摄影、书法展览会铜牌奖。

1997 年 4 月，于宏岩的油画《怡》、师伟杰的油画《归》，在冶金部举办的“首届中国冶金职工文化艺术节”上获优秀奖。

2002 年，陈国强绘画作品《瑞雪图》，在第五届《冰雪情》全国师生书画邀请展上获金奖。2003 年，作品《黄山云潮》在全国教师美术、书法作品大赛中，获一等奖；同年，作品《松瀑图》在第六届《冰雪情》全国师生书画邀请展上获金奖。

2004 年，双滦区第三小学学生赵慧的绘画作品《山庄圣境》、胡海斌的绘画作品《行宫秋色》，在河北省首届中小学生艺术展演上获美术类一等奖；李佳奇的绘画作品《法显云升》获美术类二等奖。陈国强国画作品《调笑春风》入编《中国书画宝典》。

1999—2002 年，李忠奎的金枋工作室先后修复承德须弥福寿之庙罗汉木雕彩绘像 16 尊；甘肃炳灵寺石窟第 16 窟北魏泥塑涅槃佛；承德殊像寺宝相阁文殊菩萨木佛像等。2004 年，李忠奎绘画作品《壶口瀑布》获双滦区美术书法创作一等奖。

二 书法创作

1987 年，梁雅斋（河北省书法协会会员）书法作品参加河北书协主办的“日本鸟取书画展”获得优秀创作奖。

1990—1999 年，梁雅斋书法作品先后收入《国际当代书法篆刻大观》《国际现代书法集》《世界现代美术家作品集》等书籍。并先后获得“土地杯大赛”特等奖、“中意杯大赛”精品奖、“奥斯卡杯大赛”三等奖等奖项。何九伶书法作品入选 1991 年出版的《紫塞墨痕》一书；1995 年，其作品参加全国首届“洗笔泉书法大赛”获三等奖，作品入选《今古墨缘书法撷英》；1996 年，作品入选《中国当代书画名人荟萃》《国际名人专题优秀作品精选》等书。1997 年，何九伶书法作品参加冶金部首届艺术节，其作品获铜奖；同年，参加承德地区迎香港回归书法大赛获三等奖、“迎回归龙字大赛”获一等奖。同年，李忠奎书法作品参加冶金部“首届中国冶金职工文化艺术节”获优秀奖。1998 年，何九伶书法作品参加全国“水浒杯”书法大赛获二等奖。张洪乃作品参加全国冶金系统“太钢杯”书画大赛获二等奖。1999 年，张洪乃作品参加“纽约第三届国际金鹅杯”书画大赛获铜奖。

2000—2005 年，梁雅斋书法作品参加巴黎中国书法展及中日书法联展。2001 年，何久伶作品参加“太钢杯”全国冶金系统书画展获银奖。同年，张洪乃作品参加陕西“西部情”全国书画大赛获二等奖；参加内蒙古“中国书画家精品赴海外书画作品大展”获二等奖；参加北京东方书画协会举办的“建党 80 周年书画大赛”特等奖。王志明作品参加承德市“庆祝建党 80 周年”书法大赛获二等奖；作品入选河北省文化厅等五家单位联合举办的艺术联展，入编作品集。2002年，何九伶作品参加“纪念王铎350周年全国书法大展”获三等奖。王志明作品参加“纪念苏东坡逝世900周年全国书画大赛”获精品奖，作品被“东坡书画院”收藏。2004年，张洪乃作品参加“纪念陶行知先生诞展110周年书画大赛”获二等奖。杨秀峰作品参加“王屋山”全国书画展获鼓励奖。张振兴作品参加北京北城书画院组织的书法大赛获金奖，作品入选《岁月如歌·当代老年书画艺术》一书。

2005年，梁雅斋、何九伶、王志明三人作品同获纪念抗日战争暨世界反法西斯战争胜利60周年全国书画大赛一等奖。张振兴作品〈前赤壁赋〉获斯美书画院金奖，并入选《夕阳风采·中国老年书画润格作品集》。

第二节　摄影与织锦艺术

一 摄影

1997年，计建中的摄影作品《下井》，获河北省冶金行业美术、书法、摄影作品展银奖；《塞上春秋》获中国冶金文联铜奖。2005年，计建中在承德市紫霞图片社举办个人摄影作品展，同年加入中国摄影家协会。

1999年10月，韩如的作品《火树银花》，获承德市“乾隆醉之夜”摄影大赛一等奖；2000年10月，作品《梦香》入选全国首届普宁寺“净土杯”摄影大赛作品展。

2000年，张晓国（省、市两级摄影家协会会员），在全国“蓝雪杯”摄影比赛中获优秀奖；同年，作品《荷》在全国“世纪之光”摄影比赛中获三等奖、《牧秋》在全国“祖国颂”摄影比赛中获二等奖；2001年，摄影作品《山庄银妆》在承德市比赛中获优秀奖；2002年，摄影作品《大地旋律》在全国“世纪风情”摄影比赛中获二等奖；2003年，摄影作品《山庄初雪》在全国“锦绣中华”摄影比赛中获一等奖。

2005年，王乃民（省、市两级摄影家协会会员），摄影作品《雪野》获“和谐之光”全国公安民警摄影大赛优秀奖；同年，作品《远水近渴》获“承德市环保杯”摄影大赛三等奖。

杜俊秀（省、市两级摄影家协会会员），2005年，作品《牧歌》入选河北第十八届摄影赛。

杨俊丰（省、市两级摄影家协会会员），其作品入选“承德市解放50周年”摄影展等。2005年作品入选“河北省第十八届摄影艺术展”。2005年，作品《晨曦牧曲》，发表于《大众摄影》。

二 织锦

织锦以丝绸为原料，利用现代丝织技术制成。1979年承德市丝绸厂开始生产高档丝织工艺品：“避暑山庄风光丝织挂锦”。产品融中国传统工笔画艺术和丝织工艺于一体，既表现承德自然风光的美感，又彰显了丝织物的华贵，为厅堂装饰佳品。投放市场后，很快成为馈赠亲友的理想选择。2001年丝绸厂关停，产品停止生产。2001年后，有少量避暑山庄风光织锦为外省加工生产。

第四章　民间文艺

域内民间文艺主要有民间文学和民间艺术。流传于域内的民间文学有传说、民歌民谣、谚语和歇后语、流行语等。民间艺术主要有刻瓷、内画、泥塑、风筝制作等民间手工艺。

第一节　民间文学

一 民间传说

双塔山传说

乾隆五十五年（1790年），80岁的乾隆皇帝听说双塔山上长有仙人种的灵芝草的传闻，就准备亲自登上奇峰会一会神仙并讨到灵芝草，希望得到“长生不老”之术的“第一帝”。

他命当时的避暑山庄总管制木梯。梯成，架于双塔山双峰之间。他在宫中虔诚地沐浴、斋戒三日，然后由文武官员陪侍来到双塔山下。先乘轿子上到山梁上的双峰根部，稍歇息之后独自登梯。他费了九牛二虎之力方攀爬到了木梯顶端，巴着峰顶树丛登上南峰，见峰顶较宽阔，草木丛丛，眼前即是从山下看到的那“小庙”的后墙。绕到“小庙”前头，见向南开的黑洞洞的券门内，有一石供桌，上面立着个小石碑，碑前是个石香炉，香炉一旁散放着黄黑斑驳的破旧书一本。……细观碑面，上有“王仙生”二字（“仙生”二字上下相叠为一字），不解何意。供桌脚下有旧草鞋一双，此外似再别无长物。皇帝大失所望。……他绕到“小庙”一侧遥观北峰，见其顶更较南峰阔大，亦杂树丛生，峰顶正中的树丛中有个锥形的圆塔薪露（上面已指出，在山下仰望所见到的只是个“塔尖”）！——但细望，却不过是青砖散乱堆垛的砖垛子罢了，似非有意为之，不知何意。此物之南的杂树丛边又作怪：有两畦韭菜！畦田方方正正，菜苗鲜鲜嫩嫩……。但皇帝所要会的仙子，所要找的灵芝，同这脚下的南峰一样，竟毫无踪迹！

失望之下，皇帝就怏怏地返到木梯端头下梯去了。

返回行宫，乾隆当晚做了一个奇异的梦：一位须眉皆如霜雪的老者来拜谒，说：双塔山南峰顶“小庙”内的那破旧的书是本“天书”，得到它，只须略览，自能生经天纬地之才；供桌脚下的破旧草鞋，穿上，就可白日升天，成神作仙。北峰那两畦韭菜，表面看是韭菜，实是灵芝！略采一点儿吃了，即可长生不老……。天亮，梦醒，满室仙香瑞气仍在，老者已失。皇帝大悔！

即又启程去双塔山登顶，但见一夜之间，木梯早被大风吹倒了！再命人搭建，屡搭屡坏，皇帝无奈，只好把这事搁置了起来。后来年岁更大了，再想搭梯登峰，力有所不逮，心思也就淡了。

元宝山传说

很早以前，双塔山一带较荒凉、闭塞，仅山北面的河谷盆地中散布着几个小村落。有一年，这几个村落开始闹瘟疫，家家染病、天天死人。在这几个村落中，处于较中心部位的一个村子有一家药铺（这几个村子中仅有的一家药铺），掌柜的姓王。这个王掌柜却是个见利忘义的人物，觉得瘟疫流行正是自己赚钱的好时机，吩咐店内伙计将治瘟疫药的药价提高三成卖。本来当地这几个小村落基本都是以务农为生的庄户人家，家境并不富裕，他这药价一提，弄得各村村民为治病救人，就不得不卖房、卖地了，其中也有因此给闹得倾家荡产的。

和药铺王掌柜同村的村东口也住着一户姓王的人家，户主王老汉已经去世几年，这次闹瘟疫，老王的两个女儿病死了，家中仅剩下了老王的妻子和小儿子。这个男孩小名栓儿，心眼好，手脚勤快，虽才十几岁年纪，却硬像个大男子汉一样帮母亲撑起了这个破败的家。耕作之余，他除为染上瘟疫卧床不起的母亲熬药、煎汤外，还跑里跑外帮这家买药，帮那家买粮，整天不得闲。

一天傍晚，半躺在病床上的母亲有气无力地说：“儿啊，不用为我忙了，我不中用了。”说完就昏了过去。栓儿伤心极了，忙去要扶起母亲——却突然听到了外面急切地敲门声！脑袋一激灵，认为是可能邻居家有什么急事求助，就赶忙去开门。

可是打开门一看，却见门外立着的竟是一个不认识的小道姑！小道姑颇羞涩地对他笑了笑说："我今天贪路，走到你们这个山区，天色晚了，撞不见旅店，想在你家借宿一夜，不知能否相纳？"

栓儿听她这么说，忙将当地几个村落流行瘟疫的事告诉了她。并说家中本有空房可容住宿，但老母染上了瘟疫，这病传染得厉害，劝她还是赶快离开得好。

小道姑听了栓儿的话，不但没害怕反而眼睛一亮道："施主，我云游四方，会行医治病，不妨试着为你母亲诊治一下，你看如何？"

栓儿听了这个话，心中大喜，忙说："啊——，老母情况有些不好，那就请您快进院给看一看吧！"

小道姑随栓儿快步穿院进屋，即坐在炕边为栓儿的母亲把脉。随后要来一碗白水撒上点随身带的药末儿，让老婆婆服下。仅一锅烟的时间，老婆婆气息就顺畅了，安静地睡去了。栓儿十分感激，忙去下灶做饭，要好好招待这小道姑。小道姑却告诉栓儿说："我这药末儿只顶一天。你母亲病得重，明早，你可去村落西南五里处那座馒头状山顶部的凹地，那凹地正中有个广三丈的元宝形石盘，盘中心的洼儿处长着一株青青草，开着紫莹莹的花，你可掐下花儿回来熬汤，让你母亲喝下，病就好了。但切记：只许掐花儿，不许拔那株草儿！"栓儿忙应了。转身去厨房收拾饭食。但当他端着做好的饭菜返回母亲的房间时，小道姑不见了！他各屋寻一遍，皆不在！跑出小院，到村头张望，黑夜茫茫，哪里有她的影子呢！因闹瘟疫，村中各家也都早早熄灯休息了，但栓儿终是放心不下，快步登上附近的一个大土岗，极力向小村落的街头巷尾四下搜寻、瞭望，只是一片黑洞洞的房舍，哪里有人影呢！他仍不死心，将双手曲成一个"筒子"，放在嘴边大声叫道：

"道姑姐姐，快回来呀，饭做好了！道姑姐姐，你在哪儿？"

水墨色的远山近岭，只是寂静地蹲坐着看着他，一串凄厉而童稚的回声在空旷的山间游荡三四个转折之后，方慢慢消失掉了。

次日一早，栓儿就赶紧跑到小道姑所指的那座馒头状山顶部的凹地去，果然见到了元宝形石盘，石盘中心的洼儿处真格长着一株青青草，开着紫英英的花！他照小道姑的话掐了花儿。回到家，即熬药汤。熬成，凉好，拿勺子给母亲喂药，说来也真怪：药一进口，昏睡着的母亲就睁开眼，蜡黄的脸渐渐有了红晕。不一会儿，母亲就能下地走动了！她伸一伸手脚，说："真轻快啊，好了，好了！"

栓儿母子这时方明白是碰上了神仙，忙望空拜谢！

栓儿太感谢这仙草了，想让它好好地生长下去，即挑了一担水，一路走过去上山顶浇灌它。到了山顶元宝形石盘处，一看怪了：昨天被掐的枝头，今天又长出一朵同样大的紫英英的花儿！他想：这棵仙草，或就是传说中的灵芝草吧？！乡亲们里面还有不少人病着呢，就再掐了这新长出的花儿给病人熬汤喝吧。想着，把挑来的水浇了花草，掐了花，下山去了。

就这样，他每天打一个来回，上山下岭跑十余里地去掐花儿，花儿却掐了复长，天天盛开。掐到花，熬成药汤，送到村中染病的人家，病人喝了这汤，药到病除，不过半月，村里病人都好了。邻近几个小村一些染病的庄户找栓儿来讨药汤，栓儿全都一一满足了他们。

村中药铺王掌柜起初并不信什么栓儿和他这"药汤子"的事，以为不过是舍不得花钱买药的穷小子上山胡乱采把草药，偶尔对了劲，"瞎猫碰上了死耗子"罢了！但是，一段时间之后，见凡喝了他的"药汤子"的病人都立马好了，不由他不信！特别应提到的是，自栓儿白给人们"药汤子"治病时起，就再没人到他的药铺子买治瘟疫的药了——发横财的梦成了泡影！这太令他气愤了，他恨不得捉住这“小崽子”给活掐死！但冷静地一转念，知道可恨归可恨，这么做必犯众怒，且也是犯王法的事，“小崽子”死了自己也活不成，于是就想了一计：暗地里派人跟踪栓儿，去找长这种紫莹莹的花儿的地点。很顺手就找到了。一天，王掌柜亲自到馒头状山顶部的凹地来看，见到这水灵灵的神奇花草就又有了想法：得把它刨回家去，种在院子里，占为己有。这样一来，以后想不发横财都不可能嘛？！他让几个伙计快速取来了镐头和锹，就围住青青草开始刨挖。可是，不管他们怎样用力，一镐下去，只在那元宝形石盘上落个白点儿！靠近花草根挖吧，看着似泥土却同样下不进锹去！后来又取了小铲子来挨着根儿挖掘，还是进不了半分！似乎那花草不是长在土上却是长在“金刚石”上的！这么拼命地掘呀挖呀，大半天下来，竟连一小块核桃大的石片儿也没弄下来。他们几个精疲力竭了，或歪坐或竟倒在了元宝形石盘上，突然间感觉到这石盘在屁股下竟如气球一样“膨胀”起来了！——且越长越大，越长越高！

王掌柜忙大喊：“不好！快——快往下爬！”他一边喊叫着，一边死死抓住那在“膨胀”中的石盘沿不放！可是，这元宝形石盘眼瞅着就长高了十余丈，长则达数十丈，厚达六七丈！——竟乎是一座元宝形的大石峰了！王掌柜在惊慌中没抓牢这石元宝的沿角，扑通一声，跌落到下面摔死了！其他几个伙计或想找个石缝溜下去时滚了坡摔折了腿，或再不敢下去，竟就石元宝上饿死了。

后来，栓儿他们这代人的故事就从这几个小村落向外流传开来了。“元宝山”的大名也由十里八乡传到燕山南北。“元宝穴内灵芝草，消灾灭病宝中宝，谁要黑心去偷挖，必死山上跑不了”成了当地人祖传的顺口溜，直到今天没有人不知道。——但，这“元宝穴内灵芝草”，它竟是青青的枝干、紫莹莹的花儿，的确不是人们所说的世面能见到的灵芝草。

康熙与大庙传说

清代初年，康熙皇帝多次亲率军队到北方平定叛乱。据当地老人说，有一年康熙途经金场沟，听说这里盛产金子，就将随从的大队人马停在沟外，独带几名贴身亲随装扮成商人模样进到了沟里。他逢人便打听当地百姓谁家的金子最多。沟中老百姓异口同声说段文章家的金子最多。于是，康熙就信步来到了段文章家的“金场”，看到段文章正在沙金（这“沙”读作shà，摇动，使东西里的杂物集中，以便清除。此指从沙中筛选金粒的方式），便问：“老兄，你一天能沙多少金子？”段文章指了指笸箩中沙出的少量金粒子说：“这是我一个多月辛勤劳动的结果，你看看。”康熙看了看，摇摇头说：“一个多月，才沙了这么一点儿，实在不敢恭维。都说你这里是‘金场沟’，遍地是金，看来也不过如此。”段文章一听此人说话口气不同一般，便问：“请问贵客，您是哪里人？”康熙回答说：“我是北京城内的商户，积攒了些资财，在找投资去向呢。如果金场沟金子多，我投资本与你共同开发怎样？”段文章一听，非常高兴，立即说：“老兄，请与我到家中一叙。”

原来，段文章的老家在山东登州府蓬莱县，数年前由于遭了荒，带一家老小逃难来到了金场沟。当时路过一条小河，河水清澈，孩子吵嚷着要到河中去摸鱼。下了河，水较浅，鱼没摸到，却在鹅卵石中摸到了一个光灿灿的小金蛙（蛙形的自然金块）！一家人欣喜若狂。由这“金蛙”，段文章联想到这片地方可能有金矿床，于是就带一家老小在此建屋居住下来。此后，段文章溯流而上在这道小河里又断断续续觅到了些比那“金蛙”小些的散碎的金块。慢慢地他摸清了这小河产细碎金块和沙金较多的地段，建立了“段家金场”，便靠挖金、沙金为生，生活越来越富裕，名气也越来越大了。这沟中原住的几户当地人或跟着干，或就作老段家的帮工，也使小日子过得滋润起来。——再说，康熙来到段文章家中，老段拿出好酒好菜来款待。酒过三巡，喝到高兴处，段竟与康熙以兄弟相称了（称其为“康老兄”）。康熙也不介意，笑笑问道：“这么多年，你到底沙了多少金子？”段文章走到里屋去摸摸索索拿出一条破旧的棉裤，递给了康熙。康熙一拎沉得很，知老段所沙的金子装在裤腿中了，便开玩笑说：“用我所穿的棉袍换你的这条棉裤，怎么样？”说着，见身旁放着一杆秤就顺手拿过来把棉裤挂在秤钩上，一称，八斤半！哈哈大笑道：“嘿，好沉啊，段文章的棉裤八斤半！”（从此“段文章的棉裤八斤半”这句话成为当地百姓的笑谈）

段文章见面前这位北京来的“康老兄”这么有趣，就更觉一见如故了，对康熙说：“不瞒老兄，我当初流落至此，老天可怜，对我不薄！我一直在想，应该在这里修建一座寺庙，以表达诚敬之心。”康熙听到这个话，心里十分高兴，他登极以来正在国内各地广建寺庙，以宗教精神抚万民、安天下哩！立即问段文章道：“要建多大的庙？——这样吧，我与你合作：你出人工，我出钱。修庙所占用的土地有多少，也由你丈量算好。算出来后，让当地官府全部照准拨给你。”段文章听了话，除了大喜过望之外，也立即从这说话的语气中猜测到了面前这个人绝不是个“北京的商户”，而是“大人物”！康熙看他“窥破”了自己的真实身份，也就不再瞒着什么了，撩开罩在外面的衣衫露出了里面的龙袍。段文章忙趴在地上磕头，口称“不知万岁爷到此，小民罪该万死！”康熙笑着说：“是我自己扮作商人嘛，你何罪之有？快起来吧！”说着命随从拉起了他。老段转身从密室中取出珍藏已久的那“金蛙”献给了康熙。康熙笑笑收下了。皇帝走后数日，官府派一名官员带兵丁押着官车拉着一箱银子来了，说是皇上特批的建庙资金。段文章向京城的方向跪拜了，谢过官府，就组织当地百姓，聘请名师名匠，夜以继日开始建庙了。经过数年辛苦劳作，终于在康熙五十五年（1716年）建成了前中后三层殿堂两进院落的永圣寺（方圆百里俗称“大庙”），为北方常见的佛、道二教共处一庙的综合庙宇。这座寺作为当地的“大庙”香火绵延长达240余年。

偏桥与旱海传说

一天，康熙皇帝率众臣沿着滦河边儿，从喀喇河屯行宫向南巡围打猎，一路追射。下半晌来到迟家沟门时，觉得又饿又累，见前边不远有两间草房，康熙皇帝来到房前翻身下马，走进草屋一看，一老一少娘儿俩正纺线。老婆听说皇上年年来这里打猎，可从没见过，今儿一看这阵势，就知道是皇上驾临了。一害怕，嘀里哆嗦地扔下手里的纺车，拽着姑娘趴地下就磕头。皇上笑笑说：“老婆婆不必惊慌，府内可有充饥之物？”老婆儿难为情地说：“就有点剩高粱渣粥。怎么敢给万岁爷吃呢？”“拿来无妨。”康熙喝着粥，一抬眼皮儿，看见了刚才纺线的姑娘正低着头站在旮旯，这姑娘长的粉头挂色儿，黢黑的一条大辫子，穿着带补丁的花棉袄，还真是俊儿。一位随行大臣看出了皇上的心思，就把这姑娘带走，一同进了化育沟行宫（此行宫即在今偏桥子镇地面。毁于清末）。迟家沟门的百姓，一看迟姑娘进宫了，就以为她当了娘娘，从此，把这儿改叫娘娘沟门儿了。康熙皇帝觉得迟姑娘相貌不凡，心灵手巧，打心眼里喜欢，便决意把她带在身边。用过早膳，给迟姑娘备好辇，君臣一同上路了。走不多时，来到了滦河边儿，这时忽然下起了大雨，雨水把滦河上用木头和秫秸搭成的桥浇成了泥桥。当车走到桥中间时“忽悠儿”一下，车轱辘打滑儿了，吓得随从赶紧扶住，慢慢过了桥，再看那座桥已经歪了。皇上问：“此处为何地？”“禀万岁，此乃天桥。”皇上不高兴地说：“天桥？不如叫偏桥！”从此，人们就把这桥叫成偏桥子啦。时间一长，桥名也就代替了地名（现称“偏桥子镇”）。

过了一会儿，雨过天晴。一行人马来到老红山脚下。康熙皇帝一看景色挺好，就沿着八里旱海往北，一边走一边游山看景。这八里旱海全是沙子窝和鹅卵石，再被水一冲，又陷又滑。辇车在这里轧过去，又费劲又颠得慌。迟姑娘在车里受不了了，要下来自己走。皇上一看雨后的景色也不错，便令其他随从在二里地以外跟随，带着随身大臣和迟姑娘一起步行起来。他们一边走一边看着月牙山、老红山。可这迟姑娘的三寸金莲，一步迈不出三寸远，走了半天，也没走出这八里旱海。于是皇上问贴身大臣："此地何名？""八里旱海。""八里旱海？以朕见足有八百里呀。"说得迟姑娘也乐了。从此，人们便把这儿称为八百里旱海（现为偏桥子镇所辖地域）。

康熙取刀双塔山

据传，康熙皇帝有一口心爱的宝刀。白天，这口刀佩带在腰上，夜里睡觉，也把刀悬在伸手即可拿到的床前，形影不离。每天早晨，他总要亲自把宝刀擦拭一遍，然后舞弄一回，就连服侍他的太监卫士也休想动这刀一下。而说起这口刀，还有一段故事呢。

那年，康熙北巡木兰秋狝，住在滦阳行宫。看到向东不远，有两根粗大奇异的石柱，一南一北，比肩而立，形似宝塔，更奇怪的是，南面石柱的峰顶，还建有一座砖塔。康熙心里纳闷，究竟是谁在这几十丈高的擎天巨石上，建起这座砖塔？勇敢好奇的康熙决心要亲自登上双塔山，揭开砖塔之谜。

他命令行宫总管构木为梯，一层一层往上搭。但木梯搭到石柱的多半截时，由于石柱上粗下细，说什么也搭不上去了，只能向外倾斜着卡一根儿丈长的木杆，但还差一丈来长才能达到峰顶。好在康熙幼时练过攀援之术。他浑身上下收拾利落，腰挂系有飞虎铁爪的长绳，攀到木杆顶后，又抛出巨虎爪，借绳攀援，费了九牛二虎之力，总算爬上了双塔山。

康熙上了南塔峰顶，映入眼帘的是一座三层砖塔。进入塔门，里面有石桌、石椅、石床。石桌上摆着许多小方木匣，墙上，挂着一口鱼皮鞘禅刀。康熙定了定神，把桌上木匣轻轻打开一看，竟是满满一匣拇指肚大小的珍珠。又打开一匣：是天上有、人间无的各样红玛瑙。他把所有的小木匣都打开：有玲珑翠玉的小宝塔；有金缕雕织的龙凤戏珠；有琥珀游龙戏水爵……珠光宝器，不一而足。等打开最后一只小匣，把他惊呆了，确是失踪多年的传国之宝—金镶玉玺。把康熙喜得手舞足蹈，口中不住念道："真乃天赐吾也，真乃天赐吾也！"他正发愁如何把这许多天赐宝物带回去，忽然发现桌子里边还供着一片小石碑，上边有字。康熙用手抹去碑上尘土，一念碑文：只许取一物贪者休出门。康熙知道这是神仙所嘱，不可不遵。但是取件什么呢？他一眼看到金镶玉玺，想到：这金镶玉玺乃是传国的稀世珍宝，古来多少帝王为夺此宝物处心积虑，大动干戈啊。今天却不费吹灰之力就到了我手里，还是拿这件吧。他把玉玺装进木匣刚要往怀里揣，转念一想：多少帝王将相，英雄豪杰为这东西红眼垂涎，煞费苦心地要夺得它，弄得多少生灵涂炭；而得到它，却不能帮我安邦定国。不能要这个，不能要这个！想着，又把金镶玉玺匣放下了。拿件什么好呢？康熙一抬头，忽然看见墙上挂着的那口禅刀。把刀摘下来一看，鱼皮鞘已经干裂，刀鞘上的蹬箍也早已绿锈斑驳了。他慢慢地把刀抽出来，只见青光闪闪，寒气逼人，一试刀刃，锋利无比。康熙平素喜练武，更喜欢好刀剑，此刻看到好宝刀，那些金珠玉玺早就不在眼里了。他喜滋滋的转过身来向石碑鞠了一躬，然后拿刀出了塔门。从原路下到地面，脚刚沾地，突然一阵狂风骤起，飞沙走石，吹得人睁不开眼睛，耳中只听得"喀叭喀叭"的响声。风过之后。大家一看，登塔的木梯已被风刮倒了。

康熙这口宝刀轻重适中，削铁如泥，更兼

它通灵性，一有敌情，便呼呼作响。有一次，康熙率文武官员在木兰围场演武露宿，忽然军营里有了刺客。刺客一接近康熙的御帐，宝刀就“当”的一声，从帐壁掉到桌子上。康熙惊醒操刀在手，刺客刚挑开帐帘，就被康熙一刀给斩了。

从此，康熙更爱宝刀，行则随身，卧则做枕。几年后，将刀恋恋不舍得赐给了在平定准噶尔蒙古噶尔丹叛乱中立大功的达翰尔大将希克丹。

乾隆登双塔山

乾隆皇帝在位时，有一年夏天来承德避暑。听手下大臣们说，这里的双塔山上有座庙，人却上不去。出于好奇心，乾隆就命手下大臣找出能工巧匠，为他搭高梯子。整整干了一个月才搭好了。也怪，工匠们想踩上去，可一迈腿，眼前一片漆黑，慌忙退回。

这一天，乾隆吃罢早饭，在文武百官的簇拥下来到双塔山下，脱去龙袍，穿着锦衣，登梯爬到了山顶。

山顶确实有一座小庙，是用青砖砌成的，庙不大，倒很别致。他走近一看，香炉里香还着着呢。上边有一石碑，上写“王先生在此”。他很纳闷儿，走出来一看，庙前有一扫帚，看看庙里脏了，他就用扫帚把庙里打扫一遍，又放回原处。向左一看，还有一双破草鞋。更奇怪的是庙后还有两池子鲜嫩的韭菜，蹲下一闻，香气扑鼻。乾隆便掐了一叶，放进衣袖里，顺着梯子下来了。文武官员忙问：“陛下，您看见什么了？”乾隆一摆手说：“今天累了，明天再说吧。”

第二天，乾隆早早上朝了，对大臣们讲述双塔山上的奇景，并拿出那叶韭菜给大臣们看。正在这时，忽然有人报：“有一位老者求见。”乾隆说：“让他进来吧。”说话间，一位银白须髯的老者已经进来了，没有施礼，只用右手在眼前一摆：“你身为一国之君，为什么窃取我家东西？”乾隆说：“老汉，我只掐了一叶韭菜。”老者看乾隆一眼，生气地说：“拿来！”说完抢过乾隆递过的那叶韭菜，转身就走。走了几步，又回头看了乾隆一眼，“看你对百姓很好，给你半叶吧！”随手扔给乾隆。乾隆用手捧着吃了下去，顿觉心胸开阔，喉咙清亮，堂上出现了阵阵清香。抬头一看，老者已不见了。

正因为乾隆吃了那半叶韭菜，所以他活了八十八岁，是皇帝中年岁最大的一位。

奇峰讨仙草

古时候，三岔口村有一家姓刘的农户，老两口儿身边只有一个儿子，名叫刘江。刘江十五岁那年，滦河川突然闹起瘟疫。刘江的二老染上了伤寒，一连几天米水没进，人事不醒。

刘江是个孝子，为了给老爹娘看病，跑遍了附近的药店求医，所有看病先生死活请不动，都担心染了瘟疫。

刘江急得直哭。这时，外村教书的吴先生刚好路过，问清刘江原因，吴先生劝他说：“哭有啥用？听说双塔山有仙草，这种草有起死回生的神效。不如去求神灵，兴许老人的病能有治。”

刘江听吴先生这么一说，心里亮堂了许多，可又一想，双塔山十分陡峭，无路，又无天梯，叫我咋上去呀？吴先生看出了他的心事，对他说：“只要心诚，神灵会保佑你的。”

刘江点点头，自个儿来到了双塔山。他双膝跪倒，苦苦央求神灵舍药。从太阳刚出一直跪到满天星斗，四下仍是无声无息。他灰心了，刚要起身离去，忽然从山后走来个清秀俊美的小男孩儿。问他：“大哥，你跪在这儿干啥？”刘江叹口气说：“求神舍药，给二老治病。”小孩一指双塔山顶说：“上边有仙草，你为啥不上去采呀？”刘江望着高高的山峰说：“山高入云，我无法上去。”小孩手指双塔山说：‘那不是有条小道吗？’刘江顺着小孩手指的方向一看，果然有一条盘山小道。他迈步走上去。

来到山顶一看，果真山上长着几池子绿油油的韭菜，看了半天也分不出哪棵是仙草。小孩告诉他："池子里面的韭菜就是你要找的仙草，人吃一棵去百病，吃两棵可以长生不老，你家三口人，你割六棵吧。"刘江割了六棵韭菜，谢过小孩，下山回村了。

仙草果然神奇，病人吃过后，好的利利索索。这下子刘江讨仙草的事便在十里八村传开了。

这事被大庙川的二混子杨老四知道了。这小子无恶不作。听到信，心想：这可是个发财的好机会。当夜顶着星星去找刘江。刘江把在双塔山上见到的一切，毫无保留地告诉了他。杨老四没等太阳露面，就跑到双塔山脚下，装作孝子模样跪在山坡上磕头求神，小孩又把他领到双塔山上。杨老四发财心切，见到仙草眼珠子红得快要流出了血，伸出大手一把一把地捋。他揣在怀里转身要走。小庙里飞出一只神鹰，用嘴叼住把他扔下山去，摔了个粉身碎骨。转眼间，杨老四的尸骨化作一块巨石，跪在那里向双塔山认罪。

王大仙故事

很早很早以前，双塔山上的小庙里，住着一位王大仙，他在塔上看到山下的百姓受苦受难，就想下界去为穷苦人干点儿好事。

下界安身

双塔山下有个白庙子，住着户姓白的人家，只有白大、白二哥俩儿，靠打柴过日子。

这天，白大、白二正在双塔山割柴火，就听"扑通"一声，哥俩一看，原来是一座石像，端端正正的落在双塔下边，哥俩心想：从天上飞下来这么个石像，一定是宝贝。白大就说："兄弟，咱俩把它抬回家垒猪圈去，猪长得准肥。"说着俩人就用捆柴火的皮绳把石像捆好往起抬，谁知这石像挺沉，把扁担压折了，也没挪动窝儿。白大气得要把它砸碎了，白二紧拦着说："大哥，砸它干啥，咱们快割柴火吧。"哥俩儿又接着干自己的活，也不去理那个石像了。原来，那石像正是塔上庙里的王大仙。他看这哥俩整天在这个割柴火，就想试试他们的心肠。

第二天，白大跟媒婆去相媳妇，白二自己去割柴火。傍黑儿，他割了一大挑子。刚要下山，又看见了那石像，他走过去说："我把你送白庙子去吧。"说着就搬，石像纹丝没动。白二寻思：附近也没有庙了？又说："要不，我把你送茶棚去吧。"说着他又搬，石像就轻轻地起来了，白二说："神仙，那就委屈您了。"他把石像裹进柴火里捆好，挑着下山了。说来也怪，每日，一挑柴火挺沉；今个，多了个大石像，挑着倒挺轻快。一会儿，就到了双塔山下的茶棚，白二找了一个没人住的厢房，把石像放在了墙旮旯。

白大娶了媳妇白氏。这婆娘好刁野，自打她进门，白二就没吃过一顿饱饭，可白氏还嫌他吃得多。一天夜里，白氏跟白大说："把白二弄死得了，省着日后还跟咱们分家掰产的。"尽管白大不同意，可还是拧不过老婆，也没词儿了。

第二天天没亮，白氏就把白二撵上山了。白二正在双塔山东面割柴火，白大在后面闭着眼一狠心，把白二推下悬崖去了。再说白二，几丈高的悬崖上摔下来，硬是连皮都没破。他仰面朝天的躺着好像睡着了。天快黑了，白氏寻思把白二摔死了，高兴地又吃又喝，正折腾的来劲儿，白二挑着柴火回来了，进门就跟哥哥说："今天上午，我睡了一觉，有个老头说他叫王大仙，老撵我快回家来。"原来是王大仙把白二救了。这时再看白氏。她一瞅白二回来了，就瞪着眼珠子大喊一声："鬼—"吓死了。这天黑夜，白大刚把脑袋靠在墙上，就忽悠一下睡着了，梦见王大仙站在他头上，怒冲冲地说："白氏存心不良，我让阎王爷把他收了，也饶不了你。"说着就用手里的佛尘抽了他一下。白大醒来，浑身上下那都疼，生了好几天大病。打这儿，他想起和白氏干得缺德事儿，心里就发毛。从此改邪归正，这哥俩又像先前那样，一起到山上打柴，白大的病也好了。

田大户修庙

自从王大仙从双塔山救了白二，整治了白氏，教训了白大以后，整日在双塔山一带为贫困百姓救良治病。可他自己却住在一个房衩里。一日，他来到热河，看到田大户和媳妇都得了重病，请凡医治疗也不见好。王大仙知道这田大户对自己的长工、短工都不错，是个心眼儿挺好的东家，就决定给他们两口子治病。

一天，田大户刚睡着，王大仙就手拿灵芝，飘飘来临了。他把灵芝搓成药丸给田大户吃了，啥也没说又飘走了。田大户醒了，觉得嘴里有一股香味，身上也爽快了，便把这梦和媳妇说了。谁知他媳妇也做了同样的梦。就这样，一连好几天，王大仙都来给田大户夫妇治病，他们俩的病也一天天见好。这天黑夜，王大仙又来治病，田大户问："您是哪路神仙？给我们治好了病，我要杀全猪全羊给您上供。"王大仙说："我是双塔山的神仙，现在住在茶棚，你要有诚心，就在茶棚给我修座庙吧。"

第二天，田大户和媳妇坐着车来到茶棚，在那个偏厦旮旯里见了石像，和给他们治病的那个老头儿一摸一样。田大户和媳妇立时就跪下烧香，答应给王大仙修座庙。

田大户到处筹集银钱，准备建庙，钱也凑得差不多了，他又舍不得修庙了，就使这钱在滦河边上开了个酿酒的烧锅。出酒那天，田大户又是放炮又是请客。第一锅烧酒出来，本家人每人一杯。田大户一杯烧酒下肚，就觉得头晕，倒下就睡了。这时，王大仙怀抱佛尘，满脸怒气，往日的慈眉笑眼儿全不见了，他用佛尘啪、啪、啪，抽了一圈儿，转身飘走了。田大户惊醒了，一看自家的十一口人都口吐白沫，立刻两眼发直、腿发麻，老病复发了。他媳妇赶紧烧香磕头："大神仙，开恩吧，我们有罪，我们该死，我们一定给您修庙。"说来也怪，不大工夫，田大户就转过气来了，那些人也慢慢的好了。田大户马上下令："不烧酒了，这烧锅我不要了。"

于是，又凑齐了银钱，在茶棚给王大仙修了座庙，王大仙像端坐在庙中间，香炉里香火不绝。从此，十里八村的人有个生病闹灾的，就来这里烧香请神。你白天烧的香，黑夜，王大仙准给送去一丸药，吃下去就好了，特别灵验。所以，这里的香火一年四季都兴旺。

双塔山的传说

出市区过广仁岭后，抬头南望，就会看到几座山峰组合成一尊巨大的卧佛，馒头山是头、椅子山是胸部，卧像是腹部，卧犬梁是腿部，而双塔山则似烧在佛脚下的香，在卧犬梁的南侧还有鬼斧神工、猿人头、棺材石等奇特自然景观，这里有着动人的传说。

相传很久以前，双塔山和其它山峰一样，并没有突出来，两座小庙坐落在峰顶之上，庙里住着一老一少两个和尚。老和尚身为出家人，但生性残忍，净干鸡鸣狗盗之事，为地方一害。小徒儿年龄虽小，但心地善良，颇通佛性，老和尚养尊处优，常逼迫小和尚干一个孩子根本不可能完成的活。稍不顺心，非打即骂。小和尚逆来顺受，常常一个人跑到对面椅子山上玩耍、打座、念经。在椅子山下边有一天然泉眼，当地老百姓叫大石缸，其水甘甜。在泉眼的旁边长着一株千年吸取天地精华的人参，看到小和尚的悲惨遭遇，常变成一个身穿红肚兜、头扎小辫的人参娃和小和尚玩耍，两人成了好朋友。有一天，老和尚从山下回来，见徒儿没有给自己准备好洗脚水，勃然大怒，将小和尚打得遍体鳞伤，小和尚偷偷跑到椅子山上哭泣，人参娃走了出来，用泉水帮小和尚擦洗伤口，然后用手抚摸小和尚的伤口。小和尚觉得伤口不疼了，仔细一看伤口全好了，小和尚高兴地跳起来，和人参娃一起玩到太阳儿落山。回到庙里，老和尚见小和尚的伤全好了，觉得奇怪，他知道其中必有缘由，便装出很心疼小和尚的样子说，师傅今天打你打重了，伤疼不疼，并拿出好吃的给小和尚吃。老和尚从没对小和尚这样好过，小和尚很受感动，就把人参娃和他一起玩并给他疗伤的事全都说了，并说自己现在身上一点都不疼了。老和尚说："那你愿不愿意永远和人参娃在一起呢？"小和尚天真地点点头，"当然愿意，师傅有什么好办法吗？"老和尚说："这好办，师傅给你一条念咒语的红线，人参娃要和你分手的时候，你将红线系在他身上就行了，记住，千万不能告诉人参娃。"第二天，小和尚又到椅子山和人参娃一起玩。太阳落山时，人参娃说，我该回家了。小和尚趁机将红线拴到人参娃身上。分手后，小和尚飞快的跑回庙里告诉了老和尚，老和尚拿着铁锹，顺着红线找到了人参，挖出了一株二尺多高的大人参。回到庙里，老和尚迫不及待的把人参洗净放到锅里，命小和尚烧火煮汤。一切安排完后，老和尚对小和尚说："我下山去请你师伯，你要好好烧火，回来咱们一起喝人参汤，长生不老，哈哈哈……"，老和尚狂笑着走了。小和尚边烧火，边落泪，觉得对不起人参娃，心里非常恨师傅心狠手辣骗了自己。正在这时，忽听锅里人参娃喊救命的声音。小和尚一惊，噌得跳起来说："人参娃，我怎么救你呀。"人参娃说："你把锅掀翻，把汤浇在地上，我就得救了。"小和尚立即用水浇灭火，使劲将锅掀翻。人参娃喊到："快往后退。"小和尚跑出去20多米远，这时突然响起了呼隆的声音，只见山峰顶着两座小庙开始上涨，老和尚刚到山下，觉得不对头，又听到呼隆的声音，急忙转身往回跑，到近前一看，山峰在上涨，小庙已升到半空，气得举起开山巨斧，一斧砍下去，将山劈成了俩半，就成了现在的双塔山。小和尚见状，为救人参娃，跑过来与师傅搏斗，被老和尚一掌打死。这时人参娃已恢复法力，老和尚举斧又砍，被人参娃一拳打倒，斧头被震飞到双塔山南侧的沟里，下落时，劈开了一块20多米高的原石，就是现在的"鬼斧神工"。人参娃请来二郎神的啸天犬将老和尚压在山下，永远不能再危害百姓。将小和尚的尸体葬在"鬼斧神工"旁，让老和尚日夜为他守灵，就形成了现在的卧犬梁、猿人石、棺材石等奇特景观。人参娃则在庙里修炼，为民解难，终成正果，幻化成一尊大卧佛永远镇守在双塔山，保一方平安。老百姓则习惯称庙里的神仙为王大仙，逢年遇节，双塔山香火旺盛，经久不衰。

二 民歌民谣

民歌

过大年

小孩儿小孩儿你别馋，过了腊八就是年；
腊八粥，喝几天，哩哩啦啦二十三；
二十三，糖瓜粘；二十四，扫房子；
二十五，冻豆腐；二十六，去买肉；
二十七，宰公鸡；二十八，把面发；
二十九，蒸馒头；三十晚上熬一宿（儿）；
初一、初二满街走。

民谣

元宝山

元宝穴内灵芝草，消灾灭病宝中宝。
谁要黑心去偷挖，必死山上跑不了。

自己跌倒自己爬

天上下雪地下滑，自己跌倒自己爬。
亲戚朋友拉一把，酒是酒来茶是茶。

打夯号子

大家齐上劲啊——，哎嗨哟哇——
夯子举得高呀——，哎嗨哟哇——
地就夯得实呐——，哎嗨哟哇——
张三没用劲啊——，哎嗨哟哇——
夯把歪扭了呀——，哎嗨哟哇——
午饭不让（他）吃呐——，哎嗨哟哇——
一滴汗珠一颗米呀——，哎嗨哟哇——
一夯一夯粮满仓啊——，哎嗨哟哇——

第二节 民间艺术

一 刻瓷

刻瓷是以瓷盘为原料，通过用钢錾子在瓷

刻瓷艺人刘士俊（摄影　王乃民）

刘士俊部分刻瓷作品

盘上轻重不同地錾击及染色等工序，最终刻制成以瓷盘釉色为底色的艺术品。刻瓷艺人刘士俊是原承德输送机集团职工。主要作品有：人物头像、神像、神物、山水风景及吉祥语等。“千手千眼观音菩萨”“棒槌山”“双塔山”，以及“百寿字”、“龙”等图案是常制作的题材。其作品不仅在国内销售，还远销到美、德、英、韩国以及中国港澳台地区。1998年，刘士俊被河北省轻工业厅、河北省文学艺术界联合会、河北省民间工艺美术大师评委会评为“河北省工艺美术大师（刻瓷类）”。作品曾在河北省、承德市及环渤海20个城市电视台作专题报道，并多次在全国、省、市级工艺品展览中参展。2002年，作品在南京举办的“全国首届旅游品设计大赛”上获优秀奖，同年，获河北省旅游品设计大赛优秀奖，2003年，获“避暑山庄肇建300周年”《塞罕坝杯》承德特色工艺品大赛二等奖。2005年，他被选为承德市手工艺协会副会长。

二 泥塑

域内泥塑工艺始于20世纪60年代初，艺人李静纯起初用泥塑创作现代伟人像。1998年，他创作出16厘米高《水浒传》中108个人的塑像。同年3月，《承德日报》以《李静纯和他的水浒英雄们》为题作了报道。随后，《中国冶金报》《河北日报》《热河晚报》也先后登载了他的泥塑艺术。1998年后，李静纯开始创作泥塑《成吉思汗》《八仙过海》等作品。

李静纯部分泥塑作品

泥塑《水浒传》人物108将

泥塑《成吉思汗》

三 内画

艺人张志江创作的主要题材有：“猫蝶富贵”、“肖像画”、“十二生肖图”、“千手千眼观世音菩萨”及避暑山庄、外八庙和双塔山等风光图。2001年，张志江被评为河北

内画艺人张志江

张志江部分内画作品

省工艺美术大师。作品远销日本、美国、澳大利亚等二十多个国家和地区，曾被新加坡联合晚报、承德晚报和省、市、区电视台等多家媒体报道。2002 年，张志江赴新加坡举办内画艺术品展览，展览品被罗马尼亚、俄罗斯等驻新加坡大使及某些当地的收藏家收藏。2003 年，张志江的艺术品在承德市首届艺术作品评选大赛中，获“内画类”金奖。

风筝制作人赵志秋

2005 年，张志江加入承德市美术家协会，并被选为承德手工艺协会理事。

四 风筝制作

赵志秋自幼受父辈的影响，酷爱风筝，所玩风筝大多都是亲手制作。1980 年 4 月，赵志秋到山东潍坊参观风筝节学到了很多东西，开

赵志秋制作的部分风筝

阔了眼界。1997 年，承钢厂举办承德市首届风筝表演大赛，赵志秋制作的 40 米长，龙型风筝在比赛中取得第一名的成绩。2000 年退休后，他的业余时间全部用在风筝制作上。为了使风筝飞得更高、更稳，他采用竹子外层的竹骨作为风筝的骨架；用绸娟蒙制风筝的身；用鸡毛粘在竹骨的两端稳定风筝飞行的姿态。自 2000 年以来，他先后制作成 102 米长的戏剧脸谱的主题风筝、120 米长的承德风光主题风筝等各类风筝 5 类 31 种。风筝图案的彩绘全部是赵志秋自己独立完成，大家送他绰号“风筝王”。2003 年，赵志秋带着他的 100 米长的龙类大型风筝参加中国承德国际风筝会暨第三届全国风筝精英赛，荣获二等奖。在他的影响下承钢成立了风筝协会，一些风筝爱好者经常聚在一起，研究风筝制作方法，探讨风筝放飞的技巧，传承了风筝制作、放飞的民间技艺。

第五章　文物古迹

域内人类活动历史悠久，上可追溯新石器时代，遗留文物古迹众多。由于历史原因及保护欠缺，有的文物未被发现或自然灾害毁失或遭人为破坏。发现和现存的出土文物、古墓、遗存古建筑、古代碑刻及古遗址仅为域内文物古迹的一部分。

第一节　出土文物

一 古墓葬

1958 年，承钢在滦河镇西地施工中发掘出一片古墓葬，出土了部分古代陶器。经考证，有战国时的陶鬲、陶鼎、陶簋，汉代的陶豆、陶耳杯，辽代用于盛肉食的陶罐。出土文物基本为礼器。

1961年，承钢在果山施工中挖掘到一座战国贵族墓。墓葬中出土一批仿青铜器的陶制礼器，有鼎、簋、豆、鬲、壶等。造型优美、工艺精湛、价值极高（文物现存滦平县和承德市博物馆）。此次考古发掘的成果后来被收入了大学考古系的教材。

陶鼎 1958 年出土（战国）（区档案馆提供）

陶簋 1958 年出土（战国）（区档案馆提供）

朱绘陶壶 1958 年出土（区档案馆提供）

1977年11月，当地某部门在滦河镇北滦河与伊逊河交汇处北岸台地上取土施工中，发现瓮棺一处。当时瓮棺已破碎，棺中出土了部分青铜器物。经鉴定，此瓮棺为战国墓葬。出土文物存至承德避暑山庄博物馆。

2001年9月，承钢在西地北山施工中，挖掘到两座辽代青砖砌墓葬。墓室为穹隆顶，出土辽代文物，陶壶、陶罐等。同时，在离辽墓不远处还挖掘到清代坟墓6座，表层发现掩于黄土下的御贞节石碑一块，墓内出土了朝珠、鼻烟壶、官帽顶戴等文物。以上大部文物（除石碑外）散落民间，文物部门仅收缴到数件，现存区文化文物旅游局。

至2005年，区文化文物旅游局收存出土文物27件。其中：有战国时期文物，兽钮直耳灰陶仿铜盖鼎、长柄豆等12件；汉代文物，侈口方唇灰陶大罐、吉祥鸟器盖、侈口素面小罐等10件；唐代文物，如意灵芝纹砖雕残块、如意灵芝纹残陶件2件。

二 其他出土文物

民国26年（1937年7月），日本人驹井和爱一行6人以考察为名，对域内文物进行盗掘。于双塔山西山坡、平台子、东山头发掘若干石器、陶器残片、瓦片、瓦当等遗物，带至日本交于东京大学文学部考古研究室整理鉴定。石斧为闪绿岩磨制，上半部残缺，现存部分长宽各6.6厘米、厚2.3厘米；石镰刀为绿色岩石磨制，刀刃锐利，两端一宽一窄，呈较完好的镰刀状。陶片为绳席纹，其中的筒瓦壁长44.5厘米，厚1.2厘米，直径19厘米。经鉴定，上述各类器物为约1万年上下的新石器时代（黑陶文化时代）到公元前3000年左右的文物。

民国23年（1934年），以德永重康（日本人）为首的一行人以考察为名到域内挖掘文物，在滦河镇北门外挖出一个陶罐，内装燕国刀币2000余枚，除少部分留在当时的日伪地方政府外，多数被带到日本。

三 汉代钱币

1986年，承钢修建材料设备库围墙时，在当地挖掘出40枚铜钱和1面铜镜。经承德市文物局鉴定，铜钱属汉朝铸币；铜镜当时未能确定具体年代。

四 宋代石佛

1999年，双滦公安分局与市公安局联合破获一宗“文物非法交易案”，缴获到一尊辽代石佛像。系双塔山北峰古塔内石佛像。此像高0.68米，光头、坐姿，雕刻精美；头和上半身保存较完好，下半身较残破。研究者认为是一尊罗汉像，或地藏菩萨像。现存于承德市博物馆。

双塔山北峰石佛像（公安分局提供）

五 明代文物

1983年，偏桥子乡小贵口村一村民在老红山东坡刨地时，挖到一个明代烧制的圆型瓷缸。高约 70 厘米，上口直径约 35 厘米，中腰粗，底径较小。缸外表面自上而下为三层大花纹，层与层之间另有细花纹。缸内描有环形花纹。

第二节　古　　迹

一 辽代古塔

双塔山镇南侧山岗上，有南北两座山峰并肩而立，两峰峰顶各有古砖塔一座，故称双塔山。据考，两峰顶上的古塔为辽代古塔。1983 年 5 月，双塔山辽代古塔被承德市政府公布为市级文物保护单位，(辽塔详情见第十编商贸服务旅游业《双塔山》)。

2003 年 2 月，承德市文物局、双滦区政府按照不改变文物原状、修旧如旧的原则对上述两座方砖塔进行修复。其中，按三级方塔原样重建了北峰的砖塔（塔的四角各悬大铃 1 个，三层共 12 个），塔内安置了石佛像。对南峰的砖塔主要采取的是维修加固的方式，修葺完毕后大体为两层半，比修葺前略高；同样在塔内安置了新雕刻的石佛像一尊。现在，从山下仰望，石峰上的双塔在一定程度上重现了原辽代双塔的历史风貌。

2003 年前双塔山南峰上的辽塔（摄影 张晓国）

2003 年前双塔山北峰上的残塔（区档案馆提供）

2003 年重修双塔山南峰上的辽塔（区档案馆提供）

二 穹览寺

穹览寺位于滦河镇老城街，建于清康熙四十三年（1704 年），是清朝在承德市所建的第一座皇家寺庙。它坐北朝南，为汉式的“伽蓝七堂”建筑布局，总面积 3900 平方米，山门为硬山顶，门楣上有“敕建穹览寺”五个大字。山门两侧原有八字形墙，山门之南有一个较大的广场，原为举行大型佛事活动的场所，广场南原曾立着红色大照壁，第一进院落，是一个由山门、钟鼓楼、大殿四面圈成的小型广场，小规模佛事活动在这儿举办。广场正中原竖立着康熙御制穹览寺碑。小广场两侧为钟、鼓二楼，2005 年，仅存钟楼（钟已失）。中轴线上正面为大月台，台上是主殿，宽三间，进深一间，主殿前有抱厦，卷棚顶，相连的大殿硬山顶。大殿内原供奉观音、普贤、文殊三大士，墙上绘有彩色壁画（尚存），塑像毁于 20 世纪 50 年代初。主殿两侧原各有配殿三间，硬山顶，殿内塑像不

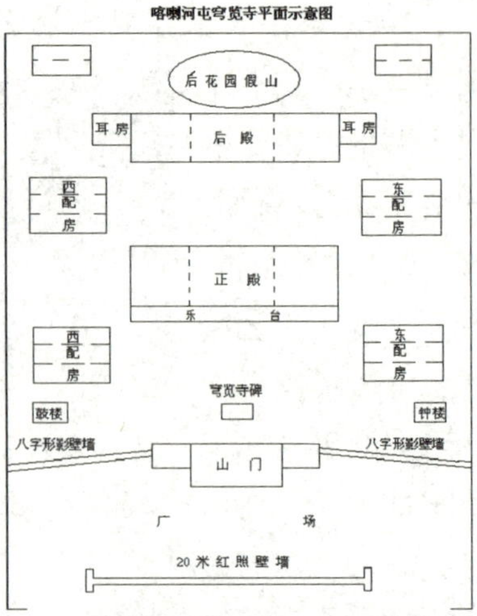

喀喇河屯穹览寺平面示意图

2013 年穹览寺山门（区档案馆提供）

2013 年滦河穹览寺正殿（摄影 翟俊威）

2013 年滦河穹览寺钟楼（摄影 翟俊威）

详。第二进院的正面为后殿，面宽三间，进深一间，硬山顶，原供奉三世佛像，墙上绘有彩色壁画。后殿两头相连是耳房（各为三间，原为僧人居室）。后院两侧同前院一样有东西配殿，殿内塑像不详。原来尚有第三进院，为小花园，已毁。

20世纪50年代，穹览寺被粮食部门占用，改做库房。1983年5月，穹览寺被承德市政府公布为市级文物保护单位。2001年，该寺被河北省政府公布为省级文物保护单位。

三 琳霄观

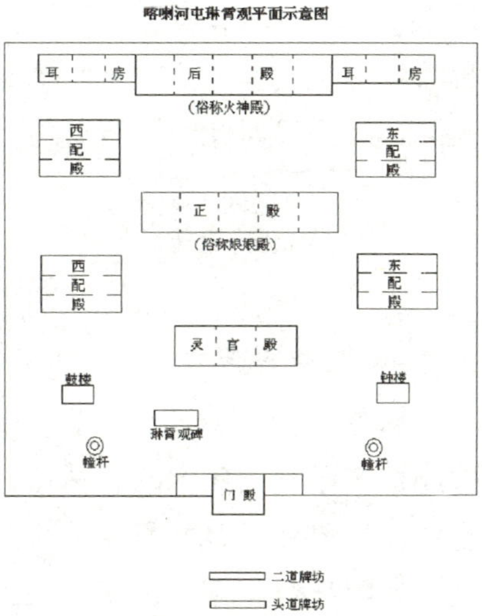

喀喇河屯琳宵观平面示意图

2013年滦河凌霄观残存的建筑（摄影　翟俊威）

滦河灵霄观残存的部分建筑（区档案馆提供）

琳霄道观（俗称娘娘庙）位于滦河镇酒店村南山下。建于清康熙四十九年（1710年），为清代在承德市境建的第一座皇家道观。

该道观坐北望南，其格局基本同于穹览寺。原门前有两座牌坊，上有康熙所书“兴州胜境”“紫塞春台”八字，门殿三间，额上御书“琳霄观”三字，门内甬道两侧有幢杆、钟鼓二楼、御碑。第一进院正面殿堂为灵官殿，已不存。第二进院正面的殿堂为圣母殿（俗称娘娘殿），单檐硬山顶，两侧为供奉十殿阎王的东西配殿，殿堂大体尚存。第三进院正中为后殿，两侧同样有东西配殿，尚存。2005年，二三进院中的殿堂已非原貌，被占用部门作某种程度的改建。御碑已移入承德市文物部门保管。庙内塑像毁于20世纪50年代。2001年，被承德市政府定为承德市重点文物保单位。

四 关帝庙

关帝庙位于滦河镇老城南西南营村，建于清康熙五十四年（1715年）。这座关帝庙是滦河镇原有三座关帝庙中仅存的一座。庙宇坐北朝南，为汉式单进院的寺庙建筑格局，占地面积约2400平方米。原山门与门外两侧的幢杆和一对高大的石狮子已不存（约毁于50年代）；庙院两侧还曾建有钟鼓二楼，已损毁。庙院的正殿及东西配殿较尚存。正殿较高大，面阔三间进深二间，殿顶为“二连式”的前卷棚后硬山顶，正殿两旁各有耳房。东西配殿各三间，硬山顶，其中东配殿已非原物。主殿的梁檩上有精致彩绘。这座庙自20世纪50年代殿堂内塑像被毁后至2005年，被滦河供销社收购部占用。1996年，该庙为双滦区文物保护单位。

现存的滦河西南营关帝庙（区档案馆提供）

五 龙母庙

龙母庙位于滦河镇老城街东郊。此庙建造于清代，具体时间不详。现存一进院落，有正殿和配殿，青砖灰瓦硬山式建筑，尚基本完好。院内有达数百年树龄的古槐一棵，其荫可蔽全院。

庙原门殿及上述正殿和配殿的塑像约毁于20世纪50年代初。

六 清真寺

位于滦河镇老城街南旱河沿。建于清乾隆四十一年（1776年）。寺庙坐西望东，寺门一间，入门为一座方形小院，正面为二门，两侧为配殿，各五间（作会客、沐浴之用）。穿过二门，向西即为前有抱厦的主殿，灰瓦单檐“三连式”顶盖——抱厦为卷棚顶，其相连的殿堂前为卷棚顶，后为硬山顶。抱厦内主殿门楣上方挂着一个横匾，书“一中造化”四个大字。这座殿堂于20世纪90年代进行过维修，绿栏、白墙，外观一新。殿内进深很大，呈现出近方形的一个空间，地上铺着席子，供教徒作礼拜之用。大殿的南北两侧为配殿，也是各五间，南侧为讲经堂，北侧为亡人沐浴室及架子房。1996年7月，清真寺被双滦区政府定为区级文物保护单位。

滦河清真寺正门（区档案馆提供）

滦河清真寺院内（区档案馆提供）

七 滦河街北门

位于滦河镇老城区北大街入口处。初建年代不详。该门门体基本呈扁立方形，通高6.1米，门垛高4.7米（即门洞高），门洞口宽4米。城门东西两侧各有30米长的城墙，墙顶部有垛口。城门的门垛上架厚松木板（构成门洞顶），松木板上面则承托着1.4米高的门头。门头正中楷书“北门”二字。原来门头上方与两侧的城墙一样尚砌有垛口，现已无存。原城门的门扇及门扇两边的门框已缺失，现仅存上门框一条（宽约35厘米，厚20厘米）。整座城门及两侧延伸的城墙，皆用大青砖砌成。民国12年（1923年），当地商会曾用奉军所拆喀喇河屯行宫宫砖对此门加以修整。1997年，滦河镇政府又对此门进行整修。

滦河街北门（摄影 杨利民）

第三节 石　　碑

一 穹览寺碑

碑原竖立于穹览寺山门内小广场，现碑身、碑座移入避暑山庄内的碑林馆，碑首仍埋在院内土中。碑刻制于清康熙四十三年（1704年），碑文为康熙皇帝亲撰。碑文述兴建喀喇河屯行宫的由衷，点示宫旁建寺的缘由，并叙及本朝四海兴旺的景象，祈祷年丰岁稔，烟尘永息（碑文见艺文编）。

二 琳霄观碑

碑原立于琳霄观山门内第一进院，清康熙四十九年（1710年）立。碑文是工部侍郎兼翰林院掌院学士揆叙奉敕撰，由康熙第三子诚亲王胤祉奉敕书写。石碑现存于避暑山庄碑林馆（碑文见艺文编）。

三 重修滦江书院碑

滦江书院建于清乾隆五十二年（1787年），为域内官办学校之首。《重修滦江书院碑记》石碑，为嘉庆二十年（1815年）重修书院后所立。碑文是当时滦平县理事通判常久撰写，主要记述滦江书院的建立、发展和重修的经过。碑现存于承德市避暑山庄碑林馆（碑文见艺文编）。

四 滦平县创设学堂记碑

清光绪三十年（1904年），滦平县将原滦江书院改建为滦平县高等小学堂。新中国建立后，校名改为“酒店小学”，至2005年未变。《滦平县创设学堂记》碑文记叙了滦平县知事俞良臣在绅士孙绳武协助下，创建学堂的情况。碑现存于承德市避暑山庄碑林馆（碑文见艺文编）。

五 其他碑

永圣寺碑 原立于大庙镇永圣寺第一进院东北角。碑高2米、宽1.2米，立于赑屃座上（俗称“龟驮石碑”），碑文记载了修建永圣寺的缘由，及建寺时的主持者侯云凤和为建寺出款出力作出较大贡献者的名字。落款年代为：康熙五十五年（1761年）。1951年永圣寺被毁，改建为大庙供销社。永圣寺碑则被运到原寺门外，弃于路边的坑中。寺门外原为一条东西向土路，多坑洼，后来垫平坑洼，修成马路，碑埋于路基下。

喀喇河屯行宫寄语碑 滨河公园，位于承钢职工医院正北的滦河南岸台地上，原系喀喇河屯行宫宫殿区的一部分。“喀喇河屯行宫寄语”碑，位置在公园入口正面，2004年9月，由承德钢铁集团有限公司立。碑前面有乾隆皇帝青铜立像。碑文内容主要是追叙喀喇河屯行宫的修建过程和后来的兴盛，并叙及行宫被毁的哀痛及新修滨河公园的目的。

第四节　古遗址

一 滦河镇果山古建筑遗址

1997年，承钢在果山某处施工中发现一处古建筑遗址。遗迹处原为长400米、宽200米的废弃梯田，上面栽有果树，地面上有散碎的古陶片分布。地的东侧和北部边沿，承钢挖了深约2米、宽2.5米的界沟。从东侧界沟的横断面处可见到清晰的灰坑分布：有的宽1米、深1.5米；有的稍浅些。从北侧界沟的横断面处可见到1.5米至2.5米的文化层。据考证，其层叠从下到上依次为夏家店上层、战国、宋代辽、金。以辽、金代堆积层最厚。地面陶片等物以金为多。2001年，双滦区政府将此遗址列为第三批重点文物保护单位。

二 元宝山顶文化遗址

遗址位于双塔山镇元宝山村的元宝山顶上。山四面峭壁高30余米，仅可以从其南侧一岩石缝中揪着杂草、灌丛登其顶。山顶较为平坦，面积约200余平方米。在岩顶平面上不规则地排列着石臼窝10个，尺寸大小不一，口径最大22厘米、最小15厘米，深皆约20厘米。开凿年代及开凿目的皆不明。石臼窝旁另有一孔，似为“水眼”，已被泥土填塞。在山顶遗址上可拾到细碎的夹砂孔陶片和鬲足，考证为夏家店上层文化遗物。

三 大庙北梁遗址

遗址位于大庙镇北梁村北侧的黄土坡上。东西长150米，南北宽50米。在黄土坡上失去表土的断面处可发现密集的陶片露头。经测量，文化层厚度约0.25米。文化层露出的陶片质地较单一，均为素面夹砂孔陶。从陶片细辩，大体为鬲、豆、双叠唇高领罐等器物的混合碎片。文物部门考证为夏家店上层文化堆积遗址。

四 偏桥子老红山遗址

遗址位于偏桥子镇小贵口村西侧的老红山上。遗址东西长500米、南北宽300米，分山顶平地和坡地连续布列。遗址处表层土质为黄土和砂土。地上有近代垒砌的梯田坎墙。遗址的北侧存有早年人类耕、居的遗迹；其东侧曾有一眼高山水井，近年已被人填平。山顶上曾有小城墙，经自然风化至2005年仅剩1米余高的土垅。在遗址山水冲击塌落的断崖处，露出达1米多厚的文化层，其中泥质陶居多，夹砂陶较少，经考证，为夏家店下层文化和辽代堆积层遗址。

五 单塔子塔基遗址

遗址位于双塔山镇单塔子村西的半山腰上，村名来源于此。1996年，承德市文物局专家学者对此遗址进行考察。其建筑年代约近于双塔山上的辽代砖塔，建筑材料、建筑样式也相近，因它是单个塔，俗称“单塔子”。清代大学士汪灏在《随鸾纪思》中记述：“康熙四十二年，驾发蓝旗营，途中登热河岭即可见双塔露尖，并在所经山坳中又有七层瓦塔。”文中描述的“七层瓦塔”即单塔子，其建筑形式在某种程度上继承了唐代风格。塔身毁坏年代不详，原塔基尚完整，后逐渐毁坏。至2005年仅存遗址，塔砖散落于遗址周围，少见完整者。塔砖为宽17厘米、厚5.5厘米规格的青砖。塔基上现长有榆树、杏树各1株。

六 喀喇河屯行宫遗址

遗址位于滦河镇西北部、滦河南北两岸台地上。原行宫总面积589亩（包括建筑面积和宫内园林面积，详见旧踪择录编《喀喇河屯行宫》）。1959年，行宫遗址处建承钢职工医院和承钢职工子弟学校，遗址地面上的建筑无存。

至2005年，滦河北岸的滦阳别墅址上尚可见到原宫内的假山叠石石块及一些原宫殿建筑的散碎青砖、灰瓦等。

双滦区省、市、区级重点文物保护单位一览表

表21-5-1

名称	地理位置	年代	公布日期	级别
穹览寺	滦河镇滦河村	清康熙四十三年	2001年	省级
琳霄观	滦河镇酒店村	清康熙四十九年	2001年	市级
关帝庙	滦河镇西南营村东南	清康熙五十四年	1996年	区级
清真寺	滦河镇西南营村东北	清乾隆四十一年	1996年	区级
喀喇河屯行宫遗址	双滦第一小学、承钢医院	清康熙十六年	1996年	区级
滦河果山战国墓遗址	承钢体育场西侧	战国时期	2001年	区级
西地北山战国墓遗址	承钢家属楼东北侧	战国时期	2002年	区级

双滦区古文化遗址概览表

表21-5-2

遗址名称	地　址	年　代
老干台遗址	双塔山镇团瓢村	夏家店下层文化、夏家店上层文化、辽金
桃树沟北遗址	滦河镇西南营村	战国、金、元
单塔子塔墓遗址	双塔山镇单塔子村	元
果山南侧墓群	滦河镇	春秋、战国、清
北果山遗址	滦河镇	夏家店下层文化、战国、金
关帝庙东侧遗址	滦河镇酒店村	战国、汉
馒头山遗址	滦河镇东园子村	战国、汉、元
老红山遗址	偏桥子镇小贵口村	夏家店下层文化到辽金时代
骆驼峰遗址	双塔山镇	夏家店下层文化、战国
二道沟东梁遗址	偏桥子镇二道沟村	夏家店下层文化
大车梁遗址	偏桥子镇达连坑村	夏家店下层文化

续表 21-5-2

遗址名称	地　址	年　代
偏桥子后梁遗址	偏桥子镇偏桥子村	夏家店下层文化
牛皮梁遗址	双塔山镇	夏家店下层文化
北梁遗址	大庙镇北梁村	夏家店下层文化
滦河老镇北门	滦河镇	年代不详
后梁遗址	双塔山镇大龙庙村	战国
三十亩地梁遗址	双塔山镇西平台村	战国
尹家坟遗址	双塔山镇大龙庙村	战国
卧犬梁顶遗址	双塔山镇	夏家店下层文化、夏家店上层文化、战国
卧犬岭遗址	双塔山镇	夏家店下层文化、夏家店上层文化、战国
刺榆子梁东侧遗址	双塔山镇白庙子村	夏家店下层文化
刺榆子梁西侧遗址	双塔山镇白庙子村	夏家店上层文化、战国、辽金
元宝山南坡遗址	双塔山镇元宝山村	夏家店上层文化、战国
元宝山顶遗址	双塔山镇元宝山村	夏家店上层文化

第六章　广播电视事业

清代至民国时期，域内设有文化管理机构，但文化发展脉络无考。新中国成立初期，文化事业发展缓慢。至 1958 年 8 月，承德钢铁厂厂区内设有线广播，此后驻区企业及农村有线广播相继发展。1969 年 12 月，域内建有无线广播转播台。1979 年，承德钢铁厂建成电视差转台。1980 年 9 月，双滦区广播站成立后，有线广播转播国家、省、市电台节目，并开始自办区内节目。至 2002 年，双滦区有线电视网全部建成，实现全区联网。

第一节　广　播

一 有线广播

1963 年 5 月，大庙公社东沟大队首建有线广播站。1969 年 5 月—1975 年 8 月，双滦办事处所辖 4 个公社及所属大队先后建立有线广播。1958—1966 年，域内的承德矿山机械厂、承德市麻纺厂、承德市丝绸厂、滦河发电厂、承德市造纸厂、承德市红旗化肥厂等驻区企业建立有线广播。1976 年 9 月，双滦办事处建立有线广播(总)站。4 个公社所架设的有线广播专线总长 117 公里，小喇叭入户率达 98%。各公社广播站，经常利用有线广播召开公社大会，对政治宣传、组织生产发挥重要作用。

1980 年 9 月，双滦区广播站设立。区广播站每天早、中、晚转播中央人民广播电台节目；每周有自办新闻节目及《农家生活》《健康与生活》《综合文艺》等各类专题节目和讲座。1992 年，区广播站被河北省广播电视厅评为全省先进广播站，奖励价值 5 万元的广播设备。1993 年，区有线电视开播后，区广播站停播。区内较偏远的乡镇及行政村仍在利用原广播设施服务居民的生产生活。

1981 年双滦区有线广播站情况一览表

表 21-6-1

项　目	单　位	数　量	滦河公社	双塔山公社	偏桥子公社	大庙公社
有线广播站	个	9	1	1	1	1
工作人员	人	13	2	2	2	2
放大站	个	4	1	1	1	1
已架专线	公里	117	7	25	21.5	27
其中：公社线	公里	80.5	7	25	21.5	27
农村通广播的大队	个	38	5	12	11	10
农村通广播的生产队	个	277	51	102	51	73
有线广播喇叭数	个	5143	22	1907	1270	1944
高音喇叭数	个	113	60	43	3	7
有线广播机	架/台	5	1	1	1	1
其中：500瓦以上	架/台	4	1	1		1
150瓦以上	架/台	1	0	0	1	0

二 无线转播

1969 年 12 月，承德市广播电视局 1085 转播台在域内设立。转播台占地 5.2 万平方米，建筑面积 1300 平方米，转播中央人民广播电台一套节目、河北人民广播电台一套节目和承德地区人民广播电台节目。自 2003 年起，1085 转播台由河北省中波管理处与承德市广电局共同管理，为副处级单位。2005 年，编制 29 人，其中副高职以上职称 4 人。

建台之始主要转播河北台一套节目，1975—1977 年，开始增加转播承德台节目。1969 年，1085 转播台有 20 千瓦板调发射机 1 部、124 米高的发射塔 1 座；1975 年，新建 76 米高的发射塔 1 座、20 千瓦自动板调机 1 部；1990 年，有 10KW 板调发射机 1 部，后由电子管的 GZ － 10 － 3B 型脉宽调制发射机替代。1990 年，承担中央台一套的转播工作。1998 年，设备更新为 TS － 10C、TS － 01B 两台全固态脉宽调制发射机；2003 年，购进 1 台 GZ － SK － 1 型全固态数字调制发射机和两套卫星接收设备，并于是年投入使用。2003 年后，转播台完全使用卫星信号源转播中央一套、河北一套节目，覆盖面为承德市八县三区。转播台自建台始，实行全天不间断播音，实现满时间、满功率、满调幅度。

2004 年、2005 年，转播台连获河北省广电系统安全优质播出竞赛技术维护管理二等奖。

第二节　电　　视

一 电视差转

1979 年，承钢在域内首建电视差转台，信号覆盖厂区及职工家属住宅区。1988 年 3 月，双滦区在双塔山镇城区北侧山上建起两座电视差转台，差转机功率各 50 瓦。信号覆盖半径 10 公里，收视用户 4 万余户，收转中央电视台、河北电视台一套节目。同年 8 月，区政府在大庙北梁村又建 1 座电视差转台，差转机功率 50 瓦，收转河北电视台节目。滦河电厂、承德输送机集团（简称承输集团）、承德市麻纺厂、承德市丝绸厂等厂矿也先后建台。2005 年，承德输送机集团、承德市麻纺厂、承德市丝绸厂电视差转台撤销。

二 有线电视

1990年，各厂矿有线电视网络开始铺建，电视差转台逐步被淘汰。同年，大庙镇为10个村建成有线电视系统。1993年，区广播电视局和大庙镇共同出资安装了地面卫星接收站，传送8套电视节目，全镇2000多户农民看上了有线电视。同年，区广电局在滦河镇进行“农家有线电视台”试点。镇政府和各村投资37万元，购买设备，改造电视线路，公开招聘记者、播音等人员，建成滦河“农家有线电视台”，并于8月开播，成为河北省第一个镇办电视台。

1994年，区广电局贷款5万元购置设备，解决偏桥子镇7个村电视收看问题。同年，区广电局在双塔山镇大三岔口村建地面卫星接收站一座，使双塔山镇东北部9个村看到了电视。至此，全区43个村中有40个村能接收有线电视，覆盖率达到80%。1996年2月，承德市广电局出资90万元、区政府贷款60万元，实现双滦区与市双桥区有线电视并网，使城区有线电视网联成一体。2000年，区广电局接通至偏桥子镇全长24公里的光缆传输信号线，区内4镇全部实现有线电视联网。2002年，承输集团、承德市麻纺厂、承德市丝绸厂和滦河电厂等驻区大厂矿的有线电视网络划归区管。

2002年，双滦区完成滦河、大庙和偏桥子3个镇的电视站建设。2004年，区广电局投资120万元，完成双塔山镇北部6个村及大庙各村的28公里主干线光缆和12公里支干线光缆铺设，并开通了光节点电视信号。同年，区级有线电视网全部建成。

至2005年，全区农村除6个自然村（20户左右）有线电视未联网外，其余全部联网。有线电视用户2万户，覆盖率达95%，全区电视收视费增加至36万元。

三 电视台

1996年9月，双滦区建成区级电视台并正式开播。设有《双休艺苑》《下周屏幕》栏目，每周播出1期。同时开设《双滦纵横》和《法制园地》两个收费性栏目，每周播出一期，每期10分钟。2001年，电视台的新闻、专题发稿总量达800余篇。2003年，购进2套非线性编辑机、1套硬盘自动播出机、2部摄像机、1部放像机，实现了数字化硬盘播出。2004年，各镇及驻区大中型企业的有线电视台网由区广电局统一领导、管理、经营。

双滦电视台自办栏目（区档案馆提供）

2005年，区电视台有固定资产200多万元，主要设备有：5台数字摄像机、4套非线性数字编辑机和2套数字硬盘播出系统，达到了初步数字化县（区）级电视台水准。电视台整合电视频道资源和节目资源，开设了《双滦新闻》节目，实现了新闻每日播出。同时增开2台影视娱乐频道和《视野》《生活三六五》《快乐节拍》等商业性栏目。台内播发新闻、专题稿件1400篇，在市电视台发稿257篇，在市广播电台发稿393篇，在省级媒体发稿13篇，在中央台发稿2篇。是年，电视台广告纯收入达20万元。

四 机构

1976年9月，双滦办事处设双滦广播站，对滦河、双塔山、大庙、偏桥子4个公社已有的有线广播站实施领导和管理。

1988年3月，双滦区广播电视局成立（简称区广电局）。内设办公室、技术股、音像股、转播台，编制7人。1988年，区广电局成立音像制品管理办公室（简称区音像办），负责全区录像演播厅、卡拉OK歌厅及录像带、录音带、音像光盘等经营管理工作。1995年，双滦区文化体育局成立后，录像厅、卡拉ok厅及音像制品销售的管理工作由区广电局转至文化体育局。1996年9月，区广电局建立区有线电视台，体制为“局台合一”。电视台内设总编室、新闻部、专题部、广告部，编制10人。2003年，区广电局内设广通有线网络服务公司（事业单位）。2005年，区广电局下设办公室、财务室、社会事业股，有在编人员8人；区电视台下设总编室、新闻部、专题部、广告部，在编人员16人。

附记：

张升办农村有线广播事迹简介

东沟村广播站，是承德地区首个自主创办的农村有线广播站。1963年3月，大庙公社东沟村会计张升在上级支持下开始自办有线广播。全村各户捐献旧笊篱，拣旧铁丝，连接成2000余米的广播线；用土法组装、制作了一台500瓦扩音机、125只舌簧喇叭和1个麦克风。同年5月，东沟村广播站试播成功。广播站每日早、午、晚广播3次，全村喇叭入户率达100% 。1967年7月，承德地区广播局组织部分县、区生产队长以上干部和广播系统职工190多人到东沟村参观学习，召开现场会推广东沟村白手起家、自力更生办广播的经验。1969年4月，张升调到大庙公社筹建公社广播站。同月，张升利用电话线代替广播干线传送广播音频信号获得成功。同年5月，大庙公社广播站正式开始播音。此后，公社内10个大队1820户居民安装了小喇叭，入户率达到90%。1973年，在张升主持下，全公社12条深山沟架设广播专用线杆1570根，铺线总长达70余公里，改进了广播的传输效果。1982年，大庙公社自筹资金1万元，自制水泥杆800根，在34个自然村之间架设广播通信线路，将广播覆盖到公社内所有村落。同年，张升所采编的一则消息《大包干政策好，粮多畜壮家中富》投往中央人民广播电台。该稿受到重视，中央广播电台派记者对张升进行了专访，并于农历大年初二在中央广播电台《对农村广播》节目中播发。1983年，大庙公社投资7000元，购进一台800瓦扩音机。此后，全社所辖10个大队的2286支小喇叭的收听质量得到较大的提高，小喇叭入户率达到100%。1990—1992年，在大庙铁矿支持下，大庙镇10个行政村建立了有线电视系统，实现广播、电视双入户。张升因在自办广播及以后的设施改进中贡献突出，1985年，被河北省广播电视厅评为“河北省首届农村有线广播工作先进工作者”；1991年，被国家广播电影电视部、国家人事部评为“全国广播电影电视系统劳动模范”；1997年，被中央人民广播电台听众工作部聘为“特约听评员”。

（秦玉鹏根据档案资料整理）

第七章　文化文物管理机构

域内清代始有文化管理机构。民国37年（1948年），中共地方政府在滦河街始建文化管理机构。新中国成立后，域内文化工作由承德市文化局直接负责；1980年，双滦区政府设立文化管理机构；2005年，双滦区设文化文物旅游局。

第一节　清代、民国时期文化机构

一　清代文化机构

清代宣统元年（1909年），域内滦河镇设滦平县劝学所，管理域内文化教育工作。

二 民国时期文化机构

民国24年（1935年），滦河镇西大街建民众教育馆，内设文化管理机构。民国37年（1948年），滦平县设文教科管理滦河区域的文化工作，双塔山区域（包括现双塔山、大庙、偏桥子三镇）的文化工作由中共承德市相关部门管理。

第二节　新中国文化文物机构

一 建区前机构

1950年12月，滦河镇建文化总站。1958年后，域内文化管理工作直接隶属承德市辖。

1973年12月，双滦办事处设文教卫生组，负责管理当地的文化工作。1975年，文教卫生组改为文教科。

二 建区后文化文物机构

1980年10月，区政府设文教科。1981年，组建区文教局，内设文化管理办公室。1991年，区文教局内设文物保管所。1995年8月，区文教局改为文化体育局。1997年，文化体育局改为文化体育旅游局。2002年，区文化体育旅游局改为区文化教育体育局。2005年11月，“文化”工作从区文化教育体育局分出，新设置双滦区文化文物旅游局。管理区内文化、文物、旅游、新闻出版等工作。文化文物旅游局内设办公室、文化文保股和旅游股3个科室，编制3人。

第二十二编　艺　文

域内有文字记载的文学艺术发展历史，可追溯至清代。新中国成立后，域内涌现出许多文学艺术爱好者，他们创作的各类作品，在全市、全省乃至全国产生一定影响。该编收集到古代碑刻（碑文）4篇，选录古代、现代诗词188首，现代散文4篇，节选现代小说1篇，选录书法、绘画等艺术作品17幅。在一定程度上反映了双滦区文学艺术的积淀和传承。

第一章　碑　刻

域内碑刻,清代以前无考。清代遗留的碑刻，由于年代久远，有的碑刻无法考证。今可见者仅限于寺庙和学堂碑文。依据可考资料，收录清代碑文4篇。其中庙观碑文2篇,书院学堂碑文2篇。

第一节　庙观碑刻

一　穹览寺碑

穹览寺碑文刻于清康熙四十三年(1704年),康熙御笔。其意为建喀喇河屯行宫的由衷及修建穹览寺的因由，表达康熙皇帝“先忧后乐，朕之职也；天下皆福，朕之福也。”的胸怀及“年丰岁稔，烟尘永息”的祈愿。此碑刻现存承德市博物馆。碑文如下：

喀喇河屯者，蒙古名色，释之即乌城也，乃古兴州之所辖。因世久事殊，前朝未及设官分职，皇舆等书，遍察难考。朕避暑出塞，因土肥水甘，泉清峰秀，故驻跸于此，未尝不饮食倍加，精神爽健。所以鸠工此地，建离宫数十间，茅茨土阶，不彩不画，但取其容坐避暑之计也。日理万机，未尝少辍，与宫中无异。万机偶暇，即穷经史、性理诸书。临池挥翰，膳后即较射观德，以示安不忘危之念，此其大略也。因有离宫，随侍人员，共祝万寿，而建寺不日即成，又求匾额以垂永久。朕赐书云：“穹览”取沈约“骧首览层穹”之意，在行宫之巽位。寺势虽微，莲社梵音，铃铎经声，巨细皆备。内有三大士相，仙衣飘扬，瑞园涵影，以空寂为本，慈悲为教，汲引四生，津梁三界，清钟夜闻，远近罔弗皈依。月殿朗辉，中外靡不瞻仰。况右倚层岩，左带大河，口外诸藩，来往进贡，皆由经过。三庚无暑，六月生风，地脉宜谷，气清少病，诚谓佳景。前朝以戍边不暇，何得驻跸。今四海为一,八表同风，自京北至万里，如同家人父子，岂有他术哉，以诚而已。今臣下归福于朕，朕曰：天下皆福，朕之福也;先忧后乐，朕之职也。所愿者年丰岁稔，烟尘永息，余之念兹在兹之意足矣,无以妄求,佛有所知,自有保护。

（康熙四十三年岁次甲申秋八月中秋日）

二　琳霄观碑

琳霄观，清康熙四十九年（1710年）建。碑文为工部右侍郎兼翰林院掌院学士臣揆叙奉敕撰，康熙皇帝第三子诚亲王胤祉奉敕书体，此碑刻现存承德市博物馆。碑文如下：

《敕建琳霄观碑文》："经筵日讲官起居注工部右侍郎兼翰林院掌院学士臣揆叙撰　敕赐琳霄观碑文：盖闻昆丘缥缈，启白玉之仙楼；阆苑峥嵘，竦黄金之神阙。自昔真人攸宅，多在奥区；由来圣姥所都，必栖灵境。然或方壶员峤，远希海外蓬瀛；月窟星躔，遥睇云端宫殿。岂若星联松牖，映御幄以增辉；霓绕雕栌，拱宸居而焕采。洵乎神人胥庆，远迩具瞻者矣。琳霄观者，名标雁塞，地属乌城，自臣民蒇事以来，为行在祝釐之地。万峰环秀，二水交流，测日晷于离方，正坛壝于巽位。因高架屋，旧为炎帝之宫；叠石为堂，是谓火神之宅。规模粗具，殿庭鲜巨丽之观；缔构维新，像设表庄严之饰。碧霞中坐，紫府宏开，岱岳于以分灵，神州因而锡福。金容殊特，巍然三十二光；宝相端严，粲若八十一好。琼台珠阁，仰挹慈颜，绛节朱幡，近传妙响。洪庥普祐，实司福善之权；纯嘏用申，永示降祥之瑞。星冠肃穆，则玉佩来仪；霞帔飘扬，则瑶池并列。锡子孙之繁衍，吉兆徵态；助耳目之聪明，长龄媲鹤。岂独遥瞻金洞，莫觐灵辉，空拟玉虚，罔传法象而已。夫其降临福地，密迩名区，紫鳞游泳于沦涟，彩翼飞翔于岑蔚。花光迎砌，雨露敷荣，树色参天，云霄擢质。羽幢芝盖，拂行幄之土阶；鼍鼓鲸钟，应挈台之漏刻。远望而暮烟凝紫，仰瞻而晨旭开红，此则拱翊离宫之大概也。乃若栋隆叶吉，宸枫分荣，经临万乘之光，切莅三清之界。楠檀小殿，时闻袖履之香；金碧修廊，长获风云之气。璇题宠锡，名擅琳霄，金榜高悬，祥占珠斗。坛边松柏，三辰交映于户庭；井上芙蕖，二曜循环于枅栱。莫不群瞻御墨，共仰天章。庆万寿之无疆，祝圣母之景福。此则赐名介祉之大概也。尔乃俯临阛阓，旁引陌阡。树以叶麻，开塞垣而歌乐土；教之稼穑，筑场圃而绘豳风。白坟赤埴之神皋，沃逾千里；黑秬黄粱之嘉种，亩溢三锺。仓箱群庆其丰盈，酒醴不愆于报赛，此则辅国祐民之大概也。至于屏藩之国，朝贡所经，无雷出日之区，火鼠烛龙之会。同文同轨，合八表以来正；殊俗殊方，款九边而受吏。覆帱所及，跻熙攘于春台；声教所通，登康宁于寿域。莫不沐仁风而喜形于色，瞻灵宇而敬发于心。络绎轮蹄，望尘顶礼，联翩剑佩，识路如归，此则助宣化理之大概也。凡兹二气之良浊，咸赖一人之厚福。怀柔河岳，涵度量于高深；膏泽寰区，卜精神于强固。危微精一心传，直溯唐虞，服教畏神，统驭并包，释老无为，称舜风开道德之光，多寿祝尧，历冠神仙之首，若乾坤之函盖百灵，肸蠁而保和如日月之照临。两大氤氲而合瑞，是则夫之佑助无烦颂祷之词，神所凭依，与享升平之乐。凡为臣子，孰不尊亲，庶几香火千年，愿绵长于宝祚，畴图五福，思翊赞夫皇猷云尔。康熙四十九年六月望日，皇三子成亲王臣胤祉奉敕书。"

第二节　书院学堂碑刻

一　重修滦江书院碑

滦江书院于清嘉庆二十年（1815年）修建。碑文为滦平县理事通判常久撰写，碑刻现存承德市博物馆。碑文如下：

《重修滦江书院碑记》

（清）常久撰文

记曰：有其举之莫敢废也，凡事皆然，而关乎学校者尤为甚。夫学校之教，所以励士习即所以正民风。有刀者砻诸；有玉者错诸，观摩之益，如百工之居肆，以成事焉。况乎菁莪棫朴，文教日臻，经正民兴，人心攸赖，有守土之责者，能不以为急务。

乙亥秋九月，余莅兹土，课士于滦江书院。登其堂，鸰草翚飞，光增桃李；入其室，窗明几净，香蔼芝兰。溯所从来，盖自乾隆五十三年，松同先生宰斯邑而创建焉。师浮拥皋比,生可安椠铅,美哉。始基之矣，其间数十年而历久弥新者，则佥曰非山长傅肖岩先生之力不及此。肖岩先生为丁卯者廉，昔日之执经请业者于斯，今之挥尘衡文者复于斯。见夫屋宇摧残，垣墉倾记，因捐修以为之倡，复劝助成其美，庀材鸠工以董其事，高闬闳，厚墙垣，且庀焕然改观焉。

余因之有感矣。方今圣天子布教须常，渐被塞外，宣化承流，滦固居其首，磨石砺俗，士贵开其先，籍令诸生肄业之所不足以蔽风雨，又安望其敦诗、说礼、型仁、讲让为邦家光？而文明鹊起，科第蝉联更无论矣。今者栋宇依然，堂构无恙，敬业乐群，相与鼓吹休闲，斟酌道德之渊源， 核仁义之林薮。士凤而历之,民渍而染之。仁风衍而外流，谊方散而遐焉。夫岂特滦之士民有厚幸哉？顾岁事已逾年矣，而碑篆缺如，故叙其兴废修举之由，勒诸贞君，以使后之有所考云。

嘉庆二十年（公元 1815 年）岁次乙亥季冬，中翰理事通判管滦平县事常久撰。

二 滦平县创设学堂记碑

碑于清光绪三十年（1904 年）修建。碑文记叙在县知事俞良臣和绅士孙绳武的支持下，创建学堂的情况，碑刻现存承德市博物馆。碑文如下：

《滦平县创设学堂记》碑文

著司马长卿谓非常之事必等非常之人。此过激之论也。人之耳目心思。习为固常。而一见夫稍异于常者。逐目为新奇之事。群起而非之。人之情也。能于群非之中。具待识持定力。经权互用。以求其事之必成。久之。人乐其利。追念其任事之难。又目为非常之人。亦自然之势也。夫常者。因也。非常者。创也。天下一名一物。无不由创。是天下皆非常之事。而非常者。亦常也。何待辨也。又何群非之有。由是而知人之为尧、舜、周、孔，不难矣。由是而知尧、舜、周、孔之所为,犹难矣。璇玑玉衡之设施。□南格致之考求。何一非异常新奇之事。即何一不在群非之列。吁。世人之无识。可叹也。世人之顽固。可悲也。学校之设。原于三代。近世狃于积习。古风日暮。今朝廷振兴庶务。首重兴学。而兴学之责。首在畿辅。热河一郡。虽隶畿辅。而僻居塞外。风气隔膜。新政之行。未易易也。滦平之□。又为热郡七属之最□。新政有更难者。甲辰夏。余莅兹土。喜其民之古朴。思有以□之;悯其俗之固陋。思有以文之。是非兴学不可。而难于筹款。请于上。无所发。筹于捐。又无富商大贾。焦虑万状。无能为力。适有□□私土之入官者。充赏得仟捌佰□□□□。此天欲开滦□之智。而伶其贫。以赞我之兴学也。于是咨商于邑神李昌运、孙绳武、范璋、马维融、王作霖等。提充赏□□□为开学之基。提书院旧存钱□□仟以为经费。不足者。略捐商民以补之。即以滦江书院□□□文庙东西厢设高初等小学堂与接待所、学生□习所、及□务□所。于是年冬十月开学。因而又亲临四乡。与乡绅吴□谦、张乐尔昌等力为劝导。推广□□。渐次开设鞍匠屯、金沟屯、虎什哈、汤河口、琉璃庙、宝山寺、三道梁、古城川、贵口等处学堂拾所。其款按算均出。计民间第□□戏之费。不过十之二三。或四五□□□□□。而学已大兴。邑之人士乐其成也。不免目为非常之事。然余自问。不过清以□□。勇于自任。不畏难。不辞怨之苦。□□与在事诸君共勉之。以开此后学之基础。今虽规模粗具。尚望风气日开。人无不学。庶人人心明于理。知天下之事。无一不由非常而抵于常。即是夫稍异于常者。必深思细察以定向背。不至如今日之学堂。不问是否。群起而非之。则创办之心不虚糜。而学堂之效斯大著。余之幸也。亦滦邑大幸也夫！是为记。

光绪三十年孟冬上浣花翎道员用遇缺即补府□□滦平县理事分府俞良臣撰并书

说明：此碑文抄录于离休教师尹学宗编撰的《滦河的小学教育发展简史》。原碑文为竖排繁体字。为便于阅读，尹学宗用古书上的圈点法加以圈点。文中“□”处为碑文污损，无考。

第二章　文学作品选录

清代皇帝北巡驻跸喀喇河屯行宫留有许多诗歌作品，随行大臣也有一些描写物景诗作传世。新中国成立后，域内一些文学爱好者创作了大量诗歌、散文、小说等文学作品。根据掌握的资料，选录清代皇帝诗词170首，清代大臣诗歌8首，现代诗词10首，现代散文4篇，节选小说1篇。

第一节　古代诗词

一 康熙皇帝诗

咏滦阳别墅

康熙二十二年（1683年）

（一）

本是庙堂人，宵夜未解忧。却饶山水趣，佳境辄如留。

（二）

行宫有余暇，滦阳必一渡。别墅河之阳，旷览山川趣。

（三）

滦江虽浅一舟通，别墅浓阴绿树中。一岁一来宁可负，此时此趣正无穷。

将之山庄

康熙四十二年（1703年）

（一）

畏暑心何胜，平明出玉墀。万机岂歇息，临政有畴咨。

（二）

暖溜自平地，风光此日佳。瞳波由近发，浩泽无津涯。

（三）

驻辇相风竿，临书羡五传。晴澜分暑节，疏爽须葵扇。

（四）

霖雨消尘迹，轻云照野荆。词臣每扈从，上赏赋昆明。

塞外山庄

康熙四十二年（1703年）

巘嶭连青嶂，悬崖挂绿溪。
鱼随渊静戏，鹤喜树高栖。
洞远行僧断，林寒过客迷。
惟予心旧好，逸兴少同跻。

避暑驻跸山庄，六月间阴霖少晴，自立秋日晴霁喜怀

康熙四十二年（1703年）

亢旸望十雨，霪雨思晴天。
累日赀秋序，终朝潦水绵。
身虽无暑汗，心实抱迍邅。
忽暑西风紧，油云逐岭巅。

山庄夜雨听滦河溜声

康熙四十二年（1703年）

临流震耳似惊潮，滚滚泠泠眺绮寮。
夜色初分秋景霁，风声已送积霖飘。
皆因百壑归来远，非是孤川自去饶。
何双长江无弃物，小河水涸岂容桡。

山庄书怀赐大学士

康熙四十三年（1704年）

待旦勤勤望雨晴，京南塞北察民氓。
已知云敛无霪潦，未卜田间有稻粳。
八月秋成欢宇内，四方风景解春卿。
大川舟楫同忧戚，更觉凝承信洛英。

穹览寺偶成

康熙四十三年（1704年）

塞北钟声久不闻，梵音列刹共氤氲。
雨花柏树同僧老，开世瞿昙永法云。

滦　河

康熙四十三年（1704年）

塞边远饶至滦河，彻底清明不见波。
驻辇徘徊千万里，石鲸两岸影嵯峨。

滦河泛舟

康熙四十三年（1704年）

平沙漠漠接长河，天际浮云落照多。
两岸苍山相竦峙，扁舟一棹任清波。

二 乾隆皇帝诗

喀喇河屯行宫

乾隆六年（1741年）八月三日

离宫别馆接岩阿，飒爽金风此一过。
胜地开轩山迤逦，经年成荫树婆娑。
秋浓槲叶添丹绮，云敛峰尖矗黛螺。
犹忆当时承渥泽，几回清咏怆神多。

咏滦阳别墅

乾隆六年（1741年）

槐柳成阴别墅开，轩庭人静锁莓苔。
虚窗绕织蟏蛸网，略彴犹支滟滪堆。
山卉无名偏有艳，野流东去复西迴。
两峰云敛高空迥，弥望川原绝点埃。

重阳日喀喇河屯行宫侍皇太后登逍遥楼

乾隆六年（1741年）九月九日

祎鞠云凝瑞霭光，离宫侍辇值重阳。
槛临平楚岚烟淡，窗入遥峰树色苍。
远墅几家荒柴闭，小桥独木野流长。
最欣度节边关外，也有黄花献寿觞。

咏小金山

乾隆六年（1741年）

（一）

石磴临无地，松亭面有山。
坐来阶礎润，知是白云还。

（二）

露华泫烟箩，攀陟穷深杳。
平临树杪风，下瞰孤飞鸟。

（三）

探奇如食庶，裁句拟遊仙。
振袂一声笑，秋风满碧天。

（四）

山木不知名，山云忽作晴。
浓丹并新翠，纷错一川明。

（五）

四围俯碧澜，一径通云栈。
犹闻琴筑声，泠泠滴深涧。

（六）

翠微晴色好，矗矗濯烟鬟。
何必渡扬子，即此小金山。

咏喀喇河屯行宫外的皇家寺庙

乾隆六年（1741年）

招提铃铎午风吹，罨画山川入望奇。
徙倚试思廿年事，苔封碑字纪康熙。

喀喇河屯行宫即景

乾隆八年（1743年）

楼观图云倚翠微，苔封芝迳接岩扉。
入簾水态漾珠网，映座山容罨锁闱。
天上仙骞真可驾，人间别苑那堪妃。
伯驹画里憶曾见，圆峤方壶是也非。

滦阳别墅

乾隆八年（1743年）

（一）

临水背山地，青纱白板齐。
径蹊将俗远，几席与清皆。
峰色翠当户，松阴绿到阶。
若非章奏至，自许傲无怀。

（二）

一自前秋别，经年未到山。
爱伊仍荔径，引我辟云关。
落叶惊禽起，徂云带日还。
诗人易看待，最喜是萧闲。

（三）

稍坐松下石，松声凉谡谡。
露濡今秋花，峰挂千年瀑。
天地自空阔，山川多静淑。
灵均会此趣，所居无须下。

（四）

本是庙堂人，宵衣未解忧。
却饶山水趣，佳境辄为留。
琴书静白画，台馆张高秋。
长揖谢安羡，烟霞不可俦。

（五）

嶕峣矗黛螺，净沐雨初过。
堤色留新涨，溪声送逝波。
窗虚延月桂，地僻足烟萝。
吟兴前秋似，前秋人若何。

小金山

乾隆八年（1743年）

（一）

俯仰烟霞尽可招，试求高处只三霄。
客来正值新秋景，白日凉飔天泬漻。

（二）

嵚崎巀嵲许谁攀，想像罗天咫尺间。
不必扬帆过扬子，小金山胜大金山。

喀喇河屯行宫叠旧韵

乾隆十年（1745年）

重来宛忆旧卷阿，列嶂攒青雨急过。
山鸟似迎人箇箇，野花偏封客娑娑。
梦犹未醒枝藏蝶，篆不成文壁走螺。
咫尺林泉濠濮想，赋诗还道不须多。

小金山

乾隆十年（1745年）

（一）

山色乾坤翠，溪声日夜流。
人间苦余暑，此地不胜秋。

（二）

丛筱既森密，危峰更巀嶭。
拾级青云梯，衣履若为洁。

（三）

高与灏气俱，飒共清秋爽。
小轩才三楹，豁然纳万象。

（四）

美箭吟籁谡，幽花过雨新。
悬崖如雉堞，天与隔红尘。

（五）

此间致趣佳，少许胜多许。
欲停九夏骖，试避三庚暑。

（六）

分茶临石涧，把笔就松阴。
山鸟一声啭，啾啾前岁音。

（七）

体以艮为德，名擅兑之美。
纵未渡江南，知已胜扬子。

（八）

出峡走银龙，砉然赴其涧。
欲听太古琴，更涉凌空栈。

（九）

镜坛拟天地，有纲不能举。
个中无凡鳞，尽是蛟龙侣。

（十）

岩藻饶古意，松涛有好音。
拈吟谁知者，山水是知心。

题滦阳别墅

乾隆十年（1745年）

（一）

精舍枕溪流，更复背林麓。
寻径披烟箩，支窗折幽竹。
当秋几席清，过雨花药馥。
本无尘著怀，自觉静谋目。
兴倦欲浇书，石泉亦堪掬。

（二）

坂芷芳未歇，崖枫色待丹。
飒然微风至，侵我衣袂寒。
略彴欹断岸，野艇击河干。
一段新秋景，可以暂游盘。

（三）

扫榻坐虚榭，封山开绮疏。
触目与静会，悠然清颢俱。
爽气拂襟袖，澄潭鉴眉须。
本非山中客，而耽山水居。
把卷对古人，安羡以为徒。

驻跸喀喇河屯行宫偶作

乾隆十二年（1747年）

昭邱结宇敞轩楹，赢得岚光四面并。
花冒露开刚席展，山迎客到正秋清。
雨霏绣壤禾添馥，风度单椒树有声。
一路西成经快睹，得教岩馆暂怡情。

小金山

乾隆十二年（1747年）

（一）

枫香松翠早秋朝，纵目长天净泬寥。
更爱笠亭临绝壁，便扶朱楯度飞桥。

（二）

座席常随嘉荫移，山风送爽飒纤絺。
隐芦鸥鹭窥垂钓，掷树鼪鼯听咏诗。

（三）

玉笋平临驾小亭，好山常占四时春。
闲云不繫悠然影，野卉无名越样声。

（四）

日照孤峰生翠烟，滦河水共碧空鲜。
寄语山灵好看待，莫教佳景让江天。

滦阳别墅

乾隆十二年（1747年）

（一）

玉露金风候，背山临水居。
捎檐青笋箨，罨牖紫芙蕖。
泉响寻源听，诗成凿壁书。
名山有宿约，隔岁一相於。

（二）

湍流无略彴，济渡一舟通。
每到消尘念，从知秘化工。
川岩独钟秀，天地不言功。
欲学轩辕访，瞠乎拜下风。

滦阳别墅

乾隆十二年（1747年）

岩齐潇洒暂栖迟，迴跸欣当秋杪时。
岸际潦澄知水性，林间叶落见山姿。
俯畅遥吟天宇宽，捎檐竹籁戛轻寒。
宜人只有霜风好，添得中峰几叠丹。
落叶惊风阶砌填，深秋烟景剧堪怜。
黄花不为重阳度，露染霜皴著意鲜。
暗流激石鸣幽涧，翠影扶松上绮窗。
洗涤尘根归静所，好参声色自摐摐。
秋色　宜境趣赊，越于深处见清嘉。
万山九月三间屋，不惹闲情长道芽。

小金山

乾隆十三年（1748 年）

每到小金山，心神顿旷闲。
秋深逾觉好，塞上薄言还。
霜叶缤纷落，烟箩取次攀。
石桥临碧汉，拟欲叩仙关。

迴銮至喀喇河屯作

乾隆十四年（1749 年）

深秋迴跸驻滦河，山馆纷纷落叶多。
雨月风光异尔许，一番往返觉无何。
苍峰□嵘精神健，丹地蝴蜎景色和。
纳稼筑场完次第，相舂还听野人歌。

小金山作

乾隆十四年（1749 年）

（一）

迳入绿逾远，轩凭碧浪高。
秋初尚浓荫，雨过乱鸣涛。

（二）

旧句题四壁，重来有二毛。
景光不殊昔，底事足牢骚。

（三）

云标披飒爽，天外眺苍茫。
最爱登临爽，浑忘衣袂凉。

（四）

乔松风度籁，野草露生香。
为问曹唐句，遊仙第几章？

（五）

引水成湖面，为亭据石头。
略教加点缀，便可学沧洲。

（六）

山鸟能延客，莎蛩特韵秋。
昔年吟啸处，历历记清遊。

滦阳别墅

乾隆十四年（1749 年）

又来别墅早秋天，未启闲齐向二年。
草木依然成荟蔚，光阴底识有推迁。
涛增古柏急鸣籁，潦退□流缓汇川。
忽忆云窗同眺处，愁怀欲遣倍凄然。

小金山

乾隆十六年（1751 年）

滦江滚滚西北来，东将入海归溟涬。
源远流长故逊岷，阴吸阳噓或如浙。
岷江浙江我适观，滦江此阅新秋寒。
新秋不异前秋景，得近忘远逸兴遄。
河有砥柱山有金，欲赴且止其意深。

此间嵑嵲肖浮玉，惜无头陀裴氏开丛林。底须金山四面包华屋，广陵之涛似神而非者三，亦惟天下独会心。濠濮乐在兹，树态峰姿况周足刻削。翠影落澄波，时有鮏鮥掷林木。江天奇境有如此，处名大小何嗔喜。仿佛山灵如是云，胜彼虚词吟不止。

滦阳别墅

乾隆十六年（1751 年）

（一）

别墅萧闲滦水阳，到来依旧阅秋光。
挐青古茂松千尺，环碧高低山一房。
时听鹿声还隔岭，每看蝶影或踰墙。
墨壶琴荐都清洁，消得敲吟引兴长。

（二）

朝晡凉爽午犹炎，节候初秋塞外占。
叶始作红仍隐绿，潦将就减乍平添。
报寒野蝈常依砌，饷蜜山蜂不离檐。
应接翻嫌略无暇，峰容波态此中兼。

滦阳别墅作

乾隆十六年（1751 年）

校猎言旋驻葆旗，萧闲山馆偶栖迟。
明看绿叶添红叶，默识来时作往时。
秋意已随月西转，溪声那共水东驰。
虚窗点笔消兰篆，不构文澜引静思。

小金山

乾隆十七年（1752 年）

萦迴波澹潋，踞峙峰岌峨。
烟散容披榛，风来时落果。
栖岩构虚轩，每到必憩坐。
圣人赐嘉名，胜彼屋包裹。
饶占山水幽，何事香花妥。
一晌晤《南华》，分疏了不可。

滦阳别墅

乾隆十七年（1752 年）

叠树层椒尽态青，滦江如带泻清泠。
涌金何事称图画，浮玉端知在户庭。
四季风光无尽藏，百城古帙有余声。
栖迟欲去还教住，山鸟留人亦可听。

滦阳别墅

写作年代不详

别馆九秋清，飞盖一时驻。
黛色参远山，籁声澄古树。
江落石岸高，林稀朔风遽。
依然倚轩牖，於何识来去。
飒景故堪凭，流光兹可寤。

小金山

乾隆十八年（1753 年）

滦江固觉非扬子，试问金山是异同。
两水会归溟海后，根源总在大圆中。

回跸滦阳别墅

乾隆十八年（1753 年）

山木有菀枯，空云有去来。
日日行迈客，岂能无往迴。
菀枯木不知，去来云不期。
去胡往迴间，历历今昔时。
问昔曾安在，问今复如何。
秋深峰罨画，风渡江生波。
开馆之相遭，於斯会意多。

滦阳别墅

乾隆十八年（1753 年）

澄潋寒潭潦已收，又来岩馆坐清秋。
人家烟见翠微裹，天宇晴开碧嶂头。
新景高空明似画，旧题岁月迅如流。
也知诗句多何益，翰墨因心会辄留。

滦阳别墅

乾隆十九年（1754 年）

阴森灌木稠，别墅小延留。
雨过山当户，风来夏似秋。
依然饶静赏，不息俯澄流。
学海终能至，因之悟进修。

小金山

乾隆十九年（1754 年）

岩齐飒爽试栖迟，虢渃江声过雨时。
大小试将浮玉较，南华齐物笑人痴。

喀喇河屯行宫对雪

乾隆二十一年（1756 年）

施庆柔遐蒇事旋，滦阳驻顿忽经年。
吉行五十较犹近，冬令三朝报在前。
玉积峰峦迎座秀，花粘林木胜春妍。
山容水态由来惯，点缀寒霙特地鲜。

喀喇河屯行宫作

写作年代不详

停鞭看宝穑，逐顿驻离宫。
况本无忙务，何妨此憩躬。
寒潭已敛潦，翠岭间标红。
旧咏联新什，光阴默忖中。

题小金山

乾隆二十三年（1758年）

蓊然嘉荫入林间，一朵芙蓉顶结庐。
既豁而寥宜眺听，匪今伊昔阅居诸。
来原竭尔去无约，下是沧江上碧虚。
浮玉昨年同异处，澄观了不可分疏。

滦阳别墅

乾隆二十三年（1758年）

丛樾中间得路便，虚窗四启眄青莲。
可知秋景会今日，未到岩齐又二年。
天淡云闲常不改，蝶黄花紫自相怜。
何妨傍午还余热，松下风来便飒然。

滦阳别墅

乾隆二十三年（1758年）

云庄松坞小栖迟，潦尽烟凝飒景宜。
两月促阴流水逝，半窗暖日片时披。
知来藏往参辞易，孔有大成咏雅诗。
只觉筹边心益切，一迥西望辄神驰。

滦阳别墅

乾隆二十四年（1759年）

秋巡今复到滦阳，潦水澄鲜可渡航。
几架书齐待留憩，四围山色是真常。
倘来何必亟言去，婪热堪怜漫趁凉。
著壁新题连旧什，独于斯也未能忘。

登小金山

乾隆二十四年（1759年）

尝闻天地间，物必有对待。
金山峙扬子，小者于斯在。
枣叶及须弥，一真空性海。
翻覆手掌耳，名象究谁宰。
忘言遊希夷，放步登□嶵。

热河启跸驻喀喇河屯行宫作

乾隆二十五年（1760年）

习武柔遐葳事并，安舆虔奉返神京。
两弥月已届严节，三十里而遥吉行。
别馆卷阿依旧好，寒林平远入冬清。
流澌却虑拏舟冷，兴寄滦阳与目成。

滦阳别墅放歌

乾隆二十五年（1760年）

山南为阳山北阴，水南为阴水北阳。
阴阳错综无定位，南北对峙有定方。
淮阴亦有韩，汉阳亦有张。首阳亦有夷，山阴亦有王。
彼皆幸生文字邦，地灵人杰相膻芗。
滦阳别墅开书堂，此山此水，岂非有自禅通循蜚之鸿荒。
惜无人而过问，然未失其真常。
是时秋风八月含微凉，寒潭潦水澄滦江。
扁舟径渡少留憩，庭前松树蟠龙苍。
山自崇崇，水自汤汤，即此今昔，谁曰沧桑。
痴哉岘之碑，令人徒笑叔子羊。

小金山

乾隆二十五年（1760年）

（一）

露草烟箩步屧披，三间虚榭坐移时。
江声已自空人意，唧唧蛩音又底为。

（二）

石簇阶基树拂檐，小轩还据小山尖。
偶然把镜星星见，似与题诗逐岁添。

（三）

世间何物不浮名，大小金山弟与兄。
又为民银罢巡跸，石簰且复寄遥情。

咏翠云堂

乾隆二十五年（1760年）

四株松树四时翠，一坐书堂一赏云。
何必山岚将谷霭，怒涛细浪总氤氲。

跸驻喀喇河屯行宫偶作

乾隆二十六年（1761年）

暑气入秋澄，岚光依塞凝。
岩宫骑马到，松牖望山凭。
地迥市声远，岁和农务登。
兴州沿革迹，文献有谁征。

滦阳别墅

乾隆二十六年（1761年）

滦北有书堂，乘流渡野航。
久晴犹盛涨，处暑得微凉。
兴与秋为约，心无逸是常。
对时将育物，体验不拘方。

咏虬盖亭

乾隆二十六年（1761年）

千嶂通单径，一亭具四临。
纳凉成小坐，延趣省幽寻。
寒益清秋景，响含滦水音。
不须张翠盖，虬干有佳音。

喀喇河屯行宫怀古

乾隆二十七年（1762年）

往事征难信，犹传此黑城。
轩庭新岁月，闉郭旧榛荆。
北界夫何藉，山田已遍耕。
致兹讵容易，益凛守基情。

小金山

乾隆二十七年（1762年）

秋孟匆匆去，曾无题句留。
重阳苒苒过，言复驻旌遊。
叶落山容瘦，涨消水态柔。
今春浮玉上，视此有迁不。

翠云堂

乾隆二十七年（1762年）

郁郁青松列四株，庭前虬盖翠阴扶。
秋临复此乘凉好，月上何曾对影孤。
过去片时即万古，未来百岁待斯须。
崇山设以商颜拟，不入留侯计里趋。

小金山

乾隆二十八年（1763年）

（一）

滦江东去海归墟，独峙中流浮玉如。
不读庄生《齐物论》，每从小大拟分疏。

（二）

虚轩峰顶只三间，那诩楼台包却山。
昨岁石簰景犹记，赢将一著是幽闲。

（三）

山鼯跳树如添翼，山鸟啣花自引雏。
刁刁爽风拂岩落，往年秋意了无殊。

滦阳别墅

乾隆二十八年（1763年）

滦水犹未涨，扁舟易渡河。
虚轩恒好在，隔岁又相过。
树下风延爽，花间鸟弄歌。
雨佳晴亦可，不必较如何。

回跸驻喀喇河屯行宫作

写作年代不详。

滦上离宫驻御轮，深秋风物赏清真。
一弹指顷经两月，几叠山曾见古人。
杞树临江留枡莽，菊花过节尚精神。
塞田纳稼常歌稔，惭愧今来鲜硕囷。

驻跸喀喇河屯行宫作

乾隆二十八年（1763 年）

香风禾黍拂行旌，按顿今朝驻黑城。
万叠塞山惟北拱，一条滦水镇东征。
松涛槛外飘音飒，箩雨岩前作点轻。
羽扇罢摇心地爽，分明避暑报先声。

小金山

乾隆二十九年（1764 年）

（一）

每至山轩必有言，上悬碧宇下江翻。
似兹声色从从地，何处著他众妙门。

（二）

栏杆迴据玉芙蓉，落落阶前百尺松。
若与石排论小大，须弥枣叶早称宗。

（三）

绕阶石古点莓苔，山果因风落几枚。
底事今朝颇觉喜，为看一路好秋来。

至喀喇河屯行宫作

乾隆二十九年（1764 年）

一谷芃芃华黍风，依山高下见行宫。
良农所望惟铜雀，司围吐来总骏骢。
披霁心怀真是爽，当秋意气不期雄。
列藩路左迎銮至，都说嘉禾处处同。

滦阳别墅

乾隆二十九年（1764 年）

别墅山阳复水阳，苍松丛里到书堂。
受曦故是多逢热，延籁今番陡觉凉。
碧宇无云心与净，绿坡有草鼻生香。
寒蛩唧唧吟闲砌，昨岁秋声幻即常。

虬盖亭

乾隆二十九年（1764 年）

就松筑山亭，亭久松益久。
盘盘盖越张，矫矫虬疑走。
名象如风月，盖自太古有。
不尽复不竭，用则随人取。
独是亭与松，此意亦知足。

至喀喇河屯行宫作

乾隆三十年（1765 年）

一夜西风送峭寒，晓行秋意拂征鞍。
前朝炎热忘何所，胜境清凉报有端。
按辔到来留信宿，凭轩望去赏岩峦。
先声真觉娱人意，飒飒泠泠树杪看。

滦阳别墅

乾隆三十年（1765 年）

一舸渡滦江，书堂倚碧□。
草香欣得路，松翠故笼窗。
最是三秋好，曾谁空谷跫。
涛音与峰态，声色自摐摐。

小金山

乾隆三十年（1765 年）

（一）

芙蓉一朵出睛江，三架疏轩俯碧淙。
木叶蒙笼谁为织，虚舟却讶掛烟篷。

（二）

露香藜藿径偏幽，开著云窗听水流。
能拟滦江拖玉带，赚禅也胜印公留。

小金山

乾隆三十一年（1766 年）

（一）

朴斲三楹踞石矶，妙高一例是耶非。
滦江设更较扬子，也觉居然其体微。

（二）

林岑掷树有鼪鼯，趁暇幽寻畅远情。
刚讶虚无逮仙境，隔江野店听鸡鸣。

滦阳别墅

乾隆三十一年（1766 年）

渡水寻别墅，滦水喜非深。
隔岁步新迳，清风在故林。
花香翻蝶影，叶密护禽音。
最好初秋景，一年一度吟。

虬盖亭

乾隆三十一年（1766 年）

结宇依松松十寻，童童饶得布嘉阴。
披凉谡听岩风入，讶是何人调玉琴。

至喀喇河屯记事

乾隆三十二年（1767 年）七月二十五日

苇峪北经宽甸平，外藩依例道边迎。
未遵近者迟来惠，益见同心向上诚。
染色稼云皆喜色，作声蛩露是秋声。
午曦驻马蒸炎热，骤雨吹凉便郎晴。

小金山

乾隆三十二年（1767 年）

（一）

平临天泬寥，下俯江渺□。
既因迥为高，亦因迥谓小。

（二）

石罅掷鼪鼯，可见不可寻。
一丛山丹花，色是双南金。

（三）

景喜三秋孟，暇值万几闲。
一时飞逸兴，直到头陀山。

滦阳别墅

乾隆三十二年（1767 年）

雨后渡滦河，拍堤驶涨波。
秋风如故识，别墅又新过。
劬卉芳偏野，庭松凉入多。
悠然得深趣，山鸟答清哦。

虬盖亭戏题

乾隆三十二年（1767 年）

小亭阴借老松叉，松下风来特地嘉。
漫诮寻常熟风景，虽然张盖未排衙。

小金山

乾隆三十三年（1768 年）

有树则槎枒，有峰则岨峿。
一拳肖浮玉，胜之以小许。
放眼鸿濛外，彼金亦粒黍。

滦阳别墅有会

乾隆三十三年（1768 年）

山南谓之阳，山北谓之阴。
水阴则南岸，水阳则北浔。
山水似相违，其故在日临。
不同之大同，理趣宜玩斟。
拘墟苟循名，刻舟惟褊心。

翠云堂

乾隆三十三年（1768 年）

别墅筑滦阳，依岩复构堂。
有云都是翠，无树不含苍。
游目属空廊，研精寓缥缃。
雨过风益峭，纳得八窗凉。

虬盖亭

乾隆三十三年（1768 年）

四面横拖岚翠，半空平卷秋声。
眺听今朝大惬，都为宜时快晴。

驻喀喇河屯

乾隆三十四年（1768 年）

建置伊谁此黑城，兴桓旧迹究难明。
即今埤堄无从觅，便是冈峦已遍耕。
绿蔚良苗滋沃雨，黄蒸宝粟喜新晴。
山庄近矣明朝到，行馆仍然且驻旌。

喀喇河屯行宫作

乾隆三十四年（1769 年）

按辔观农至黑城，兴州沿革率难明。
一川禾黍秀而实，万户耕桑乐且亨。
细察长官清慎绩，最怜赤子敬亲情。
百年古屋新秋景，不忍翘瞻睿额横。

小金山

乾隆三十四年（1769 年）

（一）

碑砚江中从一洲，三间茏榭俯清秋。
较于浮玉斯诚小，天姥嬴他作梦遊。

（二）

午热原欣大田熟，究宜此处坐乘凉。
水风爽可罢摇扇，更喜吹来花草香。

滦阳别墅

乾隆三十四年（1769 年）

别墅滦江上，轻舟一叶横。
绿窗犹昨日，碧宇正秋晴。
渤海如斯学，浑流不炫清。
二千余里亘，源委近方明。

滦阳别墅

乾隆三十五年（1770 年）

行宫滦之阴，别墅滦之阳。
滦之水至秋仲敛，一舟原可乱而航。
别墅倚山据冈阜，夏潦已到阶基傍。
旧时平川数间屋，怒浪掀去余颓墙。
修筑固不必，铲除善后须有方。
适才高陇见薄收，民无菜色颜似常。
安知下隰未经见，保无冻馁鲜盖藏？
滦之阳今来岛切视如伤。

滦阳别墅

乾隆三十六年（1771 年）

滦江横渡至滦阳，松盖阴森护广堂。
虽是堂前尚余热，已知不久欲成凉。
遥看云影闲将淡，静听波声犹觉狂。
溪狭迅消无害稼，独迟行旅正何妨。

热河廻銮驻喀喇河屯行宫即景

写作年代不详

庆典围期胥蒇成，安与肃奉启归程。
行宫卅里驻宜近，筑圃九秋幸报盈。
潦尽滦江现洲渚，云生塞宇幻阴晴。
倏飞冷雨倏开霁，玉积遥峰一帧横。

驻跸喀喇河屯即事

乾隆三十七年（1772 年）

早行亦早驻，已半到行宫。
未热先税驾，就阴都放骢。
黍苗含露润，麦穗向阳烘。
兆矣获犹远，望殷慰览中。

热河廻跸至喀喇河屯作

写作年代不详

出以先驱跸路清，归当后扈奉前行。
明知十日趋承近，不尽万龄祈祝诚。

视山庄云岭外，早临滦野锦林横。
错红综绿缘秋暖，露重犹滋麦始明。

滦阳别墅

乾隆三十七年（1772 年）

间雨利禾麦，而无暴涨增。
涉川原致浅，野舫尚堪乘。
一径林中得，千山座上凭。
心神托清迥，摘句亦相应。

虬盖亭

乾隆三十七年（1772 年）

四柱山亭就老松，侜阴罨翠自重重。
籁声泛出涛如海，却讶苍虬欲化龙。

至喀喇河屯行宫

乾隆三十八年（1773 年）

苇峪落川平，吉骢按辔行。
麦原方逮获，黍孤始看萌。
野老田间部，近藩路左迎。
止之毕来观，亲上足嘉诚。

滦阳别墅

乾隆三十八年（1773 年）

滦江虽浅小舟通，别墅浓阴绿树中。
一岁一来宁可负，此时此趣正无穷。
座披云简浑忘夏，窗近松钗最爱风。
旧詠新题周四壁，不同同处卻相同。

热河回跸至喀喇河屯行宫即事

写作年代不详

丽正门前送凤舆，侯程饶此数朝居。
今晨适返六飞矣，四月恰消一瞬如。
背指云庄虚拟外，前战秋野饱收余。
黑城计里由旬近，暖日欣明点笔疏。

至喀喇河屯行宫作

乾隆三十九年（1774 年）

襟带滦江向野宽，黑城今复驻鸣銮。
昔年建置无心考，此日农桑著意观。
岭树因遥望惟绿，川波虽弱势犹漫。
纳凉嘉阴仍炎炽，便冀蒸云作雨□。

滦阳别墅

乾隆三十九年（1774 年）

雨短滦江浅，牵舟略可行。
一年才一至，惟静复惟清。
粉蝶随风起，山禽傍晚鸣。
西峰云密布，希泽念重萦。

虬盖亭

乾隆三十九年（1774 年）

黄伞无须此处张，松阴亭子称乘凉。
翼然漫拟欧阳语，上有青骞俨欲翔。

雨中至喀喇河屯

乾隆四十年（1775 年）

夜霪垂檐晓发旌，渐车无碍就山程。
农夫被襪欣方渥，仆役泥涂盼亟晴。
近失峰容云角坚，微侵凉气雨丝横。
藩王路左纷来接，惜雨霑衣命赏行。

虬盖亭

乾隆四十年（1775 年）

红日高遮夏亦寒，滦江座下俯雄澜。
颇同弘景青霞抱，不作嗣宗白眼看。

至喀喇河屯行宫作

乾隆四十一年（1776 年）

晓凉步辇历平川，苇谷经过翠岭巅。
循例虽然仍易马，对时却似懒催鞭。
行宫到以昨年似，税驾欣于午刻前。
别墅仍然河那畔，便教问景渡兰船。

滦阳别墅

乾隆四十一年（1776 年）

河北为阳，河南为阴。
南北如仁义，定名弗可侵。
阴阳如道德，虚位随方寻。
昌黎创精语，非创至理自古今。
天地山河示此象，岂从《原道》之文垂训音。
漾舟而过偶契心，仰观俯察归酌斟。

虬盖亭

乾隆四十一年（1776 年）

种松已作老虬枝，小坐旋看盖影移。
因悟世称百年者，憬然害不视乎斯。

九月十六日避暑山庄迴跸驻喀喇河屯行宫作

年代不详

翠羽平明转跸轮，河干别馆驻逡巡。
忆来林态才仲夏，重到山光酿小春。
瞥眼便为经岁事，问心底事惜阴人。
瓯香研净多清暇，点笔聊因纪此辰。

至喀喇河屯行宫

乾隆四十四年（1779 年）

亦复乘舆亦骑马，年虽望七敢偷安。
滦平得号欣称县，札萨迎逢虔谒銮。
惠近柔遐恒志切，抚今思昔暗心酸。
分明翌日山庄到，夏清全殊著句难。

滦阳别墅

乾隆四十四年（1779 年）

别墅滦之北，称阳义可思。
据高风自爽，当夏日犹迟。
抚席过两岁，擘笺又一时。
山云空际合，便雨亦云宜。

虬盖亭

乾隆四十四年（1779 年）

虬盖由来早成盖，盘盘益复翠阴森。
到斯便与乘凉坐，那更无端计丈寻。

小金山

乾隆四十四年（1779 年）

临滦一拳石，称曰金山小。
一亭三间屋，楼岩俯浩渺。
我亦久未到，题诗殊欠少。
到斯难恝置，引兴颇觉好。
拈豪试吟搜，上下空明晶。
如在琉璃界，不尘彻里表。
遐想浮玉景，原在吾怀抱。
而吾在个中，称小岂明道。
何必举庄周，物物原了了。

至喀喇河屯作

作于乾隆四十五年（1780 年）

此日滦平县，当年旧黑城。
革沿原可考，称谓亦频更。
破晓因启辇，趁凉早驻旌。
凡事豫则立，是语义含精。

至喀喇河屯行宫

乾隆四十六年（1781 年）

分明设县号滦平，仍旧贯原称黑城。
苇谷行行背后指，松冈款款面前迎。
岩斋小憩真神谧，月户闲开任景呈。
希雨望晴题四壁，无非一念为民生。

至喀喇河屯

乾隆四十七年（1782 年）

按顿行程有定期，平泉驻跸冒烟丝。
山蹊□逦何妨泞，黍垅青葱亦颇滋。
呈马骊黄多绎绎，迎銮宾客总嘻嘻。
雨兼年老乘舆至，一咏旧诗却愧之。

题翠云堂

乾隆四十七年（1782 年）

阶下萧槮列四松，飘然皓友又相逢。
衣巾不觉当夜冷，枝干宁须过雨浓。
近砌如张青伞盖，远峰犹露绿芙蓉。
翠云设与山云合，尺泽应教苏渴农。

虬盖亭

乾隆四十七年（1782 年）

一笠孤亭别几时，森森老干长孙枝。
今朝雨后凉生座，不藉乔松风入之。

滦阳别墅

乾隆四十七年（1782 年）

行宫有余暇，滦河必一渡。
别墅河之阳，旷览山川趣。
今年滦水弱，木彴接岸路。
青苗铺坂田，待泽诚甚遽。
以此意傍徨，拨藻无佳句。

避暑山庄回驻喀喇河屯行宫

乾隆五十三年（1788 年）

秋狝缘霖卒未行，山庄宴赉礼胥成。
因之云返三朝早，仍按由来六月程。
晓雾枫林似花看，午晴松窗映书明。
往还个里原无著，适可徘徊悦性情。

避暑山庄回跸至喀喇河屯行宫作

嘉庆元年（1796 年）八月二十七日

望捷去来三月期，流阴睫眼迅如斯。
雨时旸若诚幸矣，穗滞秉遗亲见之。
碧树青山赏何在？昨年今岁愧增滋。
迎銮停俟擒凶信，瞪发劳看飞骑驰。

避暑山庄回跸至喀喇河屯作叠去岁韵

嘉庆二年（1797 年）八月二十四日

周岁光阴瞥眼期，行宫秋景未如斯。
阅丰有象诚幸矣，望捷依然实愧之。
川窜楚逃贼氛尽，雄兵强将众威滋。
七凶伫待生擒首，归跸迎着露布驰。

避暑山庄回跸至喀喇河屯行宫作

嘉庆三年（1798 年）

去年七凶惟剩二，今秋八犯总成旬。
东逃西窜由彼贼，有追无截恨我臣。
督催诚然不遗力，返躬责己变惟谆。
吁天赦过惠苍赤，耆定功成速报臻。

三 嘉庆皇帝诗

喀喇河屯行宫晚坐

年代不详

首顿一由旬，滦阳秋景新。
客窗秋自伴，旅榻月为邻。
峰峻白云缀，林红叶逡皴。
山庄隔东岭，西照觉相亲。

双塔山

年代不详

双塔矗云际，何年灵鹫来。
若闻铃替戾，永镇岭崔巍。
示相全超刦，凌空不染埃
浮图天造就，土木漫凝胎。

滦阳别墅

嘉庆十三年（1808 年）

山蹊揽辔近滦阳，秋宇遥连避暑庄。
峻岭嵯峨凌汉迴，大河澄澈溯源长。
密林丛樾遮崇阜，浅草平沙接远岗。
东峙奇峰若双塔，天成胜景自洪荒。

滦阳别墅

年代不详

枕岩面壁启书堂，众景咸收滦水阳。

浓黛罨林遥漠漠，长江绕渚远荡荡。
来源直溯兴安岭，佳气相连避暑庄。
上塞大川无越此，敬瞻圣制述精详。

滦阳别墅

年代不详

塞岭汇众水，滦河标巨川。
东下永平境，直达溟渤渊。
仁圣建行殿，栋宇朴而坚。
背岭面大野，廾辟山庄先。
我考置县邑，兆姓环市廛。
每秋住信宿，清景虚庭延。

滦阳别墅

年代不详

行殿平临滦水阳，百余年泽仰仁皇。
泉甘土厚黎民聚，山峙川流岁月长。
波漾轻飔锦绮叠，崖含皎旭画图张。
天成胜概塞垣擅，福地东连避暑庄。

渡滦河

嘉庆十三年（1808 年）

路转广仁廿余里，大河朝度莅滦平。
山明林净九秋序，气爽霄澄万里晴。
振羽征鸿写影迥，嘶风良骥奋蹄轻。
停镳行殿廷卿尹，图治敕几守旧程。

滦平邑

嘉庆二十年（1815 年）

皎洁高秋净远天，广仁朝度启归鞭。
马行莎陌蹄痕浅，雁写松崖宇影穿。
赤壁凝霞灿锦树，金波涵日漾长川。
民居栉比俗淳朴，农务初成庆有年。

四　纪晓岚诗

恭和御制至喀喇河屯

行过山程八日期，河桥烟柳罥鞭丝。
锤峰北望青相接，滦水西来绿遍滋。
鸟似迎銮争翙翙，花如含笑变嘻嘻。
仙庄将近轻阴合，洒道清尘信有之。

恭和圣制路雨喀喇河屯道中原韵

苍山晓正晴，忽送雨丝轻。
风伯先清道，云师亦效诚。
沾余关睿念，体恤慰群情。
恩赉何优渥，官钱发水衡。

纪昀（1724 年—1805 年），字晓岚，一字春帆，晚号石云，道号观弈道人，清代文学家。历雍正、乾隆、嘉庆三朝。官至礼部尚书。

五　查慎行诗

双塔峰歌

〔清〕查慎行

滦河之水鸣淙淙，晨光欲透草木蓊。
千岩浮动万壑充，十里雾湿三光蒙。
阳乌展翅烟摅虹，倒射石壁纷青红。
中有两峰迥不同，向人腾跃比祝融。
厥初生时谁所砻，分而为二疑灵霳。
自从巨斧开鸿濛，势欲复合难弥缝。
小者为霍大者宫，前高后亚儿随翁。
共颠石尹各卓空，如窣堵波剜圆穹。
其旁老松垂蕤葱，雨露已费千年功。
初从南麓瞻崇隆，恍然御气乘罡风。
青天一碧悬双篷，仙舟出没波涛洪。
形随径转日在东，并作高柱孤巃嵸。
首末稍敛中微丰，异哉三窍何玲珑。
下空三门拆崆峒，中央一线星光通。

最上一穴磨青铜，团团皎月非朦胧。
洞贯腹背岂羿弓，谁与人力争天工。
须臾位置移匆匆，左右互异惊愚朦。
渐行渐远渐不穷，回头依旧藏霾霿。
我思佛力大且雄，舍利所在塔庙崇。
十方照耀开盲聋，僧伽兴废会有终。
岂如此山媲华嵩，巍峨府辟荆榛丛。
绵亘古塞接翳蓊，劫火不坏况兵戎。
地虽僻左秀独钟，昔名未彰今始蒙。
吾皇盛德迈帝鸿，尽摄六合归牢笼。
年年雅诗赋《车攻》，山庄近在封域中。
已获顾盼邀重瞳，何须秩祀偕三公。
小臣作歌达圣聪，特与此日庆遭逢。

查慎行（1650—1727年），字悔余，号他山，清代诗人。康熙四十二年（1703年）进士，特授翰林院编修。

六 蒋廷锡诗

双塔峰歌

〔清〕蒋廷锡

远山月落天鸡唱，长风吹雪度层嶂。
雾花作雨十里香，扶桑鞭促金乌上。
断云忽露两峰尖，半隐半明失顾瞻。
太阳高照阴霭散，塔影双插惊排签。
红云一握递迎送，糁金石色光浮动。
谁将玉斧中劈开，比肩而立相伯仲。
左峰仿佛生紫烟，镂开三穴皆天然。
山根疑与凿圭窦，上穴大小珠窝圆。
日光直射圆镜赤，玲珑透漏仇池天。
右峰稍低如拱揖，浮图相对神功全。
须臾马首齐向东，两峰体合如一峰。
石屏方正卓然起，峰巅绿树阴濛濛。
行行二里山脚走，右峰转左左转右。
嵌空突兀亦非常，面面皆惊峰势陡。
忆从先臣官粤省，梅花村上罗浮顶。
百二十里老人峰，没漆黄云盘石蹬。
复记前年登华山，莲花朵朵云霓间。
仙人掌冷挹紫瀣，玉女盆虚围翠鬟。
今朝所见真大观，半空落下青琅玕。
山回溪转双塔隐，行人马上回头看。
生平足迹探奇秘，饱眼山川皆帝赐。
愧无米芾画石笔，写出双峰挂帆势。

蒋廷锡（1669—1732年），字扬孙，康熙四十二年进士，雍正年间曾任礼部侍郎、户部尚书、文华殿大学士、太子太傅等职。是清代中期重要的宫庭画家之一。

七 曹锡宝诗

广仁岭

〔清〕曹锡宝

晨上广仁岭，疑入丹霄路。
最高骋游怀，乃觉观览富。
修阑带朝霞，幽花泫夕露。
秋风天半来，飒飒响岩树。
一径入禅观，乌首此暂住。
钟鱼静梵音，佛火明宿炷。
道人啜苦茗，持饷美甘澍。
扪萝极层巅，仰视天宇素。
长啸千仞冈，峥嵘怯转顾。
历险气自愉，循夷神反怖。
以此涤尘胸，披豁消万虑。
赏心惟所遭，慨然平生趣。

曹锡宝（1719—1792年），字鸿书，号剑亭，上海人，乾隆进士。官陕西道御使。后至副都御使。

八 嵇璜诗

双塔山元韵

写作年代不详

窣堵波明入画图，双尖马耳故应殊。
一鞭重指滦河北，绝胜扁舟西子湖。

嵇璜（1711—1840年），字尚佐，雍正年间以大臣子弟会试，登进士。乾隆时任兵部尚书。官至文渊阁大学士。

九 英和诗

双塔山

写作年代不详

排闼遥峰回，贪看马漫催。
俨然双塔立，疑是五丁开。
飘渺瞻仙屋，经营仿钓台。
抟风如有翼，依据白云隈。

英和（1771—1840年），姓索绰络氏，字定圃，满洲正白旗人。乾隆间进士。少有异才，和　欲婿之，不可。仁宗即位，首言开捐之弊，有永停捐例之诏，吏治一变。曾任热河都统，道光间请行海运，官至协办大学士。有《恩庆堂集》。

十 海忠诗

咏广仁岭

两岸撑铁色，一罅裂云根。
陟险礴徙御，凌虚拥寺门。

海忠，字靖堂，满洲正红旗人。道光六年至九年（1826—1829年）任承德府知府，升任热河兵备道道员。其将自己的“养廉银”捐出，作为编纂经费，主持编写了《承德府志》。

第二节　现代诗词

一 韩宇诗词

双塔山

承德市西郊有双峰状如双塔，转换角度视之，酷肖一对情侣。

大雪过后，
一对儿白头，
相隔咫尺，
滴着清泪，
凄然的对视。
悔当初，
只为一桩小事，
便反目相向。
巧瞬间，
被造物主指化为石。
两颗可以融合的心，
却分成了永恒的距离！

多少个晨昏？
多少个寒暑？
多少个世纪？
只能如此！

借山峰传递絮语，
倾吐相思；
凭夕阳叠交形影，
漫忆当年的甜吻……

一九七〇年八月三十一日于承德双塔山

离宫塞湖

你是帝王饮剩的青梅酒，
装满上、下、澄、镜、如意五只瓯？
你是美人旋舞的翡翠绸，
遗落金山亭畔如意洲？
你是民女妃子泪，
淌下飞红笼翠的烟雨楼？
你是月下的梨花露，
溢出梨花伴月沟？
呵，酒已尽，绸已腐，
泪已干，露已收。
你是地母的乳汁哟，
带着体温汩汩的流。
养着鱼，育着藕，
托着荷，漫着柳，
流满五湖任飞舟！

一九八一年三月一日于承德双塔山

金　星

拂晓的时刻，
你像少女的眼睛，
窥破夜幕，
把黎明的光波，
洒向苍穹。
——人们叫你“启明”。
当太阳跃上
白昼的舞台，
你便隐去了身影。

黄昏来临，
你走出晚霞的屏风，
眨动着眸子，
把星月引入
夜的蓝色舞厅。
——人们叫你“长庚”。
当群星毕集，
你又闪进幕后，
从西走到东，
推出一个新的黎明。

呵，你这伟大的
宇宙报幕员！
虽然你不曾
占据舞台的正中，
地球上的观众，
却牢牢地记住了
你的姓名：
启明，长庚；
太白，金星……

一九八一年七月三日于承德双塔山

汗

农民把你播进土地，
秋天，凝成金黄禾穗；
工人把你撒在车间，
银梭，织出彩练般的布匹；
战士用你洗白了军衣，
边陲，耸起铜墙铁壁；
学生把你付给攻读，
才智，突破因循的禁区。

数学家用你打湿了演算纸，
“钻石”，落下“王冠”的宝位；
地质家带着你风餐露宿，
矿藏，突出满腹的珠玑；
作家把你融进生活的浪花，
才华，瀑布般流溢；
理论家用你记录实践的足迹，
真理，放射出灿烂的光辉。

水手把你撒进大海，
巨轮，装满五洲的友谊；
园丁把你撒进花圃，
百花，散出醉人的芳菲；
清洁工把你融进晨曦，
环境，托出宜人的净美；
护士把你撒在产房，
母亲，陶醉于第一声婴啼。

教师把你化作启迪的甘霖，
四海，开满芬芳的桃李；
医生把你付给无影灯，
生命，渡过死亡的危机；
演员用你刷净练功房，
舞台，飘下五彩的云霓；
宇航员把你洒遍太空，
宇宙，敞开怀中的奥秘。

平庸把你付给勤奋，
才能长出天才的羽翼；
落后把你付给奋发，
才能和先进互易，
失败把你付给坚韧，
才能获得成功的契机；
无为把你付给理想，
才能展示青春的瑰丽。

请珍惜吧，
你是液化的货币！
不要消耗于“斗争”的奢靡；
请慷慨吧，
你是创业的推进剂！
不要让空想梗死了心肌。
应把你装进祖国命运的助燃器，
应把你铸进“四化”大厦的地基，
应把你撒进攀登的崎岖……

（1981年9月9日于承德双塔山）

韩宇，男，1946年7月出生，河北省遵化人。1970—1984年工作于承德矿山机械厂，先后出版诗歌、散文集《无弦集》、《尘海拾玑》等。

三 阎立刚诗歌

真　理

你珍珠般晶莹，
深藏在大海的胸膛；
你雪莲样高洁，
在崎岖的雪峰绽放；
只有勇敢的探索，
你才能在生活中闪光。

你是清甜的甘露，
嫩绿的幼芽把你渴望；
你是优美的音符，
开拓者把你谱入时代的乐章；
不！你就是你，
你是驱除黑暗的太阳！

选自1982年第五期《国风》

生　命

我，是树隙间漏下的光束
随着太阳迁移

我，是一棵古老的垂柳
把每一根枝条都伸向年轻的土地

我，是秋日飘零的草籽
在春天获得绿色的生机

我，是一棵凌霄的攀枝花
一生向上，忠贞不移

我，是阳春白雪
不断聚积，不断逝去
聚积的在春日下闪光
逝去的流向山间的小溪

选自1983年第一期《热河》

阎立刚，男，承德矿山机械厂职工，1982年开始在《国风》《热河》《承德群众报》发表诗歌、散文等。

二 穆春雨诗词

钢城有一片芳草

大喊大叫的喧嚣终于停止
踏实的云飘着素重
池塘的水溢着平稳
只有那片绿色的草

摇曳着晨曦，畅谈和问话
埋在深层的石头
熔铸成一片繁华
哦，带着微笑之甜美
带着生活浓酒的醇香
拎着千度高温炙烤
让炉火舔干的汗珠儿
在这片芳草地滴下……
紫铜色的胸脯
包容了一腔爱的柔情
烤焦了的发丝
覆盖着求索的大脑
肌肉隆起
向世人叙述着兴奋的腾飞
不周山不在倾斜了
唔，钢城，有一片芳草地。

（写于 1985 年）

北国的风

北国的树摇着风
山的心窝中
一片如意的绿色
吐着无限春情
哦，“承德钢铁厂”
五个镏金的大字
面对这辉煌
遥想当年北国的草
摇着那北国的风
摇着那拓荒者的帽耳
摇着那泥巴剥落的工棚
摇着雷天撼地的欢呼
摇着那百丈冰凌
一条红色的铁流
宣告了春的来临
一段历史
就结束在这北国的风里
三十而立
前驱者老矣
后来人正采撷更多的阳光
播种着更多的爱情……

（写于 1986 年）

青莲听雨

春来青莲雨唱歌
曲桥拱动柳浪波
桃花三月鸣黄鹂
叮咚雨打响小荷
丽人三五撑花伞
笑嗅芳草绿满坡
身心自有游闲乐
烟雨楼台醉阎罗
君不见江南江北集锦绣
君可听佛音宫乐两相和
三月烟花春烂漫
透逦宫墙绕龙阁
历尽沧桑三百载
盛衰功过史评说
老子平生身散朗
秃笔俗调颂山河

（2001 年于山庄）

云堤晚照

疲了芝径
弯了云堤
老了寒蝉
闲了采菱渡口
耐得晚烟昏黄
笼盖起
日落舟横处
倏然琴情笛韵
叙尽了幽情

秋实自是
知芳草
流连燕影儿
犹是昨春舞
好一番清凉
任东风
送黄叶归宿
抱得秋情
方晓得春华
姗姗至……

（2003年于山庄）

穆春雨，男，承德钢铁集团有限公司职工。2004年5月出版诗集《滦阳放歌》。

第三节　散文选录

塞罕坝赋

韩　宇

有人说，七月的塞罕坝胜过仙境。那是一点也不假。

当汽车沿着盘山公路向坝上爬行的时候，车窗会剪给你一幅幅重彩的油画：仓碧的松林，清翠的云彩，烟白的桦木林，色彩浓淡相同，层次分明，随着山势的起伏，错落绵延。

路旁的草坡上，黄花像插在碧丝上的金簪，时密时疏；硕大的白色野芍药，像镶嵌在绿色裙子上的玉扣，星星点点。

野百合似一片片醉着的红霞，野玫瑰如一团团升腾的紫云……

当汽车爬上坝顶，眼前豁然开朗，大自然呈现给你的，又是另一番风韵了：

远眺，丘陵棋布，酷似一个个静卧的碧螺，青得几乎透明；淖尔星罗，宛若一只只列阵的银盏，光芒闪烁。

牛群、马群，像褐色的鱼群，在碧波上缓缓的游移；黑羊、白羊，像围棋子，在翡翠的棋盘上交错走动。

近看，红一片，紫一片；黄一片，白一片；蓝一片，绿一片；金莲花，野罂粟，山丹丹，以及各种不知名的野花，五彩缤纷，争奇斗艳，仿佛是一块万紫千红的大地毯，静候着远方来客。

百灵啁啾，在林间低吟婉转；云雀飞鸣，响箭般射入蓝天，演奏着优美动听的迎宾曲。

路旁偶尔还会出现一两顶人字形的小帐篷，两边是一字排开的奶油蛋糕般的蜂箱，蜂儿进进出出的忙碌着。七月的塞罕坝不惟景美，花儿多，连空气都是甜丝丝的香，攥一攥，恐怕是可以沁出蜜来的。难怪放蜂人要在盛夏时节来这里觅春天。

仙境是令人陶醉的。但是使我倾心神交的，还是那被誉为仙境中的虞美人—干枝梅。它那尺把高的枝径，没有葱茏的碧叶环绕，却是疏落有致，挺拔刚劲；它那星星似的白色小花，没有牡丹的雍容华贵，也没有茉莉的奇馨，确是玉肤冰肌，皎洁，典雅，端庄，凝重。也许，在万紫千红之中，再看重色彩的采花人眼里，她太朴素，太不出众了。

然而，当秋肃惊临，万花纷谢，她却于百花凋黄之中，依然高举着一束洁白的芬芳；当寒冬骤降，大地银装素裹，她傲然而立，敢与冰雪争姿！直到来年春季，她那植于大地的深处的根系，萌发出新的一代，昂枝展叶，绽开了和母亲一样冰清玉洁的笑脸，他才悄悄的碎化为护花的春泥。

这是何等卓尔不群的风骨和格调啊！

只要开放了，任风吹雨打，雪埋霜欺，也决不凋萎，更不变色，始终以自己洁白的本色，装点着养育自己的母亲—大地。

面对着她，你能不肃然起敬么？！

干枝梅，你是万花仙子中的殊丽哟，我一万声的赞美你！永远赞美你！

朋友，你想领略塞罕坝的仙境之美吗？你想认识虞美人吗？那就请在盛夏的时节，到塞罕坝一行吧！

一九八二年七月二十日于承德双塔山

（选自韩宇著《无弦集》）

垂柳情

阎立刚

以往，我对垂柳的感情并不太深，甚至看到它那弯弯曲曲的枝条，心里还有点别扭。我常常拿它与钻天杨相比，更觉得它不如钻天杨高大挺拔，成才也慢。

可是，一件偶然的小事，却改变了我对垂柳的印象。

事情是这样的：厂党委王书记到北京去看病，确诊是肺癌，动了大手术，肺叶被切去了五分之三。回来后，住在厂医院休养。我是党小组长，并负责收党费。王书记却从不等我去收，而是准时主动找我来交。

别看他平时克人克得那么凶，可交党费时，站在我面前却像个小学生。在他的眼里，我到俨然成了一位老资格的领导啦！

又到了交党费的日子，我心想，王书记刚动完手术，卧病在床，我应该到医院去收党费。一上班，我撂下其他工作，第一件事就是去医院。

我顺着一条小路朝职工医院走去。离医院不远处有棵大垂柳。这棵垂柳，不知过了多少个春秋，树心都干枯得成了一个筒子了，而枝条却特别修长，一直耷拉到地面。

忽然，从垂柳对面传来一声微弱的呼唤："小马！"我停住脚，透过那密密的垂柳枝条间隙，看见了那熟悉的身影。我心中一震，他怎么出来了？我快步迎上去，在垂柳下急忙扶住他。只见他的嘴角微微颤动着，满脸淌着豆大的汗珠，佝偻着腰，一步三晃。我着急地说："王书记，您怎么出来了？"

"咋还称书记？叫我老王嘛！"他的脸上露出一丝笑意，然后说："今天是交党费的日子呀！"说着，他吃力地抬起左手向上衣兜伸去。

我着急又责备地说："您都病成这个样子了，咋还自己来交党费呀？"

他听了我的话，嘴角抽动了几下，过了好一会才慢慢地说："那怎么行啊，一个共产党员，缴纳党费，怎么让人家找上门来要呢。入党是自觉自愿的，按时缴纳党费是我在党旗下宣过誓的呀！"

说着，说着，他那病态的脸上竟奇迹般地出现了甜美的微笑，就好像他站在了党旗下，举着那铁锤一样的拳头。

我默默扶着王书记，把他送回了病房。

回来的时候，我久久地站在那棵垂柳下看着。啊，它这样枯老了，却依然把长长得枝条垂向自己的母亲——大地……

（选自1982年9月21日《承德群众报》）

雨　伞

潘永清

夏日的清晨，空气不爽，天不蓝。我匆匆地用完早餐，匆匆地跨出家门，上班去。……

走进办公室，顿时就觉得，犹如进到了一个封闭已久的地下室，闷得令人难以忍受。急忙走到窗前，打开窗户，也未能吸到一丝新鲜的空气……渐渐地，室内越发地闷热了起来。我也因之烦躁得不时地放下手中的笔，走到窗口去仰望阴沉沉的天穹，企求苍天赐一场雨，驱散那几乎让人窒息的闷热，给一丝凉爽。就如家乡江南的盛夏时节那样。

是呵，自来到这塞外山城的几十年里，我还未遇到过这样闷热的天气。看来曾被清皇朝主子钦定为"避暑山庄"的山城也会随着时代的变化而变化！——让人烦燥的天气，使我生发了这种感叹。但，那是无用的。

暴风雨终于倾盆而下了，却偏偏在临下班之际。因上班时匆匆地离家，未想起带把雨伞；下班后，也只能转悠在办公室了。无奈之际，我就索兴站到窗前，吸着凉爽的空气，观看狂风呼啸，大雨滂沱的雨景了。凉爽使我感到舒坦；雨景让我入迷——

仰脸望雨空，只见倾盆而下的，密集的雨线，被狂风吹得飘飘逸逸，雾汽腾腾，宛若空中垂下了一帘“嗖嗖”作响的柔纱。再望窗前那几棵魁梧高大的白杨，时下正被狂风暴雨抽打得枝摆叶摇，呼喊嘶叫，显得怒而无奈。那撕裂了阴云的闪电落地轰鸣，震耳欲聋。……忽地，邻室的窗户玻璃砰碰作响，铛锒落地。我随声俯首下望，却见烟雨飘渺的街上，行人正弯着身子，撑着伞，在艰难地蠕行。……突然，一把雨伞从伞流中飞起、落地、翻滚。伞的女主人顶着大雨，边喊叫边追赶着……

望着这一情景，我不由想起了少年时的一件趣事——

那也是在一个夏日的雨天，我与几位同学结伴，说笑着，冒着狂风暴雨上学去。因狂风的作祟，手中的雨伞左摇右晃，前倾后仰。为不让狂风吹跑我的雨伞，不得不把伞斜支着，伞面对着斜向来的风雨，伞柄顶在腹部，一手握着伞把，一手拉住伞骨，紧紧地把住不时晃动的雨伞。为看清路，不至于撞到对面的行人，我又不得不随时挪动挡住视线的伞面。无孔不入的狂风却又趁机窜进伞里，吹得雨伞左右摇晃，弄得我心惊肉跳，顾不得说笑。突然，只听“哗啦”一声，侧身只见近旁一男同学的伞被吹成了“喇叭”。被惊吓而发呆了同学，望着手中的“喇叭”，一动不动地站在雨中。近旁的女生们见了，在窃窃地嘻笑；男生们却大声地喊叫着：“喇叭伞，喇叭花，嘀嘀嘀，嗒嗒嗒，……”。支着“喇叭”的同学被这喊叫催醒了，随即高举起喇叭，噘起了的嘴对着伞柄，“嘀嘀嗒嗒”地吹起了军号。被军号振奋了的男同学们不约而同地收起了雨伞，扛在肩头，尾随“号手”齐步前进了！沿途的大人见了我们这支队伍，无不惊叹：“真像一群小丘八。”……

想到此，我不由地笑了起来。当年为了取乐，可以不要雨伞，眼下却因为没有雨伞而被困在了办公室。

因为这件一少时的趣事，我的脑际又浮现出了另一番景象——

旧时家乡江南的雨天里，大街小巷简直就成了伞的世界。纸伞、布伞、绸伞、花伞、……充塞了大街小巷。尤其是早晨时分，各式各样的伞随着其主人，如挎着菜篮子的家庭主妇、提着长衫下摆走路的教书先生、夹着皮公文包的商人、赶场子的说书艺人、挑着小担的小贩、背着书包的学生、……从小巷拥向大街，又从大街挤进小巷，随着伞主人的高矮，伞高低错落，随着伞主人的走动，伞起伏波动。一时间，伞流成渠，涌拥交汇，滚滚如潮。街边的小楼观伞潮入神，全然不知自己雨淋满身，屋檐水倾泻成柱……

在我的记忆里，这是一幅有着浓郁乡土气息的，永不褪色的水彩画。至今想起来，仍是倍感亲切！

说起旧时的雨伞，我还是蛮有感触的。那时的雨伞，其花样要比之现时多得多。有用竹条做伞骨，把丝棉纸刷桐油，一层层糊成多棱形伞面的油纸伞；用竹条做伞骨，用土白布浸桐油做成多棱形伞面的油布伞；用金属条做伞骨，黑洋布做成多棱形伞面的洋伞；用绸做伞面的绸伞，还有那花纸伞。这些不同花色的雨伞又似乎各有属主：小市民和穷教书先生用的是油纸伞；腿上沾泥的农民用的是沉甸甸的油布伞；商人和洋行职员用的是洋伞；太太、小姐、女名流用的是绸伞和花纸伞。一把小小的雨伞从其“诞生”那刻起就有了固定的阶级、阶层属性。而且，当农民一旦成为富商，那就会抛弃油布伞，撑起洋伞来。可见，一把小小的雨伞还是人在人生舞台扮演不同角色的道具！

其实，伞的功能还是为人遮风挡雨的。当人们需用它时被高高举起；不用时弃置墙角。一旦人们再度拾起它，则还是那样挺起胸脯为人顶风冒雨，乃至被狂风吹成喇叭、撕破散架，也毫无怨言，至多是“哗啦”一声而已。

……

雨还在下着，追赶雨伞的女人不见了踪影。由她引起的，我的回忆也消散了。

是呵，人一旦在暴雨里失去了雨伞，那就会被雨淋出病来的！

（写于2004年，曾刊登于《承德日报》副刊）

小山村里的杏花

潘永清

上世纪60年代初，我由江南来到塞北，从业于座落在山沟里的钢铁公司。上班之初，我顺着一条既成的沙土路往返于办公楼与单身宿舍楼之间。不久，有同事指点说，办公楼后面有一条近道可走，大可不必绕远上、下班。

经指点，下班后，我就绕到办公楼后面，走近道。哪知，见到的却是一条十多米深，五、六米宽的山沟，何来近道可言？为走人称的近道，我顿生勇气，不顾深浅，微曲着膝，微弯着腰，侧着身，低首找准落脚的小坎，小心翼翼地一步一拐地下到了沟底。然后，低首、弯腰爬上了陡峭的足有二十来米高的小山丘。站在丘坎上，未直腰，微喘着气，猛抬首，忽见一堵堵相邻相挨的乱石黄泥堆砌的院墙和院墙里冒着的农舍的屋顶，像是个村落。

出于新奇，我止步村口细望，发现乱石堆砌的院墙正中，是砖砌的饰有门檐的两扇木板门紧闭的院门。院门门框正中的上方，系着一小条已褪色的红布。虽不知其用意，倒感觉到简扑的院门显出了些许的庄重。院墙里，黛瓦顶的农舍伸着颈项，默不言声地呆望着墙外，神态憨厚。

好于探索的我，随即步进村里转悠，发觉置于一块弹丸之地上的村落，由十多户农家构成。农家与农家以院墙为界相挨相间；两条不宽的平行的黄土路分开了村前、村后；一条不宽的纵向的黄土路分开了村左、村右；黄土路边稀拉的几颗柳、槐树伫立在农舍的院墙之外；一条几十米深的山沟绕环半个山村；沟坎边的坡地上，长着一片新叶树（后来知晓那是梨树）；村道上没有闲散的村民，显得异常的沉寂、恬静。望着小山村，我悟出了南、北村落之别——

江南的村落是敞亮在广袤的，绿色的田野上的，老远就能看清村落里的黛瓦粉墙的农舍。即便村前、村后栽有茂密的树丛或竹林，那也挡不住你东张西望的眼光，农舍照样能摄在你的眼帘上。可塞外的小山村，却把农舍掩遮在了院墙里，你若欲看清院墙里的一切，就得踏上门前的一步石阶，借着院门的缝隙往里瞧。否则，你虽走进了小山村，却不识农舍的真面貌。

为此，我暗暗地自问：塞外的小山村何故如此的保守自封？那堵乱石堆砌的，一纵身就能逾越的院墙能挡住什么呢？莫非，这就是塞北的民风、民情、民俗。

……

探得近道后，虽说不太好走，我还是风雨无阻地下沟壑、上山丘，穿过小山村，上班、下班，几乎是走到退休，大约走了三十五年之多。

有一年，我上班，刚走进小山村，就觉眼前一亮。定睛一看，发觉好多院门紧闭的农家院墙里盛开着一树树洁白的花，还有花枝探出院墙来。此时，原本灰土土的小山村显得分外的靓丽。我随即就站到墙边去细看，只见枝枝叉叉的树枝上怒放着一小朵一小朵的白花。那花既不像五片花瓣的梅花，又不像花瓣上有红晕的桃花。不太会识别花卉的我，对梅花和桃花是蛮熟悉的。因为，在家乡，年年春天可不用去推开农家的院门，就能观尝到梅花、桃花，也就自然而然地识别了它们。眼下塞北小山村里盛开的花，因是初识，也就辦认不出究竟是什么花来了。正在我揣摩院墙里的洁白的花究竟是什么花时，忽听背后两位路人在说：

“杏花开了，春天到了！”

“倒像是进了杏花村。”

“那你小心摔着！”

……

说话的路人，是去上班的安装公司的职工。听了路人的对话，我暗暗地想：身上还穿着棉衣，脸上还被丝丝寒风刺着，春天却无声无息地到了，农家院里的杏花也开了。望着墙头的杏花，宋朝叶绍翁的诗句不由滑到了嘴边：

应怜屐齿印苍苔，小扣柴扉久不开。

春色满园关不住，一枝红杏出墙来。

此时，我对诗有了亲身的体会，加之从未观尝过杏花，就踮起脚，隔着院墙去细品墙头洁白的杏花……虽未闻到其香味，倒觉察到其素洁纯朴。只是它露着的笑靥，不如桃花迷人，不及梅花雅致。而且，虽见杏花，却不见春雨，少了一份诗情画意。可我还是情不由己地举手去摘折墙头的花枝……猝不防，“您摘花呐！”——墙头响起了女人的细语声，出现了一张微笑着的白嫩的少女的脸。我惊呆了，手止住了，自知犯错了，脸羞红了。随即，听得院门吱呀一响，走出个老农来，及至我身边，笑对着我，说：

“我还以为是哪家的野小子呢！”

说完，随手就把我未摘下的那枝花轻轻地扶持了起来。少女嘻嘻一笑，旋即隐身墙里。老农返身走去，推开吱呀作响的院门，进了院里。我就象遭了霜打的秧，无精打采地垂首离开了院墙。

“正是‘小扣柴扉久不开’，‘一支红杏出墙来’，不知山村的农家为何要把纯扑的杏花锁在院墙里？难道就不知道，红杏也会出墙来吗？”——我边走，边回首，边自言自语……

一次令我羞怯而又颇有意思的偶遇，小山村里的杏花也就久藏在了我的心扉。

……

改革开放后，小山村里的院墙消失了，曾被锁在院里的杏花无影了。没有了院门的农家，在无法拓宽的狭窄的村道两边，开起了小商店、小饭馆、小旅店、美容美发店、游戏房、小书店，原先恬静的小山村变成了一条市俗化的小市街，热闹了起来了。以至，有人戏称其为塞外山沟里的“大栅栏”。

是啊，红杏是固守不住的，终久是要出墙来的！

（写于2004年，选自潘永清著《南风北雪》散文集）

第四节　小说节选

月到梧桐上（节选）

李久实

陶喜娟忽然觉得世界上就剩下两个人。一个是她，一个是站在她身边的男人。

这个男人，她不认识。

二十分钟前，市青联宣传部的部长匆匆忙忙找到她，俯在她耳边说，和她一起搭档的主持人一个小时前被车撞了，目前正在医院抢救。

陶喜娟听了那消息就觉得眼前一片空洞，张着嘴说不出话来，其实她真的想哭，大哭。她没想到自己苦心经营的晚会竟然要演变成一次“独角戏”，而她所面临是“现演”的机会。

昨天，就在昨天彩排时，团市委的领导说，这个台词写的好，既表达了青年人的思想感情，也很明确了年轻人肩上的责任，我们就是要把云山建设好。领导还表扬她说，没想到你这样的一个专业舞蹈演员，还有这么好的文才。陶喜娟那时就有种陶醉的感觉，和她一起要主持晚会的男主持人不仅风度翩翩，而且他把台词背得滚瓜烂熟，无论是视觉感应还是默契的配合，都使她感到心里很舒服。

可是，那个人竟然出了车祸。

陶喜娟变得魂不守舍了。彩排时，她应该走在男主持人的前面上台，可现在，她懵懵懂懂的，是被眼前这个男人手拉着手上来的。

聚光灯和追影灯一齐把光打了过来，像缺乏层次的白雾，把陶喜娟和身边的男人包裹起来，也晃得她有点睁不开眼睛。彩排时没有手拉手上台的动作，陶喜娟还在想这个多余的举动。

台下马上就沉寂了。

“共青团云山市委、云山市青年联合会，‘归忆青春’联欢晚会现在开始…… ”

陶喜娟真的想放声大哭，她居然把“晚会”念成了“晚灰”。

也许，我们就是瞬间留下的身影
或许，是朝露曾闪耀的斑斓
无论恒常久远
还是片刻的停留
我们骄傲，因为书写过人生的绚烂
我们自豪，缘自讴歌青春的畅想
憧憬
为每一个顿号　每一句抒情
来吧，都来吧!
我们是新云山的建设者
让思想闪光
让心潮澎湃时代的回响
……

陶喜娟颤抖的声音被身边这个男中音很急促地覆盖了。她心跳加快了，脸上飞起了红霞。这个饱蘸激情的开场白是她写的，她没有想到身边这个满脸络腮胡子的男中音，居然一上来就把台词朗诵得那么好，声音的穿透力会如此之强，像钻进了她心里似的，一下子就猜透了她的心思。

陶喜娟还没有完全控制住有些慌张的情绪，手微微地抖动着，嘴里接连发出好几个不连贯的颤音。台下黑压压的，他们知道陶喜娟是歌舞团的台柱子，舞蹈跳得好，当主持人就未必是一流。

男中音抛开台词了，他把陶喜娟每一个尴尬都巧妙地隐藏到幽默风趣的话里。掌声和笑声如潮般响起来。陶喜娟明白，男中音没有喧宾夺主，没有淹没她绚丽的光芒，他逮住了每一个细节并让她总是恰到好处地展现自己。

晚会进行的如行云流水。陶喜娟心里既充满着感激，又怀揣着敬意。部长刚才说计划没有变化快，为了如期举行晚会，也就只好临时抱佛脚，请市轻化公司的老团干赶来救急。那个老团干姓甚名谁，才能几何，陶喜娟根本就心思打听，怅然的情绪萦绕着她的情怀。她很害怕万一来了一个愣头青，不但砸了整场的晚会，更会让她在一夜间臭名远扬，让全世界都知道她只能是个用来装点门面的花瓶。她知道自己不是花瓶，也不是那种有着闭月羞花的面孔就能横行天下的女子，她有理想有抱负，有光大艺术的能力，但她真的很害怕。但是，她没想到男中音居然在举手投足之间，就把她对青春的畅想挥洒得像是飘逸的金色丝带，在喧哗中把她的思想升华。回到后台，陶喜娟来不及卸妆，就迫不及待地抓住男中音的手，打探他的姓名。脸上挂着灿烂的笑容。

男中音呵呵地笑，笑的样子像佐罗刚刚扶危救困了一样潇洒。他告诉陶喜娟他免贵姓闻叫海生，过去是轻化公司的团委书记，现在退役了，在公司党办当秘书。

陶喜娟腼腆地笑了，她喜欢佐罗。前些日子她和市里的几个高干子弟偷着看了那部电影，是内部片，一般人是根本就不能见到的。那时，神秘的佐罗就钻进了她心里。现在，这个叫闻海生的人很像佐罗，高高大大，潇潇洒洒，吸引了她的眼球，嘻嘻笑了一阵后，她自我介绍说:“我在市歌舞团当演员，是 B 角，经常参加青联的活动，不过我还是头一次看见你，你是播音系毕业的吗？”

闻海生哈哈大笑起来，笑过之后，一本正经地说 :“播音系的老师说了，你要是不想让播音系的学生卷铺盖走人，就别来捣乱，所以，为了那些人的前途，我就只好留在说话系了。”

陶喜娟呵呵地笑起来，笑弯了腰，笑出了两瓣泪花，“呵呵，你真逗，真逗。”

“有时间到我们那里去玩，我们单位就在云山脚下。”闻海生向陶喜娟发出了热切地邀请。眼前这个青春靓丽的女孩让他怦然心动了。

“行，我一定去。”陶喜娟爽快地答应下来，

“我们现在没有排练任务。”她抿着嘴呵呵地笑，又补充了一句话。

“公司团委后天组织游园活动，他们邀请我参加，你也来吧，行吗？”佐罗式的笑容在闻海生脸上绽放了。

“我去、我去，不过嘛，不过你得来接我。”陶喜娟变得扭捏起来。“要不、要不，他们会说闲话的。”两朵红云忽然间就飞上了她的脸庞。

“他们爱怎么说就怎么说，反正，我们还得走自己的路，你说是不是？”闻海生果断地说着，佐罗式的刚毅便在脸上凝固了。

陶喜娟猛然觉得心里被撞击了一下。这么多年来她一直在走自己的路，现在，闻海生说到了她的心坎上，使她觉得人生的距离不再遥远，抿着嘴笑了几声后，便腼腆地说道：“你说来接我的。”

联欢会结束了，虽然人疏影稀，但激情依然在空气中弥漫。闻海生伫立在剧院门前，等着陶喜娟卸完妆出来。陶喜娟像一只飞翔的天鹅，脚步轻盈而幸福，很快就来到闻海生面前。闻海生从陶喜娟手里接过飞鸽牌坤车，然后和她缓缓地走在细长的小路上，路灯拉长了两个身影。陶喜娟没有说话，她不希望有任何声音骚扰业已翻江倒海的心潮。假如，假如闻海生会在夜色中突然抱住了她，或者伸出左手来拉她的右手，她该怎么办？会伸出让他捏着，或者，她会下意识地把手缩回来吗。她的手是纤细的，每个骨节都是音符的组合，像她的身体，能跳天鹅舞，能诉说天鹅的窃窃私语，也能进行心灵的对话。但是，闻海生没有伸出滚烫的手触摸她的天鹅。那两只手扶着车把，牢牢把握着前进的方向。

陶喜娟和闻海生缓慢的在路上行走着。路的两边种着大叶的法国梧桐树，月亮站在梧桐树的树梢上，把皎洁的光撒在街道上。陶喜娟觉得自己现在的心情很憋闷，有点像月光，白茫茫，也有点空洞洞，黑得想大声地喊叫，她太想打破眼前的静谧了，但闻海生什么话也不说，两只黑眼球直直地盯着前方的路，默不作声。

不由自主的，陶喜娟那条像天鹅般的手臂就钻进了闻海生的臂弯。仅仅就在刹那间，她感到了男人极为有力的脉搏跳动，那种跳动如潮汐一般钻进了她肺腑。她觉得呼吸急促起来。“你喜欢诗歌吗？”

陶喜娟终于按捺不住了，她觉得应该由闻海生起个话头，但他却什么话都不说，这样的月色让她想起了诗歌，她想写诗，想用诗歌的语言来美化甚至遮掩她现在的心境，她的心境现在有点乱，究竟为什么会这样，她说不清楚。

“我喜欢裴多菲，”浑厚的男中音开始朗诵了，“生命诚可贵，爱情价更高，若求幸福源，赶快来寻找。“闻海生一付旁若无人的样子，那个架势像是佐罗横刀立马打了一个唿哨。

“尽瞎改，裴多菲可没这么说，我喜欢普希金。”陶喜娟说完，就觉得脸发烧了。

“浪漫的情怀，放肆的心理，浓烈的小资产阶级气焰。我不喜欢他，他和情敌决斗，死得没有价值。”闻海生停住了驱动的车轮，他回过头说话的语气不像是谴责普希金，倒是像批评资产阶级的灵魂在陶喜娟心中的闪念。“拜伦和海涅才是无产阶级的灵魂，我们应该从他们身上汲取向上的力量。”他说话的腔调好象将军忽然间就下达了进攻的命令，那个语气也似乎告诉陶喜娟，小资产阶级以自我为中心的狭隘是万万要不得的。

陶喜娟没有说话，她不知道自己为什么会点头，更不知道为什么普希金的伟大形象会被他三言两语就击得支离破碎。

“不可否认，任何一个年轻人心里都充满了理想，激情满怀，思想奔放，但我们必须要树立正确的人生观、世界观。”闻海生很郑重其事，两个车轮又随着脚步的递进而驱动了。

陶喜娟忽然觉得闻海生就像舞蹈团里那个支部书记，不用讲话稿就能畅谈三个小时的共产主义理想。她把手从闻海生的臂弯里抽了出来，停下脚步，怅然的表情像黑夜一样贴在了她的脸上，低声说道："我到家了。"

闻海生的话还没有说完，他还想说，但借助路灯发现，陶喜娟脸上的激情不见了，平淡的像是天鹅停止了翱翔。究竟是哪句话说过了头，搅扰了陶喜娟的兴致，他搞不清楚，心里很后悔自己忘了已经卸任了团委书记的职务。光顾得夸夸其谈，却忽视了眼前的受教育对象。但他毕竟受过团训，经验也告诉他，起承转合要恰如其分，要引领态势而不是被动的应付。于是，他爽朗地笑道："你看我像不像普希金，光顾得自己抒情了，却没想到已经到了一个人生的驿站。"

陶喜娟脸上的不悦被闻海生的话吹拂了，她娇羞地扬起小拳头，轻轻地捶了闻海生一下，"快走吧，待会儿该让我妈看见了。"

"我后天来接你。"闻海生叮嘱道，"别忘了啊。"

"嗯。"陶喜娟点点头，接起坤车就一溜小跑，身影很快就消失在门洞里。

顺着门缝看着闻海生渐行渐远的身影，陶喜娟的心怦怦跳动着，转过身倚靠在门后，双手用力按住心房。静了一会儿，她快步跑进自己的小屋里，仰面躺在床上。是他吗？是他吗？陶喜娟不断地问自己，不停地让整个晚会的镜头在眼前反复回放，深究每一个细节，细察其中的每一句话语。团里那些经常向她挤眉弄眼的奶油小生们在她眼前浮现了。真的，他们太奶油了，一付弱不禁风的样子，一阵风刮过来就能把他们旋得五迷三倒。还有他们身上散发着的脂粉味，动不动就举着兰花指，抽烟喝酒的样子都比不上女人潇洒。陶喜娟搜索着记忆里所有的影像，举起手指端详着。那些和她一起排练一起演出的男人，就像这十根纤细的指头，太天鹅化了。那里像他啊，苍鹭一般的雄壮，对了，他还会写诗，知道那么多有名的诗人，他的样子怎么就那么像佐罗，假如也戴个面具，披上斗篷，再戴一顶不可一世的大侠帽子，活脱脱就是佐罗第二。团里那些男人能和他相提并论吗？他们一个个长得像三合板似的，顺风刮过来简直都能把人劈成两半，他们不能和闻海生比，在他面前，他们都是另类女人。

"吃饭了！"外面传来妈妈的喊声。

"减肥呐。"陶喜娟应了一句就不作声了，泪水不知不觉的从眼里钻了出来，现实让她落泪。十岁那年，爸爸撒手人寰，她从此就失去了可以依靠的大树。是妈妈发现了她的舞蹈天才，在她十三岁那年，磕头作揖的请歌舞团收留培养她。如今，她长大了，妈妈的梦和她的理想也正一步步开始实现。但是，她就是想不通，为什么别人实现梦想易如反掌，而她付出了千倍万倍的努力，为歌舞团争得了无数好名声，却还在原地踏步，好不容易挣来了B角，却极少有登台表演的机会，整日从事着类似于拉龙套的苦活累活。有时，她真不想干了，不想出人头地了，干脆就永远干着搬运工，永远的安静下去，可是，她又不甘心，不甘心自己的神经在安静中崩溃。

"这丫头，越来越不成样了。"外面传来妈妈的唠叨声。

陶喜娟拽过枕头压在脸上，她不想让那声音撞击她的交感神经，她想那男中音的音符，想后天，他和她约定的后天。

（《月到梧桐上》创作于2005年，2006年《光明日报》登载。）

第三章　艺术作品选录

域内自清代开始，文化事业有了较快发展，书画艺术也得到较好的传承，涌现出一批优秀的书画爱好者。今收录书法作品10幅，绘画作品7幅。虽然不够丰富，但这些书法绘画艺术家、爱好者（艺术简历均进入文化编）的作品在承德地域、省内外乃至全国都曾产生一定影响。

第一节 书法作品

一 梁雅斋书法作品

梁雅斋，男，大专文化，1937 年 5 月生于河北省丰宁县，河北省书法学会会员。

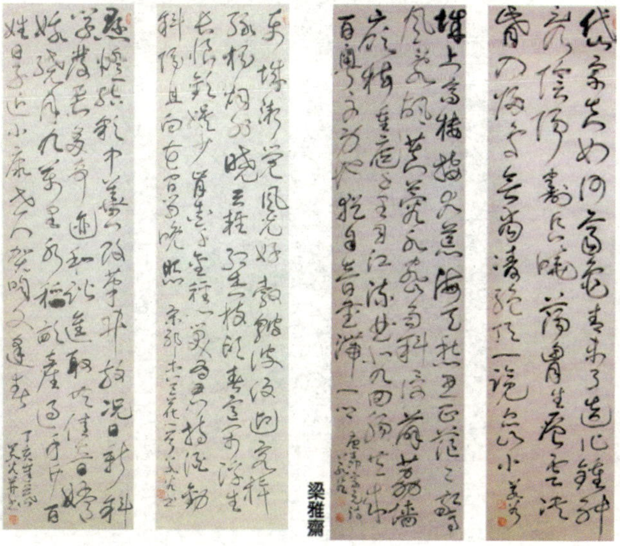

梁雅齋

二 张振兴书法作品

张振兴，男，满族，中专文化，1935 年 10 月生于承德市双滦区，承德市书法协会会员。

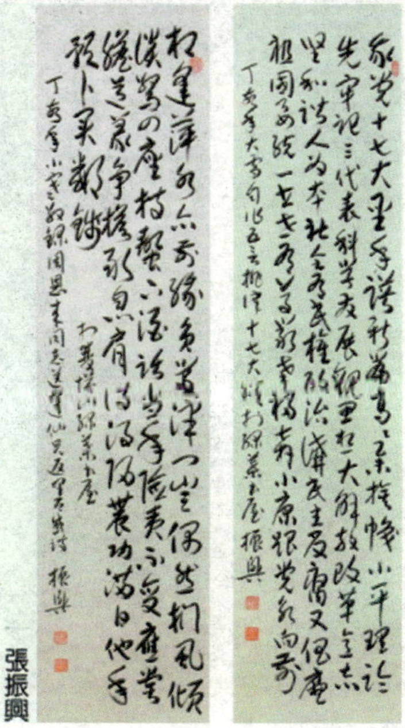

張振興

三 何九伶书法作品

何九伶，男，满族，大专文化，1954 年 6 月生于承德市双滦区，承德市书法协会会员。

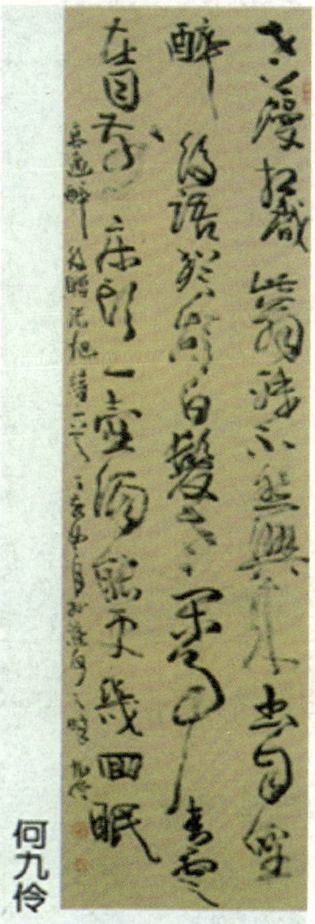

何九伶

四 张洪乃书法作品

张洪乃，男，满族，初中文化，1947 年 8 月出生于河北省承德市，承德市书法协会会员。

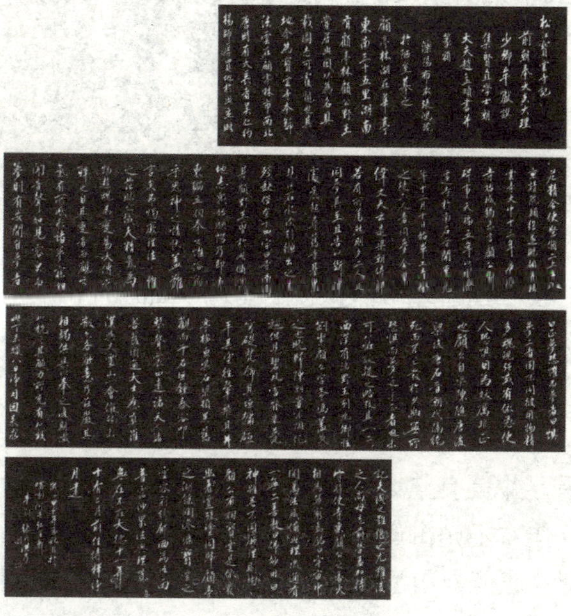

五 万灵慧书法作品

万灵慧，女，承德市双滦区书法家协会会员。

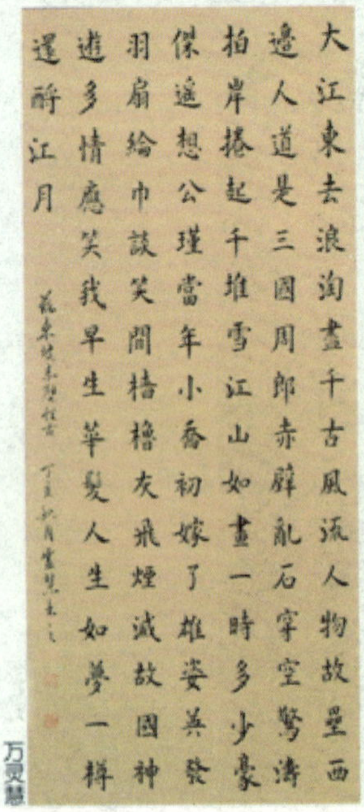

万灵慧

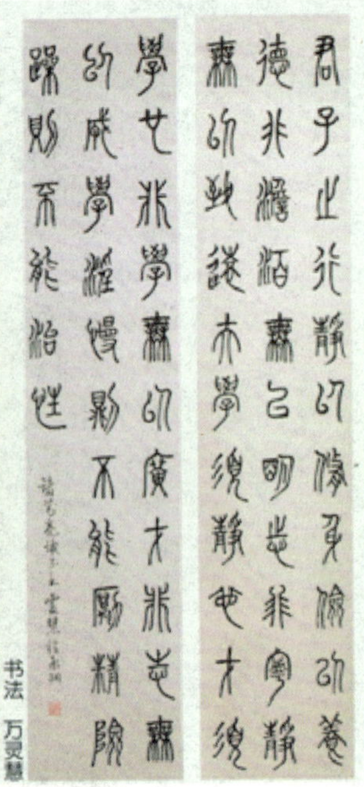

书法 万灵慧

六 李忠奎书法作品

李忠奎，男，汉族，中专文化，1965 年 12 月出生于河北省滦平县。

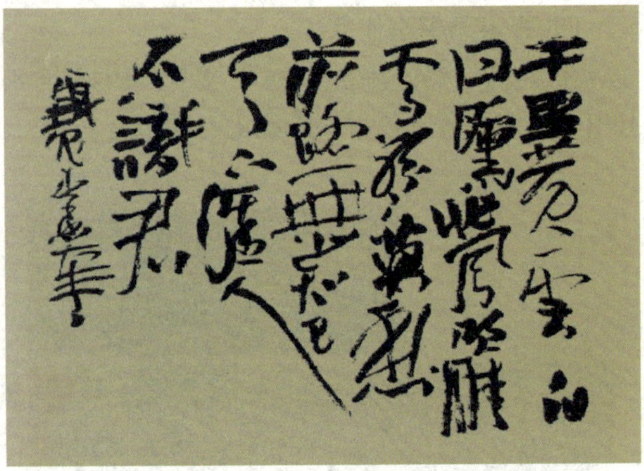

第二节　绘画作品

一 乾隆皇帝绘画作品

乾隆皇帝晚年时曾以双塔山为素材作画 1 幅，并盖有“太上皇帝”“古希天子”等印章；画作右上角御笔亲题七言绝句：“双峰叠翠肖浮图，鹿苑当年了不殊，入影东西照滦水，插云南北拟明湖。”2004 年北京某公司秋季拍卖中，该作品以 781 万元成交，真迹现流于民间。

二 田永坤绘画作品

田永坤，男，满族，大专文化，1974 年 3 月出生于河北省青龙县，承德市书法协会会员。

田永坤

三　李忠奎绘画作品

李忠奎

四　张洪乃绘画作品

张洪乃

五　郑天鸿绘画作品

郑天鸿，女，大专文化，1975 年 12 月生于河北省承德市，承德市美术协会会员。

郑天鸿

第二十三编　卫生　体育

清代、民国期间，域内的医疗卫生十分落后。医疗机构和专业医护人员很少，只有几家中药铺和乡间游医。居民有病得不到及时、有效的治疗。新中国成立后，人民公社、生产大队医疗机构相继建立。至20世纪70年代末，乡（镇）、村医疗机构已基本覆盖全域。80年代后，区级医疗、防疫、保健等机构相继建立，医疗卫生条件不断改善，医疗技术水平逐渐提高，服务更加完善。1985年始，区内医疗机构进行管理制度和工资制度改革。至2005年，区内有医疗机构121家，有卫生技术人员712人。

清代，喀喇河屯建有八旗绿营兵演武厅；民间有气功、武术等体育健身活动；学校开始教授学生体操。民国时期，各学校开设体育课程。新中国成立后，驻区大中型企事业单位定期举行职工体育活动。1984年，双滦区体委成立，群众体育活动开始有组织地开展。至2005年，区内学校、企事业单位、社区和镇、村群众性体育活动普遍开展，全民健身活动成为居民的新时尚。

第一章　卫　　生

清代、民国期间，疾病医疗以中医为主。居民的整体健康水平低，传染病、地方病发病率较高。新中国成立后，人民政府开始建立各级医疗机构，采用中医、西医、中西医相结合等手段治疗疾病。改革开放后，医疗卫生事业有了长足发展。区、镇（乡）、村（社区）相继建立医疗、保健、防疫机构，医疗设备更加先进，医疗服务水平不断提高。政府加强食品卫生、中小学生健康、儿童免疫和妇幼保健等方面的监管与服务。传染病和地方病的发病率降低，居民防病抗疫的能力增强，健康水平普遍提高。

第一节　医疗卫生改革

一　公费医疗改革

2000年，承德市人民政府制定《承德市城镇职工基本医疗保险实施方案》。双滦区国家工作人员与城镇职工医疗改革同步，自2001年1月1日起实施基本医疗保险制度。2001年，双滦区首批参保单位52个，参保人员1578人，其中退休人员218人。公费医疗改革后，医疗保险由参保单位和个人共同缴纳。参保单位缴费率为上年度本单位工资总额的6.5%，个人缴费率为本人工资总额2%，每年年初一次性交纳。医疗保险基金的起付标准和支付比例，按定点医院的不同级别确定。三级医院统筹基金支付76%，个人支付24%；二级医院统筹基金支付78%，个人支付22%；一级医院统筹基金支付80%，个人支付20%。退休人员个人支付比例比在职人员分别低3个百分点。

二 管理体制改革

1986—1987年，区医院实行院长负责制和目标管理岗位责任制。1988年6月，区医院实行事业单位企业化管理的办法。2002年，开展人事、分配制度改革，制定人事分配制度改革方案，淡化档案工资概念，实行竞聘上岗，成本核算，试行病人选医生制度。

1981年双滦区属卫生机构情况一览表

表23-1-1

单位	机构（个）	床位（张）	卫生工作人员(人)			其中：医生(人)
			合计	卫生技术人员	非卫生技术人员	
双塔山医院	1	50	49	26	23	16
卫生防疫站	1	0	7	2	5	2
妇幼保健站	1	0	2	2	0	1
滦河公社医院	1	20	29	20	9	12
大庙公社医院	1	20	15	9	6	8
双塔山公社医院	1	0	25	9	16	7
偏桥子公社医院	1	0	13	6	7	5
合　计	7	90	140	74	66	51

2005年双滦区属卫生机构情况一览表

表23-1-2

单位	机构（个）	床位（张）	卫生工作人员(人)			执业医师、执业助理医师(人)	注册护士（人）	其他人员（人）
			合计	卫生技术人员	非卫技人员			
区医院	1	170	121	84	37	39	26	19
区卫生防疫站	1	0	—	—	—	—	—	—
区妇幼保健站	1	0	—	—	—	—	—	—
滦河镇卫生院	1	19	39	30	9	21	6	3
大庙镇卫生院	1	16	14	10	4	7	2	1
双塔山镇卫院	1	20	24	13	11	7	6	
偏桥子镇卫生院	1	6	14	11	3	8		3
合　计	7	231	212	148	64	82	40	26

三 乡镇卫生院体制改革

1985年，双滦区开始卫生体制改革。区卫生局制定《关于乡镇卫生院改革试行草案》，按照独立核算、自负盈亏、按劳分配、民主管理、节约提奖的原则进行改革。卫生院设管理委员会，人权、财权、管理权及重大项目建设等事宜要经过管委会研究决定。区卫生局进一步减政、放权，开展多渠道、多层次、多种形式办医。允许人员超编的医院，除技术骨干外，其他人员可以停薪留职，到院外分散承包设医疗点；允许离退休医务人员及经过考核合格无岗位的医务人员，个体开业或集资办医，组成联合诊所；允许经济实体与卫生院联合办医或自行办医；允许农村集资办医等多项灵活政策。各乡镇卫生院实行浮动工资制和承包责任制。改革后，偏桥子镇卫生院1986年比1985年门诊就医人次增加2500人次；滦河镇卫生院1986年的业务收入为21万元，与实行浮动工资制前的1984年相比增加了1倍；双塔山镇卫生院按城市医院改革的要求，建立各种岗位责任制，临床科室实行定人员、定任务、定质量、定收入，将定额指标分配到人，完成即奖。

1996年，全区建农村三级医疗保健网，实行“乡村一体化”办医。清理整顿原有村级卫生组织，村级个体开业诊所和村级卫生组织全部纳入到“乡村一体化”办医。同年，选择大庙卫生院为试点，探索新的卫生院管理模式，实施股份合作制，筹集职工股金8万余元，制定股份合作制章程及一系列规章制度。1997年，大庙镇卫生院业务收入从1995年的14万元上升到70万元。1998年，承德市电视台以“走出深山的呼唤”为题对此作了专题报道。大庙卫生院获得“河北省三星级文明单位”称号。2003年，引入竞争机制，在所属卫生系统范围内公开招聘双塔山镇、偏桥子镇卫生院院长。

2005年，卫生局制定出台《关于深化乡镇卫生院人事、工资制度改革方案的指导意见》，并于同年10月在偏桥子镇卫生院试行。

第二节　医疗技术与设施

一 中医

清宣统三年（1911年），滦河街区有中药店铺11家，出售草药、丸、散、膏、丹。其中宝元堂、保寿堂为特制砒蜡丸中药厂，炮制的药专制寒症。传统中医的诊断方法是望（看病人舌苔、面色等）、闻（听病人自己诉说病情）、问（询问病人的感觉）、切（切脉俗称号脉）。主要设备有切脉用的垫枕、针灸用针等。

民国19年（1930年），滦河街较大的中药铺有：南街李其吉崇德堂药铺、西大街赵斌臣万春堂药铺、十字街李岳东复生堂药铺、南街陈化南达德堂药铺等。民国21年（1932年），中医于润身在偏桥子一带行医。民国25年（1936年），大庙北梁村黄天俊、丁昌玲、陈营子村麻克勤和岔沟门村刘跃臣等，设家庭药铺坐堂看病。

1958年，双塔山公社医院成立中医科，主要治疗妇科及内、儿科各种病症。1962年，中医于文臣、于文清在滦河街开设个体中医诊所。1978年，区医院中医科采取发汗利水法、清热利水法、淡剂利尿法、健脾利湿法、温阳引水法等不同方法治疗急性肾炎病人，均取得较明显疗效。

2000—2005年，区医院运用中医整体观念辩证治疗及中医与现代医学相结合的观点，兼修多科，先后治愈胃肠功能紊乱症、急性结肠炎、功能性消化不良症、急慢性胃炎、胃及十二指肠溃疡、耳性眩晕、糖尿病、卵巢囊肿、泌尿系结石、小儿肺炎、小儿支气管炎、小儿厌食症以及面神经麻痹等多种疾病。偏桥子镇、滦河镇卫生院的中医科室，收入占全院业务收入的40%左右，成为卫生院支柱性科室。

二 西医

民国28年（1939年），滦河街有称为“新医”的西药房一处，售卖西药。日伪统治时期，沈阳医科大学毕业生朱德润在滦河街开办西医诊所。民国29年（1940年）屈显忱在滦河街开办中、西药房，售卖中、西药。

1950—1965年，域内各医疗卫生机构只能诊治普通内科病，双塔山医院仅能做阑尾炎等简单的外科手术。1966年始，双塔山医院开始使

1965年，双塔山医院背篓医生，下乡为农民治病途中（摄影 季增）

用检验、放射等辅助诊断技术；1972年，完成手术近40例，大多手术是以家庭病床的形式；1975年，完成手术36例，其中妇科卵巢囊肿、蒂扭转手术、甲状腺切除术、阑尾切除术等是在针刺麻醉下进行的。同年，开设住院病房，半年时间收治各种危重病人362人次。先后治疗中毒性菌痢、高血压、脑溢血、肺心病、肺炎、肾炎等疾病，治疗率91.4%。1985年，区医院内科收治心跳、呼吸停止的病人4例，经及时抢救，全部康复出院。1987年，区医院为双塔山镇棋盘地村瘫痪十年的儿童成功地实施右下肢整形术。2002年，区医院骨外科为一例骨巨细胞瘤患者实施髂骨置换术，填补了承德市一项医疗空白。2004年，区医院实施胆总管巨大结石摘除等大手术10例；为丰宁县一位老年患者实施食管癌切除术，愈后良好。2005年，区医院成功抢救1名无自主呼吸近半小时的触电患者。

三 中西医结合

1973年前，域内中西医结合治疗疾病方法很少。1973年后，双塔山医院运用中西医结合方法，治疗急性黄疸及急性无黄疸型肝炎30例，疗效显著；用中药冲剂治疗急性细菌性痢疾、肠炎42例，有效率达91%；对神经衰弱、坐骨神经痛、末梢神经炎等病患用电兴奋疗法配合针灸治疗，收到良好效果。1994年，区医院与保定南市区医院进行技术合作，开展烧伤科业务，采用中西医结合方式干燥疗法治疗烧伤，两年内治疗烧伤病人近百例。1996年，成功救治一名烧伤面积53%以上的深Ⅱ度患者。区医院运用中医整体观念辩症施治及中西医结合方法，先后治愈胃肠功能紊乱症、急性结肠炎、以及面神经麻痹等多种疾病。

1998—2005年，区医院康复科采用中西医结合方法，运用中药熏蒸、微短波治疗、牵引等多种方法治疗腰椎间盘突出症。

四 护理

双滦区医院成立前，护理工作仅限门诊注射治疗。1980年，双塔山医院成立，有护理员12人，医护比为1∶0.5，床位数与护理人员比为1∶0.26。1986年，区医院成立护理部，实行总护士长、护士长负责制。1992年，院、科建立两级质量控制网络，科室设立护理文件书写组、病房管理及无菌技术操作组和责任制护理组。1994年，有护理人员27人，其中护理师3人，并引入系统化整体护理观念。1998年，区医院首批确立整体护理试点科室。

2005年，区医院有护理人员50人，其中副主任护师2人，主管护师13人，护师11人。总医护比为1∶0.96，全院总床位数与护理人员比为1∶0.26 。区医院护士陈艳玲获得承德市“南丁格尔奖”。

五 医疗设备

新中国成立前，域内医疗器械原始、匮乏。

新中国成立后，医疗单位设备简陋，仅有听诊器、血压计、脉枕、体温计等最基本的医疗器械。1973—1975年，双塔山医院购置了心电图机、X光机、多功能手术床、胃肠减压器、牙科诊察椅等医疗器械及救护车。1980—1987年，双滦区医院购置了200MAX光机2台、电休克治疗机2台、神灯治疗机2台、心脑检查仪1台；1990—1994年，购进脑电图机、“721”分光光度计、经络导平仪、B超机和脑血流机，全息生物诊断仪 6 台（为各镇卫生院配备）、中频治疗仪、全息胚治疗机、电洗胃机、B 超、脑电图机。1998—2004 年，购置了三维脑地形图机、妇科多功能床、麻醉机、CT、血凝分析仪、心电工作站、心脏除颤仪、中药熏蒸治疗仪、多功能护理床等医疗设备。区医院医疗设施达到二级医院标准。至 2005 年，区内价值万元以上医疗设备 115 件。

附记：

1980—2005 年双滦区双塔山镇居民死亡回顾性调查

调查资料：

1. 死亡材料：来源于双塔山镇 17 个行政村 1980—2005 年居民死亡回顾性调查。共调查死亡居民 1536 人。

2. 人口资料：由双滦区统计局提供。

3. 死因分类：死因按 ICD-10 的标准分类。死亡率为年平均死亡率（1/10 万）

调查结果：

1. 居民死亡率：1980—2005 年双塔山镇居民死亡人数为 1536 人，其中男性 860 人，女性 676 人．年平均死亡率为 648.62/10 万，其中男性平均死亡率 710.86/10 万，女性平均死亡率为 584.51/10 万。男性死亡率较女性高。

2. 主要死亡原因：1980—2005 年双塔山镇居民主要死因前 5 位依次为：恶性肿瘤 374 例、脑血管病 280 例、呼吸系统疾病 220 例、伤害（各类损伤、中毒）182 例、心血管疾病 166 例。前五位死因死亡数占总死亡数 79.7%。恶性肿瘤死亡率为 158.01/10 万、脑血管病死亡率为 118.21/10 万、呼吸系统疾病死亡率 93.44/10 万、伤害死亡率为 77.05/10 万、心血管疾病死亡率为 69.64/10 万。其中男性前 5 位死因的死亡率分别是 204.53/10 万、121.87/10 万、102.27/10 万、88.04/10 万 及 69.59/10 万；女性前 5 位的死亡率分别是：110.09/10 万、114.45/10 万、84.35/10 万、65.74/10 万 及 69.70/10 万。男性因恶性肿瘤、呼吸系统疾病、伤害的死亡率比女性高，因脑血管疾病和心血管疾病的死亡率男女无差异。

3. 各年龄组的死亡率：

各年龄组的死亡率曲线呈“V”字形，即婴幼儿和老年人的死亡率高。50 岁以上死亡率占总死亡数的 86.3%，青壮年的死亡率较低，符合一般的死亡规律。

4. 主要死因变迁：从 20 世纪 80 年代至 21 世纪初，双滦区居民的疾病模式有了明显变化。心脑血管病一直占据首位，恶性肿瘤、伤害（损伤和中毒）上升明显。传染病明显降低。内分泌疾病上升明显。

（调查单位：双滦区卫生局　撰稿：王世腑）

1980—2005 年双塔山镇居民主要死因、死亡率和构成比

表 23-1-3　　单位：1/10 万

死　因	男　性		女　性		合　计	
	死亡率	构成比	死亡率	构成比	死亡率	构成比
恶性肿瘤	204.53	28.8	110.10	18.9	158.01	24.4
脑血管病	121.87	17.2	114.45	19.6	118.21	18.2
呼吸系统	102.27	14.4	34.35	14.4	93.44	14.4
伤害	88.04	12.8	65.74	11.3	77.05	11.9
心血管病	69.59	9.8	69.7	11.9	69.64	10.7
诊断不明	36.14	5.1	72.87	12.5	54.23	8.4

续表 23-1-3　　单位：1/10万

死因	男性		女性		合计	
	死亡率	构成比	死亡率	构成比	死亡率	构成比
消化系统	24.22	3.4	9.9	1.7	17.17	2.7
传染病	19.61	2.8	5.94	1.0	12.87	2.0
内分泌	8.07	1.1	12.28	2.1	10.14	1.6
泌尿系统	11.53	1.6	3.96	0.7	7.80	1.2

第二节　卫生防疫

一 传染病防治

1949 年前，传染病无控制措施，传染病多发。新中国成立之初，域内先后曾发生鼠疫、麻疹、病毒性肝炎、伤寒、肺结核等传染病。其中，麻疹、肺结核、病毒性肝炎、小儿麻痹、伤寒等疾病曾于局部暴发流行。

1950 年，域内儿童开始接种牛痘、卡介苗疫苗。20 世纪 50 年代后期，开展爱国卫生运动，传染病得到控制，发病逐年减少。1980 年，区防疫站加强计划免疫、预防传染病工作指导，基层预防接种工作逐年建立表、卡、证制度。20 世纪 80 年代初，开展消灭麻疹、小儿麻痹症会战，区内没发现儿童脊髓灰质炎新的病例，麻疹发病逐年下降。

1980—2005 年，麻疹病例累计 189 例；2003—2005 年，麻疹发病 3 例，且为外来流动人口和低龄儿童。2005 年，区疾病预防控制中心建立应对突发公共卫生事件组织、应急队伍、物资储备系统，并组织模拟演练 3 次。建立 24 小时疫情值班制度，设立基层协防员，建立疫情网络直报系统。麻疹、流行性脑脊髓膜炎、流行性乙脑、肺结核、病毒性肝炎发病明显下降；除流行性出血热、猩红热、麻疹有少数病例外，没发现其他传染病例。

结核病　1950—1952 年，政府采取预防措施，肺结核发病减少。1977 年，域内普查肺结核病，查出 265 例，其中儿童 35 例；1985 年，查出肺结核患者 230 人，其中儿童 2 例。1993 年，贯彻落实《全国结核病防治规划》，区内结核病纳入法定传染病报告管理，区医院设结核病门诊。2002 年，结核病纳入国家免费管理。2005 年，区内接诊疑似肺结核病例 263 例，活动性肺结核 66 例。其中，初治涂阳患者 25 例，复治涂阳 18 例，免费重症涂阳患者 23 例，涂阳患者全部落实全程督导化疗管理；制定区域结核病防治规划；健全区、镇、村三级防疫网。同年，区财政支付结核病防治配套经费 4.8 万元。

伤寒副伤寒病　1980 年，区内 4 个公社均有伤寒病例。同年，区卫生防疫站开始组建化验室，通过粪便检测，检出伤寒杆菌患者 79 例。防疫站免费发放漂白粉 500 公斤，大眼井和厂矿自来水井消毒 97 眼；开展爱国卫生运动，整治环境卫生，投放蚊蝇药 1000 公斤。1982—1983 年，区内接种伤寒疫苗 3500 人。1987 年，全区出现伤寒病 1 例；1988—2005 年，未发现伤寒病例。

病毒性肝炎　1987 年 7 月，双塔山镇单塔子村和黄地沟村发现甲肝病例。区防疫站对患者家庭进行终末消毒；关闭饮用水源的大眼井，开展流行病源调查，防疫站向每个家庭发放漂白粉，供室内外、饮用水消毒；粪便无害化处理；向村民宣传预防知识；接种易感人群；对东平台村、冰沟门村、上碾子村、黄地沟村进行疫区处理；检测调查双塔山、滦河小学学生病毒性肝炎阳性率，为肝功能及表面抗原无异常的学生接种乙肝疫苗。全区接种乙肝疫苗 1694 人份，丙种球蛋白 1277 人份。1992 年，区内乙肝患病率为 8.5%，区防疫站开展预防乙肝病毒知识宣传，接种乙肝疫苗3500人，加强医疗器械消毒管理，鼓励使用一次性注射器。1993年，食品行业、公共场所从业人员和15周岁以下儿童接种乙肝疫苗。2005年，抽样调查显示，区内乙肝患病率为3.5%。

流行性脑脊髓膜炎 1983年10月，双塔山公社下甸子大队发生流脑患者2例。区防疫站为密切接触者发放口服磺胺500片，应急接种流脑疫苗400人份。2003年5月，滦河小学发生流脑疫情，发病7例。区防疫站展开流行病调查，对患者家庭、教室进行终末消毒；学生每天进行体温检测；跟踪调查患病学生情况；为易感人群发放预防用药；接种流感疫苗。至2005年，区内未发现第二代流脑病例。

二 机构

新中国成立前，域内没有卫生防疫机构。

20世纪50年代，热河省卫生防疫大队，负责域内的防疫工作。60年代末，防疫大队解散。防疫工作由双塔山办事处卫生科负责，具体工作由各公社卫生院、各厂矿医院和卫生所负责。1975年，双塔山卫生防疫站成立，人事、业务隶属于承德市卫生防疫站，承担爱国卫生和防疫工作，有工作人员2人。1981年1月，双滦区卫生防疫站成立，建有化验室，有工作人员7人。同年，卫生防疫站增设防疫科、食品科。1984年12月，双滦区成立地方病防治领导小组，办公室设在区卫生局。1987年，撤消防疫科，增设计划免疫科、传染病防治科、环境卫生科和宣教科。1994年，区防疫站检验室开展常规检测和理化检验项目，增设学校卫生科、防痨科、职业卫生科，有工作人员18名。

2005年，区卫生防疫站分立为区疾病预防控制中心和卫生监督所。

1981—2005年双滦区传染病发病情况统计表

表23-1-4　　单位：例

年份	百日咳	猩红热	麻疹	伤寒和副伤寒	肝炎	乙脑	痢疾	狂犬病	肺结核	斑疹伤寒	流行性出血热	淋病	梅毒	流脑
1981	0	7	1	9	30	9	659	0	0	0	0	0	0	1
1982	0	2	3	3	21	0	520	0	0	4	0	0	0	3
1983	2	4	0	12	12	0	470	0	0	0	0	0	0	7
1984	0	3	0	9	25	1	583	3	0	0	0	0	0	3
1985	0	2	0	3	37	0	467	0	0	5	0	0	0	2
1986	11	5	0	4	42	0	420	1	0	8	0	0	0	2
1987	4	8	8	1	43	0	243	0	0	4	0	0	0	1
1988	1	13	0	0	45	0	566	0	0	1	1	0	0	2
1989	0	6	5	0	72	0	559	0	0	0	1	0	0	1
1990	0	6	0	0	125	0	327	0	0	1	0	0	0	2
1991	0	2	1	0	55	0	563	0	0	0	2	0	0	1
1992	0	1	0	0	56	0	397	0	0	0	0	0	1	0
1993	0	6	2	0	40	0	237	0	13	0	0	0	0	1
1994	0	2	0	0	63	0	203	0	15	0	0	1	0	0
1995	0	1	0	0	49	1	182	0	11	1	0	0	0	1

续表 23-1-4　　单位：例

年份	百日咳	猩红热	麻疹	伤寒和副伤寒	肝炎	乙脑	痢疾	狂犬病	肺结核	斑疹伤寒	流行性出血热	淋病	梅毒	流脑
1996	0	2	31	0	23	0	135	0	12	0	0	0	0	0
1997	0	3	122	0	15	0	108	0	25	1	1	0	0	0
1998	0	2	2	0	16	1	88	0	16	0	0	0	0	0
1999	0	12	1	0	78	0	196	0	23	0	0	0	0	0
2000	0	0	1	0	57	0	143	0	0	0	0	0	0	0
2001	0	0	0	0	65	0	123	0	13	0	0	0	0	7
2002	0	0	0	0	64	0	108	0	25	1	1	0	0	1
2003	0	0	0	0	53	0	82	0	27	0	0	1	1	3
2004	0	16	0	0	197	0	57	0	41	0	0	13	1	4
2005	0	28	12	0	157	0	51	0	33	0	1	6	1	2

1981—2005年双滦区传染病五年发病情况统计对照表

表 23-1-5

病种	统计时段	发病人数（人）	发病率（十万分之一）	与上五年发病率比（%）
百日咳	1981—1985	2	0.022	0.022
	1986—1990	16	0.177	0.155
	1991—1995	0	0	−0.177
	1996—2000	0	0	0
	2001—2005	0	0	0
猩红热	1981—1985	18	0.2	0.2
	1986—1990	38	0.42	0.22
	1991—1995	12	0.13	−0.29
	1996—2000	19	0.71	0.58
	2001—2005	44	0.49	−0.22
麻疹	1981—1985	4	0.044	0.044
	1986—1990	13	0.144	0.10
	1991—1995	3	0.033	−0.111
	1996—2000	157	1.74	1.713
	2001—2005	12	0.133	−1.607
伤寒和副伤寒	1981—1985	36	0.4	0.4
	1986—1990	5	0.056	−0.344
	1991—1995	0	0	0.056
	1996—2000	0	0	0
	2001—2005	0	0	0
肝炎	1981—1985	125	1.389	1.389
	1986—1990	327	3.633	2.244
	1991—1995	263	2.922	−0.711
	1996—2000	189	2.1	−0.822
	2001—2005	536	5.956	3.856

续表 23-1-5

病种	统计时段	发病人数（人）	发病率（十万分之一）	与上五年发病率比（%）
乙脑	1981—1985	1	0.011	0.011
	1986—1990	0	0	−0.011
	1991—1995	1	0.011	0.011
	1996—2000	1	0.011	0
	2001—2005	0	0	−0.011
痢疾	1981—1985	2699	29.99	29.99
	1986—1990	2115	23.5	−6.4
	1991—1995	1582	17.58	−5.92
	1996—2000	670	7.44	−10.14
	2001—2005	421	4.68	−2.76
狂犬病	1981—1985	3	0.033	0.033
	1986—1990	1	0.011	−0.022
	1991—1995	0	0	−0.011
	1996—2000	0	0	0
	2001—2005	0	0	0

三 地方病、职业病防治

地方病防治 双滦区属缺碘山区。1981 年，区内有克汀病患者 150 人、甲状腺肿大患者 700 人。平均患病率 2.75%，7 ~ 14 岁中小学生患甲状腺肿大率 10.84%。防疫工作重点是农村患病基数高的社队、中小学校和女工多的企业。轻型病人采取突击治疗及食盐加碘的方法控制病情。同年监测碘盐样 334 份，含碘阳性率 84.3%。基层防治部门装备检碘盐药械。经过防治，地方性碘缺乏病得到有效地控制。1986—1990 年，新婚女青年在结婚登记时口服碘油胶丸 4500 人次，降低了出生儿童碘缺乏病的发生。1992—2005 年，区卫生局设立碘盐监督员 5 名，配合区食品监督和市盐政监督开展食盐加碘监督检测，查处无碘经商户 11 户次，没收销毁无碘盐 1500 千克。至 2005 年，区内未发现缺碘新发克汀病例。

1992—2005 年双滦区食盐检测情况统计表

表 23-1-6　　单位：份

年份	食盐样品数量	合格数量	合格率（%）
1992	300	225	75
1993	300	234	78
1994	300	255	85
1995	300	261	87
1996	300	267	89
1997	300	273	91
1998	300	275	91.5
1999	300	276	92
2000	300	279	93
2001	300	282	94
2002	300	282	94

续表 23-1-6　单位：份

年份	食盐样品数量	合格数量	合格率（%）
2003	300	285	95
2004	300	288	96
2005	300	294	98

职业病防治 1985年前，区内未开展职业病监测。1986年9月，区防疫站全面调查乡镇企业职业危害情况，同时进行有害因素的监测，完成3100人次的乡镇企业职业病普查，建立职业病管理档案。1987年，监测乡镇企业的粉尘作业点6个，建卡424份，建档6份。1988—1990年，按照《尘肺病防治条例》，区防疫站开始监测有粉尘工作环境的企业，新上岗人员定期强制性职业体检。1990年以后，乡镇企业粉尘监测、职业病体检工作未能正常开展。2001年，《中华人民共和国职业病防治法》颁布实施，体检监测单位必须取得省级资质方可开展工作。2005年，区卫生局改建检验室、增购仪器设施，并申报职业病体检资质。

四 计划免疫

境内计划免疫工作始于新中国成立之后。1950年开始，政府组织开展儿童牛痘接种和15岁以下儿童接种卡介苗，杜绝天花，减少肺结核的发病。1978年，15周岁以下儿童接种卡介苗，接种13000人次；1979年，接种卡介苗1561人次。1980年，区卫生防疫站开展计划免疫知识的宣传教育，提高群众自我保护意识。在集贸市场设宣传咨询点11次，发放各种疫苗宣传单1万余张。举办计划免疫专业知识及接种技术培训23次；举办消除“两麻”（麻疹、小儿麻痹）培训7次。同年，接种卡介苗1325人次，开始建立预防接种表、卡、证填报制度。1982年，开始消灭麻疹、小儿麻痹症会战，免疫接种控制脊髓灰质炎的发生。1982年以后，没有发现儿童脊髓灰质炎。除外来流动人口和小于8个月的婴儿外，区内麻疹发病率逐年减少。

至2005年，6周岁以下儿童预防接种建卡率为100%；卡介苗、脊灰疫苗、麻疹等疫苗的接种率为99.8%；区范围内百日咳、白喉、破伤风、脊髓灰质炎、狂犬病、伤寒和副伤寒等疾病均未发生；麻疹、流行性脑脊髓膜炎、流行性乙脑、肺结核、病毒性肝炎等疾病呈明显下降趋势。

1981—2005年双滦区五类疫苗儿童计划免疫接种情况统计表

表 23-1-7

年份	卡介苗		麻疹疫苗		脊髓灰质炎疫苗		百日咳疫苗		乙肝疫苗	
	接种人数（人）	接种率（%）	接种人数（人）	接种率（%）	接种人数（人）	接种率（%）	接种人数（人）	接种率（%）	接种人数（人）	接种率（%）
1981—1985	5833	85	5845	87	5905	88	5845	87	0	0
1986—1990	5227	92	5240	93	5286	95	5245	94	0	0
1991—1995	4303	94	4356	95	4356	95	4370	96	0	0
1996—2000	4492	95	4510	96	4492	95	4510	96	0	0
2001—2005	4389	98	4335	97	4335	97	4316	96	3522	98

1981—2005 年双滦区预防疫苗接种情况统计表

表 24-1-8　　　　单位：份

年 份	卡介苗	麻疹疫 苗	脊灰疫苗	百日咳疫苗	流脑疫苗	乙脑疫苗	伤寒和副伤寒疫苗	甲肝疫苗	乙肝疫苗	狂犬病疫苗	风疹疫 苗	流感疫 苗
1981	1220	1530	3612	3612	0	0	450	0	0	13	0	0
1982	1254	1564	3652	3652	0	0	420	0	0	23	0	0
1983	1130	1342	3312	3312	0	0	350	0	0	45	0	0
1984	1123	1325	3514	3514	0	0	420	0	0	35	0	0
1985	1135	1452	3528	3528	0	0	267	0	0	65	0	0
1986	1058	1327	3105	3105	0	0	0	0	0	68	0	0
1987	1088	1359	3224	3224	0	0	0	0	0	120	0	0
1988	1011	1258	3031	3031	0	0	0	0	0	145	0	0
1989	1025	1345	3070	3070	0	0	0	601	780	210	0	70
1990	1045	1256	3102	3102	805	750	0	806	1200	184	0	58
1991	987	1102	2807	2807	452	568	0	750	5500	175	0	78
1992	964	1152	2801	2801	780	689	0	850	2200	135	0	102
1993	1010	1257	3221	3221	690	580	0	991	1205	123	0	88
1994	985	1125	4502	2875	870	851	0	1200	1500	146	0	126
1995	867	1045	4321	2560	862	832	0	980	1620	147	280	230
1996	893	1137	5100	2710	687	586	0	1022	1524	110	257	286
1997	876	1165	5123	2686	865	768	0	1056	1436	164	135	356
1998	895	1136	5023	2708	532	564	0	985	1230	108	256	298
1999	963	1119	5012	2803	458	463	0	1058	1860	115	287	350
2000	865	1058	4608	2603	488	461	0	965	1590	79	167	321
2001	887	1121	4876	2609	521	531	0	897	1364	89	0	167
2002	892	1130	4862	2621	389	287	0	786	2021	152	310	186
2003	866	1023	4657	2605	530	521	0	885	2256	86	125	150
2004	876	1035	4775	2613	621	584	0	740	1809	106	175	165
2005	868	1025	4765	2600	463	368	0	560	2053	186	193	268

五 食品卫生

1980 年，区内有食品生产经营单位 75 家，同年区卫生防疫站采集冷饮样品 75 份，检测细菌和大肠杆菌。1981 年，区防疫站设专职食品卫生监督员 2 名，监督管理食品生产经营单位，食品样品检测和餐具样品检测统计；1982 年，区防疫站宣传《中华人民共和国食品卫生法（试行）》，发放宣传册 2000 份；1983 年，开展食品生产从业人员健康检查，发放健康证；对查出传染性肝炎、活动性肺结核、伤寒、痢疾、化脓性和渗出性皮肤病的患者调离食品生产经营岗位。同年受检 560 人，受检率 85%。“五病”检出率 1.6%，调离率 85.6%，核发食品生产经营单位卫生许可证，为申请营业执照的条件。75 家食品生产企业领取食品卫生许可证，有效期5年。

1989年，按照承德市下发的“六小行业”整顿标准，区卫生防疫站整顿区内饭店、食堂、熟食加工点、冰棍厂、糕点厂、饮料厂568家。2000年以后，针对不同行业、不同性质的食品生产流通加工企业，每年都开展食品专项整顿。2004年，大型食品餐饮企业实行量化分级管理，区防疫站引入食品安全动态检测评估体系，监督管理餐饮企业食品安全质量。经河北省食品量化考核专家组评审，区内企业达到A级单位2个。

至2005年，区防疫站开展专项整顿35次，没收、销毁假冒变质伪劣食品3700千克；取缔无证生产经营单位81家；举办食品生产从业人员法律、法规和相关知识培训98期，培训人员39800人次。

1981—2005年双滦区食品样品检测和餐具样品检测统计表

表23-1-9

年　份	食品样品检测份数	平均合格率（%）	餐具样品检测份数	平均合格率（%）
1981—1985	900	76	400	42
1986—1990	1400	80	5000	52
1991—1995	1600	85	12000	60
1996—2000	1700	91	13000	63
2001—2005	1900	93	14720	68

1989—2005年双滦区公共场所顾客用具检测和生活饮用水检测统计表

表23-1-10

年　份	公共场所顾客用具检测份数	平均合格率（%）	生活饮用水检测份数	平均合格率（%）
1989—1990	450	85	48	87
1991—1995	980	90	215	91
1996—2000	1010	92	270	90
2001～2005	1160	93	297	92

六　抗击“非典”

2003年春季，广东省首先发生传染性的“非典型肺炎”，简称“非典”，波及到全国部分省市。区委、区政府建立快速反应机制，落实群防群控措施。控制传染源、切断传染链、保护易感人群、监测返乡外来人员，2天时间建隔离观察室7个，发热门诊1个。区政府筹资54万元，动员全社会力量筹资34万元，使用区医院精神病住院处，建成“非典”临时防治医院。区医院用于建立发热门诊、隔离病房、房屋改造、购置设备、人员防护及环境消毒杀菌费用22万元。

在防治“非典”过程中，区卫生系统有88名医务人员写请战书，要求上第一线。各单位从志愿者中选出思想过硬、技术精湛、责任心强的业务骨干，成立防治“非典”救护队，培训

2003年抗击非典表彰大会会场（区档案馆提供）

798名卫生技术人员防“非典”知识；举办普教性培训班33次，接受培训5210人；发放宣传资料10万份，举行防“非典”应急演练 3次。区政府组织卫生、公安、交通组成检查站，监控返乡人员2539 人。检查入境人员16687人，予以留观发热病人13名。区内发现“非典”疑似病例1例，区医院先后派出业务人员7人，分三批进入一线工作。区卫生防疫部门启动应急处置预案，开展流行病学调查、现场消毒，首批12名医务人员紧急进入隔离病房收治病人；同时派出医务人员对与之有密切接触的44人集中隔离留观。经区、市专家会诊，“非典”可疑病例被确诊后转入承德市“非典”防治医院。在救治过程中，医务人员及密切接触者无人被感染。

2003年末，区卫生局被承德市政府评为抗击“非典”先进单位，有12人分别受到河北省卫生厅、承德市政府、双滦区政府的表彰。

附记：

承德市“非典”定点防治专科医院专记

2002年11月，中国广东省出现了多例原因不明，危及生命的呼吸系统疾病——传染性非典型性肺炎。随后，越南、加拿大、中国香港等地也先后报道了类似病例。2003年4月16日，世界卫生组织将其命名为SARS。承德市当时没有传染病救治定点医院，必须尽快建立一所非典防治专科医院，来应对这场突如其来的疫情。

2003年4月中旬，承德市委、市政府及市卫生局与双滦区委、区政府紧急磋商，最终确定双滦区医院精神科住院处改建为承德市非典救治定点专科医院。

双滦区人民医院精神科坐落在双塔山镇团瓢村，占地11亩，办公场所是1幢二层楼房。当时，精神科收治精神病住院患者61名。短时间内搬迁转移并妥善安置好这些特殊患者群体，也成为一个难题。

双滦区医院全体医务人员一边抗击非典，一边配合非典医院建设，在搬迁的关键时候，意外事件突然发生了：非典医院建设遭到了医院所在地周边村民的强烈阻饶。由于团瓢、棋盘地等村的村民对非典认知的片面，认为建非典医院会给村民带来瘟疫，会给村子里带来灾难，村民心理上产生极大的恐慌。4月23日，几百名村民自行组织到医院施工现场进行阻挠。村民在现场支起锅灶、安排食宿，派人轮流昼夜把守，阻止工程车辆进出施工，影响了非典专科医院改建的进度，在社会上造成影响。区委、区政府立即成立工作组，召开会议研究并做出工作部署。政府调集公安干警维持秩序，向群众宣传法律法规，震慑违法活动；消防部门待命应对突发火灾等事件；卫生系统医务人员进村入户向村民宣传非典卫生防治知识；司法部门宣传国家政策法规；信访部门及时接访，听取村民的诉求。为了防止群众出现过激行为，区卫生局、医院领导班子成员一直驻守在医院，耐心细致地做群众思想工作。取得群众的理解和认可。经过6天的努力，终于做通了村民的工作。4月29日，村民全部撤离了非典医院施工现场。

为争取工作进度，迅速完成搬迁改建，解决全市非典防治工作的燃眉之急，双滦区政府最初决定将精神科患者暂时搬迁寄居在滦河康定医院。搬迁之后，区医院又考虑到区医院精神科发展等诸多因素，双滦区医院院长荣国、副院长丛军等同志就安置场所选址进行了大量细致的调查，最终报请双滦区政府批准，确定将区医院精神科患者进行二次搬迁，安置在双塔山镇团瓢村建材市场临建大棚里。4月29日早晨开始，区医院全院人员通力合作，仅用一天的时间就完成了精神科61名患者的转移；40余间病房、15间库房及20余间办公室的搬迁安置。

为了加快非典医院改造进度，双滦区医院党支部书记侯秉文带领职工徐爱国、孙雪松两位同志留在区医院精神科原址，配合市卫生局进行改造。在市卫生局专业指导下，经过七个昼夜的连续工作，5月7日，承德市唯一非典定点防治医院改造完成，医院建筑面积1500平方米，附属用房300余平方米，布局规范、流程合理，并如期收治患者。

承德市非典定点防治医院建成后，先后收治了两位非典患者。其中一位是双滦区首例非典患者朱某。朱某是黑龙江省双鸭山人，男，26岁，当时在北京工作。2003年4月25日13时与女友吕某乘坐依维柯汽车自北京返承德，17时30分在承德钢铁公司下车，到吕某家后自觉不适。4月26日下午发烧，于17时到承钢职工医院就诊。首诊医生马进元对其进行检查，查体：咳嗽，体温38.3℃，白细胞7000个／立方毫米，X光片显示右下肺有片状阴影。医院立即将其转入“发热”门诊进行观察治疗。同时该院专家组进一步会诊后，立即将情况上报到区卫生局。双滦区卫生局组织非典防治专家组于19点20分到承钢职工医院会诊，21点上报市卫生局和区委、区政府，并同步对朱某密切接触者逐一排查，隔离观察。区卫生防疫站工作人员对朱某女友家进行消毒处理。4月30日，承德市专家组确诊朱某为疑似非典病人，5月8日确诊为非典病人，并收治在承德市非典定点防治医院进行治疗。经过医务人员的精心治疗，5月23日，市防非办医疗救治技术组专家对朱某患者的病历资料进行会诊，同意为其办理出院手续，出院后居家隔离14天，每日由滦河街道办事处和滦河镇卫生院对其进行体温监测。

5月24日，在鲜花和祝福声中，承德市非典定点防治医院收治的首例两位非典患者治愈出院。其间曾与患者接触的人员未受到感染，在整个救治过程中，与患者密切接触的医务人员也无一例被感染，疫情控制在最小范围内。2003年7月，承德市解除非典疫情，2003年12月，承德市非典定点防治专科医院撤销。

在这场举国上下抗击非典的斗争中，双滦区卫生系统的医务人员，面对疫情没有退缩、没有吓倒，始终奋战在抗击非典疫情一线。他们中有不顾个人安危救治非典病人的医生宋钰卿，精心看护非典病人的护士张艳青，体弱多病的区级救治专家许华，亲临一线指挥的市督导员于秀英，穿着厚厚的防护服、戴着纸尿裤坚持工作的护士李秀珍……。非典疫情结束，区卫生局、区卫生防疫站、承钢职工医院等8家医疗卫生单位分别荣获市、区级抗击非典先进单位荣誉称号；刘敬元等36人分别获得河北省、承德市、双滦区抗击非典先进个人荣誉称号；区医院护士李秀珍受到承德市妇联表彰。

（撰稿：邹凤双　王乃民）

第四节　妇幼保健

一　妇女保健

普查普治　建国初期，域内没有妇幼保健机构，妇幼保健工作由承德市妇幼保健所主管。因为受经济条件和文化水平的局限，妇女病一度没有受到应有的重视。1982年，区妇幼保健站开展妇女病普查普治。同年普查4152人，患有各种妇科疾病711人。保健站建立病历卡片登记，给予患病妇女治疗和有关检查，治疗率达95%。1983—2005年，开展妇女病普查普治67945人次，查出并治疗各种妇科疾病患者14314人次。

1988—2005年双滦区妇女病查治情况统计表

表23-1-11　　单位：人

年　份	应查人数	实查人数	患病人数	治疗人数
1988	8975	2873	258	258
1989	4726	2152	215	215

续表 23-1-11 单位：人

年　份	应查人数	实查人数	患病人数	治疗人数
1990	5179	2108	246	246
1991	7163	2661	210	210
1992	6346	1657	179	179
1993	5329	1802	127	127
1994	4869	1656	161	161
1995	8753	2975	609	609
1996	5385	3892	683	683
1997	3621	2607	369	369
1998	4844	4165	709	709
1999	5128	3683	647	647
2000	7717	4754	1103	1103
2001	9331	6214	2186	2186
2002	6244	4315	1276	1276
2003	12685	8976	1502	1502
2004	7405	5403	1478	1478
2005	7962	6052	2356	2356

婚前检查 1985年10月，区医院设立婚检门诊。1993年，逐步推开婚前检查。区卫生局制定《婚前健康检查工作实施意见》，区妇幼保健站自筹资金1.1万元购买婚检设备，提高检测手段和检测水平。1998年，双滦区在全市妇幼工作会议上介绍婚前检查经验。至2005年，婚前检查和指导新婚夫妇3134对。

新法接生 新中国成立前，城乡产妇靠产婆接生，新生儿死亡率40%，其中35%为新生儿破伤风。建国后，推广新法接生。1981年前，区内的妇女保健工作由承德市妇幼保健所负责。1982年，区卫生科组织人员举办4期新法接生员培训班，培训新法接生员49名。新法接生率95%以上，新生儿破伤风发病率降至1‰，孕产妇死亡率降至万分之二。1985年，区卫生局对新法接生推广工作的一些薄弱环节采取措施，产包丢失和器材锈蚀的予以补发和更换。1986年，双滦区在大庙乡岔沟门大队、矿机医院建立围产期科学接生试点。同年新法接生14人，住院分娩67人，产后访视率95.53%，产后42天检查率70.15%。2002年8月，取缔家庭接生员。至2005年底，区内产妇住院分娩率100%。

二 儿童保健

20世纪70年代，域内实施控制性治疗儿童常见传染病。80年代后，开始查治儿童佝偻病及贫血症。1982年，区妇幼保健站调查12家企业托儿所；全面体检入托儿童，受检查儿童1041人，体检率95%。1983年，妇幼保健站开始检查儿童健康，预防儿童常见病和多发病。承钢选矿厂设立示范性托儿所，丝绸厂和滦河镇东园子大队开展散居儿童管理和早期教育试点。1986年2月，联合国儿童基金会考察丝绸厂儿童保健工作，受到驻华卫生官员的称赞 。1986年4月，区政府下发文件要求加强集体儿童保健工作。儿童入托须先做体格检查，合格后方可入托；各托幼部门必须设有固定医务人员承担在托儿童的卫生保健，80名儿童以上的托幼机构要配备专职保健人员，不足80名的可设兼职。1988年，查治3岁以内儿童缺铁性贫血和佝偻病。全区儿童缺铁性贫血患病率14.8%，治疗率100%。1991年，推行儿童系统管理工作，系统管理率27%。1996年，进一步完善儿童系统管理。

2005年，全区婴儿死亡率8.95‰，5岁以下儿童中重度营养不良患病率4.16%，儿童系统管理率86.55%。

第五节　爱国卫生运动

一　环境卫生

1952年，域内的机关、学校、各企事业单位和农村开展爱国卫生运动。主要工作是清除公共场所垃圾、填平水坑、修厕所、修畜圈、建井盖、铲除蚊蝇孳生地。1958年，国家开展“除四害，讲卫生”爱国卫生运动。各中小学学生春天挖蝇蛹，夏天人手一拍打苍蝇。职工、居民、农民捕杀老鼠。各机关、单位、商店门市实行门前卫生承包制。包责任人、包卫生区、包清扫。20世纪70年代，农村开展以“管水、管粪、改水、改厕、改圈、改灶、改善环境卫生”为主要内容的爱国卫生运动。逐渐将原来的饮用水井改为压水井，厕所实行“大缸式”便池，家畜实行圈养。机关单位、街面门市卫生“门前三包”、“门内达标”。1998年，双滦区获“河北省爱国卫生运动先进单位”称号。

2005年，开展“净化、绿化、美化”爱国卫生运动的综合治理。大企业单位在厂区和居民区植树、栽花、种草坪，各村大街小巷道路实行“硬化”（铺设水泥板块或水泥路面）、修建公厕和垃圾点（箱）。街道卫生有专人清扫，垃圾有专车定时清运。

二　机构

1985年4月，双滦区成立爱国卫生运动委员会办公室（简称爱卫会），为区政府直属机构，负责爱国卫生运动的开展、指导、检查、评比等。1995年3月，办公室设在区卫生局。

2005年，“爱卫会”设在区城市管理局。同年4月，各镇政府、街道办事处和驻区企业成立“爱卫会”及其办公室，负责区域内的爱国卫生工作。

第六节　卫生管理

一　医政管理

民国期间，域内滦平县公署组织中医统一考试，合格者颁发汉医师证。

新中国成立至1980年前，域内医疗机构的经费、职称晋升等医政管理统归承德市卫生局。1980年双滦建区后，市卫生局逐步将管理权移交区卫生科。1984年，区卫生局开展药品监督检查。各药品经营单位实行定点进药，建立药品入库、在库保养、效期药品建卡等制度。1986年，区卫生局制定《个体开业行医暂行管理办法》。规定个体开业行医要执行统一收费标准、统一处方、统一收据、统一印章、统一门诊登记手册。依据相关规定，区卫生局关闭滦河镇“杏林堂”个体诊所，成立“双滦区个体医学会”。1990年，区卫生局制定《关于双滦个体开业行医、联合诊所管理的暂行规定》。明确开业条件和范围，审批手续，办医方向和处罚措施等。考核个体医生专业知识，实行个体行医联合诊所达标工作。查处个体诊所超范围经营、无证行医、使用非卫技人员案件6起。1996年，区卫生局重新审批基层药品检查员15人；检查指导3个镇的卫生院药房建设；体检药品从业人员93人；以打假为重点，全年监督检查54户次，监督覆盖率68%。1999年，区卫生局按照《双滦区医疗机构设置规划》及《医疗机构基本标准》，整顿区属及驻区医疗机构。2000年，集中培训药剂人员105名，学习内容为《中华人民共和国药品管理法》和《药品流通监督管理办法》等；健康体检从业人员100名；确定处方药和非处方药分类管理试点药店2家。2004年，区药品监督工作由省垂直管理。

2005年，区医疗质量评审委员会评审医疗机构医疗质量10家。

二 管理机构

民国初期，域内卫生行政由设在滦河街的滦平县警察所兼管。民国18年（1929年），成立滦平县地方清洁会，卫生行政及卫生处分仍由公安局办理。

新中国成立后，卫生行政工作由承德市卫生局管理。1973年，双滦办事处设文教卫生组，1976年，改为民政卫生科。1980年，双滦区设卫生科，1984年，改为卫生局。设医药政股、防保股、计财股，编制 4人。1987年，卫生局设卫生防疫站和妇幼保健站。1988年，卫生局设办公室、医药政股、防保股、计财股、公费医疗办公室，编制7人。1993年，全区4个镇卫生院行政隶属镇政府和区卫生局双重领导，业务上归区卫生局管理，镇卫生院财务由各镇政府管理。1995年，机构改革，区卫生局和区爱国卫生运动委员会办公室合并，爱国卫生工作归卫生局领导。卫生局下设办公室、计财股、医药政股、防保股、公费医疗办公室，编制10人。1999年，区药品监督管理局成立，隶属卫生局。2000年，区卫生局原医疗保险职能、机构及人员划归区劳动人事局。

2005年，区卫生局管理区医院、妇幼保健站、疾病控制中心、卫生监督所（原区防疫站分为疾病控制中心和卫生监督所）和4个镇卫生院，局内机构设办公室、医政股、法监股、计财股，编制10人。

第七节　医疗队伍与机构

一 医疗队伍

新中国成立前，域内医疗人员主要是个体从医的药铺坐堂先生和司药，多数集中在滦河一带，乡村则以游医为主，数字不详。

新中国成立后至1958年，域内有医护人员40人。1981年,区属医疗机构有医护人员140人,其中卫生技术人员74人,非卫生技术人员66人。

至2005年底，区属医疗机构有医护人员212人，其中卫生技术人员148人，非卫生技术人员64人。

二 区级医疗机构

1950年，域内承德市第五区卫生所成立。所址设在双塔山电厂，同时兼作电厂卫生所，有平房3间，医生3人，负责医疗、防疫、保健工作。1956年，第五区卫生所迁到双塔山街，改为双塔山乡医院。设内科、外科、妇科、中医科和住院处，有病床15张，职工16人。医疗器械有显微镜1台和听诊器。1958年，双塔山乡医院改为双塔山公社医院,后改为双塔山地段医院、双塔山地区医院。医院中医科设在双塔山街南，有医护人员5人。1973年，医院迁至双塔山下，设内科、妇科、中医科、五官科、口腔科、防疫科、化验室、心电室、X光室等14个科室，并新建病房楼，有床位50张，职工54人。

1985年1月，双塔山医院改为双滦区人民医院（以下简称区医院）。1986年，承德市安定医院并入区医院，增设精神病科，设病床80张。开设心理咨询、心理测试、声光治疗、公娱疗法、中西药物治疗等综合防治项目，病人来自承德各县区，初步形成区域精神

双滦区医院（摄影　田隽）

病综合防治中心。至2005年，收治精神病患者10000余人，门诊患者15000人次，治愈率55%，好转率37%。1987年9月，区医院在双塔山中心大街新建1000平方米的门诊楼，设内科、外科、妇科、儿科、中医科、五官科、口腔科等临床科室和放射科、化验、心电、理疗、镶复等医技科室，实行24小时昼夜门诊。1988年，区医院建老干部病房2间。1988年，有医护人员69人，其中中级职称17人。1990年，区医院普通病房搬至双塔山街门诊楼，精神病科病床增至70张。1992年，区医院成立“公安委托门诊”。1998年，区医院筹资40万元，改建门诊楼，增设门诊病床50张，新增康复科和社区医疗服务部两个科室，增设精神病床45张。1998年，定为二级医院。1999年，深圳郑文友肿瘤医院承德分院中药戒毒康复中心在区医院挂牌。2002年，区医院设立120急救中心，并投资50万元改建精神病科住院楼。2004年，区投资1100万元，新建7800平方米的区医院综合楼，设床位200张，招聘正高级职称医生3名。

2005年，区医院引进技术骨干6人，开设司法鉴定中心。年底，有固定资产1453万元；房屋建筑面积8500平方米；设内科、外科、妇科、精神科、口腔科、眼科、康复科、脑电B超室、放射科、化验室、药房、护理组、急诊科、医务科、财务室、办公室16个科室，床位170张，有职工121人。其中，技术骨干84人(执业医师、助理医师39人，注册护士26人，其他医护人员19人)，其他人员37人。

三 乡镇医疗机构

1951年，域内二区（属滦平县）卫生所在滦河镇设立。1952年，滦河镇设立中医诊所。1958年，两所合并。同年，诊所归双塔山公社医院管辖，称滦河门诊部，有医护人员17人。1959年后，双塔山、偏桥子、大庙3个公社先后设卫生所。1984年，卫生所改为乡镇卫生院。1993年，各镇卫生院隶属于镇政府和区卫生局双重领导，业务上由区卫生局管理。

2003—2005年，4个镇卫生院行政上由区卫生局统一管理。至2005年底，4个镇卫生院有职工91人，其中专业技术人员64人（执业医师、助理医师43人，注册护士14人），其他人员27人，设有病床61张。

四 村级卫生所与社区卫生服务站

20世纪60年代初，国家把医疗卫生工作的重点逐步放在农村。上级医疗主管部门负责为农村培训半农半医人员，并陆续建立村卫生室。生产大队出资购置设施、药品。1967年，村卫生所开始成立，2000年，区内有村卫生所43个。至2005年，全区43个村有卫生所49个，负责农村门诊医疗、预防保健和健康教育等。

1998年，根据省、市卫生厅（局）关于开展社区卫生服务的工作部署，区属5个医疗单位设立社区卫生服务机构6个，开展集预防、保健、健康教育、计划生育、疾病康复与诊疗为一体的卫生服务工作。各社区卫生服务中心（站）建立健康档案，对发现的高血压、糖尿病、心脏病等慢性病患者追踪随访，提供上门服务。

2005年，区内有社区卫生服务站11家，医护人员66人。

五 企业医疗机构

承钢职工医院 承钢职工医院前身是承德市工业局卫生所。1958年9月，卫生所迁到承钢滦河厂区。1959年，卫生所划归承钢并更名为承钢职工医院，建院初期，有医护人员5人。1959年，医院增至30人，设内科、外科、妇科、儿科，有病床30张。1962年，医院在滦河仓坡新建1500平方米门诊楼。1979年，职工增至100人，病床增至100张。承钢职工医院，主要担负承钢2万多名职工和3万多名职工家属及周边城乡居民的医疗、预防、保健和康复任务。承钢职工医院曾获得河北省卫生厅批准的“职业病诊断和体检资质”；承德市“医疗保险定点医疗机构”，并被河北省卫生厅、河北省教育厅评审验收批准为“承德医学院教学医院”。

至2005年，承钢职工医院有门诊楼、住院楼、医技楼房11740平方米，设有15个医疗科室和7个行政业务科室，有病床100张，职工245人，其中医师以上职称56人，高级职称30人。

承德市丝绸厂职工医院 1952年，承德市丝绸厂医务室成立，有保健医生1名。1965年改为保健站，有保健医生3人。1991年改为厂职工医院，有房屋568平方米，设20张病床，职工23人；2000年有职工15人。2002年8月丝绸厂破产，医院改为社区卫生服务站。

承德市黄麻化纤纺织总厂职工医院 1958年，承德市麻纺织厂卫生所成立，有医护人员10人。1982年，改为职工医院，新建楼房6000平方米，设内科、外科、儿科、妇产科、理疗科和心电、B超辅助科室，有医护人员30人。2005年，医院改为社区卫生服务站。

承德输送机集团职工医院 1950年，承德矿山机械厂成立卫生所，有医护人员10人。1979年，改建为职工医院，有医护人员30人，设病床20张。1985年，医院建筑面积1213平方米，有医护人员46人。至2005年，医院有医护人员41人，病床30张。

双滦交通康定医院 精神病专科医院，前身为承德市安定医院。1984年，迁建于滦河镇北门外双滦运输装卸队院内。有楼房720平方米，床位60张，除常规化验外，无其它医疗设备，有职工9人。1998年，更名为双滦交通康定医院，由区交通局管辖。2002年，迁建新楼。2005年，医院有职工22人，病床60张。

其他企业卫生所 双滦区建筑材料厂，双滦区陶瓷厂、二轻综合厂均设有卫生所。驻区企业滦河发电厂、承德市造纸厂、承德市啤酒厂、承德市面粉厂、承钢运输部等均设立卫生所。至2005年，企业因改制或破产，企业卫生所撤销后改为个体诊所或社区卫生服务站。

六 个体诊所

1984年，区卫生局批准个体诊所6家。1985年，政策放宽，允许各种形式办医，个体诊所增加。1997年，《双滦区清理整顿社会办医实施办法》出台，清理整顿社会办医机构和村卫生所。统筹规划医疗资源、合理布局、平等竞争，整顿规范医疗秩序。至2005年，区内有个体诊所49个。其中：口腔诊所14个，西医诊所12个，中医诊所12个，中西医结合诊所11个。

第二章 体　育

清代，喀喇河屯建有八旗绿营兵演武厅，习练武术，出现兵操；民间有少林会、气功、太极拳等活动；学校开始教授学生体操。民国时期，民间有武术健身活动，学校开展篮球、足球、跳高、跳远等体育项目。新中国成立后，域内体育工作由承德市体委统一管理。1984年12月，双滦区体委成立，组织开展全区群众体育活动。至2005年，双滦区成功举办河北省第七届中学生运动会和两届全民运动会。区内各级学校培养了一批体育拔尖人才，并在各类比赛中取得优异成绩。全民健身成为居民的自觉行动，学校、企事业单位、社区和村、镇群众性体育活动健康发展。

第一节　学校体育

一 清、民国时期体育教育

清光绪三十年（1904年），域内滦平县立小学堂（今滦河镇）采用新课本应用新方法教学，体操为其中一项，体育活动逐渐展开。

民国元年（1912年），滦河小学堂，每日体育活动1小时，项目有篮球、足球、跳高、跳远、秋千、木马、滑梯、单双杠、木制平台等。每年春、秋两季，学校教员带领学生进行一次旅游。民国7年（1918年），学校体操课为每周3小时，其课程内容为徒手体操及游戏活动。民国16年（1927年），滦河县立小学开始有武术教员教授拳术。民国18年（1929年），滦河县立小学高级班学生，学科中有体操、武术。课本为《新学制体操教科书》（1—4册）《拳世学教范》（由弹腿至枪法）。民国21年（1932年），县立学校每周做体操2小时，另三至六年级每周练习武术5小时；农村学校每周做体操2小时。日伪统治期间，滦河的学校执行伪满文教部、民生部先后颁布的体育活动时间规定，即，一至四年级每周2节课，乡村学校每周2节课，国民优级学校1节课。增加100米、200米、400米跑和竞走项目，五至六年级每周体育活动3个小时。

二 新中国体育教育

新中国成立后，学校每周2节体育课，1节课外活动课。教授内容为体操、田径和各种球类。各班设文体委员，重点学校设业余体育训练队，实施课余专项训练。学校除经常组织各种球类及单项体育比赛活动外，每年还举行1～2次体育运动会。1951年，学校推广全国第一套广播体操；1954年，小学推广“少年广播体操”，中学推行“准备劳动与卫国”体育制度（简称劳卫制）预备级的锻炼活动。1961—1963年，国民经济三年困难时期，学校体育活动受到影响。

1964年，教育部和国家体委改“劳卫制”为《青少年体育锻炼标准》，域内各中学推行。同年，学校“开展人手一拍”打乒乓球活动，20余名中、小学生先后参加承德市乒乓球比赛。“文化大革命”期间，各中小学校体育课增加军训内容。1972年，承德三中女子篮球队获承德市中学生篮球赛冠军。1973年，三中乒乓球队在“少年流动杯”比赛中获承德地区前三名。1975年，承德市中小学体育运动工作现场会在三中召开。1976年，执行《国家体育锻炼标准》，承德市第三中学、承德市第四中学、滦河小学、双塔山小学等中、小学中开展体育达标活动。1983年，在承德市中小学田径运动会中，双塔山小学获双滦赛区小学团体总分第一名。1986—1988年，双滦区中小学在市级以上体育比赛中获金牌54枚，银牌57枚，为市体校和高年级学校输送体育人才30人。全区有12365人次参加体育达标测验，合格率96%。滦河小学被评为河北省先进体育传统校并获输送人才二等奖。1989年，承德市女子柔道队在承德三中组建。1990年，国家教委制定《体育教学大纲》，各学校按大纲要求上好体育课。双塔山镇中心小学学生魏建华获河北省少年女子标枪冠军，1992年被选送到太原市田径队。1993年，承德三中柔道队参加河北省运动会比赛，有3名运动员进入前12名，陆玉红被选入河北省体校柔道队。1997年，在第八届全国运动会上魏建华获女子标枪金牌，并打破全国青年纪录。

1997年，区内中小学开始实行“两操（眼保健操、广播韵律体操）、一素质（自创天天练）、加一舞（自编放松舞）”的课间操模式，提高课间操质量。2000年，承德市少儿体校双滦分校在承德三中成立，学校面向全市招生。各校执行教育部《学生体质健康标准》，开展体育活动。2003年，区教育布局调整，承德三中体校撤销。2004年4月，在承德市中学生运动会上，双滦区获高中组团体总分第一名。承德实验中学史明辉获标枪第一名，樊明利获跳远第一名，孙怀波5000米长跑打破承德市中学生运动会记录、3000米长跑打破河北省中学生运动会记录。2005年，双滦区在河北省中学生运动会上，获团体总分第七名。承德实验中学代表队参加临城举办的河北省优秀体育传统项目中学生田径运动会上获得季军；参加河北省第十三届中学生运动会获田径乙组团体总分第七名；参加全国大众健美操比赛，取得团体第一名和两个团体第二名；参加河北省健美操精英赛中，分获男子组、女子组第一名。同年，区直属中小学、各镇中心小学，将学生体质健康标准检测成绩，上报教育部数据中心。区文化教育体育局被河北省体育局、河北省教育厅评为“河北省群众体育工作先进单位”，承德实验中学被评为“河北省优秀体育传统项目学校”。

附记：

河北省第七届中学生运动会

河北省中学生田径运动会每两年举办一次，在省内24所重点中学中循环举办。1991年6月，双滦区申办河北省第七届中学生田径运动会。承德市教育局、双滦区政府投资400万元建设标准体育场等工程。

1994年5月26日至28日，河北省第七届中学生田径运动会在承德市第三中学举行。全省有13个代表队、326名男女运动员参加。承德市、唐山市、沧州市中学生代表队分别获男子团体总分前三名；石家庄市、保定市、承德市中学生代表队获女子团体总分前三名。该届运动会上有43人次打破15项河北省中学生运动会纪录，14名中学生达到了国家一级运动员标准，178名中学生达到国家二级运动员标准。承德市中学生王亚群等6名运动员分别打破河北省中学生运动会纪录。承德市教委、承德市体委获优秀承办单位奖。

河北省第七届中学生田径运动会在承德市第三中学举行（区教育局提供）

河北省第七届中学生运动会红旗仪仗队（区教育局提供）

整理：刘士起　袁宝森

1985—2005年部分年度双滦区学生获省级田径比赛成绩统计表

表23-2-1

年份	项　　目	成　绩	姓　名	学　校	备　注
1985	省青少年田径赛4×100米接力	第四名	郭海峰、纪要武	四中	
1987	省青少年田径赛100米	第三名	纪要武	四中	
1996	省青少年田径赛3000米	第四名	刘春凤	三中	破市中学女子纪录
1996	省青少年田径赛1500米	第二名	鞠东利	三中	破市中学男子纪录
1996	省青少年田径赛3000米、5000米	第四名	鞠东利	三中	
1998	省青少年田径赛3000米	第三名	刘雨竹	三中	
1999	省锦标赛110米高栏、100、400米	第一名	应伟宏	三中	
1999	全国定向越野锦标赛青年男子组	银牌	冯文	职中	
1999	全国定向越野锦标赛青年男子组	铜牌	周立民	职中	

续表 23-2-1

1999年	全国定向越野锦标赛青年女子组	银牌	赵春雨	职中	
2000年	省全运会10000米	第四名	刘海明	三中	破省男子纪录
2000年	省中学生运动会5000米	第一名	刘海明	三中	破省中学生纪录
2002年	省青少年田径锦标赛5000米	第一名	修亚强	三中	
2002年	省青少年田径锦标赛10000米	第二名	修亚强	三中	
2002年	省青少年田径锦标100米、200米	第一名	李春子	三中	
2002年	省中学生运动会5000米、1500米	第一名	修亚强	三中	
2005年	省中学生运动会田径乙组团体总分	第七名		实验中学	

第二节　群众体育

一 职工体育活动

民国时期，域内的职工体育活动仅限在学校教职员工中开展。

20 世纪 50 年代，企业在职工中开展群众性体育活动。主要内容有：广播体操、乒乓球、篮球、排球等，并组建职工业余运动队，除自己开展比赛活动外还参加承德市的一些比赛。教育工会经常组织教工开展篮球、排球、乒乓球、象棋、克郎棋、麻将、扑克等比赛活动。滦河小学的教工“钟声”体协，经常开展各种体育活动。

1979 年 10 月，滦河电厂举办第一届职工运动会。1982 年 9 月至 1986 年，双滦区总工会先后组织职工羽毛球比赛、乒乓球赛、元旦长跑比赛、棋类桥牌比赛。1984 年，区老年体协开展门球、太极拳、健身舞等体育活动，成功举办首届“琳霄杯”老年运动会。1986 年始，区总工会每年组织一次篮球和乒乓球赛。承钢自 20 世纪 80 年代始，每年举行球类、棋类、长跑、桥牌等单项比赛；先后举办 8 届“劲松杯”离退休职工门球赛。承德矿山机械厂、麻纺厂、丝绸厂等企业也经常组织职工开展各种体育活动。1992 年开始，滦河电厂每年“三八”妇女节都举办女职工趣味运动会。1993 年，承钢举办首届职工运动会，有 2000 余人参加比赛。此后，职工运动会每两年举办一次。1994 年 11 月，承德输送机总厂在全国第七届运动会上，被授予“全国群众体育活动先进单位”称号。1996 年，区体委、区老干部局联合举办离退休职工趣味运动会。1997 年，区体委举办“名人杯”全区乒乓球赛。滦河电厂举办离退休职工台球友谊赛。同年，承钢举办风筝大赛，公司工会干事赵志秋自制放飞一只长达 40 米的“龙”形风筝，被人称为“风筝王”。承钢工会成立承钢风筝协会，有会员 30 余人。协会每年举办两届风筝比赛。1998 年，区文体旅游局分别被河北省体委、承德市体委评为“老年人体育工作先进单位”“承德市体育工作者先进单位”。2002 年，双滦区有 16 名运动员代表承德市参加河北省全运会，被承德市政府授予“体育突出贡献奖”。

2004 年职工健身操比赛（摄影　刘永占）

2003 年，在庆祝承德避暑山庄肇建三百周年的全国风筝大赛上，由承钢风筝协会制作，代表承德市出赛的“龙”形风筝获得风筝放飞、风筝制作二等奖。至 2005 年，区总工会举办职工运动会 3 届，职工篮球赛 21 届、职工乒乓球赛 19 届、职工象棋赛 23 届。滦河电厂举办职工运动会 15 届，承钢举办职工运动会 5 届。在承德市“承钢杯”第三届全民运动会上，双滦区代表队获青少年组团体总分第三名，青少年组获金牌总数第五名；社会组获团体总分第三名。同年，区文化教育体育局被河北省体育局、河北省教育厅评为“河北省群众体育工作先进单位”。

二 农村体育活动

清末和民国期间，域内农村的武术健身活动很活跃，一直到新中国成立后还有习武人。

1952 年，在热河省第一届全民运动会上，滦河镇傅成通等老艺人做武术表演，当时，画家王信为其画的素描画像曾刊登在承德群众报上。20 世纪 60 年代初，国民经济三年困难时期，农村武术活动停滞。1985 年，在全国武术挖掘整理工作中，滦河镇酒店村 85 岁的农民老拳师高殿忠，献出珍藏多年的《短拳》《五形轮》《鹿角棒》《杆棒》《龙虎猴蛇四形拳》等武术套路。河北省武术挖掘领导小组授予他二等“雄狮奖”，同年 9 月 8 日，《中国体育报》以《暮年思报国》为题，介绍他的事迹。20 世纪 90 年代后，区内农村业余习武活动逐渐减少。

农村其他体育活动大多为群众自发组织，自娱自乐，其形式多为篮球、象棋等。20 世纪 60—70 年代，域内有农民业余篮球队。1971 年，偏桥子公社农民篮球队曾与河北省篮球二队举行篮球表演比赛。1987 年，双滦区举办首届农民象棋赛。1988 年，大庙镇被评为河北省春节农村体育活动先进单位。1991 年，偏桥子乡农民石怀利等象棋爱好者，订阅《北方棋艺》《象棋研究》等刊物，学习、研究棋法。他们经常和承德市内、承钢、麻纺厂的棋友互相开展小范围的比赛。同年，偏桥子乡被评为河北省农民体育先进乡。1998 年，在双滦区全民运动会上，偏桥子镇代表队取得象棋类比赛团体和个人第一名。承德日报以“跳马、飞象奔小康”为题报道偏桥子镇农民开展象棋活动情况。1999—2005 年，各村农民平时自发开展棋类、牌类、篮球、羽毛球、登山、踢毽等体育活动，每逢春节、元宵节，农民自动组织花会体育活动。

三 社区体育活动

社区有组织的体育活动始于 20 世纪 90 年代。1998 年，双塔山街道老年人健身舞蹈队在承德市首届体育舞蹈大赛上获三等奖。2002 年，双塔山、滦河街道办事处设立街道社区体育工作领导小组。各社区居委会也成立相应的组织机构，负责社区体育工作。各街道定期召开体育工作专题会议，研究如何综合利用社区体育活动资源。滦河街道各社区成立秧歌、太极拳、健身球、乒乓球、风筝队和象棋协会等居民群众体育活动组织；各社区配备二级社区体育指导员 45 名，先后组建秧歌队 7 支、腰鼓队 5 支、太极拳（或太极剑）队 11 支、健美操队 8 支。平时参与体育健身活动的居民有万余人，占居民总数的 40%。滦河行宫社区居民陈淑华等自创的“易拉罐”健身舞蹈，受到居民广泛喜爱。

2003 年，在承德市避暑山庄肇建 300 周年庆典活动中，滦河街道的健身腰鼓、健身球表演被选为特别节目进行表演。在承德市全民健身活动展演比赛中，滦河街道的健身腰鼓、健身球和太极拳表演获承德市全民健身活动一等奖；区文化教育体育局获优秀组织奖；滦河街道行宫社区、凤凰社区太极拳队在“承德市首届旅游名城太极拳展演”上获优秀奖；行宫社区居民李冠三被评为河北省“优秀体育指导员”。滦河街道羽毛球协会被承德市体育局推荐为河北省优秀体育活动指导站。滦河街道建有 10 万平方米的大型室外活动场地 4 个、市内活动室 1600 平方米、居民体育锻炼活动点 40 多个。同年，滦河街道被确定为河北省 22 个全民健身服务体系试点之一。承钢将占地面积 6.7 万平方米的滨河公园定为体育健身公园；河北省、承德市体育局在滦河行宫社区投入价值12万元的健身器材，建成“社区健身苑”；区民政局等部门帮扶滦河社区投入健身器材价值5万多元。

至2005年，滦河街道已举办两届“体育活动月”、两届“地税杯”乒乓球比赛。滦河街道办事处被国家体育总局授予“群众体育工作先进单位”。

四 少数民族体育运动

1991年，承德矿山机械厂子弟小学教师叶秀兰（蒙古族）等4人组队，代表承德市参加河北省第三届少数民族运动会，取得“秋千”比赛第三名。

第三节 体育赛事

一 田径比赛

民国27年5月（1938年），滦河街召开国民优级学生田径运动会，参加比赛人数有100余人。

新中国成立后，域内各学校每年举办一次田径运动会。1972年，承德三中田径队代表承德市参加河北省中学生运动会田径比赛。同年，承德四中学生葛东风被选送到河北省少年田径集训队。1973年，葛东风代表河北省中学生参加在山东举行的“全国中学生田径运动会”。1979年，滦河电厂举办第一届职工田径运动会。1984年7月，双滦区职工体育代表队参加承德市首届职工田径运动会获女子团体第二名，在各项比赛中获金牌5枚、银牌6枚、铜牌17枚。承钢组队参加承德市首届职工运动会，获团体总分第一名。1986—1988年，区教育系统组队参加河北省中小学生各类运动会18次。1993年，承德钢铁厂举办首届职工田径运动会。1994年5月，区政府承办河北省第七届中学生田径运动会，全省13个代表队的326名运动员在承德三中参加25个项目的比赛。1996年，承德三中学生刘春凤1500米、3000米长跑；鞠东利3000米、5000米、10000米长跑，分别创承德市中学生女子、男子长跑记录。1998年4月，在承德三中举办全区第一届“顺酒杯”全民田径运动会。2002年9月，双滦区在区民族文化广场举办第二届全民田径运动会。至2005年，区政府举办两届全民运动会，滦河电厂举办职工田径运动会15届、承钢举办职工田径运动会5届。

二 球类比赛

20世纪50年代，域内部分机关、企业和学校经常开展篮球、排球、足球、乒乓球、羽毛球等球类体育活动。期间，承钢排球代表队曾获承德市冠军，女子篮球队曾获河北冶金系统冠军。1965年，承德三中学生代表队在承德地区中学生乒乓球赛中，获女子单打前三名。1972年，承德三中乒乓球队在承德地区比赛中获前三名。1971—1973年，承德三中女子篮球队，在承德市中学生篮球赛中连续3年获冠军。1975年，承德四中学生张树启，获河北省中学生乒乓球赛男子单打第七名。1981年，滦河电厂乒乓球队在承德市乒乓球比赛中，取得女子团体第三名、男子单打第二名。1986年，承钢第一小学乒乓球队获承德市青少年运动会小学组团体总分第一名，单春月获男子单打第一名，朱单华获女子单打第二名。1987年，承钢一小校男子足球队，获河北省10城市小学生足球比赛第四名。1988年，区小学男子篮球队获河北省小学生篮球赛男子组第三名。1990年，承钢第一小学乒乓球队获承德市小学生乒乓球赛男子团体第一名。1991年，区小学男子排球队获河北省小学生男子排球赛第一名。2001年，承钢第一小学乒乓球队分获承德市乒乓球比赛甲组男、女团体第一名。2002年，小学生足球队参加承德市“百队杯”足球赛获男子甲组第一名。

2005年，双滦区小学生足球队获承德市“百队杯”足球赛小学五人组第二名，七人组第一名。同年，区小学生乒乓球队获承德市全民运动会小学组乒乓球团体第二名。

三 毽球比赛

1995年9月，承德输送机集团公司职工男子毽球队获河北省首届“南车辆段杯”职工毽球赛冠军；1998年10月，获河北省少数民族运动会毽球亚军，并获承德市振兴民族体育贡献奖；2002年，获河北省第六届少数民族运动会毽球赛第五名。2005年，双滦毽球俱乐部成立。俱乐部是由承德输送机集团公司、铭盛园大酒楼等单位的职工和承德市毽球爱好者组成的群众性体育组织。宗旨是“以球健身，以球会友，推广毽球文化”。俱乐部的常规活动有：自由训练，系统性训练，花式毽球教学，每天利用早晚时间在双滦民族文化广场开展毽球活动，组织参加各种形式的毽球比赛。同年，在承德市毽球比赛中，双滦毽球俱乐部女子组获县、区组团体总分第一名，男子组获县、区组团体总分第二名。

四 射击比赛

1963年，双塔山中学（今承德三中）组建小口径步枪射击队。1965年，双塔山中学学生王首先在承德市组织的小口径步枪射击比赛中获个人第一名。蔺桂荣、傅少义两名运动员代表承德市参加河北省射击比赛。1972年，承德三中射击队在承德地区比赛中获前三名。1975年，承德三中射击队队员代表承德市参加河北省比赛，获得好成绩。1982年，三中射击队解散。

五、棋类比赛

20世纪80年代开始，承钢每年举办一次象棋、围棋比赛。1987年，双滦教育系统成立中、小学生学校象棋队，队员30名，多次代表承德市参加河北省中、小学生象棋赛。1989年，滦河电厂举行全厂“军棋王”赛和围棋赛。1991年，双滦区代表队获“离宫杯”全国业余围棋比赛团体第十四名、承德市第一名。1992年，区代表队获河北省第八届运动会象棋赛儿童组第二名。1993年，获河北省象棋赛儿童组第五名。1996年，区举办象棋赛，教育系统获团体总分第一名。2005年，区代表队获承德市第三届运动会象棋赛团体总分第二名，王勃获个人总分第三名；双滦区队获围棋赛团体总分第三名，刘勇获个人总分第八名。

六 自行车比赛

1987年，承德四中学生娄福海参加承德市业余体校训练半年后，被选送到河北省自行车队。同年，获全国自行车分区赛第六名。2005年，承德三中被确定为承德市自行车训练基地，有20名队员经常参加集训。

2005年双滦区参加承德市第三届运动会比赛成绩统计表

表23-2-2

项 目	团 体 成 绩	个 人 成 绩
象 棋	团体总分第二名	王 勃 总分第三名
围 棋	团体总分第三名	刘 勇 总分第八名
乒乓球	男子团体第三名	郑世平 单打第五名
	女子团体第六名	修 磊 单打第五名
羽毛球	区代表队：男子团体总分第六名、女子团体总分第五名；承钢：分别获男、女团体总分第一名	秦亦浓获男子单打第八名；宋健民、鲍爱斌、白玉双分获女子单打第三、四、七名
篮 球	男、女团体总分第四名	
毽 球	女子获团体总分第一名，男子获团体总分第二名	
健美操	社会组第一名，青年组第三名	
田 径	青少年组男子团体总分第五名，女子团体总分第八名	
游 泳	男子团体总分第三名，女子团体总分第一名	

续表 23-2-2

项 目	团 体 成 绩	个 人 成 绩
乒乓球	男子团体总分第二名，女子团体总分第三名	
男子足球	团体总分第四名	
保龄球	县、区组团体总分第一名	
太极拳	县、区组团体总分第二名	

第四节 体育设施

一 体育场馆

民国19年(1930年),滦平县立完全小学(滦河街）建有4033平方米的操场，并有体育器材47件。民国21年（1932年)，滦河街西河沿建有滦平县体育场。

20世纪70年代，承钢建有7000平方米的露天体育场，设有舞台、灯光球场。1979年，滦河电厂建有400米跑道的田径体育场，并设有篮球、足球场；1990年，电厂新建标准游泳馆1个。1984年，承德四中建有400米田径体育场地。1993年，承钢投资400万元，在承钢中学建1.8万平方米标准的400米田径体育场，并设有篮球场和草坪足球场。1994年，承德三中建成标准的400米田径体育场。2004年，承钢为庆祝建厂五十周年，投资1000多万元，改建体育场，并铺设标准型塑胶跑道，整修草坪足球场和塑胶篮球场。 同年，承德实验中学建400米跑道。2005年，迁址后的承德三中建400米跑道。

至2005年，双滦区有体育场馆 5个，其中：承钢体育场1个，承德四中体育场1个，腾飞中专体育场1个,滦河电厂体育场一个、游泳馆1个。区内学校体育场地有400米跑道6个、200米跑道 4个 、足球场10个、篮球场21个。

二 健身设施

1958—1985年，承德钢铁厂、承德矿山机械厂、承德市麻纺厂、承德市丝绸厂、承德啤酒厂等单位相继建有灯光篮球场。1984年，承德钢铁厂投资8万元在露天体育场外修建一座旱冰场。20世纪90年代，滦河电厂建有台球室、健身房。承钢选矿厂家属区安装有健身器械1套。1996年，滦河镇东园子村在村委会门前，修建约2000多平方米的娱乐休闲广场，供村民开展文体活动。2003年，双滦区为落实《全民健身计划细则》和《奥运争光计划》，推动全民健身活动的开展，引进30万元的全民健身示范工程健身器械，安装在区民族文化广场东侧。滦河行宫社区“社区健身苑”，配有健身器械40件，价值12万元。2004年，双滦区引进15万元的全民健身示范工程健身器械，安装在滦河镇滨河公园内。同年，在滦河凤凰社区修建西苑花园，占地面积1.7万平方米，内设健身广场和篮球场，并安装健身器材30件。滦河镇酒店村筹资30万元,将酒店小学的原操场整修为酒店村休闲广场，并安装健身器材30件。

2005年，双滦区引进23万元的全民健身路径工程健身器材,分别安装在偏桥子镇中心广场、双塔山街道元宝山社区和双塔山中心大街公园。

第五节 管理与机构

一 机构

1984年，双滦区成立体育运动委员会。1995年，成立双滦区文化体育局，编制4人。1997年，区文化体育局改为区文化体育旅游局，编制7人。2001年，进行机构改革，撤销区文化体育旅游局，体育职能合并到区文化教育体育局。2005年，区文化教育体育局改为双滦区教育体育局。

二 管理

双滦建区前，无专门管理体育运动的组织，群众体育活动　由承德市体育运动委员会管理；职工体育活动由企业工会自管；学校体育工作由承德市教育局教育科管理。1980年9月，建区后，学校体育工作管理权由承德市教育局下放到双滦区文教局。1984年，区体委管理群众性体育活动；区老干部局老年人体育协会管理离退休人员体育活动。1995年，区全民健身领导小组管理全区全民健身活动。至2005年底，体育工作由双滦区教育体育局负责。

第二十四编　人　　物

双滦地域自清代始人口聚集、增多。在历史的长河中，域内曾出现过许多知名人士。他们或奔走办学、造福桑梓；或投身革命，戎马征骋，为民族的解放事业做出牺牲；或具有独门绝艺，传承中华民族古老的文化；或在社会主义建设事业中作出积极贡献。本编对各类人物以传记和名录的形式记述。资料所限，人物传略章录入人物21人，传记16篇；名录部分录入革命烈士23名、模范人物303人次、副高职以上知识分子775名、双滦在外地工作的地、市级以上党政军领导3名。

第一章　人物传

本章“革命烈士”一节，载入在抗战胜利后，革命政权初建的斗争中牺牲的9位烈士。“知名人士”一节中，近代部分录入文化界人士3名、革命干部2名、先进模范人物3名、民间艺人2名、文化大革命中受政治迫害人士1名。

第一节　革命烈士

1946年8月，国民党13军攻占承德，在敌我力量悬殊的形势下，中共地方政府决定紧急战略转移。9月5日二区（滦河镇）区委书记、政委赵炳炎接受县委部署的任务后，立即安排转移和善后工作。9月5日下午，区委书记赵炳炎带队到陈栅子村与二区干部周士斌、杜君汇合，当晚住在陈家沟。陈栅子村原伪村长、恶霸地主陈桂森秘密召集时任土改清算队负责人陈林祥（原伪警长，自卫团长）、陈桂录（原伪宪兵）等人叛变革命，并串通区小队陈桂有、马俊生、包旺等人叛变作为内应。他们编造假情报，骗赵炳炎书记返回陈栅子。途中休息时，叛徒陈桂有、马俊生将赵柄炎推到，捆起来押到陈栅子村公所，后被反动派杀害于滦河大桥下。当日，叛徒陈林祥带领原区小队等叛变人员20多人，赶到陈家沟将李光、张辅华、周士斌、杜君4名二区干部的住处包围，并向屋内开枪射击。李光等人奋勇还击，终因寡不敌众，全部壮烈牺牲。

赵炳炎（1922—1946）又名赵丕显，男，河北省望都县曹庄乡太和庄人。1939年加入中国共产党；18岁时被选任为本村村长；1940年末，调望都贸易局工作，经管晋察冀军区一、三、九分区的军需物资；1943年，任望都县一区、三区协助员和宣传部长。1945年“八一五”日本投降后，赵炳炎奉调热河省滦平县二区（即滦河镇）任区委书记兼政委，牺牲时年仅25岁。

李　光（1916—1946），原名杨树堂，河北省完县才良村人。1937 年参加革命；1946 年加入中国共产党；1942 年任完县第六区区委书记；1944 年任完县县委宣传部部长；1945 年调热河省滦平县任县委宣传部部长，牺牲时年仅 30 岁。

张辅华（1915—1946），男，北京市人。1938 年参加革命；1941 年去延安学习一年；1942 年任三五八旅宣传干事。1945 年“八一五”日本投降后，奉调热河省滦平县，任民教科长。牺牲时年仅 32 岁。

周士斌（1920—1946），男，原名周记科，河北省曲阳县产德乡南次槽村人。1940 年 7 月加入中国共产党，曾任本村农会干部及半脱产的曲阳县八区执委。1945 年“八一五””日本投降后，奉调热河省滦平县任第二区（滦河镇）组织委员，牺牲时年仅 26 岁。

杜　君（1924—1946），女，河北省安平县北赵店村人。1939 年入党，1940 年参加八路军 120 师宣传队；1941 年在县、区妇联会工作。1945 年“八一五”日本投降后，奉调热河省滦平县第二区（滦河镇）任区妇联会主任，牺牲时年仅 22 岁。

1946 年 8 月，国民党军队进攻解放区占领承德。9 月 5 日晚 8 时，区小队田恩队长被叛徒葛桂芳、刘忠岐等人（原区小队队员）捆绑，关押至滦河街小老爷庙。9 月 6 日晨，区武委会主任王志敏、副主任靳景银得知田恩队长被叛徒抓捕的消息后，立即赶去营救。王、靳两人行至滦河西街遭到叛徒贺崇保枪袭，两人光荣牺牲。

王志敏（1919—1946），男，原名王墨来，河北省曲阳县党城乡喜峪村人。1939 年参加革命，同年加入中国共产党，当过战士、通讯员。1945 年“八一五”日本投降后，奉调热河省滦平县第二区（滦河镇）任区武委会主任，牺牲时年仅 27 岁。

靳景银（1917—1946），男，滦平县陈栅子乡南山根村人。1946 年加入中国共产党，任滦平县二区（滦河镇）武委会副主任，牺牲时年仅 29 岁。

贾金录（1920—1946），男，又名贾进禄，河北省行唐县羊柴村人。1945 年在本村任治安员；1945 年 4 月任区治安干事。1945 年“八一五”日本投降后，调热河省滦平县第二区（滦河镇）任区治安员。在 1946 年 8 月末撤出滦河镇后，受命到付营子村坚壁军需物资和做善后工作，被叛变的村干部和地主杀害，牺牲时年仅 26 岁。

于超（？—1946），男，关里人（籍贯不详），1945 年“八一五”日本投降后，调热河省滦平县任第二区（滦河镇）财粮助理。1946 年 8 月末撤出滦河镇后，被派到烧锅村做善后工作。工作完成后，向西转移，走到黄店村时被杜姓地主（外号老羊倌）杀害，牺牲时年岁不详。

第二节　知名人士

一　文化界人士

孙绳武（1869—1933），男，字孝庭，滦河镇人，毕业于滦平县师范传习所。光绪三十年（1904 年），他在县街（滦河街）创办两等小学堂；后又积极筹划、奔走四乡，创办新校。几年时间内，在僻远的乡村创建 8 所小学，在滦河街创办女子小学 1 所和驻防小学 1 所。为筹办经费，他多次向县、道写报告，后经批准，争得地方杂税、契税等七项收入作为办学专款，使教育经费按时拨发有了保证，所办诸校得以稳定发展，得到四乡百姓盛赞。宣统元年（1909 年），他任县劝学所总董，因办学有功，先后被清政府授予“五品功牌”和“五品奖札”的奖励。民国元年（1912 年），在他倡议和组织下成立滦平县教育会，即被推为首任会长。同年，兼任县单级讲习所所长。民国 3 年（1914 年），他被委任为县高、初两等小学校校长。同年 7 月，被选为临时省议会议员。民国 4 年（1915 年），他被国民政府授予八等嘉禾勋章。民国 5 年(1916 年)，滦平县成立县劝学所，他被委任为所长，后又兼任县国语讲习所所长及县视学。民国15年(1926年)，劝学所改称教育局，他任局长。数十年时间里，他一直坚持到县内各乡奔走，解决学校运行中的大事难事、筹措经费，巩固已办、在办学校，并在边远乡村创办新校。孙先生63岁病逝，被称为当地教育事业的奠基人。

纪恒（区档案馆提供）

纪 桓（1883—1956），男，字笃培，滦河镇酒店村人。清朝秀才。民国8—13年(1919—1924年)任滦平县官产处处长，后曾一度任热河省教育厅厅长。民国22年(1933年)，日本侵占承德后，他拒绝担任伪职，以教私塾为生。民国30年(1941年)，日伪县政府以“国事犯”罪名将他抓入监狱。关押两个月后，监狱负责人对他耍笑说：“你多年搞教育，能立即作诗一首就放你。”他当即昂首长吟道：“自怜头脑太昏蒙，偶被牵连入狱中。一旦浮云全扫淨，依然红日照当空。”出狱后，他自名“纪又还”，表明自己该怎么做还怎么做。他串走承德各地搞私塾教育，并兼以个人自学的中医技能为当地百姓治病。

民国34年(1945年)后，曾一度在滦河镇大十字街开过中医诊所。新中国成立后，1952年时他被聘为热河省文史馆馆员，专心搜集整理承德市和滦平县的史料，为当地史志的编辑出版工作做出突出贡献。1955年热河省撤销，他被转续聘为河北省文史馆馆员，当年7月病逝。

齐家学(1892—？)，男，字振庸，滦河镇人，汉族。其父齐顺曾在滦河镇老街开过饭馆、粉房和赁具铺（向外租赁家具）。齐家学从承德中学毕业后，考入香港大学。大学毕业后，留学英国，在牛津大学就读并获学位（硕士或博士不详）。回国后，他到保定大学任教授并兼育德中学英文教师。教学之外，他还兼做翻译工作，曾将《四书备旨》、韩愈的《原道》等古文与《三国演义》等古典文学作品翻译成英文。民国22年(1933年)，日寇侵占热河省，齐家学举家迁到西安市，任西安市实业大学校长，并自办实业，开办针织厂。此后不久日寇全面侵华,国内处于战乱状态，滦河镇老家之人与他一家失去联系，后来的情况不明（逝年不详）。齐家学为双滦区籍的首位大学毕业生和归国留学生。

二 革命老干部

孙毅(1905—1966)，男，原名孙云普，字岫峰,滦河镇酒店村人。他自承德市中学毕业后，到滦河小学任教。民国22年(1933年)日本侵略军占领承德，他愤而出走，寻找抗日路径，过了数年颠沛流离的生活。至34年(1945年)，时隔12年，直到抗战胜利才与家人团聚。民国26年(1937年)奔西安参加革命。民国27年(1938年)到延安抗日军政大学学习，同年入党。民国29年(1940年)从抗大毕业，被委任为“德合总社经理”,做军需供给工作。民国35年(1946年)在东北，历任沈阳军区后勤部军需处处长、后勤部副部长。在部队后勤工作中，兢兢业业，克己奉公，工作业绩突出，多次得到军委表彰。1955年，被授予上校军衔。新中国成立后，孙毅将全家接到任所，1966年病逝。

王庆祥(1901—1991)，男，河北省晋县人，高小文化。民国25年(1936年)参加革命，曾随红军第二方面军长征，后在八路军三五九旅工作。新中国后，他转业到承德市工作。结婚后，因妻子是滦河公社滦河大队第五生产队人，就随妻定居于滦河镇。他默默地生活了近30年，1978年，才被发现是老红军，当年年底被市相关部门安排到承德市福利院生活。在福利院居住期间，他遵守纪律，作风朴实，从不以自己是老红军而居功自傲，受到院领导、职工和共同生活的人们普遍尊敬与赞扬。1989年，他患冠心病住院治疗。在生病期间，承德市和相关部门领导多次看望过他。1991年3月19日病故，享年90岁。

三 先进模范

王贵堂（1920—1969），男，汉族，中共党员，山东省乳山县人。生前曾任承钢机修厂副厂长。1952年，他在矿山机械厂工作期间，曾经创造出一套先进合理的下料方法——套裁下料法，后在全省工业企业中推广。由于他工作业绩突出，1953年、1954年连续被评为热河省劳动模范。

金鼎玉（1937—1998年），男，河北平泉县人，蒙古族，中共党员、高级工程师、河北省劳动模范、全国劳动模范。原承德输送机集团有限责任公司董事长、总经理。

金鼎玉1962年毕业于唐山矿冶学院电机系，分配到承德矿山机械厂工作。1977年，任设计科副科长后，主持开发部分新产品设计试制项目。1982年，任主管生产副厂长，1986年任厂长。时值国家从计划经济向市场经济转型时期，他提出“以技术为先导、以质量为主线”的经营方针，内抓技术进步、外拓市场，使企业较快实现从计划经济到市场经济的转型。1995年，承德输送机总厂改制为承德输送机集团有限责任公司（简称承输集团），他任董事长、总经理。1995年，承输集团与美国WEBB公司合资设立中方控股的承德韦伯输送机械有限公司，他兼任董事长、总经理。金鼎玉任职的12年间，企业产品迅速扩大为4大门类、60多个品种、200多个规格，先后获得河北省百强企业、河北省标兵企业等诸多荣誉。1995年，承输集团所属的研究所被国家经贸委、税务总局和海关总署评定为国家级企业技术中心，承输集团并获得全国“五一”劳动奖状。1997年，承输集团通过ISO 9001质量保证体系认证。1997年12月，金鼎玉退休。次年5月1日病故，享年61岁。

段长泰（1926.7—2005.7），男，汉族，小学文化，中共党员，山东省淄博市人。1949年参加工作，1958年调到大庙铁矿。作为一位老矿工，他工作在井下20多年，先后带出100多个徒弟，把全部心血倾注在矿山建设上，被誉为“开发矿业的尖兵”“冶金战线上的铁人”。他曾任大庙铁矿副矿长。1977年，段长泰获得河北省先进工作者称号；1978年、1980年，两次获得河北省劳动模范称号；1978年，当选为第五届全国人大代表。

四 民间艺人

倪永泉（倪广信提供）

倪永泉（1909—2001年），祖籍浙江绍兴，自幼随父辈迁至喀喇河屯（今滦河镇）。民国期间，其父辈在滦河街开办“杠房”。受家世熏陶，倪永泉精通民间器乐演奏，擅于乐器维修、制作，秉承了父辈的鼓乐班。民国15年（1926年），倪永泉17岁时与同班演奏艺人常德林一起到穹览寺学习寺庙音乐，从师于住持大祥和僧人文义。同年，倪永泉的鼓乐班与穹览寺的僧人乐队合并为“十番班”，常在民间花会、庙会、寺庙法事和民间红白喜事中演奏。民国22年（1933年）境域被日军侵占，“十番班”被迫解散。1950年以后，倪永泉先后在隆化、滦平等县剧团工作，担任乐队指挥（打鼓板）；1961年回到滦河镇以卖烧饼、开饭馆为业。1979年，倪永泉向国家献出了珍藏多年的手抄穹览寺乐谱（工尺谱）87首。1981年，中央民族音乐学院袁静芳老师来到滦河倪永泉家采集民间乐曲，倪永泉与其子倪绪文、侄子倪绪明、倪绪清等人参加了演奏录音采访。1984年又带领其侄子倪绪明、倪绪清及徒弟郭小明等人应约赴河北省进行民间乐曲演奏录音。

高殿忠（1900—1992年）高殿忠出身于滦河镇酒店村一个比较殷实的家庭。民国初年，十几岁的高殿忠从师于“把式一”（绰号）习武。

他勤奋好学，尊师重道，师傅把祖上嫡传的几套绝技教给了他。几十年来，不管社会动乱、变迁，他始终潜心苦练，在承德市周边武术界具有一定的声望和影响力。1982年，高老有幸参加挖掘整理武术遗产工作，他带孙女高志华到沧州、邢台等地进行武术交流、示范表演。1985年，他把自己的独门绝技——“子母拳”“五行轮”拳技套路整理出来，无偿献给国家。同年，9月28日，中国体育报以《暮年思报国》为题报道了高老的事迹。

滦河镇民间武术艺人高殿忠，于1982年（亲属提供）

五　追求真理的勇士

董秀芝（1938.8—1999.10），女，河北省围场县人。1963年毕业于唐山矿冶学院，承德矿山机械厂技术员。

“文化大革命”时期，董秀芝对当时的“造反派夺权”“打击迫害老干部”“宣扬血统论”等产生疑问及思索。她说：“……说人家是走资本主义道路当权派……我有怀疑。那些事，应该一件一件地具体分析，分清是非。”她给当时承德市大批判组写信，揭露林彪、江青等人打击迫害老干部的反革命伎俩。她曾先后三次给党中央写信，阐明观点。坚持认为：林彪、江青是反革命分子，中国不能让他们俩做政治舞台的主角。建议党中央审查林彪、江青等人的历史，纯洁无产阶级司令部。“……我认为林彪、江青代表资产阶级。林彪口称高举毛泽东思想伟大红旗，实际上是高举他自己……。”她认为林彪、江青在文化战线搞阴谋活动，违背“百花齐放，百家争鸣”的方针。“认识由实践来，文化大革命的实践，使我有了这些认识。”1970年7月23日，董秀芝被隔离审查。1971年10月24日，被判处无期徒刑。入狱后，她无法排解心中的愤怒，患上严重的心理障碍疾病。1976年11月7日，董秀芝被释放出狱送回老家。后在原承德地区妇女联合会的关怀下，她被接回承德矿山机械厂。

1979年9月11日，承德市委、市革命委员会为董秀芝彻底平反昭雪。1979年9月11日，人民日报以《追求真理的勇士》为题，报道了董秀芝的事迹。1999年10月，董秀芝不堪病痛，自杀殒命。

第二章　人物名录

本章收入烈士名录、市级以上劳动模范名录、获省级以上单项表彰名录、省级以上优秀共产党员及党务工作者名录、双滦在外地工作的地市级以上党政军领导及高级知识分子名录、副高职以上知识分子名录。根据掌握的资料，录入革命烈士23名，以牺牲时间排序；市级以上劳动模范（包括市级）184人次。其中全国劳动模范7名，省级劳动模范45人次，市级劳动模范132人次，以获奖时间排序；省级以上（系统）单项表彰56名，其中全国（部委）单项表彰10名，省（厅局）先进工作者及其他荣誉称号79人次；省级以上优秀共产党员和优秀党务工作者39名，其中全国优秀党务工作者1名，省级优秀共产党员和优秀党务工作者38名，以获奖时间排序；双滦在外地工作的地市级以上党政军领导3名，以出生时间排序；副高职以上知识分子775名，其中高级职称知识分子490名，副高级职称知识分子285名，以评授时间排序。

一 双滦区烈士名录（23名）

表 24-2-1

姓名	性别	出生年份	籍贯	参加革命时间	牺牲时间	牺牲地点	牺牲时的单位	当时职务	安葬地点	附注
徐永树	男	不详	大庙镇小三岔口	不详	1947年	隆化县城	不详	不详	不详	
许风春	男	1929	大庙镇东沟	1947年5月	1947年7月	张家口永定城	东北军五旅15团	战士	张家口市	
刘风刚	男	1926	大庙镇小三岔口	1946年9月	1948年3月	张家口市	46军	战士	张家口市	
冯　怀	男	1922	双塔山白庙子村	1945年	1948年4月	承德市丰宁县	167师19团3营	排长	不详	
张文达	男	1930	滦河镇滦河村	1946年3月	1948年10月	张家口崇礼县	71师	战士	张家口市	
刘　起	男	1933	大庙镇大庙村	1948年	1949年	承德滦平县红旗	19团	通讯员	大庙村	
徐　荣	男	1928	双塔山厂沟村	1948年10月	1949年2月	天津市	不详	战士	不详	
孟广录	男	1929	双塔山镇单塔子村	1949年1月	1949年6月	湖北省宜昌市	47军139师	战士	宜昌市	
徐　瑞	男	1931	双塔山镇中营子村	1949年2月	1949年7月	湖南省衡宝	45军135师405团	副班长	湖南省	
石　富	男	1932	偏桥子镇长北沟村	1949年5月	1950年	朝鲜漳厦鼓浪岭	31军91师27团	通讯员	朝鲜	
郭　桐	男	1927	大庙镇大庙村	1945年8月	1950年9月	广东省灵山	134师400团	副连长	广东	
吴作忠	男	1929	偏桥子镇老沟门村	1949年1月	1950年10月	朝鲜天度山	不详	副班长	朝鲜	
袁福田	男	1931	双塔山镇应营子村	1949年2月	1950年12月	朝鲜	196师587团3营	战士	朝鲜	通讯员
郭延功	男	1930	大庙镇东沟	1950年11月	1951年2月	朝鲜临津江	193师579团	战士	朝鲜	
刘志新	男	1923	滦河镇滦河村	1949年3月	1951年10月	朝鲜桥沿山	602团2营	文化教员	朝鲜桥沿山	
姜清贵	男	1931	双塔山镇下甸子村	1949年2月	1951年10月	朝鲜临津江	139师416团3营	战士	朝鲜铁原郡	通讯员
李风彩	男	1933	偏桥子镇大贵口村	1950年10月	1951年10月	朝鲜	36军103师	管理员	朝鲜	
刘天志	男	1926	滦河镇东园子村	不详	1951年11月	朝鲜	不详	连文化教员	不详	
孟照起	男	1924	滦河镇滦河村	1946年	1952年	朝鲜	炮兵第1师26团	战士	朝鲜	
梁　教	男	1929	偏桥子镇大贵口村	1950年10月	1952年	朝鲜	不详	不详	朝鲜	另录梁孝
胡旭岭	男	1929	双塔山镇通沟村	1949年2月	1952年10月	朝鲜	197师炮兵团	炮兵	朝鲜大登	
武如和	男	1924	大庙镇东沟	1947年9月	1953年	朝鲜	不详	连长	朝鲜	
赵建国	男	1953	双塔山镇西平台村	1975年	1978年5月	承德市东风煤矿(营子区)	东风煤矿子弟学校	教师	西平台村	

二 劳动模范名录（185 人次）

全国劳动模范名表 （7 名）

表 24-2-2

姓名	性别	工作单位	获奖时间	奖励名称
张炳华	男	承德输送机集团公司	1956年	全国劳动模范
吕桂兰	女	承德市麻纺厂	1956年	全国劳动模范
李清民	男	承德钢铁公司	1956年	全国劳动模范
金鼎玉	男	承德输送机集团公司	1995年	全国劳动模范
李世伟	男	承德钢铁集团有限公司	1995年	全国劳动模范
常继德	男	承德钢铁集团有限公司	2000年	全国劳动模范
张志新	男	承德钢铁集团有限公司	2005年	全国劳动模范

河北（热河）省劳动模范名表（46 名）

表 24-2-3

姓名	性别	工作单位	获奖时间	奖励名称
付万荣	男	承德矿山机械厂	1951年	热河省工业劳动模范
初桂馥	男	承德钢铁公司	1952年	热河省劳动模范
薄树昌	男	承德钢铁公司	1952年	热河省劳动模范
单守良	男	承德矿山机械厂	1952年、1954年	热河省劳动模范
张 友	男	承德钢铁公司	1953年	热河省劳动模范
尚克诚	男	承德钢铁公司	1953年	热河省劳动模范
高喜俊	男	承德钢铁公司	1953年	热河省劳动模范
王贵堂	男	承德矿山机械厂	1953年、1954年	热河省工业劳动模范
李永文	男	承德钢铁公司	1954年	热河省劳动模范
李万山	男	承德矿山机械厂	1954年	热河省劳动模范
屈树仁	男	承德矿山机械厂	1954年	热河省劳动模范
陆文达	男	承德市丝绸厂	1954年	热河省劳动模范
张凤山	男	承德市丝绸厂	1954年、1955年	热河省劳动模范
高凤林	男	承德市建筑材料厂	1954年	热河省劳动模范
程世祥	男	承德钢铁公司	1954年	热河省劳动模范
于桂茹	女	承德市麻纺厂	1954年	热河省劳动模范
王书章	男	承德市麻纺厂	1954年	热河省劳动模范
王宝玉	男	大庙陶瓷厂	1954年	热河省劳动模范
张桂荣	男	承德市丝绸厂	1955年	热河省劳动模范
孙玉凤	女	承德市丝绸厂	1955年	热河省劳动模范
杨雨滋	男	承德市麻纺厂	1955年	热河省劳动模范
初桂馥	男	承德钢铁公司	1955年	热河省劳动模范

续表 24-2-3

姓名	性别	工作单位	获奖时间	奖励名称
任国明	男	承德钢铁公司	1956年	河北省劳动模范
李清民	男	承德钢铁公司	1956年	河北省劳动模范
王贵堂	男	承德矿山机械厂	1956年	河北省工业劳动模范
单桂珍	女	承德市丝绸厂	1958年	河北省劳动模范
任文祥	男	承德钢铁公司	1959年	河北省劳动模范
单守良	男	承德矿山机械厂	1959年	河北省劳动模范
王克瑞	男	承德市麻纺厂	1977年、1979年	河北省劳动模范
段长泰	男	承德钢铁厂	1978年	河北省劳动模范
段长泰	男	承德钢铁厂	1980年	河北省劳动模范
郭淑芹	女	双塔山镇医院	1981年	河北省劳动模范
刘士君	男	承德矿山机械厂	1981年	河北省劳动模范
王　洪	男	承德钢铁厂	1984年	河北省劳动模范
赵福康	男	承德钢铁厂	1985年	河北省劳动模范
刘秀芳	女	承德市丝绸厂	1985年、1986年	河北省劳动模范
王西林	男	承德钢铁厂	1989年	河北省劳动模范
柴广海	男	承德钢铁公司	1992年、1994年	河北省劳动模范
刘克忠	男	承德钢铁集团有限公司	1993年	河北省劳动模范
金鼎玉	男	承德输送机集团公司	1995年	河北省劳动模范
李世伟	男	承德钢铁集团有限公司	1995年	河北省劳动模范
王　生	男	滦河镇宫后村	1995年	河北省劳动模范
韩信生	男	兴宝公司	1999年	河北省劳动模范
常继德	男	承德钢铁集团有限公司	1999年	河北省劳动模范
李志祥	男	承德钢铁集团有限公司	2004年	河北省劳动模范
常　健	男	承德钢铁集团有限公司	2004年	河北省劳动模范
郭　文	男	承德钢铁集团有限公司	2004年	河北省劳动模范
梅树成	男	双塔山镇松树沟村	2004年	河北省劳动模范
张希华	男	新新机械制造有限公司	2004年	河北省劳动模范

承德市劳动模范名表（132 名）

表 24-2-4

姓名	性别	工作单位	获奖时间	奖励名称
路德玉	男	承德矿山机械厂	1977年、1978年、1979年	承德市劳动模范
段长泰	男	承德钢铁厂	1978年	承德市劳动模范
孙志成	女	承德钢铁厂	1978年	承德市劳动模范

续表 24-2-4

姓名	性别	工作单位	获奖时间	奖励名称
孙永平	男	承德钢铁厂	1978年	承德市劳动模范
王　洪	男	承德钢铁厂	1978年	承德市劳动模范
张炳华	男	承德矿山机械厂	1978年、1979年	承德市劳动模范
段长泰	男	承德钢铁厂	1980年	承德市劳动模范
孙志成	女	承德钢铁厂	1980年	承德市劳动模范
孙永平	男	承德钢铁厂	1980年	承德市劳动模范
王　洪	男	承德钢铁厂	1980年	承德市劳动模范
孙永平	男	承德钢铁厂	1981年	承德市劳动模范
王　洪	男	承德钢铁厂	1981年	承德市劳动模范
曹殿印	男	承德钢铁厂	1981年	承德市劳动模范
孙志成	女	承德钢铁厂	1981年	承德市劳动模范
杨云贤	女	承德钢铁厂	1981年	承德市劳动模范
刘士君	男	承德矿山机械厂	1981年、1982年、1983年	承德市劳动模范
徐淑芬	女	承德钢铁厂第一小学	1982年	承德市劳动模范
孙志成	女	承德钢铁厂	1982年	承德市劳动模范
孙永平	男	承德钢铁厂	1982年	承德市劳动模范
王　洪	男	承德钢铁厂	1982年	承德市劳动模范
杨云贤	女	承德钢铁厂	1982年	承德市劳动模范
王志臣	男	承德钢铁厂	1983年	承德市劳动模范
刘福明	男	承德钢铁厂	1983年	承德市劳动模范
逯增华	男	承德钢铁厂	1983年	承德市劳动模范
曹殿印	男	承德钢铁厂	1983年	承德市劳动模范
孙志成	女	承德钢铁厂	1983年	承德市劳动模范
孙永平	男	承德钢铁厂	1983年	承德市劳动模范
王　洪	男	承德钢铁厂	1983年	承德市劳动模范
杨云贤	女	承德钢铁厂	1983年	承德市劳动模范
刘恩成	男	承德钢铁厂	1983年	承德市劳动模范
王艳青	女	承德市丝绸厂	1983年	承德市劳动模范
崔中玉	男	承德钢铁厂中学	1984年	承德市劳动模范
王凤璞	男	双滦区人大常委会	1984年	承德市劳动模范
孙志成	女	承德钢铁厂	1984年	承德市劳动模范
孙永平	男	承德钢铁厂	1984年	承德市劳动模范
王　洪	男	承德钢铁厂	1984年	承德市劳动模范
杨云贤	女	承德钢铁厂	1984年	承德市劳动模范

续表 24-2-4

姓名	性别	工作单位	获奖时间	奖励名称
王志臣	男	承德钢铁厂	1984年	承德市劳动模范
刘恩成	男	承德钢铁厂	1984年	承德市劳动模范
赵福康	男	承德钢铁厂	1984年	承德市劳动模范
石亚君	女	承德市丝绸厂	1984年	承德市劳动模范
马维轩	男	承德矿山机械厂	1984年、1985年	承德市劳动模范
张维学	男	承德矿山机械厂	1984年、1985年	承德市劳动模范
刘秀芳	女	承德市丝绸厂	1984年、1985年	承德市劳动模范
纪长敏	男	承德矿山机械厂	1985年	承德市劳动模范
孙志成	女	承德钢铁厂	1985年	承德市劳动模范
孙永平	男	承德钢铁厂	1985年	承德市劳动模范
杨云贤	女	承德钢铁厂	1985年	承德市劳动模范
赵福康	男	承德钢铁厂	1985年	承德市劳动模范
周继贤	男	承德钢铁厂	1985年	承德市劳动模范
王西林	男	承德钢铁厂	1985年	承德市劳动模范
朱树鲁	男	承德钢铁厂	1985年	承德市劳动模范
王西林	男	承德钢铁厂	1986年	承德市劳动模范
杨德山	男	承德钢铁厂	1986年	承德市劳动模范
刘春富	男	承德钢铁厂	1986年	承德市劳动模范
韩输志	男	承德钢铁厂	1986年	承德市劳动模范
郝　坤	男	双滦人民政府办公室	1986年	承德市劳动模范
温景贤	女	承德市丝绸厂	1986年	承德市劳动模范
王西林	男	承德钢铁厂	1987年	承德市劳动模范
张秀兰	女	双滦区经贸局	1988年	承德市劳动模范
于占江	男	承德钢铁厂	1989年	承德市劳动模范
张景山	男	承德钢铁厂	1991年	承德市劳动模范
冯玉梅	女	承德市丝绸厂	1991年	承德市劳动模范
王振德	男	承德市丝绸厂	1991年	承德市劳动模范
常继德	男	承德钢铁公司	1992年	承德市劳动模范
付桂芝	女	承德钢铁公司	1992年	承德市劳动模范
刘克忠	男	承德钢铁公司	1992年	承德市劳动模范
周春林	男	承德钢铁公司	1992年	承德市劳动模范
柴广海	男	承德钢铁公司	1992年	承德市劳动模范
李世伟	男	承德钢铁公司	1992年	承德市劳动模范
白玉霞	女	承德钢铁公司	1993年	承德市劳动模范

续表 24-2-4

姓名	性别	工作单位	获奖时间	奖励名称
赵柏树	男	承德钢铁公司	1993年	承德市劳动模范
常继德	男	承德钢铁公司	1994年	承德市劳动模范
王嘉兴	男	承德钢铁公司	1994年	承德市劳动模范
张　宁	男	承德钢铁集团有限公司中学	1995年	承德市劳动模范
范增江	女	承德钢铁集团有限公司	1995年	承德市劳动模范
许恒录	男	承德钢铁集团有限公司	1995年	承德市劳动模范
赵德林	男	承德钢铁集团有限公司	1995年	承德市劳动模范
王玉山	男	承德钢铁集团有限公司	1995年	承德市劳动模范
张万德	男	承德钢铁集团有限公司	1995年	承德市劳动模范
张德明	男	承德钢铁集团有限公司	1995年	承德市劳动模范
常继德	男	承德钢铁集团有限公司	1995年	承德市劳动模范
张志新	男	承德钢铁集团有限公司	1995年	承德市劳动模范
杨伟志	男	承德钢铁集团有限公司	1995年	承德市劳动模范
王永祥	男	承德钢铁集团有限公司	1995年	承德市劳动模范
宋海龙	男	承德钢铁集团有限公司	1995年	承德市劳动模范
王万年	男	承德钢铁集团有限公司	1995年	承德市劳动模范
马秀荣	女	承德钢铁集团有限公司	1996年	承德市劳动模范
晋心翠	女	承德钢铁集团有限公司	1997年	承德市劳动模范
张怀玉	男	承德钢铁集团有限公司	1997年	承德市劳动模范
宫延岭	男	承德钢铁集团有限公司	1997年	承德市劳动模范
冯彦民	男	承德钢铁集团有限公司	1997年	承德市劳动模范
刘泰丰	男	承德钢铁集团有限公司	1997年	承德市劳动模范
武广平	男	承德市热河钢铁厂	1999年	承德市劳动模范
韩信生	男	大庙镇建筑陶瓷厂	1999年	承德市劳动模范
王英杰	男	承德钢铁集团有限公司	1999年	承德市劳动模范
常　建	男	承德钢铁集团有限公司	1999年	承德市劳动模范
章学茹	女	承德钢铁集团有限公司	1999年	承德市劳动模范
张乃礼	男	承德钢铁集团有限公司	1999年	承德市劳动模范
宋玉卿	男	承德钢铁集团有限公司	1999年	承德市劳动模范
来彦斌	男	承德钢铁集团有限公司	1999年	承德市劳动模范
张振中	男	承德钢铁集团有限公司	1999年	承德市劳动模范
迟桂友	男	承德钢铁集团有限公司	1999年	承德市劳动模范
杜来喜	男	承德钢铁集团有限公司	1999年	承德市劳动模范
林树刚	男	承德钢铁集团有限公司	1999年	承德市劳动模范

续表 24-2-4

姓名	性别	工作单位	获奖时间	奖励名称
仲会民	男	承德钢铁集团有限公司	1999年	承德市劳动模范
韩卫东	男	承德钢铁集团有限公司	1999年	承德市劳动模范
王彦军	男	承德钢铁集团有限公司	1999年	承德市劳动模范
刘京国	男	承德钢铁集团有限公司	1999年	承德市劳动模范
刘广华	男	承德钢铁集团有限公司	1999年	承德市劳动模范
左利民	男	双滦区公安分局	2004年	承德市劳动模范
王亚军	男	逸夫实验小学教师	2004年	承德市劳动模范
宣　雁	女	双滦区供销社主任	2004年	承德市劳动模范
郭　涛	男	双塔山镇党委书记	2004年	承德市劳动模范
康利民	男	承德钢铁集团有限公司	2004年	承德市劳动模范
郭　文	男	承德钢铁集团有限公司	2004年	承德市劳动模范
张德生	男	承德钢铁集团有限公司	2004年	承德市劳动模范
朴树银	男	承德钢铁集团有限公司	2004年	承德市劳动模范
刘德安	男	承德钢铁集团有限公司	2004年	承德市劳动模范
刘国宏	男	承德钢铁集团有限公司	2004年	承德市劳动模范
冯彦民	男	承德钢铁集团有限公司	2004年	承德市劳动模范
李志辉	男	承德钢铁集团有限公司	2004年	承德市劳动模范
王宝森	男	承德钢铁集团有限公司	2004年	承德市劳动模范
孟德田	男	承德钢铁集团有限公司	2004年	承德市劳动模范
李　军	男	承德钢铁集团有限公司	2004年	承德市劳动模范
郭晋宏	女	承德钢铁集团有限公司	2004年	承德市劳动模范
杜金明	男	承德钢铁集团有限公司	2004年	承德市劳动模范
周　莹	女	承德钢铁集团有限公司	2004年	承德市劳动模范
张国安	男	承德钢铁集团有限公司	2004年	承德市劳动模范
王世杰	男	承德钢铁集团有限公司	2004年	承德市劳动模范
贾成满	男	承德钢铁集团有限公司	2004年	承德市劳动模范
李怡平	男	承德钢铁集团有限公司	2004年	承德市劳动模范

三 先进工作者及其他称号名录（79 人次）

全国行业系统先进工作者及其他称号名表（12 名）

表 24-2-5

姓名	性别	工作单位	获奖时间	奖励名称
孙志成	女	承德钢铁厂	1977年	全国冶金系统先进工作者
孙志成	女	承德钢铁厂	1978年	全国冶金工业劳动模范

续表 24-2-5

姓名	性别	工作单位	获奖时间	奖励名称
孙志成	女	承德钢铁厂	1979年、1983年	全国“三八”红旗手
孙永平	男	承德钢铁厂	1981年	全国冶金系统劳动模范
孙志成	女	承德钢铁厂	1991年	全国自强模范
付玉宝	男	双滦区政府	1993年	全国社会治安综合治理先进个人
刘晓英	女	承德市麻纺厂	1994年	全国纺织系统劳动模范
常继德	男	承德钢铁集团有限公司	1998年	全国青年岗位能手
张志新	男	承德钢铁集团有限公司	1999年	全国“五一”劳动奖章
刘克忠	男	承德钢铁集团有限公司	2001年	全国“五一”劳动奖章
申英俊	女	承德钢铁集团有限公司	2001年	全国优秀女职工
刘克忠	男	承德钢铁集团有限公司	2002年	全国冶金系统劳动模范

河北（热河）省先进工作者（21 名）

表 24-2-6

姓名	性别	工作单位	获奖时间	奖励名称
王贵堂	男	承德矿山机械厂	1952年	热河省先进生产者
李万山	男	承德矿山机械厂	1955年	热河省先进生产者
孙玉凤	女	承德市丝绸厂	1955年	热河省先进生产者
张桂英	女	承德市丝绸厂	1955年	热河省先进生产者
屈树仁	男	承德矿山机械厂	1955年	热河省先进生产者
侯执和	男	滦河发电厂	1956年	河北省先进生产者
杨大铨	男	滦河发电厂	1956年	河北省先进生产者
胡雅茹	女	承德市麻纺厂	1956年	河北省先进生产者
王桂茹	女	承德市麻纺厂	1956年	河北省先进生产者
计永华	男	承德钢铁公司	1956年	河北省先进生产者
李蜀侯	男	承德钢铁公司	1958年	河北省先进生产者
高梦绪	男	双塔山	1959年	河北省先进生产者
王　从	男	承德矿山机械厂	1959年	河北省先进生产者
马金友	男	承德矿山机械厂	1959年	河北省先进生产者
傅万荣	男	承德矿山机械厂	1959年	河北省先进生产者
刘翰林	男	承德矿山机械厂	1959年	河北省先进生产者
付万荣	男	承德矿山机械厂	1959年	河北省先进生产者
单桂珍	女	承德市丝绸厂	1959年	河北省先进生产者
崔雅书	男	承德市麻纺厂	1959年	河北省先进生产者
宋云祥	男	承德市皮革厂	1959年	河北省先进生产者
段长泰	男	承德钢铁厂	1977年	河北省先进生产者

河北省行业系统先进工作者及荣誉称号名表（47 名）

表 24-2-7

姓名	性别	工作单位	获奖时间	奖励名称
刘自林	男	承德矿山机械厂	1952年	热河省工业厅劳动模范
于戏云	男	承德钢铁厂	1956年	河北省重工业部劳动模范
刘恩成	男	承德钢铁厂	1956年	河北省重工业部先进工作者
王西林	男	承德钢铁厂	1987年	河北省科技战线先进个人
张奎发	男	承德钢铁厂	1991年	河北省纪律检查委员会优秀纪检干部
张　升	男	双滦区大庙镇政府	1991年	广电部系统劳模
李世伟	男	承德钢铁公司	1992年	河北省冶金系统优秀班组长
李世伟	男	承德钢铁公司	1993年	河北省新长征突击手
柴广海	男	承德钢铁公司	1994年	河北省冶金系统劳动模范
付桂芝	女	承德钢铁公司	1994年	河北省冶金系统劳动模范
刘克忠	男	承德钢铁公司	1994年	河北省冶金系统劳动模范
李世伟	男	承德钢铁集团有限公司	1995年	河北省省级技术能手
刘维仲	男	承德钢铁集团有限公司	1996年	河北省青年科技标兵
常继德	男	承德钢铁集团有限公司	1997年	河北省杰出青年岗位能手
张志新	男	承德钢铁集团有限公司	1997年	河北冶金系统劳动模范
晋心翠	女	承德钢铁集团有限公司	1997年	河北冶金系统劳动模范
冯彦民	男	承德钢铁集团有限公司	1997年	河北冶金系统劳动模范
宫彦龄	男	承德钢铁集团有限公司	1997年	河北冶金系统劳动模范
刘泰丰	男	承德钢铁集团有限公司	1997年	河北冶金系统劳动模范
韩树岭	男	承德钢铁集团有限公司	1997年	河北冶金系统劳动模范
常继德	男	承德钢铁集团有限公司	1997年	河北省技术能手
张效钧	男	承德钢铁集团有限公司	1997年	河北省技术能手
闫瑞军	男	承德钢铁集团有限公司	1997年	河北省技术能手
张志新	男	承德钢铁集团有限公司	1997年	河北省冶金系统技术能手
徐国明	男	承德钢铁集团有限公司	1997年	河北省冶金系统技术能手
刘中柏	男	承德钢铁集团有限公司	1997年	河北省冶金系统技术能手
杨立新	男	承德钢铁集团有限公司	1997年	河北省冶金系统技术能手
迟桂友	男	承德钢铁集团有限公司	1998年	河北省有突出贡献的中青年科学技术管理专家
张振中	男	承德钢铁集团有限公司	1998年	河北省十大杰出青年
刘志峰	男	承德钢铁集团有限公司	1998年	河北省技术能手
王会福	男	承德钢铁集团有限公司	1998年	河北省技术能手
王英杰	男	承德钢铁集团有限公司	1999年	河北省冶金企业文明职工
仲会民	男	承德钢铁集团有限公司	1999年	河北省优秀青年企业家
张振中	男	承德钢铁集团有限公司	1999年	河北省科技十大杰出青年

续表 24-2-7

姓名	性别	工作单位	获奖时间	奖励名称
姚廷立	男	承德钢铁集团有限公司	1999年	河北省青年岗位能手
朴述银	男	承德钢铁集团有限公司	2001年	河北省青年创新创效标兵
郭晋宏	女	承德钢铁集团有限公司	2002年	河北省先进女职工
郭　文	男	承德钢铁集团有限公司	2003年	河北省“百佳文明职工”
孙　伟	女	承德钢铁集团有限公司	2003年	河北省新长征突击手
晋心翠	女	承德钢铁集团有限公司	2004年	河北省思想政治工作先进个人
白瑞国	男	承德钢铁集团有限公司	2004年	河北省有突出贡献的中青年科学技术管理专家
李　庆	男	承德钢铁集团有限公司	2004年	河北省优秀青年
晋心翠	女	承德钢铁集团有限公司	2005年	河北省国资委系统劳动模范
石金宝	男	承德钢铁集团有限公司	2005年	河北省国资委系统劳动模范
杨树明	男	承德钢铁集团有限公司	2005年	河北省国资委系统劳动模范
刘晓松	男	承德钢铁集团有限公司	2005年	河北省国资委系统劳动模范
仲会民	男	承德钢铁集团有限公司	2005年	河北省企业家创业奖

四　省级以上优秀共产党员及党务工作者名录（39 人次）

全国优秀党务工作者名表（1 名）

表 24-2-8

姓名	性别	工作单位	获奖时间	奖励名称
刘树煌	男	承德钢铁厂	1989年	全国优秀党务工作者

河北省优秀共产党员及党务工作者名表（38 名）

表 24-2-9

姓名	性别	工作单位	获奖时间	奖励名称
张贵福	男	承德钢铁厂	1990年	河北省优秀党务工作者
张朝春	男	承德钢铁厂	1990年	河北冶金企业集团公司优秀党务工作者
张奎发	男	承德钢铁厂	1990年	河北冶金企业集团公司优秀党务工作者
张贵福	男	承德钢铁厂	1990年	河北冶金企业集团公司优秀党务工作者
王永良	男	承德钢铁厂	1990年	河北冶金企业集团公司优秀党务工作者
康本信	男	承德钢铁厂	1990年	河北冶金企业集团公司优秀党员
孙志成	女	承德钢铁厂	1990年	河北冶金企业集团公司优秀党员
姜景泉	男	承德钢铁厂	1990年	河北冶金企业集团公司优秀党员
王忠奎	男	承德钢铁厂	1990年	河北冶金企业集团公司优秀党员
特尔曼	男	承德钢铁厂	1990年	河北冶金企业集团公司优秀党员
焦春生	男	承德钢铁厂	1990年	河北冶金企业集团公司优秀党员
周维福	男	承德钢铁厂	1990年	河北冶金企业集团公司优秀党员

续表 24-2-9

姓名	性别	工作单位	获奖时间	奖励名称
刘克忠	男	承德钢铁厂	1990年	河北冶金企业集团公司优秀党员
李成章	男	承德钢铁厂	1990年	河北冶金企业集团公司优秀党员
刘克忠	男	承德钢铁集团有限公司	1995年	河北省优秀党务工作者
晋心翠	女	承德钢铁集团有限公司	2001年	河北省委企业工委优秀党务工作者
傅玉民	男	承德钢铁集团有限公司	2001年	河北省委企业工委优秀党务工作者
贾成满	男	承德钢铁集团有限公司	2001年	河北省委企业工委优秀党务工作者
李怡平	男	承德钢铁集团有限公司	2001年	河北省委企业工委优秀党员
李凤臣	男	承德钢铁集团有限公司	2001年	河北省委企业工委优秀党员
王彦军	男	承德钢铁集团有限公司	2001年	河北省委企业工委优秀党员
闫志成	男	承德钢铁集团有限公司	2001年	河北省委企业工委优秀党员
徐国明	男	承德钢铁集团有限公司	2001年	河北省委企业工委优秀党员
晋心翠	女	承德钢铁集团有限公司	2003年	河北省委企业工委省属企业十佳优秀党务工作者
王　清	男	承德钢铁集团有限公司	2003年	河北省委企业工委优秀党务工作者
李怡平	男	承德钢铁集团有限公司	2003年	河北省委企业工委优秀党员
魏洪如	男	承德钢铁集团有限公司	2003年	河北省委企业工委优秀党员
闫秀军	男	承德钢铁集团有限公司	2003年	河北省委企业工委优秀党员
白瑞国	男	承德钢铁集团有限公司	2003年	河北省委企业工委优秀党员
孟德田	男	承德钢铁集团有限公司	2003年	河北省委企业工委优秀党员
闫秀军	男	承德钢铁集团有限公司	2005年	河北省国资委优秀党务工作者
贾成满	男	承德钢铁集团有限公司	2005年	河北省国资委优秀党务工作者
马锡民	男	承德钢铁集团有限公司	2005年	河北省国资委优秀党务工作者
刘克忠	男	承德钢铁集团有限公司	2005年	河北省国资委优秀党员
迟桂友	男	承德钢铁集团有限公司	2005年	河北省国资委优秀党员
白瑞国	男	承德钢铁集团有限公司	2005年	河北省国资委优秀党员
李　军	男	承德钢铁集团有限公司	2005年	河北省国资委优秀党员
张桂芳	女	承德钢铁集团有限公司	2005年	河北省国资委优秀党员

五 在外地工作的双滦区籍地市级以上领导名录（3名）

表 24-2-10

姓　名	性别	出生年月	民族	政治面目	学历	具体职务	工作单位	附注
孙建群	男	1945.1	汉	党员	大学		省人大	
常　幸	男	1952.5	汉	党员	研究生	董事长	华北制药厂	
王成民	男	1965.2	满	党员	本科	财务处副处长	中国人民解放军某部	

六 副高职以上知识分子名录（775名）

高级职称知识分子（490名）

高级工程师：刘克忠、杨树德、栗宝礼、徐　友、周继贤、王壁澄、龙廷惠、陈培坚、樊永忠、孟宪珩、张振中、李怡平、白瑞国、韩建宁、张道全、温裕清、吕德科、范钦本、高月新、刘晔、潘世隆、曾宪棣、丁晋忠、刘长恩、谭天全、王继先、王云、吕俊士、万道凤、苏群、闫清耀、王贺生、李永纯、吴同顺、周启林、李志宏、牛承林、刘富、李双贵、高寿山、石秀英、赵建华、郭桂田、丁如江、石友谊、朱世祥、汪达开、乐家兴、费林、江淑贞、郑树奎、顾龙夫、邢玉山、董松平、任福祯、秦克钊、陈有良、岳葵珍、柴云章、王春甫、刘小杜、黄苹、赵玉霞、顾均、尤庆贵、江开远、武家庆、安春亿、赵永奇、李绍敏、孙荣彬、曹玉国、张春晖、郑中伟、周长虹、郭贵文、王路超、李庆业、杨金泉、李永红、于秀荣、王丙峰、王绍弼、李蜀侯、赵克春、陈琨、刘树昆、郝荫科、马正义、邱承、王郁民、曾庆年、张寄、刘鼎丞、贾克伟、文旺正、范爱琳、刘景成、陈洪章、李敬明、于戏云、郭树林、吴大光、刘振民、陈新德、徐振伟、陈庆余、闻长义、苏士发、郭家瑞、侯维恒、王文祥、董洪海、吴文厚、柏云松、靳德发、索鹏飞、王文斌、王明奎、岳庆丰、谢墨卿、李玉贞、冯荫凯、赵景义、莫恩儒、王惠民、赵福元、薛瑞琪、岳启圣、于维学、王礼志、闫守成、迟桂友、于本良、王凤歧、张尚文、徐明、于振恒、陈贺、白瑞国、李志辉、宫彦龄、王宝森、石金宝、张建林、王忠虎、胡连琴、吴长福、李德兴、刘兰花、董香衫、刘桂红、王香媛、张庆林、刘胜伟、田海平、王兴立、崔金海、高影、吴克兴、申英俊、王春鹏、王利秋、张国祥、关德魁、左绍贵、崔洪富、郁贵康、常永昌、孟凡贵、郑生武、田沛山、孟凡奎、卢铁忠、杨庄华、黄德林、王西林、曹寄平、高树齐、吕复兴、郭永元、郝百正、魏明义、王俊辉、焦德纯、白宗奇、潘永清、韩行太、杨有宣、劳法三、袁宝元、郭友惠、张国宝、张彦博、赫荣官、崔国发、周树堂、杨亚南、王丕钧、李跃存、贺锡祥、丁斯华、费锦堂、李联振、宁家春、董家安、罗瑞平、李德满、陈英达、蒋文安、韦建华、童建平、王莉华、徐毅、张守本、肖溶、高东升、何玉勤、郭才、潘树庭、李文会、俞绍立、王金龙、魏景鼎、勾树山、隆庆云、郑洪、葛艺珠、刘荣光、杜建良、刘森、裴元熙、严淑清、付金明、赵连荣、徐滋田、宫学、张明海、李树堂、靳宝华、魏洪如、王建昌、王洪东、张耀英、董桂英、张希台、赵才、张丕宗、孟庆贺、刘凤云、杨学书、刘生、韩建宁、商广衡、公德仲、徐尚先、张庆森、陶永、周春林、王久训、张新南、王杰、张金叶、陈淑英、张长富、郭绍娥、高大银、潘德光、米景盛、马志山、孟德田、孙春来、刘彦席、闫云涛、王坤炉、魏金波、王金柱、陈东辉、杨庆芝、梁颖辉、李佩兰、刘国营、杨茂建、傅赞、王海双、王洪秋、王锁柱、宋振林、蔡春、马小华、张伟、王文山、孙福振、宋明、李银河、杜儒松、杨振东、于俊春、孟宪成、张文君、史会英、闫秀军、王全利、高士欢、冯彦民、陶淑珍、樊小平、郑富才、刘洪俊、王金贵、王海英、刘冰、赵郁军、靳立春、王泰、刘持平、吴桂林、郭晋红、苗立宏、朱培凤、马玉华、华卫东、王志林、宋淑卓、孙连仁、王金祥、王俊学、李明彦、白延明、王万年、张兴利、张越峰、李建国、黄新苗、肖栋臣、唐志斌、谢铭、高建亭、李兆华、张玉玺、郭菊、聂宏国、郭娜、白晓文、刘志升、王佐林、陈利民、吕建忠、王家军、王维苹、陈玉庭、夏梦会、李长缨、孙荣彬、时银书、邹淑芳、孙志孟、刘克安、杨建民、靳世斌、亢稚成、齐建民、封振江、陈世斌、张广生、姚洪义、张国安、邓海波、刘维仲、张振峰、周学禹、刘玮、曹保华、刘国荣、刘伟、王艳秋、岳学军、颜景兴、白书泊、李海峰、魏金辉、王素杰、姜振峰、姜兴、谢振国、尹国新、王会娟、李凤臣、李玮、翁玉娟、高振峰、郭春山、宋承燕、王彦华、韦凯军、李金河、李向前、徐宏传、姜振世、高幼驹。

高级农艺师：李成。

高级会计师：夏恩翠、杜维芳、韩龙昌、赵胜军、张树本、张　林、刘德良、刘贞锁、王智凡、刘淑霞、于洪福、李德仁、张志慧、李庆、吴长权。

高级审计师：祁文轩、高云海、于文恩。

高级统计师：马德山、宫振华、陈韵华、程秀兰。

高级经济师：杨春合、刘俊山、李建、彭旭峰、周彦茹、宋国富、王环强、赵文泉、张慧、朱锦沛、王凤云、马毅超、孔振远、王成武、李成录、常建、贾金铎、何怡娟、韩建得、晋心翠、翟玉国、于明兴、陈中、常硕、李春龙、张桂芹、李晓红、刘静、周开英、边建秋、杨香山、张杰、李国俊、胡秋敏、张朝春、王嘉兴、张奎发、张贵福、崔元鑫、计智森、刘勤堂、刘书贵、王树元、尹向前。

高级政工师：边建秋、张建茂、沈丽萍、刘树煌、张乃礼、杨爱众、赵金和、孟宪金、肖利平、冯瑞芝、高传孝、武跃华、孙伟、马锡民。

主任医师：程德敏、苏贵年、谭章、石长林、刘汉光、杜玉福。

高级编辑：高杰。

高级讲师：侯文彬、黄文焕。

副高级职称知识分子（285名）：

高级教师：孙杰三、王荣昌、王之杰、王景林、许信、周明镐、牛春育、翟树坡、李月珍、王玉莲、张建华、戴秀珍、屈文成、李学民、林中民、王延宁、张玉池、于占江、陈国强、王国题、寇国江、孙秀芳、代瑞芬、张树安、孙静新、王福庆、王文兰、王庆福、蒙亚茹、赵桂菊、尚继会、张宇良、张英、秦玉朋、屈守强、李晓兰、赵桂芬、张河水、马俊英、白粉婵、郭金妹、姚建宝、陈淑云、宫玉兰、马振华、范增铎、李树清、孙秀明、韩输志、高宝胜、缪九华、李艳华、张子臣、王庆华、白春华、席瑞山、杨玉藩、孙丽萍、尹育勤、周发、王喜山、白玉霞、崔中玉、张宁、兀占文、段德明、邢丽萍、叶秀兰、隋景芬、张怀玉、赵金良、刘冠贤、王胜、杨秀芝、吴中权、闫希宏、兰继印、于元天、刘伟、祁宝仓、崔中玉、陈玉莲、张尚瑚、李玲、高素兰、熊守华、孙军、梁国志、周振华、程洪义、平广则、高晓燕、刘志林、杜淑芝、李剑芹、武兰芝、李绍明、于萌新、张燕岭、刘鼎钧、杜玉禄、牛文玉、孟宪林、刘瑞琴、王立新、杨国玲、沈新民、于光武、蔡云霞、蒋兴文、王光泽、李哲伟、王俊明、张清路、罗国杰、陈宗祥、李翠芝、金志娟、郭银荣、孙明艳、李德余、杨淑琴、陈桂华、李淑英、胡光玉、陶静、朗宏艳、洪文彬、张桂华、祝彩云、杨印来、王秀娟、孙黎英、韩秀艳、卢志宾、毕树本、庞梅、陈仲会、徐福祥、刘源海、王景瑞、张凤芝、于培达、房哲学、闫树会、李翠兰、李素梅、李振文、黄成林、王卫红、霍云亮、郭秀清、张凤霞、王华、郑艳秋、孙立华、李焕强、成雷、许桂芹、刘宏德、王贵福、梁志、袁福海、周宪魁、冀学功、王秀珍、李明、侯筠莉、田秀珍、李金梅、贾艳萍、刘凤林、李玉春、龚世武、柳桂敏、任秀云、张建伟、刘振民、刘景奎、邢宏伟、董淑芬、李景祥、赵凤云、帅广华、康有发、刘建敏、翟俊威、陈立敏、王晓玲、屈玉清、单玉芬、徐彬、王振晔、黄河、李俊彦、闫家驹、陈学成、孙国瑞、李鹏举、常近民、朱淑娟、王雪乔、孟瑞莲、艾玉山、李君、范玉珍、解志新、解志远、杨桂芹、赵明阳、赵玉申、王晓坤、何伟、齐东生、王淑芳、张景祥、赵志勇、张河燕、姜桂芹、李世清、张彤云、何鹏章、穆春雨、龙秀芬、李秀华、律国荣、陈东霞。

副主任医师：温素珍、李还香、于淑媛、尹玉龙、丁广庭、贾永贵、王桂荣、牛明强、张宏国、屈向红、刘存志、付清源、侯秉文、靳玉兰、许华、李彦明、孙玉民、王淑兰、杨树泽、范增江、林玉山、单景新、王福玲、王锐、马龙旺、关学孟、陈国忠、党鸿业、刘承祥、张竟芳、魏永全、魏向明、孙玉洁、黄红、王力、尚存莲、周德生、邸志强、邢玉敏、王计合、曹桂芝、杨宏光、纪凤双、刘瑞荣、胡文菊、冯淑琴、董巧荣、石桂荣、迟运明、杨印智、朱永兰。

副主任药剂师：王玉岚、王晓琴、曹桂芝、祁加轩。

副主任护师：孟宪春、黄玉琴。

主任编辑：胡忠孝。

第二十五编 旧踪择录

喀喇河屯行宫是清代北方建造最早、规模最大的行宫之一。喀喇河屯行宫的建立带来地方经济的发展和繁荣，百年古镇滦河街的历史发展与喀喇河屯行宫的建立息息相关，一脉相承。清代，以宗法性传统宗教为主的祭祀活动更趋完备，统治阶级竭力加强思想方面的统治，礼遇藏传佛教——喇嘛教，这对于维护满族、蒙古族、藏族各族人民的团结，巩固国家统一具有进步意义。以喀喇河屯行宫为中心，周边的皇家寺庙、民间寺庙有较大影响力的达12处之多，散于民间的各种较小的庙宇比比皆是。由于社会发展与变迁,喀喇河屯行宫、御道和一些庙宇已经不复存在。存现于域内时间较长的传统手工艺、与百姓生活联系紧密的物品、行当及儿童游戏也逐渐消失，淡出历史的舞台，一些村庄在城市的发展中改变了其原始的风貌。这些建筑、家庭物品、传统工艺及儿童游戏伴随了一代又一代人的成长，在社会发展的进程中起到重要作用，现今已成为珍贵的历史记忆。

第一章 喀喇河屯行宫

喀喇河屯行宫原址位于今承德市双滦区滦河镇西北，地处滦河与伊逊河交汇处的南北两岸，由宫殿区（现在的承钢医院及周边）、滦阳别墅和小金山三组建筑构成。清初，喀喇河屯行宫曾是清廷重要的政治中心，给地方的经济发展起到了推动作用。雄伟壮阔的宫殿、秀美华丽的苑景已经湮灭在历史的长河中，只剩下记忆的碎片。但它为清王朝推行“肆武绥藩”的国策,为维护清王朝的统治地位，发挥的重要历史作用，永远载入史册。

第一节 建造始末

一 避暑城

喀喇河屯行宫初建为“避暑之城”，系摄政王多尔衮提议、选址修建。

《大清一统志》卷三十八中记载，顺治七年（1650年）七月四日摄政王（多尔衮）谕：“京城建都年久，地污水咸，春、秋、冬犹科举止，至于夏月褥暑难堪 ，但念京城乃历代都会之地，营建匪易，不可迁移。……若做前代建造大城，恐靡费钱粮，重累百姓。今拟址建小城一座，以便往来避暑。”多尔衮谕户部除每年记额征收的钱粮外，又加派“直隶、山东、浙江、山西等九省白银二百九万两（《清高宗实录》卷一千五十),”用于建造避暑城之用。这座皇家的避暑城，就是喀喇河屯行宫的前身。顺治八年（1651年）十二月顺治亲政后，下谕户部：“边外筑城避暑，甚属无用，……此工程着即停止”(《清世祖实录》)。至此避暑城停建。

二 行宫建造

喀喇河屯行宫是康熙时期在原避暑城的基础上扩建的。史馆藏内务府奏销档（原件满文）中记载，喀喇河屯行宫由原侍郎托岱承建。康熙四十年（1701年）十二月十八日，内务府郎中佛保，将坡赖村的建房地盘图恭承御览。康熙帝阅后随即降旨：“照此在喀喇河屯建房一处，内房均加游廊，墙外建堆房一处，其河边修花圃一处，着复绘图呈览。建此房时，派原侍郎托岱、原巡抚喀拜、曾赴两淮盐差之监察御史赫硕邑，自立修建。著将彼等招至，会同内务府大臣宣旨。俟上元过后，即去勘察地方，备办所用木石、砖瓦、石灰等物，过年从速修建。”筹建喀喇河屯行宫自此开始。在另一则史馆藏内务府奏销档（原件满文）中记载，康熙四十一年（1702年）正月初五，内务府奏称：“喀喇河屯地方拟建房一处，共大小三百九十七间，需长一丈八尺、粗一尺五分松木二十四根，……”康熙四十二年（1703年）八月十六日，康熙皇帝查看喀喇河屯行宫所建房屋之后，令郎中佛保向托岱传谕旨：“观八处所建房屋，二等建房多于他处，且做工精良。著将现在建成房屋即做竣工，造册上报。明年但凡掉落一砖一瓦，即与尔无关，另有维修之人。其尚未上瓦房屋，今年即便上瓦，亦赶上寒冬，无法坚固，索性明年竣工即可……。”史馆藏内务府奏销档（原件满文）中记载，康熙四十三年（1704年）五月初四日喀喇河屯行宫竣工后，托岱呈文称“……现我所建房屋均已竣工，故钦遵上谕，将我所建房屋所用银两数目造具清册，一并奏呈，共建房四百一十四间，用银两六万一千五十二两一分。”这些史料的记载说明，喀喇河屯行宫在原避暑城基础上，在康熙皇帝亲自过问、授意下，于康熙四十年（1701年）筹建，康熙四十三年（1704年）竣工。行宫设计师是清代著名宫廷建筑师“样式雷”第二代传人雷金玉。

第二节　布局与陈列

喀喇河屯行宫景苑由三部分组成，即宫殿区、别墅区、小金山景苑区。

一 宫殿区

行宫坐北朝南，由中一路（中所）、东所、西所和新宫4个庭院组成。宫界“东至蓝旗营子，西至宫后，南至红旗营子，北至滦河，宫基占地九十一亩。”（复查行宫清册载）东、南、西三面以虎皮石宫墙围绕。南面建有宫门，面阔三间，西侧亦有一门。宫墙东侧建有官仓1处（康熙五十年建），年储存米6000石；旱河东侧建有马厩1处，为清宫御用。

中所（中一路）正对行宫南门。中所的南门为3间，二宫门3间。进去后有垂花门1座。然后是正殿5间，东西配房、配殿各3间。后照房5间。正殿明间高悬圣祖（康熙）御笔匾额“秀野轩”。殿内、外金柱上悬挂着圣祖御笔。前金柱为：“吟咏之间，兼泉清山碧以成趣；画图所含，盖树色云光而入神”。后金柱紫檀镶嵌铜字楹联：“天宇晴开青嶂外，人家烟起翠微中”。据道光十九年（1832年）十二月内务府《房屋陈设铺垫清档》记载，正殿内设有紫檀嵌玉宝座1座、左右紫檀嵌玉高香几1对、东暖阁设樟木床1铺等。

东所 有东宫门1间，南门3间，二门3间，垂花门1座。大殿5间，东西配殿各3间。东西

喀喇河屯行宫图（选自《承德府志》）

露顶各1间，净房1间。东、西值房各5间。后照房7间，中3间内设洋漆炕桌1张，里外间松木床1铺。东书房3间，内设楸木炕桌1张。东照房5间。大殿明间悬圣祖御笔“清风拂面来”匾额1面。西里间西山墙挂圣祖御笔“图史自娱”匾1面。

西所　有南门3间，二门3间，垂花门1座。大殿5间，明间柱挂圣祖御笔“岩中趣”匾1面；高宗（乾隆）御笔黑漆抱月对1幅。东板墙贴仁宗（嘉庆）御笔字“桃山”1幅，西板墙山水画1幅，下设杉木床1铺。西净房1间，内设柏木小桌1张。二殿后楼5间，明间上挂圣祖御笔“消遥趣”匾1面。楼下为戏台，红油戏桌2张。扮戏房10间，内设椴木床2铺，外间挂竹帘2架。

后宫　前层殿5间，北窗设紫檀案1张，松木床2张。西值房3间，东偏厦3间，洗净房2间，设柏木小桌1张。中层殿5间，明次间靠北窗设松木床1铺。西值房3间，净房2间，内设柏木小桌1张。三层殿5间，西值房3间，净房2间，东偏厦2间，南房7间。宫门3间，东次间佛堂地铺毯1块，北墙贴墨刻心塔像1张，高宗御笔1幅，供桌1张。后垂花门1间。外值房7间，西值房5间。元山殿5间，明间挂高宗御笔“溪月松风”匾1面。

新宫　三所宫院的西北是新宫。有东门、正门、西门各3间。正殿7间，明间挂圣祖御笔“云岑碧岫”匾1面，内设四季长春盆景1对，古铜镜1对，端砚1方。东里间东墙挂圣祖御笔“天半习霞”匾1面。东配殿3间，明间挂圣祖御笔“绿萝月”匾1面。后殿7间，明间挂圣祖御笔“澄浚堂”匾1面。新宫大殿5间，二殿5间，明间面南挂高宗御笔“山翠怡颜”匾1面，东二间墙挂高宗御笔“花垒云卧”匾1面，内设松木床1铺。西次间西板壁上挂圣祖御笔“象外情”匾1面。东配殿5间，东值房10间，东西露顶各1间，东书房3间，暖阁3间，值房5间，西书房3间。净房10间。沐浴房2间。

西北厅3间，明间前檐挂高宗御笔“披锦榭”匾1面。观音阁3间，阁内塑观音菩萨坐像。明间前檐挂圣祖御笔“大悲普照”匾1面，殿内挂高宗御笔“妙演潮音”匾1面。书房2间，前檐挂圣祖御笔“淳至斋”匾1面。四方亭1座，内设铁梨宝椅1张。歇山顶殿5间，明间挂仁宗御笔“环碧轩”匾1面。龙王庙3间，明间前檐挂圣祖御笔“雨旸时若”匾1面，殿内挂高宗御笔“恩时普润”匾1面，内塑龙王坐像1尊，红漆供桌1张。

二　滦阳别墅

滦阳别墅既是行宫的组成部分，又是一组独立的苑景，兼有休息、散步、垂钓、吟书功用。《热河园庭现行则例》载：滦阳别墅“东至生计地，西至滦河，北靠山，占地十九亩。”滦阳别墅南以滦河为界，东、北、西三面以半封闭的长廊环绕，内分两个庭院，中间以长廊隔开。据道光十九年（1839年）十二月内务府《房屋陈设铺垫清档》记载：西所正殿5间，明间挂圣祖御笔“滦阳别墅”匾1面。二殿5间，明间挂高宗御笔“翠云堂”匾1面，内挂圣祖御笔“松风萝月”匾1面。净房1间，内设柏木小桌1张。重檐亭1座，外挂高宗御笔“虬盖亭”匾1面。亭内四面挂高宗御笔黑漆诗匾12面，设铁梨宝椅1张。东所正殿3间，明间挂圣祖御笔“环碧山房”匾1面，西里间西墙挂高宗御笔“青霞抱”匾1面，东、西配殿各3间。单檐亭1座，挂高宗御笔“韵籁亭”匾1面，正面设黄杨木椅1张。三间亭1座，挂圣祖御笔“高处见山多”匾1面。此处有虬盖亭1座南临滦河，上面建钓鱼台。还有八角亭1座，茶房1处、膳房1处。小船1只。别墅内有假山、花园，栽植各种花卉，有山有水，松柳成荫，与周边自然景物融为一体，和谐秀美。西所两殿前有古松4棵，四季青翠挺拔。皇帝驻跸于此，常来滦阳别墅休息观赏，浏览散步，垂钓吟书。当年别墅收藏有大量图书，乾隆在诗文中称这里为“书堂”“书斋”。

刑部尚书秦蕙田曾作诗赞美滦阳别墅："水势山容一揽收，翠华临幸正清秋。四围烟树纷无数，有道风泉在上头。奇境得来因地设，藻思溢出似川流。碧波清嶂幽寻处，岁岁荣经御墨留。"皇帝每年行围巡御所经必莅此地，留下很多诗词文章。

三 小金山

在滦河与伊逊河的交汇处有个河心小岛，康熙皇帝为其取名曰"小金山"。据《钦定热河志》记载："宫基中界滦河，依山带水，比之京口浮玉，故有小金山之号。"岛上建有二亭，苍松若盖，藻青如衣，山枣丛枞，野花点点，在树影斑驳中，亭榭掩映其间。康熙皇帝在这里都曾留有很多诗句。此处长堤延伸，小桥横卧，草木葱郁。伊逊河汇入滦河的河口洲渚处建有庭轩，匾额分别为："奇云涵碧""湮月清真""碧玉鬖"。

第三节 历史地位

喀喇河屯地处京城与冀北、辽蒙的连接地带，也是滦河和伊逊河交汇处的一个重要渡口。喀喇河屯行宫建成后，是清帝北巡、秋狝、避暑驻跸的重要场所，也是避暑山庄建成以前清王朝第二政治中心。清帝经常在这里行猎、接见蒙古王公贵族、接受题奏、处理朝政。同时，行宫也给喀喇河屯这座古城带来繁荣和兴盛。

一 清代塞外政治中心

"木兰秋狝"是清王朝推行"肆武绥藩"的重要国策，清帝北巡是安抚、宠幸塞外蒙古等少数民族的重要手段。自顺治八年（1651年）始，至咸丰十一年（1861年），五位清帝北巡、秋狝、避暑等驻跸喀喇河屯行宫（及避暑城）计180次295天。

第一个到喀喇河屯行宫驻跸的是顺治时期摄政王多尔衮，他虽然不是皇帝，但却拥有实际意义的皇权。《清史稿》记载："顺治七年十一月壬戌（十三日）摄政王多尔衮有疾，猎于边外。"多尔衮一是来养病，二是来冬猎，就住在滦河北岸的"避暑城"里。二十几天后，多尔衮死在这里。

顺治八年（1651年），14岁的顺治皇帝在亲政的第一年便进行了北巡。四月初九离京，十七日走独石口（今张家口赤城县北郊）北行，进入内蒙古草原，巡视蒙古诸部，接见前来朝拜的翁牛特、乌珠穆沁、巴林等部王公贵族。五月十一日来喀喇河屯驻跸一日。

康熙帝到喀喇河屯50余次，共计居住178天，许多朝政都是在这里处理。康熙十六年（1677年），康熙帝第一次出巡塞外就驻跸喀喇河屯行宫。《承德府志》记载："喀喇河屯行宫在滦平县治西，去山庄西南三十五里，当山庄未建。康熙十六年圣祖肇举巡典，驻跸于此。嗣是岁以为常。"圣祖康熙皇帝此行的北巡庆典仪式，即在喀喇河屯行宫举行。康熙四十二年（1703年）和四十九年（1710年），康熙每年来4次。康熙四十三年（1704年），其56岁大寿在喀喇河屯行宫度过。驻跸时间最长的是康熙四十五年（1706年）共住34天。康熙每次驻跸喀喇河屯都在这里处理朝政，读书作诗，行猎习射，考察庄稼牧场，体恤民情。康熙六十一年（1722年）九月十六日，康熙最后一次到喀喇河屯驻跸两日，十八日回京。十一月十三日病逝于北京。

乾隆皇帝共到喀喇河屯94次，居住99天。乾隆六年（1741年），乾隆皇帝初次北巡，曾驻跸喀喇河屯行宫。十六年（1752年）七月十七日，乾隆帝在喀喇河屯行宫发布谕令：每年都出塞北巡，如果举行木兰秋狝，蒙古诸部王公到波罗河屯（今隆化）迎驾；如果不举行秋狝，蒙古诸部王公便到喀喇河屯迎驾。从此，乾隆皇帝除乾隆四十一年（1777年）和四十二年（1778年）没有北巡外。每年均到喀喇河屯行宫驻跸。乾隆皇帝在喀喇河屯行宫处理过大量政务决定过不少事情。在这里他曾下令从守卫塞外各行宫的千总、把总中挑选杰出者，宣来见面，从中提拔官员；下令赈济蒙古厄鲁特、喀尔喀部钱粮；批准增添台湾的驻军等。乾隆皇帝在喀喇河屯除处理政务外还吟诗作赋，咏记行宫、小金山和滦阳别墅，留下大量的诗作和佳句。《钦定热河志》收录其写喀喇河屯行宫的诗作104首，写小金山的52首，写滦阳别墅的61首。

嘉庆皇帝8岁时就随乾隆帝到过喀喇河屯行宫，9岁时在木兰围场引弓中鹿，以后几乎年年到喀喇河屯。嘉庆元年(1796年)，嘉庆35岁继位。其在位25年，出塞北巡19次，驻跸喀喇河屯行宫35次，35天。嘉庆二十四年（1819年）六月十九、二十日，域内连降暴雨成灾。一个多月后，嘉庆皇帝北巡，住喀喇河屯行宫一天，谕令动用广储司3000银两对灾民进行赈济。嘉庆二十五年（1820年）七月二十二日，61岁的嘉庆皇帝最后一次到喀喇河屯行宫。二十三日去避暑山庄，二十四日猝死在避暑山庄的烟波致爽殿。嘉庆皇帝在喀喇河屯行宫留下21首诗，其中写行宫的3首，写滦阳别墅的9首，写滦河的3首，写滦平（今双滦）的5首。

自嘉庆二十五年(1820年)至咸丰十年(1860年)，清帝40年没有光顾喀喇河屯行宫。咸丰十年(1860年)秋，英、法联军逼近北京。八月八日，咸丰皇帝将其弟恭亲王奕訢（䜣）留在北京与洋人谈判，自己带上后妃和一批官员仓皇出逃，十四日来到喀喇河屯，住进行宫后急忙发出谕令。命吉林、黑龙江兵队2000人急速赶至热河护驾。咸丰皇帝在喀喇河屯行宫共住两天，十六日至避暑山庄。咸丰十一年（1861年）七月十七日，咸丰皇帝死在避暑山庄。咸丰死后，慈禧与肃顺之间展开权力争夺的斗争，恭亲王奕訢（䜣）来承德与慈禧密谋，都曾在喀喇河屯行宫居住。

二 京北热河西部商贸中心

喀喇河屯一带在远古就有人类活动。宋代辽金时期为州、县治所。清初，喀喇河屯定居人口逐渐增多。

喀喇河屯行宫建成后，清朝政府曾在喀喇河屯设立行政官署。雍正十一年（1733年）热河复设承德直隶州，其治所曾一度设在喀喇河屯。乾隆七年（1742年）域内设喀喇河屯厅；乾隆四十三年（1778年）改设滦平县。从清代至民国40多年里，喀喇河屯一直是塞外的县域政治中心和经济重镇。

喀喇河屯行宫建成后，清帝频繁北巡、秋狝、狩猎、避暑驻跸，有大批随员加之清军驻守，短期内人口聚集。另有大量的马匹、车辇出入，吸引了商贾的注意。逐渐有山东、河北、山西等地客商前来从事贸易活动，使这座古城异常繁荣。清政府的边塞垦荒政策，吸引大批关内农民迁徙至此。喀喇河屯周边出现滦河村、酒店村、西南营村、东园子村、宫后村等村落。随着移民的不断迁移和人口的繁衍，居住人口增加至万人。喀喇河屯从清初以满蒙民族为主的小镇发展到清中叶以汉族居民为主，多民族聚集的经济重镇。常住人口的增加带动了农、工、商业的发展，喀喇河屯成为热河西部名副其实的商业中心。至民国之初，滦河街商贸店铺多达40余家。有“德聚兴”“务泉兴”“明太堂”“宝聚隆”“魁升店”“广丰玉”“义永和”“德厚兴”“鸿巨兴”“万祥成”“义盛兴”“义利成”“万福永”“中夫祥”等；手工业作坊有铁匠铺4家，银匠铺4家，木匠铺2家，绳麻编织厂2家，染房1家，毡房1家，皮作坊1家，砖瓦窑1处。十字大街南有陶器窑2家。此外，地域经济还带动了酿酒、糕点、粉房、挂面、糖房、油坊、酱园等饮食、旅店等行业的发展。

第四节 衰 亡

一 颓废

乾隆年间，行宫曾先后两次遭遇洪水，但大都得到修复。

嘉庆二十四年（1819年），行宫遭遇史前不遇的水灾。滦河、伊逊河水暴涨，滦河南岸堤坝坍塌，行宫的“泉梦幽映轩”及堆拨房屋被冲毁。小金山殿堂进水，围廊、石桥和一座房屋被冲毁。桥渡上御用大船被撞碎，并冲走小船 1 只。嘉庆二十五年（1820 年）至咸丰十年（1860 年），清帝 40 年间没有光顾喀喇河屯行宫。行宫内只有少数兵丁巡守，房屋缺乏维护，园林缺少整修，行宫建筑部分毁坏。

道光十一年（1831 年），官府将行宫内“陈设铺垫气雾烟箱等四千二百六十八件装箱抬运热河园内存储。”咸丰十一年（1861 年），清政府下令停止一切行宫修缮工程，不再拨给维修费用，留有少量兵丁看守。岁月流逝，风雨侵蚀，很多建筑物木料糟朽，砖石风化，墙倒屋漏，毁坏严重。

光绪十二年（1886 年），行宫又遇洪水，滦河南岸低处建筑物大部分被冲毁，北岸的滦阳别墅和小金山只剩下地势较高处的建筑，其余全部被毁。

宣统三年（1911 年）清朝灭亡，看守行宫的官兵依然保留。民国五年（1916 年），滦平县公署奉热河都统之令查验喀喇河屯行宫的建筑、树木、物品，拟定保护办法。同年 8 月 23 日，热河都统署批示滦平县公署所拟的行宫保护办法，县警察所进驻行宫。原看守官兵“转为民人”，分配给宫外的“生计地”。

二 消逝

民国十一年（1922 年），修建滦平县公署、监狱、关帝庙共拆毁喀喇河屯宫殿 25 间，砍伐大小古松 330 棵。民国十四年（1925 年），修建警察所又拆房屋 30 间。其后，东北陆军（奉军）第三师修建营房拆毁了滦阳别墅、小金山等处的殿堂、亭轩。几年间，毅军、冯军、奉军等频繁过此征战，剩余的殿堂全被拆毁，把木料当柴烧掉。至民国十五年（1926 年），宫内建筑全部被拆。民国十七年（1928 年）3 月 10 日，滦平县警察厅上报的行宫物品清册，只剩下由县劝学所（教育局）保管的御题殿堂匾额、诗匾 16 块和宫区遗址上所剩余的树木 631 棵。同年 6 月，奉军第九军陆续又将剩下的 631 棵树全部砍光。民国十九年（1930 年）五月二日，县教育局长吴陆善将县教育局保管的 16 块匾额送交省教育厅设在热河文庙的省立图书馆查收保存。至此，喀喇河屯行宫物品消失殆尽。1933 年，日军侵占滦平县城后，在行宫宫殿区遗址上修建了兵营。

1959 年，承德钢铁公司拆除原日本兵营建筑，在原行宫遗址上修建承钢医院和子弟学校。至此，喀喇河屯行宫完全消逝。

喀喇河屯行宫遗址 1996 年 7 月，被双滦区政府列入文物保护单位。

附：

清代皇帝驻跸喀喇河屯行宫情况概览

表 25-1-1

皇　帝	年　份	驻跸情况	主要活动
顺治（世祖爱新觉罗·福临）	顺治八年（1651年）	五月十一日驻跸喀喇河屯避暑城。	四月九日离京北巡独石口、内蒙古草原等地。接见了翁牛特、乌珠穆沁、巴林等部王宫贵族。五月十一日自凤山来至喀喇河屯。
康熙（圣祖爱新觉罗·玄烨）	康熙十六年（1677年）	九月二十八日驻喀喇河屯。	九月十一日，离京北巡回銮驻喀喇河屯。在此“圣祖肇举巡典”（《钦定热河志》载）。
	康熙四十年（1701年）	十二月十一日驻喀喇河屯。	十一月二十四日谒陵后北巡经驻喀喇河屯。谕令：扩建喀喇河屯行宫。
	康熙四十一年（1702年）	六月三十日驻喀喇河屯至闰六月十三日。七月十六日自热河回驻喀喇河屯。	五月北巡。
	康熙四十二年（1703年）	六月二十五日至二十七日驻喀喇河屯。	五月二十五日北巡。
		七月十五日驻喀喇河屯。二十六日自热河回驻喀喇河屯。九月十四日再次就回驻喀喇河屯至十五日。	七月六日北巡。

续表 25-1-1

皇　帝	年　份	驻跸情况	主要活动
康熙〔圣祖爱新觉罗·玄烨〕	康熙四十三年（1704年）	六月二十四日驻喀喇河屯至七月三日。十三日自桦榆沟回驻喀喇河屯至十七日。九月十九日自热河回驻喀喇河屯。	六月七日离京北巡。康熙在喀喇河屯度过五十六岁寿诞。为穹览寺题写"敕建穹览寺"匾额。
	康熙四十四年（1705年）	六月十三日驻喀喇河屯至二十三日。七月十四日自热河回驻喀喇河屯至十七日。	五月二十四日离京北巡。
	康熙四十五年（1706年）	六月十二日驻喀喇河屯至七月四日。十五日启自热河驻喀喇河屯至二十四日。继而北巡，九月十四日回驻喀喇河屯至十五日。 十一月二十日再次离京北巡。十二月十日启自热河驻喀喇河屯至十一日。	北巡。围猎。十二月十日猎虎1只。十二月二十一日赐公善巴喇什下兵丁御膳。 阅批吏部、兵部、刑部、都察院所奏事务及案件。对户部、工程、理藩院所管事务提出要求。 接纳喀喇沁部贵族进贡。
	康熙四十六年（1707年）	六月二十二日驻喀喇河屯至二十九日。七月一日仍驻。十二日自热河回驻喀喇河屯至十六日。十八日自喇门噶山驻喀喇河屯。十月十三日启自热河驻喀喇河屯至十四日。	六月离京北巡。
	康熙四十七年（1708年）	五月二十四日驻喀喇河屯至六月一日。七月十八日启自热河驻喀喇河屯至二十日。九月九日自博罗河屯驻喀喇河屯。	五月十一日离京北巡。 七月十八日启自热河木兰秋狝。
	康熙四十八年（1709年）	六月四日启自热河驻喀喇河屯。七月二十九日启自热河驻喀喇河屯至八月一日。九月十七日自热河回驻喀喇河屯。	四月二十六日离京北巡。 七月二十九日启自热河木兰秋狝。
	康熙四十九年（1710年）	五月十日驻喀喇河屯至十一日。六月二十一日启自热河驻喀喇河屯。 九月三日陪皇太后启自热河驻喀喇河屯至四日。 十月十一日启自热河驻喀喇河屯。	五月一日离京北巡。六月一日命皇太子迎皇太后于王家营，三日康熙迎皇太后于桦榆沟至喀喇河屯。 十月再次离京北巡。
	康熙五十年（1711年）	四月三十日驻喀喇河屯。七月二十九日行围狩猎启自热河驻喀喇河屯。八月一日自蓝旗鹰庄回驻喀喇河屯。 十月再次北巡，十三日自热河驻喀喇河屯。	四月北巡、围猎。皇太子胤礽、皇五子胤祺、七子胤祐、八子胤禩、十二子胤祹、十四子胤禵、十五子胤禑、十六子胤禄、十七子胤礼随驾。 十月北巡谕令：直隶省寺庙容可疑之人，又占田舍，今后永停建新庙。
	康熙五十一年（1712年）	四月二十九日自王家营驻喀喇河屯。九月二十二日启自热河驻喀喇河屯。 十一月再次北巡。十二月十九日启自热河驻喀喇河屯。	四月离京北巡。 十一月再次离京北巡。
	康熙五十二年（1713年）	五月十五日驻喀喇河屯。九月十三日自热河回驻喀喇河屯。 十二月启自热河驻喀喇河屯。	五月十日离京北巡。 十一月再次离京北巡。
	康熙五十三年（1714年）	四月二十九日驻喀喇河屯。 十二月十五日启自热河驻喀喇河屯。	四月二十二日离京北巡。 十一月十八日再次离京北巡。
	康熙五十四年（1715年）	五月三日驻喀喇河屯。十月十日启自热河回驻喀喇河屯。	四月二十六日离京北巡。

续表 25-1-1

皇帝	年份	驻跸情况	主要活动
康熙（圣祖爱新觉罗·玄烨）	康熙五十五年（1716年）	四月二十五日驻喀喇河屯。九月十六日启自热河驻喀喇河屯。 十二月十六日启自热河驻喀喇河屯。	四月十四日离京北巡。十一月十三日离京经遵化州东北巡。
	康熙五十六年（1717年）	四月二十七日驻喀喇河屯。十月九日启自热河回驻喀喇河屯。	四月十七日离京北巡。
	康熙五十七年（1718年）	四月二十八日驻喀喇河屯至三十日。	四月十三日离京北巡。
	康熙五十八年（1719年）	四月二十四日驻喀喇河屯。	四月十一日离京北巡。
	康熙五十九年（1720年）	四月二十五日驻喀喇河屯。九月二十六日自热河回驻喀喇河屯至二十七日。	四月十三日离京北巡。
	康熙六十年（1721年）	九月十五日自热河回銮驻喀喇河屯。	四月二十六日离京北巡。七月木兰秋狝。皇三子胤祉、八子胤禩、九子胤禟、十五子胤禑、十六子胤禄、二十子胤祎、二十一子胤禧、二十二子胤祜随驾。
	康熙六十一年（1722年）	四月二十五日驻喀喇河屯。九月十四日启自热河驻喀喇河屯至十七日。	四月离京北巡。皇三子、四子、八子、九子、十三子、十五子、十六子、二十子、二十二子随驾北巡。
乾隆（高宗爱新觉罗·弘历）	乾隆六年（1741年）	七月木兰秋狝。八月三日驻喀喇河屯至五日，九月八日自热河回驻喀喇河屯至十日。	谕令：发布购买米贮热河、古北口等处，以裕军储。 九月九日重阳节陪皇太后登喀喇河屯行宫逍遥楼。
	乾隆八年（1743年）	七月奉太后旨离京赴盛京谒。八月八日驻喀喇河屯。	令恭谒陵经过州县不准丝毫扰累百姓。益蠲免所过地方本年应征钱粮。
	乾隆十年（1745年）	七月北巡塞外。二十七日驻喀喇河屯。二十八日驻热河。	八月初谕令：喀喇河屯等常平仓并内务府粮仓一万两千石亦应酌拨平杲。
	乾隆十二年（1747年）	七月二十日离京北巡，二十五日驻喀喇河屯至二十六日。九月十日自热河回驻喀喇河屯至十一日。	二十六日谕令：热河八沟一带丰收，司库拨银两万五千两以买粮供陵糈。 二十七日驻热河，免所过地方额赋十分之三。
	乾隆十四年（1749年）	七月离京北巡。十二日驻喀喇河屯至十三日。九月十日自热河回驻喀喇河屯。	北巡。
	乾隆十六年（1751年）	七月十八日北行木兰秋狝，十三日驻喀喇河屯。十四日驻热河，十七日回驻喀喇河屯。八月十六日再自热河回驻喀喇河屯。	七月十七日谕令：蒙古王公迎驾，如木兰秋狝迎至博罗河屯，如驻热河迎至喀喇河屯，岁以为例。
	乾隆十七年（1752年）	七月木兰秋狝。二十四日驻喀喇河屯。九月十四日自热河回驻喀喇河屯。	谕令：所过地方额赋免十分之三。
	乾隆十八年（1753年）	八月十六日离京，木兰秋狝。二十一日驻喀喇河屯。九月二十八日自热河回驻喀喇河屯。	木兰秋狝。
	乾隆十九年（1754年）	五月六日北巡。十一日驻喀喇河屯。	谕令：所过地方额赋免十分之三。
	乾隆二十年（1755年）	八月六日离京北巡。十月八日自热河回銮驻喀喇河屯。	谕令：所过地方本年额赋免十分之三。

续表 25-1-1

皇　帝	年　份	驻跸情况	主要活动
乾隆（高宗爱新觉罗·弘历）	乾隆二十一年（1756年）	八月十七日北巡。闰九月十三日自热河回銮驻喀喇河屯。	谕令：所过地方额赋免十分之三。
	乾隆二十二年（1757年）	七月八日北巡塞外。几月十六日自热河回銮驻喀喇河屯。	谕令：所过地方额赋免十分之三。
	乾隆二十三年（1758年）	七月十六日北巡。二十一日驻喀喇河屯，二十二日驻热河。九月十六日自热河回驻喀喇河屯。	益蜀免跸路额赋十分之三。
	乾隆二十四年（1759年）	七月四日离京木兰秋狝。十日驻喀喇河屯。九月十六日在热河回驻喀喇河屯。	谕令：免跸路额赋十分之三。
	乾隆二十五年（1760年）	八月十八日木兰秋狝。二十四日驻喀喇河屯。九月十三日自热河回驻喀喇河屯。	谕令：免跸路额赋十分之三。
	乾隆二十六年（1761年）	七月十七日木兰秋狝。二十五日驻喀喇河屯。九月三十日自热河回驻喀喇河屯。	谕令：免跸路额赋十分之三。
	乾隆二十七年（1762年）	七月八日木兰秋狝。十三日驻喀喇河屯。九月十一日自热河回驻喀喇河屯。	谕令：免跸路额赋十分之三。
	乾隆二十八年（1763年）	五月木兰秋狝。二十三日驻喀喇河屯。九月十六日自热河回驻喀喇河屯。	因上年被水淹，谕令：免跸路额赋十分之五。
	乾隆二十九年（1764年）	七月十二日木兰秋狝。十七日驻喀喇河屯。九月十九日自热河回驻喀喇河屯。	谕令：免本年跸路额赋十分之三。
	乾隆三十年（1765年）	八月二日木兰秋狝。七日驻喀喇河屯。十月十一日自热河回驻喀喇河屯。	谕令：免跸路额赋十分之三。
	乾隆三十一年（1766年）	七月三日木兰秋狝。八日驻喀喇河屯。九月十三日自热河回驻喀喇河屯。	谕令：免跸路额赋十分之三。
	乾隆三十二年（1767年）	七月二十日木兰秋狝。二十五日驻喀喇河屯，九月二十六日回驻喀喇河屯。	谕令：免跸路额赋十分之三。
	乾隆三十三年(1768年）	七月八日木兰秋狝。十三日驻喀喇河屯。九月十三日自热河回驻喀喇河屯。	谕令：免跸路额赋十分之三。
	乾隆三十四年（1769年）	七月八日木兰秋狝。十三日驻喀喇河屯。九月十六日回驻喀喇河屯。	谕令：免跸路额赋十分之三。
	乾隆三十五年（1770年）	九月十日木兰秋狝。十月二十六日自热河回銮驻喀喇河屯。	因水淹较重，谕令：全免跸路半年额赋。
	乾隆三十六年（1771年）	七月十九日木兰秋狝。二十四日驻喀喇河屯，十二月二日自热河回驻喀喇河屯。	木兰秋狝。
	乾隆三十七年（1772年）	五月十一日木兰秋狝。三十日驻喀喇河屯。九月十六日自热河回驻喀喇河屯。	谕令：免跸路额赋十分之三。
	乾隆三十八年（1773年）	六月二日木兰秋狝。七日驻喀喇河屯。十月十一日自热河回驻喀喇河屯。	谕令：免跸路额赋十分之三。
	乾隆三十九年（1774年）	五月十日木兰秋狝。十五日驻喀喇河屯。九月十日自热河回驻驻喀喇河屯。	十五日准直隶总督周元礼奏，改任原蓟运河迎判为三座塔迎判，分理土默特两旗，奈曼一旗事务。原设巡检即归管辖：改乌兰哈达分理翁特两旗、巴林两旗事物。谕令：免跸路额赋十分之三。
	乾隆四十年（1775年）	五月二十日木兰秋狝。二十五日驻喀喇河屯。九月十六日自热河回驻喀喇河屯。	赏所有著雨清道兵丁每人一两银锞。谕令：免跸路额赋十分之三。

续表 25-1-1

皇　帝	年　份	驻跸情况	主要活动
乾隆（高宗爱新觉罗·弘历）	乾隆四十一年（1776年）	五月十三日木兰秋狝。十八日驻喀喇河屯。九月十六日自热河回驻喀喇河屯。	谕令：免跸路额赋十分之三。 遣额附赴两间房向皇太后问安。
	乾隆四十四年（1779年）	五月十二日木兰秋狝。十八日驻喀喇河屯。九月十三日自热河回驻喀喇河屯。	木兰秋狝。
	乾隆四十五年（1780年）	五月二十一日离京北巡热河。二十七日驻喀喇河屯。八月二十九日谒东陵启自热河驻喀喇河屯。	北巡热河。 谕令：免跸路额赋十分之三。
	乾隆四十六年（1781年）	闰五月八日木兰秋狝。十三日驻喀喇河屯。九月十六日自热河回驻喀喇河屯。	木兰秋狝。
	乾隆四十七年（1782年）	五月十一日离京木兰秋狝。十七日驻喀喇河屯。九月十六日自热河回驻喀喇河屯。	直隶总都郑大进陪驾，随同校尉一百零八名。 谕令：免跸路额赋十分之三。
	乾隆四十八年（1783年）	五月二十四日北巡热河。二十九日驻喀喇河屯。	谕令：免跸路额赋十分之三。
	乾隆五十一年（1786年）	五月二十九日木兰秋狝。六月四日驻喀喇河屯。九月十六日自热河回驻喀喇河屯。	木兰秋狝。
	乾隆五十二年（1787年）	五月八日木兰秋狝。十三日驻喀喇河屯。九月十六日自热河回驻喀喇河屯。	谕令：免跸路额赋十分之三。
	乾隆五十三年（1788年）	五月十九日木兰秋狝。二十四日驻喀喇河屯。九月十三日自热河回驻喀喇河屯。	木兰秋狝。 谕令：免跸路额赋十分之三。
	乾隆五十四年（1789年）	闰五月五日木兰秋狝。十日驻喀喇河屯。九月十四日自热河回驻喀喇河屯。	木兰秋狝。
	乾隆五十五年（1790年）	五月五日木兰秋狝，十五日驻喀喇河屯。九月二十五日自热河回驻喀喇河屯。	木兰秋狝。 谕令：免跸路额赋十分之三。
	乾隆五十六年（1791年）	五月二十日，80岁的乾隆皇帝离京，木兰秋狝。二十六日驻喀喇河屯。九月十四日自热河回驻喀喇河屯。	木兰秋狝。
	乾隆五十七年（1792年）	五月十日离京木兰秋狝。十五日驻喀喇河屯。八月二十五日自热河回驻喀喇河屯。	木兰秋狝。 谕令：因跸路雨迟春旱，格外体恤免跸路额赋十分之五。
	乾隆五十八年（1793年）	五月十六日木兰秋狝。二十一日驻喀喇河屯。八月二十日自热河回驻喀喇河屯。	木兰秋狝。谕令：免跸路额赋十分之三。
	乾隆五十九年（1794年）	五月二十五日木兰秋狝。六月一日驻喀喇河屯。八月二十日自热河回驻喀喇河屯。	木兰秋狝 谕令：免跸路额赋十分之三。
	乾隆六十年（1795年）	五月六日北巡塞外。十一日住喀喇河屯。八月二十一日自热河回驻喀喇河屯。	北巡 谕令：免跸路额赋十分之三。
嘉庆（仁宗爱新觉罗·颙琰）	嘉庆元年（1796年）	五月十八日，陪太上皇弘历（85岁）北巡热河，二十三日驻喀喇河屯。八月二十七日自热河回驻喀喇河屯。	北巡。
	嘉庆二年（1797年）	五月二十九日，陪太上皇北巡围场，六月四日驻喀喇河屯。八月二十四日自热河回驻喀喇河屯。	北巡。

续表 25-1-1

皇　帝	年　份	驻跸情况	主要活动
嘉庆（仁宗爱新觉罗·颙琰）	嘉庆三年（1798年）	五月十一日陪太上皇北巡热河，十六日驻喀喇河屯。	北巡。
	嘉庆七年（1802年）	七月二十日木兰秋狝，二十五日驻喀喇河屯。九月十二日自热河回驻喀喇河屯。	木兰秋狝。
	嘉庆八年（1803年）	七月二十日木兰秋狝。二十五日驻喀喇河屯。八月二十二日自热河回驻喀喇河屯至二十三日。	木兰秋狝。
	嘉庆九年（1804年）	七月二十日木兰秋狝，二十五日驻喀喇河屯。八月二十一日自热河回驻喀喇河屯。	木兰秋狝。
	嘉庆十一年（1806年）	七月二十二日木兰秋狝，二十七日驻喀喇河屯。九月十三日自热河回驻喀喇河屯。	木兰秋狝。
	嘉庆十二年（1807年）	七月十八日木兰秋狝，二十三日驻喀喇河屯。九月十三日自热河回驻喀喇河屯。	木兰秋狝。
	嘉庆十三年（1808年）	七月十六日木兰秋狝。二十一日驻喀喇河屯。九月十日自热河回驻喀喇河屯。	木兰秋狝。
	嘉庆十四年（1808年）	七月十八日北巡热河，二十三日驻喀喇河屯。八月二十六日自热河回驻喀喇河屯。	北巡。
	嘉庆十五年（1809年）	七月十二日木兰秋狝，二十五日驻喀喇河屯。九月十一日自热河回驻喀喇河屯。	木兰秋狝。
	嘉庆十六年（1811年）	七月十二日木兰秋狝，二十五日驻喀喇河屯。九月十三日自热河回驻喀喇河屯。木兰秋狝。	木兰秋狝。
	嘉庆十七年（1812年）	七月十八日木兰秋狝，二十三日驻喀喇河屯。九月十三日自热河回驻喀喇河屯。	木兰秋狝。
	嘉庆十八年（1813年）	七月十八日木兰秋狝，二十三日驻喀喇河屯。九月十日自热河回驻喀喇河屯。	木兰秋狝。
	嘉庆二十年（1815年）	七月二十日木兰秋狝，二十七日驻喀喇河屯。九月十日自热河回驻喀喇河屯。	木兰秋狝。
	嘉庆二十一年（1816年）	七月十八日木兰秋狝。九月九日自热河回驻喀喇河屯。	木兰秋狝。
	嘉庆二十三年（1818年）	七月十三日木兰秋狝，十八日驻喀喇河屯。九月七日自热河回驻喀喇河屯。	木兰秋狝。
	嘉庆二十四年（1819年）	七月二十日木兰秋狝，八月[illegible]日驻喀喇河屯。八月二十六日自热河回驻喀喇河屯。	木兰秋狝。
咸丰（文宗爱新觉罗·奕詝）	咸丰十年（1860年）	八月八日，名誉为木兰秋狝，十四日驻喀喇河屯至十日。	英法联军逼近北京被迫出逃热河经驻喀喇河屯。谕令吉林、黑龙江兵队2000人速至热河护驾。 咸丰十一年（1861年）咸丰于七月十七日死于避暑山庄。

第二章　消逝的寺庙

寺庙的建立源于宗教，中国宗法性的传统宗教自先秦至清代有两千多年的历史。清代以后，域内规模较大的传统宗教寺庙、佛教寺庙、道教寺庙等有12处。其中有皇帝敕建寺庙、行宫内寺庙和民间寺庙，主要表现形式为儒、释、道三教合一。现仍存有遗址或部分建筑的寺庙收录于“文化编”中。此编收录的寺庙系在当时曾有一定影响，现已不存在的寺庙。这些寺庙为宗教的繁衍、传承和各民族文化的融合，为巩固统治阶级的地位，发挥了重要的作用。

第一节　永圣寺

一 兴衰始末

永圣寺建于清康熙五十五年（1716年），寺庙占地3321平方米，位于今双滦区大庙镇大庙村，系域内早期规模较大的民间寺庙之一，属中国封建社会宗法性传统宗教的庙宇。每年农历4月28日为永圣寺庙会，延数日。届时庙外搭台唱戏，十里八乡的居民汇聚于此，烧香许愿，购物看戏，人潮四涌，热闹非凡。

1951年，永圣寺内大小72尊木胎泥塑彩绘佛像被砸毁，寺庙改作成小学校。1960年，学校搬迁，永圣寺改为大庙供销社。原寺庙殿堂被拆除，另建新房。至此，永圣寺消逝。

二 建筑与陈列

永圣寺大殿座北朝南，共分前、中、后三层殿堂，东西各有配殿5间。庙前有棵大槐树，绿荫蔽日。前殿为“马童殿”，殿内中门两侧各铸铜马与马童，殿的东西均有便门。前殿院内东厢房是护院守寺的和尚居所。和尚已传五代，排名法号为：当要、仁永、仁和、仁旺、仁发。西厢房是库房。前空地放着一个1.8米高的大铁钟，当年准备悬挂在待建的钟鼓楼里。马童殿东北角院内有座高2米，宽1.5米的阉座石碑。碑文记载建寺时间、建造始末和修寺院时首领侯云凤及工匠的名字。正殿是“关老爷殿”，三楹，木结构、条石墙基，青砖砌墙至顶。前有双明柱，柱上盘二龙。殿基南北宽10米，东西长16米。殿的中门上方檐下悬挂着“永圣寺”横牌匾。房上五脊六兽，前廊后檐宽阔雅观。殿内中间位置是“金脸关老爷像”，左右两侧是周仓、关平塑像，两旁塑立的是王芳、赵磊等八员战将。东墙是彩色壁画，内容记载“关老爷”为官时所立下的功绩。西面墙上是康熙帝御书的诗作《米簸扬》：“登古道，进荒庄，见一美女碾黄粮。玉腕杆头握，金莲步下忙。汗流香腮花痕露，尘浮娥眉柳下霜。世上多少读书客，因何美女伴农忙？”后殿为“佛爷殿”，正座为“如来佛像”。中间设有进庙拜佛祭香的宽阔园形香池。东侧5间配殿内为“火神、风神、土地”等八位神像，西侧5间配殿内为“子孙娘娘、眼光娘娘、风火娘娘”等八位娘娘像。佛爷殿后有古槐、榆树四棵，枝繁叶茂。

第二节　其他寺庙

一 白庙子

白庙子于清光绪二十六年（1900年）建，位置在双塔山镇白庙子村内。由于庙堂墙面为白灰泥，俗称“白庙子”。白庙子坐北朝南，占地1.5亩，有前后两殿和一座东配殿，周围修有围墙。前殿堂正中塑有龙王，西侧为雷神、雹神。后殿堂建有神位8个，塑有铁拐李、吕洞宾、张果老三尊道家神像。民国32年（1943年），双塔山关帝庙被拆毁时，庙内关帝塑像被移至白庙子后殿，同时还供有“石碎片”1块（内容不详），

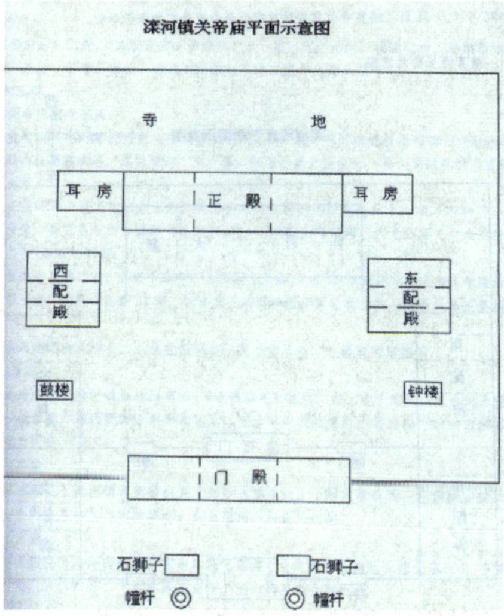

滦河关帝庙示意图

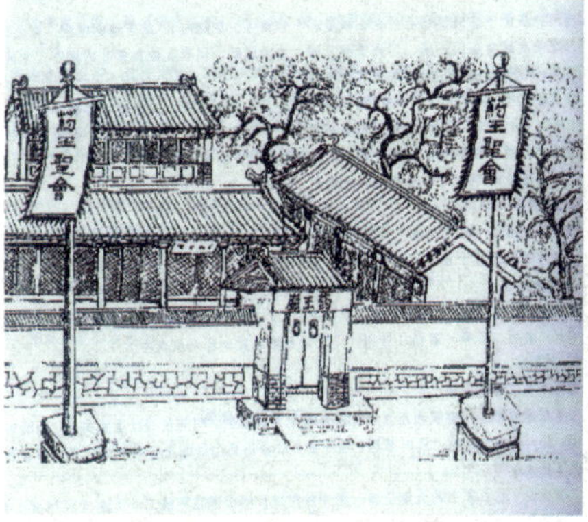

滦河药王庙图

残破石佛像1尊。文化大革命时期，白庙子被拆除，泥塑神像被捣毁。泥佛残像被承德市文物局收藏。

二　关帝庙

据《钦定热河志》载："关帝庙在喀喇河屯东南，康熙年间建。每岁春秋及五月十三日官为致祭。又关帝庙五：一在喀喇河屯营西，清康熙五十四年建；一在金沙滩（地点不详），清康熙五十七年建；一在靳家沟（今滦平县境）；一在青石梁官道侧（今滦平县境内），并在清乾隆二十三年敕建；一在巴克什营（今滦平县境）。"由此可见，当时境域及周边就有大小关帝庙5处。

滦河街现存关帝庙遗址1座，位于滦河西南营村。（详见文化编）。

另，清代纪晓岚《阅微草堂笔记》载："距双塔峰里许有关帝庙，主持僧悟真云：'乾隆壬寅（1782年）一夜大雷雨，双塔峰坠下一石佛，今尚供庙中'。"这座庙坐北向南，门上横匾"双塔寺"，为两进院，占地约千余平方米。前院正殿面阔三间，进深一间正当中供桌上有一块蓝底黄字龙牌。用满汉文书曰：敕建，当今皇帝万岁万岁万万岁；关帝两侧为关平、周仓。关帝像后边的木屏风后有护法神韦驮，面北正对庙的后门。后院正殿俗称娘娘殿，正中供观音两侧为善财童子和龙女。主殿右耳房为鲁班殿，供鲁班像；右耳房为僧房。现此庙不存。

三、龙王庙

据《承德府志》载："龙王庙，一在喀喇河屯行宫内，岁岁春秋官祭；一在滦河北山坡上（今大龙庙村附近），清乾隆三十九年（1774年）热河道明山保建庙。当滦河、伊逊河汇流处塑二龙神像。仁宗御书额曰：'泽沛兴桓'，有明山保撰碑。"现此二龙王庙无存。

四、神祇坛、文昌祠、土地祠

据《承德府志》载："神祇坛在县（今滦河镇）北郊。岁祭风、云、雷、雨、山川、城隍之神。"现无存。文昌祠建在原滦江书院内，现无存；土地祠在县治（滦河）西南，现无存。

第三章　广仁岭御道

广仁岭，海拔551.6米，原名"渡云岭""热河岭"，俗称"拐儿梁"。位于双滦区东侧，是双滦区与双桥区的分界岭。清代康熙年间，修建过岭御道，并在岭上修建庙宇和碑亭等建筑。民国期间，在御道的基础上，国民政府修建了公路（京热大道）。日伪时期，广仁岭公路再行扩修。1955年，承德市交通部门对广仁岭公路进行重新勘测、扩修。1985年，广仁岭公路隧道通车。广仁岭路废弃，昔日的广仁岭御道荒废。

第一节　御道存废

一　御道形成

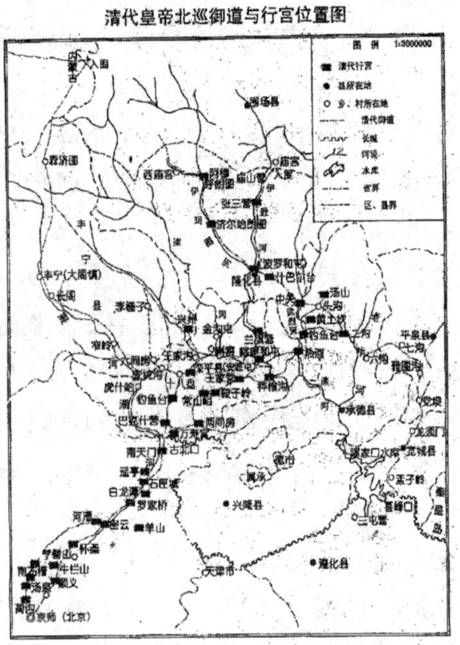

清代皇帝北巡御道与行宫示意图

广仁岭绵延10余公里，如热河西侧的一道屏障。清代，广仁岭没有公路，只有能供步行的便道。初始，喀喇河屯至热河的御道是自喀喇河屯向北渡过滦河，再向东沿滦河东岸南行绕至偏桥子、过牛圈子沟到达热河。清康熙五十七年（1718年），清政府派工匠沿原广仁岭古道进行整修，建成宽约3米多，总长2公里的过岭御道。御道大体走向是从下店子村处上山，经山顶逶迤下行至下营房附近。康熙帝赐岭名为“广仁岭”，并刻“广仁岭”三字石碑，立于岭脊。广仁岭御道形成后，康熙、乾隆、嘉庆等皇帝每次从喀喇河屯去热河时，都走此线路，平日官商民役往来不绝。据史料载，修筑广仁岭御道花费白银两万余两。

二　御道荒废

民国初年，国民政府修建“京热大道”，广仁岭御道作为其中一段被改建。民国8年（1919年），路段开通汽运线路。民国22年（1933年），日军侵占承德后，为军事上的需要，再次对广仁岭御道进行改修。至此，原广仁岭御道面目全非。1955年，承德市政府扩建广仁岭公路，改修线路，扩宽路基。1985年，广仁岭公路隧道通车，过岭盘山公路废弃。

第二节　御道遗迹

一　寺庙

康熙年间，广仁岭山上建观音大士庙一座，庙额为“庙德慈航”。乾隆年间，广仁岭西坡上建小型庙宇一座，称为“广仁寺”。1955年，承德市改修过岭盘山公路时，两座庙被拆毁。

二　碑亭

康熙年间，广仁岭东麓御道旁建“万寿亭”一座，每凡皇帝到避暑山庄来，承德府、道官员等到岭上接驾，故有“接龙亭”之称。

乾隆三十八年（1773年），广仁岭御道又修建碑亭一座。镌制御诗一首《雨中过广仁岭》:“云幂山头雨后施，路经横岭引闲思。身先策马恒劼昔，年长乘舆亦顺时。瀑响千岩奔澜湃，烟迷万树幻离奇。仆臣跋涉胥勤职，行赏旌劳例有之。”

万寿亭和碑亭因年久失修，民国晚期先后倒坍。现广仁岭上建筑无存，仅存残石瓦砾。

第四章　改变原貌的村庄

域内的村庄大多建于清代。初始居民多为直隶、山西、山东等地逃荒、租地的贫苦农民。经过几代人的繁衍生息，形成一个个带有特色的村落。日军侵占期间，强行“集家并村”，一些偏远的自然村被强迁，房屋被毁。新中国成立后，一些居住在偏远、闭塞、交通困难的散户，逐渐搬离了原址，自然村落悄然发生着改变。2005年，区内有43个行政村，133个自然村。章内仅记述近年来在城市拆迁改造和生态移民工作中，村庄名称仍然存在，但在面貌上发生重大改变的村庄。

第一节　生态移民村庄

偏桥子镇羊泉子村

偏桥子镇羊泉子村始建于清代，位于镇政府西北部老沟门村西侧的山沟内，距镇政府4.5公里。

羊泉子村居民主要是苏、田两大姓。2005年，全村148户，453人，分为6个自然村、5个村民组，散居在东沟、西沟、南沟三处。尚有耕地722亩，大多是山坡地，土地贫瘠。村内无公路，进入村庄是一条沿河道形成的便道，到了雨季车辆很难通行。自然村之间，有的运输只能靠肩扛驴驮。村内近年水资源接近枯竭，人畜饮水困难。1988年以后，村民才用上电。小学生上学只能到三、四华里以外的老沟门村或三家村就读。由于偏僻贫困，姑娘不愿嫁到村里来。2004年，村内25—60岁单身男性41人。2005年，人均纯收入仅为1510元。

2004年，双滦区偏桥子镇启动羊泉子村生态移民工程。工程争取到中央财政移民搬迁专项资金225万元。2004年6月，羊泉子新村在老沟门村东侧选址施工。经过双滦区城建、水利、交通、电力等部门帮建，2005年底新村建成竣工。80户居民、450人告别偏僻、贫穷、闭塞的山沟，喜迁新居。

第二节　城中村改造村庄

双塔山镇团瓢村

团瓢村始建于清代，其座落在双塔山脚下，南侧与双塔山森林公园仅隔牤牛河，相距不足1华里。原京承公路沿村北侧东西向经过，村东侧紧邻承德市第三中学，村北侧是双塔山小学校，村西与承德市丝绸厂相接。2000年始，双滦区推进城镇化建设，团瓢村成为双滦区“城中村改造第一村”。

根据“双滦区集镇建设规划”，计划在5年内建成自双塔山、应营子至双塔山棋盘地村东西走向的滨河大街。规划大街两侧新建国土、财政、交通、林水等9个单位办公楼和民族广场、河北承德实验中学、双滦区医院、御祥园居民区、山水文苑居民区等建筑。2003—2005年，团瓢村被征占土地306亩，搬迁居民170户。

在这场浩大的建设工程中，团瓢村原有的传统旧貌被彻底颠覆。取而代之的是宽12米，长4.2公里的滨河大街；沿街两侧占地3.3万平方米，总投资800万元的多功能民族文化广场；建筑面积1.1万平方米的荣信居民小区；建筑面积18万平方米的御祥园居民小区；建筑面积1.6万平方米的卓越居民小区；建筑面积6.5万平方米的山水文苑小区和政府9个委局的办公大楼、家属楼；占地350亩的河北承德实验中学；投资1100万元，建

1999年团瓢村风貌（摄影　刘永占）

筑面积 7800 平方米的区医院……。

团瓢村村民彻底告别了红砖青瓦、一家一院的传统居住形式。2005 年，154 户居民搬进新的居民小区，住进了楼房。

第五章　传统儿童游戏

传统儿童游戏包括打尜、摔啪叽、弹球、跳房子、撞拐等。这些游戏无法追溯其源头，在 20 世纪前，伴随了一代又一代人的成长。至今这些传统游戏大多已经消失，其存在的空间越来越小。

20 世纪 80 年代起，中国新组建的家庭大多只育有一个孩子；居住条件开始从平房院落逐渐进入到楼房；儿童数量减少、居住相对封闭，造成儿童业余时间难以聚群，从而影响传统游戏的开展。另外传统游戏大多是室外游戏，有的带有一定的对抗性、危险性，并且以泥土为伴。独生子女大多家长为子女的健康和安全考虑，拒绝、禁止孩子参加这些活动，加剧了传统游戏的消逝。改革开放后，儿童玩具种类繁多、样式新颖，吸引少年儿童和家长的注意，为儿童成长提供了帮助。特别是电脑进入平常百姓家庭后，网络游戏给少年儿童提供了广阔空间，传统游戏逐渐淡化。

第一节　男孩游戏

一　打尜

游戏准备　游戏玩具由尜儿和尜棒（或刀型木板）组成。尜儿一般是用长 10 厘米左右、直径约 4 厘米的木棍将两端削尖而成。尜儿棒是用一根长约 30 厘米、粗细与尜身相近的木棍制作而成。打尜的场地一般选择在宽阔平整的地方。由参与游戏人员推举一人为裁判，游戏过程由裁判做出裁决。确定玩家顺序的方式，通常是由参加人员以“手心手背”的形式来决定。玩家同时把手伸出来，其中一人的手型与其他人不同者为第一个玩家。

游戏规则　打尜儿的游戏方法分为“超江过海”和“攻城堡”两种，不同的游戏方法有不同的游戏规则。

“超江过海”：用尜儿棒划一条线为“江”，即为打尜儿的起点。根据商定的距离（一般在 20 ～ 30 步左右）在“江”的对岸划一条与“江”的平行线为界线。游戏开始，玩家将尜儿放在“江”线上，尜儿尖一端朝对岸方向，手握尜儿棒猛砸尜儿尖，在尜儿被击跳起的瞬间用尜儿棒朝“江”对岸方向击打尜儿身，使尜儿飞向“江”对岸，越远越好。如果击打力量大，一次就把尜儿打过对岸线，即为“超江过海”，为这一局游戏的胜者。在游戏过程中，如果打不到尜儿身或击打尜儿尖时使尜儿后退落地，就要把游戏机会交给下一位玩家。在同一轮游戏中，第一个超过对岸线者为赢家。

“攻城堡”：用尜儿棒划一条线为打尜儿的起点。在起点线对面一定的距离内（一般为 10 ～ 30 步）划一个正方形或长方形的作为“城”。方城内 4 个角各划一个小方形或扇形(比尜儿身大)作为“城堡”并标以 1、2、3、4 顺序号，作为进攻“城堡”的顺序，玩家把尜儿尖一端朝对面方城的方向放在起点线上，用尜儿棒砸击尜儿的尜儿尖，待尜儿跳起时朝对面的方向击打尜儿身。尜儿落至方城内后，再按前述方法击打尜儿尖，按顺序进入 4 个“城堡”。开始击打时如未能进入方城或在攻“城堡”时将尜儿打击出城外，玩家则被淘汰。击打尜儿尖时如果使尜儿后退或在尜儿跳起后未击到尜儿身，就要把游戏的机会交给下一位玩家。在每轮游戏中，第一个按顺序攻入“城堡”的为赢家。

这种游戏，可以锻炼儿童的大脑反应能力和眼、手的协调配合能力。

二 打啪叽

游戏准备 啪叽是用两块长方形厚纸交叉叠制成方块型的或用单张纸（或烟盒）叠制成三角型的纸质玩具。每个参与打啪叽游戏的人事先叠制啪叽若干备用，以备在被其他玩家赢取后续接。

打啪叽的场地一般选择在平整的空地或石台上。

多个玩家参与时，通常采用“手心手背”的方式确定顺序，即为大家同时伸出一只手，其中一人手型与其他人手型不同时则排位第一，其他人员继续按此种方式确定顺序。

方法及规则 打啪叽的游戏方法主要有“打平面”和“打掉台”两种。

“打平面”：所有玩家把自己的一个啪叽放在平地上，由排序第一的先打。玩家用自己的一个啪叽往其他玩家的啪叽边缘摔打，借助摔打的风力将地面上其他玩家的啪叽掀翻。如果被击打的啪叽翻过 180°（翻个儿），玩家就赢取了这个啪叽，并可继续游戏。如果没有打翻或自己的啪叽与被打的啪叽重叠在一起，就要把游戏的机会让给下一位，以此类推。游戏时如果是用手或衣袖弄翻地面上的啪叽视为犯规，犯规的玩家要把打啪叽的权利交给下一个玩家。

“打掉台”：所有玩家把自己的一个啪叽放在较平整的台阶（或石板）上。游戏按顺序由排第一位的先打，用自己手中的一个啪叽向石台上的啪叽边缘摔打，借助风力将石台上的啪叽掀落在地。如果将石台上的啪叽打落在地便赢取了落地的啪叽，并可继续游戏。如果没打掉台下，便要让出击打的权利给下一个玩家。游戏时用手或衣袖弄掉石台上的啪叽视为犯规，犯规的玩家也要把游戏机会让给下一位玩家。

此游戏可培养儿童的观察能力，锻炼臂力，有助于身体各部位的发育。

三 弹球儿

游戏准备 游戏的玩具，为直径约 2 公分左右玻璃球和瓷球。玻璃球内有红、蓝、绿、黄、黑等不同颜色的花瓣图案以区别不同的颜色。瓷球一般为白色，球的表面有各种颜色的条纹交错组成的图案，质地较为玻璃球坚硬。

参与弹球儿游戏者自备数个球，以备输掉球儿或被击坏时续用。

弹球的游戏场地，一般选择在较平整的空地上。

方法及规则 弹球儿的游戏方法主要有“三坑”和“抢城”两种。

“三坑儿”：在地上画一条线为起始线。在起始线的前面垂直方向挖有一定距离竖排的 3 个坑儿，3 个坑儿之间的距离等距也可不等距，从起始线穿过前面的第一个坑儿画一条与起始线平行的线作为“墙”。所有玩家从起始线把手中的球儿朝“墙”的方向弹出去，以球儿距离第一坑儿的远近确定先后顺序，并把球儿停留的地方作为各玩家弹球儿起始的地方，各玩家依序将自己的球弹射进入第一、第二、第三个坑儿。进入第一个坑儿的玩家可继续弹射第二个坑儿、第三个坑儿。中途如果失手，就要让给下一个玩家。游戏过程中，谁先弹入第三个坑儿再返回起始线，就是“皇上”了（赢家）。“皇上”可以用自己的球弹击其他玩家的球，被击中者淘汰出局并输掉这个球。游戏中其余玩家弹球过程中，不得碰到“皇上”的球儿，如果碰到“皇上”的球儿就被淘汰出局并输掉这个球儿，谓之“自杀”。如果在一轮游戏中有多个玩家当了“皇上”，“皇上”间可以互相“厮杀”（相互弹击对方的球）。谁被击中谁出局，最后一个“皇上”为胜利者。

“抢城”：在地上划一条线为起始线。在起始线的前面垂直方向（距离由玩家商定）划一个方框为“城”。每个玩家从起始线开始把球向“城”弹去，谁的球儿离城边线最近谁就排为第一玩家，其他玩家依次排序。如果第一个玩家的球儿已经在“城”里了，就可以弹射其他玩家的球儿。如果击中目标,被击中者退出游戏并输掉这个球儿。弹击如果失手，就要把游戏的机会交给下一个玩家。没有入“城”的玩家无权弹射其他玩家的球儿，故此游戏开始时都要抢先进“城”。

弹球儿的手法一般是用右手食指弯曲将球勾住，之后将大拇指顶在球儿后用力弹出。弹球儿的姿势很多，有的孩子喜欢趴在地上弹；有的孩子喜欢用一只手支在地上做“炮架”，之后把另一只握球儿的手放在“炮架”上面弹；也有的孩子喜欢猫腰站立着弹，但这种姿势难度大，如不是高手通常不采用这种弹射姿势。

游戏可以锻炼儿童手、眼配合能力及大拇指的张力，培养儿童争先向上的精神。

四 撞拐

游戏准备 将参加游戏人员按照身高、体质公平的分为两队。选择一块平地作为游戏场地。推举一人作裁判。两个队的领队以“石头、剪子、布”的方式确定游戏顺序。

方法及规则 撞拐的游戏方法有“乱拐”和“守擂台”两种，其游戏规则是：

“乱拐”：每队的队员应挑选与自己实力相当的队员作为游戏对象。游戏开始，队员将一条腿抬起将脚掌置于另一条腿的腿根部位，并用一只手托起悬腿的脚掌，另一只手抚在悬脚弯曲的膝盖处，弯曲的腿称为“拐”。进攻的一方单腿跳跃前进，朝着对方的“拐”以撞、砸、压、挑的方式进行撞击，如果把对方的“拐”撞落或使对方跌倒即为胜利。如果迎击的一方将进攻的一方撞倒或“拐”落地,进攻方即告失败。游戏时,任何一方不得跳起撞砸对方的胸部或肩部，否则视为犯规淘汰出局。最后的胜者为一个队或一个队的一名队员。

“守擂台”：在地上画一个方形阵或圆形阵作为“擂台”。顺序为第一组的队员全部进入“擂台”为守“擂”方，第二组的队员站在“擂台”边线外准备进攻“擂”。裁判发令，攻“擂”方队员以“拐”形单腿跳跃到“擂台”内与事先各自选好的对手一对一的进行对撞,被撞出“擂台”或“拐”落地者为败，即退出游戏。在一轮游戏中，击败对方所有队员而占据“擂台”的一组为胜利方。

此游戏可以锻炼儿童的平衡能力和耐力。

五 支大炮

游戏准备 把参加游戏人员评分为两队，各选一名领队为本队指挥官。选择一个平整的地方作为游戏场地。两个领队人员以“石头、剪子、布”的方式决定游戏顺序。各队以每 2 人一组，构成“炮架”与“炮塔”。通常情况是个子高的当“炮架”，个子小力气小的当“炮塔”。双方共同推举一人做裁判。

方法及规则 支大炮的游戏方法是：“炮架”把双手交叉合掌握紧。“炮塔”骑于“炮架”肩上，双手交叉形成拳窝扣在“炮架”拳尖上，两腿夹紧“炮架”肋骨及腰，双脚向后上翘。“炮架”立身将炮前支。裁判令下，双方的高炮各向对方的“炮架”撞击。一方的“炮塔”被撞落在地或因体力不支而自行落地，即告失败，淘汰出局。战斗中，“炮架”主导进攻方向，寻找击败对方的机会。最终将对方“炮塔”全部击落即告胜利，游戏结束。

此游戏有助于儿童的肌体发育，锻炼大脑的反应能力和判断能力，培养儿童的团结协作精神。

六 砸石板

游戏准备 准备一块能立在地面上的石板，将其立在比较平整的地面上，在其 5 米左右的地面画一条起始线。所有参加游戏的人以“手心手背”的方式决定个人游戏顺序，至最后 2 人时则以“石头、剪子、布”的方式决定顺序。

方法及规则 第一个玩家站在起始线外，手拿一块石头或砖头，以个人习惯的投掷方式将石块向站立的石板掷出。如果击倒石板则为成功，击不倒石板则为失败并退出游戏，由下一位玩家以同样的方式游戏。在游戏过程中不准踩踏起始线，否则视为犯规而被罚下。

此游戏可锻炼儿童的手、眼配合能力及手的腕力。

七 推小车

游戏准备 把参加游戏人员平分为两队，各选一名领队为本队指挥。选择一个平整松软的地方作游戏场地。各队以两人为一组构成“推车”。两名领队以“石头、剪子、布”的方式决定攻守顺序。双方在各自的大营前划一条横线为“护城河”。推举一名公正人员作为裁判。

方法及规则 两队率先出战的两组甲队员四肢着地，乙队员双手握住甲队员的两脚腕将其两腿提起分靠于自己的两腿外侧。裁判下令游戏开始，攻方出战，甲队员两臂支撑前身向前爬行。守方迎战，动作姿势亦如此状。两车相遇，甲队员抬起一臂向对方攻击，以“推、拉、拽”等方法使对方失去平衡，对方倒地即为胜利。游戏中如果乙队员发现甲队员体力不支，或掉头推，或倒拉，使己方退回大本营，再换一组队员出战。追击方在被追击方退到“护城河”以内时，便不能继续追击，否则被视为犯规。

此游戏可锻炼儿童的臂力和平衡能力，有助于全身肌肉的发育。

第二节　女孩游戏

一 跳皮筋

游戏准备 准备一条 6 ~ 8 米长橡胶皮筋或用废旧自行车、马车内胎割制成皮筋绳，将两端重合系扣结为圈状。选择一个比较平坦的地方作为游戏场地。将参加游戏人员平分为两组，由两名领队以“石头、剪子、布”的方式确定游戏的先后顺序。

方法及规则 跳皮筋的游戏方法有很多种，较为常见的有“跳大井”和“伴儿歌：小皮球儿”。

“跳大井”：第二组玩家的 2 名队员拉开 3 ~ 4 米的距离相向站立，之后将皮筋圈套在自己脚裸上，两脚分开 30 ~ 40 厘米，撑开为一个近似长方形作为“大井”。第一组玩家的第一名队员站立在“大井”外面，双脚并拢跳入“大井”，不得踩到皮筋，否则视为犯规被罚下。本游戏共有 3 关：“第一关的高度是脚裸，第二关的高度是膝关节，第三关的高度是髋关节。过每一关都须按前述完成规定的动作，只要出现一次失误即被罚下。被罚下队员需等待下一名队员顺利完成全套动作方能恢复继续游戏的资格。如果一个组所有队员均被中途罚下，游戏的权力则移至另一组玩家。最后已过关队员多少定胜负。

“伴儿歌：小皮球儿”：第二组玩家的 3 人相向三角站立，将皮筋圈套于各自脚裸处撑开一个三角形。第一组玩家的 3 人各站在三角形内的一条边处，待领队发出号令，3 名队员即同时开始动作，靠近皮筋的一条腿迈到皮筋外面用脚点一下地面再迅速反弹回皮筋圈内，跳回圈内时要向前面落脚，以便能站在三角形的第二条边重复前述动作。游戏过程中边跳边唱儿歌：“小皮球用脚踢，马莲开花二十一，二一二五六，二一二五七，二八二九三十一。三一三五六，三一三五七，三八三九四十一。四一四五六，四一四五七，四八四九五十一。……九一九五六，九一九五七，九八九九一百零一。”儿歌的作用在于统一 3 名游戏队员的跳动节奏。游戏过程中如有 1 名队员出现节奏混乱，这名队员即被淘汰出局。最后以各组顺利完成全部动作的人数多少定胜负。

此游戏可锻炼儿童动作的协调能力，促进全身肌肉的发育。

二 嘎啦

嘎啦源于北方少数民族，嘎啦哈是满语，即羊膝盖骨，也称羊拐。

游戏准备 “嘎啦”是用羊（猪）大腿与小腿之间的关节骨制作的玩具。先将关节骨的肉剔去，去除油污，晒干后上色。备有 7 ~ 10 块即可。游戏场地通常在桌子或炕上。玩家采用“手心手背”或“石头、剪子、布”的方式确定先后顺序，玩家2人以上，数量不等。

方法及规则 游戏开始，把手中的5块“嘎啦”均匀地撒在桌上，取其中一枚抛起，同时迅速地一次把其他4块翻转成为同样的平面，然后借助下落的“嘎啦”。反复上述动作，完成翻转“嘎啦”正、反、侧四个平面的动作。结束时，抛起其中一块“嘎啦”的同时，将桌面上的其余“嘎啦”全部收入手中并接住下落的“嘎啦”，继而轻抛手中全部“嘎啦”，再用手背接住，即完成游戏。

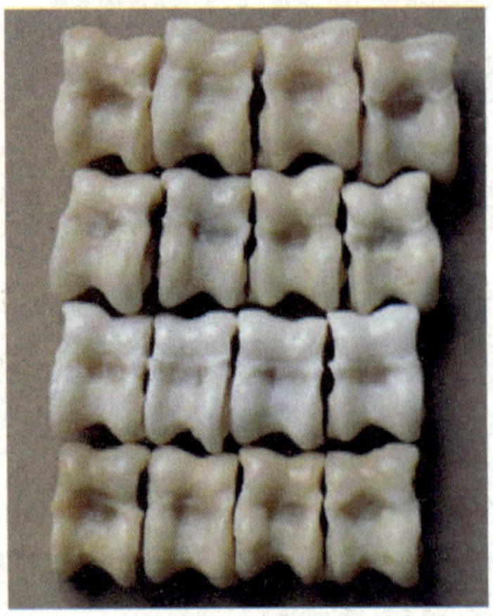
嘎　啦

游戏过程中，玩家在抛“嘎啦”的过程中，没有一次将桌面其余“嘎啦”翻转成一致的平面或没有接住下落的“嘎啦”即视为失误，退出此轮游戏。在本轮游戏中，完成全部动作者为赢家。

此游戏锻炼儿童手、眼配合能力和手及手臂的灵敏性及动作的控制能力。

三 跳房子

游戏准备 准备一个沙包（用六块小方布缝制成方形口袋，内装荞麦皮或稻壳）选择一块平整的地面作为游戏场地，在场地上画一个长约2米、宽约1米的长方形，再纵向平分为两个长方形，横向均等划分为4格。整个图形纵向一侧顶端以大长方形的横线为直径画出圆弧。中线顶点向弧顶延伸，使图形成为10个格子，以右侧下部向圆弧为1、2、3、4、5个格，再转向左侧圆弧向下为6、7、8、9、10个格。根据参加游戏人数，以“手心手背”或“石头、剪子、布”等方式确定先后顺序。推选一人作裁判。

方法及规则 按顺序第一个玩家站在底线（圆弧的对面）右侧第一个格子外边，将沙包丢在第一个格子里，一只脚迈进第一个格子，另一脚悬起。接触地面的脚将沙包依次踢入第二、三、四直至顶端圆弧内第五格，然后从左侧顶端圆弧第六格子依次踢至左侧底线的第十个格子并将沙包挑出。至此过完第一关。第二关自底线右侧的第二个格子开始，游戏动作与第一关相同。如此续接第三关、第四关……顶端圆弧内格子除外，一共累计为八关。

游戏过程中，游戏人员必须单腿跳踢沙包，挑踢过程不得踩线，悬起的那只脚不能落地，否则因为犯规，则被罚下。由下一家进行游戏。跳踢沙包时沙包不得压线，不得跨格，出现此等情况为动作失败。当闯关至左侧格子的时候，玩家从右侧格子单脚一次跳入左侧有沙包的格子，不得跳跃两次，否则为动作失败。动作失败者将被罚下场，更换玩家。

此游戏可锻炼儿童的身体平衡能力和弹跳能力，有益于儿童身体健康发育。

第三节　男、女组合游戏

一 推铁圈

游戏准备 铁圈：直径30～50厘米的铁制圆环一个。铁环可以是钢筋制成圆，焊接而成；可以是铁板割制成圆形，焊接而成。也可以是废旧铁圈。手柄（铁钩）：手柄长约60～70厘米。用直径8毫米的铁丝，握端撅成手柄；前端撅制成U形的导向槽，便于推动铁圈时掌握方向。

选择平整的路面作为游戏场地，约定推圈时行走路线并推选出一人做裁判。

方法及规则 推铁圈的游戏方法分为“个体赛”和“接力赛”两种，其规则分别为：

个体赛：每场比赛最多不超过4队，各队员按顺序排队准备参赛。第一组参赛人员手执铁圈和手轨站在各自跑道的起跑线外，裁判下令开始，各队员立即用手轨推着铁圈沿着自己的跑道前进，跑到终点线时控制铁圈拐弯掉头向起跑线的方向推，如此往复循环。游戏过程中撞到别人的铁圈被视为犯规予以罚下。推圈时中途铁圈倒地则即退出游戏。比赛以坚持到最后的为赢家。

接力赛：将参加游戏人员平分为两组，最多不超过4组，每组至少2人。每组人员排好队准备推铁圈接力赛。每组第一名队员手持铁拳和手轨站在起始线后面，待裁判发出口令，即迅速推着铁圈在各自跑道上前进，跑到终点线后推着铁圈转弯沿原跑路线向起始线方向前进，到达起始线后由第二名队员接过手轨，推着铁圈向终点线方向前进，到达终点后转弯沿原路返回，如此循环往复至最后一名队员。无论推着铁圈跑几个来回，坚持到最后的1个队为胜者。游戏过程中，一名队员中途铁圈倒地，这个队员即退出游戏由第二名队员接替。如果一个组的所有队员都出现中途铁圈倒地情况，比赛即告失败。

此游戏可锻炼儿童手、眼配合的协调能力和操作技巧能力。

二 丢沙包

游戏准备 选择一块平坦的地面作为游戏场地，根据游戏人数画出一个近似长方形的城堡。把参加游戏人员平分为两组，每组各选出一名领队。两组领队人员以“石头、剪子、布”的方式确定先后顺序。推选一人做裁判。

方法及规则 按顺序第一组队员进入城堡内，第二组队员在城堡外站好。裁判下口令游戏开始，由城堡外的队员向城堡内的队员丢打沙包，城堡内的队员用手接沙包。游戏过程中，如果城堡内的队员接住沙包而未使沙包落地，城堡内队员即赢得一分；如果城堡外队员丢沙包击中城堡内队员身体某个部位，且这名队员又未能接住沙包，被击中的队员则被淘汰出局。如此连续游戏，直至城堡内队员全部出局，则两组队员交换位置，开始新一轮游戏。在游戏过程中，城堡外队员丢打沙包时高度不得低于城堡内队员的膝盖以下，不得进入城堡内丢沙包，犯规3次则被罚下场。游戏较量积分多者为胜。

此游戏可锻炼全身肌腱的发育，锻炼大脑的反应能力和身体的灵敏性。

第六章　消失的家用物品

随着历史的发展和时代的进步，一些传统的作坊、行当和日常生活的用品、物件逐渐消失，被先进的工艺、物品所替代。这些消逝的东西，在过去的年代里，与百姓的生活息息相关，展现了一定社会背景下的生活画面和社会习俗。

第一节　家用器物

一 风箱（风匣）

20世纪70年代前，境域居民几乎家家户户都备有风匣。这种风匣就是木质手动的吹风机械，用于家庭灶台吹风及小铁具作坊吹风助燃。

风匣外观是一个长方体的木箱，长约70～80厘米，宽（厚）约25～30厘米，高约40～50厘米。用于作坊的风箱尺寸，略大于家用。木箱的侧面下部有个出风口，长方体的前后两端下部设有进风口，进风口内装有活动木板，可以封闭风口，称之为飞飘，俗称“呼嗒”。

木箱内装有滑道和推拉木杆及毛头。滑道是在风箱内壁两侧，用木条固定在箱壁上；推拉杆是上下平行的两根直径约3～5厘米的木杆构成，推拉杆前端在风箱内连接拉头，另一端连接至箱外手柄。推拉杆的手柄安装在风箱外面（长方体）后侧中间部位，形状像个拉手。

风匣的核心部件是毛头。毛头是一块长宽约小于箱体的木板，它固定在箱体内的拉杆前端，毛头木板的周边用棉絮及鸡毛等粘贴，用于封闭防止漏风。毛头把风箱箱体分为前后两部分。向前推动拉杆时，风匣后端进风口的飞飘在压力作用下开启，前端进风口的飞飘在风力的作用下封闭；反之，向后推动拉杆时，前进风口飞飘开启，后进风口飞飘封闭。来回推拉手柄，风便从侧面的出风口吹出，其原理类似医用注射器。推拉手柄时，封闭前后风口的小飞飘（呼嗒）便一前一后开启、闭合，并发出："呼嗒、呼嗒"的声响。

风箱在没有电力的时代是小作坊及家庭做饭必不可缺的器械。1988 年，域内 43 个行政村全部通电，风箱随之退出历史舞台。

二 鸡毛掸子

20 世纪 80 年代前，鸡毛掸子是境域内家家户户必备的保洁用具，用于掸除箱柜物品上的尘土。由于鸡毛柔软，掸扫时不伤物品，且灵活、耐用，是居民家中不可或缺的物件。

鸡毛掸子是一根直径 0.8 厘米左右、长约 80 ~ 90 厘米的藤杆或竹竿（称为掸子把）的前端用鸡毛绑成一个直径约 15 厘米、长约 30 厘米的“毛头”。制作方法如下：1. 备料。把公鸡的鸡毛按毛色和长短分为 2 ~ 3 等，每等取 3 ~ 4 根羽毛作为一簇，根部用浆糊粘合在一起，晾干备用。2. 捆绑成型。选公鸡尾巴颜色好看的长羽毛 4 ~ 5 根，用细麻绳将其捆绑在掸子把的最上端，羽毛下部转圈抹上糨糊。将晾干的鸡毛簇一绺一绺的压茬转圈粘好，再用麻绳捆牢。这样从上至下层层粘合、捆绑，结束时，最下端用一块红布条转圈粘合在羽毛的根部，既封住了羽毛的毛茬，又美观结实。3. 晾干。鸡毛掸子成型后不能马上使用，放在通风的阴凉处，待浆糊干燥后，鸡毛掸子就做成了。一把上好的鸡毛掸子可以用上 2 ~ 3 年。现居民家中自制的鸡毛掸子已经很少。

三 火盆

火盆是境域内居民冬季取暖的器具，存现于清代至 20 世纪 60 年代。20 世纪 70 年代后，农村少部分居民冬季仍然使用火盆取暖。

火盆按材质可分为铁制和泥制两种。铁制火盆上大下小呈圆形，上部直径约 40 厘米，底部约 20 厘米，上部有 4 ~ 6 厘米的边沿。泥制火盆是用荆条编织成长方形的筐，里外用黄胶泥掺一定比例的白石灰抹实,厚度大约 3 ~ 5 厘米，上部也留有 4 ~ 6 厘米的外沿。火盆取暖的时代，居民家里都睡火炕，烧枝条柴禾或庄稼秸秆。烧炕做饭后，将灶膛内炭火放进火盆压实，靠炭火的余热取暖。枝条柴禾的炭火余温可持续 8 ~ 10 小时。

四 汆子

汆子是一种烧水的盛器，清代至 20 世纪 50 年代，境域很多居民家中使用汆子烧水。20 世纪 50 年代以后逐渐消失。

汆子的材质有铜、铁两种。用铜铁薄板焊制成 60 厘米左右长，8 ~ 10 厘米粗的圆筒形状的器具，上面安装扣盖和提手。烧饭时，把装满凉水的汆子放入灶膛一侧，随着烧饭的同时烧开水。还有一种小型的汆子，是短筒的，放在火盆上烧开水用。水烧开后，蒸汽就会把上盖顶活动放气，不会溢水。这种器具节省能源，环保。

五 油蜡烛（蘸蜡）

清代、民国年间，境域富裕的居民家中逢年过节或操办喜事，使用的蜡烛多是用牛、羊油手工制作。随着时代的发展，科技的进步，牛羊油手工蜡烛早已成为历史。

制作手工蜡烛也叫“蘸蜡”。原料是牛、羊油炼制的油坨，蜡烛芯是用苇秆为骨架，外面搓捻一层棉花，蜡芯长短依蜡烛长短而成。首先，把牛、羊油坨放进铁锅熔化，除去杂质加上红色染料，然后倒进一个约 60 厘米高、直径 30 厘米的瓷缸里。用木杆插进缸里按一个方向不停搅动，使油温下降，变得粘稠。然后开始蘸蜡：用约60厘米长的竹签儿插上“蜡芯”一次又一次往油缸里面蘸。每蘸一次，“蜡烛”就加厚一圈，直到完成为止。蘸蜡的工匠，每次可以同时蘸4根蜡。最后是给快要晾凉的蜡烛“挂金”。先用毛笔沾上黏米汤之类的“胶水”在蜡烛上写字，最后在字上撒上金粉，待蜡烛彻底坚硬后即成。蜡烛上的金字有多种，有“喜”“福”“吉祥”等。成对的大蜡烛要写上吉祥的对联。

民国年间，滦河街有家麻绳铺兼营手工油蜡制作，老板名田老二。

六 油灯

麻油灯 新中国成立前，域内大部分居民夜晚使用麻油灯照明。麻油是自家熬制的。先把小麻籽炒熟，把麻子擀碎攥成拳头大的团团；大锅里烧开水，把麻籽团放入锅中，让水浸过麻团二寸许，盖上锅盖，在上面撒上一层谷糠，用于密封锅盖；文火熬炼十二小时，锅内就有一 层麻油；再将上层麻油舀出熬炼，待水分蒸发干净后，麻油就炼好了。油灯大多是陶瓷或铁制的，底大上小的灯台兼做油壶，上面有灯碗，侧面有手柄。棉花捻成棉绳做灯芯，麻油填入灯碗，灯芯上端露出灯碗，下端放入灯碗，点燃上端灯芯，就可以照明了。贫困的家庭直接用黑色瓷碗盛麻油，放入棉绳点燃照明。

古代油灯

陶瓷油灯

煤油灯 民国中期，域内机关单位或较富裕的居民夜晚使用煤油灯照明。煤油灯有玻璃和陶瓷的两种。陶瓷煤油灯是一体结构。底是直径10厘米的圆盘，中间是直径约6厘米的圆柱，上面是直径10厘米的油壶。圆柱上有端灯用的手柄。底和圆柱称为灯座高约12～13厘米；油壶高约5厘米，最上端有1个带眼儿的壶盖，把棉绳做的灯芯穿入油壶盖，油壶里注上煤油点燃就可以照明了。玻璃煤油灯比陶瓷灯高级。由灯身、灯头和灯罩3部分构成，灯高约30厘米。灯身上部分是油壶，下部分连接灯座；灯头为铁制，由螺纹接口、升降灯芯齿轮和固定灯罩的灯爪组成；灯罩是葫芦形的玻璃罩。玻璃灯的亮度可以靠灯头控制灯芯的手柄完成，靠灯罩的作用照度比陶瓷灯强。

玻璃罩油灯

室外用煤油灯

油灯在域内存现了几百年。1988年，双滦区43个行政村全部通电。至此，域内结束油灯照明的历史。

七 缸

缸，盛器，陶制品。20世纪前，域内居民家中普遍使用缸，大多用来盛水、腌制酸菜咸菜、盛粮等。缸的大小分为特号、大号、中号、小号；质地分为瓷缸和砂缸两种。随着居民住房环境的改善和自来水普遍使用，缸的数量越来越少。2005年，域内仍有部分居民家中使用缸。

家用缸

八 笊篱

是一种传统的烹饪器具，用竹篾、柳条、铅丝等手工编成。笊网形状酷似蜘蛛网，在烹饪时，用来捞取食物，跟现在的漏勺作用相似。20 世纪 80 年代前，域内居民主食以小米饭、高粱米饭居多，家中普遍使用笊篱用来捞饭。20 世纪 90 年代以后，电饭煲（锅）普遍使用取代了传统米饭烹饪方式，捞饭改为闷饭。传统笊篱的作用渐渐变小，使用的家庭越来越少。至 2005 年，居民家中已经极少使用笊篱。

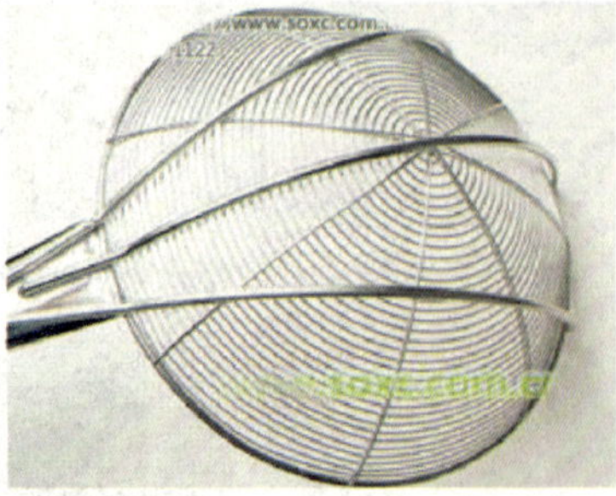

笊　篱

第二节　传统服饰

一 家做布鞋（千层底鞋）

20 世纪 70 年代前，境域居民大多穿家做布鞋，农村家做布鞋占有率高于城镇。农村妇女几乎全都掌握家做布鞋的工艺。随着社会的发展，各式各样物美价廉的布鞋、胶鞋、皮鞋大量供应市场，20 世纪 70 年代以后，境域家做的千层底布鞋逐渐减少，至今已经没有穿家做布鞋的了。

家做布鞋大体经过五道工序：

1. 粘“布袼褙”　“布袼褙”由 3 层布块拼粘而成。用 0.8 平方米左右的木板做衬底，把大小不等、颜色各异的旧布块，对缝铺平，布面刷上浆糊，第二层拼接布块时压盖第一层的缝隙，然后在布面上再刷一层浆糊；第三层布块仍然压茬对缝拼接好。把木板放在室外晾干。干燥后的“布袼褙”就成为家做布鞋的的原料。

2. 做鞋底　按照脚的大小先在纸上画出底样，然后按底样在“布袼褙”上裁剪出鞋底。一般的鞋底由 5 ~ 6 层“布袼褙”叠粘而成，每一层边缘用白布包边，最下面的一层用白布罩面。

另外一种做鞋底的方法叫“填底子”。在“布袼褙”鞋底样上面刷上浆糊，把大小不等的布块，对缝粘在上面。这样一层层的粘贴，直至达到鞋底厚度。每一层侧面用剪子按底样大小修剪好，再用白布条转圈封好，从侧面看为 5 ~ 6 层。

纳鞋底是制作鞋底的重要工序。纳鞋底用锥子、大号缝衣针和麻绳。麻绳是用两股麻絮在腿上搓合而成，粗细和现在市场卖的线绳相近，长短约 1.5 米。先用锥子在鞋底上扎个眼，缝衣针带着麻绳穿过鞋底，然后再穿回鞋底的上面，勒紧麻绳。这样反复缝纫，在鞋底部（白布面上）形成密密麻麻，均匀的麻绳“针脚”，每平方寸要纳 81 针以上。纳鞋底开始是沿着鞋底的形状转圈走“针脚”（四周边缘留出上鞋帮的位置），鞋底的中间部“针脚”不再走圈，而是横向按行列纳。纳鞋底时必须保持清洁，不能把白底布和白牙边弄脏；走麻绳时用力要均匀，线迹排列整齐，防止鞋底走样。纳好后的鞋底还要用锤子砸平整，这样软化后的鞋底成鞋后更随脚、舒适。

3. 做鞋帮　鞋面料大多用青色布料，质地有条绒布、斜纹布及帆布。按照鞋底的大小画出样子，剪出鞋帮纸样。按鞋帮纸样在“袼褙”上裁剪出鞋帮的形状，在“布袼褙鞋帮”的外面粘上鞋面料，里面粘上白布干燥后，在“鞋口”上用同样的鞋面布料，斜着剪成布条（有弹力）转圈把毛边用布条缝好。还有的做鞋帮时，用青色线缝上小的“针脚”，针距不能过大，针迹不得歪斜，左右鞋帮还要对称。称为：“纳鞋帮”，这样的鞋帮结实、耐穿。

4. 绱鞋　“绱鞋”就是用麻绳把鞋底和鞋帮组合到一起。绱鞋有两种方法：一种是“明绱”，即鞋帮下部用白布条圈起来，鞋帮外翻，用白线绳明线均匀地缝合鞋帮与底。另外一种是“暗绱”把鞋帮下部向内翻折，在翻折处用麻绳把鞋帮和鞋底缝合，外观上看不到绱鞋的针脚（底部可见）。

绱鞋走绳的方法是“倒走针脚”，即“绳线穿上来之后，倒着走针，向下穿绳，正面形成一个约半厘米的针脚；针绳在下部再向前行针，绳线穿上来以后向后走针，绳线从前一个针脚眼向下穿绳，这样就形成第二个针脚。这样反复穿绳，鞋底上部是一针挨一针的单线针脚，鞋底下部是一长一短的双线针脚。走绳线讲究针脚匀称，绳线松紧一致。

5、楦鞋　楦鞋是最后一道工序。绱好的鞋必须经过鞋楦进行整形，鞋楦的规格与鞋的大小必须一致，放入鞋内后把鞋撑起绷紧，这样楦出来的鞋周正、美观、合脚。

二　毡疙瘩（毡靴）

毡疙瘩是用羊毛擀压而成的一种毡鞋，有高、矮腰之分。毡疙瘩厚度约 1 厘米，通体无缝，浑圆、笨重。其质地坚硬，防寒性能极佳。光绪二十六年（1900 年），滦河街有毡房 1 家，制作毡鞋、炕毡。20 世纪 50 年代前，域内居民冬季穿毡疙瘩的人较普遍，尤其是赶车、骑马和走路较少的职业人，穿毡疙瘩是首选。由于其笨重，鞋样不美观，20 世纪 60 年代以后，穿毡鞋的人逐渐稀少，现在境域已经绝迹。

制作毡鞋大体需要以下工序：1. 弹毛。弹毛的目的是把羊毛打散、打柔软。最原始的弹毛工具是用大弓子弹费时、费力，后来大的作坊用脚踏打毛机（后来发展有电动打毛机）。羊毛弹好后除去杂质和杂毛备用。2. 铺坯。在专用案台上用手把弹好的羊毛一层一层的填厚，同时一层一层的喷水，填厚加水的同时用竹片拍打成柔软的毡片，然后再填补羊毛，加水拍打成为筒状鞋的雏形。铺坯的环节重要的是鞋坯对接时不能有缝隙，毡片要均匀不能有薄有厚，同时还要掌握好鞋底部的大概尺码。每只半腰高的鞋坯用羊毛 2.5 市斤，鞋坯制好后放入装有硫酸液体的的缸中浸泡 24 小时，去污增白。3. 成型（揉坯）。把鞋的毛坯放在案台上浇注 80℃以上的热水，使毛坯的密度增加；稍凉后从上到下用手反复压揉，使之坚挺。再从鞋坯的鞋口处加入 2 ~ 3 两荞面，随之加入开水少许，使荞面糊均匀地散在鞋坯的各个部位。再用烧红的铁棒（长约 10 厘米，直径约 3 厘米，中间略粗铁棒纵向有数道凹槽）放入鞋中，然后用类似搓衣板状的铁制专用工具在鞋坯内用力碾压铁棒，使面浆渗入毛缝中，增加鞋的硬度。这道工序主要是通过加热和按压、揉搓，使鞋坯坚硬。4. 楦型。把揉制好的鞋坯按鞋码塞进木鞋楦，放置阳光下晾晒干燥。5. 整形。把晒干的毡鞋抽出鞋楦，用锉刀或砂轮磨去浮毛，剪平鞋口。

三　家做裤袄

家做裤袄指家庭手工缝制的衣裤，俗称缅裆裤和蒜疙瘩扣袄褂。

缅裆裤

蒜疙瘩扣袄褂和缅裆裤采用布料大多是家织布、粗布，20 世纪 60 年代以后，大多用机织布料；颜色主要有青、蓝两种；种类有棉衣、夹衣和单衣三种。

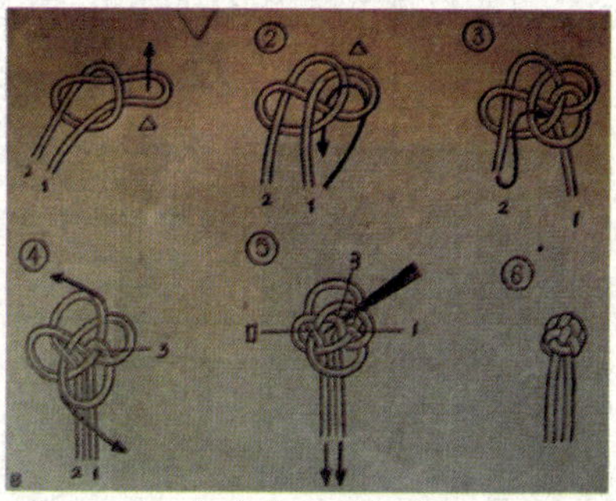

蒜疙瘩扣盘结图示

缅裆裤的特点是裤腰肥、裆肥，成年人的裤腰高度超过腰际，腰肥在三尺一寸以上。20 世纪 80 年代以前，域内居民肥胖身材的极少，男性腰肥在 68 ~ 74 厘米之间。穿缅裆裤时，把多余的腰肥缅折，用一条宽布带作腰带缠紧，库管也用布带扎紧，起到御风保暖作用。

家做（蒜疙瘩扣）上衣男女样式不同。女式上衣是大襟袄，衣扣在腋下左侧；男式上衣是对襟，每件上衣用扣 5 ~ 7 个。蒜疙瘩扣所用布料与上衣布料相同，是经手工盘结缝制而成的衣扣，属于中国结的一种。

家做裤袄在域内存现了几百年。20 世纪 70 年代以后出生的女性，会缝制家做裤袄的很少。至 20 世纪 90 年代，区内农村居民仍有少量穿着。

第七章　消逝的作坊与行当

清代中期至民国初，域内的商贸业和手工业发展很快，滦河街各类商铺、作坊达到 50 余家。经济的发展催生了行业与作坊的繁荣。日军占领后，域内经济遭受重创，店铺骤减，商贸萧条。新中国成立后，手工业作坊得到恢复，各行各业发展兴盛。由于社会的进步，科学技术不断的发展，传统、原始、工艺落后的作坊与行业受到冲击，逐渐淡出历史舞台。

第一节　作　　坊

一 烧锅

清代始，滦河街就有了酿酒作坊，称之为烧锅。民国年间，滦河街李家烧锅是境域较大的酿酒作坊。烧锅的制酒车间叫“净房”，净房内有发酵池、拌料场和净锅等。酿酒的主要原料有高粱、玉米等。烧锅作坊酿酒的步骤大体分为原料处理（粉碎、浸泡）、初蒸、冷却加曲、堆料糖化、蒸馏取酒、勾兑等。烧锅酿制的白酒味道醇厚，酒精度高。

新中国初期，个体烧锅作坊从境域消失。

二 糖坊

清代，滦河街南旱河沿有个糖坊胡同，有家糖坊。民国期间，滦河街上有 2 家塘坊。一家是西大街的张家糖坊，一家是仓坡（今承钢医院东南）的娄家糖坊。

塘坊主要生产做糕点用的饴糖和做食品饮料的糖色，原料是大麦和小米。饴糖的主要产品是米糖。米糖的品种主要有：芝麻酥、酥糖、糖勾、糖棍、糖瓜、磨牙棍等。酥糖是用饴糖拔制而成，分带馅、不带馅、夹馅 3 种，糖馅多为豆沙。糖勾造型像一把钩子，把手部分是圆形，中间部分压扁，顶端折过来像个弯钩，总体像糖制的“小痒痒挠”。糖棍是 3 寸余长的实心饴糖棒。糖瓜是空心的瓜状。磨牙棍是用饴糖掺“食用白土子”制成的一种较坚硬的小糖棍。

滦河街娄家糖坊的掌柜叫娄松山，做生意能算计，会经营。他家除开糖坊外还经营马车运输和两处菜园，生意兴隆。

新中国成立后，个体糖作坊消失。

三 麻绳铺

清代始，滦河街就有专营麻绳的店铺。民国年间，西大街有家麻绳铺，店主姓田。田家麻绳铺是手工作坊，经营打制各类麻绳。如：提水用的井绳、马车用的绳套、打柴用的“拘绳”等。

制作麻绳有 3 道工序：1. 扒麻。北方有一种植物麻，秋天成熟后割倒晾干，扒麻就是取其植物的外层纤维。从根部将其外皮剥下，一绺绺的盘好存放待用。2. 纺麻经。根据麻绳的用途，麻经分为粗细多种规格。纺麻经有的用纺车，有的用手工。每根麻经在绳上叫 1 股。3. 纺绳。纺绳需要上劲摇床、合绳摇床和木瓜 3 种工具。上劲摇床是固定的木架上有根横梁，横梁上一字排开安装了 9 个铁制摇把，摇把后端有一块 9 孔木板，把摇把连接起来，摇动木板时，9 个摇把同时转动。根据需要，上劲摇床有时安装 3 个、6 个摇把，最多是 9 个。上劲摇床的作用是合绳时给麻经上劲的。合绳摇床的结构与上劲摇床构造相同，所不同的是只安有3个摇把。它的作用是合成绳子时，给绳子上劲。如果一次只制1根绳，摇床上只需安装1个摇把。木瓜的外形像木鱼，一头略尖，上部和左右各有一个木槽，中间穿一根木棍。合成绳子时，上劲摇床每个摇把前端分别拴1根麻经；合绳摇床每个摇把前端分别拴3根麻经，木瓜放在合绳摇床摇把前端，3个木槽内分别嵌入1条麻经。上劲摇床顺时针摇动摇把，合绳摇床逆时针摇动摇把，两端的摇床同时上劲，木瓜由人控制缓缓向前移动，待木瓜行至上劲摇床的顶端，1条3股的麻绳就制成了。如果上劲摇床拴9根麻经，那么就得用3个木瓜，可以一次制成3条麻绳。

新中国成立后，麻绳个体手工作坊被编入合作社，这种麻绳制作工艺延续到20世纪60年代左右。

四　编织铺

清代、民国年间，滦河街有从事专门编制的手工作坊，有荆编的筐、篓、囤及荆巴；有苇编的炕席、穴子、草帽等产品。据滦河老辈人回忆，民国时期，沙滩有个孙家编匠铺、小十字街东口有家姓王的编匠铺。

编匠铺每年秋季收购荆条和苇子，经过匠人的浸泡加工，手工编成各类产品供应市场。现在荆编的筐、建房用的荆巴在日常生活中还偶有居民使用，室外盛粮食用的荆编囤极为少见了。20世纪80年代后，苇编的炕席、存粮的穴子及草帽等市场需求逐渐减少。

新中国成立后，工匠大多加入手工业联社等集体组织，个体编织铺成为历史。

五　土坯作坊

20世纪50年代前，境域居民建房、搭火炕多用土坯为原料，土坯作坊应运而生。据滦河老辈人回忆，酒店村附近有家制作土坯的作坊，店主姓张。

制作土坯是力气活，最累的工序是和泥。做土坯的土是用粘土，泥不能和稀，和泥时全靠手工一遍一遍的翻铲、摔打、踩踏。泥和的像揉馒头的面一样“筋道”，制出的坯结实、耐用。根据用途，土坯分为三种：一种是“沙坯”，这种土坯就是没用经过烧制的“砖坯”，一般用来垒墙或盖房子用于里墙；一种是长坯，尺寸大于“沙坯”，用于搭火炕垒烟道；另一种是方坯，这种坯和泥时放一些碎麻絮或“碎瓤秸”，用于铺火炕的炕面。放入“瓤秸”的方坯抗拉力强、有韧劲、不易碎裂。

随着社会的发展，新型的建筑材料逐渐取代了老旧的土坯，烧砖的土坯（沙坯）早已改为机器压制而成，手工制坯作坊自然被时代淘汰。

六　张罗铺

“罗”是圆形的筛面工具。清代、民国年间，滦河街有专营“罗”的店铺。据滦河老辈人回忆，民国年间，滦河西大街有1家张罗铺，店主姓田。20世纪60年代前，境域居民家中几乎家家必备。制作罗的店铺，叫作“张罗铺”。

罗有大小之别，直径在20～40厘米之间。罗帮是用厚2～3毫米，高8～12厘米的薄木板卷起来的圆圈。罗圈下端里、外用木条圈压牢丝网而成。丝网有布丝网、铜丝网和铁丝网之分；网的眼又有疏密之分（粗罗、细罗）。碾碎的粮食放在罗中摇晃，面从罗网落下，上面的渣可再次反复碾压。

张罗铺制作售卖兼修理大小不等，网眼粗细不同的罗，供应市场。随着时代的发展，电力机械磨面取代了原始的石碾、石磨，罗这种家用工具逐渐减少。

第二节　行　当

一　杠房

杠房是一种职业行当，主要为发丧死人抬棺材，为迎娶新媳妇抬花轿，同时提供乐手吹奏服务。

早年，滦河街及附近有几家杠房，有徐家、刘家、倪家杠房。杠房有一套独特的经营方式。"抬杠手"和"轿夫"不固定特定的人。店主备有几十人作为联系人，根据红白事生意临时安排人手。杠房主要设施有：杠、绳、棺罩、彩轿、旗幡仪仗等。倪家杠房有一个以自家亲属为主组成的乐队（吹奏和打击乐），也是松散式的结构。倪家的几代人都会吹奏乐器，世代沿袭。主要乐器有：唢呐、管、笙、笛、箫、锣、鼓、钹、板等。

20 世纪 50 年代以后，国家推行火葬，丧葬、婚嫁的一些仪式逐渐简化。新式婚礼不坐花轿，杠房这种行当自然也就关门停业。

二 骆驼店

顾名思义，骆驼店是专门接待骆驼队的客栈。清初、民国年间，滦河街红旗营子西面有家骆驼店。早年，交通运输主要靠马、牛车和骆驼队。每个骆驼队大约有 10 多头骆驼，每头骆驼脖子上都有铃铛，驮队行进时铃声悦耳。驮队大多往返于热河至内蒙辽北之间。

据滦河老辈人回忆，滦河骆驼店当年能接待十余拨驮队，可见其规模之大。日军侵占热河后，时局动荡，骆驼队不再光顾，现在原来客栈的地方演变为小地名了。

三 小炉匠

20 世纪 60 年前，域内有一种挑担走街串巷锔锅、锔碗、锔缸的工匠。由于担子一头挑着小火炉，人们管这种匠人叫"小炉匠"。民国年间，滦河北街有位姓彭的，后街有位姓董的就是从事这种行业的匠人。

小炉匠挑的担子就是"工具箱"。其中有打制小铜、铁器的小火炉、小风箱、砧床、用皮带拉动钻头的手动钻、小铁锤、铁剪等。主要的业务是修理破碎的缸、盘、碗、盆、锅等家用铜、铁、瓷具。修理的形式主要有用锔子锔、用铜皮、铁皮包铆等。以修补有裂痕的铁锅为例：首先把铁锅裂纹周边清理干净，根据裂痕长短确定锔子的个数及位置，然后生火打制小铁锔子；第二道工序是用手动钻在放锔子的位置上打孔，放入锔子后用小锤里外砸实；最后用石灰掺油料拌制好的"腻子"，把修补的裂痕位置抹上"腻子"。这样修理过的铁锅就不会漏水了。

在过去的年代，居民不论穷富普遍讲究俭朴、节省，家中器具损坏能修的尽量修复。进入 20 世纪末期，此种行业逐渐消失。

索　引

一　主题索引

D

E

F

T

W

X

Y

Z

二　表格索引

第一编　政区建置

第二编　自然环境

第三编　人口与方言

第四编　基础设施与环保

第五编　经济总情

第六编　居民生活与风俗

第七编　农　业

第八编 工业、建筑业

第九编 钢铁工业

第十编 商贸 服务 旅游业

第十一编 财税 金融

第十二编　综合经济管理

第十三编　政党群体

第十四编　党务工作

第十五编 人大 政协

第十六编 政 府

第十七编 综合政务管理

第十八编 公检法司军事

第十九编　精神文明建设

第二十编　教育 科技

第二十一编　文　化

第二十三编　卫生 教育

二十四　人　物

第二十五编　旧踪择录

编 后 记

《承德市双滦区志》编修工作，在区委、区政府领导下，于2004年5月启动，历经十一载，至2015年12月通过河北省地方志办公室终审。这部通志在编修过程中，三易主编，五易文稿，经历了一段不寻常的岁月，凝聚了全体编修人员的智慧和汗水，回眸往昔，颇有感慨。

《承德市双滦区志》编纂工作大体经历了两个阶段。

第一时段（2004年5月至2009年12月）为搭班筹备、征集资料、编纂初稿阶段。

2004年5月，双滦区成立第一届“双滦区志编纂委员会”，下设双滦区地方志办公室。办公室主任由区档案局副局长田隽兼任，主编王德山。经过一年多时间的筹备，2005年9月，召开双滦区地方志编纂工作启动大会，全区108个承编单位相关人员到会，修志工作全面展开。按照国务院、省、市加强修志工作的要求，双滦区落实了“一纳入，五到位”的措施，从组织、政策、经费等方面给予了强有力的保障。由于首次修志，编修人员都是第一次从事这项工作，无实践经验。区志编纂办公室采取“请进来，走出去”的方法，先后请省、市方志界的专家学者到双滦指导工作；走出去到秦皇岛、唐山市和丰宁、滦平、鹰手营子等地进行学习考察，在此基础上完成了“双滦区编纂方案”和双滦区志篇目（二稿）。在区委、区政府的强力督导下，全区100多个承编单位分别确定专职供稿人员，负责资料收集提供稿件。期间，区方志办的同志多次深入基层单位指导帮助工作，并先后到南京、沈阳、长春、哈尔滨、北京等地的档案馆、图书馆查询资料200余万字，积累了一些有价值的史料。至2007年，全区大多承编单位向区方志办提供了首批稿件资料。

2004年10月，区档案局局长刘叔徽兼任方志办主任。2008年4月，主编王德山因病退出，2008年9月，李学荣接任主编。2009年底，在各承编单位提供资料的基础上，双滦区志初稿完成。

第二时段（2010年1月至2015年12月）为双滦区志稿一至四审阶段。

2010年1月，李学荣辞去主编，同年1月，王乃民接任主编工作。2013年11月，区档案局局长李建民兼任编纂办公室主任。这个时段既是双滦区志的编纂、修改、完善阶段，也是双滦区志攻坚克难的阶段。

《承德市双滦区志》是双滦首志，下限为2005年。双滦区志资料在收集、挖掘方面，历经坎坷，感受很深。双滦区建区时间较晚，资料积累很少。1980年建区以后，由于职能不完善，在一段时期里，区内很多部门工作只限于上传下达。另外，有相当部分单位无档案室，资料留存少之甚少。承编单位提供的志稿资料不系统，支离破碎。其次是新中国成立前，双滦境域行政机构撤并频繁，行政区划多次变更，档案散失问题较突出。第三是区内有些承编单位提供资料质量低。虽然经过区委、区政府的督导，2007年底大多承编单位完成了资料上报任务。但是，有些单位对志书编修工作认识缺位，敷衍塞责，提供的资料质次量欠。编辑们凭着对历史负责的精神，一边撰稿，一边查找补充资料，编纂工作举步维艰。

编纂工作进行到2010年下半年，志书框架结构初步确定。但是，却暴露出新的问题。志稿内容存在“面上记述多,节点记述少;政事记述多,民生记述少;模仿他志多，地域特色少”等问题。同年11月,主编与领导沟通交换意见后提出:“继续挖掘资料，补充节点记述，注重反映民生，辅以专题调查，突出地域特色，完善区志内容”的工作思路。其后,我们拟定了21篇专题调查篇目，开始再挖资料，补充记述。时隔数年，原来承编单位的供稿人员都已经撤离，补充资料只有自己动手,难度可想而知。我们本着先易后难的方法，大范围的调查难开展就选其一点；不熟悉的事物就请内行人或知情人来写初稿。为了提高工作效率，主编先把调查提纲拟好，再进行调查访问或交给特约撰稿人来写,这样有针对性的收集资料，效果事半功倍。2011—2015年，我们先后调查走访，收集挖掘各类资料30余万字，补充志稿正文内容3万余字，撰写专题调查18篇。

双滦区在社会发展的进程中，特别是改革开放以后，经济总量持续增长，经济结构不断优化，人民生活水平逐年提高。把事物发展变化过程中产生的峰谷、节点变化进行较详尽的记述，志书的作用将会大大加强。20世纪90年代，双滦区制定“南菜北畜”的发展战略，偏桥子镇开始发展大棚蔬菜。从政策引导到政府帮扶；从小面积实验种植到大面积推广；从农户观望等待到积极主动投入,走过了一段不平常的道路。经过走访、查阅档案，补充写了《偏桥子镇日光温室蔬菜发展纪实》。类似这类事物发展的节点，我们就设专题，用专记的形式详细记述。我们认为，没有这些记述，志书的存史、资政作用就会大打折扣。三年多时间，我们先后撰写了双滦区第一个生态移民村——《偏桥子镇羊泉子村整体搬迁纪实》，承德市第一家传染病救治专科医院——《承德市“非典”医院建设专记》，双滦区第一所规模大、设施新、师资队伍强的学校——《河北承德实验中学建设专记》,双滦区第一所民营中专学校——《腾飞中专创建发展纪实》，挖掘整理了滦河街的历史资料，从古城的居民、规模、交通、商贸、衙署、寺庙等多个侧面入手，还原了滦河街清中叶至民国中期的风貌，撰写了《古城滦河》。在记述粮食作物种植中，选取了红薯种植专业村，撰写了《偏桥子镇长北沟村红薯种植情况调查》；记述蔬菜种植时，选取了大棚蔬菜种植专业户，撰写了《1994年9月至1995年9月大贵口居民杜玉恒蔬菜大棚投入、产出情况调查》；记写人大、政协工作方面，选取整理了《双滦区人大常委会调查组关于第一批指标承包试点企业生产经

《承德市双滦区志》书稿三审专家评审会，区委、政府领导与省市专家及部分编纂人员合影。前排左起:张杰、孙进柱、王蕾、祁海东、奚晓红、王广才、缴世忠、张友余。后排左起:兰岚、王超、曹静、刘仁伟、李建民、蔡国栋、王乃民、李连山、路海红。

营状况调查》《政协双滦委员会关于村民自治需要在实践中不断完善与发展》的调查；记写精神文明建设时，选取整理了《工农携手前进共走富裕路》《巩固工农联盟的有效途径》；记写教学改革时，选取整理教师优秀论文《如何向45分钟要效益》《自主学习自主发展教学的实践研究》。

为使志书能够反映双滦社会发展进程中多层次的，多姿多彩的社会全貌，贴近百姓生活，针对社会生活的热点问题，我们进行大量的社会调查。在“人口与方言”编“婚姻家庭”一节中，撰写了《1980—2005年双滦区人口离婚状况调查》。揭示离婚发生率上升、中青年离婚案高发、女性提起离婚诉讼高于男性和老年再婚短婚等普遍存在的社会现象，弥补了正文内容资料不足；在“生育政策”节中，撰写了《双滦区失独家庭状况调查》，记述双滦区85户居民独生子女死亡的原因，客观分析失独家庭的生活状况，具有极强的存史资政价值；至2005年，中国老龄现象已经受到各层面的普遍关注，很多家庭子女工作生活在外地与父母长期分居。《双滦区钢城街道滦电社区空巢老人生活状况调查》就是从一个侧面揭示老人世界的一种常态。在记述医疗卫生方面，撰写了《1980—2005年双塔山镇居民疾病死亡回顾性调查》。在反映农村、农民方面，我们选择在城镇化建设进程工作中，双滦区城中村改造第一村——双塔山镇团瓢村，记写了《双塔山镇团瓢村失地农民生活状况调查》；居住方面记写了《双滦农村民居变化调查》；涉及养老方面记写了《偏桥子镇三家村养老状况调查》。记述“农业产业化”方面，记写《从致富女能手到农业产业化带头人》，用以物系人的方式记述双滦区“三杨”公司董事长康桂琴的事迹。

在工作实践中，我们深深体会到：作为一名志书编纂人员不能在收集资料上“坐等其成”，要主动“找米下锅”，懂得如何使用资料。“精神文明建设”编关于“文明典范”的记述缺失内容，应该供稿的单位没有存档资料。面对这种困境，我们就请妇联、工会、街道、企业等单位离退休的老同志帮忙提供线索。搜集“见义勇为”的典型事迹时，曾有人提供原滦河环卫职工刘怀志（已去世）曾获得过见义勇为称号。经过调查得知，刘怀志曾于1991年获得河北省“见义勇为先进分子”荣誉。我们又走访当年知情的3位公安民警，补写了其事迹。妇联退休干部张某提供了孝老爱亲典范李盛卉的线索，我们分别召开原麻纺厂街道干部和家属座谈会后，记述了其孝敬婆母的事迹。一次闲聊中，有人说大庙镇有个特“牛X”的瞎子修车人。得到线索后，我们立即进行调查：大庙镇陈营子村有位叫左树和的人，初中时玩雷管发生爆炸，致使双眼失明。他克服了常人难以想象的困难，凭借着顽强的毅力学会了维修柴油机。开始的几年中，他修车从不收取费用。后来，修完车后客户估量着给一点辛苦钱，他从不讨价还价。由于修车质量好，远近闻名，双塔山镇一家柴油车专营店请他做特约维修人员。根据调查的资料，记写了其身残志坚的事迹。2014年秋季，区志主编应邀到双塔山镇中营子村拍摄“农村面貌改造提升”的宣传照片，在村部玻璃展柜中发现了一批该村的档案资料。第二天，我们专程赶到中

《承德市双滦区志》书稿三审评审专家与区志主编合影
左起：王乃民、缴世忠、王广才、王蕾、孙进柱、马铁松

营子村，对其档案进行筛选、抄录、拍照。回来后整理撰写了《1978—1980年双塔山镇中营子生产大队社员劳动分配情况调查》。图文并茂记述了20世纪70年代末人民公社时期，双塔山镇中营子生产大队4个生产队，近600口居民的劳动、分配的史实，客观、真实地反映域内农民当时的生活境况。

为了突出地域特点，我们把区内支柱产业——钢铁业升章为编，重点突出其历史长、发展快、影响大的作用；居民生活单独立编，以突出志书以民为本，关注民生的特点。在“精神文明建设”记述中，采用“以物系人”的方法，记写了16名文明典范，弘扬了时代精神。在“人物”编中，除传记了革命烈士、文化名流、革命老干部、先进模范外，还补充挖掘了两位民间艺人。

境域社会发展有较祥文字记载的历史始于清代。建于域内的喀喇河屯行宫是清王朝定都北京后，在北方建立较早、规模较大的一座行宫，其周边的庙宇众多。由于水灾的毁坏、战乱的破坏、保护的缺失、建设的拆除等原因，很多非常有价值的历史建筑消失殆尽；与居民生活息息相关的一些行当、物件等事物，随着社会的进步和演变已经成为记忆；伴随一代又一代成长的儿童传统游戏，由于生育的减少、居住的变化、玩具的更新换代等因素也已渐行渐远。在省方志界有关专家的支持指导下，2014至2015年，编纂人员挖掘整理部分史料，立编“旧踪择录”，记述了“喀喇河屯行宫”“御道”“寺庙”“行当”“家用物件”“村庄”“传统游戏”等消逝或正在消逝的事物，抢救了一批珍贵的资料。

另外，志书在图照部分增加了双滦区经济与社会发展重要数据的示意图，直观、形象地揭示了地域经济与社会发展的概况，成为特色之一。

从2012年下半年开始，主编主导改稿、统稿。2013年5月，志稿完成一审（区内）；2013年10月，完成二审（市审）；2014年12月，《承德市双滦区志》书稿专家评审会议召开（三审）；2015年12月，《承德市双滦区志》书稿通过终审。

几度春秋，几度风雨，全体编修人员不负使命，勇于担当，笔耕不辍，换来了丰硕成果。期间，区委、区政府为修志工作提供了各方面的保障，全区108个单位积极提供资料，社会各界人士给予大力支持，上级地方志部门的领导和专家给予悉心指导。为此，特向所有为《承德市双滦区志》编修出版做出贡献的人们，一并表示感谢！

由于能力所限，不足及错漏之处，敬请教正。

《承德市双滦区志》主编　王乃民

2016年10月30日